Wirtschaftliche Software-Produktion

Schriftenreihe
Integrierte Datenverarbeitung in der Praxis
Herausgeber: Dr. Wolfgang Heilmann
Band 37

Barry W. Boehm

Wirtschaftliche Software-Produktion

Forkel-Verlag Wiesbaden

CIP-Kurztitelaufnahme der Deutschen Bibliothek

Boehm, Barry W.:
Wirtschaftliche Software-Produktion / Barry W.
Boehm. — Wiesbaden : Forkel, 1986.
(Schriftenreihe integrierte Datenverarbeitung
in der Praxis ; Bd. 37)
Einheitssacht.: Software engineering economics
<dt.>
Erg. zu: Handbuch der modernen Datenverarbeitung
ISBN 3-7719-6301-X

NE: GT

Der vorliegende Band erscheint zugleich als Sonderlieferung zum HMD „Handbuch der modernen Datenverarbeitung".

ISSN 0344-1571

ISBN 3-7719-6301-X

Original English language edition published by Prentice-Hall, Inc., Englewood Cliffs, N. J. 07632.

Titel der englischen Original-Ausgabe: Software Engineering Economics.

Printed in Germany.

Inhalt

Kapitel 4

Kapitel 5

Kapitel 6

Kapitel 7

Kapitel 19

Kapitel 20

TEIL IV

TEIL IV A

Kapitel 21

Kapitel 30

Kapitel 31

Kapitel 32

Kapitel 33

Vorwort des Herausgebers

Es gibt viele Bücher über die Software-Produktion, aber wenige über die wirtschaftliche Seite dieser immer bedeutender werdenden Aufgabe. Der riesenhafte Projektstau von einigen Hunderttausend Mannjahren allein in der Bundesrepublik Deutschland ist zugleich eine riesenhafte Kostenlawine, die auf die Unternehmungen zurollt, wenn es nicht gelingt, die Verfahren der Softwareentwicklung und -wartung leistungsfähiger zu gestalten. Dazu leistet der „Boehm“ einen gewichtigen Beitrag.

Das aus dem Amerikanischen übersetzte Werk behandelt nach einer kurzen Einführung in den Zusammenhang und in die Ziele des Software-Engineering (1. Teil) den sogenannten Lebenszyklus eines Anwendungssystems, der die Wartung einschließt. Darauf aufbauend entwickelt Boehm sein bekanntes COnstructive COst MOdel (COCOMO) (2. Teil). Im 3. Teil werden die zugrundeliegenden Verfahren und Konzepte der Wirtschaftlichkeitsanalyse, der statistischen Entscheidungstheorie und Informationstheorie dargestellt, die zu kennen und zu beherrschen nicht nur für den Software-Ingenieur nützlich ist.

Der Schwerpunkt des Werkes liegt jedoch bei der im 4. Teil erfolgenden Darlegung der Software-Schätzmethoden und ihrer Anwendung. Besonders wertvoll ist die Einbeziehung der Wartungsproblematik und die ausführliche Erörterung der „kostentreibenden“ Produkt-, Computer-, Personal- und Projekt-Merkmale. Boehm weist nach, daß der personale Faktor der bei weitem wichtigste für die wirtschaftliche Software-Produktion ist. Aber er weist nicht nur theoretisch darauf hin, sondern zeigt auch Wege auf, diesen Einflußfaktoren praktisch zu begegnen, z. B. durch moderne Programmiersprachen, Projektplanungs- und Kontrolltechniken und — ganz besonders wichtig — qualifiziertes Software-Management.

Die Darlegungen Boehms werden durch seine umfangreichen Erfahrungen als leitender Mitarbeiter eines der größten Softwarehäuser der Welt untermauert und besitzen auch dann noch ihre Gültigkeit, wenn man sie vor dem Hintergrund jüngster Auseinandersetzungen über die „richtigen“ Schätzmethoden beurteilt. Der „Boehm“ ist deshalb ein unentbehrliches Werkzeug in der Hand jedes Software-Ingenieurs und Projektleiters. Seine leicht faßliche Darstellung macht es aber auch für Studenten der Informatik zu einem Standardwerk und zur Hilfe für die Bewältigung dieses für die Praxis und die Wissenschaft gleich wichtigen Stoffes. Wie im englischsprachigen Raum, so kann man ihm auch hierzulande eine große Verbreitung wünschen.

Dr. Wolfgang Heilmann

Vorwort

Es ist inzwischen zu einem festen Bestandteil der Ausbildung eines Hardware-Ingenieurs geworden, daß er einen Lehrgang über die wirtschaftlichen Aspekte des Ingenieurwesens absolviert. Daß auch ein Software-Ingenieur einen ähnlichen, auf die wirtschaftlichen Aspekte des Software-Engineering zugeschnittenen Kurs besuchen kann, ist selten. Ich bin daher der Ansicht, daß es den meisten Software-Entwicklungsingenieuren an Gelegenheit fehlt, sich eine Anzahl wichtiger wirtschaftlicher Konzepte, Methoden und Fakten anzueignen und diese zu praktizieren. Diese können für ihre berufliche Laufbahn ausschlaggebend sein, könnten aber auch eine wesentliche Rolle dabei spielen, daß wir mit unserer Software leichter leben können und sie produktiver gestalten.

Es wird Sie daher nicht überraschen, wenn es das Hauptanliegen meines Buches ist, eine Grundlage für einen Kursus über die wirtschaftlichen Aspekte des Software-Engineering zur Verfügung zu stellen, der während der ersten Semester eines Universitätsstudiums absolviert werden sollte. Zusammen mit dieser Absicht habe ich zwei ergänzende Ziele verfolgt:

1. Dieses Buch so zu gestalten, daß es für die Studierenden leicht verständlich ist;
2. dieses Buch so zu gestalten, daß die Lehrenden ein gut verständliches Lehrmaterial haben.

Auch habe ich versucht, ein drittes Ziel zu verwirklichen:

3. Den Software-Praktikern eine Unterstützung für ihre Arbeit vor Ort zu bieten.

Da diese Ziele aus unterschiedlichen Blickwinkeln betrachtet werden können, habe ich für den Anfänger, den Theoretiker und den praktisch arbeitenden Software-Entwicklungsingenieur noch einige Hinweise angefügt, die ihnen als Ausgangspunkt zur Lektüre dieses Buches dienen sollen.

Die Grundstruktur des Buches ist in Abbildung A dargestellt. Teil I beinhaltet einführendes Material über den Zusammenhang, die Hintergründe und den Rahmen der Ziele des Software-Engineering, auf die das anschließende Material aufgebaut ist. Die Teile II und III befassen sich mit zwei ergänzenden Themen: Dem quantitativen Modell des Software-Lifecycle in Teil II und den Grundlagen der wirtschaftlichen Aspekte von Software-Projekten in Teil III. In Teil IV finden Sie die detaillierten Methoden zur Kostenschätzung des Software-Lifecycle, die für die einfacheren Kostenmodelle in Teil II die Basis bilden; sie dienen später — in Teil III — zur weiteren Unterstützung der wirtschaftlichen Analysemethoden des Software-Engineering.

In Abbildung A finden Sie auch die wichtigsten Fragen zusammengefaßt, die wir uns in jedem Teil des Buches stellen. So befaßt sich zum Beispiel Teil IV nicht nur mit Problemen der Software-Kostenschätzung und unserem Verständnis der Faktoren, die die Software-Kosten beeinflussen, sondern auch mit Fragen wie: „Wie können wir unser Wissen einsetzen, um unser Verständnis und unsere Kontrolle der Software-Projekte und damit der Software-Produktivität zu verbessern?"

Abbildung B erläutert, wie jeder Teil des Buches nach Komponenten und Einzelkapiteln eingeteilt ist. Diese Übersicht wird zu Beginn eines jeden Hauptabschnittes des Buches (vor der Einführung) wiederholt. Abbildung B enthält beispielsweise eine Liste der aufeinander folgenden Einzelheiten, die von dem hierarchischen Software-Kostenschätzungsmodell, dem sogenannten COCOMO, zur Verfügung gestellt wer-

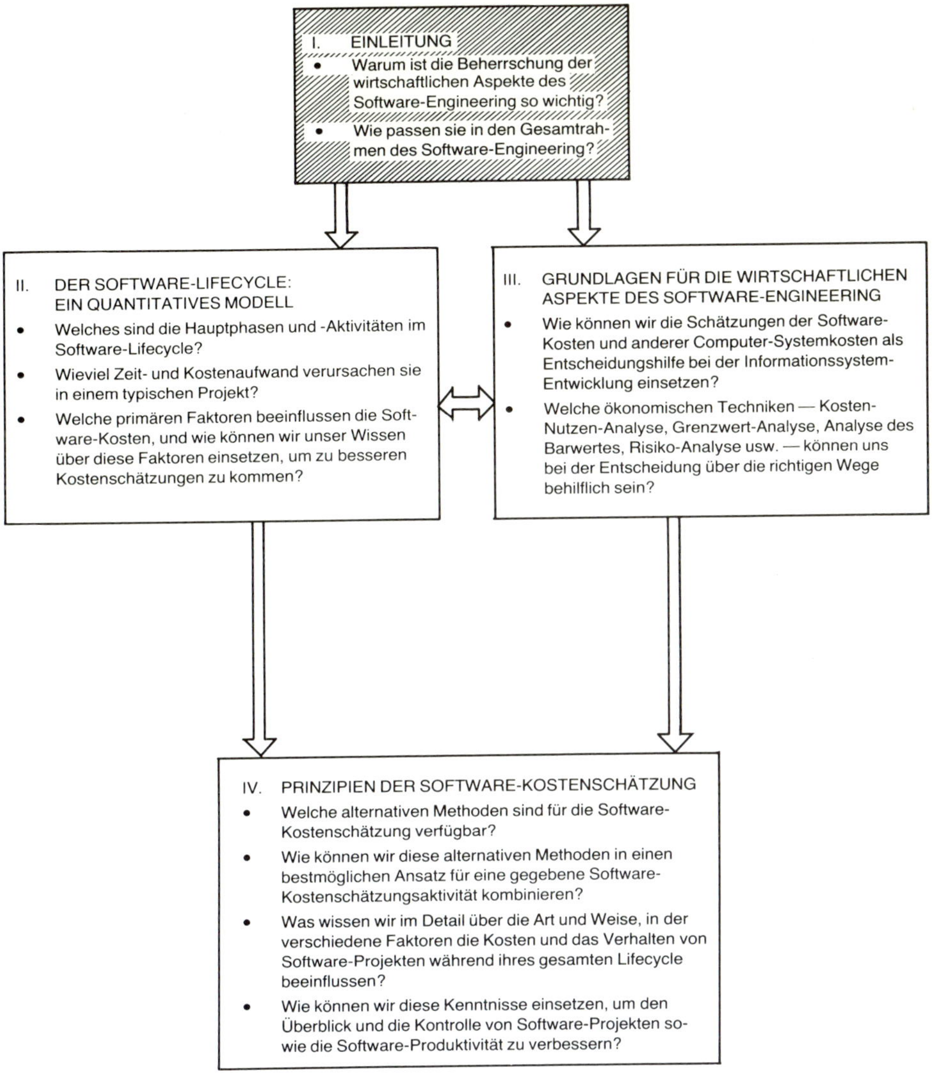

Abbildung A: Struktur des Buches — zentrale Fragestellungen

I. EINLEITUNG

1. Fallstudie 1: Zeitschrift
2. Fallstudie 2: Städtisches Schulsystem
3. Die Ziele des Software-Engineering

II. DER SOFTWARE-LIFECYCLE: EIN QUANTITATIVES MODELL

4. Der Software-Lifecycle: Phasen und Aktivitäten
5. Das COCOMO-Basis-Modell:
6. Das COCOMO-Basis-Modell: Entwicklungsarten
7. Das COCOMO-Basis-Modell: Aktivitäten-Verteilung
8. Das COCOMO-Zwischen-Modell: Schätzungen auf Produktebene
9. Das COCOMO-Zwischen-Modell: Schätzung auf Komponentenebene

III. DIE GRUNDLEGENDEN WIRTSCHAFTLICHEN ASPEKTE DES SOFTWARE-ENGINEERING

III A. Rentabilitäts-Analyse

10. Leistungs- und Rentabilitätsmodelle
11. Produktionsfunktionen: Kostendegression
12. Wahl unter den Alternativen: Entscheidungskriterien

III B. Mehrdimensionale Entscheidungsanalyse

13. Nettowert und Grenzwertanalysen
14. Laufende im Vergleich zu zukünftigen Ausgaben und Einnahmen
15. Leistungszahlen
16. Ziele als Nebenbedingungen
17. Systemanalyse und Optimierung unter Nebenbedingungen
18. Unvereinbare und nicht quantifizierbare Ziele

III C. Handhabung von Unsicherheitsfaktoren und Wert der Information

19. Berücksichtigung von Unsicherheitsfaktoren: Risiko-Analyse
20. Statistische Entscheidungstheorie: Der Informationswert

IV. PRINZIPIEN DER SOFTWARE-KOSTENSCHÄTZUNG

IV A. Methoden und Verfahren der Software-Kostenschätzung

21. Sieben grundlegende Schritte für die Software-Kostenschätzung
22. Alternative Software-Kostenschätzungs-Methoden

IV B. Das COCOMO-Endmodell

23. Zusammenfassung und Ablaufbeschreibung
24. Kostenfaktoren des COCOMO-Endmodells: Produktmerkmale
25. Kostenfaktoren des COCOMO-Endmodells: Computer-Merkmale
26. Die COCOMO-Kostenfaktoren im einzelnen: Personal-Merkmale
27. Die COCOMO-Kostenfaktoren im einzelnen: Projekt-Merkmale
28. Von COCOMO nicht erfaßte Faktoren
29. Bewertung des COCOMO-Modells

IV C. Software-Kostenschätzung und Lifecycle-Management

30. Schätzung der Software-Wartungskosten
31. Software-Lifecycle-Kostenschätzung
32. Software-Projektplanung und -kontrolle
33. Die Verbesserung der Software-Produktivität

Abbildung B: Struktur des Buches — Gliederung

den, wobei wir die Bezeichnung „COCOMO" aus der Abkürzung von „**Co**nstructive **Co**st **Mo**del" (= konstruktives Kostenmodell) übernommen haben. Auf der obersten Stufe der Hierarchie steht das COCOMO-Basis-Modell; es ist eine einfache Formel, mit der die Kosten eines Software-Projektes ausschließlich entsprechend seiner Größe in Form von auszuführenden Source-Befehlen hochgerechnet werden; siehe hierzu die Kapitel 5, 6 und 7. Auf der nächsten Stufe der Hierarchie steht das COCOMO-Zwischenmodell, das wir Ihnen in den Kapiteln 8 und 9 vorstellen. Es schätzt die Kosten eines Software-Projektes entsprechend seiner Größe und entsprechend einer Anzahl anderer Software-Kostenfaktoren-Merkmale, wie z. B. Personalerfahrung und Personalqualifikation, Computer-Hardware-Beschränkungen und Grad des Einsatzes von modernen Programmiermethoden. Die genaueste und am weitgehendsten detaillierte Stufe in dieser Hierarchie bildet das COCOMO-Endmodell, das in Kapitel 23 vorgestellt und in den Kapiteln 24 bis 27 weiter entwickelt wird. Das COCOMO-Endmodell verwendet die Kostenfaktoren-Merkmale zur Schätzung der Kosten des Software-Produktes nach individuellen Phasen, Subsystemen und Moduln.

Der zur Spezifizierung von COCOMO verwendete Terminus „konstruktiv" wird aus den detaillierten Erklärungen der Kapitel 24 bis 27 verständlich, in denen ausgeführt wird, wie die verschiedenen Kostenfaktoren-Merkmale den Aufwand beeinflussen, der für die Realisierung jeder Phase des Software-Lifecycle erforderlich ist. Das Modell stellt nicht nur Schätzungsgleichungen zur Verfügung, es liefert auch die bestmögliche Erklärung für die Ursache der von ihm erzielten Ergebnisse. In dem ausführlichen Material der Kapitel 24 bis 31 werden auch die Grenzen unseres Wissens über die Kostenschätzung des Software-Lifecycle angesprochen. Sie finden außerdem eine umfassende Liste mit Vorschlägen für weitere Untersuchungen, mit denen unsere Kenntnisse des Software-Lifecycle und seiner wirtschaftlichen Aspekte erweitert werden könnten.

Ich bin vielen Menschen zu großem Dank dafür verpflichtet, daß sie mir Mut zugesprochen, mir Einsichten vermittelt und mich mit Datenmaterial versorgt haben. Ich wollte, ich könnte sie alle namentlich nennen.

Von der TRW Inc., insbesondere von Simon Ramo, C. W. (Bill) Besserer, Bob Williams und Ed Goldberg habe ich viele Management-Einsichten vermittelt bekommen und Unterstützung erfahren. Ich verdanke eine Fülle von technischer Information Tom Bauer, Mike Cozzens, Myron Lipow, Fred Manthey, Nancy Mikula, Eldred Nelson, Ron Osborn und Tom Thayer sowie den früheren Mitarbeitern der TRW Inc. Bert Abramson, Tom Bell, John Brown, Kurt Fischer, Bob Page und Win Royce, insbesondere Ray Wolverton.

Auf dem Gebiet der quantitativen Software-Analyse stand ich in einem erfreulichen, anregenden und wertvollen Gedanken- und Meinungsaustausch mit Professor Vic Basili der Universität Maryland, mit Dr. Les Belady von IBM, Tom DeMarco, Tom Gilb und dem inzwischen verstorbenen Professor Maurice Halstead der Universität Purdue, Capers Jones von ITT, Professor Manny Lehman des Imperial College, London, Dick Nelson von RADC, Bob Park von RCA, Dr. Montgomery Phister jr. und Larry Putnam von „Quantitative Software Management Inc." und Claude Walston von IBM.

Ich hatte das Glück, aus den Diskussionen mit Dr. Gerald Weinberg von Ethnotech viele neue Aspekte über die Software-Psychologie dazuzulernen. Die Diskussionen mit

Dr. Dave Parnas von den „Naval Research Laboratories" und IBM, mit Dr. Harlan Mills von IBM und Professor Tony Hoare der Universität Oxford gaben mir Aufschluß über die Software-Methodenlehre. In zahlreichen Seminaren von Dr. Charles Wolf von Rand und Professor Carl Morris der Universität Texas informierte ich mich über Volkswirtschaft und Statistik.

Für die Vorbereitung dieses Buches muß ich zu allererst Herrn Karl Karlstrom vom Verlag Prentice Hall für seine unentbehrlichen Beiträge danken und ganz besonders Professor Richard Hamming der U. S. Navy Postgraduate School, der mich nicht zuletzt davon überzeugte, dieses Buch zu schreiben. Meine Sekretärinnen, Merilyn Gripenwaldt und Kay Clyne, haben mich dabei in außergewöhnlich hilfreicher Weise unterstützt. Lynn Frankel von Prentice Hall hat Verbesserungen vorgeschlagen, besser als der Autor es konnte. Von den Rezensenten des Manuskriptes, insbesondere von Professor Lee Cooprider von USC, Professor Richard Fairley der Colorado State Universität, Professor Ellis Horowitz von USC, Brian Kernighan der Bell Laboratorien, Professor Tim Standish der Universität von Kalifornien, Irvine und David Weiss der Naval Research-Laboratorien erhielt ich viele wertvolle Hinweise.

Schließlich und endlich möchte ich ganz besonders all denen danken, deren Beiträge zu den Software-Daten leider anonym bleiben. Ich wünsche diesen, daß ihre Arbeit auch persönliche Anerkennung finden möge. Meiner Familie verdanke ich mehr, als ich auszudrücken vermag.

HINWEISE FÜR DEN ANFÄNGER

Es ist zu erwarten, daß Sie sich in wenigen Jahren in einem Raum mit einer Gruppe Menschen wiederfinden, die darüber entscheiden, wieviel Zeit und Geld man Ihnen für die Durchführung eines neuen und bedeutenden Software-Jobs zur Verfügung stellt. Vielleicht wissen eine oder zwei Personen über die Software Bescheid; bei den meisten wird es nicht der Fall sein. Wahrscheinlich wird es sich um Manager, Betriebsanalytiker, Marketing-Experten, Produktplaner usw. handeln. Bei den Themen, die sie besprechen, und bei den Entscheidungen, die sie treffen werden, dürfte es sich wohl um die Grenzerträge aus Investitionen, um das Kosten-Nutzen-Verhältnis, um den Barwert und um das einzugehende Risiko handeln.

Eine Reihe interessierter Menschen wird nicht in diesem Raum sein, u. a. die Mitarbeiter, die für Sie oder mit Ihnen an dem Software-Job arbeiten, und diejenigen Personen, die die Software, die von Ihrem Team entwickelt wird, einsetzen werden. Ob diese Menschen es gewahr sind oder nicht: während der nächsten Monate oder Jahre wird ihr Schicksal zum Großteil davon abhängen, wie gut Sie selbst und die anderen Personen, die sich mit Ihnen in diesem Raum befinden, aber keine Software-Experten sind, eine realistische Entscheidung über den geeigneten Umfang, das entsprechende Budget und den richtigen Terminplan Ihres Software-Jobs treffen.

Die Personen, die sich mit Ihnen in diesem Raum befinden und die in der Software nicht bewandert sind, sind ohne Sie nicht dazu fähig, denn sie haben — im Gegensatz zu Ihnen — kein Gespür für die technischen Software-Zusammenhänge. Es ist deshalb außerordentlich wichtig für Sie, daß Sie sich mit ihnen verständigen und daß Sie den wirtschaftlichen Überlegungen, die die Grundlage ihrer Argumentation und ihrer Entscheidungen sind, folgen können. Sind Sie dazu in der Lage, haben Sie eine Chance, die oft widersprüchlichen Beziehungen zwischen den Software-Experten und den für den kommerziellen Erfolg verantwortlichen Personen in eine gute Beziehung umzuwandeln, in eine Beziehung gegenseitigen Verstehens, Übereinkommens und Vertrauens.

Dieses Buch ist ein Versuch, Ihnen die essentiellen Konzepte und Methoden zu vermitteln, die Sie benötigen, um einerseits wirtschaftlich zu denken und andererseits die Programmierungskonzepte nicht aus den Augen zu verlieren. Ich hoffe, daß Sie diese Konzepte über ihren praktischen Vorteil hinaus bei der Entdeckung neuer Perspektiven aus der Computer-Arbeit und aus der Informationsverarbeitung ebenso anregend finden wie ich. Ich habe die Erfahrung gemacht, daß sie bei der Aufklärung von Fragen wie den folgenden sehr hilfreich sind:

- Warum stellt die Information einen Wert dar?
- Warum werden Software-Produkte in Auftrag gegeben?
- Wie entscheidet man, welche Art Informationsverarbeitungsprodukte gewünscht werden?
- Warum ist der Software-Lifecycle so organisiert, wie er es ist?

Dasselbe, was für andere Bestrebungen gilt, trifft auch auf die Software zu: Je besser wir verstehen, warum es ein Software-Engineering gibt, desto mehr Erfolg werden wir bei der praktischen Anwendung haben.

HINWEISE FÜR DEN THEORETIKER

Mit diesen Zeilen — eigentlich meine ich diesen Hinweis und das in diesem Buch enthaltene Material — hoffe ich, Sie von drei Dingen zu überzeugen:

1. Die wirtschaftlichen Aspekte des Software-Engineering sind sowohl für den Lehrenden wie für den Studierenden ein interessantes und beglückendes Thema.
2. Sie können dieses Buch entweder für eine einsemestrige Vorlesungsreihe über die wirtschaftlichen Aspekte des Software-Engineering oder als einen Begleittext für mehr allgemein gehaltene Kurse über das Software-Engineering mit Erfolg verwenden.
3. Die wirtschaftlichen Aspekte des Software-Engineering sind ein bedeutendes und aussichtsreiches Forschungsgebiet.

Ich meine als erstes, daß die wirtschaftlichen Aspekte des Software-Engineering ein erfreulicher und dankbarer Unterrichtsstoff sind. Die grundlegenden Beziehungen der Mikroökonomie sind eine eindeutige, klare, mathematische Disziplin. Das Material über das Risiko und den Wert der Information stellt eine anregende Perspektive dafür dar, warum so viele Menschen der Ansicht sind, daß sie die Computer, die Software und die Informationsverarbeitung, die wir herstellen, benötigen. Das Material über die Faktoren, die die Software-Kosten beeinflussen, hilft uns, die meisten aktuellen Richtlinien des Software-Engineering und ihren Einfluß auf den Software-Lifecycle zu erklären.

Zum zweiten glaube ich nicht, daß wir uns weitgehender mit der Unternehmenspraxis und ihren Fachausdrücken befassen müssen, um treffende Beispiele und Anwendungen der wirtschaftlichen Aspekte des Software-Engineering zu finden. Während der Zeit, in der ich an der Universität von South Carolina war, war ich immer wieder beeindruckt von der großen Vielfalt an Computer- und Software-Anwendungen, die an der Universität entwickelt wurden; insbesondere war ich in jener Zeit einer angespannten Finanzlage der Universität beeindruckt, wie sehr man sich mit Computer-Software-

Kosten befaßte. Ich habe deshalb versucht, Fachausdrücke aus diesem Buch fernzuhalten, aber eine Vielzahl von Fragen und Beispielen aufzunehmen, die Ihre Studenten interessieren dürften.

Das Basismaterial dieses Buches kann relativ leicht in einem Kurs während eines Teilsemesters oder eines ganzen Semesters bewältigt werden. Bei meiner eigenen Vorlesung über diesen Lehrstoff verfolgte ich vor allem das Ziel, meinen Studenten die nachstehend aufgezählten wichtigsten Inhalte zu vermitteln:

- Sie sollten lernen, die Faktoren zu identifizieren, die die Softwarekosten am stärksten beeinflussen und diese Faktoren zur Schätzung der Kosten eines Software-Projektes einsetzen.
- Sie sollten die Grundbegriffe der Mikroökonomie — soweit sie beim Software-Engineering Anwendung finden — verstehen.
- Sie sollten in die Lage versetzt werden, wirtschaftliche Analyse-Methoden in Entscheidungssituationen des Software-Engineering anzuwenden.

Nachstehend finden Sie einen Überblick über den Verlauf eines ziemlich ehrgeizigen Kurses, den ich unter Verwendung des Materials dieses Buches abgehalten habe:

Woche	Kapitel des Buches	Themen
1	1 – 4	Der Software-Lifecycle: eine wirtschaftliche Perspektive
2	5 – 6	Einfache Software-Kostenmodelle
3,4	7 – 9	Software-Kostenmodelle der Zwischenstufe: Faktoren, die die Software-Kosten beeinflussen
5	10 – 12	Rentabilitätsanalyse: Produktionsfunktionen, Kostendegression, Auswahl unter den Alternativen
6	–	Rückblende, Zwischenprüfung
7	13 – 15	Entscheidungsanalyse bei mehrdimensionalen Zielen: Nettowert, Barwert, Leistungszahlen
8	16 – 18	Entscheidungsanalyse bei mehrdimensionalen Zielen: Nebenziele, Systemanalyse, nicht quantifizierbare Ziele
9	19 – 20	Risiko, Unsicherheit und Informationswert
10	21 – 22	Praktische Methoden der Software-Kostenschätzung
11	31 – 32	Fallstudie: Software-Lifecycle-Kostenschätzung und Kontrolle
12	–	Abschlußprüfung

Wenn Sie zum ersten Mal einen Kurs über die wirtschaftlichen Aspekte des Software-Engineering abhalten, ist obiges Lehrmaterial wahrscheinlich besser für einen ganzsemestrigen Kurs geeignet. Ein Kursus, der nur während eines Teiles des Semesters stattfindet, aber trotzdem zufriedenstellend verlaufen soll, könnte auch nur das Material der Kapitel 1 – 18 umfassen, aber dennoch die wichtigsten Lernziele relativ erfolgreich erreichen.

Ein solcher Kurs eignet sich für Studenten in fortgeschrittenen Semestern oder für Graduierte oder Promovierte des ersten Jahres. Die einzigen Voraussetzungen sind ein gutes Allgemeinwissen über den Programmierungsprozeß (ein mit ca. zwei Jahren Studium der Informatik vergleichbarer Kenntnisstand wird vorausgesetzt) und Vertrautheit mit den Grundsätzen der Differentialrechnung. Zum Üben der Software-

Kostenschätzungsmodelle wird ein Taschenrechner mit Exponentialfunktionen (mit X^Y-Taste) wärmstens empfohlen, obwohl ich Kurven in dieses Buch aufgenommen habe, die es dem Studenten erlauben, die Modelle ohne einen Rechner — allerdings weniger akkurat und leicht — nachzuvollziehen.

Zum Schluß möchte ich noch der Hoffnung Ausdruck geben, daß Sie so tief in den Komplex der wirtschaftlichen Aspekte des Software-Engineering vordringen, daß einige der nachstehend aufgeführten fundamentalen Forschungsprobleme über die Natur des Software-Entwicklungsprozesses Ihr Interesse geweckt haben:

- Warum kostet die Software-Entwicklung so viel?
- Welche Faktoren sind die Ursachen für das Ansteigen und das Abfallen der Software-Kosten, und wie stehen diese Faktoren zueinander in Beziehung?
- Für welche Aktivitäten müssen die höchsten Kosten veranschlagt werden?
- Wie könnten neue Software-Methoden die Software-Kosten reduzieren?

In Teil IV dieses Buches habe ich eine Datenbank, die die Kosten und die Entwicklungsmerkmale von 63 Software-Projekten enthält, dargestellt und analysiert. Damit sollte folgende Frage beantwortet werden:

„Wie können wir diese Projektdaten interpretieren, damit sie künftigen Projekten bei der Kalkulation und dem Verständnis ihrer Software-Kosten eine Unterstützung bieten?“

Die hieraus resultierende Gruppe von Kostenmodellen, die ich in meinem Buch vorstelle, ist ein erster Schritt zur Beantwortung dieser Frage, aber es ist noch immer eine Menge wichtiger Forschungsarbeit zu leisten.

Eine Reihe nützlicher neuer Einblicke könnte sich schon daraus ergeben, daß die existierende Datenbank mit den 63 Projekten ganz einfach weiter analysiert wird, und eine Menge weiterer Einsichten könnten durch die Sammlung und die Analyse von weiteren Beobachtungs- und experimentellen Daten erzielt werden.

HINWEISE FÜR DEN PRAKTIKER

Ich könnte mir vorstellen, daß Sie aufgrund Ihrer eigenen Erfahrung als Software-Ingenieur eine Anzahl persönlicher Richtlinien für die Kalkulation von Software-Kosten und für Entscheidungen über das Software-Produkt und -Projekt entwickelt haben. Ich glaube, daß Ihnen dieses Buch von Nutzen sein könnte, indem Sie Ihre eigenen Faustregeln mit den Erfahrungen anderer Personen vergleichen. In diesem Buch finden Sie aber auch einige zusätzliche, nützliche Methoden für die Durchführung einer Software-Kostenschätzung und über Software-Engineering-Entscheidungen. Auch hoffe ich, daß Sie während der Lektüre dieselbe anspornende und lohnende Erfahrung machen wie ich, als ich zu verstehen begann, daß die verschiedenen, scheinbar nicht miteinander in Beziehung stehenden Methoden und Entscheidungsrichtlinien, die ich in der Praxis verwendet hatte, eigentlich unter den gemeinsamen Nenner der wirtschaftlichen Prinzipien fallen.

Vielleicht wollen Sie sich aufgrund Ihrer eigenen Hauptinteressen und Informationswünsche auf einige ausgewählte Teile dieses Buches konzentrieren, anstatt es von Anfang bis Ende zu lesen. Deshalb gebe ich Ihnen nachstehend einen Hinweis über die Ihren Interessen wohl am ehesten entsprechenden Teile dieses Buches:

- Wenn Sie vor allem daran interessiert sind, Ihre Fähigkeiten (oder die Ihres Unternehmens) zur Kalkulation der Software-Kosten zu verbessern, beginnen Sie am besten mit den Kapiteln 21 und 22, die sich mit den Methoden der Software-Kostenschätzung befassen, und lesen anschließend die Kapitel 4–9 über den Software-Lifecycle, das COCOMO-Basis-Modell und das COCOMO-Zwischenmodell.

— Sollte es Sie interessieren, ein detailliertes Software-Kostenschätzungsmodell zu Software anfallender Kosten interessiert sein, empfehle ich Ihnen die Kapitel 30 und 31.

— Sollte es Sie interessieren ein detailliertes Software-Kostenschätzungsmodell zu implementieren und es auf die Erfahrungen Ihres Unternehmens auszurichten, sollten Sie die Kapitel 23 und 29 lesen.

- Gilt Ihr Hauptinteresse den Auswirkungen eines speziellen Software-Merkmals auf die Software-Kosten (wie z. B. der Qualifikation des Projekt-Personals, dem Einsatz moderner Programmiermethoden oder der Programmiersprache), lesen Sie die entsprechenden Abschnitte in den Kapiteln 24–28.
- Sind Sie vornehmlich daran interessiert, Ihre Fähigkeiten bei der Durchführung von Analysen zur Entscheidung über die wirtschaftlichen Aspekte zu verbessern, sollten Sie die Kapitel 10 – 18 lesen.
- Sollte Ihr Hauptinteresse den Software-Projektplanungs- und Kontrollmethoden gelten, empfehle ich Ihnen den Abschnitt 31.6 und das Kapitel 32.

Selbst wenn Sie hauptsächlich nur an einem ganz bestimmten Thema interessiert sein sollten, würde ich Ihnen vor allem den einführenden Text der Kapitel 1 bis 3 und des Kapitels 33 über die Verbesserung der Software-Produktivität empfehlen. Diese Kapitel enthalten den Kontext und einen Ansatz für die Realisation einer effizienteren, zufriedenstellenden und produktiven Umgebung für die Durchführung Ihrer Software-Engineering-Aktivitäten.

TEIL I

EINFÜHRUNG: BEWEGGRÜNDE UND ZUSAMMENHÄNGE

Ziel dieses Buches ist es, den Leser in die Lage zu versetzen, sich mit Software-Engineering-Problemen zu befassen, und zwar sowohl aus dem Blickwinkel des humanorientierten wirtschaftlichen Ansatzes als auch aus dem der Programmierung. Teil 1 umfaßt als Schwerpunkt zwei Fallstudien, die die Bedeutung des humanorientierten Ansatzes in der Praxis des Software-Engineering veranschaulichen.

Die erste Fallstudie, die in Kapitel 1 dargestellt wird, beschreibt zwei aufeinanderfolgende Anläufe, ein Informationsverarbeitungssystem für die Zeitschrift „Scientific American" zu entwickeln. Das erste Konzept wurde lediglich aus dem Blickwinkel der Programmierung entworfen, ohne Rücksicht auf irgendwelche wirtschaftlichen Faktoren. Ergebnis war ein zwar elegant programmiertes System, dessen Leistung aber die Situation des „Scientific American" im Vergleich zur Ausgangslage noch verschlimmerte. Beim zweiten Projekt wurden sowohl Programmierungs- als auch wirtschaftliche Gesichtspunkte berücksichtigt. Ergebnis war ein gut programmiertes System, das sämtliche operationalen Ziele des „Scientific American" erfüllte: reduzierte Kosten, schnellere Verarbeitung von Abonnements, weniger Fehler, geringere Personalfluktuation und weniger Kundenbeschwerden.

Die zweite Fallstudie, die in Kapitel 2 dargestellt wird, veranschaulicht die Notwendigkeit einer wirtschaftlichen Betrachtungsweise, die über das enge buchhalterische Denken von Gewinn und Verlust hinausgeht. Sie beschreibt einen Entwurf für ein Schulinformationssystem eines großen städtischen Schulbezirks.

Der Entwurf hat die finanziellen Erwartungen der Schulbehörde vollständig erfüllt, jedoch auf Kosten einiger ihrer sozialpolitischen Ziele. Dabei handelte es sich besonders um die Arbeitsmöglichkeiten, die die Behörde für Mütter, deren Kinder die Schule besuchen, vorgesehen hatte. Diese Frauen sollten die Anwesenheit der Schüler in den Schulen kontrollieren. Wichtig ist dabei die Tatsache, daß die soziale Situation dieser Mütter als sehr benachteiligt galt. Diese zweite Fallstudie zeigt, daß sich die wirtschaftlichen Aspekte des Software-Engineering nicht auf rein quantitative, gewinnmaximierende und materielle Gesichtspunkte beschränken können. Sie können und müssen im größeren Zusammenhang des humanorientierten Wirtschaftens gesehen werden.

Kapitel 3 stellt eine allgemeine Zielstruktur und ein Verfahren vor, mit dem unsere Programmierung, unsere wirtschaftlichen und menschlichen Ziele in einen praktikablen Ansatz für das Software-Engineering integriert werden können. In diesem Rahmen können wir die Software-Engineering-Techniken, die in den weiteren Teilen dieses Buches dargestellt werden, anwenden. Dieser Ansatz wird GOALS (Goal-Oriented Approach to Lifecycle Software) — Zielorientierter Ansatz für Software-Lifecycle — genannt. Kapitel 3 stellt den GOALS-Ansatz dar, gibt Beispiele für seine Verwendung und erörtert seine Rolle im Gesamtzusammenhang des Software-Engineering.

Kapitel 1

Fallstudie 1: Abonnement-Verwaltung einer Zeitschrift

1.1 Das alte System

Die Zeitschrift sah sich vor etliche organisatorische Probleme gestellt: Eine stark wachsende Abonnentenzahl, ein dementsprechend wachsendes Arbeitsaufkommen in der Verwaltung der Daten und ein langsames, unzuverlässiges, umständliches manuelles System für die Abonnement-Verwaltung.

In Abbildung 1–1 ist das damalige System zusammengefaßt. Eingehende Post kam zunächst zur Kasse. Hier wurden Bargeld, Schecks und Geldanweisungen aussortiert. Alle restlichen Vorgänge wurden in Aufträge und Nicht-Aufträge (Beschwerden, Adressenänderungen usw.) unterteilt. Anschließend wurden die Vorgänge zur Kontrolle für die nachfolgende Bearbeitung manuell gezählt und summiert.

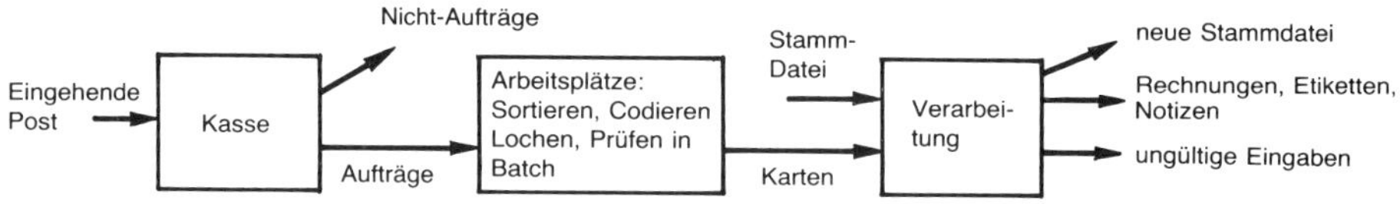

Abb. 1–1: Das alte System der Zeitschrift

Die nachfolgenden Bearbeitungsschritte wurden von verschiedenen Mitarbeitern der Abonnement-Abteilung nacheinander durchgeführt. Diese Mitarbeiter sortierten die Aufträge nach der Auftragsart (Neubestellung, Abo.-Verlängerung, Geschenkabonnement), kodierten sie für die Eingabe und stellten sie in Stapeln für die spätere Lochkartenverarbeitung zusammen.

Nach dem Eingeben wurden die Aufträge durch Lochkarten-Hardware (kartenorientierte Tabulatoren, Drucker, Sortierer usw.) verarbeitet und damit vorläufige Rechnungen und Adreß-Etiketten erstellt.

Die Abonnenten-Karten wurden anschließend manuell in eine Lochkartenstammdatei eingeordnet. Diese Kartei wurde periodisch verarbeitet, um monatlich Adreß-Etiketten und jährlich Anschluß-Abonnements usw. zu erstellen.

Dieses arbeitsintensive Verfahren wurde immer langsamer, teurer und unzuverlässiger. Es war auch immer weniger in der Lage, mit Saisonspitzen in der Abonnement-Verwaltung fertig zu werden. Diese Probleme führten zu erheblichen Verzögerungen, was wiederum zu einer erheblichen Anzahl von Kundenbeschwerden führte. Das Management der Zeitschrift entschied sich daraufhin, dem Beispiel vieler anderer Zeitschriften mit höheren Auflageziffern zu folgen und die Abonnement-Verwaltung der Zeitschrift zu automatisieren.

1.2 Die rein programmiertechnische Lösung: Topdown schrittweise Verfeinerung

Die Zeitschrift schloß mit einem Software-Haus einen Vertrag über die Entwicklung eines maßgeschneiderten Computer-Systems ab. Das Schwergewicht der Arbeit der

Mitarbeiter des Software-Hauses lag normalerweise in der Realisierung von Systemen aus dem Blickwinkel der Programmierung. Ihre bisherige Ausbildung und ihre Erfahrungen konzentrierten sich deshalb darauf, Programmierlösungen auf der Basis klar formulierter Programmvorgaben zu erarbeiten.

So gingen sie auch im hier dargestellten Projekt vor, analysierten zunächst die Situation, fanden ein Teilproblem heraus, das sich durch Programmierung lösen ließ, und entwickelten eine entsprechende Lösung dafür.

In der Tat sieht die rechte Seite von Abb. 1–1 (Verarbeitung und Update einer Stammdatei) wie einer der üblichen Ausgangspunkte aus, die heutzutage in Abhandlungen über topdown strukturierte Programmierung durch schrittweise Verfeinerung zu lesen sind. Wie Abb. 1–2 veranschaulicht, ist bei der schrittweisen Topdown-Verfeinerung die nachfolgende Bearbeitung eigentlich eine Verfeinerung der Funktion der höchsten Ebene aus Abb. 1–1 (Verarbeitung der Daten) zu einer Folge von Funktionen auf einer niedrigeren Stufe (Gültigkeitsprüfung usw.). Diese Verfeinerung wird gegebenenfalls auf noch niedrigeren Ebenen (Festlegung der Datentypen usw.) weiter fortgesetzt.

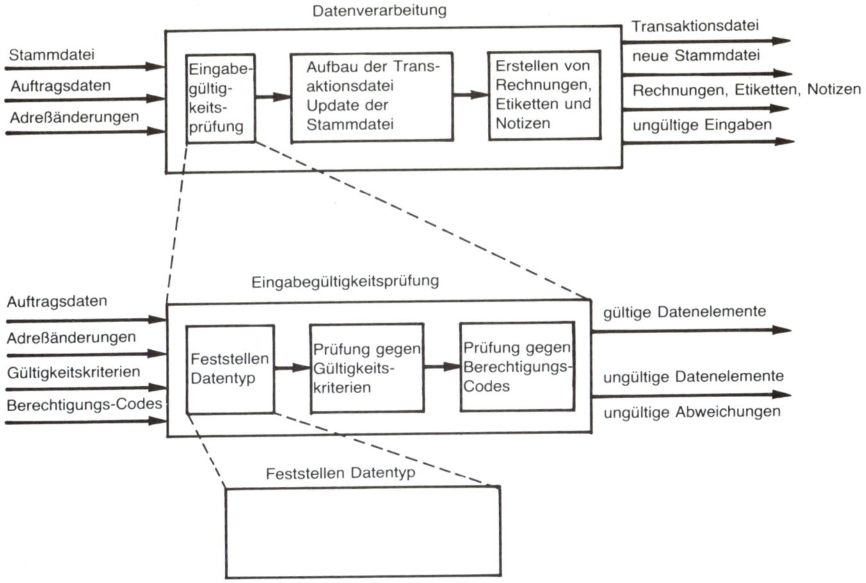

Abb. 1–2: Programmierorientierte Topdown-Entwicklung: Ein typisches Beispiel

Die vom Softwarehaus entwickelte Lösung ist in Abb. 1–3 dargestellt. Sie ersetzte die lochkartenorientierte Lösung mit einer IBM-360/30-Anlage, wie sie in Abb. 1–2 dargestellt ist. Betrachten wir diese bei der Zeitschrift ausgearbeitete Lösung.

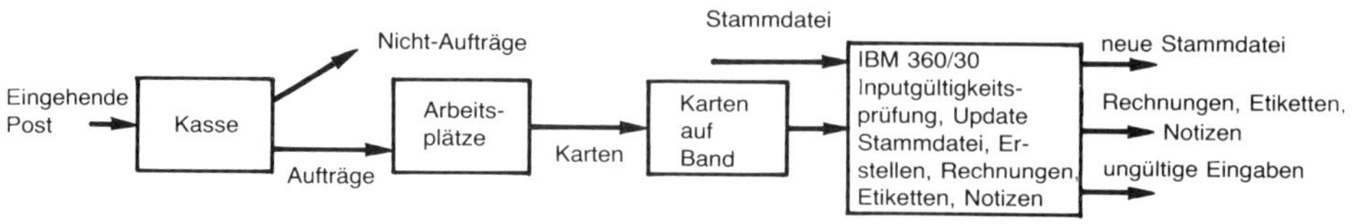

Abb. 1–3: Die bei der Zeitschrift programmierte Lösung

1.3 Die programmiertechnische Lösung: Ergebnisse

Die wesentlichen Ergebnisse waren

- die Kosten stiegen
- die Zuverlässigkeit und die Qualität der Dienstleistungen sanken
- mehr Büropersonal wurde erforderlich
- die Arbeitsmoral sank
- die Personalfluktuation stieg.

Hauptursache für diese Ergebnisse war, daß die programmierte Lösung wesentliche Faktoren des Problems nicht berücksichtigte, wie z. B. Auswirkungen auf Wirtschaftlichkeit und Leistung des Systems. Zum Beispiel konnten einfache Eingabefehler dazu führen, daß das Programm ganze Eingabestapel zurückwies oder daß ein ganzer Updatelauf gestoppt wurde. Wenn so etwas passierte, mußte das Eingabeprotokoll herangezogen und manuell auf Fehler überprüft werden. Um diese Fehler zu beseitigen, mußte in einem neuen Lauf die Bewegungsdatei noch einmal aktualisiert werden. Im alten Lochkartensystem wurden solche Fehler üblicherweise vom Operator entdeckt und unmittelbar beseitigt. Der Operator hatte sehr viel Erfahrung auf diesem Gebiet und wußte sowohl, welche Probleme auftauchen konnten, als auch, wie sich solche Probleme am besten beseitigen ließen.

Um diese zeitraubenden Fehler möglichst zu vermeiden, führte die Zeitschrift zusätzliche Kontrollen bei der manuellen Bearbeitung unmittelbar vor dem Computerlauf ein. Diese zusätzlichen Prüfungen wurden durchgeführt, um z. B. Fehler wie die Bearbeitung nicht existierender Abonnements zu vermeiden. Kompliziertere Eingabe- und Kontrollformulare wurden entwickelt, um Ausnahmefälle in den Griff zu bekommen. Diese Maßnahmen führten zu einem Anstieg des Personals und der Kosten, zu Verzögerungen in der Abonnement-Verwaltung und zu sinkender Arbeitsmoral.

1.4 Der wirtschaftliche Ansatz für die Programmierung

In diesem Augenblick hat die Zeitschrift glücklicherweise einen Mitarbeiter eingestellt, der in der Lage war, das Problem sowohl von der wirtschaftlichen als auch von der Seite der Programmierung aus zu betrachten. Er analysierte das Anwendersystem von einem mehr benutzerorientierten Topdown-Blickwinkel aus. Das beinhaltete folgende Fragen:

1. Welche Ziele versucht der Anwender zu erreichen?
2. Welche Entscheidungen, die sich auf diese Ziele auswirken, werden von uns kontrolliert?

3. Welche Sachzwänge schränken unseren Handlungsrahmen ein?
4. Nach welchen Kriterien sollten wir mögliche Lösungen beurteilen? Welche Beziehung besteht zwischen den Kriterien und den Entscheidungsvariablen, die in den möglichen Lösungen enthalten sind?
5. Welche Entscheidungen liefern uns die besten Ergebnisse bezüglich der Kriterien, die wir festgelegt haben?

Mit den Antworten auf diese Fragen als Ausgangspunkt konnte der neue Mitarbeiter eine rentablere Lösung für die Anforderungen der Zeitschrift definieren und entwickeln. Es folgt eine Zusammenfassung der Antworten, die er herausgefunden hat.

1. Welche Ziele versucht der Anwender zu erreichen?

   Für die Zeitschrift ging es hauptsächlich darum, die Bearbeitungsgeschwindigkeit und Zuverlässigkeit der Abonnementverwaltung zu erhöhen und Kosten, Personaleinsatz, Personalfluktuation und Kundenbeschwerden zu verringern. Um Antworten auf diese Fragen zu bekommen, mußte man auch Daten über die Entstehung von Kosten, Fehlern, Verzögerungen und Frustration sammeln und analysieren.

2. Welche Entscheidungen, die sich auf diese Ziele auswirken, werden von uns kontrolliert?

   Bei der Zeitschrift umfaßten diese Entscheidungen nicht nur die Datenverarbeitung betreffende, sondern auch z. B. solche Entscheidungen, verschiedene Postfächer für verschiedene Auftragsarten zu verwenden. Somit wurde die Aufgabe der Auftragssortierung auf die US-Postbehörde verlagert.

3. Welche Sachzwänge schränken unseren Handlungsrahmen ein?

   Für die Zeitschrift gab es wesentliche Einschränkungen, beispielsweise die Notwendigkeit, Buchhaltungsbelege über finanzielle Transaktionen aufzubewahren. Diese Analyse war aber genauso wichtig für andere Vorgänge, die nicht als Einschränkungen aufgefaßt wurden. Es war zum Beispiel nicht erforderlich, die umständliche sequentielle Verarbeitung beizubehalten oder nur eine Postfachnummer zu verwenden.

4. Nach welchen Kriterien sollten wir mögliche Lösungen beurteilen?

   Welche Beziehung besteht zwischen den Kriterien und den Entscheidungsvariablen, die in den möglichen Lösungen enthalten sind?

   Zu den für die Zeitschrift wichtigen Kriterien gehörten die Kosten der Abonnement-Verarbeitung, der erforderliche Zeitaufwand für die Rückmeldung von Abonnement-Änderungen, Fehlerraten und Beschäftigungsgrad bzw. Personalfluktuation. Bei der Untersuchung, wie diese Kriterien mit den möglichen Lösungen in Beziehung stehen, führten die Analytiker vergleichende Kostenanalysen durch, die denen, die später in diesem Buch dargestellt werden, ähnlich sind. Sie fanden heraus, daß die manuelle Vorverarbeitung ein erheblicher Störfaktor war und daß die Arbeitslast nicht groß genug war, um den Einsatz einer ausschließlich diesen Zwecken dienenden IBM-360/30 zu rechtfertigen.

5. Welche Entscheidungen liefern uns die besten Ergebnisse bezüglich der Kriterien, die wir festgelegt haben?

   Die Zeitschrift entschied, das in Abb. 1–4 dargestellte System einzuführen. Für verschiedene Auftragsarten wurden verschiedene Postfachnummern verwendet. Die Vorsortierung wurde bei der Post durchgeführt. Der erste Arbeitsgang, der bei der Zeitschrift durchgeführt wurde, war das Öffnen der Briefumschläge und die Eingabe der Bestellungen über ein speziell dazu bestimmtes intelligentes Terminal mit Minicomputer-Anschluß. Dieses Terminal war so programmiert, daß es eine interaktive Bearbeitung der Eingaben erlaubte. Es überprüfte die Eingaben und kennzeichnete sie sofort, wenn eine Fehlerkorrektur durch den Sachbearbeiter der Auftragserfassung erforderlich war. Die Verarbeitung der Eingaben wurde abhängig von ihrer Häufigkeit optimiert, so daß die häufigste Transaktion (standardmäßige Verlängerung von Aufträgen) nur 21 Anschläge erforderte. Die Eingaben wurden auf Kassetten gespeichert und täglich zur Verarbeitung an ein Rechenzentrum geschickt.

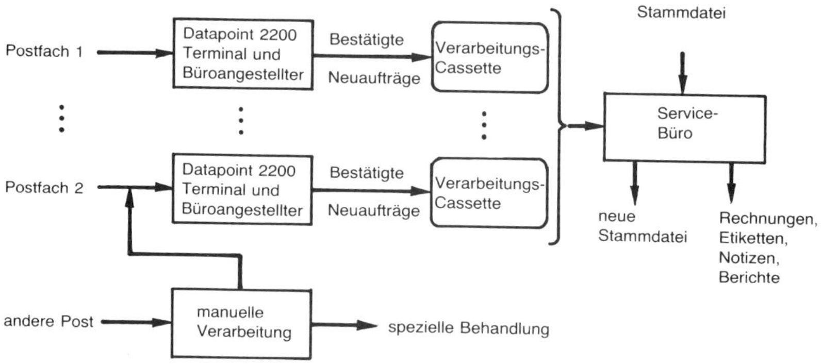

Abb. 1–4: Die wirtschaftliche Lösung für die Programmierung bei der Zeitschrift

1.5 Ergebnisse des wirtschaftlichen Ansatzes für die Programmierung

Die oben aufgeführten Fragen bilden das Kernstück des an der Wirtschaftlichkeit orientierten Ansatzes für die Systemanalyse, der in Kapitel 17 dieses Buches behandelt wird. Bei der Zeitschrift führte das dazu, daß fünf intelligente Terminals mit Minicomputer-Anschluß zum Preis von je $ 10 000 installiert wurden. Durch ihren Einsatz wurde die IBM-360/30 ersetzt. Damit waren Einsparungen von etwa $ 9000 pro Monat verbunden. Hinzu kamen Kosten für das Rechenzentrum in Höhe von etwa $ 7000 pro Monat. Diese Vorgehensweise erforderte wesentlich weniger Mitarbeiter, so daß die Zeitschrift ihre Ausgaben für die Terminals bis Ende des ersten Betriebsjahres amortisieren konnte. Am Ende des ersten Jahres konnten folgende Ergebnisse festgestellt werden:

- Die Anzahl der Büroangestellten konnte von über 40 auf weniger als 20 reduziert werden.
- Die Anzahl der Fehler der Bearbeiter konnte auf den kleinen Bruchteil der unvermeidlichen „Abonnentenfehler" reduziert werden (z. B. Doppelbestellungen oder -zahlungen).
- Fast alle Transaktionen konnten in weniger als einer Woche abgewickelt werden; im alten System kam es oft zu Verzögerungen von mehr als einem Monat.
- Das neue System verarbeitete ein um 33 Prozent größeres Arbeitsaufkommen.
- Subjektive Antworten der Büroangestellten wiesen auf ein verstärktes Gefühl der Befriedigung bei der Arbeit hin. Die einstufige Bearbeitung der Auftragseingänge stellte für diese Mitarbeiter eine sinnvollere Arbeit dar. Sie hatten mehr Gelegenheit, in Problem- und Ausnahmesituationen ihre eigenen Entscheidungen zu treffen.

So führte der wirtschaftliche Ansatz für die Programmierung zu einer Lösung, die die Ziele für eine Verbesserung der Situation bei der Zeitschrift erreichte oder sogar übertraf, während der lediglich auf die Programmierung ausgerichtete Ansatz zu einer Verschlechterung der Situation der Zeitschrift geführt hatte.

1.6 Allgemeine Überlegungen

Bei der Zeitschrift lag der hauptsächliche Wert des wirtschaftlichen Ansatzes für die Programmierung darin, daß er den Analytikern erlaubte, das Problem aus mehr als einem Blickwinkel zu betrachten.

Dazu die folgende Aussage:

> Gib einem Mann einen Hammer, und er sieht die ganze Welt schließlich als eine Ansammlung von Nägeln.

Genau das geschah bei der ersten Lösung.

Die Programmierer identifizierten den Teil des Problems, der ein Programmierproblem zu sein schien (ihren „Nagel"), und hämmerten mit ihrer Programmierlösung darauf ein.

Wenn Sie in der Praxis Software-Engineering-Situationen begegnen, werden Sie feststellen, daß sie sowohl Programmier- als auch Nichtprogrammierprobleme enthalten: Fertigungsprobleme, Budgetprobleme, Zeitprobleme, Probleme mit der Festlegung der relativen Wichtigkeit der verschiedenen Benutzerwünsche. Die Nichtprogrammierprobleme zu umgehen, um sich auf die Programmierprobleme zu konzentrieren, führt fast immer zu späterem Ärger.

Der Ihnen im Rahmen dieses Buches vermittelte wirtschaftliche Blickwinkel wird Ihnen dabei helfen, Software-Engineering-Situationen zu analysieren und wirtschaftliche Lösungen für die Programmierung zu formulieren, die zufriedenstellender sind. Es bleibt jedoch noch ein zusätzlicher Faktor, der für ein erfolgreiches Software-Engineering wesentlich ist. Er wird Gegenstand des nächsten Kapitels sein.

Kapitel 2

Fallstudie 2: Ein Anwesenheitskontrollsystem für eine städtische Schulbehörde

2.1 Programmieraspekte

Ein Team von Analytikern eines Beratungsunternehmens erstellte einen Entwurf eines Systems für die Kontrolle der Schüleranwesenheit. Dieses System war ein Teil des umfassenden Schulinformationssystems eines großen städtischen Schulbezirks. Im Hinblick auf die Aspekte der Programmierung war der Entwurf sehr gelungen: Eine funktionsorientierte modulare Programmstruktur und eine Datenstruktur, die der voraussichtlichen Verteilung von Datenbank-Updates, Abfragen und Stapelberichten der Schulbehörde sehr gut entsprach.

2.2 Wirtschaftliche Aspekte

Auch vom Standpunkt der Wirtschaftlichkeit war der Entwurf sehr gut. Die vorausgesagten Nettoeinsparungen des Schulbezirks beliefen sich auf eine Höhe von mehreren Millionen Dollar pro Jahr. Ein großer Teil dieser Einsparungen resultierte aus dem überarbeiteten Entwurf des Anwesenheits-Kontrollsystems. Dieses System war zunächst manuell und erforderte in einigen Schulen bis zu neun Anwesenheitsprüferinnen. Der neue Entwurf sah computerlesbare Markierungsbelege vor, mit denen die Anwesenheitsdaten gesammelt werden sollten, sowie eine Remote-Dateneingabe/Drucker-Station in jeder Schule. Dieses System lieferte schneller konsequentere Anwesenheitslisten. Aufgrund dieser Ergebnisse konnte die Zahl der Anwesenheitsprüferinnen auf zwei Mitarbeiter pro Schule vermindert werden.

2.3 Soziale Aspekte

Es stellte sich als Fehler heraus, daß gerade die Anwesenheitsprüferinnen, deren Stellen in diesem neuen System abgeschafft werden sollten, berufstätige Mütter aus sozial schwachen Stadtvierteln waren. In vielen Fällen besuchten ihre Kinder die Schulen, an denen sie arbeiteten. Die Stellen als Prüferinnen waren nahezu ihre einzige Möglichkeit, einer Beschäftigung nachzugehen und ihre Familie zusammenzuhalten. Ohne diese Stellen hätten die meisten Mütter Stellen suchen müssen, die weit außerhalb ihres Viertels lagen. Sie hätten damit den engen Kontakt zu ihren Kindern verloren oder von der Sozialhilfe leben müssen.

Feste und geeignete Arbeitsstellen für die Bedürftigen zur Verfügung zu stellen, gehört zwar nicht zu den eigentlichen Aufgaben einer Schulbehörde. Die Schulverwaltung und die Schulleitung erkannten aber, daß diese Funktion ein wichtiges Gemeinschaftsanliegen erfüllte. Deshalb lehnten sie vor allem den automatisierten Teil der Anwesenheitsprüfung des neuen Systems heftig ab.

Hauptfehler des Entwurfsteams war es, sich zu stark auf die programmierorientierten und quantitativen wirtschaftlichen Aspekte des Entwurfs zu konzentrieren. Dadurch hatte das Team die wichtigeren sozialen Aspekte des Entwurfs für einen Teil der Gesellschaft überhaupt nicht beachtet.

2.4 Folgerungen

Ich war Mitarbeiter in diesem Team, und ich erinnere mich, daß mein Selbstwertgefühl durch diesen Fehlschlag einen ziemlichen Rückschlag erlitten hatte. Ich war ein begeisterter Anhänger und Teilnehmer bei verschiedenen Aktivitäten, die sich mit den „Auswirkungen des Computers auf die Gesellschaft" befaßten. Diese Aktivitäten wurden durch professionelle Institutionen unterstützt und beschäftigten sich hauptsächlich mit spekulativen Diskussionen über die langfristigen Auswirkungen des Computers auf die Gesellschaft. Im großen und ganzen betrachtete ich meine Teilnahme an diesen Diskussionen als meinen Beitrag für die Allgemeinheit. Und auf einen Schlag wurde mir jetzt klar, daß die sogenannten Auswirkungen des Computers auf die Gesellschaft eigentlich nichts anderes waren als die Summe der alltäglichen Aktivitäten von Analytikern und Programmierern wie ich selbst. Und ich war offensichtlich nicht in der Lage, die bedeutenden sozialen Konsequenzen meines eigenen Entwurfs zu erkennen.

Die wichtigste Lektion, die ich aus dieser Erfahrung gelernt habe, ist aber sehr positiv und ermutigend:

> *Jeder von uns hat als Software-Engineer die Möglichkeit, einen erheblichen Einfluß auf die Allgemeinheit auszuüben, und zwar dadurch, daß er für die langfristigen sozialen Auswirkungen seiner Arbeit sensibler wird und daß er diese Sensibilität in seine Software-Entwürfe und seine Software-Produkte einbringt.*

Es erfordert viel Praxiserfahrung, dies so zu tun, daß das Gleichgewicht zwischen den sozialen Aspekten und denen der Programmierung und der Wirtschaftlichkeit erhalten bleibt. Es kommt also darauf an, die Prioritäten zwischen Programmier-, Budget- und sozialen Aspekten richtig zu setzen.

2.5 Allgemeine Überlegungen

Diese Fallstudie zeigt, daß es einen wesentlichen Unterschied zwischen dem *humanorientierten* und dem *sachorientierten wirtschaftlichen* Ansatz gibt. Der sachorientierte wirtschaftliche Ansatz ist ein rein quantitativer Ansatz zur Entscheidungsfindung, der von Adam Smith und anderen im 18. und 19. Jahrhundert eingeleitet wurde und der im 20. Jahrhundert durch John Keynes und andere zu einer hochentwickelten Denkweise gestaltet wurde.

Die wichtigsten Leitprinzipien des sachorientierten Ansatzes sind:

- Alle Entscheidungskriterien lassen sich in Geld ausdrücken.
- Organisationen sollten Entscheidungen immer so treffen, daß ihre Gewinne möglichst maximiert werden.

Der sachorientierte Ansatz hat zwei Hauptvorteile: Entscheidungsprobleme lassen sich relativ einfach analysieren und lösen; quantitative Planung und Kontrolle von Aktivitäten lassen sich relativ problemlos durchführen. Ein gutes Beispiel dafür ist die Analyse, die bei dem Anwesenheits-Kontrollsystem für die Schule durchgeführt wurde.

Grundannahme des sachorientierten Ansatzes ist es, daß möglichst viele Menschen davon profitieren, wenn Personen und Organisationen den Grundprinzipien dieses Ansatzes folgen. Diese Annahme drückt sich in Begriffen wie die sogenannte „unsichtbare Hand" des Adam Smith aus, die so handelt, daß ein Gleichgewicht zwischen Löhnen und Preisen besteht, das sowohl von den Arbeitnehmern als auch den Arbeitgebern akzeptiert wird. Der Begriff zeigt sich auch in Aussagen wie derjenigen von Charles Wilson: „Was für General Motors nützlich ist, ist auch für die Vereinigten Staaten nützlich."

Neuerdings wird dieses Grundprinzip immer mehr in Frage gestellt. Bücher wie E. F. Schumacher's *„Small ist Beautiful"* (Schumacher, 1973) legen überzeugend dar, daß der sachorientierte Ansatz zu Entscheidungen führt, deren Konsequenzen langfristig gefährlich sind. Dieser Ansatz führt beispielsweise zur Erschöpfung von begrenzten Rohstoffen oder zur Beeinträchtigung der Qualität unserer Umwelt. Zu den möglichen Gefahren dieses Ansatzes gehört auch die frustrierende Situation des „Rädchens im Getriebe". Ein Beispiel dafür ist die manuelle Bearbeitung im alten System der Abonnement-Verwaltung bei der Zeitschrift.

Ein anderer Trend untergräbt die Gültigkeit der Grundprinzipien des sachorientierten Ansatzes: Heutzutage besteht der globale Trend, die alte, im wesentlichen produktionsorientierte Wirtschaft durch eine hauptsächlich dienstleistungsorientierte Wirtschaft zu ersetzen. Hauptzweck einer Dienstleistung ist es, den Kunden zufriedenzustellen. Es ist also klar, daß der sachorientierte Ansatz ergänzt werden muß. Er muß ebenso die qualitativen humanen Aspekte umfassen, die bei der Beurteilung der Effektivität einer Dienstleistung eine Rolle spielen.

Software-Engineering spielt eine zentrale Rolle beim Übergang zu einer dienstleistungs-orientierten Wirtschaft. Es ist also wichtig, daß der wirtschaftliche Einsatz des Software-Engineering den humanorientierten Ansatz unterstreicht, indem der gewinnorientierte, materielle Ansatz ergänzt wird, um qualitative humane Aspekte bei der Entscheidungsfindung einzuschließen. Das ist es, was in diesem Buch darzustellen versucht werden soll.

Kapitel 3

Die Ziele des Software-Engineering

3.1 Einleitung

Trennung der Problembereiche

Hauptergebnis der Kapitel 1 und 2 ist es, daß gutes Software-Engineering sowohl soziale und wirtschaftliche Aspekte als auch Programmieraspekte berücksichtigen muß.

Aber auch ohne diese zusätzlichen Aspekte ist die Programmierung schon äußerst kompliziert. Die Koryphäen der Programmierung behaupten, daß noch mehr Simplifizierung, z. B. Strukturierung, erforderlich ist, um die meisten Programmierprobleme lösbar zu machen (Dijkstra, 1976). Angesichts dieser Behauptung erscheint es sinnlos, Software-Engineering durch die kombinierte Betrachtung wirtschaftlicher und humanorientierter Aspekte noch komplizierter zu machen.

Es gibt zwei Gründe, aus denen diese zusätzliche „Komplikation" in der Tat sinnvoll erscheint:

1. Man kann es sich nicht leisten, diese Aspekte außer acht zu lassen. Kapitel 1 und 2 zeigen die Probleme, die entstanden sind, weil die menschlichen und wirtschaftlichen Aspekte des Software-Engineering vernachlässigt wurden.
2. Die Vorteile beider Ansätze können beibehalten werden, wenn die Programmiertätigkeiten im Sinne der Entflechtung der Fragen in einen Software-Engineering-Regelkreis eingebaut werden. Dieser Regelkreis enthält periodische Überprüfungen und Iterationen der Programmierergebnisse im Hinblick auf eine allgemeinere Zielstruktur.

In Abbildung 3–1 werden die wesentlichen Bestandteile dieses Regelkreises dargestellt. Dieser zielorientierte Ansatz des Software-Engineering heißt GOALS (Goal-Oriented Approach to Lifecycle Software). Wie Abb. 3–1 veranschaulicht, ist es kein besonders softwarespezifischer Ansatz. Was die Software angeht, so wird später eine hierarchische Zielstruktur für das Software-Engineering vorgestellt (Abb. 3–5). Diese Struktur umfaßt die Hauptziele, die sowohl im Softwareprodukt als auch in der Softwareproduktion gefordert werden.

Um diesen Ansatz funktionsfähig zu machen, muß man wissen, wie man bevorzugte oder zufriedenstellende Vorgehensweisen im Hinblick auf verschiedene, einander widersprechende Ziele festlegt. Diese Informationen liefert Teil III mit den wirtschaftlichen Aspekten des Software-Engineering: Techniken für die Analyse der Rentabilität, Analysen des Barwertes und andere Arten von Systemanalyse-Methoden in bezug auf Zielausgleich und Entscheidungsfindung bei mehrdimensionalen Zielen.

Inhalt dieses Kapitels

Dieses Kapitel liefert das Rahmenkonzept, in dem die Technik des wirtschaftlichen Software-Engineering angewandt werden kann, die in diesem Buch behandelt wird. Dieses Kapitel behandelt die folgenden Fragen:

- *Was ist Software-Engineering?* Abschnitt 3.2 liefert eine Definition und erörtert ihre Auswirkungen.

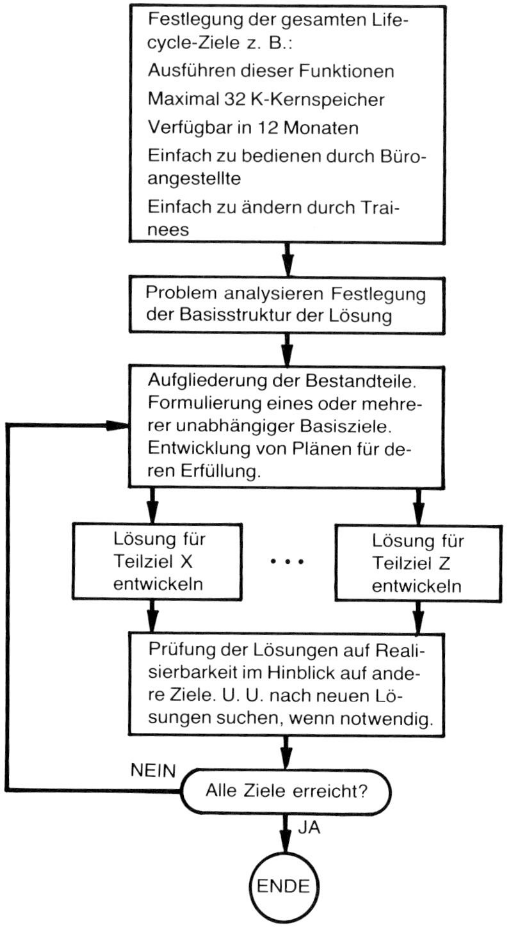

Abb. 3–1: Der GOALS-Ansatz

- *Warum sind die humanen und wirtschaftlichen Aspekte des Software-Engineering so bedeutend?* In Kapitel 1 und 2 wurden zwei bestimmte Fälle dargestellt, in denen diese Aspekte sehr wichtig sind. Die Abschnitte 3.3 und 3.4 beschreiben ihre Bedeutung im allgemeinen.
- *Warum ist ein mehrdimensionales Zielsystem erforderlich?* Die Abschnitte 3.5 bis 3.7 liefern Beispiele, die darlegen, weshalb eine Vielzahl von Zielen erforderlich ist. Dies gilt sowohl für das Softwareprodukt als auch für die Softwareproduktion.
- *Wie kann man mit dem breiten Spektrum von Zielen fertig werden, das sich hinter dem Software-Engineering verbirgt?* Die Abschnitte 3.8 und 3.9 stellen eine hierarchische Zielstruktur für das Software-Engineering und den GOALS-Ansatz mit einigen kurzen Beispielen für seine Anwendung dar.

3.2 Software-Engineering: Eine Definition

Die hier verwendete Definition des Software-Engineering stützt sich auf die Definition der Wörter *Software* und *Engineering*, die in der aktuellen Ausgabe von *Websters New Intercollegiate Dictionary* (Webster 1979) aufgeführt ist:

- *Software* sind sämtliche Programme, Prozeduren und zugehörige Dokumentationen, die mit einem System und insbesondere mit einem Computersystem zusammenhängen.
- *Engineering* ist die Anwendung der Wissenschaft und der Mathematik, durch die die Eigenschaften der Materie und die Energiequellen in der Natur dem Menschen nutzbar gemacht werden als Strukturen, Maschinen, Produkte, Systeme und Prozesse.

Da die Eigenschaften der Materie und der Energiequellen, die die Software kontrolliert, in die Fähigkeiten des Computers eingebunden sind, kann man die beiden Definitionen folgendermaßen zusammenfassen:

- *Software-Engineering* ist die Anwendung von Wissenschaft und Mathematik, durch die die Fähigkeiten des Computers dem Menschen nutzbar gemacht werden, und zwar über Programme, Prozeduren und damit in Zusammenhang stehende Dokumentationen.

Diskussion

Diese Definition des Software-Engineering enthält zwei Hauptpunkte, die weiter diskutiert werden sollten. Erstens, bei dieser Definition ist unter Software mehr als nur „Programme" zu verstehen. Wer ein guter Software-Engineer werden will, muß also mehr als bloß Programme schreiben können. Er muß auch lernen, gute Dokumentationen, Datenbanken und Prozeduren für Computersysteme zu produzieren.

Zweiter Hauptpunkt ist der Ausdruck, „dem Menschen nützen". In der *Praxis* findet sich der Software-Engineer verpflichtet, dafür zu sorgen, daß seine Softwareprodukte dem Menschen wirklich nützen sollen. Es entspricht nicht dem Verantwortungsbewußtsein eines Software-Engineers, irgendwelche Spezifikationen zu akzeptieren und ein Programm zu erstellen, das den Spezifikationen entspricht. Der Software-Engineer muß auch seine Sachkenntnis und seine Urteilsfähigkeit einsetzen, um den Anforderungen entsprechende Spezifikationen zu entwickeln. Er muß sicherstellen, daß die daraus entstehende Software Funktionen ausführt, die für die Allgemeinheit nützlich sind. Die Berücksichtigung der sozialen Auswirkungen von Computersystemen auf die Allgemeinheit ist also ein Bestandteil der Aufgabe des Software-Engineers. Man muß Techniken für die Behandlung dieser Fragen in die praxisbezogene Methodik des Software-Engineers einbauen. Das heißt, daß diese Frage nicht als ein Thema behandelt werden sollte, das von der alltäglichen Praxis isoliert ist.

Bezüglich des *Lernens* bedeutet der Ausdruck „dem Menschen nützen", daß die Wissenschaft und die Mathematik, die mit dem Software-Engineering zu tun haben, wesentlich mehr sind als einfache Computerwissenschaft. Dem „Menschen nützlich" ist etwas, das ein Bedürfnis erfüllt, und zwar zu einem Preis, den sich der Mensch leisten kann. Durch die wissenschaftlichen und mathematischen Aspekte des humanorientierten Ansatzes, die in diesem Buch dargelegt werden, lernt man die Fragen von Kosten und menschlichen Bedürfnissen zu behandeln, die sich bei Problemen im Software-Engineering stellen. Man lernt auch, diese Probleme in Zusammenhang mit den Fragen der Informatik zu sehen.

3.3 Software-Trend: Kosten

Die Methoden, mit denen Software-Engineering durchgeführt wird, bestimmen den Preis und die Qualität der produzierten Software. Software-Engineering ist also wegen folgender Trends wichtig:

1. Software ist ein umfangreicher und in zunehmendem Maße kostspieliger Gegenstand.
2. Software hat einen immer größer werdenden Einfluß auf das Wohlergehen der Menschheit.

Diese beiden Tendenzen werden in den nächsten zwei Abschnitten behandelt.

1980 wurden in den Vereinigten Staaten etwa 40 Milliarden Dollar, 2% des Bruttosozialproduktes des Landes, für Software ausgegeben. Die Wachstumsrate des Softwarebereiches ist wesentlich größer als die der übrigen Wirtschaft. Im Vergleich zum Preis der Hardware steigt der der Software nach wie vor, wie in Abb. 3–2 vorausgesehen (Boehm 1976).

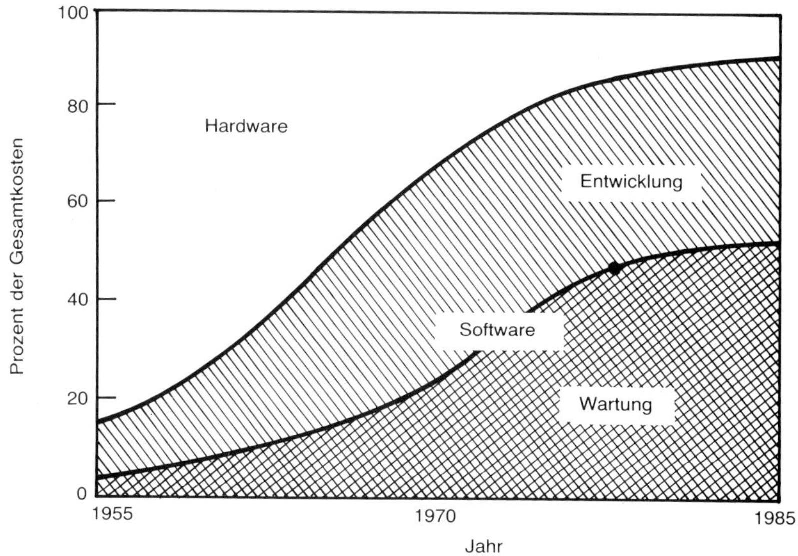

Abb. 3–2: Hardware/Software-Kostentrends

Inzwischen hat sich diese Tendenz so verstärkt, daß die Hardware einfach als eine Art Verpackung für die Software betrachtet werden kann. Letztlich ist es vielmehr der Preis der Software, der den Preis eines Computersystems bestimmt. Wenn heute jemand ein Computersystem kauft, so kauft er normalerweise die „Hardware". In der Praxis kostet die Software des Systems jedoch dreimal mehr als die Hardware. Der Schwerpunkt der meisten Kaufentscheidungen liegt daher eher bei der Software als bei der Hardware. In Kapitel 15 wird ein Beispiel dafür dargestellt.

Manche neuen Systeme bieten Produkte an, die eigentlich im wesentlichen IBM-Software in einer anderen Verpackung für einen anderen Großrechner sind. Das Wichtige dabei ist, daß die Software-Miete für ein einfaches IBM-4331-System höher sein kann als die Hardware-Miete (Lundell, 1979).

Es wurde vorausgesagt, daß der Anteil der Computer-Industrie bzw. der informationsverarbeitenden Industrie bis 1985 auf 8,5% und bis 1990 auf 13% des Bruttosozialproduktes der Vereinigten Staaten steigen wird (Dolotta u. a., 1976; Steel, 1977). Software dürfte einen der wichtigsten Teile dieser Wachstumsindustrie darstellen.

Diese Steigerung der Nachfrage nach Software bildet eine enorme Herausforderung für den Beruf des Software-Engineers. Diese Herausforderung ist zweifacher Natur: Erstens muß die Produktivität der Software-Entwicklung sehr stark steigen; zweitens muß die Effizienz der Software-Wartung wesentlich besser werden. Abbildung 3–2 zeigt, daß Software-Wartung einen höheren Aufwand verursacht als Software-Entwicklung.

3.4 Software-Trend: Soziale Auswirkung

Hauptgrund für die wachsende Nachfrage nach Software ist die Tatsache, daß Hardware immer preisgünstiger, zuverlässiger und reichlicher verfügbar wird. Infolge dieser Entwicklung wird es immer günstiger, die rein mechanischen Teile der Arbeiten, die bisher von Menschen ausgeführt wurden, zu automatisieren.

Abbildung 3–3 veranschaulicht diesen Trend. Sie faßt die Ergebnisse von drei Studien über zunehmenden Computer-Einsatz und über die Auswirkungen auf die Menschen zusammen (AFIPS-Time, 1971; Boehm, 1973; Dolotta u. a., 1976). Diese Berichte sagten voraus, daß bis 1985 etwa 40% der amerikanischen Arbeitskräfte ihre Arbeit nur mit Hilfe von Computern und Software würden durchführen können, und trotz dieser Abhängigkeit werden diese Arbeitskräfte nicht wissen müssen, wie Computer und Software funktionieren. Sie werden also auf die von der Software gelieferten Ergebnisse vertrauen müssen.

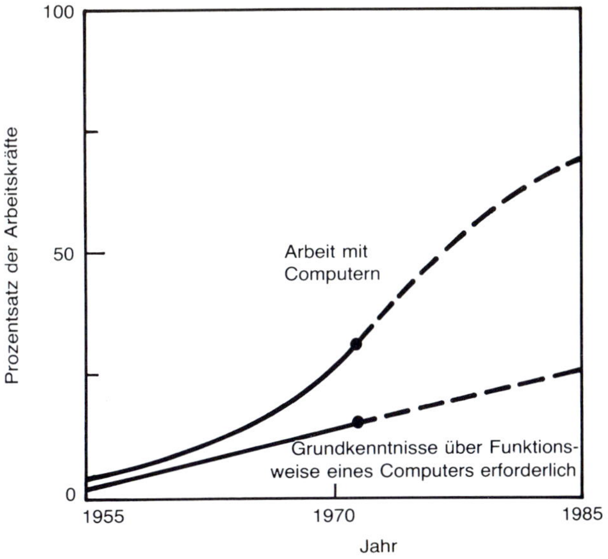

Abb. 3–3: Zunehmende Vertrautheit mit Computern und Software

Die Auswirkungen der Computer und der Software auf unser persönliches Leben sind noch gravierender. Mit jedem Tag werden mehr und mehr Personalien, Bankkontos, kommunale Dienstleistungen, Verkehrskontrollen, Luftverkehrs-Informationen, Gesundheitsdienstleistungen und nationale Sicherheitsinformationen den Computern anvertraut. Dabei ist natürlich zu hoffen, daß die Computer zuverlässig und den Anforderungen der Menschen entsprechend funktionieren. Es wird aber immer offensichtlicher, daß Computer eine mögliche Beeinträchtigung der Lebensqualität der Menschen darstellen, und zwar durch Computer-Verbrechen (Parker, 1976), riesengroße Datenbanken (Westin-Baker, 1972; Ware und andere, 1974) oder durch Systeme, die dazu führen, daß sich Menschen wie Computer verhalten und wie Computer denken.

Diese zunehmenden Auswirkungen auf das Wohlergehen der Menschen stellen eine enorme Herausforderung an den Bereich des Software-Engineering dar. Dieser Bereich wird gezwungen, Software zu entwickeln und zu warten, die sicherstellt, daß Computer-Systeme

- äußerst zuverlässig sind,
- human reagieren,
- einfach zu gebrauchen sind,
- gegen Mißbrauch ausreichend geschützt sind,
- überprüfbar sind

und die sicherstellen, daß die Menschen und nicht die Computer den Ablauf der Dinge bestimmen.

Diese Herausforderungen und die Anforderungen an die Produktivität und die Wartbarkeit, die im vorigen Kapitel dargelegt wurden, sind die wichtigsten Beweggründe für die Ziele des Software-Engineering, die im nächsten Kapitel behandelt werden.

3.5 Die Pluralität der Ziele

Es wäre sehr zweckmäßig, wenn man ein einzelnes Gesamtziel für das Software-Engineering ansetzen könnte, dessen Erfüllung die Erreichung sämtlicher obengenannter Ziele bedeuten würde. Dies würde der normalen Situation eines Studenten entsprechen. Bei den meisten Klausuren und Hausarbeiten gibt es eine klar definierte Skala für die Messung der Leistung. Am Ende eines Semesters bestehen die Noten eines Studenten aus einer gewichteten Summe seiner Noten für die einzelnen Seminararbeiten.

Im Software-Engineering ist das alles aber nicht so einfach. Manche der obengenannten Herausforderungen widersprechen einander: Z. B. Schnelligkeit der Software-Entwicklung, Effizienz der Programme, extreme Zuverlässigkeit, einfache Anwendung, Wartungsfreundlichkeit. Eine übermäßige Konzentration auf einen einzigen dieser Aspekte wirkt sich aber negativ auf die anderen aus.

3.6 Beispiel: Weinbergs Experiment

Tabelle 3–1 stellt die Ergebnisse eines Programmierexperimentes dar, das vor mehreren Jahren durchgeführt wurde (Weinberg-Schulman, 1974). Dieses Experiment ist ein sehr gutes Beispiel für Zielkonflikte. In diesem Experiment bekamen fünf Teams dieselbe Aufgabe. Bei der Durchführung der Aufgabe mußte sich jedes Team aber auf ein anderes Ziel konzentrieren. Das erste Team mußte die Aufgabe mit möglichst wenig Aufwand durchführen, das zweite Team mußte die Anzahl von Statements des Programmes minimieren, das dritte Team mußte ein Programm mit möglichst wenig Speicherplatzbedarf entwickeln, das vierte Team mußte ein möglichst klar gegliedertes Programm erstellen, und das fünfte Team sollte einen besonders übersichtlichen Output liefern.

Tab. 3–1: Das Experiment zeigt, daß die Leistung des Programmierteams sehr stark von den gesetzten Zielen abhängt (Weinberg-Schulman, 1974)

	Anhand der Leistung ermittelte Rangordnung (1 = Bester)				
Teamziel: Optimum	Fertigstellungs-aufwand	Anzahl Statements	Speicherplatz-bedarf	Programm-übersichtlichkeit	Output-übersichtlichkeit
Fertigstellungs-aufwand	**1**	**4**	**4**	**5**	**3**
Anzahl Statements	**2–3**	**1**	**2**	**3**	**5**
Speicherplatz-bedarf	**5**	**2**	**1**	**4**	**4**
Programmüber-sichtlichkeit	**4**	**3**	**3**	**2**	**2**
Outputüber-sichtlichkeit	**2–3**	**5**	**5**	**1**	**1**

Nach der Fertigstellung und Auswertung der Programme ergaben sich einige bemerkenswerte Resultate:

- Jedes Team beendete das Experiment im Hinblick auf seine zu optimierende Zielsetzung als erstes (außer in einem Fall, hier wurde das betreffende Team zweiter);
- Kein Team erbrachte eine Leistung, die hinsichtlich aller Ziele optimal war.

Die Leistung des ersten Teams sollte man besonders beachten. Dieses Team war beauftragt, die Aufgabe mit möglichst geringem Aufwand durchzuführen. Was den Aufwand betrifft, belegte das Team den ersten Platz, was seine Produktivität (Befehlszeilen pro Mannstunde) betrifft, war es zweiter. Bei der Anzahl Statements und beim Speicherplatzbedarf belegte es den vorletzten Platz, bei der klaren Gliederung den letzten Platz, und beim übersichtlichen Output kam es auf den dritten Platz.

Die wichtigsten Schlüsse, die aus dem Experiment von Weinberg gezogen werden können, sind:

1. *Programmierer haben eine sehr hohe Leistungsmotivation.* Wenn man Leistung als das definiert, was man von dem Projekt erwartet, geben sich die Programmierer viel

Mühe, um das Verlangte zu liefern. In Kapitel 33 wird diese Tendenz in einem Überblick über die Faktoren veranschaulicht, die DV-Spezialisten motivieren.

2. *In der Praxis stehen verschiedene Software-Ziele im Gegensatz zueinander.* Die Ergebnisse des ersten Teams beweisen, daß sich eine übermäßige Konzentration auf eine Minimierung des Budgets und des Zeitaufwandes für die Entwicklung der Software negativ auf Budget, Zeitaufwand und Effizienz der Software während ihres Lifecycle auswirken. Diese Beeinträchtigung entsteht wegen der Abstriche in den anderen wesentlichen Bereichen der Software-Entwicklung.
3. *Erfolgreiches Software-Engineering während des Software-Lifecycle bedarf laufender Abstimmung einer Vielfalt wichtiger, aber oft im Gegensatz zueinander stehender Ziele.*

3.7 Die Vielfalt der Meinungen über das Software-Engineering

Es wäre praktisch, wenn es eine einzige Regel gäbe (z. B. „Du sollst ohne GO TO programmieren"), die sämtlichen obengenannten Zielen und Anforderungen der Software entspräche. Im Software-Bereich ist es aber (un)glücklicherweise nicht so einfach.

In der Tat ähnelt die Situation vielmehr der, die in Abbildung 3–4 dargestellt ist. Der Software-Engineer wird immer mit verschiedenen Regeln bombardiert: Die Aufgabe topdown durchzuführen, alles als richtig zu beweisen, die Aufgabe outside-in durchzuführen, immer unabhängige Richtigkeit und Nachprüfbarkeit zu garantieren, jede Tätigkeit doppelt auszuführen usw. Jede dieser empfohlenen Regeln entspricht bestimmten Aspekten der Anforderungen. Aber sie ist weit davon entfernt, die anderen Aspekte zu berücksichtigen; im Gegenteil: sie behindert die Entwicklung hin zur Erreichung einiger der anderen Ziele.

Alles als korrekt zu beweisen, ist ein großer Schritt in Richtung auf das Ziel hoher Zuverlässigkeit. Er hilft aber nicht, die Anwenderfreundlichkeit der Software zu verbessern, und behindert (zumindest bei dem heutigen Stand der Technik) den Versuch, höhere Produktivität während des Software-Lifecycle zu erreichen. Dies gilt vor allem für schnell wechselnde Situationen, in denen eine geänderte Version der Software erstellt werden muß, bevor die endgültige Originalversion fertig ist. In diesem Falle wäre es Zeitverschwendung, die Richtigkeit des bereits veralteten Programms nachweisen zu wollen. Noch ein Beispiel ist die Empfehlung, jede Tätigkeit doppelt auszuführen. Dieser Ansatz ist sinnvoll, wenn es darum geht, Anwenderzufriedenheit und Effizienz des Anwendungssystems in einer unbekannten Umgebung zu erfüllen. Der erste Versuch liefert einen praktischen Einblick, der zweite Versuch führt zu verbesserten Ergebnissen. Aber in einer Umgebung, die dem Programmierer schon vertraut ist, ist es sinnlos, jede Tätigkeit zweimal auszuführen. Das Ergebnis wäre nur Zeitverlust und eine Senkung der Leistungsbereitschaft der Programmierer.

Es gibt also wichtige Fertigkeiten, die der Software-Engineer erwerben muß. Er muß lernen, sich mit einer Vielzahl von Zielen zu befassen, die im Gegensatz zueinander stehen. Er muß auch lernen, die Anwendung einer Vielzahl von Methoden zu koordinieren, deren jede bis zu einem gewissen Grad und je nach der jeweiligen Situation der Erfüllung bestimmter Ziele dient oder sie behindert.)*

---

*) Diese Schlußfolgerung drängt sich mir zumindest auf, nachdem ich längere Zeit versucht habe, durch Aufstellung eines universal gültigen Prinzips (z. B. Software-First-Konzept, modellgesteuerte Software), das sich als Lösung für alle Probleme des Software-Engineering eignet, den Gegenbeweis anzutreten. Jedesmal haben mir Kollegen in aller Form, aber unwiderlegbar, Situationen nachgewiesen, in denen das Prinzip nicht allgemeingültig genug war oder aber viel zu allgemein war, um eine echte Hilfe darzustellen.

Abb. 3–4: Ausgewählte Software-Ratschläge

Die Zielstruktur des Software-Engineering und der GOALS-Ansatz, die in den nächsten zwei Kapiteln behandelt werden, zeigen, wie sich diese Fertigkeiten am besten erwerben lassen. Der Rest des Buches befaßt sich mit den eigentlichen Fertigkeiten.

3.8 Die Zielstruktur des Software-Engineering

Abbildung 3–5 stellt eine hierarchische Zielstruktur für erfolgreiches Software-Engineering dar. Die Abbildung weist darauf hin, daß Software-Engineering erst dann erfolgreich sein kann, wenn der Software-Engineer auf zwei Hauptziele achtet:

1. Erstellung eines erfolgreichen Software-Produktes
2. Durchführung eines erfolgreichen Entwicklungs- und Wartungsprozesses für die Software.

Jedes dieser Basisziele hat drei ähnliche Komponenten:

a) Bezug zum Menschen
b) Bezug zum Ressourcen-Engineering
c) Bezug zum Programm-Engineering

Erfolgreiches Software-Engineering ist also wiederum das Resultat aus dem Streben nach einem ausgewogenen Gleichgewicht zwischen den Basiszielen, sowohl bei dem Software-Produkt als auch bei dem Software-Erstellungsprozeß.

Unter jeder Komponente werden einige spezifischere Einzelziele aufgeführt. In Anhang B wird jedes dieser Einzelziele definiert, besprochen und kurz veranschaulicht.

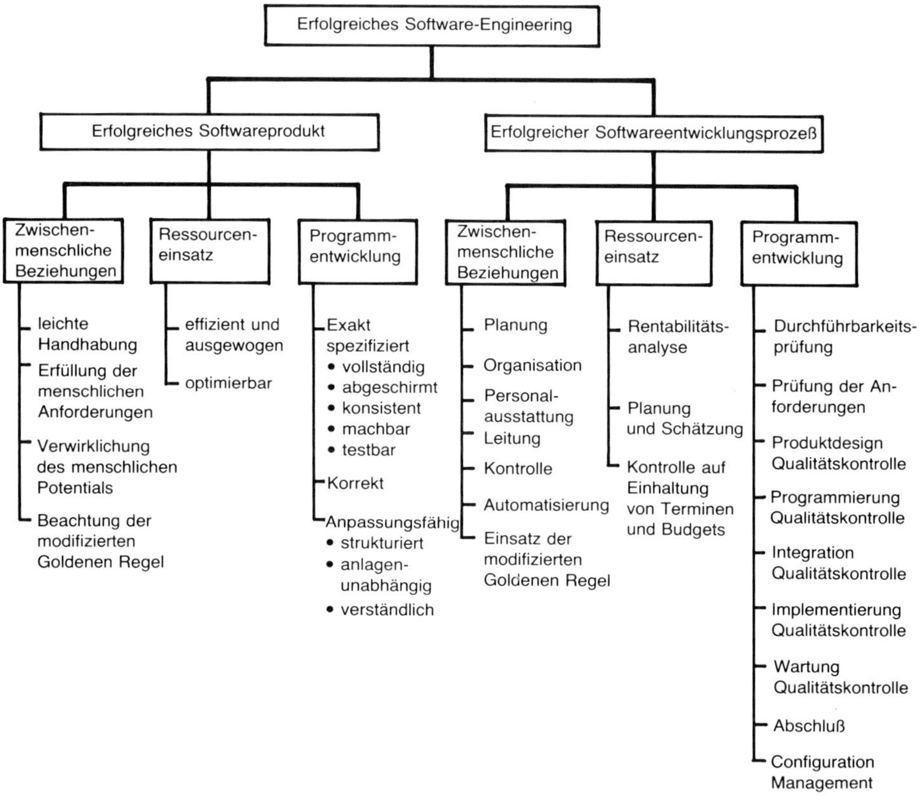

Abb. 3–5: Zielstruktur des Software-Engineering

3.9 Der GOALS-Ansatz für das Software-Engineering

Der GOALS-Ansatz (Ziel-orientierter Ansatz für den Software-Lifecycle) für das Software-Engineering ist ein Prozeß, bei dem die in Abb. 3–5 dargestellte Zielstruktur für das Software-Engineering als Leitbild bei der Spezifikation, Entwicklung und Wartung der Software herangezogen werden kann. In Abb. 3–1 wird der Gesamtüberblick dargestellt; in Tabelle 3–2 wird eine spezifischere Vorgehensweise in Teilschritten gezeigt.

Tab. 3–2: Der GOALS-Ansatz des Software-Engineering

1. Hauptziele definieren, die durch das Software-Produkt und den Software-Entwicklungsprozeß erreicht werden sollen.
2. Software-Engineering-Zielstruktur (Abbildung 3–5) als Checkliste benutzen, daß alle Hauptziele identifiziert wurden.
3. Hilfsmittel definieren, mit denen die Ziele erreicht werden sollen. Dieser Punkt beinhaltet eine Planung für folgendes:
   - Wer ist verantwortlich für die Erreichung jedes Zieles?
   - Wann und wo werden die Ziele erreicht?
   - Wie werden die Ziele erreicht? Das beinhaltet die Definition von irgendwelchen zusätzlichen Unterzielen und ihren Konsequenzen.
   - Welche Voraussetzungen müssen erfüllt sein, um die Ziele zu erreichen?

   Es können verschiedene Stufen von Unterzielen erforderlich sein, die Mittel detailliert genug zu definieren, um den Entwicklungsprozeß unter Kontrolle zu halten.
4. Dem Plan bis zur Erreichung des nächsten Prozeß-Unterzieles folgen (oder der nächsten Gruppe von Unterzielen, wenn einige Tätigkeiten parallel abgewickelt werden können).
5. Produkt- und Entwicklungsprozeß-Status im Hinblick auf alle definierten Ziele und Unterziele überwachen.
6. Zieldefinitionen und Planungen wiederholen (sofern erforderlich).
7. Schritte 4 bis 6 weiterhin im Hinblick auf erfolgreiche Unterziel-Erfüllung ausführen, bis der Prozeß abgeschlossen ist.
8. Unabhängig von den oben genannten Schritten den Fortschritt unter Beachtung der Gesamtzielstruktur des Software-Engineering überprüfen. Wiederholen Sie Zieldefinition und Planungen (sofern notwendig).

Abb. 3–1 und Tabelle 3–2 liefern eine abstrahierte Formulierung des GOALS-Ansatzes. Um eine bessere Vorstellung davon zu bekommen, wie der Ansatz in der Praxis aussieht, zeigt Tabelle 3–3 einige Schritte als Beispiel, die man im Hinblick auf vier repräsentative Ziele während der Entwurfsphase der Software durchführt. Die beiden ersten Beispiele zeigen, wie der GOALS-Ansatz es der Zeitschrift und der städtischen Schulbehörde ermöglicht hätte, die aufgetretenen Probleme zu vermeiden.

- *Ein quantitatives Produktziel:* Verringerung der Kosten der Abonnement-Verwaltung um 25% pro Transaktion.
- *Ein qualitatives Produktziel:* Verbesserung der Arbeitsbedingungen der Schulangestellten.
- *Ein quantitatives Projektziel:* Entwicklung der Software innerhalb von 12 Monaten.
- *Ein qualitatives Projektziel:* Karriere-Aufstiegsmöglichkeiten für das Test-Personal vorsehen.

Tab. 3–3: Beispiele für den GOALS-Ansatz

Schritt	Produkt-Ziele Quantitativ	Produkt-Ziele Qualitativ	Entwicklungsprozeß-Ziele Quantitativ	Entwicklungsprozeß-Ziele Qualitativ
1. Zieldefinition	Verringerung der Abonnements-Verarbeitungskosten je Transaktion um 25%	Verbesserung der Arbeit der Schulangestellten	Entwicklung von Software in 12 Monaten	Karriere-Entwicklung für das Testpersonal
2. Hilfsmitteldefinition	Automatische Tabulatoroperationen	Automatische Verarbeitung der Anwesenheitszahlen	Detaillierte Entwicklung von Terminplänen und Aktivitätsnetzplänen	Schulungsprogramm, Job-Zuordnung
4. Erreichung des nächsten Unterzieles	Höchste Stufe des Programmentwurfes	Effizientes Verarbeitungsdesign der Anwesenheitszahlen	Abschluß des Produktentwurfes	Abschluß des Produktentwurfes
5. Überprüfung des Zieles	Die meisten Kosten werden für die Vorverarbeitung aufgewendet; die Tabulator-Automation erhöht u. U. die Kosten je Transaktion	Wegfall der Arbeit anstatt Verbesserung der Arbeit	Prüfung der Termine und der Erreichung aller Meilenstein-Ergebnisse; Ermittlung der fehlenden Testplan-Elemente	Prüfung der Bereitschaft des Testpersonals und seiner Leistungsfähigkeit; Ermittlung von Mitarbeitern, die nicht mit den Netzplan-Testaktivitäten vertraut sind
6. Wiederholung	Analyse und Neuentwurf der Vorverarbeitung und der Computerverarbeitung	Ausweitung der Funktionen des Anwesenheitsprüfungs-Büros, z. B. durch Berater	Konzentrieren Sie den Aufwand auf fehlende Elemente der Testpläne	Hilfestellung für Jobschulung durch die Vorbereitung von Netzplan-Testaktivitäten
8. Überprüfung der Zielstruktur	Prüfen Sie die Pläne für die Versetzung von fehleingesetzten Angestellten	Das Budget für die Verarbeitung soll realistisch bleiben	Prüfen Sie das Gerücht, daß der Haupt-Entwickler unzufrieden ist und Kündigungsabsichten hat	Überprüfen Sie den Projektfortschritt und die Karriereentwicklung mit dem Testpersonal

Die „nächsten Basisziele", die am Ende des vierten Schrittes in Tab. 3–3 erreicht sind, sind die Produktentwurfsziele, der gesamte Produktentwurf, der Gesamt-Testplan, ein Satz von Benutzerhandbüchern und ein Entwicklungsplan.

In Schritt 5 der Tabelle 3–3 sind einige typische Ergebnisse zu sehen, die sich aus einem Projektfortschrittsbericht hinsichtlich der Produkt- und Projektziele ergeben. Ein solcher Überblick bei dem Zeitschriftprojekt hätte gezeigt, daß der vorgeschlagene Softwareentwurf nicht zu einer Verringerung der Kosten geführt hätte. Bei der Schulbehörde hätte ein solcher Überblick gezeigt, daß das neue System zu keiner Verbesserung der Arbeitsbedingungen der Mitarbeiterinnen führen würde.

Der GOALS-Ansatz ist eine Art *„Management-by-Objectives"* (Drucker, 1954), wobei die Objectives die verschiedenen Ziele des Software-Engineering sind, die in der Zielstruktur in Abb. 3–5 dargestellt sind. Die Vorteile des GOALS-Ansatzes ähneln also denen anderer Management-by-Objectives-Ansätze. Die Hauptvorteile sind:

- Schaffung von expliziten persönlichen Bindungen an Produkt- und Projektziele;
- Bereitstellung eines Rahmens für die Überprüfung der Zielvollständigkeit;

- Schaffung einer gut dokumentierten Folge von Basiszielen, die für die Erreichung der Ziele erforderlich sind;
- Bereitstellung eines Frühwarnsystems, falls einige Ziele nicht erreicht werden können;
- Einrichtung von Kontrollpunkten für die Abstimmung von quantitativen und qualitativen Zielen.

Die Basisziele, die für das Programm-Engineering des Software-Erstellungsprozesses vorgesehen sind, unterscheiden sich von den anderen Basiszielen insofern, als sie eine Folge bilden und der Reihe nach zu behandeln sind. Diese Basisziele bilden die wichtigsten Meilensteine im Software-Lifecycle, der im nächsten Teil dieses Buches (in den Kapiteln 4 bis 9) behandelt wird.

TEIL II

DER SOFTWARE-LIFECYCLE: EIN QUANTITATIVES MODELL

Dieser Teil des Buches behandelt den Software-Lifecycle von der ersten Sondierungsphase, in der die Machbarkeit eines neuen Software-Produktes eingeschätzt wird, bis zur Endphase, in der das Produkt aufgegeben wird. Der Lebenszyklus (Lifecycle) wird quantitativ dargestellt vom Standpunkt des Zeitbedarfs und des Aufwandes aus, den die Fertigstellung jeder Phase erfordert.

Die quantitativen Beziehungen im Lifecycle sind in eine Hierarchie von Modellen für die Software-Kostenschätzungen eingeordnet, die den Namen COCOMO trägt (**CO**nstructive **CO**st **MO**del). Das einfachste Modell heißt COCOMO-Basismodell. Es schätzt den Aufwand und die Kosten der Software-Entwicklung lediglich hinsichtlich der Anzahl von Source-Statements. Anschließend wird ein erweitertes Modell diskutiert, das den Software-Entwicklungsaufwand vom Standpunkt der — abgesehen vom Umfang — wichtigsten Kostenfaktoren einschätzt.

Zu diesen Kostenfaktoren gehören verschiedene Produkteigenschaften (z. B. Komplexität und erforderliche Zuverlässigkeit), Hardware-Eigenschaften (Ausführungszeit und Speicherbeschränkungen), Personaleigenschaften (Qualifikation, Erfahrung mit dem Anwendungs- oder Computer-System) und Projekteigenschaften (Termineinschränkungen, Einsatz von Software-Tools). Im vierten Teil dieses Buches wird ein noch detaillierteres und präziseres Modell dargestellt, in dessen Rahmen die Auswirkung dieser Eigenschaften auf jede einzelne Phase des Lifecycle behandelt wird. Dort werden auch die beobachteten Ergebnisse behandelt, die jeder COCOMO-Kostenschätzung zugrunde liegen, und die Möglichkeiten der Anpassung dargestellt.

Bedeutung der Software-Kostenschätzung

Der Grund für die Betonung der Software-Kosteneinschätzung liegt darin, daß sie einen unerläßlichen Zusammenhang zwischen den allgemeinen wirtschaftswissenschaftlichen Begriffen und Techniken und dem spezifischen Gebiet des Software-Engineering herstellt. Man muß Rentabilitätsanalysen, Breakeven-Analysen oder Eigenfertigungs-/Fremdbezug-Analysen durchführen. Ohne relativ präzise Methoden der Kostenschätzung und ihrer Beeinflussung durch verschiedene Produkt-, Projekt- und Umgebungsfaktoren lassen sich aber solche Analysen nur schlecht durchführen.

Methoden für die Schätzung von Softwarekosten sind auch deswegen wichtig, weil sie ein unentbehrlicher Teil des Grundwissens sind, das Voraussetzung für gutes Software-Engineering ist. Fehlt die Möglichkeit, Softwarekosten relativ präzise zu schätzen, so ergeben sich für Software-Projekte sehr oft folgende Probleme:

1. Softwareprojekt-Mitarbeiter haben keine feste Argumentationsbasis dafür, einem Manager, Kunden oder Verkäufer klarzumachen, daß ihre vorgeschlagenen Budgets und Termine unrealistisch sind. Dies führt zu übermäßig optimistischen Versprechungen bei betriebsinternen Software-Entwicklungen, zu unterschätzten Budgets bei in Konkurrenz stehenden Angeboten für Software-Projekte und zu zwangsläufigen Verzögerungen und Beeinträchtigungen der Performance.

2. Software-Analytiker haben keine feste Basis, auf der sie realistische Ausgleichsanalysen zwischen Hardware und Software während der Systementwurfsphase machen können. Oft führt dies zu einem Entwurf, in dem die Hardware-Kosten sinken, und zwar auf Kosten einer noch größeren Zunahme der Software-Kosten.

3. Projektmanager haben keine feste Basis, auf der sie den Aufwand und Zeitbedarf für jede Phase und Aktivität einschätzen können. Daraus ergibt sich, daß Manager nur schwer feststellen können, ob Projekte planmäßig laufen. Unter solchen Umständen ist das Projekt schon von Anfang an außer Kontrolle.

Ein Beispiel

Abb. II–1 stellt ein Beispiel für diese Probleme dar (Devenny, 1976). Gegenstand ist die Entwicklung eines Führungssystems, das für die U. S. Air Force entwickelt wurde. Es geht um den Vergleich zwischen den Kostenschätzungen und den effektiven Kosten. Wichtig sind das Projekt und der Kunde nur insofern, als die Air Force den Fortgang sehr sorgfältig dokumentiert und analysiert hat, um ähnliche Probleme in der Zukunft zu vermeiden.

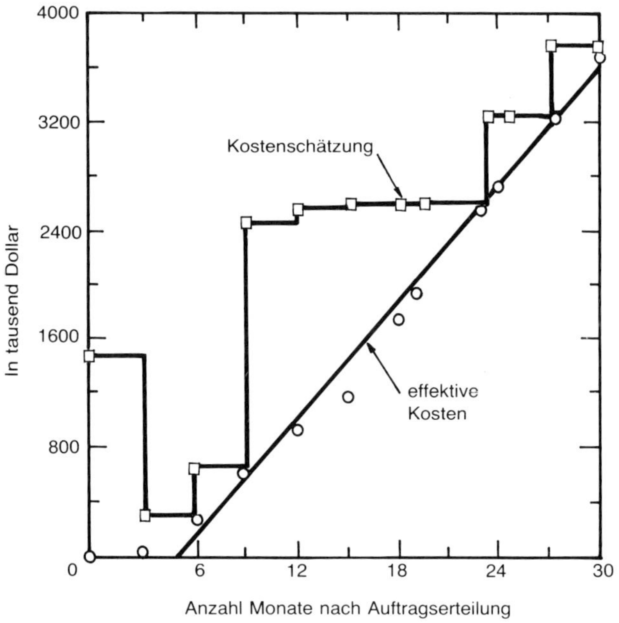

Abb. II–1: Beispiel für die Kostenentwicklung eines Software-Projektes

Die Erstschätzung der Kosten für das Projekt lag bei etwa $ 1 500 000. Nach einer Runde von „endgültigen“ Schätzungen der Konkurrenten wurde die niedrigste Schätzung ausgewählt, sie betrug $ 400 000. Diese Schätzung basierte jedoch eher auf optimistischen Annahmen und Behauptungen als auf irgendeinem rationalen Grundprinzip der Software-Kostenschätzung.

Die folgende Geschichte war eine Folge von Situationen mit „bösem Erwachen" — bei \$ 400 000, bei \$ 700 000, bei \$ 2 500 000 und bei \$ 3 200 000 —, daß das Budget nicht ausreichen würde und das Projekt immer noch nicht fertig war. Jedesmal wurden ein neues, höheres Budget und ein neuer Termin ausgehandelt. Am Ende ergab das Gesamtkosten von etwa \$ 3 700 000, d. h. fast zehnmal so hoch wie die ursprüngliche optimistische Schätzung. Sogar in den späten Stadien des Projekts blieben die Schätzungen des Restaufwandes höchst unpräzise. „Ein neues Budget und einen neuen Termin aushandeln" hört sich wie eine einfache Verhandlung an. Es bringt aber viel Streß und Frustration mit sich, die für die Betroffenen sehr unangenehm sind. Zum Beispiel:

- Die Benutzer hatten geplant, ihre existierenden Anwendungsprogramme auslaufen zu lassen: Das Personal bekommt neue Aufgaben zugewiesen, neue Ausrüstung und Hilfsmittel werden bestellt, alte Lieferungen werden abbestellt, neue Anwendungen werden in das System integriert. Dem Benutzer wird es keinen großen Spaß machen, sich noch einmal mit diesen Fragen befassen zu müssen.
- Die Softwareentwickler werden gedrängt, mehr zu arbeiten, um Probleme zu lösen, die sie nicht verursacht haben.
- Das für die Rettung des Projekts aufzuwendende Geld muß irgendwoher kommen. Manchmal kommt es aus Unternehmensgewinnen oder aus Steuergeldern, und anschließend werden Leute entlassen, weil sie ihre finanziellen Ziele verfehlt haben. Manchmal kommt es aus anderen Budgets (beispielsweise Forschung, Ausbildung, Reisen), mit negativem Effekt sowohl auf die Moral der Mitarbeiter als auch auf deren zukünftige Möglichkeiten.
- Die Entwicklung anderer Projekte, deren Mitarbeiter für das betroffene Projekt benötigt werden, wird verzögert. Dies beeinträchtigt ihre Effizienz und verursacht einen Dominoeffekt, der sich auch auf andere Projekte auswirkt.

Für Mitarbeiter, die in eine solche Situation verwickelt werden, führt das zu Frustrationen, Feindseligkeiten und manchmal sogar zu gerichtlichen Auseinandersetzungen. Durch die Anwendung relativ präziser Methoden für die Kostenschätzung, Kostenüberwachung und Projektkontrolle kann man viel davon vermeiden und eine wesentlich bessere Basis für positive Projektergebnisse und Zufriedenheit mit der Arbeit schaffen.

Genauigkeit der Kostenmodelle für Software

Besonders wichtig in den obengenannten Methoden für eine Kostenschätzung bei Software-Projekten ist der Begriff *„relativ genau"*. Es ist wichtig, zu erkennen, daß sich die Produktionskosten von 100 000 Source-Statements nicht so leicht schätzen lassen wie die Produktionskosten von 100 000 Aspirintabletten, 100 000 Ketchup-Flaschen oder 100 000 Transistorradios. Es gibt viele Gründe dafür; zu den wichtigsten gehören die folgenden:

- Source-Statements sind weder eine einheitliche Ware noch das Wesentliche an dem erwünschten Produkt.
- Software bedarf der Kreativität und Zusammenarbeit von Menschen, deren Verhalten als Individuen und als Gruppenmitglieder sich schlecht einschätzen läßt.
- Die Basis an relevanten, quantitativen historischen Erfahrungen, die dem Softwareplaner zur Verfügung steht, ist sehr klein. Es ist nicht einfach, diese Basis mit der Durchführung kleiner kontrollierter Experimente zu vergrößern.

Angesichts dieser und anderer Nachteile ist es vielleicht überraschend, daß es überhaupt möglich ist, realistische Kostenschätzungen für Software zu erstellen. Aber in den letzten Jahren ist eine Reihe von Studien durchgeführt worden und eine Basis für die relativ genauen Modelle geschaffen worden, die es heute gibt.

Heute gilt es als gute Leistung, wenn ein Modell für die Schätzung von Software-Kosten mit einer Abweichung von 20% von den effektiven Kosten und von 70% von der effektiven Zeit Vorhersagen treffen kann. Und das gilt nur auf eigenem Terrain (das heißt, in einer Projektklasse, für die das Modell ausgelegt ist).*) Momentan erreichen das COCOMO-Zwischen- und das -Endmodell ungefähr diese Leistung (innerhalb 20% der aktuellen Kosten und 68 – 70% der Zeit) in einem relativ breiten Anwendungsbereich: Eine Stichprobe von 63 abgeschlossenen Projekten umfaßte die Bereiche: kommerzielle Anwendungen, Kontrolle, Mensch-Maschine-Systeme, Naturwissenschaft, Unterstützung und System-Software. So präzise, wie man es gerne hätte, ist es leider nicht. Es ist allerdings präzise genug, um eine Unterstützung bei der Entscheidungsfindung und der Wirtschaftlichkeitsanalyse im Bereich des Software-Engineering zu leisten.

Zusammenfassung von Teil II

In Kapitel 4 wird die Grundlage der Definitionen der Phasen und Tätigkeiten im Lebenszyklus der Software dargelegt. Diese Definitionen sind erforderlich, um sicherzustellen, daß unsere Schätzungen von Software-Kosten aussagekräftig sind. Des weiteren liefert das Kapitel ein wirtschaftliches Grundprinzip, das erklärt, warum sich die Phasen des Software-Lebenszyklus am besten in das klassische „Wasserfall"-Modell der Software-Entwicklung einordnen lassen. Es erklärt auch, unter welchen Bedingungen es sinnvoll ist, von diesem Modell abzuweichen.

Kapitel 5 legt ein einfaches Modell, das COCOMO-Basismodell dar. Es ist vorgesehen für die Schätzung der Kosten und die Zeitplanung der geläufigsten Art von Software-Projekten und für die Schätzung der Phasenaufteilung von Aufwand und Zeitbedarf, einschließlich des jährlichen Wartungsaufwandes. Kapitel 6 ergänzt das COCOMO-Basismodell, um die drei wichtigsten Methoden der Software-Entwicklung abzudekken, und behandelt die Genauigkeit des Modells im Hinblick auf die COCOMO-Datenbank mit 63 abgeschlossenen Projekten (gut genug für grobe frühzeitige Schätzungen, aber nicht präzise genug für definitive Budgetverhandlungen oder detaillierte Projektplanungen). Kapitel 7 stellt das COCOMO-Modell für die Aufwandsverteilung auf die Hauptaktivitäten des Projektes in jeder Phase des Lebenszyklus vor. Es veranschaulicht auch, wie man diese Aktivitätenaufteilung benutzen kann, um einen ersten organisatorischen Überblick über die verschiedenen Phasen des Projektes zu erstellen.

Kapitel 8 stellt die nächste Stufe der COCOMO-Hierarchie von Kostenschätzmodellen dar, das COCOMO-Zwischenmodell. Dieses COCOMO-Modell berücksichtigt die Auswirkung von mehreren Faktoren auf die Software-Kosten: Produkt-, Computer-, Personal- und Projekt-Eigenschaften. Das COCOMO-Zwischenmodell enthält auch den wichtigen Fall der Schätzung der Kosten für die Übernahme existierender Software in ein neues Produkt. Kapitel 8 behandelt auch die Präzision des COCOMO-

*) Dies bedeutet, daß die Schätzungsgenauigkeit des Modells wesentlich abnimmt, wenn es außerhalb seines eigentlichen Anwendungsbereiches eingesetzt wird. Diese Schwierigkeiten traten bei zwei früheren COCOMO-Modellen auf, so daß die Diskrepanzen durch weitere Iterationen behoben und die Einsatzmöglichkeiten von COCOMO erweitert werden mußten.

Zwischenmodells in bezug auf die Projekte in der COCOMO-Datenbank: Es ist präzise genug für die meisten detaillierten Budget-Verhandlungen und Projekt-Planungsaktivitäten. Kapitel 9 zeigt, wie sich das COCOMO-Zwischenmodell sowohl als *Mikro*-(Mehrkomponenten-) als auch als *Makro*-(Gesamtprodukts-)Modell für Kostenschätzungen anwenden läßt. Es werden auch mehrere Beispiele dargestellt, einschließlich des Transaktions-Verarbeitungssystems, das als Grundbeispiel im dritten Teil dieses Buches aufgeführt wird.

Kapitel 4

Der Software-Lifecycle: Phasen und Aktivitäten

4.1 Einleitung

Dieses Kapitel liefert Definitionen der grundlegenden Aktivitäten und Phasen des Software-Lifecycle. Zunächst wird das „Wasserfall-Modell" der Softwareentwicklung dargelegt. Im vorigen Kapitel wurde dieses Modell als Basis der Ziele für das Programm-Engineering eines Softwareproduktes (Abb. 3–5) dargestellt. Zusammen mit diesem Modell wird auch ein wirtschaftliches Grundprinzip für die Aneinanderreihung der verschiedenen Phasen geschildert. Anschließend werden die verschiedenen Verfeinerungen des idealisierten Wasserfallmodells besprochen, einschließlich der Begriffe Prototyping, Entwicklung in Teilschritten, Software-Rahmenkonzeption und vorweggenommene Dokumentationen. Dieses Kapitel schließt mit detaillierten Definitionen von den Endpunkten jeder Phase bzw. jeder Aktivität, die in den Phasen durchgeführt werden.

4.2 Das Wasserfall-Modell

Das „Wasserfall-Modell" des Software-Lifecycle wird in Abb. 4–1 dargestellt. Die Originalversion wurde in (Royce, 1970) geschildert und bereits in verschiedenen Publikationen der U. S. Air Force und der Industrie, wie (Air Force, 1966) und (Rosove, 1967), angedeutet. Die wichtigsten Merkmale der aktuellen Form des Wasserfall-Diagramms sind die folgenden:

- Am Ende jeder Phase erfolgt die Qualitätskontrolle. Ziel dieser Maßnahme ist es, möglichst viele der Probleme in den Ergebnissen dieser Phase zu beseitigen.
- Soweit wie möglich werden Durchläufe der Ergebnisse früherer Phasen in der nachfolgenden Phase nochmals durchgeführt.

Der erfolgreiche Abschluß einer der Lifecycle-Phasen im Wasserfall-Diagramm entspricht der Erfüllung des entsprechenden Zieles aus der Folge von Programm-Engineering-Zielen des Software-Prozesses, die im vorigen Kapitel definiert wurden (Abbildung 3–5). Diese Teilziele werden als die Erreichung der folgenden Ziele definiert:

1. *Durchführbarkeit*

   Ein bevorzugtes Konzept eines Software-Produktes definieren, seine Durchführbarkeit und Überlegenheit gegenüber alternativen Konzepten feststellen.

2. *Anforderungen*

   Eine komplette, korrekte Spezifikation der für das Software-Produkt erforderlichen Funktionen, Interfaces und Leistung erstellen.

3. *Produktentwurf*

   Eine komplette, überprüfte Spezifikation der gesamten Hardware-Software-Architektur, Kontrollstruktur und Datenstruktur des Produktes, mit sonstigen erforderlichen Komponenten wie Benutzer-Handbücher und Testpläne.

4. *Detaillierter Entwurf*

   Eine komplette, überprüfte Spezifikation der Kontrollstruktur, Datenstruktur, Interface-Beziehungen, größenmäßigen Einordnung, Schlüssel-Algorithmen und Annahmen für jedes Modul (Routine mit $\leq$ 100 Source-Statements).

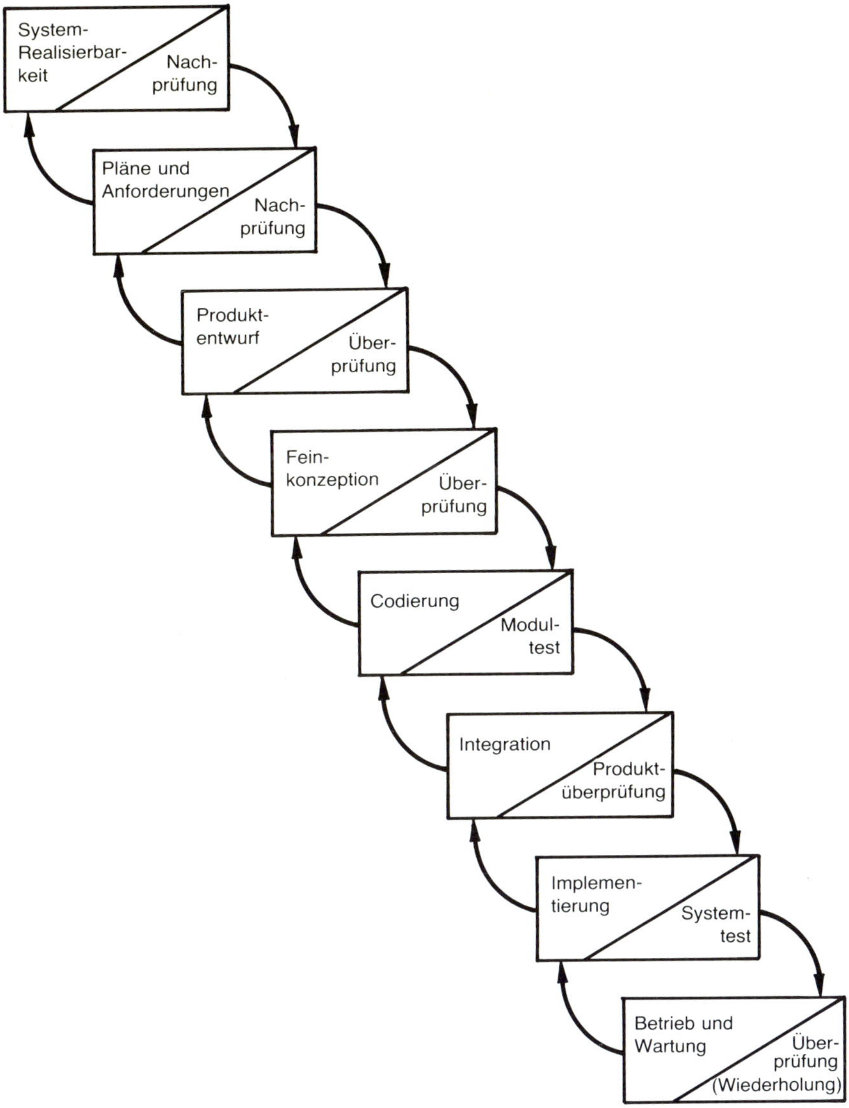

Abb. 4–1: Das Wasserfall-Modell des Software-Lifecycle

5. *Codieren*

   Ein kompletter, überprüfter Satz der Programm-Module.

6. *Integration*

   Ein richtig funktionierendes Software-Produkt, das aus den Software-Modulen besteht.

7. *Implementation*

   Ein voll funktionierendes operationales Hardware-Software-System, das Ziele wie Programm- und Datenumsetzung, Installation und Ausbildung einschließt.

8. *Wartung*

Ein voll funktionierender Update des Hardware-Software-Systems. Dieses Teilziel wird bei jedem Update wiederholt.

9. *Endphase*

Eine reibungslose Übergabe der Funktionen, die das Produkt durchführt, an einen Nachfolger (falls es überhaupt einen gibt).

Die Erfüllung dieser sequentiellen*) Teilziele ist mit zwei weiteren Teilzielen des Programm-Engineering eng verbunden — Qualitätskontrolle und Configuration-Management (CM) —, die in jeder Phase des Software-Lifecycle behandelt werden. Ihre Rollen sind unten beschrieben:

10. *Qualitätskontrolle*

Die Nachprüfung, daß die Zwischenprodukte ihre eigentlichen Ziele erfüllen, ist ein integraler Teil der Erreichung jedes Lifecycle-Zieles des Programm-Engineering. Die Qualitätskontrolle umfaßt folgende beiden Punkte:

Nachprüfbarkeit:	Feststellung, daß das Software-Produkt seiner Spezifikation entspricht.
Richtigkeit:	Feststellung, daß sich das Software-Produkt für die vorgesehene Aufgabe eignet. Informell lassen sich diese Definitionen wie folgt übersetzen:
Nachprüfbarkeit:	Wird das Produkt richtig hergestellt?
Richtigkeit:	Wird das richtige Produkt hergestellt?

11. *Konfigurations-Management:*

Das erfolgreiche Erreichen dieses Teilzieles deutet darauf hin, daß das Projekt jederzeit in der Lage ist, eine endgültige Version des Software-Produktes oder eine Version der kontrollierten Zwischenprodukte, wie beispielsweise die Anforderungs-Spezifikation, zu liefern. Diese Basislinien und die Meilensteine, an denen sie ausgerichtet sind, sind ein grundsätzliches Merkmal des GOALS-Ansatzes. Sie bilden eine sehr wichtige vereinheitlichende Verbindung zwischen Management und Kontrolle des Software-Erstellungsprozesses sowie Management und Kontrolle des Software-Produktes. Im allgemeinen funktioniert der Prozeß der Meilensteine-Basislinien folgendermaßen (TRW, 1973):

a) Eine Anfangsversion des Software-Zwischen- oder -Endproduktes wird entwikkelt.

b) Diese Version wird überprüft und gegebenenfalls neu erstellt.

c) Ein formeller Produkt-Review (z. B. ein Software-Anforderungsreview) stellt fest, ob der Entwicklungsstand des Produktes eine Weiterarbeit in die nächste Phase erlaubt oder nicht (das heißt, ob man den nächsten Meilenstein erreicht hat). Falls nicht, geht der Prozeß zum ersten Schritt zurück.

d) Wenn das Produkt zufriedenstellend ist, wird es als Basislinie definiert (in einen formellen Veränderungskontrollprozeß einbezogen).

---

*) Die Feststellung, daß die Projektziele während der gesamten Projektdauer in streng sequentieller Folge angegangen werden, ist eigentlich eine unzulässige Vereinfachung. In einzelnen Fällen ist es kostengünstiger, die Abfolge zu ändern, z. B. beim Prototyping (siehe Kapitel 4.3), bei der Inkrementalentwicklung (Kapitel 4.4) und Advancemanship (Kapitel 4.4).

Die Produktbasislinie hat drei Hauptvorteile:

1. Es werden keine Veränderungen ohne die Zustimmung sämtlicher interessierter Parteien unternommen.
2. Da es schwieriger wird, Veränderungen vorzunehmen, wird das Produkt einheitlicher.
3. Derjenige, der für die Kontrolle des Configuration-Management-Prozesses zuständig ist (z. B. der Projekt-Bibliothekar), hat jederzeit eine endgültige Version des Produktes.

Das Configuration-Management-Ziel wird gleichzeitig mit anderen sequentiellen Lifecycle-Zielen des Programm-Engineering verfolgt.

4.3 Wirtschaftliche Begründung für das Wasserfall-Modell

Die wirtschaftliche Begründung dafür, daß das Wasserfall-Modell nur jeweils ein Teilziel behandelt, basiert auf zwei Hauptprämissen:

1. Die Herstellung eines erfolgreichen*) Software-Produktes bedarf sowieso der Erreichung aller Teilziele.
2. Die Teilziele in eine andere Reihenfolge zu stellen, führt zu einem weniger erfolgreichen Software-Produkt.

Prämisse A: Die Notwendigkeit der Prozeß-Teilziele

Was die Prämisse A angeht, ist es ganz klar, daß Teilziel 5 (Codierung) und alle späteren Teilziele (außer der Endphase) für die Herstellung eines funktionierenden Produktes erforderlich sind. Die Hauptfrage ist, ob die früheren Teilziele (Durchführbarkeit, Anforderungen, Produkt-Design, Detail-Entwurf) erforderlich sind.

Bei vielen kleinen einfachen Software-Produkten bedarf die Herstellung eines akzeptierbaren Produktes relativ wenig formeller Berücksichtigung dieser frühen Teilziele: Dem Entwickler ist es schließlich klar, was der Anwender braucht, und man kann die Folgen jeder Programmier-Entscheidung voraussehen. Oft verursacht dieser informelle Ansatz jedoch sehr unakzeptable Ergebnisse, die sich durch die Erfüllung der früheren Ziele hätten voraussehen und vermeiden lassen.

Bei größeren, komplexeren Projekten führt mangelnde Berücksichtigung der früheren Teilziele fast immer zu schweren Mängeln beim Software-Produkt bzw. beim Erstellungsprozeß. Beispiele dafür sind:

- In zwei großen Führungssystemen mußte man nach Auslieferung jeweils 67% bzw. 95% der Software neu schreiben, weil sie den Anforderungen des Anwenders nicht entsprach (Boehm, 1973).
- Das Fehlen einer angemessenen Bedarfsanalyse und einer frühzeitigen Durchführbarkeits-Analyse hat in vielen Fällen zu einem Abbruch von Projekten geführt, deren erfolgreiche Vollendung völlig unmöglich erschien. Zu den teuersten Beispielen hierfür zählen das Univac-Reservierungssystem der United Airlines (Av Week,

*) Ein erfolgreiches Software-Produkt liegt vor, wenn alle Ziele der Software-Produktzielstruktur (siehe Abbildung 3–5) erreicht sind.

1970) ($ 56 Mio.) und das „Advanced Logistics System" (Congress, 1976) ($ 217 Mio.)*).

Die Analyse dieser und anderer Software-Situationen haben bei sämtlichen neuen großen Regierungsstudien über Software-Probleme (Boehm-Haile, 1972; Asch u. a., 1975; Kossiakoff u. a., 1976; Merwin, Hrsg., 1978) zu dem Ergebnis geführt, daß diese frühen Teilziele für den Erfolg von Software-Produkten unentbehrlich sind.

Prämisse B: Sequentieller Ansatz zu Prozeß-Teilzielen

Die wirtschaftliche Begründung hinter der Prämisse B wird in Abbildung 4–2 (Boehm, 1976) dargelegt. Die fettgedruckte Linie in der Abbildung zeigt eine Zusammenfassung der Erfahrungen mit größeren Projekten, bei IBM (Fagan, 1976), GTE (Daly, 1977), dem „Safeguard Software Project" (Stephenson, 1976) und mehreren TRW-Projekten. Ziel dieser Projekte war die Feststellung der relativen Fehlerbeseitigungskosten (oder der Durchführungskosten von anderen Software-Änderungen) als Funktion der Phase, in der die Fehlerbeseitigungen oder Änderungen vorgenommen werden. Die Beseitigung eines anforderungsabhängigen Fehlers, der während der Planungs- oder Anforderungsphase festgestellt wird, besteht lediglich aus einem Update der Anforderungsspezifikation. Wenn derselbe Fehler aber erst während der Wartungsphase beseitigt wird, wirkt sich die Beseitigung auf etliche andere Bereiche aus: Spezifikationen, Code, Benutzer- und Wartungshandbücher und Ausbildungsunterlagen.

Darüber hinaus verursachen spätere Fehlerbeseitigungen einen wesentlich formelleren Genehmigungs- und Kontrollprozeß und wesentlich mehr Aufwand. Bei Großprojekten kostet die Fehlerbeseitigung aufgrund des Zusammenwirkens dieser drei Faktoren in der Wartungsphase 100 mal mehr als in der Anforderungsphase**).

Die gestrichelte Linie in Abbildung 4–2 zeigt die Steigerung der Nachbesserungskosten in den einzelnen Phasen für zwei in (Boehm, 1980) analysierte kleinere Projekte. Sie zeigt, daß Prämisse B bei solchen kleinen Projekten nicht so zutrifft wie bei größeren. In den hier analysierten Projekten gibt es zwei Hauptgründe für die Reduzierung dieses Effektes:

1. Wegen des geringeren Projektumfanges waren relativ wenig Punkte in den späteren Phasen zu korrigieren.
2. Aufgrund des geringen Maßes an Formalitäten konnte man in Situationen, in denen die Fehlerbeseitigung aufwendig erschien, eine einfachere Fehlerbeseitigung einleiten. Diese Möglichkeit gibt es bei größeren Projekten nicht.

Obwohl die Wirkung bei kleineren Projekten nicht so auffällig ist, gilt schließlich die vierfache Steigerung der Fehlerbeseitigungskosten zwischen der Anforderungsphase sowie der Integrations- und Testphase als Beweis für die Prämisse B. Dabei erweisen sich auch frühe Anforderungsfestlegung und Design-Spezifikation auch für kleinere Projekte als besonders sinnvoll.

---

*) Beim Univac-System der United Airlines belief sich die (nicht näher geprüfte) Schätzung der Statements je Transaktion auf 9000. Beim Abbruch des Projektes betrug sie bereits 146 000.

Beim „Advanced Logistics System" wurde anfangs ohne weitere Prüfung vorgegeben, daß 90% der Transaktionen in Echtzeit zu verarbeiten seien. Bei der Prüfung, die zum Projektabbruch führte, ergab sich, daß der Anwender nur für etwa 10% der Transaktionen Echtzeitverarbeitung benötigte.

**) Die wirtschaftlichen Konsequenzen von Fehlerstellen, die erst nach Implementierung der Software aufgedeckt werden, sind aufgrund der durch den Fehler verursachten Zusatzkosten noch viel gravierender. Siehe hierzu u. a. (Boehm, 1973) und (Myers, 1976).

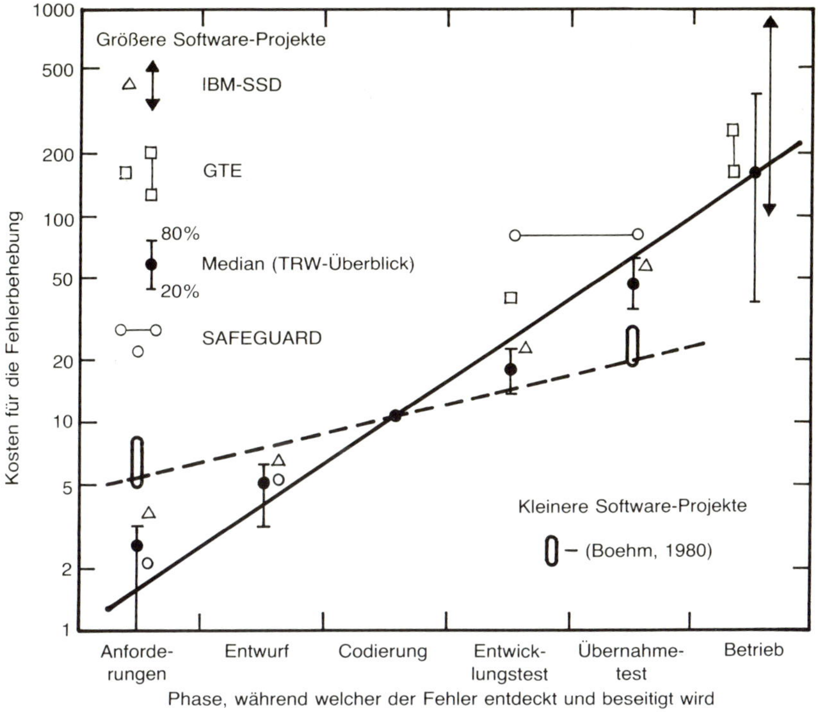

Abb. 4–2: Anstieg der Kosten für Software-Fehlerbehebung oder -Änderung während des Lifecycle

Demnach sagt uns Prämisse B, daß — falls wir mit der Codierung fortfahren würden, ohne die früheren Anforderungs- und Design-Aktivitäten durchgeführt zu haben — in dem sich daraus ergebenden Produkt sehr viel mehr Anforderungs- und Design-Fehler vorhanden sein werden. Nach Abbildung 4–2 wird die Beseitigung dieser Fehler in den späteren Phasen wesentlich teurer, was zu geringerem Erfolg des Projektes und des Produktes führt.

Abweichungen vom sequentiellen Ansatz: Prototyping-Ausgleich

Es ist wichtig festzustellen, daß Abbildung 4–2 keine absolute, sondern eine *relative* Begründung für den rein sequentiellen Ansatz für die aufeinander folgenden Teilziele des Software-Prozesses liefert. Schließlich liefert sie eine Ausgleichskurve, die den Punkt anzeigt, bei dem es kostenwirksamer sein dürfte, die Entwicklung eines Erst-Prototyps festzusetzen, als eine aufwendige Präzisierung der Anforderungsdetails vorzunehmen.

Als Beispiel sei ein benutzerspezifisches Dialogsystem genannt (z. B. System zur Entscheidungsfindung in Führungssystemen oder in der medizinischen Diagnose). Die Festlegung der erforderlichen Informationsverarbeitung wäre in diesem Fall hundertmal teurer als eine Korrektur der Anforderungsspezifikation nach Vollendung der Analyse. Wenn man dasselbe Ergebnis (oft zuverlässiger) durch die Entwicklung eines erstmalig erstellten Prototypsystems erzielen könnte, mit dem die Benutzer praktisch arbeiten könnten, wäre diese Variante sogar trotz dieser hundertfachen Steigerung der Software-Fehlerbeseitigungskosten dem rein sequentiellen Ansatz vorzuziehen. (Bei kleineren, informelleren Projekten, mit ihrem 4 – 6 : 1 Anstieg der Fehlerbeseitigungskosten, und für Problembereiche, wo die Möglichkeit besteht, Prototypen schnell zu erstellen, hat der Prototyp-Ansatz noch überzeugendere Vorteile). Diese Ausgleichskurven liefern uns also einen eher quantitativen Ansatz zur Lösung der Frage des zweimaligen Erstellens, die in Abschnitt 3.7 gestellt wurde.

4.4 Verfeinerung des Wasserfall-Modells

Zwei weitere Verfeinerungen des idealisierten Wasserfall-Modells müssen hier auch dargelegt werden. Grund dafür ist ihre eminente Wichtigkeit für das Software-Engineering und ihre Auswirkung auf die zeitliche und phasenweise Verteilung von Software-Kosten und -Aufwand. Diese Verfeinerungen sind die *Inkremental-Entwicklung* und die sogenannte *„Advancemanship"*.

Inkremental-Entwicklung

Inkremental-Entwicklung ist eine Verfeinerung sowohl vom Ansatz des zweimaligen Erstellens von Prototypen als auch vom stufenweisen Top-down-Ansatz, der im einleitend beschriebenen Zeitschriften-Projekt aus Kapitel 1 angewandt war. Anders als in den zwei obengenannten Ansätzen läßt sich die Software im Rahmen dieses Ansatzes in *Funktionsfähigkeits-Inkrementen* entwickeln.

Die Inkremental-Entwicklung wurde schon oft als Verfeinerung des Wasserfall-Ansatzes angewandt, und zwar sowohl bei besonders großen Projekten — wie das 100-Millionen-Dollar-„Site-Defence-System" (Williams, 1975) — als auch bei kleineren Software-Produkten, wie die kleine Version (3 K-Source-Statements) des COCOMO-Modelles für Software-Kostenschätzung, das später in diesem Buch beschrieben wird.*)

Abbildung 4–3 stellt die Unterteilung des COCOMO-Modells in drei aufeinanderfolgenden Inkrementen dar. Inkrement 1 (die Rechtecke) lieferte die Möglichkeit, mit dem Modell zu arbeiten und damit Erfahrung zu gewinnen: eine Großeingabeoption, die für das Ausrechnen der Kostenschätzungen erforderlichen Grundalgorithmen und ein einfacher Ausdruck der Ergebnisse. Inkrement 2 enthält einige wertvolle Ergänzungen der Produktionsfähigkeiten, beispielsweise die Fähigkeit, vorherige Durchläufe abzuspeichern und wiederaufzurufen, und eine Adressen-Eingabemethode für selektive Eingabeveränderung. Inkrement 3 enthält verschiedene Eigenschaften, die den Komfort des Systems erhöhen: z. B. abfragegesteuerte Eingabe für neue Benutzer und zusätzliche rechnerische Eigenschaften wie Zeitplanungsberechnungen und Tätigkeitsaufschlüsselungen.

Die Hauptvorteile der Inkremental-Entwicklung im Vergleich zum Ansatz des zweimaligen Erstellens und dem ausschließlich stufenweisen Top-down-Ansatz sind die folgenden:

---

*) Weitere Hinweise zur Inkremental-Entwicklung siehe auch bei (Basili-Turner, 1975) und (Parnas, 1976).

- Die Funktionsfähigkeits-Inkremente sind wesentlich nützlicher und wesentlich einfacher zu testen als die Produkte der Zwischenstufe bei stufenweiser Top-down-Entwicklung.
- Die Anwendung der aufeinanderfolgenden Inkremente ermöglicht den Einbau von Benutzererfahrungen in ein überarbeitetes Produkt, der viel weniger kostet als die ganze Neuentwicklung, die der Ansatz des zweimaligen Erstellens enthält.

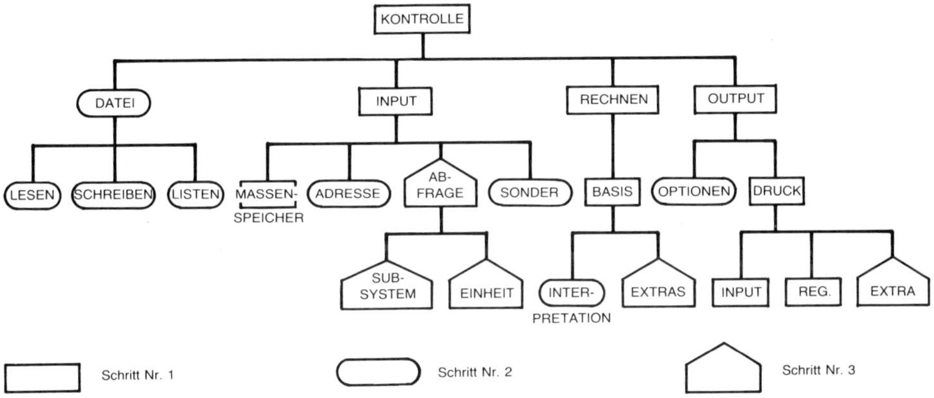

Abb. 4–3: Integrationsstrategie: Software-Kostenmodell

Bei Software-Kostenschätzungen wirkt sich die Inkremental-Entwicklung hauptsächlich auf die Zeitplanung des Projektaufwandes aus. In Abbildung 4–4 wird eine Veränderung des Wasserfall-Diagramms dargestellt, die eine Behandlung der Inkremental-Entwicklung ermöglicht. Wichtigstes Ergebnis der Veränderung ist eine Nivellierung der Arbeitsverteilungskurve bei Software-Projekten. Statt der klassischen Rayleigh-Kurve der Arbeitszeitverteilung, die in Abbildung 4–5 a dargestellt wird (Norden, 1958; Aron, 1969; Putnam, 1978) ergibt sich hier eine ausgeglichenere Arbeitsverteilungskurve wie die in Abbildung 4–5 b gezeigte Kurve für ein neues DV-Radarprojekt, das inkremental entwickelt war.

Advancemanship

Bei Wahlkämpfen und Werbefeldzügen ist der „Advanceman" derjenige, der alles vorbereitet, bevor die Hauptgruppe der Mitarbeiter in einer Stadt eintrifft. Der „Advanceman" sorgt dafür, daß alle eventuellen Probleme der Logistik, Politik und Unterstützung beseitigt sind, bevor die Kollegen ankommen. So können die Kollegen ihre Ziele reibungslos und erfolgreich erreichen. Diese „Advancemanship" ist ebenso wichtig bei Projekten der Software-Entwicklung. Bei Software-Projekten hat „Advancemanship" zwei Formen, die in diesem Buch *Vorabdokumentation* und *Software-Rahmenkonzeption* heißen.

Vorabdokumentation

Vorabdokumentationen sind vorwegnehmende Dokumentationen, die hauptsächlich aus den folgenden zwei Gründen erstellt werden:

1. Um detaillierte Ziele und Pläne für künftige Tätigkeiten der Software-Entwicklung zu definieren (Entwicklungspläne, Testpläne, Änderungspläne), als Teil des GOALS-Ansatzes, der in Tabelle 3–2 des Abschnittes 3.9 zusammengefaßt ist.
2. Um Frühversionen der Benutzerdokumentation zu erstellen (z. B. einen Satz Benutzerhandbücher, der vor Ende der Produktentwurfsphase zum Überblick fertig vorliegen muß). Dadurch ergibt sich ein bedeutender Vorteil. Der Benutzer kann somit die Auswirkung des Systems auf ihn voraussehen. Er hat also die Möglichkeit, über eventuell erforderliche Veränderungen zu verhandeln, bevor diese Veränderungen kostspielig werden. Abbildung 4–2 zeigt, daß sie später sehr kostspielig werden. Vorteilhaft ist ferner die Tatsache, daß auch garantiert wird, daß ausreichende Benutzerdokumentationen zusammen mit der Codierung hergestellt werden.

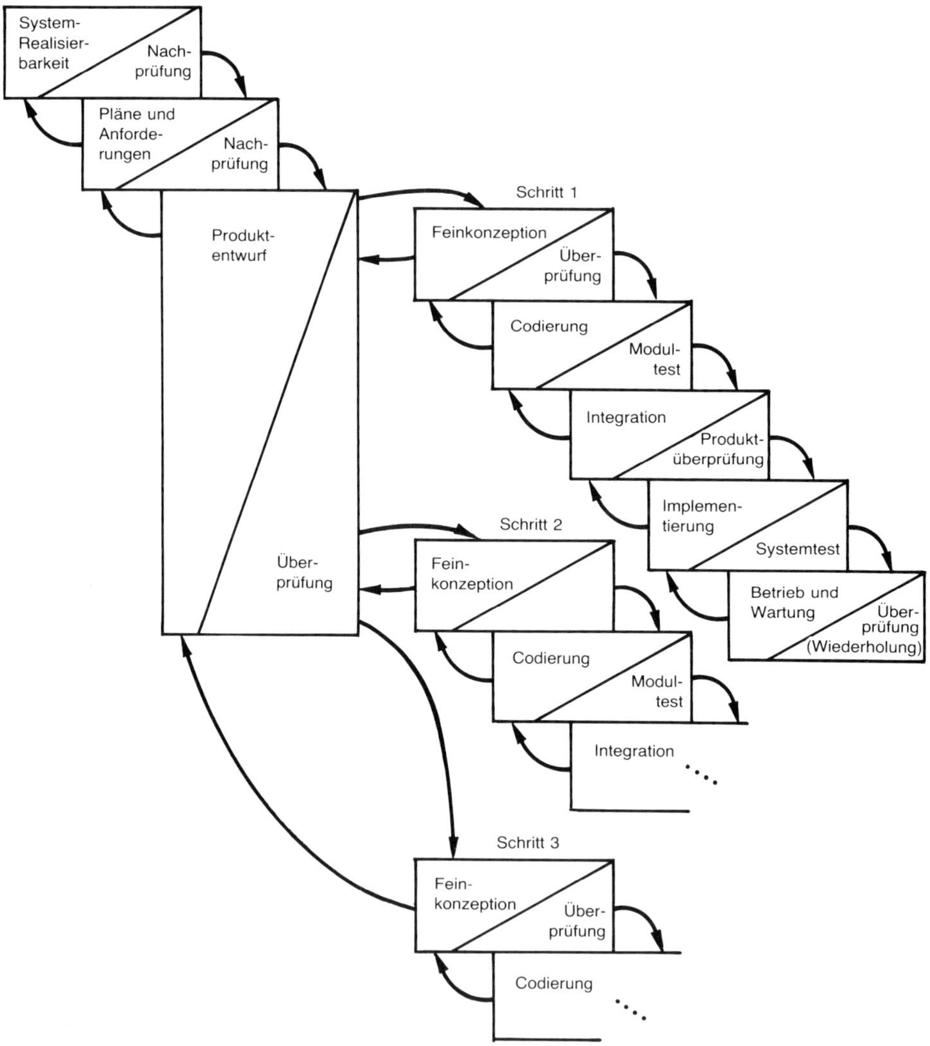

Abb. 4–4: Das Wasserfall-Modell unter Anwendung der Inkremental-Entwicklung

Rahmenkonzept

Das Rahmenkonzept bezieht sich auf die zusätzlichen Produkte, die entwickelt werden müssen, so daß sich die Hauptaufgabe der Software-Entwicklung möglichst reibungslos und wirksam mit der Qualitätskontrolle kombinieren läßt. Wie (Brooks, 1975) andeutet, kann es Pseudo-Komponenten oder Abrisse der Software enthalten bzw. Miniaturdateien oder sonstige simulierte Teile der künftigen operationellen Umgebung. Des weiteren kann es Hilfsprogramme wie Testdatengeneratoren, Postprozessoren, Querverweisgeneratoren, Umwandlungshilfe, Niveau-Überprüfer oder Verarbeitungsmaschinen für Anforderungen und Entwurfssprachen enthalten.

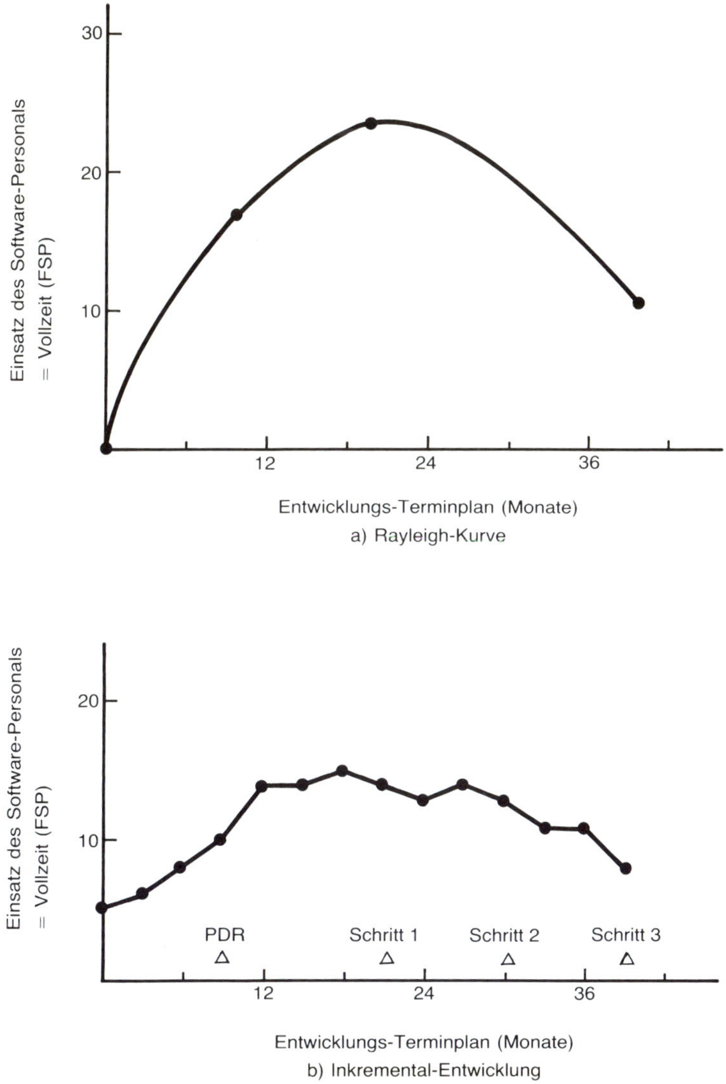

Abb. 4–5: Rayleigh-Kurve und Arbeitsverteilung bei Inkremental-Entwicklung

Die Auswirkungen für Software-Economics

Im allgemeinen haben die Vorabdokumentation und das Rahmenkonzept zwei bedeutendere Auswirkungen auf die Wirtschaftlichkeit des Software-Lifecycle:

1. Sie reduzieren Pauschalkosten, da sie die Entropie des Software-Lifecycle reduzieren (Jensen-Tonies, 1979): Tätigkeiten, die Energie und Talent der Mitarbeiter ohne sinnvolles Ergebnis in Anspruch nehmen. Das COCOMO-Modell (Kapitel 8 und 27) zeigt, wie sich die Größenordnung dieser Reduktion in bezug auf Tools-and-Modern-Programming-Faktoren berechnen läßt.
2. Sie neigen dazu, den Großteil der Arbeitslast an den Anfang der Arbeitsverteilungskurve zu stellen. Erwerb von Test-Tools und Erstellung von Testplänen und Benutzerhandbüchern führen zu einer erheblichen Erhöhung der Kosten in der Anforderungs- und Entwurfsphase. Andererseits verringern sie jedoch die Kosten der Test- und Wartungsphasen erheblich. Das in Kapitel 23 beschriebene COCOMO-Modell zieht phasenabhängige Unterschiede voll ins Kalkül. Mit diesem Modell läßt sich die Größenordnung der Auswirkung kalkulieren.

4.5 Detaillierte Definitionen des Lifecycle

Tabelle 4−1 erweitert die in Abschnitt 4.2 dargestellten Grunddefinitionen der Lifecycle-Phasen, indem sie Definitionen der Endpunkte liefert, die das Ende einer Phase und den Anfang der nächsten markieren. Bei der Inkremental-Entwicklung beziehen sich die Definitionen auf die Phasengrenzen für jedes Inkrement.

4.6 Detaillierte Definitionen der Phasen und der Aktivitäten

Die Kostenmodelle, die in diesem Buch dargelegt sind, schätzen nicht nur den für jede Phase des Lifecycle erforderlichen Gesamtaufwand, sondern auch die Verteilung dieses Aufwandes unter die acht Haupt-Projektaktivitäten:

- Anforderungs-Analyse
- Produktentwurf
- Programmierung
- Testplanung
- Qualitätskontrolle
- Projektbüro-Funktionen
- Konfigurations-Management und Qualitätssicherung (CM/QA)
- Handbücher

Ohne Definition der Funktionen jeder Tätigkeit sind diese Aktivitätskalkulationen sinnlos. Dieser Abschnitt definiert die Projektfunktionen jeder Tätigkeit (Tabelle 4−2) und die Aufgaben, die bei jeder Tätigkeit innerhalb jeder Phase durchgeführt werden (Tabelle 4−3).

Als Beispiel für die Anwendung der Tabellen 4−2 und 4−3 kann man eine typische Phase/Tätigkeit betrachten. In dem einfachen Kostenschätzungsmodell, das in Kapitel 7 dargelegt wird, nimmt CM/QA etwa 68% der Programmierphase eines Projektes in Anspruch. In Tabelle 4−2 sind Konfigurations-Management und Qualitätssicherung (CM/QA) aufgeführt. Dies umfaßt auch Produkt-Identifikation, Änderungskontrolle, Library-Operationen für Programmentwicklung, Norm-Entwicklung und -Überprüfung und technische Revision. Tabelle 4−3 deutet darauf hin, daß CM/QA-Tätigkeiten während der Programmierphase in Bezug auf Anforderung, Entwurf und Codierung durchgeführt werden (zusammen mit der Operation der Programmentwicklungs-Bibliothek).

4.7 Die Software-Arbeitsaufgliederungsstruktur (WBS)

Was die Budgetplanung und die Kontrolle von Projekten betrifft, ist es sehr nützlich, Elemente der Projekttätigkeiten als eine hierarchische Struktur, die WBS, zu gestalten. Die Abbildungen 4–6 a und b stellen eine Software-WBS dar, die ausreichend detailliert und modular ist, um den meisten Situationen bei Software-Projekten gerecht zu werden. Sie besteht aus zwei Hierarchien, die so zusammengestellt werden können, daß sie den Anforderungen des Projektes am besten entsprechen. Diese zwei Hierarchien sind:

Die Produkt-Hierarchie, die zeigt, wie die verschiedenen Projektkomponenten (Routinen, Module, Subsysteme usw.) in ein Software-Gesamtsystem hineinpassen.

Die Aktivitäts-Hierarchie, die die verschiedenen Aktivitäten zeigt, die Software-Komponenten behandeln können.

Die Produkt-Hierarchie entspricht der grundlegenden Struktur des Software-Produktes, die die Software-Designer bestimmen. Teile der Produkt-Hierarchie können auf jede Stufe der Produkt-Hierarchie angewandt werden, für die sie geeignet sind. Ein Management- oder SX1-Arbeitselement, zum Beispiel, kann also auf das Management eines gesamten Projektes (S1) angewandt werden, auf das Management eines Subsystems SS_{AB} (SAB1) oder auf das Management irgendeines anderen Subsystems. Das angemessene WBS-Element-Kennzeichen erlangt man, indem das X aus SX1 durch den dem X entsprechenden Kennzeichen-Buchstaben aus der Tätigkeitshierarchie ersetzt wird. SAB1 (X = AB) ist also das WBS-Element für die Verfolgung der Managementkosten für das gesamte Software-System SS.

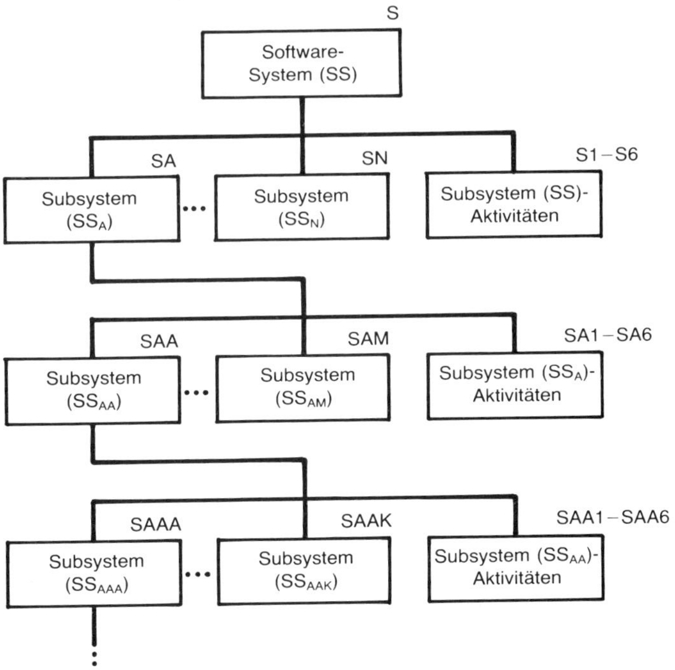

Abb. 4–6 (a): Software-Arbeitsaufgliederungsstruktur: Produkt-Hierarchie

Tab. 4–1: Definition der Phasenprodukte

1. *Beginn der Planungs- und Anforderungsphase.* (Vervollständigung des Lifecycle-Begriffsüberblicks)

   - Abgenommene und überprüfte Systemarchitektur, einschließlich der grundlegenden Hardware-Software-Zuordnungen.
   - Abgenommenes und überprüftes Betriebskonzept, einschließlich der grundlegenden Mensch-Maschine-Zuordnungen.
   - Lifecycle-Plan oberster Ebene einschließlich der Meilensteine, Ressourcen, Verantwortlichkeiten, Terminpläne und wesentlichsten Aktivitäten.

2. *Ende der Planungs- und Anforderungsphase. Beginn der Produktdesignphase.* (Vervollständigung der Software-Anforderungsreview)

   - Detaillierter Entwicklungsplan — detaillierte Entwicklungskriterien für die Meilensteine, Ressourcenbudgets, Organisation, Verantwortlichkeiten, Terminpläne, Aktivitäten, Techniken und Produkte.
   - Detaillierter Einsatzplan — Gegenstücke zu den Positionen des Entwicklungsplanes wie Schulung, Umstellung, Installation, Verfahren und Unterstützung.
   - Detaillierter Plan der Produktkontrolle — Plan für das Konfigurations-Management und für die Qualitätssicherung, Gesamtplan für die Qualitätskontrolle (detaillierte Testpläne sind nicht inbegriffen).
   - Abgenommene und überprüfte Software-Anforderungsspezifikation — funktionelle, Leistungs- und Schnittstellen-Spezifikationen, die auf Vollständigkeit, Einheitlichkeit, Test- und Machbarkeit hin überprüft worden sind.
   - Abgenommener (formaler oder nicht formaler) Entwicklungsvertrag auf der Basis der vorgenannten Positionen.

3. *Ende der Produktdesignphase. Beginn der Feinkonzeptionsphase.* (Vervollständigung der Produktdesignreview).

   - Verifizierte Spezifikation des Software-Produktdesign.
     - — Hierarchie der Programmkomponenten, Kontroll- und Daten-Schnittstellen auf Modulebene*).
     - — Physikalische und logische Datenstruktur auf Feldebene.
     - — Budgets der Ressourcen für die Datenverarbeitung (Timing, Speicherung, Genauigkeit).
     - — Verifiziert bezüglich Vollständigkeit, Einheitlichkeit, Machbarkeit und Nachvollziehbarkeit im Hinblick auf die Anforderungen.
   - Festlegung und Lösung aller mit hohem Risiko verbundenen Entwicklungsprobleme.
   - Vorläufiger Integrations- und Testplan, Akzeptanztestplan und Benutzerhandbuch.

4. *Ende der Feinkonzeptionsphase. Beginn der Codierungs- und Einzeltestphase.* (Vervollständigung des Design-Walkthrough oder des kritischen Design-Review der Module)

   - Verifizierte, detaillierte Entwurfsspezifikation für jedes Modul.
     - — Für jede Routine ($\leq$ 100 Sourcebefehle) werden der Name, der Zweck, die Annahmen, die Größeneinschätzung, Abfragesequenz, Fehlerausgänge, In- und Outputs, Algorithmen und Verarbeitungsfluß spezifiziert.
     - — Beschreibung der Datenbank auf Parameter-, Zeichen- und Bit-Ebene.
     - — Verifiziert bezüglich Vollständigkeit, Einheitlichkeit und Nachvollziehbarkeit im Hinblick auf die Anforderungen, Systementwurfsspezifikationen und Budgets.

*) Eine Software-Einheit führt eine einzige, gut definierte Funktion durch; sie kann von einer Person entwickelt werden, und ihre Größe beträgt üblicherweise 100 bis 300 Sourcebefehle.

- Gebilligter Akzeptanztestplan.
- Vollständiger Entwurf der Integration, des Testplanes und des Benutzerhandbuches.

5. *Ende der Codierung- und Einzeltestphase. Beginn der Integrations- und Testphase.* (Erfüllung der Modultest-Kriterien)
   - Verifizieren aller Modulberechnungen, wobei nicht nur Durchschnitts-, sondern auch Einzel- und Extremwerte angewandt werden.
   - Verifizieren aller Modul-In- und Output-Optionen, inklusive Fehlermeldungen.
   - Ausführung aller ablauffähigen Anweisungen und aller Verzweigungsmöglichkeiten.
   - Überprüfung auf Übereinstimmung mit den Programmierstandards.
   - Fertigstellung auf Modulebene, As-built-Dokumentation.

6. *Ende der Integrations- und Testphase. Beginn der Implementierungsphase.* (Vervollständigung der Software-Akzeptanz-Review).
   - Bestehen des Software-Akzeptanztestes.
     — Überprüfung, ob die Software-Anforderungen erfüllt sind.
     — Demonstration einer akzeptablen, vom Mittel abweichenden Leistung gemäß der Spezifikation.
   - Übernahme aller zur Auslieferung bestimmten Software-Produkte: Berichte, Handbücher, die Endversion der Spezifikationen, Datenbanken.

7. *Ende der Implementierungsphase. Beginn der Betriebs- und Wartungsphase.* (Fertigstellung der System-Akzeptanz-Review).
   - Bestehen des Systemakzeptanztestes.
     — Überprüfung, ob die Systemanforderungen erfüllt sind.
     — Überprüfung auf Betriebsbereitschaft der Software, der Hardware, der Einrichtungen und des Personals.
   - Übernahme aller zur Auslieferung bestimmten Systemprodukte: Hardware, Software, Dokumentation, Schulung und Einrichtungen.
   - Vervollständigung aller spezifizierten Umstellungs- und Installationsaktivitäten.

8. *Ende der Betriebs- und Wartungsphase (durch Stillegung).*
   - Abschluß aller Positionen des Stillegungsplanes: Umstellung, Dokumentation, Archivierung, Übergang zu einem neuen (zu neuen) System(en).

Fortsetzung der Tabelle 4–1

Tab. 4–2: Tätigkeitsbeschreibungen

Anforderungs-analyse	Festlegung, Spezifizierung, Überprüfung und Update der funktionellen, Leistungs-, Schnittstellen- und Verifizierungs-Anforderungen der Software. Die Anforderungsanalyse umfaßt alle SX 21 WBS*)-Positionen der Abbildung 4–6 b, ausgenommen SX 212 (Überprüfung der Anforderungen).
Produkt-Design	Festlegung, Spezifizierung, Überprüfung und Update der Hardware-Software-Architektur, des Programm- und Datenbank-Entwurfs. Dies umfaßt alle SX 22-WBS-Elemente der Abbildung 4–6 b, ausgenommen SX 222 (Qualitätskontrolle des Entwurfs).
Programmierung	Feinkonzeption, Codierung, Einzeltest und die Integration der individuellen Komponenten des Computer-Programms. Dies umfaßt die Planung der an der Programmierung beteiligten Mitarbeiter, die Tool-Anschaffung, Datenbank-Entwicklung, die Planung der Dokumentation auf Komponentenebene und das Management der Zwischenstufen-Programmierung. Deckt sich mit der WBS-Position SX 3.
Testplanung	Spezifizierung, Überprüfung und Update der Produkttest- und Akzeptanztestpläne. Anschaffung einschlägiger Testdriver, Test-Tools und Testdaten. Umfaßt alle SX4-WBS-Positionen mit Ausnahme von SX 413, 414, 423 und 424.
Qualitätskontrolle	Durchführung einer unabhängigen Anforderungsvalidierung; Qualitätskontrolle des Entwurfs, Produkt- und Akzeptanztest. Anschaffung von Tools für die Qualitätskontrolle von Anforderungen und Design. Deckt sich mit den WBS-Positionen SX 212, 222, 413–4, 423–4.
Projektplanungs- und Überwachungsfunktionen	Management-Funktionen auf Projektplanungsebene. Sie umfassen die Planung und die Kontrolle auf Projektebene, das Kontrakt- und Subkontrakt-Management und die Kundenschnittstelle. Deckt sich mit der WBS-Position SX 1.
Konfigurations-Management und Qualitätssicherung (CM/QA)	Zum Konfigurations-Management (CM) gehören Produktfestsetzung, Änderungskontrolle, Bestandsüberwachung, die Handhabung der Programmunterstützungsbibliothek, Entwicklung und Überwachung des Endprodukt-Übernahmeplanes. Die Qualitätssicherung (QA) umfaßt die Entwicklung und Überwachung der Projektstandards und die technischen Überprüfungen der Software-Produkte und -Prozesse. Deckt sich mit den WBS-Positionen SX 23, 24 und 25.
Handbücher	Entwicklung und Update von Benutzer-, Operator- und Wartungshandbüchern. Entspricht der WBS-Position SX 51.

*) WBS ist die Abkürzung von 'Work breakdown structure' = Struktur der Arbeitsaufgliederung, die in Abschnitt 4.7 definiert und besprochen wird.

Tab. 4–3: Projektaufgaben je Aktivität und Phase

Aktivität	Phasen			
	Pläne und Anforderungen	Produkt-Design	Programmierung	Integration und Test
Anforderungs-Analyse	Analysieren Sie das vorhandene System, bestimmen Sie die Benutzerbedürfnisse, integrieren, dokumentieren und wiederholen Sie die Anforderungen	Update der Anforderungen	Update der Anforderungen	Update der Anforderungen
Produkt-Design	Entwickeln Sie die grundlegende Architektur, die Modelle, Prototypen und die Risiko-Analyse	Entwickeln Sie den Produktentwurf, die Modelle, Prototypen und die Risiko-Analyse	Update des Entwurfs	Update des Entwurfs
Programmierung	Planung der leitenden Mitarbeiter und der Tools	Personalplanung, Anschaffung von Tools und Einrichtungen	Feinkonzeption, Codierung und Einzeltest. Komponenten-Dokumentation, Integrierung und Planung	Integrieren Sie die Software; Update der Komponenten
Testplanung	Übernahmetest-Anforderungen, Testpläne auf oberster Ebene	Entwerfen Sie die Testpläne, beschaffen Sie die Test-Tools	Detaillierte Testpläne, beschaffen Sie die Test-Tools	Detaillierte Testpläne, installieren Sie die Test-Tools
Qualitätskontrolle (V & V)	Überprüfen Sie die Anforderungen, erfassen Sie die Anforderungen; entwerfen Sie die Tools für die Qualitätskontrolle (V & V)	Qualitätskontrolle des Produktdesign, beschaffen Sie die Tools f. d. Design-Qualitätskontrolle	Qualitätskontrolle der wichtigsten Bestandteile des Code. V & V der Design-Änderungen	Führen Sie d. Produkt- u. Übernahmetest sowie V & V-Design-Änderungen durch
Projektplanungs- und Überwachungsfunktionen	Planen Sie das Projekt-Management; entwerfen Sie die MIS-Planung, die Kontrakte, die Zusammenarbeit etc.	Planen Sie das Projekt-Management, die Bestandsüberwachung, Kontrakte, die Zusammenarbeit etc.	Planen Sie das Projekt-Management, die Bestandsüberwachung, Kontrakte, die Zusammenarbeit etc.	Planen Sie das Projekt-Management, die Bestandsüberwachung, Kontrakte, die Zusammenarbeit etc.
Konfigurations-Management und Qualitätssicherung (CM/QA)	CM/QA-Pläne und -verfahren, Übernahmeplan; bestimmen Sie die Tools für das Konfigurations-Management und die Qualitätssicherung	CM/QA der Anforderungen und des Design; entwerfen Sie die Standards; beschaffen Sie die CM/QA-Tools	CM/QA der Anforderungen, des Design, des Code und der Betriebsbibliothek	CM/QA der Anforderungen, des Design, des Code und der Betriebsbibliothek. Überwachen Sie den Übernahmeplan
Handbücher	Konzipieren Sie Teile des Benutzer-Handbuches	Entwerfen Sie die Benutzer- und Operator-Handbücher; konzipieren Sie das Wartungshandbuch	Kompletter Entwurf der Benutzer- und Operator-Handbücher	Endgültige Benutzer-, Operator- und Wartungshandbücher

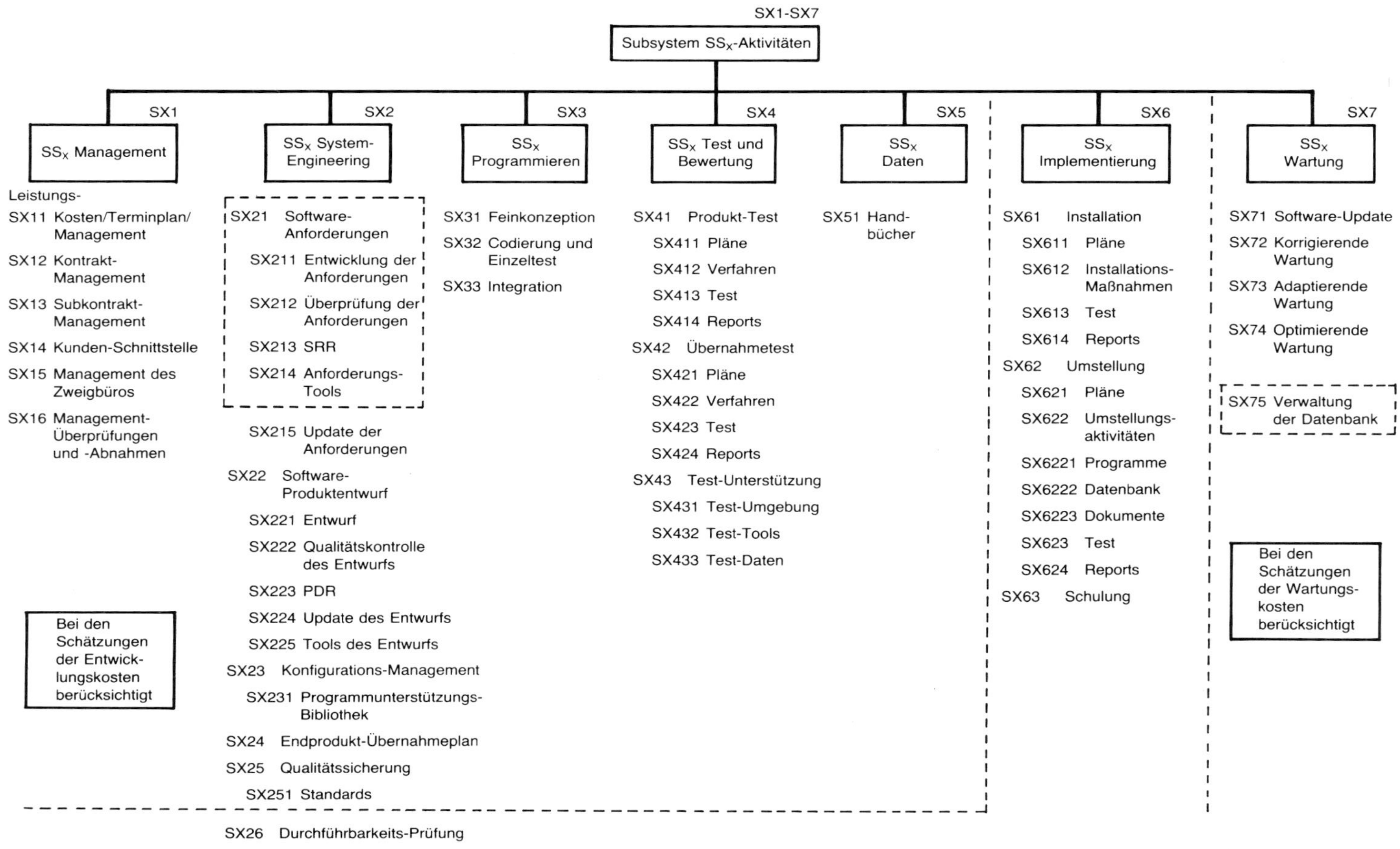

Abb. 4–6 (b): Struktur der Arbeitsaufgliederung (WBS) bei Software: Hierarchie der Aktivitäten

In der Praxis sind WBS-Elemente — sowohl in der Produkt-Hierarchie als auch in den entsprechenden Aktivitäts-Hierarchien für jeden Bestandteil — nur definiert, sofern es für Kostenberichte und -kontrolle erforderlich ist.*) Abbildung 4–7 zeigt ein Beispiel. Es geht um ein 40-Mann-Monate-Projekt für die Entwicklung eines Energiemodells. Das Modell enthält etwa 10 000 Anweisungen. Hieraus sind einige Tätigkeiten ersichtlich, die für mehrere Stufen der Produkt-Hierarchie gelten. Management wird sowohl auf das Gesamtprojekt (S1) als auch auf das Subsystem für Computer-Berechnungen (SB1) angewandt. System-Engineering wird sowohl auf das gesamte Projekt (S2, mit Bestandteilen S21 und S22) als auch auf den Energiemodul (SBA2) angewandt.

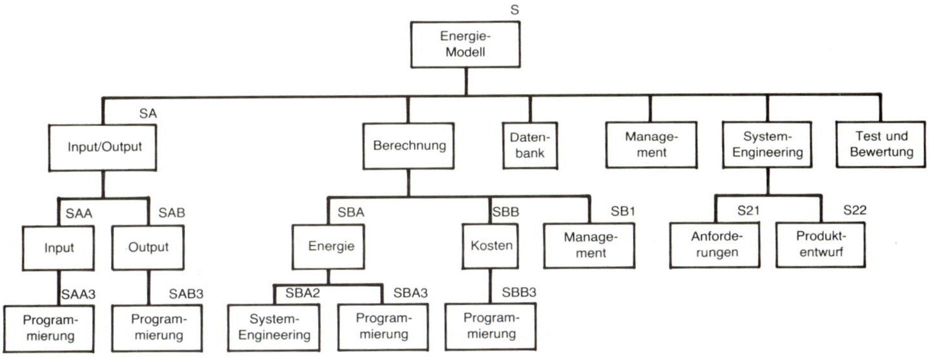

Abb. 4–7: Beispiel einer Software-Arbeitsaufgliederungsstruktur

Anwendungen der Software-WBS

Eine der Hauptanwendungen der Software-WBS besteht darin, die Kosten, die durch ein Software-Kostenschätzungsmodell kalkuliert wurden, genau zu definieren. Ohne solche Definitionen werden Software-Kostenschätzungen und -Daten sinnlos und ungenau. Die punktierten Linien aus Abbildung 4–6 b zeigen, daß die Software-Entwicklungskosten, die durch die in diesem Buch dargelegten COCOMO-Modelle geschätzt wurden, alle Arbeiten abdecken, die in den ersten fünf wichtigsten Tätigkeitselementen durchgeführt werden (SX1–SX5). Als Ausnahmen gelten allerdings die Durchführbarkeits-Studie und die Anforderungsanalyse. Die Durchführbarkeits-Studie bezeichnet die während der Voruntersuchungsphase des Software-Lebenszyklus durchgeführten Arbeiten. Die Anforderungsanalyse wird getrennt von der Software-Entwicklung geschätzt.

Die andere Hauptanwendung der WBS ist die der Basis für das Kostenerfassen und Kostenberichten. Jedem der WBS-Elemente kann ein Projektbudget und eine Jobnummer zugeteilt werden, die für Berichte über Zeitaufwand bei den verschiedenen Projektaktivitäten verwendet werden können. Ein Informationssystem für Projekt-Management kann diese Daten bearbeiten, damit die Manager wissen, wie sich die Ausgaben im Vergleich zum Projektbudget entwickeln. In Kapitel 32 wird das Funktionieren dieses Systems genauer erklärt.

---

*) Realistische Schwellenwerte für die Festlegung separater WBS-Elemente (als prozentualer Anteil des Gesamtaufwandes oder der Anzahl Mann-Monate) sind:

— bei kleinen Projekten (7 Mann-Monate): mindestens 7% oder 0,5 Mann-Monate,

— bei mittleren Projekten (300 Mann-Monate): mindestens 1% oder 3 Mann-Monate,

— bei großen Projekten (7000 Mann-Monate): mindestens 0,2% oder 15 Mann-Monate.

Wenn ein Unternehmen seine Kosten mit Hilfe einer Standard-WBS erfaßt, verfügt es damit schnell über eine wertvolle Datenbank für seine Software-Kostenverteilung. Diese Datenbank kann angewandt werden, um ein allgemeines Kostenschätzungsmodell den besonderen Anforderungen der Organisation entsprechend anzupassen.

4.8 Software-Wartung

Die Software-Wartung wird als der Prozeß definiert, durch welchen existierende Software modifiziert wird, ohne daß ihre Hauptfunktionen geändert werden. Nach dieser Definition gelten die folgenden Aktivitäten als Software-Wartung:

- Neu-Entwurf und Neu-Entwicklung von kleineren Teilen (weniger als 50% neue Codierung) eines existierenden Software-Produktes, das im wesentlichen dieselben Funktionen ausführt.
- Entwurf und Entwicklung kleinerer Software-Routinen, die eine gemeinsame Schnittstelle haben und die geringfügige Modifikationen (weniger als 20%) der existierenden Software erfordern.
- Modifikation der Codierung, Dokumentationen oder Datenbank-Struktur des Software-Produktes.

Nach dieser Definition gelten die folgenden Aktivitäten *nicht* als Software-Wartung:

- Umfangreicher Neu-Entwurf und Neu-Entwicklung (mehr als 50% neue Codierung) eines neuen Software-Produktes, das hauptsächlich dieselben Funktionen ausführt.
- Entwurf und Entwicklung einer umfangreicheren Interface-Software-Routine (bei welcher mehr als 20% der Source-Befehle aus dem alten Produkt bestehen), die verhältnismäßig wenig Überarbeitung des existierenden Produktes benötigt.
- System-Operationen der Datenverarbeitung, Dateneingabe und Modifikation der Datenbank.

Die Software-Wartung läßt sich in zwei Hauptkategorien einteilen:

1. Software-*Update,* die zu einer Änderung der Funktionsspezifikation des Software-Produktes führt.
2. Software-*Reparatur,* die die Funktionsspezifikation unverändert läßt.

Darüber hinaus läßt sich die Software-Reparatur in drei weitere Unterkategorien unterteilen (Swanson, 1976):

2 a) Korrigierende Wartung (bei Versagen von Verarbeitung, Leistung oder Implementation)

2 b) Adaptierende Wartung (bei Veränderung der Verarbeitungs- oder Daten-Umgebung)

2 c) Optimierende Wartung (für die Verbesserung der Leistung oder der Wartungsfähigkeit).

Kapitel 5

Das COCOMO-Basis-Modell

5.1 Einführung

Schätzgleichungen und grundlegende Fragen

In diesem Kapitel wird eine Gleichung zur Schätzung der Anzahl an Mann-Monaten (MM) vorgestellt, die erforderlich sind, um die gebräuchlichste Software-Produktart zu entwickeln; diese Anzahl wird in Tausenden von auszuführenden Source-Befehlen (kilos of delivered source instructions = KDSI), die im Software-Produkt enthalten sind, angegeben:

$$MM = 2{,}4\ (KDSI)^{1{,}05} \qquad (5-1).$$

Wir stellen in diesem Kapitel des weiteren eine Gleichung für die Schätzung des Entwicklungs-Terminplanes (development schedule = TDEV) nach Monaten vor:

$$TDEV = 2{,}5\ (MM)^{0{,}38} \qquad (5-2).$$

Ehe wir jedoch diese Gleichungen in der Praxis einsetzen können, müssen wir uns mit der Lösung einer Reihe wichtiger Definitionsprobleme befassen, z. B.:

- *Welche Befehle sind auszuführende Source-Befehle?* Enthalten sie z. B. auch Kommentare, die nicht selten mehr als die Hälfte des Source-Textes für das Programm in Anspruch nehmen?
- *Welche Mann-Monate werden von der Schätzung berücksichtigt?* Berücksichtigt sie z. B. auch den Aufwand für Programm-Bibliothekare, Sekretärinnen, Computer-Bediener und Pförtner?
- *Welche Phasen sind Teil der Entwicklung?* Berücksichtigt sie z. B. auch die Planungs- und Anforderungsphase und die Implementierungsphase?
- *Welche Projektarten sind von den Schätzgleichungen abgedeckt?* Berücksichtigen sie alle Arten von Projektumgebungen, u. a. auch Projekte, die ein schlechtes Management haben, oder solche, die häufig umgeplant werden müssen?

Einige dieser Fragen sind bereits im vorhergehenden Kapitel während der Definition der Struktur von Phase, Aktivität und Arbeitsaufgliederung ausführlich erörtert worden. Die restlichen Fragen werden wir in Abschnitt 5.2 behandeln, ehe wir zur Besprechung der Gleichungen selbst übergehen.

Die verschiedenen Versionen des COCOMO-Modells

Das konstruktive Kostenmodell (COCOMO = **Co**nstructive **Co**st **Mo**del), das wir in diesem Buch vorstellen, existiert in verschiedenen Versionen mit zunehmendem Detaillierungsgrad. Obige Gleichungen stellen das grundlegende Modell, das COCOMO-Basismodell, in der Version zur Verfügung, die auf die meisten Software-Projekte angewandt werden kann: auf Produkte kleiner oder mittlerer Größe, die in der gewohnten In-House-Software-Entwicklungsumgebung entwickelt wurden. Die anderen Aspekte des COCOMO-Basismodells — einschließlich der Phasenverteilungen von Aufwand, Terminplan und Aktivitäten — werden in den nächsten drei Kapiteln besprochen.

Das COCOMO-Basismodell eignet sich für schnelle und frühzeitige Schätzungen der Software-Kosten in groben Zügen; seine Genauigkeit ist gezwungenermaßen eingeschränkt, weil diejenigen Faktoren nicht berücksichtigt werden, die den Unterschieden bei den durch die Hardware gesetzten Grenzen, bei der Personalqualifikation und -erfahrung, beim Einsatz moderner Tools und Methoden und anderen Projekt-Merkmalen Rechnung tragen, von denen bekannt ist, daß sie starken Einfluß auf die Software-Kosten haben. In den Kapiteln 8 und 9 stellen wir das COCOMO-Zwischenmodell vor, das diese Faktoren unter dem Aspekt ihres gemeinsamen Einflusses auf die gesamten Projektkosten berücksichtigt. In einem späteren Teil dieses Buches (Teil IV) werden wir Ihnen das COCOMO-Endmodell vorstellen, das dem Einfluß dieser zusätzlichen Faktoren in den individuellen Projektphasen Rechnung trägt.

5.2 Definitionen und Annahmen

Die für COCOMO erforderlichen Software-Lifecycle-Phasen und Aktivitäts-Definitionen wurden im vorhergehenden Kapitel dargestellt. Nachstehend finden Sie einige zusätzliche Definitionen und Annahmen, die die Basis für den Einsatz von COCOMO bilden:

1. Der bedeutendste Kostenfaktor ist die Anzahl auszuführender Source-Befehle (delivered source instructions = DSI), die im Rahmen des Projektes entwickelt werden. Diese sind wie folgt definiert:

   Auszuführen. Bei diesem Begriff wird nicht auszuführende Zusatz-Software, z. B. „test drivers", generell ausgeschlossen. Wird diese jedoch mit derselben Sorgfalt entwickelt wie auszuführende Software einschließlich spezieller Prüfungen, Testpläne, Dokumentation usw., sollte sie mit berücksichtigt werden.

   Source-Befehle. Unter diesen Begriff fallen alle Programmbefehle, die vom Software-Personal entwickelt und mit Hilfe einer Kombination aus Präprozessoren, Compilern und Assemblern in Maschinencode umgesetzt werden. Kommentarkarten und nicht modifizierte Gebrauchs-Software sind nicht berücksichtigt. Die Jobkontrollsprache, Format-Statements und Datenerklärungen sind jedoch berücksichtigt. Die Befehle sind als „Lines of Code" (Codierzeilen) oder Kartenbilder definiert. Eine Zeile, die zwei oder mehr Source-Befehle beinhaltet, zählt als ein Befehl; eine fünfzeilige Daten-Deklaration zählt als fünf Befehle.

2. Die Entwicklungsperiode, die von den COCOMO-Kostenschätzungen abgedeckt wird, fängt mit dem Beginn der Produktentwurfs-Phase an (der erfolgreichen Beendigung einer Software-Anforderungsübersicht, siehe Tabelle 4–1) und endet mit dem Schluß der Integrations- und Testphasen (der erfolgreichen Beendigung einer Software-Akzeptanz-Übersicht). Die Kosten und die Terminpläne anderer Phasen werden getrennt geschätzt.

3. Die COCOMO-Kostenschätzungen decken ausschließlich diejenigen Aktivitäten ab, die in der Struktur der Software-Arbeitsaufgliederung (work breakdown structure = WBS) gemäß Abbildung 4–6 b dargestellt sind. So decken z. B. die Entwicklungsschätzungen den Management- und den Dokumentations-Aufwand ab, berücksichtigen jedoch den Aufwand, der während der Entwicklungsperiode erforderlich wird, nicht in vollem Umfang, z. B. Benutzer-Schulung, Planung der Installation und der Umstellung. Diese Aktivitäten werden von den Schätzungsbeziehungen, die Sie in Kapitel 31 finden, erfaßt.

4. Die COCOMO-Schätzungen berücksichtigen sämtliche direkt belasteten Personalkosten des Projektes für die unter Annahme 3 aufgeführten Aktivitäten. Sie

beinhalten also die Kosten für Projekt-Manager und Programm-Bibliothekare, nicht jedoch die Kosten für die Bediener des Rechenzentrums, für das Personal der Personalabteilung, für Sekretärinnen, das gehobene Management, Pförtner usw.

5. Ein COCOMO-Mann-Monat umfaßt 152 Arbeitsstunden. Es hat sich herausgestellt, daß dies mit der Praxis unter Beachtung der durchschnittlichen monatlichen Freizeit — Ferien, Urlaub und Fehltage wegen Krankheit — übereinstimmt.

   Zur Umrechnung einer COCOMO-Schätzung in Mann-Monate oder in andere Einheiten dient das folgende Schema:

Mann-Stunden:	mit 152 multiplizieren
Mann-Tage:	mit 19 multiplizieren
Mann-Jahre:	durch 12 dividieren.

6. Die COCOMO-Schätzungen gehen davon aus, daß das Projekt sowohl seitens des Entwicklers als auch des Kunden ein gutes Management haben wird. So wird z. B. das Ausmaß an unproduktiven Leerlaufzeiten vom Manager wie vom Kunden so gering wie möglich gehalten.
7. COCOMO geht davon aus, daß sich die Anforderungsspezifikation nach der Planungs- und Anforderungsphase nicht mehr erheblich ändern wird. Einige Verfeinerungen und Neuinterpretationen werden unvermeidlich sein; alle bedeutenden Modifizierungen oder zusätzlichen Leistungen sollten jedoch von einer revidierten Kostenschätzung abgedeckt werden.
8. Das COCOMO-Endmodell geht davon aus, daß der Einfluß der Software-Kostenfaktoren phasenabhängig ist. Abgesehen von der Differenzierung zwischen Entwicklung und Wartung ist dies beim COCOMO-Basismodell und COCOMO-Zwischenmodell nicht der Fall.
9. Zu den Phasen-Kosten gehören alle während der Phase anfallenden Kosten. Wie aus Abbildung 5–1 ersichtlich, sind die Kosten für das Update des Integrations- und Testplanes und die Beendigung des Akzeptanz-Testplanes in den Kosten der Feinkonzeptionsphase enthalten.

Abbildung 5–1 ist auch eine Zusammenfassung des zugrundeliegenden Software-Entwicklungsprozeß-Modells, das, wie COCOMO annimmt, im Projekt eingesetzt werden wird. Dieser Prozeß hebt die nachfolgenden Grundzüge hervor:

1. Sorgfältige Definition und Überprüfung der Software-Anforderungs-Spezifikation durch eine relativ kleine Anzahl von Mitarbeitern vor Beginn der eigentlichen Arbeit am kompletten Systementwurf.
2. Sorgfältige Definition und Überprüfung des Software-Systementwurfs bis auf Modul-Ebene (siehe Tabelle 4–1) durch eine etwas größere, jedoch immer noch relativ kleine Gruppe von Mitarbeitern vor Beginn der eigentlichen Arbeit an der Feinkonzeption und an der Codierung.
3. Die Feinkonzeption, die Codierung und der Modultest werden von einer größeren Gruppe Programmierer parallel ausgeführt; sie arbeiten innerhalb eines fest umrissenen Rahmens für den Systementwurf, häufig im Hinblick auf eine geplante Entwicklung in mehreren Schritten.
4. Die Integration und das Testen auf jeder Stufe stützen sich auf eine frühzeitige Testplanung großen Umfanges sowie darauf, daß so gut wie alle intramodularen Fehler mittels gründlicher Walkthroughs und durch Modultests ausgeschaltet worden sind.

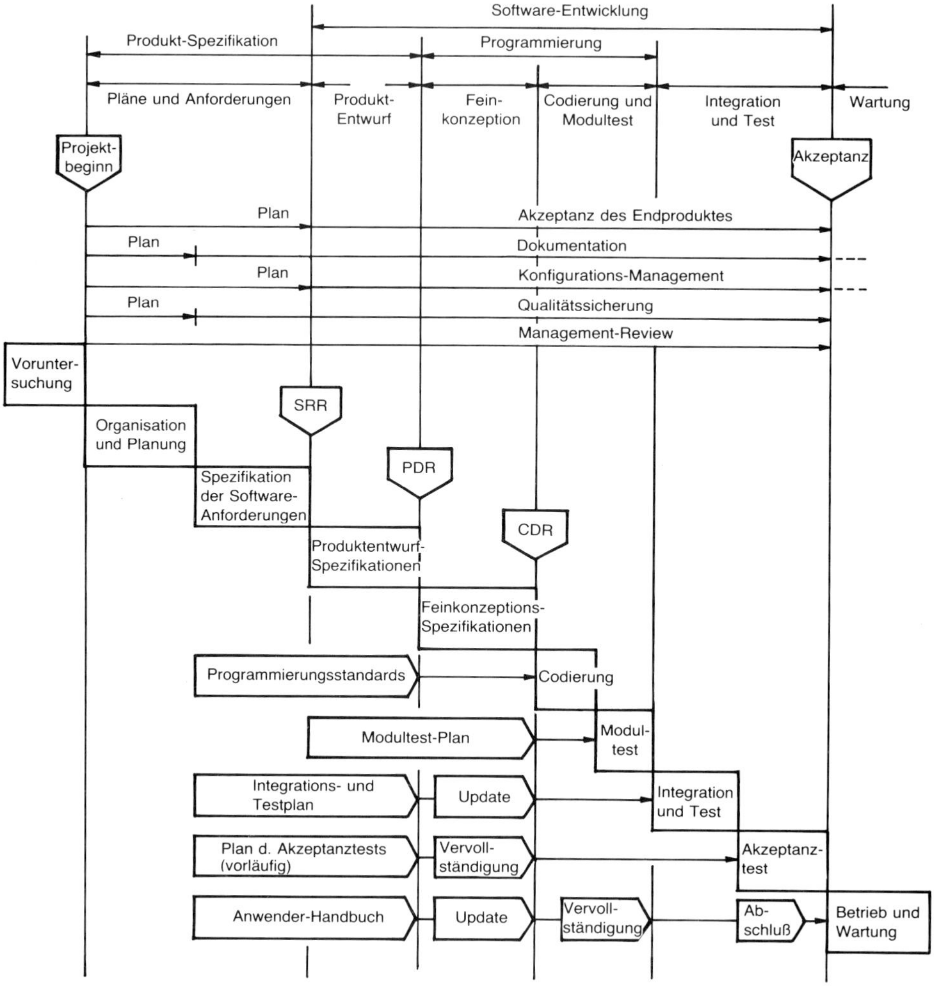

Abb. 5–1: Software-Projektphasen, Aktivitäten und Meilensteine

5. Ein Großteil der Dokumentation (z. B. Entwürfe für Anwenderhandbücher) erfolgt frühzeitig, damit den Anwendern (und den Entwicklern) schnell ein Feedback über die praktischen Erfahrungen mit dem Produkt zur Verfügung steht.

Mann-Monate im Vergleich zu Dollar-Schätzungen

Wegen der großen Abweichungen zwischen den einzelnen Unternehmen in bezug auf die Definition der Personalkosten — (von laufenden Kosten unbelastet? belastet? inklusive Versorgungspläne? Büromieten? Gewinne?) — vermeidet es COCOMO, die Personalkosten in Dollar zu schätzen, auch weil Mann-Monate — zieht man die derzeitigen Inflationsraten und die internationalen monetären Fluktuationen in Betracht — eine stabilere Größe als Dollar darstellen.

Um COCOMO-Mann-Monate-Schätzungen in Dollar-Schätzungen umzuwandeln, wäre die beste Kompromißlösung zwischen Einfachheit und Genauigkeit diejenige, von einem anderen durchschnittlichen Dollar-Betrag pro Mann-Monat für jede wichtige Phase auszugehen, um der Inflation und den Gehaltsunterschieden der für jede Phase erforderlichen Mitarbeiter Rechnung zu tragen. Ein durchschnittlicher Mann-Monat könnte z. B. für die Planungs- und Anforderungsphase und für die Produktentwurfsphase $ 6000 kosten, für die Feinkonzeptions-, Codierungs- und Modul-Testphasen $ 5000 und $ 5500 für die Integrations-, Test- und die Wartungsphase.

5.3 Entwicklungsaufwand und Terminplan

Wir verfügen nun über genügend Definitionen zum Software-Lifecycle, daß wir, wenn wir eine Schätzung durchzuführen haben, genau wissen, was wir zu schätzen haben. In diesem Abschnitt stellen wir Ihnen die grundsätzlichen COCOMO-Aufwands- und Terminplan-Gleichungen für die gebräuchlichste Software-Projektart zur Verfügung: das kleine bis mittelgroße Produkt, das in einer vertrauten In-House-Software-Entwicklungsumgebung organisch entwickelt wird. Für diese organische Art der Software-Entwicklung werden in diesem Kapitel Tabellen zur Verfügung gestellt, mit denen geschätzt werden kann, wie sich der Aufwand und der Terminplan nach Phasen verteilen.

Aufwands- und Terminplan-Gleichungen des COCOMO-Basismodells: organische Entwicklung

Wir wiederholen an dieser Stelle die Schätzgleichungen, die wir zu Beginn dieses Kapitels vorgestellt haben. Die Basis-Aufwandsgleichung für ein organisches Software-Projekt lautet:

$$MM = 2{,}4\ (KDSI)^{1{,}05} \qquad (5-1).$$

Unter der Größe KDSI verstehen wir die Anzahl an Tausenden von auszuführenden Source-Befehlen des Software-Produktes, wie in Abschnitt 5.2 definiert. Die Größe MM stellt die Anzahl an Mann-Monaten dar, die für die Software-Entwicklungsphase des Lifecycle — unter Berücksichtigung der in Abschnitt 5.2 gegebenen Definitionen und Annahmen — geschätzt wurden. In Abbildung 5–2*) finden Sie eine graphische Darstellung der Schätzungen aus der grundlegenden Aufwandsgleichung sowie die entsprechenden Produktivitäts-Schätzungen in DSI/MM.

Die grundlegende Terminplan-Gleichung für ein Software-Projekt organischer Art lautet:

$$TDEV = 2{,}5\ (MM)^{0{,}38} \qquad (5-2).$$

Unter der Größe TDEV verstehen wir die Anzahl an Monaten, die für die Entwicklung eines Software-Produktes veranschlagt wird, ausgehend von denselben Definitionen und Annahmen wie bei der grundlegenden Aufwandsgleichung. Abbildung 5–3 zeigt eine graphische Darstellung der Schätzungen der grundlegenden Terminplan-Gleichung.

---

*) Bei der Verwendung von COCOMO wird es für Sie von Nutzen sein, wenn Sie einen Rechner zur Verfügung haben, der mit Exponentialfunktionen operiert. Mit Hilfe der graphischen Darstellungen wie in Abbildung 5–2 können Sie das Modell jedoch auch ohne einen solchen Rechner verwenden.

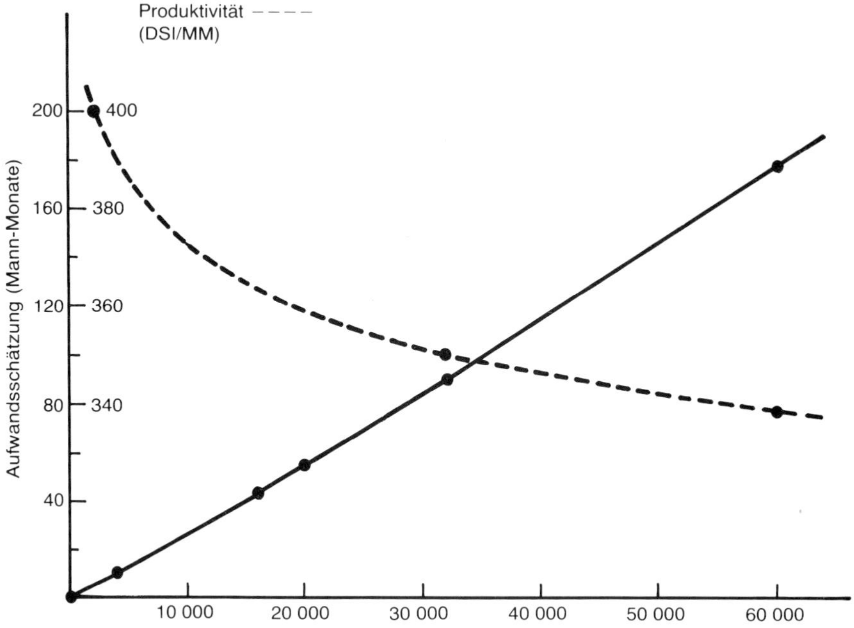

Abb. 5–2: Aufwandsschätzungen des COCOMO-Basismodells: Organische Entwicklung

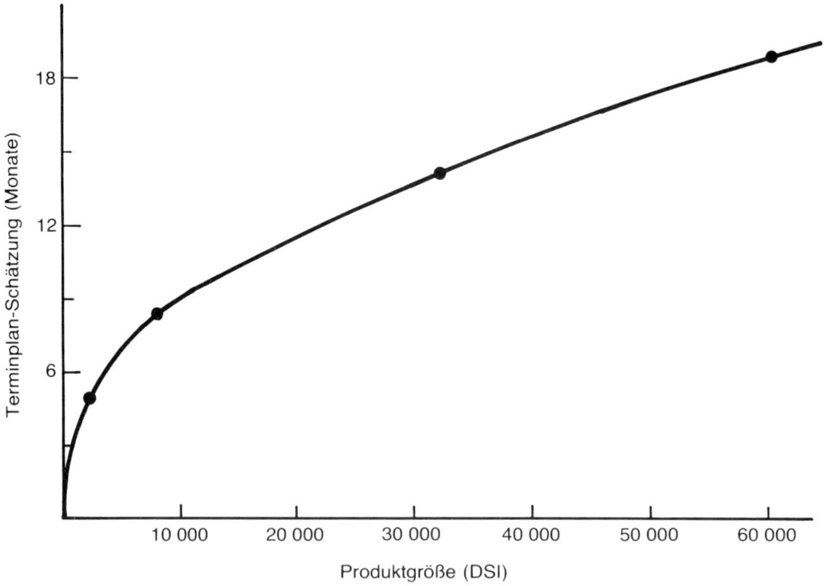

Abb. 5–3: Terminplan-Schätzungen des COCOMO-Basismodells: Organische Entwicklung

Schätzungs-Beispiele

Eine große Herstellerfirma der chemischen Industrie plant die Entwicklung eines neuen Computer-Programmes, um über ihre Rohmaterialien Buch zu führen. Es soll von einem internen Team von Programmierern und Analytikern entwickelt werden, die ähnliche Programme bereits während mehrerer Jahre entwickelt haben. Es handelt sich hier also um ein gutes Beispiel für ein organisch entwickeltes Software-Projekt. Eine Ausgangsstudie hat ergeben, daß der Programm-Umfang ca. 32 000 auszuführende Source-Befehle (32 KDSI) betragen wird. Anhand unserer grundlegenden Gleichungen können wir die folgenden Charakteristika des Projektes schätzen:

Aufwand:	$MM = 2{,}4\ (32)^{1.05}$	= 91 Mann-Monate
Produktivität:	$\frac{32\,000\ DSI}{91\ MM}$	$= 352\ \frac{DSI}{MM}$
Terminplan:	$TDEV = 2{,}5\ (91)^{0.38}$	= 14 Monate
Durchschnittliche Personalbesetzung:	$\frac{91\ \text{Mann-Monate}}{14\ \text{Monate}}$	= 6,5 FSP.

Unter der Größe FSP verstehen wir „Vollzeit-Software-Personal"; FSP ist ein Maßstab für die Anzahl von Mitarbeitern, die während einer gegebenen Zeit an dem Projekt arbeiten.

Projektprofile

In Tabelle 5–1 finden Sie ähnliche Profile für eine Reihe von Projekten mit organischer Entwicklung in Standard-Größe:

Klein:	2 000 DSI
Zwischengröße:	8 000 DSI
Mittelgroß:	32 000 DSI
Groß:	128 000 DSI

Tab. 5–1: Gesamt-Projektprofile: Projekte mit organischer Entwicklung

Produkt-Größe	Aufwand	Produktivität	Terminplan (Monate)	Durchschnittliche Personalbesetzung
Klein: 2 KDSI	5,0 MM	400 DSI/MM	4,6	1,1 FSP
Zwischengröße: 8 KDSI	21,3 MM	376 DSI/MM	8,0	2,7 FSP
Mittlere Größe: 32 KDSI	91,0 MM	352 DSI/MM	14,0	6,5 FSP
Groß: 128 KDSI	392,0 MM	327 DSI/MM	24,0	16,0 FSP

Wir können daraus entnehmen, daß es sich bei einem kleinen Projekt grundsätzlich um einen Einpersonen-Job handelt*), während ein großes Projekt eine durchschnittliche

*) Es ist zu beachten, daß die Veranschlagung von 5 Mann-Monaten für ein kleines Projekt von der Entwicklung eines 2000 DSI umfassenden Software-Produktes ausgeht, wozu eine genaue Dokumentation, sorgfältiges Testen, Fehlerbehebung, Anpassung an die Anwenderanforderungen usw. gehören. Vielfach wurden für die Entwicklung von *Personal-Software-Programmen* mit 2000 DSI ohne derartige Produkt-Funktionen weniger Mann-Monate benötigt. Angaben von (Brooks, 1975) zufolge ist der Aufwand für die Erstellung eines Software-Produktes dreimal so hoch wie für ein Personal-Software-Programm vergleichbaren Umfangs.

Personalbesetzung von 16 Mitarbeitern erfordert. Im nächsten Abschnitt sehen wir die typische Verteilung dieser Mitarbeiter über den Software-Entwicklungszyklus.

5.4 Phasen-Verteilung

Tabelle 5–2 stellt die prozentuale Verteilung des grundlegenden Software-Aufwandes und -Terminplanes während der Phasen des Entwicklungszyklus, die in der Tabelle 4–1 und in Abbildung 5–1 dargestellt sind, vor. Die Phasenverteilung variiert je nach Produktgröße. Größere Software-Projekte erfordern verhältnismäßig mehr Zeit und Aufwand für Integration und Systemtest; der Programmierteil des Terminplanes kann komprimiert werden, weil für eine parallel verlaufende Programmierung der Komponenten eine größere Anzahl Mitarbeiter zur Verfügung steht. Bei kleineren Software-Projekten ist eine einheitlichere, flachere Verteilung des Personals über den ganzen Entwicklungszyklus zu beobachten; sie verfügen auch über relativ mehr Ressourcen für andere Phasen als die der Integrierung und des Systemtests. (Sowohl große wie kleine Software-Projekte mit organischer Entwicklung haben — im Vergleich zu den anderen Arten der Software-Entwicklung, die in Kapitel 6 besprochen werden — relativ flache Personal-Verteilungen.)

Nehmen Sie das Rohmaterialien-Bestandsaufnahme-Projekt der Chemiefirma, das von mittlerer Größe (32 KDSI) ist, als Beispiel für den Einsatz der Tabelle 5–2. Wir haben anhand der obigen Aufwands- und Terminplan-Gleichungen des COCOMO-Basismodells festgestellt, daß es einen Aufwand von 91 MM und einen Terminplan von 14 Monaten erforderlich macht. Nehmen wir an, daß wir eine Schätzung des Zeitaufwandes, des Aufwandumfanges und der durchschnittlichen Zahl an Vollzeit-Software-Personal (FSP) wünschen, weil wir diese Angaben für die Programmierphase dieses Projektes benötigen. Nach der Rubrik „Aufwand" in Tabelle 5–2 sind für die Programmierphase 62% des Gesamtaufwandes erforderlich, oder

$$(0{,}62)(91\ \text{MM}) = 56\ \text{MM}.$$

Der Rubrik „Terminplan" in Tabelle 5–2 zufolge sind für die Programmierphase 55% des gesamten Terminplanes erforderlich, oder

$$(0{,}55)(14\ \text{MM}) = 7{,}7\ \text{Monate}.$$

Tab. 5–2: Verteilung von Aufwand und Terminplan nach Phasen: Organische Entwicklung

	Produktgröße			
Phasen	Klein (2 KDSI)	Zwischen-größe (8 KDSI)	Mittel-groß (32 KDSI)	Groß (128 KDSI)
Aufwand				
Pläne und Anforderungen	6%	6%	6%	6%
Produktentwurf	16	16	16	16
Programmierung	68	65	62	59
Feinkonzeption	26	25	24	23
Codierung und Modultest	42	40	38	36
Integration und Test	16	19	22	25
Gesamt	100%	100%	100%	100%

Phasen	Produktgröße Klein (2 KDSI)	Zwischen-größe (8 KDSI)	Mittel-groß (32 KDSI)	Groß (128 KDSI)
Terminplan				
Pläne und Anforderungen	10%	11%	12%	13%
Produktentwurf	19	19	19	19
Programmierung	63	59	55	51
Integration und Test	18	22	26	30
Gesamt	100%	100%	100%	100%

Fortsetzung Tabelle 5–2

Die durchschnittliche Anzahl der für die Programmierphase erforderlichen Mitarbeiter (FSP) beläuft sich auf

$$\frac{56 \text{ MM}}{7{,}7 \text{ Monate}} = 7{,}3 \text{ FSP}.$$

5.5 Durchschnittliche Projekt-Profile

Auf ähnliche Weise können wir den Aufwand, den Terminplan und die durchschnittlichen FSP, die für die anderen Phasen eines mittelgroßen (32 KDSI) Projektes erforderlich sind, dadurch errechnen, daß wir die Prozentsätze der Tabelle 5–2 einsetzen. Diese Information und ihre Entsprechungen für die anderen Projekte der Standardgröße finden Sie in Tabelle 5–3. Die grundlegenden Projektprofile der Tabelle 5–3 geben Ihnen noch zusätzliche Informationen, z. B. über den durchschnittlichen Personalbestand des Projektes in FSP, den durchschnittlichen Personalbestand pro Phase im Verhältnis zum durchschnittlichen Projektpersonal und über die gesamte Projekt-Produktivität (gesamte DSI/gesamter Aufwand für die Entwicklung in MM).

Tabelle 5–3 hilft uns, ein Gespür für den relativen Umfang der verschiedenen Phasen und Projekte zu entwickeln, sowie für die Größenordnung einzelner Auswirkungen des Übergangs von Projekten kleineren zu solchen größeren Umfanges. Wenn wir z. B. ein Produkt entwickeln, das viermal größer als unser bislang größtes Produkt sein wird (32 KDSI im Vergleich zu 8 KDSI), können wir damit rechnen, daß unsere gesamte Projekt-Produktivität in DSI/MM auf 94% unserer bisherigen Produktivität (352 DSI/MM im Vergleich zu 376) sinkt.

Dieser Produktivitätsrückgang bei größeren Projekten wird — wirtschaftlich ausgedrückt — als *Kostenprogression* bezeichnet. Kapitel 11 wird sich eingehender mit der Kostendegression und der Kostenprogression befassen. Nachstehend finden Sie eine Aufzählung der hauptsächlichen Gründe für die Kostenprogression bei größeren Software-Produkten:

1. Verhältnismäßig mehr Aufwand für den Produktentwurf ist erforderlich, um sorgfältige Spezifikationen auf Modul-Ebene zu entwickeln, die die parallel durchgeführte Arbeit einer großen Anzahl Programmierer unterstützen;

Tab. 5–3: Grundlegende Projekt-Profile: Organische Entwicklung

	Produktgröße			
Größe	Klein (2 KDSI)	Zwischengröße (8 KDSI)	Mittelgroß (32 KDSI)	Groß (128 KDSI)
Gesamtaufwand (MM)	5,0	21,3	91	392
Pläne und Anforderungen	0,3	1,3	5	24
Produktentwurf	0,8	3,4	15	63
Programmierung	3,4	13,8	56	231
Feinkonzeption	1,3	5,3	22	90
Codierung und Modultest	2,1	8,5	34	141
Integration und Test	0,8	4,1	20	98
Gesamt-Terminplan (Monate)	4,6	8	14	24
Pläne und Aufforderungen	0,5	0,9	1,7	3,1
Produktentwurf	0,9	1,5	2,7	4,6
Programmierung	2,9	4,7	7,7	12,2
Integration und Test	0,8	1,8	3,6	7,2
Durchschnittlicher Personalbestand (FSP)				
Pläne und Anforderungen	0,6	1,4	2,9	8
Produktentwurf	0,9	2,3	5,6	14
Programmierung	1,2	2,9	7,3	19
Integration und Test	1,0	2,3	5,6	14
Projekt-Durchschnitt (FSP)	1,1	2,7	6,5	16
Projektdurchschnitt Planung und Anforderungen in %	60%	55%	50%	46%
Produktentwurf	84	84	84	84
Programmierung	108	110	113	116
Integration und Test	89	87	85	83
Produktivität (DSI/MM)	400	376	352	327

2. verhältnismäßig mehr Aufwand ist erforderlich, um umfangreichere Anforderungs- und Entwurfsspezifikationen einer Qualitätskontrolle zu unterziehen;
3. selbst bei einer genau definierten Spezifikation werden die Programmierer bei einem großen Projekt verhältnismäßig mehr Zeit mit Kommunikation und der Lösung von Schnittstellenproblemen verbringen;
4. verhältnismäßig mehr Integrations-Aufwand ist erforderlich, um die Module zusammenzusetzen;

5. generell sind im Verhältnis umfangreichere Tests des Software-Produktes im Rahmen der Qualitätskontrolle erforderlich;
6. für das Management des Projektes wird im Verhältnis mehr Aufwand erforderlich sein.

Aus den Prozentsätzen der Rubrik „Durchschnitt in Prozent“ in Tabelle 5–3 können wir schließen, daß die Personalkurve bei größeren Projekten eine etwas höhere Amplitude für den Parallelaufwand in der Programmierphase aufweist, als dies für kleinere Projekte der Fall ist. Dies wird in Abbildung 5–4 illustriert, die die Personalkurven (in der Relation zum durchschnittlichen Personalaufwand) bei kleinen, mittleren und großen Projekten mit organischer Entwicklung vergleicht.

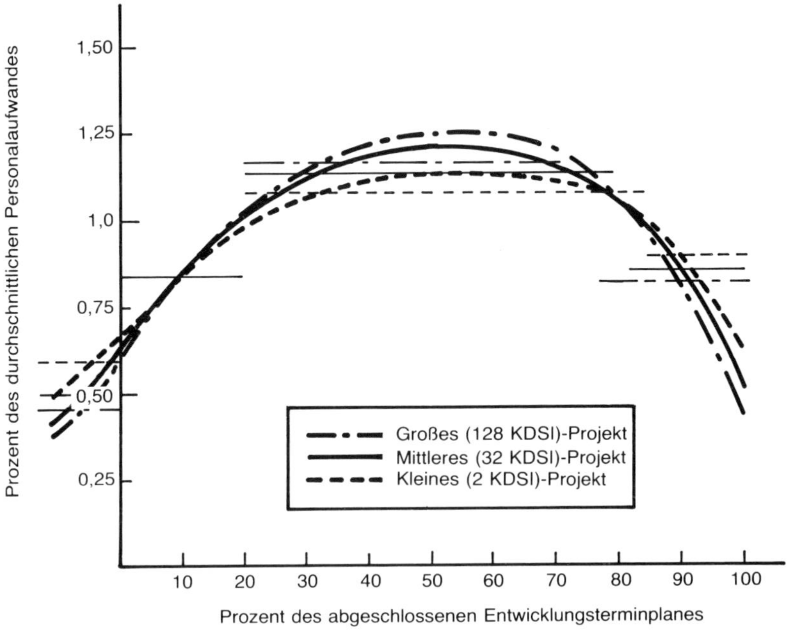

Abb. 5–4: Grundlegende Personalverteilung: Projekte mit organischer Entwicklung

5.6 Die Rayleigh-Verteilung

Die durchschnittlichen COCOMO-Schätzungen des Personalbestandes jeder Software-Entwicklungsphase ergeben die geradlinigen funktionsbezogenen Personalverteilungen, die in Abbildung 5–4 dargestellt sind. In Wirklichkeit neigt das Niveau des Vollzeit-Software-Personals, das an einem Projekt arbeitet, eher dazu, einer kontinuierlich verlaufenden Kurve zu folgen; dies gilt besonders für große Projekte, bei denen es unwahrscheinlich ist, daß es zu einem gleichzeitigen Vollzeit-Einsatz einer großen Zahl von Mitarbeitern kommt. Beispiele solcher Kurven finden Sie ebenfalls in Abbildung 5–4.

Es gibt eine mathematische Funktion, die — wenn sie richtig eingesetzt wird — gute Näherungen zu den tatsächlichen Personalkurven bei vielen Arten von Software-Projekten ergibt, u. a. auch zu den in Abbildung 5–4 illustrierten Projekten mit organischer Entwicklung. Bei dieser Funktion handelt es sich um die Rayleigh-Verteilungsfunktion, die mit Hilfe der COCOMO-Variablen FSP und MM in folgender Formel dargestellt wird:

$$FSP = MM \left(\frac{t}{t_D^2}\right) e^{-\left(t^2/2 : t_D^2\right)} \qquad (5-3).$$

Die Variable t repräsentiert den Monat, für den der FSP-Aufwand errechnet wird, und die Größe t_D bezeichnet den Monat, in dem das Projekt seinen größten Umfang erreicht.

Norden (Norden, 1958; Norden, 1970) hat gezeigt, daß die Rayleigh-Verteilung bei vielen Arten von Forschungs- und Entwicklungsaktivitäten eine gute Näherung bei der Personalverteilung ist. Die Ergebnisse von Norden wurden von Putnam (Putnam, 1976; Putnam, 1978) erweitert, der zeigte, daß die Personalverteilungen einer Reihe von Software-Projekten durch die Rayleigh-Verteilung ziemlich genau beurteilt wurden. Des weiteren hat Putnam aus einer Analyse der Rayleigh-Verteilung Beziehungen zwischen dem Software-Entwicklungsaufwand und den Software-Entwicklungs-Terminplänen abgeleitet. Diese Themen werden wir in den Kapiteln 6 und 27 besprechen.

Anwendung auf die Software-Entwicklungsprojekte mit organischer Entwicklung

Abbildung 5–5 ist eine Darstellung der Rayleigh-Verteilung, wie sie für das mittelgroße (32 KDSI) Chemie-Software-Entwicklungsprojekt errechnet wurde; dabei sind MM = 91 und t_D = 7 Monate oder die Hälfte der auf 14 Monate geschätzten Entwicklungszeit.

Offensichtlich ist die Form der Rayleigh-Verteilung in Abbildung 5–5 keine gute Näherung an die Darstellung der Personalverteilungskurven irgendeines der Software-Projekte mit organischer Entwicklung der Abbildung 5–4. Dies ist hauptsächlich darauf zurückzuführen, daß in einem Software-Projekt mit organischer Entwicklung normalerweise ein Großteil der Mitarbeiter von Projektbeginn an eingesetzt wird und daß nicht — wie dies die Rayleigh-Verteilung vorsieht — ein langsamer Personalaufbau stattfindet; eine weitere Ursache ist der flache Verlauf der Kurve im rechten Teil der Rayleigh-Verteilung.

Der zentrale Teil der Rayleigh-Verteilung jedoch stellt eine gute Näherung an die Personalkurven von Software-Projekten mit organischer Entwicklung dar. Wenn wir lediglich den Teil der Rayleigh-Verteilung zwischen 0,3 t_D und 1,7 t_D für den vollen Entwicklungszyklus von 0 bis TDEV im COCOMO-Basismodell einsetzen, kommen wir zu folgender Schätzgleichung für die Personalkosten:

$$FSP = MM \left(\frac{0{,}15\ TDEV + 0{,}7\ t}{0{,}25\ (TDEV)^2}\right) e^{-\frac{(0{,}15\ TDEV + 0{,}7\ t)^2}{0{,}5\ (TDEV)^2}} \qquad (5-4)$$

Wie wir bei Abbildung 5–6 gesehen haben, liefert diese Gleichung eine ziemlich gute Näherung für die geglättete Personalverteilungskurve, die wir aus der Schätzung des COCOMO-Basismodells für das mittelgroße 32-KDSI-Chemie-Projekt erhalten haben. Der einzig merkliche Unterschied ist der flache Verlauf der Rayleigh-Verteilung am Ende des Projektes. Es gibt viele Projekte, für die dieser flache Verlauf

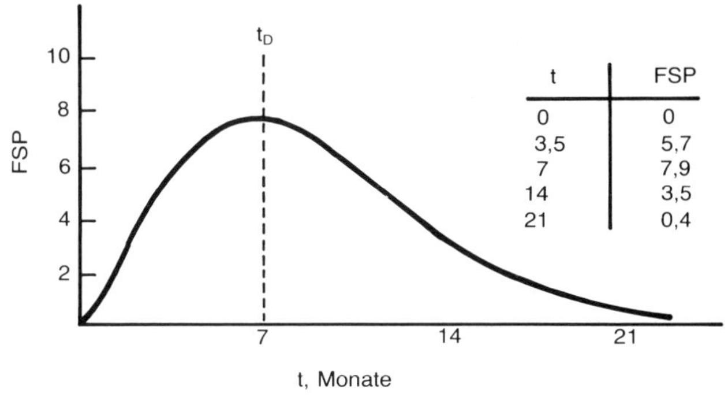

Abb. 5–5: Rayleigh-Verteilung für $t_D = 7$, MM = 91.

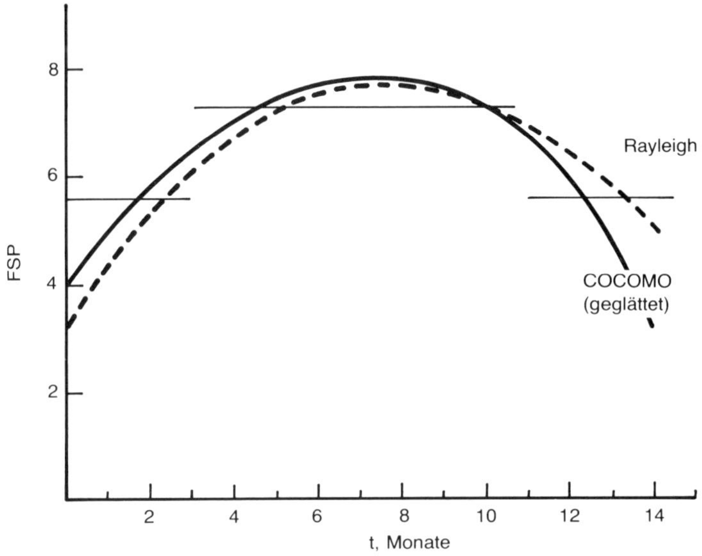

Abb. 5–6: Rayleigh-Annäherung an die COCOMO-Schätzungen bei dem Chemieprojekt (32 KDSI, 91 MM, 14 Entwicklungsmonate)

ein angemessener Ansatz ist. Die Gleichung 5–4 kann demnach verhältnismäßig effektiv für die Schätzung des Personalaufwands irgendeines gegebenen Punktes eines Software-Entwicklungsprojektes mit organischer Entwicklung eingesetzt werden.

5.7 Interpolation

Angenommen, wir planen die Programmierphase eines Projektes, bei dem ein Software-Produkt mit einem Umfang von 12 800 DSI erstellt werden soll. Der gesamte Entwicklungsaufwand und der gesamte Terminplan sind leicht zu errechnen:

$$\text{Aufwand} = 2{,}4\ (12{,}8)^{1{,}05} = 35\ \text{MM}$$
$$\text{Terminplan} = 2{,}5\ (35)^{0{,}38} = 9{,}7\ \text{Monate.}$$

Um zu Schätzungen für die Programmierphase zu kommen, setzen wir Tabelle 5–2 ein. Da es sich bei unserem Projekt nicht um ein Projekt der Standardgröße handelt, müssen wir innerhalb der Tabelle 5–2 interpolieren, um die von uns benötigten Werte zu erhalten.

Zunächst wird ermittelt, daß unser 12,8 KDSI-Projekt bei 20% der Strecke zwischen Standard-8-KDSI-Zwischenprojekt und mittlerem Standard-32-KDSI-Projekt liegt. Lineare Interpolation ergibt, daß der prozentuale Wert für den Programmieraufwand bei unserem 12,8 KDSI-Projekt bei 20% der Strecke zwischen den 65% des 8-KDSI-Projektes und den 62% des 32-KDSI-Projektes, oder bei 64,4% liegt (siehe hierzu Abbildung 5–7).

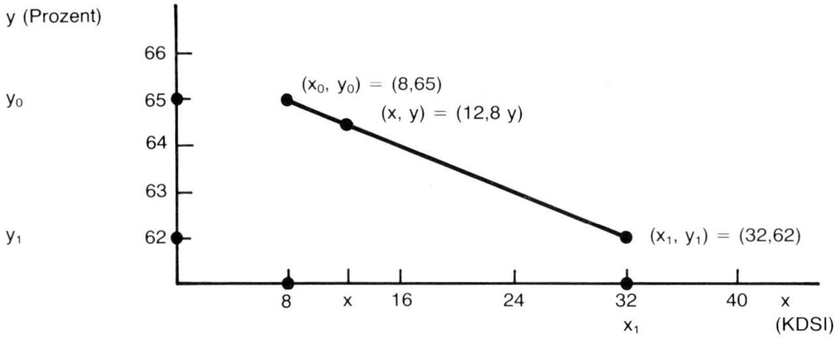

Abb. 5–7: Lineare Interpolation

Fassen wir diese Betrachtung etwas allgemeiner zusammen: Wenn wir in einer Tabelle zwei Punkte haben (x_0, y_0) und (x_1, y_1) und wir möchten mittels der linearen Interpolation den Wert für y finden, der einem Punkt x zwischen x_0 und x_1 entspricht $(x_0\ x\ x_1)$, können wir folgende Formel verwenden:

$$y = y_0 + \left(\frac{x - x_0}{x_1 - x_0}\right)(y_1 - y_0) \qquad (5-5).$$

Wenn wir unsere obigen Werte einsetzen, kommen wir tatsächlich zu demselben Ergebnis:

$$y = 65 + \frac{12,8 - 8}{32 - 8}(62 - 65) = 65 + (0,2)(-3) = 64,4$$

Diese lineare Interpolations-Formel kann bei allen COCOMO-Tabellen verwendet werden. Dieselbe Formel kann auch für die *Extrapolation* außerhalb der Werte der COCOMO-Tabellen eingesetzt werden (z. B. um den Umfang von Projekten mit 1000 DSI oder 1 000 000 DSI zu bestimmen); nur trägt hier der Schätzer das Risiko, weil das COCOMO-Modell nicht für eine Verwendung außerhalb der gegebenen Grenzen abgestimmt worden ist. *Vor allem muß man beim Einsatz von COCOMO oder bei der Verwendung irgendeines anderen algorithmischen Kostenschätzungsmodells bei Produkten unter 2000 DSI sehr vorsichtig sein,* weil die Personalunterschiede leicht alle anderen Auswirkungen bei kleinen Projekten dominieren.

Auf alle Fälle können wir jetzt zur Analyse unseres 12 800-DSI-Projektes übergehen. Durch eine ähnliche Interpolation im Terminplan-Teil der Tabelle 5–2 ermitteln wir, daß die Projektphase 58,2% des gesamten Projekt-Terminplanes für sich in Anspruch nehmen wird. Danach können wir den Aufwand der Programmierphase, den Terminplan und den durchschnittlichen FSP-Aufwand errechnen:

Aufwand:	(0,644)(35 MM) = 22,5 MM
Terminplan:	(0,582)(9,7 Monate) = 5,6 Monate
Durchschnittliche FSP:	22,5/5,6 = 4,0 FSP.

5.8 Schätzung des Basisaufwands für die Software-Wartung

Die Schätzung der jährlichen Software-Wartung gemäß dem COCOMO-Basismodell (wie sie in Abschnitt 4.8 definiert wurde) wird durch die folgende Größe ausgedrückt:

Jährliche Änderungsrate (Annual Chance Traffic = ACT):

Der Teil der Source-Befehle eines Software-Produktes, die während eines (typischen) Jahres durch Additionen oder Modifikationen geändert werden.

Nehmen wir z. B. an, daß beim 32-KDSI-Chemie-Software-Produkt während des ersten Wartungsjahres 4000 DSI hinzugefügt und 2400 DSI modifiziert wurden:

$$\text{ACT} = \frac{4\,000 + 2\,400}{32\,000} = \frac{6\,400}{32\,000} = 0{,}20.$$

Die COCOMO-Gleichung zur Schätzung des grundlegenden jährlichen Wartungsaufwandes $(\text{MM})_{\text{AM}}$ bei einem geschätzten Entwicklungsaufwand $(\text{MM})_{\text{D}}$ lautet:

$$(\text{MM})_{\text{AM}} = 1{,}0\ (\text{ACT})\ (\text{MM})_{\text{D}} \qquad (5\text{–}6).$$

Da ein Vollzeit-Software-Mitarbeiter (FSP) in einem Jahr eine Leistung von 12 Mann-Monaten erbringt, können wir leicht den für die Wartung erforderlichen FSP-Aufwand $(\text{FSP})_{\text{M}}$ mit

$$(\text{FSP})_{\text{M}} = (\text{MM})_{\text{AM}}/12 \qquad (5\text{–}7)$$

errechnen.

Betrachten wir z. B. die Wartung des oben bezeichneten 32-KDSI-Chemie-Software-Produktes mit einer ACT von 0,20. Seine Entwicklung macht 91 MM erforderlich (siehe Tabelle 5.3). Demnach beträgt sein Wartungsaufwand für das erste Jahr

$$(\text{MM})_{\text{AM}} = (0{,}2)\ (91) = 12\ \text{MM}$$

und die Anzahl der für seine Wartung erforderlichen FSP

$$18/12 = 1{,}5\ \text{FSP}.$$

Kapitel 6

Das COCOMO-Basismodell: Entwicklungsarten

6.1 Einführung

Das im vorigen Kapitel vorgestellte COCOMO-Basismodell stellt grundlegende Aufwands- und Terminplan-Schätzungen für die gebräuchlichste Art der Software-Entwicklung zur Verfügung: für das kleine bis mittelgroße Produkt, das in einer vertrauten In-House-Software-Entwicklungsumgebung organisch entwickelt wurde.

Ein wichtiges Ergebnis der Forschungen und Datenanalysen, die in das vorliegende Buch eingegangen sind, ist die Erkenntnis, daß es mehrere Arten von Software-Entwicklungen gibt. Diese verschiedenen Software-Entwicklungsarten haben Kostenschätzungs-Beziehungen, die in ihrer Form ähnlich sind, die aber bei Software-Produkten derselben Größenordnung sehr unterschiedliche Kostenschätzungen ergeben.

In diesem Kapitel werden Schätzungsbeziehungen für die beiden anderen hauptsächlichen Software-Entwicklungsarten dargestellt: für die anspruchsvolle, eng begrenzte, *eingebettete* Entwicklung und für eine Zwischenform, die als *teilintegrierte* Entwicklung bezeichnet wird.

In Abschnitt 6.2 finden Sie für jede Art die Gleichungen des grundlegenden Aufwandes und des Terminplanes. In Abschnitt 6.3 werden die spezifischen Merkmale der beiden Entwicklungsarten beschrieben; außerdem werden die Unterschiede bei den Projektaktivitäten bei Projekten der verschiedenen Arten erörtert. Abschnitt 6.4 stellt die COCOMO-Datenbank von 63 Projekten vor und zeigt, in welchem Maße die Schätzgleichungen des COCOMO-Basismodells für Aufwand und Terminplan von den Projektdaten bestätigt werden. Abschnitt 6.5 schließlich stellt Tabellen für die Schätzung der Phasenverteilung des Aufwandes und des Terminplanes für die drei Entwicklungsarten vor und diskutiert sie.

6.2 Grundlegende Aufwands- und Terminplan-Gleichungen

In Tabelle 6–1 finden Sie die Gleichungen für Aufwand und Terminplan nach dem COCOMO-Basismodell für die organische, die teilintegrierte und die eingebettete Software-Entwicklung.

Tab. 6–1: Aufwands- und Terminplan-Gleichungen des COCOMO-Basismodells

Entwicklungsart	Aufwand	Terminplan
Organisch	$MM = 2{,}4\ (KDSI)^{1{,}05}$	$TDEV = 2{,}5\ (MM)^{0{,}38}$
Teilintegriert	$MM = 3{,}0\ (KDSI)^{1{,}12}$	$TDEV = 2{,}5\ (MM)^{0{,}35}$
Eingebettet	$MM = 3{,}6\ (KDSI)^{1{,}20}$	$TDEV = 2{,}5\ (MM)^{0{,}32}$

Beispiele zu den Schätzungen aufgrund dieser Gleichungen finden Sie in Tabelle 6–2, die eine Zusammenfassung der Schätzungen für Projektaufwand, Produktivität, Entwicklungs-Terminplan und durchschnittlichen Personalaufwand für jede Software-Entwicklungsart der folgenden Produkte der Standardgröße bietet:

Tab. 6–2: Schätzungen des COCOMO-Basismodells für Produkte der Standard-Größen

Aufwand (MM)	Klein 2 KDSI	Zwischengröße 8 KDSI	Mittelgroß 32 KDSI	groß 128 KDSI	Sehr groß 512 KDSI
Organisch	5,0	21,3	91	392	
Teilintegriert	6,5	31	146	687	3 250
Eingebettet	8,3	44	230	1 216	6 420
Produktivität (DSI/MM)					
Organisch	400	376	352	327	
Teilintegriert	308	258	219	186	158
Eingebettet	241	182	139	105	80
Terminplan (Monate)					
Organisch	4,6	8	14	24	
Teilintegriert	4,8	8,3	14	24	42
Eingebettet	4,9	8,4	14	24	41
Durchschnittlicher Personalbestand (FSP)					
Organisch	1,1	2,7	6,5	16	
Teilintegriert	1,4	3,7	10	29	77
Eingebettet	1,7	5,2	16	51	157

Klein:	2 KDSI
Zwischengröße:	8 KDSI
Mittelgroß:	32 KDSI
Groß:	128 KDSI
Sehr groß:	512 KDSI

Die Abbildungen 6–1 und 6–2 zeigen den geschätzten Aufwand und den geschätzten Terminplan der drei Entwicklungsarten als eine Funktion der Produktgröße. Abbildung 6–3 zeigt den geschätzten Terminplan im Vergleich zum Entwicklungsaufwand. Die wichtigsten Tendenzen, die wir beim Übergang von der organischen zur eingebetteten Art in Tabelle 6–2 und in den Abbildungen 6–1 bis 6–3 festgestellt haben, sind:

- bei Software-Produkten derselben Größe ist bei eingebetteter Entwicklung der geschätzte Aufwand beträchtlich höher und die geschätzte Produktivität beträchtlich niedriger;
- bei größeren Produkten ist die Produktivitätsabnahme (Kostenprogression) bei eingebetteter Entwicklung größer;
- der geschätzte Terminplan als eine Funktion der Produktgröße ist bei allen drei Arten annähernd derselbe.
- bei Software-Projekten, die dieselbe Entwicklungszeit benötigen, ist bei der eingebetteten Entwicklung mehr Aufwand erforderlich.

In den nächsten zwei Abschnitten werden diese verschiedenen Entwicklungsarten eingehender beschrieben und die wichtigsten Gründe für diese Tendenzen diskutiert.

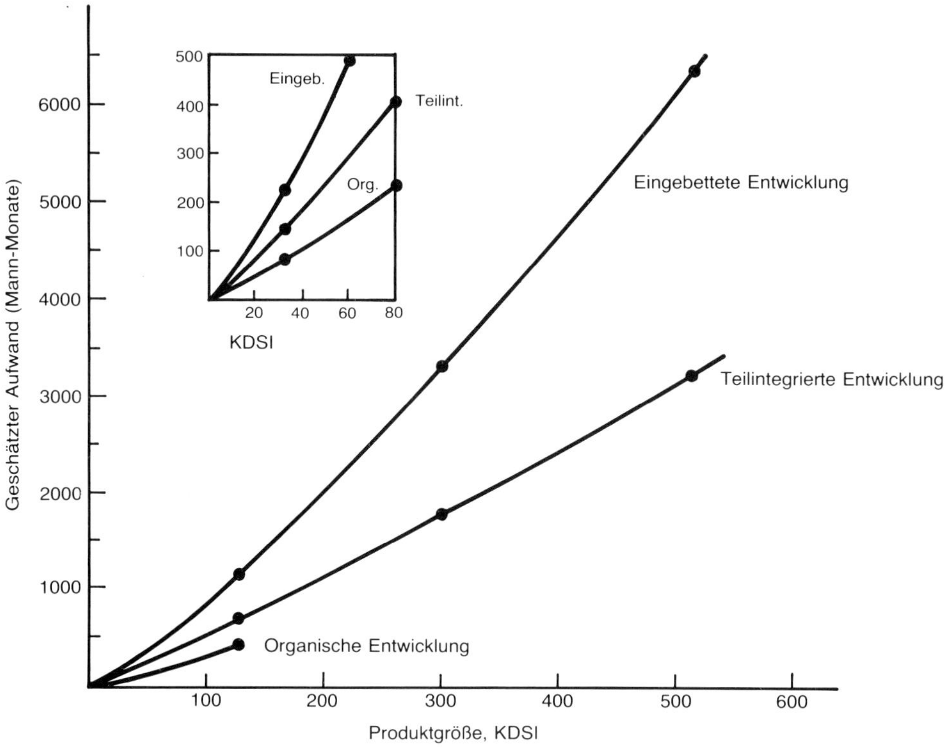

Abb. 6–1: Aufwandsschätzungen des COCOMO-Basismodells: drei Entwicklungsarten

6.3 Die drei COCOMO-Arten der Software-Entwicklung

Aus Tabelle 6–2 wird ersichtlich, daß es für einen Software-Engineer wichtig ist, zwischen den verschiedenen Arten der Software-Entwicklung unterscheiden zu können. Wenn wir z. B. ein 32-KDSI-Softwareprodukt mittlerer Größe in eingebetteter Umgebung entwickeln sollen, wir das Projekt jedoch stattdessen so einschätzen und besetzen, als handle es sich um eine organische Entwicklung, werden wir den Umfang des für das Projekt erforderlichen Aufwandes bei weitem unterschätzen (91 MM im Vergleich zu 230 MM). Auch würden wir den Terminplan für die Projektmitarbeiter auf eine Art und Weise festsetzen, daß er nur schwer wieder rückgängig gemacht werden kann, wenn wir entdecken, daß es sich um eine andere Projektart handelt. (Dies war bereits bei einer großen Anzahl Software-Projekte der Fall).

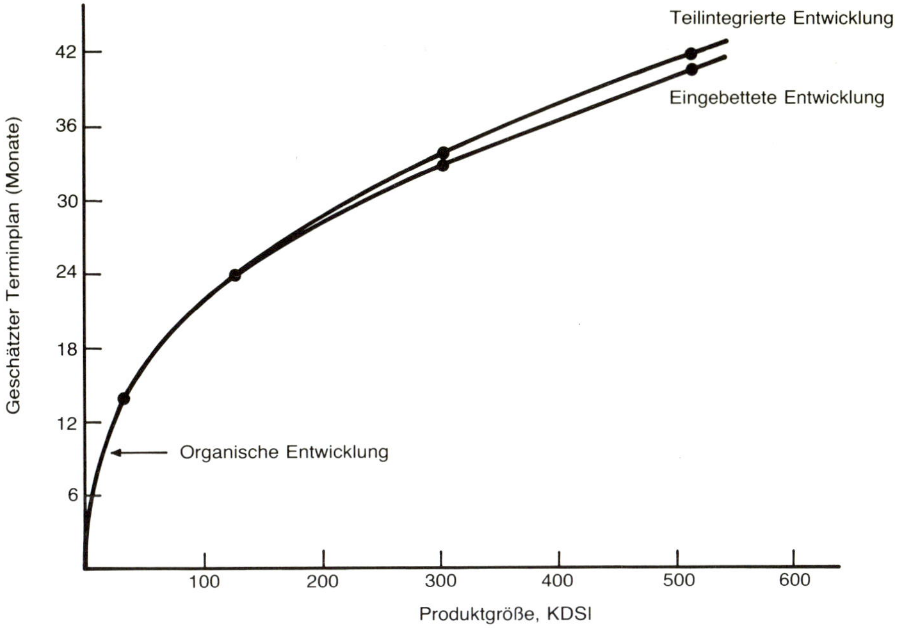

Abb. 6–2: Terminplan-Schätzungen des COCOMO-Basismodells: drei Entwicklungsarten

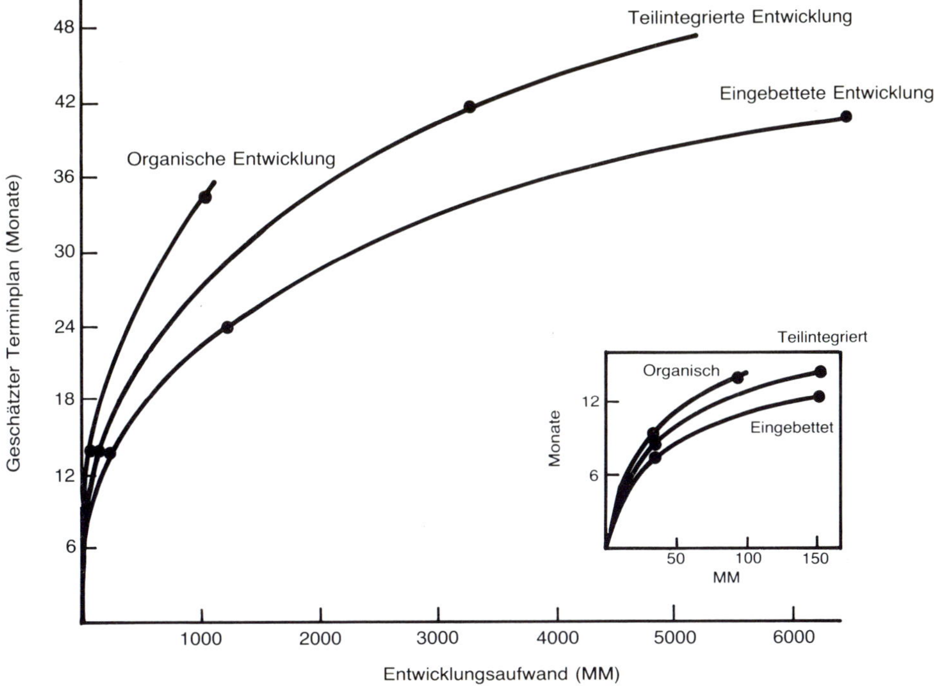

Abb. 6–3: Terminplan-Schätzungen des COCOMO-Basismodells: drei Entwicklungsarten

Organische Entwicklung

Die organische Entwicklung von Software wird von relativ kleinen Software-Teams in einer sehr vertrauten In-House-Umgebung durchgeführt. Die meisten Mitarbeiter, die mit dem Projekt zu tun haben, verfügen über eine große Erfahrung mit verwandten Systemen innerhalb des Unternehmens; sie wissen genau darüber Bescheid, wie das in Entwicklung befindliche System zur Erreichung der Unternehmensziele beitragen wird.

Das bedeutet, daß die meisten Projektmitarbeiter im Frühstadium des Projektes einen Projektbeitrag leisten können, ohne daß es zu einem Übermaß an Kommunikationen über Projektziele und die Aufgaben der Mitarbeiter kommt. Dies erklärt die verhältnismäßig flachen Personalverteilungskurven, die in Kapitel 5 für organische Projekte dargestellt worden sind. Dies bedeutet auch, daß größere Projekte relativ wenig Produktivitätsverluste aufgrund von Kommunikations-Overhead hinnehmen müssen.

Beim Umgang mit Anforderungen und Schnittstellen-Spezifikationen ist ein organisches Projekt relativ großzügig. Wenn eine Situation entsteht, in der die genaue Übereinstimmung des Software-Produktes mit den ursprünglichen Anforderungen oder der ursprünglichen Schnittstellen-Spezifikation eine umfassende Überarbeitung erfordern würde, kann das Projektteam normalerweise eine modifizierte, leichter zu entwickelnde Version der Spezifikationen vereinbaren, die der Anwender relativ leicht integrieren kann. Dies ist ein weiterer Grund für die höhere Produktivität und die geringere Kostenprogression bei einem organischen Projekt.

Andere für organische Software-Projekte charakteristische Faktoren sind:

- eine normalerweise stabile Entwicklungsumgebung mit sehr wenig gleichzeitig verlaufender Entwicklung von entsprechender neuer Hardware und von Betriebsabläufen;
- ein minimaler Bedarf an neueren Datenverarbeitungs-Architekturen oder -Algorithmen;
- eine relativ niedrige Prämie bei einer frühzeitigen Beendigung des Projektes;
- ein relativ kleiner Umfang. Nur sehr wenige organische Projekte haben Produkte mit mehr als 50 KDSI an neuer Software entwickelt. (Größere organische Produkte können nicht selten mit Hilfe bereits existierender Software entwickelt werden.)

Es wurde beobachtet, daß diese Faktoren mit einer größeren Produktivität und einer geringeren Kostenprogression Hand in Hand gehen.

Teilintegrierte Entwicklung

Die teilintegrierte Software-Entwicklung stellt eine Zwischenstufe zwischen der organischen und der eingebetteten Entwicklung dar. „Zwischen" kann zweierlei bedeuten:

1. eine Zwischenstufe der Projekt-Eigenschaften
2. eine Mischung aus den Eigenschaften der organischen und der eingebetteten Entwicklung.

Im Hinblick auf das Kriterium „Erfahrung bei der Arbeit mit verwandten Software-Systemen" könnte jede der nachfolgenden Eigenschaften für ein teilintegriertes Projekt charakteristisch sein:

- alle Team-Mitglieder verfügen über durchschnittliche Erfahrung mit verwandten Systemen;
- das Team setzt sich aus erfahrenen und weniger erfahrenen Mitarbeitern zusammen;
- die Team-Mitglieder haben Erfahrung mit einigen Aspekten des in Entwicklung befindlichen Systems, mit anderen nicht.

Bezüglich seiner Übereinstimmung mit funktionellen und Schnittstellen-Spezifikationen kann ein typisches teilintegriertes Projekt aus einem Transaktions-Verarbeitungssystem mit einigen sehr inflexiblen Schnittstellen (z. B. bei der Terminal-Hardware oder den Abnahmeforderungen seitens der Regierung) und einigen sehr flexiblen Schnittstellen bestehen (z. B. der Art und des Formats von Operator-Display-Nachrichten und Berichten über Verkaufsaussichten). Diese teilweise Flexibilität erklärt den Ursprung des Ausdruckes „teilintegriert". Der Umfang eines Produktes mit teilintegrierter Entwicklung reicht normalerweise bis zu 300 KDSI.

Eingebettete Software

Der Hauptfaktor, der ein Software-Projekt der eingebetteten Art charakterisiert, liegt in der Notwendigkeit, innerhalb enger Grenzen zu operieren. Das Produkt muß im Rahmen (ist eingebettet in ...) eines eng verzahnten Komplexes von Hardware, Software, Regeln und Betriebsabläufen, wie z. B. einem elektronischen System für den Kapitaltransfer oder einem Flugverkehr-Kontrollsystem operieren. Die Kosten für die Änderung anderer Teile dieses Komplexes sind normalerweise so hoch, daß ihre charakteristischen Eigenschaften grundsätzlich als unveränderbar angesehen werden müssen. Von der Software wird erwartet, daß sie den gegebenen Spezifikationen entspricht und zum andern, daß sie alle unvorhergesehenen Schwierigkeiten oder Änderungen, die bei anderen Teilen des Komplexes erforderlich werden, ausgleicht.

Demzufolge hat ein eingebettetes Projekt normalerweise keine Möglichkeit, über einfachere Software-Änderungen und -Festlegungen zu verhandeln, um Anforderungs- und Schnittstellen-Spezifikationen zu modifizieren. Das Projekt muß also mehr Aufwand darauf verwenden, Änderungen und Festlegungen zu integrieren (erinnern Sie sich an die Kostenfestlegungskurven in Abbildung 4–2?). Es erfordert auch mehr Aufwand dafür, sicherzustellen, daß die Software tatsächlich allen Spezifikationen gerecht wird (höhere Kosten für die Qualitätskontrolle) und daß Änderungen korrekt durchgeführt werden (höhere Kosten für das Konfigurations-Management). Solche Faktoren tragen sowohl zu einer geringeren Produktivität als auch zu einer stärkeren Kostenprogression bei größeren Projekten bei.

Normalerweise sucht ein eingebettetes Projekt seinen Weg durch unbekanntes Terrain, und zwar in weit größerem Umfang als ein organisches Projekt. Dies ist ausschlaggebend dafür, daß das Projekt im frühen Stadium ein kleineres Analytikerteam einsetzt, denn eine große Anzahl Mitarbeiter könnte das Ausmaß der erforderlichen Kommunikation nicht bewältigen.

Sobald ein eingebettetes Projekt die Produktentwicklung beendet hat, wäre die beste Strategie die, ein sehr großes Team an Programmierern einzusetzen, um die Feinkonzeption, die Codierung und die Modul-Tests gleichzeitig durchzuführen. Sonst würde die Durchführung des Projektes viel mehr Zeit in Anspruch nehmen, was aus folgenden zwei Gründen nicht gut wäre:

- das Produkt würde öfter geändert;

- das Produkt wäre bei der Auslieferung weniger aktuell. (Normalerweise ist die Prämie für eine frühzeitige Beendigung von eingebetteten Projekten um sehr viel höher, da oft die Notwendigkeit besteht, daß ein kompletter Hardware-Software-Komplex sobald als möglich in Betrieb genommen wird.)

Eine solche Strategie führt zu höheren Spitzen in den Personalkurven der eingebetteten Projekte und zu einem höheren Aufwandsumfang im Vergleich zu einem organischen Projekt, das nach demselben Terminplan der Gesamtentwicklung arbeitet.*)

Zusammenfassung

Tabelle 6–3 bringt eine vergleichende Zusammenfassung der Eigenschaften der organischen, teilintegrierten und eingebetteten Software-Entwicklung mit typischen Beispielen von Software-Projekten, die für jede Entwicklungsart charakteristisch sind.

Eine andersgeartete Zusammenfassung finden Sie in der Tabelle 6–4; sie zeigt die hauptsächlichen Unterschiede bei den Projekt-Aktivitäten, die auf die Art der Software-Entwicklung als einer Funktion der Entwicklungsphase zurückzuführen sind. Tabelle 6–4 verdeutlicht, warum bei eingebetteten Projekten die Kostenprogression größer ist: größere Projekte haben — proportional gesehen — mehr interne und externe Schnittstellen, die zu kontrollieren und zu überarbeiten sind.

Als letztes geben wir Ihnen zur Zusammenfassung der Unterschiede ein Beispiel dafür, wie in jede der drei Entwicklungsarten eine funktionell ähnliche Software-Routine integriert werden könnte; es handelt sich um eine Routine zur Vorausbestimmung einer Flugzeug-Position aus verschiedenen Sensordaten.

Organische Entwicklung (Datenreduktion nach der Landung eines Flugzeuges):

„Aus der Erfahrung der letzten zehn Jahre, in denen wir diese Algorithmen programmiert haben, wissen wir, wie exakt sie die Flugzeug-Position vorhersagen. Sollte etwas Außergewöhnliches passieren, und sollte der Fehler oder die Rechenzeit das normale Ausmaß wesentlich übersteigen, müssen sich die Mitarbeiter der Datenanalyse eben irgendwie behelfen.“

Teilintegrierte Entwicklung (Flugsimulator):

„Wir brauchen für diesen Flugsimulator eine relativ große Genauigkeit; die Sensor-Inputs weichen etwas von unseren früheren Erfahrungswerten ab. Unsere Hauptaufgabe aber ist es, rechtzeitig die simulierte Position des Flugzeuges für jeden Display-Zyklus zu berechnen. Sollten wir die Genauigkeit reduzieren müssen, damit wir die Zeitbeschränkungen einhalten können, so können wir damit leben.“

Eingebettete Entwicklung (Kollisionswarnsystem an Bord des Flugzeuges):

„Bei diesem neuen Radarsystem müssen wir solange mit verschiedenen Algorithmen experimentieren, bis wir einen gefunden haben, der exakt und schnell genug ist. Wenn wir keinen zufriedenstellenden Algorithmus finden, müssen wir den ganzen Ansatz der Kollisionsvermeidung im Bord-Computer neu durchrechnen, was uns Probleme mit den FAA-Flugsicherheitsbestimmungen bescheren könnte.“

Ein großes Software-Projekt kann sich aus mehreren untergeordneten Projekten mit unterschiedlichen Entwicklungsarten (zentrale, eingebettete Software, organische

*) Ein organisches Projekt hat also auch den Vorteil, daß die meisten seiner Programmierer am frühen Stadium der Analyse beteiligt sind, was zu weiteren Produktivitätsvorteilen führt.

Unterstützungs-Software) zusammensetzen. Wenn darüber hinaus die untergeordneten Projekte nicht eng miteinander in Verbindung stehen und untereinander keine größeren Kostenprogressionen verursachen, sollten die Kosten für jedes Einzelprojekt und nicht für das Projekt als Ganzes mit entsprechend großer Kostenprogression geschätzt werden.

Tab. 6–3: Die charakteristischen Merkmale der Software-Entwicklungsarten

	Entwicklungsarten		
Merkmale	Organisch	Teilintegriert	Eingebettet
Organisatorisches Verständnis der Produktziele	gründlich	beträchtlich	allgemein
Praktische Erfahrung mit verwandten Software-Systemen	umfangreich	beträchtlich	mäßig
Software-Übereinstimmung mit vorab festgelegten Anforderungen ist erforderlich	grundlegend	beträchtlich	voll
Software-Übereinstimmung mit Spezifikationen externer Schnittstellen ist erforderlich	grundlegend	beträchtlich	voll
Gleichzeitige Entwicklung entsprechender neuer Hardware und Betriebsabläufe	etwas	relativ	umfangreich
Neue Datenverarbeitungs-Architekturen und -Algorithmen sind erforderlich	minimal	etwas	beträchtlich
Prämie für frühzeitige Beendigung	niedrig	mittel	hoch
Umfang des Projekts	< 50 KDSI	< 300 KDSI	alle Größen
Beispiele	Batch-Daten-Reduzierung wissenschaftliche Modelle kaufmännische Modelle vertraut mit OS, Compiler einfache Bestandsaufnahme, Fertigungssteuerung	die meisten Transaktions-Verarbeitungs-systeme neues OS, DBMS anspruchsvolle Bestandsaufnahme, Fertigungs-steuerung einfache Befehlssteuerung	große, komplexe Transaktions-Verarbeitungssysteme anspruchsvolles, sehr umfangreiches OS Avionik hochentwickelte Befehlssteuerung

Tab. 6–4: Unterschiede bei der Projektaktivität aufgrund der Software-Entwicklungsart

Entwicklungsarten	Festlegung der Anforderungen und Produktentwurf	Phasen		
		Feinkonzeption	Codierung und Modultest	Integration und Systemtest
Eingebettet	Gründliche Überarbeitung, um Spezifikationsänderungen zu integrieren Genaue Spezifikation und Überprüfung der Anforderungen und Schnittstellen Ausführliche Analyse, Prototyping von Elementen mit hohem Risiko	Sehr formelles Konfigurations-Management, Schnittstellen-Steuerung	Ausführliche Neubearbeitung, um Codierungsänderungen zu integrieren	Ausführliches Testen der Anforderungen und Schnittstellen
Teilintegriert	Zwischenstufe der obigen Auswirkungen Relativ wenig Überarbeitung, um Spezifikationsänderungen zu integrieren	Relativ informelles Konfigurations-Management, Schnittstellen-Steuerung		
Organisch	Ziemlich allgemeine Spezifikation, Überprüfung von Anforderungen und Schnittstellen Gelegentliche Analysen, Prototyping von Elementen mit hohem Risiko		Begrenzte Überarbeitung, damit die Codierungsänderungen integriert werden können	Begrenztes Testen der Anforderungen und Schnittstellen

6.4 Diskussion der Aufwands- und Terminplan-Schätzungen des COCOMO-Basismodells

Die COCOMO-Datenbank

Die Schätzgleichungen des COCOMO-Basismodells (und die anderen COCOMO-Schätzgleichungen) basieren auf der Analyse einer Stichprobe von 63 sorgfältig gesichteten Software-Projekt-Datenwerten. Tabelle 6–5 gibt eine Übersicht über das Wesen der COCOMO-Datenbank; nähere Information finden Sie in Kapitel 29.

Wie aus Tabelle 6–5 ersichtlich, ist die Projektverteilung in der COCOMO-Datenbank nicht ganz repräsentativ für die aktuelle Bandbreite der Software-Projekte (es sind z. B. nicht genügend COBOL-Datenwerte erfaßt worden) oder die in Zukunft wahrscheinlich zu erwartende Bandbreite der Software-Projekte (es sind z. B. nicht genügend Mikroprozessoren-Datenwerte vorhanden). Trotzdem sind in der Datenbank repräsentative Werte aus allen wichtigen Gebieten des Software-Sektors erfaßt; es existiert kein einziges Beispiel dafür, daß Daten aus einem bestimmten Gebiet völlig von den COCOMO-Schätzungen abweichen. Auch bringt die Datenbank einen weiteren großen Vorteil: alle Dateneinträge sind im Hinblick auf die Bedeutung von „auszuführende Source-Befehle“, „Mann-Monate“ usw. sorgfältig und einheitlich definiert.

Tab. 6–5: Die COCOMO-Datenbank

		Anzahl der Datenwerte	Produktivitätsspanne (DSI/MM)
Gesamte Datenbank		63	20–1250
Entwicklungsarten:	Organisch	23	82–1250
	Teilintegriert	12	41– 583
	Eingebettet	28	20– 667
Arten:	Kaufmännisch	7	55– 862
	Steuerung	10	20– 304
	Mensch-Maschine	13	28– 336
	Wissenschaftlich	17	47–1250
	Unterstützung	8	82– 583
	Systeme	8	28– 667
Entwicklungs-Jahr:	1964–69	3	113– 775
	1970–74	14	20– 485
	1975–79	46	41–1250
Computer-Modell:	Maxi	31	28–1250
	Midi	7	114– 583
	Mini	21	20– 723
	Mikro	4	41– 379
Programmiersprachen:	FORTRAN	24	28– 883
	COBOL	5	55– 862
	Jovial	5	45– 583
	PL/1	4	93–1250
	Pascal	2	336– 560
	Andere HOL	3	124– 300
	Assembler	20	20– 667

Aufwandsgleichungen: Schätzungen im Vergleich zu den tatsächlichen Daten

Abbildung 6–4 stellt das Schema der geschätzten Mann-Monate des COCOMO-Basismodells im Vergleich zu den tatsächlichen Projekt-Mann-Monaten für die 63 in der COCOMO-Datenbank enthaltenen Projekte dar. Bei einem Schema eines vollkommenen Schätzungsmodells würden sich alle Datenwerte auf der Diagonalen befinden, auf der die Schätzungen den tatsächlichen Ergebnissen entsprechen.

Die hier wiedergegebenen Ergebnisse sind nicht allzu schlecht, da sich an den von der idealen Diagonalen am weitesten entfernten Punkten keine Datenwerte befinden. Die Darstellung dieser Ergebnisse sollte jedoch nicht zu allzu großem Optimismus verleiten, denn es handelt sich schließlich um eine logarithmische Darstellung. Gehen wir bei der Vorhersage von einem praktischen Standpunkt aus, ist es wichtig festzuhalten, daß sich die Schätzungen des COCOMO-Basismodells bei nur 29% der Fälle im Rahmen eines Faktors von 1,3 der tatsächlichen Daten und bei nur 60% der Fälle im Rahmen eines Faktors von 2,0 bewegen.

Aufwandsgleichungen: Vergleiche nach Entwicklungsarten

Abbildung 6–5 zeigt die Leistung jeder der Schätzgleichungen des COCOMO-Basismodells für die drei Entwicklungsarten. Die drei Linien zeigen die geschätzten Mann-Monate für jede Entwicklungsart als eine Funktion der auszuführenden Source-

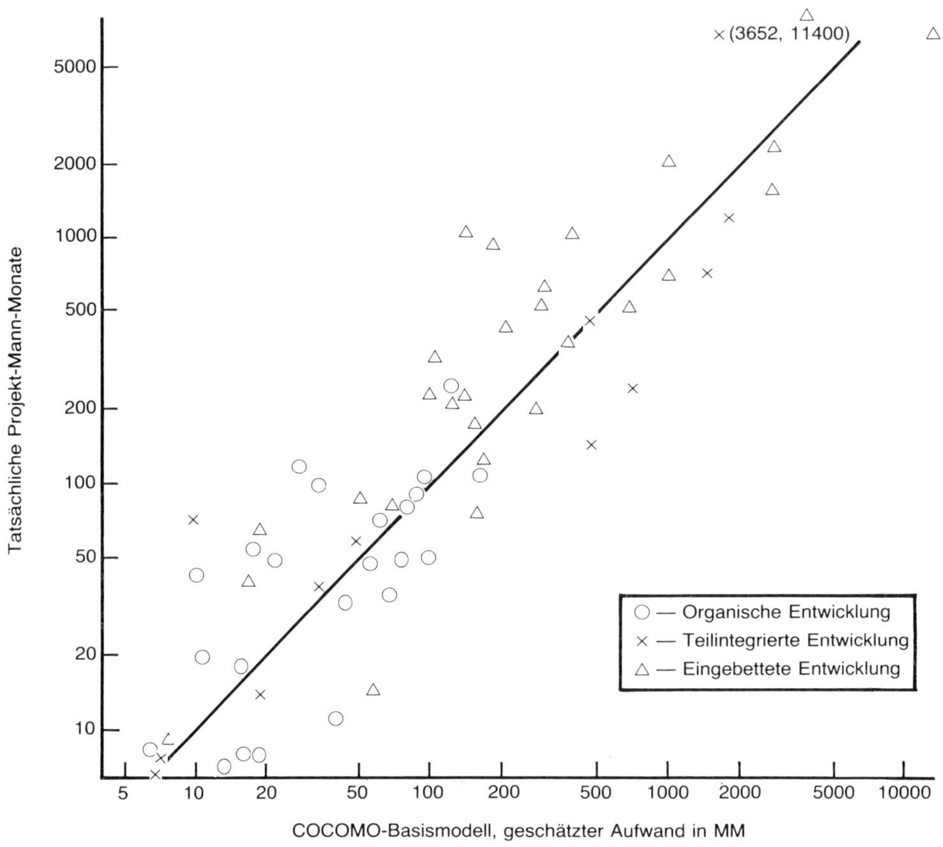

Abb. 6–4: COCOMO-Basismodell: Aufwandsschätzungen im Vergleich zu den tatsächlichen Daten

Befehle in Tausend (KDSI). Die Punkte der Abbildung 6–5 stellen die entsprechenden tatsächlichen Projektgrößen und Mann-Monate für die Projekte jeder Entwicklungsart dar.

Die wichtigsten Schlüsse, die wir aus den Abbildungen 6–4 und 6–5 ziehen können, sind:

1. die Unterschiede der Produktivitäts- und Größenauswirkungen zwischen den drei Entwicklungsarten sind klar erkennbar (Abbildung 6–5). Über diesen Punkt läßt sich bezüglich der Daten der teilintegrierten Entwicklungsart streiten, die Unterschiede zwischen den Daten der organischen und der eingebetteten Entwicklungsart jedoch sind deutlich.

2. Bei den Schätzgleichungen des COCOMO-Basismodells handelt es sich keineswegs um optimale Näherungen mit Hilfe der kleinsten Quadrate an die Datenwerte (Abbildung 6–5). So ergäbe bei unserem Beispiel von Datenwerten die optimale Näherung mit Hilfe der kleinsten Quadrate eine größere Abweichung zwischen den drei Entwicklungsarten. Solche Gleichungen zur optimalen Näherung werden aus folgenden Gründen nicht als Gleichungen des COCOMO-Basismodells verwendet:

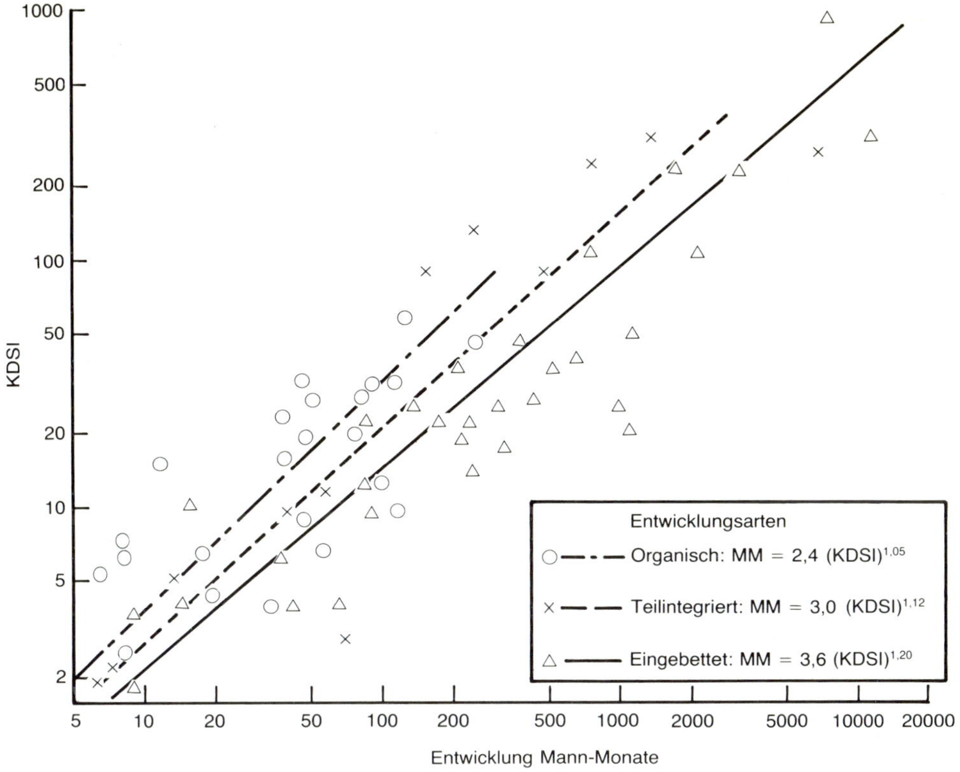

Abb. 6–5: COCOMO-Basismodell: Aufwandsschätzungen im Vergleich zu den Projektdaten

- Einfachheit.
  Einfache Koeffizienten und Exponenten sind einprägsamer und vereinfachen die Arbeit.
- Stabilität.
  Die Schätzgleichungen ändern sich nicht jedes Mal, wenn der Datenbank ein neues Projekt hinzugefügt wird.
- Übereinstimmung mit den detaillierteren COCOMO-Schätzungsbeziehungen, die später beschrieben werden.

3. Die Schätzgleichungen sind nicht sehr genau (Abbildungen 6–4, 6–5). Wie wir weiter oben erwähnt haben, weicht ihre Schätzung in nur 29% der Fälle um den Faktor 1,3 von den tatsächlichen Datenwerten ab und in nur 60% der Fälle um den Faktor 2,0. Dies gilt nur für den Einsatz dieser Gleichungen bei ersten, groben Schätzungen des Software-Aufwandes und der Software-Kosten.

4. Die Schätzgleichungen sind mindestens ebenso genau wie andere Daten-Näherungen mit einer Variablen. Exaktere Ergebnisse können nicht erzielt werden, da neben dem Umfang noch eine Reihe weiterer Faktoren den für die Entwicklung eines Software-Produktes erforderlichen Aufwand beeinflussen. Wie wir noch sehen werden, liefert das in Kapitel 8 vorgestellte COCOMO-Zwischenmodell wesentlich exaktere Näherungswerte, da in die Schätzungsbeziehungen einige dieser anderen Faktoren miteinbezogen werden.

Aufwands-Gleichungen: Vergleich mit anderen Modellen

Auch eine Reihe anderer Software-Kostenmodelle und -studien haben Aufwands-Gleichungen derselben Art wie die Aufwandsgleichungen des COCOMO-Basismodells abgeleitet. Ihre Ergebnisse sind in Tabelle 6–6 zusammengestellt.

Leider können die verschiedenen Schätzgleichungen in der Tabelle 6–6 nicht allzu genau miteinander verglichen werden, weil sie sich auf verschiedene — und oft unbelegte — Annahmen und Definitionen stützen (ob sie Kommentarkarten, den Aufwand für Anforderungs-Analysen und Management-Kosten usw. berücksichtigen oder nicht).

Tab. 6–6: Vergleich von Aufwands-Gleichungen

Quelle	Aufwandsgleichung
(Walston-Felix, 1977)	$MM = 5{,}2\ (KDSI)^{0,91}$
(Nelson, 1978)	$MM = 4{,}9\ (KDSI)^{0,98}$
(Freburger-Basili, 1979)	$MM = 1{,}48\ (KDSI)^{1,02}$
COCOMO: Organische Entwicklungsart	$MM = 2{,}4\ (KDSI)^{1,05}$
(Herd et. al., 1977)	$MM = 5{,}3\ (KDSI)^{1,06}$
COCOMO: Teilintegrierte Entwicklungsart	$MM = 3{,}0\ (KDSI)^{1,12}$
(Frederic, 1974)	$MM = 2{,}43\ (KDSI)^{1,18}$
COCOMO: Eingebettete Entwicklungsart	$MM = 3{,}6\ (KDSI)^{1,20}$
(Phister, 1979)	$MM = 0{,}99\ (KDSI)^{1,275}$
(Jones, 1977)	$MM = 1{,}0\ (KDSI)^{1,40}$
(Walston-Felix, 1977 a)	$MM = 1{,}12\ (KDSI)^{1,43}$
(Halstead, 1977)	$MM = 0{,}70\ (KDSI)^{1,50}$
(Schneider, 1978)	$MM = 28\ (KDSI)^{1,83}$

Trotzdem weist das Gesamtspektrum der Modelle eine interessante Vielfalt von Schlußfolgerungen über die Verbreitung der Kostendegression (Exponenten $< 1{,}0$) oder der Kostenprogressionen (Exponenten $> 1{,}0$) bei der Software-Produktion auf. Bei einem großen Projekt gibt es eine Reihe unvermeidlicher Ursachen für eine Kostenprogression (ein größerer Aufwand pro Befehl beim Produktentwurf, bei der Integration, für Kommunikation usw.), aber auch eine Anzahl Möglichkeiten, Einsparungen zu erzielen (durch Investitionen z. B. für automatisierte Hilfsmittel und Standards, die sich im Verlaufe der umfangreichen Projektaktivitäten mehr als amortisieren). Die Gleichungen des COCOMO-Basismodells lassen darauf schließen, daß das Verhältnis zwischen Kostenprogression und Kostendegression bei den eingebetteten Projekten am günstigsten ist; alle drei COCOMO-Gleichungen nehmen jedoch in Anbetracht der großen Vielfalt von Exponenten bei den anderen Modellen eine mittlere Stellung ein.

Terminplan-Gleichung: Schätzungen im Vergleich zu den tatsächlichen Werten

Abbildung 6–6 zeigt den Vergleich zwischen den COCOMO-Entwicklungsterminplan-Schätzungen und den tatsächlichen Entwicklungsterminplänen der 63 Projekte in der COCOMO-Datenbank nach Monaten. Abbildung 6–7 zeigt die Leistung jeder der Schätzgleichungen der drei Entwicklungsarten im Vergleich zu den Projekt-Datenwerten der entsprechenden Arten.

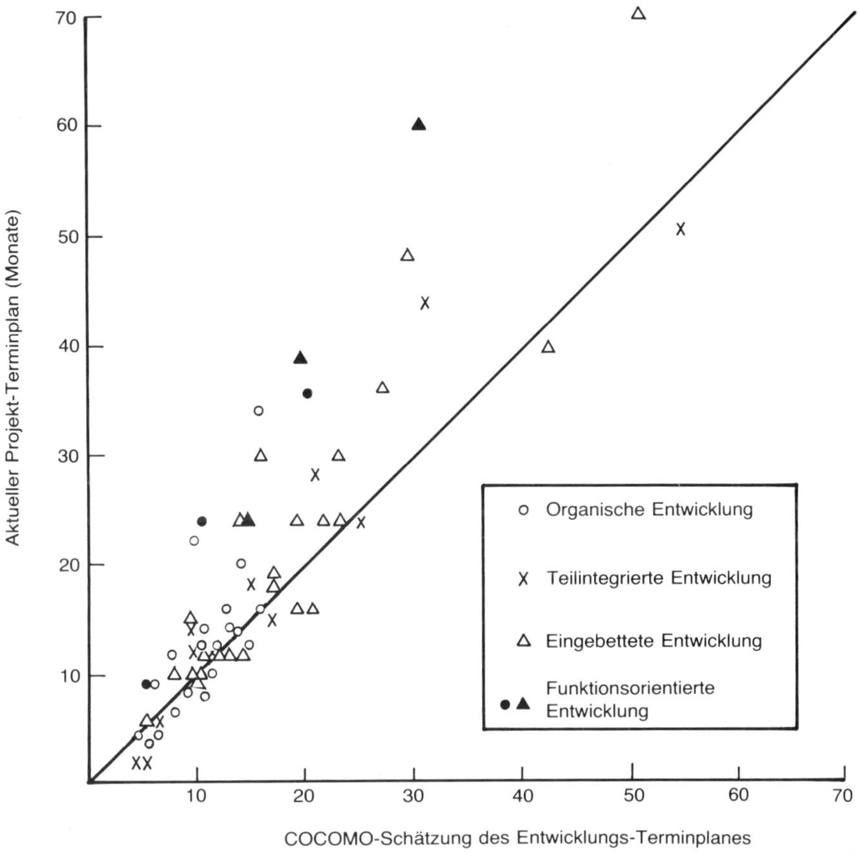

Abb. 6–6: COCOMO-Entwicklungs-Terminplan-Schätzungen im Vergleich zu den tatsächlichen Werten

Die wichtigsten Folgerungen, die wir aus den Abbildungen 6–6 und 6–7 ziehen können, sind den Ergebnissen, die wir mit Hilfe der Aufwandsgleichungen und -daten erzielt haben, ähnlich:

1. die Unterschiede zwischen den drei Entwicklungsarten sind deutlich zu erkennen (Abbildung 6–7), obwohl sie bei der teilintegrierten Entwicklung weniger deutlich sind;
2. die Terminplan-Gleichungen stellen eine vernünftige, aber keine optimale Näherung mit Hilfe der kleinsten Quadrate dar (Abbildungen 6–6, 6–7);
3. die Gleichungen zur Terminplan-Schätzung sind etwas genauer als die Aufwandsgleichungen. Die Schätzungen weichen in 58% der Fälle um bis zu 20% von den tatsächlichen Werten ab. Trotzdem bestehen große Abweichungen zwischen den Projekten, insbesondere bei einer Reihe von Projekten, die sich aufgrund häufiger Änderungswünsche der Kunden und ungenügender Planung*) übermäßig lange hinzogen.

*) So mußte z. B. der Terminplan eines Projektes um drei Monate verlängert werden, weil erst bei Beginn der Testphase mit dem Sammeln von Testdaten begonnen wurde. Das Ergebnis war, daß das Test-Team nur geringe Fortschritte verzeichnen konnte, bis die Testdaten zusammengestellt waren — eine Arbeit von drei Monaten, die leicht im voraus hätte getan werden können.

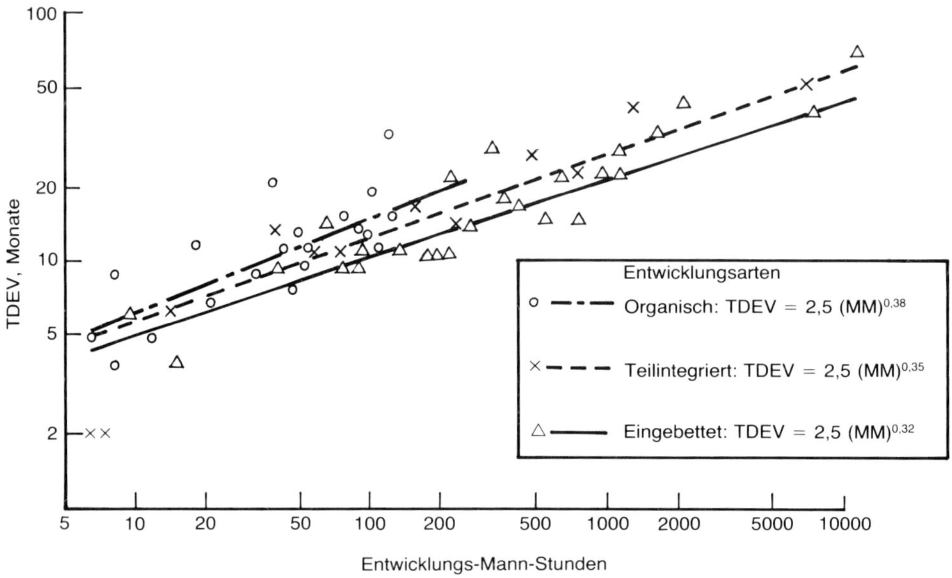

Abb. 6–7: COCOMO-Terminplan-Gleichungen im Vergleich zu den Projektdaten (Projekte mit mehreren Entwicklungsstufen sind nicht berücksichtigt)

4. Die Terminplangleichungen unterschätzen klar die für ein Projekt mit stufenweiser Entwicklung erforderliche Zeit (Abbildung 6–6).

Terminplan-Gleichungen: Vergleiche mit anderen Modellen

Tabelle 6–7 vergleicht die Terminplan-Schätzgleichungen des COCOMO-Basismodells mit Gleichungen ähnlicher Art, die aus anderen Quellen stammen. Diese Ergebnisse zeigen eine bemerkenswerte Übereinstimmung, insbesondere wenn man berücksichtigt, daß bei einigen Modellen Anfang und Ende der Entwicklungsperiode nicht genau definiert sind. Bis zum heutigen Tage gibt es für diese Beziehung keine gute Erklärung hinsichtlich der Projekt-Gegebenheiten; es handelt sich hier um eine der interessantesten noch zu erforschenden Fragen auf dem Gebiet der Software-Kostenschätzung.

Tab. 6–7: Vergleich der Entwicklungs-Terminplan-Schätzungen

Quellen	Entwicklungs-Terminplan-Gleichung
(Freburger-Basili, 1979)	$TDEV = 4{,}38\ (MM)^{0.25}$
COCOMO: Eingebettete Entwicklungsart	$TDEV = 2{,}5\ (MM)^{P.32}$
(Putnam, 1978), Mindestterminplan	$TDEV = 2{,}15\ (MM)^{0.333}$
COCOMO: Teilintegrierte Entwicklungsart	$TDEV = 2{,}5\ (MM)^{0.35}$
(Walston-Felix, 1977)	$TDEV = 2{,}47\ (MM)^{0.35}$
(Nelson, 1978)	$TDEV = 3{,}04\ (MM)^{0.36}$
COCOMO: Organische Entwicklungsart	$TDEV = 2{,}5\ (MM)^{0.38}$

6.5 Phasenverteilung von Aufwand und Terminplan

Prozentuale Verteilung

Unsere bisherige Erörterung der Unterschiede der organischen, teilintegrierten und eingebettet Entwicklung (Tabelle 4–6) könnte uns zu der Annahme verleiten, daß sich diese Projektarten auch bei ihren Phasenverteilungen von Aufwand und Terminplan stark unterscheiden. Dies trifft — wie wir aus Tabelle 6–8 entnehmen können — tatsächlich zu; diese Tabelle bringt eine Darstellung der geschätzten prozentualen Verteilung des Projekt-Aufwandes und -Terminplanes der drei Arten.

Nachstehend finden Sie die hauptsächlichen Unterschiede bei den Aufwands- und Terminplan-Verteilungen bei der teilintegrierten und der eingebetteten Entwicklung im Vergleich zu den Phasenverteilungen bei der organischen Entwicklung, die wir in den Kapiteln 5.4 und 5.5 besprochen haben:

1. Für ein eingebettetes Projekt ist der Aufwand während der Integrations- und System-Testphase beträchtlich größer. Dies resultiert daraus, daß bei der eingebetteten und der teilintegrierten Entwicklung die Software-Anforderungen und Schnittstellen-Spezifikationen sorgfältiger beachtet und geprüft werden müssen.
2. Für ein eingebettetes Projekt ist der Aufwand während der Codierungs- und Modul-Testphase im Verhältnis geringer. Dies ergibt sich aus dem verhältnismäßig höheren Aufwand für die anderen Entwicklungsphasen. Bedeutet dies, daß für ein eingebettetes Projekt weniger an *tatsächlichem* Aufwand während der Codierungs- und Modultest-Phase erforderlich ist als für ein organisches Projekt? Die Antwort ist nein, und zwar wegen des größeren Aufwandes für die Gesamtentwicklung beim eingebetteten Projekt, wie wir aus dem nachstehenden Beispiel eines Projektes mittlerer Größe (32 KDSI) ersehen können:

Entwicklungsarten	Entwicklungs-aufwand (MM)	Codierung und Modultest in Prozent	Aufwand für Codierung und Modultest (MM)
Organisch	91	38	35
Teilintegriert	146	33	48
Eingebettet	230	28	64

In Tabelle 6–4 haben wir die Hauptgründe, warum für das organische Projekt mehr Aufwand während der Codierung und der Modul-Testphase erforderlich ist, aufgezeigt: umfangreichere Überarbeitung, um Spezifikationsänderungen zu integrieren, mehr formelle Produktkontrollen und umfangreichere Überarbeitung, um Code-Änderungen zu integrieren.

3. Für ein eingebettetes Projekt ist mehr Zeit sowohl in der Planungs- und Anforderungsphase als auch in der Produktentwurfs-Phase erforderlich. Dies liegt daran, daß für das Projekt gründlichere und überprüfte Anforderungs- und Entwurfspezifikationen erforderlich sind und daß eine größere Notwendigkeit besteht, diese Phasen mit einer relativ kleinen Anzahl Mitarbeiter zu bewältigen.
4. Bei einem eingebetteten Projekt ist die Programmierphase beträchtlich kürzer. Dies ergibt sich aus der Strategie, bei der Programmierung sehr viele Mitarbeiter gleichzeitig einzusetzen, um den Gesamt-Terminplan des Projektes zu reduzieren (und damit die Anzahl der Produktänderungen zu reduzieren, die während der Entwicklung integriert werden müssen).

Einsatz der Tabellen

Tabelle 6–8 wird auf dieselbe Art und Weise verwendet wie Tabelle 5–1 (Phasenverteilungen für organische Projekte). So können Verteilungs-Prozentsätze von Produkten nicht standardmäßiger Größen auf ähnliche Weise mittels Interpolation ermittelt werden. Ein Beispiel: Der geschätzte Prozentsatz des für Integration und Systemtest eines eingebetteten 20-KDSI-Projektes erforderlichen Terminplanes (eines Projektes zwischen 8 KDSI und 32 KSDI) liegt bei 25% (zwischen 24% und 26% laut Tabelle 6–8).

Tab. 6–8: Phasenverteilung von Aufwand und Terminplan: alle Entwicklungsarten

		Größe				
Entwicklungsart	Aufwandsverteilung Phase	Klein 2 KDSI	Zwischengröße 8 KDSI	Mittelgroß 32 KDSI	Groß 128 KDSI	Sehr groß 512 KDSI
Organisch	Pläne u. Anforderungen (%)	6	6	6	6	
	Produktentwurf	16	16	16	16	
	Programmierung	68	65	62	59	
	Feinkonzeption	26	25	24	23	
	Codierung und Modultest	42	40	38	36	
	Integration und Test	16	19	22	25	
Teilintegriert	Pläne u. Anforderungen (%)	7	7	7	7	7
	Produktentwurf	17	17	17	17	17
	Programmierung	64	61	58	55	52
	Feinkonzeption	27	26	25	24	23
	Codierung und Modultest	37	35	33	31	29
	Integration und Test	19	22	25	28	31
Eingebettet	Pläne u. Anforderungen (%)	8	8	8	8	8
	Produktentwurf	18	18	18	18	18
	Programmierung	60	57	54	51	48
	Feinkonzeption	28	27	26	25	24
	Codierung und Modultest	32	30	28	26	24
	Integration und Test	22	25	28	31	34
	Terminplan-Verteilung	2 KDSI	8 KDSI	32 KDSI	128 KDSI	512 KDSI
Organisch	Pläne u. Anforderungen (%)	10	11	12	13	
	Produktentwurf	19	19	19	19	
	Programmierung	63	59	55	51	
	Integration und Test	18	22	26	30	
Teilintegriert	Pläne u. Anforderungen (%)	16	18	20	22	24
	Produktentwurf	24	25	26	27	28
	Programmierung	56	52	48	44	40
	Integration und Test	20	23	26	29	32
Eingebettet	Pläne u. Anforderungen (%)	24	28	32	36	40
	Produktentwurf	30	32	34	36	38
	Programmierung	48	44	40	36	32
	Integration und Test	22	24	26	28	30

Grundlegende Projektprofile

In Kapitel 5 haben wir die grundlegenden Projektprofile für die verschieden großen organischen Projekte konstruiert, um ein Gespür dafür zu entwickeln, wie Zeit, Aufwand und durchschnittlicher Personalaufwand in den verschiedenen Phasen je nach Größe des zu entwickelnden Projektes variieren. In Tabelle 6–9 stellen wir grundlegende Projektprofile für Projekte mittlerer Größe (32 KDSI) aller drei Software-Entwicklungsarten dar, um Ihnen Verständnis dafür zu vermitteln, wie Zeit-, Aufwands- und Personal-Verteilung je nach Entwicklungsart variieren.

Ein Vergleich der durchschnittlichen Personalzahlen bei organischer und bei eingebetteter Entwicklung ist besonders aufschlußreich. Ein mittelgroßes organisches Projekt kann leicht von einem relativ kleinen (weniger als 8 Personen umfassenden) Stab von Mitarbeitern durchgeführt werden, wobei die meisten von ihnen während des ganzen Entwicklungszyklus am Projekt mitarbeiten. Dagegen sind für ein mittelgroßes

Tab. 6–9: Grundlegende Projektprofile: Projekte mittlerer Größe

	Entwicklungsarten		
Größe	Organisch	Teilintegriert	Eingebettet
Gesamtaufwand (MM)	91	146	230
Pläne und Anforderungen	5	10	18
Produktentwurf	15	25	42
Programmierung	56	85	124
Feinkonzeption	22	37	60
Codierung und Modultest	34	48	64
Integration und Test	20	36	64
Gesamt-Terminplan (Monate)	14	14	14
Pläne und Anforderungen	1,7	2,8	4,5
Produktentwurf	2,7	3,8	4,8
Programmierung	7,7	6,8	5,6
Integration und Test	3,6	3,6	3,6
Durchschnittlicher Personalaufwand (FSP)	6,5	10,4	16,4
Pläne und Anforderungen	2,9	3,6	4,0
Produktentwurf	5,6	6,9	8,8
Programmierung	7,3	12,5	22,1
Integration und Test	5,6	10,0	17,8
Durchschnittlicher Personalaufwand in Prozent			
Pläne und Anforderungen	45	35	24
Produktentwurf	84	66	54
Programmierung	113	120	135
Integration und Test	85	96	108
Produktivität (DSI/MM)	352	219	139
Ausschließlich Codierung und Modultest (DSI/MM)	941	667	500

eingebettetes Projekt während der Programmierphase durchschnittlich 22 Mitarbeiter erforderlich, von denen die meisten in den frühen Phasen nicht mitgewirkt haben.

Wenn wir diese zwei Projekte näher betrachten, stellen wir fest, daß beim eingebetteten Projekt 9,3 Monate für die Planungs- und Anforderungsphase sowie für die Produktentwurfs-Phase erforderlich waren, während es beim organischen Projekt nur 4,4 Monate waren (hauptsächlich wegen der vertrauteren organischen Betriebsumgebung). Auch werden die hohen Prämien für vorzeitige Beendigung normalerweise bei Projekten mit eingebetteter Entwicklung gezahlt.

Zu Beginn der Programmierphase hat das Projekt mit eingebetteter Entwicklung noch immer einen Restaufwand von 188 Mann-Monaten zu bewältigen. Selbst wenn durch eine Reduzierung der Team-Größe auf 8 FSP der restliche Aufwand auf 120 MM reduziert werden könnte (und dies ist eine sehr optimistische Annahme), wären für das Projekt dann (120 MM)/8 FSP = 15 Monate — anstelle der 9,2 Monate bei einer Aufstockung des Personals auf durchschnittlich 22 FSP während der Programmierphase erforderlich.*) Für die meisten Projekte mit eingebetteter Entwicklung gilt, daß der Gewinn, der sich für einen Betrieb aus einer um 6 Monate früheren Inbetriebnahme des Systems ergibt, wesentlich über dem Wert der 68 Mann-Monate liegt, die beim Einsatz eines kleineren Teams eingespart werden könnten.

Personalverteilungskurven und die Rayleigh-Verteilung

Die sich ergebenden geschätzten Personalverteilungskurven des COCOMO-Basismodells für organische, teilintegrierte und eingebettete Projekte mittlerer Größe sind in Abbildung 6−8 dargestellt; sie sind im Hinblick auf den durchschnittlichen Personalaufwand jedes Projektes auf eine Norm gebracht worden. Der relativ langsam ansteigende, zu Beginn geringe und in Spitzenzeiten höhere Personalaufwand bei eingebetteter Entwicklung ist aus Abbildung 6−8 deutlich ersichtlich. (Bei sehr großen eingebetteten Projekten sind diese Merkmale sogar noch stärker ausgeprägt, wie dies aus einer ähnlichen vergleichenden graphischen Darstellung von Projekten verschiedener Größe mit eingebetteter Entwicklung in Abbildung 6−9 ersichtlich ist.)

Abbildung 6−8 zeigt auch die geglättete Rayleigh-Kurve:

$$FSP = 13\,300 \left(\frac{t}{60^2}\right) e^{-t^2/2(60)^2}$$

deren Aufwandsspitze am 60%-Punkt des Entwicklungs-Terminplanes liegt (die Konstante 13 300 glättet die Kurve, womit dem Stück der Verteilung, das nach dem 100%-Punkt in Abbildung 6−8 ausgelassen ist, Rechnung getragen wird). Wiederum gilt, daß die Rayleigh-Kurve eine ziemlich gute Näherung der Anteile der Personalverteilung (insbesondere für die teilintegrierte Entwicklung) — mit Ausnahme ihres Verhaltens im Nullpunkt zu Beginn eines Projektes — darstellt.

In der Praxis müßten wir also ein Teilstück einer Rayleigh-Kurve auf den jeweiligen Modus und den jeweiligen Teil eines Entwicklungszyklus zuschneiden, wie wir dies in Kapitel 5 bei der organischen Entwicklung getan haben. Im allgemeinen ist es jedoch leichter und realistischer, wenn Sie einen Projekt-Personalplan auf der Basis des durchschnittlichen Personalbestandes pro Phase — über den das COCOMO-Modell

---

*) Der Reduzierung des Terminplanes durch den Einsatz von mehr Mitarbeitern sind natürlich Grenzen gesetzt. Dieses Thema wird in Kapitel 27 besprochen.

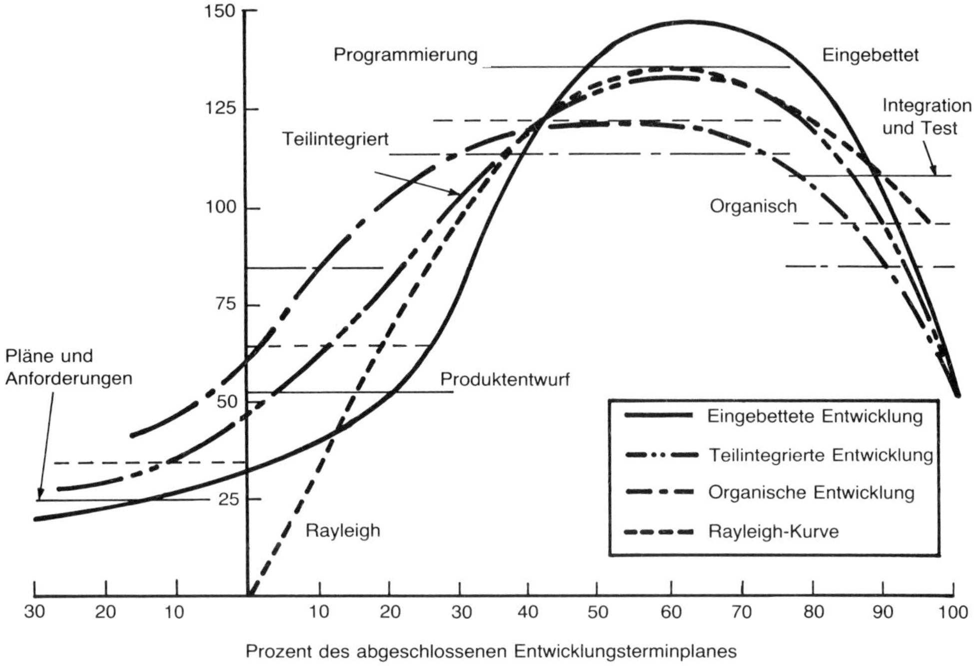

Abb. 6–8: Personalverteilung des COCOMO-Basismodells: Projekt mittlerer Größe (32 KDSI)

Auskunft gibt — entwickeln. Ferner sollten so viele Informationen wie möglich über die zukünftige Verfügbarkeit von Mitarbeitern für das Projekt und über vorab erforderliche Schulung gesammelt werden. Alle diese Erkenntnisse sollten Sie mit Ihrem Wissen über die Projektstrategie bei der Entwicklung in Teilschritten und über die frühzeitige Entwicklung der speziellen Unterstützungs-Software usw. kombinieren. In Kapitel 32 werden wir diese Themen noch eingehender behandeln.

Abschließende Betrachtung

Abschließend befassen wir uns mit einem allerletzten, jedoch wichtigen Aspekt der Personalverteilung: dem Einsatz analytischer Modelle bei der Projekt-Personalplanung:

> *Letztlich geht es bei unseren Modellen darum, Sie zu unterstützen, nicht aber darum, Ihnen Ihre Management-Entscheidungen abzunehmen.*

Sollten Sie eines Tages zum Software-Projektmanager aufsteigen und laut COCOMO-Modell oder Rayleigh-Kurve in der nächsten Woche weitere 10 Mitarbeiter für das Projekt einsetzen müssen, Ihre Designer behaupten aber, für den nächsten Monat kein weiteres Personal zu brauchen, dann sollten Sie auf alle Fälle noch einen Monat mit Ihrer Entscheidung warten.

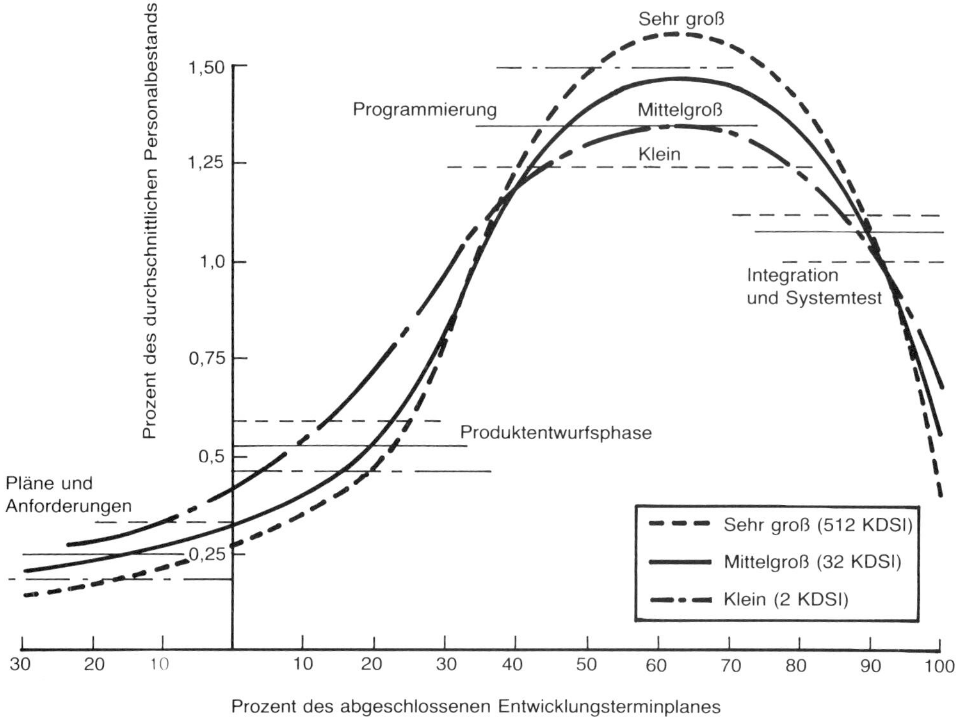

Abb. 6–9: Grundlegende Personalverteilung: Projekte mit eingebetteter Entwicklung

Kapitel 7

Das COCOMO-Basismodell: Aktivitäten-Verteilung

7.1 Einführung

Wir kennen nun einige grundlegende Methoden zur Schätzung des Gesamtaufwandes, der Gesamtkosten und des gesamten Terminplanes, die für die Entwicklung und Wartung eines Software-Produktes erforderlich sind; wir können nun einschätzen, wie sich der Aufwand, die Kosten und der Terminplan über die verschiedenen Projektphasen verteilen. Über diese Information hinaus werden wir nicht selten eine Schätzung darüber benötigen, wie sich der Aufwand über die hauptsächlichen Aktivitäten des Software-Lifecycles — auf Entwurf, Programmierung, Testplanung usw. — verteilt. Nachstehend einige Beispiele hierzu:

- Wenn wir detaillierte Personalpläne für ein Software-Projekt vorbereiten, müssen wir wissen, welche speziellen Qualifikationen für ein Projekt in welchen Phasen erforderlich sind;
- Wenn wir die Personalbesetzung des Projektes vornehmen, muß es uns möglich sein, mit den zukünftigen Team-Mitgliedern die individuellen Aufgabengebiete und Verantwortlichkeiten abzusprechen;
- Wenn wir das Projekt organisieren, müssen wir die Organisationsstruktur des Projektes auf die Größe des Teams, das für die jeweiligen Aktivitäten verantwortlich ist, ausrichten. Besonders bei großen Projekten wird die Organisationsstruktur während des Software-Lifecycles mehrere Male modifiziert werden müssen in dem Maße, wie sich die Aktivitäten ändern.
- Bei der Kontrolle des Projektfortschrittes benötigen wir einen Rahmen, auf den wir bei der Überprüfung, ob wir in jede Aktivität das richtige Maß an Aufwand investieren, Bezug nehmen können.

In diesem Kapitel stellen wir Schätzbeziehungen zur Projekt-Aktivitätenverteilung für jede der Software-Lifecycle-Phasen vor. Des weiteren geben wir einige Richtlinien für die Gesamtorganisation eines Software-Projektes und zeigen, wie diese und die Schätzungen zur Verteilung der Aktivitäten eingesetzt werden können, um für jede Phase des Projektes ein grundlegendes Projekt-Organisations-Diagramm zu erstellen.

Während dieses Kapitels werden wir den Einsatz dieser Methoden anhand einer Gesamtprojekt-Fallstudie demonstrieren, wobei der Einsatz jeder der Schätzbeziehungen des COCOMO-Basismodells, die in diesem und den vorhergehenden beiden Kapiteln vorgestellt wurden, erforderlich wird. Wir beenden dann unsere Erörterungen des COCOMO-Basismodells mit einer Diskussion seiner Beziehungen zu ähnlichen Modellen und seiner Grenzen, wobei die meisten dieser Grenzen vom COCOMO-Zwischenmodell abgedeckt werden, das wir Ihnen in den Kapiteln 8 und 9 vorstellen.

7.2 Verteilung der Aktivitäten nach Phasen

Die Tabellen 7–1, 7–2 und 7–3 zeigen Ihnen, wie sich der Aufwand für die Lifecycle-Phasen des Software-Projektes auf die acht nachstehend aufgeführten Aktivitäten verteilt:

- Anforderungsanalyse
- Produktentwurf

- Programmierung
- Testplanung
- Qualitätskontrolle
- Projektplanungs- und Überwachungsfunktionen
- Konfigurations-Management und Qualitätssicherung
- Handbücher

Die Komponenten dieser Phasen sind in Abschnitt 4.6 definiert worden. Für die eingebettete, teilintegrierte und organische Entwicklungsart stellen wir Ihnen separate Tabellen zur Verfügung. Wir werden den Einsatz der Tabellen für die eingebettete Entwicklungsart (Tabelle 7–1) besprechen; die anderen Tabellen können auf dieselbe Art und Weise eingesetzt werden.

Wie wir aus den Tabellen 7–1 bis 7–3 gesehen haben, variiert die Verteilung des Aufwands pro Aktivität je nach Umfang des Projektes. Die für die Elemente der Tabellen eingesetzten Standard-Projektgrößen sind:

- S: klein (2 KDSI)
- I: Zwischengröße (8 KDSI)
- M: mittlere Größe (32 KDSI)
- L: groß (128 KDSI)
- VL: sehr groß (512 KDSI).

Aktivitätenverteilungen für Projekte anderer Größenordnungen erhalten Sie durch lineare Interpolationen in den Tabellen 7–1 bis 7–3.

Zur Erklärung der Tabelle 7–1 sehen wir uns zuerst die erste Zahlenspalte von links an. Aus dieser Spalte können Sie entnehmen, daß bei einem kleinen (2 KDSI-) Projekt 8% des Gesamtaufwandes für die Planungs- und Anforderungsphase erforderlich sind.

Von diesem 8%-Anteil werden 50% (oder 4% des Gesamtprojektes) in die Durchführung der Aufgaben der Anforderungsanalyse investiert: die Analyse des bestehenden Systems, die Ermitlung der Erfordernisse des Anwenders, die Integration, die Dokumentation und die Wiederholung der Anforderungen. Weitere 12% des 8%-Anteils (oder 1% des Gesamtprojektes) werden für die Ausführung von Aufgaben im Rahmen des Produktentwurfs während der Planungs- und Anforderungsphase benötigt: Untersuchung der Architektur des Hardware-Software-Produktes und Durchführung von Sensitivitäts- und Risiko-Analysen, um sicherzustellen, daß die Anforderungen auch realisierbar sind. Weitere 2% des 8%-Anteils dienen der Vorbereitung der Programmierung.

Aus der nächsten Spalte von Tabelle 7–1 können wir entnehmen, daß die Aktivitätenverteilung eines Projektes der Zwischengröße (8 KDSI) während der Planungs- und Anforderungsphase etwas anders aussieht. Bei einem Projekt der Zwischengröße werden nur 48% des Aufwandes der Planungs- und Anforderungsphase für die Anforderungsanalyse eingesetzt, hingegen 13% für Aufgaben des Produktentwurfs. Der Grund für diesen Unterschied liegt darin, daß größere Projekte in der Regel mehr Aufwand in die Untersuchung der Realisierbarkeit von Anforderungen investieren, indem Produktentwurfsfunktionen ausgeführt werden, als dies bei kleineren Projekten

Tab. 7–1: Projekt-Aktivitätenverteilung nach Phasen: eingebettete Entwicklung

Phasen / Produktgröße	Pläne und Anforderungen					Produkt-Entwurf					Program-mierung					Integration und Test					Entwicklung					Wartung				
Prozentualer Anteil der Phasen	S	I	M	L	VL*)	S	I	M	L	VL	S	I	M	L	VL	S	I	M	L	VL	S	I	M	L	VL	S	I	M	L	VL
	8	8	8	8	8	18	18	18	18	18	60	57	54	51	48	22	25	28	31	34										
Prozent pro Aktivität																														
Anforderungsanalyse	50	48	46	44	42	10	10	10	10	10	3	3	3	3	3	2	2	2	2	2	4	4	4	4	4	6	6	6	5	5
Produktentwurf	12	13	14	15	16	42	42	42	42	42	6	6	6	6	6	4	4	4	4	4	12	12	12	12	12	11	11	11	11	11
Programmierung	2	4	6	8	10	10	11	12	13	14	55	55	55	55	55	32	36	40	44	48	42	43	43	44	45	38	39	39	40	41
Testplanung	2	3	4	5	6	4	5	6	7	8	4	5	6	7	8	3	3	4	4	5	4	4	5	6	7	3	3	4	5	6
Qualitätskontrolle	6	7	8	9	10	6	7	8	9	10	8	9	10	11	12	30	28	25	23	20	12	13	14	14	14	12	13	14	14	14
Projektbüro	16	14	12	10	8	15	13	11	9	7	9	8	7	6	5	10	9	8	7	6	10	9	8	7	6	10	9	8	7	6
CM/QA	5	4	4	4	3	4	3	3	3	2	8	7	7	7	6	10	9	9	9	8	8	7	7	7	6	8	7	7	7	6
Handbücher	7	7	6	5	5	9	9	8	7	7	7	7	6	5	5	9	9	8	7	7	8	8	7	6	6	12	12	11	11	11

*) S = Klein
I = Zwischengröße
M = Durchschnittlich
L = Groß
VL = Sehr groß

Tab. 7–2: Projekt-Aktivitätenverteilung nach Phasen: teilintegrierte Entwicklung

Phasen / Produktgröße	Pläne und Anforderungen					Produkt-Entwurf					Program-mierung					Integration und Test					Entwicklung					Wartung				
Prozentualer Anteil der Phasen	S	I	M	L	VL*)	S	I	M	L	VL	S	I	M	L	VL	S	I	M	L	VL	S	I	M	L	VL	S	I	M	L	VL
	7	7	7	7	7	17	17	17	17	17	64	61	58	55	52	19	22	25	28	31										
Prozent pro Aktivität																														
Anforderungsanalyse	48	47	46	45	44	12,5	12,5	12,5	12,5	12,5	4	4	4	4	4	2,5	2,5	2,5	2,5	2,5	5	5	5	5	5	6,5	6,5	6,5	6	6
Produktentwurf	16	16,5	17	17,5	18	41	41	41	41	41	8	8	8	8	8	5	5	5	5	5	13	13	13	13	13	12	12	12	12	12
Programmierung	2,5	3,5	4,5	5,5	6,5	12	12,5	13	13,5	14	56,5	56,5	56,5	56,5	56,5	33	35	37	39	41	45	45	44,5	44,5	44,5	41,5	41,5	41	41	41
Testplanung	2,5	3	3,5	4	4,5	4,5	5	5,5	6	6,5	4	4,5	5	5,5	6	2,5	2,5	3	3	3,5	4	4	4,5	5	5,5	3	3	3,5	4	4,5
Qualitätskontrolle	6	6,5	7	7,5	8	6	6,5	7	7,5	8	7	7,5	8	8,5	9	32	31	29,5	28,5	27	11	12	13	13,5	14	11	12	13	13,5	14
Projektbüro	15,5	14,5	13,5	12,5	11,5	13	12	11	10	9	7,5	7	6,5	6	5,5	8,5	8	7,5	7	6,5	8,5	8	7,5	7	6,5	8,5	8	7,5	7	6,5
CM/QA	3,5	3	3	3	2,5	3	2,5	2,5	2,5	2	7	6,5	6,5	6,5	6	8,5	8	8	8	7,5	6,5	6	6	6	5,5	6,5	6	6	6	5,5
Handbücher	6	6	5,5	5	5	8	8	7,5	7	7	6	6	5,5	5	5	8	8	7,5	7	7	7	7	6,6	6	6	11	11	10,5	10,5	10,5

*) S = Klein
I = Zwischengröße
M = Durchschnittlich
L = Groß
VL = Sehr groß

Tab. 7–3: Projekt-Aktivitätenverteilung nach Phasen: organische Entwicklung

Phasen Produktgröße	Pläne und Anforderungen				Produkt-Entwurf				Program-mierung				Integration und Test				Entwicklung				Wartung			
Prozentualer Anteil der Phasen	S	I	M	L*)	S	I	M	L	S	I	M	L	S	I	M	L	S	I	M	L	S	I	M	L
			6				16		68	65	62	59	16	19	22	25								
Prozent pro Aktivität																								
Anforderungsanalyse			46				15				5				3				6				7	
Produktentwurf			20				40				10				6				14				13	
Programmierung			3				14				58				34		48	47	46	45	45	44	43	42
Testplanung			3				5				4				2				4				3	
Qualitätskontrolle			6				6				6				34		10	11	12	13	10	11	12	13
Projektbüro			15				11				6				7				7				7	
CM/QA			2				2				6				7				5				5	
Handbücher			5				7				5				7				6				10	

*) S = Klein
I = Zwischengröße
M = Durchschnittlich
L = Groß

der Fall ist. Die übrigen Bestandteile von Tabelle 7–1 können auf ähnliche Weise interpretiert werden.*)

Als Beispiel für den Einsatz der Tabelle 7–1 wollen wir jetzt die Aktivitätenverteilung der Produktentwurfsphase eines sehr großen eingebetteten (512 KDSI-) Projektes errechnen. Gemäß Tabelle 6–2 beträgt der Gesamt-Entwicklungsaufwand und der gesamte Entwicklungs-Terminplan für ein sehr großes eingebettetes Projekt 6420 MM bzw. 41 Monate. Aus der Tabelle 6–8 entnehmen wir, daß sich der prozentuale Anteil des Aufwandes und des Terminplanes für die Produktentwurfsphase auf 18% bzw. 38% beläuft. Für das Projekt sind somit bis zum Ende der Produktentwurfs-Phase

$$(6420 \text{ MM})(0{,}18) = 1156 \text{ MM}$$

$$(41 \text{ Monate})(0{,}38) = 15{,}6 \text{ Monate}$$

erforderlich. Dies bedeutet, daß durchschnittlich 1156/15,6 = 74 Mitarbeiter (FSP) während der Produktentwurfsphase eingesetzt werden. Anhand der Tabelle 7–1 können wir feststellen, welche Arbeit von diesen 74 Mitarbeitern voraussichtlich verrichtet wird.

Wenn wir uns die Spalte „VL" (sehr groß) — ganz rechts in der Rubrik „Produktentwurf" in Tabelle 7–1 — ansehen, stellen wir fest, daß 10% der 74 Mitarbeiter, also ca. 7, Anforderungsanalyse-Funktionen durchführen; 42% der 74 Mitarbeiter, also 31, führen Produktentwurfs-Funktionen durch usw. Die Zahl der Mitarbeiter, die für jede der acht Aktivitäten erforderlich ist, beträgt:

Anforderungsanalyse	7 FSP
Produktentwurf	31
Programmierung	10
Testplanung	6
Qualitätskontrolle	7
Projektplanungs- und Überwachungsfunktionen	5
Konfigurationsmanagement und Qualitätssicherung	2
Handbücher	5

Wenn wir nähere Informationen über die Aufgaben dieser Mitarbeiter haben möchten, können wir die Aufgabenaufgliederung nach Aktivitäten in Tabelle 4–3 zu Rate ziehen.

7.3 COCOMO-Basismodell, Fallstudie: Das Hunt National Bank-EFT-System

Die Hunt National Bank hat soeben die Voruntersuchungsphase eines großen Echtzeit-Systems für elektronischen Zahlungsverkehr (Electronic Fund Transfer System = EFT) abgeschlossen, mit dem die finanziellen Transaktionen der Bank auf nationaler Ebene gesteuert werden sollen. Das Management der Bank hat die Entwicklung einer ersten Stufe des Systems beschlossen, die grundlegende Funktionen im nord-östlichen Teil des Landes durchführen soll. Selbst unter Berücksichtigung dieser Einschränkung

*) Insbesondere zeigen die Tabellen, daß die Entwicklung von Software aus sehr viel mehr als dem Schreiben der Codierung besteht. In der Tabelle 7–1 setzt ein mittelgroßes Projekt mit eingebetteter Entwicklung nur (54%) (55%) = 30% seines Aufwandes für Programmieraktivitäten während der Programmierphase ein. Des weiteren wird die Hälfte dieser 30% für die Feinkonzeption benötigt, der Rest ist in etwa gleichmäßig zwischen Codierung und Modultest aufgeteilt. Dies bedeutet, daß lediglich ca. 8% des Projektaufwandes dem Schreiben der Codierung dienen.

handelt es sich bei diesem Projekt um ein anspruchsvolles, richtungsweisendes Unternehmen, das gleichzeitig noch einer Reihe von Sachzwängen unterliegt, die ihm von den System-Schnittstellen auferlegt werden und die aus Aktivitäten der Bank in anderen Landesteilen sowie anderen Geldanlage-Funktionen herrühren.

Nehmen wir an, wir würden aufgefordert, für die Entwicklung und Wartung dieses Produktes einen Lifecycle-Plan zu entwickeln. Bis jetzt konnten wir vier Hauptmerkmale des zu entwickelnden Produktes festhalten:

- anhand der Tabelle 6–3 konnten wir aufgrund der Projekteigenschaften feststellen, daß es sich um eine eingebettete Entwicklung handeln wird;
- wir nehmen an, daß die anfängliche Projektgröße 80 KDSI betragen wird;
- wir nehmen an, daß die jährliche Änderungsrate (ATC) 15% betragen wird;
- wir nehmen an, daß es sich bei dem Projekt im Hinblick auf andere Kostenfaktoren (Personal, Umgebung usw.) um ein Standard-Projekt handeln wird.

Das zuletzt genannte Merkmal rechtfertigt den Einsatz des COCOMO-Basismodells, um zu Schätzungen über die zu erwartende Lifecycle-Art des Produktes*) zu gelangen.

Als erstes setzen wir die Gleichungen der eingebetteten Entwicklungsart gemäß Tabelle 6–1 ein, um den erforderlichen Produkt-Entwicklungsaufwand- und -Terminplan festzusetzen:

$$\text{Aufwand} = 3{,}6\,(80)^{1{,}20} = 692 \text{ MM}$$
$$\text{Terminplan} = 2{,}5\,(692)^{0{,}32} = 20 \text{ Monate.}$$

Wenn ein typischer Mann-Monat \$ 6000 kosten wird, werden sich die Gesamt-Personalkosten für die Entwicklung des Ausgangs-Systems auf \$ 4 152 000 belaufen.

Für den nächsten Schritt setzen wir die Tabelle 6–8 ein, um zu bestimmen, wie sich der Aufwand und der Terminplan auf die verschiedenen Entwicklungsphasen verteilen. Wir stellen fest, daß unser 80-KDSI-Produkt genau auf halbem Wege zwischen einem Standard-Produkt mittlerer Größe (32 KDSI) und einem großen Standard-Produkt (128 KDSI) liegt, so daß wir eine Interpolation auf halber Strecke zwischen den Spalten für die eingebettete Entwicklungsart in der Tabelle 6–8 vornehmen. Dies bedeutet z. B., daß der bei unserem mittelgroßen Projekt erforderliche Aufwand für die Planungs- und Anforderungsphase 8% des Gesamtentwicklungsaufwandes oder (692)(0,08) = 55 MM beträgt. Auf ähnliche Weise können wir den geschätzten Aufwand, den geschätzten Terminplan und das geschätzte FSP-Niveau für jede Phase feststellen, wie es in Tabelle 7–4 dargestellt ist.

Wir können den geschätzten jährlichen Wartungsaufwand aus den Gleichungen (5–6) und (5–7) errechnen, indem wir davon ausgehen, daß ACT = 15% ist.

$$(\text{MM})_{\text{AM}} = (0{,}15)(692) = 104 \text{ MM}$$
$$(\text{FSP})_{\text{M}} = 104/12 = 8{,}7 \text{ FSP}$$
$$\text{Jährliche Kosten} = (104 \text{ MM})(\$\ 6\,000/\text{MM}) = 624\,000.$$

Als letztes können wir die Aufwandsverteilung auf die Hauptaktivitäten für jede Phase errechnen, indem wir die Tabelle 7–1 einsetzen. Auch hier führen wir wieder eine

*) Aus den Kapiteln 23–27 über das COCOMO-Endmodell werden wir erfahren, daß die Aufwandsverteilung eines Projektes von anderen Kostenfaktoren stark beeinflußt werden kann (z. B. werden die Testphasenkosten durch die erforderliche sehr hohe Zuverlässigkeit außerordentlich stark erhöht).

Tab. 7–4: EFT-System: Phasenverteilung von Aufwand und Terminplan

Größe		Planung und Anforderungen	Produkt-entwurf	Program-mierung	Integration und Systemtest
Aufwand	(Prozent)	8	18	52,5	29,5
	(MM)	55	125	363	204
Terminplan	(Prozent)	34	35	38	27
	(Monate)	6,8	7,0	7,6	5,4
Durchschnittliche Anzahl Mitarbeiter	(FSP)	8,1	17,9	47,8	37,8

Interpolation in der Mitte zwischen den Prozentsätzen für mittlere und große Projekte durch. Beispiel: die Anforderungsanalyse benötigt 45% des für die Planungs- und Anforderungsphase erforderlichen Personals oder 8,1 (0,45) = 3,6 FSP. Auf ähnliche Art können wir die geschätzte Aktivitätenverteilung für die anderen Aktivitäten und Phasen berechnen, wie dies in Tabelle 7–5 dargestellt ist.

Tab. 7–5: EFT-System: Aktivitätenverteilung nach Phasen

Aktivitäten	Phasen: Pläne und Anforderungen		Produkt-Entwurf		Program-mierung		Integration und Test		Wartung	
	%	FSP	%	FSP	%	FSP	%	FSP	%	FSP
Anforderungsanalyse	45	3,6	10	1,8	3	1,4	2	0,8	5,5	0,5
Produktentwurf	14,5	1,2	42	7,5	6	2,9	4	1,5	11	1,0
Programmierung	7	0,6	12,5	2,2	55	26,3	42	15,9	39,5	3,4
Testplanung	4,5	0,4	6,5	1,2	6,5	3,1	4	1,5	4,5	0,4
Qualitätskontrolle	8,5	0,7	8,5	1,5	10,5	5,0	24	9,1	14	1,2
Projektbüro	11	0,9	10	1,8	6,5	3,1	7,5	2,8	7,5	0,6
CM/QA	4	0,3	3	0,5	7	3,4	9	3,4	7	0,6
Handbücher	5,5	0,4	7,5	1,4	5,5	2,6	7,5	2,8	11	1,0
Gesamt	100	8,1	100	17,9	100	47,8	100	37,8	100	8,7

7.4 Ableitung von grundlegenden Projekt-Organisations-Diagrammen

Ein Projekt-Organisations-Diagramm sagt aus, wie der Projekt-Manager die Befugnisse und die Verantwortung für Projektfunktionen an die in diesem Diagramm bestimmten Mitarbeiter delegiert hat. Dies ist ein wertvoller Aktivposten bei der Klarstellung von Projektzuständigkeiten und bei der Erfüllung der Grundsätze eines guten Projekt-Managements (z. B. dem der „einheitlichen Direktiven“ und dem „der Parität von Autorität und Verantwortlichkeit“ (Koontz-O'Donnell, 1972)).

Mit Hilfe einiger weniger Richtlinien, die wir nachstehend erörtern, können die Schätzungen des COCOMO-Basismodells eingesetzt werden, um vorläufige Projekt-Diagramme für die verschiedenen Phasen des Software-Lifecycles zu generieren.

Ein verallgemeinertes Software-Projekt-Organisationsdiagramm

Abbildung 7–1 stellt ein verallgemeinertes Software-Projekt-Organisationsdiagramm dar, das durch die Zusammenfassung benachbarter Funktionen auf besondere Projektbedürfnisse zugeschnitten werden kann. Die Personal-, Planungs- und Kontroll-Funktionen zuzüglich der des Projekt-Managers entsprechen den Aktivitäten der Projekt-Planungs- und Kontroll-Funktionen des COCOMO-Modells. Zum System-Engineering gehören die Anforderungsanalyse, der Produktentwurf und das Verfassen der Handbücher des COCOMO-Modells. Zur Qualitätskontrolle des Organisationsdiagramms gehört auch die Testplanung des COCOMO-Modells. SS_1 ... S_n beziehen sich auf die Programmierung der Software-Basissysteme 1 bis n. Die Implementierung bezieht sich auf die Umstellung, Installation, Schulung und verwandte Aktivitäten der Implementierungsphase, wie sie in Tabelle 4–1 definiert sind.

Normalerweise können benachbarte Funktionen des Organisationsdiagramms leichter zusammengefaßt werden als nicht benachbarte; dies ist auf eine größere Ähnlichkeit zwischen den Zielen, Aufgaben und Fertigkeiten zurückzuführen, die erforderlich sind, um die Funktionen auszuführen. So passen zum Beispiel CM/QA (Konfigurations-Management und Qualitätssicherung) besser zusammen als CM/V&V (Konfigurations-Management und Qualitätskontrolle); dies liegt an der engen Verwandtschaft des dafür ausschlaggebenden Status, der Ausgabe und Überwachung von Standards und der Abnahmeaufgaben bei Konfigurations-Management und Qualitätssicherung.

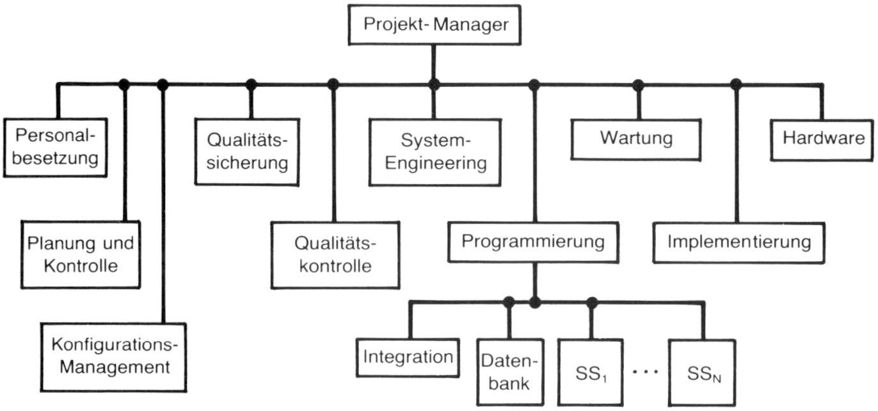

Abb. 7–1: Verallgemeinertes Software-Projekt-Organisationsdiagramm

Richtlinien für den Entwurf eines Organisationsdiagramms

Tabelle 7–6 stellt eine Gruppe Richtlinien zur Verfügung, mit denen das verallgemeinerte Organisationsdiagramm aus Abbildung 7–1 auf die Bedürfnisse eines bestimmten Projektes oder einer bestimmten Projektphase ausgerichtet werden kann. Wir verwenden den Ausdruck *Richtlinien* anstelle von „Regeln", weil es sich beim Projekt-Management und der Projekt-Organisation um subjektiv menschliche Tätigkeiten und nicht um Übungen in abstrakter Logik handelt. Einige Überlegungen zu persönlich bedingten Fragen — Kunden-Präferenzen, persönliche Präferenzen oder Schwachpunkte, Persönlichkeitskonflikte, Überlegungen über den Karriere-Verlauf — können zu Abweichungen von den Richtlinien in Tabelle 7–6*) führen. Eigentlich sollte nur die Richtlinie Nummer 5 als Regel respektiert werden.

Tab. 7–6: Anpassungsrichtlinie für ein Organisationsdiagramm

1. Fassen Sie verwandte Funktionen im verallgemeinerten Organisationsdiagramm der Abbildung 7–1 zusammen;
2. Fassen Sie eine mit weniger als 2 FSP besetzte Funktion mit einer benachbarten Funktion zusammen, es sei denn
   a) sie repräsentiert den Manager einer Gruppe untergeordneter Funktionen, oder
   b) sie ist mit wenigstens 0,5 FSP besetzt und wird in der nachfolgenden Phase zu einer vollen Funktion.
3. Teilen Sie eine Funktion in einen Manager und eine Gruppe untergeordneter Funktionen ein, wenn sie mehr als 7 FSP hat;
4. Beschränken Sie die Kontrollbefugnisse (Anzahl der geleiteten Funktionen) eines jeden Managers auf maximal 7 Funktionen;
5. Wenn irgendeine der Richtlinien dem normalen Urteilsvermögen widerspricht, sollten Sie die Richtlinie vergessen und sich auf Ihren gesunden Menschenverstand verlassen.

Beispiel: Das „Hunt National Bank“-EFT-Projekt

Als praktisches Beispiel wollen wir hier ein Organisationsdiagramm für die Produktentwurfsphase des eingebetteten „Hunt National Bank“-EFT-Projektes mittlerer Größe (80 KDSI) erstellen, das im vorhergehenden Abschnitt als Fallstudie verwendet wurde. Seine Personalverteilung nach Phasen und Aktivitäten wurde in Tabelle 7–5 im einzelnen dargestellt. Aus der Spalte „Produktentwurf“ der Tabelle 7–5 können wir entnehmen, daß der Durchschnittswert für die Projektplanung und Überwachung 1,8 FSP für die Phase beträgt. Wir gehen davon aus, daß es sich bei 1,0 FSP um einen Vollzeit-Projektmanager handelt und daß die restlichen 0,8 FSP für Personal-, Planungs- und Kontroll-Funktionen bestimmt sind. Es sind weniger als 2 FSP, aber mehr als 0,5 FSP; sie werden während der folgenden Phase auf mehr als 2 FSP anwachsen; deshalb betrachten wir diese Aktivität als eine separate Funktion.

Die benachbarten Funktionen aus Abbildung 7–1, die CM- und QA-Funktionen, weisen einen Durchschnitt von nur 0,5 FSP für die Phase auf, werden aber in der nächsten Phase entsprechend der Tabelle 7–5 auf 3,4 FSP anwachsen. Dies wäre auch genug, um eine getrennte organisatorische Funktion gemäß der Richtlinie Nummer 2 zu rechtfertigen. Da aber diese und die benachbarte Planungs- und Kontrollfunktion einen solch geringen Umfang haben, ist es oft angebracht, wenn man sich nicht an die Richtlinien hält und sie zusammenfaßt. Es entsteht eine Personalfluktuation für das Organisationsdiagramm mit einem Personalbestand von 1,3 FSP.

Die Aktivitäten der Testplanung und Qualitätskontrolle (Tabelle 7–5) zusammen erreichen ein Niveau von 2,7 FSP und rechtfertigen somit im Organisationsdiagramm eine separate Funktion „Qualitätskontrolle“. Auf ähnliche Weise verhält es sich mit den 2,2 FSP für die Programmierung, die wir als separate Funktion definieren.

*) Die „magische Nummer sieben“, die von den Richtlinien Nummer 3 oder 4 verwendet wird, ist normalerweise von dem Terminus „plus oder minus zwei“ charakterisiert. Sie ist das Ergebnis beträchtlicher Management-Erfahrung und wissenschaftlicher Beobachtungen (Miller, 1956).

Die Aktivitäten im Zusammenhang mit der Anforderungsanalyse, dem Produktentwurf und dem Erstellen von Handbüchern gemäß Tabelle 7–5 ergeben zusammen einen Personalbestand von 10,7 FSP für die Funktion des System-Engineering. Wir haben drei Möglichkeiten für diese Funktion:

1. wir befolgen die Richtlinie Nummer 3 und teilen sie in einen Manager, in eine Produktentwurfs-Funktion mit 6,5 FSP und eine Funktion für die Anforderungen und die Handbücher mit 3,2 FSP auf;
2. wir befolgen die Richtlinie Nummer 3 und teilen sie in einen Manager und zwei System/Engineering-Funktionen für zwei Teile des Produktes auf;
3. wir modifizieren die Richtlinie Nummer 3 und verwenden eine einzige relativ große System/Engineering-Funktion.

Von diesen drei Möglichkeiten ist die erste Variante die am wenigsten attraktive, was auf die enge Interaktion zwischen Produktentwurf und den anderen beiden Aktivitäten zurückzuführen ist. Die zweite Variante ist dann vorzuziehen, wenn eine natürliche Aufteilung des Produktes in zwei System/Engineering-Funktionen vorliegt; ansonsten — abgesehen von besonderen Umständen — wäre die dritte Möglichkeit vorzuziehen.

Wenn wir davon ausgehen, daß die zweite Möglichkeit gewählt wurde, ergibt sich daraus das Organisations-Diagramm für die Produktentwurfsphase mit ungefähren Angaben zur Personalbesetzung für die in Klammern gesetzten Funktionen (Abbildung 7–2).

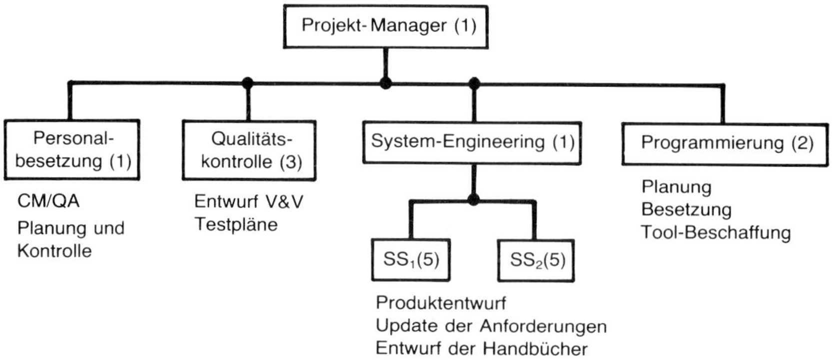

Abb. 7–2: EFT System: Organisationsdiagramm für die Produktentwurfsphase

Organisations-Diagramme und Entscheidungen für andere Phasen

In Abbildung 7–3 finden Sie die Skizzierung von ähnlichen Organisations-Diagrammen für die anderen Phasen des mittelgroßen EFT-Projektes, die sich auf die in Tabelle 7–5 angegebenen Personalzahlen stützen. Wiederum handelt es sich bei den Diagrammen um einfache Entwürfe, die — wo immer es sinnvoll ist — abgeändert werden sollen. In einigen Fällen sind solche Änderungen bereits an der Abbildung 7–3 vorgenommen worden; nachstehend finden Sie einige Anmerkungen, die Ausnahme- oder Grenz-Situationen erklären:

1. In der Planungs- und Anforderungsphase könnten wir die Funktionen der Stellenbesetzung und Qualitätskontrolle zu einer einzigen Funktion zusammenfassen. Wir haben es in diesem Falle nicht getan wegen der größeren Vielfalt an Funktionen, die

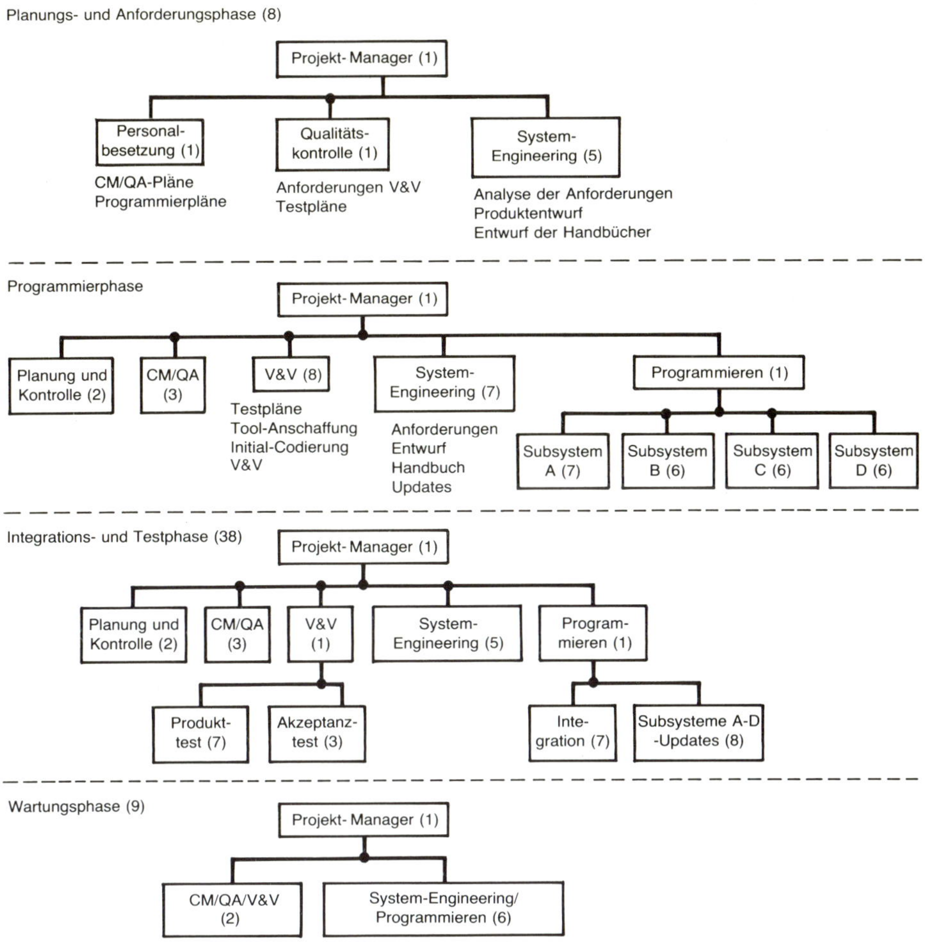

Abb. 7–3: EFT-System: Organisations-Diagramme für andere Phasen

sonst bei einem einzigen Manager zusammenlaufen würden, und aufgrund der Aufspaltung dieser Funktionen in der folgenden Phase in drei getrennte Funktionen.

2. In der Programmierphase gibt es eine Anzahl von Möglichkeiten, die Programmierer in Teams einzuteilen:

   (a) 3 Teams mit jeweils etwa 8 Mitarbeitern
   (b) 4 Teams mit jeweils etwa 6 Mitarbeitern
   (c) 5 Teams mit jeweils etwa 5 Mitarbeitern
   (d) 6 Teams mit jeweils etwa 4 Mitarbeitern
   (e) 9 Teams mit jeweils etwa 3 Mitarbeitern.

Die wichtigste Überlegung bei der Entscheidungsfindung ist die Zusammenstellung der Teams gemäß den Software-Produkt-Funktionen, wobei dieselben Grundsätze für „inneren Zusammenhalt", Verknüpfung und „Information-Hiding" wie bei einem guten Software-Design eingesetzt werden sollen [siehe hierzu z. B. (Daly, 1979)]. Die andere wichtige Überlegung ergibt sich aus dem nachstehenden, untergeordneten Prinzip:

- Es ist leichter, eine kleine Anzahl größerer Teams zu managen als eine große Anzahl kleiner Teams.

Um zu verstehen, warum es sich so verhält, nehmen wir an, daß Sie während der Programmierphase des EFT-Projektes der Manager der Programmiergruppe sind; in dieser Eigenschaft müssen Sie eine neue Anforderung für eine Finanzberichterstattung der Regierung integrieren, die Einfluß auf verschiedene Teile des Software-Produktes hat. Es dürfte Ihnen dann normalerweise leichter fallen, zwei Teamleiter (oder besser nur einen) zu wählen, die die notwendigen Produkt- und Projekt-Änderungen ausarbeiten, als wenn Sie für die Änderungen fünf oder sechs Teamleiter einsetzen müßten. (Wie andere Richtlinien, hat natürlich auch diese Grenzen und Ausnahmen.)

3. Der Einfachheit halber haben wir das Update der Handbücher mit der Funktion des System-Engineering in den Programmierungs-, Integrations- und Testphasen gleichgesetzt. Nicht selten ist es angebracht, den ganzen Umfang oder einen Teil dieser Aktivität in die Programmierfunktion einzugliedern, besonders dort, wo die Programmierer ziemlich viel Leerlauf haben, wenn sie auf die Ergebnisse aus den Computer-Testläufen oder auf Problemberichte des Teams der Qualitätskontrolle warten.
4. Während der Wartungsphase könnte eine 2-FSP-System-Engineering-Funktion von der Programmierfunktion getrennt werden. Wo immer es möglich ist, wäre es jedoch wünschenswert, wenn diese Funktionen integriert würden und jedem Mitarbeiter eine Chance gegeben würde, an der Analyse und am Entwurf teilzuhaben. In vielen Situationen wäre es angebracht, wenn System-Engineering und Programmierung während der Wartungsphase gemäß den wichtigsten Produkt-Subsystemen oder der betriebsinternen Organisationsstruktur des Anwenders organisiert würden.

7.5 Diskussion der Aktivitätenverteilung nach Phasen im COCOMO-Basismodell

Vergleiche anhand der Rayleigh-Kurve

Die gesamte Personalverteilung nach Phasen der COCOMO-Basismodelle ist dem von (Putnam, 1978) und (Norden, 1958) verwendeten Modell der Rayleigh-Kurve ziemlich ähnlich. In Abbildung 6–8 haben wir einen Vergleich der Verteilungen dargestellt und ihn in Abschnitt 6.5 besprochen. Die wichtigsten Unterschiede sind offensichtlich folgende:

- Das COCOMO-Modell verschiebt die Besetzung eines Projektes mit einer großen Anzahl Mitarbeiter auf die Zeit nach der Beendigung und Qualitätskontrolle des Produktentwurfs; das heißt, die maximale Personalbesetzung wird erst viel später und viel schneller erreicht als bei der Rayleigh-Kurve. Dies gilt besonders für große Projekte.
- Das COCOMO-Modell reflektiert einen kontinuierlichen und langsamen Personalaufbau während der Planungs- und Anforderungsphase, während die Rayleigh-Kurve mit einem Personalbestand von Null am Anfang der Produktentwurfsphase beginnt und dann schnell ansteigt. ((Putnam, 1978) fügt noch eine kleine Rayleigh-Kurve am Anfang der Kurve hinzu, um diesem Aufwand Rechnung zu tragen).

Auch die Gestaltung der Personalverteilung während der Wartungsphase ist verschieden; die Diskussion hierüber verschieben wir auf das Kapitel 30.

Phasenverteilung der Aktivitäten

Die Aktivitäten-Verteilungen nach Phasen bei COCOMO spiegelt die früheren Phasen/Aktivitätenaufgliederungen wider, die von (Wolverton, 1974) und (Jones, 1977) entwickelt worden sind. Die Wolverton-Klassifizierung ist detaillierter (acht Phasen und bis zu 25 Aktivitäten pro Phase); jedoch stellte sich später heraus, daß die Prozentverteilungen für relativ große Projekte innerhalb eines relativ engen Rahmens von Kostenfaktoren spezifisch sind, die für Regierungsprojekte mit hoher Zuverlässigkeit, die annähernd in Echtzeit verarbeitet werden, charakteristisch ist.

Die Aufschlüsselung nach Jones ist den Tabellen 6–8 und 7–1, 7–2 und 7–3 insofern der Form nach ähnlich, als die Prozentsätze als eine Funktion der Projektgröße dargestellt sind. Das Jones-Modell ist dem COCOMO-Basismodell ähnlich, nicht aber dem COCOMO-Zwischenmodell und dem COCOMO-Gesamtmodell, weil es Aufschlüsselungen nicht als Funktionen anderer Kostenfaktoren modifiziert (wie z. B. die höheren Testkosten als Funktion einer höheren erforderlichen Zuverlässigkeit und eines eingeschränkten Zugriffs auf den Computer).

Die Aktivitätenverteilungen des Jones-Modells stehen manchmal in Widerspruch zu Daten, die für die Feinabstimmung von COCOMO eingesetzt werden. So wurde z. B. der prozentuale Anteil des Aufwandes für Anforderungs-Spezifikationen bei einem sehr großen Projekt mit 8% angegeben, mit 2% für ein Projekt mittlerer Größe und mit 31% für ein kleines Projekt. Im Hinblick auf das COCOMO-Modell und die Projekt-Datenbank sind die entsprechenden Prozentsätze einheitlicher: 6% für ein organisches Projekt, 7% für ein teilintegriertes Projekt und 8% für ein eingebettetes Projekt.

7.6 Grenzen des COCOMO-Basismodells

Eine der Einschränkungen des COCOMO-Basismodells (und aller anderen bis heute existierenden Phasenverteilungs-Modelle) liegt darin, daß es *streng sequentielle Formen der Entwicklung in Teilschritten* nicht unterbringen kann. Die Aufwandsverteilungsschätzungen erweisen sich als recht zutreffend, aber die Terminplan-Berechnungen müssen auf andere Art durchgeführt werden. Wir werden auf dieses Thema im einzelnen in Abschnitt 29.4 zurückkommen.

Eine andere Einschränkung ist, daß das COCOMO-Basismodell die Schätzungen der *durchschnittlichen* Personalbesetzung für jede Phase berechnet. Dies bedeutet, daß es an den Grenzen zwischen den Phasen zu Diskontinuitäten im Personalbestand kommt, die korrigiert werden müssen, wie dies in den Abbildungen 5–6, 6–6 und 6–7 getan wird. Aufgrund dieses Übergangseffektes sind auch einige der Organisationsdiagramme approximativer, insbesondere bei der Programmierung während der Integrations- und Testphase (siehe hierzu Abbildung 7–3). Zu Beginn der Phase arbeitet eine große Anzahl von Programmierern an der Integration; gegen Ende der Phase niemand.

Die wichtigste Einschränkung des COCOMO-Basismodells besteht darin, daß es keine Auswirkungen irgendwelcher anderer Software-Kostenfaktoren bei der Wartung integriert als die der auszuführenden Source-Befehle (DSI) und die der jährlichen Änderungsrate (ACT). Die Auswirkungen solcher zusätzlicher Kostenfaktoren wie Hardware-Beschränkungen, Personalfaktoren und Umgebungsmerkmale werden im COCOMO-Zwischenmodell berücksichtigt, das wir Ihnen im nächsten Kapitel vorstellen.

Kapitel 8

Das COCOMO-Zwischenmodell: Schätzungen auf Produktebene

8.1 Einführung

In den letzten drei Kapiteln haben wir das COCOMO-Basismodell vorgestellt, das den für die Entwicklung eines Software-Produktes erforderlichen Aufwand schätzt. Dabei sind nur ein einziger Vorhersageparameter (Umfang der auszuführenden Source-Befehle) und die drei Arten der Software-Entwicklung zum Einsatz gekommen. Wie wir aus Abbildung 6–4 entnehmen konnten, genügt diese Modellstufe, um einen großen Teil der Unterschiede bei den Software-Projektkosten zu erklären. Ihre Genauigkeit reicht jedoch nur für einen Einsatz im Anfangsstadium der Software-Produkt-Definition aus. Im Hinblick auf die COCOMO-Datenbank wichen die Schätzungen des COCOMO-Basismodells in nur 29% der Fälle um höchstens den Faktor 1,3 und in nur 60% der Fälle um den Faktor 2,0 von den tatsächlichen Werten ab.

In den nächsten beiden Kapiteln stellen wir Ihnen das COCOMO-Zwischenmodell vor — es handelt sich bei ihm um eine kompatible Erweiterung des COCOMO-Basismodells —, das aufgrund seiner größeren Genauigkeit und Detailtreue für die Kostenschätzung der detaillierteren Stadien der Software-Produkt-Definition besser geeignet ist. Zum COCOMO-Zwischenmodell gehören 15 zusätzliche Vorhersageparameter, die einem Großteil der Kostenunterschiede bei Software-Projekten Rechnung tragen, die beim COCOMO-Zwischenmodell ungeklärt blieben. Im Hinblick auf die COCOMO-Datenbank kommen die Schätzungen des COCOMO-Zwischenmodells in 68% der Fälle bis auf 20% an die tatsächlichen Projektwerte heran.

Die Kostenfaktoren-Merkmale des COCOMO-Zwischenmodells

Bei der Entwicklung eines verbesserten Modells zur Schätzung der Kosten eines Software-Projektes müssen viele in Betracht kommende Faktoren berücksichtigt werden. Die bahnbrechenden Studien der „System Development Corporation“ in der Mitte der sechziger Jahre (Nelson, 1966; Weinwurm, 1970) haben 104 verschiedene Faktoren durchleuchtet, die alle bis zu einem gewissen Grad plausible Determinanten von Software-Entwicklungskosten waren. Dazu gehörten Faktoren wie die Anwendungsart, die Anzahl an In- und Output-Arten, der prozentuale Anteil von In- und Output, Steuerungs- oder mathematische Befehle des Programmes; die durchschnittliche Erfahrung der Analytiker und Programmierer, die angewandte Computer-Konfiguration und Programmiersprache; die Anzahl verantwortlicher Stellen, bei denen Übereinstimmung über Produktentscheidungen erforderlich ist, und die Anzahl von Dienstreisen, die für die Projektaktivitäten erforderlich sind.

Einschlägige Studien, wie z. B. die Arbeit von (Walston-Felix, 1977) haben weitere Faktoren ermittelt, die die Software-Kosten ebenfalls beeinflussen, wie z. B. die Komplexität des Programmflusses, das Vorhandensein abgestufter Sicherheitsvorkehrungen und der Einsatz solcher Methoden wie strukturiertes Programmieren, Überprüfungen, Top-down-Entwicklung und Chefprogrammierer-Teams.

Um diese große Anzahl relevanter Faktoren auf eine handliche Anzahl, die in der Praxis der Software-Kostenschätzung eingesetzt werden kann, zu reduzieren, haben wir sie zwei wichtigen Tests unterworfen:

- *Allgemeine Bedeutung.* Unter diesem Aspekt können Faktoren eliminiert werden, die nur für einen relativ kleinen Teil spezieller Situationen von Bedeutung sind: wie zum Beispiel die Anzahl von Dienstreisen oder das Vorhandensein abgestufter Sicherheitsvorkehrungen.
- *Unabhängigkeit.* Unter diesem Aspekt können Faktoren eliminiert werden, die in enger Verbindung mit der Produktgröße stehen (z. B. die Anzahl an In- und Output-Arten); ferner können verschiedene Faktoren, die tendenziell bei bestimmten Projekten in engem Zusammenhang stehen, zu einem einzigen Faktor zusammengefaßt werden (wie z. B. der Einsatz des strukturierten Programmierens, die Durchführung von Überprüfungen usw. zu einem einzigen Faktor „Einsatz von modernen Programmiermethoden").

Die hieraus resultierende Gruppe von 15 Faktoren oder Kostenfaktor-Merkmalen*), die im COCOMO-Zwischenmodell eingesetzt werden, haben wir in vier Kategorien eingeteilt: in Software-Produktmerkmale, Computer-Merkmale, Personal-Merkmale und Projekt-Merkmale. Sie werden nachstehend aufgelistet.

- *Produkt-Merkmale*

  RELY Erforderliche Software-Zuverlässigkeit (Required Software Reliability)

  DATA Datenbank-Umfang (Data Base Size)

  CPLX Produkt-Komplexität (Product Complexity)

- *Computer-Merkmale*

  TIME Begrenzung der Ausführungszeit (Execution Time Constraint)

  STOR Hauptspeicher-Begrenzung (Main Storage Constraint)

  VIRT Änderungsanfälligkeit der virtuellen Maschine**) (Virtual Machine Volatility)

  TURN Computer-Verweilzeit (Computer Turnaround Time)

- *Personal-Merkmale*

  ACAP Analytiker-Qualifikation (Analyst Capability)

  AEXP Anwendungserfahrung (Applications Experience)

  PCAP Programmierer-Qualifikation (Programmer Capability)

  VEXP Erfahrung mit der virtuellen Maschine***) (Virtual Machine Experience)

  LEXP Erfahrung mit der Programmiersprache (Programming Language Experience)

- *Projekt-Merkmale*

  MODP Moderne Programmiermethoden (Modern Programming Practices)

  TOOL Einsatz von Software-Tools (Use of Software Tools)

  SCED Erforderlicher Entwicklungs-Terminplan (Required Development Schedule)

---

*) Sie finden eine eingehende Diskussion der Produktivitäts-Einflüsse aller COCOMO-Kostenfaktor-Merkmale in den Kapiteln 24 bis 27. In Kapitel 28 erörtern wir, warum einige andere relativ bedeutende, relevante Variablen nicht in das COCOMO-Modell aufgenommen wurden.

**) Bei einem vorhandenen Software-Produkt besteht die zugrundeliegende virtuelle Maschine aus dem Komplex von Hardware und Software (OS, DBMS usw.), die sie zur Erfüllung ihrer Aufgaben in Anspruch nimmt.

***) Bei einem gegebenen Software-Produkt besteht die zugrundeliegende virtuelle Maschine aus dem Komplex von Hardware und Software (OS, DBMS usw.), den sie zur Erfüllung ihrer Aufgaben in Anspruch nimmt.

Jedes dieser Kostenfaktor-Merkmale bestimmt einen Multiplikationsfaktor, mit dem die Auswirkung des Merkmals auf den Software-Entwicklungsaufwand geschätzt wird. Diese Multiplikatoren werden auf eine durchschnittliche COCOMO-Entwicklungsaufwands-Schätzung angewandt, um eine verbesserte Schätzung des Software-Entwicklungs-Aufwandes zu erreichen. Ein ähnliches Verfahren wird angewandt, um eine verbesserte Schätzung des Software-Wartungs-Aufwandes zu erreichen.

Vorausschau auf den Inhalt dieses Kapitels

Dieses Kapitel enthält die Aufwands-Multiplikator-Tabellen des COCOMO-Zwischenmodells und die dazugehörigen Definitionen. Es wird eine Reihe von Beispielen angeführt, die zeigen, wie die Tabellen eingesetzt werden können, um den Aufwand und die Kosten der Software-Entwicklung und -Wartung auf Produktebene zu schätzen.

Des weiteren illustrieren diese Beispiele, wie das COCOMO-Zwischenmodell bei der Entscheidungsfindung im Rahmen der Beschaffung von Software und des Projekt-Managements eingesetzt werden kann. Sie zeigen, wie der Einsatz des COCOMO-Zwischenmodells beitragen kann

- zur Leistung von Software-Projekt-Sensitivitätsanalysen,
- zum besseren Verständnis des auszuführenden Software-Jobs.

Wir stellen in diesem Kapitel auch Methoden vor, wie bei der Software-Entwicklung vorzugehen ist, wenn Teile des Projektes von bereits existierenden Software-Produkten übernommen und angepaßt werden. Schließlich bringen wir noch eine Zusammenfassung der Korrelation der Schätzungen des COCOMO-Zwischenmodells mit den tatsächlichen Projektdaten in der COCOMO-Datenbank und kommen zu der Schlußfolgerung, daß die zusätzlichen 15 Kostenfaktor-Merkmale des COCOMO-Zwischenmodells den meisten Unterschieden, die vom COCOMO-Basismodell nicht erklärt werden konnten, tatsächlich gerecht werden.

8.2 Das COCOMO-Zwischenmodell: Aufwandsschätzung der Software-Entwicklung

Durchschnittliche Skalengleichungen

Die Aufwandsschätzung der Software-Entwicklung beim COCOMO-Zwischenmodell beginnt mit der Schätzung des durchschnittlichen Aufwands, wozu Skalengleichungen derselben Art eingesetzt werden, wie es beim COCOMO-Basismodell der Fall war. Diese durchschnittliche Schätzung wird dann durch Multiplikation mit Aufwands-Multiplikatoren korrigiert, die anhand der Projekt-Bewertungsmaßstäbe im Hinblick auf die anderen 15 Kostenfaktor-Merkmale bestimmt worden sind.

Die Skalenwerte (Exponenten) des COCOMO-Zwischenmodells für die drei Software-Entwicklungsarten sind dieselben wie beim COCOMO-Basismodell, nur die Koeffizienten sind verschieden.*) In Tabelle 8–1 finden Sie eine Darstellung der Schätzgleichungen für den durchschnittlichen Aufwand, wie sie beim COCOMO-Zwischenmodell eingesetzt werden.

*) Bei einer früheren Version des COCOMO-Zwischenmodells wurden dieselben Koeffizienten wie beim COCOMO-Basismodell eingesetzt, nur hat dies nicht gut funktioniert. Der Grund dafür war, daß der Gesamteffekt der Aufwandsmultiplikatoren bei den drei Entwicklungsarten nicht ein- und derselbe war. So lagen Schätzungen des COCOMO-Zwischenmodells bei eingebetteten Projekten zu hoch und bei organischen Projekten zu niedrig.

Tab. 8–1: Schätzgleichungen für den durchschnittlichen Aufwand beim COCOMO-Zwischenmodell

Entwicklungsart	Gleichung für den durchschnittlichen Aufwand
Organische Entwicklung	$(MM)_{DSN} = 3{,}2\ (KDSI)^{1{,}05}$
Teilintegrierte Entwicklung	$(MM)_{DSN} = 3{,}0\ (KDSI)^{1{,}12}$
Eingebettete Entwicklung	$(MM)_{DSN} = 2{,}8\ (KDSI)^{1{,}20}$

Abbildung 8–1 zeigt einen Vergleich der Schätzungen des durchschnittlichen Aufwands beim COCOMO-Zwischenmodell für die drei Entwicklungsarten.

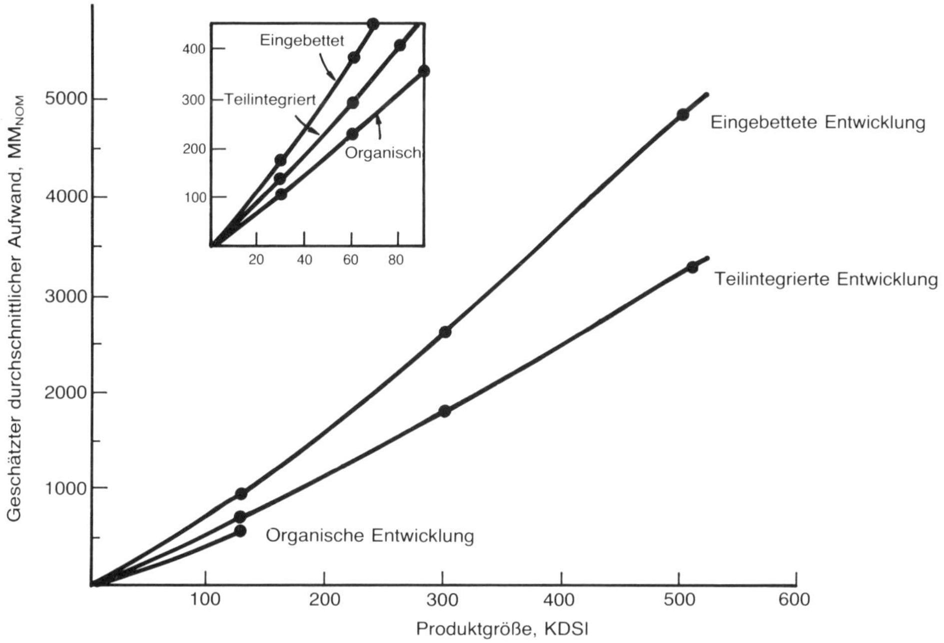

Abb. 8–1: COCOMO-Zwischenmodell: Schätzungen des durchschnittlichen Aufwands

Aufwandsmultiplikatoren der Software-Entwicklung

Tabelle 8–2 enthält die Aufwandsmultiplikatoren der Software-Entwicklung beim COCOMO-Zwischenmodell. Zu jedem Kostenfaktor-Merkmal gehört eine Gruppe von Multiplikatoren, die auf eine Gruppe von Projektwerten für das jeweilige Merkmal abgestimmt sind. Die grundlegenden Bewertungsmaßstäbe jedes Merkmals werden in Tabelle 8–3 erklärt*).

*) In den Kapiteln 24 bis 27 finden Sie detaillierte Definitionen der Bewegungsmaßstäbe für jeses Merkmal.

Tab. 8–2: Aufwandsmultiplikatoren bei der Software-Entwicklung

Kostenfaktoren	Bewertungsmaßstäbe					
	sehr niedrig	niedrig	durch-schnittlich	hoch	sehr hoch	besonders hoch
Produkt-Merkmale						
RELY Erforderliche Software-Zuverlässigkeit	0,75	0,88	1,00	1,15	1,40	
DATA Datenbank-Umfang		0,94	1,00	1,08	1,16	
CPLX Produkt-Komplexität	0,70	0,85	1,00	1,15	1,30	1,65
Computer-Merkmale						
TIME Begrenzung der Ausführungszeit			1,00	1,11	1,30	1,66
STOR Hauptspeicher-Begrenzung			1,00	1,06	1,21	1,56
VIRT Änderungsanfälligkeit der virtuellen Maschine[a])		0,87	1,00	1,15	1,30	
TURN Computer-Verweilzeit		0,87	1,00	1,07	1,15	
Personal-Merkmale						
ACAP Analytiker-Qualifikation	1,46	1,19	1,00	0,86	0,71	
AEXP Anwendungserfahrung	1,29	1,12	1,00	0,91	0,82	
PCAP Programmierer-Qualifikation	1,42	1,17	1,00	0,86	0,70	
VEXP Erfahrung mit der virtuellen Maschine	1,21	1,10	1,00	0,90		
LEXP Erfahrung mit der Programmiersprache	1,14	1,07	1,00	0,95		
Projekt-Merkmale						
MODP Moderne Programmiermethoden	1,24	1,10	1,00	0,91	0,82	
TOOL Einsatz von Software-Tools	1,24	1,10	0,00	0,91	0,83	
SCED Erforderlicher Entwicklungs-Terminplan	1,23	1,08	1,00	1,04	1,10	

[a]) Bei einem gegebenen Software-Produkt besteht die zugrundeliegende virtuelle Maschine aus dem Komplex von Hardware und Software (OS, DBMS usw.), den sie zur Erfüllung ihrer Aufgaben in Anspruch nimmt.

Um den Einsatz der Tabellen 8–2 und 8–3 zu erläutern, wollen wir die Entwicklung einer Gruppe von teilintegrierten 32-KDSI-Software-Produkten betrachten, die aufgrund ihres erwarteten Einsatzes verschiedene Anforderungen an die Software-Zuverlässigkeit stellen. Die Gleichung für den durchschnittlichen Aufwand bei teilintegrierter Entwicklung in Tabelle 8–1 ergibt, daß schätzungsweise $3{,}0\ (32)^{1{,}12} = 146$ MM für die Entwicklung eines teilintegrierten 32-KDSI-Produktes erforderlich sind. Hierbei wurde die nötige Zuverlässigkeit des Produktes nicht berücksichtigt. Nachstehend finden Sie die korrigierten Schätzungen für die verschiedenen Produkte.

1. Für ein 32-KDSI-Prototyp- oder ein Demonstrationsmodell für ein Spracheingabesystem wäre eine geringe Zuverlässigkeit erforderlich, weil sie nicht für den Einsatz in der Fertigung bestimmt sind; ein Software-Fehler würde für die Entwickler nur bedeuten, daß sie den Fehler korrigieren müssen (Tabelle 8–3). Aus Tabelle 8–2 geht hervor, daß die korrigierte Aufwandsschätzung für ein Produkt dieser Art

$$(146\ \text{MM})(0{,}75) = 110\ \text{MM}$$

beträgt.

Tab. 8–3: Bewertung der Software-Kostenfaktoren

	Bewertungsmaßstäbe					
Kosten-faktoren	sehr niedrig	niedrig	durch-schnittlich	hoch	sehr hoch	besonders hoch
Produkt-Merkmale						
RELY	Effekt: geringfügiges Problem	niedrige, leicht aufzuholende Verluste	mittlere, aufzuholende Verluste	großer finanzieller Verlust	Risiko für das menschliche Leben	
DATA		$\frac{\text{DB-Bytes}}{\text{Prog. DSI}} < 10$	$10 < \frac{D}{P} < 100$	$100 < \frac{D}{P} < 1000$	$\frac{D}{P} \geq 1000$	
CPLX	siehe Tab. 8–4	→	→	→	→	
Computer-Merkmale						
TIME			≤ 50% Einsatz verfügbarer Durchführungszeit	70%	85%	95%
STOR			≤ 50% Einsatz der verfügbaren Speicherkapazität	70%	85%	95%
VIRT		umfassende Änderung alle 12 Monate, geringfügige: jeden Monat	umfass.: 6 Monate geringf.: 2 Wochen	umfass.: 2 Monate geringf.: 1 Woche	umfass.: 2 Wochen geringf.: 2 Tage	
TURN		interaktiv	durchschn. Verweilzeit: < 4 Std.	4–12 Std.	> 12 Std.	
Personal-Merkmale						
ACAP	15. Perzentil[a]	35. Perzentil	55. Perzentil	75. Perzentil	90. Perzentil	
AEXP	≤ 4 Monate Erfahrung	1 Jahr	3 Jahre	6 Jahre	12 Jahre	
PCAP	15. Perzentil[a]	35. Perzentil	55. Perzentil	75. Perzentil	90. Perzentil	
VEXP	≤ 1 Monat Erfahrung	4 Monate	1 Jahr	3 Jahre		
LEXP	≤ 1 Monat Erfahrung	4 Monate	1 Jahr	3 Jahre		
Projekt-Merkmale						
MODP	kein Einsatz	beginnender Einsatz	Einsatz in geringem Umfang	allgem. Einsatz	Routine-Einsatz	
TOOL	Basis-Mikroproz.-Tools	Basis-Mini-Tools	Basis-Mini/Maxi-Tools	viel Maxi-Programmierung, Test-Tools	Addieren Sie Anforderungen, Design, Management und Dokumentations-Tools	
SCED	75% vom Durchschnitt	85%	100%	130%	160%	

[a]) Kriterien zur Bewertung des Teams: analytische (Programmier-)fähigkeit, Effizienz, Fähigkeit zur Kommunikation und Kooperation.

2. Ein 32-KDSI-Modell für langfristige Planung oder ein Wettervorhersage-Modell hätten eine relativ niedrige erforderliche Zuverlässigkeit, weil ihr Einfluß auf den Ablauf normalerweise langfristig ist und weil ihre Fehler den Anwendern nur niedrige, leicht aufzuholende Verluste bringen würden. Hier beträgt die korrigierte Aufwandsschätzung

$$(146 \text{ MM})(0{,}88) = 128 \text{ MM}.$$

3. Ein 32-KDSI-Management-Informationssystem oder ein Bestandsaufnahme-Steuersystem sind für die große Gruppe der Software mit einer durchschnittlichen erforderlichen Zuverlässigkeit repräsentativ. Fehler in derartigen Systemen haben oft nicht unerhebliche Auswirkungen, können aber normalerweise — ohne allzu große Nachteile zu verursachen — korrigiert werden. Für die durchschnittlichen Bewertungen wird keine Korrektur durchgeführt; somit verbleibt es für dieses System bei dem geschätzten Aufwand von 146 MM.

4. Für ein 32-KDSI-Steuersystem im Bankwesen, bei der Kreditgewährung oder bei der elektrischen Stromversorgung wäre eine sehr hohe Zuvelässigkeit erforderlich. Software-Fehler bei einem solchen System könnten bedeutende finanzielle Verluste oder große Unannehmlichkeiten für die Menschen verursachen. Hier beträgt die korrigierte Aufwandsschätzung

$$(146 \text{ MM})(1{,}15) = 168 \text{ MM}.$$

5. Ein 32-KDSI-Militär-Befehls- und Leitsystem oder ein Atomreaktor-Kontrollsystem würden eine sehr hohe Anforderung an die Software-Zuverlässigkeit stellen. Hier könnte ein Software-Fehler den Verlust von Menschenleben bedeuten. Der korrigierte Aufwand, der erforderlich ist, um die gewünschte Zuverlässigkeit zu realisieren, beläuft sich auf

$$(146 \text{ MM})(1{,}40) = 204 \text{ MM}.$$

Die Gründe, warum für die Entwicklung eines Software-Produktes mit einer höheren Zuverlässigkeit mehr Mann-Monate erforderlich sind, werden in der Tabelle 8–5 zusammenfassend dargestellt. Diese Tabelle weist die typischen Ursachen für geringeren oder höheren Aufwand in jeder Entwicklungsphase als eine Funktion des erforderlichen Grades an Zuverlässigkeit aus. So weist z. B. die Tabelle 8–5 darauf hin, daß in der Integrations- und Testphase eines Software-Produktes mit einer sehr geringen erforderlichen Zuverlässigkeit weniger Aufwand auf die Testverfahren, das Testen der Anforderungen, die Qualitätssicherung, das Konfigurations-Management, das Testen unter schwierigsten Bedingungen, das Testen von Extremfällen und die detaillierte, der Realität entsprechende Dokumentation entfällt. Andererseits wird ein Produkt mit einer sehr hohen erforderlichen Zuverlässigkeit für diese Aktivitäten sehr viel mehr als den normalen Aufwand erforderlich machen, wobei der zusätzliche Aufwand für die Ausführung einer unabhängigen Qualitätskontrolle hinzukommt.

Tabelle 8–5 ist ein Beispiel für die Tabellen des COCOMO-Endmodells, das wir in Teil IV dieses Buches vorstellen. Das COCOMO-Endmodell enthält phasenabhängige Aufwandsmultiplikatoren, die den relativen Aufwand, der für jede Software-Entwicklungsphase erforderlich ist, als Funktion der Kostenfaktor-Merkmalsbewertungen angeben. Die Tabellen, die der Tabelle 8–5 ähnlich sind, haben wir abgebildet, um Ihnen zu erklären, warum für ein Software-Projekt aufgrund der Kostenfaktor-Merkmalsbewertung in der jeweiligen Phase mehr oder weniger Aufwand erforderlich wird.

Eine andere Tabelle, die wir aus Teil IV „entliehen" haben, ist Tabelle 8–4, die eine Reihe objektiver Bewertungsmaßstäbe für verschiedene Software-Arten enthält, die als Bezugsrahmen für die Bewertung der Software-Komplexität verwendet werden können. Ein Programm, zum Beispiel, mit dem Einkommensteuern berechnet werden und das auf einer Gruppe direkter Steuergleichungen aufbaut, würde nach dem Bewertungsmaßstab für Rechenoperationen je nach Art der Gleichungen sehr niedrig oder niedrig eingestuft. Wenn bei der Einkommensteuer-Berechnung die Interpolation mehrerer Steuertabellen notwendig wäre, würde das Programm als durchschnittlich bewertet.

Tab. 8–4: Bewertungsmaßstäbe der Modul-Komplexität nach Modul-Art

Bewertung	Kontroll-Module	Rechen-Module	Anlagenabhängige Module	Data-Management Module
Sehr niedrig	Lineare Codierung mit einigen nicht verschachtelten SP[a])-Operatoren: DO, CASE, IFTHEN-ELSE. Einfache Voraussetzungen	Berechnung von einfachen Ausdrücken, z. B.: A = B + C* (D−E)	Einfaches Lesen und Schreiben von Statements einfacher Formate	Einfache Datenbereiche im Hauptspeicher
Niedrig	Direkte Verschachtelung von SP-Operatoren. Meistens einfache Voraussetzungen	Berechnung von Ausdrücken mittlerer Schwierigkeit, z. B.: D = √(B**2−4.*A*C)	Kein Wissen über besondere Prozessoren oder I/O-Anlagencharakteristika erforderlich. I/O wird auf der GET/PUT-Stufe durchgeführt. Kein Überlappen ersichtlich.	Einfache Datei-Untergliederung ohne Datenstrukturänderungen, keine Editierung, keine Zwischendateien.
Mittel	Meistens einfache Verschachtelung. Einige Zwischenmodul-Kontrollen. Entscheidungstabellen	Einsatz von mathematischen und statistischen Standard-Routinen. Grundlegende Matrix- und Vektor-Operationen	Zur I/O-Verarbeitung gehören Anlagen-Auswahl, Status-Überprüfung und Fehlerverarbeitung	Mehrdatei-Input und einfacher Datei-Output. Einfache strukturelle Änderungen, einfache Editierung
Hoch	Stark verschachtelte SP-Operatoren mit vielen komplexen Voraussetzungen. Warteschlangen- und Stapel-Kontrollen. Beträchtliche Zwischenmodul-Kontrolle	Grundlegende numerische Analysen, mehrfache Interpolation, einfache Differentialgleichungen. Basis-Kürzungen und -Rundungen	Operationen auf der physischen I/O-Stufe. Umsetzung von Adressen im physikalischen Speicher (Suchen, Lesen usw.). Optimierte I/O-Überlappung	Spezielle Subroutinen, die vom Datenfluß aktiviert werden. Komplexe Datenrestrukturierung auf Satzebene
Sehr hoch	Wiederverwendbarer und rekursiver Code. Unterbrechungsroutinen mit festen Prioritäten	Schwierige, aber strukturierte numerische Analyse: annähernd singuläre Matrizen, partielle Differentialgleichungen	Routinen für Interrupt-Diagnosen, Service, Masken-Entwicklung. Handhabung der Kommunikationsverbindungen	Eine generalisierte, Parameter-gesteuerte Datei-Strukturierungsroutine. Dateierstellung, Befehlsverarbeitung, Such-Optimierung
Extrem hoch	Mehrdimensionale Ressourcen-Planung mit sich dynamisch ändernden Prioritäten. Kontrolle auf Mikro-Code-Level	Schwierige, nicht strukturierte numerische Analyse: äußerst genaue Analyse von stochastischen Daten	Anlagen-Timing-abhängige Codierung, mikro-programmierte Operationen	Gekoppelte, dynamische, relationale Strukturen. Daten-Management über natürliche Sprache

a) SP = strukturiertes Programmieren

Tab. 8–5: Unterschiede bei den Projektaktivitäten aufgrund der erforderlichen Software-Zuverlässigkeit

Bewertung	Festlegung der Anforderungen und Produktentwurf	Feinkonzeption	Codierung und Modultest	Integration und Test
Sehr niedrig	Wenig Details. Viele TBDs. Wenig Überprüfung. Minimale QA, CM, Benutzerhandbuchentwurf, Testpläne. Minimale PDR	Grundlegende Entwurfsinformation. Minimale QA, CM, Benutzerhandbuchentwurf, Testpläne. Informelle Entwurfsinspektionen	Keine Testverfahren. Minimaler Funktionstest. Überprüfung der Standards. Minimale QA, CM. Minimale I/O, wenige vom Mittel abweichende Tests. Minimalform des Benutzerhandbuchs	Keine Testverfahren. Häufig bleiben Anforderungen ungetestet. Minimale QA, CM. Kaum vom Mittel abweichende Tests. Minimale End-Dokumentation.
Niedrig	Grundlegende Informationen, Überprüfung. Häufige TBDs. Grundlegende QA, CM, Standards, Benutzerhandbuchentwurf, Testpläne	Durchschnittlicher Detaillierungsgrad, Grundlegende QA, CM, Benutzerhandbuchentwurf, Testpläne	Minimale Testverfahren, einige Funktionstests, Überprüfung der Standards. Grundlegende QA, CM, Benutzerhandbuch. Einige I/O- und vom Mittel abweichende Tests	Minimale Testverfahren. Häufig bleiben Anforderungen ungetestet. Grundlegende QA, CM, Benutzerhandbuch. Einige vom Mittel abweichende Tests
Mittel	Durchschnittliche Qualitätskontrolle des Projektes ⟶			
Hoch	Detaillierte Überprüfung, QA, CM, Standards, PDR, Dokumentation. Detaillierte Testpläne, Verfahren	Detaillierte Überprüfung, QA, CM, Standards, CDR, Dokumentation. Detaillierte Testpläne, Verfahren	Detaillierte Testverfahren, QA, CM, Dokumentation. Zahlreiche vom Mittel abweichende Tests	Detaillierte Testverfahren, QA, CM, Dokumentation. Zahlreiche vom Mittel abweichende Tests
Sehr hoch	Detaillierte Überprüfung, QA, CM, Standards, PDR, Dokumentation. Schnittstelle zur unabhängigen Qualitätskontrolle. Sehr detaillierte Testpläne, Verfahren	Detaillierte Überprüfung, QA, CM, Standards, PDR, Dokumentation. Sehr gründliche Entwurfsinspektionen. Sehr detaillierte Testpläne, Verfahren. Schnittstelle zur unabhängigen Qualitätskontrolle	Detaillierte Testverfahren, QA, CM, Dokumentation. Sehr gründliche Code-Inspektionen. Sehr viele vom Mittel abweichende Tests. Schnittstelle zur unabhängigen Qualitätskontrolle	Sehr detaillierte Testverfahren, QA, CM, Dokumentation. Sehr viele vom Mittel abweichende Tests. Schnittstelle zur unabhängigen Qualitätskontrolle

Abbildung 8–2 zeigt einen Vergleich des relativen Umfanges der Aufwandsmultiplikatoren des COCOMO-Zwischenmodells in graphischer Form für jeden Faktor. Sie vermittelt ein besseres intuitives Verständnis dafür, welche Faktoren große Kostenbewegungen in Gang bringen (Analytiker-Qualifikation, Programmierer-Qualifikation, Beschränkungen der Ausführungszeit und Speicherkapazität, Komplexität und erforderliche Zuverlässigkeit) und welche Faktoren verhältnismäßig geringfügige Kostenbewegungen verursachen.

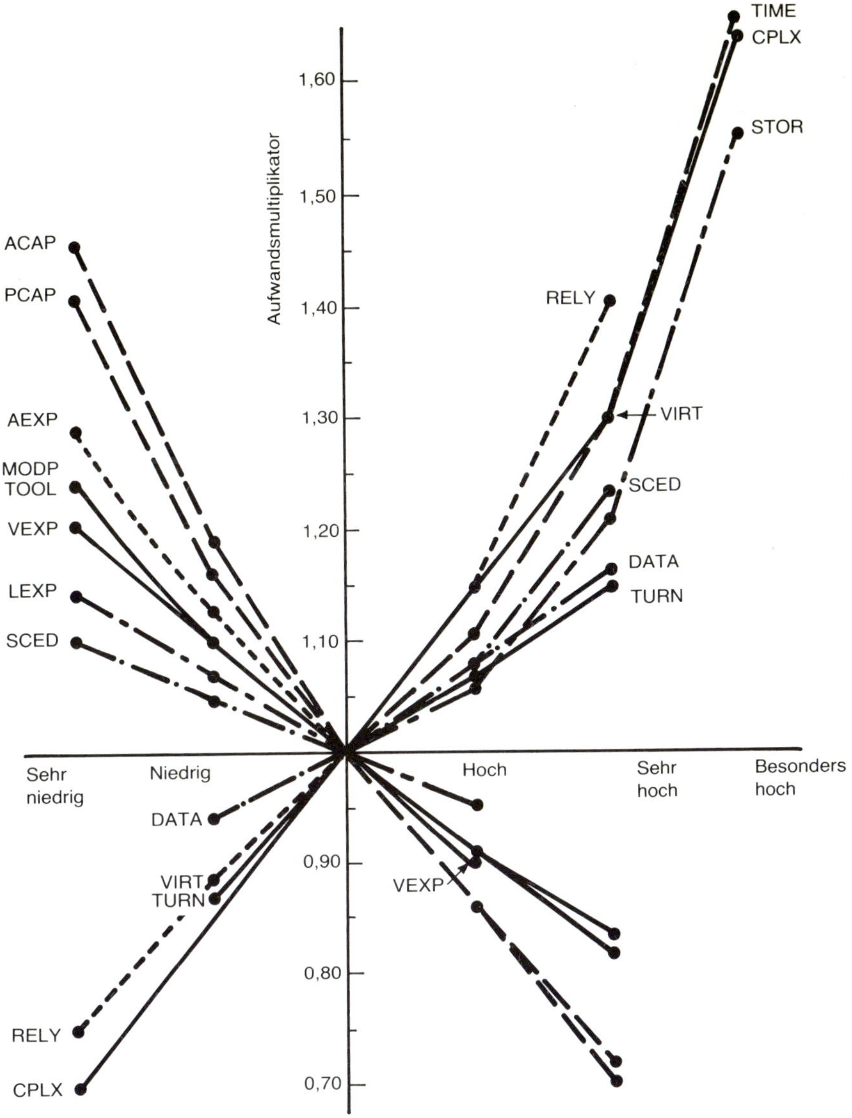

Abb. 8–2: Aufwandsmultiplikatoren des COCOMO-Zwischenmodells

Phasen- und Aktivitäten-Verteilung von Aufwand und Terminplan

Das COCOMO-Zwischenmodell bringt dieselben Schätzbeziehungen für den Entwicklungs-Terminplan, die Phasenverteilung und die Aktivitätenverteilung wie das COCOMO-Basismodell zum Einsatz, nämlich:

- den geschätzten Entwicklungs-Terminplan (TDEV); er wird aus der Schätzung des Entwicklungsaufwandes des COCOMO-Zwischenmodells in MM errechnet, wobei die Gleichungen der Tabelle 6–1 eingesetzt werden;

- die prozentuale Verteilung von Aufwand und Terminplan nach Phasen; sie wird als eine Funktion der Entwicklungsart und der Produktgröße errechnet, wozu die Tabelle 6–8 eingesetzt wird;
- die prozentuale Verteilung des Aufwandes nach Aktivitäten und Phasen; sie wird als eine Funktion der Entwicklungsart und der Produktgröße errechnet, wozu die Tabellen 7–1 bis 7–3 eingesetzt werden.

8.3 Ein Beispiel für die Preisgestaltung: Mikroprozessor-Kommunikations-Software

Nehmen wir an, wir verhandeln mit der „Megabit Communication Company" über den Preis für die eingebettete Entwicklung eines 10-KDSI-Software-Produktes, das auf einem kommerziellen Mikroprozessor Kommunikations-Verarbeitungsfunktionen durchführen soll. Die Gleichung für den durchschnittlichen Aufwand bei eingebetteter Entwicklung (Tabelle 8–1) schätzt, daß für ein durchschnittliches 10-KDSI-Projekt $2{,}8(10)^{1{,}20}$ = 44 MM für die Entwicklung notwendig sind. Wir wollen nun die Auswirkungen verschiedener nicht-durchschnittlicher Eigenschaften unseres Projektes auf den gesamten Entwicklungsaufwand und die gesamten Entwicklungskosten bestimmen. Kommunikations-Verarbeitungs-Software rangiert z. B. normalerweise sehr hoch auf der Komplexitäts-Skala (siehe die Spalte „geräteabhängige Operationen" in Tabelle 8–4). Da wir den Einsatz sehr hoch qualifizierter Analytiker und Programmierer planen, dürfte die aufgrund der Komplexität herrschende Tendenz zur Kostenprogression ausgeglichen werden. Durch den Einsatz dieses hochqualifizierten Personals werden sich jedoch unsere durchschnittlichen Personalkosten auf monatlich $ 6000 (pro Person, inklusive der Gemeinkosten) belaufen. Wir wollen auch noch ermitteln, auf wieviel sich die Kosten für die Entwicklung schätzungsweise belaufen werden.

Tab. 8–6: Kostenfaktoren-Bewertung: Mikroprozessor-Kommunikations-Software

Kostenfaktor	Situation	Bewertungsmaßstab	Aufwandsmultiplikator
RELY	Lokaler Einsatz des Systems. Keine ernsthaften Wiederanlauf-Probleme im Fehlerfall	durchschnittlich	1,00
DATA	20 000 Bytes	niedrig	0,94
CPLX	Kommunikations-Verarbeitung	sehr hoch	1,30
TIME	70% der verfügbaren Zeit werden gebraucht	hoch	1,11
STOR	45 K aus 64 K-Vorrat (70%)	hoch	1,06
VIRT	auf der Grundlage von kommerzieller Mikroprozessor-Hardware	durchschnittlich	1,00
TURN	durchschnittlich 2 Stunden Verweilzeit	durchschnittlich	1,00
ACAP	qualifizierte leitende Analytiker	hoch	0,86
AEXP	drei Jahre	durchschnittlich	1,00
PCAP	qualifizierte leitende Programmierer	hoch	0,86
VEXP	sechs Monate	niedrig	1,10
LEXP	zwölf Monate	durchschnittlich	1,00
MODP	die meisten Methoden sind schon über ein Jahr im Einsatz	hoch	0,91
TOOL	auf der Stufe des Basis-Minicomputer-Tools	niedrig	1,10
SCED	neun Monate	durchschnittlich	1,00
	Aufwands-Korrekturfaktor (Produkt der Aufwandsmultiplikatoren)		1,17

Unter Beachtung aller Kostenfaktoren haben wir unsere Einschätzung der Situation in Tabelle 8–6 zusammen mit den sich ergebenden Kostenfaktoren-Bewertungen (aus Tabelle 8–3) und den entsprechenden Aufwandsmultiplikatoren (aus Tabelle 8–2) dargestellt. Wir können feststellen, daß die Zunahmen von 1,30 aufgrund sehr hoher Komplexität dank der hohen Analytiker- und Programmierer-Qualifikationen mehr als ausreichend durch Abnahmen von 0,86 und 0,86 kompensiert werden. Insgesamt gesehen ergibt sich jedoch, wenn wir alle Aufwandsmultiplikatoren miteinander multiplizieren, für den hieraus resultierenden Gesamtaufwand-Korrekturfaktor 1,17, was eine 17%ige Zunahme gegenüber dem durchschnittlichen Aufwand bedeutet. Hieraus ergeben sich die folgenden korrigierten Schätzungen für Aufwand und Kosten der Software-Entwicklung:

Mann-Monate:	(44)(1,17)	= 51 MM
Kosten:	(51 MM)($6000/MM)	= $ 306 000.

Sensitivitätsanalyse

Das COCOMO-Zwischenmodell versetzt uns in die Lage, mit Bezug auf die Kostenfaktor-Merkmale Sensitivitätsanalysen durchzuführen, die es uns ermöglichen, die Auswirkungen von Änderungen bei den Kostenfaktor-Bewertungen auf die Software-Entwicklungskosten zu schätzen.

Nehmen wir zum Beispiel an, wir hätten die Möglichkeit, bei dem Projekt weniger teures, aber auch weniger qualifiziertes Personal einzusetzen. Unsere Personalkosten würden sich dann auf monatlich $ 5000 anstatt monatlich $ 6000 belaufen, und die Analytiker-Qualifikation (ACAP) und die Programmierer-Qualifikation (PCAP) würden als durchschnittlich statt als hoch eingestuft. Diese Bewertungen entsprechen Aufwandsmultiplikatoren der Software-Entwicklung von jeweils 1,00 anstelle der Multiplikatoren von 0,86, die sich bei den hohen Bewertungen (in Tabelle 8–2) ergeben haben. Dies bedeutet, daß die COCOMO-Schätzung korrigiert werden muß, damit die Reduktionsfaktoren von 0,86 ausgeschaltet werden können. Die hieraus resultierende modifizierte Schätzung würde wie folgt lauten:

Aufwands-Korrektur-Faktor		= 1,58
Mann-Monate:	(44 MM)(1,58)	= 70 MM
Kosten:	(70 MM)($ 5000/MM)	= $ 350 000.

Wir können daraus schließen, daß die Vorteile, die sich aus dem Einsatz besser qualifizierten Personals ergeben, Auswirkungen der höheren Gehälter mehr als aufwiegen (um $ 44 000).

Als ein weiteres Beispiel nehmen wir an, daß „Megabit" für $ 10 000 Speicherkapazität von 96 K statt 64 K Worten für die Mikroprozessoren, die eingesetzt werden sollen, kaufen könnte. Damit würde sich die Hauptspeicher-Beschränkung auf 45 K/96 K = 0,47 oder 47% ändern, für eine durchschnittliche statt einer hohen Bewertung des Kostenfaktors STOR. Der hieraus resultierende Aufwandsmultiplikator würde 1,0 anstelle von 1,06 betragen und die korrigierte Schätzung würde lauten:

Aufwands-Korrektur-Faktor		= 1,10
Mann-Monate:	(44 MM)(1,10)	= 48 MM
Kosten:	(48 MM)($ 6000 MM)	= $ 288 000.

Dies würde eine Einsparung bei den Software-Kosten von $ 18 000 bedeuten, die die zusätzlichen $ 10 000 bei den Hardware-Kosten mehr als kompensieren. Bei unseren

Verhandlungen mit „Megabit“ können wir diese Variante als Möglichkeit der Software-Kostenreduktion und somit zur Erzielung von Einsparungen vorschlagen.

In unserem letzten Beispiel gehen wir davon aus, daß ein neuer, billiger Mikroprozessor erhältlich ist, der in bezug auf die Hardware ebenso leistungsfähig ist wie der von uns ausgewählte Mikroprozessor und im erforderlichen Umfange $ 20 000 weniger kostet. Dieser neue Mikroprozessor verfügt jedoch nur über das absolute Minimum an Tool-Unterstützung: Seine Compiler, Assembler und Ladeprogramme sind primitiv und unzuverlässig; auch fehlen bei ihm die Wartungs- und Diagnosehilfen des von uns ausgewählten Mikroprozessors. Daraus ergibt sich, daß die Tool-Bewertung von niedrig auf sehr niedrig sinkt, bei einem Aufwandsmultiplikator von 1,24 statt 1,10. Die korrigierte Kostenschätzung für die Software-Entwicklung würde lauten:

Aufwands-Korrektur-Faktor		= 1,32
Mann-Monate:	(44 MM)(1,32)	= 58 MM
Kosten:	(58 MM)(6000/MM)	= $ 348 000

Die Software-Mehrkosten von $ 42 000 rechtfertigen den Kauf des billigeren Mikroprozessors nicht.

8.4 Ein Management-Beispiel: Reduzierte Gesamtkosten

Wir gehen davon aus, daß wir beschlossen haben, mit der „Megabit Communication Company“ an dem Mikroprozessor-Kommunikations-Software-Projekt, das wir im vorhergehenden Abschnitt besprochen haben, weiterzuarbeiten und daß wir uns für die Möglichkeit entscheiden, mehr Speicherkapazität zu kaufen, um die Kosten der Software-Entwicklung auf $ 288 000 zu reduzieren. Wir schließen die Produktentwurfsphase des Projektes genau nach Kostenvoranschlag mit Ausgaben in Höhe von $ 52 000 ab (18% der gesamten Entwicklungskosten entsprechend Tabelle 6–8).*) Somit verbleiben uns $ 236 000 für die Fertigstellung.

Zu diesem Zeitpunkt werden wir von „Megabit“ informiert, daß es ihr an Mitteln fehlt und daß für den Abschluß der Software-Entwicklung nur noch $ 200 000 (15% weniger) zur Verfügung stehen. Was können wir tun? Das COCOMO-Zwischenmodell gibt uns die Möglichkeit, die verschiedenen Möglichkeiten zu bestimmen und zu beurteilen. Wir müssen eine Möglichkeit ausfindig machen, wie wir die Kostenfaktoren des Projektes so modifizieren können, damit wir die geschätzten Projektkosten um 15% reduzieren können (in diesem frühen Stadium ist dies grundsätzlich gleichbedeutend mit der Reduktion der Gesamtkosten um 15%).

Lösung Nr. 1: Reduktion der Projektgröße

Die zufriedenstellendste Lösung wäre die Reduzierung der Größe des zu entwickelnden Produktes, indem einige seiner Funktionen gestrichen werden oder ihre Entwicklung auf später verschoben wird. Dies bedeutet für uns, daß wir feststellen müssen, welche Produktgröße, d. h. welche Anzahl auszuführender Source-Befehle, den durchschnittlichen Entwicklungsaufwand um 15% — also von 44 MM auf 37,4 MM — reduzieren würde (eine Reduktion der durchschnittlichen Schätzung um 15% würde

---

*) Das COCOMO-Zwischenmodell verwendet für die Schätzung der Phasen- und Aktivitäten-Verteilungen dieselben Schätzbeziehungen wie das COCOMO-Basismodell; dasselbe gilt für die Schätzung des Entwicklungs-Terminplanes aufgrund der geschätzten Anzahl von für die Entwicklung erforderlichen Mann-Monaten.

auch die korrigierte Schätzung um 15% reduzieren, wenn wir alle anderen Faktoren auf demselben Stand halten würden).

Wenn wir die Aufwandsgleichung (Tabelle 8–1) auf ein Produkt mit 8700 auszuführenden Source-Befehlen anwenden, können wir feststellen, daß dies eine Schätzung des durchschnittlichen Aufwandes von 37,5 MM ergibt. Dies bedeutet, daß wir — sofern wir einen Weg zur Reduzierung der Produktgröße um 1300 auszuführende Source-Befehle finden können und trotzdem den grundlegenden Anforderungen von „Megabit" gerecht werden — in der Lage sein werden, das reduzierte Entwicklungsbudget einzuhalten.*)

Andere Lösungsmöglichkeiten

Das COCOMO-Zwischenmodell (Tabelle 8–2) bietet einige andere Möglichkeiten, mit denen die Projektausgaben um annähernd 15% reduziert werden können.

1. Reduzieren Sie die erforderliche Zuverlässigkeit von „durchschnittlich" auf „niedrig". Damit würden sich die Projektkosten um 12% (0,88 im Vergleich zu 1,00) reduzieren. Wir empfehlen diese Lösung nicht, es sei denn, es gibt auch eine entsprechende Änderung beim beabsichtigten Einsatz des Produktes; andernfalls würde diese Methode ganz einfach zu höheren Ausgaben und zu einer größeren Zahl von Unterbrechungen in der Verarbeitungs- und Wartungsphase führen.
2. Steigern Sie die Analytiker- oder Programmierer-Qualifikation von „hoch" auf „sehr hoch" (stellen Sie Superstars ein!). Jede dieser beiden Maßnahmen würde die Projektkosten um etwa 17 – 19% (0,71/0,86 = 0,83; 0,70/0,86 = 0,81) reduzieren. Die übliche Schwierigkeit bei dieser Lösung ist, Superstars zu finden und sie zur Mitarbeit zu bewegen.
3. Steigern Sie die Anwendungserfahrung von „durchschnittlich" auf „sehr hoch" oder die Erfahrung mit der virtuellen Maschine von „niedrig" auf „hoch" (stellen Sie Experten ein!). Jede dieser Maßnahmen würde die Projektkosten um etwa 19% reduzieren (0,81 im Vergleich zu 1,00 oder 0,90 im Vergleich zu 1,10). Auch hier gilt wieder, daß die Hauptschwierigkeit wohl darin läge, solche Experten zu finden und sie als Mitarbeiter zu gewinnen.
4. Finden Sie einen Weg, um das Projekt mit einem interaktiven Unterstützungssystem für die Software-Entwicklung auszustatten. Damit würde die Bewertung der Computer-Verweilzeit von „durchschnittlich" auf „niedrig" reduziert bei gleichzeitigen Einsparungen von 13% (0,87 im Vergleich zu 1,00).
5. Reduzieren Sie die Echtzeit-Leistungsanforderungen des Systems. Nehmen wir an, daß die 70%ige Beschränkung der Ausführungszeit auf der von „Megabit" geforderten durchschnittlichen Verarbeitungszeit von 2 ms pro Nachricht beruht. Wenn „Megabit" bereit ist, sich mit einer durchschnittlichen Verarbeitungszeit von 3 ms anstatt von 2 ms zufrieden zu geben, ergibt dies eine Beschränkung der Ausführungszeit von (70%) × (2 ms/3 ms) = 47%, womit die Bewertung des Merkmals TIME bei gleichzeitigen Einsparungen in Höhe von 10% (1,00/1,11 = 0,90) von „hoch" auf „durchschnittlich" reduziert würde.

Andere Möglichkeiten

Die anderen COCOMO-Kostenfaktoren sind in dieser Situation nicht von großer Hilfe. Einige von ihnen (Datenbank-Größe, Hauptspeicher-Beschränkung, Termin-

*) Es wird davon ausgegangen, daß die für die Neuorientierung des Projektes erforderlichen Kosten unbedeutend sind. Dies wird nicht immer der Fall sein.

plan) sind bereits auf der untersten Stufe angelangt. Einigen gelingt es nur schwer, sofortige Verbesserungen zu realisieren (Einsatz von Tools und modernen Programmiermethoden). Einige liegen größtenteils außerhalb der Kontrolle des Entwicklers (Komplexität und Änderungsanfälligkeit der virtuellen Maschine). Und ein Faktor (Erfahrung mit der Programmiersprache) hat ein Potential von nur 5%, was Einsparungen betrifft.

Auswahl einer Lösungsmöglichkeit

Auch hier ist es die beste Lösung, einige der zu entwickelnden Funktionen zu streichen oder auf später zu verschieben. Die nächste Möglichkeit wäre, die Echtzeit-Leistungsanforderungen zu reduzieren, besonders dann, wenn sie eher willkürlich erstellt worden sind. Andere Lösungen sind auf geeignetes Personal oder interaktive Hilfsmittel zur Software-Entwicklung angewiesen.

Welche Lösung letztendlich ausgewählt wird, ergibt sich demnach wahrscheinlich bei den Verhandlungen zwischen unseren Mitarbeitern und den zuständigen Personen bei „Megabit“ auf der Grundlage der obigen Faktoren. Das COCOMO-Zwischenmodell kann sowohl für den Entwickler als auch für den Abnehmer von großer Hilfe sein, da es beiden Teilen hilft, mögliche Lösungen für das Budgetproblem zu finden und eine für beide Seiten akzeptable Revision des Entwicklungsplanes auszuhandeln.

8.5 Korrigierte Schätzung des jährlichen Wartungsaufwandes

Die Aufwandsmultiplikatoren des COCOMO-Zwischenmodells können auf die Wartungs- und auf die Entwicklungsphase angewendet werden.

Bei den meisten Kostenfaktoren können wir mit Sicherheit davon ausgehen, daß die Aufwandsmultiplikatoren für die Wartung und für die Entwicklung dieselben sind (dabei handelt es sich um diejenigen der Tabelle 8–2). Für diese Kostenfaktoren können wir Korrekturen aufgrund von Unterschieden in den Kostenfaktor-Bewertungen einfach errechnen: Wartungspersonal mit mehr (oder weniger) Erfahrung als das Entwicklungspersonal; bessere (oder schlechtere) Computer-Antwortzeit während der Wartung usw.

Der in der Wartungsphase nicht eingesetzte Kostenfaktor SCED

Bei einem der Entwicklungs-Kostenfaktoren, nämlich bei SCED (erforderlicher Entwicklungs-Terminplan) handelt es sich um einen Faktor, der ausschließlich in der Entwicklungsphase von Bedeutung ist. Die Tatsache, daß ein Teil der Software innerhalb eines anderen Terminplanes entwickelt wurde, führt nicht zu merklichen Unterschieden beim relativen Aufwand, der für ihre Wartung erforderlich ist. Deshalb werden die SCED-Aufwandsmultiplikatoren für die Wartungsphase auf 1,00 zurückgestuft.

Modifizierte Aufwandsmultiplikatoren: erforderliche Zuverlässigkeit

Zwei der Kostenfaktoren, RELY und MODP, haben wegen der Unterschiede bei ihren relativen Auswirkungen auf Entwicklung und Wartung verschiedene Produktivitäts-Multiplikatoren. Für RELY (erforderliche Software-Zuverlässigkeit) kann vorausgesetzt werden, daß die Kostenfaktor-Bewertung für die Entwicklung und Wartung dieselbe ist. Man sollte z. B. nicht erwarten, daß man Software mit niedriger Zuverlässigkeit (viele Fehler) entwickeln kann, die dann während der Wartung fast fehlerlos funktioniert (hohe Zuverlässigkeit). Sie finden nachstehend die RELY-Produktivitäts-Multiplikatoren-Tabelle 8–7:

Tab. 8–7: RELY-Wartungs-Aufwandsmultiplikatoren

Sehr niedrig	Niedrig	Durchschnittlich	Hoch	Sehr hoch
1,35	1,15	1,00	0,98	1,10

Die sich in Tabelle 8–7 widerspiegelnde Tendenz ergibt sich aus zwei verschiedenen Trends.

1. Je niedriger die erforderliche Zuverlässigkeit, desto weniger Aufwand ist erforderlich, um das erforderliche Niveau zu halten.
2. Je niedriger die erforderliche Zuverlässigkeit, desto mehr Aufwand ist erforderlich, um latente Fehler in der Software zu beheben und um ein Software-Produkt mit ungenauer Dokumentation und Codierung auf den neuesten Stand zu bringen.

Modifizierte Aufwandsmultiplikatoren: moderne Programmiermethoden

Der Einsatz moderner Programmiermethoden (MPP) (strukturierte Codierung, Top-down-Entwurf- und -Entwicklung, Walkthroughs, Programm-Unterstützungs-Bibliotheken und Vorabdokumentation) während der Entwicklung (und Wartung) wirkt sich in doppelter Hinsicht auf das erforderliche Niveau der Software-Wartung aus:

1. Je mehr MPP zum Einsatz kommen, desto größer sind die Einsparungen beim Wartungsaufwand;
2. Je mehr MPP zum Einsatz kommen, desto leichter ist es, große Produkte mit derselben Effizienz wie die kleinen Produkte zu warten (und desto geringer ist die Kostenprogression bei der Software-Wartung).

Dieser Doppeleffekt wird aus den in Tabelle 8–8 dargestellten MODP-Wartungs-Produktivitäts-Multiplikatoren ersichtlich:

Tab. 8–8: MODP-Wartungs-Aufwands-Multiplikatoren

Produkt-Größe (KDSI)	Bewertungsmaßstab Sehr niedrig	Niedrig	Durchschnittlich	Hoch	Sehr hoch
2	1,25	1,12	1,00	0,90	0,81
8	1,30	1,14	1,00	0,88	0,77
32	1,35	1,16	1,00	0,86	0,74
128	1,40	1,118	1,00	0,85	0,72
512	1,45	1,20	1,00	0,84	0,70

8.6 Beispiel: Wartung der Mikroprozessor-Kommunikationssoftware

Wir wollen als Beispiel für den Einsatz der Software-Wartungsaufwandsmultiplikatoren das „Megabit"-Mikroprozessor-Kommunikations-Softwareprodukt verwenden, das wir ursprünglich in Tabelle 8–6 definiert haben, wobei die STOR-Bewertung durch den Erwerb zusätzlicher Hauptspeicher-Kapazität auf durchschnittliches Niveau gesenkt wurde. Die Entwicklung dieses 10-KDSI-Software-Produktes erforderte 48 MM und verursachte Kosten in Höhe von $ 288 000.

Unter Zugrundelegung der folgenden Annahmen wollen wir den jährlichen Aufwand und die jährlichen Kosten, die für die Wartung dieses Produktes erforderlich sind, errechnen:

- das Produkt wird von Analytikern und Programmierern gewartet werden, die eher eine durchschnittliche als eine hohe Qualifikation haben; die niedrigeren Personalkosten belaufen sich auf $ 5000 pro MM;
- die Änderungsanfälligkeit der virtuellen Maschine wird eher niedrig als durchschnittlich hoch sein;
- die Erfahrung mit der virtuellen Maschine wird eher durchschnittlich als niedrig sein;
- die jährliche Änderungsrate wird 20% betragen.

Der durchschnittliche jährliche Wartungsaufwand $(MM)_{NAM}$ wird aus dem durchschnittlichen Entwicklungsaufwand (44 MM für ein 10-KDSI-Produkt) und der jährlichen Änderungsrate (0,20) errechnet. Er beträgt:

$$(MM)_{NAM} = (0{,}20)(44\ MM) = 8{,}8\ MM.$$

Der korrigierte jährliche Wartungsaufwand $(MM)_{NAM}$ wird mit Hilfe der Aufwandsmultiplikatoren errechnet, die bestimmt worden sind.

- Tabelle 8–7 für RELY,
- Tabelle 8–8 für MODP,
- unter Verwendung des Wertes 1,00 für SCED,
- aus Tabelle 8–2 für die anderen Kostenfaktoren.

In der Tabelle 8–9 finden Sie eine Zusammenfassung der sich hieraus ergebenden Entwicklungs- und Wartungs-Bewertungen. Diese ergeben einen Wartungsaufwands-Korrekturfaktor von 1.14.

Tab. 8–9: Wartung der Mikroprozessor-Kommunikationssoftware, Bewertung

	Bewertungsmaßstab		
Kostenfaktor	Entwicklung	Wartung	Wartungs-Aufwandsmultiplikator
RELY	durchschnittlich	durchschnittlich	1,00
DATA	niedrig	niedrig	0,94
CPLY	sehr hoch	sehr hoch	1,30
TIME	hoch	hoch	1,11
STPR	durchschnittlich	durchschnittlich	1,00
VORT	durchschnittlich	niedrig	0,87
TURN	durchschnittlich	durchschnittlich	1,00
ACAP	hoch	durchschnittlich	1,00
AEXP	durchschnittlich	durchschnittlich	1,00
PCAP	hoch	durchschnittlich	1,00
VEXP	niedrig	durchschnittlich	1,00
LEXP	durchschnittlich	durchschnittlich	1,00
MODP	hoch	hoch	0,88
TOOL	niedrig	niedrig	1,10
SCED	durchschnittlich	—	1,00
	Aufwands-Korrekturfaktor . . .		1,14

Somit beträgt der korrigierte jährliche Wartungsaufwand

$$(8{,}8\ \text{MM})(1{,}14) = 10{,}0\ \text{MM}$$

bzw. 10/12 = 0,83 FSP (durchschnittlicher Personalbestand), ausgehend von \$ 5000 pro MM belaufen sich die jährlichen Wartungskosten auf \$ 50 000.

Sensitivitätsanalyse eines Lifecycles von sechs Jahren: erforderliche Zuverlässigkeit

Müßten wir das fertige Software-Produkt sechs Jahre lang betreiben und warten, würden sich die hieraus resultierenden Lifecycle-Kosten auf

$$\$\ 288\ \text{K} + 6\ (\$\ 50\text{K}) = \$\ 288\ \text{K} + \$\ 300\ \text{K} = \$\ 588\ \text{K}$$

belaufen.

Nehmen wir an, wir hätten uns dazu entschlossen, die Software anstelle mit einer durchschnittlichen mit einer sehr niedrigen erforderlichen Zuverlässigkeit zu entwickeln und zu warten. Würden sich die Einsparungen bei den Entwicklungskosten während der sechsjährigen Lebensdauer des Produktes auszahlen? Um dies festzustellen, errechnen wir eine korrigierte Entwicklungs-Kostenschätzung in Höhe von

$$(\$\ 288\text{K})(0{,}75) = \$\ 216\ \text{K}\ \text{(aus Tabelle 8–2)}$$

und korrigierte Wartungskosten in Höhe von

$$(\$\ 300\text{K})(1{,}35) = \$\ 405\ \text{K}\ \text{(aus Tabelle 8–7)}$$

bei korrigierten Lifecycle-Kosten in Höhe von \$ 621 K. Wenn wir von der Dauer des Lifecycles und dem Grad der jährlichen Änderungsrate in dieser Situation ausgehen, zahlt es sich hier nicht aus, unzuverlässige Software zu entwickeln. In anderen Situationen wäre dies jedoch denkbar.

8.7 Interpolation und Extrapolation

Die Tabellen 8–2, 8–7 und 8–8 können auf dieselbe Art für eine Interpolation eingesetzt werden wie die Phasen- und Aktivitäts-Tabellen in den Kapiteln 6 und 7. So wäre z. B. der Aufwandsmultiplikator, der einer Ausführungszeit-Beschränkung von 90% entspricht (genau zwischen „sehr hoch“ und „besonders hoch“ in der Tabelle 8–3), 1,48 (genau zwischen „sehr hoch“ und „besonders hoch“ in Tabelle 8–2). Auf ähnliche Weise würde der Aufwandsmultiplikator, der einer Analytiker-Qualifikation des 80. Perzentils entspricht (einem Drittel der Strecke zwischen „hoch“ und „sehr hoch“ in Tabelle 8–3) bei 0,81 liegen (einem Drittel der Strecke zwischen „hoch“ und „sehr hoch“ in Tabelle 8–2).

Einige der Eintragungen sind mit ≤ Zeichen versehen. Dies bedeutet, daß die Bewertungen für alle „kleiner als“-Situationen gelten und daß der „gleich“-Wert für die Interpolation eingesetzt wird. Eine Hauptspeicher-Beschränkung von 40% z. B. impliziert einen Aufwandsmultiplikator von 1,00; eine 60%ige Beschränkung impliziert einen Aufwandsmultiplikator von 1,03.

Wir empfehlen keine Extrapolation außerhalb der Aufwandsmultiplikatortabellen- durchzuführen, weil die Auswirkungen außerhalb der gegebenen Werte in hohem Maße von der jeweiligen Situation abhängen und schwer vorherzusagen sind. Insbesondere sollte die erforderliche Bewertung für den Entwicklungs-Terminplan nie unter den sehr niedrigen 75% des durchschnittlichen Entwicklungs-Terminplanes liegen. Die Erfahrung hat gezeigt, daß es praktisch unmöglich ist, den durchschnittlichen Terminplan um mehr als 25% zu komprimieren (siehe hierzu Kapitel 27).

8.8 Schätzung der Auswirkungen bei der Anpassung vorhandener Software

Überlegungen zur Anpassung

Bis jetzt haben wir die Software-Kosten auf der Grundlage der Annahme geschätzt, daß alle auszuführenden Source-Befehle (DSI) des Software-Produktes von Grund auf neu spezifiziert und entwickelt werden. Oft ist dies nicht der Fall. Viele Software-Produkte setzen sich aus einer Kombination neu entwickelter und früher entwickelter Software zusammen, wobei letztere dem neuen Produkt angepaßt wird.

Wie sollen wir diese angepaßte Software bei unseren Software-Entwicklungsschätzungen berücksichtigen? Selbstverständlich wollen wir die Zahl ihrer DSI nicht auf dieselbe Weise berücksichtigen wie die neu entwickelter Software. Nehmen wir z. B. an, daß wir eine einfache In-/Output-Routine einsetzen, die Teil der Standard-Bibliothek an Dienstprogrammen unseres Rechenzentrums ist und sie bei der Schätzung als Teil unserer Produkt-DSI betrachten. Wir erweitern dann die Produktgröße um mehrere Hundert DSI, womit der geschätzte Entwicklungsaufwand ebenfalls um mehrere Mann-Monate erhöht würde. Tatsächlich aber erhöht unter Einsatz der I/O-Routine den für die Entwicklung der Software erforderlichen Aufwandsumfang in keiner Weise.

Andererseits wollen wir die angepaßte Software aber auch nicht vollständig außer acht lassen. In vielen Fällen müssen wir relativ viel Produkt-Aufwand darauf verwenden, daß wir

1. für die adaptierte Software ein neues Design entwickeln, um den Zielen des neuen Produktes gerecht zu werden;
2. einen Teil der Codierung überarbeiten, um neu gestaltete Eigenschaften oder Änderungen in die Umgebung des neuen Produktes zu integrieren (Hardware, Betriebssysteme, Compiler usw.);
3. die angepaßte Codierung in die neue Produktumgebung integrieren und das resultierende Software-Produkt testen.

Wir benötigen also eine Methode zur Schätzung der Auswirkungen der Anpassung, die alle drei Ursachen für Anpassungsaufwand berücksichtigt. Diese Methode ist die Grundlage für die Anpassungs-Schätzgleichungen, die vom COCOMO-Modell eingesetzt werden.

Die COCOMO-Anpassungs-Schätzgleichungen

COCOMO trägt den Auswirkungen der angepaßten Software Rechnung, indem eine „entsprechende Anzahl auszuführender Source-Befehle“ (Equivalent number of delivered source instructions = EDSI) errechnet wird, die anstelle der auszuführenden Source-Befehle (DSI) in den anderen COCOMO-Schätzbeziehungen eingesetzt wird. EDSI wird aus nachfolgenden geschätzten Anpassungsgrößen errechnet:

- ADSI = *Angepaßte DSI* (Adapted DSI).

  Die Anzahl auszuführender Source-Befehle, die aus vorhandener Software übernommen wurden, um eine neues Produkt zu bilden.

- DM = *Prozent des modifizierten Entwurfs* (Percent Design Modified).

  Der Design-Anteil der angepaßten Software, der modifiziert und so den neuen Zielen und der neuen Umgebung angepaßt wird. (Gezwungenermaßen handelt es sich hierbei um eine subjektive Größe.)

- CM = *Prozent der modifizierten Codierung* (Percent Code Modified).
  Der Codierungsanteil der angepaßten Software, der modifiziert und so den neuen Zielen und der neuen Umgebung angepaßt wird.
- IM = *Prozent des für die modifizierte Software erforderlichen Integrationsaufwandes* (Percent of Integration Required for Modified Software).
  Der prozentuale Anteil des Aufwandes, der erforderlich ist, um die angepaßte Software in ein Gesamtprodukt zu integrieren und das hieraus resultierende Produkt im Verhältnis zum normalen Integrations- und Testaufwand eines Software-Paketes vergleichbarer Größe zu testen.

Für die Gleichungen zur Berechnung von EDSI ist eine Zwischengröße, der *„Korrekturfaktor bei Änderungen"* (Adaptation Adjustment Factor = AAF) erforderlich, nämlich:

$$AAF = 0{,}40\,(DM) + 0{,}30\,(CM) + 0{,}30\,(IM) \qquad (8-1),$$

$$EDSI = (ADSI)\,\frac{AAF}{100} \qquad (8-2).$$

Das logische Prinzip der Gleichungen (8−1) und (8−2) wird im einzelnen nachstehend erklärt; zunächst wollen wir uns jedoch einige Beispiele für den Einsatz der Anpassungsgleichungen ansehen:

Beispiel Nr. 1: Die I/O-Routine (transparente Dienstprogramm-Software)

Die oben diskutierte Input-Output-Routine ist ein Beispiel für transparente Dienstprogramm-Software, deren Anpassung an ein Software-Produkt normalerweise keinen zusätzlichen Aufwand verursacht. Bei der I/O-Routine stellen sich die COCOMO-Anpassungsgrößen wie folgt dar:

DM = 0 (keine Änderung beim Design der I/O-Routine)
CM = 0 (keine Änderung bei der Codierung der I/O-Routine)
IM = 0 (es ist kein Aufwand erforderlich, um die I/O-Routine zu integrieren).

Wenn AAF = 0 und EDSI = 0 sind, bedeutet dies, daß bei der COCOMO-Schätzung aufgrund des Einsatzes der transparenten Dienstprogramm-Routine kein zusätzlicher Aufwand entsteht.

Beispiel Nr. 2: Einfache Umstellung

Nehmen wir an, wir stellen ein integriertes 50-KDSI-Fortran-Analyse-Programm für elektronische Schaltkreise von einem 1110-Univac-Computer auf eine IBM 3033 um. Für eine solche Situation wäre es charakteristisch, daß

DM = 0 (keine Änderung im Programm-Design),
DM = 15 (vielleicht 15% der Codierzeilen würden sich wegen charakteristischer Eigenheiten der Compiler, wegen Schnittstellen des Betriebssystems, wegen Änderungen der Job-Kontrollsprache usw. ändern);
IM = 5 (ein geringer Umfang an Aufwand wird erforderlich, um obige Änderungen zu integrieren).

Die Anpassungen würden sich demnach wie folgt errechnen:

$$AAF = 0{,}40(0) + 0{,}30(15) + 0{,}30(5) = 6$$

$$EDSI = 50\,000 \frac{6}{100} = 3000$$

Wenn wir die Schätzgleichung (5−1) des organischen COCOMO-Basismodells einsetzen würden, ergäbe sich folgender Umstellungsaufwand:

$$MM = 2{,}4\ (KEDSI)^{1{,}05} = 2{,}4(3)^{1{,}05} = 7{,}6\ MM.$$

Die hieraus resultierende Umstellungs-Produktivitätsrate wäre:

$$\frac{50\,000\ DSI}{7{,}6\ MM} = 6580\ DSI/MM.$$

Beispiel Nr. 3: Umstellung höherer Komplexität

Gehen wir davon aus, daß die Overlay-Struktur des Analyseprogrammes für elektronische Schaltkreise und der Wechsel von der Wortlänge einer 36-bit Univac 1100 zur Wortlänge einer 32-bit IBM 3033 aus Gründen der Effizienz und Genauigkeit einen teilweise überarbeiteten Entwurf des Programmes erforderlich machen würden. Für eine solche Situation wären folgende Änderungen charakteristisch:

DM = 15 (einige Änderungen in der Overlay-Struktur, bei den numerischen Algorithmen und bei der entsprechenden Logik);

CM = 30 (auf dieser Ebene ändert sich die Codierung nicht selten doppelt so oft wie das Design);

IM = 20 (hauptsächlich um Overlay-Änderungen zu integrieren).

Die hieraus resultierende Aufwandsschätzung für die Umstellung würde lauten:

$$AAF = 0{,}40(15) + 0{,}30(30) + 0{,}30(20) = 21$$

$$EDSI = 50\,000\left(\frac{21}{100}\right) = 10\,500$$

$$MM = 2{,}4(10{,}5)^{1{,}05} = 28\ MM.$$

Die sich ergebende Umstellungs-Produktivität wäre:

$$\frac{50\,000\ DSI}{28\ MM} = 1800\ DSI/MM.$$

Beispiel Nr. 4: Umfangreiche Nacharbeit, komplexe Schnittstellen

Nehmen wir an, wir hätten die 10-KDSI-Kommunikations-Verarbeitungs-Software für die „Megabit Communications Corporation" gemäß dem ursprünglichen Konzept in Abschnitt 8.3 entwickelt. Danach fragt die „Hunt National Bank" an, wieviel die Anpassung dieser Software für den Einsatz bei ihrem elektronischen Geldtransfersystem kosten würde. In einer solchen Situation könnten wir folgende Schätzung aufstellen:

DM = 35 (beträchtliche Änderungen beim Design, um die unterschiedlichen Nachrichten-Formate, Protokolle und die unterschiedlichen Einheiten zu integrieren);

CM = 60 (viele der Design-Änderungen werden Nebenwirkungen nach sich ziehen, die zusätzliche Codierungs-Modifikationen erforderlich machen);

IM = 140 (die Software muß im Rahmen einer völlig neuen Umgebung integriert und getestet werden).*)

Die resultierende Anpassung errechnet sich wie folgt:

$$AAF = 0{,}40(35) + 0{,}30(60) + 0{,}30(140) = 74$$

$$EDSI = 10\,000\left(\frac{74}{100}\right) = 7400.$$

Wenn wir erneut die Schätzgleichung für den durchschnittlichen Aufwand des COCOMO-Zwischenmodells für eingebettete Software (Tabelle 8–1) einsetzen, kommen wir auf:

$$(MM)_{DSN} = 2{,}8(7{,}4)^{1{,}20} = 31 \text{ MM}.$$

Wenn wir den in Tabelle 8–6 errechneten Aufwandskorrekturfaktor einsetzen, kommen

$$(MM)_{gesch.} = 31(1{,}17) = 36 \text{ MM}.$$

Ausgehend von durchschnittlichen Personalkosten in Höhe von \$ 6000 pro MM belaufen sich unsere Kosten auf schätzungsweise

$$(36 \text{ MM})(\$\ 6000/\text{MM}) = \$\ 216\,000.$$

Beispiel Nr. 5: Komponenten-Anpassung

Nehmen wir an, wir entwickeln ein Kommunikationsverarbeitungs-Software-Produkt für die brasilianische Fernmeldebehörde. Da sich der Host-Computer und die verschiedenartigen Kommunikations-Protokolle beträchtlich von denen der Software unterscheiden, die wir für die „Megabit Communications Corporation" entwickelt hatten, sind wir nicht in der Lage, einen großen Teil der „Megabit"-Software für das brasilianische Objekt zu verwenden. Es stellt sich jedoch heraus, daß ein 1000-DSI-Nachrichtenvermittlungs-Modul ohne allzu viel Mühe angepaßt werden kann. Die Anpassungsparameter für den Einsatz in dem brasilianischen Projekt sind die folgenden:

DM = 5 (einige kleine Änderungen, um andersartige Leitweg-Vorschriften für Empfangsbestätigungen unterzubringen);

CM = 15 (einige Codierungsänderungen, um Design-Änderungen zu berücksichtigen und um den andersgearteten Computer unterzubringen);

IM = 25 (das Modul der Message-Verarbeitung ist in sich ziemlich abgeschlossen; wir legen jedoch den Zusatzaufwand zugrunde, mit dem wir bei der Arbeit mit den brasilianischen Testdaten und Testprogrammen rechnen müssen).

---

*) Es gibt keinen Grund dafür, warum die Werte für DM, CM und IM nicht über 100 liegen könnten. Es kommt in der Praxis oft vor, daß mehr Aufwand für die Anpassung existierender Software an die Eigenbedürfnisse investiert wird, als Aufwand erforderlich wäre, um neue Software zu entwickeln.

Die resultierende Anpassung errechnet sich wie folgt:

$$AAF = 0{,}40(5) + 0{,}30(15) + 0{,}30(25) = 14$$

$$EDSI = 1000 \frac{14}{100} = 140$$

Bei angepaßten Software-Komponenten würden wir dann diese 140 EDSI zu der restlichen brasilianischen Anwendungs-Software (z. B. 8000 DSI) addieren und somit auf einen Gesamtumfang von 8140 EDSI kommen. Ausgehend von der erwähnten eingebetteten Entwicklung, einem Aufwands-Korrekturfaktor von 1,17 und ausgehend von Personalkosten — wie bei der „Megabit“-Entwicklung — von $ 6000/MM kämen wir somit auf

$$(MM)_{DSN} = 2{,}8(8{,}14)^{1{,}20} = 35\ MM$$

$$(MM)_{gesch.} = 35(1{,}17) = 41\ MM$$

$$\text{Kosten} = (41\ MM)(\$\ 6000/MM) = \$\ 246\ 000.$$

Das logische Prinzip, das hinter den COCOMO-Anpassungs-Schätzgleichungen steht

Die Koeffizienten in der Schätzgleichung (8–1) des Anpassungs-Korrekturfaktors (AAF) werden von den allgemeinen durchschnittlichen Aufwandsanteilen bestimmt, die auf Entwurf, Codierung, Integration und Testen entfallen (wie dies aus dem COCOMO-Modell der Tabelle 6–8 hervorgeht):

Design:	40%
Codierung:	30%
Integration und Test:	30%

Je nach Produktgröße und Entwicklungsart sind diese Phasenanteile etwas verschieden. Da jedoch die AAF-Berechnungen auf mäßige Änderungen der Koeffizienten nicht übertrieben empfindlich reagieren, werden der Einfachheit halber die Durchschnittswerte eingesetzt. Eine Installation, deren Phasenverteilungen sehr unterschiedlich sind, könnte eventuell eine andersgeartete Formel wählen — z. B. für kleine Jobs bei eingebetteten Entwicklungen:

$$AAF = 0{,}40(DM) + 0{,}40(CM) + 0{,}20(IM).$$

Anpassungsschätzungen: eine Warnung

Keine Größe kann so leicht unterschätzt werden wie eine Schätzung darüber, inwieweit ein bestehendes Software-Modul geändert werden müßte, damit es in einer neuen Produktumgebung erfolgreich in Betrieb genommen werden kann. Nachstehend zwei nützliche Richtlinien für die Erstellung von Anpassungsschätzungen:

1. Seien Sie sehr vorsichtig;
2. Nehmen Sie sich ein kleines, repräsentatives Stück der bestehenden Software vor und arbeiten Sie im einzelnen aus, was Sie für seine Anpassung unternehmen wollen. In den meisten Fällen werden Sie überrascht sein, wie viele Nebenwirkungen und komplizierende Faktoren dabei auftauchen.

8.9 Überlegungen zu den Aufwands-Gleichungen des COCOMO-Zwischenmodells

Bei den Kostenfaktor-Merkmals-Multiplikatoren, die bei den Aufwandsgleichungen des COCOMO-Zwischenmodells eingesetzt werden, handelt es sich um die Durchschnittswerte der im COCOMO-Endmodell eingesetzten Multiplikatoren. Das COCOMO-Endmodell ist Gegenstand von Teil IV dieses Buches. Für jede Software-Entwicklungsphase verfügt das COCOMO-Endmodell über eine getrennte Gruppe Kostenfaktor-Merkmals-Multiplikatoren, die aus einem Vierstufenprozeß entwickelt wurden:

1. Daten- und Literatur-Überprüfung, um die wichtigsten unter den möglichen Kostenfaktor-Merkmalen zu bestimmen;
2. eine wiederholte Übereinstimmung in der Delphi-Gruppe, bei der zehn erfahrene Software-Manager aufgefordert waren, die Ausgangswerte für die Multiplikatoren zu bestimmen;
3. Ausrichten der Multiplikatoren unter Einsatz einer Untergruppierung von 36 Projekten der COCOMO-Datenbank;
4. eine geringfügige Anpassung der Multiplikatoren, um einige Ungereimtheiten in der Phasenverteilung des Aufwandes zu korrigieren; hierzu wurde die Untergruppierung aus 56 Projekten der COCOMO-Datenbank verwendet.

Für die phasenabhängigen Multiplikatoren des COCOMO-Endmodells wurden dann über die verschiedenen Entwicklungsphasen hinweg Durchschnittswerte bestimmt, was zu der Erstellung der Multiplikatoren des COCOMO-Zwischenmodells führte, die einheitlich über den Software-Entwicklungszyklus angewandt werden können.

Schätzungen des COCOMO-Zwischenmodells im Vergleich zu den Ist-Daten

Abbildung 8–3 ist eine Darstellung der geschätzten Mann-Monate des COCOMO-Zwischenmodells im Vergleich zu den tatsächlichen Projekt-Mann-Monaten der 63 Projekte der COCOMO-Datenbank. Im Vergleich zu Abbildung 6–4 — der entsprechenden Darstellung des Basis-COCOMO-Modells — zeigt sie eine auffallende Verbesserung. Die erheblichen Schwankungen zwischen den Schätzungen des Basis-COCOMO-Modells und den tatsächlichen Gegebenheiten des Projektes lassen sich durch den Einsatz der Kostenfaktoren des COCOMO-Zwischenmodells in den meisten Fällen ausschalten. Die Schätzungen des COCOMO-Zwischenmodells liegen in 68% der Fälle innerhalb 20% der Istwerte; für die meisten praktischen Schätzungszwecke ist dies genügend präzise. Auch sind die Schätzungen im großen und ganzen bei allen drei Software-Entwicklungsarten gleichermaßen genau.

Durchschnittliche Aufwandsgleichungen des COCOMO-Zwischenmodells im Vergleich zu den Ist-Daten

Abbildung 8–4 zeigt die Ursache der verschiedenen Schätzgleichungen für den Durchschnittsaufwand, die vom COCOMO-Zwischenmodell bei den drei Entwicklungsarten eingesetzt werden. Sie zeigt den auf die Produktgröße zurückzuführenden Rest-Effekt, der übrig bleibt, nachdem wir die Zahlen für den Projektaufwand korrigiert hatten, indem wir die Auswirkungen der anderen Kostenfaktoren-Merkmale des COCOMO-Zwischenmodells beseitigt haben.

Insbesondere enthält Abbildung 8–4 auch die Darstellung der Produktgröße nach KDSI im Vergleich zum normalisierten Aufwandsparameter:

$$(MM)_{DSN} = \frac{\text{Projekt-Mann-Monate}}{\text{Aufwands-Korrekturfaktor,}}$$

wobei der Aufwands-Korrekturfaktor aus den Kostenfaktoren-Merkmalsbewertungen aller Projekte der COCOMO-Datenbank errechnet wurde (diese Maßstäbe finden Sie in Tabelle 29–1).

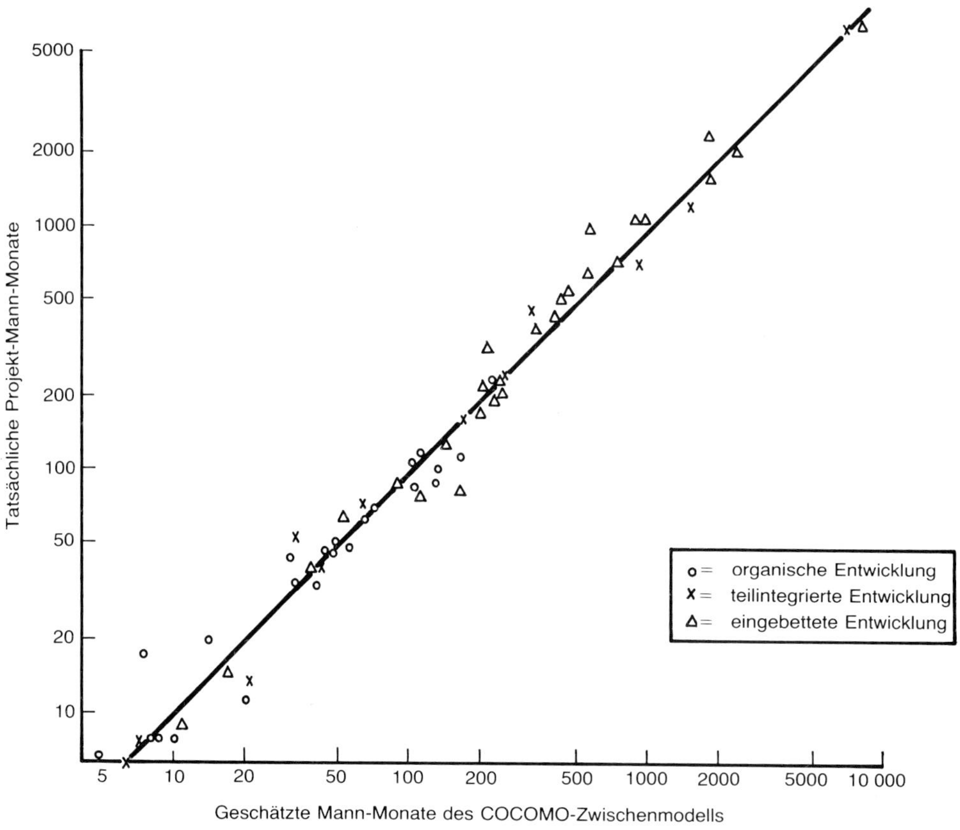

Abb. 8–3: Schätzungen des COCOMO-Zwischenmodells im Vergleich zu den tatsächlichen Daten des Projekts

Sobald die Auswirkungen der Faktoren (außer dem Faktor für die Produktgröße) normalisiert sind, können die Daten der Abbildung 8–4 deutlich nach Gruppen eingeteilt werden, die sich durch die Durchschnittsaufwands-Schätzgleichungen des COCOMO-Zwischenmodells relativ gut charakterisieren lassen: siehe dazu die Geraden in Abbildung 8–4.

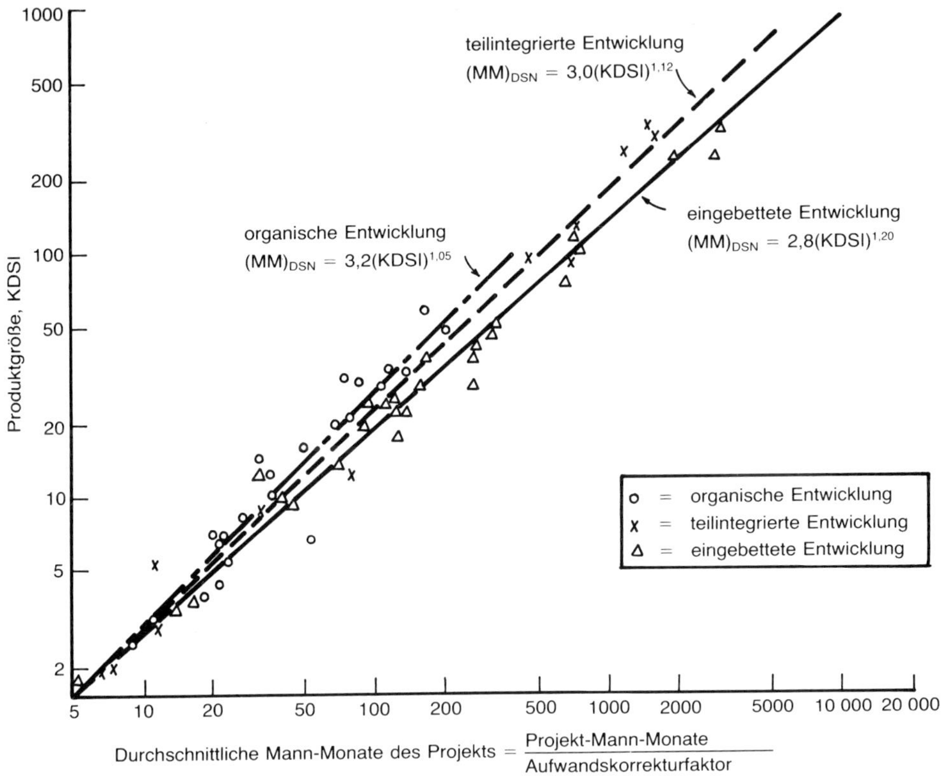

Abb. 8–4: Durchschnitts-Aufwandsgleichungen des COCOMO-Zwischenmodells im Vergleich zu den Projektdaten

In Kapitel 29 finden Sie weitere Einzelheiten über die Parametrisierung und Überprüfung des COCOMO-Zwischenmodells. Besonders interessant ist, wie in Kapitel 29 das Thema der Anpassung des COCOMO-Zwischenmodells an die Erfahrung mit einer bestimmten Installation behandelt wird. Es könnte sein, daß die Erfahrungen mit einer bestimmten Installation aus verschiedenen Gründen — hauptsächlich wegen unterschiedlicher Definitionen — nicht mit den Projekten der COCOMO-Datenbank übereinstimmen. In einem solchen Falle können für die Installation mittels einer justierten Version des COCOMO-Modells bessere Ergebnisse erzielt werden.

Gewichtung der auszuführenden Source-Befehle

Eine Möglichkeit, sich den Unterschied zwischen dem COCOMO-Basismodell und dem COCOMO-Zwischenmodell klarzumachen, ist folgende:

- Das COCOMO-Basismodell geht davon aus, daß jeder Source-Befehl (bei einer gegebenen Entwicklungsart) gleichermaßen einfach zu erstellen ist. Im COCOMO-Zwischenmodell wird dagegen berücksichtigt, daß Source-Befehle, die bei sehr hohen Zuverlässigkeits-Anforderungen unter Zeit- und Speicherbeschränkungen hergestellt wurden, relativ schwieriger zu produzieren sind, und daß sie sehr „viel schwerer am rechten Ort unterzubringen sind“ als dieselbe Anzahl Source-Befehle durchschnittlicher Beschaffenheit.

Das COCOMO-Zwischenmodell setzt also die Kostenfaktor-Merkmalswerte ein, um neue Richtwerte — nämlich die „gewichteten auszuführenden Source-Befehle“ zu kreieren. Wie aus Abbildung 8–4 ersichtlich ist, korreliert dieser neue Richtwert bei den Projekten der COCOMO-Datenbank sehr viel besser mit dem Projekt-Aufwand nach Mann-Monaten, als dies bei den „nicht gewichteten auszuführenden Source-Befehlen“ — die in der Datenanalyse des COCOMO-Basismodells in Abbildung 6–5 dargestellt sind — der Fall war.

Kapitel 9
COCOMO-Zwischenmodell: Schätzung auf Komponentenebene

9.1 Einführung

Bis jetzt haben wir uns mit *Makro*-Kostenschätzungsmodellen befaßt — den gebräuchlichsten Software-Kostenmodellen, die heutzutage im Einsatz sind, z. B. das SLIM-Modell von Putnam (Putnam, 1978; Putnam-Fitzsimmons, 1979)und das RCA PRICE S-Modell (Freiman-Park, 1979). Diese Modelle gehen davon aus, daß die Kostenfaktoren-Merkmale während des ganzen Software-Produktes einheitlich angewandt werden: daß z. B. die Mitarbeiter, die an den einzelnen Komponenten mitwirken, gleich gut qualifiziert und erfahren sind oder daß jede Komponente gleichermaßen komplex ist. Ein solcher Ansatz wird frühen, groben Schätzungen der Kosten eines gesamten Software-Produktes gerecht, stößt aber offensichtlich dann an seine Grenzen, wenn wir beginnen, die Produkt-Komponenten zu definieren.

Wir könnten z. B. diejenigen Teile eines Jobs, die einen hohen Komplexitätsgrad haben, denjenigen unserer Mitarbeiter anvertrauen, die über eine besonders hohe Qualifikation verfügen (bei — pro Person — höheren Personalkosten), und die weniger komplizierten Teile des Jobs weniger qualifizierten und erfahrenen Mitarbeitern übergeben. Wenn wir vom Durchschnitt der Arbeit des Gesamtproduktes ausgehen, ist es schwierig und manchmal auch riskant, die Auswirkungen einer solchen Strategie abzuschätzen.

In diesem Kapitel stellen wir Ihnen ein Formular und eine Reihe von Methoden für den Einsatz des COCOMO-Zwischenmodells auf Komponentenebene des Software-Produktes vor. Mit ihnen können wir das COCOMO-Zwischenmodell leicht und konsequent bei allen Definitionsstufen des Software-Produktes einsetzen: als *Makro*-Modell während der groben, frühen Stadien und als *Mikro*-Modell während der späteren, detaillierteren Stadien.

9.2 Das Schätzformular auf Komponenten-Ebene
(Component Level Estimating Form = CLEF)

Die Erfahrung hat gezeigt, daß es sehr nützlich ist, wenn die Software-Kostenschätz-Information der Zwischenstufen mittels eines genormten, für diesen Zweck ausgearbeiteten Formulars gesammelt und aufgezeichnet wird. Ein solches Schätzformular auf Komponentenebene ist in Abbildung 9–1 dargestellt. Die Methoden für den Einsatz des CLEF für die Erstellung von Software-Kostenschätzungen sind direkt; sie sind in Tabelle 9–1 aufgezählt.

Der Einsatz des CLEF und seiner Methoden ist ebenfalls in Abb. 9–1 illustriert, wozu ein einfaches Steuersystem eines Raffinerie-Prozesses als Beispiel dient. Die in diesem Beispiel angewandten Verarbeitungsschritte werden nachstehend erklärt.

Schritte Nr. 1 und 2

Das Software-Produkt der Prozeßsteuerung setzt sich aus drei hauptsächlichen Komponenten zusammen (Sie finden sie in den Spalten 1 und 2 des CLEF-Formulars):

1. einer Prozeß-Komponente, die die grundlegenden Prozeß-Steuerverfahren ausführt. Sie verarbeitet Sensorendaten (wie Temperatur, Druck, Flüssigkeitsströmung), damit die Raffinerie einwandfrei funktioniert und potentielle Fehlerquellen frühzeitig aufgedeckt werden. Wir schätzen ihre Größe auf 7000 DSI.*)

Projekt: RAFFINERIE-PROZESS-STEUERUNG | Analytiker: Q. Smith | Datum: 1. 4. 81

①	②	③	④ Produkt	⑤	⑥	⑦ Computer	⑧	⑨	⑩	⑪ Personal-Merkmale	⑫	⑬	⑭	⑮	⑯ Projekt	⑰	⑱	⑲	⑳	㉑	㉒	㉓	㉔
Komponenten	EDSI	AAF	RELY	DATA	CPLX	TIME	STOR	VIRT	TURN	ACAP	AEXP	PCAP	VEXP	LEXP	MODP	TOOL	SCED	EAF	MM DSN	MM DEV/ AM	EDSI/ MM IST	$K	$ EDSI
1.	7 000	1,0	H	N	H	H	DSN	DSN	N	H	DSN	DSN	DSN	DSN	H	DSN	DSN		26	24	292	5,5	19
			1,15	0,94	1,15	1,11	1,0	1,0	0,87	0,86	1,0	1,0	1,0	1,0	0,91	1,0	1,0	0,94				132	
2.	5 000	1,0	H	N	SH	H	DSN	DSN	N	H	N	H	N	N	H	DSN	DSN		19	23	217	6,0	28
			1,15	0,94	1,30	1,11	1,0	1,0	0,87	0,86	1,13	0,86	1,10	1,07	0,91	1,0	1,0	1,21				138	
3.	10 000	1,0	DSN	N	DSN	DSN	DSN	DSN	N	DSN	DSN	DSN	N	DSN	H	DSN	DSN		37	30	333	5,0	15
			1,0	0,94	1,0	1,0	1,0	1,0	0,87	1,0	1,0	1,0	1,10	1,0	0,91	1,0	1,0	0,82				150	
4.																							
5.																							
6.																							
7.																							
8.																							
9.																							
10.																							
11.	22 000	Gesamt-EDSI																Gesamtbeträge:		77	286	420	19
12.	82	$(MM)_{DSN}$									Entwicklungsart: organisch							Terminplan (Monate)		13			
13.	268	$(EDSI/MM)_{DSN}$																					

Abb. 9–1: COCOMO-Software-Kostenmodell: Schätzformular auf Komponenten-Ebene (CLEF).

2. einer OPSYS-Komponente, die die Betriebssystem-Funktionen durchführt: Datenabfrage durch Sensoren, Unterbrechung im Notfall, Festsetzung des Terminplanes, Management der Computer-Kapazität. Wir schätzen ihre Größe auf 5000 DSI.
3. einer I/O-Komponente, die Input-Output-Funktionen durchführt: den Empfang und die Vorverarbeitung von Sensoren-Inputs, die Übertragung von Raffinierungsvorschriften, die Kontrolle der Maschinen und die Verarbeitung von Terminal-Anzeigen-, -Abfragen und -Befehlen. Wir schätzen ihre Größe auf 10 000 DSI.

Schritte Nr. 3, 4 und 5

Die Gesamtgröße des Produktes beträgt 22 000 EDSI (22 K EDSI). Wir setzen die Gesamtgröße in die durchschnittliche Aufwandsgleichung der organischen Art (am Ende der Tabelle 9–1) ein, um die durchschnittliche Anzahl Mann-Monate, die für die Entwicklung eines 22-KEDSI-Produktes erforderlich ist, zu berechnen:

$$(MM)_{DSN} = 3{,}2(22)^{1{,}05} = 82 \text{ MM}.$$

Wir setzen nun diese Zahl ein, um die durchschnittliche Produktivität für ein 22-KEDSI-Produkt zu errechnen:

$$(EDSI/MM)_{DSN} = \frac{22\,000 \text{ EDSI}}{82 \text{ MM}} = 268 \text{ EDSI/MM}.$$

Diese Werte tragen wir in die Zeilen 11, 12 und 13 der Spalte 2 des CLEF-Formulars ein.

Schritt Nr. 6

Der durchschnittliche Aufwand, der für die Entwicklung jeder Komponente erforderlich ist, wird aus seiner Größe und der durchschnittlichen Produkt-Produktivität errechnet und in Spalte 20 eingetragen. Als Beispiel errechnen wir den durchschnittlichen Aufwand der PROCESS-Komponente wie folgt:

$$(MM)_{DSN} = \frac{7000 \text{ EDSI}}{268 \text{ EDSI/MM}} = 26 \text{ MM}.$$

Tab. 9–1: Arbeitsschritte für die Anwendung des Schätzformulars auf Komponenten-Ebene (CLEF)

1. Tragen Sie alle Komponenten des Software-Produktes in Spalte 1 ein.
2. Schätzen Sie die DSI-Größen aller Komponenten. Wenn die Komponente nicht aus bestehender Software übernommen wird, tragen Sie ihre Größe in Spalte 2 (EDSI) ein. Ist sie übernommen worden, errechnen Sie ihren Anpassungs-Korrekturfaktor (AAF) mittels der untenstehenden Gleichung und tragen Sie ihn in Spalte 3 ein; danach errechnen Sie die entsprechenden auszuführenden Sourcebefehle (EDSI) und tragen sie in Spalte 2 ein.
3. Addieren Sie alle EDSI des Produktes, und tragen Sie die Summe in Zeile 11 der Spalte 2 sein.
4. Setzen Sie die entsprechende durchschnittliche Aufwandsgleichung für die spezifizierte Entwicklungsart (siehe unten) ein, um die durchschnittliche Höhe des Entwicklungsaufwandes $(MM)_{DSN}$ als eine Funktion der gesamten EDSI zu schätzen, und tragen Sie die geschätzte Höhe in Zeile 12 der Spalte 2 ein.

---

*) Kein Software-Teil wurde aus bestehender Software übernommen, so daß die DSI und die EDSI in diesem Falle identisch sind.

5. Errechnen Sie die durchschnittliche Produktivität $(EDSI/MM)_{DSN}$ = (Gesamt-EDSI)/(MM_{DSN}) und tragen Sie sie in Zeile 13 der Spalte 2 ein.
6. Errechnen Sie für jede Komponente $(MM)_{DSN}$ = EDSI/$(EDSI/MM)_{DSN}$ und tragen Sie den Wert in Spalte 20 ein.
7. Setzen Sie unter Verwendung der Maßstab-Skalen der Tabelle 8–3 die Kostenfaktoren-Maßstäbe für alle Komponenten in den Spalten 4 bis 18 ein.
8. Tragen Sie die entsprechenden Aufwandsmultiplikatoren aller Komponenten (die Sie mittels Tabelle 8–2 festsetzen können) in den Spalten 4 bis 18 ein.
9. Errechnen Sie für jede Komponente (jede Zeile) den Aufwandskorrekturfaktor (EAF) als Produkt der Aufwandsmultiplikatoren der Spalten 4 bis 18, und tragen Sie den EAF in Spalte 19 ein.
10. Multiplizieren Sie die $(MM)_{DSN}$ (Spalte 20) jeder Komponente mit ihrem EAF, um den korrigierten Schätzwert für $(MM)_{DEV}$ zu ermitteln; tragen Sie diesen Wert in Spalte 21 ein.
11. Addieren Sie die gesamten korrigierten Mann-Monate-Schätzungen aller Komponenten und tragen Sie die Summe in Reihe 11 der Spalte 21 ein.
12. Verwenden Sie die entsprechende Basis-Entwicklungs-Terminplan-Schätzung für die spezifizierte Entwicklungsart (siehe unten), um die Anzahl an Monaten zu errechnen, die für die Produktentwicklung erforderlich sind, und tragen Sie diese Zahl in der Zeile 12 der Spalte 21 ein.
13. Errechnen Sie für jede Komponente und für das gesamte Produkt die geschätzten Produktivitäts-EDSI/MM = EDSI(MM_{DEV}), und tragen Sie sie in Spalte 22 ein.
14. Schätzen Sie die durchschnittlichen Personal-Kosten ($K/MM) für jede Komponente, und tragen Sie den $-Betrag in Spalte 23 ein.
15. Errechnen Sie die Dollar-Kosten für jede Komponente:
$ K = (MM_{DEV}) ($ K/MM), und tragen Sie den $-Betrag in Spalte 23 ein.
16. Addieren Sie die gesamten Produktentwicklungskosten in $K, und tragen Sie die Summe in Zeile 11 der Spalte 23 ein.
17. Errechnen Sie die Kosten pro Befehl nach $/EDSI = (1000)(SK)/EDSI für jede Komponente und für das gesamte Produkt, und tragen Sie die Beträge in Spalte 24 ein.

Anpassungs-Gleichungen (COCOMO Gleichungen 8–1, 8–2)

AA = 0,4 (Prozent des modifizierten Entwurfs)
+ 0,3 (Prozent der modifizierten Codierung)
+ 0,3 (Prozent der modifizierten Integration)
EDSI = (Angepaßte DSI)(AAF)/100

Aufwands- und Terminplan-Gleichungen (COCOMO-Tabellen 8–1, 6–1)

Entwicklungsart	durchschnittlicher Aufwand	Terminplan
Organisch	$(MM)_{DSN} = 3{,}2(KEDSI)^{1{,}05}$	$TDEV = 2{,}5\,(MM_{DEV})^{0{,}38}$
Teilintegriert	$(MM)_{DSN} = 3{,}0(KEDSI)^{1{,}12}$	$TDEV = 2{,}5\,(MM_{DEV})^{0{,}35}$
Eingebettet	$(MM)_{DSN} = 2{,}8(KEDSI)^{1{,}20}$	$TDEV = 2{,}5\,(MM_{DEV})^{0{,}32}$

(KEDSI = EDSI in 1000)

$$(MM)_{DSN} = \frac{7\,000}{268\ EDSI/MM} = 26\ MM$$

Schritt Nr. 7

Wir stufen alle drei Komponenten im Hinblick auf die 15 Kostenfaktor-Merkmale ein, wozu wir die Bewertungsmaßstäbe der Tabelle 8–3 verwenden. Es ist am besten, wenn Sie sich bei diesem Schritt pro Fall jeweils einen Kostenfaktor und nicht eine Komponente vornehmen; denn wenn Sie die Werte für die Kostenfaktoren für alle Komponenten miteinander vergleichen, haben Sie eher die Gewähr dafür, daß sich damit einheitliche und leicht verständliche Werte ergeben. Diese Werte werden in der oberen Hälfte der entsprechenden Komponentenzeile in den jeweiligen Spalten der Kostenfaktoren (Spalten 4 bis 18) eingetragen.

U. a. ist es erforderlich, daß die Komponenten „PROCESS“ und „OPSYS“ sehr zuverlässig sind, weil — bei Mängeln — sonst der Raffinerie höchstwahrscheinlich ernsthafte Probleme und finanzielle Verluste entstehen könnten; auch kommen Faktoren für die menschliche Sicherheit zum Tragen (jedoch nicht so sehr, daß sie eine sehr hohe Zuverlässigkeit erfordern). Fehler bei der I/O-Komponente sind normalerweise nicht ganz so schwerwiegend, und ihre Auswirkungen sind auch leichter zu kontrollieren und zu kompensieren, woraus sich Durchschnittswerte ergeben, die in Spalte 4 eingetragen werden.

Die Spalten 6, 11 und 13 (Komplexität, Analytiker- und Programmierer-Qualifikation) sind weitere Beispiele. Wir gehen davon aus, daß die Komponente „PROCESS“ einen hohen Grad an Komplexität haben wird (siehe dazu Tabelle 8–4: umfangreiche intermodulare Kontrollen und grundlegende numerische analytische Verarbeitung), und planen, für diese Komponente Analytiker mit hoher Qualifikation und Programmierer mit durchschnittlicher Qualifikation einzustellen. Des weiteren gehen wir davon aus, daß die Komponente „OPSYS“ einen sehr hohen Komplexitätsgrad haben wird (siehe dazu Tabelle 8–4: Einsatz eines wiederverwendbaren Codes und eines Unterbrechungssystems mit fixen Prioritäten) und haben für diese Komponente den Einsatz von Programmierern und Analytikern mit hoher Qualifikation vorgesehen. Die I/O-Komponente wird voraussichtlich einen durchschnittlichen Komplexitätsgrad haben (siehe hierzu Tabelle 8–4: Einsatz von Gerätewahl, Status-Überprüfung, Fehlerbehebung und in den meisten Fällen einfaches Nesting von strukturierten Programmen). Für die Arbeit an dieser Komponente haben wir die Mitarbeit von Programmierern und Analytikern durchschnittlicher Qualifikation geplant.

Schritt Nr. 8

Sobald wir die Bewertungsmaßstäbe für jeden Kostenfaktor und für jede Komponente festgelegt haben, können wir die Tabelle 8–2 einsetzen, um die entsprechenden Aufwandsmultiplikatoren zu bestimmen, die wir in der unteren Hälfte der Zeile für die Komponenten in den Spalten 4 bis 18 eintragen. Als Beispiel Spalte 6: die „PROCESS“-Komponente erhält wegen der hohen Komplexität einen Aufwandsmultiplikator von 1,15; die Komponente „OPSYS“ erhält wegen sehr hoher Komplexität 1,30 und die I/O-Komponente durchschnittlicher Komplexität erhält einen Aufwandsmultiplikator von 1,00.

Schritt Nr. 9

Wir errechnen den gesamten Aufwands-Korrekturfaktor (EAF) für jede Komponente, indem wir alle individuellen Aufwandsmultiplikatoren aus den Spalten 4 bis 18 miteinander multiplizieren. Eigentlich müssen wir nur diejenigen Faktoren, die von

1,00 verschieden sind (nicht-durchschnittliche Faktoren), miteinander multiplizieren. Ein Beispiel: wir errechnen den EAF der I/O-Komponente wie folgt:

$$\text{EAF} = (0{,}94)(0{,}87)(1{,}10)(0{,}91) = 0{,}82$$

und tragen dieses Ergebnis in Spalte 19 ein.

Schritte Nr. 10 und 11

Wir können jetzt die korrigierten Aufwandsschätzwerte für jede Komponente errechnen, indem wir ihr durchschnittliches Aufwandsschätzergebnis (Spalte 20) mit ihrem EAF (Spalte 19) multiplizieren. Beispiel: für die I/O-Komponente ergeben sich

$$(\text{MM})_{\text{ADJ}} = (0{,}82)(37\ \text{MM}) = 30\ \text{MM}.$$

Wir tragen jede korrigierte Schätzung in die Spalte 21 ein, addieren die gesamten korrigierten Aufwandsschätzwerte für das Gesamtprodukt (77 MM) und tragen diese Summe in der Zeile 11 der Spalte 21 ein.

Schritt Nr. 12

Wir setzen die Entwicklungs-Terminplan-Gleichung der organischen Art (Sie finden Sie am Schluß der Tabelle 9–1) ein, um den Terminplan des Projektes wie folgt zu kalkulieren:

$$\text{TDEV} = 2{,}5\ (77)^{0{,}38} = 13\ \text{Monate}$$

und tragen das Ergebnis in Zeile 12 der Spalte 21 ein.

Schritt Nr. 13

Wir berechnen für jede Komponente sowie für das ganze Produkt die geschätzte Produktivität nach DSI/MM. Beispiele:

I/O-Komponente:	10 000 DSI/30 MM = 333 DSI/MM
Produkt:	22 000 DSI/77 MM = 286 DSI/MM.

Wir tragen diese Ergebnisse in Spalte 22 ein.

Schritt Nr. 14

Wir schätzen für jede Komponente die durchschnittlichen Personalkosten pro Mann-Monat. Normalerweise stehen diese Kosten mit der Qualifikation und der Erfahrung des Personals, das zur Mitarbeit an der Komponente eingesetzt wird, in Beziehung. Bei der OPSYS-Komponente verursacht demnach der Einsatz von Analytikern und Programmierern hoher Qualifikation durchschnittliche Personalkosten von $ 6000 pro Monat. Der Einsatz von Analytikern und Programmierern durchschnittlicher Qualifikation bei der I/O-Komponente verursacht durchschnittliche Personalkosten von $ 5000 pro Monat. Wir tragen diese Schätzungen in die obere Hälfte der Zeile „Subsystem" in der Spalte 23 ein.

Schritte Nr. 15 und 16

Wir multiplizieren die Anzahl an Mann-Monaten, die für die Entwicklung jeder Komponente erforderlich sind, mit den entsprechenden Personalkosten und erhalten damit für jede Komponente die geschätzten Dollar-Kosten. Beispiel:

OPSYS-Komponente: (23 MM)($6000/MM) = $ 138 000
I/O-Komponente: (30 MM)($5000/MM) = $ 150 000

Wir tragen diese Schätzungen in der unteren Hälfte der Komponenten-Zeile in Spalte 23 ein. Dann addieren wir die Kosten aller Komponenten zusammen, um die Entwicklungskosten-Schätzung des gesamten Produktes ($ 420 000) zu bestimmen; diesen Betrag tragen wir in Zeile 11 unter Spalte 23 ein.

Schritt Nr. 17

Wir berechnen für jede Komponente und für das ganze Produkt die Entwicklungskosten pro Befehl nach $/DSI. Beispiel:

I/O-Komponente: $ 150 000/10 000 DSI = $ 15/DSI
Produkt: $ 420 000/22 000 DSI = $ 19/DSI.

Wir tragen diese Ergebnisse in Spalte 24 ein und beenden damit die Schätzungen.

9.3 Einsatz von CLEF in Zusammenhang mit modifizierter Software

Wir gehen davon aus, daß wir bei der Raffinerie-Prozeßsteuerung, die wir soeben beschrieben haben, die Komponenten OPSYS und I/O aus einem bestehenden Prozeß-Steuerungssystem übernehmen, wobei wir eine ähnliche Computer-Konfiguration einsetzen können.

Die System-Komponente entspricht ungefähr unseren Anforderungen. Wir schätzen ihre Anpassungsparameter wie folgt:

DM = 15; CM = 30; IM = 60.

Für die I/O-Komponente ist ziemlich viel Aufwand erforderlich, um abweichende Sensor-Datenformate und Terminal-Displays unterzubringen, aber ihre grundlegenden Fähigkeiten stimmen gut mit unseren Anforderungen überein. Wir schätzen ihre Anpassungsparameter auf

DM = 30; CM = 60; IM = 80.

In der Tabelle 9–2 finden Sie eine Zusammenfassung unserer Berechnungen des Anpassungs-Änderungsfaktors (AAF) und der entsprechenden DSI (EDSI) für diese Komponenten, wofür wir die Gleichungen am Schluß der Tabelle 9–1 eingesetzt haben.

Tab. 9–2: Kalkulationen der Prozeßsteuerungs-Software

Komponente	DM	CM	IM	AAF	ADSI	EDSI
OPSYS	15	30	60	33	5 000	1 650
I/O	30	60	80	54	10 000	5 400

Analog zu den Arbeitsschritten der Tabelle 9–1 tragen wir die Werte von EDSI und AAF der modifizierten Komponenten in den Spalten 2 und 3 ein und setzen das CLEF-Verfahren wie zuvor fort. Die Ergebnisse sind in Abbildung 9–2 dargestellt. Die wichtigsten Ergebnisse aus der Anpassung bestehender OPSYS- und I/O-Software — anstelle einer Neuentwicklung von Anfang an — sind:

Projekt: RAFFINERIE-PROZESS-STEUERUNG Analytiker: J. Smith Datum: 1. 4. 81

①	②	③	④ Produkt	⑤	⑥	⑦ Computer	⑧	⑨	⑩	⑪ Personal-Merkmale	⑫	⑬	⑭	⑮	⑯ Projekt	⑰	⑱	⑲	⑳	㉑	㉒	㉓	㉔
Komponenten	EDSI	AAF	RELY	DATA	CPLX	TIME	STOR	VIRT	TURN	ACAP	AEXP	PCAP	VEXP	LEXP	MODP	TOOL	SCED	EAF	MM DSN	MM DEV/AM	EDSI/MM IST	$K	$ EDSI
1. Prozeß	7 000	1,0	1,15	0,94	1,15	1,11	1,0	1,0	0,87	0,86	1,0	1,0	1,0	1,0	0,91	1,0	1,0	0,94	25	24	292	5,5 / 132	19
2. OPSYS	1 650	0.33	1,15	0,94	1,30	1,11	1,0	1,0	0,87	0,86	1,13	0,86	1,10	1,07	0,91	1,0	1,0	1,21	6	7	236	6,0 / 42	25
3. I/O	5 400	0.54	1,0	0,94	1,0	1,0	1,0	1,0	0,87	1,0	1,0	1,0	1,10	1,0	0,91	1,0	1,0	0,82	20	16	338	5,0 / 80	15
4.																							
5.																							
6.																							
7.																							
8.																							
9.																							
10.																							
11.	14 050	Gesamt-EDSI																Gesamt:		47	299	254	18
12.	51	$(MM)_{DSN}$										Entwicklungsart: organisch						Terminplan (Monate):		11			
13.	275	$(EDSI/MM)_{DSN}$																					

Abb. 9–2: Schätzung der Raffinerie-Prozeßsteuerung: modifizierte Software

- der voraussichtliche Aufwand reduziert sich von 77 auf 47 Mann-Monate. Im einzelnen: der Aufwand für OPSYS wird von 23 auf 7 MM und der Aufwand für I/O von 30 auf 16 MM reduziert.
- die zu erwartenden Kosten werden von $ 420 K auf $ 254 K reduziert.
- der voraussichtliche Terminplan wird von 13 auf 11 Monate reduziert.

9.4 Transaktions-Verarbeitungssystem (TPS) Beispiel: Grundlegende Entwicklungsschätzung

In diesem Abschnitt beschreiben wir ein Transaktions-Verarbeitungssystem (transaction processing system = TPS), das wir in Teil III dieses Buches durchgehend als Beispiel verwenden. Teilweise benötigen wir eine Schätzung der Entwicklungskosten des Betriebssystems (OS) des TPS. Für die Schätzung der Entwicklungskosten wird in diesem Abschnitt das COCOMO-Zwischenmodell eingesetzt. Der Vollständigkeit halber werden wir dieses Beispiel auch im nachfolgenden Abschnitt weiterverwenden, um zu illustrieren, wie das COCOMO-Zwischenmodell für die Erstellung der vollständigen Lifecycle-Kostenschätzung eines Projektes eingesetzt werden kann, wozu auch die Berechnung der Wartungskosten auf Komponentenebene und die Phasenverteilung des Projektaufwandes gehören.

Beschreibung des TPS

Die herausragenden Eigenschaften eines TPS sind:

- die Input-Transaktionen werden von den Anwendern zu nicht spezifizierten (willkürlichen) Zeiten generiert;
- die Input-Transaktionen kommen in Standard-Formaten an. Normalerweise sind diese Formate auf eine begrenzte Anzahl beschränkt;
- der Verarbeitungsumfang pro Transaktion ist nicht groß;
- jede Transaktion muß in kurzer Zeit verarbeitet sein.

Zu den Transaktionsarten, die vom TPS verarbeitet werden, gehören u. a. finanzielle Transaktionen, Flugreservierungen, Nachrichten eines digitalen Kommunikationssystems oder die Transaktionen einer Verkaufsabteilung in einem großen Warenhaus. Die in diesem Buch verwendeten Methoden, anhand derer das TPS-Beispiel analysiert wird, könnten auf alle diese TPS-Arten angewandt werden.

Zur Eröffnung der Diskussion über das TPS haben wir uns — hauptsächlich aufgrund der erforderlichen Kapazität und Kosten, des erforderlichen Wachstumspotentials und der zusätzlichen Hilfsmittelredundanz — entschieden, eine Mehrprozessor-Konfiguration für den zentralen Teil des TPS einzusetzen.

Die Basis-Konfiguration dieses Teils des TPS ist in Abbildung 9–3 dargestellt. Sie besteht aus einem Knotenrechner, mehreren parallelen Transaktions-Prozessoren und einem Datei-Verwaltungssystem. Wir benötigen für unsere Anwendung für die Verarbeitung von Transaktionen in 25 geographisch verschiedenen Standorten 25 Exemplare dieser Konfiguration.

Software-Subsysteme: Knotenrechner (Front-End Processor = FEP)

Die Transaktionen gelangen zum Knotenrechner (FEP) über eine Anzahl Kommunikationsleitungen. Sie werden an den FEP übergeben und von der Kommunikations-Software abgefragt, kategorisiert und gespeichert. Die Task-Kontrollkomponente

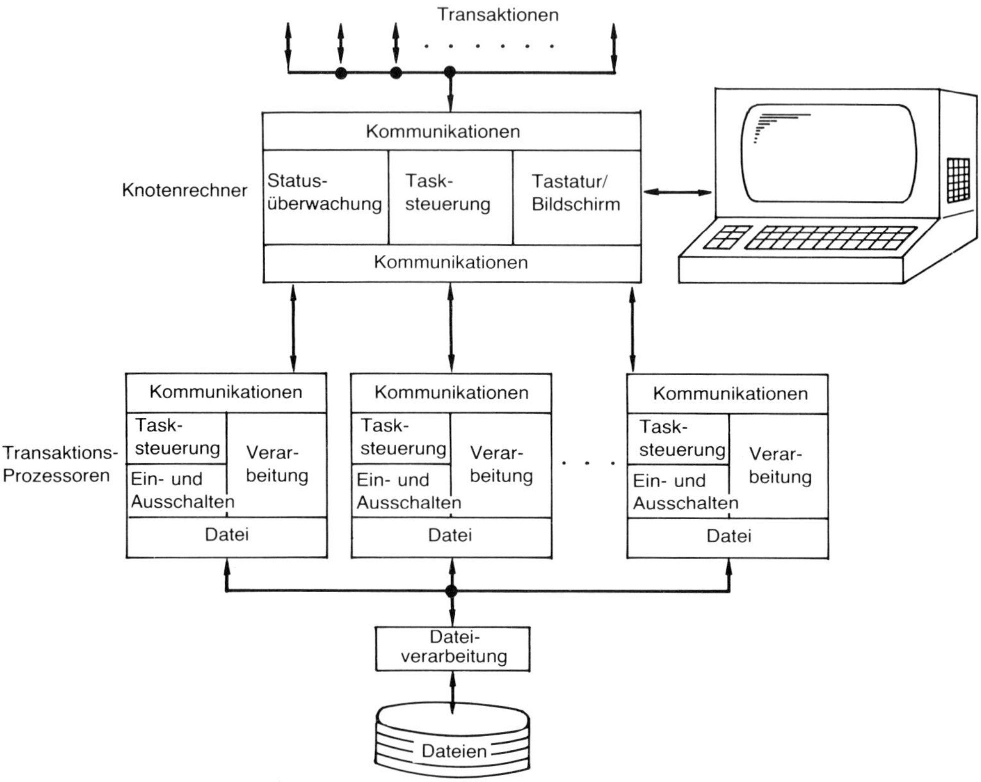

Abb. 9–3: Transaktionsverarbeitungssystem: Basis-Konfiguration

ordnet jede Transaktion einem der parallelen Transaktions-Prozessoren (TP) zu; ein anderer Bestandteil der Kommunikations-Komponente des FEP übernimmt die Transaktion aus dem Speicher und leitet sie an den entsprechenden TP.

Bei den anderen Software-Komponenten des FEP handelt es sich um Status-Überwachungskomponenten, die die Nachrichten, die vom TP ausgegeben werden, entgegennehmen und die bei Ausfall oder Wiederanlauf eines TP entsprechend eingreifen. Die Tastatur-Bildschirm-Komponente stellt Informationen über den TPS-Status und über die Leistung am Bildschirm zur Verfügung und nimmt Operator-Befehle über die Tastatur entgegen, um Transaktions-Prioritäten zu modifizieren, die Verarbeitung zu beenden oder neu zu beginnen, zusätzliche Informationen über Status oder Leistung zur Verfügung zu stellen usw.

Software-Subsysteme: Transaktions-Prozessor (TP)

Jeder TP hat eine identische Kopie der TP-Software. Das Betriebssystem dieser Software besteht aus einer Kommunikations-Komponente, mit der die vom FEP eingehenden Transaktionen empfangen und die Ergebnisse zurückgesendet werden; aus einer Datei-Komponente, um Status-Dateien des Transaktionssystems abzufragen oder ggf. auf den neuesten Stand zu bringen; aus einer Komponente zur Task-

Steuerung, die die Steuerfunktionen überwacht und die Ressourcen zuteilt, und aus einer Komponente „Ein- und Ausschalten“, um den TP abzuschalten oder einzuschalten. Jeder TP hat auch einen Verarbeitungsteil der Software, der die aktuellen Transaktions-Verarbeitungsfunktionen (wie finanzielle Transaktionen, Flugreservierungen, Zugänge oder Abgänge bei der Bestandsaufnahme) durchführt und der ebenfalls von der Task-Steuerungskomponente überwacht wird.

TPS-Betriebssystem-Software: Entwicklungsschätzung

Für die Schätzung der Kosten für die Entwicklung eines TPS-Betriebssystems haben wir das CLEF-Formular des COCOMO-Zwischenmodells nach Abbildung 9–4 eingesetzt. Die Methode, nach der wir die Entwicklung dieser Schätzung vorgenommen haben, ist dieselbe wie die in Tabelle 9–1 vorgestellte 17-Schritte-Methode, die wir anhand des in Abschnitt 9–2 besprochenen Musters erklärt haben. Der einzige Unterschied besteht darin, daß aus Gründen der Einfachheit und Überschaubarkeit nur die Änderung der Kostenfaktor-Bewertung — wie sie sich im Verlauf der Spalten ergibt — in den Spalten 4 bis 18 aufgeführt wird; den Multiplikator 1,0 haben wir überhaupt nicht in die Tabelle aufgenommen.

Der Gesamtumfang des Betriebssystems beträgt 6500 EDSI*), und die Gesamt-Entwicklungskosten belaufen sich — bei durchschnittlichen Kosten von \$ 28 pro EDSI-Befehl — auf \$ 180 000. Jedoch variieren die Kosten pro Befehl bei der relativ einfachen FEP-Tastatur-Bildschirm-Komponente von \$ 20/EDSI bis zu \$ 33/EDSI für die parallele TP-Datei-Verwaltungssystem-Software. Die gesamte, für die Entwicklung erforderliche Anzahl an Mann-Monaten beträgt 36,4 MM bei einer durchschnittlichen

$$\text{Produktivitätsrate von } \frac{6500 \text{ EDSI}}{36{,}4} = 179 \text{ EDSI/MM.}$$

Auch hier besteht wieder eine große Produktivitäts-Vielfalt zwischen den Subsystemen — von 137 EDSI/MM für die TP-Dateikomponente bis zu 226 EDSI/MM für die FEP-Tastatur-Bildschirm-Komponente. Der erforderliche Entwicklungs-Terminplan beläuft sich auf 9 Monate.

9.5 Wartung auf TPS-Komponentenebene: Schätzung und Phasenentwicklung

Die Wartungsphase des TPS-Betriebssystems weist folgende Hauptmerkmale auf:

- eher durchschnittliche als niedrige Werte für die Kostenfaktoren der Erfahrung: Anwendungs-Erfahrung, Erfahrung mit der virtuellen Maschine und Erfahrung mit der Programmiersprache;
- eher niedrige als durchschnittliche Werte für die Änderungsanfälligkeit der virtuellen Maschine;
- eine jährliche Änderungsrate von 15% für die Tastatur-Bildschirm-Komponente und eine Rate von 10% für die anderen Komponenten.

---

*) Der tatsächliche DSI-Umfang beträgt 7700 DSI. Die 2400 DSI für die Tastatur-Bildschirm-Komponente müssen aus bestehender Software übernommen werden; dies macht eine 35%ige Design-, eine 60%ige Codierungs- und eine 60%ige Integrations-Änderung erforderlich. Der hieraus resultierende Anpassungs-Korrekturfaktor (AAF) und die entsprechenden DSI (EDSI) errechnen sich wie folgt:

$$AAF = (0{,}40)(0{,}35) + (0{,}30)(0{,}60) + (0{,}30)(0{,}60) = 0{,}50$$
$$EDSI = 2400\ (0{,}50) = 1200.$$

Projekt: TPS-Betriebssystem: Entwicklung | Analytiker: J. Fernandez | Datum: 1. 4. 81

①	②	③	④ Produkt	⑤	⑥	⑦ Computer	⑧	⑨	⑩	⑪ Personal-Merkmale	⑫	⑬	⑭	⑮	⑯ Projekt	⑰	⑱	⑲	⑳	㉑	㉒	㉓	㉔
Komponente	EDSI	AAF	RELY	DATA	PLX	TIME	STOR	VIRT	TURN	ACAP	AEXP	PCAP	VEXP	LEXP	MODP	TOOL	SCED	EAF	MM DSN	MM DEV/AM	EDSI/MM IST	$K	$/EDSI
1. Netzknoten-Rechner Aufgaben-kontrolle	1100	1,0	1,15	0,94	1,30	1,11			0,87	0,86	1,13	0,86	1,10	1,07		1,10		1,47	4,1	6,0	180	5,2 / 31	28
2. Kommuni-kationen	1300	1,0	1,15	0,94	1,30	1,11			0,87	0,86	1,13	0,86	1,10	1,07		1,10		1,47	4,9	7,2	180	5,2 / 37	28
3. Status-über-wachung	500	1,0	1,15	0,94	1,30	1,11			0,87	0,86	1,13	0,86	1,10	1,07		1,10		1,47	1,9	2,8	180	5,2 / 15	28
4. Tastatur/Bildschirm	1200	0,50		0,94	1,15				0,87	0,86	1,13		1,10	1,07		1,10		1,18	4,5	5,3	226	4,5 / 24	20
5. Transaktions-verarbeitung Aufgaben-kontrolle TP	700	1,0	1,15	0,94	1,30	1,11	1,06		0,87	0,86	1,13	0,86	1,10	1,07		1,10		1,56	2,6	4,1	171	5,2 / 21	30
6. Kommunik.-TP	400	1,0	1,15	0,94	1,30	1,11	1,06		0,87	0,86	1,13	0,86	1,10	1,07		1,10		1,56	1,5	2,3	171	5,2 / 12	30
7. Datei	1000	1,0	1,15		1,30	1,11	1,06		0,87	0,86	1,13		1,10	1,07		1,10		1,93	3,8	7,3	137	4,5 / 33	33
8.	300	1,0	1,15	0,94	1,15		1,06		0,87	0,86	1,13	0,86	1,10	1,07		1,10		1,24	1,1	1,4	214	5,2 / 7	23
9.																							
10.																							
11.	6500	Gesamt-EDSI																Gesamt:		364	179	180	28
12.	24.4	$(MM)_{DSN}$								Entwicklungsart: teilintegriert								Terminplan (Monate)		9			
13.	266	$(EDSI/MM)_{DSN}$																					

Abb. 9–4: TPS-Betriebssystem: Entwicklungsschätzung

Das bei der Erstellung von Software-Entwicklungsschätzungen mit dem COCOMO-Zwischenmodell verwendete CLEF-Formular kann auch für Wartungsschätzungen eingesetzt werden. In Tabelle 9–3 zeigen wir Ihnen methodische Schritte für den Einsatz von CLEF bei der Schätzung der Wartungskosten auf Komponentenebene. Aus Abbildung 9–5 ersehen Sie die Ergebnisse dieser Schritte bei der Anwendung auf die TPS-Wartungsschätzung, die nachstehend erklärt werden:

Schritt Nr. 1

Wir haben die EAF-Werte für jede Komponente aus der Spalte 19 des TPS-Entwicklungs-CLEF (Abbildung 9–4) entnommen und in die untere Hälfte der Spalte 19 im CLEF-Formular für die Wartungsschätzung eingetragen.

Schritt Nr. 2

Aufgrund der hohen Zuverlässigkeits-Werte aller Komponenten — mit Ausnahme der Komponente für „Tastatur-Bildschirm" — wurde der Wartungsmultiplikator von 1,15 in 0,98 (Tabelle 8–7) geändert. Bei den geänderten Kostenfaktor-Werten für AEXP, VEXP, LEXP und VIRT (siehe oben) sind die entsprechenden Multiplikatoren-Änderungen vermerkt worden.

Tab. 9–3: Arbeitsschritte für die Verwendung von CLEF bei der Kostenschätzung der Software-Wartung

1. Tragen Sie für jede Komponente den Aufwandskorrekturfaktor, der für die Software-Entwicklung errechnet wurde, in die untere Hälfte von Spalte 19 ein.
2. Notieren Sie bei jeder Komponente alle Änderungen bei den Kostenfaktoren-Aufwandsmultiplikatoren, die zwischen der Entwicklung und Wartung vorgekommen sind, indem Sie den Entwicklungsmultiplikator in der unteren Hälfte der Spalte „Kostenfaktor" (Spalten 4 bis 18) eintragen. Die Aufwandsmultiplikatoren ändern sich aus folgenden Gründen:
   - nicht durchschnittliche SCED-Multiplikatoren für die Entwicklung ändern sich in 1,00 für die Wartung;
   - nicht durchschnittliche RELY- und MODP-Multiplikatoren für die Entwicklung erhalten unterschiedliche Werte (RELY: siehe Tabelle 8–7; MODP: siehe Tabelle 8–8).
   - Die Kostenfaktor-Werte können sich ändern (Beispiel: die Richtwerte für die Erfahrung).
3. Errechnen Sie für jede Komponete den Wartungs-EAF:

   $$(EAF)_M = (EAF)_{DEV} \times \frac{\text{Produkt der geänderten Wartungsmultiplikatoren}}{\text{Produkt der geänderten Entwicklungsmultiplikatoren}}$$

   und tragen Sie ihn in der oberen Hälfte der Spalte 19*) ein.
4. Tragen Sie für jede Komponente die jährliche Änderungsrate (ACT) als Dezimalbruch (zum Beispiel in Form von 0,10 für 10%) in Spalte 22 ein.
5. Sollten alle Komponenten einen AAF von 1,0 aufweisen, tragen Sie die durchschnittlichen Entwicklungs-Mann-Monate $(MM)_{DSN}$ für jede Komponente in Spalte 20 ein.

*) Die Schritte 2 und 3 sind eine Abkürzung der Berechnung des $(EAF)_M$, wenn sich nur relativ wenig Multiplikatoren zwischen der Entwicklung und der Wartung ändern. Wenn viele Multiplikatoren Änderungen unterworfen sind, wäre es leichter, $(EAF)_M$ direkt als Produkt der Wartungs-Aufwandsmultiplikatoren zu berechnen.

Projekt: TPS-Betriebssystem: Wartung | Analytiker: J. Fernandez | Datum: 1. 4. 81

			Produkt			Computer				Personal-Merkmale					Projekt								
① Komponente	② EDSI	③ AAF	④ RELY	⑤ DATA	⑥ PLX	⑦ TIME	⑧ STOR	⑨ VIRT	⑩ TURN	⑪ ACAP	⑫ AEXP	⑬ PCAP	⑭ VEXP	⑮ LEXP	⑯ MODP	⑰ TOOL	⑱ SCED	⑲ EAF	⑳ MM DSN	㉑ MM DEV/AM	㉒ EDSI/MM IST	㉓ $K	㉔ $/EDSI
1. Netzknoten-Rechner Aufgabenkontrolle	1100		0,98					0,87			1,0		1,0	1,0				0,82	4,2	0,34	0,10	5,5	
			1,15					1,0			1,13		1,10	1,07				1,47				1,9	
2. Kommunikationen	1300		0,98					0,87			1,0		1,0	1,0				0,82	5,0	0,41	0,10	5,5	
			1,15					1,0			1,13		1,10	1,07				1,47				2,3	
3. Statusüberwachung	500		0,98					0,87			1,0		1,0	1,0				0,82	1,9	0,16	0,10	5,5	
			1,15					1,0			1,13		1,10	1,07				1,47				0,9	
4. Tastatur/Bildschirm	2400	0,50						0,87			1,0		1,0	1,0				0,77	9,2	1,06	0,15	5,5	
								1,0			1,13		1,10	1,07				1,18				5,8	
5. Transaktionsverarbeitung Aufgabenkontrolle TP	700		0,98					0,87			1,0		1,0	1,0				0,87	2,7	0,23	0,10	5,5	
			1,15					1,0			1,13		1,10	1,07				1,56				1,3	
6. Kommunik.-TP	400		0,98					0,87			1,0		1,0	1,0				0,87	1,5	0,13	0,10	5,5	
			1,15					1,0			1,13		1,10	1,07				1,56				0,7	
7. Datei	1000		0,98					0,87			1,0		1,0	1,0				1,08	3,8	0,41	0,10	5,5	
			1,15					1,0			1,13		1,10	1,07				1,93				2,3	
8. Ein-/Ausschalten	300		0,98					0,87			1,0		1,0	1,0				0,69	1,1	0,08	0,10	5,5	
			1,15					1,0			1,13		1,10	1,07				1,24				0,4	
9.																							
10.																							
11.	7700	Gesamt-EDSI																Gesamt:		2,82		15,6	
12.	29.5	$(MM)_{DSN}$																Terminplan (Monate)					
13.	261	$(EDSI/MM)_{DSN}$																					

Entwicklungsart: teilintegriert

Abb. 9–5: TPS-Betriebssystem: Wartungsschätzung

Wenn dies nicht der Fall ist, müssen wir $(MM)_{DSN}$ neu berechnen, und zwar auf der Basis der Größe des Produkts, das gewartet wird. Errechnen Sie die tatsächlichen DSI = EDSI/AAF für jede Komponente, deren AAF nicht 1,0 beträgt, und tragen Sie diese Zahl in der Spalte 2 ein. Danach müssen Sie

- die revidierten Gesamt-DSI errechnen und sie in Zeile 11 der Spalte 2 eintragen;
- die revidierten $(MM)_{DSN}$ für das Produkt errechnen, indem Sie die revidierten Gesamt-DSI und die entsprechende durchschnittliche Aufwandsgleichung für die jeweilige Entwicklungsart (siehe am Schluß der Tabelle 9–1) einsetzen und sie in Zeile 12 in Spalte 2 eintragen;
- eine revidierte durchschnittliche Projekt-Produktivität errechnen:

  $$(DSI/MM)_{DSN} = \frac{\text{Gesamt-DSI}}{(MM)_{DSN}}$$

  und das Ergebnis in Zeile 13 der Spalte 2 eintragen;
- revidierte $(MM_{DSN}$ 1 = $DSI/(DSI/MM)_{DSN}$ für jede Komponente errechnen und das Ergebnis in der Spalte 20 eintragen.

6. Errechnen Sie für jede Komponente den jährlichen Wartungsaufwand $(MM)_{AM} = (EAF)_M(MM)_{DSN}(IST)$, und tragen Sie ihn in Spalte 21 ein.
7. Addieren Sie den gesamten Wartungsaufwand aller Komponenten, und tragen Sie das Ergebnis in der Zeile 11 der Spalte 21 ein.
8. Schätzen Sie die durchschnittlichen Personalkosten (\$K/MM) für die Wartung jeder Komponente, und tragen Sie sie in Spalte 23 (obere Hälfte) ein.
9. Errechnen Sie die Kosten für die jährliche Wartung jeder Komponente durch $\$K = (MM)_{AM}$ (\$K/MM), und tragen Sie sie in Spalte 23 ein.
10. Addieren Sie die gesamten jährlichen Wartungskosten aller Komponenten, und tragen Sie das Ergebnis in der Zeile 11 der Spalte 23 ein.

Schritt Nr. 3

Die modifizierten $(EAF)_M$ für die Wartung werden berechnet und in der oberen Hälfte der Spalte 19 eingetragen. Für alle Komponenten — mit Ausnahme der Komponente „Tastatur/Bildschirm" — kann derselbe Korrekturfaktor angewandt werden:

$$(EAF)_M = (EAF)_{DEV} \times \frac{(0{,}98)(0{,}87)(1{,}00)(1{,}00)(1{,}00)}{(1{,}15)(1{,}00)(1{,}13)(1{,}10)(1{,}07)} = 0{,}56\ (EAF)_{DEV}$$

Schritt Nr. 4

In Spalte 22 wird für die Komponente „Tastatur/Bildschirm" eine jährliche Änderungsrate (ACT) von 0,15 eingetragen und eine ACT von 0,10 für die anderen Komponenten.

Schritt Nr. 5

Da der Anpassungs-Korrekturfaktor (AAF) für die Komponente „Tastatur/Bildschirm" nicht 1,0 beträgt, errechnen wir ihre tatsächlichen DSI (2400 DSI); wir errechnen für jede Komponente die revidierten Gesamt-DSI (7700 DSI), die revidierten $(MM)_{DSN}$ = 29,5 MM, die revidierten $(DSI/MM)_{DSN}$ = 261 DSI/MM und die revidierten $(MM)_{DSN}$. Die hieraus resultierenden $(MM)_{DSN}$ für die Komponente „Tastatur/Bildschirm" belaufen sich auf 9,2 MM.

Schritte Nr. 6 und 7

Für jede Komponente wird der jährliche Wartungsaufwand berechnet und in Spalte 23 eingetragen. Die $(MM)_{AM}$ für — z. B. das Datei-Subsystem — lauten:

$$(MM)_{AM} = (1{,}08)(3{,}8)(0{,}10) = 0{,}41 \text{ MM}.$$

Der gesamte jährliche Wartungsaufwand für das TPS beläuft sich auf 2,82 MM oder 0,23 FSP.

Schritte Nr. 8, 9 und 10

Da die Wartung für das TPS-Betriebssystem auf weniger als ein Viertel der Arbeitszeit eines Mitarbeiters (0,23 FSP) geschätzt wurde, gehen wir davon aus, daß derselbe Mitarbeiter die Wartung aller Komponenten bei einheitlichen Personalkosten von $ 5500 pro Monat durchführen wird. Demnach beträgt die Schätzung für die gesamten jährlichen Wartungskosten $ 15.6 K (Zeile 11, Spalte 23).

Tab. 9–4: TPS-Phasenverteilung von Aufwand und Terminplan

	Aufwand		Terminplan		
Phase	Prozent	MM	Prozent	Monate	FSP
Produktentwurf	17	6,2	24,75	2,2	2,8
Programmierung	61,75	22,5	53	4,8	4,7
Integration und Test	21,25	7,7	22,25	2,0	3,8
Entwicklung	100	36,4	100	9,0	
Wartung		2,8			0,2

TPS-Phasenverteilung von Aufwand und Terminplan

Zur Bestimmung der Phasenverteilung von Aufwand und Terminplan des TPS-Betriebssystems können wir die Tabelle 6–8 einsetzen. Wir haben festgestellt, daß die Produktgröße — 6500 DSI — auf drei Viertel der Strecke zwischen den kleinen und mittelgroßen Eintragungen der Tabelle 6–8 liegt; also interpolieren wir dreiviertel der Strecke zwischen diesen Eintragungen, um zu den entsprechenden Prozentsätzen der Phasenverteilung zu gelangen. Die somit erzielte geschätzte Verteilung der 36,4 MM des Entwicklungsaufwandes und der 9 Monate des Entwicklungs-Terminplanes ist in Tabelle 9–4 dargestellt.

Die Personalspitze des Projektes würde bei 5 bis 6 FSP liegen. Selbst dann wäre die Organisation so strukturiert, daß sie aus einem einzigen Projektmanager und einem relativ kleinen Team besteht. Wir können uns also die Berechnung ersparen, wie das Organisationsdiagramm des Projektes je nach Phase variieren würde.

TEIL III

DIE GRUNDLEGENDEN WIRTSCHAFTLICHEN ASPEKTE DES SOFTWARE-ENGINEERING

Einführung

In Teil II dieses Buches haben wir bei den Illustrationen über den Einsatz des COCOMO-Software-Kostenschätzungsmodells eine Anzahl Fallstudien und Fragen behandelt, für die wir auch einige grundlegende wirtschaftliche Analysen erstellen mußten. Bei diesen Analysen handelt es sich um die folgenden:

- Analysen über Eigenfertigung oder Fremdbezug, bei denen ein Vergleich zwischen In-House-Software-Entwicklung und zwischen gekauften oder angepaßten Software-Produkten angestellt wurde;
- Kosten-Nutzen-Analysen der System-Performance (z. B. Anlaufzeit) im Vergleich zu den Software-Entwicklungskosten;
- Sensitivitäts-Analysen über Software-Kosten, die auf Entwicklungsvorgaben oder Managementoptionen zurückzuführen sind.

Bei den Methoden, die wir zur Abhandlung dieser Themen in Teil II dieses Buches eingesetzt haben, handelt es sich um die erste Stufe einer Hierarchie immer leistungsstärkerer wirtschaftlicher Analysetechniken, die während der letzten Jahrzehnte entwickelt worden sind. Diese Techniken werden bei der Informationsverarbeitung als Unterstützung wichtiger und weniger wichtiger Entscheidungen, die die Software-Entwicklung, die Software-Anschaffung und die Software-Wartung betreffen, intensiv genutzt. Es ist also für einen Software-Engineer aus praktischen Erwägungen von großer Bedeutung, daß er diese analytischen Techniken einzusetzen versteht.

Ebenso nützlich sind die gesamtwirtschaftlichen Begriffe und Prinzipien, die den speziellen Methoden, die wir in diesem Teil unseres Buches behandeln, zugrunde liegen: es handelt sich um Begriffe, die sich mit der Rentabilität, dem Barwert, der begrenzten Optimierbarkeit, der Identifizierung von Zielen und Alternativen, dem Risiko, der Nützlichkeit und dem Informationswert befassen. Dank dieser Begriffe und Prinzipien verfügen wir über ein Gerüst von Vergleichsmöglichkeiten; in dem Maße, in dem wir uns mit den extrem komplexen Situationen des Software-Engineering konfrontiert sehen, kann uns dieses Gerüst Klarheit darüber verschaffen, welche Probleme wir zu lösen haben, über welche Möglichkeiten zu ihrer Lösung wir verfügen und welche Prioritäten wir bei unseren Anstrengungen setzen müssen.

Darüber hinaus kann uns diese wirtschaftliche Sicht auch bei Entscheidungen in anderen Lebenslagen nützlich sein – sei es bei der Anschaffung eines Kraftfahrzeuges, eines Hauses oder einer Stereoanlage, sei es bei der Überlegung, wie hoch wir uns versichern, oder sogar bei der Wahl der Ausbildungsstätte.

Wirtschaftliche Aspekte des Software-Engineering

In diesem Teil des Buches finden Sie eine Einführung zu den grundlegenden wirtschaftlichen Aspekten des Software-Engineering, die Sie als Software-Engineer auf alle Fälle kennen sollten. Die wirtschaftlichen Konzepte, die in Teil III dieses Buches behandelt werden, befassen sich mit einem Teilgebiet der Wirtschaftstheorie, der *Mikroökonomie*. Der andere wichtige Zweig, die sogenannte *Makroökonomie*, befaßt sich mit wirtschaftlichen Fragestellungen auf nationaler und internationaler Ebene: mit Problemen der Inflation, der Zahlungsbilanz, der Arbeitslosigkeit und ähnlichem. Die Mikroökonomie befaßt sich mit wirtschaftlichen Entscheidungen auf einer eher persönlichen Ebene: mit Entscheidungen über Eigenfertigung oder Fremdbezug, mit Entscheidungen über Leasing oder Anschaffung und mit Entscheidungen darüber, in welchem Umfang Simulationen oder Tests durchgeführt werden sollen.

Auch im Rahmen der Mikroökonomie werden wir ausschließlich Themen, die von zentralem Interesse für das Software-Engineering sind, behandeln. Hierzu zählen die Methoden der Rentabilitätsanalyse, der Nettowert-Analyse, der Grenzwert-Analyse, der Analyse des Barwertes, der eingeschränkten Optimierbarkeit, der Risiko-Analyse und der statistischen Entscheidungstheorie. Themen wie Analysen von Angebot und Nachfrage und Preisfestsetzung werden in Teil III jedoch nicht behandelt.*)

Dagegen befaßt sich Teil III mit verschiedenen wichtigen Themen des Software-Engineering, die normalerweise bei Abhandlungen über die Mikroökonomie nicht berücksichtigt werden. Im Hinblick auf unser oberstes GOALS-Ziel – dem Ziel, die menschlichen Beziehungen mit dem Programmierungs- und Ressourcen-Engineering im Verlaufe des Software-Lifecycle in Einklang zu bringen – werden wir mehrere Methoden besprechen, die sich mit der Harmonisierung verschiedenartiger Ziele befassen; insbesondere werden wir jene Bereiche behandeln, die sich mit dem Ausgleich zwischen quantitativen und nicht-quantitativen Zielen befassen.

In Teil III wird der Wirtschaftlichkeits-Analyse als Hilfe bei *Entscheidungen* des Software-Engineering besonderes Gewicht verliehen; besonders hervorgehoben wird auch das damit eng verbundene Konzept des wirtschaftlichen Wertes der Information bei der Entscheidungsfindung. Normalerweise ist ein Software-Engineer *Produzent* von Management-Informationen, die von Dritten konsumiert werden. Während des Software-Lifecycle müssen wir aber auch *Konsumenten* von Management-Information sein, um unsere eigenen Entscheidungen zu untermauern. Anhand der Faktoren, die für uns so wichtig sind, daß wir für sie in Form von Informationsverarbeitung bezahlen – die wiederum *uns* als Software-Engineers bessere Entscheidungen ermööglicht – gelangen wir zu einer besseren Kenntnis dessen, was unsere Kunden und die Anwender von Informations-Verarbeitungssystemen, die wir für *sie* entwickelt haben, erwarten.

Teil III A: Rentabilitäts-Analyse

Teil III dieses Buches setzt sich aus drei Hauptteilen zusammen. Zum ersten Hauptteil (Teil III A) gehören die Kapitel 10, 11 und 12. Dieser Teil befaßt sich mit den grundlegenden Begriffen der Rentabilitäts-Analyse und der Entscheidungsfindung. Kapitel 10 bildet eine Brücke zwischen den vertrauten Gebieten der Computersystem-Leistungsanalyse innerhalb der Informatik und der Rentabilitäts-Analyse. Auf der Basis des Rentabilitätsgerüsts, das wir in Kapitel 10 aufgebaut haben, finden Sie in Kapitel 11 eine Einführung zu einigen sehr wesentlichen grundlegenden mikroökonomischen Begriffen – wie Produktionsfunktionen, Wirtschaftlichkeit und Kostenprogression. In Kapitel 12 besprechen wir die verschiedenen Entscheidungskriterien der Rentabilität – fixe Budgets, Mindestbedarf, Verhältnis von maximaler Rentabilität

---

*) Diese Themen sind relevant für bestimmte Bereiche der Informationsverarbeitung, wie z. B. Marketing und Management von Rechenzentren. Eine gute Abhandlung dieser Probleme finden Sie bei (Sharpe, 1969).

und Kosten usw. – und ihre Vorteile und Schwierigkeiten in verschiedenen Situationen des Software-Engineering.

Teil III B: Mehrdimensionale Entscheidungsanalyse

Teil III B befaßt sich in den Kapiteln 13 bis 18 mit allen Methoden, die bei Entscheidungen über mehrdimensionale Ziele eingesetzt werden, sowie damit, wie diese mehrdimensionalen Ziele miteinander in Einklang gebracht werden können. Diese Methoden betreffen Situationen, in denen Entscheidungen über die verschiedenen Ziele, die wir erreichen wollen, zu treffen sind. In Kapitel 13 wird das Konzept des Nettowertes vorgestellt (darunter verstehen wir grundsätzlich den Wert des Software-Produktes oder des Software-Services abzüglich der Kosten, die für die Herstellung erforderlich waren). Weiter werden in diesem Kapitel die entsprechenden ökonomischen Methoden der Grenzwert-Analyse besprochen. Kapitel 14 zeigt, wie die Begriffe und Methoden des Barwertes eingesetzt werden können, um das Streben nach sofortigem Nutzen mit den Perspektiven eines späteren Nutzens abzustimmen. Kapitel 15 stellt verschiedene Leistungszahlen vor, die eingesetzt werden können, um eine große Anzahl von Zielen zu einem einzigen Entscheidungskriterium zusammenzufassen. Danach führt Kapitel 15 aus, wie diese Leistungszahlen auf Fragen, die zur Entscheidung anstehen – wie Wahl des Computers oder des Software-Paketes –, angewandt werden können. Kapitel 16 zeigt, wie Situationen, in denen die verschiedensten Ziele vorherrschen, oft vereinfacht werden können, indem einige der anstehenden Ziele komprimiert werden. Kapitel 17 erörtert die Begriffe und Methoden der System-Analyse im Rahmen des eingeschränkten Optimierungsgerüstes, das wir in Kapitel 16 aufgebaut haben. Kapitel 18 erörtert verschiedene Methoden, die entscheidungsbefugten Mitarbeitern helfen, quantifizierbare und nicht quantifizierbare Ziele in Einklang zu bringen, wie z. B. die Ziele zwischenmenschlicher Beziehungen, die wir beim Software-Engineering nicht außer acht lassen dürfen.

Teil III C: Handhabung von Unsicherheitsfaktoren und Wert der Information

Die in den Teilen III A und III B besprochenen Methoden fußen auf der Annahme, daß wir uns über die von uns verwendeten kritischen Wege (wie z. B. Kosten und Leistung) genau und mit Bestimmtheit im klaren sind. Bei der Software-Kostenschätzung trifft aber eine solche Annahme keineswegs voll und ganz zu; wie oft sind wir bei der Schätzung von Kosten und Leistungen eines bestimmten Systems, über das wir eine Entscheidung treffen müssen, mit Ungewißheiten konfrontiert! Teil III C befaßt sich mit der Entscheidungsfindung bei Unsicherheit. Kapitel 19 erörtert die Methoden der Risiko-Analyse und die Konsequenzen dieser Methoden für das Software-Engineering. Kapitel 20 bietet Ihnen eine grundlegende Einführung zum Thema der statistischen Entscheidungstheorie und legt dar, wie ihre Konzeption sowohl für die beim Software-Engineering anfallenden Entscheidungssituationen als auch bei der Festsetzung des Wertes der verarbeiteten Information in der Praxis des Software-Engineering von Nutzen sein kann.

Kapiteleinteilung

Jedes Kapitel in Teil III (und jeder Abschnitt des Kapitels 10) enthält die folgenden zwei Abschnitte:

1. Ein Beispiel, das zeigt, wie jede Methode funktioniert und worin ihr Nutzen liegt. An dem Beispiel werden sowohl die grundlegenden Hardware- als auch die

Software-Aspekte des Mehrplatz-Mikroprozessor-Transaktions-Verarbeitungssystems, das wir in Kapitel 9 vorgestellt haben, demonstriert.

2. Allgemeine Überlegungen zu der im Beispiel vorgestellten Methode: ihre Art, ihre Möglichkeiten und Beschränkungen und ihre Relevanz für das Software-Engineering.

Teil III A

Kapitel 10

Leistungs- und Rentabilitätsmodelle

10.1 Leistungsmodelle

Beispiel

Bei dem Beispiel, das wir in diesem Kapitel (und im restlichen Teil dieses Buches) verwenden, handelt es sich um den Vorschlag eines Transaktionsverarbeitungssystems (TPS). Es wurde Ihnen in Kapitel 9 vorgestellt; auch wurde dort ein Teil seiner Software-Kosten analysiert. Bei den Transaktionen, die vom TPS verarbeitet werden, kann es sich um finanzielle Transaktionen, um Flugreservierungen, um Nachrichten eines digitalen Speicher-Kommunikationssystems oder um Verkaufsabwicklungen in einer großen Warenhausabteilung handeln.

Zum Zeitpunkt, zu dem wir bei dem vorgeschlagenen TPS in die Verhandlungen eintreten, wurde hauptsächlich aufgrund der Anforderungen an Kapazität, Kosten, Wachstumspotential und Backup-Redundanz beschlossen, daß für den zentralen Teil des TPS eine Mehrprozessor-Konfiguration eingesetzt werden soll. Aus Abbildung 10–1 – abgeleitet aus Kapitel 9 – ersehen Sie die in Aussicht genommene Basis-Konfiguration; es sind 25 derartige Konfigurationen erforderlich, um 25 geographisch unterschiedliche Standorte zu bedienen.

Es wurde ein bestimmter Mikroprozessor ausgesucht, der am besten zu den TPS-Funktionen paßte. Bei einer Betriebsgeschwindigkeit von 1 Million Operationen pro Sekunde (1000 Kops./Sek.) kann er 20 000 Operationen pro Transaktion (20 Kops./ Tr.) verarbeiten.

Wäre also die Steuer-Software völlig transparent, könnte jeder Prozessor des TPS 50 Transaktionen pro Sekunde verarbeiten (50 Tr./Sek.). Die Steuer-Software muß aber eine Anzahl *Overhead*-Funktionen – wie Terminplanung, Ressourcen-Management, Abfertigung, Fehlerbehebung und Leistungsüberwachung – ausüben. Für diese Funktionen werden für jeden Prozessor im großen und ganzen 200 Kops./Sek. benötigt, wodurch die TPS-Kapazität auf 40 Tr./Sek. pro Prozessor reduziert wird.

Neben diesem Prozessor-Overhead gibt es noch den Overhead-Faktor des Multiprozessors, der die zusätzlichen Overhead-Funktionen der Terminierung des Mehrprozessors und des Ressourcen-Managements usw. abdeckt und das vielfältige Update der Statustabellen-Prozessoren zusätzlich wahrnimmt, die während der Verarbeitung einer Transaktion modifiziert werden können. Das zusätzliche Multiprozessor-Overhead eines TPS mit N Prozessoren beträgt 80 (N-1) Kops./Sek. Wird also ein zusätzlicher Prozessor in das System aufgenommen, muß jeder der bestehenden Prozessoren weitere 80 Kops./Sek. aufwenden, um Konflikte zwischen sich und dem neuen Prozessor zu lösen.

Um eine realistische Entscheidung darüber zu fällen, wieviele Prozessoren für das TPS anzuschaffen wären, möchten wir wissen, wie die TPS-Leistung oder der TPS-Durchsatz als eine Funktion der Anzahl an Prozessoren N variiert. Wenn wir die nachstehenden Faktoren als TPS-Parameter bestimmen:

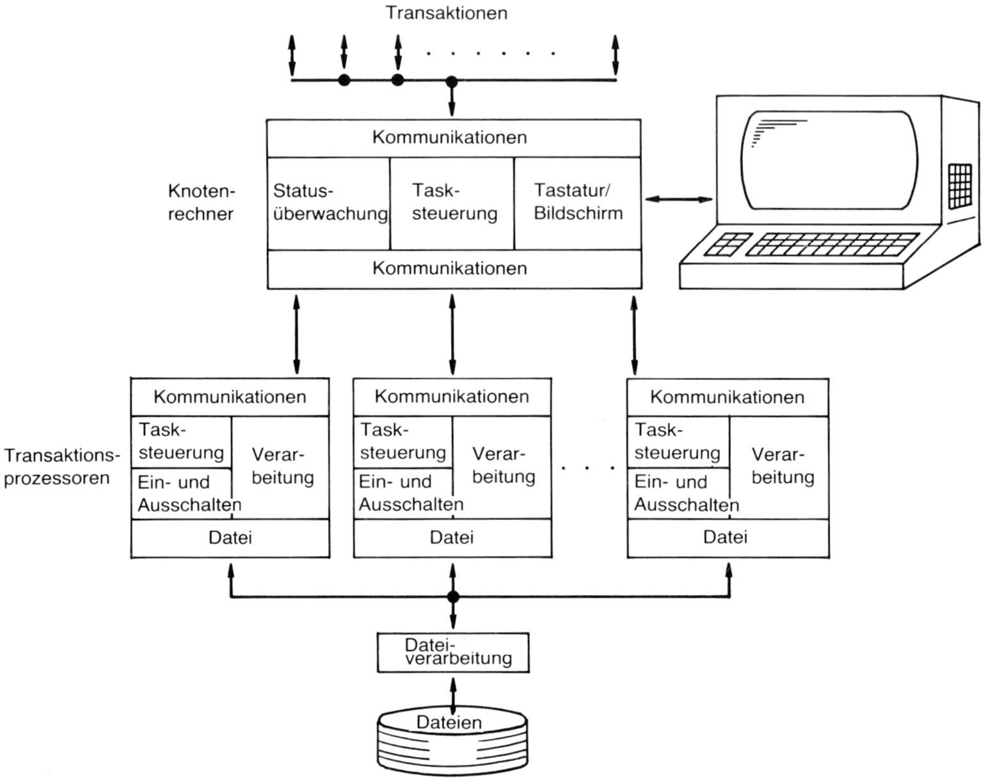

Abb. 10–1: Transaktionsverarbeitungssystem: Basis-Konfiguration

- S = Prozessorgeschwindigkeit in Kops./Sek.
- P = Prozessor-Overhead in Kops./Sek.
- M = Overhead-Faktor des Multiprozessors
- T = Anzahl Operationen, die pro Transaktion in Kops. erforderlich sind,

können wir eine Formel für die TPS-Leistung E(N) ableiten:

$$E(N) = \frac{\text{gesamte Anzahl Kops., die für die Verarbeitung verfügbar sind}}{\text{Anzahl Kops., die für die Transaktion erforderlich sind}}$$

$$E(N) = \frac{N[S-P-M(N\text{-}1)]}{T} \qquad (10-1).$$

Für unsere spezielle TPS-Situation mit S = 1000, P = 200, M = 80 und T = 20 reduziert sich die Formel auf

$$E(N) = \frac{N[1000-200-80\ (N\text{-}1)]}{20}$$

$$= \frac{N\,(880-80\,N)}{20}$$

$$= 4\,N\,(11-N).$$

Einen Graph von E(N) und für diese Situation finden Sie in Abbildung 10–2.

Aus Abbildung 10–2 können wir entnehmen, daß wir die beste Leistung von 120 Tr./Sek. aus einer TPS-Konfiguration von 5 oder 6 Prozessoren erzielen könnten. Bei mehr als 6 Prozessoren wird die Leistung zusehends schlechter, weil jeder zusätzliche Prozessor die anderen Prozessoren weit mehr verlangsamt, als er zusätzliche Leistung einbringt.*)

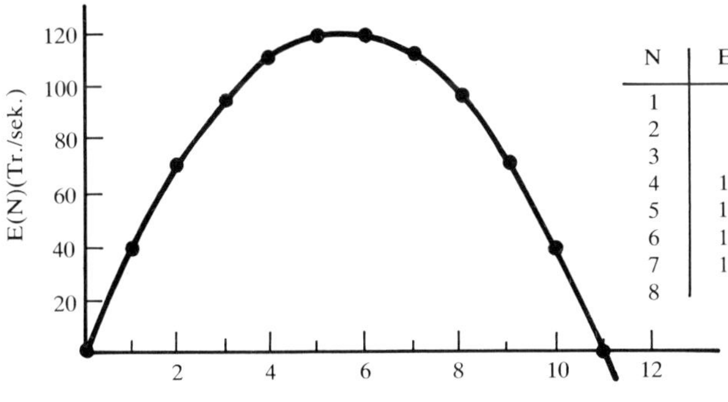

N	E(N)
1	40
2	72
3	96
4	112
5	120
6	120
7	112
8	96

Abb. 10–2: TPS-Durchsatz: E(N) im Vergleich zu der Prozessoren-Anzahl N

Allgemeine Überlegungen

Die Gleichung (10–1) ist das Beispiel eines *Leistungsmodells.* Leistungsmodelle bestehen aus einer Folge von Formeln, die die geschätzte Leistung eines Systems anhand einer Gruppe von Variablen bestimmen, die *Systemparameter* genannt werden. In Gleichung (10–1) handelt es sich nicht nur bei N, sondern auch bei S, P, M und T um Systemparameter. Genau genommen sollten wir uns bei E(N) eigentlich auf E(N, S, P, M, T) beziehen.

Die Leistungsmodelle werden beim Software-Engineering hauptsächlich eingesetzt, um die nachstehenden Informationen zur Verfügung zu stellen, die Entscheidungen über Entwicklungen oder Anschaffungen unterstützen:

1. *Information über eine optimale Leistung*

   Mit Leistungsmodellen läßt sich bestimmen, welcher der gewählten Systemparameter das Maximum an Leistung erbringt.

---

*) Im übrigen haben wir in der Praxis eine Multiprozessoren-Leistung, wie sie in Abbildung 10–2 dargestellt ist, schon oft beobachten können. Bei einem großen Multiprozessorsystem der amerikanischen Regierung wurde die größte Leistung mit vier Prozessoren erreicht, wobei im Grunde genommen überhaupt kein Durchsatz erzielt wurde, als alle neun Prozessoren zum Einsatz kamen. Weitere Analysen über Multiprozessoren-Leistungen mit ähnlichen Ergebnissen finden Sie bei (Thurber, 1976) und (Raskin, 1978).

2. *Information aus der Sensitivitätsanalyse*

   Mit Leistungsmodellen läßt sich die Sensitivität der Systemleistung auf Voraussetzungen bestimmen, die bei dem Modell oder bei den gegebenen Werten der Systemparameter vorhanden sind.

Die Verwendung dieser beiden Informationsarten wird nacheinander in den folgenden zwei Kapiteln besprochen.

10.2 Optimale Leistung

Beispiel

Wir können das Leistungsmodell der Gleichung (10-1) einsetzen, um die Anzahl an Prozessoren N_{max}, die uns die beste TPS-Leistung verschaffen, zu bestimmen, gleichgültig, wie die Werte der Systemparameter aussehen. Dabei stellen wir fest, daß in Abbildung 10–2 die Steigung der Kurve dann Null beträgt, wenn E(N) seinen Maximalwert erreicht. Wir gehen des weiteren von der Tatsache aus, daß die Formel für die Kurvensteigung der Differentialquotient von E(N) mit Bezug auf N ist, wobei die Werte der anderen Parameter konstant geblieben sind.

Wenn wir die Gleichung (10–1) folgendermaßen neu aufstellen:

$$E(N) = \left(\frac{S-P+M}{T}\right) N - \left(\frac{M}{T}\right) N^2 \qquad (10-2)$$

können wir daraus leicht den Differentialquotienten*) errechnen:

$$\frac{dE(N)}{dN} = \frac{S-P+M}{T} - \left(\frac{2M}{T}\right) N \qquad (10-3).$$

Wenn wir N_{max} als den Punkt identifiziert haben, an dem die Steigung bei Null angelangt ist

$$\frac{dE}{dN}(N_{max}) = 0 \qquad (10-4)$$

können wir den Ausdruck für dE/dN in Gleichung (10–3) durch die Gleichung (10–4) ersetzen und N_{max} wie folgt lösen:

$$\frac{S-P+M}{T} - \left(\frac{2M}{T}\right) N_{max} = 0$$

oder

$$N_{max} = \left(\frac{S-P+M}{T}\right)\left(\frac{T}{2M}\right) = \frac{S-P+M}{2M} \qquad (10-5)$$

---

*) In diesem Buch wird lediglich ein einfacher Rechenvorgang angewandt: die Formel für den Differentialquotienten aus einem Polynom.

Wenr $E(x) = a_n x^n + a_{n-1} x^{n-1} + \ldots + a_1 x + a_0$,

dann ist $\frac{dE}{dx} = n a_n x^{n-1} + (n-1) a_{n-1} x^{n-2} + \ldots + a_1$

Für unser TPS-Beispiel mit S = 1000, P = 200 und M = 80 ist die optimale Anzahl an Prozessoren N_{max}:

$$N_{max} = \frac{1000-200+80}{160} = 5{,}5.$$

Da wir in der Praxis 5,5 Prozessoren nicht verwenden können, müssen wir uns auf 5 oder 6 Prozessoren beschränken, die eine Leistung von 120 Tr./Sek. bringen.

Anhand des Wertes von N_{max} können wir feststellen, wieviel Leistung verlorengeht, weil Sachzwänge die absolut optimale Lösung verhindern. Hierzu aus Gleichung (10−1)

$$E(5{,}5) = \frac{5{,}5[1000-200-80\ (4{,}5)]}{20} = 121;$$

damit haben wir uns vergewissert, daß der Leistungsverlust relativ gering ist.

Allgemeine Überlegungen

Einsatz von Differentialquotienten, um die Optima zu ermitteln

Wenn der Differentialquotient einer Funktion gleich Null gesetzt wird, ist das eine notwendige, aber nicht hinreichende Bedingung, um den Maximal- oder Minimal-Wert einer Funktion – oder den *optimalen Wert* – zu finden. In einigen Fällen kann der Differentialquotient bei Werten gleich Null sein, die weder das Maximum noch das Minimum noch das *Optimum* sind:

1. *Mehrere Maxima oder Minima*

   Am Punkt x_0 in Abbildung 10−3 ist der Differentialquotient gleuch Null, und die Funktion hat ein lokales Maximum; es handelt sich aber nicht um das Optimum oder das globale Maximum der Funktion. Wir werden eine solche Situation oft antreffen. Das bedeutet, daß wir mehrere Lösungen suchen müssen, um den optimalen Wert zu erzielen.

2. *Wendepunkte und Sattelpunkte*

   Im linken Graph der Abbildung 10−4 bildet der Punkt $x = 0$ einen Wendepunkt der Funktion $E(x) = x^3$. Der Differentialquotient der Funktion ist $dE/dx = 3x^2$, der bei $x = 0$ gleich Null ist; allerdings hat die Funktion an diesem Punkt weder einen Minimal- noch einen Maximalwert.

   Im rechten Graph derselben Abbildung ist der Sattelpunkt durch einen schwarzen Punkt gekennzeichnet. Der Differentialquotient der Funktion beträgt am Sattelpunkt Null, aber der Punkt stellt, wenn er aus der einen Richtung betrachtet wird, ein Maximum und, wenn er aus der anderen Richtung betrachtet wird, ein Minimum dar.

Am häufigsten stößt man auf Wende- und Sattelpunkte bei der Analyse von hochkomplizierten Funktionen. Die beste Möglichkeit, sie zu entdecken, wäre, daß Sie sich die zweite Ableitung des Punktes ansehen: ist sie gleich Null (und ist die dritte Ableitung nicht Null), handelt es sich bei dem Punkt um einen Wendepunkt; wenn er in einigen Richtungen Null ist und in anderen negativ, handelt es sich bei dem Punkt um einen Sattelpunkt. Wenn er in allen Richtungen negativ ist, handelt es sich um einen Maximalwert; wenn er in allen Richtungen positiv ist, handelt es sich um einen Minimalwert.

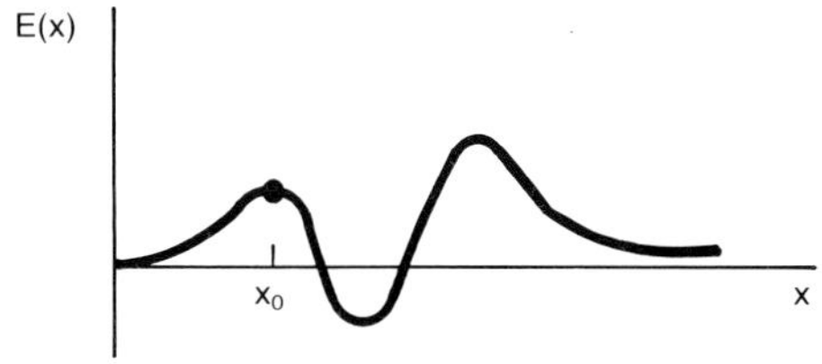

Abb. 10–3

Abb. 10–4

Bei obigen Ausführungen sind wir davon ausgegangen, daß Differentialquotienten dieser Funktionen existieren. Beim Software-Engineering ist dies oft nicht der Fall. Nicht selten gibt es bei Kommunikations-Tarifen und Computer-Nutzungsraten Diskontinuitäten; die Leistungen digitaler Systeme beinhalten meistens eher diskrete denn fortlaufende Werte. Die Suche nach Maximal-Werten ist also nicht auf Stellen zu beschränken, an denen wir Differentialquotienten errechnen können. Auch sollten wir den in Abbildung 10–5 dargestellten Maximalwert berücksichtigen.

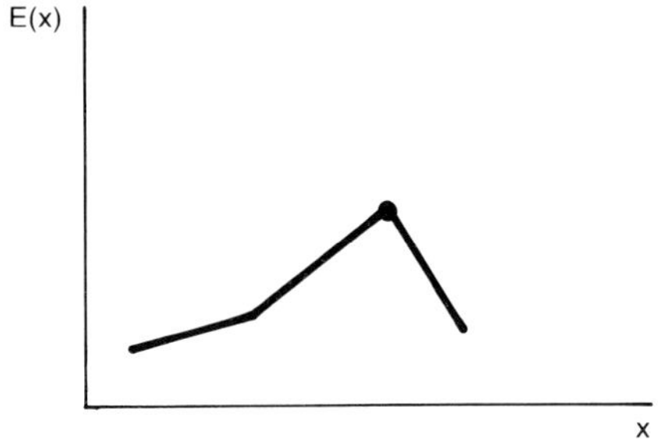

Abb. 10–5

Optimale Lösungen für das Software-Engineering

Am häufigsten werden beim Software-Engineering die optimalen Leistungslösungen in den Phasen der Feinkonzeption und der Codierung eingesetzt. Es wird in den frühen Phasen des Software-Lifecycle oft vorkommen, daß wir eine nicht optimale einer optimalen Lösung vorziehen.

Wie wir später sehen werden, gibt es eine Reihe von Überlegungen – Risiko, Betriebseinschränkungen, Anwender-Einstellung, Wachstum, Wartungsfähigkeit –, die uns dazu bringen können, eine andere Lösung als die optimale Leistung zu wählen. Doch selbst in diesen Fällen werden wir es normalerweise für nützlich erachten, den optimalen Punkt und den optimalen Wert zu bestimmen, weil wir damit beurteilen können, wieviel Aufwand der Versuch, eine nicht optimale Lösung zu verbessern, wert ist.

10.3 Sensitivitätsanalysen

Beispiel

Wie auf anderen Gebieten, so stützt sich auch beim Software-Engineering eine Entscheidung auf eine Anzahl von Annahmen. Bei unserem TPS-Beispiel würde sich eine Entscheidung, fünf Prozessoren zu kaufen, um 120 Tr./Sek. zu verarbeiten, auf die Annahme stützen, daß die tatsächliche Leistung der Hardware und der Software ganz nahe bei der Leistung liegen würde, die die in diesem Modell eingesetzten Systemparameter auswiesen. Eine solche Annahme bedeutet, daß der aktuelle Multiprozessor-Overhead-Faktor M nahe bei dem gegebenen Wert von 80 liegt.

Nehmen wir jedoch an, daß sich diese Annahme in der Praxis nicht bewahrheitet. Welche Auswirkungen hat dies auf die TPS-Leistung?

Wir wollen zusammen einen Fall untersuchen, in dem der Wert von M 160 ist, während alle anderen Systemparameter unverändert bleiben. Aus der Gleichung (10–1) ergibt sich in diesem Fall:

$$E(N) = \frac{N[1000-200-160\,(N\text{-}1)]}{20}$$

$$= \frac{N\,(960-160\,N)}{20} = 8\,N\,(6\text{-}N).$$

Der hieraus resultierende Vergleich ist in Abbildung 10–6 dargestellt.

Das bedeutet: Hätten wir fünf Prozessoren gekauft und nach ihrer Inbetriebnahme feststellen müssen, daß der Multiprozessor-Overhead-Faktor 160 (N-1) Kops./Sek. anstatt 80 (N-1) beträgt, wären wir bei einem TPS mit fünf Prozessoren angelangt, die eine Leistung von 40 Tr./Sek. erbringen. Dies wäre nicht besser als ein TPS mit einem Prozessor und läge weit entfernt von der von uns erwarteten Leistung von 120 Tr./Sek.

Wir gelangen zu einem vollständigeren Bild der Sensitivität von E (N, S, P, M, T) zu M in diesem Fall, indem wir N = 5 setzen, S = 1000, P = 200 und T = 20 lassen und folgende Gleichung prüfen:

$$E(M) = \frac{5[1000-200-M(5\text{-}1)]}{20} = \frac{5\,(800-4M)}{20} = 200-M$$

Abbildung 10–7 zeigt die hieraus resultierende Sensitivitätskurve. Bei dem TPS mit fünf Multiprozessoren wird in diesem Fall jede Zunahme bei Multiprozessor-Overhead-Faktor M durch x Einheiten zu einer Abnahme von x Tr./Sek. der TPS-Leistung führen.

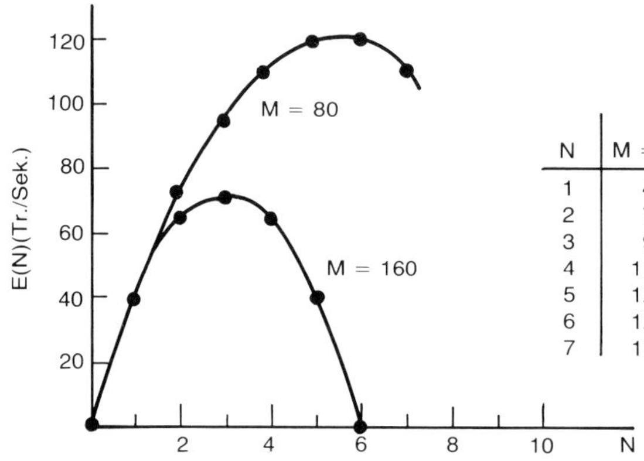

N	E(N) M = 80	E(N) M = 160
1	40	40
2	72	64
3	96	72
4	112	64
5	120	40
6	120	0
7	112	

Abb. 10–6: TPS-Leistung bei zwei Multiprozessor-Overhead-Faktoren

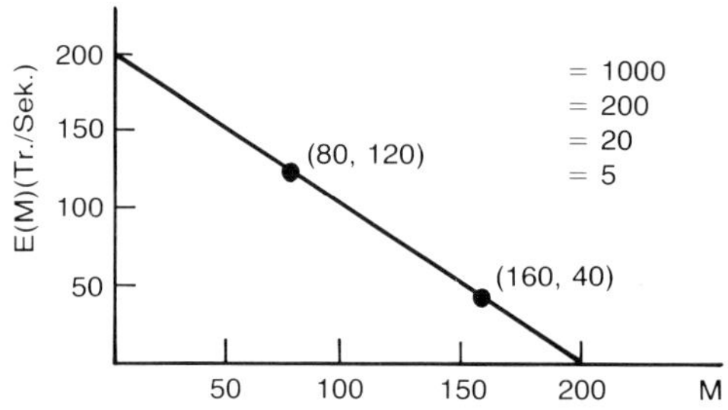

Abb. 10–7: Sensitivität einer TPS-Leistung mit fünf Prozessoren

Allgemeine Überlegungen

Allgemein gilt: wenn wir eine Funktion haben, die mehrere Parameter E (a, b, ..., z) umfaßt, können wir ihre Sensitivität für einen der Parameter, z. B. die Leistung an einem gegebenen Punkt $(a_o, b_o, \ldots, z_o)$ bestimmen, indem wir die partielle Ableitung*) von E nach z an dem Punkt $(a_o, b_o, \ldots, z_o)$ berechnen:

$$\frac{@E}{@z}(a_o, b_o, \ldots, z_o).$$

Bei unserem TPS-Beispiel ergibt sich aus Gleichung (10–1)

$$E(N, S, P, M, T) = \frac{N[S-P-M(N\text{-}1)]}{T} = \frac{N(S-P)}{T} - M\,\frac{N(N\text{-}1)}{T}$$

*) Die partielle Ableitung einer Funktion aus mehreren Variablen E (a, b, ..., z) nach einer der Variablen, zum Beispiel z, wird berechnet, indem die anderen Variablen als Konstanten behandelt werden und die Ableitung des sich ergebenden Ausdruckes nach z berechnet wird. Hätten wir also im vorhergehenden Abschnitt die Leistung als Funktion E (N, S, P, M, T) anstatt als E(N) behandelt, hätten wir die partielle Ableitung @ E/@ N anstatt der regulären Ableitung dE/dN eingesetzt.

Die partielle Ableitung von E nach M unseres TPS-Musters ist

$$\frac{@E}{@M} = \frac{-N(N-1)}{T} = \frac{-5(4)}{20} = -1,$$

nämlich die Steigung der in Abbildung 10–7 dargestellten Sensitivitätskurve.

In vielen Situationen des Software-Engineering wird es Schwierigkeiten bereiten, die partiellen Ableitungen zu berechnen, weil die Funktion E außerordentlich kompliziert sein kann. Oder es kann sich herausstellen, daß sie undefinierte oder diskontinuierliche Ableitungen hat. Das beste, was wir in solchen Fällen für eine Sensitivitätsanalyse tun können, wäre, die benachbarten Werte der Parameter, die wir untersuchen wollen, auszusuchen, die resultierenden Werte von E zu berechnen und diese mit unseren durchschnittlichen Ergebnissen zu vergleichen.

Bei zwei wichtigen Aktivitäten des Software-Engineering hat die Sensitivitäts-Analyse extrem große Bedeutung: bei Untersuchungen über die Durchführbarkeit während der Informations- und Konzeptionsphasen und während der Risiko-Analysen in den Planungs-, Anforderungs- und Produktdesign-Phasen. Zu den besonders wichtigen Bereichen, die überprüft werden müssen, gehören die Sensitivitäts-Analysen von Annahmen über das Betriebssystem-Overhead, über die Leistung unter mangelhaften Bedingungen, über die Leistung von Ressourcen-Sharing-Algorithmen und über die Leistung von Anwendungssystemen mit künstlicher Intelligenz, wie die Verarbeitung natürlicher Sprachen, Muster-Erkennung oder heuristische Suchtechniken.

10.4 Rentabilitätsmodelle

In den vorhergehenden Abschnitten haben wir ein Leistungsmodell entwickelt, mit dem wir das entscheidende Problem der optimalen Leistung lösen können:

Ausgehend von einer gegebenen Gruppe von Systemparametern S, P, M und T können Sie entscheiden, wie viele N-Prozessoren gekauft werden müssen, um eine maximale Leistung E (N, S, P, M, T) zu erreichen.

Wenn wir eine unbegrenzte Anzahl an Prozessoren hätten und wir uns lediglich um die Maximierung der Leistung zu kümmern brauchten, wäre diese Formulierung gut und schön. In den meisten Fällen haben wir jedoch nur begrenzte Mittel zur Verfügung, um solche Prozessoren anzuschaffen; gleichzeitig müssen wir diese Mittel mit anderen konkurrierenden Zwecken teilen. Wir würden also ein Modell vorziehen, bei dem die Leistung der Prozessoren und ihre Effektivität zu den Kosten – seien es Geldbeträge oder eine andere Art knapper Mittel –, die wir für ihre Realisierung aufwenden müssen, in Beziehung gesetzt werden. Ein derartiges Modell nennen wir ein *Rentabilitätsmodell.*

Beispiel

Normalerweise ist die Umwandlung eines Leistungsmodells in ein Rentabilitätsmodell ein relativ direkter Prozeß. Bei einem TPS-Leistungsmodell können wir dabei so verfahren, daß wir N(C) = die Anzahl an Prozessoren, die zu den gegebenen Kosten C verfügbar sind, an die Stelle von N wie folgt setzen:

$$E(C) = \frac{N(C)[S-P-M(N(C)-1)]}{T} \qquad (10-6)$$

Wir haben in unserem TPS-System festgelegt, daß wir 25 identische Ausführungen der TPS-Konfiguration benötigen und daß jeder parallele Transaktions-Prozessor \$ 400 kosten wird. Demnach wird jeder zusätzliche Prozessor, den wir in die Konfiguration aufnehmen, 25 (\$ 400) = \$ 10 000 oder \$ 10 K kosten. Wenn C in K gemessen wird, kommen wir auf N(C) = C/10, und

$$E(C) = \frac{\frac{C}{10}\left[S-P-M\left(\frac{C}{10}-1\right)\right]}{T} \qquad (10-7)$$

In diesem Falle können wir eine der Abbildung 10–2 entsprechende Rentabilitätskurve erzielen, indem wir die X-Achse – wie in Abbildung 10–8 dargestellt – mit einem zusätzlichen Maßstab versehen.

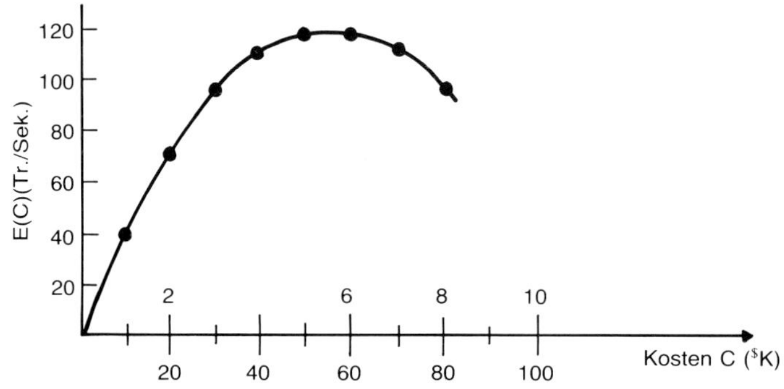

Abb. 10–8: TPS-Rentabilitätskurve auf der Basis von \$ 10 K pro Prozessor

Aus dieser Sicht können wir besser beurteilen, ob die Wahl (N = 5 oder 6), die die Systemleistung maximiert, tatsächlich die beste Allokation knapper Ressourcen darstellt. N = 5 zu wählen, ist offensichtlich besser als N = 6, aber ist es auch besser als N = 4? Ausgaben von \$ 10 K für einen Wechsel von einem System mit vier Prozessoren zu einem solchen mit fünf Prozessoren sind schwer zu rechtfertigen, wenn der Leistungszuwachs nur 8 Tr./Sek. beträgt.

Verbesserungsergebnisse bei der Kostenfunktion

Durch eine Verbesserung der Kostenfunktion N(C) wäre es möglich, diese Situation zu verbessern. Nehmen wir als Beispiel an, daß wir folgenden (äußerst vereinfachten) Mengenrabatt mit dem Lieferanten der Prozessoren aushandeln können:

Preis der ersten 75 Prozessoren:	\$ 400 pro Einheit
Preis ab dem 76. Prozessor:	\$ 240 pro Einheit

Dann wird aus der TPS-Rentabilitätskurve die in Abbildung 10–9 dargestellte, veränderte Kurve. Aufgrund des Mengenrabattes wird der Plan, ein System mit vier oder fünf Prozessoren anzuschaffen, attraktiver.

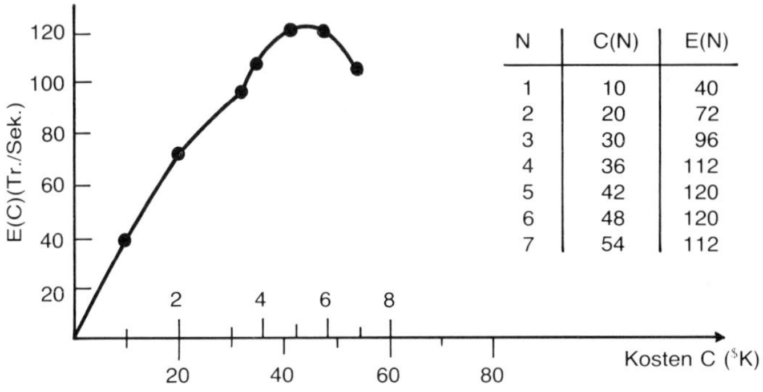

N	C(N)	E(N)
1	10	40
2	20	72
3	30	96
4	36	112
5	42	120
6	48	120
7	54	112

Abb. 10–9: TPS-Rentabilitätskurve auf der Basis eines Mengenrabatts

Allgemeine Überlegungen

Ein *Rentabilitätsmodell* setzt sich aus einer Folge von Formeln zusammen, die die geschätzte Leistungsfähigkeit eines Systems als eine Funktion seiner wertmäßigen Kosten oder in anderen beschränkt verfügbaren Mitteln bestimmen.

Normalerweise sind die Rentabilitätsmodelle zweischichtig, wie wir dies in den obigen Beispielen veranschaulicht haben:

1. ein *Kostenmodell* C = C(F), das zeigt, wieviel die Anschaffung einer bestimmten Gruppe von Hilfsmitteln F kosten wird;
2. ein *Leistungsmodell* E = E(F), das zeigt, wieviel Leistung durch den Einsatz der Hilfsmittel F realisiert werden kann.

Wir haben diese Aufgliederung hauptsächlich aus praktischen Gründen gewählt: normalerweise kann man sich von den Kosten und von der Leistung anhand anderer Hilfsmittel (wie z. B. der Anzahl der N-Prozessoren in unserem TPS-Beispiel) ein besseres Bild machen, als wenn man diese Gedankenverbindung nicht hat. Wenn man sich das Modell außerdem als ein Software-Produkt vorstellt, ist die Aufteilung in seine Komponenten deshalb angebracht, weil sich aller Wahrscheinlichkeit nach die Funktionen, die die Kosten und die Leistung mit den Hilfsmitteln in Beziehung setzen, unabhängig voneinander ändern.

Nachstehend finden Sie einige Beispiele solcher Hilfsmittel mit typischen Preisangaben:

- *Computer-Hardware*

  Eine typische Preisstaffelung bei der Computer-Hardware bewegt sich zwischen $ 1000 für die 1. bis 4. Einheit, $ 850 für die 5. bis 14. Einheit, $ 750 für die 15. bis 59. Einheit, $ 650 für die 50. bis 199. Einheit und $ 600 für die 200. Einheit und darüber.

- *Computer-Zeit*

  Eine Minute auf einer Zentraleinheit (CPU) eines großen Universalrechners kostet normalerweise $ 5 für eilige Jobs, $ 3 für eine normale (zweistündige) Verweilzeit und $ 1 für eine (12stündige) Verweilzeit zum Nachttarif.

- *Software-Produkte*

  Normalerweise liegen die Preise für ein Software-Produkt bei $ 10 000 für den Einsatz bei der ersten Installation in einem Unternehmen und bei jeweils $ 2000 für den Einsatz bei weiteren Installationen.

Eine hervorragende Quelle für die Preisstrukturierung von Computer-Anlagen und Computer-Leistungen ist (Sharpe, 1969); die Kostendaten sind allerdings veraltet.

Wenn wir einen akzeptablen Preis ausgehandelt haben, ist damit das Problem, wie viele Prozessoren wir kaufen sollen, noch nicht gelöst. Mit dem Rentabilitätsmodell können wir die Frage wie folgt präzisieren:

Die Rentabilitätsbeziehung E (C) sagt uns, wieviel Leistung wir bei bestimmten Kosten erwarten können. Wieviel Leistung wollen wir eigentlich kaufen?

Indem wir das zu entscheidende Problem auf diese Weise formulieren, werden uns die Möglichkeiten, die zur Wahl stehen, eher bewußt, und es zeichnen sich zusätzliche Fragestellungen ab, die gelöst werden müssen, ehe wir zur Entscheidung übergehen können:

1. Nehmen wir an, es gibt verschiedene alternative Möglichkeiten für die Investierung unserer Ressourcen in ein TPS (z. B. um das Betriebssystem zu verbessern und das Multiprozessor-Overhead zu reduzieren). Wie können wir feststellen, welches die bessere Alternative ist? Dies ist das Thema der *Rentabilitätsvergleiche,* die in den Kapiteln 11 und 12 besprochen werden.
2. Was ist es uns wert, eine gegebene Anzahl von Transaktionen pro Sekunde verarbeiten zu können? Wie können wir die verschiedenen Dimensionen von Kosten und Aufwand in einem Entscheidungskriterium in Einklang bringen, das uns zu der richtigen Entscheidung darüber verhilft, welche Alternative wir wählen und wie viele Prozessoren wir kaufen sollen? Dies ist der Inhalt von „*Entscheidungsfindung bei mehrdimensionalen Zielen*", dem Thema der Kapitel 13 bis 18.
3. Nehmen wir an, wir haben den Eindruck, daß wir über gewisse besonders empfindliche Systemparameter nicht gut genug Bescheid wissen, um eine richtige Entscheidung treffen zu können. Wieviel sollen wir in weitere Informationen und Analysen investieren, um das Risiko einer falschen Entscheidung zu reduzieren? Dies ist das Thema von „*Risikoanalyse*" und „*Statistische Entscheidungstheorie*", das in den Kapiteln 19 und 20 erörtert wird.

Kapitel 11

Produktionsfunktionen: Kostendegression

11.1 Beispiel

Bei einer Entscheidung des Software-Engineering, die es wert ist, bei unserem TPS-Beispiel Beachtung zu finden, geht es um die Möglichkeit, ein besseres Betriebssystem zu entwickeln, womit das Multiprozessor-Overhead reduziert wird. Nehmen wir an, wir seien nach vorausgegangener Analyse zu dem Schluß gekommen, daß wir ein Betriebssystem mit einem Multiprozessor-Overhead-Faktor von 50 (N-1) entwickeln können, anstatt ein Betriebssystem mit einem Faktor von 80 (N-1) zu kaufen, wie es auf dem Markt zur Verfügung steht. Wir hatten in Kapitel 9 das COCOMO-Zwischenmodell eingesetzt und die Entwicklungskosten für dieses spezielle Betriebssystem auf $ 180 K geschätzt. Im Vergleich hierzu belaufen sich die Kosten für das auf dem Markt zur Verfügung stehende Betriebssystem auf $ 80 K.

Abbildung 11–1 stellt einen Rentabilitätsvergleich dar zwischen der Möglichkeit, das käuflich verfügbare Betriebssystem (Variante A) zu akzeptieren, und der Möglichkeit, ein Betriebssystem für unseren speziellen Zweck zu entwickeln (Variante B), wobei von einheitlichen Kosten in Höhe von $ 10 K pro Prozessor ausgegangen wird. Beachten Sie, daß nicht jede Kurve abfällt, nachdem sie ihren Höhepunkt erreicht hatte, denn wir gehen davon aus, daß wir keine Mittel vergeuden wollen. Wenn wir z. B. $ 150 K für die Variante A zur Verfügung haben, werden wir kein System mit sieben Prozessoren kaufen und installieren und uns mit einer Systemleistung von 112 Tr./Sek. zufriedengeben. Wir würden stattdessen $ 130 K für die Anschaffung und die

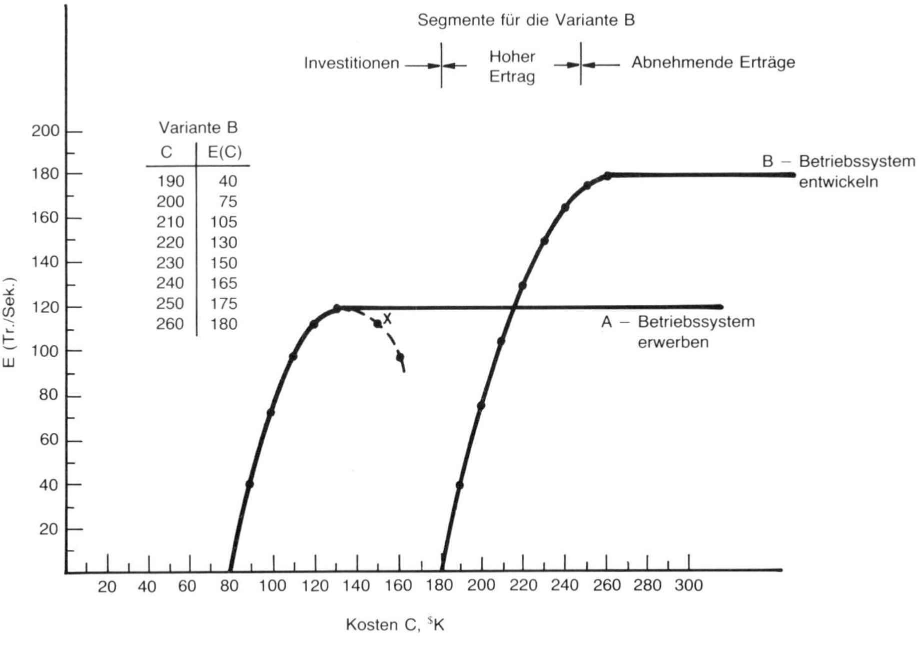

Abb. 11–1: Rentabilitätsvergleich der TPS-Varianten A und B

Installation eines Systems mit fünf Prozessoren ausgeben, eine Systemleistung von 120 Tr./Sek. erreichen und die übrigen $ 20 K als Reserve für unvorhergesehene Ausgaben oder andere Gelegenheiten zurücklegen.

11.2 Allgemeine Überlegungen: Definitionen

In der Wirtschaft nennt man eine solche Funktion eine *Produktionsfunktion.* Eine Produktionsfunktion bringt die mögliche Output-Produktion eines Systems (in diesem Fall die verarbeiteten Transaktionen pro Sekunde) mit der(n) Stufe(n) des konsumierten Inputs (hier: Dollar) in Verbindung und geht von der Annahme aus, daß nur *technologisch effiziente**) Input-Output-Kombinationen zum Einsatz kommen. (Zu unserem Beispiel: die Ausgaben von $ 110 K für die Realisierung einer Leistung von 112 Tr./Sek.-Punkt x in Abbildung 11–1 – waren technologisch ineffizient.) Aufgrund dieser Annahme können wir sicherstellen, daß der Wert einer Produktionsfunktion eine *nicht abnehmende* Funktion seiner Inputs sein wird. Eine weitere Eigenschaft der Produktionsfunktion ist, daß sie *nicht negativ* ist, denn eine negative Output-Quantität ist im Hinblick auf die Möglichkeit, nichts zu tun, ineffizient.

Charakteristischerweise (aber nicht immer) setzt sich eine Produktionsfunktion aus drei Hauptsegmenten zusammen, wie es auch bei unseren Beispielen in Abbildung 11–1 der Fall ist:

1. ein Investitionssegment, bei dem Input verbraucht wird, ohne daß ein hoher Output erzielt wird;
2. ein Segment hoher Erträge, bei dem eine relativ kleine Input-Steigerung eine relativ große Zunahme des Outputs bewirkt;
3. ein Segment abnehmender Erträge, bei dem zusätzlicher Input eine relativ geringe Zunahme des Outputs bewirkt.

11.3 Diskrete Produktionsfunktionen

Es gibt verschiedene Arten von Produktionsfunktionen. Eine der Funktionen, der man beim Software-Engineering häufig begegnet, ist die *diskrete Produktionsfunktion,* bei der Effizienzsteigerungen nur durch diskreten zusätzlichen Input erzielt werden können. So hat unser TPS-Beispiel effektiv eine diskrete Produktionsfunktion, weil wir hier Leistungsverbesserungen nur durch zusätzliche Kosten von jeweils $ 10 K erzielen können, was der Anschaffung eines zusätzlichen Prozessors entspricht. Bei Abbildung 11–2 handelt es sich also um eine genauere Darstellung der Produktionsfunktionen der Varianten A und B.

11.4 Grundlegende Produktionsfunktionen für die Software-Entwicklung

Bei der grundlegenden Produktionsfunktion des Software-Engineering handelt es sich um die Funktion, die zwischen den auszuführenden Source-Befehlen als Output und der Entwicklung in Mann-Monaten als Input eine Relation herstellt. Abbildung 11–3 ist eine Darstellung der Basis-COCOMO-Versionen dieser Produktionsfunktionen bei den drei wichtigsten Arten der Software-Entwicklung, die wir in Kapitel 6 vorgestellt haben.

---

*) Eine Input-Output-Kombination ist technologisch dann effizient, wenn unter Einsatz des gegebenen Input-Umfanges kein höheres Maß an Output erzielt werden kann.

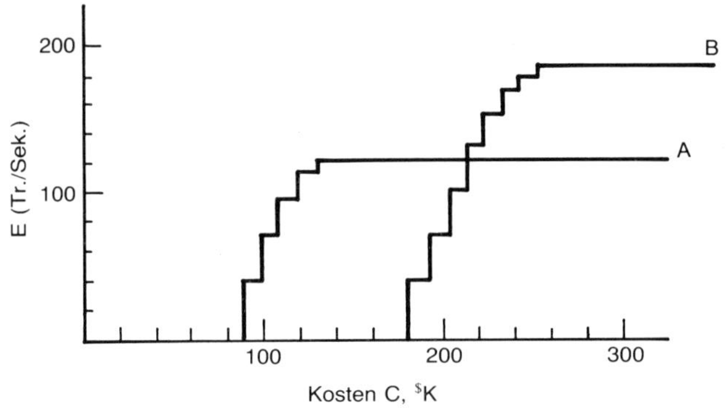

Abb. 11–2: Diskrete Produktionsfunktionen der TPS-Varianten A und B

11.5 Kostendegression und Kostenprogression

Der Verlauf der Kurve im oberen Bereich dieser und anderer Produktionsfunktionen ist das Ergebnis zweier konkurrierender Effekte. Bei einem dieser Effekte handelt es sich um die *Kostendegression:* das sind Faktoren, die die Herstellung großer Mengen eines Produktes rentabler gestalten als die Produktion kleiner Mengen. Bei der Software-Produktion können wir eine Kostendegression bei einem großen Projekt oft dadurch erzielen, daß in Produktivitätshilfsmittel, die für spezielle Zwecke bestimmt sind, investiert wird: in Test-Tools, Diagnosehilfen, Dokumentationshilfen, Hilfen für die Programm-Bibliothek und in Prä- und Postprozessoren. Bei einem großen Projekt werden diese Tools in so hohem Maße eingesetzt, daß sich ihre Kosten reichlich bezahlt machen; damit sorgen sie für eine Kostendegression, die kleineren Projekten – bei denen der Tool-Einsatz zu gering ist, als daß sich die Kosten lohnen würden – nicht zur Verfügung steht.

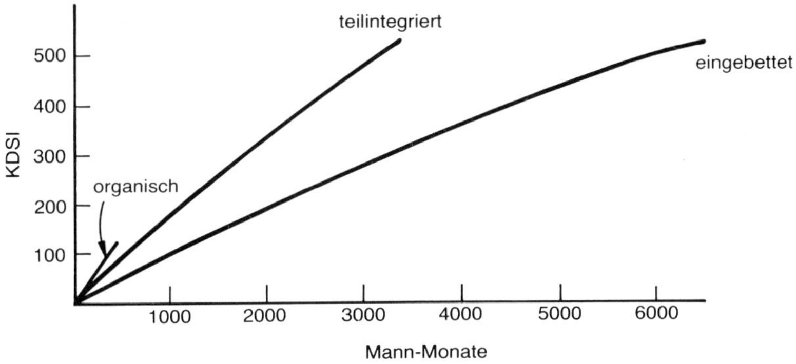

Abb. 11–3: Durchschnittliche Produktionsfunktionen bei der Software-Entwicklung

Der andere konkurrierende Faktor ist der Effekt der *Kostenprogression,* der dem Multiprozessor-Overhead-Effekt unseres TPS-Beispieles sehr ähnlich ist: Je mehr Mitarbeiter einem Team zugeteilt werden, um so mehr Zeit des Mitarbeiters wird für die Kommunikation mit anderen Teammitarbeitern für das Update allgemeiner Informationen, für die Fehlerbehebung oder für Überlegungen über die Verwendung der gemeinsamen Ressourcen verbraucht. Bei der Gruppen-Software-Entwicklung fallen außerdem noch einige rein menschliche Probleme der Kostenprogression an: Je mehr Menschen an dem Projekt mitarbeiten, um so häufiger gibt es persönliche Konflikte, Meinungsverschiedenheiten bei der Programmierung und unterschiedliche Meinungen über die Arbeitsgestaltung, die die Gesamt-Produktivität des Teams beeinträchtigen.

11.6 Kostenprogression bei großen Software-Projekten

Es gibt bei einem Software-Projekt mit N Mitarbeitern N (N-1)/2 potentielle Kommunikationswege oder -Interaktionen zwischen den einzelnen Mitarbeitern, die Ursache für eine Kostenprogression sein können. Abbildung 11−4 vermittelt Ihnen ein Gefühl dafür, wie sich die Anzahl dieser Wege je nach N vermehrt, und zeigt Ihnen die Wege von N = 4, 6 und 8.

Als Software-Engineer eines großen Projektes stehen Sie mitten im Kampf zwischen Kostendegression und Kostenprogression. In der Praxis steht Ihnen eine Anzahl organisatorischer und technischer Initiativen sowie der Motivationsfaktor zur Verfügung, die Sie zur Reduzierung der Kostenprogression einsetzen können. Die wichtigste Initiative bei großen Software-Projekten wäre natürlich der Einsatz der hierarchisch gegliederten funktionsspezifischen Organisationsstruktur, die wir in Kapitel 7 besprochen haben. Beispiel: die Anzahl Interaktionen im Organisationsdiagramm für die Programmierphase bei zwei Mitarbeitern beträgt 144 (siehe Abbildung 7−3) anstelle der (48)(47)/2 oder 1128 Zweipersonen-Interaktionen, die erforderlich sind, wenn alle 48 Mitarbeiter für die Erledigung ihres Jobs miteinander zu koordinieren wären.

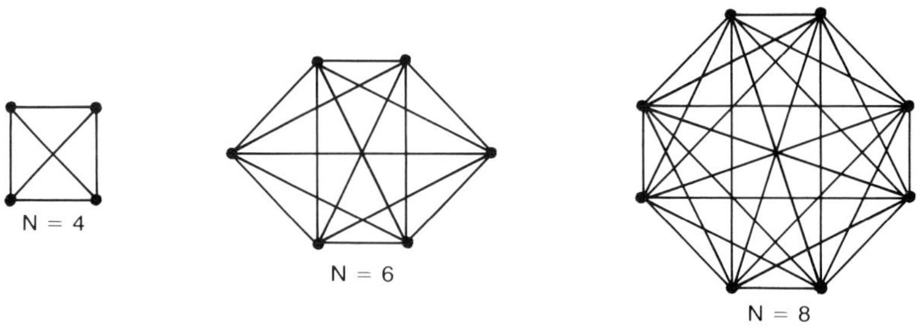

Abb. 11−4: Potentielle Kommunikationswege zwischen N Mitarbeitern

11.7 Der beste Weg zur Bekämpfung der Kostenprogression

Zum Abschluß möchten wir Ihnen die beste aller Methoden zur Reduzierung der Kostenprogression vorstellen. Sie müssen

Den Zuwachs reduzieren.

Bei einem Software-Projekt gibt es zahlreiche Versuchungen, das Produkt und die Aufgabe größer und grandioser zu gestalten. Vermeiden Sie sie! Wenn Sie den Zuwachs anhand von Methoden wie Prototyping, stufenweise Entwicklung und Kürzung der Wunschliste reduzieren, haben Sie mehr Erfolg.

Vermeidung der Kostenprogression: die Ursachen der „vergoldeten" Software

Für jedes beliebige Software-Produkt können wir eine lange Liste von Eigenschaften vorweisen, die das Produkt auf vielfältige Art verbessern. Einige Gruppen dieser Eigenschaften haben sich allgemein als sehr nützlich erwiesen. Bei anderen hat sich schließlich und endlich herausgestellt, daß sie nur der Verschönerung dienen: Eigenschaften, die den Job größer und unverhältnismäßig teurer machen, bei denen sich jedoch in der Praxis herausstellte, daß sie für die Anwender oder das Wartungspersonal von nur geringer Hilfe sind.

Nachstehend zählen wir einige Beispiele von Eigenschaften auf, die sich in der Praxis häufig als reine „Vergoldungs-Faktoren" herausgestellt haben; danach bringen wir eine Gruppe von Eigenschaften, die normalerweise nicht der „Vergoldung" dienen, die aber im Verlaufe des Versuches, „Vergoldungsfaktoren" zu reduzieren, ausgeschieden werden; als letztes bringen wir eine Gruppe von Eigenschaften, bei denen die Möglichkeit besteht, daß sie in die eine oder andere Richtung tendieren.

Eigenschaften, die häufig der „Vergoldung" dienen

- *Sehr kurze Antwortzeit*

  Bei gewissen Operationen und Entscheidungen ist eine sehr kurze Antwortzeit unbedingt erforderlich. Aber viele Systeme wurden überladen mit Informationsanforderungen, die innerhalb einer sehr kurzen Antwortzeit erfolgen sollten; dabei handelte es sich um Informationen, die nur von Tag zu Tag verwendet werden.

  So machten z. B. die ursprünglichen Spezifikationen des problematischen komplexen Logistik-Systems, das 216 Millionen Dollar (Congress, 1976) kostete, eine schnelle Antwort bei 90% der Anforderungen erforderlich; bei einer späteren Überprüfung stellte sich heraus, daß lediglich für 10% der Anforderungen eine schnelle Antwort notwendig gewesen wäre.

- *Übertriebene Genauigkeit*

  Ein Unternehmen sparte 6 Millionen Dollar, die für einen zusätzlichen Super-Computer bestimmt waren, als sich herausstellte, daß der derzeitige Computer während der meisten Zeit Ergebnisse mit vierstelliger Genauigkeit produzierte, obwohl die Anwender lediglich eine zweistellige Genauigkeit benötigten.

- *Unausgewogene Systeme*

  Ein unausgewogenes System verfügt in einem oder mehreren seiner Komponenten über ein sehr hohes Leistungsniveau, das aber für das restliche System gar nicht erforderlich ist. Bei einem städtischen Notfall-Informationssystem wurde z. B. über 1 Million Dollar für den erfolglosen Versuch ausgegeben, die Generierung geographischer Koordinaten aus Straßenadressen mit dreistelliger Genauigkeit zu automatisieren, die zu einer Fahrzeit-Kalkulation passen sollte, die bis auf eine Stelle genau war. Schließlich wurde ein einfaches manuelles Koordinaten-Eingabesystem entwickelt, das für weniger als $ 5000 hinreichend genaue Ergebnisse lieferte.

- *Eigenschaften der künstlichen Intelligenz* (Artificial Intelligence = AI)

  AI ist ein faszinierendes Forschungsgebiet und für die Anwender dann besonders attraktiv, wenn die künstliche Intelligenz in allgemeingültigen Regeln beschrieben werden kann (Eingabe natürlicher Sprachen, Spracherkennung, Erkennung des Absatztrends usw.). Einige AI-Funktionen, wie z. B. eine komplexe Terminplanung, sind mit Erfolg für Software-Produkte entwickelt, in der Folge aber aus dem

AI-Sektor wieder herausgenommen worden. Andere AI-Funktionen haben Millionen von Dollar bei Software-Produkten verschlungen, wurden zum Schluß jedoch aus Enttäuschung wieder ausrangiert.

- *Interaktive mehrfarbige Vektor-Graphiken*

  Auch hier handelt es sich wiederum um ein faszinierendes Forschungsgebiet mit großen potentiellen Möglichkeiten, um die Effizienz des Mensch-Maschine-Systems zu verbessern; jedoch ist nicht zu übersehen, daß es sich hier um übermäßige Vergoldungsaktionen handelt. So wurden z. B. bei einem strategischen Management-Informationssystem mehrere Millionen Dollar dafür ausgegeben, um schöne Test-Muster und eine Anzahl Displays zu entwickeln, die von den Anwendern im Top-Management zwar als hübsch, aber als verwirrend und für ihre Entscheidungen irrelevant beurteilt wurden.

- *„Alles für Jedermann-Systeme“*

  Ende der Sechziger Jahre wurden zahlreiche Versuche unternommen, „totale Management-Informationssysteme“ zu entwickeln, die alle Informationsverarbeitungs-Anforderungen eines Unternehmens in ein einziges, umfassendes und integriertes System kombinieren sollten. Zu Beginn der Siebziger Jahre stand einwandfrei fest, daß diese Systeme keinen Erfolg hatten, was hauptsächlich auf Kostenprogressionen zurückzuführen war sowie darauf, daß die eigentlichen Informationsverarbeitungs-Anforderungen des Unternehmens nicht erkannt worden waren (wir beziehen uns z. B. auf Dearden, 1972; Kanter, 1972).

Eigenschaften, die eigentlich nicht der „Vergoldung“ dienen

- *Benutzerfreundliche Input-Präprozessoren*

  Die Investition von zusätzlichem Aufwand in Eigenschaften, mit denen einfache, verläßliche Dateneingaben bei einem Produkt ermöglicht werden sollen, bei dem umfangreiche Daten erfaßt werden müssen: das ist keine bloße Verschönerungsaktion. Beispiele finden Sie bei (Gilb-Weinberg, 1977).

- *Benutzerfreundliche Output-Postprozessoren*

  Die Investition von zusätzlichem Aufwand in Ausnahmeberichte, die es den Anwendern ersparen, enorme Mengen gedruckten Outputs zu sichten, ist keine Vergoldungs-Aktion. Natürlich kann man hier und auf der Input-Seite, wie z. B. bei den interaktiven mehrfarbigen Vektor-Graphiken, auch übertreiben.

- *Modularität und Information-Hiding*

  Hierfür ist an Ort und Stelle ein besonders hoher Aufwand erforderlich; wie wir aber am Beispiel des Faktors „moderne Programmiermethoden“ im COCOMO-Zwischenmodell gesehen haben (Tabellen 8–2, 8–8), lohnt sich die Investition sowohl bei der Entwicklung als auch bei der Wartung reichlich.

- *Möglichkeiten der Messung und der Diagnose, Backup- und Recovery-Möglichkeiten usw.*

  Es gibt eine Reihe von Möglichkeiten zur Verbesserung der Software-Qualität, die nicht zum „Vergolden“ gehören, mit Ausnahme vielleicht der Einmalprogramme mit kurzer Lebensdauer.
  Beispiele finden Sie bei (Boehm und andere, 1978; Lipow und andere, 1977).

Eigenschaften, die manchmal dem „Vergolden“ dienen

Es gibt Eigenschaften, die bei einigen Anwendungen äußerst nützlich, bei anderen aber absolut überflüssig sind. Beispiele:

- übermäßig verallgemeinerte Kontroll- und Daten-Strukturen,
- komplexe Befehlssprachen des Anwenders,
- Universal-Dienstprogramme und Unterstützungs-Software,
- automatische Trend-Analyse.

Wie erkennt man das „Vergolden“ von Software?

Der beste Weg zur Erkennung der „Vergoldung“ von Software ist der Rückgriff auf die Produktionsfunktions-Begriffe, die wir in diesem Kapitel besprochen haben. Bei jeder möglichen Software-Eigenschaft sollten Sie zuerst abschätzen, welchen Beitrag sie zu der Leistungsfähigkeit des Informations-Verarbeitungssystems leisten kann und inwiefern sie auf die Kosten der Produktentwicklung einen Einfluß hat. Wenn es sich herausstellt, daß aufgrund dieser Kosten eine Eigenschaft in das gewinnmindernde Segment der Produktionsfunktion des Systems fällt (siehe als Beispiel die Abbildung 11–5), handelt es sich um eine „vergoldende“ Eigenschaft, die fallengelassen werden muß. Wenn die Eigenschaft aufgrund der Kosten in das Investitionssegment oder das Segment hoher Erträge fällt, sollte sie zu einem Bestandteil des Software-Produktes gemacht werden.

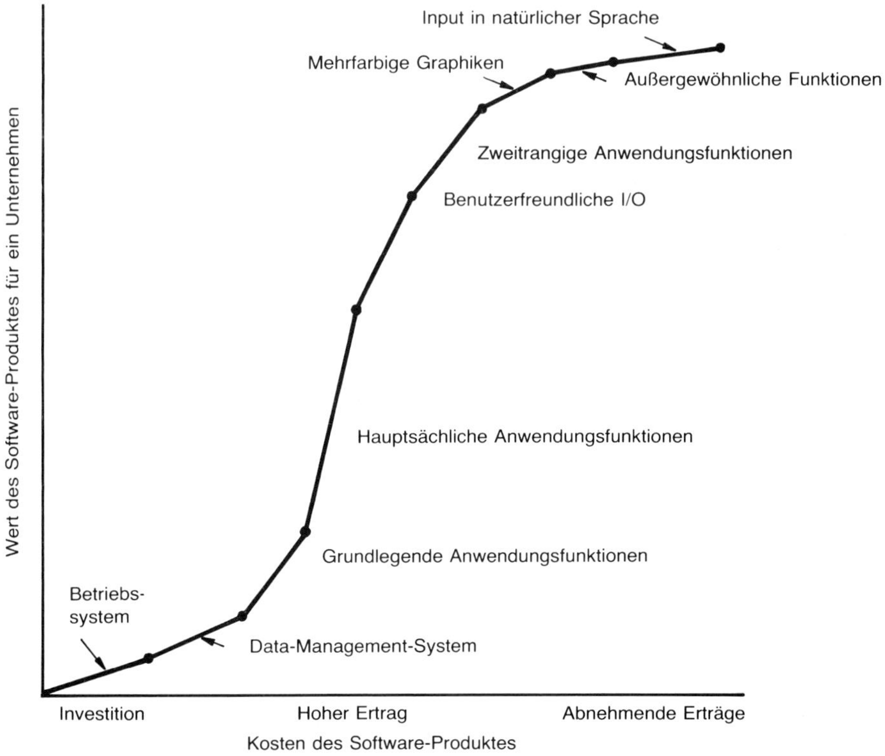

Abb. 11–5: Typische Produktionsfunktion von Software-Produkteigenschaften

Wenn wir jedoch ein Produkt zu entwickeln beginnen, sollten wir uns zuerst überlegen, ob die Aufnahme der in Frage stehenden Eigenschaft nicht auf eine spätere Stufe der Entwicklung verschoben werden könnte, ohne daß dadurch die sofortige Funktionsfähigkeit des Systems kompromittiert würde. Wir könnten z. B. in der Abbildung 11–5 die Entwicklung zuerst auf eine Anfangsstufe bis zu den grundlegenden Anwendungsfunktionen festlegen; zu der zweiten Stufe würden dann die hauptsächlichen Anwendungsfunktionen und zu der dritten Stufe die benutzerfreundlichen I/O- und zweitrangigen Anwendungsfunktionen gehören. Bei einem Forschungsprojekt könnten die Möglichkeiten der anderen Eigenschaften untersucht werden.

Im Kontext eines Software-Entwicklungszyklus fallen solche Überlegungen und Beurteilungen natürlich unter die Aktivität der Zielüberprüfung, die als Schritt Nr. 5 des GOALS-Ansatzes laut Tabelle 3–2 durchgeführt wird. Sie sind insbesondere Teil der Korrektheits-Überprüfungen, die am Ende der Voruntersuchungs-, Planungs-, Anforderungs- und Produktdesign-Phasen durchgeführt werden.

Sie finden weitere genaue Richtlinien über die Beurteilung des Wertes der Eigenschaften von Informationsverarbeitungsprodukten unter der Überschrift „Wert der Information" in Kapitel 20.

Vermeidung von Kostenprogression bei Hardware-Software-Produkten

Für ein Hardware-Software-Informationsverarbeitungsprodukt gibt es verschiedene ähnliche Möglichkeiten, mit denen Kostenprogressionen durch die Reduzierung des Zuwachses verringert werden können. Eine diesbezüglich sehr schlagkräftige Methode ist die *funktionelle Modularität.*

Nehmen wir an, wir benötigen ein TPS, das in der Lage ist, 180 Tr./Sek. zu verarbeiten, wozu wir aber bei einer Investition von $ 260 K (siehe Abbildung 11–1) kaum in der Lage sein werden.

Nehmen wir weiterhin an, daß wir einen Weg finden, die Transaktionen in zwei verschiedene Arten aufzuteilen, für die zu einer zufriedenstellenden Transaktionsverarbeitung keine gegenseitige Information erforderlich ist. Der relative Umfang dieser zwei Transaktionsarten ist ziemlich gleich: 95 Tr./Sek. für die Variante 1 und 85 Tr./Sek. für die Variante 2. Wenn dies zutrifft, können wir das System in zwei funktionell orientierte Module teilen, eines für die Transaktionen der Variante 1 und eines für die Transaktionen der Variante 2, wie dies in Abbildung 11–6 dargestellt ist.

Wir haben den Multiprozessorumfang bei Modul 1 und Modul 2 auf jeweils bis zu drei Prozessoren reduziert. Mit dieser Konfiguration können 96 Tr./Sek. pro Modul sogar auf dem handelsüblichen Betriebssystem verarbeitet werden, was für den Umfang beider Transaktions-Varianten ausreicht.

Hieraus resultieren Kosten in Höhe von $ 60 K für die Prozessoren und $ 80 K für die Software*), insgesamt also $ 140 K. Dadurch, daß wir die funktionelle Modularität zur Reduzierung der erforderlichen Multiprozessoren eingesetzt haben, haben wir die ursprünglichen Kosten auf die Hälfte reduziert und uns zusätzlich ein größeres Wachstumspotential verschafft.

---

*) Für die Anpassung der Software an die zwei separaten Transaktionsarten würden einige zusätzliche Kosten entstehen, die aber – verglichen mit den gesamten Einsparungen – relativ gering sind.

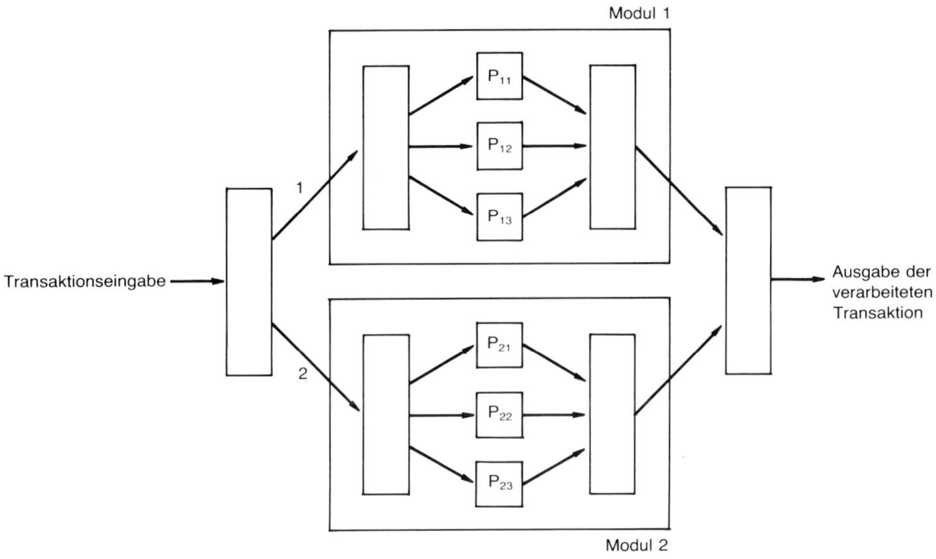

Abb. 11–6: Modulares Transaktionsverarbeitungssystem

Kapitel 12

Wahl unter den Alternativen: Entscheidungskriterien

12.1 Beispiel: Maximal verfügbares Budget

Gehen wir davon aus, daß wir unsere Transaktionen nicht aufteilen und unser TPS nicht – wie im vorhergehenden Kapitel besprochen – modularisieren können. Damit befinden wir uns wieder in derselben Situation wie in Abbildung 11–1, die wir hier der Einfachheit halber als Abbildung 12–1 wiederholen.

Abbildung 12–1 konfrontiert uns mit einer schwierigen Entscheidung. Welche Möglichkeit sollen wir wählen, Variante A oder B?
Sollte eine Produktionsfunktion F stets über einer anderen Produktionsfunktion G liegen (Abbildung 12–2), fällt die Wahl leicht: Wählen Sie die Variante F. Die Variante A der Abbildung 12–1 ist jedoch bis zu Ausgaben von $ 220 K kostengünstiger, und die Variante B hat danach den Vorrang.

Es gibt verschiedene Entscheidungskriterien, die es uns ermöglichen, das Problem der Entscheidung auf verschiedene Weise zu lösen: jede Lösungsmöglichkeit ist den verschiedenen Situationen angepaßt. Es handelt sich um die folgenden Kriterien:

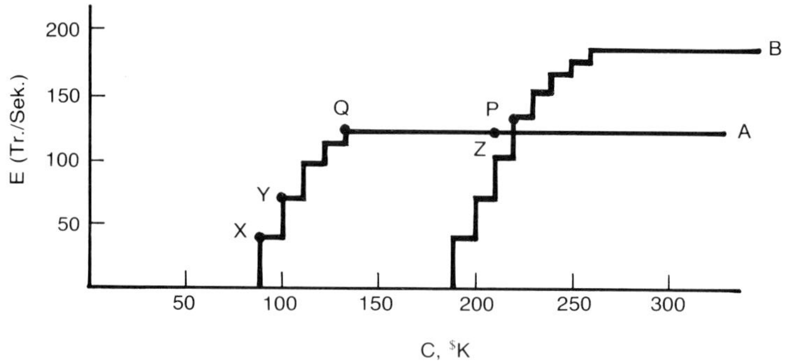

Abb. 12–1: Produktionsfunktionen der TPS-Varianten A und B

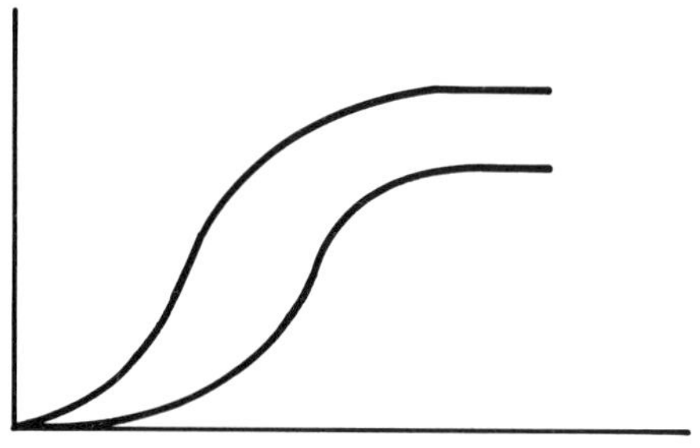

Abb. 12–2

1. Maximal verfügbares Budget
2. Minimale Leistungsanforderung
3. Maximales Verhältnis Effektivität/Kosten
4. Maximale Differenz Effektivität/Kosten
5. Kombinierte Alternativen.

Wir werden jede dieser Möglichkeiten nacheinander besprechen.

Wenn uns für die TPS nur $ 150 K zur Verfügung stehen, fällt uns die Entscheidung leicht: Wir wählen die Variante A. In einigen Fällen kann dieses Kriterium jedoch dazu führen, daß Gelegenheiten versäumt werden, wenn ein willkürliches Budget-Limit allzu genau eingehalten wird. Ein Budget-Limit von $ 90 K z. B. könnte Anlaß für die Entscheidung sein, ein TPS mit einer Leistung einzurichten, die am unteren Ende des hohen Ertragsteils der Kurve liegt (dem Punkt X in Abbildung 12–1). Wenn Sie das Budget-Limit um etwa 10% lockern und auf $ 100 K festsetzen, erzielen Sie eine Leistungsverbesserung von 80% (40 bis 72 Tr./Sek., Punkt Y).

In anderen Fällen könnte uns das Budget-Limit zur Wahl der falschen Alternative veranlassen. Ein Budget-Limit von $ 210 K z. B. würde die Wahl der Alternative A (Punkt Z) aufdrängen, was dann eine unglückliche Wahl wäre, wenn ein höheres Wachstumspotential als 120 Tr./Sek. erforderlich wäre.

12.2 Minimale Leistungsanforderung

Wenn für unsere Anwendung eine Leistung von mindestens 160 Tr./Sek. erforderlich ist, werden wir uns selbstverständlich für die Variante B entscheiden. Auch hier gilt wieder, daß eine übertrieben rigorose Leistungsanforderung zu einer unbefriedigenden Entscheidung führen kann. Eine willkürliche Leistungsanforderung von 125 Tr./Sek. z. B. bewirkt eine Entscheidung, daß $ 220 K ausgegeben werden können (Punkt P in Abbildung 12–1). Wenn die Anwendung auf zufriedenstellende Weise mit einer Kapazität von 115 Tr./Sek. eingesetzt werden könnte, könnte für $ 130 K ein akzeptables System beschafft werden (Punkt Q).

12.3 Maximales Verhältnis Effektivität/Kosten

Bei einem anderen Entscheidungskriterium muß diejenige Situation gewählt werden, die den größten Nutzen pro Investitionseinheit oder die größte Effektivität im Verhältnis zu den Kosten erbringt. In Abbildung 12–3 liegen alle Punkte mit einem gegebenen Verhältnis der Effektivität zu den Kosten auf einer Geraden durch den 0-Punkt. Die Gerade L z. B. entspricht in allen Punkten dem Verhältnis Effektivität/Kosten = 2.

Wir müssen also die Gerade durch den Nullpunkt mit der höchstmöglichen Steigung finden, die aber noch einen Punkt der TPS-Produktionsfunktion enthält. Wie aus Abbildung 12–3 ersichtlich ist, handelt es sich um die Gerade K mit einer Steigung von 0,93. Der Punkt der maximalen Effektivität/Kosten ist der Punkt R mit Kosten von $ 120 K und einer Leistung von 112 Tr./Sek.

Normalerweise führt dieses Entscheidungskriterium zu einer akzeptablen Lösung. Das geschieht jedoch unabhängig von irgendwelchen Budget-Beschränkungen, Leistungsanforderungen oder Wachstumsüberlegungen.

Solche Überlegungen können in manchen Situationen sehr wichtig sein, und das Kriterium des maximalen Verhältnisses Effektivität/Kosten könnte zu einer falschen Entscheidung führen.

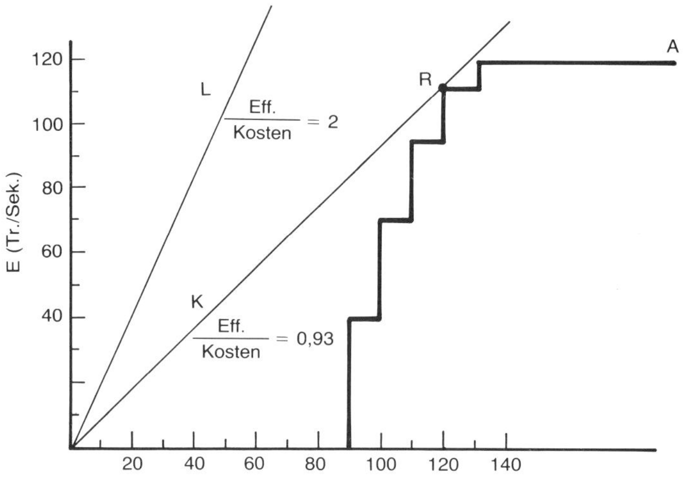

Abb. 12–3: Maximales Verhältnis Effektivität/Kosten

12.4 Maximale Differenz Effektivität/Kosten

Nehmen wir an, wir finden einen Weg, um Kosten und Effektivität auf gleicher Basis miteinander in Beziehung zu setzen. Wenn wir z. B. festgestellt haben, daß jede Transaktion pro Sekunde Verarbeitungskapazität \$ 2500 wert ist, könnten wir die Effektivität nach Dollar messen und die Differenz Effektivität/Kosten zur Grundlage unserer Entscheidung machen. Abbildung 12–4 zeigt die Produktionsfunktionen der Varianten A und B, dargestellt nach dem Kriterium der Effektivität in Dollar. Sie zeigt des weiteren die Gerade L, die die Punkte repräsentiert, bei denen die Effektivität und die Kosten gleich sind. Da die Differenz Effektivität/Kosten eines jeden Punktes einer Produktionsfunktion gleich der vertikalen Entfernung zwischen dem Punkt und der Geraden L ist, können wir den Punkt der maximalen Differenz Effektivität/Kosten bestimmen, indem wir den Punkt einer Produktionsfunktion bestimmen, der vertikal am höchsten über der Geraden L liegt. In unserem Falle ist es der Punkt D mit E = \$ 450 K, C = \$ 260 K und E-C = \$ 190 K.

Wenn wir einen unterschiedlichen Wert für die Bedeutung jeder Transaktion hätten, kämen wir zu einer andersgearteten Geraden L und oft zu einer anderen Lage des Punktes D für die maximale Differenz Effektivität/Kosten. Abbildung 12–5 zeigt den Fall, bei dem der Wert jeder Transaktion pro Sekunde \$ 2000 anstatt \$ 2500 beträgt.

Ähnlich wie das Kriterium des maximalen Verhältnisses Effektivität/Kosten führt auch das Kriterium der maximalen Differenz von Effektivität und Kosten zu einer guten Lösung. Dies geschieht jedoch unabhängig von Budget-Beschränkungen, Leistungsanforderungen oder Wachstumsüberlegungen. Wir werden die Methoden, die sich mit diesen Überlegungen befassen, in Teil III B besprechen.

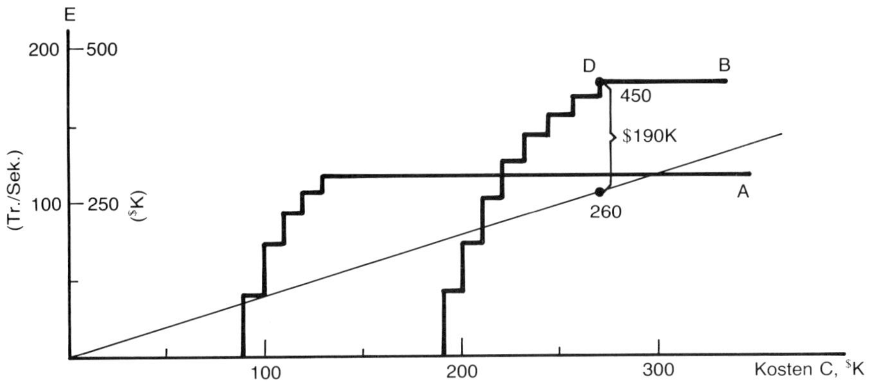

Abb. 12–4: Maximale Differenz Effektivität/Kosten

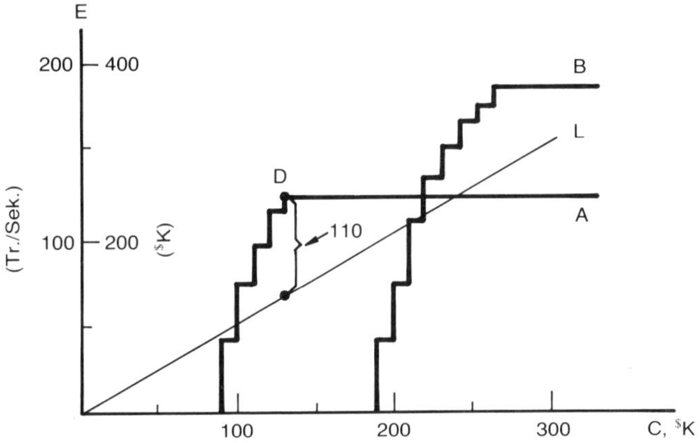

Abb. 12–5: Maximale Differenz Effektivität/Kosten II

12.5 Kombinierte Alternativen

Es gibt keine Regel, wonach wir eine Alternative wählen und alle anderen verwerfen sollten. Nicht selten besteht die beste Lösung darin, eine Kombination der möglichen Alternativen zu wählen. Nehmen wir an, daß z. B. in den Kosten von $ 180 K der TPS-Variante B Kosten von $ 30 K enthalten sind, die sie mit den Kosten von $ 80 K der Variante A gemeinsam hat – es handelt sich um die Kosten für die Test-Unterstützungs-Software, für gemeinsame Dokumentation usw.

Dann können wir die folgende Strategie ins Auge fassen:

1. Entwicklung und Installation eines Systems, bei dem das handelsübliche Betriebssystem und fünf Prozessoren eingesetzt werden, die 120 Tr./Sek. leisten und $ 80 K kosten.
2. Während des Einsatzes dieser Konfiguration gehen Sie dazu über, weiter $ 150 K für die Entwicklung des spezifischen Betriebssystems zu investieren.

3. Nach der Fertigstellung dieses speziellen Betriebssystems installieren Sie es auf dem System mit den fünf Prozessoren, wodurch Sie seine Leistung auf 150 Tr./Sek. steigern.
4. Nun können weitere Prozessoren nach Bedarf hinzugefügt werden.

Mit dieser Strategie kommen wir zu der kombinierten Produktionsfunktion, die in Abbildung 12–6 dargestellt ist. Verglichen mit der unvermischten Variante B kostet die Kombinationsalternative weitere $ 50 K, um ein gleich hohes Effektivitätsniveau zu erzielen. Aber diese $ 50 K geben uns die Möglichkeit, das System mit 120 Tr./Sek. einzusetzen, solange das andere Betriebssystem für unsere speziellen Zwecke entwickelt wird. Dies bietet uns eine gute Gelegenheit, den Zeitablauf im TPS festzulegen und einige Erkenntnisse über das Betriebssystem zu sammeln, solange diese noch in das Design des spezifischen Betriebssystems integriert werden können. Auch werden die Entwickler des Betriebssystems von dem Druck befreit, ihre Arbeit so schnell wie möglich zu verrichten, was normalerweise nur auf Kosten der Qualität des Software-Produktes möglich ist.

Die Tatsache, daß die Kosten und die Nutzen bei dieser Variante zu verschiedenen Zeiten entstehen, verursacht einige Komplikationen beim Vergleich von aktuellen und künftigen Ressourcen. Der Geldwert ändert sich nämlich im Laufe der Zeit. Diese Themen werden in Kapitel 14 besprochen.

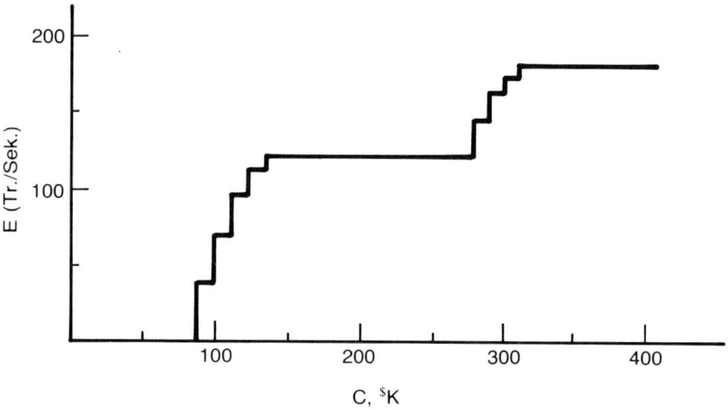

Abb. 12–6: Produktionsfunktion für die kombinierte Alternative des TPS

12.6 Allgemeine Überlegungen

Die meisten Beschlüsse, die in Entscheidungssituationen des Software-Engineering gefaßt werden müssen, gestalten sich nicht so einfach wie die von uns bisher besprochenen. Aber unsere Entscheidungskriterien sind außerordentlich hilfreiche Konzipierungshilfen für die Formulierung und Lösung von vielen Entscheidungen des Software-Lifecycle. Auch bieten sie eine Grundlage für die komplizierteren Entscheidungshilfen, die wir in den restlichen Kapiteln von Teil III dieses Buches erörtern werden.

Teil III B

Entscheidungsanalysen bei mehrdimensionalen Zielen

Wir haben als Kernpunkte des GOALS-Ansatzes beim Software-Engineering, den wir in Teil I vorgestellt haben, folgendes festgehalten: Für ein erfolgreiches Software-Engineering ist ein kontinuierlicher Prozeß erforderlich, bei dem unsere Ziele präzisiert, konkurrierende Ziele in Einklang gebracht, entsprechende Entscheidungen gefällt und über die diversen, gleichzeitig zu realisierenden Ziele Absprachen getroffen werden. Nur selten kommen wir beim Software-Engineering in den Genuß von Beschlüssen, die unter ein einziges Entscheidungskriterium fallen. Wie wir aus den Fallstudien der Kapitel 1 und 2 gesehen haben, ist es sehr gefährlich, mehrdimensionale Ziele zu ignorieren. Eine gute Kenntnis der Methoden des Zielabgleichs und der Entscheidungsfindung bei mehrdimensionalen Zielen ist daher außerordentlich wichtig.

Die grundlegenden Methoden, die wir in Teil III B behandeln werden, sind:

1. *Nettowert-Analyse und Grenzwert-Analyse*

   Kapitel 13 erörtert die Methoden, wie Sie mit Situationen, in denen alle bedeutenden Ziele unter den gemeinsamen Nenner des *Nettowertes* fallen, umgehen können.

2. *Aktuelle im Vergleich zu künftigen Ausgaben und Einnahmen*

   Besonders bei einer von Inflation gezeichneten Wirtschaft ist ein Dollar, den wir heute einnehmen oder ausgeben, mehr wert als ein Dollar, den wir in einem Jahr ausgeben oder einnehmen werden. In Kapitel 14 werden die *Barwert*-Methoden besprochen, die sich mit solchen Themen befassen.

3. *Leistungszahlen*

   In Kapitel 15 sind die Methoden erfaßt, mit denen mehrere Entscheidungskriterien auf das alleinige Kriterium der *Leistungszahl* reduziert werden können.

4. *Ziele als Nebenbedingungen: begrenzte Optimierung*

   Kapitel 16 befaßt sich mit den Methoden, mit denen der Entscheidungsprozeß über mehrdimensionale Ziele dadurch vereinfacht wird, daß einige Ziele als Nebenbedingungen behandelt werden.

5. *Systemanalyse und begrenzte Optimierung*

   Die in Kapitel 17 vorgestellten Methoden sind ein Teil des allgemeinen Zweigs der Systemanalyse; diese ist der beste Ansatz, zur Entscheidung anstehende Themen während der Voruntersuchungsphase des Software-Lifecycle anzupacken. Auch finden Sie in diesem Kapitel eine Einführung zu den Rahmenbedingungen und Schlüsselbegriffen der Systemanalyse im Zusammenhang mit der eingeschränkten Optimierung.

6. *Umgang mit unvereinbaren und unquantifizierbaren Zielen*

   Häufig müssen Entscheidungen beim Software-Engineering im Hinblick auf eine Gruppe von Zielen getroffen werden, wie z. B. Entwicklungskosten, Arbeitsmoral der Mitarbeiter, Produkt-Zuverlässigkeit und leichte Handhabung, die entweder absolut unquantifizierbar sind oder unmöglich in Form eines universellen Kriteriums wie z. B. Dollar ausgedrückt werden können. Kapitel 18 stellt einige Methoden vor, um solche Situationen in den Griff zu bekommen.

Kapitel 13

Nettowert- und Grenzwert-Analysen

13.1 Beispiel

Wir haben in Abschnitt 12.1 anhand eines Beispieles das Entscheidungskriterium der maximalen Effektivität/Kostendifferenz besprochen; wir verwenden dieses Beispiel weiterhin. In Abschnitt 12.1 haben wir gezeigt, daß wir, wenn wir eine Möglichkeit zur Messung der Effektivität in Dollar (hier *Gesamtwert* genannt oder abgekürzt *TV*) haben, auch die Netto-Effektivitäts-Kostendifferenz als ein wertvolles Entscheidungskriterium einsetzen könnten. Wenn wir einmal festgesetzt haben, daß uns jede Transaktion pro Sekunde Verarbeitungskapazität $ 2500 wert ist, könnten wir mit Abbildung 12–4 (hier wiederaufgenommen als Abbildung 13–1) diejenige TPS-Konfiguration mit der größten Effektivitäts-Kostendifferenz bestimmen, deren Entwicklung wir den Vorzug geben. Dies ist in Abbildung 13–1 der Punkt D, d. h. eine Konfiguration mit acht Prozessoren, bei der ein zu entwickelndes spezifisches Betriebssystem verwendet wird. Die Kosten belaufen sich auf C = $ 260 K; der Gesamtwert ist TV = $ 450 K und der Nettowert TV – C = $ 190 K.

Dies könnte auch so dargestellt werden, indem wir von den verschiedenen Varianten des Nettowertes NV = TV – C eine graphische Darstellung anfertigen. In diesem Falle wäre der Punkt D ganz einfach der maximale Wert auf jeder Nettowert-Kurve, wie dies in Abbildung 13–2 dargestellt ist.

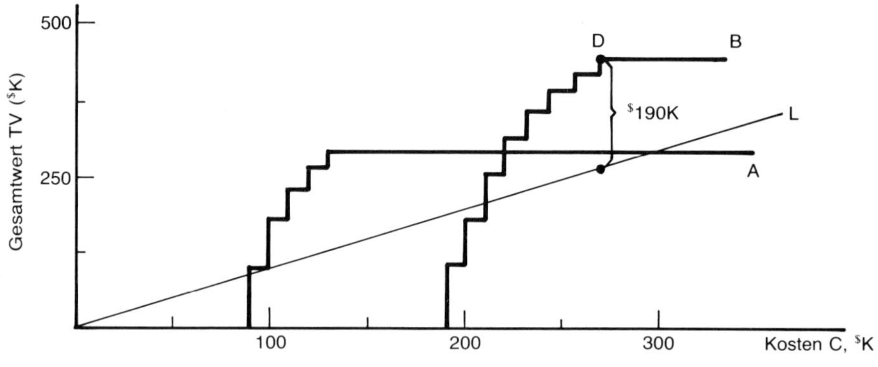

Abb. 13–1: Maximale Differenz Effektivität/Kosten (Nettowert)

13.2 Allgemeine Überlegungen: Grenzwert-Analyse

Der Gesamtwert TV eines Informationsverarbeitungssystems ist seine Effektivität, sofern dies in denselben Einheiten ausgedrückt wird, wie sie zur Benennung der Systemkosten C verwendet werden. In diesem Fall wird der Nettowert NV als die Differenz Effektivität/Kosten NV = TV – C definiert.

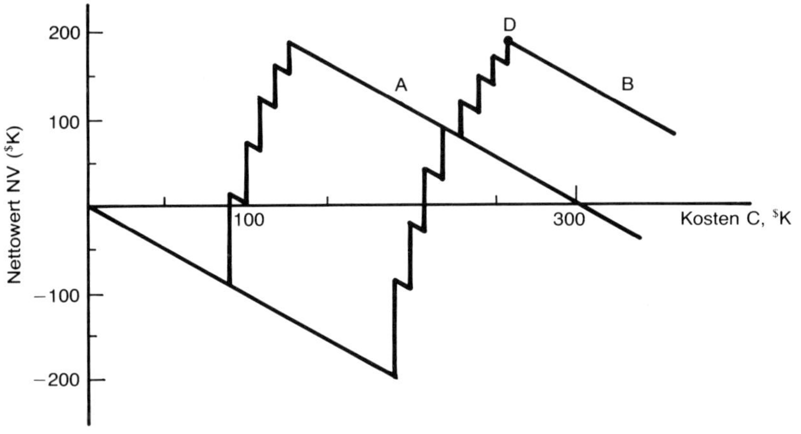

Abb. 13–2: Nettowert der TPS-Alternativen im Vergleich zu den Kosten

Abbildung 13–2 zeigt den Nettowert als eine Funktion der Kosten. Da die Kosten je nach der Aktivitätsstufe*) einer Alternative variieren (hier ist es die Anzahl der Prozessoren, die anzuschaffen sind), ist es angebracht, die Kosten, den Gesamtwert und den Nettowert als Funktionen der Aktivitätsstufe auszudrücken.

Die Abbildungen 13–3 a und b zeigen die typischen Formen der Kostenfunktion C(x), der Gesamtwert-Funktion TV(x) und der Nettowert-Funktion NV(x) = TV(x)-C(x) als Funktionen der Aktivitätsstufe x.

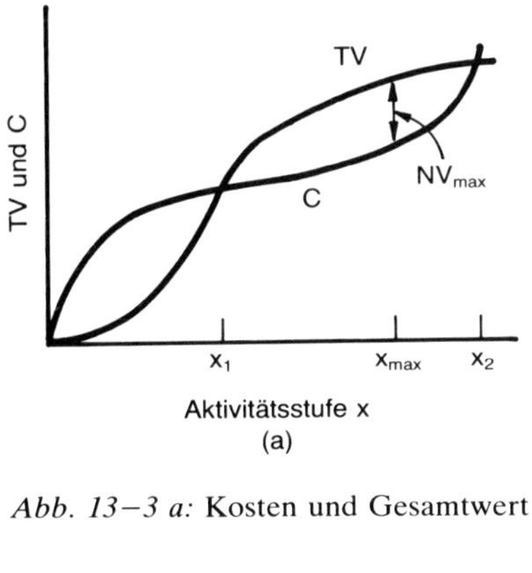

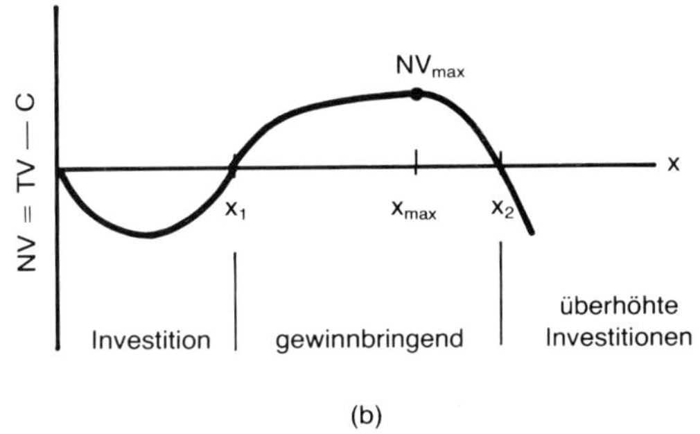

Abb. 13–3 a: Kosten und Gesamtwert

Abb. 13–3 b: Nettowert im Vergleich zur Aktivitätsstufe

Die Abschnitte einer typischen Nettowert-Funktion gleichen den Segmenten (Investition, hohe Erträge, abnehmende Erträge) der Gesamtwertfunktion (oder Produktionsfunktion), die wir in Abschnitt 11.2 besprochen haben. Ähnlich beginnt eine Nettowert-Funktion mit einer Investitionsstufe, die aus dem ursprünglich negativen

*) Die Aktivitätsstufe einer Alternative ist eine Größe, die den Umfang mißt, in dem die Alternative verwendet wird.

Teil der Kurve besteht, die am Punkt x_1 endet. Die Nettowert-Funktion tritt dann in einen positiven Bereich, zu dem der Punkt x_{max} gehört. Jenseits von diesem Punkt nimmt die Kostenfunktion schneller als die Gesamtwert-Funktion zu. Ab dem Punkt x_2 verläuft die Nettowert-Funktion in einem Bereich der Über-Investition, auf welcher der Gesamtwert wieder geringer ist als die Kosten, die für seine Realisierung aufgewendet werden müssen.

Netto-Grenzwert

Wir können auf jeder gegebenen Aktivitätsstufe x die unmittelbaren Konsequenzen einer Erhöhung der Aktivitätsstufe bestimmen, indem wir die Steigung der Nettowert-Kurve – den Nettogrenzwert (MNV) – berechnen:

$$MNV = \frac{d(NV)}{dx}$$

Wenn wir uns im positiven Teil der Nettowert-Kurve befinden, können wir nachfolgende Entscheidungsrichtlinien zur Maximierung des Nettowertes formulieren:

1. Ist MNV positiv, steigern Sie die Aktivität.
2. Ist MNV negativ, reduzieren Sie die Aktivität.
3. Ist MNV gleich Null, ist die Aktivitätsstufe optimal (x_{max}).

Somit können wir die optimale Aktivitätsstufe x_{max} bestimmen, indem wir den Nettogrenzwert MNV = d(NV)/dx errechnen und die nachstehende Gleichung lösen:

$$\frac{d(NV)}{dx} = 0 \qquad (13-1)$$

Da NV = TV – C ist, können wir die Gleichung auch wie folgt ausdrücken:

$$\frac{d(NV)}{dx} = \frac{d(TV)}{dx} - \frac{dc}{dx} = 0$$

oder

$$\frac{d(TV)}{dx} = \frac{dc}{dx} \qquad (13-2)$$

Die Größen d(TV)dx und dc/dx werden jeweils *Grenzwert* und *Grenzkosten* genannt. Die obige Entscheidungsrichtlinie kann somit nach Grenzwert und Grenzkosten ausgedrückt werden:

1. Liegt der Grenzwert über den Grenzkosten, sollten Sie die Aktivität steigern.
2. Liegt der Grenzwert unter den Grenzkosten, sollten Sie die Aktivität reduzieren.
3. Sind Grenzwert und Grenzkosten gleich hoch, ist die Aktivität optimal (x_{max}).

Bei Einsatz der Regel wird davon ausgegangen, daß wir uns im positiven Bereich der Nettowert-Kurve befinden.

Die Abbildungen 13–14 a und b zeigen die Funktionen des Grenzwertes und der Grenzkosten entsprechend den Wert- und Kostenfunktionen der Abbildungen 13–3 a und b.

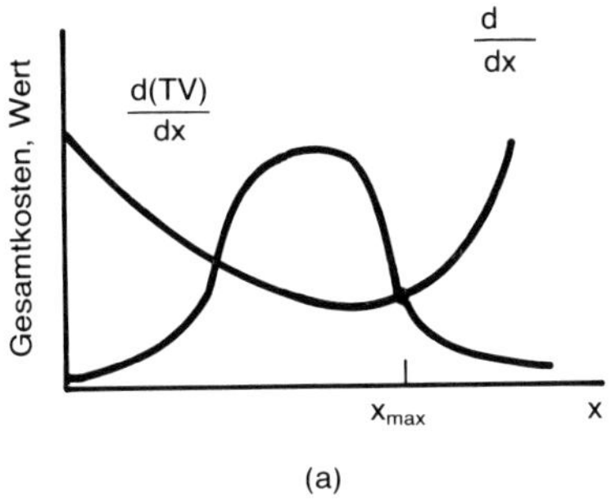

Abb. 13–4 a: Grenzkosten und Gesamtwert

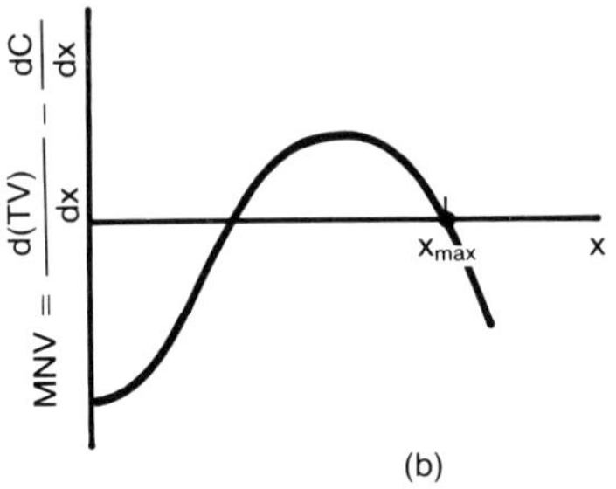

Abb. 13–4 b: Netto-Grenzwert

13.3 Illustration

Wir wollen nun untersuchen, wie sich diese Theorien in der Praxis bei unserem TPS-Beispiel auswirken. Unsere frühere Analyse (Abbildung 13–1) hat uns gezeigt, daß unser Nettowert durch eine Konfiguration mit acht Prozessoren maximiert wurde, als wir die Variante B verwendet haben. Diese Schlußfolgerung fußte auf einer Schätzung von \$ 2500 für den Gegenwert (V_T) einer Verarbeitungskapazität nach Transaktionen pro Sekunde. Wir sind aber nicht sicher, ob diese Schätzung genau ist. Wir wollen also eine Sensitivitätsstudie durchführen, um zu bestimmen, wie der Wert N_{max} entsprechend dem Wert V_T variiert.

Die Prozessoren-Anzahl N ist unsere Variable für die Aktivitätsstufe. Unsere Kostenfunktion und unsere Gesamtwert-Funktion sind:

$$C(N) = 180 + 10\,N$$

$$TV(N) = V_T \frac{N[1000-200-50(N-1)]}{20} \quad \text{(aus Gleichung 10–1)}$$

$$= V_T(42{,}5\,N - 2{,}5\,N^2)$$

Dann sind die Grenzkosten und der Grenzwert

$$\frac{dC}{dN} = 10$$

$$\frac{d(TV)}{dN} = V_T(42{,}5 - 5\,N)$$

Anhand der Gleichung (13–2) können wir N_{max} bestimmen, indem wir diese Größen einander gleichsetzen und für N_{max} folgende Gleichung aufstellen:

$$10 = 42{,}5\,V_T - 5\,V_T\,N_{max}$$

$$N_{max} = \frac{42{,}5\,V_T - 10}{5\,V_T} = 8{,}5 - \frac{2}{V_T} \qquad (13\text{–}3)$$

Der Graph der Gleichung (13–3) ist in Abbildung 13–5 dargestellt.

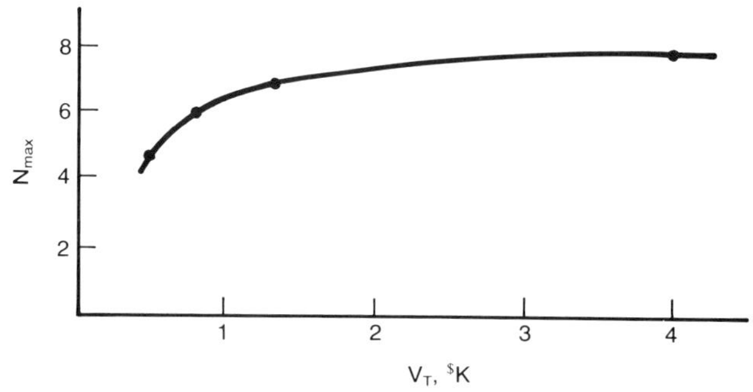

Abb. 13–5: Höchste Anzahl von Prozessoren im Vergleich zum Transaktionswert

Es fällt auf, daß die Kurve im Bereich von V_T = $ 2,5 K sehr flach verläuft. Damit haben wir die Bestätigung, daß wir – sollten wir ein System mit acht Prozessoren aufgrund unserer früheren Analyse anschaffen – wegen der Ausstattung des Systems unbesorgt sein können (weil wir eine höchstmögliche Anzahl Prozessoren haben, die deutlich unter acht liegt), wenn unsere ursprüngliche Schätzung V_T = 2,5 K von diesem Ergebnis etwas abweicht.

13.4 Vorbehalte in Zusammenhang mit Nettowert und Gewinn

In vielen wirtschaftlichen Abhandlungen ist der Nettowert mit dem Gewinn eines kommerziellen Unternehmens gleichbedeutend; es wurde eine Unternehmenstheorie entwickelt, die sich auf die Annahme stützt, daß das wichtigste Ziel eines Unternehmens die Maximierung seines Gewinnes sei. Der Einsatz des Gewinns in Dollar als dem einzigen Kriterium, wenn es gilt, Entscheidungen zu treffen, verleitet nicht selten zu Entscheidungen, die kurzfristig gesehen guten Gewinn versprechen, aber in sozialer Hinsicht schlechte Ergebnisse für die Mitarbeiter mit sich bringen (und – als Ergebnis – auf lange Sicht meistens schlechte Gewinnaussichten).

Der in diesem Buch verwendete Nettowert-Ansatz geht davon aus, daß *alle* relevanten Komponenten der Effektivität – Befriedigung der Bedürfnisse der Mitarbeiter, Kunden-Goodwill, Vertraulichkeit der Anwender-Information, leichte Handhabung durch die Bediener – in Dollar-Werte übertragen und als solche in die Gesamtwert-Funktion aufgenommen worden sind. Wenn dies bei einigen Faktoren in quantitativer Hinsicht nicht durchgeführt werden kann, müssen wir entweder irgendeinen Weg finden, um sie als Beschränkungen zu behandeln (siehe Kapitel 16), oder wir müssen sie subjektiv als nichtquantifizierbare Ziele behandeln (siehe Kapitel 18).

Auf diese Art und Weise kann von den quantitativen wirtschaftlichen Methoden profitiert werden, wenn ihre Anwendung angebracht erscheint: es bleibt dann immer noch Raum, die subjektiven, humanen Aspekte hervorzuheben, wenn sie über die quantitativen Faktoren dominieren.

13.5 Wert von Produkten zur Informationsverarbeitung

Selbst in Fällen, in denen die sozialen Aspekte relativ geringe Bedeutung haben, kann es Schwierigkeiten bereiten, die quantitative Funktion für die Darstellung des Wertes der Produkte der Informationsverarbeitung ausreichend zu definieren. Die Bedeutung einer bestimmten Anzahl verarbeiteter Transaktionen pro Sekunde wird unserem TPS-Beispiel illustriert.

In der Wirtschaft stellt der „Wert“ eines Gegenstandes den höchsten Preis dar, den man gewillt ist, für den Gegenstand zu bezahlen. Bei einem Produkt der Informationsverarbeitung kann dies zu einer komplizierten Funktion sehr vieler verschiedener Faktoren werden. Nachstehend einige Beispiele anhand unseres TPS-Systems:

- *Zeit*

  Wenn bei einer finanziellen Transaktion die tägliche Deadline verpaßt wird, gehen die Zinsgewinne des Tages verloren. Große Banken tätigen pro Tag finanzielle Transaktionen im Wert von mehr als einer Milliarde Dollar; bei einer Milliarde Dollar beläuft sich der tägliche Zinsgewinn auf ca. $ 300 000 (DiNardo, 1975).

- *Kosten der Alternativen*

  Wenn die einzige Alternative darin besteht, daß Transaktionen manuell durchgeführt werden, würden die Kosten für die Entwicklung eines TPS auf Computer-Basis ziemlich hoch sein. Wenn aber bereits wirtschaftliche Transaktions-Verarbeitungseinrichtungen bestehen, werden die Kosten für die Entwicklung eines weiteren Systems relativ niedrig sein.

- *Weitere Möglichkeiten aufgrund von Information*

  Bei einem TPS für eine Börse kann ein beträchtlicher und zusätzlicher Wert aus der Möglichkeit erwirtschaftet werden, daß man die Markttendenzen beobachtet und daraus Gewinn zieht. Ein im Verkauf vor Ort eingesetztes TPS kann einen zusätzlichen Gewinn aus der Möglichkeit einer rentableren Bestandsführung schöpfen.

Auch andere Faktoren können ihren Einfluß ausüben, wie z. B. Genauigkeit, Zuverlässigkeit, Umfang und Informationsstruktur. Die Auswirkungen der Informationszuverlässigkeit werden wir in Kapitel 20 besprechen.

Der Wert eines Produktes zur Informationsverarbeitung hängt grundsätzlich von zwei Hauptfaktoren ab:

1. *Dem Grad, in welchem uns die entstehende Information hilft, kritische Entscheidungen zu treffen.*

   Bei einem TPS für Flugreservierungen ist die Information über die Anzahl und Art freier bzw. reservierter Plätze wichtiger als die Information über Anzahl und Typen der Flugzeugmotoren. Andererseits wäre bei einem TPS für Flugzeugwartung die Information über die Motoren nützlicher.

2. *Dem Grad, in welchem das Produkt der Informationsverarbeitung die grundlegenden menschlichen Bedürfnisse zufriedenstellt.*

   Ein Barscheck ist hauptsächlich von Wert wegen der Dinge, die man mit ihm kaufen kann: Nahrung, Unterhaltung, Sicherheit usw. und nicht wegen seines Inhalts, den man für Entscheidungen verwenden kann.

Wir werden den ersten Faktor im einzelnen in den Kapiteln 19 und 20 besprechen.

Kapitel 14

Laufende im Vergleich zu zukünftigen Ausgaben und Einnahmen

14.1 Beispiel: Eine extrem vereinfachte Kostenanalyse

Gehen wir davon aus, daß wir beschlossen haben, in unserem TPS-Beispiel die Variante A (das vorhandene Betriebssystem) während der Dauer von zwei Jahren einzusetzen. Während dieser Zeit werden wir mit dem System Erfahrungen sammeln und eine passende Nachfolge-Variante entwickeln, die am Ende dieser zwei Jahre einsatzbereit ist.

Das nächste wirtschaftliche Entscheidungsproblem, mit dem wir uns konfrontiert sehen, stellt uns vor die Wahl, ob wir unsere Prozessoren mieten oder kaufen sollen. Nehmen wir an, wir haben uns für das System der Variante A mit fünf Prozessoren entschieden, so daß wir die folgenden Möglichkeiten*) haben:

- A 1: Wir mieten die Prozessoren gegen eine monatliche Miete von $ 1200.
- A 2: Wir kaufen die Prozessoren von einem Lieferanten, der sie uns für $ 50 000 verkaufen und nach 2 Jahren für $ 25 000 zurückkaufen wird.

Nachstehend eine einfache Analyse:

Kosten der Variante A 1 = $ 1 200/Monat × 24 Monate = $ 28 800

Kosten der Variante A 2 = $ 50 000 − $ 25 000 = $ 25 000.

Damit kämen wir zu der Entscheidung, die Variante A 2, nämlich den Kauf der Prozessoren zu wählen.

Dies könnte allerdings die falsche Schlußfolgerung sein, weil nämlich die Analyse von der fehlerhaften Annahme ausgeht, daß ein Dollar, der uns nach 24 Monaten zur Verfügung stehen wird, denselben Wert hat wie ein Dollar, über den wir jetzt disponieren können. Tatsache ist jedoch, daß ein Dollar, über den wir heute verfügen können, schon deshalb mehr wert ist, weil wir ihn für zwei Jahre auf die Bank legen und dafür die angelaufenen Zinsen verbuchen können.

14.2 Zinsberechnungen

Gehen wir davon aus, wir finden eine Möglichkeit, unser Geld mit jährlich 9% oder 0,75% pro Monat — bei monatlichen Zinseszinsen — anzulegen. Bei unserer Variante A 2 haben wir $ 25 K über zwei Jahre hinweg durch die Anschaffung unserer Prozessoren blockiert. Wir wollen nun sehen, welchen Wert diese $ 25 K am Ende der zwei Jahre erreicht hätten, wenn ihr laufender Wert am Ende eines jeden Monates um 0,75% (einem Faktor von 1,0075) erhöht worden wäre. Am Ende des ersten Monates kämen wir auf

$$V(25\,000, 1) = \$\ 25\,000 / 1{,}0075).$$

Am Ende des zweiten Monats kämen wir auf

$$V(25\,000, 2) = [\$\ 25\,000\ (1{,}0075)]\ (1{,}0075) = \$\ 25\,000\ (1{,}0075)^2$$

---

*) Diese Möglichkeiten treffen eher für Großrechner als für Mikrocomputer zu.

Aufgrund derselben Argumentation kämen wir am Ende des 24. Monats auf:

$V(25\,000, 24) = \$\,25\,000\,(1{,}0075)^{24} = \$\,25\,000\,(1{,}1964) = \$\,29\,910.$

Wir haben also die Möglichkeit verspielt, beinahe $ 5000 zu verdienen, weil wir unsere $ 25 K durch den Kauf der Prozessoren blockiert haben.

14.3 Barwert-Kalkulationen

Eine andere Möglichkeit, den reduzierten Wert der Variante A 2 zu berechnen, ist folgender: wir berechnen den Wert der $ 25 K nach dem heutigen Stand des Dollars, die wir nach zwei Jahren beim Verkauf der Prozessoren erhalten werden. Dies können wir durch die Bestimmung von X in folgender Gleichung berechnen:

$$\$\,25\,000 = V(X, 24) = X\,(1{,}0075)^{24}$$

oder

$$X = \frac{\$\,25\,000}{(1{,}0075)^{24}} = \frac{\$\,25\,000}{1.1964} = \$\,20\,896$$

Dies ist der *Barwert* der $ 25000, den wir nach zwei Jahren erzielen werden. Die Kosten der Variante A 2 im Sinne des Barwertes stellen sich daher wie folgt dar:

$\$\,50\,000 - \$\,20\,896 = \$\,29\,104$

Wenn wir den Barwert der Variante A 1 errechnen können, haben wir eine realistischere Basis, um uns zwischen den beiden Varianten zu entscheiden. Wenn wir uns die obige Gleichung für X und den Barwert von $ 25 000 bei einem Zinsfuß von monatlich 0,0075 über 24 Monate ansehen, kommen wir zu

$$X = PV(\$\,25\,000, 0{,}0075, 24) = \frac{\$25\,000}{(1{,}0075)^{24}}$$

Da die bislang verwendete Argumentation auch für jeden anderen Cash-flow F, jede Zinsrate r pro Zeitabschnitt und jede Anzahl Zeitabschnitte Gültigkeit hat, können wir für den Barwert folgende allgemeingültige Formel aufstellen:

$$PV(F, r, n) = \frac{F}{(1+r)^n} \qquad (14-1).$$

Oft ist es geläufiger, den Barwert in Form des *Diskontsatzes* auszudrücken:

$$D = \frac{1}{1+r} \qquad (14-2)$$

$$PV(F, D, n) = FD^n$$

Weitere Informationen zur Diskontierung finden Sie in Abschnitt 14.6.

14.4 Barwert einer Folge von Cash-flows

Wenn wir die Gleichung (14–2) einsetzen, können wir den Barwert für unsere monatlichen Mietzahlungen der Variante A 1 berechnen. Unsere monatlichen Zahlungen betragen jeweils $ 1200; sie sind jeweils zu Beginn der 24 Monate fällig. Nach der ersten Zahlung kommen wir auf

$$PV_s(1200, D, 1) = PV(1200, D, 0) = \$\,1200.$$

Nach der zweiten Zahlung kommen wir auf

$$PV_s(1200, D, 2) = \$ 1200 + PV(1200, D, 1) = \$ 1200 + 1200 D,$$

wo wir den Index s (für Serien) hinzugefügt haben, um diese Größe von der Barwert-Funktion der einzelnen Zahlungen zu unterscheiden. Der zweite Ausdruck wird aus der Gleichung (14–2) abgeleitet, weil wir einen Cash-flow = 1200 haben, der nach n = 1 Zeitabschnitt mit einem Diskontsatz D zu zahlen ist.

Nach der dritten Rate kommen wir auf

$$PV_s(1200, D, 3) = \$ 1200 + 1200 D + 1200 D^2 = \$ 1200 (1+D+D^2),$$

wobei wir wiederum die Gleichung (14–2) einsetzen, um den endgültigen Ausdruck zu erzielen.

Mit derselben Argumentation kommen wir nach der 24. Rate*) zu

$$PV_s(1200, D, 24) = \$ 1200 (1 + D + D^2 + D^3 + \ldots + D^{23})$$

$$= \$ 1200 \frac{1 - D^{24}}{1 - D}$$

Wenn wir dieselbe Argumentation weiter verwenden, können wir eine allgemeine Formel für den Barwert aus mehreren m für gleiche periodische Cash-flows p, die zu Beginn jeder Periode ausgegeben werden, ableiten, indem wir einen Diskontsatz D einsetzen:

$$PV_s(p, D, m) = p \left(\frac{1 - D^m}{1 - D}\right) \qquad (14-3)$$

Der Diskontsatz in unserem Beispiel lautet:

$$D = \frac{1}{1{,}0075} = 0{,}9925558,$$

und der Barwert unserer Zahlungen beträgt

$$PV_s(1200, 0{,}9925558, 24) = \$ 1200 \left(\frac{1 - 0{,}9925558^{24}}{1 - 0{,}9925558}\right)$$

$$= \$ 1200 \left(\frac{0{,}16417}{0{,}00744442}\right) = \$ 26\,464.$$

14.5 Zusammenfassung der Analyse Miete im Vergleich zu Kauf

Die nachstehende Tabelle ist eine Zusammenfassung der Kosten der Varianten A 1 und A 2 gemäß unserer ersten einfachen Analyse und entsprechend dem Barwert:

---

*) Für jedes m können wir diese Übereinstimmung durch die Multiplikation und Division mit 1–D demonstrieren:

$$1 + D + D^2 + \ldots + D^m = \frac{1 + D + D^2 + \ldots + D^{m-1})(1 - D)}{1 - D}$$

$$= \frac{1 + D + D^2 + \ldots + D^{m-1} - D - D^2 - D^3 - \ldots - D^m}{1 - D} = \frac{1 - D^m}{1 - D}$$

	Einfache Analyse	Analyse des Barwertes
Kosten der Variante A 1	\$ 28 800	\$ 26 464
Kosten der Variante A 2	\$ 25 000	\$ 29 104

Die Verwendung des Barwertes hat uns zu einer Schlußfolgerung geführt, die zu unserer früheren einfachen Analyse im Gegensatz steht. Die Miet-Variante A 1 hat an Wert gewonnen, weil wir aufgrund der Ratenzahlungen die Möglichkeit haben, unser Geld nutzbringender zu verwenden. Die Kauf-Variante hat an Wert verloren, weil sie uns solche Möglichkeiten verschließt. Deshalb wählen wir die Variante A 1.

14.6 Allgemeine Überlegungen: Zusammenfassung der Begriffe und Formeln des Barwertes

Unter dem *Wert* eines Gegenstandes verstehen wir die größte Summe Geldes, die wir für den Gegenstand zu zahlen bereit sind.

Der *Barwert* eines zukünftigen Geldbetrages oder eines Cash-flow stellt den augenblicklichen Geldbetrag oder den Cash-flow des gleichen Wertes dar.

Oft kann der Barwert in Form eines konstanten Zinssatzes r oder einer gegebenen Zeitdauer ausgedrückt werden. Somit ist die Beziehung zwischen dem künftigen Geldbetrag oder Cash-flow F am Ende des Zeitabschnittes und dem Barwert des Cash-flow PV(F, r):

$$F = PV\,(F, r)\,(1 + r)$$

oder

$$PV\,(F, r) = F\,\left(\frac{1}{1 + r}\right)$$

Diese Beziehung wird oft in Form des *Diskontsatzes* ausgedrückt:

$$D = \frac{1}{1 + r}$$

$$PV\,(F,D) = FD.$$

Die Kalkulation des Barwertes von zukünftigen Cash-flows wird als *Diskontierung* bezeichnet.

Wenn der zukünftige Cash-flow F nach n Zeitabschnitten zum Tragen kommt und wenn die Zinsen nach jedem Zeitabschnitt berücksichtigt werden, beträgt der Barwert von F:

$$PV\,(F, r, n) = \frac{F}{(1 + r)^n} \qquad (14-1)$$

oder

$$PV\,(F, D, n) = FD^n \qquad (14-2)$$

Wenn sich der gesamte Cash-flow zu Beginn jedes Zeitabschnittes aus einer *Serie* gleicher Cash-flows m oder Zahlungen p zusammensetzt und der Diskontsatz konstant bleibt, dann beträgt der Barwert der Folgeraten:

$$PV_s\ (p, D, m) = p \frac{1 - D^m}{1 - D} \qquad (14-3).$$

Natürlich können die Konzepte des Barwertes und der Nettowert- und Grenzwert-Analysen, wie wir sie im vorhergehenden Kapitel besprochen haben, auch kombiniert werden, so daß wir diese Systeme in Form von Begriffen wie Nettobarwert, Bargrenzwert usw. analysieren können.

14.7 Charakteristika des Barwertes

Für die Entscheidungsbefugten liegt der Hauptnutzen des Barwert-Konzeptes darin, daß es einen einheitlichen Rahmen schafft, mit dem die Cash-flows, die zu unterschiedlichen Zeitpunkten stattfinden, auf einen gemeinsamen und einheitlichen Nenner gebracht werden können: den Dollar zum Tageskurs. Ohne diesen gemeinsamen Nenner würde das Addieren oder der Vergleich von laufenden mit zukünftigen Cash-flows einem Vergleich von Äpfeln und Birnen ähneln.

Der Vorrang, den sofort verfügbare gegenüber zukünftigen Ressourcen haben, ist auf zwei Eigenschaften der menschlichen Natur zurückzuführen: die Zeitpräferenz und die Risikofeindlichkeit. Unsere zeitliche Präferenz Ressourcen gegenüber rührt von der Tatsache her, daß wir — je früher wir in ihren Besitz gelangen — mehr Verwendungsmöglichkeiten haben, oder — umgekehrt gesagt: Es könnten uns einige vorzügliche Gelegenheiten entgehen, sollten die Mittel erst zu einem späteren Zeitpunkt in unseren Besitz gelangen. Der Faktor der Risikofeindlichkeit ist auf die Tatsache zurückzuführen, daß wir für den künftigen Wert bestimmter Mittel absolut keine Garantie haben. Der Geldwert könnte durch eine galoppierende Inflation, der Wert von Gütern durch ein zukünftiges Überangebot zunichte gemacht werden. Auch haben wir keine Garantie, daß wir einen Zeitpunkt, der in der Zukunft liegt, noch erleben, um dann in den Genuß dieser Ressourcen zu kommen.

14.8 Zinssatz- oder Diskontsatz-Sensitivität

Die Ergebnisse von Barwert-Vergleichen können auf den Wert von Zins- oder Diskontsätzen sehr empfindlich reagieren. Hierfür ist unser TPS-Beispiel eine gute Illustration. Abbildung 14–1 zeigt, wie die Barwerte der Varianten A 1 (Mietung) und A 2 (Kauf) je nach Höhe des Zinssatzes variieren.

Unsere ursprüngliche einfache Analyse ist für einen Zinssatz von Null gültig, was bedeutet, daß zwischen gegenwärtigen und zukünftigen Cash-flows keine Unterschiede bestehen. Bei sehr niedrigen Zinssätzen — bis zu einem Zinssatz von monatlich ca. 0,42% oder jährlich 5% — ist die Kauf-Variante vorzuziehen. Bei Zinssätzen, die höher als jährlich 5% liegen, hat die Miet-Variante den Vorzug.

14.9 Anwendungen für das Software-Engineering

Beim Software-Engineering werden Barwert-Analysen hauptsächlich für Lifecycle-Kostenvergleiche zwischen alternativen Systemen während der Voruntersuchungsphase angewandt, um über das rentabelste Entwicklungskonzept zu entscheiden. Diese Art der Analyse gleicht derjenigen, die wir in obigem Beispiel angewandt haben, wobei

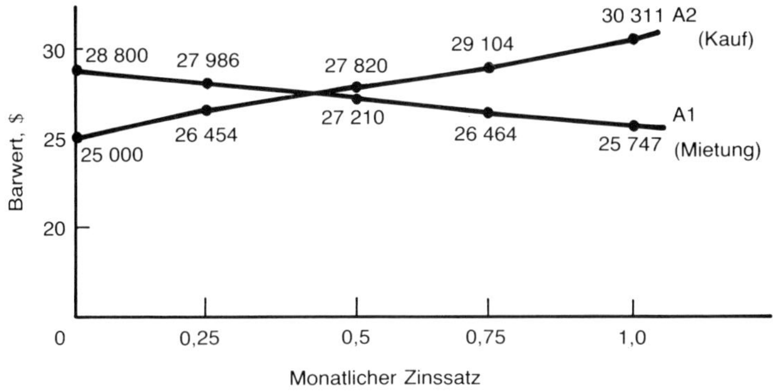

Abb. 14–1: Barwert im Vergleich zum Zinssatz

möglicherweise andere Zahlungsmittel für die Hardware-Wartung, für die Bediener und das Software-Personal sowie Cash-flows aus Einnahmen aus dem entwickelten System hinzukommen.

Bei einer weiteren Software-Engineering-Entscheidung, für die normalerweise eine Barwert-Analyse erforderlich ist, handelt es sich um die zeitliche Einplanung der Anschaffung der in Aussicht genommenen Maschine für das neue System. Wenn die Maschine zu früh angeschafft wird, wird damit eine Menge Kapital für eine Ressource gebunden, die bis zur Codierungsphase kaum gebraucht wird. Wird die Maschine zu spät angeschafft, verursacht dies eine Erhöhung der Software-Entwicklungskosten und eine Ausdehnung der Terminpläne. Neben den Zinssätzen können bei diesen Entscheidungen auch Überlegungen steuerlicher Art, Überlegungen über die Versicherung, Verarbeitung und Wartung anfallen. Diese Faktoren können nicht selten in einem kombinierten Diskontsatz für die Analyse zusammengefaßt werden.

Gegenstand einer anderen verwandten Überlegung beim Software-Engineering ist das Software-Lifecycle-Budget. Oft befindet sich ein Software-Projekt in seinen späteren Stadien in Geldnöten, weil die Budgets mit konstanten Werten für Gehälter der Mitarbeiter, Verwaltungs-Overhead, für die Kosten der eingekauften Waren usw. verwendet wurden. Die Berücksichtigung einer Zunahme bei diesen Faktoren ist nicht eigentlich eine Barwert-Analyse — aber sie ist mit ihr verwandt und besonders bei langfristigen Projekten mit einem wertmäßigen Budget (im Gegensatz zu einem Budget nach Mann-Monaten) besonders wichtig.

Es gibt Fälle, in denen eine Barwert-Analyse den Aufwand nicht wert ist. Zu diesen gehört vor allem die vergleichende Analyse von Systemen, die im Verhältnis zur Zeit sehr ähnliche Cash-flow-Verteilungen haben. In solchen Fällen sind die aufgrund von Barwert-Überlegungen vorhandenen Unterschiede verglichen mit anderen Überlegungen nicht der Rede wert.

Kapitel 15

Leistungszahlen

In den letzten zwei Kapiteln haben wir die Konzepte des Nettowertes und des Barwertes eingeführt, die als Methoden dafür eingesetzt werden können, um mehrere verschiedene Kosten- und Effektivitäts-Funktionen zu einem einzigen Kriterium zusammenzufassen: den Netto-Barwert einer Dollar-Alternative. Oft ist es jedoch schwierig oder führt zu Widersprüchen, Leistungskriterien in Geldbeträgen auszudrükken. In solchen Fällen könnten wir zu einer anderen Methode greifen, die mehrere Kriterien in ein einzelnes Entscheidungskriterium kombiniert, den sogenannten *Leistungszahlen.*

15.1 Beispiel: Auswahl des Software-Paketes

In diesem Stadium unserer Erörterungen über das TPS-Beispiel haben wir uns für den Einsatz der Variante A 1 entschieden (nämlich eine Anzahl Prozessoren für die Dauer von zwei Jahren zu mieten und dabei das vom Lieferanten mitgelieferte Betriebssystem einzusetzen). Nehmen wir an, der Lieferant der Prozessoren bietet zwei Versionen des Betriebssystems zur Auswahl an:

- Das System A, nämlich das Standard-Betriebssystem,
- das System A Plus, das dieselben Leistungsmerkmale, aber verbesserte Meß- und Diagnose-Eigenschaften hat, aber zusätzliche Kosten in Höhe von $ 5 K verursacht.

Nach Überprüfung der beiden Möglichkeiten kommen wir zu den in Tabelle 15–1 enthaltenen Ergebnissen:

Tab. 15–1: Die Eigenschaften der beiden TPS-Betriebssysteme

	Alternativen	
Kriterien	System A	System A plus
1. Zusätzliche Kosten	0	$ 5 K
2. Prozessoren-Overhead	200	200
3. Multiprozessoren-Overhead	80	80
4. Meß-Kapazität	schlecht	gut
5. Überwachungs-Kapazität	keine	ausreichend
6. Diagnosen, Fehlermeldungen	ausreichend	gut
7. Wartungsunterstützung	niedrig	gut
8. Accounting-System	ausreichend	sehr gut
9. Einsatz-Zusammenfassungen	keine	gut
10. Dokumentation	gut	ausreichend

Wiederum stehen wir vor dem Problem der Entscheidung zwischen mehreren Zielen. Uns schwebt eine verbesserte Kapazität ohne Mehrkosten vor; diese Möglichkeit ist nicht gegeben. Wir müssen also unser Ziel, mit geringen Kosten auszukommen, mit den zusätzlichen Zielen abstimmen, bei denen eine Anzahl anderer Leistungskriterien in Frage stehen.

15.2 Nettowert-Analyse

Eine Möglichkeit zur Lösung des Problems wäre, wenn Sie ganz einfach den Geldwert für jedes der in der Tabelle 15–1 aufgeführten Kriterien schätzen und die Schätzungen dann dazu verwenden, eine Nettowert-Analyse zu erstellen. Es gibt zwei Hauptmöglichkeiten, wie Sie diese Dollar-Werte schätzen können:

1. Indem Sie für jedes Kriterium grobe Schätzungen durchführen; eine „gute" Diagnose-Kapazität wird uns z. B. für die Dauer von zwei Jahren $ 3000 wert sein, eine „ausreichende" Diagnose-Kapazität ist uns nur $ 2000 wert. Diese Art der Schätzung hat den Vorteil, schnell zu sein. Ihre hauptsächlichen Nachteile sind, daß wichtige Faktoren bei dieser Art der Schätzung vernachlässigt werden und daß die Schätzung nicht leicht begründet werden kann, sollte sie in Frage gestellt werden.
2. Indem Sie eine Analyse darüber erstellen, wie oft die Diagnosefunktionen (und andere Eigenschaften) eingesetzt werden und indem sie die Einsparungen an Zeit und Verfügbarkeit und die aufgrund von verbesserten diagnostischen Fähigkeiten eingesparte Leistung und die hieraus resultierenden Geldeinsparungen analysieren. Daraus ergibt sich für Sie der Vorteil, daß Sie sicherer sein können, alle wichtigen Faktoren beachtet und für ihre wertmäßigen Schätzungen eine bessere Begründung zu haben. Der Hauptnachteil ist der Aufwand, der für solche detaillierten Analysen erforderlich ist. Die Kostendifferenz zwischen dem System A und dem System A Plus beläuft sich auf nur $ 5 K. Würden wir für die Analyse, welches System wir wählen sollen, mehr als $ 5 K ausgeben, hätten wir schlecht gewirtschaftet.

Wenn wir die Absicht haben, eine Nettowert-Analyse zu erstellen, müssen wir uns entscheiden, welchen Weg der Geldbetrags-Schätzung wir wählen wollen. Damit kämen wir zu einem Mini-Entscheidungsproblem eigener Art. Wie vorher, als wir zwischen einem System mit geringen Kosten und einem System mit großer Leistung zu wählen hatten, schwebt uns jetzt eine kostengünstige und zugleich höchst leistungsfähige Analyse vor — beides zugleich ist aber nicht möglich. Wir müssen deshalb bei unseren Überlegungen Kosten und Nutzen der überschlägigen Methode und der detaillierten Analyse abwägen und uns entscheiden, welche Analysetechnik wir verwenden wollen (siehe hierzu Abbildung 15–1).

Vorher sollten wir uns jedoch überlegen, ob wir nicht eine Analyse auf der Basis von Leistungszahlen durchführen können, die im nächsten Abschnitt beschrieben wird.

15.3 Analyse auf der Basis von Leistungszahlen

Eine andere Methode, das in Tabelle 15–1 dargestellte Entscheidungsproblem zu lösen, wäre, eine dimensionslose Leistungszahl für jede Variante zu erarbeiten und die Variante mit der höheren Leistungszahl zu wählen.

Die gebräuchlichste Methode für eine Leistungszahl ist die *gewichtete Summen*-Methode. Beim Einsatz dieser Methode vergeben wir für jedes Kriterium eine Anzahl Gewichtungen (die die Summe 100 ergeben), die die relative Bedeutung jedes Kriteriums reflektieren. Danach bestimmen wir für jede Variante einen Wert für jedes Kriterium (er liegt normalerweise auf einer Skala von 0 bis 10), der widerspiegelt, wie gut die Variante dem Kriterium entspricht. Wenn wir diese Methode auf unser Beispiel anwenden, kommen wir zu den in Tabelle 15–2 dargestellten Ergebnissen.

Nach dem Ergebnis dieser Analyse würden wir das System A wählen. Wir müssen jedoch beachten, daß diese Schlußfolgerung von den von uns festgelegten Gewichtungen und Richtwerten erheblich beeinflußt wird. Hätten wir für die Kosten des Systems

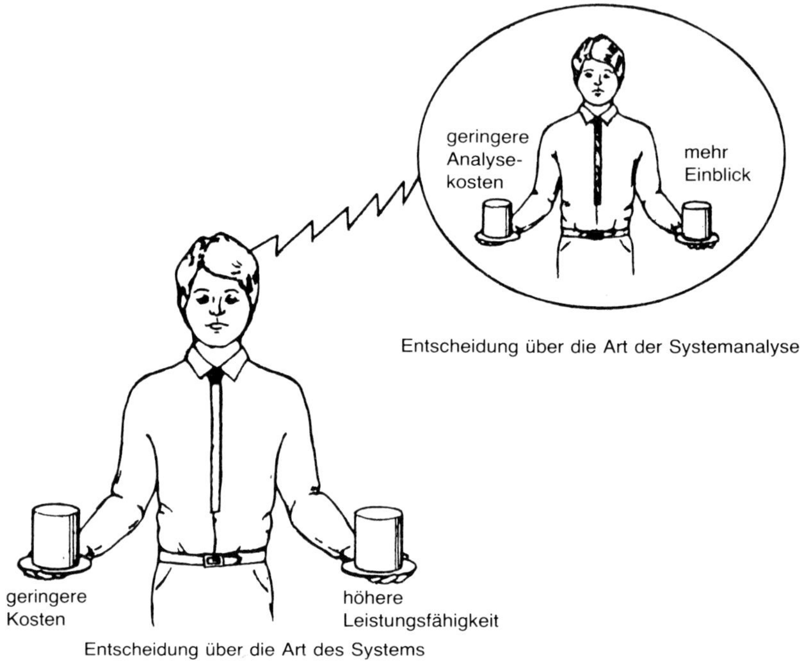

Abb. 15–1: Die verschiedenen Entscheidungsprobleme

Tab. 15–2: Kalkulation der Leistungszahlen des TPS-Betriebssystems

			System A			System A plus	
Kriterien	Gewichtung	Bewertung	Bewertungs-maßstab	Gewichteter Bewertungs-maßstab	Bewertung	Bewertungs-maßstab	Gewichteter Bewertungs-maßstab
1. Zusätzliche Kosten	30	$0	10	300	$5	4	120
2. Prozessoren-Overhead	10	200	3	30	200	3	30
3. Multiprozessoren-Overhead	15	80	3	45	80	3	45
4. Meß-Kapazität	7	schlecht	2	14	gut	8	56
5. Überwachungs-Kapazität	8	keine	0	0	ausreichend	6	48
6. Diagnosen, Fehlermeldungen	10	ausreichend	6	60	gut	8	80
7. Wartungsunterstützung	10	niedrig	4	40	gut	8	80
8. Accounting-System	2	ausreichend	6	12	sehr gut	10	20
9. Einsatz-Zusammenfassungen	3	keine	0	0	gut	8	24
10. Dokumentation	5	gut	8	40	ausreichend	4	20
Gesamt	100			541			523

A Plus Bewertungen von 5 anstelle von 4 bestimmt, würde es mit einer Quote von 553 : 541 gesiegt haben. Oder wenn die Gewichtungen der Kriterien für das Prozessoren-Overhead (10) und das Accounting-System (2) umgekehrt würden — wie das bei einigen Anwendungen der Fall sein könnte — würde das System A Plus mit einer Quote von 579 : 565 gewinnen.

Dies sind ziemlich schwerwiegende Überlegungen. Es ist schwer, auf der Basis dieser Analyse ein ganz sicheres Gefühl zu entwickeln für die Entscheidung, welches System dem anderen vorzuziehen ist. Das Beste, was zum gegenwärtigen Zeitpunkt über diese Analyse gesagt werden kann, ist:

- Die Methode der gewichteten Summen stellt einen klaren, objektiven Rahmen zur Verfügung, mit dem wir feststellen können, welche Gewichtungen und Bewertungen am einflußreichsten sind; in diesem Rahmen können wir sie diskutieren und wiederholen.
- Diese spezielle Analyse versucht, innerhalb ihres Rahmens zu viele Ziele zugleich zu erreichen, insbesondere versucht sie, das Kostenkriterium in den Griff zu bekommen. Vielleicht würde sich eine modifizierte Version der Leistungszahl als noch nützlicher erweisen.

Wir werden am Ende dieses Kapitels mit einer verbesserten Leistungszahl auf dieses Beispiel zurückkommen, nachdem wir eine Fallstudie über den Einsatz der gewichteten Summenmethode bei einem Computersystem großen Ausmaßes besprochen haben.

15.4 Allgemeine Überlegungen: Gewichtete Summen-Analyse für die Hardware- und Software-Auswahl: Eine Fallstudie

Das vorhergehende TPS-Beispiel ist eine kleine Probe der Entscheidungsprobleme, denen man bei der Auswahl eines Computersystems oder eines Software-Paketes häufig begegnet. In einer solchen Situation müssen wir zwischen komplexen Systemen mit einer großen Anzahl von Fähigkeiten und Merkmalen wählen, wobei der zusätzliche Wert, den sie für ein Unternehmen in finanziell meßbarer Form haben können, bei vielen Funktionen nur schwer zu analysieren ist.

Die gewichtete Summen-Methode stellt für diese Art Probleme eine relativ gute Lösung dar. Die CODASYL-Studie „Selection and Acquisition of Data Base Management Systems“ (CODASYL, 76) empfiehlt den Einsatz der gewichteten Summen-Methode für die Analyse der relativen Vorteile verschiedener Datenbank-Management-Systeme für eine bestimmte Anwendung. Insbesondere empfiehlt sie eine hierarchische gewichtete Summen-Technik, die sogenannte PEGS (Parametrische Bewertung generalisierter Systeme) (Dowkont und andere, 1967) und die MECCA-Technik (Vergleich und Analyse von Multielement-Komponenten), (Gilb, 1969). Eigentlich ist diese Technik sehr viel älter, denn sie wurde bereits Mitte der Sechziger Jahre bei der Computerauswahl eingesetzt. Eine dieser Bewertungs-Aktivitäten wird als Fallstudie anschließend besprochen, weil sie eine Reihe nützlicher Lehren enthält, die aus der Anwendung der gewichteten Summen-Technik gezogen werden können. Sie vermittelt auch ein gutes Gefühl für die Anzahl und die Art der Kriterien, die während einer umfangreichen Hardware-Software-Auswahl herangezogen wurden.

15.5 Fallstudie: Beschreibung der Aktivitäten

Das Ziel dieser Aktivitäten war die Auswahl eines leistungsfähigeren Universal-Computer-Systems, das ein IBM 7040/7044-System ersetzen sollte. Zu den Aufgaben des Systems gehörten wissenschaftliche, Textverarbeitungs- und kommerzielle Anwendungen. Der Schwerpunkt lag auf dem wissenschaftlichen Gebiet. Etwa 70% der Verarbeitungsdaten bestand aus FORTRAN-Programmen, etwa 25% aus Assembler-Sprache und der Rest hauptsächlich aus COBOL und SIMSCRIPT. Rund 75% der Jobs hatten eine Laufzeit von weniger als 5 Minuten; die durchschnittliche Laufzeit eines Jobs betrug 3½ Minuten. (Für kleine, interaktive Jobs stand ein separates System zur Verfügung). Hauptzweck des neuen Computersystems war, dem Mitarbeiterstab mehr Kapazität zur Lösung von Problemen auf dem Wege über eine verbesserte

Software-Unterstützung und eine größere Computer-Leistung zur Verfügung zu stellen. An zweiter Stelle stand das Ziel, die Computer-Leistung deutlich zu verbessern, ohne die Kosten erheblich zu steigern.

Es wurde eine umfangreiche Liste gemäß der Hierarchie der Bewertungskriterien aufgestellt. Diese Liste finden Sie in der Tabelle 15–3 zusammen mit ihren Gewichtungsfaktoren abgebildet. Es ist bemerkenswert, daß selbst in einem wissenschaftlichen Rechenzentrum der Jahre 1965–1966 der Gewichtungsfaktor für die Hardware nur 27% betrug, während die Software-Faktoren 63% der Gewichtungssumme ausmachten. (Die restlichen 10% deckten die Aufwendungen der Verkaufsunterstützung.) Bei den zur Wahl stehenden Computersystemen, die beurteilt wurden, handelt es sich um: IBM 7040/7044 (das vorhandene System), IBM 360/67-TSS, IBM 360/65-OS, Univac 1108, CDC 6400 und GE 635. Bei diesen handelte es sich um Konfigurationen, die praktisch alle dasselbe kosteten; die Kosten waren zu diesem Zeitpunkt also nicht das wichtigste Bewertungs-Kriterium.

Jedes dieser möglichen Systeme wurde für alle in Tabelle 15–3 enthaltenen Kriterien auf einer Skala zwischen 0–10 bewertet. Für eine detaillierte Überprüfung der Lieferantenangebote wurden mehrere Mann-Monate aufgewandt; es wurden Benchmark-Jobs für jede Konfiguration durchgeführt, mit Ausnahme der 360/67, die während der Benchmark-Tests von der 360/55 vertreten wurde, weil sich das 360/67-TSS-Betriebssystem noch in Entwicklung befand. Einige der Software-Bewertungsergebnisse sind in Tabelle 15–4 wiedergegeben.

Danach wurde jedes Bewertungsresultat mit seinen entsprechenden hierarchischen Gewichtungen multipliziert; die Ergebnisse wurden aufaddiert und so die Gesamtquote für jede Alternative ausgewiesen.

In Tabelle 15–5 finden Sie eine Übersicht der Ergebnisse der Bewertung mit gewichteten Summen. Die IBM 360/67-TSS und Univac 1108-Systeme erzielten einwandfrei die höchsten Quoten. Sie wurden weiteren Prüfungen unterzogen. Die Wahl fiel auf das IBM 360/67-System, das geordert wurde.

15.6 Fallstudie: Probleme mit der Bewertungsfunktion

Einige Monate später stellte sich heraus, daß das 360/67-TSS-Betriebssystem, das erste große serienmäßige Betriebssystem mit einem virtuellen Speicher, von ernsthaften Overhead-Problemen befallen war. Das größte Problem war, daß dem Anwender nur 10–15% der verfügbaren 360/67 Arbeitsläufe zur Verfügung standen.

Die 360/67 war damit völlig unakzeptabel geworden, so daß die Auswahl und Anschaffung eines anderen Systems geplant wurde. Das Überraschende war, daß diese neue Information einen kaum merklichen Unterschied bei der Bewertungsquote der 360/67 hervorrief, als sie dem Bewertungsmodell auf der Basis von gewichteten Summen eingegeben wurde. Es gibt nur ein einziges Kriterium in der Bewertungshierarchie, das diesen Bewertungsfaktor erfaßt. Es handelt sich um den Punkt II. E, Supervisor: Hardware-Anforderungen mit einer Gesamt-Gewichtung von (0,27)(0,03) = 0,0081. Selbst wenn dieses Kriterium mit Null bewertet würde, reduzierte sich die Gesamtquote um weniger als 1%, und das 360/67-TSS-System erreichte weiterhin die höchste Quote.

Tab. 15–3: Hierarchische Computer-Bewertungskriterien (links die Gewichtungsfaktoren)

0.27	I.	HARDWARE		
		A.	Allgemeine System-Modularität	
		0.07	1.	Prozessor-Einheiten
			2.	Speicher-Einheiten
			3.	I/O-Steuereinheiten
			4.	Periphere Einheiten
	0.08	B.	Angaben zur Produktlinie	
		0.10	1.	Computer-Familie
		0.34	2.	Bereich der Prozessoren-Geschwindigkeit
		0.43	3.	Bereich der Speichergrößen
		0.13	4.	Periphere Einheiten
	0.20	C.	Verarbeitungseinheiten	
		0.15	1.	Mögliche Anzahl
		0.49	2.	Geschwindigkeiten
		0.19	3.	Flexibilität der Befehlssätze
		0.09	4.	Interrupt Handling
		0.04	5.	Zeit- und Taktgeber
		0.04	6.	Interne Überprüfung
	0.14	D.	Hauptspeicher	
		0.50	1.	Zugriffszeiten
		0.23	2.	Wortlänge und -gebrauch
		0.23	3.	Schutzeinrichtungen
		0.04	4.	Interne Überprüfung
	0.03	E.	Timesharing-Hardware	
			1.	Geschwindigkeiten
			2.	Adressierungsmöglichkeiten
	0.05	F.	Zeichen-Satz	
		0.45	1.	Intern
		0.55	2.	Extern (Peripherie)
	0.11	G.	I/O-Steuereinheiten (Kanäle)	
		0.20	1.	Unabhängigkeitsgrad
		0.25	2.	Übertragungsraten
		0.04	3.	Mögliche Anzahl
		0.08	4.	Anzahl der möglichen Geräte-Interfaces
		0.05	5.	Puffergrößen (Kapazität)
		0.18	6.	Prioritätskontrolle und Interrupt Handling

Tab. 15–3: (Fortsetzung)

				0.14	7. Zuweisungsflexibilität
				0.05	8. Programmierungs-Überlegungen
		0.05	H.		Geräte-Interfaces (Kontrolleinheiten)
					1. Anzahl von Controller pro Interface
					2. Anzahl von Geräten pro Interface
					3. Übertragungsraten
					4. Unabhängigkeitsgrad
					5. Zuweisungs-Flexibilität
					6. Programmierungs-Überlegungen
		0.15	I.		Sekundär-Speichergeräte
				0.05	1. Sehr hohe Geschwindigkeit (Großraumspeicher)
				0.40	2. Hohe Geschwindigkeit
				0.25	3. Mittlere Geschwindigkeit
				0.15	4. Einheiten mit großer Kapazität
				0.15	5. Magnetband-Einheiten
		0.06	J.		I/O-Geräte
				0.18	1. Karteneingabe
				0.36	2. Drucker
				0.04	3. Lochstreifen-Einrichtung
				0.24	4. Displays
				0.18	5. Schreibmaschinen
		0.06	K.		Kommunikations-Multiplexer
					1. Leitungs-Steuerungseinrichtungen
					2. Anzahl von Einheiten
					3. Übertragungsgeschwindigkeiten
					4. I/O-Kanal-Interfaces
0.27	II.				SUPERVISOR
		0.58	A.		Funktionskapazität
				0.13	1. Befehl-Interpretation
				0.17	2. Aufgaben-Einplanung
				0.07	3. Interrupt Handling
				0.16	4. Speicher-Zuweisung
				0.08	5. Multiprozessor-Eignung
				0.14	6. Programm- und Datenschutz
				0.05	7. Ausfallsicherung
				0.10	8. Selbsanalyse und Accounting
				0.05	9. Fehlerbehebung

Tab. 15–3: (Fortsetzung)

		0.03	10.	System-/Operator-Interaktion
		0.02	11.	Kaltstart und Stoppen
	0.11		B.	Leichte Revision
		0.65	1.	Modularität
		0.35	2.	System-Editierung
	0.12		C.	Zuverlässigkeit
	0.16		D.	Leichter Einsatz
		0.40	1.	Befehlssprache
		0.20	2.	Angemessene Antwortzeit
		0.40	3.	Virtueller Speicher
	0.03		E.	Hardware-Anforderungen
0.08			III.	DATEN-MANAGEMENT
	0.66		A.	Datei-Management
		0.20	1.	Datei-Verarbeitung
		0.13	2.	Eigenschaften der Zuverlässigkeit und Recovery
		0.20	3.	Datenschutz
		0.16	4.	Speicherverbrauch
		0.16	5.	Dateistruktur
		0.15	6.	Integration mit Betriebssystem
	0.21		B.	Datenverarbeitung
			1.	Verfügbare Operationen
			2.	Elemente mit Zugriffsmöglichkeit
	0.13		C.	PHYSISCHE I/O-OPERATIONEN
0.16			IV.	PROGRAMMIERSPRACHEN-PROZESSOREN
	0.58		A.	FORTRAN
		0.18	1.	Compiler-Effizienz
		0.27	2.	Effizienz des Objektcode
		0.10	3.	Vergleich mit dem Standard
		0.08	4.	Zuverlässigkeit
		0.08	5.	Eigenschaften der Fehlerbehebung
		0.14	6.	Reentrant-Fähigkeit
		0.10	7.	Antwort und Diagnosen
		0.05	8.	Zwischensprachliche Verträglichkeit
	0.10		B.	PL/I (Dieselben Überlegungen wie unter A, sofern zutreffend)

Tab. 15–3: (Fortsetzung)

	0.04	C.	COBOL (Dieselben Überlegungen wie unter A, sofern zutreffend)
	0.15	D.	Assembler (Dieselben Überlegungen wie unter A, sofern zutreffend)
	0.08	E.	SIMSCRIPT (Dieselben Überlegungen wie unter A, sofern zutreffend)
	0.05	F.	Zwischensprachliche Verträglichkeit
		0.40	1. Subprogrammverknüpfung
		0.40	2. Verknüpfung mit Daten
		0.20	3. Einsatz desselben Loader
0.02	V.		ALLGEMEINE PROGRAMMIERUNGS-UNTERSTÜTZUNG
	0.15	A.	Bibliothek 1. Umfang 2. Verfügbarkeit für die System-Prozessoren 3. Sprachen-Verträglichkeit 4. Reentrant-Fähigkeit
	0.35	B.	Mathematik-Statistik-Paket (Dieselben Überlegungen wie unter A, sofern zutreffend)
	0.45	C.	Anwendungsprogramme (lineare Programmierung, Sort/Merge usw.) (Dieselben Überlegungen wie unter A, sofern zutreffend)
	0.05	D.	Dienstprogramme (Dieselben Überlegungen wie unter A, sofern zutreffend)
0.12	VI.		KONVERTIERUNGS-ÜBERLEGUNGEN
	0.65	A.	Fähigkeit, mit vorhandenen Sprachen umzugehen
		0.70	1. Maschinensprache/Assemblersprache
		0.20	2. FORTRAN, Grad der Verträglichkeit
		0.05	3. SIMSCRIPT, Grad der Verträglichkeit
		0.05	4. Befehlssprache des Supervisor, Grad der Verträglichkeit
	0.15	B.	Dateien 1. Wortlänge 2. Zeichen-Satz und Sortierfolge 3. Physische und logische Bandformate

Tab. 15–3: (Fortsetzung)

	0.20		C.	Verkaufsunterstützung
		0.40		1. Maschinenzeit
		0.40		2. Personal
		0.20		3. Schulung
0.08	VII.			LIEFERANTEN-ZUVERLÄSSIGKEIT UND -UNTERSTÜTZUNG
	0.20		A.	Allgemeine Zuverlässigkeit und Ruf
		0.13		1. Anzahl an installierten oder bestellten Maschinen
		0.19		2. Gelieferte Maschinen
		0.31		3. Kundenzufriedenheit
		0.23		4. Zuverlässigkeit der Hardware und Software (gegenwärtig)
		0.14		5. Einsatzdauer im Feld
	0.10		B.	Technologie
		0.60		1. Neuheit der Anlage und voraussichtlicher Ersatz-Zeitpunkt
		0.20		2. Voraussichtliche Zusätze zu der Anlage
		0.20		3. Schaltkreis-Technologie
	0.10		C.	Wartungsverfahren
				1. Hardware
				2. Software
	0.25		D.	Fortgesetzte Unterstützung
				1. Personal am Einsatzort
				2. Verfügbarkeit von Experten
	0.25		E.	Dokumentation
		0.80		1. Qualität und Lesbarkeit der Handbücher
		0.20		2. Verfügbarkeit von Handbüchern und Ablaufdiagrammen
	0.10		F.	Effizienz der Anwender-Gruppe
		0.40		1. Informationsaustausch
		0.30		2. Programmaustausch
		0.15		3. Hersteller-Kontrolle
		0.15		4. Hersteller-Kooperation

Tab. 15–4: Die gewichteten Summen für das Computer-Design

CEG Kategorie	Gewichtungsfaktoren	IBM 7040/7044	CDC 6400	GE 635	IBM 360/65	IBM 360/67	UNIVAC 1108
II	.27	3.67	4.91	5.44	4.58	6.80	6.64
A	.58	2.64	4.33	5.35	4.46	7.54	7.42
1	.13	4½	3	4½	6	8	8
2	.17	1	4	5	5	7	8
3	.07	6	5	6	6	6	7
4	.16	1	5	5	4	8½	7½
5	.08	0	0	7	0	8	8
6	.14	3	8	7	5	8	8
7	.05	3	4	3	3	7	8
8	.10	3	3	5	3	7	6
9	.05	3	3	4	6	8	5
10	.03	6	6	6	6	6	6
11	.02	5	8	6	7	7	7
B	.11	5.35	7.30	6.00	6.35	6.00	7.00
1	.65	5	8	6	6	6	7
2	.35	6	6	6	7	6	7
C	.12	8	7	8	5	4	6
D	.16	2.60	3.20	3.20	3.20	7.00	4.00
1	.40	5	5	5	5	8	7
2	.20	3	6	6	6	7	6
3	.40	0	0	0	0	6	0
E	.03	6	8	7	6	5½	7
III	.08	3.02	2.62	3.46	5.43	6.47	6.33
A	.66	2.19	2.22	2.66	4.81	6.08	5.86
1	.20	2	3	2	7	7	5
2	.13	0	0	0	0	2	2
3	.20	2	2	2	4½	8	6½
4	.16	0	0	1	4	5	7
5	.16	4	2	5	7	7	8
6	.15	5	6	6	5	6	6
B	.21	5	3	5	7	8	8
C	.13	4	4	5	6	6	6
IV	.16	3.40	3.23	4.61	4.86	5.22	6.26
TA	.58	3.32	3.11	4.20	4.52	5.29	7.42
1	.18	2	6	4	5	5½	9
2	.27	3	3	5	4	4½	8½
3	.10	5½	4	6½	7	7	8
4	.08	9	4	5	5	4	7
5	.08	6	0	6	6	6	6
6	.14	0	0	0	4	7	4
7	.10	4	5	6	4	6	8
8	.05	0	0	0	0	0	6
B	.10	0	0	4½	6	6	2
C	.04	4.17	4.81	4.17	4.89	4.89	5.48
1	.18	6	6	6	6	6	6
2	.26	6	6	6	6	6	6
3	.11	6	7	6	6	6	7
4	.09	6	3	6	6	6	7
5	.09	0	4	0	8	8	5
6	.16	0	0	0	0	0	0
7	.11	3	7	3	3	3	9
8	—	—	—	—	—	—	—

Tab. 15–4: (Fortsetzung)

CEG Kate-gorie	Gewich-tungs-faktoren	IBM 7040/7044	CDC 6400	GE 635	IBM 360/65	IBM 360/67	UNIVAC 1108
D	.15	5.47	4.03	5.25	5.98	7.22	5.85
1	.60	6	5	6	7	8	7
2	—	—	—	—	—	—	—
3	—	—	—	—	—	—	—
4	.11	9	5	7	6	5	7
5	.08	5	0	5	8	6	5
6	.13	0	0	0	0	7	0
7	.08	6	6	6	6	6	6
8	—	—	—	—	—	—	—
E	.08	2.79	4.30	6.34	3.31	0.00	4.30
1	.18	2	6	8	4	0	6
2	.26	2	6	8	4	0	6
3	.11	5	6	8	5	0	6
4	.09	9	5	7	5	0	5
5	.09	0	0	6	0	0	0
6	.16	0	0	0	0	0	0
7	.11	5	5	7	5	0	5
8	—	—	—	—	—	—	—
F	.05	5.20	5.60	5.20	5.60	5.60	6.40
	.40	5	6	5	5	5	6
1	.40	4	5	4	5	5	6
2	.20	8	6	8	8	8	8
3							

Tab. 15–5: Zusammenfassung der gewichteten Durchschnittswerte

Leit-gruppen	IBM 7040/7044	CDC 6400	GE 635	IBM 360/65	IBM 360/67	UNIVAC 1108	Gewich-tung
I	3.81	5.79	5.75	6.40	7.08	6.87	0.27
II	3.67	4.91	5.44	4.58	6.80	6.64	0.27
III	3.02	2.62	3.46	5.43	6.47	6.33	0.08
IV	3.40	3.23	4.61	4.86	5.22	6.26	0.16
V	6.58	4.73	5.38	7.55	6.53	7.85	0.02
VI	10.00	2.94	7.51	6.61	5.86	4.00	0.12
VII	6.57	4.69	5.86	6.50	6.30	5.98	0.08
Insgesamt	4.66	4.44	5.51	5.64	6.44	6.27	1.00

Wie konnte dies geschehen, und was konnte getan werden, um die Analyse der Leistungszahlen zu verbessern? Es gibt zwei alternative Diagnosen für das Problem, die zu zwei wichtigen Verbesserungsmöglichkeiten führten:

1. Es war die falsche Gruppe von Faktoren und Gewichtungen verwendet worden. Wenn ein effizienter Durchsatz als kritische Überlegung galt, hätte er als ein wichtiges Kriterium mit einem großen Gewichtungsfaktor bei der Bewertung*) berücksichtigt werden sollen.
2. Eine zusätzliche Kriteriums-Funktion wurde eingesetzt, um einen Faktor zu bewerten (das Betriebssystem-Overhead), dessen Auswirkungen auf die Systemleistung multiplikativer und nicht additiver Art war. Ein niedriger Durchsatz reduziert alle anderen System-Eigenschaften aufgrund desselben multiplikativen Faktors. Es hätte also eine Kriteriumsfunktion mit einem multiplikativen Faktor, der diese Situation reflektiert hätte, eingesetzt werden sollen.

Die richtige Abhilfe für Diagnose Nr. 1 ist, die Summengewichtungsanalyse zu verbessern, indem eine repräsentativere Gruppe von Faktoren und Gewichtungen gebildet wird. Die entsprechende Abhilfe für die Diagnose Nr. 2 ist, die Leistungszahl der gewichteten Summen zu modifizieren, um nicht-additive Charakteristiken der System-Leistung zu berücksichtigen.

Beide Abhilfen haben ihre Vorzüge. Abhilfe Nr. 1 hat den Vorteil der Einfachheit der gewichteten Summen-Technik. Abhilfe Nr. 2 macht eine komplexere Leistungszahl erforderlich, die das System-Verhalten besser reflektiert.

Nachdem wir unsere Diskussion über diese Fallstudie beendet haben, wollen wir zu Abhilfe Nr. 2 eine Leistungszahl vorstellen, nämlich die *„effektive System-Leistungsfähigkeit DSC“* (= delivered system capability); danach folgt eine zusammenfassende Diskussion, bei welcher wir die DSC mit der Technik der gewichteten Summen vergleichen.

15.7 Fallstudie: Probleme bei Gewichtungen und Maßstäben

Bei anderen Problemen der Bewertung handelte es sich um die Gewichtungen jedes Kriteriums und der Skalen von 0–10 zum Einordnen der Möglichkeiten. Es war ursprünglich der Versuch unternommen worden, die von den Vertretern verschiedener Computernutzungsinteressen vorgegebenen Gewichtungen zu bestimmen. Es bestand hierbei das Problem, daß einige Vertreter spezieller Interessen (wie z. B. von großen Produktionsfirmen, die weitaus mehr von der Hardware-Leistung profitieren als von Software-Hilfen) versuchten, ihren speziellen Interessen extrem hohe Gewichtungen zu geben, um bei der Bewertung die durchschnittliche Gewichtung zu steigern.

Dieses Problem wurde ziemlich gut gelöst, indem mit diesen Vertretern eine persönliche Rücksprache stattfand, um die Begründungen für ihre Gewichtungen zu klären und zu diskutieren; als Ergebnis dieser Besprechungen wurden dann revidierte Gewichtungen vorgelegt.

---

*) Ein anderer Punkt, der von Gilb geltend gemacht wurde, ist, daß die Methode der gewichteten Summen oder die MECCA-Technik bei der Bewertung relativer Leistungsdaten von akzeptablen, wettbewerbsfähigen Alternativen am besten zum Einsatz kommt (Gilb, 1979). Dies setzt voraus, daß „Ausreißer“ mit einigen extrem hohen Werten und einigen gänzlich inakzeptablen Werten bei den Überlegungen fallen gelassen werden müssen. Dies ist eine Form des Ansatzes der Ziele als „Nebenbedingungen“, den wir im nächsten Kapitel besprechen werden.

Ein weiteres Problem bestand in der ursprünglichen, den Vertretern gegenüber geäußerten Annahme, daß für das neue System keine In-House-Software-Unterstützung geplant sei. Dies war unrealistisch und führte zu noch größeren Gewichtungen für die Software- und die Lieferanten-Unterstützungskriterien. Später wurde diese Annahme revidiert; es wurde eine kleine In-House-Software-Unterstützungsgruppe (drei bis fünf Personen) zugrundegelegt, was zu niedrigeren revidierten Gewichtungen für die Software- und die Lieferanten-Unterstützungskriterien führte.

Das Problem bei den Maßstäben bestand in der Schwierigkeit, einheitliche Maßstäbe anzulegen. Bei einigen Kriterien ergaben sich eher Bewertungen wie in Darstellung 15–2 a, andere glichen der Abbildung 15–2 b. Man kam zu dem Ergebnis, daß die Gewichtung des Kriteriums A im Hinblick auf die Gewichtung des Kriteriums B mit einem zusätzlichen Faktor zu multiplizieren sei.

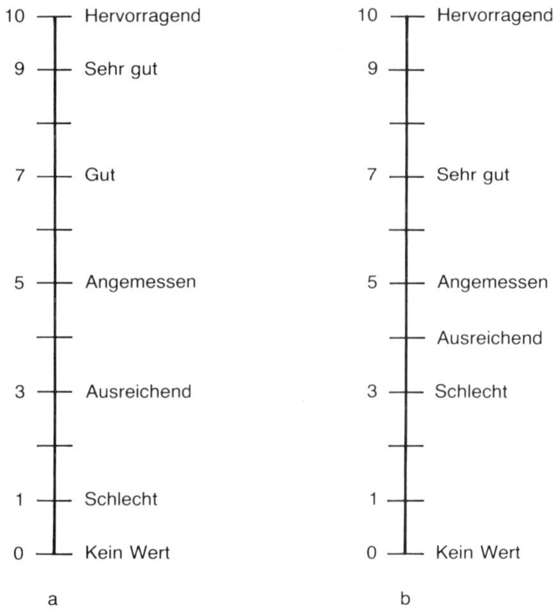

Abb. 15–2: a) Skala des Kriteriums A
b) Skala des Kriteriums B

Diese Probleme wurden zum größten Teil durch eine unabhängige Überprüfung und Revision der Bewertungsskala gelöst. Auch wurden Sensitivitätsstudien durchgeführt, um zu überprüfen, ob die Ergebnisse von gewissen Gewichtungen und Maßstäben besonders stark beeinflußt wurden. Die grundsätzliche Überlegenheit der 360/67 und der 1108 bei den Maßstäben änderte sich bei den Sensitivitätsstudien nur selten.

15.8 Fallstudie: Zusammenfassung

Die oben diskutierten Probleme sollten Ihnen als Warnung dienen, wann Sie die gewichtete Summe einer Leistungszahl einsetzen und wie Sie sie auf das in Frage stehende Software-Entscheidungsproblem anpassen können. Diese Warnung sollte nicht dahingehend interpretiert werden, die Technik der Leistungszahl niemals zu verwenden. Insbesondere für Situationen, in denen so viele Komponenten-Kriterien vorkommen, wie dies bei der Auswahl eines komplexen Hardware-Software-Produktes der Fall ist, ist die hierarchische Technik auf der Basis von gewichteten Summen von sehr großer Hilfe. Sie bietet Ihnen einen leicht verständlichen Rahmen zur Abwägung der Prinzipien, zum Sammeln von Bewertungsdaten, zur Einschätzung subjektiver Faktoren und zur Darstellung, Diskussion und Wiederholung der Bewertungsergebnisse.*)

Andere Leistungszahlen

Jede Leistungs-Gleichung kann als eine Formel der Leistungszahl angesehen werden. Die Formel

$$E(N, S, P, M, T) = \frac{N\,[S-P-M(N-1)]}{T} \qquad (10-1)$$

zum Beispiel ist eine bessere Leistungszahl für die Leistung unserer Multiprozessor-TPS-Systeme als irgendeine andere Formel der Art

$$E(N, S, P, M, T) = a_0 + a_1N + a_2S + a_3P + a_4M + a_5T.$$

Wir sollten daher nicht erwarten, daß wir eine universelle Leistungszahl finden, die die ganze Vielfalt von Software-Engineering-Entscheidungsproblemen**) umfaßt. Jede Leistungszahl muß auf die Anwendung und auf den Bewertungszweck, für die sie gebraucht wird, ausgerichtet werden. Der nächste Abschnitt stellt eine weitere Leistungszahl, das „effektive Systempotential" (DSC) vor, das Ihnen bei verschiedenen Computersystem-Bewertungen sehr nützlich ist.

15.9 Das effektive Systempotential (DSC)

Definitionen

Die Leistungszahl „Effektives Systempotential" (DSC) hat folgende Formel:

---

*) Das sehr hilfreiche Buch „*Computer Selection*" (Joslin, 1968) betont mit Nachdruck den Wert des Nettowert-Ansatzes (in dem Buch wird er die „Kosten-Wert-Technik" genannt) im Gegensatz zum Ansatz der Leistungszahl. Das Buch enthält eine sehr gute Abhandlung über die Bestimmung von Dollar-Werten bei Kriterien wie dem Hardware-Wachstumspotential und der Leistung von Benchmark-Läufen. Es enthält auch eine Reihe guter Verfahren und Richtlinien für die Computer-Auswahl. Leider befaßt es sich nicht eingehender mit den Software-Aspekten der Computer-Auswahl, wie z. B. denjenigen, die in der Tabelle 15−3 aufgeführt sind. Diese Software-Kriterien sind normalerweise mindestens so wichtig wie die Hardware-Kriterien und sind weit schwieriger in Geldbeträgen zu erfassen. Irgendeine Methode, wie z. B. die Technik der gewichteten Summen, ist daher erforderlich, damit diese Kriterien bei der Entscheidung Berücksichtigung finden können.

**) Zu derselben Schlußfolgerung kam man bei anderen in Vorschlag gebrachten universellen Leistungszahlen, wie z. B. bei den Leistungszahlen zur Bewertung der Software-Qualität. Siehe hierzu (Boehm und andere, 1978).

$$DSC = (\text{System-Leistungsfähigkeit}) (\text{effektive Leistungsfähigkeit}) (\text{Verfügbarkeit}) = (SC)(DC)(AV) \quad (15-1)$$

Die einzelnen Ausdrücke werden wie folgt definiert:

- *Systemleistungsfähigkeit* (SC) wird als eine hierarchische, gewichtete Summe aus individuellen Kriteriumsmaßstäben definiert:

$$\sum_{i=1}^{n} w_i r_i \quad (15-2)$$

wobei w_i die für das i^{te} Kriterium bestimmte Gewichtung darstellt und r_i der Bewertungsmaßstab ist, der dem Kriterium für eine gegebene Alternative zugeordnet wurde. Die Gewichtungen w_i sollten als Summe insgesamt 1,0 ergeben, und die Bewertungen sollten auf einer Skala von 0,0 bis 1,0 festgesetzt werden.

- Die *effektive Leistungsfähigkeit* (DC) wird als die tatsächliche Computer-Kapazität definiert, die eingesetzt werden kann, um die gewünschten Leistungen zu erzielen. Dies bedeutet, daß Faktoren wie das Betriebssystem-Overhead von der Maschinen-Gesamtkapazität abgezogen werden, um DC zu bilden.
- *Verfügbarkeit* (AV) wird als der Bruchteil an Zeit definiert, in der das Computersystem verfügbar ist, um durch seine Rechnerleistung die Durchführung der Funktionen zu ermöglichen. Das heißt, bei AV sind die Zeiten, die für präventive Wartung benötigt werden oder durch Systemausfall bedingt sind, nicht berücksichtigt.

15.10 Eigenschaften der DSC-Leistungszahl

1. Es handelt sich grundsätzlich um eine dimensionslose Leistungszahl, weil in den Gewichtungen und Bewertungsmaßstäben, die die SC-Komponente enthalten, kein physischer oder ökonomischer Wert enthalten ist.
2. Es handelt sich um ein reines Effektivitäts-Kriterium, das mit den Kostenkriterien erst abgestimmt werden muß. Die Berücksichtigung von Kosten bei einer Leistungszahl würde bedeuten, daß der DSC-Teil in Geldbeträgen auszudrücken wäre. Dies würde aus der DSC-Methode lediglich eine Nettowert-Methode machen; in diesem Falle könnten wir den Nettowert-Ansatz ebenso gut direkt einsetzen.
3. Die SC-Komponente des DSC erzielt die Vorteile des hierarchischen Ansatzes der gewichteten Summe dort, wo sie am meisten benötigt werden: in der Fähigkeit, eine große Anzahl Kriterien, die schwierig zu quantifizieren sind, zu behandeln, wie z. B. in der Tabelle 15–3 — unserer Fallstudie über die Computerauswahl.
4. Die DC- und AV-Komponenten des DSC vermeiden die Schwächen des hierarchischen Ansatzes der Summengewichtung, die sich bei der Bearbeitung der multiplikativen Auswirkungen der effektiven Kapazität und Verfügbarkeit ergeben. Auch kann man mit ihnen DC und AV auf die am besten geeignete Art kalkulieren, wie z. B. unter Einsatz der Gleichung (10–1), mit der die effektive Kapazität für das TPS-Beispiel berechnet werden kann. Die DC- und AV-Komponenten können auch erweitert werden, um andere System-Komponenten wie Personal, Kommunikationen usw. zu berücksichtigen.

15.11 Neue Aspekte zum TPS-Beispiel

Wir wollen noch einmal auf unser TPS-Problem zurückkommen. Wir haben zwischen dem System A und dem System A Plus als möglichen Betriebssystemen die Wahl und ziehen hierzu die DSC-Leistungszahl heran.

Zuerst befassen wir uns ausschließlich mit den Kosten. Während dieses Vorganges versuchen wir, den Kosteneinfluß aller geänderten Eigenschaften, die das System A Plus bietet, auf der Grundlage der zweijährigen Wartungskosten in Höhe von $ 30 K — also jährlich $ 15 K — zu schätzen (siehe Abschnitt 9.4).

	System A	System A plus
Grundkosten	$ 130 K	$ 135 K
Wartungsunterstützung (10% Reduktion der Wartungskosten von $ 30 K)	0	− 3 K
Diagnose- und Fehleranzeigen (5% Reduktion der Wartungskosten von $ 30 K)	0	− 1,5 K
Dokumentation (5%ige Erhöhung der Wartungskosten von $ 30 K)	0	1,5 K
Insgesamt	$ 130 K	$ 132 K

Als nächstes betrachten wir die effektive Kapazität und Verfügbarkeit getrennt und versuchen wiederum den Einfluß aller verbesserten Eigenschaften, die das System A plus mit sich bringt, zu schätzen.

Effektive Leistungsfähigkeit	System A	System A plus
(3% Verbesserung aus der Messung)	180,0	185,4
Verfügbarkeit	System A	System A plus
(50% Reduzierung der Ausfallzeiten aus Diagnosen, Fehleranzeigen, Ablaufverfolgung)	0,95	0,975

Als nächstes nehmen wir diejenigen funktionellen Fähigkeiten, die an anderer Stelle noch nicht vollständig berücksichtigt worden sind, in die Leistungsfähigkeitskomponente des Summengewichtssystems — inklusive der *grundlegenden Transaktions-Verarbeitungsfunktionen* — wie folgt auf:

Kriterium	Gewichtung	System A		System A plus	
		Bewertung	Gewichtete Bewertung	Bewertung	Gewichtete Bewertung
Grundlegende Transaktions-Verarbeitungsfunktionen	0,95	1,0	0,950	1,0	0,950
Accounting-System	0,01	0,6	0,006	1,0	0,010
Einsatz-Zusammenfassungen	0,01	0,0	0,000	0,8	0,008
OS-Dokumentation	0,03	0,8	0,024	0,4	0,012
Insgesamt	1,00		0,980		0,980

Die Gesamtergebnisse sind in Tabelle 15–6 zusammenfassend dargestellt. Auf der Grundlage dieser Ergebnisse geben wir einwandfrei dem System A Plus den Vorzug. Verglichen mit unserer früheren Wahl des Systems A, für das wir den in Tabelle 15–2 dargestellten fragwürdigen Beweggrund hatten, haben wir nun für das System A Plus ein relativ gut fundiertes Motiv.

Tab. 15–6: TPS-Vergleich: effektives Systempotential

Kriterium	System A	System A plus
System-Leistungsfähigkeit (SC)	0,980	0,980
Effektive Leistungsfähigkeit (DC)	180,0	185,4
Verfügbarkeit (AV)	0,95	0,975
Effektives Systempotential (DSC) = (SC)(DC)(AV)	167,6	177,1
Kosten	$ 130 K	$ 132 K

15.12 Vergleich der Leistungszahlen der gewichteten Summen und der DSC

Der DSC-Ansatz vermittelt uns ein eindeutig besseres Verständnis für unser TPS-Entscheidungsproblem, als die bei der Summengewichtung gemäß Tabelle 12–2 der Fall war. Ehe wir zu dem Schluß kommen, daß für dieses Problem das DSC unbedingt besser als die Summengewichtung geeignet ist, sollten wir uns aus unserer Diskussion über die Fallstudie der Computer-Auswahl in Erinnerung rufen, daß es eine alternative Abhilfe für unzulängliche gewichtete Summenanalysen gab: die Bildung einer repräsentativen Gruppe von Faktoren und Gewichtungen.

Es stellt sich im Fall des TPS-Projektes heraus, daß uns die DSC-Analyse eine Möglichkeit zur Identifikation der passenderen Gruppe von Faktoren und Gewichtungen für eine Summengewichtung bietet. Wenn wir die Systemleistungsfähigkeit (SC), die effektive Leistungsfähigkeit (DC) und die Verfügbarkeit (AV) mit in etwa gleichen Gewichtungen als unsere Faktoren einsetzen, gelangen wir zu der Analyse der gewichteten Summen der Tabelle 15–7.

Mit diesen Faktoren und Gewichtungen vermittelt uns die Summengewichtung im großen und ganzen dasselbe Verständnis des TPS-Entscheidungsproblems wie die DSC-Methode. Dies ist in diesem Fall möglich, weil die Faktoren der zur Verfügung

Tab. 15–7: Revidierte Summengewichtungsanalyse für das TPS-Beispiel

Kriterium	System A				System A plus		
	Gewichtung	Wert	Bewertungsmaßstab	Gewichteter Maßstab	Wert	Bewertungsmaßstab	Gewichteter Maßstab
Systemleistungsfähigkeit (SC)	40	0,980	9	360	0,980	9	360
Effektive Leistungsfähigkeit (DC)	30	180,0	8	240	185,4	9	270
Verfügbarkeit (AV)	30	0,950	7	210	0,975	9	270
Insgesamt	100			810			900

gestellten Leistungsfähigkeit und der Verfügbarkeit in etwa vergleichbar sind. Wenn die alternativen Systeme bei diesen Faktoren variantenreicher wären, würde die Summengewichtungs-Methode mehr Schwierigkeiten bereiten.

Andererseits ist die Analyse der gewichteten Summen bei der Einschätzung der Nebenwirkungen von Faktoren der effektiven Leistungsfähigkeit und Verfügbarkeit besser. Nehmen wir als Beispiel eine große Bank, bei der je nach Verfügbarkeit des Computer-Systems, das diese finanziellen Transaktionen verarbeiten muß, bis zu einer Million Dollar an täglichen Zinsen anfallen. Hier ist der Unterschied zwischen AV = 1,00 und AV = 0,99 viel höher als die 1%ige Differenz des effektiven Potentials. Die Methode der gewichteten Summen gibt dem Analytiker die Möglichkeit, dies bei seinen Gewichtungen und Bewertungen zu berücksichtigen.

In Tabelle 15–8 sind die wichtigsten vergleichbaren Stärken der Methoden der gewichteten Summen und der DSC-Leistungszahl zusammengefaßt; sie enthält auch Anhaltspunkte für Ihre Entscheidung zwischen den beiden Möglichkeiten.

- Wenn die effektive Leistungsfähigkeit und Verfügbarkeit innerhalb der Systeme, die beurteilt werden, stark variieren, sollten Sie die Methode des effektiven Systempotentials einsetzen. Sonst verwenden Sie die Methode der gewichteten Summen. Sollte sich jedoch herausstellen, daß bei DC und AV größere Schwankungen als erwartet auftreten, verwenden Sie zur Gegenkontrolle die DSC-Methode.

Tab. 15–8: Vergleich der Leistungszahlen der gewichteten Summen und der DSC

	Gewichtete Summen	Effektives Systempotential
Relative Vorteile	Einfacher	Repräsentativer für die meisten Computer-Systeme
	Besser für die Einschätzung von Nebenwirkungen der DC- und AV-Faktoren	Besser für die Einschätzung großer Unterschiede bei DC- und AV-Faktoren
Empfehlung	Einsatz dort, wo keine besonders unterschiedlichen DC- und AV-Faktoren vorliegen	Einsatz dort, wo sehr unterschiedliche DC- und AV-Faktoren vorliegen

Einige Schlußbemerkungen

Die Leistungszahlen der gewichteten Summen und der DSC sind in Situationen wie z. B. der Auswahl eines Computersystems oder eines komplexen Software-Paketes besonders hilfreich, denn hier müssen wir mit einer großen Anzahl (≥ 20) schwer quantifizierbarer Kriterien rechnen. Jedoch sollten wir zu dem Zugeständnis bereit sein, daß es eventuell keine zufriedenstellende Möglichkeit gibt, alle unsere Kriterien in eine einzige akzeptable Leistungszahl zu integrieren. In solchen Fällen bleiben uns noch zwei andere Bewertungs-Konzepte:

- Wir können einige der Faktoren als Nebenbedingungen behandeln. Wir besprechen diesen Ansatz in den folgenden Kapiteln 16 und 17.
- Wir können durch entsprechende Methoden die unvereinbaren Kriterien denjenigen Mitarbeitern, die zu Entscheidungen befugt sind, so unterbreiten, daß sie diese Kriterien leicht und schnell analysieren können und mit dieser Information zufriedenstellende Entscheidungen getroffen werden können. Dieses Thema werden wir in Kapitel 18 besprechen.

Kapitel 16

Ziele als Nebenbedingungen

16.1 Beispiel: TPS-Variante, ein Fehler-Modus

Wir wollen noch einmal unser TPS-Beispiel und die Variante A 1 ansehen, für die wir uns entschieden haben; es handelt sich um das Mieten einer Anzahl Prozessoren für die Dauer von zwei Jahren unter Einsatz des auf dem Markt befindlichen Betriebssystems, in der Form des erweiterten Systems A Plus. Nehmen wir an, es stellt sich bei einer näheren Überprüfung der Variante A 1 heraus, daß die Betriebssystem-Software die verheerende Eigenschaft hat, das ganze System zusammenbrechen zu lassen, sobald einer der Prozessoren versagt; jedesmal dauert es durchschnittlich 30 Minuten, das System mit Hilfe der verbleibenden funktionsfähigen Prozessoren wieder in Gang zu bringen. Auch haben wir festgestellt, daß die Zuverlässigkeit jedes Prozessors bei 99% pro Stunde liegt. Das bedeutet, daß bei jedem Prozessor während jeder gegebenen Stunde die Wahrscheinlichkeit von 0,99 besteht, daß der Prozessor nicht ausfällt.

16.2 System-Zuverlässigkeit und -verfügbarkeit

Wenn wir N Prozessoren haben, wird die *System-Zuverlässigkeit* Rel (N) pro Stunde als die Wahrscheinlichkeit definiert, daß das Gesamtsystem während einer gegebenen Stunde nicht ausfallen wird. Da in diesem Falle das System jedesmal dann versagt, wenn einer der Prozessoren ausfällt, entspricht Rel (N) der Wahrscheinlichkeit, daß keiner der Prozessoren während einer gegebenen Stunde ausfällt. Diese Wahrscheinlichkeit entspricht dem Produkt der Zuverlässigkeit der einzelnen Prozessoren

$$\text{Rel}\,(N) = (0{,}99)^N \tag{16-1}$$

Die hieraus resultierende *System-Verfügbarkeit* (der Zeitanteil, in dem das System funktioniert) kann wie folgt berechnet werden:

$$AV(N) = 1 - (\text{Zeitanteil, in dem das System stillsteht})$$

$$= 1 - \frac{(\text{Ausfallwahrscheinlichkeit je Zeiteinheit}) \quad (\text{durchschnittliche Stillstandzeit pro Ausfall})}{\text{Dauer der Zeiteinheit}}$$

$$= \frac{(1-\text{Rel}(N))\ (30\ \text{Minuten})}{60\ \text{Minuten}}$$

oder

$$AV(N) = 1 - 0{,}5\ (1 - 0{,}99^N) \tag{16-2}$$

Der hieraus resultierende Graph für die System-Zuverlässigkeit und System-Verfügbarkeit als Funktionen der Prozessoren-Anzahl ist in Abbildung 16–1 zusammen mit einem Graph für die Leistung E(N) nach Transaktionen/Sekunde abgebildet.

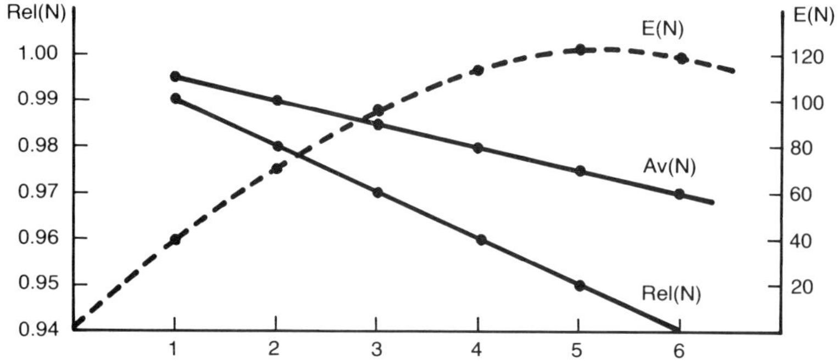

Abb. 16–1: TPS-Zuverlässigkeit, -Verfügbarkeit und -Leistung

16.3 Bewertung anhand der Leistungszahl

Aus Abbildung 16–1 entnehmen wir, daß sich die Leistung mit zunehmender Prozessoren-Zahl verbessert, die Zuverlässigkeit und die Verfügbarkeit jedoch abnehmen. Um entscheiden zu können, wie viele Prozessoren wir kaufen sollen, müssen wir die Ziele der Leistung und der Zuverlässigkeit/Verfügbarkeit miteinander abstimmen.

Eine Möglichkeit hierfür ist der Einsatz des obigen DSC-Konzeptes. Die Transaktions-Verarbeitungsfunktionen variieren nicht nach der Anzahl von Prozessoren N; wir nehmen deshalb an, daß die Systemleistungsfähigkeit SC konstant bleibt; der Einfachheit halber setzen wir für SC = 1,0 ein. Für die effektive Leistungsfähigkeit DC verwenden wir die Gleichung (10–1) oder die Abbildung 10–2 für E(N) in Tr./Sek.; für die Verfügbarkeit AV verwenden wir die Gleichung (16–2). Dies ergibt für N = 3:

$$DSC(3) = (1{,}0)[E(3)][AV(3)] = (96)(0{,}985) = 94{,}6$$

Der hieraus resultierende Graph von DSC(N) ist in Abbildung 16–2 dargestellt.

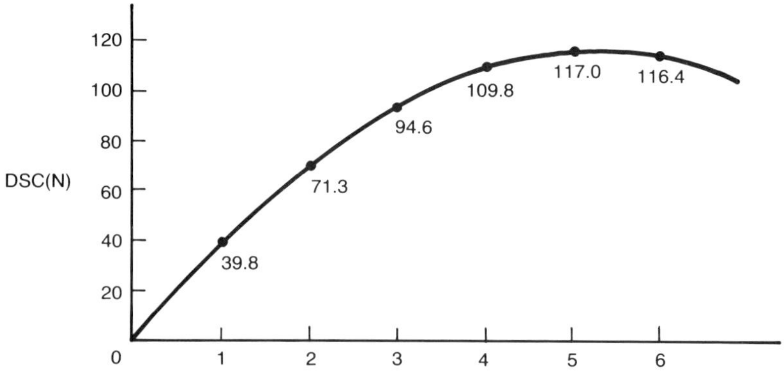

Abb. 16–2: Effektives Systempotential des TPS im Vergleich zur Anzahl der Prozessoren

Aufgrund des DSC-Entscheidungskriteriums würden wir nach wie vor N = 5 Prozessoren wählen, weil wir es für das Beste halten. Im Hinblick auf das hohe Maß an erforderlicher Verfügbarkeit in einem Transaktions-Verarbeitungssystem befriedigt uns das DSC jedoch nicht gänzlich.

In vielen Fällen sind die Kosten für Service-Unterbrechungen für den TPS-Anwender viel größer als die durch den reduzierten Durchsatz entstehenden Kosten. Wenn es sich bei dem TPS z. B. um ein Flugreservierungssystem handelt, würden die Kosten aufgrund des Verlustes an Stammkundschaft und Goodwill viel gravierender sein, wozu noch der Verlust des Prestiges einer verläßlichen Organisation kommt, der Sie sich während Ihrer Reisen anvertrauen wollen. Oder wenn es sich bei dem TPS um ein Fahrzeugleitsystem für Noteinsätze handelt (Polizei, Feuerwehr, Ambulanz), müßte man unter den Kosten auch die Zunahme der Wahrscheinlichkeit verstehen, daß Menschenleben verlorengehen.

Dies bedeutet, daß das DSC-Kriterium, das für eine General-Purpose-Computerauswahl, für die Auswahl eines Software-Paketes und für die meisten Batch-Verarbeitungsanwendungen gut geeignet ist, aufgrund seiner fraglichen Verfügbarkeit für viele Transaktions-Verarbeitungssysteme nicht optimal ist. In einigen dieser TPS-Situationen kann für die dem Anwender entstehenden Kosten möglicherweise der reale Wert bestimmt werden (zum Beispiel: „Jede Service-Unterbrechung kostet das Unternehmen $ 1000 pro Minute") und danach — wie zuvor — eine Nettowert-Analyse erstellt werden. Aber für viele Situationen — insbesondere solche, bei denen Menschenleben auf dem Spiele stehen — gilt, daß weder eine Barwert-Analyse noch eine DSC-Leistungszahl adäquat ist, um den Entscheidungserwägungen gerecht zu werden.

16.4 Darstellung von Zielen als Nebenbedingungen

Eine andere Möglichkeit, das Ziel der Verfügbarkeit mit den Kosten und Leistungszielen unseres TPS in Einklang zu bringen, wäre folgende Überlegung:

Wir können uns auf keinen Fall ein System mit einer Verfügbarkeit von weniger als 0,98 leisten. Wir wollen die Prozessoren-Anzahl N bestimmen, mit denen wir das Maximum an effektiver Leistungsfähigkeit E(N) erzielen können, vorausgesetzt, die System-Verfügbarkeit AV(N) beträgt mindestens 0,98.

Auf diese Art und Weise haben wir das Verfügbarkeits-Ziel als eine Nebenbedingung ausgedrückt. Aus der Abbildung 16–1 können wir ersehen, daß wir uns dann für die Wahl von N = 4 Prozessoren bei unserem TPS entscheiden werden. Damit kämen wir auf ein Minimum von 0,98 für die Verfügbarkeit und eine tatsächliche Leistungsfähigkeit von 112 Tr./Sek.

Auf diesem Wege kann jedes Kriterium in eine Nebenbedingung verwandelt werden. Wir könnten z. B. auch folgendes gesagt haben:

Wir können uns auf keinen Fall ein System mit einer auszuführenden Kapazität von weniger als 90 Tr./Sek. leisten. Wir wollen uns für N entscheiden, das uns eine maximale Verfügbarkeit ermöglicht, bei der E(N) ≥ 90 Tr./Sek. ist.

Anhand der Abbildung 16–1 können wir feststellen, daß wir uns damit für N = 3 Prozessoren mit einer effektiven Leistungsfähigkeit von 96 Tr./Sek. und einer Verfügbarkeit von 0,985 entscheiden würden.

Beim Software-Engineering kann es sich bei den Nebenbedingungen um selbstauferlegte Einschränkungen handeln — wie dies bei den obigen Einschränkungen der

Verfügbarkeit und Leistung der Fall war —; sie können aber auch durch andere Bedingungen erzwungen werden, insbesondere durch Ausrüstungs- und Anwender-Einschränkungen oder durch externe Interface-Bedingungen. Beispiel: Unser TPS könnte mit einem Kommunikations-System mit einer maximalen Kapazität von 75 Tr./Sek. gekoppelt sein. In diesem Fall müßte unser ursprüngliches Entscheidungsproblem wie folgt revidiert werden:

Wählen Sie N, um E(N) zu maximieren,

unter den Bedingungen, daß $AV(N) \geq 0{,}98$

und $E(N) \geq 75$ sind.

Aus Abbildung 16—1 können wir entnehmen, daß die Nebenbedingung $E(N) \leq 75$ über die Nebenbedingung $AV(N) \geq 0{,}98$ (oder $N \leq 4$) *dominiert*. Wir würden uns wie folgt entscheiden: $N = 2$, $E(N) = 72$ und $AV(N) = 0{,}99$.

16.5 Ziele als Nebenbedingungen: Lösungen und Kosten-Wert-Grenzen

Die Nebenbedingung $E(N) \leq 75$ muß nicht unbedingt $N \leq 2$ implizieren. Wenn es vorteilhaft für uns wäre, würden wir ein System mit drei Prozessoren wählen und es anstelle der 96 Tr./Sek., zu der es in der Lage wäre, eher auf eine Verarbeitung mit 75 Tr./Sek. beschränken. Dies würde sich nicht lohnen, wenn sich der Wert für die verarbeitete Transaktion pro Sekunde auf $ 2 K belaufen würde, weil wir $ 10 K für den zusätzlichen Prozessor zu zahlen hätten, für die zusätzlichen 3 Tr./Sek. jedoch nur $ 6 K bekämen. Wenn der Wert pro verarbeitete Tr./Sek. jedoch $ 4 K wäre, würden die zusätzlichen 3 Tr./Sek. $ 12 K wert sein, womit sich die Ausgabe von $ 10 K für einen dritten Prozessor lohnen würden.

Eine Möglichkeit der Betrachtung dieser Situation ist in den Abbildungen 16—3a und b dargestellt, die unser Entscheidungsproblem als eine Funktion von zwei Entscheidungsvarianten zeigen; der Anzahl N für die anzuschaffenden Prozessoren und die Anzahl E für Tr./Sek., mit denen das System läuft. Die Gruppe, die sich aus allen Entscheidungspunkten (N, E), die möglich sind, zusammensetzt, wird normalerweise als *Entscheidungsspielraum* bezeichnet.

Danach teilt die Nebenbedingung $E \leq 75$ den Entscheidungsspielraum in eine Gruppe realisierbarer Punkte $E \leq 75$ und eine Gruppe nicht realisierbarer Punkte $E > 75$ der Nebenbedingung ein. Auf ähnliche Weise definiert die stufenweise Leistungs-Funktion E(N) eine andere Aufteilung des Entscheidungsspielraums in realisierbare Punkte $E \leq E(N)$ und nicht realisierbare Punkte $E > E(N)$: nämlich in Punkte, in denen die gegebene Anzahl Prozessoren N den gegebenen Standard an Performance E nicht erzielen kann. Die Linie $N = 4$ schließlich trennt den Entscheidungsspielraum nach realisierbaren Punkten $AV \geq 0{,}98$ und nicht realisierbaren Punkten $AV < 0{,}98$ oder $N > 4$.

Die Gruppe mit den für alle spezifizierten Nebenbedingungen realisierten Punkten wird *„Lösung“* genannt. In den Abbildungen 16—3 a und b ist sie durch die schraffierten Felder ausgewiesen. Das Entscheidungsproblem in diesem Falle ist, daß wir den Punkt $(N, E)_{max}$ in der Lösung finden müssen, der den Nettowert (Gesamtwert minus Kosten) maximiert:

$$NV(N,E) = TV(E) - C(N)$$

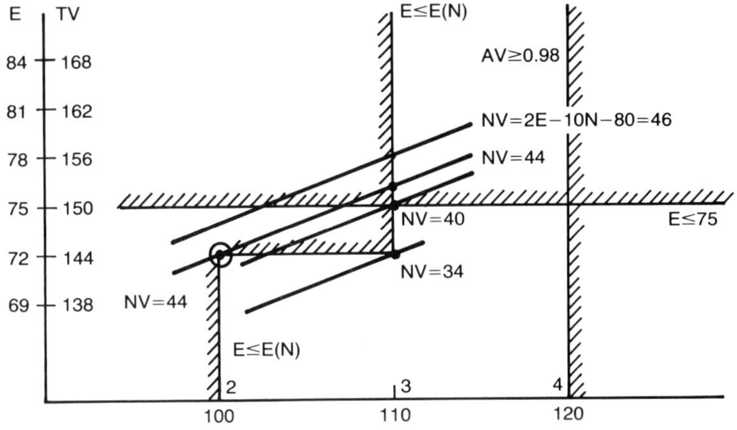

(a)

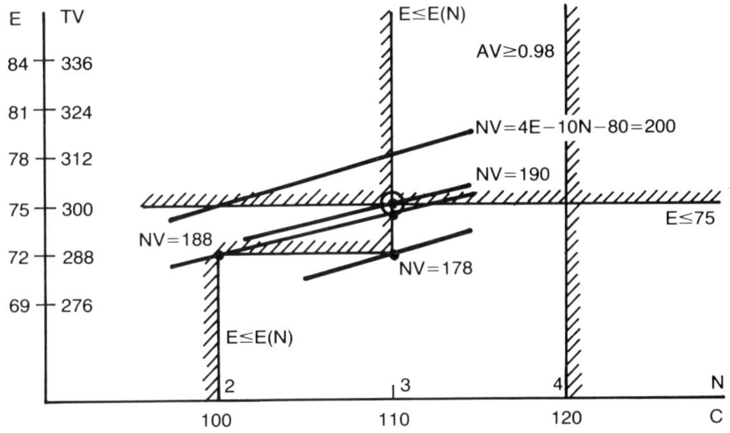

(b)

Abb. 16−3: a) Entscheidungsproblem für TPS unter Nebenbedingungen, V(E)=2E
b) Entscheidungsproblem für TPS unter Nebenbedingungen, V(E)=4E

Die Möglichkeit, $(N,E)_{max}$ — oft als *optimale Lösung* bezeichnet — zu finden, ist, die Gruppe von Punkten (N, E) zu untersuchen, die denselben Nettowert oder die *Grenzen des konstanten Nettowertes* haben:

$$NV(N,E) = TV(E) - C(N) = \text{konstant} \qquad (16-3)$$

Die Abbildungen 16−3 a und b zeigen einige dieser Grenzen. Ihre Steigung ist in den beiden Abbildungen wegen der Differenz in der Gesamtwert-Funktion TV(E) unterschiedlich. In der Abbildung 16−3 a ist jede Transaktion/Sekunde $ 2 K wert oder: TV(E) = 2 E. In der Abbildung 16−3 b ist jede Transaktion/Sekunde $ 4 K wert, oder: TV(E) = 4 E.

Wir setzen in beiden Fällen die Gleichung (16−3) ein, um die Grenzen des konstanten Nettowertes auszudrücken:

Abb. 16−3 a: NV (N,E) = 2 E − (80 + 10N) = konstant
Abb. 16−3 b: NV (N,E) = 4 E − (80 + 10N) = konstant

Diese Grenzen sind innerhalb des Raumes der Entscheidungspunkte (N,E) Parallellinien. Die Abbildungen 16−3 a und b zeigen einige dieser Grenzen, auch diejenigen, die bei unserem Problem, die optimale Lösung $(N, E)_{max}$ zu finden, die kritischen sind.

Bei der entscheidenden Beobachtung, die wir an Hand der Abbildungen 16−3 a und b machen können, handelt es sich darum, daß die optimale Lösung $(N, E)_{max}$, die wir mit dem Symbol ⊙ versehen haben, auf der Grenze des maximalen Nettowertes innerhalb der Grenzen liegt, die Punkte im Lösungsbereich haben. Demnach ist der Punkt (N, E) = (2,72) die optimale Lösung, weil seine Grenze NV = 44 die höchste Grenze ist (nämlich die Grenze, bei der NV den höchsten Wert erreicht), die den Lösungsbereich schneidet. Der Punkt (2,72) in Abbildung 16−3b ist nicht optimal, weil seine Grenze NV = 188 nicht die höchste Grenze ist, die den Lösungsraum schneidet.

16.6 Allgemeine Überlegungen: Entscheidungsprobleme bei Nebenbedingungen

Bei obigem Beispiel handelt es sich um einen speziellen Fall des allgemeinen Problems der optimalen Entscheidungen mit Nebenbedingungen; es wird von Abbildung 16−4 illustriert. Die mathematische Formulierung des Problems lautet:

> *Wählen Sie die Werte der Entscheidungsvariablen* $x_1, x_2, \ldots, x_n$, um die objektive Funktion $f(x_1, x_2, \ldots, x_n)$ in Abhängigkeit von den Nebenbedingungen zu maximieren

$$\begin{aligned} g_1(x_1, x_2, \ldots, x_n) &\leq b_1 \\ g_2(x_1, x_2, \ldots, x_n) &\leq b_2 \\ g_m(x_1, x_2, \ldots, x_n) &\leq b_m \end{aligned} \qquad (16-3)$$

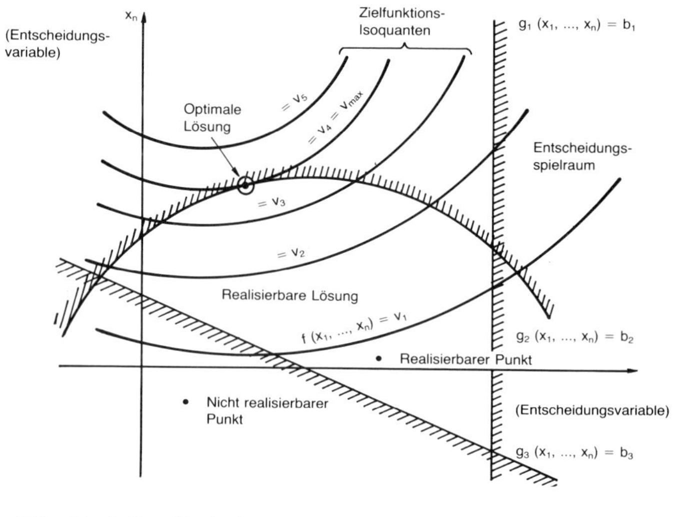

Abb. 16−4: Das Optimierungsproblem unter Nebenbedingungen

Damit die Illustration übersichtlich bleibt, setzen wir in Abbildung 16–4 nur zwei Entscheidungsvarianten, die Varianten x_1 und x_n ein. Jeder Punkt $(x_1, x_2, \ldots, x_n)$ wird als Entscheidungspunkt bezeichnet; die Gruppe, die sich aus allen Entscheidungspunkten zusammensetzt, die möglich sind, nennen wir den *Entscheidungsspielraum*. Die $m = 3$ Einschränkungsgrenzen

$$g_i(x_1, x_2, \ldots, x_n) = b_i, \; i = 1, 2, \ldots, m$$

sind in einem Graph als Funktionen der Entscheidungsvarianten x_1 und x_n dargestellt. Der Entscheidungspunkt, der außerhalb jeder der Einschränkungsgrenzen liegt, wird als *nicht realisierbarer Punkt* bezeichnet. Ein Entscheidungspunkt, der innerhalb aller Einschränkungsgrenzen liegt, wird als *realisierbarer Punkt* bezeichnet. Die Gruppe aus allen realisierbaren Punkten wird als *Lösung* bezeichnet.

Die Zielfunktion $f(x_1, x_2, \ldots, x_n)$ kann als eine Anzahl von Grenzen des konstanten Wertes der Zielfunktion oder als *Zielfunktions-Isoquanten* sichtbar gemacht werden.

$$f(x_1, x_2, \ldots, x_n) = v$$

Wie in unserem obigen TPS-Beispiel werden die *optimale Lösung* $(x_1, x_2, \ldots, x_n)_{max}$ und der optimale Wert v_{max} für unser Entscheidungsproblem durch folgende *notwendige und ausreichende Bedingungen* für eine optimale Lösung charakterisiert:

1. $(x_1, x_2, \ldots, x_n)_{max}$ ist ein realisierbarer Punkt auf der Isoquante $f(x_1, x_2, \ldots, x_n) = v_{max}$
2. Wenn $v > v_{max}$, dann enthält ihre Isoquante $f(x_1, x_2, \ldots, x_n) = v$ keine realisierbaren Punkte.

In einigen Situationen ist das Entscheidungsproblem derart eingeengt, daß keine realisierbaren Punkte, die alle Nebenbedingungen zufriedenstellen, vorhanden sind. Eine solche Situation wird als ein *unlösbares Entscheidungsproblem* bezeichnet. Beispiel: Wenn wir bei unserem Entscheidungsproblem in Abbildung 16–4 die Nebenbedingung

$$f(x_1, x_2, \ldots, x_n) \geq v_5$$

hinzufügen würden, würden wir es zu einem unlösbaren Entscheidungsproblem machen.

16.7 Anwendungen für das Software-Engineering

Nachstehend finden Sie einige für das Software-Engineering typischen Problemgebiete, bei denen mathematische Optimierungstechniken hilfreich sein können.

- *Probleme der optimalen Hardware-Software-Konfiguration* bei Durchführbarkeitsstudien für Informations-Verarbeitungssysteme. Wir wollen bei diesem Problembereich Hardware-Software-Konfigurationen wählen, mit denen wir den Nettowert, der Ressourcen-, Personal-, Hilfsmittel- und Leistungs-Einschränkungen unterliegt, maximieren können. Siehe hierzu (Stone u. a., 1978) und (Ferrari, 1978).
- *Optimale Computer-Netzwerke,* wie z. B. die Zuteilung von Prozessoren, Speichern und Kommunikationskanälen, mit denen wir den Durchsatz maximieren wollen, der Einschränkungen hinsichtlich der Ressourcen oder der Antwortzeit unterliegt; oder aber wir wollen die Ressourcen auf ein Minimum reduzieren, die hinsichtlich des akzeptablen Durchsatzes oder einer annehmbaren Antwortzeit Einschränkungen unterliegen usw. Beispiele finden Sie bei (Kleinrock, 1976) und (Graham, 1978).
- *Optimale Berechnungs-Algorithmen* zur Durchführung verschiedener Informationsverarbeitungsfunktionen, wie z. B. Sortieren, Suchen, Speicherzuteilung usw., um

die Durchführungszeit, die Einschränkungen hinsichtlich des verfügbaren Speicherplatzes (oder umgekehrt) unterliegt, auf ein Minimum zu reduzieren. Beispiele finden Sie bei (Knuth, 1969, 1973 und 1973 a) und (Horowitz-Sahni, 1978).

16.8 Mathematische Optimierungstechniken

Das Problem der optimalen Entscheidung, das wir weiter oben besprochen haben, gilt als ein mathematisches Problem. Es gibt für bestimmte Arten von Problemen mathematische Algorithmen, die eingesetzt werden können, um die optimale Lösung zu bestimmen (oder zu bestimmen, daß das Problem nicht realisierbar ist). Sie finden in diesem Abschnitt das Beispiel einer der gebräuchlichsten mathematischen Optimierungstechniken, die lineare Programmierung, und eine kurze Diskussion der nichtlinearen Programmierung. Es gibt viele Bücher, mit denen Sie sich eingehend über Algorithmen, Spezialfälle und Erweiterungen dieser oder anderer mathematischer Optimierungstechniken informieren können. Die Studie von (Wagner, 1977) ist eine ausgewogene und verständliche Mischung aus Theorie und Praxis.

Lineare Programmierung

Wenn die Zielfunktion f eine lineare Funktion der Entscheidungsvariablen $x_1, x_2, \ldots, x_n$ ist, das heißt, wenn

$$f(x_1, x_2, \ldots, x_n) = c_1 x_1 + c_2 x_2 + \ldots + c_n x_n$$

und die Einschränkungsfunktionen g_1 auch lineare Funktionen sind, dann ist unser Problem der optimalen Entscheidung ein *Linear-Programmierungsproblem**). Das Linear-Programmierungsproblem hat folgende Form:

Bestimmen Sie die Werte der Entscheidungsvariablen $x_1, x_2, \ldots, x_n$,

um $c_1 x_1 + c_2 x_2 + \ldots + c_n x_n$ zu maximieren,

unter den Nebenbedingungen:
$$a_{11} x_1 + a_{12} x_2 + \ldots + a_{1n} x_n \leq b_1$$
$$a_{21} x_1 + a_{22} x_2 + \ldots + a_{2n} x_n \leq b_2$$
$$a_{m1} x_1 + a_{m2} x_2 + \ldots + a_{mn} x_n \leq b_m$$
$$x_1 \geq o, x_2 \geq o, \ldots x_n \geq o.$$

Ein Beispiel für lineare Programmierung: Universal Software Inc.

Wir wollen als Beispiel für den Einsatz der mathematischen Optimierungstechniken ein lineares Programmierungsproblem aufstellen und seine Lösung finden. Das Software-Haus Universal-Software Inc. hat einen Mitarbeiterstab von 16 Analytikern und 24 Programmierern; für den Einsatz bei der Software-Entwicklung verfügt es über einen Computer, der täglich 15 Stunden zur Verfügung steht. Universal ist auf die Entwicklung sehr ähnlicher Textverarbeitungs-Software-Systeme und Prozeßsteuerungs-Software-Systeme spezialisiert; für beide Systeme ist der Auftragseingang gesichert. Für die Entwicklung eines jeden Textverarbeitungsprojektes sind 2 Analyti-

---

*) Lineare Programmierung" und „Computer-Programmierung" entstammen derselben Bedeutung des Verbs „programmieren": d. h. „eine Folge von Operationen ausführen". Mit der der linearen Programmierungstechnik zugrunde liegenden Motivation — wie sie von Dantzig, 1947, formuliert wurde — soll ein Weg gefunden werden, um die massiven manuellen Programmierungsaktivitäten abzuwickeln, die während der logistischen Operationen im Zweiten Weltkrieg stattfanden (Dantzig, 1963).

ker, 6 Programmierer und täglich 3 Stunden Computerzeit bei einem Gewinn von $ 20 000 oder $ 20 K erforderlich. Für jedes Prozeßsteuerungssystem sind 4 Analytiker, 2 Programmierer und täglich 3 Stunden Computerzeit erforderlich; der Gewinn beträgt $ 30 K.

Für den für das nächste Jahr zu erstellenden Geschäftsjahresplan benötigt Universal eine Antwort auf folgende Frage:

- Wie viele Textverarbeitungs-Systeme und wie viele Prozeßsteuerungssysteme müßte Universal unter Beachtung seines verfügbaren Personals und der verfügbaren Computerzeit entwickeln, um seinen Gewinn zu maximieren?

Nachstehend finden Sie fünf Fragen, deren Beantwortung die Lösung des Problems der Universal bedeuten kann. Bemerkenswert ist die Ähnlichkeit mit der ebenfalls fünfstufigen Fragenfolge der Zeitschrift, von deren erfolgreicher Analyse mit dem Abonnement-Verarbeitungssystem wir in Kapitel 1 berichtet haben.

Schritt Nr. 1

Welches Ziel soll optimiert werden?

Universal's Ziel bei dieser einfachen Analyse ist, den Gewinn zu maximieren.

Schritt Nr. 2

Welche Entscheidungen, die das Ziel beeinflussen, können wir beeinflussen?

Es gibt einige Entscheidungen, die das Ziel beeinflussen könnten, die aber von Universal nicht beeinflußt werden können. Wenn sich z. B. jeder Kunde entschließen würde, an Universal pro entwickeltem System zweimal so viel zu bezahlen, würde dies den Gewinn von Universal günstig beeinflussen. Bei ausgewogenem Wettbewerb fällt eine solche Entscheidung nicht unter die Einflußmöglichkeiten von Universal. Die Entscheidungsvariablen, die von Universal kontrolliert werden, und die ihren Gewinn beeinflussen, sind:

x_1 = die Anzahl an Textverarbeitungssystemen, die sie entwickeln wird,

x_2 = die Anzahl an Prozeßsteuerungssystemen, die sie entwickeln wird.

Schritt Nr. 3

Welche Werte bestimmen die Variablen der Nebenbedingungen?

Universal würde unbegrenzte Gewinne erzielen, wenn sie eine unbegrenzte Anzahl von Textverarbeitungs- oder Prozeßsteuerungs-Aufträgen übernehmen könnte. Sie verfügt aber nur über eine begrenzte Anzahl Analytiker, Programmierer und Computerstunden. Beispiel: Da für jeden Textverarbeitungsauftrag zwei Analytiker und für jeden Prozeßsteuerungsauftrag vier Analytiker erforderlich sind, Universal aber nur 16 Analytiker zur Verfügung stehen, beträgt die Beschränkung an Analytikern:

$$2\,x_1 + 4\,x_2 \leq 16$$

Ähnlich verhält es sich bei den Einschränkungen bei den Programmierern und der Computerzeit:

$$6\,x_1 + 2\,x_2 \leq 24$$
$$3\,x_1 + 3\,x_2 \leq 15$$

Es gibt noch zwei weitere Einschränkungen, aufgrund derer Universal keine negative Anzahl Textverarbeitungs- oder Steuerungs-Aufträge übernehmen kann:

$$x_1 \geq 0 \qquad x_2 \geq 0$$

Schritt Nr. 4

Wie stehen die Werte der Zielfunktion mit den Werten der Entscheidungsvariablen in Beziehung?

Da Universal mit jedem Textverarbeitungssystem einen Gewinn von \$ 20 K erzielt und einen Gewinn von \$ 30 K bei jedem Prozeßsteuerungssystem, kann sein Gesamtgewinn P wie folgt ausgedrückt werden:

$$P = 20\ x_1 + 30\ x_2$$

Schritt Nr. 5

Aufgrund welcher Entscheidung erzielen wir den optimalen Wert der Zielfunktion?

Nachdem wir alle obengenannten Beziehungen zusammengestellt haben, können wir als erstes feststellen, daß wir ein Linear-Programmierungsproblem der Art haben, wie es in der Gleichung (16–4) dargestellt ist:

Wählen Sie die Werte der Entscheidungsvarianten x_1, x_2, um $P = 20\ x_1 + 30\ x_2$ zu maximieren,

unter den Bedingungen, daß $2\ x_1 + 4\ x_2 \leq 16$

$$6\ x_1 + 2\ x_2 \leq 24$$

$$3\ x_1 + 3\ x_2 \leq 15$$

$$x_1 \geq 0, \qquad x_2 \geq 0 \text{ ist.}$$

Es gibt eine Reihe von Möglichkeiten, ein lineares Programmierungsproblem zu lösen. Der gebräuchlichste Algorithmus, der Simplex-Algorithmus (Dantzig, 1963) macht den Einsatz von Matrix-Vektor-Manipulationen erforderlich, die denen ähnlich sind, die bei der Matrix-Inversion und bei der Lösung von simultanen linearen Gleichungen eingesetzt werden. Wir wollen an dieser Stelle eine graphische Lösung des Problems demonstrieren, indem wir die notwendigen und ausreichenden Bedingungen für die in Abschnitt 16.2 besprochene optimale Lösung einsetzen.

Zu diesem Zweck erstellen wir einen Graph der Einschränkungsgrenzen als Funktionen der Entscheidungsvariablen x_1 und x_2; siehe hierzu Abbildung 16–5. Damit wird die Lösung der Entscheidungsvariablen, die alle Einschränkungen zufriedenstellen, bestimmt; dies ist in den Abbildungen 16–5 und 16–6 durch die schraffierten Zonen dargestellt. Danach erstellen wir einen Graph der Grenzen des konstanten Gewinns, oder der *Zielfunktions-Isoquanten:*

$$20\ x_1 + 30\ x_2 = \text{konstant},$$

wie dies in Abbildung 16–6 im Hinblick auf die „Lösung" gezeigt wird.

Aus Abbildung 16–6 können wir entnehmen, daß die Zielfunktions-Isoquante

$$20\ x_1 + 30\ x_2 = 130$$

die Isoquante mit dem höchsten Wert ist, die einen Punkt im Lösungsbereich enthält.

Dieser Punkt ist

$$x\ 1 = 2,\ x_2 = 3$$

Dieser Punkt entspricht unseren notwendigen und hinreichenden Bedingungen für eine optimale Lösung.

1. $(x_1, x_2)_{max} = (2, 3)$ ist ein realisierbarer Punkt auf der Isoquante $20\ x_1 + 30\ x_2 = 130 = v_{max}$.

2. Wenn $v > v_{max}$ ist, dann enthält seine Isoquante $20\ x_1 + 30\ x_2 = v$ keine realisierbaren Punkte.

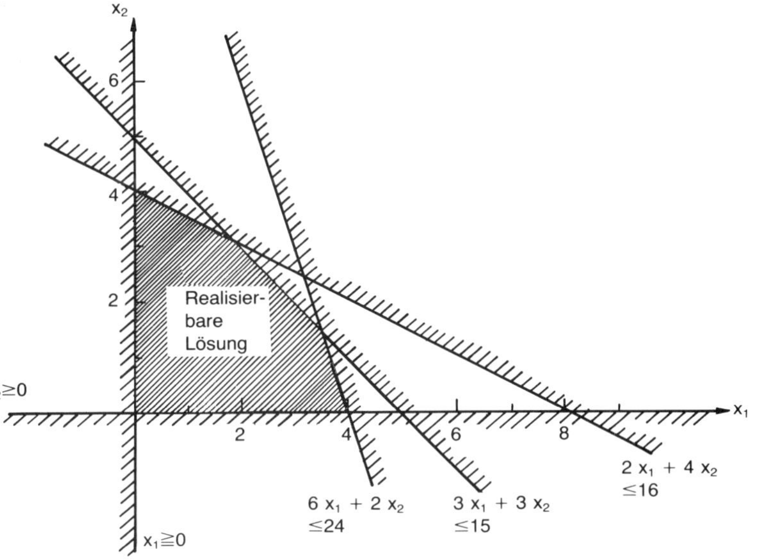

Abb. 16–5: Nebenbedingungen und Lösungsbereich des linearen Programmierungsbeispiels

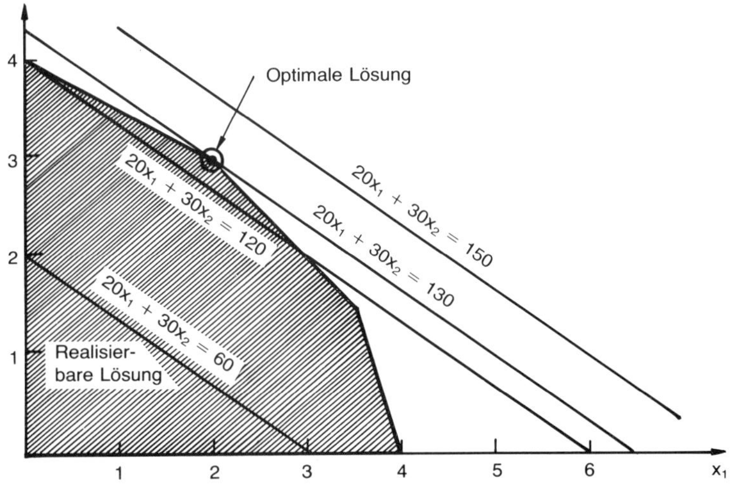

Abb. 16–6: Lineare Programmierungs-Isoquanten und optimale Lösung

Somit lautet die Antwort auf das Entscheidungsproblem der Universal Software Inc.: Entwicklung von 2 Textverarbeitungs-Systemen und 3 Prozeßkontrollsystemen, mit denen ein Gesamtgewinn von $ 130 K realisiert werden kann.

Während der Suche nach der Lösung dieses Problems haben wir einige Annahmen unterstellt, die in der Praxis normalerweise nicht durchführbar sind. Zum Beispiel:

- Programmierer und Analytiker können von Projekt zu Projekt ausgetauscht werden.
- Obwohl bereits verschiedene ähnliche Aufträge durchgeführt wurden, gäbe es weder Lernkurveneffekte noch nichtlineare Kostendegressionen.
- Jeder Programmierer oder Analytiker, der nicht zur optimalen Lösung beiträgt (für $x_1 = 2$, $x_2 = 3$ beträgt die Anzahl an beschäftigten Programmierern $6x_1 + 2x_2 = 1$, so daß 6 unbeschäftigte Programmierer übrigbleiben), kann sofort an einer anderen, produktiven Aufgabe eingesetzt werden.

Solche und andere Annahmen sind oft fraglich genug, so daß wir zu jeder linearen Programmierungslösung oder zu anderen mathematischen Optimierungslösungen immer zwei weitere Schritte hinzufügen sollten:

Schritt Nr. 5 a

Wie stark wird die optimale Lösung von den aus der Analyse erzielten Annahmen beeinflußt? Gibt es alternative Entscheidungen, die zufriedenstellende Ergebnisse bringen und von diesen Annahmen weniger beeinflußt werden?

Schritt Nr. 6

Macht es die Durchführung eines der obigen Schritte erforderlich, daß die vorhergehenden Schritte neu überlegt werden müssen? Wenn ja, müssen Sie die entsprechenden früheren Schritte wiederholen.

Diese Überlegungen werden in Kapitel 17 näher erörtert.

Nichtlineare Programmierung

In den meisten Entscheidungssituationen werden die Einschränkungen oder die Zielfunktion weitgehend nichtlinear sein, so daß approximative lineare Programmierungslösungen nutzlos sind. Probleme der optimalen Software-Projekt-Terminplanung könnten nicht lineare Zielfunktionen haben: Die Kosten der Überschreitung eines Terminplanes können auf Deadlines — wie die Bestandsaufnahme zum Jahresende, eine Kontoabstimmung oder den Start eines Satelliten — höchst empfindlich reagieren. Die optimalen Netzwerkprobleme haben oft mit nichtlinearen Kommunikationstarifen zu tun. Es könnte sein, daß optimale Konfigurationsprobleme einige stark nichtlineare Produktionsfunktionen haben, die die Investitions-, Auszahlungs- und umsatzreduzierenden Elemente widerspiegeln, die wir in Kapitel 11 besprochen haben.

Die Techniken zur Lösung nichtlinearer Programmierungsprobleme sind normalerweise viel komplexer als die Techniken für die lineare Programmierung. Es gibt Fälle, in denen die nichtlinearen Programmierungsalgorithmen nicht zu einer Lösung konvergieren, und es gibt andere Situationen, bei denen die Lösung nicht optimal ist. Letzteres Problem ist auf die Tatsache zurückzuführen, daß nichtlineare Zielfunktionen mehrere lokale Maxima haben können (siehe Abbildung 16–7). Normalerweise wird bei nichtlinearen Programmierungsalgorithmen zuerst die lokale Steigung bestimmt (die Richtung, die auf die höheren Werte hinweist) und diese dann bis zum lokalen Maximum folgen. Wenn also nach Abbildung 16–7 der nichtlineare Programmierungsalgorithmus am Punkt $\bar{x}$ beginnt, die lokale Steigung bestimmt und ihr bis zum lokalen Maximum g(x) = 30 folgt, besteht für den Algorithmus keine Möglichkeit zu „wissen", ob es sich bei diesem lokalen Maximum um das gesamte Maximum der Zielfunktion (dem sogenannten globalen Maximum) handelt, oder ob sich das globale Maximum irgendwo anders befindet. Hätte der Prozeß in diesem Fall am Punkt $\bar{x}$ begonnen, wäre der Algorithmus bis zum globalen Maximum g(x) = 40 fortgeschritten. Der nichtlineare Programmierungseinsatz macht es oft erforderlich, daß verschiedene Ausgangspunkte versucht werden, die von einer gewissen Kenntnis des Problemfeldes bestimmt werden.

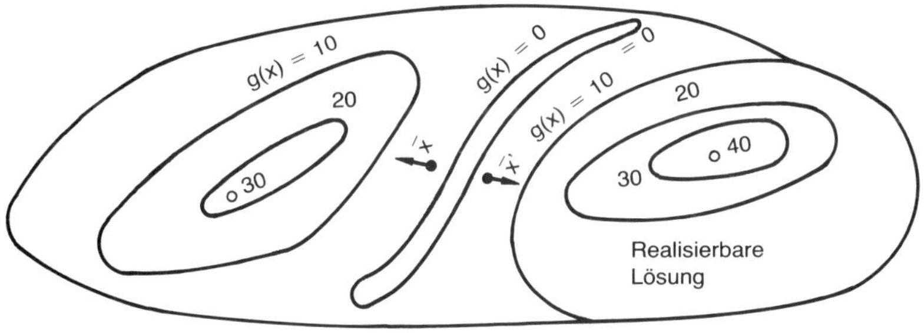

Abb. 16–7: Nichtlineares Programmierungsproblem mit mehrfachen Maxima

16.9 Möglichkeiten und Grenzen mathematischer Optimierungstechniken

Beim Einsatz von mathematischen Optimierungstechniken stößt ein Software-Engineer an mehrere praktische Grenzen. Bei der mathematischen Formulierung praktischer Probleme müssen wir von Annahmen ausgehen (z. B. Linearität, Vernachlässigung nicht quantifizierbarer Fakten), die oft nur schwer zu rechtfertigen sind. Die Bestimmung optimaler Lösungen bei großen Problemen kann teuer sein. Einige der Techniken, besonders bei der nichtlinearen Programmierung, können auf ein lokales Maximum, das nicht das globale Maximum darstellt, konvergieren oder auch überhaupt nicht konvergieren.

Eine andere Schwierigkeit besteht darin, daß wir die optimale Lösung bei der praktischen Implementierung oft nicht wählen wollen: Sie könnte am Rand einer „Klippe" der Zielfunktion liegen (wie z. B. der Punkt x = 10 in Abbildung 16–8), und es könnte sein, daß wir uns lieber auf eine nicht optimale, aber weniger risikoreiche Wahl beschränken (wie z. B. x = 6).

Andererseits bieten die mathematischen Optimierungstechniken eine Reihe Vorteile, die die Schwierigkeiten oft aufwiegen. Selbst dann, wenn wir es vorziehen, die mathematisch optimale Lösung nicht einzusetzen, wissen wir, wo sie liegt und wie viel Wert sie mit sich brächte, wenn wir uns für sie entscheiden würden. Dieses Wissen ist bei der Entscheidungsfindung oft sehr hilfreich.

Auch stellen die meisten mathematischen Optimierungstechniken eine wertvolle Information über die Anfälligkeit der Lösung gegenüber verschiedenen Aufgaben-Inputs zur Verfügung, oder eine solche Sensitivitätsinformation könnte leicht gefunden werden, indem die Input-Parameter variiert werden und indem der Algorithmus wiederholt wird.

Der Hauptwert des Optimierungsansatzes unter Nebenbedingungen liegt in seiner Hilfestellung bei der Problem-Formulierung, Problem-Lösung und Entscheidungsfindung. Er bietet eine Unterstützung bei der Klarstellung vieler Themen (Was versuchen wir zu optimieren? Bei welchen Variablen handelt es sich um Entscheidungsvariablen? Welche Werte können wir selbst beeinflussen?), die bei Entscheidungsproblemen des Software-Engineering anfallen. Ein Beispiel dieser Begriffsklärung wird im nächsten Kapitel vorgestellt; es behandelt den Prozeß der Systemanalyse anhand eines Gedankenmodells, das auf dem Optimierungsansatz unter Nebenbedingungen beruht.

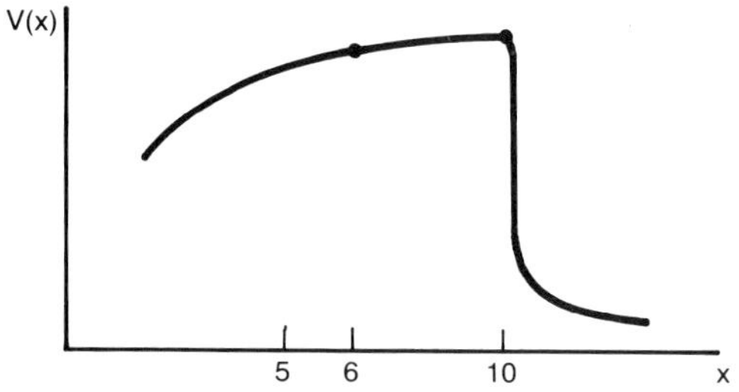

Abb. 16–8: Ein riskantes Optimum

Kapitel 17

Systemanalyse und Optimierung unter Nebenbedingungen

Der Ansatz der Systemanalyse setzt sich aus einer Anzahl Techniken zusammen, mit denen die wahrscheinlichen Konsequenzen alternativer Entscheidungen im Rahmen eines gegebenen Systems analysiert werden können. Diese Techniken der Systemanalyse kommen in großem Umfange während der Voruntersuchungsphase des Software-Lifecycle zum Einsatz. Während der Voruntersuchungsphasen ist es unser wichtigstes Ziel, unter der großen Zahl möglicher Software-Systeme, die wir in Erwägung ziehen, die richtige Wahl zu treffen, welches Software-System wir entwickeln wollen, sofern ein solches System überhaupt in Frage kommt.

Mit Hilfe der Systemanalyse kann diese große Anzahl möglicher Systeme auf eine kleinere Auswahl, die eingehender analysiert werden sollte, eingegrenzt werden; unter den noch verbleibenden Systemen sollte dann die am besten geeignete Wahl getroffen werden. Der im vorigen Kapitel besprochene Prozeß der Optimierung unter Nebenbedingungen ist ein guter gedanklicher Ansatzpunkt für das Verständnis der Systemanalyse.

17.1 Beispiel

Nachstehend können Sie sich über die verschiedenen Schritte informieren, die wir beim Systemanalyse-Konzept durchführen. Es handelt sich dabei im großen und ganzen um dieselben Schritte und Fragen, denen wir bei der Fallstudie der Zeitschrift in Kapitel 1 und bei unserem Beispiel für lineare Programmierung im vorhergehenden Kapitel gefolgt sind. An dieser Stelle betrachten wir diese Schritte in einem größeren Zusammenhang und illustrieren sie anhand eines besonderen TPS-Beispieles, einem TPS-System für Flugreservierungen.

1. Welche Ziele wollen wir optimieren oder zufriedenstellend lösen?

Durch diese Fragestellung können wir die Ziele des Systems, das wir entwickeln wollen *(die Systemziele),* leichter von den allgemeinen Zielen der Organisation (den *globalen Zielen*) und den Zielen alternativer Systeme (den *globalen Alternativen*) unterscheiden.

Gegenstand der Systemziele, die wir bei unserem Flugreservierungs-TPS-Beispiel verfolgen, ist die Entwicklung eines TPS, das die Transaktionen verarbeiten soll, zu denen die Flug-Reservierungen und -Annullierungen, Statusabfragen über Flüge, Passagiere und fragliche Sitzreservierungen usw. gehören. Auch legen wir Wert darauf, daß das TPS die Transaktionen schnell, akkurat und verläßlich, d. h. in einer unsere Kunden und Angestellten befriedigenden Weise, verarbeitet.

Zur Unterstützung dieser *globalen Ziele,* die die Basis für einen zufriedenstellenden Gewinn sind, benötigen wir die Kooperationsbereitschaft des Kunden und ein auf die Zukunft ausgerichtetes Geschäftspotential*); da aber unser TPS dies alles nicht von alleine bewerkstelligen kann, handelt es sich hierbei nicht um die direkten Ziele einer TPS-Entwicklung.

---

*) Oder bei öffentlichen Einrichtungen ausreichende Mittel für Ausgaben, die im Verhältnis zum Budget, zur öffentlichen Wohlfahrt und zukünftigen organisatorischen Kapazität stehen müssen.

Es gibt auch alternative Systeme, deren Ziele diese globalen Ziele unterstützen, wie z. B. ein neues Flugzeug-Bestandsaufnahme-Kontrollsystem oder ein umfangreiches Planungsmodell zur Prognose über das Nachfrageverhalten seitens der Passagiere. Bei solchen *globalen Alternativen* werden wir ihre möglichen Interaktionen mit einem TPS für Flugreservierungen in Betracht ziehen müssen, aber wir müssen ihre Ziele nicht als die direkten Ziele unseres TPS für Flugreservierungen berücksichtigen.

Wenn wir unseren ursprünglichen Entscheidungsspielraum als den Raum aller möglichen Systeme, die wir entwickeln könnten, ansehen, wird uns die Definition der Ziele unseres speziellen Systems dabei unterstützen, eine große Anzahl der verschiedenen möglichen Systeme zu eliminieren; wir können uns dann auf unser Hauptanliegen, die Aufgliederung unseres TPS für Flugreservierungen, konzentrieren. Dies wird in Abbildung 17–1 verdeutlicht.

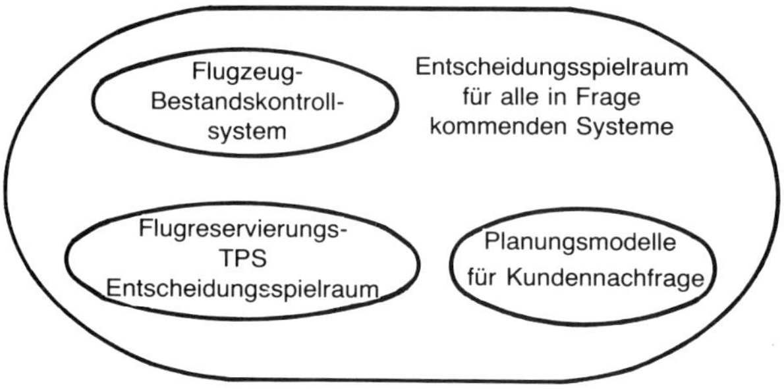

Abb. 17–1: Ermitteln von globalen Alternativen

2. Welche Entscheidungen, die unsere Ziele beeinflussen, können wir beeinflussen?

Mit dieser Fragestellung können wir den Umfang des Entscheidungsspielraumes weiter reduzieren, indem wir die nachstehenden Punkte ausschließen:

- *Systeme, bei deren Entwicklung Entscheidungen anfallen würden, die wir nicht beeinflussen können*

  Wir könnten z. B. ein effizienteres TPS entwickeln, wenn wir die Hauptdatenbank der Fluglinie unseren Wünschen entsprechend neu organisieren könnten; oder wir könnten die Flugpreisgestaltung der Fluglinie ändern, um das Reservierungsverfahren zu vereinfachen. Es könnte sich in einigen Fällen lohnen, eine Überprüfung und Genehmigung für solche Änderungen herbeizuführen; aber in den meisten Fällen wird es nicht möglich sein, solche Änderungen im Rahmen der Zeitspanne vorzunehmen, die wir für unsere Systementwicklung benötigen (wenn es sich bei diesen Geschäftspraktiken z. B. um Regierungsvorschriften handelt).

- *Systemeigenschaften, die auf unsere Ziele keinen großen Einfluß haben*

  Wir könnten z. B. einen großen Teil der Analyse für die Auswahl der Schrifttype einsetzen, die bei den Reservierungsterminals verwendet werden soll, oder für die Codierungen, die für Fehlermeldungen eingesetzt werden sollen. Bei solchen Entscheidungen handelt es sich jedoch höchstwahrscheinlich um keine wichtigen Faktoren, die die Leistung des Systems entscheidend beeinflussen; sie können auf die späteren Design- und Entwicklungsphasen verschoben werden.

Mit dieser Frage wird der Entscheidungsspielraum der Systemalternativen, die wir berücksichtigen müssen, auf die realistischen und wichtigen Alternativen reduziert; dies wird in Abbildung 17–2 illustriert.

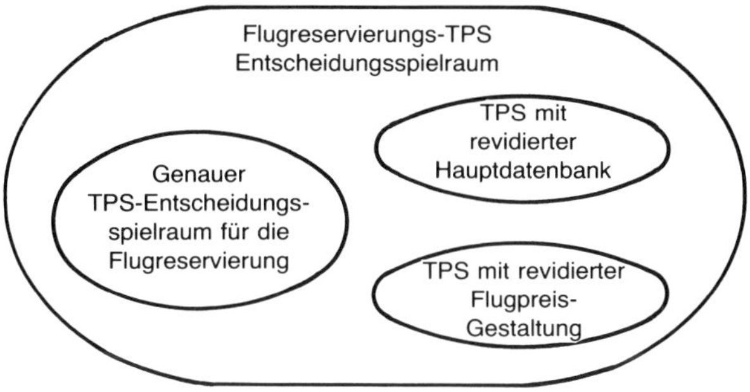

Abb. 17–2: Ermitteln von System-Alternativen

3. Aufgrund welcher Werte unterliegen wir Einschränkungen bei unseren Auswahlmöglichkeiten?

Auch diese Frage reduziert wiederum die Anzahl an Alternativen, die wir in Betracht ziehen müssen. Zu den typischen Einschränkungen gehören:

- *Interface-Bedingungen,* wie z. B. die Beschränkung auf 75 Tr./Sek., die aufgrund der Kapazität an Informationsleitungen erforderlich wird.
- *Ziele, die in Form von Einschränkungen ausgedrückt werden,* die Teil des Zielabgleichs sind, wie z. B. die Einschränkung, daß die System-Verfügbarkeit mindestens 0,98 betragen muß.

Diese Einschränkungen reduzieren die zur Wahl stehenden Systeme auf eine noch kleinere Gruppe, nämlich die *Lösung,* wie dies Abbildung 17–3 verdeutlicht.

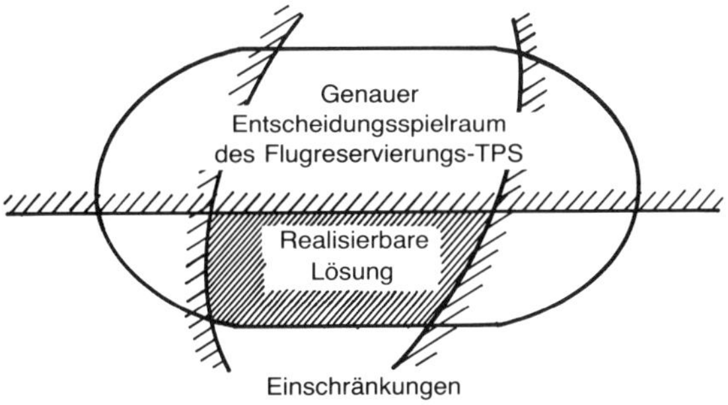

Abb. 17–3: Ermitteln der nicht realisierbaren Alternativen

4. Welche Kriterien sollen wir einsetzen, um die noch verbleibenden Alternativen zu beurteilen? Wie stehen die Werte der Kriteriumsfunktionen, oder Zielfunktionen, mit den Werten der Entscheidungsvariablen, die die Alternativen definieren, in Beziehung?

Kosten- und Effektivitäts-Kriterien sind beinahe immer Bestandteile von Systemanalysen; oft gehört zu ihnen auch eine kombinierte Zielfunktion, die die Ziele der Kosten und Effektivität gegeneinander abzustimmen versucht. Wir haben bei unserem TPS-Beispiel eine relativ einfach definierte Nettowert-Zielfunktion eingesetzt. Zu der (den) Zielfunktion(en) eines richtigen Flugreservierungs-Systems würden auch Faktoren wie Antwortzeit, Umfang der auszuführenden Transaktionen, Wachstumspotential und Öffentlichkeitsarbeit gehören.

Wie bei unserem TPS-Beispiel kann die Zielfunktion als eine Serie von Isoquanten oder Grenzen des konstanten Wertes der Zielfunktion sichtbar gemacht werden, wie dies in Abbildung 17—4 verdeutlicht wird.

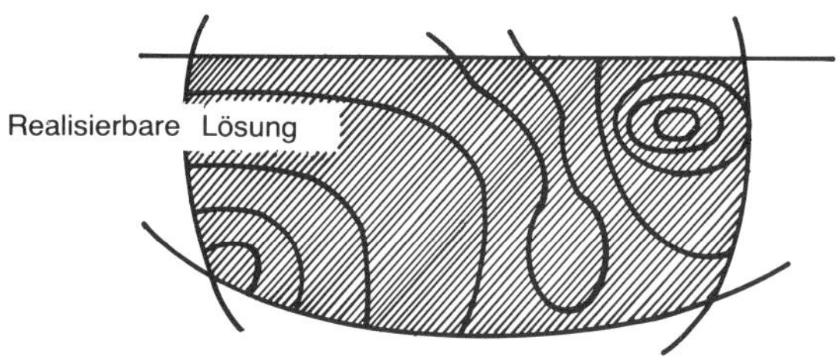

Abb. 17—4: Bewertung der Alternativen

5. Bei welcher Entscheidung erhalten wir den geeignetsten Wert der Zielfunktion? Wie empfindlich reagiert die Entscheidung auf Annahmen, die während der Analyse gemacht wurden? Gibt es alternative Entscheidungen mit zufriedenstellenden Ergebnissen, die auf diese Annahmen weniger empfindlich reagieren?

Die optimale Lösung für eines unserer Entscheidungsprobleme bei unserem TPS-Beispiel (Abbildung 16—3 a) war die Anschaffung von zwei Prozessoren, die mit 72 Tr./Sek. laufen. Fällt ein Prozessor aus und bringen wir das System mit nur einem Prozessor wieder in Gang, verfügen wir über eine Verarbeitungskapazität von lediglich 40 Tr./Sek.

Bei vielen Anwendungen, wie z. B. bei dem Flugreservierungs-System, wird diese reduzierte Leistungsstufe nicht zufriedenstellend sein, insbesondere bei längerer Reparaturdauer des Prozessors. Somit reagiert unsere Lösung höchst empfindlich auf die (ungenannte) Annahme, von der während der Analyse ausgegangen wurde, daß nämlich jeder Standard an Backup-Performance akzeptabel wäre.

Bei der Untersuchung alternativer Lösungsmöglichkeiten könnten wir die zusätzliche Alternative der Anschaffung eines dritten Prozessors, den wir nur als Backup einsetzen, erwägen. Dadurch würde unsere durchschnittliche Performance nur 72 Tr./Sek. anstelle von 96 Tr./Sek. betragen, die wir erzielen könnten, wenn wir den dritten Prozessor in unser Betriebssystem übernehmen. Aber unsere Kommunikationseinschränkung gestattete uns lediglich eine Verarbeitung von maximal 75 Tr./Sek., ein zusätzlicher, on-line betriebener Computer würde unsere Zuverlässigkeit von 0,98 auf 0,97 reduzieren. So zeigt uns die Sensitivitätsanalyse einen Weg zu einer Alternative, der wir gegenüber jeder anderen bisher in Erwägung gezogenen den Vorzug geben könnten. Dies ist ein Beispiel für die letzte Komponente des Systemanalyse-Konzeptes, die der Wiederholung.

6. Müssen wegen der Leistung eines der obigen Schritte die früheren Schritte neu überdacht werden? Wenn ja, wiederholen Sie die früheren, davon betroffenen Schritte.

17.2 Allgemeine Überlegungen

Mit Begriffen wie Entscheidungsspielraum, Alternativen-Lösung und Zielfunktion unterstützt uns das Gedankenmodell der mathematischen Optimierung dabei, uns ein Bild über das Konzept der Systemanalyse zu machen.

Umgekehrt verhilft uns das Systemanalyse-Konzept zu einem Bild des mathematischen Optimierungsprozesses, indem es hervorhebt, daß eine gute Formulierung des Problems und eine Sensitivitätsanalyse mindestens ebenso wichtig sind wie die Bestimmung der optimalen Lösung.

In Abbildung 17–5 finden Sie einen Vergleich zwischen dem mathematischen Optimierungsprozeß und dem Ansatz der Systemanalyse, wie er von (Quade, 1968) formuliert wurde. Die Abbildung zeigt große Ähnlichkeiten; die hauptsächlichen Unterschiede sind:

- die besondere Betonung subjektiver, nicht quantifizierbarer Faktoren durch das Konzept der Systemanalyse;
- die Fähigkeit und Bereitwilligkeit des Konzeptes der Systemanalyse, sich auf eine realisierbare, aber nicht optimale Lösung einzulassen.

Diese beiden Überlegungen sind die zwei wichtigsten Hinweise, die wir beachten sollten, wenn wir mathematische Optimierungstechniken anwenden. Die meisten von uns, die auf dem Gebiet des Software-Engineering arbeiten, ziehen es vor, auf die Lösung eines Problems hinzuarbeiten. Oft ist ein großes Quantum Selbstdisziplin erforderlich, daß wir uns nicht dazu bringen lassen, das mathematisch absolut Optimale anzustreben und darüber zu vergessen, daß der optimale Wert auch weniger gut als seine Alternativen sein könnte. Es könnte nämlich sein, daß diese alternativen Lösungen stark von Annahmen beeinflußt werden, die Bestandteil des Modells sind; sie könnten auch im Hinblick auf einige der nicht quantifizierbaren Faktoren besser sein und Faktoren, die aus der Analyse ausgespart wurden, zufriedenstellender berücksichtigen. Wenn wir uns also nicht zurückhalten, könnte es vorkommen, daß wir Situationen schaffen, die ähnlich wie die folgenden aussehen:

- das nicht verwendbare medizinische Unterstützungssystem, das eine optimale Antwortzeit, aber ein inakzeptables Anwender-Interface hat;
- die Zeitplanverzögerungen eines wichtigen Verteidigungssystems, die aufgrund eines optimierten Software-Terminplanes entstanden, der an die unvermeidlichen Hardware-Verzögerungen und -ausfälle nicht leicht genug angepaßt werden konnte;
- das wissenschaftliche Software-Programm mit einer optimalen Testreihe, das die Anzahl an Testfällen, die für die Ausführung der ganzen Software erforderlich waren, auf ein Minimum reduzierte, dabei aber den Umfang an Aufwand und Zeit verdreifachte, der für die Generierung der Test-Inputs und der zu erwartenden Outputs erforderlich war.
- der Entwurf des Systems einer städtischen Schule mit einem optimalen Durchsatz; nur hatte dieser das Problem der Arbeitslosigkeit einer lokalen Minderheit ausgelöst (unsere Fallstudie in Kapitel 2).

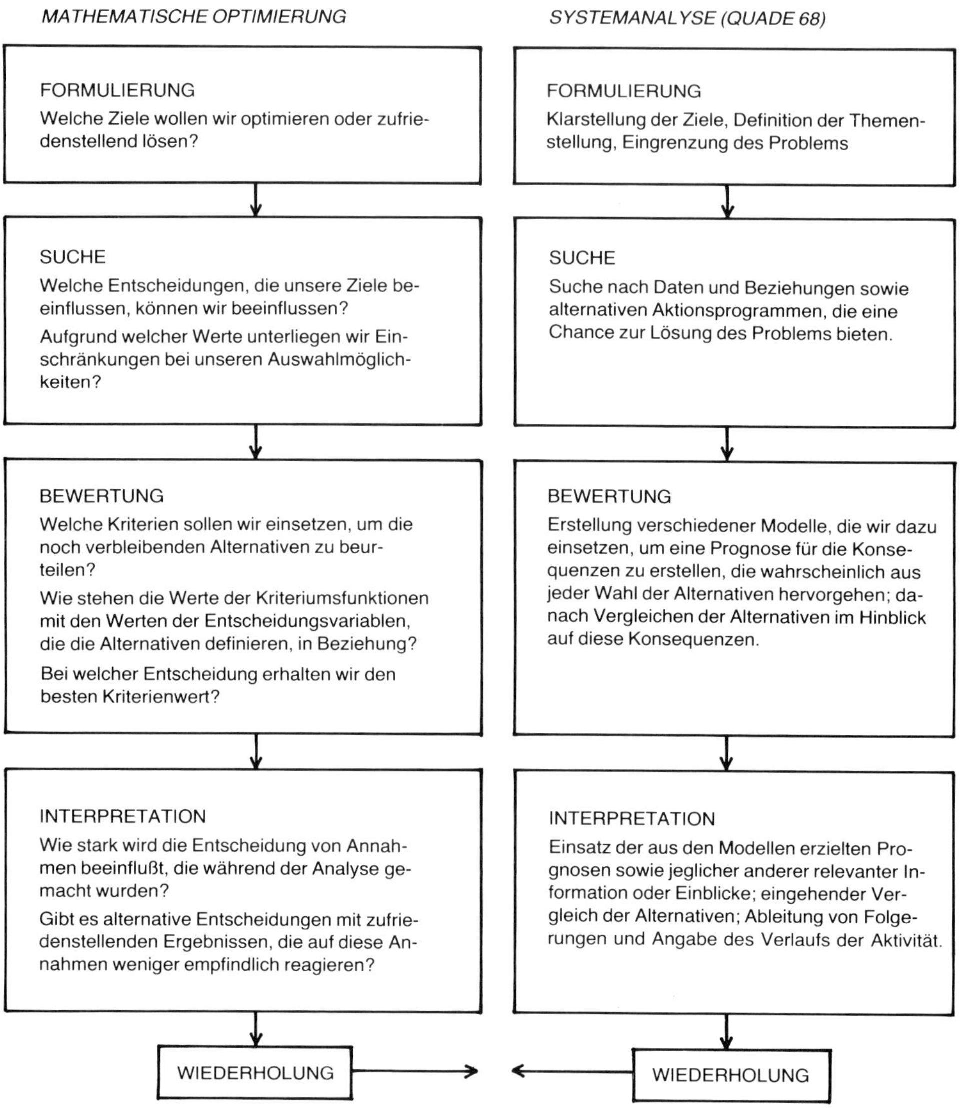

Abb. 17–5: Vergleich der mathematischen Optimierung und der Ansätze der Systemanalyse

Kapitel 18

Unvereinbare und nicht quantifizierbare Ziele

Wir haben uns in den Kapiteln 13 bis 16 mit den quantitativen Methoden befaßt, mit denen wir eine Anzahl verschiedener Ziele aufeinander abstimmen können. In den Kapiteln 13 und 14 haben wir die Möglichkeiten erörtert, wie wir unsere Ziele in Form von zukünftigen oder aktuellen Barwerten ausdrücken können. In Kapitel 15 haben wir andere Methoden auf der Basis von Leistungszahlen besprochen, mit denen wir mehrere Ziele zu einem einzigen dimensionslosen Kriterium zusammenfassen können. In Kapitel 16 haben wir das Verfahren geschildert, wie wir unsere Ziele in Form von quantitativen Einschränkungen ausdrücken können. In allen vier Kapiteln, insbesondere in Kapitel 17 über die Systemanalyse, mußten wir feststellen, daß diese quantitativen Methoden — obwohl sie oft hilfreich sind — dann ungenügend sind, wenn wir es mit kritischen unvereinbaren und nicht quantifizierbaren Zielen zu tun haben, mit denen wir uns beim Software-Engineering konfrontiert sehen.

Wenn wir es mit solchen unvereinbaren Zielen zu tun haben, stoßen wir auf folgende zwei hauptsächlichen Probleme:

1. Wir müssen Methoden finden, um die Analyse-Ergebnisse den Entscheidungsbefugten in einer Form zu präsentieren, die ihr Verständnis aller Faktoren verbessert und es ihnen ermöglicht, auf der Basis dieser Information zufriedenstellende Entscheidungen zu fällen. Wir werden dieses Thema in diesem Kapitel besprechen.
2. Wir müssen Methoden finden, anhand deren ein Gruppenkonsens bei Entscheidungen erzielt werden kann, die sich mit Kriterien befassen, die nicht vereinbar sind. Dieses Thema schließt die Delphi-Technik (Helmer, 1966), die organisatorischen Entwicklungsmethoden (Fordyce-Weil, 1971) und einige andere Techniken, die über den Rahmen dieses Buches hinausgehen wie z. B. die Verhaltens-Entscheidungsanalyse (Elbing, 1978) ein. Kapitel 22 befaßt sich mit den Delphi-Techniken und ihrem Einsatz bei der Kostenschätzung.

18.1 Beispiel: TPS-Variante B: Entwicklung von Betriebssystemen für spezielle Zwecke

Nehmen wir an, wir wollen jetzt mit Variante B des zweistufigen, kombinierten Ansatzes für die Entwicklung unseres TPS-Systems (siehe Abschnitt 12–1) fortfahren. Diese Option schließt die Entwicklung eines Betriebssystems für spezielle Zwecke mit einem reduzierten Multiprozessor-Overhead ein, mit dem wir die uns zur Verfügung stehende Langzeit-Kapazität auf 180 Tr./Sek. steigern können.

Wir haben bei dem vorhandenen, vom Lieferanten gelieferten Betriebssystem feststellen müssen, daß sein Zuverlässigkeitsgrad so gering ist, daß das ganze System zusammenbricht, wenn ein Prozessor ausfällt. Wir haben uns deshalb das Ziel gesetzt, die System-Zuverlässigkeit und -Verfügbarkeit zu verbessern, indem wir für besseres Umschalten und bessere Wiederanlauf-Fähigkeiten sorgen für den Fall, daß einer oder mehrere Prozessoren ausfallen.

Inzwischen haben wir unseren technischen Ansatz analysiert und kamen zu dem Ergebnis, daß uns das zusätzliche Umschalten und die zusätzlichen Wiederanlauffähigkeiten in die Lage versetzen, die Variante B innerhalb von 12 Monaten für $ 150 K zu entwickeln. Auch haben wir festgestellt, daß die erhöhte Zuverlässigkeit und

Verfügbarkeit, die wir hiermit erzielen, die zusätzlichen Entwicklungskosten von $ 30 K wert sind.

18.2 Überlegungen zur In-House-Entwicklung im Vergleich zur Fremd-Entwicklung

Unser Hardware-Lieferant, der unsere Fortschritte mit Interesse verfolgt hat, macht uns den Vorschlag, uns in 12 Monaten für $ 135 K die Betriebssystem-Variante B zu entwickeln, wozu auch verbesserte Meß- und Diagnosefähigkeiten gehören. Wir müssen nun diesen Vorschlag beurteilen, und zwar nicht nur bezüglich der Kosten und der Leistung, sondern auch im Hinblick auf eine Anzahl anderer wichtiger, aber zumeist nicht quantifizierbarer Kriterien, wie

- *Verfügbarkeit von Schlüsselpersonal*

  Wenn unsere eigenen Systemprogrammierer überbeansprucht sind, könnte der Vorschlag des Lieferanten sehr attraktiv sein. Sind jedoch unsere Systemprogrammierer nicht voll ausgelastet, wäre dieser Vorschlag weniger attraktiv.

- *Personal-Motivation und -Weiterbildung*

  Die Realisierung der Variante B ist eine anspruchsvolle technische Aufgabe. Überlassen wir sie dem Lieferanten, kann es sein, daß unsere Systemprogrammierer frustriert sind und daß ihre Qualifikation beim Umgang mit Systemen der verteilten Datenverarbeitung leidet. Wie schwer dieses Problem wiegt, hängt wiederum von den sonstigen Aufgaben ab, die sie zu erfüllen hätten.

- *Kontrollierbarkeit*

  Während der Zeit, in der wir die Variante B entwickeln, haben wir die Variante A bereits in Betrieb genommen und sammeln Erfahrungen, die sich positiv auf die Qualität von Betriebssystem B auswirken. Sollten wir uns dazu entschließen, Variante B betriebsintern zu entwickeln, könnten alle Entscheidungen über die Neuorientierung der Entwicklung aufgrund der gemachten Erfahrungen ausschließlich von uns kontrolliert werden. Sollten wir aber die Entwicklung der Variante B mit dem Lieferanten vereinbaren, werden wir in der Regel die Erfahrung machen, daß unsere Kontrolle über Entscheidungen zur Neuorientierung des Projektes verschiedenen Komplikationen unterliegt, sei es bedingt durch die Vertragsverhandlungen selbst, sei es durch Personaleinschränkungen seitens des Lieferanten oder aufgrund der Intention des Lieferanten, ein Betriebssystem zu entwickeln, das er auch anderweitig auf dem Markt absetzen kann.

- *Leichtigkeit der Wartung*

  Wenn wir uns für die In-House-Entwicklung entscheiden, werden wir zum Schluß eine Gruppe von erfahrenen Experten für den Wartungszeitraum des TPS-Lifecycle zur Verfügung haben. Wenn wir uns für die Lieferanten-Entwicklung entscheiden, müssen wir entweder unser eigenes Wartungspersonal ausbilden oder mit dem Lieferanten einen Wartungsvertrag abschließen.

Ein Versuch, derartige Überlegungen in Form von Kosten, Einschränkungen oder Leistungszahlen auszudrücken, wird normalerweise all den subjektiven Bedenken und interaktiven Auswirkungen, die bei der Entscheidungsfindung über Lieferanten- oder In-House-Entwickung anfallen, nicht gerecht. Nachstehend finden Sie einige alternative Methoden, wie diese Überlegungen dargestellt werden können.

18.3 Präsentations-Methoden

Eine einfache Methode wäre die Vorlage von schriftlichen Diskussionsbeiträgen oder *Kriterien-Zusammenfassungen,* die besagen, inwieweit die verschiedenen Alternativen dem jeweiligen Kriterium entsprechen, so wie wir es im obigen Abschnitt gezeigt haben. Die Entscheidungsbefugten können dann jede Diskussion nachlesen, sie subjektiv abwägen und ihre Entscheidung treffen. Wir halten dies für eine sinnvolle Methode, solange die Länge und der Detaillierungsgrad dieser schriftlichen Diskussionsbeiträge nicht umfangreicher ist als oben bei den Kriterien Verfügbarkeit des Schlüsselpersonals, Personal-Motivation und -weiterbildung, Kontrollierbarkeit und Leichtigkeit der Wartung. Wenn diese Beiträge sehr viel länger werden, könnte sich der Leser im Detail verlieren.

Stehen mehrere Kriterien zur Diskussion, benötigt der Entscheidungsbefugte noch eine knappere Darstellung, damit er alle Faktoren überblicken kann. Eine gute Methode der Zusammenfassung finden Sie in der Tabelle der *Vor- und Nachteile* oder *Präferenztabelle* (18–1). Alle Faktoren, die für eine In-House-Entwicklung sprechen, finden Sie in dieser Tabelle in der linken Spalte; die Faktoren zugunsten der Lieferantenentwicklung sind in der rechten Spalte aufgelistet.

Tab. 18–1: Präferenztabelle für die TPS-Alternativen

In-House-Entwicklung	Lieferanten-Entwicklung
Die Lieferanten-Entwicklung verursacht Beschaffungskosten und Verzögerungen.	Kosten von \$135K (im Vergleich zu \$150K für die In-House-Entwicklung).
Die In-House-Entwicklung ermöglicht den Mitarbeitern berufliche Weiterbildung.	Stellt eigene Mitarbeiter für andere Aufgaben frei.
Sie sorgt dafür, daß für die Wartung Experten zur Verfügung stehen.	Bietet überlegene Meß- und Diagnose-Fähigkeiten.
Sie bietet mehr Kontrolle über die Systementwicklungs-Richtlinien.	

Eine so gestaltete Tabelle vermittelt dem Entscheidungsbefugten wesentlich mehr Einblick. Selbst hier könnte die Tabelle leicht unübersichtlich werden, wenn eine große Anzahl Alternativen oder Kriterien berücksichtigt werden. In solchen Fällen liefern Bewertungstabellen wie die *„Prüfmatrix für die Voruntersuchungsphase"* in Abbildung 18–1 die Möglichkeit einer noch gedrängteren Zusammenfassung der Alternativen und Kriterien.

Diese *Prüfmatrix* ist ein Hilfsmittel, mit dem Sie die Alternativen während der Voruntersuchungsphase des Software-Lifecyles prüfen können. In den Zeilen der Matrix sind wichtige Kriterien für die Auswahl eines bestimmten Systemkonzeptes für die Entwicklung dargestellt. Einige allgemeine Kriterien sind bereits berücksichtigt; andere, projektspezifische Kriterien können in den offenen Zeilen eingetragen werden. In der ersten Spalte kann die relative Bedeutung jedes Kriteriums — von unwichtig bis kritisch — eingetragen werden, indem die entsprechende Zahl Sternchen in der Spalte eingesetzt wird. Die restlichen Spalten sind dafür vorgesehen, die relative Erwünschtheit jeder in Frage kommenden Alternative — von inakzeptabel bis optimal — anzugeben, indem Sie wiederum die entsprechende Zahl Sternchen in der entsprechenden Spalte und Zeile einsetzen.

Bewertungsmaßstab		
	Kriterien	Alternativen
·	unwichtig	inakzeptabel
•	wahlweise	ausreichend
••	wichtig	akzeptabel
•••	kritisch	optimal

	Bedeutung	Vorhandenes System	In-House-Entwicklung	Fremdentwicklung
KOSTEN Kosten bei der Anschaffung	•••		••	••
Kosten für die Durchführung	•••		••	••
Terminplan	••		••	•
Schlüsselpersonal	••		•	•••
Sonstige Kosten				
EFFEKTIVITÄT Funktionen:				
Diagnose	••		••	•••
Leistungs-Messung	••		••	•••
Accounting-System	•		••	•••
Durchsatz	•••		••	••
Antwortzeit	••		••	••
Genauigkeit	·			
Leichte Einsatzfähigkeit	••		••	••
Leichte Wartbarkeit	•••		•••	•
Personalmotivation u. -weiterbildung	•••		•••	•
Verkaufspotential	·			
Reputation				
Nebeneffekte/Sonstiges				
RISIKO Technologie	·			
Verfügbarkeit/Zuverlässigkeit	•••		••	••
Kontrollierbarkeit	•••		•••	•
Sonstiges				

Abb. 18–1: Prüfmatrix für die Voruntersuchungsphase

Die Zahl der Sternchen stellt anschaulich die relative Bedeutung eines Kriteriums oder die Erwünschtheit einer Alternative dar; die Genauigkeit entspricht in etwa der, die wir normalerweise bei Beurteilungen dieser Art erzielen. Es kann häufig zu Meinungsverschiedenheiten darüber kommen, wie viele Sternchen einem speziellen Kriterium oder einer bestimmten Alternative zugeordnet werden sollen. Selbst in solchen Fällen ist die Matrix eine wertvolle Hilfe, um zu beurteilen, wie wichtig es ist, solche Meinungsverschiedenheiten beizulegen. Ist ein Kriterium nicht sehr wichtig (z. B. die Leistungen des Accounting-Systems), macht es vielleicht nicht viel aus, ob eine Alternative in dieser Reihe mit zwei oder drei Sternchen versehen wird. Auch wenn alle Alternativen dieselbe Bewertung für ein Kriterium erhalten (z. B. die Antwortzeit), macht es nicht viel aus, ob ein Kriterium mit zwei oder drei Sternchen versehen wird. Allgemein hat sich die Prüfmatrix als ein sehr wertvolles Hilfsmittel bei der Beurteilung einer relativ großen Anzahl von Kriterien (5–30) und Alternativen (2–10) erwiesen.

Anhand jeder dieser Präsentationsmethoden werden wir in der Regel feststellen können, daß die Wahl der In-House-Entwicklung der Möglichkeit der Lieferantenentwicklung überlegen ist. Sollten wir jedoch einen extremen Mangel an Schlüsselpersonal haben und Beschränkungen bei der Einstellung von mehr Mitarbeitern unterliegen, würden wir die Möglichkeit der Fremdentwicklung wählen. Es dürfte schwierig sein, den Grad an Personalknappheit, von dem an wir den Eindruck haben, daß die Lieferantenvariante vorzuziehen ist, ganz genau zu bestimmen, da dies von der Ausgewogenheit verschiedener komplexer, subjektiver Faktoren abhängt.

18.4 Allgemeine Überlegungen: Nicht quantifizierbare Kriterien

Es gibt in den meisten Situationen des Software-Engineering einige wichtige Kriterien, die am besten qualitativ behandelt werden. Der Versuch, sie zu quantifizieren, ist im allgemeinen angebracht, jedoch nur unter Berücksichtigung zweier einschränkender Überlegungen:

- die Kosten der Analyse, die für die Generierung realistischer quantitativer Faktoren erforderlich sind;
- die Versuchung, den Schwerpunkt auf quantitative Faktoren zu legen, weil sie leichter zu handhaben sind.

Normalerweise sind die Kriterien der Effektivität und des Nutzens schwieriger zu quantifizieren als die Kostenkriterien, obwohl einige Kostenkriterien am besten qualitativ behandelt werden (z. B. das Kriterium des Schlüsselpersonals im obigen TPS-Beispiel). Tabelle 18–2 (King-Schrems, 1978) vermittelt einen Eindruck von der Reichweite der Effektivität-/Nutzen-Kriterien, die mit der Entwicklung eines Informationssystems in Verbindung stehen. Die Tabelle vermittelt auch ein gutes Verständnis für die Schwierigkeit, den Nutzen zu quantifizieren (z. B. für Kriterien wie die „verbesserte Austauschbarkeit von Datensätzen“ oder die „Möglichkeit, verschiedenen Standorten durch Fernmeldeleitungen den gegenseitigen Zugriff zu ermöglichen“.

18.5 Präsentationsmethoden für nicht quantifizierbare Kriterien

In unserem TPS-Beispiel am Anfang dieses Abschnittes haben wir drei wichtige Methoden für die Präsentation der Bewertungsergebnisse nicht quantifizierbarer Kriterien besprochen:

Tab. 18–2: Möglicher Nutzen des Informationssystems[a])[b])

Nutzen aus Ergebnissen von Rechen- und Druck-Tasks

Reduzierung der Kosten für Berechnung und Druck pro Einheit (CR)

Verbesserte Genauigkeit bei Rechen-Tasks (ER)

Die Fähigkeit, bei Rechenprogrammen die Variablen und Werte schnell zu ändern (IF)

Stark erhöhte Geschwindigkeit bei der Berechnung und beim Druck (IS)

Nutzen aus dem Einsatz des Systems zur Speicherung von Datensätzen

Die Fähigkeit, Daten „automatisch" zu sammeln und für Datensätze zu speichern (CR, IS, ER)

Umfassenderes und systematischeres Speichern von Datensätzen (CR, ER)

Erhöhte Kapazität im Hinblick auf Speicherplatz und Kosten bei der Aufzeichnung von Datensätzen (CR)

Standardisierung der Datenspeicherung (CR, IS)

Erweiterung des Datenumfanges, der pro Satz gespeichert werden kann (CR, IS)

Vermehrte Sicherheit bei der Datenspeicherung (ER, CR, MC)

Verbesserte Austauschbarkeit der Datensätze (IF, CR, IS)

Nutzen aus dem Einsatz des Systems für Datensatz-Such-Tasks

Schnelleres Auffinden der Datensätze (IS)

Verbesserter Zugriff auf Datensätze aus großen Datenbanken (IF)

Verbesserte Möglichkeit, Datensätze in Datenbanken zu ändern (IF, CR)

Die Möglichkeit, verschiedenen Standorten durch Fernmeldeleitungen den gegenseitigen Zugriff zu ermöglichen (IF, IS)

Verbesserte Möglichkeit, Datensätze zu erstellen, die Informationen darüber enthalten, auf welche Datensätze von welchem Benutzer zugegriffen wurde (ER, MC)

Die Möglichkeit, die Datensatzsuche zu überprüfen und zu analysieren (MC, ER)

Nutzen aus der Steigerung der Fähigkeit zur System-Umstrukturierung

Die Fähigkeit, ganze Klassen von Datensätzen gleichzeitig zu ändern (IS, IF, CR)

Die Fähigkeit, große Dateien zu transferieren (IS, IF)

Die Fähigkeit, neue Dateien durch Verknüpfung von Aspekten anderer Dateien zu erstellen (IS, IF)

Nutzen aus dem Einsatz der Analyse- und Simulations-Fähigkeit

Die Fähigkeit, komplexe, simultan ablaufende Berechnungen schnell durchzuführen (IS, IF, ER)

Die Fähigkeit, komplexe Phänomene zu simulieren, um „was wenn?" -Fragen zu beantworten (MC, IF)

Die Fähigkeit, große Datenmengen auf verschiedene Weise zusammenzufassen, die für die Planung und Entscheidungsfindung nützlich sind (MC, IF)

Tab. 18–2: (Fortsetzung)

Nutzen aus dem Einsatz des Systems zur Prozeß- und Ressourcensteuerung

Reduzierung des Bedarfs an Mitarbeitern bei der Prozeß- und Ressourcensteuerung (CR)
Verbesserte Fähigkeit zur Feinabstimmung von Prozessoren, wie z. B. der Steuerung von Fertigungsstraßen (CR, MC, IS, ER)

Verbesserte Fähigkeit zur ständigen Überwachung der Verfahren und der verfügbaren Ressourcen (MC, ER, IF)

---

a) CR = Cost reduction or avoidance (Kostenreduzierung oder -vermeidung)
ER = Error reduction (Fehlerreduzierung)
IF = Increased flexibility (erhöhte Flexibilität)
IS = Increased speed of activity (erhöhte Aktivitäts-Geschwindigkeit)
MC = Improvement in management planning or control (Verbesserung bei der Management-Planung oder -Kontrolle)

b) (King-Schrems, 1978)

1. *Erläuterung der Kriterien*

   Schriftliche Erläuterung der einzelnen Alternativen. Geeignet für die Darstellung der Analysen einer kleinen Anzahl von Kriterien (2 bis 10) für eine kleine Anzahl von Alternativen (2 bis 3).

2. *Präferenztabelle*

   Eine Tabelle, die die wichtigsten relativen Stärken jeder Alternative zusammenfaßt. Sie eignet sich für die Darstellung von Analysen einer mittleren Anzahl von Kriterien (2 bis 20) und Alternativen (2 bis 5). Die wichtigsten Punkte sollten durch Hintergrundinformationen, d. h. Erläuterungen der Kriterien, ergänzt werden.

3. *Prüfmatrix*

   Eine Matrix zur Bewertung (0 bis 3 Sternchen) der relativen Bedeutung jedes Kriteriums und die relative Erwünschtheit jeder Alternative im Hinblick auf jedes Kriterium. Geeignet zur Darstellung der Analyse einer relativ großen Anzahl von Kriterien (5 bis 30) und Alternativen (2 bis 10). Die wichtigsten Punkte sollten durch Hintergrundinformationen, d. h. Erläuterungen der Kriterien, ergänzt werden.

Situationen mit mehr Kriterien oder Alternativen sind mit jeder Methode nur schwer zu bewältigen. Die Abbildung 18–2 zeigt das Beispiel einer Prüfmatrix, die entwickelt wurde, um 15 Forschungs- und Entwicklungsalternativen der Informationsverarbeitung im Hinblick auf 32 Kriterien der Führung im Verteidigungsfall zu bewerten; diese stammen aus der CCIP-85-Studie von (Boehm-Haile, 1972). Die Häufigkeit der in jeder Reihe vorhandenen schwarzen Felder vermittelt einen allgemeinen Eindruck der Prioritäten bei Entscheidungen im Rahmen des Forschungsprojektes; der Informationsumfang ist aber zu groß, als daß die Entscheidungsbefugten versuchen könnten, auf der Basis einer speziellen Gruppe von Führungsprioritäten spezifische Entscheidungen über die Prioritäten des Forschungsprojektes zu fällen.

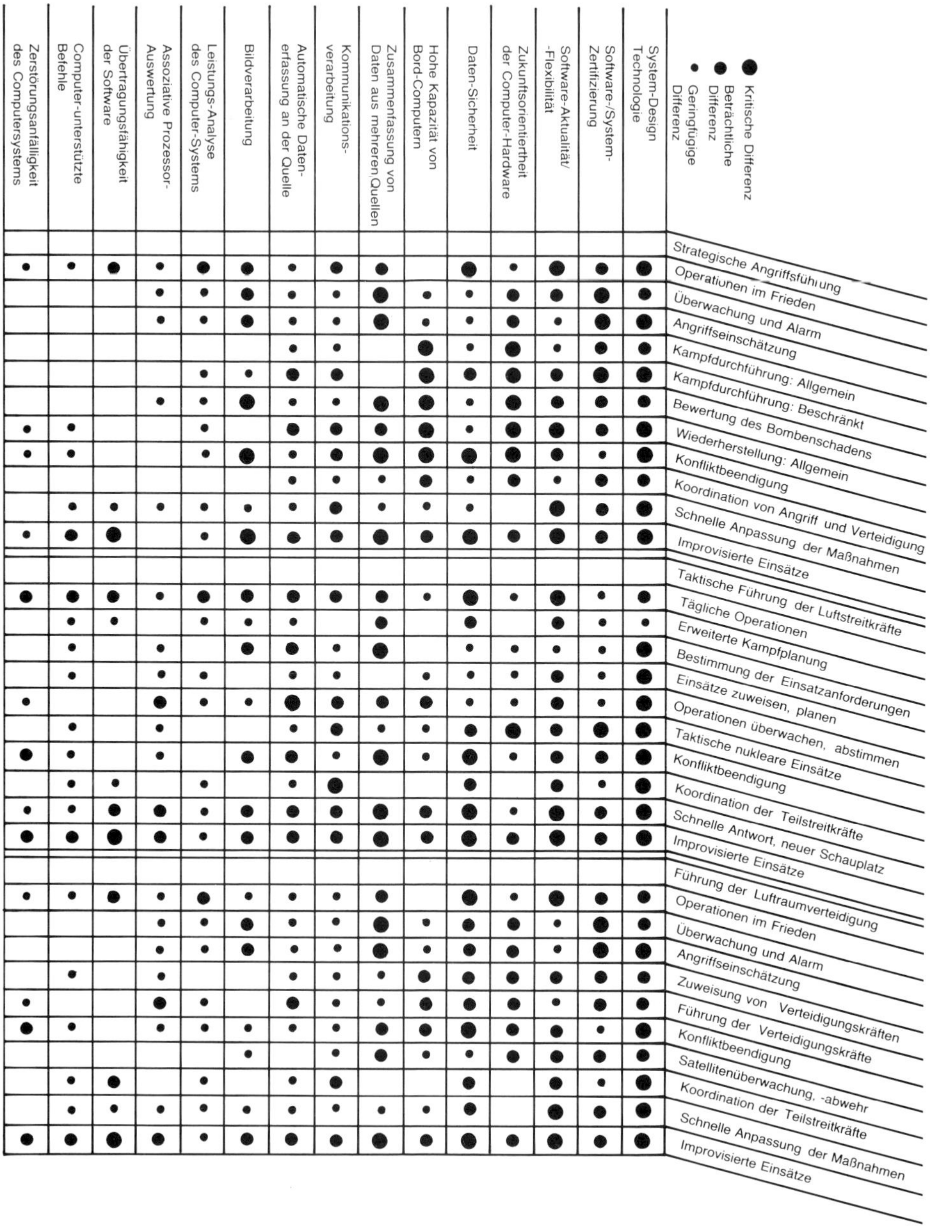

Abb. 18–2: Prüfmatrix für Forschung und Entwicklung auf dem Gebiet der Informationsverarbeitung

18.6 Präsentationsmethoden für gemischte quantifizierbare und nicht quantifizierbare Kriterien

Wir schildern Ihnen nachstehend einige zusätzliche Möglichkeiten zur Präsentation gemischter quantitativer und nicht quantitativer Kriterien.

Tabellenmethoden

Es können verschiedene Tabellenmethoden eingesetzt werden. Tabelle 18–3 zeigt ein Beispiel aus einer Studie, bei der die In-House-Variante (COCOMO) mit der Variante einer Software-Paket-Anschaffung (SOFTCOST) verglichen wurde, um eine Möglichkeit zur Software-Kostenschätzung zu finden. In dieser Tabelle finden Sie die Ergebnisse im Hinblick auf einige vorherbestimmte, erwünschte und akzeptierte Werte für jedes Kriterium. Auch werden in der Tabelle die einzelnen Alternativen durch Zuordnung von Sternchen bewertet, um die Ergebnisse optisch hervorzuheben. Tabellen, die Zahlen und Bewertungen enthalten, lassen sich normalerweise nur schwer lesen.

Kosten-/Leistungsgraph

Eine andere Präsentationsmethode für quantitative und nicht quantitative Kriterien ist der in Abbildung 18–3 dargestellte Vergleich von Kosten im Verhältnis zur Leistungsfähigkeit der COCOMO- und der SOFTCOST-Variante. Bei den Werten der

Tab. 18–3: Tabellenvergleich der COCOMO- und der SOFTCOST-Variante

			Erwarteter Wert		Bewertung		
Ziele	erwünschter Wert	akzeptierter Wert	COCOMO	SOFTCOST	C	S	Bedeutung
Kosten für einen 5-Jahres-Lifecycle	$ 150 K	$ 325 K	$ 179–284 K	$ 295–430 K	***	*	***
Anschaffungskosten	25 K	75 K	55 K	45 K	**	**	***
Betriebs- und Wartungskosten für 5 Jahre	125 K	250 K	124–229 K	250–385 K	***	*	***
Genauigkeit	± 20% 80% der Zeit	± 20% 66% der Zeit	72%	50– 75%	**	*	***
Vertraulichkeit	In-House-Kontrolle	Kontrolle durch zuverlässigen Dritten	In-House	zuverlässiger Dritter	***	*	***
Terminplan (Monate)	3	9	5	1	**	***	**
Wartbarkeit	In-House-Kontrolle	2×In-House-Kontrolle Antwort	In-House	2×In-House	***	*	**
Detail	nach Phasen, Aktivität; Arbeitsbefähigung, Kosten/Mann-Monate	Nach Phasen und Subsystemen	Nach Phasen, Aktivität, Subsystemen, Mann-Monaten	Nach Phasen, Kosten, einige Aktivitäten	**	**	**
Personal-Weiterbildung	In-House-Fachwissen über Kostenschätzung	Grundkenntnisse	Potentielle Fachkenntnisse	Grundkenntnisse	**	*	**

*** erwünscht oder besser
** durchschnittlich
* akzeptabel
– inakzeptabel

vertikalen Achse handelt es sich um eine Folge von Leistungsstufen (Einsatz des Modells über einen längeren Zeitraum, Erweiterung der Leistungsfähigkeit), die zu jeweils höheren Preisen erworben werden können. Die Anordnung der Qualitätsmerkmale entlang der Achse reflektiert die subjektive Beurteilung des relativen Wertes einer jeden Leistungsstufe. Bei dieser Stufe der Präsentation können wir auf einige der Entscheidungskriterien zurückgreifen, die wir in Kapitel 12 bei unseren Rentabilitätsvergleichen erörtert haben.

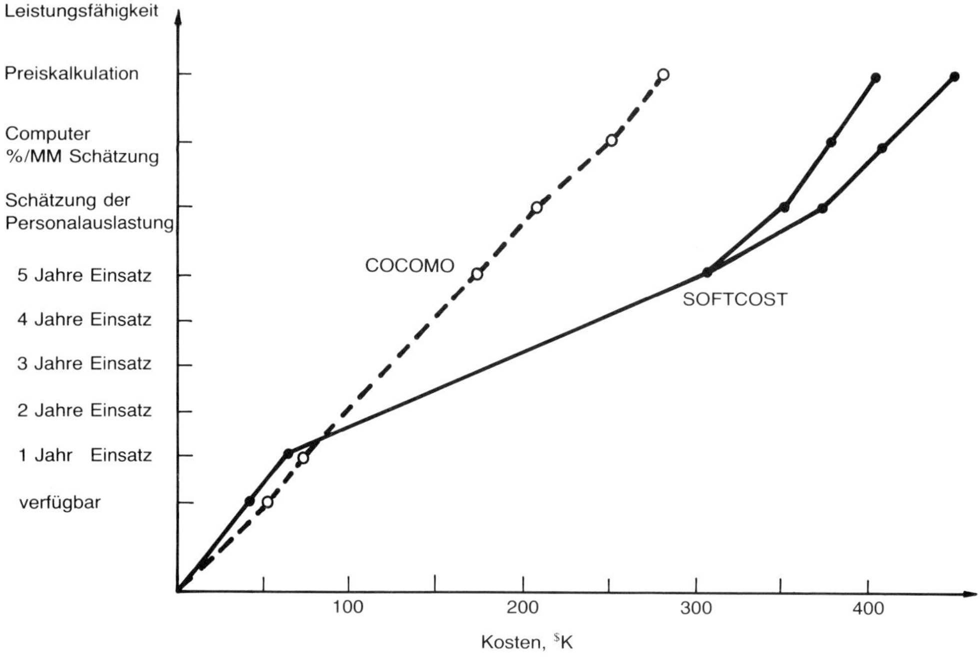

Abb. 18–3: Vergleich zwischen Kosten und Leistungsfähigkeit

Polardiagramm oder Kiviatdiagramm

Eine dritte Präsentationsmethode für den COCOMO-SOFTCOST-Vergleich ist das in Abbildung 18–4 dargestellte Polardiagramm oder Kiviatdiagramm*). Dieses Diagramm vergleicht die beiden Alternativen im Hinblick auf acht Kriterien, indem es jede der acht strahlenförmig vom Zentrum ausgehenden Linien als Meßachse einsetzt. In der Abbildung 18–4 werden sowohl numerische Achsen (für die Kosten, den Terminplan und die Genauigkeit) wie Achsen für die Leistungsstufen (mit einem Maßstab bestehend aus den Werten inakzeptabel, akzeptabel, durchschnittlich und erwünscht) verwendet. In diesem Fall ist die bessere Option diejenige, die den größten Anteil der

*) Polardiagramme wurden ursprünglich auf medizinischem Gebiet für die Präsentation von Multiparameter-Patienteninformationen eingesetzt (Wolff, 1970). Sie wurden von Kiviat und anderen mit Erfolg für die Darstellung der Ergebnisse von Aktivitäten zur Bewertung der Computer-Leistung adaptiert (Bell und andere, 1975); in diesem Zusammenhang werden sie Kiviatdiagramme genannt. Ihr Einsatz bei der Beurteilung der Computer-Leistung wird bei (Ferrari, 1978) erörtert.

Kreisfläche abdeckt; in anderen Fällen ist die bessere Option diejenige, die einer gewünschten Form — z. B. der eines Sternes — näherkommt.

Balkendiagramme

Eine ähnliche Methode ist die Präsentation der Ergebnisse in Form eines Balkendiagramms, wie in Abbildung 18–5 für die COCOMO-SOFTCOST-Daten.

Im Hinblick auf den optischen Eindruck ist die Präsentation mit Hilfe eines Balkendiagramms nicht so gut geeignet wie die Präsentation mit Hilfe eines Polardiagramms; es ist jedoch leichter zu konstruieren und flexibler. Wenn wir dem Diagramm einen weiteren Balken hinzufügen wollen, ist es nicht nötig, das ganze Diagramm umzustellen.

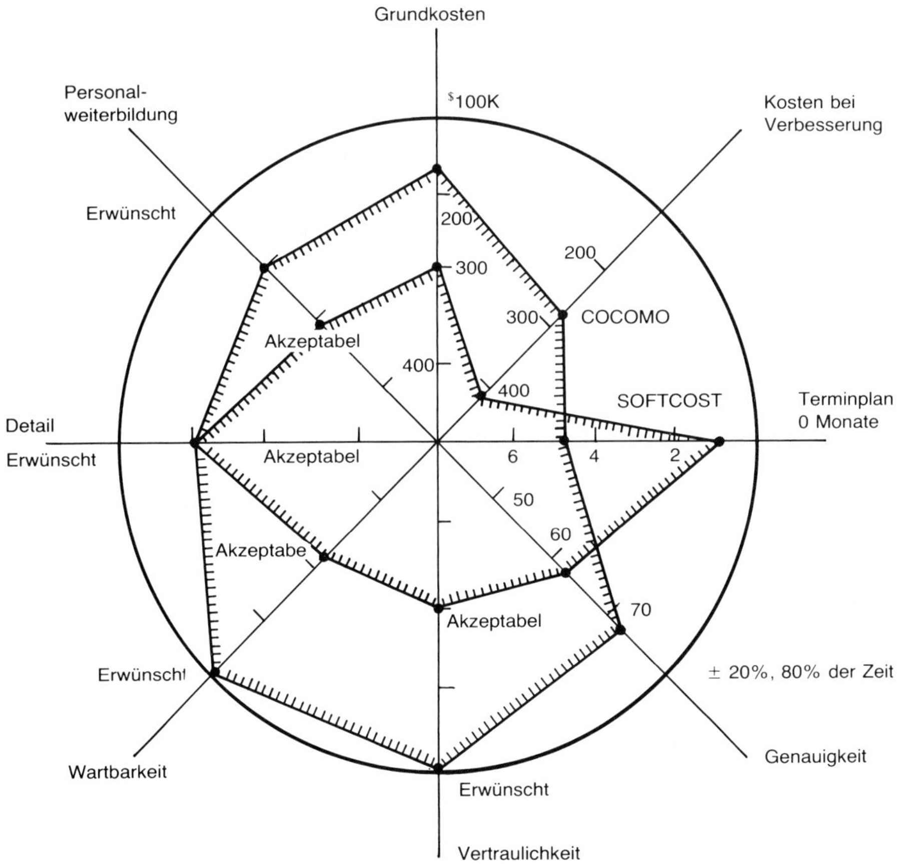

Abb. 18–4: Polardiagramm zur Bewertung eines Software-Kostenmodells

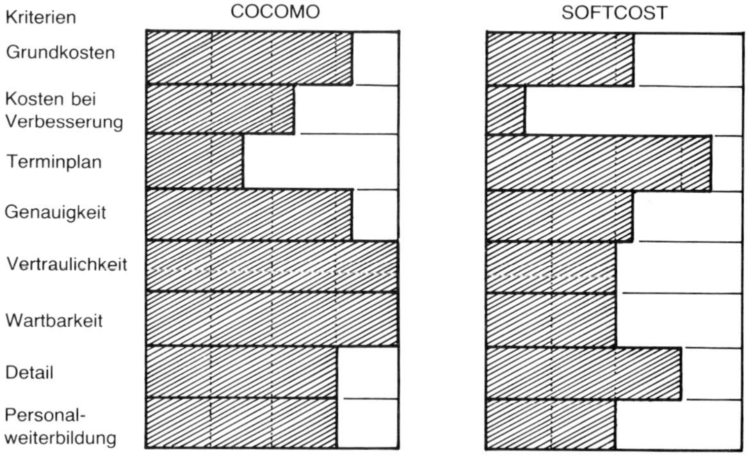

Abb. 18–5: Balkendiagramm-Vergleich

18.7 Einige Hinweise zur Präsentation und Interpretation von multivariablen Daten

Wahl des Maßstabs

Sowohl bei der graphischen Darstellung als auch bei der Interpretation von Daten ist insofern Vorsicht geboten, als Sie sich vergewissern müssen, daß der gewählte Maßstab die Darstellung nicht verfälscht. Sehen Sie sich z. B. die zwei Balkendiagramme der Abbildung 18–6 an, in denen dieselben Daten dargestellt werden. Beim oberen Vergleich schneidet COCOMO besser ab, beim unteren Vergleich SOFTCOST.

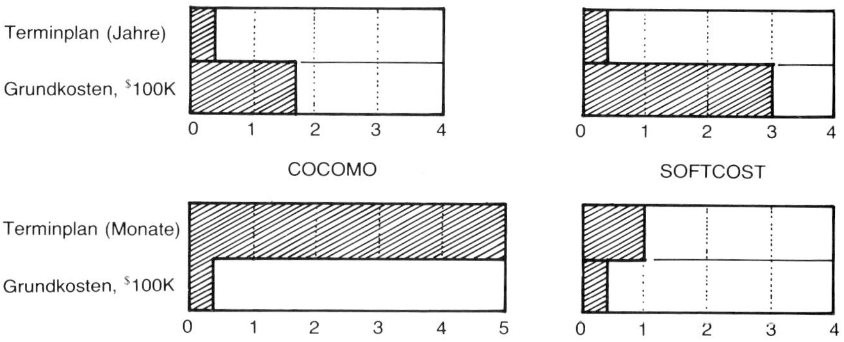

Abb. 18–6:

Ähnliche Vorsicht ist bei der Auswahl der Ausgangs- und Endpunkte des Maßstabs geboten, wie die Vergleiche ein- und derselben Daten in Abbildung 18–7 zeigen.

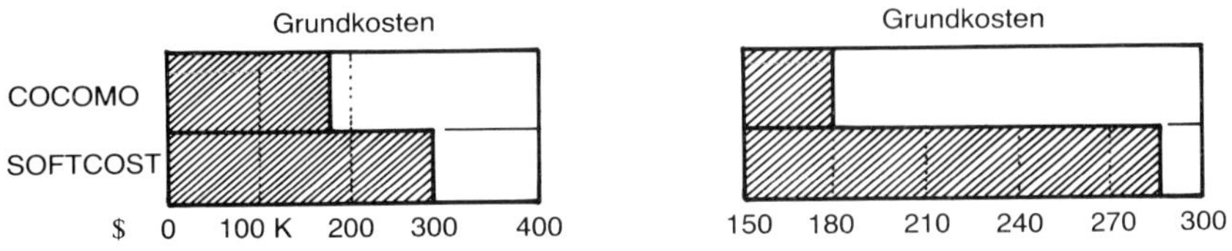

Abb. 18–7:

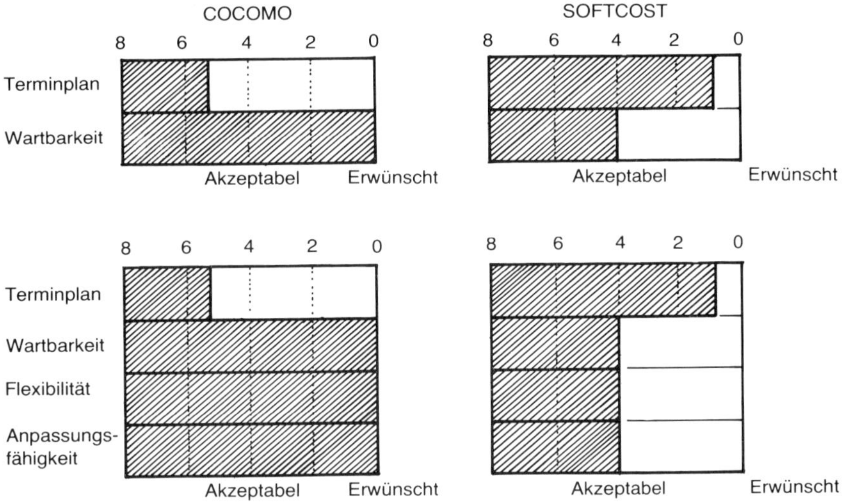

Abb. 18–8:

Doppelzählung

Die Möglichkeit der Doppelzählung bei der Präsentation multivariabler Kriterien gibt Anlaß zu besonderer Vorsicht. Der Unterschied bei einem bestimmten Kriterium wird stark betont, wenn es zwei- oder dreimal unter verschiedenen Bezeichnungen auftaucht. Betrachten Sie z. B. die Darstellung der Vergleiche in den beiden Balkendiagrammen in Abbildung 18–8.

Dadurch, daß wir einige Synonyme für die Wartbarkeit als zusätzliche Kriterien eingeführt haben, sieht es so aus, als schneide COCOMO bei dem Vergleich besser ab, obwohl ursprünglich SOFTCOST vorne lag.

TEIL III C

UNSICHERHEITSFAKTOREN, RISIKOFAKTOREN UND INFORMATIONSWERT

Alle Methoden zur Entscheidungsfindung, die wir in Teil III B besprochen haben, gehen davon aus, daß wir über eine perfekte Kenntnis der Kosten und Nutzen der alternativen Systeme verfügen. Leider verfügen wir in Entscheidungssituationen des Software-Engineering nur selten über umfassende Informationen. Wir werden in Teil III C die Techniken der *Risikoanalyse* (Kapitel 19) und der *statistischen Entscheidungstheorie* (Kapitel 20) besprechen, die uns in Situationen der *Entscheidungsfindung unter Unsicherheit* unterstützen. Hierbei werden wir uns einmal mit dem *Informationswert* beschäftigen: jenem grundlegenden Phänomen, das der eigentliche Ausgangspunkt für die Nachfrage nach Software und informationsverarbeitenden Produkten ist.

Kapitel 19

Berücksichtigung von Unsicherheitsfaktoren: Risiko-Analyse

19.1 Beispiel: Möglichkeiten der Betriebssystem-Entwicklung

Nehmen wir an, wir haben uns dazu entschlossen, die TPS-In-House-Variante B zu implementieren, und sehen uns nun mit einem zusätzlichen Entscheidungsproblem konfrontiert. Nachdem wir die verschiedenen technischen Ansätze für die Entwicklung des Betriebssystems analysiert haben, stellen wir fest, daß es zwei hauptsächliche Möglichkeiten gibt:

1. Die konservative Version der Variante B (BC = B Conservative), bei der Standard-Betriebssystem-Techniken eingesetzt werden. Die Option BC wird mit Sicherheit funktionieren, aber die Höchstleistung, die sie bei einer Konfiguration mit acht Prozessoren erzielt, beträgt nur 160 Tr./Sek.
2. Die Risiko-Version der Variante B (BB = B Bold), bei der das kürzlich entwickelte *Hypermonitor*-Konzept eingesetzt wird. Wenn die Variante BB funktioniert, wird sie bei der Konfiguration mit acht Prozessoren eine Spitzenleistung von 190 Tr./Sek. erreichen. Wenn Sie allerdings nicht funktioniert, muß das Team das System unter Einsatz der konservativen Techniken neu programmieren. Dabei wird eine Leistung von 160 Tr./Sek. erzielt, wofür zusätzliche Software-Kosten in Höhe von $ 60 K anfallen würden.

In der nachstehenden Tabelle 19–1 sind die potentiellen Ergebnisse dieser beiden Ansätze (und der Variante A) zusammengefaßt, wobei von der Annahme ausgegangen wird, daß jede Transaktion/Sekunde einen Wert von $ 4 K darstellt.

Für welche Variante sollen wir uns — ausgehend vom Nettowert — entscheiden? Eines ist sicher: Die konservative Variante BC ist besser als die Variante A. Aber was ist mit der Variante BB? Wenn keine Schwierigkeiten auftreten und der Risiko-Ansatz Erfolg hat, werden wir fürstlich belohnt. Stehen die Dinge schlecht, sind wir zum Schluß um $ 30 K ärmer, als wenn wir bei der Variante A geblieben wären.

Tab. 19–1: Möglichkeiten der Betriebssystem-Entwicklung

	Variante BB (Risiko)			
	Erfolgreich	Erfolglos	Variante BC (konservativ)	Variante A
Leistung (Tr./Sek.)	190	160	160	120
Wert ($ 4 K pro Tr./Sek.)	760	640	640	480
Grundkosten	260	260	260	130
Gesamtkosten	260	320	260	130
Nettowert	500	320	380	350
Nettowert in Relation zur Variante A	150	– 30	30	0

19.2 Entscheidungsrichtlinien bei völliger Ungewißheit

Das Problem der Wahl zwischen den Varianten BB und BC, wenn wir über die Erfolgsaussichten der Variante BB im Ungewissen sind, wird als ein Problem der *Entscheidungsfindung bei völliger Ungewißheit* bezeichnet.

Für diese oder jede andere Situation, bei der Sie zwischen verschiedenen Alternativen wählen müssen, gibt es eine Anzahl von Entscheidungsrichtlinien, bei denen

- das Ergebnis oder der Ertrag von der jeweiligen Konstellation abhängt;
- der bei den einzelnen Alternativen zu erzielende Ertrag bei einer gegebenen Konstellation bekannt ist;
- die Wahrscheinlichkeit, mit der eine bestimmte Konstellation auftritt, unbekannt ist.

Tabelle 19–2 ist eine *Ertragstabelle,* die das Entscheidungsproblem zusammenfassend darstellt. Für jede Alternative und jede Konstellation gibt sie den Ertrag an (hier in Form des Nettowertes hinsichtlich Option A), sofern wir eine Alternative verwenden, wenn die entsprechende Konstellation gegeben ist.

Tab. 19–2: Ertragsmatrix für das Problem der Entscheidung über das Betriebssystem

Alternative	Konstellation	
	Günstig	Ungünstig
BB (Risiko)	150	– 30
BB (Konservativ)	30	30

Die Entscheidungsrichtlinien variieren je nachdem, wie optimistisch oder pessimistisch sie den Einfluß der Konstellation einschätzen. Die pessimistische Entscheidungsrichtlinie ist die

- *Maximin-Regel:* Bestimmen Sie für jede Alternative den Mindestertrag. Wählen Sie diejenige Alternative, die den Mindestertrag maximiert.

In Tabelle 19–2 bedeutet dies, daß wir –30 als Mindestertrag von Option BB und 30 als Mindestertrag von Alternative BC ermitteln und wir uns für die Variante BC entscheiden.

Die Maximin-Regel geht auf Nummer sicher. Wie die Umgebung auch gestaltet sein mag, es wird uns ein Nettowert garantiert, der um $ 30 K höher als bei Option A ist. Die Maximin-Regel läßt jedoch den potentiellen Ertrag der Variante BB bei günstiger Konstellation völlig außer acht. Auch wenn die Ertragsmatrix wie folgt aussehen würde:

	Günstig	Ungünstig
BB	1 000 000	29
BC	30	30

würde die Maximin-Regel die Variante BC wählen.

Die optimistischste Entscheidungsrichtlinie ist die

- *Maximax-Regel:* Bestimmen Sie für jede Alternative den maximalen Ertrag. Wählen Sie diejenige Alternative, die den maximalen Ertrag maximiert.

Die Maximax-Regel würde sich in Tabelle 19–2 für Option BB entscheiden, weil sie den höchsten Ertrag aufweist. Aber auch hier eröffnet die Regel keine Perspektiven. Selbst wenn die Ertragsmatrix wie folgt aussehen würde,

	Günstig	Ungünstig
BB	31	– 1 000 000
BC	30	30

würde die Maximax-Regel nach wie vor die Variante BB wählen.

Eine Regel, die die relativen Größenordnungen der Erträge beachtet, ist die

- *Laplace-Regel oder die Regel gleicher Wahrscheinlichkeit:*
  Nehmen wir an, daß alle Konstellationen mit gleicher Wahrscheinlichkeit auftreten. Bestimmen Sie für jede Alternative den erwarteten Wert und wählen Sie die Alternative mit dem maximalen erwarteten Wert.

Ausgehend von der Annahme der gleichen Wahrscheinlichkeit beträgt der erwartete Wert*) für die Variante BB in Tabelle 19–2 (0,5)150) + (0,5)(–30) = 60; der erwartete Wert der Variante BC beträgt 30. Wir würden uns also für die Variante BB entscheiden.

Diese Regel ist nur so gut wie die Annahme gleicher Wahrscheinlichkeit, die oft nicht zutreffend ist. Mögliche Fehler sind z. B. die Duplizität der Konstellationen. Nehmen wir z. B. an, wir teilen den ungünstigen Zustand in zwei Zustände U_1 und U_2 (z. B. U_1 = Nichtfunktionieren des Hypermonitor-Konzeptes und U_2 = Versagen der Zuverlässigkeit) auf. Dann würden unsere Ertragsmatrix und der erwartete Wert wie folgt aussehen:

	Günstig	U_1	U_2	Erwarteter Wert
BB	150	– 30	– 30	30
BC	30	30	30	30

Aufgrund der Annahme gleicher Wahrscheinlichkeit verursacht die von uns durchgeführte Umbenennung der Konstellationen eine bedeutsame Änderung bei dem erwarteten Wert und bei der empfohlenen Entscheidung, obwohl sich in der Realität nichts geändert hat.

Für Situationen absoluter Ungewißheit gibt es noch einige andere Entscheidungsrichtlinien, die aber alle Fehlerquellen aufweisen, so daß sie nicht ganz zufriedenstellend sind. Das Beste, das über diese Regeln gesagt werden kann, ist, daß sie einen gut definierten, konsequenten Rahmen zur Entscheidungsfindung bei völliger Ungewißheit

---

*) Wenn wir eine Aktivität mit n möglichen Ergebnissen haben, deren Werte $v_1, v_2, \ldots, v_n$ sind und deren wahrscheinliche Vorkommen $p_1, p_2, \ldots, p_n$ sind, beträgt der erwartete Wert EV der Aktivität:

$$EV = p_1 p_2 + p_2 v_2 + \ldots + p_n v_n.$$

liefern, dessen Nachteile wenigstens einleuchten. Wir kommen zu der wichtigen Schlußfolgerung, daß vollständige Ungewißheit in bezug auf dic Konstellation ein sehr schwieriger Ausgangspunkt für eine gute Entscheidungsfindung ist.

19.3 Subjektive Wahrscheinlichkeiten

Einige Informationen über die einzelnen Konstellationen erhalten wir, indem wir von einigen Experten subjektive Schätzungen über die Wahrscheinlichkeiten des Auftretens einer jeden Konstellation einholen. Wir können aus diesen Schätzungen eine Gruppenschätzung ableiten, indem wir entweder die Durchschnitte errechnen oder indem wir eine Gruppenkonsens-Technik, wie z. B. die Delphi-Technik (Helmer, 1966) einsetzen, die wir in Kapitel 22 besprechen werden.

Nehmen wir an, daß — nachdem wir so verfahren sind — die Wahrscheinlichkeit, daß die Konstellation günstig ist und daß die Variante BB Erfolg haben wird, auf 0,4 geschätzt wurde. Dann können wir die erwarteten Werte

$$\text{BB: } 0{,}4\,(150) + 0{,}6\,(-30) = 42$$
$$\text{BC: } 0{,}4\,(30) + 0{,}6\,(30) = 30$$

vergleichen und entscheiden, daß wir die Variante BB vorziehen.

Eine verwandte Technik ist die *Breakeven-Analyse*. Bei dieser ist es erforderlich, daß die Unsicherheitsfaktoren als Parameter behandelt werden und daß der erwartete Wert anhand der Parameter berechnet wird, wie dies in Abbildung 19–1 dargestellt ist. Der Breakeven-Point liegt hier bei der (günstigen) Wahrscheinlichkeit von = 0,333. Sind wir der Ansicht, daß die Wahrscheinlichkeit der erfolgreichen Implementierung des Hypermonitor-Konzeptes größer als 0,333 ist, sollten wir Option BB wählen; ist sie kleiner, entscheiden wir uns für die Option BC.

Beachten Sie, daß es sich bei den bisherigen Entscheidungsrichtlinien um spezielle Fälle der Abbildung 19–1 gehandelt hat. Die pessimistische Maximin-Regel entspricht dem am weitesten links liegenden Punkt: Wahrscheinlichkeit (günstig) = 0. Die optimistische Maximax-Regel entspricht dem am weitesten rechts liegenden Punkt: Wahrscheinlichkeit (günstig) = 1. Die Laplace-Regel oder die Regel gleicher Wahrscheinlichkeit entspricht dem in der Mitte liegenden Punkt: Wahrscheinlichkeit (günstig) = 0,5.

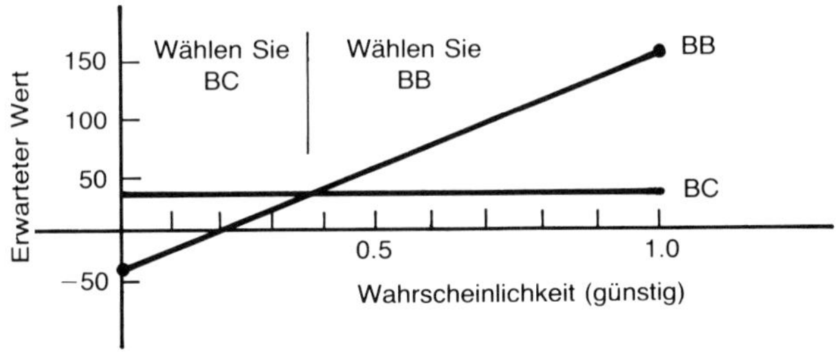

Abb. 19–1: Breakeven-Analyse

19.4 Allgemeine Überlegungen: Entscheidungsrichtlinien bei völliger Ungewißheit

Das Problem der *Entscheidungsfindung bei völliger Ungewißheit* macht es erforderlich, daß Sie aus einer Anzahl von *Alternativen* unter den folgenden Bedingungen Ihre Wahl treffen:

- Das Ergebnis bzw. der *Ertrag* ist davon abhängig, welcher *Art die Konstellation* ist;
- Je nach Konstellation ist der Ertrag der einzelnen Alternativen bekannt;
- Die Wahrscheinlichkeit, mit der jede gegebene Konstellation auftritt, ist unbekannt.

Wir haben im vorhergehenden Abschnitt die wichtigsten Entscheidungsrichtlinien für diese Situation definiert und besprochen — die *Maximin-* und die *Maximax-Regel,* die *Laplace-Regel* oder die *Regel gleicher Wahrscheinlichkeit* — und ihre jeweilige optimistische oder pessimistische Einschätzung sowie ihre Stärken und Schwächen dargestellt.

Alle diese Regeln haben ernstzunehmende Schwachstellen. Bei jeder Regel gibt es Situationen, in denen die Regel zu einer rein sachorientierten Entscheidung*) rät.

19.5 Der Informationswert

Es überrascht nicht, wenn Sie nach der Lektüre unserer Erörterungen dieser Regeln ein allgemeines Gefühl der Frustration haben und Ihre Gedanken etwa die folgenden sind:

> *Ich kann mir nicht vorstellen, daß ich eine solche Regel bei meiner praktischen Arbeit beim Software-Engineering einsetze. Es muß einen besseren Weg geben.*
>
> Oder:
>
> *Ich fühle mich in dieser Situation überhaupt nicht wohl. Sollte ich hier eine Management-Entscheidung zu treffen haben, muß ich mehr über diese möglichen Konstellationen wissen, als ich bisher aus diesem Buch darüber erfahren konnte.*

Mit diesen Gedanken haben Sie einem wesentlichen menschlichen Bedürfnis Ausdruck verliehen, das das eigentliche Motiv für die Existenz des Software-Engineering ist: *dem Bedürfnis nach Information, die uns dabei unterstützt, bessere Entscheidungen zu treffen.* Praktisch alle Modelle, alle Management-Informationssysteme, Abfrage-Systeme, Systeme für Computer-unterstütztes Design und automatischen Testsysteme, die von den Software-Experten entwickelt worden sind, wurden konstruiert, weil die Menschen bereit sind, teures Geld für verarbeitete Informationen auszugeben, die ihnen helfen, bessere Entscheidungen zu treffen. Wir werden uns im nächsten Kapitel eingehender mit dem ökonomischen Wert der Information befassen, insbesondere soweit dies die Entscheidungsfindung beim Software-Engineering betrifft.

19.6 Einsatz subjektiver Wahrscheinlichkeiten

Wie wir in Abschnitt 19.1 besprochen haben, ist eine der Möglichkeiten, Informationen zu beschaffen, die zur Unterstützung von Entscheidungen beim Software-Engineering dienen, der Erwerb von Informationen über subjektive Wahrscheinlichkeiten. Normalerweise sind Informationen über die subjektive Wahrscheinlichkeit sehr nützlich, und ihre Beschaffung verursacht keine hohen Kosten. Sie bringen insofern einige praktische Probleme mit sich, als es sich bei den Menschen, die für die Beurteilung der Erfolgswahrscheinlichkeit eines Einsatzes in technischer Hinsicht am besten qualifiziert sind, auch um diejenigen handelt, die der Situation technisch und bedienungsmäßig am nächsten stehen. Diese Nähe bringt es oft mit sich, daß sie die natürliche Neigung dieser Personen zu Optimismus oder Pessimismus betont, wovon ihre subjektiven

*) Dasselbe gilt für die anderen Regeln, die für die Entscheidungsfindung bei völliger Ungewißheit erstellt wurden, wie z. B. die Hurwicz-Regel oder die Savage-Minimax-Regel (Luce-Raiffa, 1957).

Wahrscheinlichkeitsschätzungen entsprechend beeinflußt werden. Aus diesem Grund ist es oft empfehlenswert, Gruppenkonsens-Techniken einzusetzen.

Solche Gruppenkonsens-Techniken bringen auch verschiedene Vorteile für die Teamarbeit mit sich. Läßt man die Mitarbeiter eines Projektes an der Schätzung subjektiver Wahrscheinlichkeiten teilhaben, so vermittelt ihnen dies ein besseres Verständnis für das Projekt und das Gefühl, über das Projekt mitbestimmen zu können. In Abschnitt 22.2 finden Sie eine Erörterung der Gruppenkonsens-Techniken.

19.7 Nutzenfunktionen

Oft wird in die Diskussion über den Einsatz von Verfahren zur Ermittlung von erwarteten Werten bei der Entscheidungsfindung der Begriff der *Nutzenfunktion* eingebracht. Um das Problem, mit dem sie in Zusammenhang stehen, zu erläutern, nehmen wir an, Sie sind ein Manager, der zwischen den folgenden beiden Möglichkeiten zu entscheiden hat:

- Einer Variante, die einen Ertrag in Höhe von $ 60 K garantiert;
- einer Variante, bei der zu 50% die Chance eines Ertrags in Höhe von $ 150 K besteht und zu 50% die Chance eines Verlustes in Höhe von $ 30 K.

Für welche Möglichkeit würden Sie sich entscheiden?

Obwohl beide Varianten genau denselben erwarteten Wert haben, würden Manager praktisch immer Variante 1 bevorzugen. Dies ist hauptsächlich darauf zurückzuführen, daß die Differenz zwischen einem Ertrag in Höhe von $ 60 000 und einem Verlust in Höhe von $ 30 000 viel größer erscheint als die Differenz zwischen einem Ertrag in Höhe von $ 60 000 und einem Ertrag in Höhe von $ 150 000. Solche gefühlsmäßigen Unterschiede bei der Wahrnehmung haben für die zukünftige Karriere eines Managers eine außerordentliche Bedeutung.

Abbildung 19–2 zeigt einige Beispiele von Nutzenfunktionen. Diese Beispiele stammen von zwei Gruppen von Managern, die aufgefordert wurden, mitzuteilen, wie sie in verschiedenen risikoreichen Situationen entscheiden würden (Canada, 1971). Für

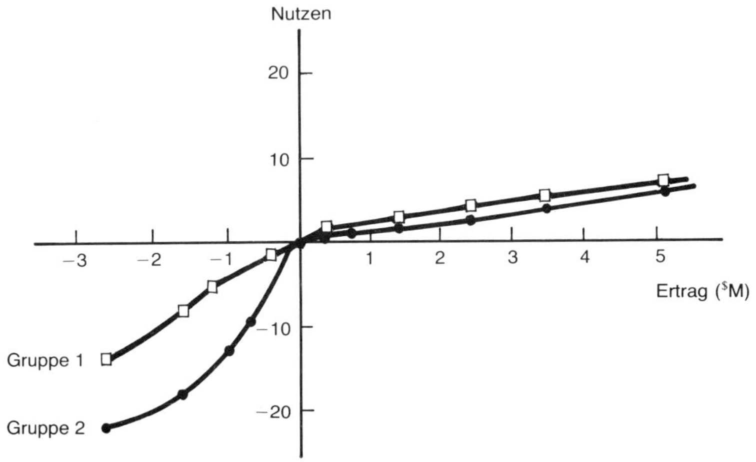

Abb. 19–2: Nutzenfunktionen von zwei Gruppen von Managern

einen Manager aus der ersten Gruppe ergab sich z. B. ein Wert von +2 Einheiten für die Aussicht auf einen Gewinn von $ 1 Million ($ 1 M) und ein Wert von −5 Einheiten für die Aussicht auf einen Verlust von $ 1 M. Würde also dieser Manager mit einer Situation konfrontiert, in der er mit 60%iger Wahrscheinlichkeit einen Ertrag von $ 1 M und mit 40%iger Wahrscheinlichkeit einen Verlust in Höhe von $ 1 M machen könnte, würde er das Geschäft ablehnen, weil der erwartete Nutzen

$$(0{,}60)(2) + (0{,}40)(-5) = 1{,}2 - 2{,}0 = -0{,}8$$

weniger als Null beträgt. Seine Abneigung gegen Verluste veranlaßt ihn, die Gelegenheit nicht wahrzunehmen, obwohl der erwartete Wert positiv ist:

$$(0{,}60)(\$\ 1\ M) + (0{,}40)(-\ \$\ 1\ M) = \$\ 0{,}4\ M.$$

Damit dieser Manager bereit ist, diese Gelegenheit wahrzunehmen, müßte er die Gewißheit haben, daß der erwartete Wert positiv ist, was in diesem Falle bedeutet, daß die Wahrscheinlichkeit eines Ertrags bei wenigstens 5/7 oder 71,4% liegen müßte.

19.8 Folgen für das Software-Engineering

Aus der Abbildung 19−2 ergeben sich für Sie als Software-Engineer die folgenden hauptsächlichen Konsequenzen:

- Sie werden es meistens mit Managern zu tun haben, deren Abneigung gegen Verluste viel stärker ist als ihr Wunsch nach Gewinnen. Erwarten Sie von ihnen nicht, daß sie auf der Grundlage von erwarteten Werten Gewinne und Verluste gegeneinander abwägen!
- Andererseits verlaufen die Nutzenfunktionen von Managern, wenn sie alternative *positive* Ergebnisse vergleichen, ziemlich linear, wie dies aus Abbildung 19−2 ersichtlich ist. In solchen Fällen stellen die Berechnungen von erwarteten Werten (die linear sind) akzeptable Näherungswerte dar, die verwendet werden können, wenn risikoreiche Entscheidungen getroffen werden.
- Sie sollten nicht davon ausgehen, daß die Nutzenfunktionen verschiedener Personen stets gleich oder ähnlich sind. Gemäß Abbildung 19−2 haben die Manager der 2. Gruppe eine weit größere Abneigung gegen Verluste als die Manager der 1. Gruppe.
- Sie sollten nicht davon ausgehen, daß Sie die Nutzenfunktionen eines Menschen immer aus seiner Funktion ableiten können, obwohl dies oft der Fall ist. Die Nutzenfunktionen der Abbildung 19−2 sind das Ergebnis eines Experimentes, bei dem die Annahme untersucht wurde, daß bei Managern, die in der Forschung arbeiten (2. Gruppe), die Abneigung gegen Verluste geringer ist als bei Managern in der Fertigung (1. Gruppe). Zur allgemeinen Überraschung stellte sich heraus, daß für die acht Manager dieser speziellen Studie (Canada, 1971) genau das Gegenteil zutraf.
- Sie sollten nicht davon ausgehen, daß die Nutzenfunktionen von Personen konstant bleiben. Die Nutzenfunktion ist vielmehr eine Art Leistungszahl, die die Summe einer großen Anzahl persönlicher Variablen darstellt — Bedarf an Geld, Anerkennung, Sicherheit, Unterhaltung, Zugehörigkeit usw. —, deren Änderung auch zu Änderungen bei der Nutzenfunktion einer Person führt.

Kapitel 20

Statistische Entscheidungstheorie: Der Informationswert

20.1 Beispiel: Der Prototyp-Ansatz

Im vorhergehenden Kapitel haben wir das Problem der Entscheidung zwischen einem risikobereiten und einem konservativen Ansatz zur Entwicklung eines Betriebssystems für spezielle Zwecke für TPS analysiert. Wir konnten feststellen, daß es hier um eine Entscheidung bei Ungewißheit geht.

Alternativen	Konstellationsbedingungen	
	Günstig	Ungünstig
BB (Risiko)	150	−30
BC (Konservativ)	30	30

Außerdem haben wir festgestellt, daß es schwierig ist, richtig zu entscheiden, wenn uns keine Informationen über die Wahrscheinlichkeit des Auftretens bestimmter Konstellationen zur Verfügung stehen. Daraus konnten wir schließen, daß eine solche Information bei Problemen der Entscheidungsfindung in ungewissen Situationen von beträchtlichem wirtschaftlichem Nutzen sein kann.

Wir wollen uns in diesem Zusammenhang den Plan überlegen, in groben Umrissen einen Prototyp der Hauptbestandteile des Hypermonitors zu bauen, welcher das risikoreichste Element des Risiko-Ansatzes ist. Nehmen wir an, wir könnten mit einem Aufwand von \$ 10 K Ermittlungen über die Konstruktion, den Betrieb und den Wert eines Prototyps anstellen und damit in Erfahrung bringen, ob das Konzept des Hypermonitors unserer Art von Anwendung genügt und ob der Prototyp entwickelt werden kann, ohne daß er uns zu Terminplanänderungen zwingt.

Wenn die Konstellation günstig ist, wird unser Prototyp funktionieren, und wir können die Endversion des Betriebssystems unter Verwendung des Hypermonitor-Konzeptes entwickeln. In diesem Fall beträgt unser Ertrag \$ 150 K minus \$ 10 K für den Prototyp, also \$ 140 K. Ist die Konstellation ungünstig, wird unser Prototyp nicht funktionieren, und wir werden das Betriebssystem unter Verwendung von Standardtechniken entwickeln. In diesem Falle beträgt unser Ertrag \$ 30 K minus \$ 10 K, also \$ 20 K. Wenn diese beiden Konstellationen gleichermaßen wahrscheinlich sind, würde unser erwarteter Ertrag $(0{,}5)(\$\ 140\ K) + (0{,}5)(\$\ 20\ K) = \$\ 80\ K$ betragen.

20.2 Der erwartete Wert vollständiger Information

Wir wollen den erwarteten Wert und den erwarteten Nutzen des Prototyp-Ansatzes mit dem erwarteten Wert und dem erwarteten Nutzen der Varianten BB und BC vergleichen. Hierbei gehen wir davon aus, daß beide Konstellationen mit gleicher Wahrscheinlichkeit auftreten.

Durch die Investition von \$ 10 K, mit der wir uns über die tatsächliche Konstellation informieren wollten, haben wir einen erwarteten Wert erreicht, der um \$ 20 K über den

Werten der ursprünglichen Alternativen liegt. Wir könnten also bis zu $ 30 K investieren, um uns solche Informationen zu verschaffen, und immer noch ein besseres Ergebnis erzielen; wir können also behaupten, daß der *erwartete Wert des Besitzes vollständiger Informationen* über die Konstellation $ 30 K beträgt.

Ansatz	Erwarteter Wert	Erwarteter Nutzen
Variante BB	$ 60 K	0
Variante BC	$ 30 K	5
Prototyp	$ 80 K	11,5

20.3 Vorgehensweise bei mangelhafter Information

Dadurch, daß wir einen Prototyp entwickeln oder daß wir — um unser Wissen über die Konstellation zu erweitern — weitere Untersuchungen durchführen, werden wir normalerweise keine vollständigen Informationen über die Konstellation gewinnen. Zwei Fehlerquellen bleiben bestehen, die als Wahrscheinlichkeiten ausgedrückt werden können:

P (IB/SF) Das heißt:
„Die Wahrscheinlichkeit von IB, wenn SF gegeben ist"; oder die Wahrscheinlichkeit, daß die Untersuchung (d. h. der Prototyp) uns dazu veranlaßt, die Risiko-Alternative zu wählen, und zwar bei einer Konstellation, in der die Risiko-Variante scheitern wird.

P (IB/SS) Die Wahrscheinlichkeit, daß uns die Untersuchung veranlaßt, die Risiko-Alternative zu wählen, und zwar bei einer Konstellation, in der die Risiko-Variante erfolgreich sein wird.

Normalerweise wird die Wahrscheinlichkeit P (IB/SF) keineswegs 0,0 betragen, weil beim Prototyp möglicherweise ein technisches Problem nicht genügend berücksichtigt wurde, oder aufgrund von Problemen, die aus der Entwicklung vom Prototyp zum Produktionssystem entstehen. Der Prototyp würde sich also durchsetzen und uns veranlassen, uns für die Risiko-Alternative zu entscheiden; aber die Risiko-Variante würde versagen. Die Wahrscheinlichkeit P (IB/SS) wird normalerweise nicht 1,0 betragen, weil der Prototyp möglicherweise mit Implementierungsfehlern entwickelt worden ist, was sich bei einem vollständigen Produktionssystem nicht wiederholen würde. Das bedeutet, es besteht die Wahrscheinlichkeit, daß der Prototyp versagen könnte, wodurch wir uns veranlaßt sehen, in einer Situation die konservative Alternative zu wählen, in der die Risiko-Variante erfolgreich wäre.

20.4 Beispiel

Nehmen wir an, die sorgfältigste Untersuchung, die die Entwicklung eines $ 10 K Prototyps beinhaltet, weist folgende — oben definierte — Fehlerquellen auf:

P (IB/SF) = 0,20 P (IB/SS) = 0,90.

Wir wollen nun versuchen, den erwarteten Wert EV (IB, IC) für den Einsatz des Prototyps zu ermitteln, um zu bestimmen, ob wir die Risiko- oder die konservative Alternative verwenden sollen. Bei der Berechnung des erwarteten Wertes werden wir wie zuvor davon ausgehen, daß die für Erfolg bzw. Mißerfolg der Risiko-Alternative verantwortlichen Konstellationen gleichermaßen wahrscheinlich sind, das heißt

$$P\ (SS) = P\ (SF) = 0{,}50.$$

Der erwartete Wert wird erzielt, indem jeder potentielle Ertrag mit der Wahrscheinlichkeit seines Auftretens multipliziert wird.

$$\begin{aligned} EV(IB,IC) &= P(IB)(\text{Ertrag bei Verwendung der Risiko-Alternative} \\ &+ P(IC)(\text{Ertrag bei Verwendung der konservativen Alternative} \\ &= P(IB)P(SS/IB)(\$150K)+P(SF/IB(-\$30K)+P(IC)(\$30K) \end{aligned} \qquad (20-1)$$

Diese Formel erfordert eine Anzahl Wahrscheinlichkeiten, die wir nicht direkt kennen: P(IB), P(IC), P(SS/IB) und P(SF/IB). Bei denjenigen, die wir aus der Problemstellung kennen, handelt es sich um

$$P(SS) = P(SF) = 0{,}50 \quad P(IB/SF) = 0{,}20 \quad P(IB/SS) = 0{,}90.$$

20.5 Bayes-Gleichung

Glücklicherweise gibt es ausgehend von diesen Größen und ihren Definitionen eine Anzahl von Formeln, die uns die Werte liefern, die wir benötigen, damit wir die Gleichung (20−1) einsetzen können. Diese sind:

$$P(IB) = P(IB/SS)P(SS) + P(IB/SF)P(SF) \qquad (20-2)$$

$$P(IC) = 1 - P(IB) \qquad (20-3)$$

$$P(SS/IB) = \frac{P(IB/SS)P(SS)}{P(IB)} \qquad (20-4)$$

$$P(SF/IB) = 1 - P(SS/IB) \qquad (20-5)$$

Die Gleichung (20−2) spiegelt die Tatsache wider, daß es zwei verschiedene Situationen gibt, in denen uns unsere Prototyp-Untersuchung veranlassen wird, uns für die Risiko-Alternative zu entscheiden:

1. Situationen, in denen wir den Risiko-Ansatz bei einer Konstellation wählen, in der der Risiko-Ansatz erfolgreich sein wird. Die Wahrscheinlichkeit, daß dies zutrifft, beträgt P(IB/SS)P(SS).
2. Situationen, in denen wir den Risiko-Ansatz bei einer Konstellation wählen, in der der Risiko-Ansatz versagen wird. Die Wahrscheinlichkeit, daß dies zutrifft, beträgt P(IB/SF)P(SF).

Die Gleichung (20−2) sagt also aus, daß die Wahrscheinlichkeit der Wahl des Risiko-Ansatzes die Summe der Wahrscheinlichkeiten dieser beiden Situationen ist, die sich gegenseitig ausschließen.

Die Gleichung (20−3) ergänzt die Gleichung (20−2). Sie deckt die beiden Situationen ab, in denen uns die Prototyp-Untersuchung zur Wahl der konservativen Alternative führt. Es handelt sich ganz einfach um eins minus die Wahrscheinlichkeit der Risiko-Alternative.

Die Gleichung (20−4) gibt die Wahrscheinlichkeit an, mit der die Risiko-Alternative unter der Voraussetzung erfolgreich durchgeführt wird, daß uns unsere Prototyp-Untersuchung zur Wahl der Risiko-Variante veranlaßt. Dies wird von nachstehender Relation ausgedrückt:

$$P(SS/IB) = \frac{\text{die Wahrscheinlichkeit (wir werden den Risiko-Ansatz bei einer Konstellation wählen, in der er erfolgreich durchgeführt werden kann)}}{\text{die Wahrscheinlichkeit (wir werden den Risiko-Ansatz wählen)}}$$

Die Gleichung (20–4), eine Form der *Bayes-Gleichung*, ist der Schlüssel zu unserer Fähigkeit, den erwarteten Wert des Einsatzes des fehlerhaften Prototyps zu bestimmen, der uns dann hilft, uns bei der Systementwicklung entweder für den Risiko- oder für den konservativen Ansatz zu entscheiden.

Wir können nun die uns bekannten Wahrscheinlichkeiten in die Gleichungen (20–2) bis (20–5) einsetzen, um die Wahrscheinlichkeiten zu bestimmen, die wir benötigen, um die Formel des erwarteten Wertes, die Gleichung (20–1) einzusetzen:

$$P(IB) = (0{,}50)(0{,}90)+(0{,}50)(0{,}20) = 0{,}55$$

$$P(IC) = 1 - 0{,}55 = 0{,}45$$

$$P(SS/IB) = \frac{(0{,}50)0{,}90)}{0{,}55} = 0{,}82$$

$$P(SF/IB) = 1 - 0{,}82 = 0{,}18$$

$$EV(IB/IC) = (0{,}55)(0{,}82)(\$150K)+(0{,}18)(\$-30K)+(0{,}45)(\$30K)$$

$$= (0{,}55)\$117{,}6K)+\$13{,}5K=\$78{,}2K.$$

Der höchste erwartete Wert*), den wir ohne die Entwicklung eines Prototyps erzielen konnten, belief sich auf $ 60 K; beim Einsatz der Risiko-Variante beläuft sich der erwartete Wert der unvollständigen Informationen, die wir durch die Prototyp-Untersuchung gewonnen haben, auf $ 18,2 K. Obgleich die Informationen unvollständig sind, ist ihr Wert höher als die $ 10 K, die wir für den Prototyp auszugeben bereit waren.

20.6 Maximierung des erwarteten Nettowertes des Prototyps

Wir können den obigen Ansatz der Bayes-Formel dazu verwenden, um die Nettowerte von Investitionen unterschiedlichen Umfanges in Prototypen zu bestimmen. Hierbei geben wir ferner verschiedene geschätzte Zuverlässigkeitsgrade ihrer Vorhersagen der Konstellation an. In Tabelle 20–1 und in Abbildung 20–1 finden Sie die Zusammenfassung einer solchen Wertbestimmung. So könnten z. B. durch die Investition in einen $-20-K-Prototyp einige der Fehlerquellen ausgeschaltet werden, wodurch der geschätzte Wert P(IB/SF) auf 0,10 reduziert und der geschätzte Wert P(IB/SS) auf 0,95 verbessert würden. Der hieraus resultierende erwartete Wert für den Ansatz des $-20-K-Prototyps würde $ 86,8 K betragen; er impliziert einen erwarteten Wert der Information des Prototyps in Höhe von $ 26,8 K und einen erwarteten Nettowert von $ 6,8 K, also einen geringeren Wert als beim $-10-K-Prototyp.

Die beste Entscheidung in dieser Situation ist, $ 10 K in einen Prototyp zu investieren. Eine geringere Investition würde keinen ausreichenden Ertrag erbringen, und der durch eine höhere Investition erzielte Ertrag würde die zusätzlichen Kosten nicht rechtfertigen.

---

*) Genau genommen sollten wir hier eigentlich die erwarteten Nutzen anstelle der erwarteten Werte berechnen. Da aber die Form der Gleichungen und die daraus resultierende Schlußfolgerung dieselben sind, haben wir die erwarteten Werte eingesetzt, um die Darstellung zu vereinfachen.

Tab. 20–1: Erwarteter Nettowert des Prototyps im Vergleich zu den Kosten

Kosten des Prototyps	Geschätzt		Erwarteter Wert	Erwarteter Wert der Information	Erwarteter Nettowert des Prototyps
	P(IB/SF)	P(IB/SS)			
0			\$ 60 K	0	0
\$ 5 K	0,30	0,80	69,3 K	\$ 9,3 K	\$ 4,3 K
10 K	0,20	0,90	78,2 K	18,2 K	8,2 K
20 K	0,10	0,95	86,8 K	26,8 K	6,8 K
30 K	0,00	1,00	90,0 K	30,0 K	0

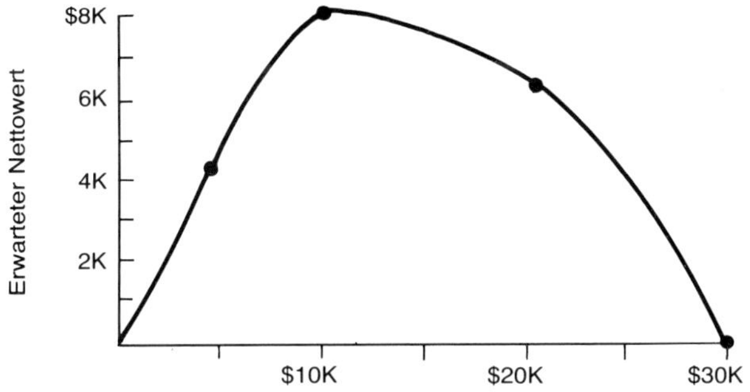

Abb. 20–1: Erwarteter Nettowert des Prototyps im Vergleich zu den Kosten

20.7 Allgemeine Überlegungen: Der erwartete Wert vollständiger Informationen

Definitionen. Nachstehend finden Sie die allgemeine Form des *Problems der Entscheidungsfindung bei Ungewißheit,* das wir bereits besprochen haben:

Wenn wir die Wahl zwischen m Alternativen $A_1, A_2, \ldots, A_m$ haben:

- in einer Situation, bei der n mögliche Konstellationen $S_1, S_2, \ldots, S_n$ denkbar sind,
- die mit einer Wahrscheinlichkeit von $P(S_1), P(S_2), \ldots, P(S_n)$ auftreten,
- wobei der *Wert des Ertrags,* der sich aus der Wahl der Alternative A_l bei Vorliegen der Konstellation S_i ergibt, aus der *Ertragsmatrix* ersichtlich ist.

	S_1	S_2	…	S_n
A_1	V_{11}	V_{12}	…	V_{1n}
A_2	V_{21}	V_{22}	…	V_{2n}
.	.	.	.	.
.	.	.	.	.
.	.	.	.	.
A_m	V_{m1}	V_{m2}	…	V_{mn}

Suchen Sie die Alternative, bei der sich für den Ertrag der maximale Wert ergibt.

Bei dieser Formulierung können die Ertragswerte in Dollar, in Einheiten von Leistungszahlen, Einheiten des persönlichen Nutzens oder irgendeiner anderen Einheit ausgedrückt werden.

Wir haben in Kapitel 19 Ansätze zur Lösung dieses Problems diskutiert, als wir keine Information darüber hatten, welche Konstellation tatsächlich gegeben war. Nach der subjektiven Schätzung der Wahrscheinlichkeiten der Konstellationen P (S_j) haben wir den subjektiven Wahrscheinlichkeitsansatz eingesetzt, um den erwarteten Wert der Wahl jeder Alternative A_i zu berechnen

$$EV\ (A_i) = P(S_1)V_{i1} + P(S_2)V_{i2} + \ldots + P(S_n)V_{in}$$

und die Alternative zu wählen, bei der sich der maximale erwartete Wert ergibt

$$(EV)_{\text{keine Info.}} = \max_{i=1,\ldots,m} \left[P(S_1)V_{i1} + \ldots + P(S_n)V_{in}\right] \qquad (10-6)$$

Wenn wir vollständige Informationen darüber haben, welche Konstellation vorliegen wird, dann werden wir für jede Konstellation diejenige Alternative wählen, bei der sich der maximale Ertrag für diese Konstellation ergibt. In dieser Situation ist der erwartete Wert:

$$(EV)_{\text{vollständ. Info.}} = P(S_1)\left(\max_{i=1,\ldots,m} V_{i1}\right) + \ldots + P(S_n)\left(\max_{i=1,\ldots,m} V_{in}\right) \qquad (20-7)$$

Dann ist der *erwartete Wert der Beschaffung vollständiger Informationen (EVPI)*

$$\begin{aligned} EVPI &= (EV)_{\text{vollständ. Info.}} - (EV)_{\text{keine Info.}} \\ &= \sum_{j=1}^{n} P(S_j)\left(\max_{i=1,\ldots,m} V_{ij}\right) - \max_{i=1,\ldots,m} \sum_{j=i}^{n} P(S_j)V_{iJ} \end{aligned} \qquad (20-8)$$

Illustration. Wir wollen auf unser TPS-Beispiel mit den zwei Alternativen zurückgreifen (die wir hier A_1 und A_2 nennen) sowie auf die zwei Konstellationen SS (Erfolg) und SF (Mißerfolg), die mit gleicher Wahrscheinlichkeit auftreten:

	S_1 = SS	S_2 = SF
A_1 = Risiko	150	− 30
A_2 = konservativ	30	30
P (S_i)	0,5	0,5

In diesem Falle ergibt sich

$$\begin{aligned} (EV)_{\text{keine Info.}} &= \max\ [(0{,}5)(150) + (0{,}5)(-30);(0{,}5)(30) + (0{,}5)(30)] \\ &= \max\ [60{,}30] = 60 \\ (EV)_{\text{vollständ. Info.}} &= (0{,}5)\ \max\ (150{,}30) + (0{,}5)\ \max\ (-30{,}30) \\ &= (0{,}5)(150) + (0{,}5)(30) = 90 \\ EVPI &= 90 - 60 = 30. \end{aligned}$$

20.8 Der erwartete Wert unvollständiger Informationen

Wenn unsere Ermittlungen vollständige Informationen über die gegebene Konstellation ergeben, können wir immer die Alternative empfehlen, die den Ertrag für diese Konstellationen maximiert. In einem solchen Falle stehen die Alternativen, die wir aufgrund unserer Untersuchung empfehlen, IA_i, mit der Konstellation S_j in folgender Beziehung:

$$P(IA_i/S_j) = 1{,}0, \text{ wenn } A_i\ V_{ij} \text{ für die Konstellation } S_j \text{ maximiert}$$
$$P(IA_i/S_j) = 0{,}0 \text{ in allen anderen Fällen.}$$

Normalerweise können sich die empfohlenen Alternativen IA_i nicht auf vollständige Informationen über die gegebene Konstellation stützen. Die Wahrscheinlichkeit $P(IA_i/S_j)$ gibt somit für jede Alternative A_i und jede Konstellation S_j an, wie oft unsere Empfehlungen aller Wahrscheinlichkeit nach nicht obige ideale (0,0 oder 1,0)-Präzision für diese Kombination von A_i und S_j erreichen werden. Für jede Konstellation S_j müssen die Wahrscheinlichkeiten $P(IA_i/S_j)$ zusammen 1,0 ergeben, d. h.:

$$\sum_{i=1}^{m} P(IA_i/S_j) = 1{,}0 \text{ für } j = 1, \ldots, n \qquad (20-9)$$

Der allgemeine Ausdruck für den erwarteten Wert einer Entscheidungsrichtlinie auf der Basis der Empfehlung der Alternativen $IA_1, \ldots, IA_m$ ist

$$EV(IA_1), \ldots, IA_m) = \sum_{i=1}^{m} {}'P(IA_i)\ EV\ (\text{Ertrag unter Verwendung der Empfehlung } IA_i)$$

$$= \sum_{i=1}^{m} P(IA_i) \left[\sum_{i=1}^{n} P(S_j/IA_i)V_{ij} \right] \qquad (20-10)$$

Wie bei unserem TPS-Beispiel (wo wir die IA_i mit IB und IC und die S_j mit SS und SF bezeichnet haben), benötigen wir jetzt allgemeine Formeln um $P(IA_i)$ und $P(S_j/IA_i)$ aus unseren bekannten Werten von $P(S_j)$ und $P(IA_i/S_j)$ zu errechnen, um $EV(IA_1\ldots, IA_n)$ zu berechnen. Bei diesen allgemeinen Formeln handelt es sich um die folgenden:

$$P(IA_i) = \sum_{j=1}^{n} P(IA_i/S_j)P(S_j) \qquad (20-11)$$

$$P(S_j/IA_i) = \frac{\overset{j=1}{P(IA_i/S_j)P(S_j)}}{P(IA_i)} \qquad (20-12)$$

Die Gleichung (20–12) ist die allgemeine Form der Bayes-Gleichung.

20.9 Informationswert-Verfahren

Ausgehend von diesen Formeln können wir ein *Informationswert-Verfahren* beschreiben. Mit diesem wollen wir bestimmen, mit welcher Art der Untersuchung (einfacher Prototyp, Detail-Prototyp, Simulation, Fragebogen etc.) wir das höchste Maß an Ausgewogenheit erreichen zwischen den Kosten, die wir für die Durchführung der Untersuchung aufwenden müssen, und dem Wert, der sich aus den Informationen ergibt, die aus der Untersuchung hervorgegangen sind.

1. Formulieren Sie eine Gruppe alternativer Ansätze zur Informationssystementwicklung $A_1, \ldots, A_m$).
2. Bestimmen Sie die Konstellationen $S_1, \ldots, S_n$, die das Ergebnis des Einsatzes der alternativen Ansätze beeinflussen.

3. Bestimmen Sie die Werte V_{ij} der Ertragsmatrix, wobei V_{ij} den Ertrag darstellt, wenn die Alternative A_i eingesetzt wird und die Konstellation S_j vorliegt.
4. Bestimmen Sie die Wahrscheinlichkeit $P(S_j)$, mit der tatsächlich Konstellation S_j vorliegt.
5. Berechnen Sie aus den Gleichungen (20–6, 7 und 8) $(EV)_{\text{keine Info.}}/(EV)_{\text{vollst. Info.}}$ und EVPI.
6. Ist EVPI (Expected Value of Perfect Information = erwarteter Wert vollständiger Informationen) vernachlässigbar, lohnt es sich nicht, daß wir Zeit und Mühe darauf verwenden, Untersuchungen durchzuführen, um die tatsächliche Konstellation zu ermitteln. In diesem Falle würden wir ganz einfach den Entwicklungsansatz mit dem besten $(EV)_{\text{keine Info.}}$ wählen und ihn implementieren. Vorher möchten wir jedoch möglicherweise noch die Sensitivität des EVPI auf unsere Annahmen über die wichtigsten Erträge und Wahrscheinlichkeiten bestimmen. Dies wird uns eventuell dazu veranlassen, unseren Plan, eine Untersuchung durchzuführen, noch einmal zu überdenken.
7. Ist der EVPI nicht vernachlässigbar, stellt er eine ungefähre*) obere Grenze für den Umfang des Aufwandes dar, den wir in eine Untersuchung der Konstellationen investieren sollten. Bestimmen Sie innerhalb dieser Grenze die Art(en) der Untersuchung, deren Durchführung das beste Resultat versprechen, sowie ihre geschätzten Kosten C_k.
8. Schätzen Sie für jede Art der Untersuchung die Wahrscheinlichkeit $P(IA_i/S_j)$, mit der die Untersuchung die Alternative A_i empfehlen wird, wenn die Konstellation S_j gegeben ist.
9. Berechnen Sie den erwarteten Wert der Informationen, die die Untersuchung K, EV (I_k) ergeben hat; setzen Sie hierzu die Gleichungen (20-10, 11 und 12) ein.
10. Berechnen Sie den Nettowert jeder Untersuchung

$$NV\ (I_k) = EV\ (I_k) - C_k.$$

11. Wählen Sie ausgehend von den nachstehenden Überlegungen den von Ihnen bevorzugten Ermittlungsansatz:
    a) die relativen Nettowerte der Ermittlungen;
    b) ob es positive Nettowerte gibt oder nicht;
    c) ob die Ergebnisse der Untersuchung rechtzeitig verfügbar sind, um Ihnen bei der Entscheidung, welche Alternativen Sie entwickeln sollen, zu helfen;
    d) den relativen Umfang der positiven Nebeneffekte, die sich aus der Durchführung der Untersuchung ergeben.

20.10 Einsatz des Informationswert-Verfahrens beim Software-Engineering

Das Informationswert-Verfahren kann uns bei der Entscheidungsfindung bei einer Reihe von Kernfragen des Software-Engineering, z. B. bei einer Entscheidung wie der folgenden, unterstützen:

Wieviel sollten wir in das Sammeln weiterer Informationen und in analytische Untersuchungen investieren, ehe wir uns für eine bestimmte Vorgehensweise entscheiden?

---

*) Dies liegt daran, daß die Untersuchung positive Nebeneffekte mit sich bringen kann — wie z. B. Schulung, Konzeptüberprüfung, Design-Sensitivitätsanalyse, Einbezug von Anwendern und Kunden usw. Diese Faktoren sind in der quantitativen Berechnung des Nettowertes nicht enthalten.

Die vier wichtigsten Fragen dieser Art hinsichtlich des Software-Engineering sind die folgenden:

1. Wieviel sollten wir in Durchführbarkeitsstudien (Anwender-Fragebogen und -Interviews, Szenarien, Konzeptanalysen, Modelle, Nachfrageprognosen, Spezifikationen des Arbeitsanfalls) investieren, ehe wir uns für ein bestimmtes Entwicklungskonzept entscheiden?
2. Wieviel sollten wir in die Analyse alternativer Lieferanten-Hardware-Software-Produkte (Spezifikation des Arbeitsanfalls, Benchmarking, Quellenüberprüfung, Analyse „Eigenfertigung oder Fremdbezug", Analyse der Miet- und Anschaffungskosten) investieren, ehe wir uns für ein spezielles Produkt entscheiden?
3. Wieviel sollten wir in eine Risikoanalyse (Simulation, Prototyping, Studien über die Benutzer-Interaktion, Spezifikation des Arbeitsanfalls, Modelle, Sensitivitätsanalysen), investieren, ehe wir uns für eine grundlegende Anforderungsspezifikation und eine produktgemäße Design-Spezifikation entscheiden?
4. Wieviel sollten wir in die Qualitätskontrolle (Qualitätskontrolle von Anforderungen und Design, Testen der Anforderungen, Programmabnahme, Test unter Belastung, Feldtest) investieren, ehe wir uns dazu entschließen, das Software-Produkt voll in Betrieb zu nehmen?

20.11 Entscheidungsrichtlinien des Informationswertes

Da die oben beschriebenen Situationen in der Praxis des Software-Engineering gang und gäbe sind, ist das Informationswert-Verfahren eine große Hilfe, da es einen stufenweisen Ansatz für die Auseinandersetzung mit dem Entscheidungsproblem, für die Durchführung der nötigen Analysen und für die Weitergabe der Beweggründe unserer Entscheidung zur Verfügung stellt.

Das Informationswert-Verfahren können Sie auf keinen Fall mit einem fertigen Rezept aus einem Kochbuch vergleichen. Verschiedene Schritte machen subjektive Schätzungen von Größen erforderlich, deren genaue Festsetzung schwierig ist. Dies gilt insbesondere für die Ertragswerte in Schritt Nr. 3, die Wahrscheinlichkeiten der Konstellationen in Schritt Nr. 4 und die bedingten Wahrscheinlichkeiten $P(IA_i/S_j)$ in Schritt Nr. 8. Wir werden uns deshalb wohl in den meisten Situationen auf eine eher informelle Version des Verfahrens beschränken.

Aber selbst der informelle Informationswert-Ansatz wird sehr hilfreich sein, weil er einige grundlegende Entscheidungsrichtlinien verkörpert, die uns dabei unterstützen, einige schwerwiegende, häufig vorkommende Irrtümer zu vermeiden, von denen einige im nächsten Abschnitt beschrieben werden.

Nachstehend finden Sie die grundlegenden Entscheidungsrichtlinien, die Bestandteil des Informationswert-Ansatzes sind. Sie gelten für *Bedingungen, bei denen es vernünftig ist, daß wir uns dafür entscheiden, in umfassendere Informationen zu investieren,* ehe wir uns für eine bestimmte Alternative entscheiden.

Bedingung Nr. 1 *Es gibt attraktive Alternativen, deren Ertrag aufgrund einiger kritischer Konstellationen stark variiert.* Wenn das nicht der Fall ist, können wir uns für eine der attraktiven Alternativen entscheiden, ohne daß wir das Risiko eines schwerwiegenden Verlustes eingehen müßten.

Bedingung Nr. 2 *Die kritischen Konstellationen treten mit verhältnismäßig großer Wahrscheinlichkeit auf.* Wenn das nicht der Fall ist, können wir wiederum ohne großes Risiko eine Entscheidung treffen. In Situationen, in denen die Erträge extrem verschieden sind, ist die Wahrscheinlichkeit geringer als in Situationen, in denen sich die Erträge weniger stark unterscheiden.

Bedingung Nr. 3 *Bei den Untersuchungen kann mit hoher Wahrscheinlichkeit genau festgestellt werden, wann kritische Konstellationen auftreten.* Wenn das nicht der Fall ist, werden die Untersuchungen nicht viel dazu beitragen, das Risiko eines Verlustes aufgrund einer falschen Entscheidung zu reduzieren.

Bedingung Nr. 4 *Die erforderlichen Kosten und der erforderliche Terminplan der Untersuchungen verringern ihren Nettowert nicht übermäßig.*

Es hilft uns wenig, Ergebnisse zu erzielen, die uns mehr kosten als nützen oder die für unsere Entscheidungsfindung zu spät kommen.

Bedingung Nr. 5 *Bei der Durchführung der Ermittlungen ergeben sich beachtenswerte positive Nebeneffekte.*

Auch hier gilt, daß wir eine Untersuchung möglicherweise ausschließlich aufgrund ihres Wertes in Form von Schulung, Teamzusammenhalt, Kundenbeziehungen oder Design-Überprüfung rechtfertigen.

20.12 Vermeidung von Irrtümern durch den Einsatz des Informationswert-Verfahrens

Die als Anhaltspunkt dienenden Bedingungen des Informationswert-Ansatzes vermitteln uns Gesichtspunkte, dank welcher wir einige bedenkliche Irrtümer beim Software-Engineering vermeiden können. Wir zählen nachstehend diese Irrtümer auf. Wir haben sie als Ratschläge für das Software-Engineering formuliert, die häufig erteilt werden, aber falsch sind:

Irrtum Nr. 1 *Um die Realisierbarkeit komplexer Echtzeit-Software zu ermitteln, sollten Sie immer Simulationsverfahren einsetzen.* Simulationen sind in derartigen Situationen oft von großer Hilfe. Jedoch sind sehr viele Simulationen entwickelt worden, die nicht selten lediglich eine kostspielige Verschwendung von Mitteln bedeuteten, und zwar häufig unter Bedingungen, die in den oben beschriebenen Richtlinien enthalten sind. Einige Simulationen waren ziemlich nutzlos, weil niemand nach ihrer Fertigstellung sagen konnte, ob eine gegebene Gruppe von Inputs realistisch war oder nicht (siehe hierzu Bedingung Nr. 3). Bei einigen dauerte die Entwicklung derart lange, daß ihre ersten Ergebnisse erst eine Woche, nachdem der Vorschlag gemacht wurde bzw. nachdem die wichtigste Design-Überprüfung bereits beendet war, vorlagen (siehe hierzu Bedingung Nr. 4).

Irrtum Nr. 2 *Sie sollten Software immer in zwei Versionen erstellen.*

Die Richtlinien weisen darauf hin, daß der Prototyp-Ansatz oder der Ansatz zweimaliger Erstellung oft sehr sinnvoll ist, nur trifft dies nicht für alle Situationen zu. Einige Prototypen sind auf der Basis von Software realisiert worden, deren Aspekte bekannt waren. In diesem Falle konnten bei ihrer Entwicklung kaum neue Erkenntnisse gewonnen werden (siehe hierzu die Bedingungen Nr. 1 und 2).

Irrtum Nr. 3 *Sie sollten die Software ausschließlich top-down entwickeln.*

Wird der Top-down-Ansatz zu wörtlich interpretiert, befaßt er sich solange nicht mit der Entwicklung von Modulen niedriger Stufen, bis die Entwicklung der Module der höheren Stufe abgeschlossen ist. Wenn es eine negative Konstellation verhindert, daß solch ein Modul der unteren Stufe entwickelt wird (automatische Prognose des Absatzes, automatische Flugzeugerkennung), wird bei dem folgenden Neuentwurf normalerweise eine kostspielige Überarbeitung eines Großteils des Designs und der Codierung der oberen Stufe erforderlich. Die Bedingungen Nr. 1 und 2 raten uns, den Top-down-Ansatz anhand einer gründlichen und durchgehenden Software-Risikoanalyse schon während der Anforderungs- und Produktentwurfs-Phasen zu modifizieren.

Irrtum Nr. 4 *Jedes Teil der Codierung sollte erwiesenermaßen korrekt sein.*

Die Überprüfung auf Korrektheit ist noch immer ein kostspieliger Weg, Informationen über die Fehlerlosigkeit von Software zu erhalten, obwohl sie der Bedingung Nr. 3 entspricht, indem sie die Richtigkeit eines Programmes in hohem Maße sicherstellt. Die Bedingungen Nr. 1 und 2 empfehlen, daß Prüftechniken in Situationen eingesetzt werden sollen, in denen Software-Fehler schwerwiegende Folgen haben können, z. B. Verluste an Menschenleben, Gefährdung der nationalen Sicherheit, große finanzielle Verluste. Hat ein Software-Fehler keine schwerwiegenden Folgen, rechtfertigen die zusätzlichen Informationen über Fehlerlosigkeit, die aus der Überprüfung hervorgehen, die Investitionskosten nicht (Bedingung Nr. 4).

Irrtum Nr. 5 *Das Testen eines durchschnittlichen Falles genügt.*

Bei diesem Irrtum handelt es sich um das genaue Gegenteil von Irrtum Nr. 4. Haben potentielle Software-Fehler schwerwiegende Folgen, wäre es höchst unvorsichtig, wenn keine weitergehenden Tests oder besonders genaue Programm-Überprüfungen durchgeführt würden.

20.13 Informationswert: Zusammenfassung

Der Informationswert-Ansatz hat noch eine weitere nützliche Funktion: Er bietet nämlich die Möglichkeit, die in Abschnitt 15.1 gestellte Frage zu beantworten: „Wie bestimmen wir, wie groß der Umfang der Rentabilitätsanalyse sein soll?“ Wiederum zeigen uns die als Anhaltspunkte gegebenen Bedingungen den geeigneten Weg, eine einwandfreie Antwort zu geben.

Aus dem vollen Umfang des Informationswert-Verfahrens ergibt sich eine Folge von Schritten, mit denen wir im einzelnen festlegen können, welcher Umfang und welche Reichweite bei einer umfassenden Rentabilitätsanalyse angemessen ist.

Wir halten es an dieser Stelle für angebracht, noch einmal hervorzuheben, daß der Informationswert, der eine bessere Entscheidungsfindung ermöglicht, der Hauptgrund dafür ist, daß wir Software- und Informations-Systeme entwickeln. Wir werden feststellen, daß die Richtlinien des Informationswertes eine große Hilfe sein werden, wenn es darum geht, die Anforderungen von Software- und Informations-Systemen im Hinblick auf die Art der Betriebsentscheidungen zu analysieren, denen die informationsverarbeitenden Produkte gerecht werden müssen.

Ein Beispiel: Wenn wir den Rahmen unseres TPS für Flugreservierungen festlegen, könnte es sein, daß uns der Vorschlag gemacht wird, wir sollten auch Informationen über die Passagierprofile aufnehmen. Die fünf Entscheidungsrichtlinien des Informationswertes würden uns bei der Strukturierung unserer Bewertung dieses Vorschlages unterstützen. Laut Bedingung Nr. 1 müßten wir z. B. klarstellen, inwiefern diese Informationen unseren Nutzen auf lange Sicht entscheidend verändern (indem sie es uns ermöglichen, den saisonbedingten Zufluß an Passagieren besser vorauszusehen und demzufolge bessere Flugpläne zu gestalten. Dadurch werden wir in die Lage versetzt, unsere Passagiere mit den Sitzgelegenheiten und Mahlzeiten zu versorgen, die sie wünschen; dies trägt zur Zufriedenheit unserer Kunden bei, so daß wir auch das nächstemal wieder mit ihnen rechnen können, usw.). Die anderen Bedingungen würden uns dabei unterstützen, den erwarteten Nutzen zu schätzen, den uns die Passagierprofile tatsächlich bringen würden.

TEIL IV

PRINZIPIEN DER SOFTWARE-KOSTENSCHÄTZUNG

In Teil I und II dieses Buches haben wir die grundlegenden Ziele und die Struktur des Software-Lifecycles diskutiert. Wir haben Ihnen das COCOMO-Basismodell und das COCOMO-Zwischenmodell vorgestellt, womit der Umfang und die Verteilung des Aufwandes geschätzt werden können, der für die Entwicklung eines Software-Produktes und für seine Unterstützung während des ganzen Lifecycles erforderlich ist. In Teil III haben wir gezeigt, wie diese Techniken mit allgemeinen wirtschaftswissenschaftlichen Methoden kombiniert werden können. Damit wollten wir Ihnen eine Reihe von Methoden zur Hand geben, die auf die wirtschaftlichen Aspekte des Software-Engineering zugeschnitten sind und mit denen die wichtigsten Entscheidungsfragen, die während des gesamten Software-Lifecycles anfallen, gelöst werden können.

In Teil IV kommen wir noch einmal auf das Thema der Software-Kostenschätzung zu sprechen. Detailliertere Richtlinien und Informationen über die Prinzipien der Software-Kostenschätzung sind Hauptbestandteil dieses Kapitels. In Teil IV stellen wir Ihnen das COCOMO-Endmodell vor; bei diesem handelt es sich um das genaueste und ausführlichste in der Hierarchie der COCOMO-Modelle. Das COCOMO-Endmodell bietet die detaillierte Grundlage, auf der die höheren Stufen des COCOMO-Modells aufbauen. Weiterhin enthält Teil IV ein Gerüst von Methoden, Techniken und Daten, die für die praktische Software-Kostenschätzung und -kontrolle wesentlich sind.

In diesem Kapitel finden Sie außerdem einen Überblick über den Stand der Software-Kostenschätzung. Es werden Themen genannt, die Gegenstand weiterer Forschungsarbeit werden könnten und die unser derzeitiges Verständnis und unsere augenblicklichen Möglichkeiten der Durchführung von Software-Kostenschätzungsaktivitäten verbessern.

Teil IV A: Methoden und Verfahren der Software-Kostenschätzung

Teil IV dieses Buches setzt sich aus drei Hauptabschnitten zusammen. Teil IV A (die Kapitel 21 und 22) befaßt sich mit den praktischen Aspekten des Verfahrens der Software-Kostenschätzung.

In Kapitel 21 stellen wir Ihnen als erstes eine Gruppe von sieben grundlegenden Schritten für die Software-Kostenschätzung vor. Zwei dieser grundlegenden Schritte befassen sich mit der Notwendigkeit, daß mehr als nur eine Art von Schätzmethode — Expertenurteil, algorithmisches Modell, Relationsverfahren usw. — eingesetzt werden muß und daß die Ergebnisse der verschiedenen Schätzmethoden verglichen und wiederholt werden sollten. Die Hauptgründe für die Kombination dieser Methoden werden in Kapitel 22 besprochen, worin eine Analyse der verfügbaren Kostenschätzmethoden enthalten ist und das zu dem Ergebnis kommt, daß es keine Methode gibt, die in jeder Beziehung besser wäre als die anderen. Auch finden Sie in Kapitel 22 Richtlinien für den Einsatz verschiedener, auf dem übereinstimmenden Urteil von Fachleuten beruhender Methoden zur Kostenschätzung, die mit der effizienten Wideband-Delphi-Technik abschließen.

Teil IV B: DAS COCOMO-Endmodell

Teil IV B (die Kapitel 23 bis 29) befaßt sich mit dem COCOMO-Endmodell, das sich hauptsächlich in zwei Punkten von dem in Teil II vorgestellten COCOMO-Zwischenmodell unterscheidet. Zum ersten ist es in der Lage, ein Software-Produkt und seine Merkmale in einer mehr ins Detail gehenden Dreistufen-Hierarchie zu spezifizieren. Zweitens verfügt es über eine detailliertere Reihe von Aufwandsmultiplikatoren, die die Auswirkungen eines Kostenfaktors auf jede *Phase* der Software-Entwicklung anzeigen. In Kapitel 23 sind eine Anzahl zusammenfassender Tabellen und Verfahren für die Verwendung des Software-Hierarchie-Schätzformulars (SHEF = Software Hierarchy Estimating Form) des COCOMO-Endmodells wiedergegeben. Außerdem finden Sie ein Beispiel, das Schritt für Schritt seinen Einsatz erläutert.

Die Kapitel 24 bis 27 behandeln eingehend die einzelnen COCOMO-Kostenfaktoren; sie finden dort

- nach Phasen gegliederte Tabellen der Aufwandsmultiplikatoren, und zwar für jeden Kostenfaktor;
- Definitionen der verschiedenen Ebenen der Kostenfaktor-Bewertungen;
- eine Tabelle, die einen Bezug zwischen den verschiedenen Ebenen der Kostenfaktor-Bewertungen und den entsprechenden Unterschieden der Projektaktivitäts-(Aufwands-)stufen herstellt;
- eine Analyse der Aufwandsmultiplikatoren im Hinblick auf die tatsächlichen Werte des Projektes in der COCOMO-Datenbank;
- eine Diskussion über die derzeitigen Kenntnisse über die Auswirkungen einers Kostenfaktors. Dies geschieht anhand einschlägiger Daten und Studienergebnisse, die von uns untersucht wurden.

Kapitel 24 befaßt sich mit den Software-Produktmerkmalen: der erforderlichen Software-Zuverlässigkeit, dem Umfang der Datenbank und der Produkt-Komplexität. Kapitel 25 befaßt sich mit den Computer-Merkmalen: der Ausführungszeit und den Hauptspeicher-Beschränkungen, der Änderungsanfälligkeit der virtuellen Maschine und der Computer-Verweilzeit. Kapitel 26 befaßt sich mit den personellen Aspekten: der Analytiker- und Programmierer-Qualifikation; der Erfahrung der Analytiker und Programmierer mit den Anwendungsgebieten, mit der virtuellen Maschine und mit der Programmiersprache. Kapitel 27 befaßt sich mit den Software-Projektmerkmalen: dem Einsatz moderner Programmiermethoden, der Software-Tools und dem erforderlichen Entwicklungs-Terminplan.

In den letzten zwei Kapiteln von Teil IV B werden noch drei hiermit verwandte Themen diskutiert:

- *Inwieweit sind wir sicher, daß vom COCOMO-Modell alle wichtigen Faktoren, die für eine Software-Kostenschätzung erforderlich sind, erfaßt werden?* Kapitel 28 stellt eine Reihe von Kriterien vor, mit denen die Qualität eines Software-Kostenmodells überprüft werden kann. Außerdem werden die wichtigsten Faktoren im Hinblick auf diese Kriterien erörtert, die von COCOMO nicht erfaßt werden.
- *Inwieweit stimmen die COCOMO-Schätzungen mit der praktischen Erfahrung bei einem Projekt überein?* In Kapitel 29 wird die COCOMO-Datenbank von 63 abgeschlossenen Projekten vorgestellt. Sie finden einen zusammenfassenden Überblick der Korrelation zwischen COCOMO-Schätzungen und tatsächlichen Projektwerten sowie eine Diskussion des gesamten COCOMO-Modells im Hinblick auf die in Kapitel 28 aufgeführten Bewertungskriterien.
- *Wie können wir COCOMO auf eine spezifische Installation abstimmen?* Am wirksamsten ist COCOMO dann, wenn bereits Anstrengungen unternommen worden sind, das Modell auf die individuellen Gegebenheiten einer Installation

abzustimmen. Wie eine solche Abstimmung durchzuführen ist, wird ebenfalls in Kapitel 29 besprochen.

Teil IV C: Software-Kostenschätzung und Lifecycle-Management

Gute Software-Kostenschätzung ist nicht Selbstzweck, sondern ein Weg zu einem effektiveren Lifecycle-Management. Teil IV C dieses Buches (Kapitel 30 bis 33) behandelt mehrere wichtige Gesichtspunkte der Verwendung von COCOMO während des Software-Lifecycles. Kapitel 30 behandelt die Techniken für die Schätzung der Software-Wartungskosten und entsprechende Richtlinien für das Management der Software-Wartung. Kapitel 31 behandelt die Methoden, mit denen die gesamten Software-Lifecycle-Kosten geschätzt werden können, wobei die Umstellung, die Installation, die Ausbildung und andere mit der Software in Zusammenhang stehende Kosten (für Computerzeit und Dokumentation usw.) ebenfalls berücksichtigt werden. In Kapitel 32 werden die Methoden des Einsatzes von Software-Kostenschätzungen zur Verbesserung der Projekt-Planung und -Kontrolle und umgekehrt vorgestellt. In Kapitel 33 schließlich wird das Problem diskutiert, wie die Software-Produktivität aus der Sicht und aufgrund der Erkenntnisse der Software-Kostenschätzungstechniken verbessert werden kann.

Teil IV A

Methoden und Verfahren der Software-Kostenschätzung

Ein gutes Software-Kostenmodell allein ist keine Garantie für gute Software-Kostenschätzungen. Wie bei anderen Modellen auf Computerbasis steht auch bei einem Software-Kostenschätzungsmodell der Input in direktem Zusammenhang mit dem Output. Anders gesagt heißt das, daß wenn Sie unzureichende Daten und Merkmalsbewertungen eingeben, Sie auch nur unzureichende Kostenschätzungen zurückerhalten.

Hieraus ergeben sich zwei wichtige Konsequenzen:

1. Für den Einsatz eines Software-Kostenschätzungsmodells benötigen wir eine Methodik, die uns hilft, im Hinblick auf unsere Kostenschätzungsziele eine entsprechende Anzahl von Kostenmodell-Eingaben zu erstellen. Kapitel 21 stellt zu diesem Zweck ein in sieben Schritte aufgegliedertes Verfahren vor.
2. Zur Kontrolle unserer Verwendung von algorithmischen Software-Kostenschätzungs-Modellen benötigen wir noch andere Techniken. In Kapitel 22 finden Sie die wichtigsten verschiedenen Techniken, die uns zur Verfügung stehen; ihre vergleichbaren Stärken und Schwächen werden in diesem Kapitel ebenfalls beurteilt.

Kapitel 21

Sieben grundlegende Schritte für die Software-Kostenschätzung

Um eine zuverlässige Software-Kostenschätzung zu erzielen, müssen wir mehr tun als nur Zahlen in eine Formel einsetzen und uns dann mit dem Ergebnis zufriedengeben. Wir stellen Ihnen in diesem Kapitel ein in sieben Schritte aufgegliedertes Verfahren für die Software-Kostenschätzung vor; es zeigt Ihnen, daß es sich bei der Aktivität der Software-Kostenschätzung eigentlich um ein Miniprojekt handelt, das entsprechend geplant, überprüft und überwacht werden sollte.

Bei den sieben grundlegenden Schritten handelt es sich um die folgenden:

1. Setzen Sie Ziele fest.
2. Erstellen Sie einen Plan der erforderlichen Daten und Ressourcen.
3. Legen Sie die Software-Anforderungen fest.
4. Arbeiten Sie so viele Details wie möglich aus.
5. Verwenden Sie mehrere voneinander unabhängige Techniken und Quellen.
6. Vergleichen und wiederholen Sie die Schätzungen.
7. Follow-up.

Jeder dieser Schritte wird im einzelnen in den Abschnitten 21.1 bis 21.7 besprochen.

21.1 Schritt Nr. 1: Festsetzung der Ziele

Bei einer Software-Kostenschätzung kann erheblicher Aufwand nutzlos verschwendet werden, wenn für Aspekte, die für die Schätzung irrelevant sind, Informationen gesammelt und Schätzungen erstellt werden. So wurde einmal eine extrem detaillierte Umstellungsschätzung erstellt, um die Entscheidung darüber zu untermauern, ob ein anderes Computermodell verwendet werden soll oder nicht. Für diese Entscheidung war lediglich eine allgemeine Schätzung der Umstellungskosten erforderlich; als dann entschieden wurde, daß kein Wechsel zu einem anderen Computermodell stattfinden sollte, war eine Menge harter Arbeit und sorgfältiger Analyse umsonst. Es ist daher außerordentlich wichtig, in einem ersten Schritt die Ziele einer Kostenschätzung festzusetzen und anhand dieser Ziele das für die Durchführung der folgenden Schritte erforderliche Maß an Detailarbeit und Aufwand einzugrenzen.

Ziele im Vergleich zur Phase oder zum Kenntnisstand

Unsere augenblickliche Software-Lifecyclephase ist der Hauptfaktor, welcher uns bei der Festsetzung unserer Ziele der Kostenschätzung behilflich ist. Diese Phase entspricht weitgehend dem Stand unserer Kenntnis der Software, deren Kosten wir zu schätzen versuchen, sowie dem Umfang an Aufwand, den wir aufgrund der Kostenschätzung investieren werden.

Die Abbildung 21–1 illustriert die Grenzen der Genauigkeit, innerhalb welcher Software-Kostenschätzungen realisiert werden können, und zwar zum einen als eine Funktion der Software-Lifecyclephase (der horizontalen Achse) und zum anderen im Verhältnis zum Stand unserer Kenntnis dessen, was wir mit der Software beabsichtigen. Dieser Unsicherheitsgrad wird in Abbildung 21–1 in bezug auf eine Mensch-Maschine-Interface-Komponente der Software illustriert.

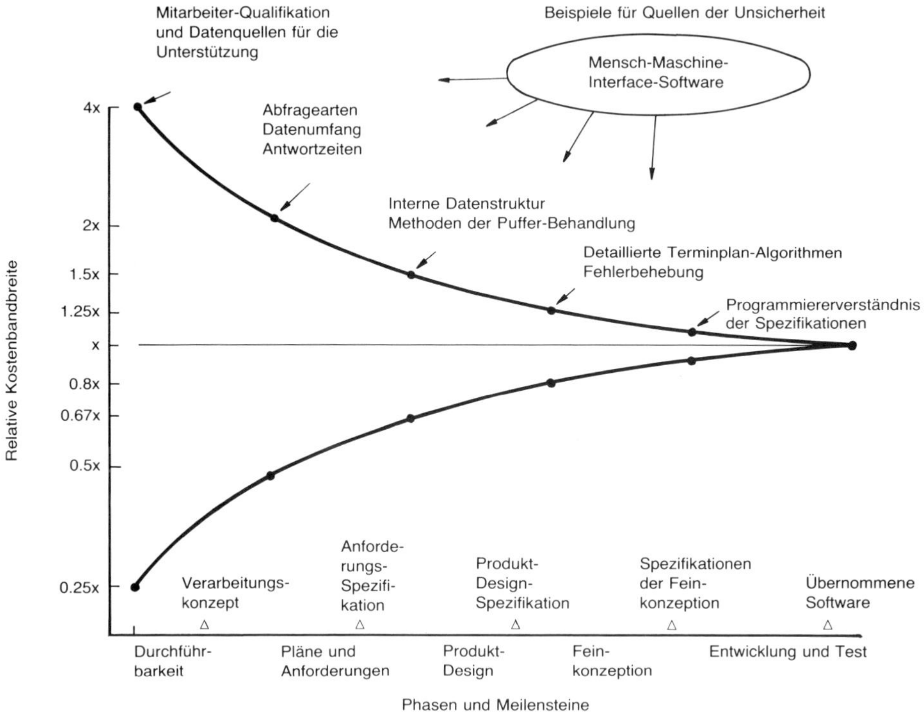

Abb. 21–1: Die Genauigkeit der Software-Kostenschätzung in den jeweiligen Phasen

Bei der ersten Bewertung alternativer Konzepte für eine neue Software-Anwendung liegt der mittlere Wert unserer Software-Kostenschätzungen in etwa bei einem Faktor von ± vier*). Diese Bandbreite ist auf die große Unsicherheit zurückzuführen, mit welcher wir uns zu diesem Zeitpunkt bezüglich der tatsächlichen Art des Produktes noch konfrontiert sehen. Bei der Mensch-Maschine-Interface-Komponente wissen wir zu diesem Zeitpunkt z. B. noch nicht, von welchem Mitarbeiterstab (Angestellte, Computer-Spezialisten, mittleres Management usw.) oder welche Art von Daten (unverarbeitete oder vorverarbeitete Daten, numerische oder Text-Daten, digitale oder analoge Daten) das System unterstützen wird. Solange solche Unsicherheiten noch bestehen, ist ein Faktor von ± vier als Schätzbandbreite nicht übertrieben.

Sobald wir die Voruntersuchungsphase beendet und uns für ein spezielles Verarbeitungskonzept entschieden haben, sind obige Ungewißheiten endgültig beseitigt. In diesem Stadium reduziert sich unsere Schätzbandbreite auf einen Faktor von ± zwei. Dieser Bereich ist gerechtfertigt, weil wir Probleme wie z. B. die speziellen Arten von Anwenderabfragen, die unterstützt werden müssen, oder die speziellen Funktionen, die im Mikroprozessor des intelligenten Terminals ausgeführt werden müssen, noch immer nicht festgelegt haben. Bis wir eine Anforderungsspezifikation der Software

*) Diese Werte sind subjektiv festgesetzt worden und sollen Grenzwerte von 80% darstellen, d. h. Werte, die zu „80% der Fälle im Rahmen eines Faktors von vier liegen“.

entwickelt haben, werden auch diese Fragen gelöst sein. Wir werden dann in der Lage sein, die Software-Kosten innerhalb eines Faktors von ± 1,5 zu schätzen.

Bis wir eine Grobkonzept-Spezifikation abgeschlossen und überprüft haben, werden wir Probleme wie die interne Datenstruktur des Software-Produktes gelöst haben. Auch dürften die spezifischen Techniken zur Handhabung der Puffer zwischen dem Mikroprozessor-Terminal und den zentralen Prozessoren einerseits sowie dem Mikroprozessor und der Steuereinheit andererseits festgesetzt sein. Unsere Software-Schätzungen sollten, wenn wir an diesem Punkt angekommen sind, bis auf einen Faktor von 1,25 genau sein, wobei die noch bestehenden Diskrepanzen von einigen verbliebenen Unsicherheitsquellen verursacht werden wie z. B. von besonderen Algorithmen, die für die Aufgabenverteilung, Fehlerbehebung, Abbruchverarbeitung usw. eingesetzt werden.*) Diese Unsicherheiten werden am Ende der Feinkonzeptionsphase beseitigt sein. Es besteht jedoch noch immer eine Restunsicherheit von etwa 10%, je nachdem, wie gut die Programmierer die Spezifikationen, nach denen sie codieren müssen, tatsächlich verstehen. (Zu diesem Faktor gehört auch die Beachtung der Unsicherheiten aufgrund von Personalfluktuation während der Entwicklungs- und Testphasen.)

Auswirkungen von Schätzungen

Wie uns die Abbildung 21−1 zeigt, ist es die wichtigste Aufgabe einer Schätzung, daß wir bei der Definition unserer Schätzungsziele für die verschiedenen Komponenten des Software-Produktes konsequent vorgehen. Wenn unser Verständnis des Mensch-Maschine-Interface dem Entwicklungsstand des Verarbeitungskonzeptes entspricht, wäre es reine Verschwendung, eine Schätzung der Umstellungskosten auf dem Entwicklungsstand der Feinkonzeption durchzuführen. (Eine Ausnahme hiervon ist dann gegeben, wenn die Umstellungskosten eine höhere Größenordnung als die Software-Kosten des Mensch-Maschine-Interface erreichen.)

Im allgemeinen möchten wir eine *ausgewogene* Gruppe von Schätzungszielen realisieren, und zwar dergestalt, daß der tatsächliche Unsicherheitsgrad einer jeden Komponente in etwa gleich hoch ist. Nehmen wir also an, wir haben eine Mensch-Maschine-Interface-Komponente von ca. $ 1 000 000 als Anforderungsspezifikation definiert (z. B. innerhalb einer Spanne von $ 667 000 bis $ 1 500 000). Wenn wir dann eine Umstellungskomponente von ca. $ 500 000 haben, können wir es uns leisten, diese auf der Ebene des Verarbeitungskonzeptes zu definieren, da die hieraus resultierende Spanne ($ 250 000 — $ 1 000 000) im großen und ganzen denselben Umfang hat wie die Spanne der Mensch-Maschine-Interface-Komponente.

Eine weitere Auswirkung von Schätzungen ist die Forderung, *daß jede Kostenschätzung einen Hinweis auf ihren Unsicherheitsgrad beinhalten soll.*

Relative im Vergleich zu absoluten Schätzungen

In anderen Fällen könnte selbst eine Umstellungsschätzung auf dem Entwicklungsstand des Verarbeitungskonzeptes unnötig sein. Nehmen wir z. B. an, wir haben Kostenschätzungen zu erstellen, um eine Entscheidung über Eigenfertigung oder Fremdbezug zu untermauern; die Umstellungskosten für jede Variante sind gleich hoch. Für die Entscheidung über Eigenfertigung oder Fremdbezug besteht dann überhaupt keine

---

*) Normalerweise kann ein guter Software-Manager eine Software-Aufwandsschätzung in eine sich selbst erfüllende Vorhersage verwandeln, wenn der Faktor innerhalb einer Bandbreite von 1,25 (80−125%) liegt; siehe hierzu Kapitel 32.

Notwendigkeit, eine Schätzung der Umstellungskosten durchzuführen. In einem späteren Stadium wird natürlich eine Kostenschätzung des gesamten Lifecycles erforderlich werden, zu der auch eine Umstellungs-Kostenschätzung gehört. Jedoch wird zu diesem Zeitpunkt die Umstellungsschätzung dank unserer besseren Kenntnis des Systems leichter sein.

Zum jetzigen Zeitpunkt ist es unser Hauptanliegen, sicherzustellen, daß unsere Schätzungsziele den Anforderungen des entscheidungsbefugten Mitarbeiters, der die Schätzung verwenden wird, entsprechen.*) Wir haben es also hier mit denselben Zielen zu tun, welche wir bereits in Kapitel 20 besprochen haben — d. h. die Kosten für die Sammlung von Informationen müssen dem Wert entsprechen, den sie für den entscheidungsbefugten Mitarbeiter darstellen.

Großzügige im Vergleich zu vorsichtigen Schätzungen

Oft wird es schon im frühen Stadium einer Kostenanalyse — die eine Entscheidung über Eigenfertigung oder Fremdbezug unterstützen soll, oder darüber, ob das System überhaupt entwickelt werden soll oder nicht — deutlich, daß höchstwahrscheinlich eine besondere Entscheidung getroffen werden muß. Es könnte sein, daß wir in einem solchen Fall unsere Ziele revidieren wollen, um folgendes zu demonstrieren:

> Selbst wenn wir bei der Variante A mit vorsichtigen Annahmen und bei der Variante B mit großzügigen Annahmen operieren, bleibt die Variante A die rentablere.

Aus dieser Art Revision erwachsen uns zwei wichtige Vorteile. Zum ersten stärkt sie unser Vertrauen, daß wir die richtige Entscheidung treffen. Zum zweiten wird die Möglichkeit, daß wir von großzügigen oder vorsichtigen Annahmen ausgehen können, unseren Kostenschätzungsaufwand nicht selten vereinfachen. Wir könnten z. B. annehmen, daß eine potentiell anpassungsfähige Software-Komponente vollständig anpassungsfähig ist (großzügige Schätzung) oder vollständig anpassungsunfähig (vorsichtige Schätzung), anstatt eine Analyse zu erstellen, um den Anpassungskorrekturfaktor (AAF = Adaptation adjustment factor) zu bestimmen.

Ausgehend vom Standpunkt der Schätzungsziele bedeutet dies, daß wir unsere Ziele im Laufe unserer Arbeit immer wieder neu überprüfen und modifizieren sollten für den Fall, daß eine Änderung vorteilhaft wäre (d. h. wir könnten mit einem Ziel, das der Anforderungsstufe genau entspricht, beginnen und es zu einem späteren Zeitpunkt der Analyse in ein Ziel umändern, das der Genauigkeit einer großzügigen oder vorsichtigen Stufe des Verarbeitungskonzeptes entspricht).

Zusammenfassende Richtlinien

Nachstehend finden Sie eine Zusammenfassung der drei wichtigsten Richtlinien zur Festlegung der Ziele im Rahmen der Kostenschätzung.

1. *Sie sollten die Schätzungsziele auf die Informationsanforderungen, die für eine Entscheidungsfindung notwendig sind, abstimmen.* (Absolute Schätzungen für die Planung des Personals und der Ressourcen, relative Schätzungen für Entweder-Oder-Entscheidungen, großzügige oder vorsichtige Schätzungen, um das Vertrauen in eine Entscheidung zu stärken.)

*) Eine ausgezeichnete, allgemein gehaltene Abhandlung über den Einsatz der Kosteninformation bei der Entscheidungsfindung finden Sie bei „Cost Considerations in Systems Analysis" (Fisher, 1971).

2. *Sie sollten die Schätzgenauigkeitsziele der verschiedenen Systemkomponenten mit den Kostenschätzungen in Einklang bringen.* (Das bedeutet, daß die absolute Größenordnung der Unsicherheitsbandbreite bei jeder Komponente im großen und ganzen gleich sein soll, weil wir davon ausgehen, daß diese Komponenten bei der zu treffenden Entscheidung von gleichem Gewicht sind.)
3. *Sie sollten die Schätzungsziele im Laufe der Arbeit immer wieder neu überprüfen und sie dort, wo es angebracht ist, modifizieren.* (Diese Richtlinie impliziert auch, *daß Budget-Fixierungen der frühen Phasen nur die nächste Phase abdecken sollten.* Sobald ein überprüfter Produktentwurf vorliegt, kann ein gesamtes Entwicklungsbudget ohne großes Risiko ausgearbeitet werden.)

21.2 Schritt Nr. 2: Daten- und Ressourcen-Planung

Eine Szene wie die folgende kommt nur allzu oft vor:

Ein von einem übereilten Angebot überfallener Manager:
„Wir müssen dieses Angebot, das heute mittag fertiggestellt sein muß, ausarbeiten, damit es mit dem Nachmittags-Flugzeug nach Washington abgeht. Können Sie mir dafür schnell eine Software-Kostenschätzung ausarbeiten?

Software-Kostenschätzer: „Wie bitte, wann brauchen Sie sie???"

Eine solche Szene (und viele ähnliche) ist Anlaß für eine entsetzlich ungenaue Software-Kostenschätzung, die zu einer eisernen organisatorischen Verpflichtung (normalerweise zum Schleuderpreis) wird, von der eine große Zahl unschuldiger Software-Mitarbeiter betroffen sind, die ein viel besseres Schicksal verdient hätten.

Wenn wir die Software-Kostenschätzung als ein Miniprojekt auffassen, befassen wir uns mit einem solchen Problem ganz automatisch dann, wenn wir in einem frühen Stadium einen Projektplan ausarbeiten. Die Tabelle 21−1 zeigt Ihnen eine einfache und allgemeine Darstellung eines Projektplanes, der ohne größere Anpassung auf das Miniprojekt einer Kostenschätzung angewandt werden kann.

Dieser Miniplan braucht kein ausgeklügeltes und detailliertes Dokument zu sein, insbesondere wenn Ihre Schätzung nur einen begrenzten Umfang hat. Schon einige formlose, frühzeitige Notizen, die Sie für sich selbst festhalten, und die sich mit dem Warum, Was, Wann, Wer, Wo, Wie, Wieviel und Wohingegen Ihrer Schätzung befassen, werden Ihnen aus der Schlinge helfen und auch für alle jene Software-Mitarbeiter hilfreich sein, die nach Ihren Schätzungen zu arbeiten haben.

Tab. 21−1: Miniprojektplan für eine Software-Kostenschätzung

1. *Zweck. Warum* wird die Schätzung erstellt?
2. *Produkte und Terminpläne: Was* wird zu *welchem Zeitpunkt* geliefert?
3. *Verantwortung: Wer* ist für das jeweilige Produkt verantwortlich? *Wo* soll der Job organisatorisch und geographisch durchgeführt werden?
4. *Verfahren. Auf welche Art und Weise* soll der Job durchgeführt werden? Welche Kostenschätzungs-Tools und -Techniken werden eingesetzt (siehe hierzu Kapitel 22)?
5. *Erforderliche Ressourcen. Wieviel* Daten, Zeit, Geld, Aufwand usw. ist für die Ausführung des Jobs erforderlich?
6. *Annahmen.* Unter welchen Bedingungen gehen wir die Verpflichtung ein, obige Schätzungen auf der Basis obiger Ressourcen (Verfügbarkeit von Personal, Computerzeit, Anwenderdaten) abzugeben?

Sie finden ein Beispiel für einen Software-Kostenschätzungsplan, der die Durchführbarkeit eines computergesteuerten schnellen Transportsystems unterstützen soll, in der Abbildung 21–2 dargestellt.

1. *Zweck:*

   Hilfe bei der Realisierung eines computergesteuerten schnellen Transportsystems für den Großstadtbereich

2. *Produkte und Terminpläne:*

1. 2. 1984	Kostenschätzungsplan
15. 2. 1984	Erster Testlauf des Kostenmodells
22. 2. 1984	Endgültiger Testlauf des Kostenmodells; Vervollständigung der Experten-Schätzungen
29. 2. 1984	Berichterstattung über die endgültigen Kosten, bei denen Modell- und Experten-Wiederholungen berücksichtigt sind. Die Genauigkeit liegt im Rahmen eines Faktors von 2.

3. *Verantwortung:*

Kostenschätzungsstudie:	Z. B. Zimmermann
Kostenmodell-Unterstützung:	Abteilung „Anwendungs-Software“
Expertenschätzer (2):	Abteilung „System-Analyse“

4. *Verfahren:*

   Für das Projekt wird das SOFTCOST-Modell eingesetzt, mit Sensitivitätsanalysen von Kostenfaktoren-Merkmalen, die von großem Einfluß sind.

   Die Experten werden wegen Vergleichsdaten mit BART in San Francisco und in Washington D. C. Verbindung aufnehmen.

5. *Erforderliche Ressourcen:*

Z. B. Zimmermann:	2 Mann-Wochen
Expertenschätzer:	jeweils 3 Mann-Tage
Computer:	$ 200.

6. *Annahmen:*

   Keine einschneidenden Änderungen bei der Systemspezifikation vom 15. Januar 1984.

   Die Autoren der Spezifikation stehen zur Beantwortung von Schätzfragen zur Verfügung.

Abb. 21–2: Software-Kostenschätzungsplan eines schnellen Transportsystems

21.3 Schritt Nr. 3: Fixierung von Software-Anforderungen

Wenn wir uns nicht darüber im klaren sind, welche Produkte wir entwickeln, ist es uns auch nicht möglich, die anfallenden Konstruktionskosten präzise zu schätzen. Also ist es wichtig, daß wir über eine Reihe von Software-Spezifikationen verfügen, die (im Hinblick auf die Eigenschaften unserer Schätzungsziele) so eindeutig wie nur möglich sind.

Die beste Möglichkeit, zu bestimmen, in welchem Umfang eine Software-Spezifikation *kostenmäßig meßbar* ist, ist zu bestimmen, in welchem Umfange sie *testbar* ist.

Eine Spezifikation ist in dem Umfang testbar, wie für die Bestimmung, ob die entwickelte Software die Spezifikation zufriedenstellen wird oder nicht, ein eindeutiger Weg bzw. Negativtest festgelegt werden kann. Um testbar zu sein, müssen die Spezifikationen nach Möglichkeit spezifisch, unzweideutig und quantitativ sein. Nachstehend finden Sie einige Beispiele von Spezifikationen, die *nicht* testbar sind:

- Die Software soll Interfaces zu den entsprechenden Subsystemen zur Verfügung stellen.
- Die Software soll unter Belastung abgestuft reagieren.
- Die Software soll so entwickelt werden, daß sie einem guten Entwicklungsstandard entspricht.
- Die Software soll die nötige Verarbeitung bei allen Betriebsarten gewährleisten.
- Der Einsatz des Computerspeichers soll optimiert werden, um künftiges Wachstum zu ermöglichen.
- Die Software soll eine 99,9999%-ige Garantie für die Vertraulichkeit der Information gewährleisten (oder aber Zuverlässigkeit, Verfügbarkeit und menschliche Sicherheit, wenn diese Bedingungen nicht definiert sind).
- Die Software soll genügend Genauigkeit garantieren, die ausreicht, um eine effiziente Flugkontrolle zu unterstützen.
- Die Software soll Echtzeit-Antworten für Abfragen der Verkaufsabteilung zur Verfügung stellen.

Diese Angaben sind berechtigte Ziele, sind aber nicht präzise genug, um als Basis für einen Akzeptanztest oder als Grundlage für eine genaue Kostenschätzung zu dienen. Nachstehend sind die letzten beiden Angaben präziser formuliert, so daß sie besser testbar sind:

- Die Software soll eine Flugzeugposition im Rahmen folgender Genauigkeiten errechnen:
  ± 50 Feet auf der horizontalen Ebene
  ± 20 Feet auf der vertikalen Ebene.
- Das System soll wie folgt antworten:
  — Auf Abfragen der Art A in ≤ 2 Sekunden
  — Auf Abfragen der Art B in ≤ 10 Sekunden
  — Auf Abfragen der Art C in ≤ 2 Minuten,

wobei die Abfragearten A, B und C im einzelnen in der Spezifikation definiert sein sollen.

In vielen Fällen sind selbst diese Versionen nicht ohne eine weitergehende Definition testbar. Zum Beispiel:

- Beziehen sich die Ausdrücke „± 50 Ft." oder „≤ 2 Sek." auf eine mittlere Quadratwurzel-Leistung, auf 90%-Grenzwerte oder auf fixierte Grenzen?
- Beinhaltet die „Antwort"-Zeit Verzögerungen innerhalb des Terminals, Übertragungsverzögerungen oder nur die Zeit, die für die Computer-Verarbeitung erforderlich ist?

Es wird also oft ein zusätzlicher Aufwand erforderlich sein, um aus einer Spezifikation Unklarheiten und Zweideutigkeiten auszumerzen und sie testbar zu machen. Ein solcher Aufwand lohnt sich normalerweise aus folgenden Gründen:

- Dieser Aufwand müßte schließlich für die Testphase ohnehin investiert werden.

- Wird der Aufwand frühzeitig investiert, verhindert dies eine Menge Kosten, Kontroversen und eventuelle Verbitterung in einem späteren Stadium.
- Wird der Aufwand frühzeitig investiert, können wir genauere Kostenschätzungen anstellen.

Es wird in vielen Fällen unmöglich oder undurchführbar sein, sicherzustellen, daß alle Software-Anforderungen testbar sind (siehe hierzu die Diskussion in Abschnitt 4.3), oder aber es würde mehr Aufwand erforderlich machen, als wir benötigen, um unseren Schätzungszielen zu genügen. In solchen Fällen ist es vorteilhaft, *wenn Sie alle Annahmen,* die während der Schätzung der Software-Entwicklungskosten gemacht wurden, *dokumentieren,* insbesondere wenn es sich um großzügige oder vorsichtige Annahmen gemäß Schritt Nr. 1 handelt.

21.4 Schritt Nr. 4: So viele Details wie möglich ausarbeiten

„So viele wie möglich" bedeutet hier „so viele Details, wie mit unseren Kostenschätzungszielen vereinbar ist" (vgl. Abschnitt 21.1). Allgemein gilt: Je genauer das Vorgehen, desto genauer das Ergebnis der Schätzung, und zwar aus folgenden drei Gründen:

1. Je mehr Einzelheiten wir untersuchen, desto besser verstehen wir die technischen Aspekte der Software, die wir zu entwickeln haben; darauf haben wir in Abbildung 21–1 und in unserem Kommentar hingewiesen.
2. Je mehr Software-Produkte wir schätzen, desto mehr lassen wir das Gesetz der großen Zahlen für uns arbeiten, um die Schätzabweichung zu reduzieren. Wenn wir ein großes Software-Produkt haben und die Kosten um 20% überschätzen, ist uns ein Fehler von 20% unterlaufen. Teilen wir aber das große Software-Produkt in zehn Teile ein, kann es wohl sein, daß bei den meisten Teilen Unterschätzungen vorkommen, bei anderen jedoch Überschätzungen, so daß uns im Endeffekt ein beträchtlich kleinerer Schätzfehler unterlaufen ist.
3. Je gründlicher wir alle Funktionen, die eine Software realisieren muß, durchdenken, desto weniger wahrscheinlich ist es, daß wir die Kosten einiger der unauffälligeren Software-Komponenten übersehen.

Um Punkt 3 zu illustrieren, zeigt Ihnen die Abbildung 21–3 die Ergebnisse eines Experimentes, bei dem zwei verschiedene Teams ein kleines (2000 DSI-)Software-Produkt spezifiziert und entwickelt haben. Es handelte sich de facto um eine frühe, interaktive Version des COCOMO-Endmodells, das als ein Gruppenprojekt bei einer Software-Engineering-Schulung bei USC realisiert wurde (Boehm, 1980). Als wichtigster Aspekt ergibt sich aus der Abbildung 21–3, daß die tatsächlichen Kostenmodell-Berechnungen in einem Produkt nur 2% der Codierung und im anderen Produkt nur 3% der Codierung berücksichtigt hatten. Ein Großteil der restlichen Codierung betraf die einfachen Komponenten der Software, wie z. B. die Verarbeitung von Hilfemeldungen, die Fehlerverarbeitung und die Übertragung von Daten. Solche Overhead-Funktionen werden bei der Größeneinschätzung der Software und bei der Kostenschätzung oft übersehen. Das ist einer der Hauptgründe, warum die Software-Kosten so oft unterschätzt werden: Es herrscht eine starke Tendenz vor, sich auf die exponierten Hauptkomponenten der Software zu konzentrieren; die weniger auffälligen Komponenten werden unterschätzt oder völlig außer acht gelassen.

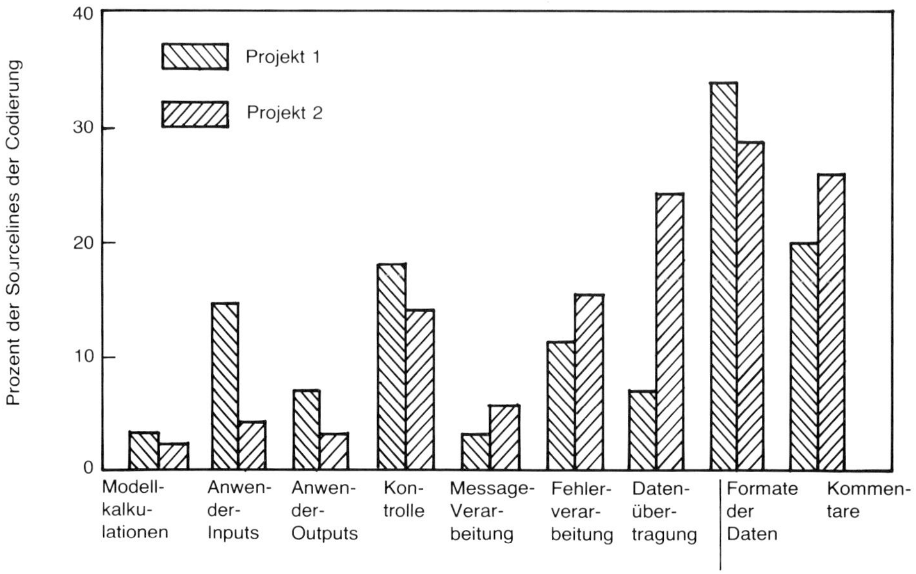

Abb. 21–3: Was macht ein Software-Produkt?

Software-Größenbestimmung

An dieser Stelle wäre es praktisch, wenn wir Ihnen einige Formeln zur Größeneinschätzung der Software zur Verfügung stellen könnten, welche etwa wie folgt lauten:

> *Wenn wir ein Betriebssystem entwickeln, das die folgenden Funktionen gründlich, die danach folgenden Funktionen minimal und die darauf folgenden Funktionen überhaupt nicht durchführt, dann beläuft sich die geschätzte Größe des Betriebssystems auf 11 ± 2 KDSI.*

Leider ist das quantitative Software-Engineering noch nicht bis zu dem Punkt vorangeschritten, daß wir auch nur daran denken könnten, Ihnen solche Formeln zur Verfügung zu stellen. Und es steht nicht fest, daß wir einem solchen Ideal je näher kämen. Nachdem ich viel Zeit mit der Durchsicht von Daten zur Größenschätzung und den von ihnen dargestellten Programmen verbracht und mich um eine vereinfachte Formel der Größenschätzung bemüht habe, möchte ich diese Erfahrung in Form einiger Analogien zusammenfassen.

1. Bei der Lösung des Problems der automatischen Software-Kostenschätzung treten eine ganze Reihe Aspekte auf, die bei der Lösung des Problems der automatischen Programmierung entstehen. Zum Beispiel ist für beide Probleme eine ausreichend detaillierte Spezifikation der erwünschten Software erforderlich, um sicherzustellen, daß kein anderes, verwandtes Software-Produkt geschätzt oder entwickelt wird. Indem wir diese Spezifikation ausarbeiten, legen wir ein großes Stück des Weges zurück, der zur Größenschätzung der Software führt.

2. Eine Formel zur Umfangsschätzung von Software aufzustellen, ist ebenso kompliziert wie die Aufstellung einer Formel zur Umfangsschätzung eines Romans. Beide Schätzungen befassen sich mit einem Produkt, das praktisch unbegrenzte Ausgestaltungsmöglichkeiten aufweist; es ist schwierig, diese Vielfalt auf irgendeine Weise

größenspezifisch zu charakterisieren. Überlegen Sie sich lediglich einmal die Frage, wie Sie die Anzahl der Seiten eines Romanes einschätzen würden, und zwar im Hinblick auf:

- vier Protagonisten, welche ihr Leben gegenseitig tiefgreifend beeinflussen,
- 20 mehr oder weniger zufällige Romanfiguren,
- drei verschiedene Orte,
- einen Zeitablauf von zwei Jahren,
- fünf im einzelnen beschriebene Rückblicke auf die Vergangenheit,

und Sie entwickeln gleich ein besseres Verständnis für das Problem der Größenschätzung einer Software. Weitere Anregungen bieten die Größendaten des (Weinberg-Schulman, 1974)-Experimentes, das wir in Kapitel 3 besprochen haben. Bei diesem Experiment waren sechs Teams aufgefordert, dasselbe Programm zu entwickeln (Lösung simultaner, linearer Gleichungen durch die Gauss'sche Elimination); es sollten jedoch verschiedene Ziele optimiert werden. Die resultierenden Programme zeigten für die Implementierung ein und derselben Funktion Größenabweichungen im Verhältnis 5:1, wie nachstehend gezeigt:

Team-Aufgabe: Optimierung	Programmgröße (DSI)	Mann-Stunden	Produktivität (DSI/MH)
Programmumfang	33	30	1,1
Erforderlicher Speicher	52	74	0,7
Eindeutigkeit des Programms	90	40	2,2
Durchführungszeit	100	50	2,0
Für die Beendigung erforderlicher Aufwand	126	28	4,5
Eindeutigkeit des Output	166	30	5,5

Andererseits beinhaltet das Problem der Software-Größenschätzung nicht *alle* Aspekte, die bei einer automatischen Programmierung oder bei der Größenschätzung eines Romanes anfallen. Es besteht also Hoffnung, daß wir eines Tages Fortschritte machen. Solange jedoch gibt es keinen Ersatz für die detaillierte Kenntnis jeder Software-Komponente, die wir zur Sicherstellung einer genauen Software-Größenschätzung benötigen.

PERT-Größenberechnung

Aus obiger Diskussion über die Software-Größenschätzung müssen wir folgern, daß wir darauf achten sollen, die Größenschätzung nicht leichter erscheinen zu lassen, als sie tatsächlich ist. Bei einer Methode, die dies aber leider tut, handelt es sich um die PERT-Größenberechnung, welche bei (Putnam-Fitzsimmons, 1979) besprochen wird.

Die einfachste Version dieser Technik geht von der Schätzung zweier Größen aus:

a = die niedrigstmögliche*) Größe der Software (z. B. 22 KDSI)

b = die höchstmögliche Größe der Software (z. B. 64 KDSI)

---

*) Diese Formeln fußen auf der Voraussetzung, daß die niedrigen und die hohen Schätzungen a und b 3σ (drei Standard-Abweichungs-)Grenzen der wahrscheinlichen Verteilung der tatsächlichen Software-Größe darstellen. Dies bedeutet für eine normale Wahrscheinlichkeitsverteilung, daß die tatsächliche Software-Größe in 99,7% der Fälle zwischen a und b liegen würde.

Danach schätzen die statistischen Gleichungen der PERT-Methode die erwartete Größe der Software als

$$E = \frac{a + b}{2} = 43 \text{ KDSI}$$

und die Standardabweichung der Schätzung als

$$\sigma = \frac{b - a}{6} = 7 \text{ KDSI}$$

Dies bedeutet, daß in 68% der Fälle die tatsächliche Größe der Software zwischen 36 und 50 KDSI zu liegen hätte (und daß in jeweils 16% der Fälle die tatsächliche Größe zwischen 22 — 36 KDSI und 50 — 64 KDSI zu liegen hätte).

Diese Formeln gehen von der Annahme einer normalen Verteilung der Größenordnungen zwischen den zwei Extremen a und b aus. Jedoch wird jeder, der mit der heutigen Software-Praxis vertraut ist, unschwer folgendes erkennen: Wenn die obere Grenze b bei 64 KDSI liegt, weil dies der maximale Codierungsumfang ist, den die Maschine aufnehmen kann, so besteht doch eine mehr als 16%ige Chance, daß die Software-Größe letztendlich zwischen 50 KDSI und 64 KDSI liegen wird.

Eine etwas bessere PERT-Größenberechnung, die von (Putnam-Fitzsimmons, 1979) besprochen worden ist, fußt auf einer Beta-Verteilung und auf einer separaten Schätzung individueller Software-Komponenten. Dabei werden drei Schätzgrößen für jede Komponente entwickelt:

a_i = die niedrigstmögliche Größe der Software-Komponente

m_i = die wahrscheinlichste Größe der Komponente

b_i = die höchstmögliche Größe der Komponente.

Die PERT-Gleichungen schätzen die erwartete Größe E_i und die Standard-Abweichung σ_i jeder Komponente wie folgt:

$$E_i = \frac{a_i + 4m_i + b_i}{6} \qquad \sigma_i = \frac{b_i - a_i}{6}$$

Die geschätzte Software-Gesamtgröße E und die Standardabweichung σE sind dann:

$$E = \sum_{i=1}^{n} E_i, \qquad \sigma E = \left(\sum_{i=1}^{n} \sigma_i^2 \right)^{1/2}$$

Nehmen wir z. B. an, wir schätzen die Größe der zu entwickelnden Software für ein Terminal mit einem 64-K-Worte-Mikroprozessor. Die individuellen Schätzungen und die sich ergebenden Gesamtschätzungen werden in der Tabelle 21–2 gezeigt.

Diese PERT-Größenberechnung ist etwas besser, weil sie eingehendere Überlegungen bei der Aufteilung der Software in Komponenten erforderlich macht und weil die wahrscheinlichen Größen jeder Komponente sowie die oberen und unteren Grenzen geschätzt werden müssen. Aber auch hier ist die Berechnung von σ E sehr irreführend, weil sie davon ausgeht, daß die Schätzungen von Schätzfehlern nach oben oder unten unbeeinflußt bleiben. Die Erfahrung hat aber gezeigt, daß die „allerwahrscheinlichsten" Schätzungen die Tendenz haben, sich eher um die untere als die obere Grenze zu gruppieren*), während die tatsächlichen Produktgrößen eher eine Tendenz zur Gruppierung an der oberen Grenze haben. Dies verlieh den PERT-Ergebnissen eine beachtliche Tendenz zur Unterschätzung.

Tab. 21–2: Beispiel der PERT-Größenberechnung

Komponente	a_i	m_i	b_i	E_i	σ_i
SALES	6K	10K	20K	11K	2,33K
DISPLAY	4	7	13	7,5	1,5
INEDIT	8	12	19	12,5	1,83
TABLES	4	8	12	8	1,33
Insgesamt	22	37	64	39	$\sigma E = 3{,}6$

In diesem Beispiel impliziert der geschätzte σ E, daß die tatsächliche Größe der Mikroprozessor-Software mit 68% Sicherheit zwischen 35,4 K und 42,6 K Worten liegen wird und daß Größen zwischen 49,8 und 64 K Worten nur in 0,15% der Fälle vorkommen werden. Auch hier läßt die heutige Erfahrung darauf schließen, daß die oberen Größen sehr viel häufiger als soeben ausgeführt vorkommen werden.

Warum unterschätzen wir den Software-Umfang?

Das Problem der Software-Unterschätzung ist unser gefährlichstes Hindernis auf dem Weg zu einer genauen Software-Kostenschätzung. Wie bei anderen Computer-Modellen handelt es sich bei den Software-Kostenmodellen um Systeme, bei denen man nur das herausbekommt, was man vorher hineingesteckt hat: Wenn Sie niedrige Werte für die Größenschätzung eingeben, erhalten Sie niedrige Werte für die Kostenschätzung zurück.

Die obige Diskussion über Größenformeln sollte uns davon überzeugen, daß es keine magischen Formeln gibt, um das Software-Unterschätzungsproblem zu bewältigen. Da uns derartige Formeln fehlen, ist es von Bedeutung, daß wir die hauptsächlichen Ursachen des Software-Unterschätzungsproblems verstehen, denn nur wenn wir sie kennen und verstehen, können wir sie bewältigen.

Unsere gegenwärtige Erfahrung zeigt uns, daß es drei Hauptgründe dafür gibt, warum die Software-Größe unterschätzt wird:

1. *Die Menschen sind von Natur aus optimistisch und möchten gefallen.* Im allgemeinen soll Software handlich und unkompliziert sein. Hohe Schätzungen führen zu Konfrontierungen, die man normalerweise zu vermeiden sucht. Dieses Phänomen beschränkt sich nicht allein auf die Software-Größenschätzung. Die von (Augustine, 1979) abgeleitete Abbildung 21–4 zeigt eine Darstellung von geschätzten Fertigstellungszeiten im Vergleich zu den tatsächlichen Fertigstellungszeiten von etwa 100 offiziellen Terminplan-Schätzungen, die im Verteidigungsministerium erstellt wur-

*) Anstelle einer arithmetischen Progression oder einer noch pessimistischeren Berechnung haben die meisten Menschen die Tendenz, einer geometrischen Progression zu folgen, wenn sie „höchstwahrscheinliche" Schätzungen erstellen. Wenn niedrige und hohe Grenzen wie 16 K und 64 K gesetzt sind, werden sie also aller Wahrscheinlichkeit nach den geometrischen Mittelwert von 32 K als ihre „höchstwahrscheinliche" Schätzung anstatt des arithmetischen Mittelwerts von 40 K wählen. Nur ganz selten werden sie eine „höchstwahrscheinliche" Schätzung von 48 K oder höher wählen.

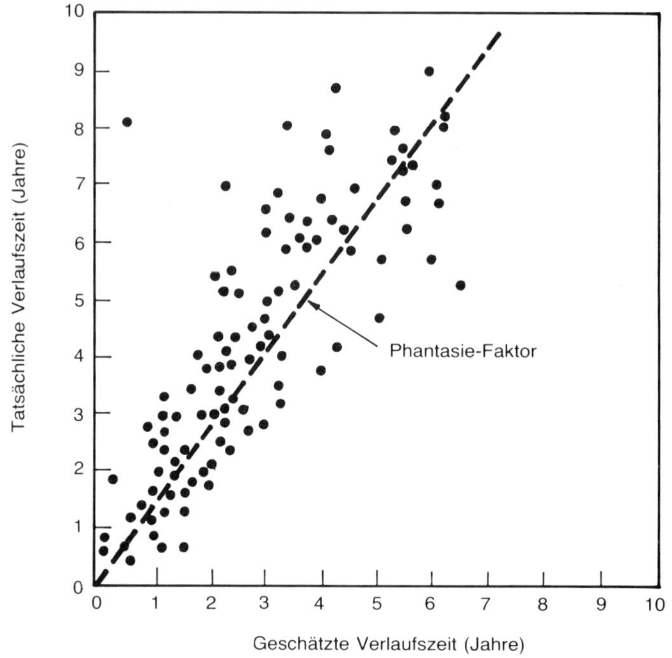

Abb. 21–4: Genauigkeit der Planung eines Fertigstellungsdatums von wichtigen Meilensteinen

den. Die Abbildung zeigt Ihnen einen ziemlich gleichbleibenden „Phantasie-Faktor" von ca. 1,33.

2. *Die Menschen neigen zu unvollständigen Erinnerungen an frühere Erfahrungen.* Bei der Verteilung der Quellen-Codierung nach Funktionen der Abbildung 21–3, zum Beispiel, haben die Mitarbeiter eine starke Erinnerung an die zu entwickelnden grundlegenden Anwendungs-Software-Funktionen — also den 2 bis 3% des Produktes, die für die Modell-Kalkulationen der Abbildung 21–3 bestimmt sind; sie haben aber eine weit schwächere Erinnerung an die umfangreiche Benutzer-Interface- und organisatorische Software, die ebenfalls entwickelt werden muß.*)

3. *Die Mitarbeiter sind normalerweise nicht mit dem ganzen Software-Job vertraut.* Zusammen mit dem Faktor der unvollständigen Erinnerung führt dieser Faktor tendenziell zu Unterschätzungen der zu entwickelnden Software-Produkte, die noch ungeklärt sind, sowie aller noch nicht geklärten Produktteile. Eines der besten Beispiele hierfür ist die starke Tendenz, den Umfang der Unterstützungs-Software zu unterschätzen, die bei großen Betriebssystemen normalerweise drei- bis fünfmal so umfangreich ist wie die Verarbeitungs-Software. Sie finden einige typische Vergleichsdaten von großen Betriebssystemen in der Tabelle 21–3. Obwohl die Größenberechnung zwischen den Projekten in verschiedenen Einheiten erfolgt und sogar bei den beiden Zusammenfassungen ein- und desselben Projektes (Safeguard) Abweichungen zeigte, ist das Ergebnismuster im allgemeinen relativ konsistent. Wie Sie aus der letzten Spalte der Tabelle entnehmen können, wird ein typisches, sehr großes (500-KDSI)-Betriebssystem etwa nur 100 KDSI einsatzorientierte

*) Ein ähnliches Unterschätzungsphänomen kommt bei der Schätzung der Software-Entwicklungsaktivität vor; siehe hierzu Abschnitt 22.7.

Verarbeitungs-Software enthalten, weitere 100 KDSI für die Hardware und systembezogene Wartungs- und Diagnose-Software, 150 KDSI für die Entwicklungs-Unterstützungs-Software (Kompilierer, Tools, Utilities usw.) und als letztes 150 KDSI für einsatzorientierte Unterstützungs-Software (Simulation, Datenverdichtung und Ausbildungs-Software).

Tab. 21–3: Das Übergewicht der Unterstützungs-Software bei sehr großen Systemen

Art der Software / System	Safeguard [Asch und andere, 1975] KWorte	Safeguard [Stephenson, 1976] KDSI	BMD-STP [Distaso und andere, 1979] KDEMI	TSQ-73 [Asch und andere, 1975] KDEMI	AWACS [Asch und andere, 1975] KDEMI	SAGE [Sackman, 1967] KDEMI	Typisches sehr großes System KDSI
Betriebs-Software	653	789	276	20	280	200	100
On-Site-Unterstützung	630	100+		30			100
(Wartung und Diagnose)	(.96)	(.13+)		(1.50)			(1.0)
Entwicklungs-Unterstützung	913	532	525	40	1190	430	150
(Kompilierer, Tools, Utilities)	(1.40)	(.67)	(1.90)	(2.00)	(4.24)	(2.15)	(1.5)
Off-Site-Unterstützung	835	840	751	5	244	430	150
(Simulation, Datenreduktion, Schulung)	(1.28)	(1.06)	(2.72)	(.25)	(.87)	(2.15)	(1.5)
Gesamt	2378	1472+	1276+	75	1434	860+	400
Andere als Betriebs-Software	(3.64)	(1.87+)	(4.62+)	(3.75)	(5.12)	(4.30+)	(4.0)
TOTAL	3031	2261+	1552+	95	1747	1060+	500

Anmerkung: (x): Diese Größe ist x-mal die Größe der Betriebs-Software.
y+: Diese Größe ist wenigstens ebenso groß wie y.
KDEMI: in Tausend der realisierten, ausführbaren Maschinenbefehle.

Zusammenfassend möchten wir festhalten, daß es kein Patentrezept für die Software-Größenberechnung gibt. Eine fundierte Kenntnis des auszuführenden Software-Jobs ist unerläßlich, ferner die Erkenntnis, daß die grundsätzliche Tendenz besteht, die Software-Größe zu unterschätzen. Schließlich ist es unabdingbar, diese Einsichten aufmerksam und realistisch bei unseren Software-Größenberechnungen anzuwenden.

21.5 Schritt Nr. 5: Verwendung mehrerer unabhängiger Techniken und Quellen

In Kapitel 22 werden wir die wichtigsten Arten von Techniken besprechen, die für die Software-Kostenschätzung zur Verfügung stehen. Es handelt sich um die folgenden:

1. Algorithmisches Modell
2. Expertenurteil
3. Analogien
4. Parkinsonsches Gesetz
5. Zuschlagspreis
6. Top-down
7. Bottom-up

Die wichtigsten Schlußfolgerungen des Kapitels 22 sind:

- Keine der Alternativen ist in jeder Hinsicht besser als eine andere.
- Ihre Stärken und Schwächen ergänzen sich.

Um die Schwächen einer einzelnen Methode zu vermeiden, ist es daher wichtig, eine Kombination von mehreren Techniken zu verwenden und von ihren gemeinsamen Vorzügen zu profitieren. Bei (Lasher, 1979) finden Sie ein ausgezeichnetes Beispiel einer praktischen Erfahrung, die bei der Kontrolle und dem Einsatz einer Kombination von Software-Kostenschätzungs-Methoden bei einem großen Software-Auftrag gemacht wurde.

21.6 Schritt Nr. 6: Vergleich und Wiederholung der Schätzungen

Der Vorteil, der sich aus dem Einsatz verschiedener unabhängiger Kostenschätzungsmethoden ergibt, ist die Möglichkeit, die Ursache für unterschiedliche Schätzungsergebnisse in Erfahrung zu bringen. Wenn eine Bottom-up-Methode zu einer Software-Kostenschätzung von $ 4 Millionen, eine Top-down-Methode jedoch von $ 7 Millionen kommt, dann sollten wir die Ursachen für diese Differenz suchen, indem wir die jeweiligen Kostenkomponenten identifizieren und die Unterschiede im einzelnen fixieren.

Dabei könnten wir z. B. feststellen, daß die Bottom-up-Methode einige System-Aktivitäten wie Integration, Konfigurations-Management und Qualitätssicherheit außer acht gelassen hat. Die Top-down-Methode hat diese zwar berücksichtigt, dafür aber einige andere Software-Komponenten des Postprozessor-Programms übersehen, die in der Bottom-up-Schätzung enthalten sind. Bei einer Wiederholung der beiden Schätzungen könnte es zu einer übereinstimmenden Schätzung von $ 8 Millionen kommen, die realistischer ist als irgendein willkürlicher Kompromiß zwischen $ 4 und $ 7 Millionen. Es ist also wichtig, daß wir nicht nur unabhängige Schätzungen durchführen, sondern auch prüfen, warum sie zu unterschiedlichen Ergebnissen führen.*)

Optimisten und Pessimisten

Es gibt zwei weitere Gründe, warum eine Kostenschätzung wiederholt werden soll, nämlich das Phänomen des Optimisten/Pessimisten und das Phänomen des „Großmastes im Zelt“.

Bei Schätzungen mit vielen Komponenten sind oft sehr ähnliche Komponenten zu finden, bei denen jedoch auffallende Unterschiede bei den Kostenschätzungen pro Befehl bestehen. Nicht selten ist dies darauf zurückzuführen, daß einige Mitarbeiter aufgrund ihrer Persönlichkeit ihren Schätzungen gegenüber sehr optimistisch eingestellt sind, andere jedoch höchst pessimistisch. Oft sind die Unterschiede auch auf das Rollenverhalten einer Person sowie auf ihre Interessen zurückzuführen. Bei einem Manager, der für die Ausarbeitung von Angeboten zuständig ist und für einen erfolgreichen Abschluß belohnt wird, wird es sich wohl eher um einen Optimisten handeln. Bei einem Projektmanager oder Abteilungsleiter jedoch, welcher für die Durchführung des Jobs im Limit seines Budgets bezahlt wird, dürfte es sich eher um einen Pessimisten handeln.

Aufgrund dieses Phänomens wäre es angebracht, daß Sie eine gewisse Überschneidung bei den Software-Komponenten berücksichtigen, welche von verschiedenen Personen geschätzt werden; auch sollte der relative Optimismus oder Pessimismus der verschiedenen Schätzer beachtet werden.

---

*) Die Notwendigkeit, daß die Unterschiede zwischen Schätzungsergebnissen überprüft werden, ist der Hauptgrund dafür, warum ein algorithmisches Kostenmodell *konstruktiv* sein muß. Eine konstruktive Schätzung erleichtert den Schätzern die eindeutige Klarstellung, warum ein Modell die von ihm realisierten Resultate erbracht hat. Es gibt keine andere Möglichkeit, algorithmische Kostenmodell-Schätzungen mit anderen Arten von Schätzungen zu vergleichen. Für das COCOMO-Modell ist die Konstruktivität ein besonders erstrebenswertes Ziel gewesen.

Das Phänomen des „Großmastes im Zelt“

Bei den meisten Schätzungen mit vielen Komponenten gibt es eine oder zwei Komponenten, deren Kosten wie ein Großmast in einem Zelt herausragen, auf den sich nicht selten der Hauptanteil der Software-Kosten konzentriert.*) In solchen Fällen ist es ganz besonders wichtig, diese Komponenten eingehender als die anderen zu überprüfen und dies zu wiederholen.

Es besteht bei diesen Komponenten die Tendenz, daß sie größenmäßig die umfangreicheren sind; oft werden sie aber bezüglich ihrer Komplexität unterschätzt. Zum ersten neigt man dazu, den Größenumfang mit Komplexität gleichzusetzen, obwohl die meisten Kostenmodelle (auch das COCOMO) die Komplexität als ein inhärentes Merkmal der Codierung definieren, das von der Größe unabhängig ist. Zum zweiten neigt man dazu, die Komplexität einer Komponente nach der Komplexität des schwierigsten Teilbereichs einzuschätzen. Zu den großen Komponenten gehört oft eine umfangreiche einfache organisatorische Codierung, die bezüglich ihrer Komplexität leicht überschätzt wird. Diese beiden Tendenzen sollten im Rahmen der Überprüfung und Wiederholung der Kostenschätzung nochmals kontrolliert werden.

Einige nützliche Überprüfungsfragen

Bei der Überprüfung einer Software-Kostenschätzung, auf welcher ein Entwicklungsbudget aufbauen wird, ist es wichtig, uns über die Solidität der Schätzung sowie das Maß an Optimismus im klaren zu sein. Sehen wir uns die Schätzgenauigkeit nach Phasen in Abbildung 21−1 an: Wenn wir eine Schätzung als eine relativ verläßliche Schätzung der Anforderungsspezifikationsebene akzeptieren (im Rahmen eines Faktors von 1,5), obgleich es sich tatsächlich nur um eine frühzeitige Durchführbarkeitsschätzung (im Rahmen eines Faktors von 4) handelt, werden wir aller Wahrscheinlichkeit nach zu einem späteren Zeitpunkt auf einige unangenehme Überraschungen stoßen, die mit erneuten Budgetverhandlungen einhergehen. Wir werden wahrscheinlich auf ähnliche Überraschungen stoßen, wenn wir eine optimistische Schätzung (die in der Nähe der unteren Grenzkurve der Abbildung 21−1 liegt) als die Budgetschätzung unseres Projektes akzeptieren.

Nachstehend finden Sie einige Überprüfungsfragen; ihre Beantwortung wird uns bei der Beurteilung der relativen Solidität einer Software-Kostenschätzung helfen (d. h. wie weit rechts oder links wir in Abbildung 21−1 liegen).

1. Inwiefern würden sich die geschätzten Kosten ändern, wenn
   (a) eine große Änderung beim (Mensch-Maschine-, Datenübertragungs-, Bestandsaufnahme-System usw.)-Interface eintreten würde?
   (b) wir eine höhere Leistung (der Datenbank-Abfrage, Wartung und Diagnose, Trendanalyse usw.) zu erbringen hätten?
   (c) unsere Kapazitätsschätzung um einen Faktor von zwei abweichen würde?
   (d) wir den Job auf einer (kleineren, andersgearteten, dezentralen usw.) Computer-Konfiguration durchzuführen hätten?
2. Nehmen wir an, unser Budget wäre um 20% (geringer, höher). Wie würde dies das Produkt beeinflussen?

*) Oft gehorchen die Schätzungen dem „Pareto-Gesetz“, welches in diesem Zusammenhang lautet: „80% der Kosten entfallen auf 20% der Komponenten“.

3. Wie verteilen sich die Kosten des (Anwender-Interface-, Datenbank-Management-, Prozeßsteuerungs-)Subsystems auf die einzelnen Komponenten?

Wenn die Antworten auf solche Fragen vage und allgemein gehalten sind („Nun, das würde die Kosten nicht allzu sehr beeinflussen“) oder nicht begründet werden („die Hinzunahme dieser Leistung würde Sie $ 200 000 kosten“), müssen wir die Schätzungen als vorläufige erste Zahlenwerte ansehen, die sich im Zuge der genaueren Definition der Software noch stark ändern können.

Nachstehend finden Sie einige Überprüfungsfragen, deren Beantwortung uns hilft, den relativen *Optimismus* einer Software-Kostenschätzung zu beurteilen (das heißt, wie weit oben oder unten wir in Abbildung 21–1 liegen).

1. Wie verhalten sich die folgenden Faktoren im Vergleich zu unseren bisherigen Erfahrungen:
   (a) Größeneinschätzung der Subsysteme?
   (b) Kostenfaktoren-Merkmalsmaßstäbe?
   (c) Kosten pro Befehl?
   (d) Annahmen über die Anpassung, über Lieferanten-Software, Schlüsselpersonal usw.?
2. Ist eine Kosten-Risiko-Analyse erstellt worden? Wenn ja, welches sind die risikoreichsten Faktoren, und wie gut werden sie berücksichtigt?
3. Vorausgesetzt, wir hätten genug Geld, um diesen Job optimal durchzuführen. Wieviel Geld würden wir anfordern?

21.7 Schritt Nr. 7: Follow-up

Sobald ein Software-Projekt in Angriff genommen ist, ist es unumgänglich, daß Daten über seine tatsächlichen Kosten und über seine Entwicklung gesammelt werden. Diese müssen mit den Schätzungen verglichen werden. Nachstehend finden Sie eine Reihe von Gründen, warum dies unumgänglich ist:

1. Der Software-Schätzungs-Input ist nicht perfekt (Größenschätzungen, Bewertungsmaßstäbe für Kostenfaktoren). Stellt sich bei einem Projekt ein Unterschied zwischen den geschätzten und den tatsächlichen Kosten heraus, der durch die verbesserte Kenntnis der Kostenfaktoren erklärt werden kann, muß der Projektmanager die Kostenschätzung durch die neuen Erkenntnisse auf den neuesten Stand bringen. Damit verfügt er für die Fortsetzung der Projektführung über eine realistische Basis.
2. Die Methoden der Software-Schätzung sind nicht perfekt. Um auf lange Sicht Verbesserungen herbeizuführen, müssen wir die Schätzungen mit den tatsächlichen Gegebenheiten vergleichen und die Ergebnisse für die Verbesserung der Schätzmethoden einsetzen.
3. Das Schätzmodell kann nicht auf alle Projekte angewandt werden (z. B. bei der zeitlichen Verteilung der Kosten der stufenweisen Entwicklung). Hier ist sowohl das kurzfristige Projekt-Management-Feedback als auch das langfristige Modellverbesserungs-Feedback von Bedeutung, die alle Unterschiede bei den Schätzungen im Vergleich zu den tatsächlichen Gegebenheiten erfassen.
4. Software-Projekte neigen zur Instabilität: In dem Maße wie das Projekt voranschreitet, werden Komponenten hinzugefügt, aufgeteilt, neu abgesteckt oder auf unvorhergesehene Weise kombiniert. Auch hier muß ein Projekt-Manager in der

Lage sein, diese Änderungen zu erkennen und für die aufkommenden geschätzten Kosten eine realistischere Aktualisierung zu erstellen.

5. Die Software ist ein Gebiet, das immer in Entwicklung begriffen ist. Alle Schätzmethoden sind auf frühere Projekte ausgerichtet, bei denen vielleicht strukturiertes Programmieren, automatische Hilfen, Spezifikationssprachen, Mikroprozessoren oder eine dezentrale Datenverarbeitung nicht vorgekommen sind. Für kurzfristige wie für langfristige Zwecke ist es wichtig, daß Unterschiede, die auf diese Trends zurückzuführen sind, erkannt und in die verbesserten Projekt-Schätzungen und Schätzmethoden integriert werden.

Sie finden eine detaillierte Abhandlung über die Methoden der Software-Projektplanung und der Follow-up-Kontrolltechniken in Kapitel 32. Im Anhang A finden Sie die Methoden für die Sammlung und Analyse aktueller Projektdaten. Nachstehend beschreiben wir eine einfache Follow-up-Technik, nämlich das Kosten-Termine-Meilenstein-Diagramm.

Das Kosten-Termine-Meilenstein-Diagramm

Beim Kosten-Termine-Meilenstein-Diagramm handelt es sich um eine einfache, jedoch um so nützlichere Methode, Schätzungen mit den aktuellen Gegebenheiten zu vergleichen. Wir haben es anhand der eingebetteten Entwicklung eines 32-KDSI-Basis-Software-Projektes in der Abbildung 21–5 illustriert. Die Abbildung zeigt die geschätzte Anzahl von Monaten und Mann-Monaten, die für die Erreichung von vier wichtigen Projekt-Meilensteinen erforderlich sind:

SRR	Software-Anforderungs-Review (= Software requirements review)	(4,5 Monate, 18 MM)
PDR	Produktentwurf-Review (= Product design review)	(9,3 Monate, 60 MM)
UTC	Modultest-Beendigung (= Unit test completion)	(15,9 Monate, 184 MM)
SAR	Software-übernahme-Review (= Software acceptance review)	(18,5 Monate, 248 MM).

Ausgehend von diesen Schätzungen, kann ein Projektmanager die tatsächlichen Kosten und den tatsächlichen Terminplan für die Erreichung dieser Meilensteine planen. Sollten sich zwischen den Schätzungen und den tatsächlichen Daten wichtige Unterschiede herausstellen, ist damit eine Basis für Untersuchungen und korrigierende Maßnahmen gegeben.

Als Beispiel hierfür finden Sie in der Abbildung 21–5 die drei möglichen Punkte A, B und C, welche die Projekte repräsentieren, bei welchen die Realisierung der Produktentwurf-Review (PDR) an verschiedenen Kosten-Termin-Punkten stattfindet, die von den geschätzten 9,3 Monaten und 60 Mann-Monaten ganz erheblich abweichen.

Das Projekt A hatte in etwa den richtigen Aufwandsumfang in Anspruch genommen, die PDR jedoch beträchtlich früher als geplant erreicht. Die Personalausstattung ist beträchtlich höher, als es für solche Projekte üblich ist. Dies ist vielleicht deshalb der Fall, weil sich das Produkt leicht in verschiedene Segmente unterteilen ließ, die gut von einer größeren Anzahl Analytiker als bei einem gewöhnlichen Produkt bearbeitet werden können. In diesem Falle kann der Projektmanager die Schätzungen revidieren, indem er ganz einfach den Projekttermin vorzieht. Andererseits könnte es auch sein,

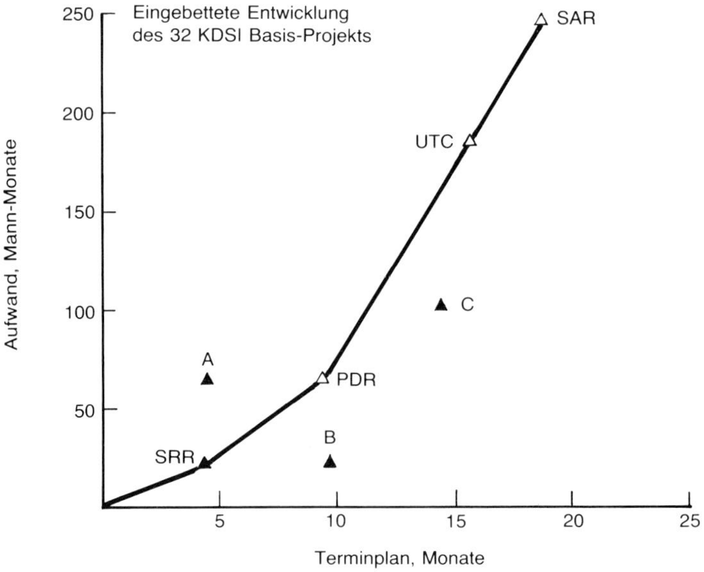

Abb. 21–5: Kosten-Termine-Meilenstein-Diagramm

daß das Projekt der Versuchung erlegen ist, schon frühzeitig eine große Anzahl Mitarbeiter einzusetzen. Vielleicht sind auch die Bedingungen des PDR-Meilensteines nicht ganz so gründlich erfüllt worden, wie es nötig gewesen wäre.*) Dies ist ein Punkt, den der Projektmanager abklären muß, ehe er das Projekt fortsetzt.

Das Projekt B hatte in etwa den richtigen Aufwand an Zeit bis zur Erreichung des PDR in Anspruch genommen, jedoch ohne den geschätzten Personalaufwand. Vielleicht, weil der Job zu einem einfacheren Job umdisponiert wurde (weniger Definitionsarbeit, aber mehr Zeitaufwand für erneute Verhandlungen). In diesem Falle kann der Projektmanager zu einer erneuten Schätzung mit niedrigeren Kosten für die Fertigstellung übergehen. Oder es könnte bedeuten, daß das Projekt bei der Personalbeschaffung Schwierigkeiten hatte und das PDR-Ziel nicht voll erreichte, was wiederum vom Projektmanager als Eventualität überprüft werden müßte.

Das Projekt C hat beträchtlich mehr Zeit *und* mehr Personal in Anspruch genommen, um das PDR zu erreichen. Hierfür kann jeder der fünf Gründe, die wir zu Beginn dieses Abschnittes besprochen haben, ausschlaggebend gewesen sein. Auch hier muß der Projektmanager klarstellen, welcher dieser Gründe die Diskrepanz verursacht hat. Erst danach kann er den richtigen Kurs für den Verlauf des restlichen Projektes einschlagen.

---

*) Wir verweisen Sie auf die Tabelle 4–1, in welcher Sie eine Zusammenfassung darüber finden, was ein Software-Projekt im Stadium des PDR erfüllt haben muß.

Kapitel 22

Alternative Software — Kostenschätzungs-Methoden

Folgende Methoden sind bei der Schätzung von Software-Kosten u. a. eingesetzt worden:

1. *Algorithmische Modelle.* Diese Methoden stellen einen oder mehrere Algorithmen zur Verfügung, mit welchen eine Software-Kostenschätzung als eine Funktion einer Anzahl Variabler realisiert werden kann, welche als die wichtigsten Kostenfaktoren gelten. COCOMO ist ein Beispiel für ein algorithmisches Modell.
2. *Expertenurteil.* Bei dieser Methode werden einer oder mehrere Experten herangezogen, vielleicht sogar mit Hilfe eines Expertensystems, wie der Delphi-Technik.
3. *Analogie.* Diese Methode arbeitet mit Analogien aus einem oder mehreren abgeschlossenen Projekten, wobei die tatsächlichen Kosten mit geschätzten Kosten eines ähnlichen neuen Projektes in Beziehung gesetzt werden.
4. *Parkinson.* Das Parkinsonsche Prinzip („die Arbeit nimmt solange zu, bis das verfügbare Volumen ausgefüllt ist") wird herangezogen, um die Kostenschätzung mit den verfügbaren Ressourcen gleichzusetzen.
5. *Zuschlagspreis.* Die mit dieser Methode entwickelte Kostenschätzung wird dem Preis gleichgesetzt, der für erforderlich gehalten wird, um den Auftrag zu bekommen (oder die Terminierung, die eingehalten werden muß, um als erster mit einem neuen Produkt auf den Markt zu kommen, usw.).
6. *Top-down.* Aus den gesamten Eigenschaften eines Software-Produktes wird die gesamte Kostenschätzung für das Projekt abgeleitet. Danach werden die Gesamtkosten unter den verschiedenen Komponenten aufgeteilt.
7. *Bottom-up.* Jede Komponente des Software-Jobs wird getrennt geschätzt. Die Ergebnisse werden aggregiert, woraus sich die Schätzung für den gesamten Job ergibt.

Die Stärken und Schwächen jeder dieser Techniken werden in den folgenden Abschnitten diskutiert. Zum Schluß dieses Kapitels bringen wir einige Schlußfolgerungen, die sich für den Einsatz dieser Techniken ergeben.

22.1 Algorithmische Modelle

Die algorithmischen Modelle beinhalten einen oder mehrere mathematische Algorithmen, welche eine Software-Kostenschätzung als eine Funktion einer Anzahl von Variablen realisieren, die als die hauptsächlichen Kostenfaktoren gelten. Bei den gebräuchlichsten Algorithmen-Arten, die bei der Software-Kostenschätzung eingesetzt werden können, handelt es sich um:

- lineare Modelle
- multiplikative Modelle
- analytische Modelle
- tabellarische Modelle
- kombinierte Modelle.

Jede dieser Arten wird nachstehend besprochen. In der anschließenden Zusammenfassung werden die allgemeinen Stärken und Schwächen der algorithmischen Modelle*) dargelegt.

---

*) Eine Besprechung individueller Kostenmodelle findet sich in Abschnitt 29.7.

Lineare Modelle

Ein lineares Kostenschätzungsmodell hat die folgende Form:

$$\text{Aufwand} = a_o + a_1x_1 + \ldots + a_nx_n,$$

wobei $x_1, \ldots, x_n$ die Variablen der Kostenfaktoren sind und $a_o, \ldots, a_n$ eine Gruppe von Koeffizienten darstellen, die ausgewählt wurden, um die beste Annäherung an eine Anzahl festgestellter Datenwerte zu erreichen. Normalerweise werden die Entwicklungskosten durch die Multiplikation der *Aufwands*menge mit einer Kostenkonstante für die Personalkosten erzielt.

Ein solches Modell wurde in der großen, bahnbrechenden Studie über die Software-Kostenschätzung eingesetzt, die von der System Development Corporation Mitte der Sechziger Jahre durchgeführt wurde (Nelson, 1966). Diese Studie untersuchte mehr als 100 mögliche Kostenfaktoren, wobei 169 Projekt-Datenwerte verwendet wurden, d. h. eine größere Stichprobe als die heute verfügbaren Gruppen von Datenwerten. Das beste lineare Modell, das aus den Daten erzielt werden konnte, war ein Modell mit 13 Variablen und einer Schätzung von durchschnittlich 40 Mann-Monaten und einer Standard-Abweichung von 62 Mann-Monaten, also keine sehr genaue Vorhersage. Die Schlußfolgerung, die wir aus diesem Ergebnis ziehen können, ist, daß bei der Software-Entwicklung allzu viele nicht-lineare Interaktionen vorkommen, als daß ein lineares Modell gut funktionieren könnte.

Multiplikative Modelle

Ein multiplikatives Kostenschätzungsmodell hat die Form

$$\text{Aufwand} = a_o a_1^{x_1} a_2^{r_2} \ldots a_n^{x} n,$$

wobei $x_1, \ldots, x_n$ wiederum die Variablen der Kostenfaktoren sind und $a_o, \ldots, a_n$ eine Gruppe von Koeffizienten darstellen, die ausgewählt wurden, weil sie die Annäherung zu den festgestellten Daten liefern.

Diese Art Modell wurde bei der IBM Walston-Felix-Analyse (Walston-Felix, 1977) eingesetzt, bei welcher die Variablen der Kostenfaktoren auf die Werte $-1{,}0$ und 1 begrenzt blieben. Es wurde auch im Doty-Modell (Herd und andere, 1977) eingesetzt, bei dem die Variablen der Kostenfaktoren nur die Werte 0 und 1 annehmen können.

Die multiplikative Form des Modells scheint verhältnismäßig gut zu funktionieren, wenn die Variablen einigermaßen unabhängig voneinander gewählt werden (sonst ergeben sich Probleme aufgrund von Doppelzählungen der Kosten und Interaktionsauswirkungen). Die Eingrenzung, daß die Variablen nur Werte wie $-1{,}0$ und 1 annehmen können, spricht dafür, daß es sich eigentlich um unstabile Modelle handelt; die Kostenschätzungen können sich nur in großen Intervallen ändern. Die Doty-Schätzung z. B. wird mit $1{,}83^1 = 1{,}83$ multipliziert, wenn gleichzeitig die Computer-Hardware entwickelt wird und mit $1{,}83^{\circ} = 1{,}0$, wenn das nicht der Fall ist; es gibt keine dazwischenliegenden Multiplikatoren.

Analytische Modelle

Das analytische Modell nimmt eine allgemeinere mathematische Form an:

$$\text{Aufwand} = f\,(x_1, \ldots, x_n),$$

wobei $x_1, \ldots, x_n$ wiederum die Variablen der Kostenfaktoren sind und f eine mathematische Funktion darstellt, die weder linear noch multiplikativ ist.

Das Halstead-Modell (Halstead, 1977) z. B. hat folgende Form:

$$\text{Aufwand} = \frac{\eta_1 \, N_2 \, N \log_2 \eta}{2 \, S \, \eta_2},$$

wobei η_1 die Anzahl der eindeutigen Operatoren des Prgogramms darstellt; d22 steht für die Anzahl eindeutiger Operanden; $\eta = \eta_1 + \eta_2$; N_2 ist der Gesamteinsatz aller Operanden des Programmes; N ist der Gesamteinsatz aller Operatoren und Operanden; S = annähernd 18.

Ein weiteres Beispiel: das (Putnam, 1978)-Modell hat die Form

$$S_s = C_k \, K^{1/3} \, t_d^{4/3},$$

wobei S_s die Software-Produktgröße darstellt; C_k ist eine Konstante, K ist der Entwicklungsaufwand in Mann-Jahren, und t_d ist die Entwicklungszeit in Jahren.

Bis heute berücksichtigen die analytischen Modelle, die entwickelt worden sind, lediglich eine kleine Anzahl von Variablen. Sie sind also für eine Anzahl Faktoren (z. B. die Hardware-Beschränkungen), die nicht selten kritische Determinanten der Software-Kosten sind, unempfindlich.

Tabellarische Modelle

Die tabellarischen Modelle enthalten verschiedene Tabellen, welche die Werte von Kostenfaktoren-Variablen entweder zu Teilen des Software-Entwicklungsaufwandes in Beziehung setzen oder zu Multiplikatoren, die für die Korrektur der Aufwandsschätzung eingesetzt werden. Das Aron-Modell (Aron, 1969) besteht aus einer einfachen 3 × 3-Tabelle, die den Entwicklungsaufwand zu der Projektdauer und der Projektschwierigkeit in Beziehung setzt. Das Wolverton-Modell (Wolverton, 1974) schätzt den Entwicklungsaufwand als eine tabellarische Funktion der Software-Art, -Schwierigkeit und -Neuartigkeit ein. Das Boeing-Modell (Black und andere, 1977) schätzt die grundlegende Produktivitätsrate als eine tabellarische Funktion der Software-Art ein und modifiziert die Produktivitätsrate mittels Multiplikatoren, die als tabellarische Funktionen aus anderen Kostenfaktoren, wie z. B. der Programmiersprache, dem Projektumfang und der Projektneuartigkeit usw. erzielt wurden.

Normalerweise sind die tabellarischen Modelle leicht verständlich und einfach zu implementieren; sie lassen sich auch hinsichtlich neuer Kostenfaktoren-Einsichten leicht abändern. Aufgrund der Anzahl von Kostenfaktoren-Variablen, die in den Tabellen enthalten sind, könnten sich eventuell Schwierigkeiten ergeben. Wenn nur wenige Variablen eingesetzt werden, wird das Modell wichtigen Kostenfaktoren gegenüber unempfindlich. Wenn viele Variablen eingesetzt werden, muß das Modell eine noch größere Anzahl Tabellenwerte justieren, was eine große Datenbank für eine gründliche Modellausrichtung und -überprüfung erforderlich macht.

Kombinierte Modelle

Die kombinierten Modelle verkörpern eine Kombination von linearen, multiplikativen, analytischen und tabellarischen Funktionen, mit denen der Software-Aufwand als eine Funktion der Kostenfaktoren-Variablen geschätzt wird. Bei zwei handelsüblichen Software-Kostenmodellen, dem RCA PRICE S-Modell (Freiman-Park, 1979) und dem Putnam SLIM-Modell (Putnam-Fitzsimmons, 1979) handelt es sich offensichtlich um kombinierte Modelle, obwohl die meisten ihrer internen Details nicht veröffentlicht worden sind. Einige der Einzelheiten des SLIM-Modells sind bei (Putnam, 1978) beschrieben worden. Das TRW SCEP-Modell (Boehm-Wolverton, 1978) und das COCOMO-Modell sind ebenfalls kombinierte Modelle.

Die kombinierten Modelle besitzen den Vorzug, daß sie die bestmögliche funktionelle Form jeder Komponente in einer Kostenschätzung einsetzen. Ihre hauptsächlichen Schwierigkeiten liegen darin, daß sie komplizierter zu erlernen und manuell zu handhaben sind. (Dies ist der Hauptgrund, warum COCOMO neben dem COCOMO-Endmodell die einfacheren Basis- und Zwischen-Versionen zur Verfügung stellt.) Außerdem machen sie es erforderlich, daß mehr Daten und mehr Aufwand angepaßt und überprüft werden müssen.

Stärken und Schwächen der algorithmischen Modelle

Anderen Schätzmethoden gegenüber bieten die algorithmischen Modelle eine Reihe von Vorzügen. Sie sind objektiv und von Faktoren wie Streben nach Erfolg, Gefallen oder Widerwillen gegenüber dem Projekt unbeeinflußbar. Sie sind wiederholbar; sie können eine Woche später dieselbe Frage stellen und werden dieselbe Antwort erhalten. Sie sind effizient und lassen sich als Unterstützung für eine Gruppe von Schätzarten oder eine Sensitivitätsanalyse einsetzen, und sie sind objektiv auf frühere Erfahrungen ausgerichtet.

Andererseits haben die algorithmischen Modelle auch einige Schwächen. Da sie auf frühere Projekte ausgerichtet werden, bleibt immer die Frage offen, bis zu welchem Grad diese Projekte für künftige Projekte, welche neue Techniken einsetzen, neue Computersystem-Architekturen verwenden, mit neuen Anwendungsgebieten operieren usw., repräsentativ sind. Auf Ausnahmesituationen sind sie nicht eingestellt, insbesondere nicht auf eine außergewöhnliche Personalsituation, auf eine außergewöhnliche Projekt-Teamarbeit oder auf außergewöhnliche Verhältnisse (oder Mißverhältnisse) zwischen dem Projektpersonal und dem zu verrichtenden Job. Und wie dies bei jedem anderen Modell auch der Fall ist, hat das Modell keine Möglichkeit der Kompensation von schlechten Größen-Inputs und ungenauen Kostenfaktoren-Bewertungsmaßstäben.

22.2 Expertenurteil

Bei dieser Methode werden einer oder mehrere Experten konsultiert, die ihre Erfahrung und ihre Kenntnis des angestrebten Projektes einbringen, um zu einer Schätzung seiner Kosten zu gelangen. Die Stärken und Schwächen dieser Methoden ergänzen in hohem Maße die Vorteile und Nachteile der algorithmischen Modelle.

Auf der positiven Seite ist zu vermerken, daß ein Expertenurteil dazu in der Lage ist, Unterschiede zwischen früheren Projekterfahrungen und den neuen Techniken, Architekturen oder den Anwendungen, die beim künftigen Projekt anfallen werden, zu berücksichtigen. Der Experte kann auch außergewöhnliche Personalfaktoren, Probleme der Team-Zusammenarbeit und andere spezifische Projekt-Überlegungen berücksichtigen.

Als Negativum ist anzusehen, daß ein Expertenurteil keineswegs besser ist als die Expertise und die Objektivität des Schätzers, der vielleicht voreingenommen, optimistisch, pessimistisch oder mit den wichtigsten Aspekten des Projektes nicht vertraut ist. Es ist schwierig, beiden gerecht zu werden — der schnellen Expertenschätzung (sie erfolgt rechtzeitig und ist effizient, ist aber nur schwer bei der Justierung und der Argumentation zu verwenden), und der fundierten, umfassend dokumentierten

Gruppenschätzung (welche solide arbeitet und analysierbar ist, aber sehr viel Zeit beansprucht; außerdem kann sie in der darauffolgenden Woche nur schwerlich wiederholt werden, wenn sich die Spezifikationen inzwischen etwas geändert haben sollten).

Gruppen-Übereinstimmungstechniken: Delphi

Wegen der vielen Einflüsse, denen die einzelnen Experten unterliegen (Optimismus, Pessimismus, Erfolgsstreben, der Wunsch zu gefallen, politische Ansichten), ist es besser, Schätzungen von mehr als nur einem Experten einzuholen.

Wenn Schätzungen von mehreren Experten durchgeführt werden, dann gibt es auch mehrere Möglichkeiten, diese zu einer einzigen Schätzung zusammenzufassen. Eine Möglichkeit besteht darin, daß der Durchschnitt oder der Medianwert aus allen individuellen Schätzungen berechnet wird. Dies ist eine schnelle Methode, welche aber aufgrund einer oder zwei extremer Schätzungen zu großen Abweichungen führen kann.

Bei einer anderen Methode wird solange eine Gruppenbesprechung abgehalten, bis sich alle Experten auf eine einzige Schätzung einigen oder ihr zumindest zustimmen. Diese Methode hat im allgemeinen den Vorteil, daß mangelhafte Schätzungen ausgeschaltet werden; sie hat aber auch zwei Nachteile: Zum einen kann es sein, daß Gruppenmitglieder von gewandteren und überzeugenderen Kollegen übermäßig beeinflußt werden; der andere Nachteil ist, daß Gruppenmitglieder dem starken Einfluß von Autoritätspersonen oder von politischen Überlegungen unterliegen.

Bei einer Methode, die zur Vermeidung der Nachteile von Gruppenbesprechungen eingesetzt worden ist, handelt es sich um die Delphi-Technik (Helmer, 1966). Diese Technik ist 1948 bei der Rand Corporation entwickelt worden, um künftige Vorkommnisse vorauszusagen. (Daher der Name, der vom Ort des griechischen Orakels herstammt.) Seither ist die Delphi-Technik als eine Gruppenübereinstimmungstechnik bei verschiedenen anderen Anwendungen, wie z. B. der koordinierten Planung und Kostenschätzung, eingesetzt worden. Die Tabelle 22–1 zeigt Ihnen die verschiedenen Schritte, die bei der Standard-Delphi-Technik anfallen; sie hat bei verschiedenen Kostenschätzungs-Aktivitäten, u. a. auch bei der Schätzung von Faktoren, welche die Software-Kosten beeinflussen (Scott-Simmons, 1974), Verwendung gefunden.

Tab. 22–1: Delphi-Standardtechnik für die Kostenschätzung

1. Der Koordinator legt jedem Experten eine Spezifikation und ein Formular vor, auf dem die Schätzungen eingetragen werden sollen.
2. Die Experten füllen die Formulare aus und bleiben dabei anonym. Sie können dem Koordinator Fragen stellen, aber die Situation nicht untereinander diskutieren.
3. Der Koordinator erstellt eine Zusammenfassung der Experten-Antworten auf einem Formular, für welches die Wiederholung der Expertenschätzungen sowie die Angabe der Argumente, die für die Schätzungen sprechen, erforderlich wird (siehe Abbildung 22–1).
4. Die Experten füllen die Formulare aus, wobei sie wiederum anonym bleiben. Dieses Verfahren wird in mehreren Runden wiederholt, und zwar so oft wie nötig.
5. Während des ganzen Verfahrens darf keine Gruppendiskussion stattfinden.

Experiment mit der Delphi-Software-Kostenschätzung bei einem Gruppentreffen

1970 fand bei der Rand Corporation ein Experiment statt, bei dem die relativen Vorzüge der Delphi-Technik und der Gruppenübereinstimmungstechnik bei der Schätzung von Software-Kosten festgehalten werden sollten (Farquhar, 1970). Vier Gruppen erhielten dieselbe Software-Spezifikation (eines großen Airforce-Informationssystems, für dessen Entwicklung 489 Mann-Monate erforderlich gewesen waren). Zwei Gruppen setzten die Standard-Delphi-Technik und zwei Gruppen ein Standard-Halbtags-Gruppentreffen ein, um so zu einer gemeinsamen Schätzung zu gelangen. Die zwei Delphi-Gruppen erzielten zwar eine beeindruckende Übereinstimmung bei einigen Schätzungen, die ursprünglich eigentlich verschieden waren, aber ihre Ergebnisse waren deutlich ungenauer als die Ergebnisse aus dem Gruppentreffen, was wir Ihnen nachstehend zeigen:

DELPHI-Kostenschätzungs-Wiederholformular

Projekt: Betriebssystem *Datum:* 21. 6. 1983

NACHSTEHEND DIE SPANNE DER SCHÄTZUNGEN AUS DER *1.* RUNDE

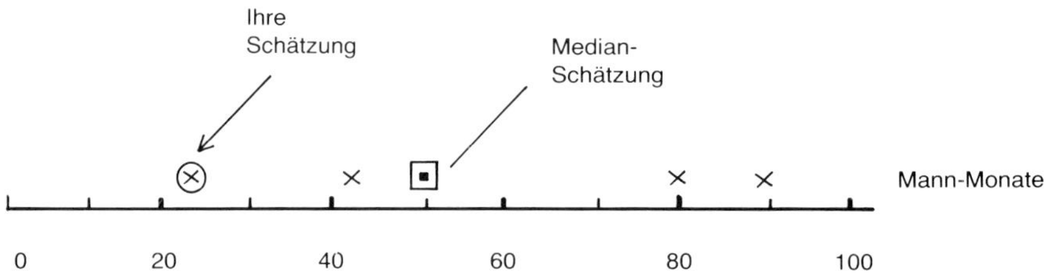

TRAGEN SIE BITTE IHRE SCHÄTZUNG FÜR DIE NÄCHSTE RUNDE EIN: 35 MM

ERKLÄREN SIE BITTE DIE GRÜNDE FÜR IHRE SCHÄTZUNG:

Dies sieht wie ein Standard-Prozeßkontroll-Betriebssystem aus. Das Entwicklungsteam hat mit solchen Systemen eine Menge Erfahrung gehabt. Das vorliegende System dürfte ihm keine Umstände bereiten.

Abb. 22–1: Typisches DELPHI-Wiederholformular

	Delphi	Gruppenergebnis
Experiment A	217	485
Experiment B	1 090	656
Tatsächlich:	489	

Die außerordentlich genaue Schätzung, die das Gruppentreffen bei dem Experiment A erzielte, ist ein Beispiel für eine Gruppe von Mitarbeitern, die zwar keine Gelegenheit ausläßt, etwas falsch zu machen, aber trotzdem außerordentlich gut abschneidet (vielleicht aus Zufall). Die Gruppe wurde von einer überzeugenden Persönlichkeit dominiert, welche eine Parkinsonsche Lösung vorschlug (siehe hierzu Abschnitt 22.4):

„Da 20 Mitarbeiter zur Verfügung standen, sind alle ganztags eingesetzt worden; sie mußten ihre Aufgaben innerhalb von zwei Jahren beendet haben, weil Projekte entweder innerhalb von zwei Jahren abgeschlossen sind oder sonst überhaupt kein Ende finden." Dies brachte die Gruppe in diesem Falle zu der sehr genauen Schätzung von 485 Mann-Monaten. Spätere Versuche, diese Methode zu wiederholen, haben allerdings ganz ungenaue Ergebnisse erzielt.

Die Wideband-Delphi-Technik

Als wir die Ergebnisse dieses Experimentes noch einmal überprüften, kamen Farquhar und ich zu dem Schluß, daß das schriftliche Feedback der Standard-Delphi-Technik den Teilnehmern nicht den Kommunikations-Spielraum für den Austausch des Informationsumfanges gelassen hatte, der nötig gewesen wäre, um ihre Schätzungen mit denen der anderen Teilnehmer abzustimmen. Dies brachte uns auf die Idee, eine alternative Methode zu formulieren, die wir „Wideband-Delphi-Technik" nannten und die in der Tabelle 22–2 zusammengefaßt ist.

Tab. 22–2: Widebank-Delphi-Technik

1. Der Koordinator legt jedem Experten eine Spezifikation und ein Schätzformular vor.
2. Der Koordinator ordnet ein Gruppentreffen an, bei welchem die Experten die verschiedenen Aspekte der Schätzung mit dem Koordinator sowie untereinander diskutieren.
3. Die Experten füllen die Formulare aus, bleiben dabei aber anonym.
4. Der Koordinator verteilt eine von ihm auf einem Wiederholformular vorbereitete Zusammenfassung der Schätzungen (ähnlich der in Abbildung 22–1, aber ohne die schriftlichen Begründungen).
5. Der Koordinator ordnet ein spezielles Gruppentreffen an, bei dem die Experten diejenigen Punkte diskutieren sollen, bei denen ihre Schätzungen auseinandergingen.
6. Die Experten füllen die Formulare aus, wobei sie wiederum anonym bleiben. Die Schritte 4 bis 6 werden in mehreren Runden — so oft wie nötig — wiederholt.

In der Folgezeit wurde die Wideband-Delphi-Technik bei verschiedenen Studien und Kostenschätzungen eingesetzt, u. a. auch von (Boehm und anderen, 1974). Sie war äußerst erfolgreich, weil sie die Vorteile der offenen Diskussion der Gruppenbesprechungstechnik mit den Vorteilen der anonymen Schätzung der Standard-Delphi-Technik kombiniert.

22.3 Schätzung durch Analogie-Schluß

Eine Schätzung durch Analogie-Schluß impliziert die Argumentation mittels Analogie zu einem oder mehreren abgeschlossenen Projekten, indem die tatsächlichen Kosten mit einer Schätzung der Kosten eines ähnlichen neuen Projektes in Beziehung gesetzt werden. Dies entspricht der Schätztechnik von Ähnlichkeiten und Unterschieden, die von (Wolverton, 1974) näher behandelt wird.

Man könnte z. B. sagen: „Dieser Listen-Generator für Umwelteinflüsse der ‚Oregon' gleicht dem Generator, den wir letztes Jahr für $ 1 200 000 für die ‚Florida' entwickelt haben. Das Oregon-System hat etwa 30% mehr Berichtstypen als das Florida-System; um ihre Kosten abzudecken, addieren wir $ 360 000. Andererseits werden wir aber einen Großteil derselben Mitarbeiter einsetzen, so daß wir die Schätzung um etwa 20% — oder $ 240 000 — reduzieren können, was der Zeit entspricht, die wir für die Einarbeitung in das Florida-Projekt benötigten. Auch können wir wahrscheinlich weitere 20% einsparen, indem wir einen Teil der Report-Generierungsmodule der unteren Stufe und einen Großteil der Modell-Software wiederverwenden, was uns eine zusätzliche Reduktion von $ 240 000 bringt. Unsere Kosten werden also wahrscheinlich bei etwa

$$\$ 1200 \text{ K} + \$ 360 \text{ K} — \$ 240 \text{ K} — \$ 240 \text{ K} = \$ 1080 \text{ K}$$

liegen."

Das Schätzen durch Analogie-Schluß kann entweder auf der Ebene des Gesamtprojektes oder auf der Ebene der Subsysteme durchgeführt werden. Die Gesamtprojektebene hat den Vorteil, daß alle Komponenten der Systemkosten berücksichtigt werden (daß sie z. B. die Kosten der Integration der Subsysteme ebenfalls beinhalten). Dagegen hat die Subsystemebene den Vorteil, daß sie eine detailliertere Einschätzung der Ähnlichkeiten und Unterschiede zwischen dem neuen Projekt und den abgeschlossenen Projekten zur Verfügung stellt.

Die Hauptstärke der Schätzung durch Analogie-Schluß ist darin begründet, daß sie sich auf die tatsächliche Erfahrung eines Projektes stützt. Diese Erfahrung kann herangezogen werden, um die spezifischen Unterschiede des neuen Projektes und ihren wahrscheinlichen Einfluß auf die Kosten festzustellen. Der Hauptnachteil der Schätzung durch Analogie-Schluß liegt darin, daß es nicht eindeutig klar ist, in welchem Umfange das vorläufige Projekt tatsächlich für Beschränkungen, Techniken, Personal und Funktionen der neuen Projekt-Software repräsentativ ist.

22.4 Parkinsonsche Schätzung

Das Parkinsonsche Gesetz lautet (Parkinson, 1957): „Die Arbeit nimmt solange zu, bis das verfügbare Volumen ausgefüllt ist." Eine Parkinsonsche Schätzung nimmt folgende Form an:

> *Diese Flugkontroll-Software ist für eine 65 536-Worte-Maschine gedacht; ihr Umfang wird also ca. 65.000 Worte betragen. Sie muß in 18 Monaten abgeschlossen sein, und es stehen 10 Mitarbeiter zur Verfügung, so daß der Job ca. 180 Mann-Monate in Anspruch nehmen wird.*

In einigen Fällen hat sich eine Parkinsonsche Schätzung als bemerkenswert genau herausgestellt. Allgemein handelte es sich dabei um Fälle, bei denen aufgrund der Schätzung viel Zeit und Geld übrig war, um in die Software noch nützliche Funktionen aufzunehmen, bis das Budget erschöpft war. Zu diesem Zeitpunkt wurde die Software dann für vollständig und abgeschlossen erklärt. Selbst in diesen Fällen steht nicht eindeutig fest, ob die Projekt-Mitarbeiter in dieser Schlußverschönerungsphase bestmöglich eingesetzt waren.

Es gibt aber auch andere Fälle, in denen die Parkinsonsche Schätzung offenkundig ungenau war. Ein Beispiel hierfür ist die obige Flugkontroll-Software-Schätzung. Zum Zeitpunkt der Fertigstellung des Projektes verfügte es über einen weiteren 66 536-Worte-Bordcomputer, welcher die tatsächlich entwickelten 127 000 Worte aufnehmen mußte. Insgesamt waren 32 Monate und 550 Mann-Monate erforderlich.

Die Parkinsonsche Schätzung wird von uns nicht empfohlen. Neben der Tatsache, daß sie besonders genau ist, begünstigt sie tendenziell eine schlechte Software-Entwicklung in der Praxis.

22.5 Zuschlagspreis-Schätzung

Nachstehend finden Sie einige Beispiele zur Zuschlagspreis-Schätzung:

Ich weiß, daß dieser Job mit dem Kostenmodell auf $ 2 Millionen geschätzt wurde und daß keiner unserer Experten daran glaubt, daß wir es für weniger als 1,5 Millionen machen können. Aber ich weiß auch, daß der Kunde für diesen Software-Auftrag nur über ein Budget von $ 1 Million verfügt, auf welche wir unser Angebot ausrichten müssen. Machen Sie also eine Kostenschätzung zurecht, und zwar so, daß sie glaubwürdig aussieht!

Wir müssen dieses Produkt unbedingt auf der Nationalen Computer-Konferenz im Juni nächsten Jahres vorstellen, und heute haben wir schon September. Das heißt, daß uns 9 Monate bleiben, um die Software fertigzustellen.

Die Zuschlagspreis-Schätzung wurde bei einer großen Anzahl von Software-Verträgen von vielen Software-Firmen angewandt. Fast alle diese Firmen sind heute ohne Arbeit. Das unvermeidliche Ergebnis ist, daß die Finanzen und die Terminpläne ausgeschöpft sind, ehe der Auftrag beendet ist. Alle Beteiligten gehen einander auf die Nerven; es werden eine Menge Kompromisse über die auszuführende Software geschlossen und eine Vielzahl Programmierer verbringen viele Stunden harter Arbeit mit dem Versuch, eine totale Katastrophe zu verhindern.

Der hauptsächliche Grund dafür, warum die Technik der Zuschlagspreis-Schätzung weiterhin zum Einsatz kommt, liegt darin, daß die Technologie der Software-Kostenschätzung noch keine genügend überzeugenden Techniken zur Verfügung gestellt hat, damit die Software-Kunden oder Software-Entwickler unmittelbar zwischen einer berechtigten Schätzung und einer Zuschlagspreis-Schätzung differenzieren können. Das COCOMO-Modell will damit beginnen — und dies ist eines seiner vornehmlichsten Ziele —, eine solche Möglichkeit zur Unterscheidung zur Verfügung zu stellen. Es ist möglich, daß Ihnen das COCOMO-Modell zu einer niedrigeren Kostenschätzung verhilft, allerdings nur durch die Änderung objektiv definierter Kostenfaktoren-Bewertungsmaßstäbe, deren Gültigkeit außer vom Schätzer noch von einem Dritten überprüft werden kann.

22.6 Top-down-Schätzung

Bei der Top-down-Schätzung wird eine Gesamtkostenschätzung des Projektes aus den allgemeinen Eigenschaften eines Software-Produktes abgeleitet. Die Gesamtkosten werden dann unter den verschiedenen Komponenten aufgeteilt.

Die Top-down- (und Bottom-up-)Schätzungen können in Verbindung mit jeder der eingangs erörterten Methoden durchgeführt werden. Die Beispiele, die wir Ihnen für die Schätzung durch Analogie-Schluß, das Parkinsonsche Prinzip und den Zuschlagspreis genannt haben, gelten auch für die Top-down-Schätzung.

Der Hauptvorteil der Top-down-Schätzung liegt in der Bedeutung, die sie der Systemebene beimißt. In demselben Umfang, wie diese Schätzung die bisherige Erfahrung von vollständig abgeschlossenen Projekten einbezieht, wird sie auch die Kosten von Funktionen auf Systemebene — wie z. B. Integration, Anwenderhandbücher, Konfigurations-Management usw. — berücksichtigen.

Die hauptsächlichen Nachteile der Top-down-Kostenschätzung sind: Sie befaßt sich oft nicht mit den schwierigen technischen Problemen der unteren Stufe, welche die Kosten in die Höhe treiben können. Manchmal läßt sie bestimmte Komponenten der zu entwickelnden Software außer acht. Sie stellt keine detaillierte Grundlage für die Kostenfestlegung und Schätzungs-Wiederholung zur Verfügung. Sie ist weniger konstant als eine Schätzung auf der Basis von vielen Komponenten, bei welcher sich die Fehler bei der Schätzung einzelner Komponenten gegenseitig kompensieren können (Wolverton, 1974).

22.7 Bottom-up-Schätzung

Die Kosten jeder Software-Komponente werden bei der Bottom-up-Schätzung normalerweise von einem Mitarbeiter geschätzt; meistens ist dieser auch für die Entwicklung der Komponente verantwortlich. Diese Kosten werden dann aufaddiert; diese Addition ergibt die Schätzkosten für das gesamte Produkt.

Die Bottom-up-Schätzung ergänzt die Top-down-Schätzung insofern, als ihre Schwächen üblicherweise die Stärken der Top-down-Schätzung sind und umgekehrt. Die Bottom-up-Schätzung neigt nämlich dazu, eigentlich nur die Kosten für die Entwicklung individueller Komponenten abzudecken, aber viele der Kosten auf Systemebene — die mit der Software-Entwicklung einhergehen — zu übersehen (wie z. B. die Integration, das Konfigurations-Management, die Qualitätssicherung, das Projekt-Management). Hieraus resultiert, daß es sich bei den Bottom-up-Schätzungen oft um Unterschätzungen handelt.

Auch ist für eine Bottom-up-Schätzung mehr Aufwand erforderlich als für eine Top-down-Schätzung; in vielerlei Hinsicht ist dies jedoch ein Vorteil. Daß jeder Teil des Jobs von dem Mitarbeiter, welcher für seine erfolgreiche Durchführung verantwortlich ist, kostenmäßig erfaßt wird, wird in zweierlei Hinsicht von großem Nutzen sein:

1. Jede Schätzung wird durch eine detailliertere Kenntnis des zu verrichtenden Jobs belegt sein.
2. Jede Schätzung wird durch das persönliche Engagement des Mitarbeiters, der für den Job verantwortlich ist, untermauert.

Des weiteren pflegt eine Bottom-up-Schätzung konstanter zu sein, weil sich Schätzfehler, die bei den verschiedenen Komponenten unterlaufen können, gegenseitig kompensieren können.

Um sicherzustellen, daß die Kosten auf Systemebene von einer Bottom-up-Schätzung berücksichtigt werden, wäre es am besten, den Software-Job in eine strukturierte Arbeitsaufgliederung (WBS) einzuordnen. Die WBS berücksichtigt nicht nur die Produkt-Hierarchie der Software-Produktkomponenten, sondern auch die Reihenfolge der durchzuführenden Projektjobs (siehe hierzu in Kapitel 4 die Abbildungen 4 — 6 a und b). Damit wird sichergestellt, daß die Kosten von Aktivitäten wie Integration und Konfigurations-Management berücksichtigt werden. Diese Schätzkosten werden so lange ungenau sein, bis die Schätzungen der Produkt-Komponenten durchgeführt sind. Es ist z. B. schwierig, die Integrationskosten ohne eine genaue Kenntnis des Umfanges und der Art der zu integrierenden Komponenten zu schätzen.

Der Einzelaufgaben-Ansatz für die Software-Kostenschätzung

Bei dem traditionellen Ansatzpunkt für die Software-Kostenschätzung, welcher auch der gebräuchlichste bei der Bottom-up-Schätzung ist, handelt es sich um den Einzelaufgaben-Ansatz. Bei diesem Ansatz wird der Job der Entwicklung einer Software-Komponente in Einzelaufgaben aufgeteilt. Der für jede neue Aufgabe erforderliche Aufwand wird geschätzt, und zwar normalerweise vom Entwickler der

Komponente; die sich hieraus ergebenden Schätzungen werden aufaddiert und ergeben die Gesamtaufwandsschätzung der Software-Komponente. In Abbildung 22–2 finden Sie hierzu ein Beispiel.

KOMPONENTE: *Bestandsupdate* *ENTWICKLER: W. Ward* *Datum: 8. 2. 1982*

Phase	Einzelaufgabe	Mann-Tage	Gesamt
Pläne und Anforderungen	Komponenten-Anforderungen	5	
	Entwicklungsplan	1	6
Produkt-Design	Produkt-Design	6	
	Entwurf der Benutzerhandbücher	3	
	Testplan	1	10
Feinkonzeption	Detaillierte Programmiersprache	4	
	Datendefinitionen	4	
	Testdaten und -verfahren	2	
	Komplette Anwenderhandbücher	2	12
Codierung und Modultest	Codierung	6	
	Modul-Testergebnisse	10	16
Integration und Test	Dokumentation	4	
	Unterstützung der Integration	5	9
Insgesamt			53

Abb. 22–2: Beispiel eines Einzelaufgaben-Planungsblattes

Die wichtigsten Vorteile des Einzelaufgaben-Ansatzes sind mit denen der Bottom-up-Schätzung identisch. Der Einzelaufgaben-Ansatz fördert ein besseres Verständnis des zu verrichtenden Jobs und ermöglicht es den einzelnen Entwicklern, ihre eigenen Jobs zu planen, womit ihr persönlicher Einsatz für das Schätzergebnis und ihre eigene Kontrolle über ihre persönliche Zukunft im Rahmen des Projektes garantiert sind. Außerdem stellen die Schätzungen der Einzelaufgaben eine solide Basis für die gesamte Projektplanung und -Kontrolle zur Verfügung (siehe Kapitel 32).

Die Hauptschwierigkeiten mit dem Einzelaufgaben-Ansatz sind darin begründet, daß er zum einen die Kosten auf Systemebene übersieht und zum anderen zwei wichtige zusätzliche Quellen für Software-Kosten außer acht läßt:

1. Ungeplante Projektaktivitäten, die den Aufwandsumfang um weitere 30 bis 50% erhöhen könnten, welcher für die Erledigung der im Aufgabenplanungsblatt der Abbildung 22–2 aufgezählten Punkte notwendig ist. Abbildung 22–3 zeigt die Aufwandsverteilung pro Aktivität bei den zwei kleinen Software-Anwendungsprojekten, die bei (Boehm, 1980) besprochen worden sind. Sie zeigt, daß für Tätigkeiten wie Unterlagen-Studium, Überprüfungen, Besprechungen und Festlegungen etwa 40% des Entwicklungsaufwandes der beiden Projekte verbraucht wurden.

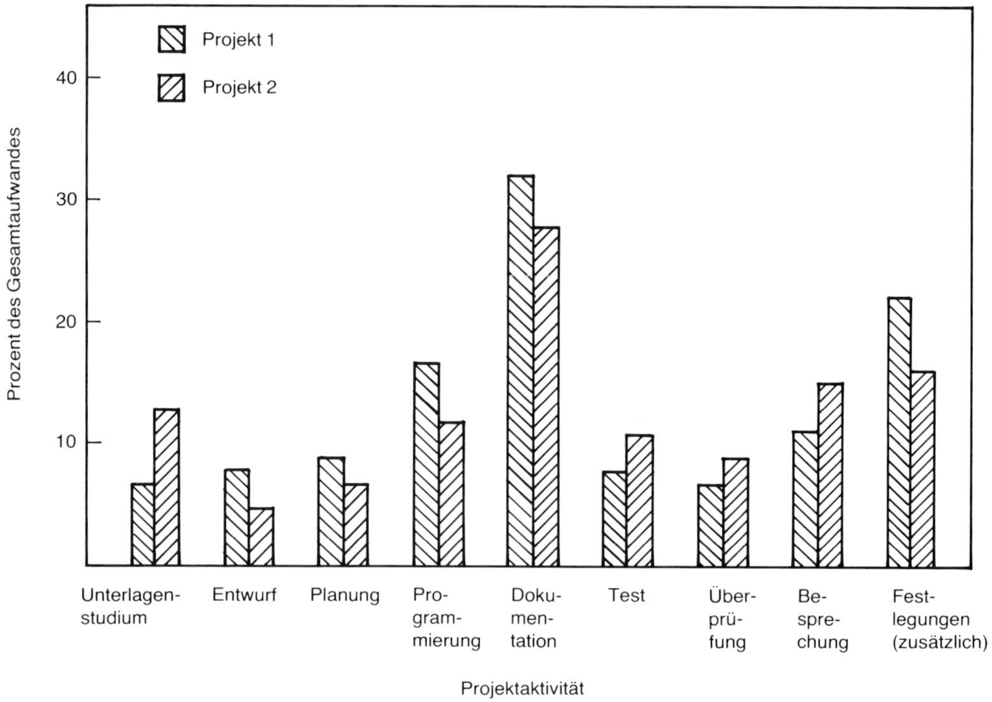

Abb. 22–3: Was wird in einem Software-Projekt getan?
Projekt-Aufwandsverteilung nach Aktivitäten

2. *Ungeplante, nicht projektbezogene Aktivitäten,* die den Aufwandsumfang für alle Projektaktivitäten um weitere 30 bis 50% vergrößern könnten. Aus Abbildung 22–4 können Sie die Ergebnisse ersehen, die in einer Zeit- und Bewegungsstudie zu 70 Programmierern erstellt wurde (Bairdain, 1964). Daraus geht hervor, daß ca. 30% des Arbeitstages eines Programmierers mit nicht projektbezogenen Aktivitäten wie Schulungen, persönlichen Angelegenheiten sowie Mitteilungen, die nicht das Projekt betreffen, usw. ausgefüllt sind.

Sie sollten diese Schwierigkeiten nicht als grundsätzliche Hindernisse für den Einzelaufgaben-Ansatz ansehen, sondern vielmehr als Überlegungen, die der Vollständigkeit halber bei der Überprüfung der Einzelaufgaben-Schätzungen Beachtung finden sollten. Alles in allem gesehen handelt es sich beim Einzelaufgaben-Ansatz um eine außerordentlich nützliche Technik und um den am besten geeigneten Ansatz für die Software-Kostenschätzung von sehr kleinen Software-Projekten (weniger als 2000 DSI).

22.8 Zusammenfassender Vergleich der Schätzmethoden

In Tabelle 22–3 sind die relativen Vor- und Nachteile der Software-Kostenschätzmethoden, die wir in diesem Kapitel besprochen haben, zusammengefaßt. Unsere wichtigsten Schlußfolgerungen sind:

- Keine der einzelnen Alternativen ist in jeder Hinsicht besser als die anderen.

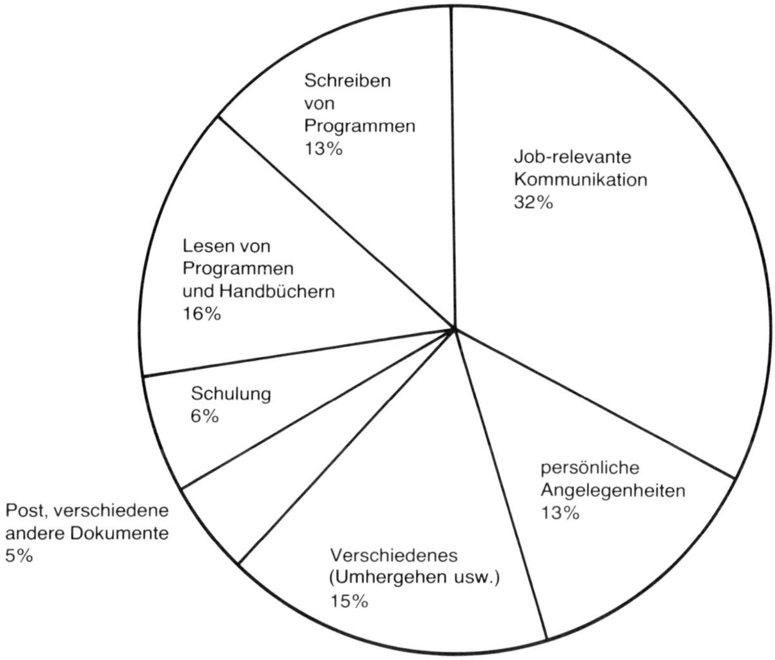

Aktivität	Listen Lochkarten, Tabellen	Geschäftliches	Persönliches	Besprechung	Schulung	Post, versch. Dok.	Techn. Handbücher	Operating Versch.	Programmtest	Insgesamt
Reden oder Zuhören	4%	17%	7%	3%				1%		32%
Besprechung mit dem Manager		1%								1%
Telefonieren		2%	1%							3%
Lesen	14%					2%	2%			18%
Schreiben, Recording	13%					1%				14%
Abwesend/nicht am Arbeitsplatz		4%	1%	4%	6%					15%
Umhergehen	2%	2%	1%			1%				6%
Verschiedenes	2%	3%	3%			1%		1%	1%	11%
Gesamt	35%	29%	13%	7%	6%	5%	2%	2%	1%	100%

Abb. 22–4: Womit verbringen Programmierer ihre Arbeitszeit?

- Wir können die Parkinsonsche und die Zuschlagspreis-Methode nicht akzeptieren; sie ergeben keine soliden Schätzungen.
- Die Stärken und Schwächen der anderen Techniken ergänzen sich (insbesondere ergänzt das algorithmische Modell das Expertenurteil und die Top-down-Methode ergänzt die Bottom-up-Methode).

Wir haben bereits in den Abschnitten 21.5 und 21.6 besprochen, daß es wichtig ist, eine Kombination der möglichen Methoden zu verwenden und die mit ihr jeweils erzielten

Tab. 22–3: Vorteile und Nachteile der Software-Kostenschätzmethoden

Methode	Vorteile	Nachteile
Algorithmisches Modell	• Objektiv, wiederholbar, analysierbare Formeln • Effizient, für Sensitivitätsanalysen geeignet • Objektiv auf Erfahrung ausgerichtet	• Subjektive Inputs • Einschätzung außergewöhnlicher Umstände • Ausrichtung auf die Vergangenheit — nicht auf die Zukunft
Expertenurteil	• Einschätzung von repräsentativen Erfahrungen, Interaktionen, außergewöhnlichen Umständen	• Nur so gut wie die Projektmitarbeiter • Tendenziös, unvollständige Erinnerung
Analogie	• Stützt sich auf eine repräsentative Erfahrung	• Einschätzung von repräsentativen Erfahrungen
Parkinson	• Stimmt mit einem Teil der Erfahrung überein	• Begünstigt schlechte Arbeit in der Praxis
Zuschlagspreis	• Verschafft sich oft den Auftrag	• Normalerweise hohe Mehrkosten
Top-down	• Konzentration auf die Systemebene • Effizient	• Weniger detaillierte Grundlage • Weniger konstant
Bottom-up	• Detailliertere Grundlage • Konstanter • Stärkt das individuelle Engagement	• Könnte eventuell die Kosten auf Systemebene übersehen • Macht mehr Aufwand erforderlich

Schätzungen zu vergleichen und zu wiederholen. Die von uns gewählte jeweilige Kombination hängt von unseren Kostenschätzungs-Zielen ab (z. B. mehr Top-down für grobe Vorabschätzungen, mehr Bottom-up für detaillierte Planungsschätzungen). Im allgemeinen gilt als erfolgreiche Kombination der folgende Aufbau:

- Top-down-Schätzung, bei der die Beurteilung von mehreren Experten verwendet wird; Einsatz einer Analogie-Schätzung dort, wo ein vergleichbares früheres Projekt zur Verfügung steht.
- Bottom-up-Schätzung unter Verwendung eines algorithmischen Modells, wobei die Inputs und die Schätzungen auf Modulebene von den zukünftigen Anwendern zur Verfügung gestellt werden.
- Vergleich und Wiederholung beider Schätzungen.

Das COCOMO-Zwischenmodell, welches auf Modulebene aufbaut (es wurde Ihnen in den Kapiteln 8 und 9 vorgestellt), kann zur Unterstützung von algorithmischen Bottom-Up-Schätzmodellen eingesetzt werden. Oft jedoch wird ein detaillierteres Modell, welches zahlreiche hierarchische Stufen berücksichtigt, effizienter sein. Wir stellen Ihnen im nächsten Kapitel das COCOMO-Endmodell vor, welches diese Art der Unterstützung bieten kann.

TEIL IV B

DAS COCOMO-ENDMODELL

Das in den Kapiteln 8 und 9 besprochene COCOMO-Zwischenmodell wird den meisten Zwecken der Software-Kostenschätzung in hohem Maße gerecht. Es unterliegt jedoch zwei wichtigen Einschränkungen, die vor allem dann von Bedeutung sein können, wenn es sich um detaillierte Kostenschätzungen für große Software-Projekte handelt:

- Es könnte sein, daß die nach Phasen geschätzte Verteilung des Aufwandes ungenau ist.
- Es könnte sein, daß sein Einsatz bei einem Produkt mit vielen Komponenten sehr schwerfällig ist.

Das COCOMO-Endmodell, das wir Ihnen in den Kapiteln 23 bis 27 vorstellen, verfügt über zwei wichtige Eigenschaften, welche die Beschränkungen des COCOMO-Zwischenmodells kompensieren:

1. *Phasensensitive Aufwandsmultiplikatoren* Die phasenweise Aufwandsverteilung beim COCOMO-Zwischenmodell wird allein vom Produktumfang bestimmt. Faktoren wie z. B. die erforderliche Zuverlässigkeit, die Anwendungserfahrung und die interaktive Software-Entwicklung beeinflussen in der Praxis einige Phasen sehr viel mehr als andere. Das COCOMO-Endmodell stellt für jedes Kostenfaktor-Merkmal eine Reihe phasensensitiver Aufwandsmultiplikatoren zur Verfügung. Diese Multiplikatoren werden zur Bestimmung des Aufwandes eingesetzt, der für den Abschluß jeder Phase erforderlich ist.
2. *Dreistufige Produkthierarchie*
   Das COCOMO-Zwischenmodell kann für verschiedene Produktkomponenten gesonderte Kostenfaktoren-Bewertungsmaßstäbe zur Verfügung stellen. Dieser Prozeß kann sehr weitschweifig sein, denn er wiederholt sich unnötigerweise, wenn bestimmte Komponenten in ein Subsystem mit praktisch denselben Kostenfaktoren-Bewertungsmaßstäben gruppiert werden. Das COCOMO-Endmodell vermeidet dieses Problem durch eine dreistufige Produkthierarchie, bei der
   - bestimmte Auswirkungen, die in der Regel nach Grundstufen-Modul variieren, auf *Modulebene* bearbeitet werden;
   - bestimmte Auswirkungen, die weniger oft variieren, auf der Ebene des *Subsystems* verarbeitet werden;
   - bestimmte Auswirkungen, wie z. B. die Auswirkung der Gesamtproduktgröße, auf *Systemebene* bearbeitet werden.

Darüber hinaus verfügt das COCOMO-Endmodell über einige weitere Möglichkeiten, wie z. B. über ein Verfahren, die Phasenverteilung des Entwicklungsplanes anzupassen. In einigen Teilbereichen, wie z. B. bei der Schätzung des gesamten Entwicklungsterminplanes und der Schätzung der Aufwandsverteilung nach Aktivitäten, setzt das COCOMO-Endmodell dieselben Methoden ein, die auch beim COCOMO-Zwischenmodell und dem COCOMO-Basismodell angewandt werden.

In Kapitel 23 finden Sie mehrere Übersichtstabellen und eine Reihe von Verfahren für die Verwendung des Software-Hierarchie-Schätzformulars (SHEF) des COCOMO-Endmodells; außerdem zeigen wir Ihnen ein Beispiel über seinen schrittweisen Einsatz.

In den Kapiteln 24 bis 27 wird jedes der fünfzehn COCOMO-Kostenfaktor-Merkmale im einzelnen besprochen. Wir stellen Ihnen für jedes Kostenfaktor-Merkmal detaillierte Aufwandsmultiplikatoren, Maßstab-Definitionen, Anpassungsparameter sowie Schätzungen zur Verfügung, die dem Stand der Technik entsprechen. Die Kapitel 24 bis 27 sind folgendermaßen eingeteilt:

Kapitel 24: *Produkt-Merkmale*

- 24.1 RELY — Erforderliche Software-Zuverlässigkeit (Required software reliability)
- 24.2 DATA — Größe der Datenbank (Data base size)
- 24.3 CPLX — Produktkomplexität (Product complexity)

Kapitel 25: *Computer-Merkmale*

- 25.1 TIME — Begrenzung der Ausführungszeit (Execution time constraint)
- 25.2 STOR — Hauptspeicherbegrenzungen (Main storage constraint)
- 25.3 VIRT — Änderungsanfälligkeit der virtuellen Maschine*) (Virtual machine volatility)
- 25.4 TURN — Computer-Verweilzeit (Computer turnaround time)

Kapitel 26: *Personal-Merkmale*

- 26.1 ACAP — Analytiker-Qualifikation (Analyst capability)
- 26.2 AEXP — Anwendungserfahrung (Applications experience)
- 26.3 PCAP — Programmierer-Qualifikation (Programmer capability)
- 26.4 VEXP — Erfahrungen mit der virtuellen Maschine*) (Virtual machine experience)
- 26.5 LEXP — Erfahrungen mit der Programmiersprache (Programming language experience)

Kapitel 27: *Projekt-Merkmale*

- 27.1 MODP — Moderne Programmiermethoden (Modern programming practices)
- 27.2 TOOL — Einsatz von Software-Tools (Use of software tools)
- 27.3 SCED — Erforderliche Entwicklungsterminierung (Required development schedule)

In Kapitel 28 besprechen wir die wichtigsten Kostenfaktor-Merkmale, welche vom COCOMO-Modell nicht berücksichtigt worden sind, und zwar im Hinblick auf bestimmte Kriterien, die zur Beurteilung eines Software-Kostenmodells eingesetzt werden. Kapitel 29 faßt die Schätzungen zusammen, die mit dem COCOMO-Basismodell, COCOMO-Zwischenmodell und COCOMO-Endmodell erzielt wurden, und vergleicht sie mit den tatsächlichen Projektdaten in der COCOMO-Datenbank. Auch finden Sie in Kapitel 29 eine vergleichende Diskussion über andere Software-Kostenmodelle. Schließlich werden Methoden vorgestellt, wie Sie COCOMO auf die Erfahrungen und die besonderen Gegebenheiten einer speziellen Installation ausrichten können.

---

*) Für ein gegebenes Software-Produkt stellt die zugrunde liegende virtuelle Maschine den Hard- und Software-Komplex dar (OS, DBMS usw.), den es zur Erfüllung seiner Aufgaben benötigt.

Kapitel 23

Das COCOMO-Endmodell: Zusammenfassung und Ablaufbeschreibung

23.1 Einführung

Je mehr Einzelheiten wir bei einer Kostenschätzung in Form von Inputs eingeben, desto genauer wird aller Wahrscheinlichkeit nach die daraus resultierende Schätzung sein; dies war das Thema unserer Erörterungen in den Kapiteln 21 und 22. Mit dem COCOMO-Endmodell lassen sich Schätzungen sehr detailliert vorbereiten und relativ effizient spezifizieren und durchführen.

Die Hierarchie Modul — Subsystem — System

Dies erfolgt, indem wir das Software-Produkt, dessen Kosten geschätzt werden sollen, hierarchisch in drei Stufen untergliedern. Die niedrigste Stufe, die *Modul*ebene, wird von der Anzahl ausgeführter Sourcebefehle (DSI) des Moduls spezifiziert; sie wird außerdem von denjenigen Kostenfaktoren bestimmt, welche tendenziell auf der niedrigsten Stufe variieren, d. h. von der Komplexität des Moduls und seiner Anpassung an bereits bestehende Software, der Qualifikation des Modul-Programmierers und seiner Erfahrung mit der Programmiersprache und der virtuellen Maschine, auf denen die Software aufbaut.

Die zweite Stufe, die *Subsystem*-Ebene, wird von den restlichen Kostenfaktoren bestimmt (Zeit- und Speicherbeschränkungen, Analytiker-Qualifikation, Tools, Terminplan usw.), welche häufig von einem Subsystem zum anderen variieren, aber normalerweise für alle Module innerhalb eines Subsystems gleich sind.

Auf der obersten Stufe, der *System*-Ebene, erhält man wichtige Gesamtprojekt-Beziehungen, wie z. B. die durchschnittlichen Aufwands- und Terminplan-Gleichungen, sowie die durchschnittlichen Projektaufteilungen von Aufwand und Terminen auf die Phasen.

Phasensensitive Aufwandsmultiplikatoren

Die Dreistufen-Hierarchie ist einer der beiden wichtigen Punkte, in denen sich das COCOMO-Endmodell vom COCOMO-Zwischenmodell unterscheidet. Der zweite Punkt ist der Einsatz der phasensensitiven Aufwandsmultiplikatoren, welche die Auswirkung der Kostenfaktoren auf die Aufwandsverteilung nach Phasen widerspiegeln. So wird z. B. ein niedriger Grad an Anwendungserfahrung bedeuten, daß zusätzlicher Aufwand in den frühen Phasen notwendig wird. In den späteren Phasen wird das Team mit der Anwendung vertraut sein, so daß sich der Aufwand für Fehlstarts, Fehler oder Background-Informationen entsprechend reduzieren wird. Andererseits wird eine hohe (d. h. langsame) Computer-Antwortzeit relativ wenig Einfluß auf die Anforderungs- und Entwurfsphasen haben, aber zweifellos während der Codierungs- und der Testphasen mehr Zeitaufwand seitens des Teams beanspruchen.

Für jedes Kostenfaktor-Merkmal stellt das COCOMO-Endmodell verschiedene Tabellen zur Verfügung, die für jeden Kostenfaktor-Bewertungsmaßstab einen getrennten Aufwandsmultiplikator ausweisen, welcher seine Auswirkung auf jede wichtige Entwicklungsphase erklärt. In den Kapiteln 24 bis 27 werden diese Tabellen eingehend erörtert. Dazu gehören auch Tabellen, die aufzeigen, welche Projektaktivitäten für die Größe der jeweiligen Aufwandsmultiplikatoren in den jeweiligen Phasen ausschlaggebend sind.

Verfahren innerhalb des COCOMO-Endmodells

Im restlichen Teil dieses Kapitels finden Sie eine Ablaufbeschreibung des COCOMO-Endmodells, die wir Ihnen anhand der Formulare, Tabellen und Techniken, die bei der Erstellung einer Kostenschätzung eingesetzt werden, erklären. In Abschnitt 23.2 stellen wir das zweiteilige Software-Hierarchie-Schätzformular (SHEF) vor, mit welchem die Schätzungen im COCOMO-Endmodell ausgeführt werden. Abschnitt 23.3 schildert das schrittweise Verfahren der SHEF-Anwendung; auch finden Sie dort Übersichtstabellen von Aufwandsmultiplikatoren des COCOMO-Endmodells. In Abschnitt 23.4 geben wir Ihnen ein Beispiel zum Einsatz von SHEF; wir erläutern die Methoden, die bei der Schätzung der Kosten des Software-Projektes „Informationssystem für Studentenjobs“ eingesetzt werden.

23.2 Das Software-Hierarchie-Schätzformular (SHEF)

Die Abbildungen 23−1 und 23−2 zeigen Ihnen respektive die Subsystem- und die Modul-Ebene des Software-Hierarchie-Schätzformulars (SHEF), welches bei der Erstellung von COCOMO-Endschätzungen eingesetzt wird. Der Einsatz dieses Formulars wird anhand eines „Informationssystems für Studentenjobs (STUJOB)“ illustriert, das sich aus den folgenden drei Subsystemen zusammensetzt:

1. Einem QUERY-Subsystem, mit welchem die Studenten oder die Arbeitgeber die Datenbank nach offenen Stellen oder verfügbaren Studenten abfragen können, um festzustellen, ob etwas Passendes für sie dabei ist. QUERY besteht aus einem Abfrage-Input und einem Edit-Modul QEDIT, aus einem Dateiauswertungs-Modul SEARCH und einem Modul OUTPUT für die Berichterstellung der Abfrageergebnisse.
2. Einem UPDATE-Subsystem, mit dem Datenbank-Einträge über freie Stellen oder verfügbare Studenten hinzugefügt, gelöscht oder geändert werden können. UPDATE setzt sich aus einem Update-Input und einem Edit-Modul UPEDIT sowie aus einem Dateiänderungs-Modul MODIFY zusammen.
3. Einem UTILITY-Subsystem, das sich aus verschiedenen relevanten Software-Komponenten zusammensetzt: einem Datei-Backup-System, einem Datei-Ladesystem, einigen einfachen Integritätsprüf-Modulen und einigen Modulen für statistische Analysen und Berichtsausgaben.

Wir werden im nächsten Abschnitt die SHEF-Methoden und die Detailtabellen vorstellen und dann zeigen, wie diese Methoden, wenn sie auf das STUJOB-Beispiel angewandt werden, die Schätzungen der Abbildungen 23−1 und 23−2 ergeben.

23.3 Verwendung des Software-Hierarchie-Schätzformulars (SHEF)

In der Tabelle 23−1 finden Sie verschiedene Methoden, wie SHEF für Detail-Kostenschätzungen einzusetzen ist. Diese Methoden sind so arrangiert, daß Sie auf dieser Detailebene eine manuelle Kostenschätzung so einfach und so direkt wie möglich durchführen können. Trotzdem sind die Verfahren noch immer ziemlich langwierig. Der Anwender wird sich daher überlegen, wie er sie in ein Computer-Programm aufnehmen könnte — was sich ganz leicht durchführen läßt.

Projekt: STUJOB | Analytiker: T. J. Murphy | Datum: 12. 7. 1981

	① SS Nr.	② Subsystem	⑧ EDSI	Projekt: ㉑ RELY	㉒ DATA	Computer-Merkmale: ㉓ TIME	㉔ STOR	㉕ VIRT	㉖ TURN	Personal: ㉗ ACAP	㉘ AEXP	Projekt: ㉙ MODP	㉚ TOOL	㉛ SCED	㉜ EAF SS	⑳ MM MOD	㉝ MM gesch.	㉞ $K/MM	㉟ $K	㊱ Gesamt-Durchschnitte
PD	1	QUERY	3700	1.0	1.0	1.0	1.0	0.95	1.0	0.75	0.75	1.0	0.98	1.0	0.52	2.0	1.0	6.0	6.0	6.8
DD								0.90		0.90	0.80	0.95	0.95		0.58	3.2	1.9	5.0	9.5	36.5
CUT								0.85		0.90	0.85	0.90	0.90		0.53	5.5	2.9	5.0	14.5	544
IT								0.80		0.85	0.85	0.83	0.85		0.41	2.5	1.0	5.5	5.5	10
PD	2	UPDATE	2600					0.95		0.75	0.75		0.98		0.52	1.4	0.7	6.0	4.2	5.1
DD								0.90		0.90	0.80	0.95	0.95		0.58	2.4	1.4	5.0	7.0	26.6
CUT								0.85		0.90	0.85	0.90	0.90		0.53	4.1	2.2	5.0	11.0	510
IT								0.80		0.85	0.85	0.83	0.85		0.41	1.9	0.8	5.5	4.4	10
PD	3	UTI-LITIES	1700					0.95		1.0	1.0		0.98		0.93	0.7	0.7	5.0	3.5	4.2
DD								0.90				0.95	0.95		0.81	1.4	1.1	5.0	5.5	22.2
CUT								0.85				0.90	0.90		0.69	2.5	1.7	5.5	9.4	405
IT								0.80				0.83	0.85		0.56	1.2	0.7	5.5	3.8	13

Art: Organische Entwicklung

⑨	8000	Gesamt-EDSI
⑩	28.4	$(MM)_{DSN}$
⑪	282	$(EDSI/MM)_{DSN}$

⑫ Phasenanteil

PD	0.16
DD	0.25
CUT	0.40
IT	0.19

	MM	Terminplan	$K
PD	2.4		13.7
DD	4.4		22.0
CUT	6.8		34.9
IT	2.5		13.7
Gesamt	16.1	7.2	84.3

47,9 $\frac{EDSI}{M}$

11 $\frac{\$K}{EDSI}$

Abb. 23–1: Software-Hierarchie-Schätzformular (SHEF): Subsystem-Ebene

Projekt: STUJOB Analytiker: T. J. Murphy Datum: 12. 7. 1981

	(3) SS Nr.	(4) MOD-Nr.	(5) Modul	(6) EDSI	(7) AAF	(14) CPLX	(15) PCAP	(16) VEXP	(17) LEXP	(18) EAF M	(13) MM DSN	(19) MM MOD	(37) MM gesch.	Prozent %
PD	1	1	QEDIT	1800	100	1.0	1.0	1.0	1.0	1.0	1.0	1.0	0.5	15
DD										1.0	1.6	1.6	0.9	27
CUT										1.0	2.6	2.6	1.4	42
IT										1.0	1.2	1.2	0.5	15
	1	2	SEARCH	700	100			0.90		0.90	0.4	0.4	0.2	22
							0.83	0.90	0.98	0.73	0.6	0.4	0.2	22
							0.83	0.90	0.92	0.69	1.0	0.7	0.4	45
							0.83	0.90	0.92	0.69	0.5	0.3	0.1	12
	1	3	OUT-PUT	1200	100	0.85		1.05		0.89	0.7	0.6	0.3	12
						0.85	1.20	1.05	1.05	1.12	1.1	1.2	0.7	27
						0.85	1.20	1.15	1.10	1.29	1.7	2.2	1.2	46
						0.85	1.20	1.15	1.10	1.29	0.8	1.0	0.4	15
	1	TOT		3700								2.0	1.0	15
												3.2	1.8	26
												5.5	3.0	44
												2.5	1.0	15
	2	1	UP-EDIT	1700	100					1.0	1.0	1.0	0.5	16
										1.0	1.5	1.5	0.9	28
										1.0	2.4	2.4	1.3	40
										1.0	1.1	1.1	0.5	16
	2	2	MODI-FY	900	100	0.85		1.05		0.89	0.5	0.4	0.2	11
						0.85	1.20	1.05	1.05	1.12	0.8	0.9	0.5	26
						0.85	1.20	1.15	1.10	1.29	1.3	1.7	0.9	47
						0.85	1.20	1.15	1.10	1.29	0.6	0.8	0.3	16
	2	TOT		2600								1.4	0.7	14
												2.4	1.4	27
												4.1	2.2	43
												1.9	0.8	16
	3	1 TOT	UTILS	1700	34	0.70		1.05		0.74	1.0	0.7	0.7	17
						0.70	1.20	1.05	1.05	0.93	1.5	1.4	1.1	26
						0.70	1.20	1.15	1.10	1.06	2.4	2.5	1.7	40
						0.70	1.20	1.15	1.10	1.06	1.1	1.2	0.7	17

Abb. 23–2: Software-Hierarchie-Schätzformular (SHEF): Komponenten-Ebene

Tab. 23–1: Verwendung des Software-Hierarchie-Schätzformulars (SHEF)

1. Tragen Sie die Subsystem-Nummer in Spalte 1 und die Subsystem-Benennung in Spalte 2 des Subsystem-Formulars (SS) ein, und zwar für jedes Subsystem, das zu Ihrem Software-System gehört.
2. Auf dem Modul-Formular (M) tragen Sie für jedes bei Schritt Nr. 1 erwähnte Subsystem und zum Subsystem gehörige Modul die Subsystem-Nummer in Spalte 3, die Modul-Nummer aus dem Subsystem in Spalte 4 und die Modul-Identifikations-Nummer in der Spalte 5 ein. Nachdem Sie alle Module aus dem Subsystem eingetragen haben, richten Sie eine zusätzliche Zeile ein, in der Sie die Gesamtbeträge des Subsystems aufaddieren. (Dies ist nicht nötig, wenn das Subsystem nur ein Modul hat.) Sofern erforderlich, können mehrere M-Formulare verwendet werden.
3. Tragen Sie in Spalte 6 des M-Formulars den Umfang eines jeden Moduls in der entsprechenden Anzahl auszuführender Sourcebefehle (EDSI) ein. Wenn ein Modul aus bereits bestehender Software angepaßt werden muß, sollen Sie seinen Korrekturfaktor (AAF) errechnen, indem Sie die Gleichungen, die Sie am Ende dieser Tabelle finden, einsetzen. Die Eintragung erfolgt in Spalte 7. Addieren Sie für jedes Subsystem die gesamten EDSI und tragen Sie die Summe der Addition in der Gesamt-Spalte Ihres Subsystems ein.
4. Tragen Sie die Gesamtsummen der Subsystem-EDSI in Spalte 8 des SS-Formulars ein. Addieren Sie die Gesamtsummen der EDSI des Systems und tragen Sie sie unter Position 9 ein.
5. Halten Sie auf dem SS-Formular die Entwicklungsart des Systems fest. Berechnen Sie den durchschnittlichen Aufwand $(MM)_{NOM}$ aus der entsprechenden Gleichung des durchschnittlichen Aufwandes (Sie finden die Gleichung am Ende dieser Tabelle); somit erzielen Sie den durchschnittlichen Aufwand, der für die Entwicklung des Systems erforderlich ist. Tragen Sie diesen Wert unter Position 10 ein.
6. Berechnen Sie auf dem SS-Formular die durchschnittliche Produktivität $(EDSI/MM)_{NOM} = EDSI/(MM)_{NOM}$ und tragen Sie sie unter Position 11 ein.
7. Berechnen Sie auf dem SS-Formular die Phasenverteilung des Aufwands $(FRAC)_p$ in Funktion zum gesamten Systemumfang in DSI aus der Tabelle 23–4. Unterteilen Sie die Programmierphase in eine Feinkonzeptionsphase (DD) und in eine Codierungs- und Modultestphase (CUT). Tragen Sie die $(FRAC)_p$-Werte in Feld 12 ein.
8. Errechnen Sie auf dem M-Formular die durchschnittliche Aufwandsverteilung nach Phasen für jedes Modul nach
$$(MM)_{NOM,P} = [(EDSI/FRAC)_P]\%[(EDSI/MM)_{NOM}],$$
indem Sie aus der Spalte 6 die EDSI, aus dem Feld 12 die $(FRAC)_p$ und von Positon 11 die $(EDSI/MM)_{NOM}$ einsetzen. Tragen Sie die Ergebnisse in Spalte 13 ein.
9. Bestimmen Sie auf dem M-Formular für jedes Modul die Kostenfaktoren-Merkmalsmaßstäbe für die Merkmale CPLX, PCAP, VEXP und LEXP. Verwenden Sie für das Merkmal die Bewertungsmaßstäbe zur Bestimmung der Phasenaufwands-Multiplikatoren (aus der Tabelle 23–2. Tragen Sie sie in die entsprechenden Spalten 14 bis 17 ein. Die Felder für durchschnittliche Aufwandsmultiplikatoren (1,0) können leer bleiben.
10. Multiplizieren Sie auf dem M-Formular die Aufwandsmultiplikatoren der Spalten 14 bis 17 aus jeder Zeile miteinander; dadurch erzielen Sie den Aufwandskorrekturfaktor $(EAF)_M$ für jede Phase. Tragen Sie das Ergebnis in Spalte 18 ein.
11. Multiplizieren Sie auf dem M-Formular für jedes Modul und jede Phase den durchschnittlichen Phasenaufwand des Moduls $(MM)_{NOM,P}$ (Spalte 13) mit dem entsprechenden $(EAF)_M$ (Spalte 18); so erzielen Sie den korrigierten Phasenaufwand auf Modulebene für das Modul $(MM)_{MOD,P}$. Tragen Sie das Ergebnis in Spalte 19 ein.
12. Addieren Sie auf dem M-Formular für jedes Subsystem und für jede Phase die Aufwandsschätzungen $(MM)_{MOD,P}$ aller Module des Subsystems zusammen und tragen Sie die Ergebnisse in der Spalte 19 (Gesamtsumme des Subsystems) ein.

13. Tragen Sie auf dem SS-Formular die Phasenaufwands-Gesamtergebnisse $(MM)_{MOD,P}$ für jedes Subsystem in Spalte 20 ein.
14. Bestimmen Sie auf dem SS-Formular für jedes Subsystem die Kostenfaktoren-Merkmalsmaßstäbe für diejenigen Merkmale, die in den Spalten 21 bis 31 ausgewiesen sind. Verwenden Sie die Bewertungsmaßstäbe zur Bestimmung der Phasenaufwandsmultiplikatoren des entsprechenden Merkmals (aus der Tabelle 22–3); tragen Sie die Werte in der entsprechenden Spalte ein. Die Felder von durchschnittlichen Aufwandsmultiplikatoren (1,0) können leer bleiben.
15. Multiplizieren Sie auf dem SS-Formular die Aufwandsmultiplikatoren der Spalten 21 bis 31 aus jeder Zeile miteinander, um für jede Phase einen Aufwandskorrekturfaktor $(EAF)_{SS}$ zu erzielen. Tragen Sie die Ergebnisse in Spalte 32 ein.
16. Multiplizieren Sie auf dem SS-Formular für jedes Subsystem und für jede Phase die korrigierten Modul-Aufwandsschätzungen $(MM)_{MOD,P}$ (Spalte 20) mit den entsprechenden $(EAF)_{SS}$; hiermit erzielen Sie die voll korrigierte Phasen-Aufwandsschätzung für jedes Subsystem $(MM)_{EST,P}$. Tragen Sie das Ergebnis in Spalte 33 ein.
17. Addieren Sie auf dem SS-Formular für jede Phase die Phasenaufwandsschätzungen $(MM)_{EST,P}$ aller Subsysteme zusammen. Hiermit erhalten Sie die Phasenaufwandsschätzungen des gesamten Systems. Danach addieren Sie die Systemphasen-Aufwandsschätzungen zusammen und erzielen damit die Aufwandsschätzung für das gesamte System. Tragen Sie diese fünf Schätzungen am Ende der Spalte 33 ein.
18. Errechnen Sie auf dem SS-Formular den geschätzten Entwicklungsterminplan des Systems, indem Sie dazu die entsprechende Gleichung für den Entwicklungsterminplan am Ende dieser Tabelle verwenden. Tragen Sie das Ergebnis am Ende der Spalte 34 ein.
19. Tragen Sie die geschätzten Personalkosten (S K/MM) eines jeden Subsystems und jeder Phase auf dem SS-Formular in Spalte 34 ein. Multiplizieren Sie diese Kosten mit der entsprechenden Aufwandsschätzung der Spalte 33. Damit erzielen Sie eine Kostenschätzung für jedes Subsystem und jede Phase. Tragen Sie das Ergebnis in Spalte 35 ein.
20. Addieren Sie auf dem SS-Formular für jede Phase die Phasenkostenschätzungen aller Subsysteme (Spalte 35) zusammen. Hiermit erzielen Sie die Phasenkostenschätzungen des gesamten Systems. Danach addieren Sie die Systemphasen-Kostenschätzungen zusammen, womit Sie die Kostenschätzung für das gesamte System erzielen. Tragen Sie diese fünf Schätzungen am Ende der Spalte 35 ein.
21. Addieren Sie auf dem SS-Formular für jedes Subsystem die Mann-Monate-Schätzungen jeder Phase zusammen (Spalte 33) und tragen Sie die sich ergebende Gesamtschätzung an Mann-Monaten für das Subsystem in die oberste Komponente (MM) der Subsystem-Zeile in Spalte 36 ein. Berechnen Sie auf dieselbe Art die Gesamtwertschätzung für das Subsystem aus den Phasenkostenschätzungen (Spalte 35) und tragen Sie das Ergebnis in die zweite ($K)-Komponente der Subsystem-Zeile in Spalte 36 ein.
22. Berechnen Sie auf dem SS-Formular für jedes Subsystem die geschätzte Produktivität nach EDSI/MM (aus der MM-Komponente der Spalten 8 und 36). Tragen Sie sie in Spalte 36 unter EDSI/MM ein. Berechnen Sie auf dieselbe Weise die Kosten pro Befehl (aus Spalte 36, $K-Komponente und Spalte 8) und tragen Sie das Ergebnis unter der $/EDSI-Komponente der Spalte 36 ein.
23. Berechnen Sie auf dem SS-Formular für das ganze System die geschätzte Produktivität nach EDSI/MM (und zwar aus Position 9 und der Endeintragung der Spalte 33); tragen Sie das Ergebnis in die am Ende stehende Komponente EDSI/MM der Spalte 36 ein. Berechnen Sie auf dieselbe Weise die Systemkosten pro Befehl (aus der Endeintragung der Spalte 35 und Position 9) und tragen Sie das Ergebnis in die am Ende stehende Komponente $/EDSI der Spalte 36 ein.
24. Multiplizieren Sie auf dem M-Formular für jedes Modul und für jede Phase den korrigierten Phasenaufwand auf Modul-Ebene $(MM)_{MOD,P}$ (Spalte 19) mit dem entsprechenden Aufwandskorrekturfaktor des Subsystems $(EAF)_{SS}$ (Spalte 32 des SS-Formulars). Sie erzielen

somit den geschätzten Aufwand $(MM)_{EST,P}$ nach Phasen für jedes Modul. Tragen Sie die Ergebnisse in Spalte 37 ein.

25. Addieren Sie auf dem M-Formular für jedes Subsystem und jede Phase die $(MM)_{EST,P}$-Schätzungen (Spalte 37) aller Module des Subsystems. Tragen Sie die Ergebnisse in die Zeile „Gesamtergebnisse" des Subsystems in Spalte 37 ein. Vergleichen Sie diese Ergebnisse mit den in der Spalte 33 eingetragenen $(MM)_{EST,P}$-Schätzungen des Subsystems. Beide Ergebnisse müssen gleich sein. In der letzten Stelle könnten eventuell geringfügige Rundungsabweichungen auftreten. Sind die Ergebnisse nicht gleichlautend, sind Rechenfehler vorhanden, die gesucht und bereinigt werden müssen.

Anpassungsgleichungen (COCOMO, Gleichungen 8–1, 8–2)

AAF = 0,4 (Prozent des modifizierten Entwurfs)
+ 0,3 (Prozent der modifizierten Codierung)
+ 0,3 (Prozent der modifizierten Integration)

EDSI = (Angepaßte DSI)(AAF)/100

Durchschnittliche Aufwands- und Terminplan-Gleichungen (COCOMO, Tabelle 8–1)

Entwicklungsart	Durchschnittlicher Aufwand	Terminplan
Organisch	$(MM)_{DSN} = 3{,}2\ (KEDSI)^{1{,}05}$	$TDEV = 2{,}5(MM)_{DEV}^{0{,}38}$
Teilintegriert	$(MM)_{DSN} = 3{,}0\ (KEDSI)^{1{,}12}$	$TDEV = 2{,}5(MM)_{DEV}^{0{,}35}$
Eingebettet	$(MM)_{DSN} = 2{,}8\ (KEDSI)^{1{,}20}$	$TDEV = 2{,}5(MM)_{DEV}^{0{,}32}$

Zu diesen Verfahren gehören mehrere Tabellen phasensensitiver Aufwandsmultiplikatoren, die für jeden Kostenfaktoren-Merkmalmaßstab anzeigen, wie sich dieser Bewertungsmaßstab auf jede wichtige Software-Entwicklungsphase auswirkt. Sie finden die Aufwandmultiplikatoren für die Kostenfaktoren-Merkmale auf Modulebene in Tabelle 23–2; in Tabelle 23–3 finden Sie die Aufwandsmultiplikatoren für die Merkmale auf Subsystem-Ebene. Wir werden in den Kapiteln 24 bis 27 auch auf die Art und den Ursprung dieser Tabellen eingehen.

23.4 Ein Beispiel des COCOMO-Endmodells: Informationssystem für Studenten-Jobs

Projektbeschreibung

Das Informationssystem für Studentenjobs (STUJOB) ist so geplant, daß es auf einem mittelgroßen, Batch-orientierten Universalrechner implementiert werden kann. Die Computer-Hardware, das Betriebssystem, die Kompilierer und die grundlegenden Datei- und Report-Generierungseinrichtungen, die von STUJOB eingesetzt werden, sind alle ziemlich stabil. Das System verfügt über eine große Anzahl nützlicher Tools, welche die Software-Entwicklung unterstützen. Die Anwendung beansprucht die verfügbare Ausführungszeit und den Kernspeicher nicht übermäßig; es ist keine besonders hohe Zuverlässigkeit erforderlich. Die Datenbank mit der Job- und Studenten-Information ist nicht besonders groß.

Tab. 23–2: Aufwandsmultiplikatoren auf Modul-Ebene

Merkmal	Bewertungsmaßstab	RPD	DD	CUT	IT
CPLX	Sehr niedrig	.70	.70	.70	.70
	Niedrig	.85	.85	.85	.85
	Mittel	1.00	1.00	1.00	1.00
	Hoch	1.15	1.15	1.15	1.15
	Sehr hoch	1.30	1.30	1.30	1.30
	Extrem hoch	1.65	1.65	1.65	1.65
PCAP	Sehr niedrig	1.00	1.50	1.50	1.50
	Niedrig	1.00	1.20	1.20	1.20
	Mittel	1.00	1.00	1.00	1.00
	Hoch	1.00	.83	.83	.83
	Sehr hoch	1.00	.65	.65	.65
VEXP	Sehr niedrig	1.10	1.10	1.30	1.30
	Niedrig	1.05	1.05	1.15	1.15
	Mittel	1.00	1.00	1.00	1.00
	Hoch	.90	.90	.90	.90
LEXP	Sehr niedrig	1.02	1.10	1.20	1.20
	Niedrig	1.00	1.05	1.10	1.10
	Mittel	1.00	1.00	1.00	1.00
	Hoch	1.00	.98	.92	.92

Tab. 23–3: Aufwandsmultiplikatoren auf Subsystem-Ebene

Merkmal	Bewertungsmaßstab	RPD	DD	CUT	IT
Produkt					
RELY	Sehr niedrig	.80	.80	.80	.60
	Niedrig	.90	.90	.90	.80
	Mittel	1.00	1.00	1.00	1.00
	Hoch	1.10	1.10	1.10	1.30
	Sehr hoch	1.30	1.30	1.30	1.70
DATA	Niedrig	.95	.95	.95	.90
	Mittel	1.00	1.00	1.00	1.00
	Hoch	1.10	1.05	1.05	1.15
	Sehr hoch	1.20	1.10	1.10	1.30
Computer					
TIME	Mittel	1.00	1.00	1.00	1.00
	Hoch	1.10	1.10	1.10	1.15
	Sehr hoch	1.30	1.25	1.25	1.40
	Extrem hoch	1.65	1.55	1.55	1.95
STOR	Mittel	1.00	1.00	1.00	1.00
	Hoch	1.05	1.05	1.05	1.10
	Sehr hoch	1.20	1.15	1.15	1.35
	Extrem hoch	1.55	1.45	1.45	1.85

Tab. 23–3: (Fortsetzung)

Merkmal	Bewertungsmaßstab	RPD	DD	CUT	IT
VIRT	Niedrig	.95	.90	.85	.80
	Mittel	1.00	1.00	1.00	1.00
	Hoch	1.10	1.12	1.15	1.20
	Sehr hoch	1.20	1.25	1.30	1.40
TURN	Niedrig	.98	.95	.70	.90
	Mittel	1.00	1.00	1.00	1.00
	Hoch	1.00	1.00	1.10	1.15
	Sehr hoch	1.02	1.05	1.20	1.30
ACAP	Sehr niedrig	1.80	1.35	1.35	1.50
	Niedrig	1.35	1.15	1.15	1.20
	Mittel	1.00	1.00	1.00	1.00
	Hoch	.75	.90	.90	.85
	Sehr hoch	.55	.75	.75	.70
AEXP	Sehr niedrig	1.40	1.30	1.25	1.25
	Niedrig	1.20	1.15	1.10	1.10
	Mittel	1.00	1.00	1.00	1.00
	Hoch	.87	.90	.92	.92
	Sehr hoch	.75	.80	.85	.85
Projekt					
MODP	Sehr niedrig	1.05	1.10	1.25	1.50
	Niedrig	1.00	1.05	1.10	1.20
	Mittel	1.00	1.00	1.00	1.00
	Hoch	1.00	.95	.90	.83
	Sehr hoch	1.00	.90	.80	.65
TOOL	Sehr niedrig	1.02	1.05	1.35	1.45
	Niedrig	1.00	1.02	1.15	1.20
	Mittel	1.00	1.00	1.00	1.00
	Hoch	.98	.95	.90	.85
	Sehr hoch	.95	.90	.80	.70
SCED	Sehr niedrig	1.10	1.25	1.25	1.25
	Niedrig	1.00	1.15	1.15	1.10
	Mittel	1.00	1.00	1.00	1.00
	Hoch	1.10	1.10	1.00	1.00
	Sehr hoch	1.15	1.15	1.05	1.05

Das Projekt tritt gerade in seine Planungs- und Anforderungsphase ein; das COCOMO-Endmodell wird zusammen mit einigen Expertenschätzungen eingesetzt, um eine Schätzung des Aufwandes und des Terminplanes zu erzielen, welche für die Entwicklung erforderlich sind. Die Projektmanagerin hat nicht die Absicht, große Abweichungen von dem geschätzten Terminplan zu dulden.

Die Projektmanagerin beabsichtigt, wie ein „demokratischer Chef-Programmierer" vorzugehen, indem sie die erste Analyse selbst erstellt und mit den anderen Programmierern an der Analyse und am Entwurf der Module, die sie programmieren werden, zusammenarbeitet. Sie beabsichtigt, das SEARCH-Modul selbst zu programmieren. Dies ist zwar das kleinste Modul, macht aber die sehr genaue Kenntnis des zugrundeliegenden Betriebssystems und der Daten-Management-Software erforderlich. Die Projektmanagerin will die Hauptverantwortung für die Software-Integration und den Software-Test übernehmen. Einer der Programmierer des Projektes ist relativ qualifiziert und erfahren; deshalb wird er an den QEDIT- und UPEDIT-Modulen arbeiten. Die anderen drei Module — OUTPUT, MODIFY und UTILITIES — sind weniger kompliziert. Einige Nachwuchs-Programmierer sind kürzlich zu der Gruppe gestoßen und einer oder zwei von ihnen werden an diesen Modulen arbeiten.

Tab. 23–4: Phasenverteilung von Aufwand und Terminen: Alle Entwicklungsarten

Entwicklungs-Art	Größe / Aufwandsverteilung / Phase	Klein 2 KDSI	Zwischen-größe 8 KDSI	Mittel 32 KDSI	Groß 128 KDSI	Sehr groß 512 KDSI
Organisch	Pläne u. Anforderungen (%)	6	6	6	6	
	Produkt-Entwurf	16	16	16	16	
	Programmierung	68	65	62	59	
	Feinkonzeption	26	25	24	23	
	Codierung u. Modultest	42	40	38	36	
	Integration u. Test	16	19	22	25	
Teilintegriert	Pläne u. Anforderungen (%)	7	7	7	7	7
	Produkt-Entwurf	17	17	17	17	17
	Programmierung	64	61	58	55	52
	Feinkonzeption	27	26	25	24	23
	Codierung u. Modultest	37	35	33	31	29
	Integration u. Test	19	22	25	28	31
Eingebettet	Pläne u. Anforderungen (%)	8	8	8	8	8
	Produkt-Entwurf	18	18	18	18	18
	Programmierung	60	57	54	51	48
	Feinkonzeption	28	27	26	25	24
	Codierung u. Modultest	32	30	28	26	24
	Integration u. Test	22	25	28	31	34
	Terminplan-Verteilung	**2 KDSI**	**8 KDSI**	**32 KDSI**	**128 KDSI**	**512 KDSI**
Organisch	Pläne u. Anforderungen (%)	10	11	12	13	
	Produkt-Entwurf	19	19	19	19	
	Programmierung	63	59	55	51	
	Integration u. Test	18	22	26	30	
Teilintegriert	Pläne u. Anforderungen (%)	16	18	20	22	24
	Produkt-Entwurf	24	25	26	27	28
	Programmierung	56	52	48	44	40
	Integration u. Test	20	23	26	29	32
Eingebettet	Pläne u. Anforderungen (%)	24	28	32	36	40
	Produkt-Entwurf	30	32	34	36	38
	Programmierung	48	44	40	36	32
	Integration u. Test	22	24	26	28	30

Schätzschritte

Wir schildern Ihnen nachstehend die Schritte, die bei der Schätzung der Kosten, des Aufwandes und des Terminplanes unter Verwendung der SHEF-Formulare (Abbildungen 23–1 und 23–2) erforderlich werden, wenn wir die STUJOB-Software entwickeln.

Schritte Nr. 1 und 2

Suchen Sie auf den Formularen „Subsystem (SS)“ und „Modul (MM)“ die entsprechenden Subsysteme und Module. Ergänzen Sie das M-Formular durch die addierten Summenzeilen (TOT) des Subsystems, nachdem Sie alle Module in jedem Subsystem eingetragen haben (mit Ausnahme des UTILITIES-Subsystems, das nur ein Modul enthält).

Schritt Nr. 3

Tragen Sie in Spalte 6 die Größe jedes Moduls ein; danach werden die Größen eines jeden Subsystems errechnet (QUERY: 3700 EDSI; UPDATE: 2600 EDSI; UTILITIES: 1700 EDSI). Die UTILITIES werden aus 5000 DSI bereits bestehender Software angepaßt, wobei 25% des Design, 50% der Codierung und 30% der Integration modifiziert werden, womit wir zu folgendem Ergebnis kommen:

$$\text{AAF} = 0{,}4\ (25) + 0{,}3\ (50) + 0{,}3\ (30) = 34$$

$$\text{EDSI} = (5000)\ (34)\ /\ 100 = 1700.$$

Schritt Nr. 4

Die Subsystem-Größen werden in die Spalte 7 auf dem SS-Formular übertragen. Der Gesamtumfang des STUJOB-Produktes wird auf 8000 EDSI berechnet.

Schritte Nr. 5 und 6

Der durchschnittliche Aufwand beträgt $3{,}2(8)^{1{,}05}=28{,}4$ MM, und die durchschnittliche Produktivität beträgt 8000 / 28,4 = 282 EDSI/MM.

Schritt Nr. 7

Bequemerweise brauchen wir in der Tabelle 23–4 nicht zu interpolieren, um die Prozentsätze der Phasenverteilung festzustellen.

Schritt Nr. 8

Als Beispiel werden wir für das UPEDIT-Modul und für die vier Phasen $(\text{MM})_{\text{NOM,P}}$ berechnen:

$$\text{PD:}\quad (\text{MM})_{\text{DSN, PD}} = \frac{(1.700\ \text{EDSI})(0{,}16)}{282\ \text{EDSI/MM}} = 1{,}0\ \text{MM}$$

$$\text{DD:}\quad (\text{MM})_{\text{DSN, DD}} = \frac{(1.700\ \text{EDSI})(0{,}25)}{282\ \text{EDSI/MM}} = 1{,}5\ \text{MM}$$

$$\text{CUT:}\quad (\text{MM})_{\text{DSN, CUT}} = \frac{(1.700\ \text{EDSI})(0{,}40)}{282\ \text{EDSI/MM}} = 2{,}4\ \text{MM}$$

$$\text{IT:}\quad (\text{MM})_{\text{DSN, IT}} = \frac{(1.700\ \text{EDSI})(0{,}19)}{282\ \text{EDSI/MM}} = 1{,}1\ \text{MM}$$

Schritt Nr. 9

Das QEDIT-Modul hat für alle Kostenfaktoren auf Modul-Ebene durchschnittliche Bewertungen. Das SEARCH-Modul, welches von der Projektmanagerin selbst programmiert wird, erhält kleinere Aufwandsmultiplikatoren, weil der durchschnittliche

Aufwandsumfang, welcher für die Entwicklung des SEARCH-Moduls erforderlich ist, dank ihrer Qualifikation und Erfahrung reduziert werden kann. Beachten Sie, daß sich der Aufwand für die Codierungs- und Modul-Testphase und für die Integrations- und Testphase aufgrund ihrer Erfahrung in der Programmiersprache reduziert, daß dies aber auf die früheren Phasen praktisch keine Auswirkung hat.

Schritt Nr. 10

Da alle QEDIT-Bewertungen durchschnittlich sind, sind die EAFs auf Modul-Ebene beim QEDIT-Modul in jeder Phase gleich 1,00. Der EAF auf Modul-Ebene in der letzten Phase des SEARCH-Moduls, Integration und Test, z. B. beträgt (0,83)(0,90)(0,92) = 0,69.

Schritt Nr. 11

Der korrigierte Phasenaufwand auf Modul-Ebene des QEDIT-Moduls ist derselbe wie der durchschnittliche Phasenaufwand. Bei der Integrations- und Testphase des SEARCH-Moduls wirkt sich die Qualifikation und die Erfahrung der Projektleiterin so aus, daß sich der für diese Phase erforderliche geschätzte Aufwand von 0,5 MM auf (0,69)(0,5 MM) = 0,3 MM reduziert.

Beachten Sie, daß sowohl UPEDIT als auch UTILS dieselbe durchschnittliche Aufwandsverteilung in den vier Phasen haben: (1,0; 1,5; 2,4; 1,1). UPEDIT, das keine nicht-durchschnittlichen Bewertungen auf Modul-Ebene hat, behält bei diesem Schritt dieselbe Phasenverteilung bei. Bei UTILS wird aufgrund der niedrigeren Bewertung der Programmierer-Qualifikation und -Erfahrung die Aufwandsverteilung eher auf die späteren Phasen verlegt: (0,7; 1,4; 2,5; 1,2).

Schritt Nr. 12

Der in diesem Stadium geschätzte Gesamtaufwand der Produktentwurfsphasen des QUERY-Subsystems beträgt 1,0 + 0,4 + 0,6 = 2,0 MM. Für die Feinkonzeptionsphase beträgt er 1,6 + 0,4 + 1,2 = 3,2 MM. Eine Addition der Modul-Gesamtergebnisse des UTILITIES-Subsystems ist nicht erforderlich, weil es nur ein Modul enthält.

Schritt Nr. 13

Die Gesamtergebnisse des Subsystem-Phasenaufwandes werden vom M-Formular auf das SS-Formular übertragen (Spalte 20, zwischen den Spalten 32 und 33).

Schritt Nr. 14

Die drei Subsysteme des STUJOB-Produktes sind einander im Hinblick auf ihre Merkmale auf Subsystem-Ebene sehr ähnlich. Die meisten Bewertungen sind durchschnittlich. Es gibt einige Kostenreduzierungseffekte, die auf die Konstanz der virtuellen Maschine zurückzuführen sind (VIRT ist niedrig angesetzt) sowie auf den hohen Einsatz von Tools und modernen Programmiermethoden. Das UTILITIES-Subsystem hat durchschnittliche Bewertungen für die Analytiker-Qualifikation und Analytiker-Anwendungserfahrung, während die QUERY- und UPDATE-Subsysteme für diese Kostenfaktoren hohe Bewertungen aufweisen. Diese spiegeln die Meinung der Projektmanagerin wider, wonach ihre Qualifikation und Erfahrung bei der Analyse und der Entwicklung der QUERY- und UPDATE-Subsysteme den Hauptfaktor darstellen wird; dies gilt nicht für das UTILITIES-Subsystem. Da es sich in der Tat so verhält, daß die Analyse und die Entwicklung eines jeden Subsystems von Mitarbeitern mit unterschiedlichen Qualifikationen gemeinsam durchgeführt werden, scheinen einige interpolierte Werte für diese Aufwandsmultiplikatoren angebracht.

Schritt Nr. 15

Bei den QUERY- und UPDATE-Subsystemen handelt es sich um dieselben Aufwandskorrekturfaktoren (EAFs) wie beim gesamten Subsystem. Beachten Sie, daß sich der erforderliche geschätzte Aufwand aufgrund ihres kumulativen Effektes auf ca. 50% der durchschnittlichen Schätzung reduziert, wobei die größte Aufwandsreduktion in der Integrations- und Testphase erfolgt.

Schritt Nr. 16

Die endgültigen Aufwandsschätzungen werden durch die Multiplikation der korrigierten Schätzungen auf Modul-Ebene (wie z. B. 2,0 MM für die PD-Phase des QUERY-Subsystems) mit den entsprechenden Subsystem-EAFs erzielt (z. B. mit 0,52 für die PD-Phase des QUERY-Subsystems, womit wir zu einer endgültigen Schätzung von 1,0 MM kommen).

Schritt Nr. 17

Die Gesamtschätzung für das STUJOB-Projekt beträgt 16,1 MM, also wenig mehr als die Hälfte der durchschnittlichen Aufwandsschätzung von 28,4 MM. Auch ist die Phasenverteilung durch die phasenabhängigen Aufwandsmultiplikatoren modifiziert worden, nämlich:

Phase	Ursprüngliche FRAC	Korrigierte FRAC
PD	0,16	2,4/16,1 = 0,15
DD	0,25	4,4/16,1 = 0,27
CUT	0,40	6,8/16,1 = 0,42
IT	0,19	2,5/16,1 = 0,16

Schritt Nr. 18

Der hieraus resultierende geschätzte Terminplan beträgt

$$2{,}5\ (16{,}1)^{0{,}38} = 7{,}2 \text{ Monate.}$$

Schritt Nr. 19

Die geschätzten Personalkosten für die QUERY- und UPDATE-Subsysteme sind bei der PD-Phase deshalb höher, weil der Großteil der Arbeit von der höher bezahlten Projektleiterin durchgeführt wird. Sie sind auch bei der IT-Phase — wegen geplanter Gehaltserhöhungen — höher. Die Kostenschätzungen berücksichtigen eine Overhead-Rate von ca. 100%, was für Software-Organisationen typisch ist (Phister, 1979).

Schritt Nr. 20

Die für die Entwicklung des STUJOB-Systems geschätzten gesamten Personalkosten belaufen sich auf $ 84 300. Die Kostenverteilung nach Phasen (0,16; 0,26; 0,41; 0,16) liegt etwas näher bei der durchschnittlichen Phasenverteilung, als dies für die Aufwandsverteilung der Fall gewesen ist.

Schritte Nr. 21 und 22

Der geschätzte Entwicklungsaufwand des QUERY-Subsystems beläuft sich auf 6,8 MM; die geschätzten Entwicklungskosten betragen $ 35 500; die geschätzte Produktivität beträgt 3700 EDSI/6,8 MM = 544 EDSI/MM, und die geschätzten Kosten pro Befehl betragen $ 35 500/3700 EDSI = $ 10/EDSI.

Schritt Nr. 23

Die geschätzte Produktivität für das gesamte STUJOB-Projekt beträgt 8000 EDSI/16,1 MM = 497 EDSI/MM. Die geschätzten Kosten pro Befehl betragen $ 84 300/8000 EDSI = $ 11/EDSI.

Schritt Nr. 24

Der geschätzte Entwicklungsaufwand nach Phasen des QEDIT-Moduls beträgt:

PD : (0,52)(1,0 MM) = 0,5 MM
DD : (0,58)(1,6 MM) = 0,9 MM
CUT: (0,53)(2,6 MM) = 1,4 MM
IT : (0,41)(1,2 MM) = 0,5 MM.

Schritt Nr. 25

Die Modul-Gesamtergebnisse nach Phasen beim QUERY-Subsystem kommen auf (1,0; 1,8; 3,0; 1,0) MM — verglichen mit den Berechnungen auf Subsystem-Ebene der Spalte 33 mit (1,0; 1,9; 2,9; 1,0) MM. Wenn man die Rundungen berücksichtigt, liegen diese Zahlen also im Rahmen der erwarteten Genauigkeit.

Wir haben für dieses Beispiel rechts in der Tabelle eine letzte Spalte hinzugefügt, welche die erzielte Phasenaufwandsverteilung für jedes Modul und jedes Subsystem ausweist. Beachten Sie, daß beim SEARCH-Modul, das von der Projektleiterin entwickelt wird, ein höherer Aufwandsanteil (22%) auf den Produktentwurf entfällt und ein niedrigerer Aufwandsanteil (11%) auf die Integrations- und Testphase.

23.5 Terminplankorrektur

Wie wir anhand des Beispieles des vorhergehenden Abschnittes sehen konnten, ändern phasenabhängige Aufwandsmultiplikatoren die Phasenverteilung des Aufwandes in eine von der durchschnittlichen Verteilung abweichende um. Natürlich sollte sich diese Änderung auch in einer Änderung der durchschnittlichen Phasenverteilung des Projekt-Terminplanes widerspiegeln. Dies erfolgt mit den nachstehend beschriebenen Terminkorrekturberechnungen, welche — um zu einer revidierten Terminplanschätzung zu gelangen — grundsätzlich Proportionalitätsfaktoren anwenden.

Verfahren der Terminplankorrektur

Schritt Nr. 1

Bestimmen Sie den durchschnittlichen Anteil aus dem Terminplan, welcher für die PD-, PG- und IT-Phasen bestimmt ist, und zwar durch Interpolation der Tabelle 23–4.

Nennen Sie diese Funktionen $(F_{PD})_{DSN}$, $(F_{PG})_{DSN}$, $(F_{IT})_{DSN}$. (Die entsprechenden durchschnittlichen Anteile des Projektaufwandes $(E_{PD})_{DSN}$, $(E_{DD})_{DSN}$, $(E_{CUT})_{DSN}$ und $(E_{iT})_{DSN}$ sind bereits im Feld 12 des Shef-SS-Formulars bestimmt worden.)

Schritt Nr. 2

Bestimmen Sie den korrigierten Anteil des Projektaufwandes, welcher für die PD-, DD-, CUT- und IT-Phasen bestimmt ist, und zwar anhand der geschätzten Aufwandszahlen am Ende der Spalte 33 des SS-Formulars. Diese Anteile nennen Sie E_{PD}, E_{DD}, E_{CUT} und E_{IT}.

Schritt Nr. 3

Bestimmen Sie die proportionalen Änderungen der Projekt-Terminplanverteilung in Beziehung zu den entsprechenden Änderungen bei der Projektaufwandsverteilung, indem Sie die Quotienten für die Korrektur der Terminverteilung errechnen:

$$F_{PD} = (F_{PD})_{DSN} \cdot (E_{PD})/(E_{PD})_{DSN}$$

$$F_{PG} = (F_{PG})_{DSN} \cdot \frac{E_{DD} + E_{CUT}}{(E_{DD})_{DSN} + (E_{CUT})_{DSN}}$$

$$F_{IT} = (F_{IT})_{DSN} \cdot (E_{IT})/(E_{IT})_{DSN}$$

Schritt Nr. 4

Da die Summe der korrigierten Terminverteilungsanteile wahrscheinlich nicht 1,0 ergibt, müssen Sie einen Normalisierungsfaktor berechnen:

$F_N = F_{DP} + F_{PG} + F_{IT}$

Schritt Nr. 5

Nehmen Sie den korrigierten Gesamtentwicklungs-Terminplan T_D (am Ende der Spalte 34 des SS-Formulars) und teilen Sie ihn unter die Phasen entsprechend dem normalisierten Korrekturquotienten auf:

$$T_{PD} = (T_D)(F_{PD})/F_N$$

$$T_{PG} = (T_D)(F_{PG})/F_N$$

$$T_{IT} = (T_D)(F_{IT})/F_N$$

Beispiel

Nachstehend zeigen wir Ihnen, wie die Methode der Terminanpassung auf unser Informationssystem für Studentenjobs angewandt wird.

Schritte Nr. 1 und 2

Die durchschnittlichen Terminverteilungs-Koeffizienten gemäß Tabelle 23–4 sind:

$$(F_{PD})_{DSN} = 0{,}19$$

$$(F_{PG})_{DSN} = 0{,}59$$

$$(F_{IT})_{DSN} = 0{,}22.$$

Die durchschnittlichen und korrigierten Aufwandsverteilungs-Koeffizienten sind:

$$(E_{PD})_{DSN} = 0{,}16 \qquad E_{PD} = 2{,}4/16{,}1 = 0{,}15$$

$$(E_{DD})_{DSN} = 0{,}25 \qquad E_{DD} = 4{,}4/16{,}1 = 0{,}27$$

$$(E_{CUT})_{DSN} = 0{,}40 \qquad E_{CUT} = 6{,}8/16{,}1 = 0{,}42$$

$$(E_{IT})_{DSN} = 0{,}19 \qquad E_{IT} = 2{,}5/16{,}1 = 0{,}16$$

Schritte Nr. 3 und 4

Die proportionalen Änderungen in der Projektterminverteilung und der hieraus resultierende Normalisierungsfaktor sind:

$$F_{PD} = (0{,}19)(0{,}15)/(0{,}16) = 0{,}18$$

$$F_{PG} = (0{,}59)\,\frac{0{,}27 + 0{,}42}{0{,}25 + 0{,}40} = 0{,}63$$

$$F_{IT} = (0{,}22)(0{,}16)/(0{,}19) = 0{,}19$$

$$F_N = 1{,}00$$

Schritt Nr. 5

Die korrigierte Entwicklungsterminschätzung beträgt $T_D = 7{,}2$ Monate. Die hieraus resultierenden korrigierten Terminschätzungen für die Phasen sind:

$$T_{PD} = (7{,}2)(0{,}18)/1{,}00 = 1{,}3 \text{ Monate}$$

$$T_{PG} = (7{,}2)(0{,}63)/1{,}00 = 4{,}5 \text{ Monate}$$

$$T_{IT} = (7{,}2)(0{,}19)/1{,}00 = 1{,}4 \text{ Monate.}$$

Bei einer Gegenkontrolle werden Sie feststellen, daß die Summe der Phasenterminwerte 7,2 Monate beträgt.

23.6 Allgemeine Überlegungen

Phasenverteilung des Aufwandes

Das COCOMO-Endmodell stellt eine bessere Grundlage für eine detaillierte Projekt-Personalplanung als das COCOMO-Basismodell und das COCOMO-Zwischenmodell zur Verfügung. Mit ihm kann die Personalbesetzung so geplant werden, daß jede Software-Entwicklungsphase erfolgreich abgeschlossen werden kann. Dies ist der Hauptbeitrag, den das COCOMO-Endmodell leistet. Projekte mit sehr hohen Zuverlässigkeitsanforderungen oder Hardware-Beschränkungen werden für die Integration und das Testen mehr Aufwand erfordern. Projekte, deren Mitarbeiter über sehr wenig Anwendungserfahrung verfügen, werden — um einen Produktentwurf zu entwickeln — mehr Aufwand erfordern.

Anstatt nun von einer Aufwandsverteilung nach Phasen auszugehen, welche sich nur auf die Produktgröße und die Entwicklungsart stützt (wie beim COCOMO-Zwischenmodell), oder anstatt von einer Gruppe von Rayleigh-Verteilungskurven auszugehen, spiegelt das COCOMO-Endmodell die in der Phasenverteilung aufgrund anderer Kostenfaktoren beobachteten Unterschiede wider. In den Kapiteln 24 bis 27 finden Sie Tabellen — eine Tabelle pro Kostenfaktor-Merkmal —, welche auf die Unterschiede bei den Projektaktivitäten hinweisen. Im Hinblick auf das Kostenfaktor-Merkmal rühren diese Unterschiede von den höheren oder niedrigeren Projektbewertungen her. Diese Tabellen sind ein Bestandteil des Versuches, mit COCOMO ein konstruktives Kostenmodell aufzubauen, das Ihnen durch den Projektverlauf selbst die Antworten gibt, die Sie in diesem Buch vorfinden.

Die Korrelation von Schätzungen des COCOMO-Endmodells mit den tatsächlichen Projektdaten der COCOMO-Datenbank wird in Kapitel 29 geschildert. Die dortigen Ergebnisse zeigen, daß sich mit den phasensensitiven Multiplikatoren normalerweise Verteilungen des Phasenaufwandes erzielen lassen, welche realistischer sind als die durchschnittlichen Phasenaufwandsverteilungen.

Phasenverteilung: Ein extremes Beispiel

Die Abbildungen 23–3 und 23–4 zeigen in Form eines extremen Beispieles der Phasensensitivität des COCOMO-Endmodells die Detail-Berechnungen für ein hypothetisches Projekt. Seine Kostenfaktoren-Bewertungen sind so ausgewählt worden, daß der höchstmögliche Projektaufwand in der Integrations- und Testphase liegt. Es handelt sich um folgende Bewertungen:

RELY	Erforderliche Software-Zuverlässigkeit	Sehr hoch
DATA	Größe der Datenbank	Sehr hoch
TIME	Begrenzungen der Ausführungszeit	Extrem hoch
STOR	Hauptspeicherbegrenzungen	Extrem hoch
VIRT	Änderungsanfälligkeit der virtuellen Maschine	Sehr hoch
TURN	Computer-Verweilzeit	Sehr hoch
ACAP	Analytiker-Qualifikation	Sehr niedrig
AEXP	Anwendungserfahrung	Sehr hoch
MODP	Moderne Programmiermethoden	Sehr niedrig
TOOL	Einsatz von Software-Tools	Sehr niedrig
SCED	Erforderliche Entwicklungsterminierung	Sehr niedrig
CPLX	Projekt-Komplexität	Mittel
PCAP	Programmierer-Qualifikation	Sehr niedrig
VEXP	Erfahrungen mit der virtuellen Maschine	Sehr niedrig
LEXP	Erfahrung mit der Programmiersprache	Sehr niedrig

Die Wahrscheinlichkeit, daß ein Projekt auf diese Art organisiert werden könnte, ist auch „sehr niedrig"; aber das Beispiel ist insofern lehrreich, als es uns die obere Grenze der Auswirkungen der Phasenmultiplikatoren des COCOMO-Endmodells zeigt.

Bei dem Musterprojekt handelt es sich um einen mittelgroßen 32-KDSI-Job mit eingebetteter Entwicklung, dessen durchschnittliche Phasenaufwandsverteilung sich folgendermaßen darstellt:

Produkt-Entwurf	18%
Feinkonzeption	26%
Codierung und Modultest	28%
Integration und Test	28%.

Nachdem der für jede Phase erforderliche geschätzte Aufwand durch die extremen Auswirkungen der Kostenfaktor-Bewertungen modifiziert worden ist, ergab sich eine geschätzte Phasenaufwandsverteilung von

Produkt-Entwurf	2%
Feinkonzeption	7%
Codierung und Modultest	18%
Integration und Test	73%.

Wenn wir die entsprechenden Termin-Korrekturberechnungen durchführen und das relative Personalgefälle im Vergleich zu der durchschnittlichen Phasenverteilung graphisch darstellen, erhalten wir das in Abbildung 23–5 gezeigte Ergebnis; dabei entfällt im Extrembeispiel der Großteil der Zeit sowie des Aufwandes auf die Integrations- und Testphase.

Auch hier handelt es sich wiederum um ein künstliches und extremes Beispiel. Niemand würde versuchen, ein Projekt auf diese Art zu organisieren (obwohl einige Projekte diesem Punkt beunruhigend nahegekommen sind). Das COCOMO-Endmodell hat den zusätzlichen Vorzug, daß es aufzeigt, warum wir so nicht vorgehen dürfen.

Andere Komponenten des COCOMO-Endmodells

Zwei Komponenten des COCOMO-Endmodells sind mit denen des COCOMO-Zwischenmodells identisch:

- *Wartungsaufwand*
  Er wird als eine Funktion des Entwicklungsaufwands berechnet, der vom COCOMO-Endmodell, der jährlichen Änderungsrate und den Kostenfaktor-Multiplikatoren für den Wartungsaufwand des COCOMO-Zwischenmodells (Abschnitt 8.5) bestimmt wird. Die modifizierten MODP-Multiplikatoren (Tabelle 8–8) gelten ebenfalls für den Umfang des ganzen Projektes.

- *Aktivitäten-Verteilung*
  Sie wird in Funktion zur Projektgröße und Entwicklungsart berechnet, und zwar unter Verwendung der Aktivitäten-Verteilungstabellen (Abschnitt 7.2) des COCOMO-Basismodells.

Das COCOMO-Endmodell unterscheidet sich vom COCOMO-Zwischenmodell auch durch die Schätzung des für die Planungs- und Anforderungsphase erforderlichen Aufwandes. Das COCOMO-Endmodell verwendet die Aufwandsmultiplikatoren der Produktentwurfsphase, um auf dieselbe Art und Weise die durchschnittlichen Phasenaufwands-Prozentsätze der Planungs- und Anforderungsphase (siehe Tabelle 23–4) zu berechnen, wie dies bei der Produktentwurfsphase der Fall war.

Zusammenfassung der COCOMO-Modellhierarchie

Die Tabelle 23–5 gibt Ihnen einen zusammenfassenden Überblick über die Ähnlichkeiten und Unterschiede der drei Modelle der COCOMO-Hierarchie (COCOMO-Basismodell, COCOMO-Zwischenmodell und COCOMO-Endmodell). Die Tabelle zeigt außerdem, welche speziellen Tabellen und Gleichungen auf jeder Stufe der Modellhierarchie eingesetzt werden, um die jeweiligen Schätzungen zu berechnen (Entwicklungsaufwand und Terminplan, Wartungsaufwand, Phasenverteilung des Aufwands und des Terminplanes, Verteilung der Aktivitäten).

Projekt: Integration und Test (extreme Phasenverteilung) | Analytiker: | Datum:

	① SS Nr.	② Subsystem	⑧ EDSI	Produkt ㉑ RELY	Produkt ㉒ DATA	Computer-Merkmale ㉓ TIME	Computer-Merkmale ㉔ STOR	Computer-Merkmale ㉕ VIRT	Computer-Merkmale ㉖ TURN	Personal ㉗	Personal ㉘ AEXP	Projekt ㉙ MODP	Projekt ㉚ TOOL	Projekt ㉛ SCED	㉜ EAF SS	⑳ MM MOD	㉝ MM gesch.	㉞ $K MM	㉟ $K	㊱ Gesamt-Durchschnitte
PD			32,000	1.30	1.20	1.65	1.55	1.20	1.02	1.80	0.75	1.05	1.02	1.10	5.01	36	180			
DD				1.30	1.10	1.55	1.45	1.25	1.05	1.35	0.80	1.10	1.05	1.25	6.58	86	566			
CUT				1.30	1.10	1.55	1.45	1.30	1.20	1.35	0.85	1.25	1.35	1.25	12.1	117	1420			
IT				1.70	1.30	1.95	1.85	1.40	1.30	1.50	0.85	1.50	1.45	1.25	50.3	117	5885			

Entwicklungs-Art: eingebettet

⑨	32.000	Gesamt-EDSI
⑩	179	$(MM)_{DSN}$
⑪	179	$(EDSI/MM)_{DSN}$

⑫

Phasen-anteil	
PD	18
DD	26
CUT	28
IT	28

	MM	Terminplan	$K
PD	180	2%	
DD	566	7%	
CUT	1420	18%	
IT	5885	73%	
Gesamt	8051		

Abb. 23–3: Software-Hierarchie-Schätzformular (SHEF): Subsystem-Ebene: Integration und Test (extreme Phasenverteilung)

Projekt: Integration und Test
(extreme Phasenverteilung)

Analytiker:

Datum:

	(3) SS Nr.	(4) MOD-Nr.	(5) Modul	(6) EDSI	(7) AAF	(14) CPLX	(15) PCAP	(16) VEXP	(17) LEXP	(18) EAF M	(13) MM DSN	(19) MM MOD	(37) MM gesch.
PD						1.0	1.0	1.10	1.02	1.12	32	36	
DD	1	1	Modul	32.000	100		1.50	1.10	1.10	1.82	47	86	
CUT							1.50	1.30	1.20	2.34	50	117	
IT							1.50	1.30	1.20	2.34	50	117	

Abb. 23–4: Software-Hierarchie-Schätzformular (SHEF): Komponenten-Ebene: Integration und Test (extreme Phasenverteilung)

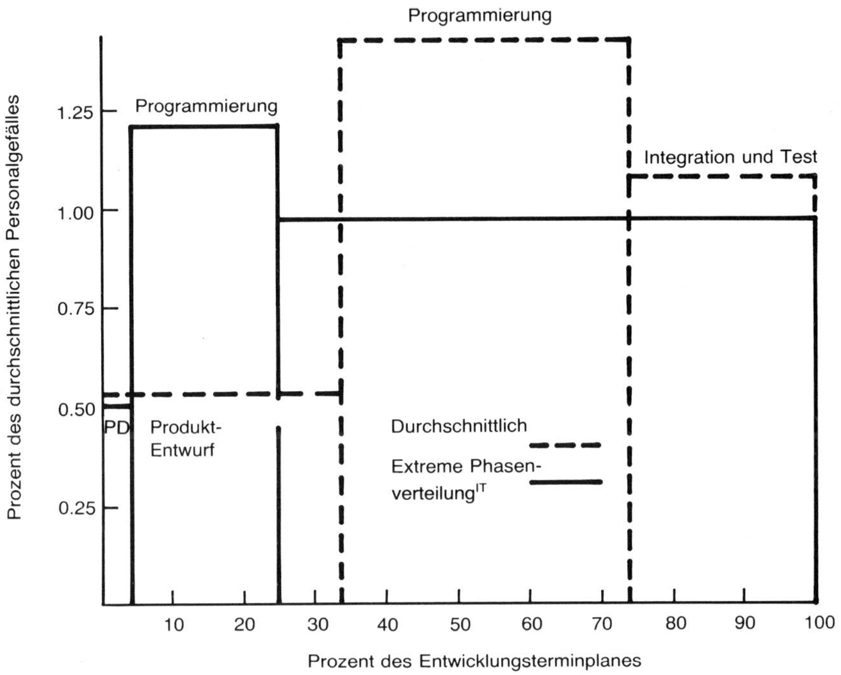

Abb. 23–5: COCOMO-Endmodell: Vergleich zwischen einer durchschnittlichen und einer extremen Phasenverteilung

Tab. 23–5: Zusammenfassender Überblick über die Hierarchie der COCOMO-Modelle

Schätzung	Basismodell	COCOMO-Stufen Zwischenmodell	Endmodell
Entwicklungsaufwand MM_{DEV}	f(Art, KDSI) Tabelle 6–1	f (Art, KDSI, 15 Kostenfaktoren) Tabellen 8–1, 8–2	f (Art, KDSI 15 Kostenfaktoren) Tabellen 8–1, 23–2, 23–3
Entwicklungs-Terminplan	f(Art, MM_{DEV}) Tabelle 6–1	Identisch mit der Basis-Stufe	Identisch mit der Basis-Stufe
Wartungsaufwand	f(MM_{DEV}, ACT) Gleichung 5–6	f (MM_{DEV}, ACT 15 Kostenfaktoren) Gleichung 5–6 Tabellen 8–2, 8–7, 8–8	Identisch mit der Zwischen-Stufe
Produkthierarchie	Ganzes System	System/Komponenten CLEF-Formular und -Verfahren Tabelle 9–1	System/Subsystem/Modul SHEF-Formular und -Verfahren Tabelle 23–1
Phasenverteilung des Aufwands	f(Art, KDSI) Tabelle 6–8	Identisch mit Basis-Stufe	f (Art, KDSI, 15 Kostenfaktoren) Tabellen 6–8, 23–2, 23–3
Phasenverteilung des Terminplanes	f(Art, KDSI) Tabelle 6–8	Identisch mit Basis-Stufe	f (Basis-Terminplan-Verteilung Detail-Aufwands-Verteilung) Tabelle 6–8, Abschnitt 23.5
Aktivitätenverteilung	f(Art, KDSI) Tabellen 7–1, 7–2, 7–3	Identisch mit Basis-Stufe	Identisch mit Basis-Stufe
Aufwand der Anforderungsphase	f(Art, KDSI) Tabelle 6–8	Identisch mit Basis-Stufe	f (Art, KDSI, 15 Kostenfaktoren) Tabellen 6–8, 23–2, 23–3

Kapitel 24

Die COCOMO-Kostenfaktoren im einzelnen: Produktmerkmale

Dieses Kapitel befaßt sich mit den COCOMO-Software-Produktmerkmalen; es ist in folgende Abschnitte gegliedert:

In jedem Abschnitt wird einer der COCOMO-Kostenfaktoren vorgestellt. Außerdem vermittelt jeder Abschnitt sowohl die grundlegende Information für den Einsatz des Kostenfaktors im COCOMO-Modell als auch die entsprechende konstruktive Information, die aussagt, warum das COCOMO-Modell zu den entsprechenden Ergebnissen für die verschiedenen Kostenfaktor-Bewertungsmaßstäbe gelangt.

In jedem Abschnitt finden Sie:

- eine Aufwandsmultiplikator-Tabelle für den Kostenfaktor sowie einen entsprechenden Graph, der zeigt, inwieweit die Kosten jeder Software-Entwicklungsphase durch das Kostenfaktor-Merkmal beeinflußt werden;
- Definitionen der verschiedenen Kostenfaktor-Bewertungsmaßstäbe;
- eine Tabelle, die zwischen den Stufen der Kostenfaktor-Maßstäbe und den entsprechenden Unterschieden der Projektaktivitätsstufen (Projektaufwand) eine Beziehung herstellt;
- einen Vergleich der Aufwandsmultiplikatoren des Kostenfaktors mit den Ergebnissen der 63 Projekte in der COCOMO-Datenbank;
- eine Besprechung verwandter Daten und Untersuchungsergebnisse.

24.1 RELY: Erforderliche Software-Zuverlässigkeit

Ein Software-Produkt ist — wenn wir auf die Definition in Kapitel 8 zurückgreifen — in dem Maße zuverlässig, wie von ihm erwartet werden darf, daß es die gewünschten Funktionen zufriedenstellend ausführt. Wir können die Software-Zuverlässigkeit quantitativ als eine Wahrscheinlichkeit wie folgt definieren:

R = Wahrscheinlichkeit { daß die Software die gewünschten Funktionen während ihres nächsten Durchlaufes oder während ihres nächsten Ausführungszeit-Abschnittes zufriedenstellend ausführt.

Im Prinzip können wir R berechnen, wenn wir über die folgenden Informationen verfügen:

- Das *Ablaufprofil* der Software: die wahrscheinliche Verteilung der möglichen Inputs oder Input-Folgen der Software während des Zeitraumes dieser Aktivität; darunter verstehen wir die Wahrscheinlichkeit, daß jeder Input oder jede Input-Folge für den nächsten Durchlauf oder für den nächsten Ausführungszeitabschnitt ausgewählt wird.
- Eine genaue Definition dessen, was es für die Software bedeutet, daß sie „die gewünschten Funktionen zufriedenstellend ausführt".

Auf der Basis dieser Information können wir einen Schätzfaktor R erhalten, dessen Varianz minimal ist, indem wir die folgenden Schritte vollziehen (Brown-Lipow, 75):

- Wählen Sie aus der Ablaufprofil-Verteilung beliebige N Inputs oder Input-Folgen;
- Setzen Sie die Inputs ein, um die Software für N Durchläufe oder N Ausführungsabschnitte anzuwenden.
- Verwenden Sie das Erfolgskriterium, um zu bestimmen, bei wie vielen Durchläufen oder Ausführungsabschnitten zufriedenstellende Ergebnisse erzielt worden sind (bezeichnen Sie diese Anzahl mit „M").
- Berechnen Sie den Schätzfaktor R = M/N.

Die Abbildung 24–1 illustriert diesen Ablauf.

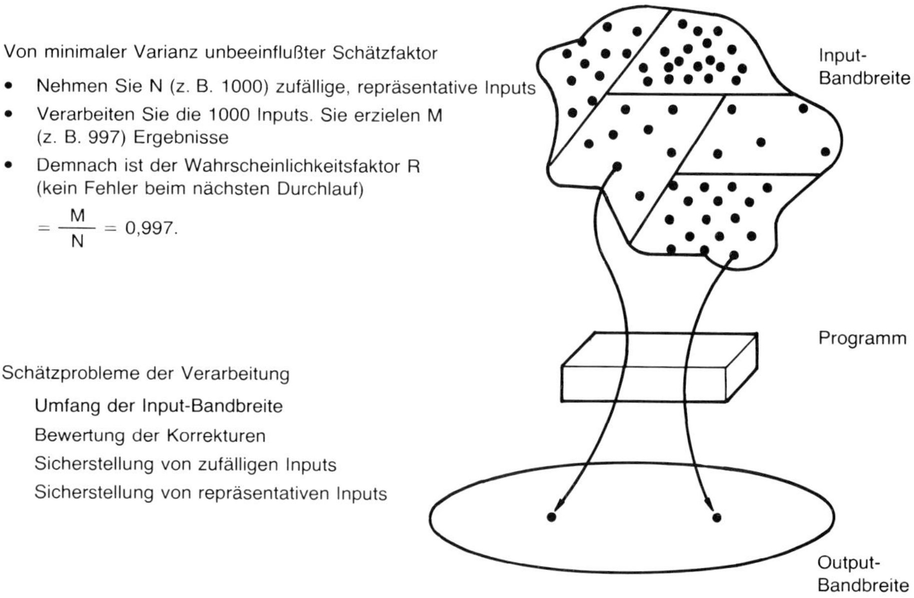

Abb. 24–1: Input-Stichproben liefern eine Basis für die Messung der Software-Zuverlässigkeit

Wenn obige Schritte in der Praxis leicht durchführbar wären, könnten wir Werte für R aus den Software-Produkten errechnen und R als das Kostenfaktor-Merkmal für das COCOMO-Endmodell einsetzen. Aus den nachstehenden Gründen sind die obigen Schritte aber nicht leicht durchführbar:

- Die Input-Bandbreite ist unglaublich groß.
- Die Charakterisierung des Ablaufprofils fällt in den Rahmen der Charakterisierung der Kapazitätsbelastung, die ohnehin schon sehr schwierig ist.
- Die Sicherstellung von zufälligen, repräsentativen Versuchs-Inputs ist außerordentlich schwierig; dies kann jeder bestätigen, der bei Feldversuchen mit Software-Produkten auf die üblichen Überraschungen stößt.
- Wird ein Software-Fehler festgestellt, wird normalerweise eine Korrektur durchgeführt, die bis zu einem bestimmten Grad alle mit der fehlerhaften Software erzielten Ergebnisse zunichte macht.

Die meisten Versuche, R einzuschätzen, geschahen bisher auf der Basis von Testwerten. Die bis heute im allgemeinen schlechten Ergebnisse (z. B. Sukert, 1978) sind zum großen Teil auf die Tatsache zurückzuführen, daß das Testverfahren keine gute Annäherung an die oben genannte (Thayer und andere, 1978) „zufällige Auswahl aus einem Ablaufprofil" ist. Die bisher besten Ergebnisse (Musa, 1975; Musa, 1980) stammen aus Fehlerdaten, die aus der Verarbeitung von serienmäßigen Realtime- und Timesharing-Systemen erzielt worden sind, bei denen die Input-Folge eine gute Annäherung an die zufällige Auswahl aus einem Ablaufprofil ist.

Für das COCOMO-Endmodell ergibt sich hieraus, daß wir bei der erforderlichen Software-Zuverlässigkeit mit mehr qualitativen Kostenfaktoren-Maßstäben und mit indirekten statt direkten Daten als Grundlage für die Schätzung der Beziehungen zwischen einer erhöhten Software-Zuverlässigkeit und vermehrten Software-Kosten zufrieden sein müssen.

Bewertungsmaßstäbe und Aufwandsmultiplikatoren

Tabelle 24–1 zeigt die Aufwandsmultiplikatoren der Software-Entwicklung des COCOMO-Endmodells als Funktion des Zuverlässigkeitsgrades, welcher für ein Software-Subsystem erforderlich ist. Dieser Zuverlässigkeitsgrad kann von einem Subsystem zum anderen variieren und spiegelt die Situationen wider, in denen einige Subsysteme (wie z. B. ein Betriebssystem oder wichtige Anwendungs-Subsysteme) eventuell einen höheren Zuverlässigkeitsgrad erforderlich machen als andere (wie z. B. eine Unterstützungs-Software oder ein Postprozessor-Subsystem). Der Grad an erforderlicher Zuverlässigkeit innerhalb eines Subsystems wird jedoch normalerweise von einem Modul zum anderen nicht variieren.

Tab. 24–1: Aufwandsmultiplikatoren der erforderlichen Software-Zuverlässigkeit (RELY)

RELY-Bewertungs-Maßstab	Phasen Anforderungen und Produktentwurf	Fein-konzeption	Codierung und Modultest	Integration und Test	Gesamt-ergebnis
Sehr niedrig	0,80	0,80	0,80	0,60	0,75
Niedrig	0,90	0,90	0,90	0,80	0,88
Mittel	1,00	1,00	1,00	1,00	1,00
Hoch	1,10	1,10	1,10	1,30	1,15
Sehr hoch	1,30	1,30	1,30	1,70	1,40

Die Gesamtaufwands-Multiplikatoren in Tabelle 24–1 wurden aus den Phasen-Multiplikatoren unter Einsatz der Phasengewichtung berechnet: Produktentwurf 15%, Feinkonzeption 30%, Codierung und Modultest 30%, Integration und Test 25%. Dies sind die Aufwandsmultiplikatoren, die für den RELY-Faktor beim COCOMO-Zwischenmodell eingesetzt werden.

Für RELY gibt es folgende Bewertungsmaßstäbe:

Sehr niedrig: Ein solcher Software-Fehler wirkt sich lediglich so aus, daß die Entwickler die unbequeme Aufgabe haben, den Fehler zu beheben. Typische Beispiele hierfür sind: ein Demonstrations-Prototyp eines Sprachverarbeitungsgerätes oder ein Software-Simulationsmodell der frühen Durchführbarkeitsphase.

Niedrig: Ein solcher Software-Fehler bedeutet einen geringfügigen Verlust für die Anwender, der leicht auszugleichen ist. Typische Beispiele hierfür sind: ein langfristiges Modell oder ein Wettervorhersage-Modell.

Mittel: Ein solcher Software-Fehler bedeutet einen mäßigen Verlust für die Anwender, den man ohne übermäßig große Nachteile wiedergutmachen kann. Typische Beispiele hierfür sind Management-Informationssysteme oder Bestandsaufnahme-Kontrollsysteme.

Hoch: Ein solcher Software-Fehler kann einen schwerwiegenden finanziellen Verlust oder massive Unannehmlichkeiten bedeuten. Typische Beispiele hierfür sind Banksysteme oder Systeme der elektrischen Stromversorgung.

Sehr hoch: Ein solcher Software-Fehler kann den Verlust von Menschenleben bedeuten. Beispiele hierfür sind militärische Kommando- und Kontrollsysteme oder Kernkraftwerk-Kontrollsysteme.

Die Bedeutung der RELY-Maßstab-Skala für die Verarbeitung ist im einzelnen bei der Darstellung des COCOMO-Zwischenmodells in Kapitel 8 besprochen worden. Der Hauptunterschied zwischen der Behandlung des RELY-Merkmals beim COCOMO-Zwischenmodell und beim COCOMO-Endmodell liegt in der phasenweisen Abweichung der Aufwandsmultiplikatoren. Wie aus Tabelle 24–1 ersichtlich ist, ist der zusätzliche Aufwand, der für die Erzielung hoher Zuverlässigkeitsstufen erforderlich wird (oder der reduzierte Aufwand, der für niedrigere Stufen erforderlich wird) in den ersten drei Phasen in etwa derselbe; in der Integrations- und Testphase ist er beträchtlich höher (niedriger). Die Bedeutung dieser Auswirkungen ist in Abbildung 24–2 graphisch dargestellt.

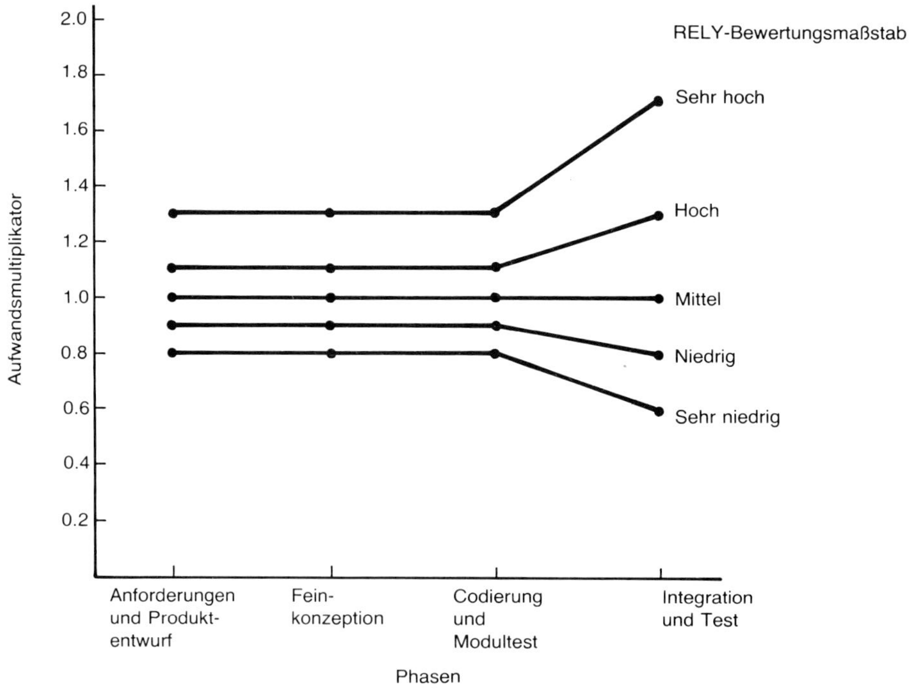

Abb. 24–2: Aufwandsmultiplikatoren nach Phasen: Erforderliche Software-Zuverlässigkeit

Unterschiede bei den Projektaktivitäten entsprechend den RELY-Bewertungsmaßstäben

In der Tabelle 24–2 finden Sie einige der Gründe, die den Hintergrund für die Aufwandsmultiplikatoren des COCOMO-Endmodells bilden. Diese Tabelle zeigt die Unterschiede bei den Projektaktivitäten, die sich aus der höheren oder niedrigeren erforderlichen Zuverlässigkeit ergeben; sie werden sich ihrerseits wiederum in höheren oder niedrigeren Kosten während des Projektes niederschlagen.

Tab. 24–2: Unterschiede bei den Projektaktivitäten aufgrund der erforderlichen Software-Zuverlässigkeit

Bewertungs-Maßstab	Anforderungen und Produktentwurf	Feinkonzeption	Codierung und Modultest	Integration und Test
Sehr niedrig	Wenig Einzelheiten Viele TBDs Geringe Nachprüfung Minimale QA, CM, Entwürfe der Benutzer-Handbücher, Testpläne Minimale PDR	Grundlegende Entwurfsinformation Minimale QA, CM, Entwürfe der Benutzer-Handbücher, Testpläne Informelle Entwurfs-Inspections	Keine Testverfahren Minimaler Test der möglichen Wege, Kontrolle der Standards Minimale QA, CM Minimale I/O- und vom Mittel abweichende Tests Minimale Benutzer-Handbücher	Keine Testverfahren Viele Anforderungen bleiben ungetestet Minimale QA, CM Minimale Streß- und vom Mittel abweichende Tests Minimale Dokumentation
Niedrig	Basis-Information, Nachprüfung Häufige TBDs Basis-QA, CM, Standards, Entwürfe der Benutzerhandbücher, Testpläne	Mittlere Detaillierung Basis-QA, -CM, grundlegender Entwurf des Benutzerhandbuches, Testpläne	Minimale Testverfahren Partieller Test der möglichen Wege, Kontrolle der Standards Basis-QA, -CM, grundlegendes Benutzerhandbuch Partielle I/O- und vom Mittel abweichende Tests	Minimale Testverfahren Häufig bleiben Anforderungen ungeprüft Basis-QA, -CM, grundlegendes Benutzerhandbuch Teilweises Streß-Testen Teilweise vom Mittel abweichende Tests
Mittel	Durchschnittliche Projekt-Qualitätskontrolle ⟶			
Hoch	Detaillierte Nachprüfung, QA, CM, Standards, PDR, Dokumentation Detaillierte Testpläne, Verfahren	Detaillierte Nachprüfung, QA, CM, Standards, CDR, Dokumentation Detaillierte Testpläne, Verfahren	Detaillierte Testverfahren, QA, CM, Dokumentation Ausführliche vom Mittel abweichende Tests	Detaillierte Testverfahren, QA, CM, Dokumentation Ausführliche Streß-Tests und vom Mittel abweichende Tests
Sehr hoch	Detaillierte Nachprüfung, QA, CM, Standards, PDR, Dokumentation Unabhängige Qualitätskontrolle Sehr detaillierte Testpläne, Verfahren	Detaillierte Nachprüfung, QA, CM, Standards, CDR, Dokumentation Sehr gründliche Entwurfs-Inspections Sehr detaillierte Testpläne, Verfahren Unabhängige Qualitätskontrolle	Detaillierte Testverfahren, QA, CM, Dokumentation Sehr gründliche Code-Inspections Sehr ausführliche, vom Mittel abweichende Tests Unabhängige Qualitätskontrolle	Sehr detaillierte Testverfahren, QA, CM, Dokumentation Sehr ausführliche Streß-Tests, vom Mittel abweichende Tests Unabhängige Qualitätskontrolle

So wird sich z. B. ein sehr hoher Grad an erforderlicher Zuverlässigkeit in 30% Mehraufwand während der Planungs- und Anforderungsphase und während der Produktentwurfs-Phase niederschlagen. Dieser zusätzliche Aufwand ist für die detaillierte Überprüfung der Anforderungen und des Produktentwurfes erforderlich. Er wird außerdem für die detaillierteren Ziele der Qualitätssicherung (QA = Quality assurance) notwendig sowie für die Planung des Konfigurations-Managements (CM = Configuration management), die Produktstandard-Definitionen, die Überprüfungsaktivitäten für den Produktentwurf (PDR = Product design review) und die Produkt-Dokumentation. Es kann auch vorkommen, daß für ein Projekt ein zusätzlicher Aufwand durch die Zusammenarbeit mit einem unabhängigen Berater für die Qualitätskontrolle (IV & V = Independent verification and validitation) erforderlich wird, so daß detailliertere Testpläne und Testverfahren entwickelt werden.

Aus einem sehr hohen Grad an erforderlicher Zuverlässigkeit während der Integrations- und Testphase erwächst auch ein 70%iger Mehraufwand. Außer der zusätzlichen Sorgfalt, die für QA, CM und ähnliches in dieser Phase erforderlich wird, wird ein großer zusätzlicher Aufwand für das Stress-Testen, vom Mittel abweichendes Testen und vielleicht auch noch für die mathematische Überprüfung der Software anfallen. Unter den zusätzlichen Aufwand für Stress-Testen fallen z. B.: ein extrem hohes Input-Volumen, vom Mittel abweichende Input-Verteilungen (wie z. B. Besonderheiten und extreme Werte), extrem hohe Input-Fehlerraten, Verletzungen von Verarbeitungsannahmen (wie z. B. Anwender-Protokolle), sekundäre oder simulierte Hardware-Fehler, Einsatz durch unerfahrenes Personal oder Einsatz durch Experten.

Vergleich mit Projektergebnissen

Der einfachste Weg, die Korrelation zwischen den COCOMO-Aufwandsmultiplikatoren und den tatsächlichen Datenwerten der Software-Projekte zu analysieren, ist die Prüfung der Projekt-Produktivität in DSI/MM als einer Funktion des Projekt-Bewertungsmaßstabes eines gegebenen Kostenfaktor-Merkmals*). Abbildung 24–3 zeigt Ihnen diese Korrelation für das RELY-Merkmal, wobei der Einfachheit halber die Gesamtaufwands-Multiplikatoren des COCOMO-Zwischenmodells eingesetzt worden sind.

Die Ergebnisse sind nicht überzeugend. Die Korrelation zwischen der sehr hohen und hohen erforderlichen Zuverlässigkeit und den niedrigeren Werten der Projekt-Produktivität ist eindeutig, aber dieser Trend setzt sich mit den niedrigeren RELY-Bewertungen nicht fort. Dies wird aus dem Trend bei den Medianwerten der Produktivität für die verschiedenen Bewertungen (den Pfeilen in Abbildung 24–3) deutlich. Der Hauptgrund für das Fehlen einer vollständigen Korrelation ist, daß die Auswirkungen der anderen Kostenfaktoren mit den RELY-Auswirkungen auf komplizierte Art verwickelt sind. So hatten z. B. einige der Projekte in der COCOMO-Datenbank, die eine sehr niedrige erforderliche Zuverlässigkeit hatten, eine relativ niedrige Produktivität, weil sie von sehr wenig qualifizierten Analytikern und Programmierern bei einem sehr geringen Einsatz moderner Programmiermethoden durchgeführt worden waren. (Sie finden die detaillierten Projektdaten in Tabelle 29–1.)

Um ein genaueres Bild vom Einfluß der erforderlichen Zuverlässigkeit auf die Entwicklungs-Produktivität zu gewinnen, müssen wir die negativen Auswirkungen der

*) Dies ist die wichtigste Analyseart, die in der IBM-Projektdatenbank bei (Walston-Felix, 1977) berücksichtigt wurde.

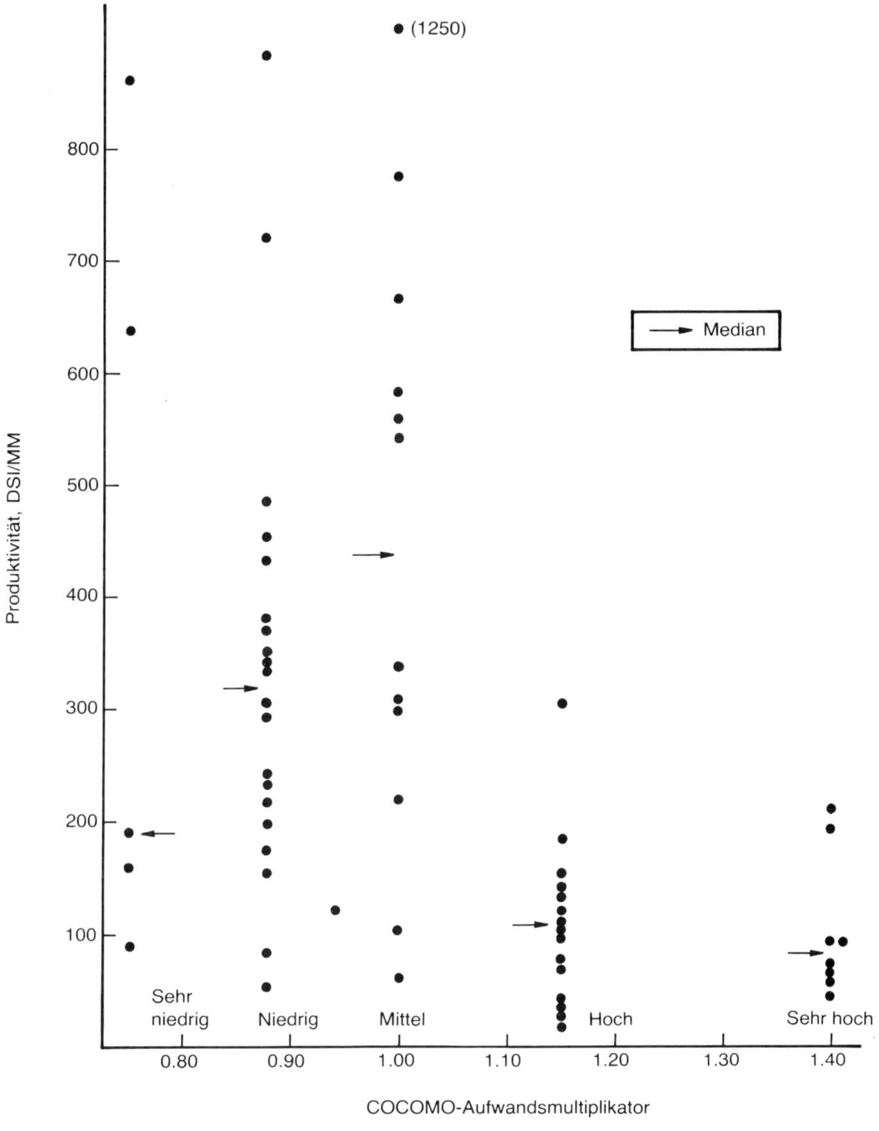

Abb. 24–3: Korrelation zwischen Projekt-Produktivität und erforderlicher Zuverlässigkeit

anderen Kostenfaktor-Merkmale nach Möglichkeit vermeiden. Der beste Weg hierzu ist die Errechnung einer Größe für die Kombination Projekt/Kostenfaktor, welche wir den *optimalen Aufwandsmultiplikator* genannt haben. Er wird nachstehend definiert. Wiederum haben wir der Einfachheit halber die Gesamtaufwands-Multiplikatoren des COCOMO-Zwischenmodells eingesetzt:

Berechnen Sie für das gegebene Projekt P den geschätzten Entwicklungsaufwand unter Einsatz des Standardverfahrens des COCOMO-Zwischenmodells — mit einer Ausnahme: Berücksichtigen Sie den Aufwandsmultiplikator für das analysierte

Kostenfaktor-Merkmal (CDA) nicht. Nennen Sie diese Schätzung MM (P, CDA). Dann wird der optimale Aufwandsmultiplikator IEM (P, CDA) für diese Projekt-/ Kostenfaktoren-Kombination als der Multiplikator definiert, welcher — beim COCOMO-Zwischenmodell eingesetzt — den geschätzten Entwicklungsaufwand des Projektes seinem tatsächlichen Entwicklungsaufwand $MM(P,_{IST})$ *gleichsetzt.*

Das ergibt

$$\text{IEM (P, CDA)} = \frac{\text{MM (P, IST)}}{\text{MM (P, CDA)}} \qquad (24-1)$$

Beispiel: Das erste Projekt in der COCOMO-Projektdatenbank (Projekt Nr. 1, Tabelle 29–1) hatte einen tatsächlichen Entwicklungsaufwand von MM (1, IST) = 2040 Mann-Monate. Würde bei einer Schätzung mit dem COCOMO-Zwischenmodell, die sich auf 2218 Mann-Monate beläuft, der Aufwandsmultiplikator mit 0,88 — welcher aus einer niedrigen erforderlichen Zuverlässigkeit resultiert — weggelassen, würde das Ergebnis wie folgt lauten:

$$\text{MM (1, RELY)} = \frac{2.218 \text{ MM}}{0,88} = 2.520 \text{ MM}$$

Der optimale Aufwandsmultiplikator für die Projekt-/Kostenfaktoren-Kombination lautet dann:

$$\text{IEM (1, RELY)} = \frac{\text{MM (1, IST)}}{\text{MM (1, RELY)}} = \frac{2.040 \text{ MM}}{2.520 \text{ MM}} = 0,81.$$

Diese Größe weicht vom Kostenfaktor des COCOMO-Zwischenmodells nicht allzu sehr ab.

Wir können also durch den Einsatz des optimalen Aufwandsmultiplikators zu einer genaueren Einschätzung der Auswirkungen eines Kostenfaktors auf ein Projekt und zu einem Vergleich dieses Aufwandes mit dem COCOMO-Multiplikator für den Kostenfaktor gelangen. Die Ergebnisse des RELY Kostenfaktoren-Merkmals sind in Abbildung 24–4 dargestellt. Im Unterschied zu den nicht überzeugenden Ergebnissen, die wir aus der Abbildung 24–3 erzielt haben, zeigen unsere jetzigen Ergebnisse eine enge Korrelation zwischen den COCOMO-Aufwandsmultiplikatoren (den Kreisen in Abbildung 24–4) und den optimalen Aufwandsmultiplikatoren des Projektes beim RELY-Merkmal; dies wird durch die Medianwerte der Projektdaten (die Pfeile in Abbildung 24–4) für jeden RELY-Maßstab bewiesen. Die Korrelation ist nicht perfekt, aber sie stimmt uns zuversichtlich, daß die COCOMO-Aufwandsmultiplikatoren für RELY ungefähr die richtige Größe haben und daß sie in Funktion zur Kostenfaktoren-Merkmalsbewertung in der richtigen Richtung liegen.

(Wäre das Modell perfekt, würde der optimale Aufwandsmultiplikator für jedes Projekt mit dem entsprechenden COCOMO-Aufwandsmultiplikator übereinstimmen. Das heißt, alle Datenwerte würden innerhalb der Kreise der Abbildung 24–4 liegen.)

Allgemeine Überlegungen

Es überrascht etwas, daß nur wenige der existierenden Software-Kostenschätzmodelle einen Faktor für die erforderliche Zuverlässigkeit vorsehen. Bei den zwei Modellen, die es vorgesehen haben, handelt es sich um das TRW SCEP-Modell (Boehm-Wolverton, 1978) und das RCA PRICE S-Modell (Freimann-Park, 1979). Zu letzterem

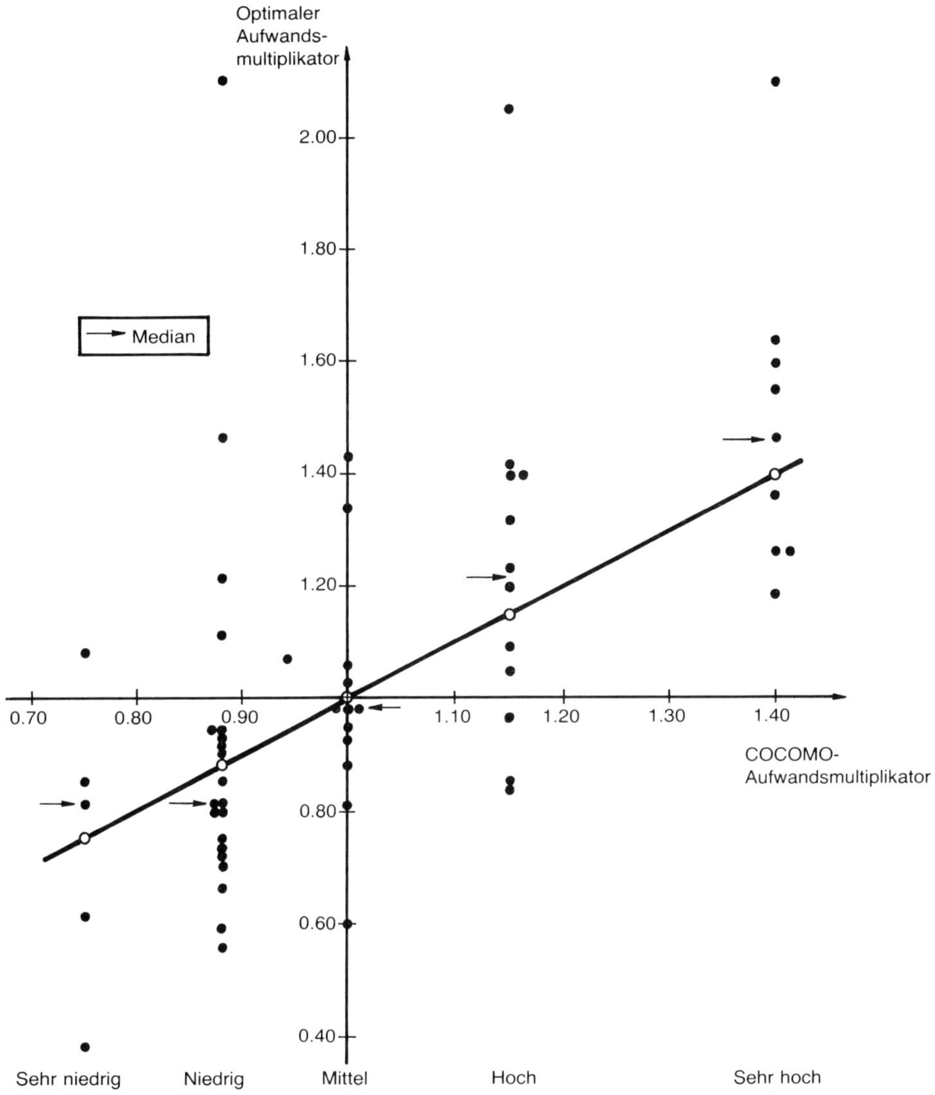

Abb. 24–4: COCOMO-Aufwandsmultiplikator im Vergleich zum optimalen Aufwandsmultiplikator — erforderliche Zuverlässigkeit

gehört eine „Basis-Variable", die in etwa mit der erforderlichen Zuverlässigkeit verglichen werden kann. Einige Experimente mit PRICE S ergaben einen Produktivitätswert (Verhältnis von den höchsten zu den niedrigsten Gesamtprojekt-Aufwandsmultiplikatoren für das Kostenfaktor-Merkmal) von etwa 6 bis 9 für die „Basis-Variable" (siehe Abbildung 29–13). Dies ist beträchtlich höher als der COCOMO-Produktivitätswert von 1,87 (ein Gesamtmultiplikator von 1,40 für „sehr hoch" dividiert durch den Gesamtmultiplikator von 0,75 für „sehr niedrig" — siehe Tabelle 24–1). Der Unterschied dürfte höchstwahrscheinlich auf die anderen Faktoren zurückzuführen sein, die ebenfalls in der PRICE S-„Basis-Variable“ vorgesehen sind, deren Bewertungsmaßstab für Software von einem internen Produktionszentrum bis zur bemannten Raumfahrt gelten.

In den Diskussionen über „unabhängige Qualitätskontrolle“ (IV & V) bei (Hartwick, 1977) und (Reifer, 1978) finden Sie einige Daten, welche die Gesamtgrößeneinordnung und die Phasenverteilung der COCOMO-Kostenfaktoren bestätigen. Im Rahmen dieser Aktivität führt ein Berater oder ein Unternehmen unabhängige Qualitätskontrollen bei einer Software durch, die von einem anderen Lieferanten oder Unternehmen entwickelt wird. Normalerweise wird diese Methode nur eingesetzt, um ein Niveau der Zuverlässigkeit zu erzielen, das über dem durchschnittlichen Zuverlässigkeitsgrad liegt.

Die Abbildung 24–5, die wir aus (Hartwick, 1977) entnommen haben, zeigt, daß der Gesamttrend der Kosten der unabhängigen Qualitätskontrolle mit dem Trend in den COCOMO-Aufwandsmultiplikatoren verglichen werden kann. Die als sehr hoch eingestufte erforderliche Zuverlässigkeit von COCOMO entspricht der konventionellen Qualitätskontrolle in Abbildung 24–5*), die einen Aufwandsmultiplikator von nur 1,20 verglichen mit dem COCOMO-Gesamtaufwandsmultiplikator von 1,40 hat. Dieser Unterschied erklärt sich hauptsächlich aus der Tatsache, daß der Berater für die Qualitätskontrolle die entdeckten Fehler nicht selbst beheben muß und daß die Entwickler auch ihre eigenen Ansprüche bei der Fehlersuche und den damit verbundenen Aktivitäten höherschrauben.

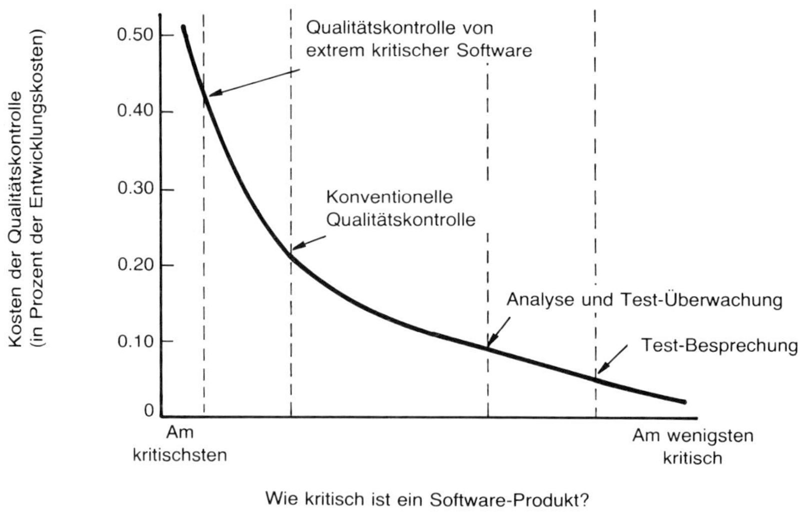

Abb. 24–5: Die verschiedenen Stufen der Qualitätskontrolle

*) Die *extrem kritische* Stufe der Qualitätskontrolle wird für Software-Ausführungsfunktionen, wie z. B. für die Kontrolle von Nuklearwaffen, eingesetzt. Das Niveau ihrer erforderlichen Zuverlässigkeit ist so außerordentlich hoch, daß sie selbst die von COCOMO geforderte Zuverlässigkeit übertrifft.

Die Abbildung 24–6, die wir ebenfalls aus (Hartwick, 1977) entnommen haben, zeigt die Phasenverteilung des Aufwandes für die unabhängige Qualitätskontrolle bei einer konventionellen Qualitätskontrolle. Im großen und ganzen entspricht sie der COCOMO-Phasenverteilung — mit Ausnahme eines niedrigeren Grades in den Integrations- und Testphasen. Auch hier kann der Unterschied zum großen Teil dadurch erklärt werden, daß für die Fehlerbeseitigung durch den Entwickler zusätzlicher Aufwand erforderlich wird, der in den Integrations- und Testphasen am größten ausfällt (siehe Abbildung 24–2).

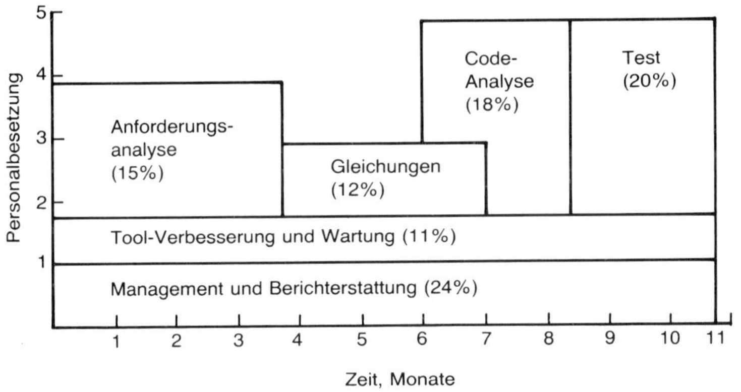

Abb. 24–6: Beispiel für die Verteilung der Qualitätskontrolle auf die verschiedenen Aktivitäten

Die Produktionsfunktion der Software-Zuverlässigkeit

Es wäre ideal, wenn wir eine Produktionsfunktion wie in Abbildung 24–7 haben könnten, wo die erwünschten Werte der Software-Zuverlässigkeit R mit den Kosten oder mit dem Aufwand, die für ihre Erreichung erforderlich sind, in Beziehung stehen.

Obwohl wir das Ideal letztendlich nur unter außerordentlichen Schwierigkeiten erreichen könnten, sind in letzter Zeit verschiedene Beiträge geleistet worden, die uns einen guten Einblick in das Verhalten dieser Produktionsfunktion (und in die Problematik der Erreichung dieses Ideals) vermitteln.

Das Software-Modell für Fehlerquellen und Fehlerbehebung

Das beste theoretische Modell, das heute zum Verständnis des Verhaltens der Produktionsfunktion der Software-Zuverlässigkeit verfügbar ist, ist das in Abbildung 24–8*) gezeigte Modell über Software-Fehlerquellen und Fehlerbeseitigung. Es zeigt, daß der Software-Entwicklungsprozeß als eine Aktivität angesehen werden kann, bei der eine bestimmte Anzahl Fehler in jedes entwickelte Software-Produkt eingebracht werden (Anforderungsspezifikation, Entwurf, Codierung, Dokumentation). Danach werden bestimmte Fehlerbeseitigungs-Aktivitäten ausgeführt (automatisierte Anforderungshilfen, unabhängige Qualitätskontrolle der Anforderungen, Simulation usw.).

---

*) Dieses Modell entspricht dem „Tank- und Rohr“-Modell, das von (Jones, 1975) vorgestellt wurde. Bildlich gesehen fließen bei diesem die Fehler durch Fehlerquellen-Rohre in einen Tank und werden mittels verschiedener Fehlerbehebungs-Rohre wieder abgeleitet.

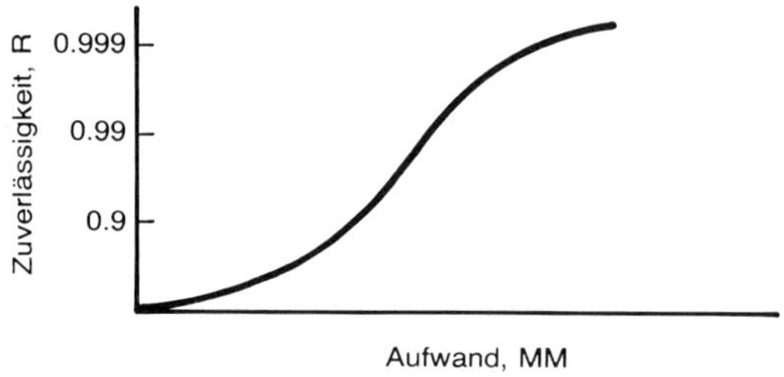

Abb. 24–7: Produktionsfunktion der Software-Zuverlässigkeit

Jede dieser Aktivitäten hat eine charakteristische Produktionsfunktion, die den Grad der Fehlerbeseitigung mit der Höhe der Kosten oder des Aufwandes, die für ihren Einsatz bestimmt sind, in Beziehung setzt. Im Prinzip können wir also den Grad der Investitionen in jede dieser Fehlerbeseitigungs-Aktivitäten bestimmen und den hieraus resultierenden Grad der restlichen Software-Fehler festsetzen, welche am Ende der letzten Fehlerbeseitigungs-Aktivität noch verblieben waren.

Aus unserer früheren Fertigstellungskosten-Kurve im Vergleich zur Phasen-Kurve der Abbildung 4–2 wissen wir eines: daß nämlich die relativen Kosten für die Fehlerbeseitigungs-Aktivitäten in den späteren Software-Entwicklungsphasen zunehmen, da sich die Beseitigung eines Fehlers auf mehrere Teile auswirkt. Es sind mehrere gute Arbeiten über die relative Bedeutung von Fehlerverteilungen, die wir in Abbildung 24–8 zeigen, geschrieben worden, welche sich auch mit bestimmten individuellen Fehlerbeseitigungsfunktionen befassen.

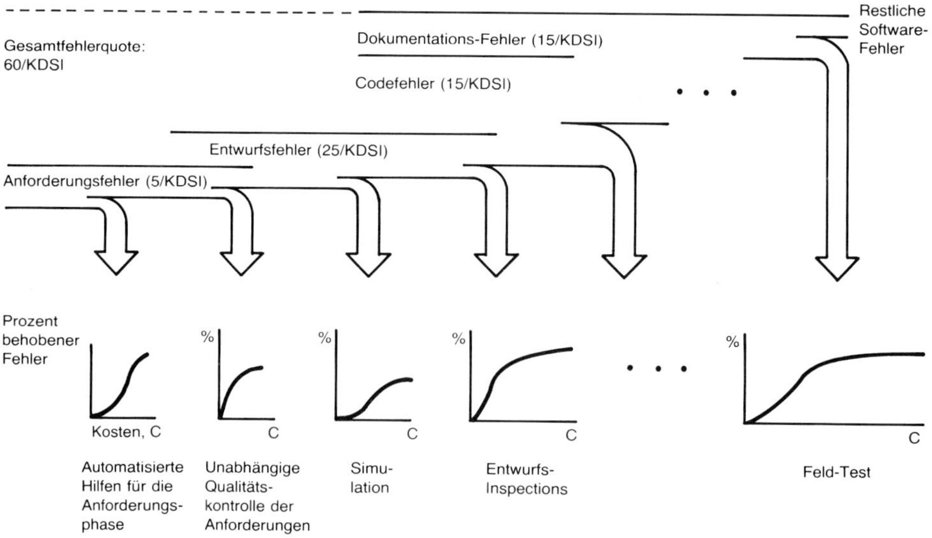

Abb. 24–8: Software-Modell für Fehlerquellen und Fehlerbeseitigung

Tabelle 24–3 zeigt die Ergebnisse aus drei relativ vergleichbaren Studien (Jones, 1978; Thayer und andere, 1978; und Boehm, 1980), die sich mit der relativen Bedeutung der Vorgänge des Fehlergeschehens und der Fehlerbeseitigung während der Software-Entwicklung befassen. Die Studie von Thayer ist das Ergebnis einer retrospektiven Analyse von mehreren tausend Berichten über Software-Probleme bei großen TRW-Software-Projekten. Jones befaßt sich mit einer großen Vielfalt von IBM-Projekten. Die Daten von Boehm stammen aus zwei kleinen Produkten (2-KDSI), die nach derselben Gesamtspezifikation entwickelt worden sind.

Tabelle 24–3 weist lediglich den Prozentsatz der möglichen Gesamtfehlerbeseitigung beim vollen Einsatz jeder Technik oder Aktivität aus. Sie gibt keinen Hinweis auf die relativen Kosten dieser Techniken oder die Verläufe ihrer Produktionsfunktionen. Noch weniger ist über die Produktionsfunktionen der individuellen Fehlerbeseitigung

Tab. 24–3: Fehlerquellen und Fehlerbeseitigung während der Software-Entwicklung

	(Jones, 1978)	(Thayer und andere, 1978)	(Boehm, 1980)
Aufgetretene Fehler			
Gesamtquote	30–35/KDSI	40–80/KDSI*)	65–85/KDSI
Prozent pro Komponente			
Anforderungen		10%	8–10%
Funktioneller Entwurf	15%	55 (Funktioneller und Logischer Entwurf)	15–20
Logischer Entwurf	20		25–35
Codierung	30	35	25
Dokumentation usw.	35		17–20
Beseitigte Fehler			
Automatisierte Hilfen für die Anforderungsphase		63**)	
Funktionelle Spezifikations-Review	50		45–60
Simulation		21	
Entwurfssprache		32	
Entwurfsstandards		29	
Logikspezifikations-Review	40 50		50–60
Modullogik-Inspektionen	60 70	58	
Modulcode-Inspektionen	65 75 70	63	
Überprüfung der Codestandards		20	
Einsatz von Analyseprogrammen		14	
Modultest	10 10 25	73 (Modultest und Funktionstest)	
Funktionstest	20 25 55		50
Komponententest	15 20 65	46 (Komponententest und Test des Subsystems)	
Test des Subsystems	15 15 55		
Systemtest	10 10 40	46	50

*) Äquivalente Zahl. Die aufgeführte Quote (10–20/KDSI) betrifft nur Testfehler, die nach der Integration im Test entdeckt wurden.

**) Aus (Bell-Thayer, 1976)

bekannt. Vielleicht werden sie von den Produktionsfunktionen der Code-Inspections und des Modultests, die wir Ihnen in Abbildung 24–9 zeigen, am besten charakterisiert.

Die Werte der Abbildung 24–9 werden von anderen Arbeiten, die sich mit Einzelproblemen von Fehlerbeseitigungsfunktionen beschäftigen — vor allem bei der Code-Inspection und beim Einzeltest — weitgehend bestätigt. Tabelle 24–4 bringt eine Zusammenfassung dieser Studien, zu denen auch die Ergebnisse aus Abbildung 24–9 gehören, die unter der Projektbezeichnung A ausgewiesen sind. (Das Projekt hatte eine Programmierrate von ungefähr 4 DSI/MH. Somit entspricht die Modultestrate von 5 DSI/MH aus Tabelle 24–4 dem Punkt, welcher in Abbildung 24–9 80% des Programmieraufwandes anzeigt, usw.)

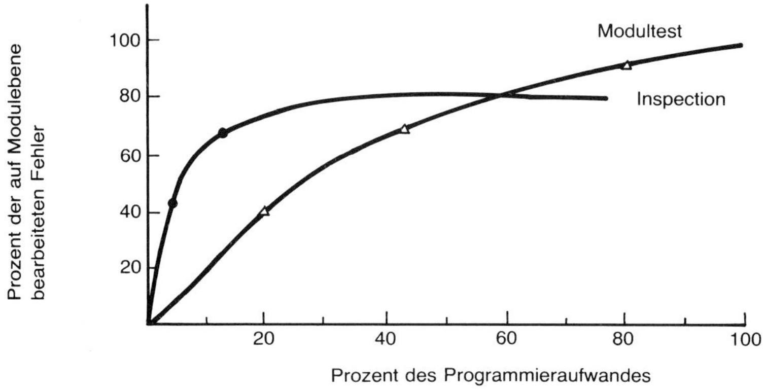

Abb. 24–9: Code-Inspection und Einzeltest-Produktionsfunktionen

Tab. 24–4: Kosten und Effektivität der Fehlerbeseitigung

Aktivität	Quelle	Aufwand	Fehlerbeseitigung
Code-Inspektion	(Jones, 1977)	10–48 DSI/MH*)	70%
	(Myers, 1978)	10 DSI/MH	38%
	(Boehm, 1980)	20 DSI/MH	89%
	Projekt A	120 DSI/MH	41%
		30 DSI/MH	64%
	(Crossmann, 1979)	25 DSI/MH	50–60%
Modultest	(Jones, 1977)	18–40 DSI/MH	20% nach der Inspektion
	(Myers, 1978)	24 DSI/MH	36%
	Projekt A	20 DSI/MH	40%
		10 DSI/MH	68%
		5 DSI/MH	89%
	(Crossmann, 1979)	10 DSI/MH	50–60%
Programmüberprüfung	(Miller, 1980)	$ 50–500/DSI	Sehr hoch, aber nicht 100%

*) DSI/MH = zur Verfügung gestellte, pro Mann-Stunde verarbeitete Source-Befehle

Abrundung des Bildes der Produktionsfunktion der Software-Zuverlässigkeit

Wir sollten im Prinzip dazu in der Lage sein, ähnliche Produktionsfunktionen für andere Fehlervermeidungs- und Fehlerbeseitigungs-Aktivitäten zu entwickeln und damit das in Abbildung 24–8 dargestellte Bild so abzurunden, daß wir den gewünschten Investitionsgrad unter den verschiedenen Aktivitäten auswählen und das daraus resultierende restliche Software-Fehlerniveau in Fehler/KDSI bestimmen können. Auf dieser Größe basieren Zuverlässigkeits-Schätztechniken, wie z. B. die von (Musa, 1980) oder (Duvall, 1979) besprochenen; mit diesen kann mittels entsprechender Annahmen eine Schätzung des Restfehlerniveaus in eine Schätzung der Software-Zuverlässigkeit R umgesetzt werden. Wir könnten aber auch ein einfacheres Zuverlässigkeitsmaß — wie z. B. (entdeckte Fehler)/(KDSI-Jahr) — einsetzen und die restlichen Fehler einfach über den erwarteten Lifecycle des Software-Produktes aufteilen, wie dies bei (Remus-Zilles, 1979) der Fall ist.

Schwierigkeiten bei der Abrundung des Bildes

In der Praxis wird die Vervollständigung des Bildes jedoch nicht ganz so einfach sein. Die Kombination der Produktionsfunktionen wird durch die Tatsache kompliziert, daß eine Fehlerbeseitigungs-Aktivität bei einigen Fehlerarten sehr wirksam ist, bei anderen jedoch weit weniger. Wir können also die Effekte individueller Produktionsfunktionen nicht überlagern, um eine kombinierte Produktionsfunktion zu erzielen, es sei denn, wir kennen ihre relativen Überschneidungen bei der Beseitigung von Fehlern derselben Klasse.

Die Erfahrung von (Myers, 1978) mit Code-Inspections ist ein Beispiel für eine solche Komplikation; siehe hierzu Tabelle 24–4. Bei diesem Experiment belief sich der Inspektionsaufwand auf 1 Mann-Stunde pro 10 DSI und ergab eine Fehlerbeseitigungsquote von 38%; dies ist weit weniger rentabel als die anderen in Tabelle 24–4 erwähnten Code-Inspections. Der Unterschied läßt sich wohl am ehesten damit erklären, daß das Musterprogramm von Myers eine Anzahl beträchtlich subtilerer Fehler enthielt, als bei der meisten Anwendungs-Software zu finden sind (so sind z. B. 6 von 15 Fehlern des Programms unentdeckt geblieben, als eine Variante des Programmes generiert wurde, bei der Techniken zum Nachweis der Korrektheit eingesetzt wurden [Naur, 1969; Goodenough-Gerhard, 1975]).

Als weiteres Beispiel sei hier angeführt, daß der Prozeß der Kombination der Inspections und Modultest-Produktionsfunktionen der Abbildung 24–9 mit den folgenden Überschneidungen konfrontiert wird:

Technik	Inspektionen	Modultest
Stärken	• Einfache Programmierfehler, logische Fehler • Fehler in der Entwicklungsphase • Interface-Fehler • Fehlende Teile • Spezifikations-Fehler	• Einfache Programmierfehler, logische Fehler • Numerische Approximationen • Programm-dynamische Fehler
Schwächen	• Numerische Approximationen • Programm-dynamische Fehler	• Fehler in der Entwicklungsphase • Interface-Fehler • Fehlende Teile • Spezifikationsfehler

Diese zwei Aktivitäten ergänzen sich, wenn sie sich mit verschiedenen Fehlerkategorien befassen. Sie überschneiden sich jedoch sehr bei den häufigsten Fehlern, nämlich einfachen Programmier- und Logik-Fehlern. Die Entwicklung einer kombinierten Produktionsfunktion wird deshalb nicht leicht sein, weil wir aufgrund erhöhter Investitionen in die beiden Techniken auf mehr und mehr Fehler stoßen werden, welche mittels der beiden Techniken entdeckt werden können.

Die relative Bedeutung, die einem Fehler zukommt, ist ein weiterer komplizierender Faktor, der von jeder Fehlerbeseitigungsstrategie berücksichtigt werden muß. So haben z. B. (Rubey und andere, 1975) anhand einer Stichprobe aus mehreren hundert nach Art und Ausmaß eingestuften Fehlern gezeigt, daß Dokumentationsfehler im Durchschnitt weit weniger gravierend sind als andere Fehlerarten.

Zusammenfassend können wir jedoch festhalten, daß es zahlreiche brauchbare Studien und Unterlagen gibt, die uns helfen, die Situation zu verstehen, obwohl die Charakterisierung der Beziehungen zwischen den Software-Kosten und der Software-Zuverlässigkeit weiterhin ein komplexes Thema bleibt.

Es muß noch eine Menge wichtiger Arbeit auf diesem Gebiet geleistet werden, bis wir zu einem gründlicheren Verständnis der Beziehungen zwischen den Software-Kosten und der Software-Zuverlässigkeit gelangen.

24.2 DATA: Größe der Datenbank

Der für die Entwicklung eines Software-Produktes erforderliche Aufwand wird selbstverständlich auch von der Größe und der Komplexität der Datenbank beeinflußt. Die speziellen Merkmale der Datenbank eines Software-Produktes, welche die Produktkosten beeinflussen, konnten jedoch nur äußerst schwer charakterisiert werden. Bis heute konzentrierte sich die Hauptarbeit über den Grad der Software-Komplexität auf die Programm-Komplexität anstatt auf die Komplexität der Daten. Viele Software-Kostenschätzmodelle ignorieren die Auswirkungen der Datenbank völlig, indem sie nur ablauffähige Befehle als Größenparameter verwenden.

Außerdem haben die Software-Praktiker kein gemeinsames Vokabular entwickelt, um die Auswirkungen der Datenbank-Größe entsprechend gut darzustellen. Bei einer Software-Übersicht über eine Kostendaten-Sammlung fand sich z. B. folgende Angabe: „Anzahl der Arten von Elementen in der Datenbank". Die Antworten, die von verschiedenen Projekten mit sehr ähnlichen Datenbank-Charakterisierungen eingingen, variierten von 3 bis 1 000 000. Bei der darauf folgenden Überprüfung wurden zwar einige der Interpretations-Unterschiede bereinigt; es blieben aber noch immer so viele Fragen offen, daß diese Größe als potentielles Kostenfaktor-Merkmal fallengelassen wurde.

Die allgemeine Situation spiegelt sich auch beim COCOMO-Ansatz wider: Die Charakterisierung der Datenbank-Auswirkungen erfolgt ad hoc und stückweise. Bislang sind die Auswirkungen der Datenbank-Kostenfaktoren in dreierlei Hinsicht erfaßt:

1. Der Gesamtumfang an Daten, die für die Datenbank gesammelt werden müssen, wird durch das DATA-Kostenfaktor-Merkmal charakterisiert, welches wir in diesem Abschnitt vorstellen.

2. Die Struktur der Datenbank wird durch ihren Beitrag zu der Anzahl zur Verfügung gestellter Sourcebefehle (DSI) des Software-Produktes*) charakterisiert.
3. Die Komplexität der Daten-Abwicklungsaktivitäten wird von der DATA-Management-Verarbeitungsskala des Kostenfaktor-Merkmals für Produktkomplexität (CPLX) charakterisiert, das wir im nächsten Abschnitt besprechen werden.

Verglichen mit einigen früheren Fehlstarts handelt es sich bei diesem Ansatz eindeutig um einen Fortschritt bei der Berücksichtigung von Datenbank-Aspekten durch COCOMO. Er könnte sich langfristig als ein sehr empfehlenswerter Ansatz erweisen. Es wird jedoch noch eine Menge zusätzlicher Forschungsarbeit, Datensammlung und Analysen erfordern, ehe dies endgültig feststeht.

Bewertungsmaßstäbe und Aufwandsmultiplikatoren

Tabelle 24–5 zeigt die Aufwandsmultiplikatoren der Software-Entwicklung (im COCOMO-Endmodell) als Funktion der relativen Größe der zu entwickelnden Datenbank. Die Maßstäbe sind nach folgender Relation definiert:

$$D/P = \frac{\text{Größe der Datenbank in Bytes oder Zeichen}}{\text{Programmgröße in DSI}}$$

wobei sich die Datenbank-Größe auf den Umfang der zu sammelnden Daten bezieht, die zum Zeitpunkt der Software-Übernahme nicht im Hauptspeicher zu speichern sind, sondern z. B. in Magnetbändern, Platten-, Trommel- und Blasenspeichern usw. Die Bedeutung und die Phasenverteilung der Auswirkungen der Datenbank-Größe sind in Abbildung 24–10 graphisch dargestellt.

Tab. 24–5: Aufwandsmultiplikatoren der Datenbank-Größe

DATA-Maßstäbe / Phase	Anforderungen und Produktentwurf	Feinkonzeption	Codierung und Modultest	Integration und Test	Gesamt
Niedrig (D/P < 10)	0,95	0,95	0,95	0,90	0,94
Mittel (10 ≤ D/P < 100)	1,00	1,00	1,00	1,00	1,00
Hoch (100 ≤ D/P < 1000)	1,10	1,05	1,05	1,15	1,08
Sehr hoch (DP ≥ 1000)	1,20	1,10	1,10	1,30	1,16

Tabelle 24–6 stellt die Unterschiede bei den Projektaktivitäten dar, wie sie sich aus den unterschiedlichen Datenbank-Größen ergeben. Die Unterschiede bei der Datenbank-Planung, Code/Datenbank-Integration und der Qualitätskontrolle sind offensichtlich die Hauptgründe, warum in den ersten und letzten Phasen eine größere Aufwandsvielfalt als in den zwei mittleren Phasen besteht.

Vergleich mit den Projekt-Ergebnissen

Ausgehend von unserer Analyse in Abschnitt 24.1, bei der die COCOMO-RELY-Aufwandsmultiplikatoren und die Projektergebnisse aus der COCOMO-Projektdatenbank verglichen wurden, werden wir den dort definierten optimalen Aufwandsmultiplikator (Gleichung 24–1) als Basis für unseren Vergleich mit dem DATA-Merkmal

*) Selbst hier ist ein zusätzliches Zugeständnis nötig gewesen: Bei den COBOL-Programmen wertet die COCOMO-DSI-Zählung die nicht ablauffähigen Codierzeilen durch einen Faktor von ⅓.

Tab. 24–6: Unterschiede bei der Projekt-Aktivität aufgrund der Datenbank-Größe

Bewertungs-Maßstab	Anforderungen und Produktentwurf	Feinkonzeption	Codierung und Modultest	Integration und Test
Niedrig (D/P < 10)	Leichter Entwurf und Nachprüfung der Datenbank	Leichter Entwurf und Nachprüfung der Datenbank	Leichte Datenbank-Entwicklung	Weniger Datenbank-Testen, weniger Datenbank-Akzeptanz-Tätigkeit
	Leichte Interface-HW/SW-Speicherung	Weniger Datenüberprüfung aus dem Programm	Weniger Datenüberprüfung beim Programm	Leichte Codierung und Datenbank-Integration
	Leichtere Testplane Minimale Datenbank CM, Dokumentation	Leichtere Testpläne Minimales Datenbank-Konfigurations-Management CM, Dokumentation	Weniger Datenzusammenstellung Minimale Datenbank CM, Dokumentation	Weniger Datenzusammenstellung Minimale Datenbank-CM, Dokumentation
Mittel (10 ≤ D/P < 100)	Keine Änderung	Keine Änderung	Keine Änderung	Keine Änderung
Hoch (100 ≤ D/P < 1.000)	Komplexer Entwurf und Nachprüfung der Datenbank	Komplexer Entwurf und Nachprüfung der Datenbank	Schwierigere Datenbank-Entwicklung	Mehr Datenbank-Testen, mehr Datenbank-Übernahme-Aktivität
	Komplexes HW/SW-Speicher-Interface	Umfangreichere Datenüberprüfung aus dem Programm	Umfangreichere Datenüberprüfung beim Programm	Schwierigere Code-/Datenbank-Integration
	Umfangreichere Testplanung	Umfangreichere Testplanung	Umfangreichere Datenzusammenstellung	Mehr Datenzusammenstellung
	Umfangreicheres Datenbank-CM, Dokumentation	Umfangreicheres Datenbank-CM, Dokumentation	Umfangreicheres Datenbank-CM, Dokumentation	Mehr Datenbank-CM, Dokumentation
	Funktionen des Datenbank-Verwalters →			
Sehr hoch (D/P ≥ 1.000)	Verstärkung der obigen Auswirkungen	Verstärkung der obigen Auswirkungen	Verstärkung der obigen Auswirkungen	Verstärkung der obigen Auswirkungen

einsetzen. Der optimale Aufwandsmultiplikator IEM (P,DATA) für jedes Projekt P ist mit dem Wert des DATA-Aufwandsmultiplikators identisch, der die geschätzten Mann-Monate des COCOMO-Zwischenmodells des Projektes mit den tatsächlichen, für das Projekt erforderlichen Mann-Monaten gleichsetzen würde. Wir sind dabei von der Annahme ausgegangen, daß alle Aufwandsmultiplikatoren des COCOMO-Zwischenmodells die Werte beibehalten, die von ihren Merkmals-Ausprägungen bestimmt worden sind.

Abbildung 24–11 zeigt die Werte von IEM (P,DATA) für die Projekte in der COCOMO-Projektdatenbank verglichen mit den Werten der Aufwandsmultiplikatoren (des COCOMO-Zwischenmodells) für die vier DATA-Merkmalsausprägungen. Wie es schon für das RELY-Merkmal der Fall war, stellen wir auch hier eine gute Korrelation zwischen den COCOMO-Multiplikatoren (den Kreisen in Abbildung 24–11) und den Projektdaten fest, insbesondere im Hinblick auf die Medianwerte des IEM (P,DATA) für jeden DATA-Maßstab (den Pfeilen in Abbildung 24–11).

Allgemeine Überlegungen

Mit der Tabelle 24–5 wollten wir lediglich der Gesamtgröße der Datenbank Rechnung tragen, die entworfen, zusammengestellt und vor der Übernahme auf ihre Gültigkeit

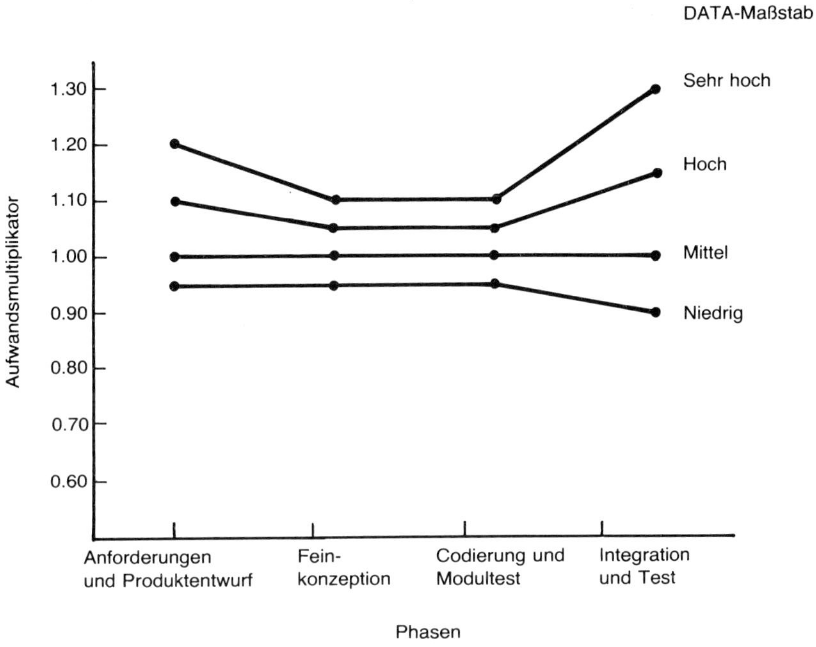

Abb. 24–10: Aufwandsmultiplikatoren nach Phasen: Datenbank-Größe

überprüft werden muß. Die Überlegungen über die Komplexität der Datenstrukturen werden von COCOMO durch die Übernahme der Datenwerte in Form von Source-Befehlen in den Komplexitätsfaktor und über die Data-Management-Verarbeitungsskala (Abschnitt 24.3) berücksichtigt.

Über die Auswirkungen dieses Faktors ist noch sehr wenig festgestellt worden. Die Doty-Studie (Herd und andere, 1977) berichtete von ihm als einem „untergeordneten" Effekt; quantitative Daten wurden nicht veröffentlicht. Der „Air Force-Industry Software Cost Estimation Workshop" (Air Force, 1974) hielt ihn für einen wichtigen Faktor, stellte aber keine Schätzungen über die Bedeutung seiner Auswirkungen zur Verfügung. Die IBM(Walston-Felix, 1977)-Studie teilte dem Faktor „Anzahl von Arten von Elementen in der Datenbank pro 1000 Lines of Code" eine Produktivitätsrate von 1,73 zu. Der COCOMO-Produktivitätswert beträgt 1,16/0,94 oder 1,23.

24.3 CPLX: Software-Produktkomplexität

Bewertungsmaßstäbe und Aufwandsmultiplikatoren

Tabelle 24–7 zeigt die Aufwandsmultiplikatoren der Software-Entwicklung (im Detail-COCOMO) als Funktion des Komplexitätsniveaus des zu entwickelnden Moduls. In der Tabelle 24–8 finden Sie die Bewertungsmaßstäbe mit Bezug zur Verarbeitungsart dargestellt, welche vom Modul hauptsächlich durchgeführt werden soll: Kontrolle, Berechnung, anlageabhängige oder Data-Management-Verfahren. In Tabelle 24–8 finden Sie zu jeder Modulart zunehmend komplexe Verfahren, welche den Modul-Komplexitäts-Maßstäben von „sehr niedrig, niedrig, mittel, hoch, sehr hoch und extrem hoch" entsprechen.

Tab. 24–7: Aufwandsmultiplikatoren der Modul-Komplexität

CPLX-Bewertungs-Maßstäbe / Phase	Anforderungen und Produktentwurf	Feinkonzeption	Codierung und Modultest	Integration und Test	Gesamt
Sehr niedrig	0,70	0,70	0,70	0,70	0,70
Niedrig	0,85	0,85	0,85	0,85	0,85
Mittel	1,00	1,00	1,00	1,00	1,00
Hoch	1,15	1,15	1,15	1,15	1,15
Sehr hoch	1,30	1,30	1,30	1,30	1,30
Extrem hoch	1,65	1,65	1,65	1,65	1,65

Ein Rechen-Modul, welches ausschließlich aus einfachen Ausdrücken wie A = B + C * (D–E) besteht, würde also z. B. mit einer sehr niedrigen Bewertung versehen. Ein Modul mit weiterentwickelten Ausdrücken wie z. B. D = SQRT (** 2–4.*A*C) würde mit einer niedrigen Bewertung versehen.

Wir stellen Ihnen kein Gegenstück zu der üblichen Tabelle zur Verfügung, in welcher die Unterschiede der Projektaktivitäten aufgrund unterschiedlicher Maßstäbe dargestellt sind. Die Auswirkung einer erhöhten Komplexität zeigt sich eher in einer einheitlich erhöhten Zunahme aller Projekt-Aktivitäten. Diese Auswirkung manifestiert sich in einer einheitlichen Phasenverteilung der CPLX-Aufwandsmultiplikatoren, was in Abbildung 24–12 graphisch dargestellt ist.

Vergleich mit den Projektergebnissen

Wie bei unseren früheren Vergleichen der COCOMO-Aufwandsmultiplikatoren mit den Projektergebnissen werden wir den optimalen Aufwandsmultiplikator IEM (P,CPLX) für jedes Projekt P der COCOMO-Projektdatenbank als Grundlage für unsere Projektvergleiche verwenden.

Abbildung 24–13 zeigt die IEM-(P,CPLX)-Werte für die Projekte in der COCOMO-Datenbank im Vergleich zu den Werten der COCOMO-Aufwandsmultiplikatoren für die sechs CPLX-Merkmalsbewertungen (den Kreisen in der Abbildung 24–13). Die Korrelation zwischen den COCOMO-Aufwandsmultiplikatoren und den IEM-Medianwerten (P,CPLX) (den Pfeilen in Abbildung 24–13) ist wiederum relativ gut, mit Ausnahme des extrem hohen Maßstabes, welcher nur einen Datenwert hat. Solange wir keine weiteren extrem hohen Komplexitäts-Datenwerte haben, wäre es verfrüht, für den extrem hohen Aufwandsmultiplikator eine Aufrundung vorzuschlagen.

Allgemeine Überlegungen

Einige der frühesten Software-Kostenmodelle hatten nur einen Aufwandsmultiplikator, der zur Gesamt-Komplexität oder -Schwierigkeit des zu realisierenden Jobs in Beziehung stand. Das beste dieser frühen Modelle war vielleicht das Modell, das sich auf die Studie der „System Development Corporation (SDC)" (Nelson, 1966) stützte, welche sich mit 169 Software-Projekten befaßte. Abbildung 24–14 zeigt Ihnen die kumulative Verteilung der Projekt-Produktivität oder Programmierrate dieser 169 Projekte. Wenn man die Abbildung 24–14 zu Schätzzwecken einsetzt, würde man sein Projekt zuerst um z. B. 80% komplexer als die Projekte der SDC-Stichprobe ansetzen. Für die Abbildung 24–14 würde dies bedeuten, daß das neue Projekt 7 Mann-Monate

Tab. 24–8: Maßstäbe der Modul-Komplexität im Vergleich zur Modul-Art

Bewertungs-Maßstäbe	Kontroll-Module	Rechen-Module	Ablage-abhängige Module	Data-Management-Module
Sehr niedrig	Lineare Codierung mit einigen nicht verschachtelten SP-Operatoren: DO, CASE, IFTHENELSE. Einfache Voraussetzungen	Festlegung von einfachen Ausdrücken: z. B. A = B + C*(D–E)	Einfaches Lesen und Schreiben von Statements einfacher Formate	Einfache Datenbereiche im Hauptspeicher
Niedrig	Direkte Verschachtelung von SP-Operators. Meistens einfache Voraussetzungen	Festlegung von mittleren Ausdrücken, z. B. D = SQRT (B**2–4.*A*C)	Es ist kein Wissen über besondere Prozessoren oder I/O-Anlagecharakteristika erforderlich. I/O wird auf der GET/PUT-Stufe durchgeführt. Es ist kein Überlappen erkenntlich.	Einfache Datei-Verarbeitung ohne Datenstrukturänderungen, keine Editierung, keine Zwischendateien
Mittel	Meistens einfache Verschachtelung. Einige Zwischenmodul-Kontrollen. Entscheidungstabellen	Einsatz von mathematischen und statistischen Standard-Routines. Grundlegende Matrix- und Vector-Verarbeitungen	Zur I/O-Verarbeitung gehören Anlage-Auswahl, Status-Überprüfung und Fehlerverarbeitung	Mehrdatei-Input und einfaches Datei-Output. Einfache strukturelle Änderungen, einfache Editierung
Hoch	Stark verschachtelte SP-Operators mit vielen zusammengesetzten Voraussetzungen. Warteschlangen und Stapel-Kontrollen. Beträchtliche Zwischen-Modul-Kontrolle	Grundlegende numerische Analysen: mehrfache Interpolation, gewöhnliche Differentialgleichungen. Basis-Kürzungen und -Rundungen	Verarbeitungen auf der physischen I/O-Stufe (physische Speicher-Adressierungen, Suchen, Lesen usw.). Optimierte I/O-Überschneidung	Spezielle Subroutinen, die vom Datenfluß aktiviert werden. Komplexe Datenrestrukturierung auf Satzstufe
Sehr hoch	Reentrant- und rekursives Codieren. Interrupt-Handling mit fixen Prioritäten	Schwierige, aber strukturierte numerische Analyse: beinahe singuläre Matrix-Gleichungen, teilweise Differentialgleichungen	Routinen für Interrupt-Diagnosen, Service, Masken-Entwicklung. Handhabung der Kommunikations-Verbindungen	Eine generalisierte, Parameter-gesteuerte Datei-Strukturierungsroutine. Datei-Aufbau, Befehlsverarbeitung, Such-Optimierung
Extrem hoch	Mehrdimensionale Ressourcen-Planung mit dynamisch sich ändernden Prioritäten. Kontrolle auf Mikro-Code-Level	Schwierige, nicht strukturierte numerische Analyse: äußerst genaue Analyse von stochastischen Daten	Anlagen-abhängige Codierung, Mikro-Programmverarbeitung	Extrem gekoppelte, dynamische, relationale Strukturen. Daten-Management mit natürlicher Sprache

benötigt, um 1000 Objektbefehle zu generieren, d. h. 143 Befehle/MM. Ein Maßstab von 60% würde eine Programmierrate von 4 MM/1000 Befehlen oder 250 Befehle/MM bedeuten.

Die größte praktische Schwierigkeit eines solchen Modells besteht darin, daß die Bewertungen auf einem rein subjektiven Urteil aufbauen. Wenn also ein Schätzer ein Projekt mit einer Komplexität von 80% einstuft, ein anderer aber mit 60%, gibt es für

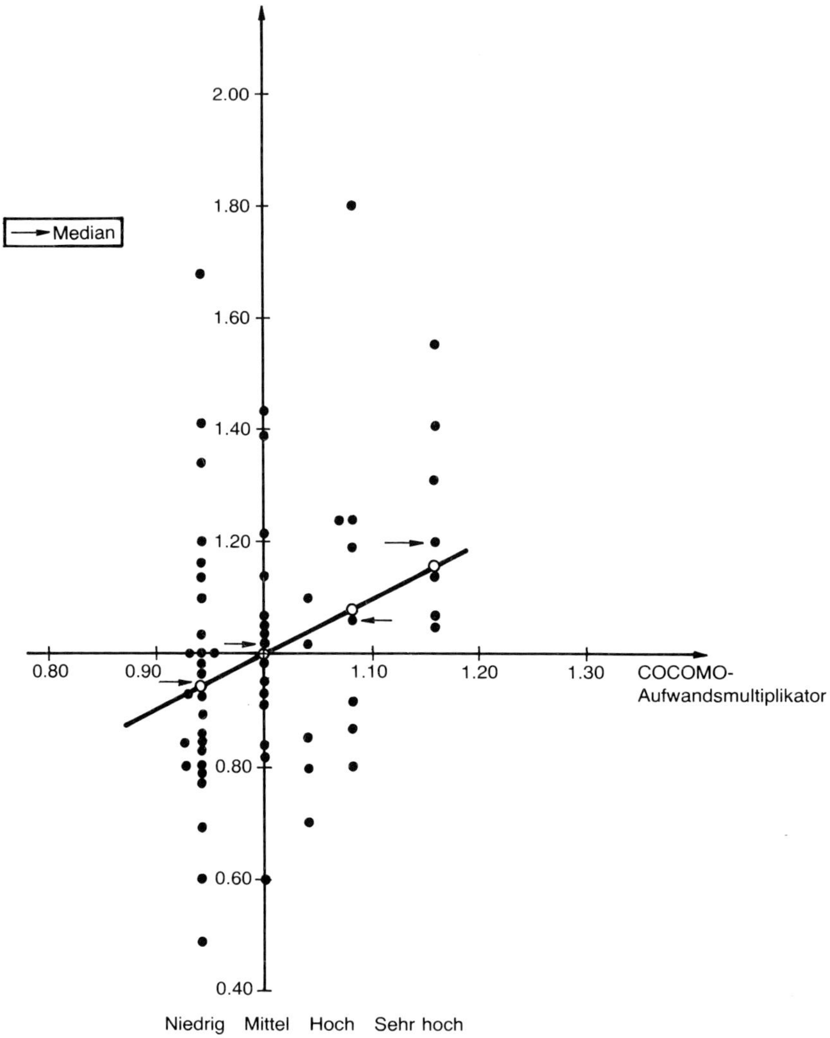

Abb. 24–11: COCOMO-Aufwandsmultiplikator im Vergleich zum optimalen Aufwandsmultiplikator — Datenbank-Größe

einen Dritten keine Möglichkeit, zu entscheiden, welcher Maßstab der genauere ist — obwohl dies Kostenschätzungen auslösen kann, die um einen Faktor von beinahe zwei differieren.

COCOMO folgt dem TRW SCEP-Modell (Boehm-Wolverton, 1978), indem es versucht, die vom Komplexitätsfaktor hervorgerufene subjektive Variabilität auf folgende Weise einzugrenzen:

- Indem es den Komplexitätsmaßstab nicht auf Subsystem- oder System-Ebene, sondern auf Modul-Ebene ansiedelt.

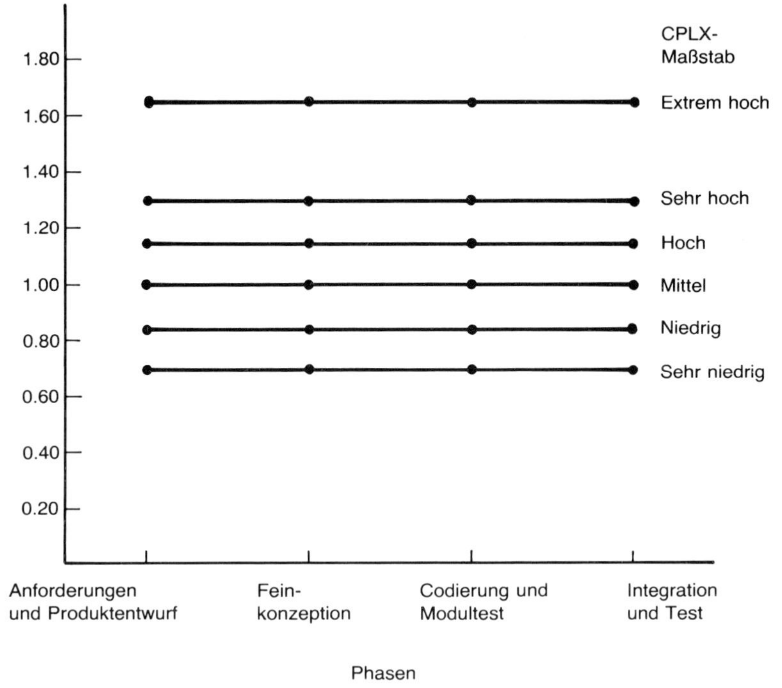

Abb. 24–12: Aufwandsmultiplikatoren nach Phasen: Produktkomplexität

- Indem es so viele Ursachen der Produktivitätsvielfalt wie möglich, zu separaten Kostenfaktoren umformt, die vom Komplexitäts-Kostenfaktor unabhängig sind (z. B. Ausführungszeit- und Hauptspeicher-Begrenzungen, erforderliche Zuverlässigkeit usw.).
- Indem es so viele Ursachen der Produktivitätsvielfalt wie möglich zu separaten welchen jeder Komplexitäts-Maßstab so objektiv wie möglich gestaltet werden kann.

Der hieraus resultierende, auf die Komplexität zurückzuführende COCOMO-Produktivitätswert beträgt 2,36. Dies ist beträchtlich weniger als die Produktivitätswerte von 4 bis 6,67 des (Aron, 1969)-Modells oder des RCA PRICE S-Modells (Freiman-Park, 1979) mit Produktivitätswerten von 6 bis 7. Das spätere (Aron, 1974)-Modell hat Produktivitätswerte, welche — je nach der Funktionsart, die entwickelt wird — bei der Assemblersprache zwischen 2 und 4 und bei den Programmiersprachen höherer Ordnung zwischen 4 und 6 liegen. Das (Wolverton, 1974)-Modell hatte aufgrund einer Komplexität von 1,42 bis 1,53 einen relativ geringen Produktivitätswert. Wahrscheinlich ist dies darauf zurückzuführen, daß es auf einer sehr einheitlichen Projekt-Stichprobe aufbaute. Beim NARDAC-Modell (Williamson, 1979) betrug der Produktivitätswert für die Komplexität 12; da es sich dabei um einen Maßstab auf Modulebene handelte, ist sein Variabilitätsgrad über das ganze Produkt weniger ausgeprägt gewesen. Überraschenderweise schrieb die (Scott-Simmons, 1974)-Delphi-Übersicht über Produktivitäts-Determinanten der „Anwendungs-Komplexität" eine leicht *positive* Korrelation bei einer erhöhten Produktivität zu (+ 1 auf einer Skala von −7 bis + 7). Beim (Daly, 1979)-Modell bestehen Produktivitätswerte von 1,5 für die intramodulare Komplexität und von 1,2 für die zwischen-modulare Komplexität. Beim (Griffin, 1980)-Modell beträgt der Produktivitätswert für die Komplexität 1,5.

Komplexitäts-Grade

Um die Software-Komplexität zu bestimmen, sind eine Anzahl Maßeinheiten erstellt worden, u. a. von (Weissmann, 1974; McCabe, 1976; Halstead, 1977 und Dunsmore-Gannon, 1979). Dies hat zwar eine Anzahl wertvoller Einsichten vermittelt, aber noch keine ausreichende Grundlage der Vertrautheit und der Korrelation mit der Produkti-

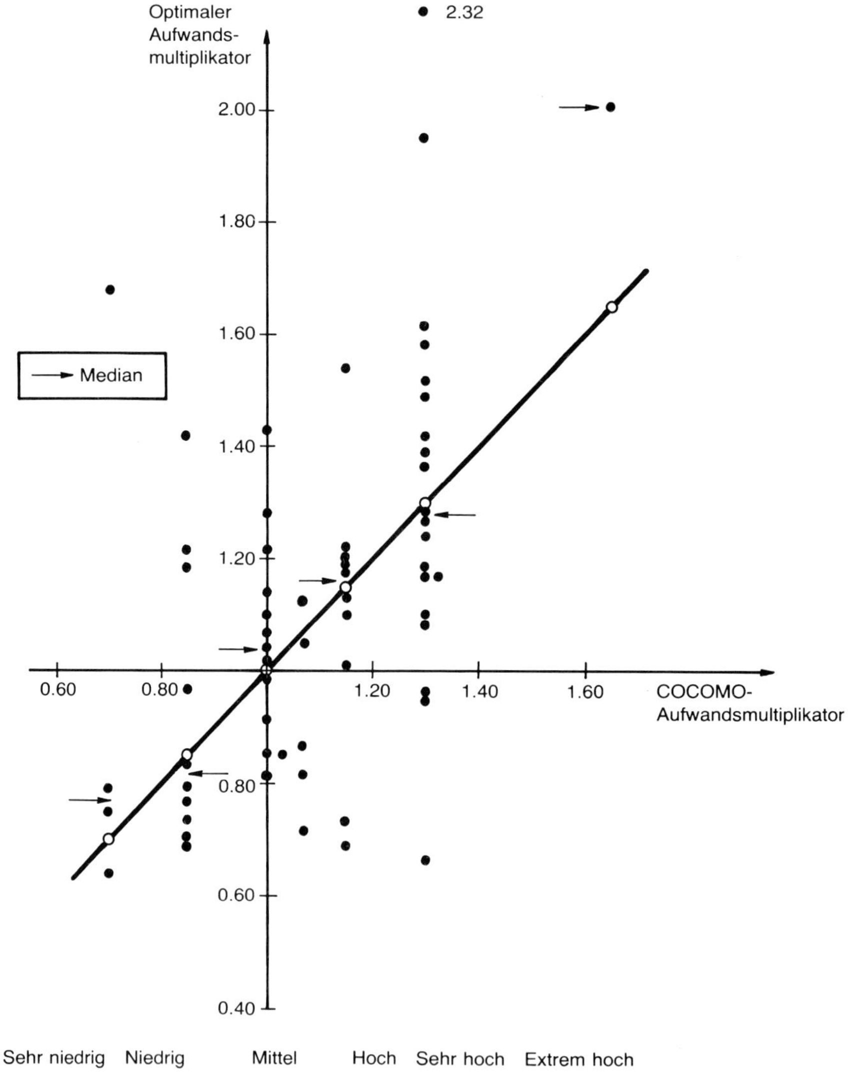

Abb. 24–13: COCOMO-Aufwandsmultiplikator im Vergleich zum optimalen Aufwandsmultiplikator — Produktkomplexität

vität geschaffen, als daß sie als Modellmerkmale für die Produktionskosten eingesetzt werden könnten. (Wir werden dieses Thema in Kapitel 28 noch eingehender besprechen.)

Einige frühere Untersuchungen weisen darauf hin, daß die Korrelation zwischen diesen Graden und den Komplexitäts-Skalen der Tabelle 24–8 positiv, aber nicht übermäßig stark ist. Es scheint, als ob die Maße für den entsprechenden Umfang an analytischem Aufwand unempfindlich sind, welcher für die Formulierung und Programmierung von Modulen erforderlich ist, die auf der COCOMO-Skala höhere oder niedrigere Maßstäbe haben.

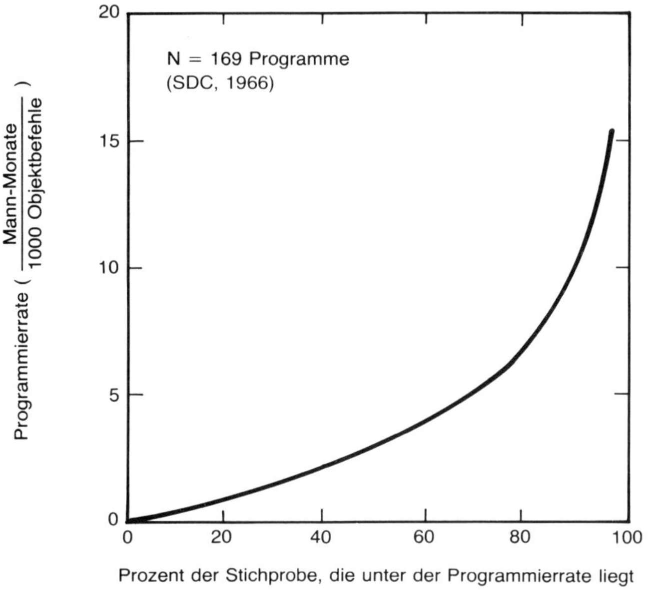

Abb. 24–14: Kumulative Verteilung von Programmierraten bei 169 Programmen

Kapitel 25

Die COCOMO-Kostenfaktoren im einzelnen: Computer-Merkmale

Dieses Kapitel behandelt die Computer-Merkmale, die beim COCOMO-Zwischenmodell und beim COCOMO-Endmodell als Kostenfaktoren zum Einsatz kommen. Es handelt sich dabei um

25.1 TIME Begrenzungen der Ausführungszeit
25.2 STOR Hauptspeicher-Begrenzungen
25.3 VIRT Änderungsanfälligkeit der virtuellen Maschine
25.4 TURN Computer-Verweilzeit

25.1 TIME: Begrenzungen der Ausführungszeit

Bewertungen und Aufwandsmultiplikatoren

Tabelle 25–1 stellt die Aufwandsmultiplikatoren der Software-Entwicklung beim COCOMO-Endmodell als eine Funktion des Grades der Begrenzung der Ausführungszeit dar, welcher ein Software-System unterliegt. Die Bewertungen sind nach dem Prozentsatz der verfügbaren Ausführungszeit festgelegt worden, welche vom Subsystem — oder von allen anderen Subsystemen, welche an der Ausführungszeit-Kapazität beteiligt sind — erwartungsgemäß verbraucht wird. Die Tabellen befassen sich nicht mit den Situationen, in welchen mehr als 95% der verfügbaren Ausführungszeit verbraucht werden. Die Bedeutung und die Phasenverteilung der Auswirkungen der Ausführungszeit-Begrenzung werden in Abbildung 25–1 graphisch dargestellt.

Tab. 25–1: Aufwandsmultiplikatoren der Begrenzung der Ausführungszeit

TIME-Bewertung \ Phase	Anforderungen und Produktentwurf	Fein-konzeption	Codierung und Modultest	Integration und Test	Gesamt
Mittel (≤ 50%)	1,00	1,00	1,00	1,00	1,00
Hoch (70%)	1,10	1,10	1,10	1,15	1,11
Sehr hoch (85%)	1,30	1,25	1,25	1,40	1,30
Extrem hoch (95%)	1,65	1,55	1,55	1,90	1,66

Tabelle 25–2 zeigt die Unterschiede der Projekaktivitäten, welche sich aus den verschiedenen Stufen der Begrenzung der Ausführungszeit ergeben. Die höhere Steigerung bei den Kosten der Integrations- und Testphase ist hauptsächlich auf die höheren Kosten für die Fehlererkennung und -behebung zurückzuführen, welche von den Begrenzungen der Ausführungszeit verursacht werden.

Vergleich mit den Projektergebnissen

Ausgehend von der früheren Analyse in Abschnitt 24.1, in welcher wir die COCOMO-Aufwandsmultiplikatoren der erforderlichen Software-Zuverlässigkeit (RELY) mit den Projektergebnissen verglichen haben, wollen wir nun die dort (in der Gleichung 24–1) definierten optimalen Aufwandsmultiplikatoren als Grundlage für unseren Vergleich mit den in diesem Kapitel besprochenen Computer-Merkmalen einsetzen. Beim TIME-Merkmal ist der optimale Aufwandsmultiplikator IEM (P,TIME) eines

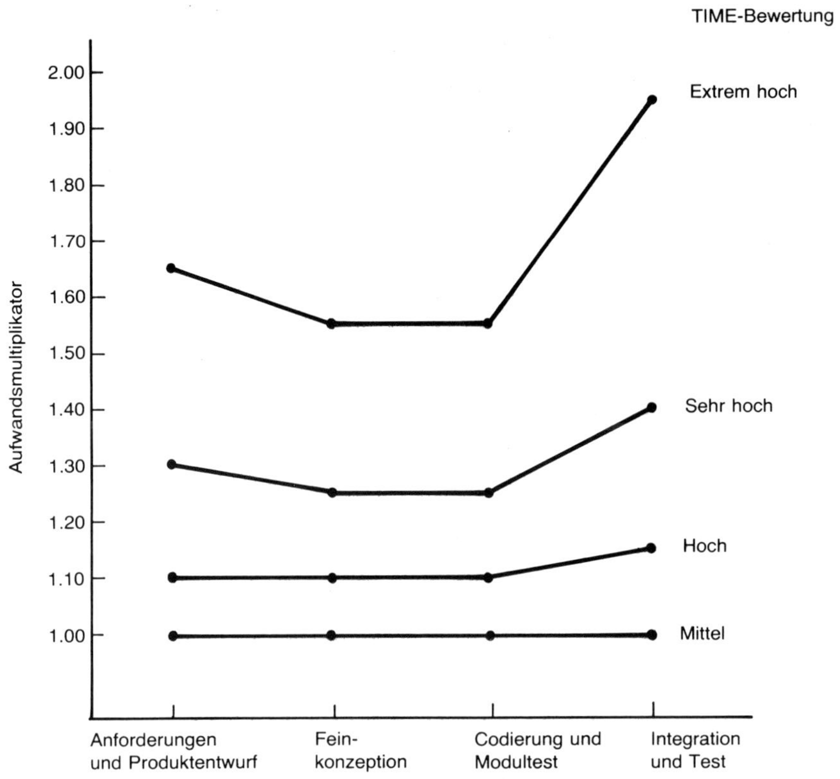

Abb. 25–1: Aufwandsmultiplikatoren nach Phasen: Begrenzung der Ausführungszeit

jeden Projektes P mit dem Wert desjenigen Zeit-Aufwandsmultiplikators identisch, welcher die nach dem COCOMO-Zwischenmodell geschätzten Mann-Monate des Projektes den tatsächlichen, für das Projekt erforderlichen Mann-Monaten gleichsetzt. Wir gehen dabei davon aus, daß bei allen anderen Aufwandsmultiplikatoren des COCOMO-Zwischenmodells die Werte, welche von ihren Merkmalsausprägungen bestimmt worden sind, gleich bleiben.

Abbildung 25–2 zeigt die Werte von IEM (P,TIME) für die Projekte in der COCOMO-Projektdatenbank verglichen mit den Werten der Aufwandsmultiplikatoren, die auf der TIME-Merkmalsbewertung für das Projekt beruhen. Auch hier finden wir wieder eine ziemlich gute Korrelation zwischen den COCOMO-Multiplikatoren (den Kreisen in Abbildung 25–2) und den Medianwerten der Projektdaten für jede Ausprägung (den Pfeilen in Abbildung 25–2). Der IEM-Medianwert für die hohe Bewertung sinkt beträchtlich unter den tatsächlichen COCOMO-Multiplikator der hohen Bewertung. Wenn wir aber die Projekte mit den gemischten, nahe bei „hoch" liegenden Bewertungen in der Gruppe mit den hohen Werten berücksichtigen, liegt der resultierende IEM-Medianwert ziemlich nahe bei den entsprechenden COCOMO-Multiplikatoren.

Tab. 25–2: Unterschiede bei den Projektaktivitäten aufgrund der Begrenzung der Ausführungszeit

Bewertung	Anforderungen und Produktentwurf	Feinkonzeption	Codierung und Modultest	Integration und Test
Mittel (<50%)	Keine Änderung	Keine Änderung	Keine Änderung	Keine Änderung
Hoch (70%)	Zusätzliche Analyse, Simulation, Überprüfung, zusätzliches Prototyping	Zusätzliche Analyse, Simulation, Überprüfung, zusätzliches Prototyping	Zusätzliche Analyse, Programmierung und Debugging der Codierung und der Daten ist schwieriger.	Komplexere Testverfahren, Debugging und korrekte Fehlerbehebung sind erschwert.
	Komplexes Ressourcen-Management von den Anforderungen bis zum Entwurf	Komplexes Ressourcen-Management von den Anforderungen bis zum Entwurf	Komplexes Ressourcen-Management, Routinen zu entwickeln	Zusätzliche Meßfunktion für die Leistung
	Komplexere Testpläne und Verfahren	Komplexere Testpläne und Verfahren	Knappe Budget-Kontrolle der Ausführungszeit	Knappe Budget-Kontrolle der Ausführungszeit
Sehr hoch (85%)	Verstärktes Auftreten der obengenannten Auswirkungen	Verstärktes Auftreten der obengenannten Auswirkungen	Verstärktes Auftreten der obengenannten Auswirkungen	Verstärktes Auftreten der obengenannten Auswirkungen
Extrem hoch (95%)	Erheblich verstärktes Auftreten der obengenannten Auswirkungen	Erheblich verstärktes Auftreten der obengenannten Auswirkungen	Erheblich verstärktes Auftreten der obengenannten Auswirkungen	Erheblich verstärktes Auftreten der obengenannten Auswirkungen

Allgemeine Überlegungen

Weil die beiden Faktoren eng aneinander gekoppelt sind, befaßt sich dieser Abschnitt sowohl mit dem Faktor „Begrenzungen der Ausführungszeit“ (TIME) als auch mit dem nächsten von uns zu besprechenden Faktor, den „Hauptspeicher-Begrenzungen“ (STOR). Die Ausgangswerte der Auswirkungen dieser Kostenfaktoren-Merkmale wurden durch eine Analyse von 34 Luftfahrt-Software-Projekten bei „Rockwell-Autonetics“ erzielt. Die Daten dieser Projekte finden Sie in Abbildung 25–3 (Williman, 1969) dargestellt. Aus diesen Daten leiteten (Williman-O’Donnel, 1970) die in Abbildung 25–4 dargestellte hypothetische Kurve ab, welche die Software-Kosten pro Befehl mit dem Stand der Hardware-Geschwindigkeit und der Speicherbeschränkungen in Beziehung setzt. Im Jahre 1971 gingen aus der US-Airforce-CCIP-85-Studie (Boehm-Haile, 1972) weitere neun Datenwerte zu Software-Projekten hervor, welche großen Hardware-Beschränkungen unterliegen. Wie aus Abbildung 25–4 hervorgeht, bestätigen diese Datenwerte tendenziell die in der Abbildung gezeigte Kurve.

In der Folgezeit erzielten andere Studien und Kostenmodell-Versuche ähnliche Ergebnisse, wie z. B. (Schlüter, 1977) und (Freiman-Park, 1979). Die zuletzt genannte Arbeit betrifft das RCA PRICE-S-Software-Kostenschätzmodell, welches für die Schätzung der Auswirkungen von Hardware-Beschränkungen eine Kurve einsetzt, die der Kurve in Abbildung 25–4 sehr ähnlich ist (sie wird in Abbildung 29–12 wiedergegeben).

Neuerdings ist von Faktoren, die nur die Ausführungszeit oder nur die Speicher-Begrenzungen beeinflussen, berichtet worden. Die wichtigsten Ergebnisse sind in der Tabelle 25–3 dargestellt:

Tab. 25–3: Produktivitätsspannen der Hardware-Begrenzung

Quelle	Ausführungszeit-begrenzung Produktivitätsspanne	Speicher-Begrenzung Produktivitätsspanne
TRW, 1972 (Wolverton, 1974)	3,00	–
Boeing, 1977 (Black und andere, 1977)	3,33–6,67	–
Doty, 1977 (Herd und andere, 1977)	1,33–1,77	1,43
GRC, 1979 (Carrière-Thibodeau, 1979)	1,60	7,00
GTE, 1979 (Daly, 1979)	1,25	1,25
IBM, 1977 (Walston-Felix, 1977)	1,37–1,77	2,03
RCA, 1979 (Freiman-Park, 1979)	kombiniert (siehe Abb. 29–12)	
COCOMO	1,66	1,56

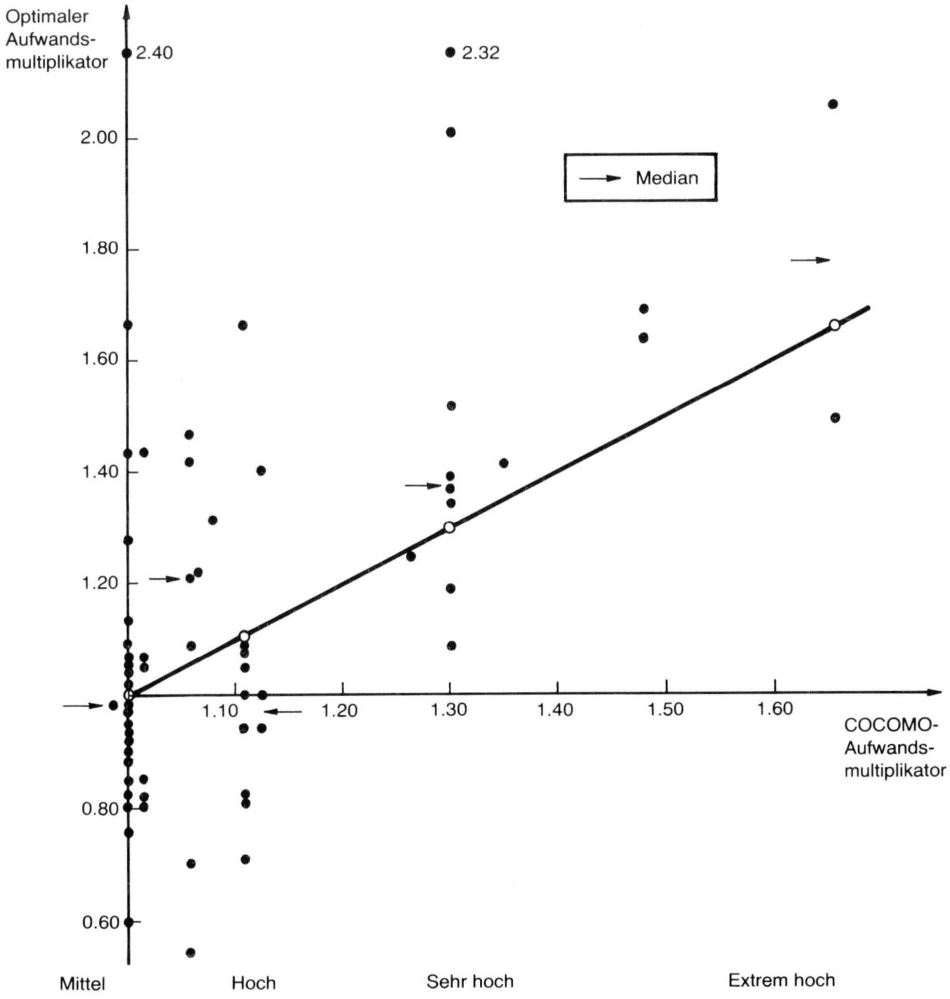

Abb. 25–2: COCOMO-Aufwandsmultiplikator in Relation zum optimalen Aufwandsmultiplikator — Begrenzungen der Ausführungszeit

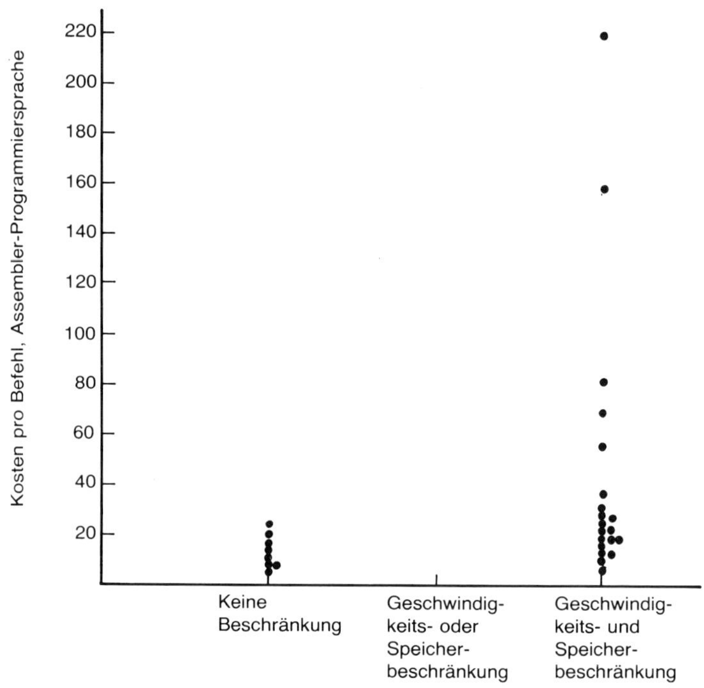

Abb. 25–3: Daten der 'Rockwell-Autonetics' über die Auswirkungen von Hardware-Beschränkungen

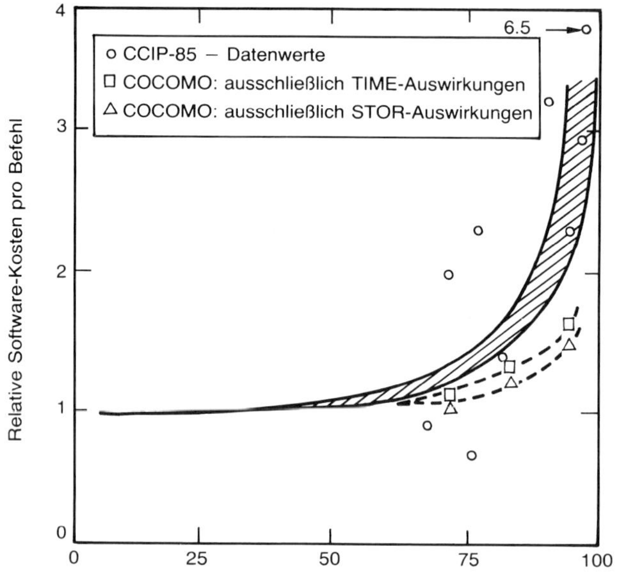

Abb. 25–4: Auswirkungen von Hardware-Beschränkungen auf die Software-Kosten

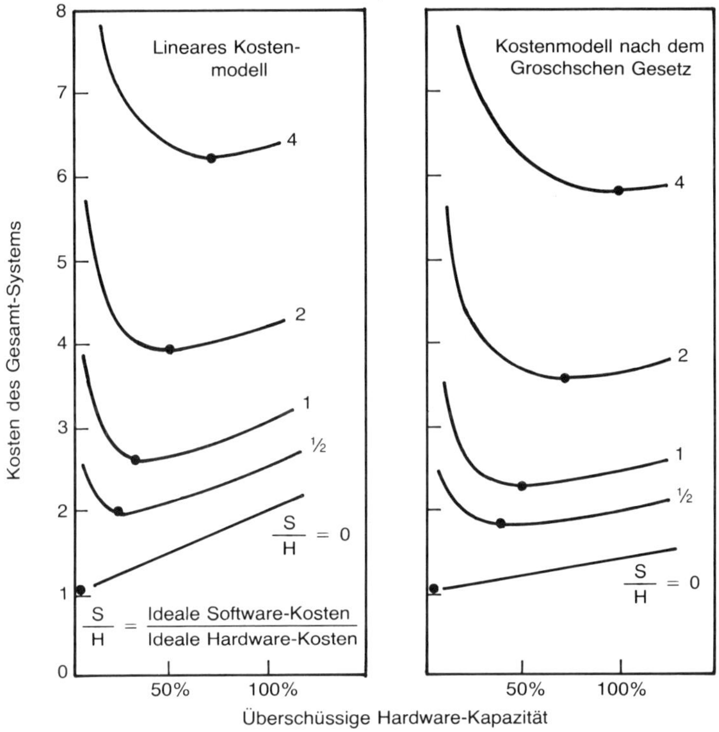

Abb. 25–5: Kosten des Hardware-Software-Systems

Die GRC-Produktivitätsspanne läßt sich nur schwer erklären. Die Tabellen von (Carrière-Thibodeau, 1979) beginnen mit einem Multiplikator von 0,0 für „unbegrenzte" Software, wobei davon ausgegangen wird, daß eine „unbegrenzte" Software entwickelt werden kann, ohne Kosten zu verursachen. Wir gehen bei der Tabelle 25–3 von der Annahme aus, daß die Tabellen eigentlich mit einem Multiplikator von 1,0 beginnen sollten.

Produktivitätsspannen in der IBM-FSD-Datenbank

Die Produktivitätsspannen aus der Datenbank der „IBM Federal Systems Division" (IBM-FSD) (siehe Walston-Felix, 1977) sind ebenfalls etwas schwierig zu erklären. Es ist jedoch wichtig, daß wir sie richtig verstehen, weil sie auf einer sehr sorgfältigen und gründlichen Datensammlung und einer umfangreichen Analyse*) fußen. In der IBM-FSD-Datenbank werden die Zeit- und Speicherbegrenzungen von 60 Projekten entweder als minimal, durchschnittlich oder bedeutend charakterisiert. Nachstehend finden Sie die durchschnittliche Projekt-Produktivität in DSL-MM**) für jede Projektgruppe zusammen mit der jeweiligen Bewertung:

*) Die Informationen über die Einzelheiten der IBM-FSD-Datenbank sind allerdings fragmentarisch. Es ist verständlich, daß sich konkurrierende Software-Firmen scheuen, allzuviel aus ihren Kostendaten offenzulegen.

**) Die IBM-FSD-Definition der Kostenproduktivität gleichen denen des COCOMO, nur daß zu den DSL (auszuführenden Sourcezeilen) bei IBM ein unbekannter Anteil an Kommentarkarten gehört.

Programmentwurfs-begrenzungen bei	Durchschnittliche Produktivität (DLS/MM) minimal	durch-schnittlich	bedeutend
Hauptspeicher	391	277	193
Timing	303	317	171

Es könnte also sein, daß die volle Produktivitätsspanne dieser Merkmale unterschätzt wird, weil die Projekte mit den größten Hardware-Begrenzungen in eine allgemeine, als „bedeutend" bezeichnete Kategorie eingeteilt werden. Andererseits könnten die Produktivitätsspannen auch überschätzt werden, weil die Zeit- und Speicherbegrenzungen pauschal mit den anderen Kostenfaktoren-Auswirkungen zusammengefaßt werden. Es ist daher schwierig zu trennen, welcher Teil der Produktivitätsspanne auf Zeit- und Speicherbegrenzungen zurückzuführen ist und welcher Teil auf die Auswirkungen anderer Kostenfaktoren entfällt, die bei den IBM-FSD-Projekten in der Regel mit Hardware-Beschränkungen korrelieren.

Tabelle 25–4 zeigt einen anderen Aspekt der IBM-FSD-Datenbank (Brustman, 1978), nach welchem eine reduzierte Produktivität sowohl mit strengen zeitlichen Begrenzungen (sie sind hier von 1–3 eingestuft) als auch mit dem größeren Projekt- und Produktumfang in Verbindung steht. So ist es z. B. schwierig zu sagen, inwieweit die niedrige (66 DSL/MM) Durchschnittsproduktivität von „Projekten mit großen, zwingend notwendigen Anforderungen" auf Auswirkungen der zeitlichen Begrenzung und wieviel auf Größenauswirkungen zurückzuführen sind.

Einen weiteren Einblick in die IBM-FSD-Datenbank vermittelt Ihnen (Brustman, 1978) — hier dargestellt in Tabelle 25–5. Sie ersehen daraus, daß die Situation ziemlich komplex ist. Bei einigen der in Tabelle 25–5 genannten Anwendungsformen — wie z. B. bei Betriebssystemen für spezielle Zwecke und bei der interaktiven Echtzeit-Steuerung und Kontrolle — ist die Korrelation zwischen der niedrigen Produktivität und dem großen Umfang stark ausgeprägt. Andererseits haben Prozeßsteuerungssysteme eine verhältnismäßig niedrige Produktivität und eine geringe Größe, was darauf hinweist, daß andere Kostenfaktoren, wie z. B. Hardware-Begrenzungen — unabhängig von Größenauswirkungen — einen bedeutenden Einfluß auf die Produktivität ausüben.

Tab. 25–4: Durchschnittswerte nach Größe und Zeitbegrenzung beim IBM-FSD-Software-Projekt

	Anzahl von Stichproben	Aufwand (MM)	Dauer (Monate)	Spitzen-personal-besetzung	Codierung (KDSL)	Zeit-Begren-zungen	Produk-tivität (DSL/MM)
Geringe, weniger zwingende Anforderungen	9	26	8	5	15	1,1	576
Mittlere, weniger zwingende Anforderungen	24	84	12	8	30	1,7	357
Mittlere, zwingendere Anforderungen	19	312	16	23	80	2,6	256
Große, äußerst zwingende Anforderungen	8	2 486	43	71	165	2,9	66
Gesamt- bzw. Durchschnittswerte	60	468	17	21	62	2,0	132

Wenn wir die IBM-FSD-Produktivitätsspannen im Verhältnis zu anderen COCOMO-Kostenfaktor-Merkmalen — wie z. B. dem Einsatz moderner Programmiermethoden — besprechen, werden wir auf ähnliche Schwierigkeiten bei der Unterscheidung der Auswirkungen verwandter Faktoren stoßen. Zu Ihrer Orientierung geben wir Ihnen in der Tabelle 25–6 die komplette Folge der IBM-FSD-Produktivitätsspannen an (Walston-Felix, 1977).

Tab. 25–5: Durchschnittswerte beim IBM-FSD-Software-Projekt nach Anwendungsart

	Zahl der Stichproben	Durchschnittlich ausgeführte KDSL	Durchschnittlicher Aufwand (MM)	Durchschnittliche Dauer (Monate)	Durchschnittliche Mitarbeiterzahl	Durchschnittliche Produktivität DSL/MM
Batch-Anwendungen	13	27	69	10	8	391
Modelle und Simulatoren	9	77	214	19	14	359
Interaktives Informations-Retrieval-System	13	78	232	13	19	336
Prozeß-Steuerung	6	9	49	7	9	190
Betriebssysteme für spezielle Zwecke	13	58	568	25	28	101
Echtheit, interaktive Steuerung und Kontrolle	6	143	2 420	31	65	59

Tab. 25–6: Produktivitätsspannen der IBM-FSD-Datenbank (Walston-Felix, 1977)

Frage oder Variable	Durchschnittliche Produktivität der Gruppe (DSL/MM)			Produktivitätsänderung (DSL/MM)
Anwender-Interface-Komplexität	< Normal 500	< Normal 295	< Normal 124	376
Benutzerbeteiligung an der Definition der Anforderungen	Keine 491	Etwas 267	Viel 205	286
Auf den Anwender zurückzuführende Änderungen des Programmentwurfs	Wenige 297		Viele 196	101
Anwendererfahrung mit dem Anwendungsgebiet des Projektes	Keine 318	Etwas 340	Viel 206	112
Erfahrung und Qualifikation des Personals	Niedrig 132	Durchschn. 257	Groß 410	278
Prozentsatz der Programmierer, die mit der Entwicklung befaßt sind, welche am Entwurf der funktionellen Spezifikationen beteiligt waren	< 25% 153	25–50% 242	< 50% 391	238
Frühere Erfahrung mit dem Computer	Minimal 146	Durchschn. 270	Groß 312	166
Frühere Erfahrung mit Programmiersprachen	Minimal 122	Durchschn. 225	Groß 385	263
Frühere Erfahrung mit einer Anwendung ähnlichen oder größeren Umfanges und ähnlicher oder größerer Komplexität	Minimal 146	Durchschn. 221	Groß 410	264
Verhältnis der durchschnittlichen Teamgröße zur Dauer (Mitarbeiter/Monat)	< 0,5 305	0,5–0,9 310	> 0,9 173	132
Hardware, die sich gleichzeitig in Entwicklung befindet	Nein 297		Ja 177	120

Tab. 25–6: (Fortsetzung)

Frage oder Variable	Durchschnittliche Produktivität der Gruppe (DSL/MM)			Produktivitäts-änderung (DSL/MM)
Zugriff auf Entwicklungs-Computer, auf besondere Anfrage	0% 226	1–25% 274	> 25% 357	131
Zugriff auf Entwicklungs-Computer, eingeschränkt	0–10% 303	11–85% 251	> 85% 170	133
Klassifizierte Sicherheitsumgebung für den Computer und 25% der Programme und Daten	Nein 289		Ja 156	133
Strukturiertes Programmieren	0–33% 169	34–66% –	66% 310	141
Entwurfs- und Code-Inspektionen	0–33% 220	34–66% 300	> 66% 339	119
Top-down-Entwicklung	0–33% 196	34–66% 237	> 66% 321	125
Einsatz des Chefprogrammierer-Teams	0–33% 219	34–66% –	> 66% 408	189
Gesamt-Komplexität der entwickelten Codierung	< Durchschn. 314		>Durchschn. 185	129
Komplexität der Anwendungsverarbeitung	< Durchschn. 349	Durchschn. 345	>Durchschn. 168	181
Komplexität des Programmablaufes	< Durchschn. 289	Durchschn. 299	>Durchschn. 209	80
Gesamteinschränkungen beim Programmentwurf	Minimal 293	Durchschn. 286	Sehr 166	127
Programmentwurfs-Beschränkungen beim Hauptspeicher	Minimal 391	Durchschn. 277	Sehr 193	198
Programmentwurfs-Beschränkungen beim „Timing"	Minimal 303	Durchschn. 317	Sehr 171	132
Codierung für Echtzeit- oder interaktive Verarbeitung oder Ausführung unter starker zeitlicher Begrenzung	< 10% 279	10–40% 337	> 40% 203	76
Prozentsatz der ausgelieferten Codierung	0–90% 159	91–99% 327	100% 265	106
Codierung, die als nicht mathematische Anwendung und I/O-Formatierungs-Programm klassifiziert ist	0–33% 188	34–66% 311	67–100% 267	79
Anzahl von Klassen von Elementen in der Datenbank pro 1000 Code-Zeilen	0–15 334	16–80 243	> 80 193	141
Anzahl von Seiten ausgelieferter Dokumentation pro 1000 auszuführender Code-Zeilen	0–32 320	33–88 252	> 88 195	125

Von (Brooks, 1980) sind neuerdings zusätzliche Analysen über die Interkorrelation in der IBM-FSD-Datenbank veröffentlicht worden. Sie ergaben für die Begrenzung der Ausführungszeit Produktivitätsspannen von 2,4 bei großen Projekten und 1,4 bei unstrukturierten Projekten sowie unbedeutende Produktivitätsspannen für kleine und strukturierte Projekte.

25.2 STOR: Hauptspeicher-Begrenzungen

Bewertungen und Aufwandsmultiplikatoren

Tabelle 25−7 zeigt die Aufwandsmultiplikatoren der Software-Entwicklung als eine Funktion des Grades der Hauptspeicher-Begrenzung, welcher ein Software-Subsystem unterliegt. Unter dem Hauptspeicher verstehen wir hier einen Speicher mit direktem, wahlfreiem Zugriff, wie z. B. Kernspeicher, integrierte Speicherschaltung oder einen Platinenspeicher. Trommel-, Platten-, Magnetband- oder Blasenspeicher gehören nicht dazu.

Die Bewertung wird in Prozent der Hauptspeicher-Kapazität ausgedrückt, die voraussichtlich vom Subsystem oder anderen Subsystemen, welche an den Ressourcen des Hauptspeichers beteiligt sind, benutzt werden. Situationen, in welchen mehr als 95% des verfügbaren Hauptspeichers eingesetzt werden sollen, werden von der Tabelle nicht erfaßt.

Tab. 25−7: Aufwandsmultiplikatoren der Hauptspeicher-Begrenzungen

STOR-Bewertungsmaßstab \ Phase	Anforderungen und Produktentwurf	Feinkonzeption	Codierung und Modultest	Integration und Test	Gesamt
Mittel (≤ 50%)	1,00	1,00	1,00	1,00	1,00
Hoch (70%)	1,05	1,05	1,05	1,10	1,06
Sehr hoch (85%)	1,20	1,15	1,15	1,35	1,21
Extrem hoch (95%)	1,55	1,45	1,45	1,85	1,56

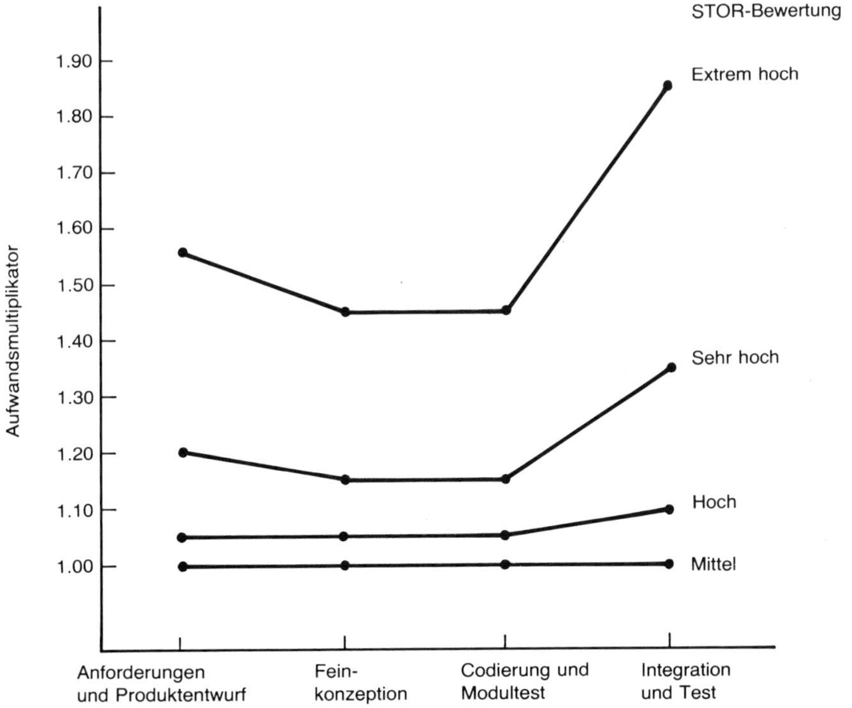

Abb. 25−6: Aufwandsmultiplikatoren nach Phasen: Hauptspeicher-Begrenzungen

Die Bedeutung und die Phasenverteilung der Auswirkungen der Speicherbegrenzungen werden in Abbildung 25–6 graphisch dargestellt.

Tabelle 25–8 zeigt die Unterschiede der Projektaktivitäten, welche auf die unterschiedlichen Ausmaße der Hauptspeicherbegrenzungen zurückzuführen sind. Die Zunahme der Kosten in der Integrations- und Testphase beruht hauptsächlich auf den höheren Kosten für das Testen (z. B. dafür, daß die Codierung und die Testdriver im Hauptspeicher gleichzeitig untergebracht werden müssen) und für die Fehlerbehebung.

Tab. 25–8: Unterschiede bei den Projektaktivitäten aufgrund von Hauptspeicher-Begrenzungen

Bewertung	Festlegung der Anforderungen und Produktentwurf	Feinkonzeption	Codierung und Modultest	Integration und Test
Niedrig (≤50%)	Keine Änderung	Keine Änderung	Keine Änderung	Keine Änderung
Hoch (70%)	Zusätzliche Analyse, Simulation, Überprüfung, zusätzliches Prototyping	Zusätzliche Analyse, Simulation, Überprüfung, zusätzliches Prototyping	Zusätzliche Analyse. Programmierung und Debugging der Codierung und Daten sind aufwendiger Strenge Kernspeicherüberwachung	Zusätzliche Analyse. Programmierung und Debugging der Codierung und Daten sind aufwendiger Strenge Kernspeicherüberwachung
Sehr hoch (85%)	Höherer Grad der obengenannten Auswirkungen	Höherer Grad der obengenannten Auswirkungen	Höherer Grad der obengenannten Auswirkungen	Höherer Grad der obengenannten Auswirkungen
Extrem hoch (95%)	Wesentlich höherer Grad der obengenannten Auswirkungen	Wesentlich höherer Grad der obengenannten Auswirkungen	Wesentlich höherer Grad der obengenannten Auswirkungen	Wesentlich höherer Grad der obengenannten Auswirkungen

Vergleich mit den Projektergebnissen

Wie zuvor werden wir den optimalen Aufwandsmultiplikator IEM (P,STOR) für jedes Projekt P in der COCOMO-Projektdatenbank als Grundlage für unsere Projektvergleiche verwenden.

Abbildung 25–7 zeigt die IEM (P,STOR)-Werte der Projekte in der COCOMO-Datenbank in Relation zu den Werten der COCOMO-Aufwandsmultiplikatoren für die vier STOR-Merkmalsausprägungen (den Kreisen in Abbildung 25–7). Die Korrelation zwischen den COCOMO-Aufwandsmultiplikatoren und den Medianwerten des IEM (P,STOR) (den Pfeilen in Abbildung 25–7) ist nicht so gut wie die Korrelation, die wir mit den meisten anderen COCOMO-Kostenfaktoren erzielt haben. Die Projektdaten weisen darauf hin, daß für die „sehr hohen" STOR-Aufwandsmultiplikatoren vielleicht niedrigere Werte und für die „extrem hohen" STOR-Aufwandsmultiplikatoren höhere Werte angebracht wären. Da die Unterschiede jedoch nicht gravierend sind, haben wir die vorhandenen STOR-Multiplikatoren vorläufig im Interesse der Modell-Stabilität beibehalten.

Diskussion verwandter Daten und einschlägiger Studien

Wir haben dieses Thema bereits im vorhergehenden Abschnitt bei der Diskussion der Auswirkungen der Begrenzungen der Ausführungszeit (TIME) besprochen.

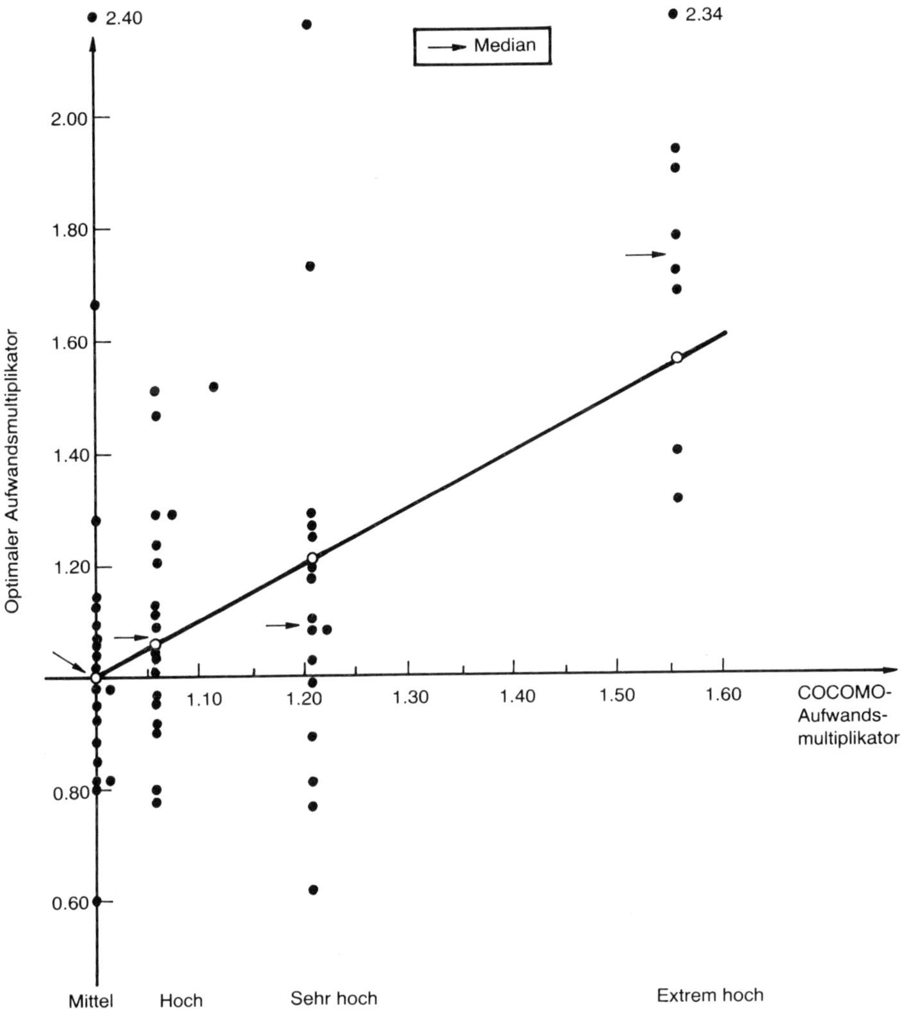

Abb. 25–7: COCOMO-Aufwandsmultiplikator in Relation zum optimalen Aufwandsmultiplikator — Hauptspeicherbegrenzung

25.3 VIRT: Änderungsanfälligkeit der virtuellen Maschine

Bewertungen und Aufwandsmultiplikatoren

Tabelle 25–9 zeigt die Aufwandsmultiplikatoren der Software-Entwicklung als eine Funktion des Grades der Änderungsanfälligkeit der virtuellen Maschine, auf der das zu entwickelnde Subsystem beruht. Für ein gegebenes Software-Subsystem ist die zugrundeliegende virtuelle Maschine ein Komplex aus Hardware und Software, auf den das Subsystem zur Erfüllung seiner Aufgaben zurückgreift. Zum Beispiel:

- Handelt es sich bei dem zu entwickelnden Subsystem um ein Betriebssystem, ist die zugrundeliegende virtuelle Maschine die Computer-Hardware.

Tab. 25–9: Aufwandsmultiplikatoren der Änderungsanfälligkeit der virtuellen Maschine

VIRT-Bewertungs-maßstab	Änderungsfrequenz		Phasen				
	Groß	Gering	Anforderungen und Produktentwurf	Feinkonzeption	Codierung und Einzeltest	Integration und Test	Insgesamt
Niedrig	12 Monate	1 Monat	0,95	0,90	0,85	0,80	0,87
Mittel	6 Monate	2 Wochen	1,00	1,00	1,00	1,00	1,00
Hoch	2 Monate	1 Woche	1,10	1,12	1,15	1,20	1,15
Sehr hoch	2 Wochen	2 Tage	1,20	1,25	1,30	1,40	1,30

- Handelt es sich bei dem zu entwickelnden Subsystem um ein Datenbank-Management-System (DBMS), besteht die zugrundeliegende virtuelle Maschine in der Regel aus der Computer-Hardware plus dem Betriebssystem.
- Handelt es sich bei dem zu entwickelnden Subsystem um ein Datenbank-orientiertes Benutzeranwendungs-Subsystem, besteht die zugrundeliegende virtuelle Maschine des öfteren aus der Computer-Hardware, einem Betriebssystem und einem DBMS.
- Zu der zugrunde liegenden virtuellen Maschine gehören außerdem noch die Kompilierer oder Assembler, welche die Programmiersprachen, in welchen das Software-Subsystem geschrieben ist, unterstützen.

Natürlich macht die Entwicklung jedes dieser Subsysteme mehr Aufwand erforderlich, wenn die zugrundeliegende virtuelle Maschine gleichzeitig Änderungen unterliegt.

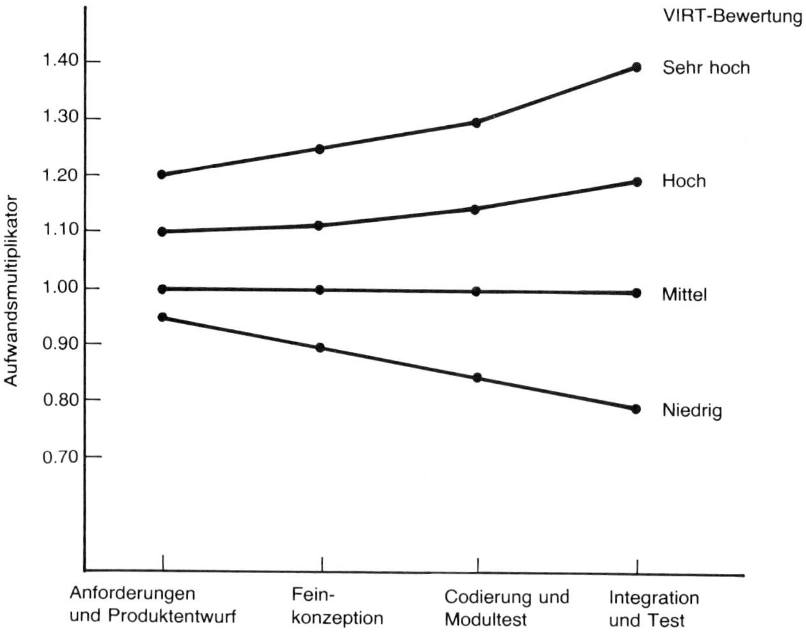

Abb. 25–8: Aufwandsmultiplikatoren nach Phasen: Änderungsanfälligkeit der virtuellen Maschine

Die Maßstäbe sind nach der relativen Häufigkeit großer oder geringer Änderungen bei der zugrundeliegenden virtuellen Maschine definiert, die wir wie folgt einstufen:

- Große Änderung: sie beeinflußt ca. 10% der in Entwicklung befindlichen Routinen sehr.
- Geringe Änderung: sie beeinflußt ca. 1% der in Entwicklung befindlichen Routinen sehr.

Die Bedeutung und die Phasenverteilung der Auswirkungen der Änderungsanfälligkeit virtueller Maschinen ist in Abbildung 25–8 graphisch dargestellt.

Tabelle 25–10 zeigt die Unterschiede bei den Projektaktivitäten auf, die auf die unterschiedlichen Stufen der Änderungsanfälligkeit der virtuellen Maschine zurückzuführen sind. Die höhere Zunahme der Kosten in der Integrations- und Testphase ist hauptsächlich auf die höheren Kosten, die für die Durchführung von Änderungen und die Fehlerbehebung in den späteren Phasen entstehen, zurückzuführen.

Vergleich mit den Projektergebnissen

Abbildung 29–9 zeigt die Werte des optimalen Aufwandsmultiplikators IEM (P,VIRT) für die Projekte in der COCOMO-Datenbank, verglichen mit den Werten der COCOMO-Aufwandsmultiplikatoren für die vier VIRT-Merkmalsbewertungen (den Kreisen in Abbildung 25–9). Die Korrelation zwischen den COCOMO-Aufwandsmultiplikatoren und den Medianwerten des IEM (P,VIRT) (den Pfeilen in Abbildung 25–9) ist ausgezeichnet.

Allgemeine Überlegungen

Aus Tabelle 25–9 ergibt sich aufgrund der Änderungsanfälligkeit der virtuellen Maschine eine Gesamtproduktivitätsspanne von 1,49. Die IBM (Walston-Felix, 1977)-Studie ergab für den Faktor „gleichzeitig entwickelte Hardware" eine Produktivitätsspanne von 1,62 (wobei wahrscheinlich wiederum die Auswirkungen korrelierender Faktoren mit berücksichtigt worden sind). Das Doty-Modell (Herd und andere, 1977) spricht von einer Produktivitätsspanne von 1,82 für den Faktor „erste, auf der CPU entwickelte Software". Beim RCA PRICE-S-Modell (Freiman-Park, 1979) finden wir für das Merkmal „parallel entwickelte Hardware" einen Komplexitäts-Korrekturfaktor von + 0,3, was einer Produktivitätsspanne von etwa 1,4 entsprechen dürfte. Bei keinem der anderen veröffentlichten Modelle und Arbeiten wird ein Faktor für die Änderungsanfälligkeit der virtuellen Maschine berücksichtigt.

25.4 TURN: Computer-Verweilzeit

Bewertungen und Aufwandsmultiplikatoren

Tabelle 25–11 zeigt Aufwandsmultiplikatoren der Software-Entwicklung als Funktion des Grades der Computer-Anwortzeit, wie sie von dem Projektteam, welches das Subsystem entwickelt, ermittelt wurde. Die Bewertungen ergeben sich aus der durchschnittlichen Antwortzeit (ART = Average response time) in Stunden. Es handelt sich hierbei um die Zeitspanne von der Übergabe eines durchzuführenden Jobs durch den Entwickler bis zu dem Zeitpunkt, zu dem er das Ergebnis in Händen hat. Die Bewertung für die interaktive On-Line-Entwicklung bildet eine Ausnahme, weil die Software-Entwicklung im Dialog von individuellen Terminals aus vorgenommen werden kann, wobei sich Antwortzeiten für einfache Operationen von 0 bis 5 Sekunden ergeben.

Tab. 25–10: Unterschiede bei den Projektaktivitäten aufgrund der Änderungsanfälligkeit der virtuellen Maschine

Phase / Bewertung	Festlegung der Anforderungen und Produktentwurf	Feinkonzeption	Codierung und Modultest	Integration und Test
Niedrig	Weniger umfangreiche HW/SW-Analyse, Überprüfung →	→	→	→
	Weniger Interface-Änderungen, Fehler, Konfigurations-Management →	→	→	→
	Weniger umfangreiche Neubearbeitung von Testplänen →	→	→	→
	Weniger TBDs beim Entwurf zu beachten →	→	→	Geringere Zahl änderungsanfälliger Komponenten zu integrieren →
Mittel	Keine Änderung →	→	→	→
Hoch	Umfangreichere HW/SW-Analyse, Überprüfung →	→	→	→
	Mehr Interface-Änderungen, Fehler, Konfigurations-Management →	→	→	→
	Umfangreichere Neubearbeitung von Testplänen →	→	→	→
	Mehr TBDs beim Entwurf zu beachten →	→	→	Größere Anzahl änderungsanfälliger Komponenten zu integrieren →
	Mögliche Entwicklung und möglicher Einsatz eines Hardware-Emulators →	→	→	→
Sehr hoch	Verstärktes Auftreten der obengenannten Auswirkungen →	→	→	→
	Zweitrangige Probleme aufgrund häufiger Änderungen →	→	→	→

Die Bedeutung und Phasenverteilung der Auswirkungen der Computer-Verweilzeit werden in Abbildung 25–10 graphisch dargestellt.

Tabelle 25–12 zeigt die Unterschiede der Projektaktivitäten, die sich aus den unterschiedlichen Computer-Antwortzeiten ergeben. Die wegen der interaktiven Verarbeitung in der Codierungs- und Modultest-Phase zu verzeichnende Reduzierung des Aufwandes ist hauptsächlich auf das Vorherrschen von Source-Code-Editierung und Debugging auf Modulebene zurückzuführen, die in dieser Phase*) durchgeführt werden.

---

*) Es ist wahrscheinlich, daß derzeitige und spätere interaktive Systeme, die integrierte Textverarbeitungs-Funktionen verwenden, in den Anforderungs- und Entwurfsphasen größere Aufwandsreduzierungen erzielen werden.

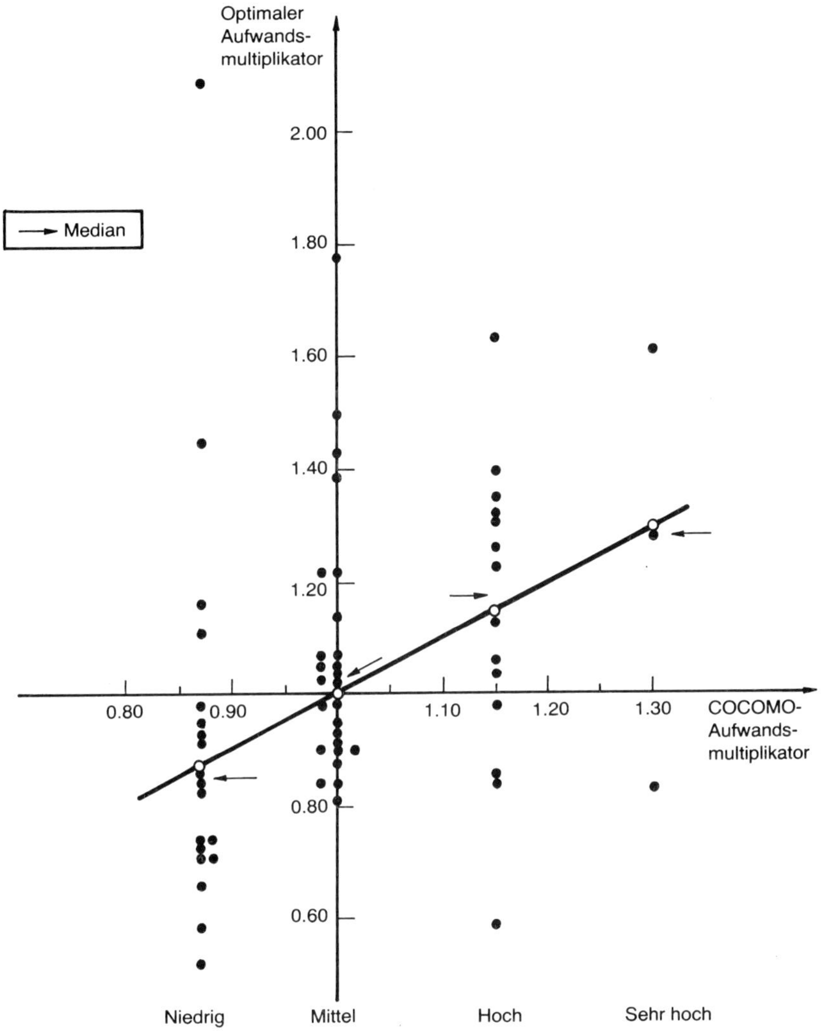

Abb. 25–9: COCOMO-Aufwandsmultiplikator in Relation zum optimalen Aufwandsmultiplikator — Änderungsanfälligkeit der virtuellen Maschine

Vergleich mit den Projektergebnissen

Abbildung 25–11 zeigt einen Vergleich der Werte des optimalen Aufwandsmultiplikators IEM (P,TURN) für die Projekte in der COCOMO-Datenbank mit den Werten der COCOMO-Aufwandsmultiplikatoren für die vier TURN-Merkmalsbewertungen (den Kreisen in Abbildung 25–11). Die Korrelation zwischend den COCOMO-Aufwandsmultiplikatoren und den Medianwerten des IEM (P,TURN) (den Pfeilen in Abbildung 25–11) ist nicht so gut wie wir es gerne hätten. So beläuft sich z. B. der Medianwert der optimalen Aufwandsmultiplikatoren für die 21 Projekte mit interaktiver Software-Entwicklung (niedrige Bewertungen für TURN) auf 0,93 anstatt der 0,87 des

Tab. 25–11: Aufwandsmultiplikatoren der Computer-Verweilzeit

TURN-Bewertungsmaßstab \ Phase	Produkt-entwurf	Fein-konzeption	Codierung und Modultest	Inte-gration und Test	Gesamt
Niedrig (interaktiv)	0,98	0,95	0,70	0,90	0,87
Mittel (ART < 4 Std.)	1,00	1,00	1,00	1,00	1,00
Hoch (4 Std. ≤ ART < 12 Std.)	1,00	1,00	1,10	1,15	1,07
Sehr hoch (ART ≥ 12 Std.)	1,02	1,05	1,20	1,30	1,15

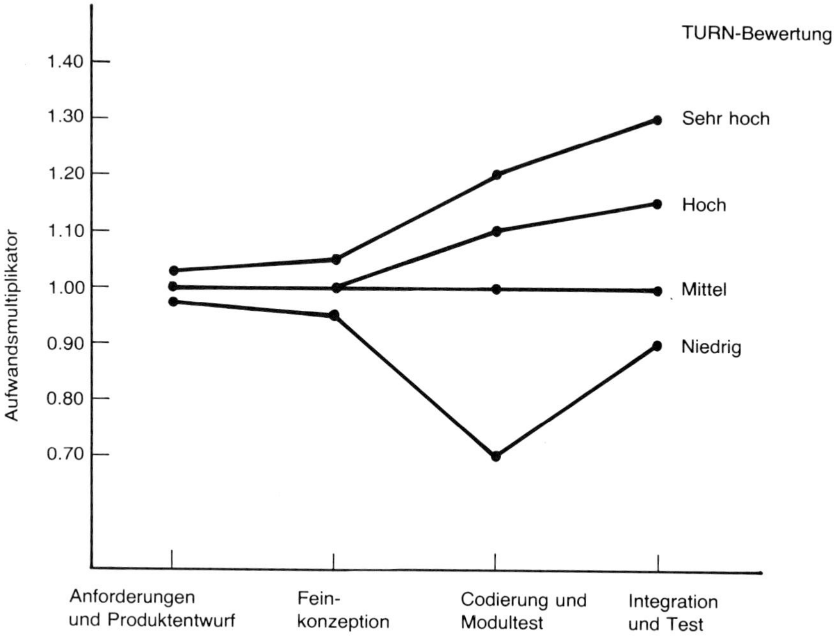

Abb. 25–10: Aufwandsmultiplikatoren nach Phasen: Computer-Verweilzeit

COCOMO-Gesamtaufwandsmultiplikators. Man ist versucht, die Werte für die niedrig bewerteten COCOMO-Aufwandsmultiplikatoren bei TURN anzuheben (sie waren bei einer früheren Version des Modells höher). Im Interesse der Modul-Stabilität und der Übereinstimmung mit anderen Erfahrungen, die wir später noch erörtern werden, haben wir die vorhandenen Multiplikatoren jedoch beibehalten.

Allgemeine Überlegungen

Die Auswirkung des interaktiven Programmierens auf die Software-Produktivität war Gegenstand vieler Untersuchungen. Frühere Arbeiten, die von (Sackmann, 1970) zusammengefaßt worden sind, wiesen eine durchschnittliche Produktivitätsverbesserung bei den Codierungs- und Einzeltest-Aufgaben von 20% aus. Seit 1970 sind leistungsfähigere interaktive Systeme entwickelt worden, die verbesserte Möglichkei-

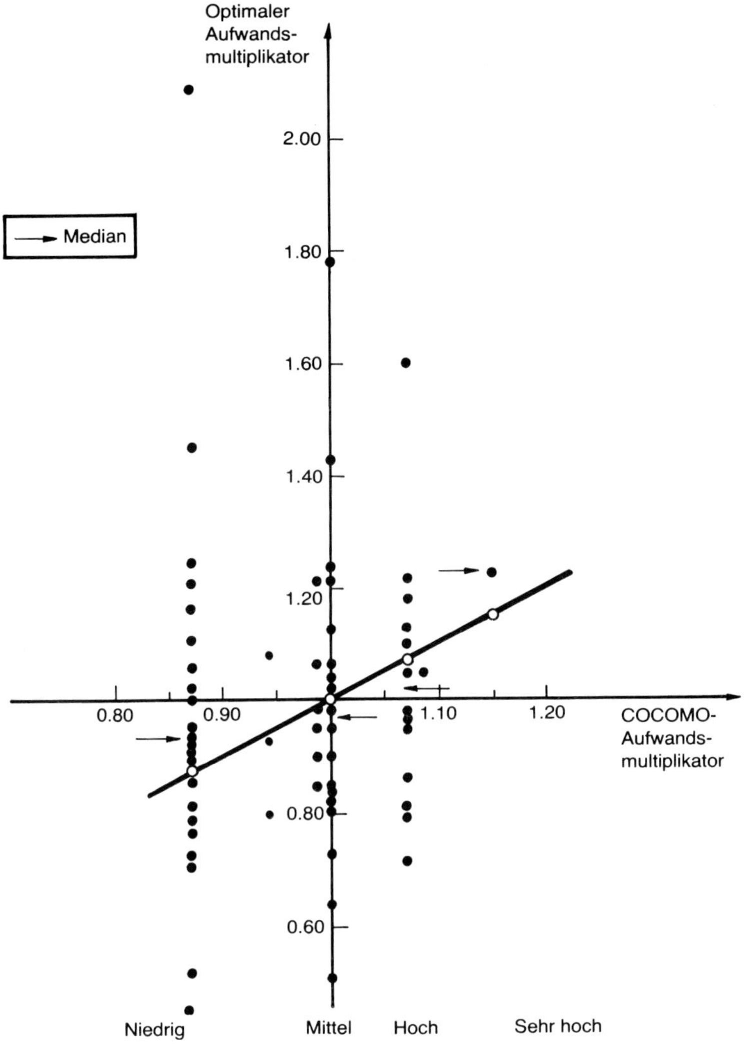

Abb. 25–11: COCOMO-Aufwandsmultiplikator in Relation zum optimalen Aufwandsmultiplikator — Computer-Verweilzeit

ten zur Dialogprogrammierung bieten. Mehrere Studien neueren Datums sind von (Jones-Nelson, 1976) erfaßt worden. Bei den entsprechenden Aufwandsmultiplikatoren (in den meisten Fällen für Codierungs- und Modultest-Tasks) handelt es sich um:

U.S. Army	0,47
Royal Globe	0,50
Rolls Royce	0,56
AT & T	0,62.

Wenn wir die Bedeutung dieser Zahlen beurteilen wollen, stoßen wir auf verschiedene Schwierigkeiten. So sind z. B. die TURN-Auswirkungen bei den späteren Arbeiten mit den Auswirkungen der verbesserten TOOL-Funktionen verquickt. Auch ist es schwierig zu sagen, wieviel der Programmierzeit, die mit dem Warten auf Batch-Ergebnisse verbracht wird — ungefähr 16% im Falle der U.S. Army-Studie (Reaser-Carrow, 1975) —, produktiv für andere Aufgaben, z. B. für die Dokumentation oder die Bearbeitung von anderen Code-Teilen, eingesetzt werden können. Dies gilt insbesondere für größere Projekte. Darüber hinaus gibt es eine Reihe von Aktivitäten, die nicht von Programmierern durchzuführen sind (Management, Integration und Testplanung, Qualitätssicherung), welche auch während der Codierungs- und Modultestphase weiterlaufen und welche vom interaktiven Programmieren nicht besonders beeinflußt werden. Es überrascht also nicht, wenn aktuelle Kostenschätzmodelle für die Auswirkungen des interaktiven Programmierens kleinere Aufwandsmultiplikatoren als die oben genannten verwenden. Nachstehend finden Sie eine Zusammenfassung von Aufwandsmultiplikatoren, die in aktuellen Modellen eingesetzt werden:

	Aufwandsmultiplikatoren	
Modell	Codierung und Modultest	Gesamt-Projekt
Boeing (Black und andere, 1977)	0,54	0,875
Doty (Herd und andere, 1977)		0,83
GTE (Daly, 1979)		0,80
NARDAC (Williamson, 1979)		0,75
COCOMO	0,70	0,87

Arbeiten, die sich mit der Auswirkung von längeren Antwortzeiten befassen, sind selten. Die IBM(Walston-Felix, 1977)-Studie berichtet von Aufwandsmultiplikatoren mit Werten von 1,58 bis 1,78 für zwei Faktoren, welche die Einschränkungen beim

Tab. 25–12: Unterschiede bei den Projektaktivitäten aufgrund der Computer-Verweilzeit

Bewertung	Anforderungen und Produktentwurf	Feinkonzeption	Codierung und Modultest	Integration und Test
Niedrig (interaktiv)	Schnellere Text-Aufbereitung, Interaktive Simulation, Prototyping	Schnellere Text-Aufbereitung, Interaktive Simulation, Prototyping	Schnellere Text-Aufbereitung, Interaktives Debugging	Schnellere Text-Aufbereitung, Interaktives Debugging
Mittel (Batch, < 4 Stunden)	Keine Änderung	Keine Änderung	Keine Änderung	Keine Änderung
Hoch (Batch, 4–12 Std.)	Langsamere Simulation, Prototyping	Langsamere Simulation, PDL	Langsameres Kompilieren, Testen, Debugging, Tool-Einsatz	Langsameres Kompilieren, Testen, Debugging, Tool-Einsatz
Sehr hoch (Batch, > 12 Stunden)	Verstärktes Auftreten der ober genannten Auswirkungen	Verstärktes Auftreten der obengenannten Auswirkungen	Verstärktes Auftreten der obengenannten Auswirkungen	Verstärktes Auftreten der obengenannten Auswirkungen

Computer-Zugriff widerspiegeln. Das Doty-Modell sieht drei multiplikative Faktoren zur Abdeckung verwandter Auswirkungen vor:

- Entwickler verwendet einen Computer an einem anderen Ort 1,43
- Entwicklung am Systemstandort 1,39
- Ein vom Ziel-Computer verschiedener Entwicklungs-Computer 1,25
- Kombinierte Auswirkung aller drei Faktoren 2,48.

Die kombinierten Auswirkungen dieser Faktoren erscheinen außerordentlich hoch.

Das NARDAC-Modell (Williamson, 1979) enthielt die folgenden Aufwandsmultiplikatoren für Batch-Durchlaufzeiten:

Mehr als einer pro Tag	0,8
einer täglich	1,0
weniger als einer pro Tag	1,2.

Das (Daly, 1979)-Modell berücksichtigt einen Aufwandsmultiplikator von 1,1 für eine Batch-Durchlaufzeit von mehr als vier Stunden. Die Produktivitätsspanne beim (Griffin, 1980)-Modell liegt für eine sehr kurze Durchlaufzeit bis zu einer 12- bis 14-stündigen Durchlaufzeit bei 1,46.

Andererseits haben einige Studien darauf hingewiesen, daß ein leichter Computer-Zugriff keineswegs eine verbesserte Produktivität garantiert, weil er empirische Methoden beim Programmieren sowie die Konzentration auf die Taktik anstelle der Strategie der Software-Entwicklung fördern kann. So geht z. B. aus der Zusammenfassung der Eudy-Software-Produktivitätsstufe (Gayle, 1971) hervor, daß zwischen der Produktivität und der in Metern gemessenen Entfernung zwischen dem Programmierer und dem Computer ein negativer Zusammenhang besteht. Das Experiment von (Boehm und anderen, 1971) über interaktives Programmieren und die Lösung von Problemen zeigte, daß Mitarbeiter, welche einen uneingeschränkten interaktiven Computer-Zugriff haben, schlechtere Ergebnisse erzielten als Mitarbeiter, die für kurze Zeit keinen Zugriff hatten, nachdem ihnen die Ergebnisse des augenblicklichen Durchlaufes vorgelegt worden waren. Ein typischer Kommentar eines betroffenen Mitarbeiters war: „Ich mochte das ‚Lockout‘ nicht besonders, aber es *gab* mir Zeit zum Nachdenken“. Andere, ähnliche Ergebnisse werden in (Shneiderman, 1980) erörtert.

Diese Ergebnisse implizieren jedoch keineswegs, daß die interaktive Software-Entwicklung und die schnelle Antwortzeit eingeschränkt werden sollten. Sie besagen lediglich, daß ihr Einsatz von anderen guten Programmier-Methoden begleitet sein sollte. Dies ist sicherlich auch die Tendenz, welche die interaktiven Software-Entwicklungssysteme heutzutage verfolgen: Sie entwickeln sich in Richtung auf ein Zusammenwachsen von interaktivem Zugriff, Einsatz umfassender Software-Tools und Unterstützung durch moderne Programmier-Praktiken. Zwar wird eine solche Entwicklung es künftig erschweren, die Auswirkungen der COCOMO-TURN-, MODP- und TOOL-Faktoren zu unterscheiden; sie wird aber die Erreichung einer erhöhten Software-Produktivität erleichtern. Weiter zeichnet sich für die Zukunft der Trend ab, daß sich die COCOMO-Aufwandsmultiplikatoren der interaktiven Software-Entwicklung in den Anforderungs- und Entwurfsphasen verringern, da wahrscheinlich eine größere Zahl interaktiver Systeme Programmier- und Textverarbeitungsunterstützung integrieren wird, was eine effektivere Durchführung der Anforderungs- und Entwurfs-Dokumentation sowie der Review- und Wiederhol-Aktivitäten ermöglicht.

Kapitel 26

Die COCOMO-Kostenfaktoren im einzelnen: Personelle Merkmale

In diesem Kapitel werden die personellen Merkmale dargestellt, die wichtige Kostenfaktoren sind. Es handelt sich dabei um

26.1 ACAP Analytiker-Qualifikation (Analyst capability)
26.2 AEXP Anwendungserfahrung (Applications experience)
26.3 PCAP Programmierer-Qualifikation (Programmer capability)
26.4 VEXP Erfahrung mit der virtuellen Maschine (Virtual machine experience)
26.5 LEXP Erfahrung mit der Programmiersprache (Language experience)

Da diese Merkmale in starkem Maße voneinander abhängen, werden wir Teile dieses Kapitels zusammen besprechen und es mit einer allgemeinen Diskussion über die Themen beenden, die bei der Abschätzung und Beurteilung von personellen Merkmalen der Software-Entwicklung ins Gewicht fallen.

26.1 ACAP: Die Qualifikation des Analytikers

Bewertungsmaßstäbe und Aufwandsmultiplikatoren

Tabelle 26–1 zeigt fünf Qualifikationsstufen für Analytiker, die an einem Software-Subsystem arbeiten. Auf jeder Stufe zeigen Multiplikatoren an, mit welchem Faktor der Basis-Aufwandswert in jeder Phase multipliziert werden muß, um — bezogen auf den durchschnittlichen Grad der analytischen Qualifikation — die Qualifikationsdifferenz der Analytiker zu berücksichtigen.

Tab. 26–1: Aufwandsmultiplikatoren für die Analytikerqualifikation (ACAP)

ACAP-Bewertungsmaßstab \ Phase	Festlegung der Anforderungen und Produktentwurf	Feinkonzeption	Codierung und Modultest	Integration und Test	Gesamt
sehr niedrig (15%)	1,80	1,35	1,35	1,50	1,46
niedrig (35%)	1,35	1,15	1,15	1,20	1,19
durchschnittlich (55%)	1,00	1,00	1,00	1,00	1,00
hoch (75%)	0,75	0,90	0,90	0,85	0,86
sehr hoch (90 %)	0,55	0,75	0,75	0,70	0,71

Beispiel

Nehmen wir an, daß die Aufwandsverteilung bei einem Subsystem, an dem ein durchschnittlich qualifiziertes Team von Analytikern arbeitet, für jede Hauptphase auf 10 Mann-Monate geschätzt wird. Angenommen, es würde dann entschieden, daß bei diesem Subsystem die durchschnittlich qualifizierten Analytiker gegen ein Team von hochqualifizierten Analytikern ausgetauscht werden. Unter Verwendung der Aufwandsmultiplikatoren aus Tabelle 26–1 würde sich der Aufwand für die Entwicklung dieses Subsystems auf schätzungsweise 7,5 Mann-Monate belaufen, um die Anforderungen festzulegen und die Grobkonzeption zu entwicklen, auf 9,0 Mann-Monate für die Feinkonzeption, auf 9,0 Mann-Monate für die Codierung und den Modultest und auf 8,5 Mann-Monate für die Integration und den Systemtest.

Tab. 26–2: Unterschiede bei den Projektaktivitäten abhängig von der Analytiker-Qualifikation

Bewertungsmaßstab \ Phase	Festlegung der Anforderungen und Produktentwurf	Feinkonzeption	Codierung und Modultest	Integration und Test
Sehr niedrig (15%)	Mehr Interface- und Kommunikationsprobleme →			
	Weniger effiziente Aktivitäten →			
	Mehr Fehler, falsche Anläufe	Umfassendere Überarbeitung der Anforderungen und des Systementwurfs, mehr Fehler bei der Überarbeitung →		
		Weniger effektive Anworten auf Fragen des Programmierers →		
				Mehr Probleme bei der Testplanung
Niedrig (35%)	Mittlerer Grad der oben genannten Effekte →			
Durchschnittlich (55%)	Keine Änderung in den Aktivitäten →			
Hoch (75%)	Weniger Interface- und Kommunikationsprobleme →			
	Effizientere Aktivitäten →			
	Weniger Fehler und falsche Anläufe	Überarbeitung der Anforderungen und des Systementwurfs in geringerem Umfang, weniger Fehler bei der Überarbeitung →		
		Effektivere Antworten auf die Fragen des Programmierers →		
				Weniger Probleme bei der Testplanung
Sehr hoch (90%)	Höherer Grad der obengenannten Effekte →			

Die Hauptgründe für die Reduktion der Mann-Monate werden in Tabelle 26–2 dargestellt; diese Tabelle zeigt die hauptsächlichen Unterschiede in den Aktivitäten, die in der jeweiligen Phase in Abhängigkeit von der Qualifikation der eingesetzten Analytiker durchgeführt werden müssen. Die 25%ige Reduzierung in den Phasen Festlegung der Anforderungen und Entwicklung der Grobkonzeption für das Subsystem ist demnach darauf zurückzuführen, daß das hochqualifizierte Analytikerteam

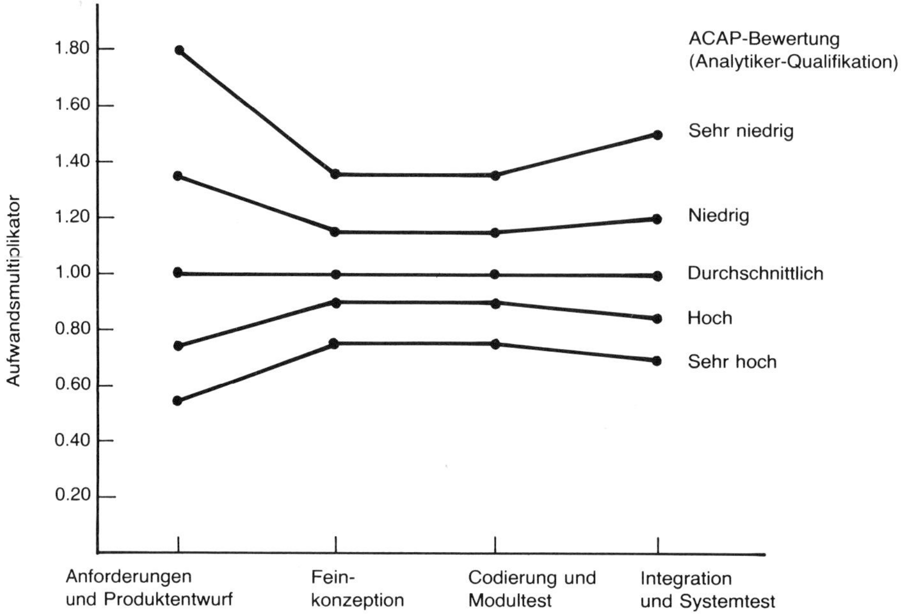

Abb. 26–1: Aufwandsmultiplikatoren nach Phasen: Analytiker-Qualifikation

wesentlich effizienter arbeitet, weniger Zeit für Schnittstellen- und Kommunikationsprobleme braucht und weniger Zeit durch fehlerhafte Anläufe vergeudet und für die Fehlerbehebungen aufwendet, als dies bei einem Durchschnittsteam von Analytikern der Fall sein würde.

Das Modell basiert auf nachfolgendem Aktivitätsmuster, nach dem das Analytikerteam den Entwicklungszyklus durchführt:

- Entwicklung und Überprüfung der Anforderungen sowie der vorläufigen Entwurfs-Spezifikationen und der damit verbundenen Testpläne,
- Entwicklung der Feinkonzeption, der Codierung und des Modultests, um die Spezifikationen für die Programmierung abzuklären und unter Umständen zu wiederholen,
- intensive Mitarbeit in der Integrations- und System-Testphase.

Das Modell deckt jedoch auch die Situationen ab, in denen die gleichen Analytiker ebenso als Programmierer am Projekt mitarbeiten.

Die verschiedenen Qualifikationsstufen der Analytiker sind in Tabelle 26–1 dargestellt, und zwar im Verhältnis zur Gesamtgruppe der Software-Analytiker. Die bei dieser Einstufung zu beachtenden hauptsächlichen Qualifikationsmerkmale sind:

- analytische Fähigkeit,
- Effizienz und Gründlichkeit,
- Fähigkeit zur Kommunikation und Kooperation.

Diese Merkmale sollten im großen und ganzen gleichrangig bewertet werden. Jedoch sollte die Erfahrungsstufe der Analytiker bei der Beurteilung nicht berücksichtigt werden, denn diese Erfahrungswerte werden von anderen Faktoren abgedeckt. Auch sollte die Beurteilung von der Qualifikation der Analytiker als *Team* und nicht als Einzelpersonen ausgehen.

Wie bei der durchschnittlichen Projektproduktivität im Vergleich zur Projektgröße, können auch hier Zwischenwerte ermittelt werden, indem durch Interpolation der genaue Wert des Aufwandsmultiplikators berechnet wird. Der Umfang der Auswirkungen der analytischen Qualifikation sowie ihre Phasenverteilung sind in Abbildung 26–1 graphisch dargestellt.

Vergleich mit den Projektergebnissen

Abbildung 26–2 zeigt einen Vergleich der Werte des optimalen Aufwandsmultiplikators (= ideal effort multiplier = IEM) — definiert in Gleichung 24–1 — für die Projekte in der COCOMO-Datenbank mit den Werten der gesamten Aufwandsmultiplikatoren für die Merkmalsbewertungen (den Kreisen in Abbildung 26–2). Die Korrelation zwischen den COCOMO-Aufwandsmultiplikatoren und den Medianwerten für jede Stufe — siehe die Pfeile in Abbildung 26–2 — ist relativ gut. Der spezielle Datenwert für sehr niedrige Analytiker-Qualifikation liegt sehr viel höher als der entsprechende COCOMO-Multiplikator (2,09 gegenüber 1,46); bei der geringen Anzahl von Datenwerten ist eine Revision des COCOMO-Multiplikators jedoch nicht gerechtfertigt.

Allgemeine Überlegungen

Die gesamte COCOMO-Produktivitätsspanne, wie sie aufgrund der Analytiker-Qualifikation (die zwischen der sehr niedrigen und der sehr hohen Stufe variiert) bei einem Projekt auftritt, hat den Wert 2,06. Angesichts der folgenden Beobachtungen mag dies recht niedrig erscheinen:

- Eine Produktivitätsspanne von 26 bei erfahrenen Programmierern, die am Sackmann-Grant-Experiment teilnahmen, bei der Batch- und Dialogentwicklung gegenübergestellt wurden (Sackmann, 1970).
- Eine Produktivitätsspanne von 3,11 bei IBM-Projekten, die unter Berücksichtigung der Erfahrung und der Qualifikation des Personals als einfach bzw. schwierig eingestuft wurden (Walston-Felix, 1977).
- Eine typische Produktivitätsspanne von 5,0 bei dem Personal, das am „US Air Force-Industry Software Costing Workshop“ mitwirkte (Air Force, 1974).

COCOMO hat jedoch noch andere Kostenfaktoren, die mit ausschlaggebend sind für Schwankungen im personellen Bereich:

- Der Faktor Qualifikation des Programmierers hat eine Produktivitätsspanne von 2,03. Zusammen mit dem Faktor Analytiker-Qualifikation ergibt sich für die gesamte Personalqualifikation eine Produktivitätsspanne von 4,19.
- COCOMO beinhaltet drei Faktoren für die Erfahrung des Personals. Hierbei handelt es sich um praktische Anwendungserfahrung (1,57), Erfahrung mit der virtuellen Maschine (1,34) und die Erfahrung mit der Programmiersprache (1,20). (Die Werte in Klammern gegen die Produktivitätsspanne an.) Insgesamt ergibt sich aufgrund des Erfahrungswertes des Personals eine Produktivitätsspanne von 2,52.
- Die Qualifikation und die Erfahrung des Personals zusammen ergeben eine Produktivitätsspanne von (4,18) × (2,52) = 10,53. Das bedeutet, daß die Durchführung eines Projektes mit in allen Qualifikations- und Erfahrungsfaktoren einheitlich

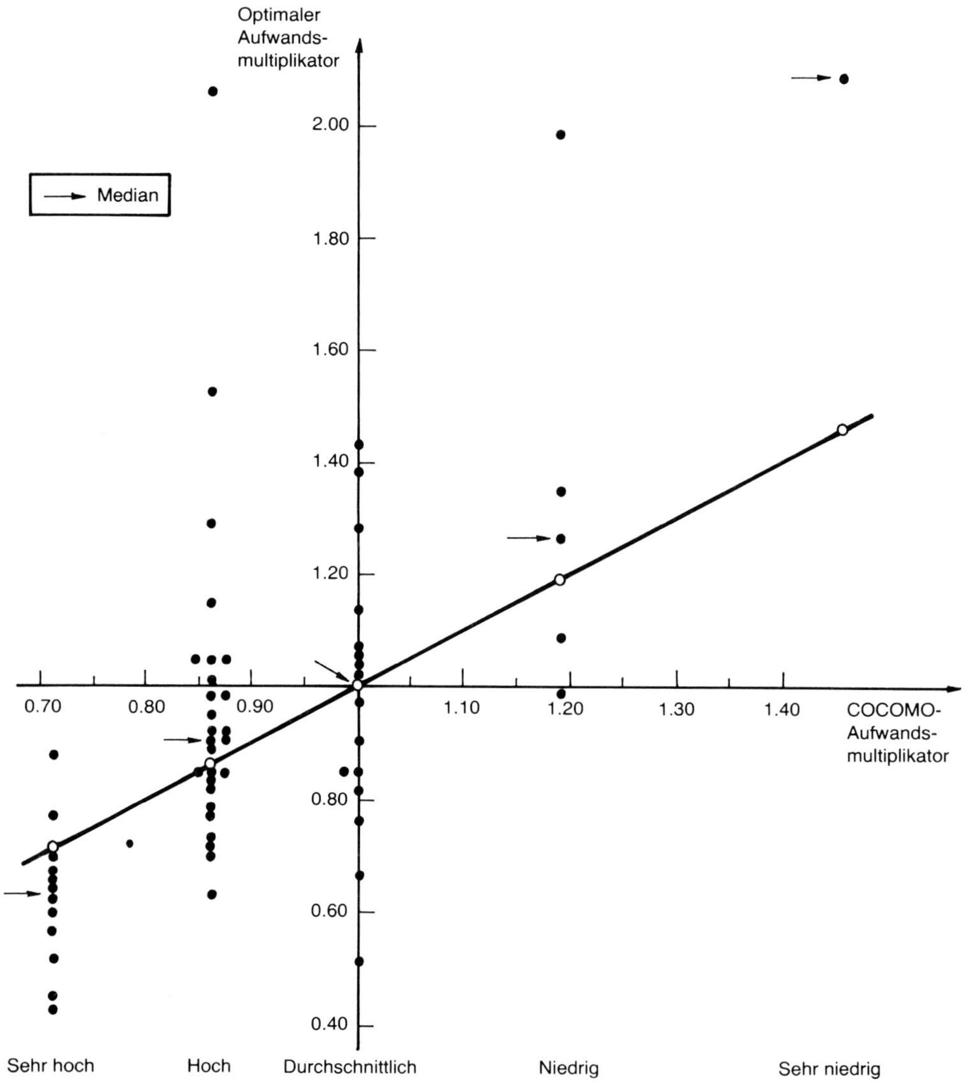

Abb. 26–2: COCOMO-Aufwandsmultiplikator in Relation zu den optimalen Aufwandsmultiplikatoren — Analytiker-Qualifikation

niedrig qualifiziertem Personal 10,53 mal so viel Aufwand verursacht wie mit einem Projektteam, das bei allen obengenannten Faktoren jeweils die höchste Stufe erreicht.

- Des weiteren sollen die COCOMO-Produktivitätsspannen nicht die extreme Spitze der menschlichen Leistung erfassen. Die Merkmalsbewertungen und Aufwandsmultiplikatoren beziehen sich nicht auf Analytiker, deren Leistung unter dem 15. Perzentil oder über dem 90. Perzentil liegt. Deswegen wird ein Projekt mit besonders guter personeller Besetzung, wie z. B. das F. T.-Baker-Chief-Programmer-Team, das bei dem 83 000 Sourcebefehle umfassenden New York-Times-Projekt einen Durchschnitt von mehr als 600 Sourcebefehlen/MM aufwies, durch COCOMO leicht überbewertet.

26.2 AEXP: Erfahrung mit Anwendungssystemen

Bewertungsmaßstäbe und Aufwandsmultiplikatoren

Tabelle 26–3 stellt Aufwandsmultiplikatoren für die Software-Entwicklung als eine Funktion der Erfahrung des Projektteams dar, das Anwendungs-Software-Subsysteme entwickelt. Die Einstufungen sind nach dem Erfahrungsniveau des Projektteams bei dieser Art von Anwendungen festgelegt worden:

Sehr niedrig:	durchschnittlich bis zu 4 Monate Erfahrung
Niedrig:	durchschnittlich 1 Jahr Erfahrung
Mittel:	durchschnittlich 3 Jahre Erfahrung
Hoch:	durchschnittlich 6 Jahre Erfahrung
Sehr hoch:	bei einer durchschnittlichen Erfahrung von mehr als 12 Jahren oder einem Neuentwurf eines existierenden Subsystems.

Tab. 26–3: Aufwandsmultiplikatoren für die Anwendungserfahrung

AEXP-Bewertungsmaßstab \ Phase	Festlegung der Anforderungen und Produktentwurf	Feinkonzeption	Codierung und Modultest	Integration und Test	Gesamt
sehr niedrig (≤ 4 Monate)	1,40	1,30	1,25	1,25	1,29
niedrig (1 Jahr)	1,20	1,15	1,10	1,10	1,13
durchschnittlich (3 Jahre)	1,00	1,00	1,00	1,00	1,00
hoch (6 Jahre)	0,87	0,90	0,92	0,92	0,91
sehr hoch (≥ 12 Jahre)	0,75	0,80	0,85	0,85	0,82

Der Umfang und die Phasenverteilung des Einflusses der Anwendungserfahrung werden in Abbildung 26–3 graphisch dargestellt.

Tabelle 26–4 zeigt die Unterschiede der Projektaktivitäten auf, wie sie sich aus den verschiedenen Stufen der Anwendungserfahrung ergeben. Sie zeigt, daß die größere Aufwandsabweichung in den früheren Phasen auf die größeren Einflüsse der Lernkurve zu Beginn des Projektes zurückzuführen ist.

Vergleich mit den Projektergebnissen

Abbildung 26–4 zeigt die Werte des optimalen Aufwandsmultiplikators für die Projekte der COCOMO-Datenbank in Relation zu den Werten der COCOMO-Aufwandsmultiplikatoren für die Merkmalsbewertungen (den Kreisen in Abbildung 26–4). Die Korrelation zwischen den COCOMO-Aufwandsmultiplikatoren und den Medianwerten — den Pfeilen in Abbildung 26–4 — ist allgemein relativ gut. Der Medianwert für die höhere Erfahrungsstufe ist ziemlich niedrig; eine Änderung in nur einem der höher bewerteten Projekte würde den Medianwert aber auf eine Linie mit dem COCOMO-Multiplikator bringen.

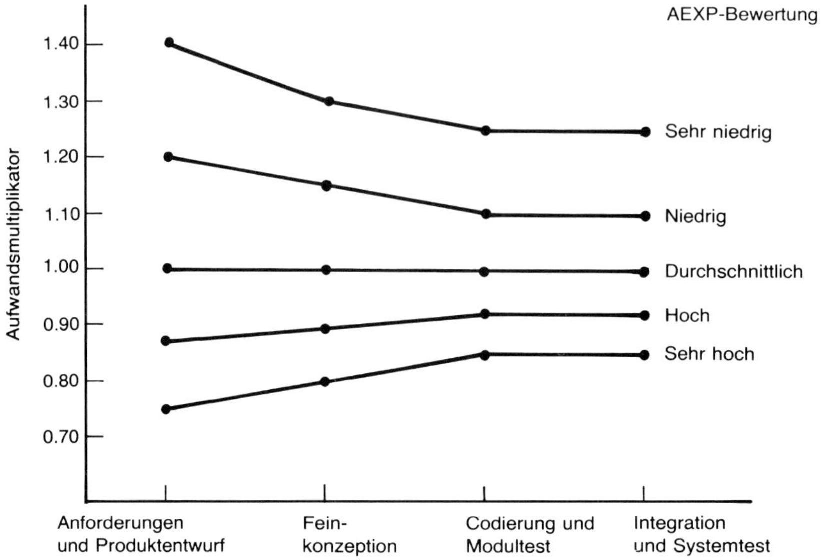

Abb. 26–3: Aufwandsmultiplikatoren nach Phasen: Anwendungserfahrung

Tab. 26–4: Unterschiede in den Projektaktivitäten abhängig von der Anwendungserfahrung

Bewertungsmaßstab	Festlegung der Anforderungen und Produktentwurf	Feinkonzeption	Codierung und Modultest	Integration und Systemtest
Sehr niedrig (≤ 4 Monate)	Mehr Testplanung Mehr Lernaufwand, Datensammlung Mehr Analyse Mehr falsche Anläufe Mehr Fehler und Anforderungsfestlegungen	Mehr Testplanung Etwas mehr Lernaufwand, Datensammlung, falsche Anläufe, Fehler Mehr Festlegungen von Anforderungen und Entwürfen	Mehr Testplanung Etwas mehr Lernaufwand, Datensammlung, falsche Anläufe, Fehler Mehr Festlegungen von Anforderungen und Entwürfen	Etwas mehr Testplanung und Überarbeitung von Verarbeitungsmodulen Mehr Festlegungen von Anforderungen und Entwürfen
Niedrig (1 Jahr)	Mittlerer Grad der obengenannten Effekte			
Durchschnittlich (3 Jahre)	Keine Änderung	Keine Änderung	Keine Änderung	Keine Änderung
Hoch (6 Jahre)	Weniger Testplanung Weniger Lernaufwand, Datensammlung, Analyse, falsche Anläufe und Fehler Weniger Festlegungungen von Anforderungen	Weniger Testplanung Etwas weniger Lernaufwand, Datensammlung, falsche Anläufe, Fehler Weniger Festlegungen von Anforderungen und Entwürfen	Weniger Testplanung Etwas weniger Lernaufwand, Datensammlung, falsche Anläufe, Fehler Weniger Festlegungen von Anforderungen und Entwürfen	Etwas weniger Testplanung und Überarbeitung von Verarbeitungsmodulen Weniger Festlegungen von Anforderungen und Entwürfen
Sehr hoch (≥ 12 Jahre)	Hoher Grad der obengenannten Effekte			

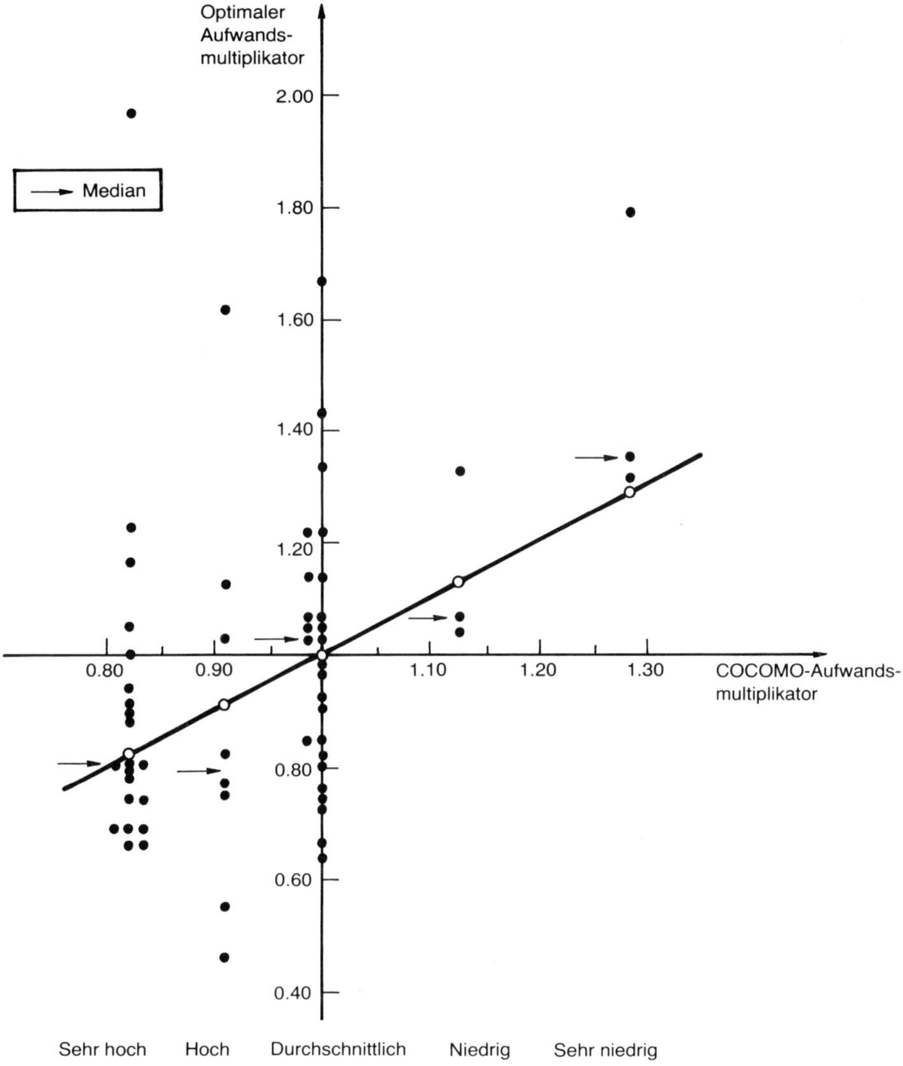

Abb. 26–4: COCOMO-Aufwandsmultiplikator in Relation zum optimalen Aufwandsmultiplikator — Anwendungserfahrung

Allgemeine Überlegungen

Die nachstehende Tabelle bringt eine Zusammenfassung der Produktivitätsspannen für die Anwendungserfahrung, über die in einigen Software-Kostenschätzungsstudien und -modellen berichtet wurde.

Quelle	Anwendungserfahrung Produktivitätsspanne
TRW, 1972 (Wolverton, 1974)	1,46–1,65
Boeing, 1977 (Black und andere, 1977)	2,05
NARDAC (Williamson, 1979)	3,00
IBM, 1977 (Walston-Felix, 1977)	2,81
RCA PRICE S (Freiman-Park, 1979)	1,70
GTE, 1979 (Daly, 1979)	1,20
COCOMO	1,57

Dabei sollte zur Kenntnis genommen werden, daß die Produktivitätsspannen für die Faktoren aus der IBM-Walston-Felix-Studie nicht generell unabhängig sind. Sie tendieren dazu, einen größeren Wert anzunehmen als andere Produktivitätsspannen, da sie oft auch die Auswirkungen anderer verwandter Faktoren mit einschließen, wie dies in Abschnitt 25.1 besprochen wurde. Im Delphi-Bericht (Scott-Simmons, 1974) bildete der Faktor für Programmierer-Erfahrung im funktionsbezogenen Bereich einen der wichtigsten Bestandteile der Programmierer-Produktivität bei einer Einstufung von +5 auf einer Skala von −7 bis +7. Die Jeffery-Lawrence-Studie (1979) dagegen stellte eine geringe Korrelation zwischen Erfahrung und Produktivität fest.

26.3 PCAP: Die Qualifikation des Programmierers

Bewertungsmaßstäbe und Aufwandsmultiplikatoren

Tabelle 26–5 zeigt Aufwandsmultiplikatoren für die Software-Entwicklung als Funktion der Qualifikationsstufe der Programmierer, die an einem Software-System arbeiten. Die Maßstäbe sind in Form von Perzentilen im Verhältnis zur Gesamtheit der Programmierer dargestellt. Die hauptsächlichen Faktoren, die bei der Bemessung berücksichtigt werden sollten, sind:

- Fähigkeiten des Programmierers,
- Effizienz und Gründlichkeit,
- Fähigkeit zur Kommunikation und Kooperation.

Bei der Bewertung sollten diese Merkmale in etwa gleichrangig gesehen werden. Die Bewertung sollte nicht vom Erfahrungsniveau der Programmierer ausgehen, da diese

Tab. 26–5: Aufwandsmultiplikatoren für die Programmierer-Qualifikation (PCAP)

PCAP-Bewertungsmaßstab \ Phase	Festlegung der Anforderungen und Produktentwurf	Feinkonzeption	Codierung und Modultest	Integration und Test	Gesamt
sehr niedrig (15%)	1,00	1,50	1,50	1,50	1,42
niedrig (35%)	1,00	1,20	1,20	1,20	1,17
durchschnittlich (55%)	1,00	1,00	1,00	1,00	1,00
hoch (75%)	1,00	0,83	0,83	0,83	0,86
sehr hoch (90 %)	1,00	0,65	0,65	0,65	0,70

Erfahrungswerte von anderen Faktoren abgedeckt werden. Bei der Bewertung sollte eher von der Qualifikation der Programmierer als *Team* und nicht als Einzelpersonen ausgegangen werden. Der Umfang und die Phasenverteilung des Einflusses der Programmierer-Qualifikation sind in Abbildung 26–5 graphisch dargestellt. Sie zeigt zum Beispiel, daß während der Phasen Festlegung der Anforderungen und Produktentwurf bei den Aktivitäten und den Kosten keine Änderungen eintraten, die auf die Qualifikation der Programmierer zurückzuführen wären; dies hat seinen Grund darin, daß die Programmierungsaktivitäten nicht vor Ende der Feinkonzeptionsphase beginnen.

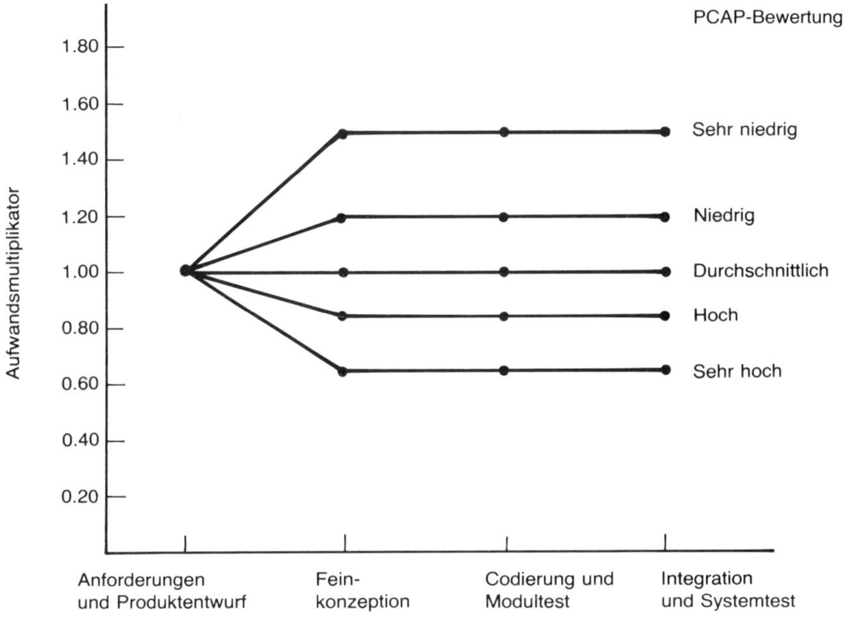

Abb. 26–5: Aufwandsmultiplikatoren nach Phasen: Programmierer-Qualifikation

Vergleich mit den Projektergebnissen

Abbildung 26–6 zeigt die Werte des optimalen Aufwandsmultiplikators für die Projekte in der COCOMO-Datenbank im Vergleich zu den Werten der COCOMO-Aufwandsmultiplikatoren für die fünf Merkmalsbewertungen (den Kreisen in Abbildung 26–6). Die Korrelation zwischen den COCOMO-Aufwandsmultiplikatoren und den Medianwerten (den Pfeilen in Abbildung 26–6) ist relativ gut, ausgenommen möglicherweise die sehr niedrige Programmierer-Qualifikationsstufe (1,41 bei COCOMO gegenüber einem Projektmedianwert von 1,62). Eine Änderung der COCOMO-Multiplikatoren, denen lediglich drei Projektdatenpunkte auf dieser Stufe zugrunde liegen, erscheint jedoch nicht gerechtfertigt zu sein.

Tab. 26–6: Unterschiede der Projektaktivität aufgrund der Programmierer-Qualifikation

Phase / Bewertungsmaßstab	Festlegung der Anforderungen und Produktentwurf	Feinkonzeption	Codierung und Modultest	Integration und Test
Sehr niedrig (15%)	Keine Änderung	Mehr Probleme im Zusammenwirken mit den Analytikern →	→	→
		Weniger effiziente Aktivitäten Mehr Fehler und falsche Anläufe →	→	→
			Mehr Überarbeitung der Feinkonzeption, mehr Fehler bei der Überarbeitung →	→
				Mehr Überarbeitung der Codierung und Dokumentation, mehr Fehler bei der Überarbeitung
Niedrig (35%)	Keine Änderung	Mittlerer Grad der obengenannten Effekte →	→	→
Durchschnittlich (55%)	Keine Änderung			
Hoch (75%)	Keine Änderung	Weniger Probleme im Zusammenwirken mit den Analytikern →	→	→
		Effizientere Aktivitäten Weniger Fehler und falsche Anläufe →	→	→
			Weniger Überarbeitung der Feinkonzeption, weniger Fehler bei der Überarbeitung →	→
				Weniger Überarbeitung der Codierung und Dokumentation, weniger Fehler bei der Überarbeitung
Sehr hoch (90%)	Keine Änderung	Hoher Grad der obengenannten Effekte →	→	→

Allgemeine Überlegungen

Die Diskussion über die auf die Programmierer-Qualifikation zurückzuführende Produktivitätsspanne wurde schon früher im Kapitel über die Analytiker-Qualifikation (Tabelle 25–1) geführt. Die Analytiker- wie die Programmierer-Qualifikationen zeigen einander ergänzende Auswirkungen auf die Phase. Die hauptsächliche Differenz, die auf die Analytiker-Qualifikation zurückzuführen ist, zeichnet sich in der Phase Festlegen der Anforderungen und Grobkonzeption ab und in geringerem Ausmaß während der letzten drei Phasen. Die Differenzen, die auf die Qualifikation der Programmierer zurückzuführen sind, zeigen ihre Auswirkungen schwerpunktmäßig und fast ausschließlich während der letzten drei Phasen.

In einem Projekt können ein paar gute Analytiker die geringe Qualifikation einiger Programmierer kompensieren und umgekehrt. Wenn aber beide, Analytiker und Programmierer, nur gut bzw. nur schlecht sind, so sind die Auswirkungen auf das Projekt bedeutend größer. Es ist aufschlußreich zu sehen, wie diese Auswirkungen im multiplikativen COCOMO-Modell berücksichtigt wurden.

Qualifikations-Maßstab		Kombinierter Aufwandsmultiplikator				
Analytiker	Programmierer	Festlegung der Anforderungen und Produktentwurf	Feinkonzeption	Codierung und Modultest	Integration und Test	Gesamt
sehr niedrig	sehr niedrig	1,80	2,02	2,02	2,25	2,04
sehr niedrig	sehr hoch	1,80	0,88	0,88	0,98	1,04
sehr hoch	sehr niedrig	0,55	1,12	1,12	1,05	1,02
sehr hoch	sehr hoch	0,55	0,49	0,49	0,46	0,49

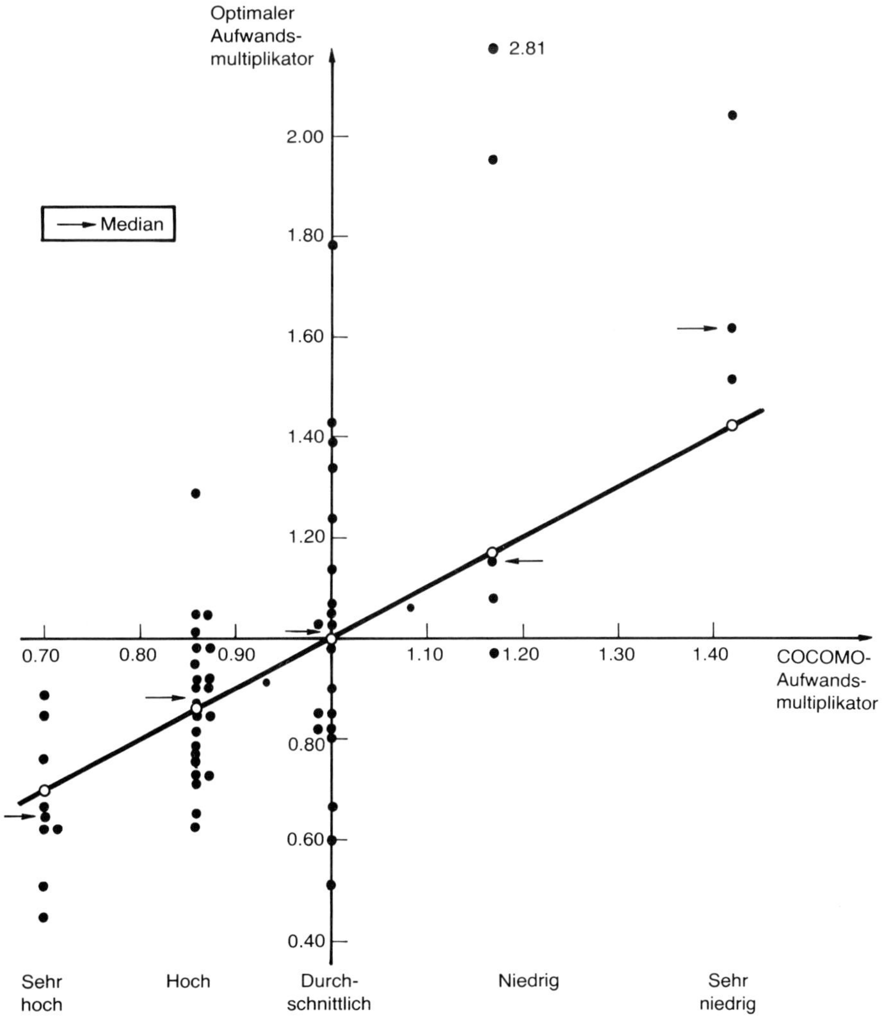

Abb. 26–6: COCOMO-Aufwandsmultiplikator in Relation zum optimalen Aufwandsmultiplikator — Programmierer-Qualifikation

26.4 VEXP: Erfahrung mit der virtuellen Maschine

Bewertungsmaßstäbe und Aufwandsmultiplikatoren

Tabelle 26–7 zeigt die Aufwandsmultiplikatoren für die Software-Entwicklung als Funktion der Erfahrung des Projektteams mit virtuellen Maschinen. Die zugrundeliegende virtuelle Maschine wurde in Abschnitt 25–3 beschrieben: Es handelt sich um einen Komplex aus Hardware und Software (Computer, Betriebssystem und/oder Datenbank-Managementsystem), der von einem Modul zur Ausführung seiner Funktionen aufgerufen wird. In diesem Falle wird die Programmiersprache nicht als Teil der virtuellen Maschine selbst angesehen; sie wird getrennt in Abschnitt 26.5 abgehandelt.

Tab. 26–7: Erfahrung mit der virtuellen Maschine (VEXP) — Aufwandsmultiplikatoren

VEXP-Bewertungsmaßstab \ Phase	Festlegung der Anforderungen und Produktentwurf	Feinkonzeption	Codierung und Modultest	Integration und Test	Gesamt
sehr niedrig (≤ 1 Monat)	1,10	1,10	1,30	1,30	1,21
niedrig (4 Monate)	1,05	1,05	1,15	1,15	1,10
durchschnittlich (1 Jahr)	1,00	1,00	1,00	1,00	1,00
hoch (≥ 3 Jahre)	0,90	0,90	0,90	0,90	0,90

Die Erfahrungsstufen sind festgesetzt nach der jeweiligen entsprechenden Erfahrung, die das Projektteam mit der virtuellen Maschine gesammelt hat:

Sehr niedrig: durchschnittlich 1 Monat Erfahrung
Niedrig: durchschnittlich 4 Monate Erfahrung
Mittel: durchschnittlich 1 Jahr Erfahrung
Hoch: 3 Jahre Erfahrung.

Der Umfang und die Phasenverteilung der Auswirkungen der Erfahrung mit virtuellen Maschinen werden in Abbildung 26–7 graphisch dargestellt.

Tabelle 26–8 zeigt die unterschiedlichen Projektaktivitäten, die sich aus der unterschiedlichen Erfahrung mit virtuellen Maschinen ergeben.

Vergleich mit den Projektergebnissen

Abbildung 26–8 zeigt die Werte des optimalen Aufwandsmultiplikators für die Projekte in der COCOMO-Datenbank im Vergleich zu den Werten der COCOMO-Aufwandsmultiplikatoren für die vier Merkmalsbewertungen (den Kreisen in Abbildung 26–8). Die Korrelation zwischen den COCOMO-Aufwandsmultiplikatoren und den Medianwerten — den Pfeilen in Abbildung 26–8 — ist wiederum relativ gut. Der Median auf der sehr niedrigen Stufe ist etwas hoch; die drei Datenpunkte liefern jedoch keine ausreichende Basis, um eine Änderung der COCOMO-Multiplikatoren zu rechtfertigen.

Allgemeine Überlegungen

Viele Modelle haben keinen Faktor für die Erfahrung mit virtuellen Maschinen. Das Doty-Modell (Herd und andere, 1977) schrieb dem Faktor „erste, auf einer CPU entwickelte Software“ eine Produktivitätsspanne von 1,92 zu (höchster Faktor dieses

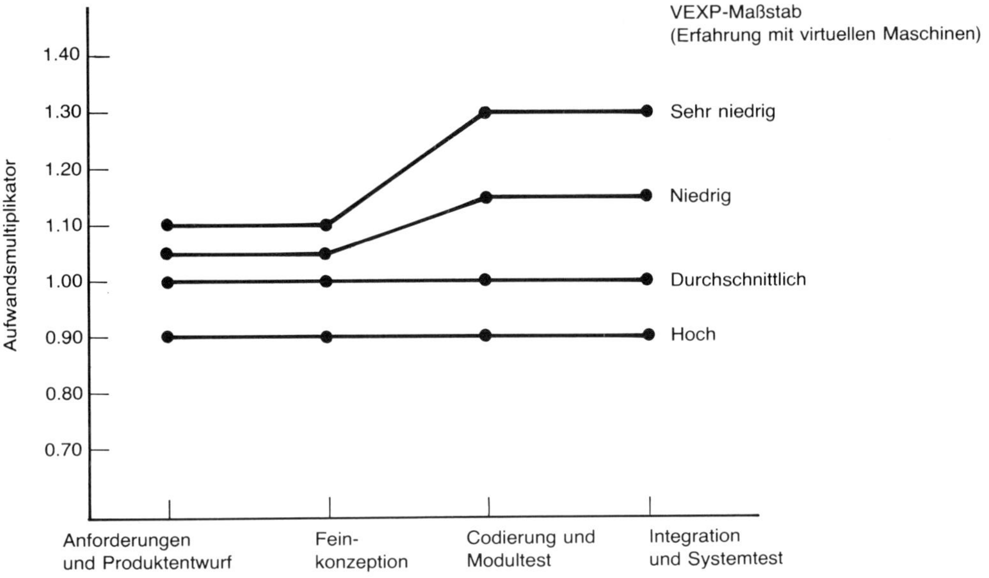

Abb. 26–7: Aufwandsmultiplikatoren nach Phasen: Erfahrung mit virtuellen Maschinen

Tab. 26–8: Unterschiede der Projektaktivitäten, die auf die Erfahrung mit virtuellen Maschinen (VM) zurückzuführen sind

Bewertungsmaßstab \ Phase	Festlegung der Anforderungen und Produktentwurf	Feinkonzeption	Codierung und Modultest	Integration und Test
Sehr niedrig (≤ 1 Monat)	Mehr VM- und Anwendungs-Interface-Analyse, mehr Fehler	→	→	→
	VM-Schulung	→	→	→
		Mehr Überarbeitung, mehr Fehler bei der Überarbeitung	→	→
	Tool-Umstellungs-Planung			Mehr Tuning für eine höhere Effizienz
		Tool-Umstellung	→	→
		Mehr Dokumentationsaufwand	→	→
Niedrig (4 Monate)	Mittlerer Grad der genannten Effekte	→	→	→
Durchschnittlich (1 Jahr)	Keine Änderung	→	→	→
Hoch (≥ 3 Jahre)	Weniger VM- und Anwendungs-Interface-Analyse, weniger Fehler	→	→	→
		Weniger Überarbeitung und weniger Fehler bei der Überarbeitung	→	→
		Weniger Dokumentationsaufwand	→	→
				Weniger Tuning für eine höhere Effizienz

Modells). Dem Faktor „frühere Erfahrung mit einem Computer“ ordnete die IBM-Studie (Walston-Felix, 1977) eine Produktivitätsspanne von 2,14 zu. Auch hier gilt, daß diese möglicherweise zum Teil auf die Auswirkungen anderer verwandter Faktoren zurückzuführen ist. Das RCA PRICE S-Model (Freiman-Park, 1979) weist dem Aspekt „neue Hardware“ einen Anpassungsfaktor für den besonderen Schwierigkeitsgrad von +0,1 zu, was zu einem Aufwandsmultiplikator von rund 1,2 führt. Die COCOMO-Produktivitätsspanne ist 1,34.

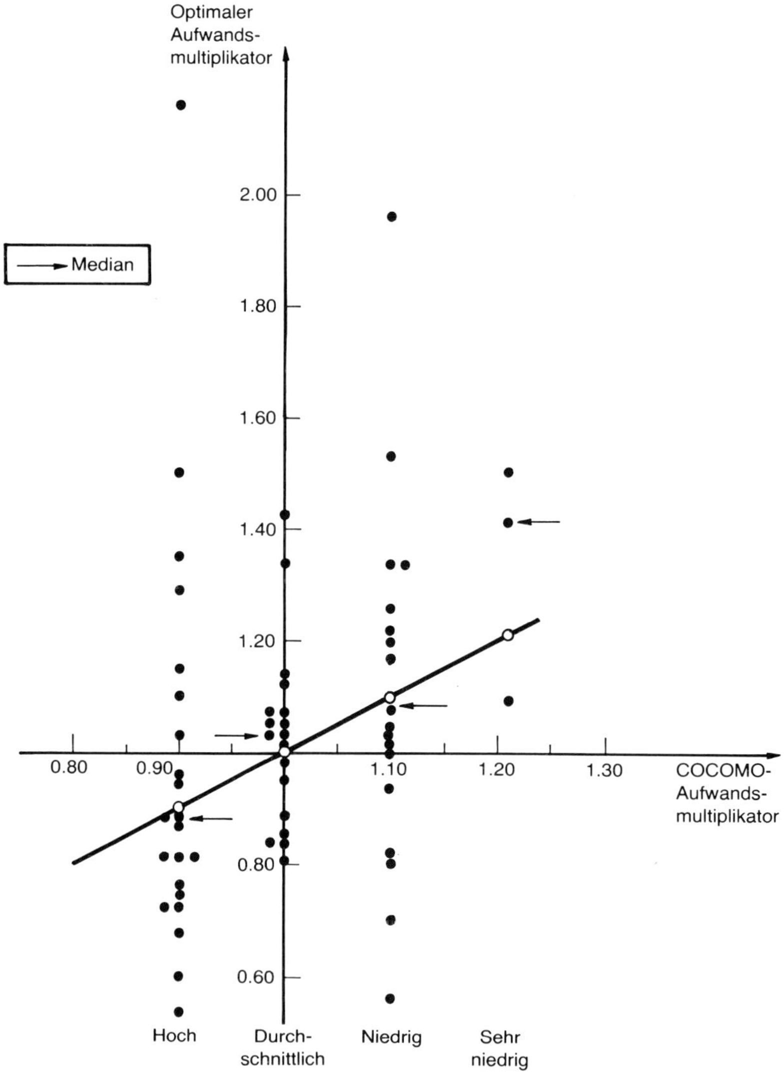

Abb. 26–8: COCOMO-Aufwandsmultiplikator in Relation zum optimalen Aufwandsmultiplikator — Erfahrung mit der virtuellen Maschine

26.5 LEXP: Erfahrung mit der Programmiersprache

Bewertungsmaßstäbe und Aufwandsmultiplikatoren

Tabelle 26–9 stellt Aufwandsmultiplikatoren für die Software-Entwicklung als Funktion des Erfahrungsstandes dar, den das Projektteam, das das Software-System entwickelt, auf dem Gebiet der Programmiersprache erlangt hat. Die Erfahrungsstufen wurden entsprechend der Erfahrung des Projektteams mit der Programmiersprache, die angewandt werden soll, definiert.

Sehr niedrig:	durchschnittlich ≤ 1 Monat Erfahrung
Niedrig	durchschnittlich 4 Monate Erfahrung
Mittel:	durchschnittlich 1 Jahr Erfahrung
Hoch:	durchschnittlich ≥ 3 Jahre Erfahrung

Tab. 26–9: Aufwandsmultiplikatoren für die Erfahrung mit der Programmiersprache (LEXP)

LEXP-Bewertungsmaßstab \ Phase	Festlegung der Anforderungen und Produktentwurf	Feinkonzeption	Codierung und Modultest	Integration und Test	Gesamt
sehr niedrig (≤ 1 Monat)	1,02	1,10	1,20	1,20	1,14
niedrig (4 Monate)	1,00	1,05	1,10	1,10	1,07
durchschnittlich (1 Jahr)	1,00	1,00	1,00	1,00	1,00
hoch (≥ 3 Jahre)	1,00	0,98	0,92	0,92	0,95

Der Umfang und die Phasenverteilung der Auswirkungen der Erfahrung mit der Programmiersprache sind in Abbildung 26–9 graphisch dargestellt.

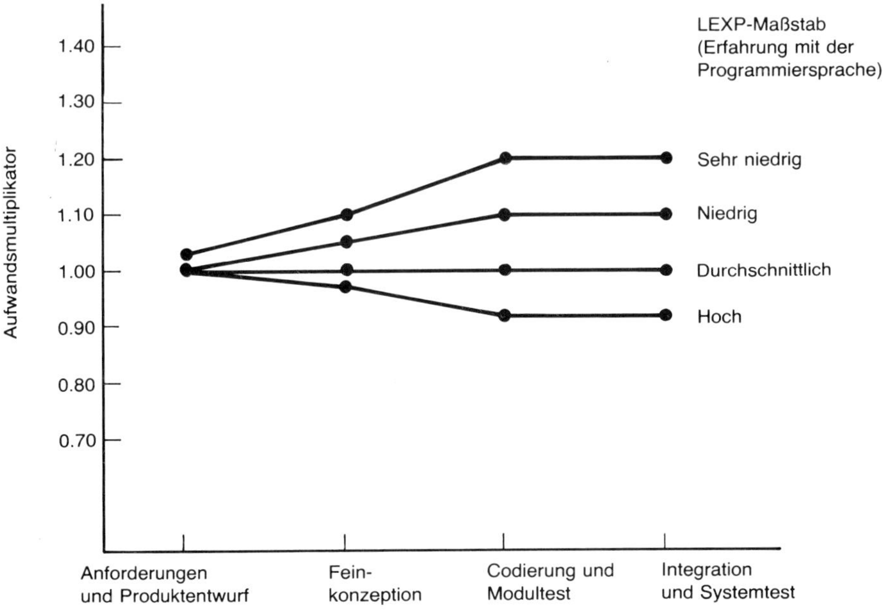

Abb. 26–9: Aufwandsmultiplikatoren nach Phasen: Erfahrung mit der Programmiersprache

Tabelle 26–10 zeigt die Unterschiede der Projektaktivitäten, die auf die unterschiedlich große Erfahrung mit der Programmiersprache zurückzuführen sind.

Tab. 26–10: Unterschiede in den Projektaktivitäten aufgrund der Erfahrung mit der Programmiersprache

Bewertungsmaßstab \ Phase	Festlegung der Anforderungen und Produktentwurf	Feinkonzeption	Codierung und Modultest	Integration und Test
Sehr niedrig (≤ 1 Monat)	Sprachschulung →	→	Mehr Lernaufwand, mehr Fehler und falsche Anläufe	Mehr Fehlerbehebung
		Überarbeitung von Unvereinbarkeiten zwischen Konzeption und Sprache →	→	→
	Tool-Umstellungs-Planung →	→	→	→
		Tool-Umstellung Mehr Dokumentationsaufwand →	→	→
Niedrig (4 Monate)	Mittlerer Grad der obengenannten Effekte →	→	→	→
Durchschnittlich (1 Jahr)	Keine Änderung →	→	→	→
Hoch (≥ 3 Jahre)		Weniger Überarbeitung von Unvereinbarkeiten zwischen Konzeption und Sprache →	→	→
		Weniger Dokumentationsaufwand →	→	→
			Weniger Fehler, weniger falsche Anläufe	Weniger Fehlerbehebung

Vergleich mit den Projektergebnissen

Abbildung 26–10 zeigt die Werte des optimalen Aufwandsmultiplikators für die Projekte in der COCOMO-Datenbank im Vergleich zu den Werten der COCOMO-Aufwandsmultiplikatoren für die vier Merkmalsbewertungen (den Kreisen in Abbildung 26–10). Die Korrelation zwischen den COCOMO-Aufwandsmultiplikatoren und den Medianwerten — den Pfeilen in Abbildung 26–10 — ist wiederum relativ gut. Wie bei den PCAP- und den VEXP-Merkmalen ist der Median für die sehr niedrige Stufe etwas hoch, aber die drei Datenpunkte (es handelt sich hier um dieselben drei Projekte wie bei VEXP) reichen nicht aus, um eine Änderung der COCOMO-Multiplikatoren zu rechtfertigen.

Allgemeine Überlegungen

Obwohl einige Studien darauf hinweisen, daß die Erfahrung mit der Programmiersprache ein wichtiger Kostenfaktor ist, wird in den meisten Modellen dieser Faktor nicht berücksichtigt. Die IBM-Studie (Walston-Felix, 1977) teilt diesem Faktor eine Produktivitätsspanne von 3,14 zu. Nochmals: Dies kann teilweise die Auswirkung anderer beteiligter Faktoren sein, wie dies schon in Abschnitt 25–1 angemerkt wurde. Das RCA PRICE S-Modell (Freiman-Park, 1979) ordnet dem Punkt „Neue Sprache“ einen

Anpassungsfaktor von +0,1 für den besonderen Schwierigkeitsgrad zu, was wiederum zu einem Aufwandsmultiplikator von ca. 1,2 führt. Der COCOMO-Produktivitätswert für diesen Faktor LEXP ist 1,20.

26.6 Generelle Diskussion der personellen Merkmale

Die quantitative Einschätzung der menschlichen Leistung ist traditionell in den Situationen exakter gewesen, in denen Menschen eingesetzt wurden, die ihre Arbeit mehr oder weniger wie eine Maschine verrichten (z. B. Bediener von Ständerbohrma-

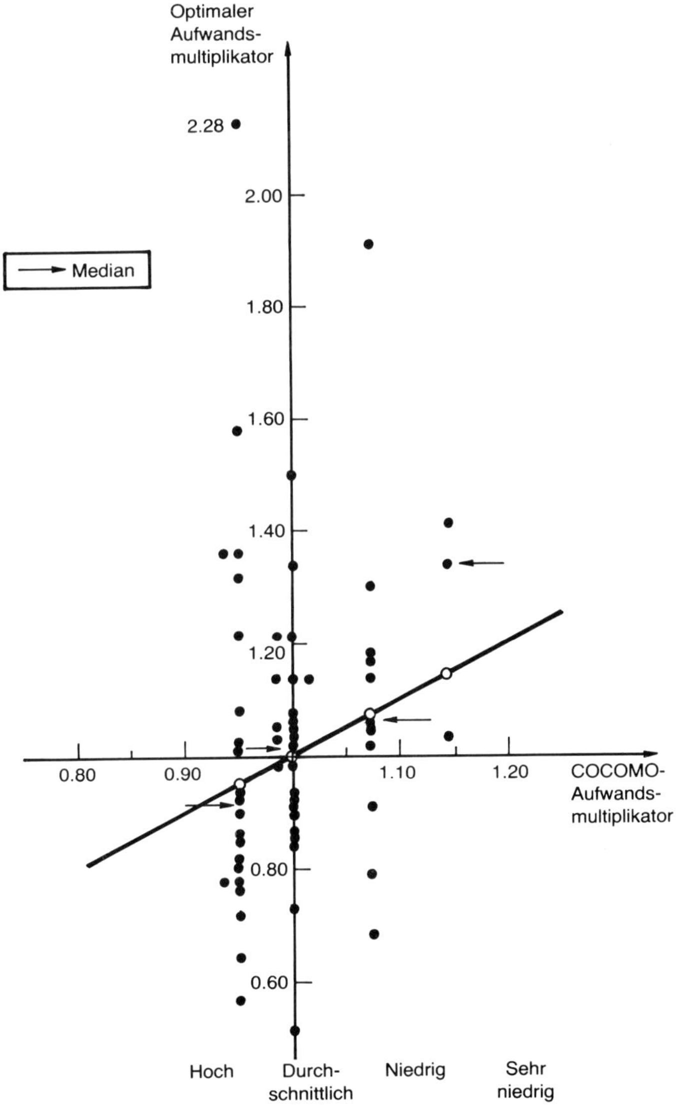

Abb. 26–10: COCOMO-Aufwandsmultiplikator in Relation zum optimalen Aufwandsmultiplikator — Erfahrung mit der Programmiersprache

schinen, Montagearbeiter in der Automobilindustrie, Locherinnen). Da wir Software-Ingenieure nicht dazu anregen möchten, wie Maschinen zu funktionieren, müssen wir unsere quantitativen Schätzungen mit einer guten Portion menschlicher Sensibilität und Urteilsvermögen ergänzen, um den Schätzvorgang realistisch und hilfreich zu gestalten. Dieser Abschnitt diskutiert drei Schlüsselfaktoren, die an der Bewertung von personellen Merkmalen und deren Auswirkungen auf die Software-Produktivität beteiligt sind.

1. *Merkmalsbewertungen*

   Sie sind keineswegs so einfach, wie dies nach den bisherigen Bewertungsmaßstäben in diesem Kapitel den Anschein gehabt haben mag.

2. *Verwandte Studien über Merkmale des Software-Personals*

   Diese Studien vermitteln einen zusätzlichen Einblick in die Software-Kostenschätzung und in Fragen der Produktivität.

3. *Betrachtungen zur Sammlung und Analyse von Daten*

   Greift man die Vorschläge für weitere Untersuchungen in diesem Kapitel und an anderen Stellen dieses Buches auf, sollte man auf die Grundprinzipien und Gefahrenquellen achten, die sich aus früheren psychologischen Studien zum Software-Engineering ergeben.

Merkmalsbewertung: Personalqualifikation

Die COCOMO-Bewertungsmaßstäbe für die Analytiker- und Programmierer-Qualifikation sind in Form einer hypothetischen Prozentverteilung vorgegeben, bezogen auf die Gesamtheit der Software-Analytiker und -Programmierer.

Tatsächlich gilt jedoch:

- Es gibt eine solche eindimensionale Skala gar nicht. Die Qualifikation sowohl des Analytikers als auch des Programmierers ist in höchstem Grade mehrdimensionales Merkmal und die Maßstäbe müssen unter Beachtung der besonderen, für diesen Job erforderlichen Kombination von Fähigkeiten erstellt werden. Wie komplex die Situation ist, zeigt der AFIPS-Bericht zum Berufsbild des Programmierers (AFIPS, 1973).
- Es gibt keine objektiven Meßinstrumente, deren Ergebnis verläßlich die Qualifikation eines Analytikers oder Programmierers anzeigt. Instrumente wie der „IBM-Programmierer-Eignungstest“ (PET) oder der Test der sequentiellen Instruktionen (TSI) zum Messen der Programmierer-Qualifikation sowie der Motivations-Fragebogen (SVIG), mit dem das Interesse bzw. die Motivation gemessen werden kann, haben bestenfalls sehr schwache Korrelationen mit der tatsächlichen Analytiker- oder Programmierer-Qualifikation hervorgebracht. Siehe dazu: Mayer-Stalnaker, 1968; Weinberg, 1971 und Shneiderman, 1980.
- Für die Festlegung des Maßstabes ist nicht die durchschnittliche Qualifikation des einzelnen Analytikers oder Programmierers ausschlaggebend, sondern die effektive Teamleistung der Analytiker oder Programmierer. Faktoren wie Team-Bindung, Kommunikations-Fähigkeit und die Motivation zur Teamleistung (statt persönlicher Leistung) müssen dabei beachtet werden. Weinberg (1971) ist eine Fundgrube guter Beispiele und Prinzipien für effektive — im Gegensatz zur ineffektiven — Software-Teamleistung.

Wichtigste Grundlage für die Beurteilung der Qualifikation eines Software-Teams (Programmiererfachkenntnisse, Kommunikationsvermögen usw.) ist die Frage nach der Stärke der Motivation des Teams. Auch hierfür gibt es keinen guten Maßstab;

andererseits ist es außerordentlich wichtig, die Team-Motivation in die Qualifikations-Bewertungen mit einzubinden, die für die Prognose der Produktivität verwendet werden. Die Diskussion über Programmierer-Motivationsfaktoren wird in Kapitel 33 fortgesetzt.

Bei der Verwendung von COCOMO in der Praxis des Software-Engineering ist es sinnvoll, die ACAP- und PCAP-Bewertungsmaßstäbe als *relative* Maßstäbe zu betrachten; diese können dazu verwendet werden, das spezifische Niveau und die Bandbreite der Analytiker- und Programmierer-Qualifikationen zu den Aufwandsschätzungen, die von COCOMO geliefert worden sind, in Bezug zu setzen. Die Entwicklung eines installationsspezifischen Gegenstückes zu den COCOMO-Bewertungsmaßstäben ist normalerweise für die Installation eher von Bedeutung. Dies wäre auch weniger demotivierend als die implizite Behauptung, daß z. B. ein gewisses Programmierer-Team nur 15 Prozent der Höchstleistung erbringt. In Abschnitt 29.9 folgt eine Beschreibung der Methoden, wie COCOMO auf eine bestimmte Installation eingestellt und zugeschnitten werden kann.

Merkmalsbewertungen: Personalerfahrung

Die COCOMO-Bewertungsmaßstäbe für Anwendungserfahrung, Erfahrung mit virtuellen Maschinen und mit der Programmiersprache sind in Form von Kalendermonaten oder -jahren vorgegeben. Hier ist es wichtig, nicht nur von der rein zeitlichen Erfahrungsdauer auszugehen, sondern auch zu berücksichtigen, inwieweit die Erfahrung Einfluß auf den zu schätzenden Job hat. Zwei hauptsächliche Überlegungen sind dabei von Gewicht:

1. Erfahrung mit den Aspekten der Anwendungen, der virtuellen Maschine und der Sprache, wie sie für den zu schätzenden Job relevant sind. Ein Beispiel: Eine dreijährige Erfahrung in der Programmierung von Stapelsystemen mit einem IBM OS/VS-System ist von wenig Nutzen, wenn beim nächsten Job der Einsatz von Datenfernverarbeitung und Rechnernetz-Features gefragt ist.
2. Der Erfahrungsgehalt: Es gibt Menschen, die zehn Jahre lang programmiert haben und deshalb über Erfahrungen verfügen, die sie in zehn Jahren angesammelt haben; andere haben eine zehnmal wiederholte einjährige Erfahrung.

Auch hier gilt wieder, daß als wichtigstes Merkmal die effektive Team-Erfahrung gewertet werden muß. Wenn sich zum Beispiel nur zwei bis drei Personen eines Teams mit den besonderen Aspekten der Netzwerkprotokolle befassen müssen, braucht lediglich ihre Erfahrungsstufe auf diesem Gebiet bei der Erfahrungsbemessung berücksichtigt zu werden.

Verwandte Studien über die Software-Personal-Merkmale

Die potentielle Spannweite von Leistungsschwankungen bei der Software-Entwicklung wird am besten durch die Ergebnisse illustriert, die in Abbildung 26–11 dargestellt sind. Dies ist eine Zusammenfassung der Studie (Grant-Sackman, 1966) über die Effektivität von Stapelprogrammierung im Vergleich zur Timesharing-Programmierung. In dieser Studie haben Grant und Sackman versucht, die Ursachen von Leistungsschwankungen aus der vergleichenden Studie „Stapel- gegenüber Timesharing-Programmierung" auszuschalten, indem sie ausschließlich mit erfahrenem Personal arbeiteten, das über eine zwei- bis elfjährige Programmiererfahrung verfügte. Trotzdem ergaben die Vergleiche durch die große Spanne individueller Leistungen kein klares Ergebnis, wie dies aus Abbildung 26–11 zu ersehen ist. Die Mischung aus

Mann-Stunden in der Codierung (18:1) und Mann-Stunden beim Testen (28:1) ergab eine durchschnittliche Produktivitätsspanne von 26:1 zwischen den besten und den schlechtesten Leistungen in diesem Experiment. Außerdem ergab sich, daß bei einem der Probleme dieses Experimentes sowohl die besten als auch die schlechtesten Leistungen von den beiden Programmierern erbracht wurden, die die größte Erfahrung (elf Jahre) hatten. Eine ähnliche Produktivitätsspanne — 16:1 — wurde in einer vergleichenden Studie (Sackman, 1969) über Stapel- gegenüber Timesharing-Projekten beobachtet. In beiden Studien war an den großen Produktivitätsspannen eine kleine Zahl extremer Leistungen mit Produktivitätsspannen von 3:1 bis 5:1 schuld, die die COCOMO-Spanne vom 15. bis zum 90. Perzentil des Software-Personals noch besser charakterisieren.

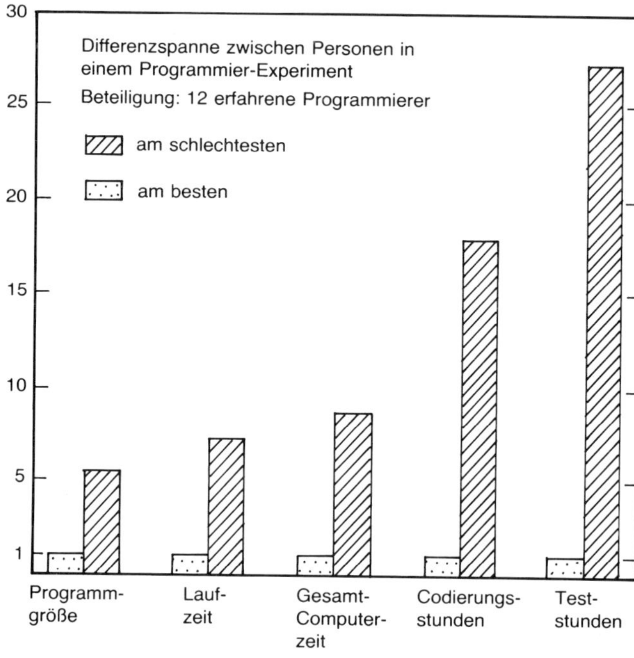

Abb. 26–11: Einfluß des Personals auf die Software-Produktivität

Einige nützliche Informationen über die Korrelation von Anwendungserfahrung, Spracherfahrung und genereller Programmiererfahrung ergaben sich aus der (Chrysler, 1978)-Studie über die Determinanten der Software-Produktivität in einer kommerziellen COBOL-Stapelverarbeitungsinstallation. In dieser Installation war die Korrelation zwischen den Monaten praktischer Anwendungserfahrung und den Monaten der COBOL-Erfahrung 0,977; die Korrelation zwischen der gesamten Programmiererfahrung und der praktischen Anwendungserfahrung war 0,963. Wenn diese Korrelation typisch für alle Software-Installationen wäre, so wären keine speziellen COCOMO-AEXP-, VEXP- und LEXP-Merkmale erforderlich. Wenn man die Projekt-Bewertungen in der COCOMO-Projektdatenbank kritisch überprüft oder analysiert, kann man feststellen, daß die Korrelation zwischen den verschiedenen Erfahrungsmerkmalen ziemlich hoch ist, jedoch nicht hoch genug, um die Eliminierung der einzelnen COCOMO-Erfahrungswerte zu rechtfertigen. Die Chrysler-Daten deuten jedoch darauf hin, daß individuelle Installationen von derartigen Korrelationen, die sich eventuell in ihrem Umfeld befinden, profitieren können, indem sie sich ein für ihre Situation vereinfachtes COCOMO-Modell zurechtzimmern.

Betrachtungen über Sammlung und Analyse von Daten

Die in diesem Kapitel aufgezeigten Vorschläge für weitergehende Untersuchungen, auch die Vorschläge aus weiteren Kapiteln in Teil IV, implizieren des öfteren Entwicklung und Implementierung eines Experiments oder Beobachtungsprogramms mit Software-Personal. Wenn man solchen Aktivitäten nachgeht, sollte man sich der wichtigsten Prinzipien und der häufigsten Fehlerquellen bewußt sein, die sich aus früheren psychologischen Studien über Software-Engineering ergeben. Eine brauchbare Liste der am weitesten verbreiteten Fehlerquellen findet sich in (Weinberg, 1971):

1. Selbstbetrachtung ohne Nachkontrolle
2. Beobachtungen auf allzu enger Basis
3. Beobachtungen der falschen Variablen oder das Versäumnis, die richtigen Variablen zu beobachten
4. Störung des beobachteten Phänomens
5. Generieren von viel zu viel Daten mit zu wenig Information
6. Zu stark begrenzte Experimente
7. Zu große Abhängigkeit von Anfängern
8. Versäumnis, die Auswirkungen der Gruppenarbeit und das Gruppenverhalten zu untersuchen
9. Messen, was einfach zu messen ist
10. Übertriebene Präzision
11. Übertragung von Ergebnissen auf ungeeignete Situationen.

Einen guten Leitfaden für psychologisches Experimentieren bietet (Chapanis, 1959). Andere wertvolle Einblicke in ihre Verwendung bei Software-Engineering-Experimenten und -Beobachtungen findet man bei (Sackman, 1970; Weinberg, 1971; Shneiderman, 1980 und Moher-Schneider, 1981).

Kapitel 27

Die COCOMO-Kostenfaktoren im einzelnen: Projektmerkmale

In diesem Kapitel werden diejenigen Projektmerkmale besprochen, die wichtige Software-Kostenfaktoren sind. Es handelt sich um

27.1 MODP Verwendung von modernen Programmiermethoden (Use of modern programming practices)

27.2 TOOL Verwendung von Software-Tools (use of software tools)

27.3 SCED Zeitliche Einschränkungen der Entwicklung (Development schedule constraint)

27.1 Die Verwendung von modernen Programmiermethoden (MODP)

Bewertungsmaßstäbe und Multiplikatoren

Tabelle 27–1 bringt eine Darstellung von Aufwandsmultiplikatoren der Software-Entwicklung als Funktion des Umfanges, in welchem moderne Programmiermethoden (MPPs) (= Modern programming practices) bei der Software-Entwicklung eingesetzt werden. Die hier angewandten Methoden sind:

1. *Top-down Anforderungsanalyse und Design*
   Entwicklung von Software-Anforderungen und -Design als eine hierarchische Folge der vom Benutzer gestellten Informationsverarbeitungs-Anforderungen und Ziele. Diese Methode wurde im Hinblick auf einen angemessenen Einsatz der Entwicklung in Teilschritten, des Prototyping und der Vorabdokumentation erweitert, wie dies in Kapitel 4 besprochen wurde.
2. *Die Notation des strukturierten Designs*
   Verwendung einer modularen, stufenweisen Design-Notation (Programmier-Designsprache, Strukturdiagramme, HIPO) in Übereinstimmung mit den strukturierten Code-Konstrukten laut Punkt 5.
3. *Top-down stufenweise Entwicklung*
   Durchführung der Feinkonzeption, Codierung und Integration als eine Folge von schrittweisen Verfeinerungen.
4. *Walkthroughs oder Inspektionen von Feinkonzeption und Codierung*
   Erstellen vorgeplanter Statusberichte über die Feinkonzeption und den Code jedes Software-Moduls.

Tab. 27–1: Moderne Programmiermethoden (MODP) — Aufwandsmultiplikatoren

MODP-Bewertungsmaßstab \ Phase	Festlegung der Anforderungen und Produktentwurf	Feinkonzeption	Codierung und Modultest	Integration und Test	Gesamt
Sehr niedrig	1,05	1,10	1,25	1,50	1,24
Niedrig	1,00	1,05	1,10	1,20	1,10
Durchschnittlich	1,00	1,00	1,00	1,00	1,00
Hoch	1,00	0,95	0,90	0,83	0,91
Sehr hoch	1,00	0,90	0,80	0,65	0,82

5. *Strukturierter Code*

   Anwendung von modularen, hierarchisch aufgebauten Kontrollstrukturen auf der Basis einer kleinen Zahl elementarer Kontrollstrukturen, die jeweils nur einen Eingangs- oder Ausgangs-Kontrollfluß haben.

6. *Programm-Bibliothekar*

   Ein Projektmitarbeiter, der für die Führung eines organisierten Speicher- und Kontrollsystems für Software-Komponenten verantwortlich ist.

In einer Reihe von Büchern und Artikeln werden diese Konzepte im einzelnen beschrieben, so z. B. von (Mills, 1970; Yourdon, 1975; Infotech, 1978). Bei der „Program Support Library" handelt es sich um eine Methode, die oft mit den beschriebenen Methoden in Verbindung gebracht wird; sie wird nicht hier, sondern im Kapitel „TOOL-Eigenschaften" besprochen. Eine andere Methode, die an dieser Stelle nicht besprochen wird, ist das „Chief Programmer Team". Mit dieser Methode wurden ziemlich unterschiedliche Ergebnisse erzielt. Bei einem erstklassigen Chefprogrammierer kann die Produktivität sehr hoch sein; bei einem weniger qualifizierten Chefprogrammierer kann die Produktivität sehr niedrig sein.

Die Bewertungsmaßstäbe werden danach festgelegt, inwieweit moderne Programmiermethoden bei der Entwicklung des Subsystems eingesetzt werden, sowie nach der relativen Erfahrung des Projektteams, welches mit diesen Methoden arbeitet.

Sehr niedrig:	kein Einsatz moderner Programmiermethoden
Niedrig:	erster experimenteller Einsatz einiger Methoden

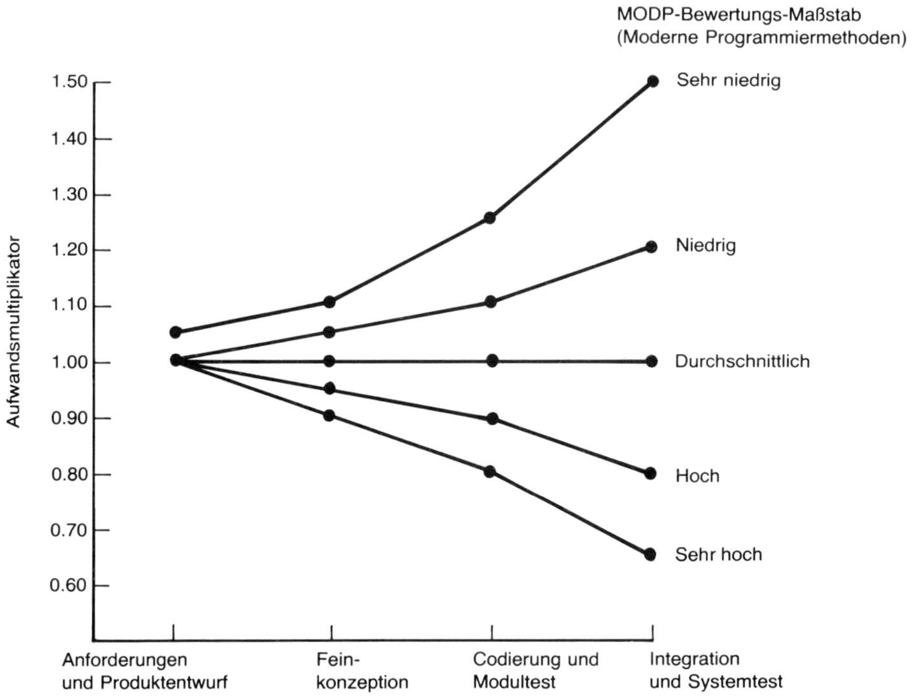

Abb. 27–1: Aufwandsmultiplikatoren nach Phasen: die Verwendung von modernen Programmiermethoden

Mittel:	Grundkenntnisse im Einsatz einiger Methoden
Hoch:	Grundkenntnisse im Einsatz der meisten Methoden
Sehr hoch:	routinemäßiger Einsatz aller Methoden

Die Bedeutung sowie die Phasenverteilung der Methoden-Effekte sind in Abbildung 27–1 graphisch dargestellt.

Tabelle 27–2 stellt die Unterschiede der Projektaktivität dar, wie sie sich aus dem unterschiedlichen Einsatz der Methoden ergeben. Sie demonstriert beispielsweise,

Tab. 27–2: Unterschiede in den Projektaktivitäten aufgrund des Einsatzes moderner Programmiermethoden

MODP-Bewertungsmaßstab \ Phase	Festlegung der Anforderungen und Produktentwurf	Feinkonzeption	Codierung und Modultest	Integration und Test
Sehr niedrig	Höherer Aufwand für Korrektur fehlerhafter Anforderungen →	→	→	→
	Reduzierter Aufwand für Analyse und Prüfung der Anforderungen und Systemanalyse	Umfangreichere Korrektur von Fehlern im Produktentwurf →	→	→
		Schwierigere Festlegung und Änderung des Entwurfs →	→	→
	Weniger begleitende Dokumentation	Fehler bei der Festlegung	Umfangreichere Korrektur von Fehlern in der Feinkonzeption und der Codierung →	→
		Weniger Aufwand für Konzeptions-Walkthroughs	Häufigere Testwiederholung →	→
			Mehr Testmuster →	→
			Größere Überarbeitung der Dokumentation und des CM →	→
			Weniger Aufwand für Code-Walkthroughs, weniger Stubs zu entwickeln	Extrem aufwendige Korrektur von Systemfehlern
Niedrig	Mittlerer Grad der obengenannten Effekte →	→	→	→
Durchschnittlich	Keine Änderung →	→	→	→
Hoch	Weniger Fehlerkorrekturen bei den Anforderungen →	→	→	→
	Mehr Aufwand für Anforderungen, Produktentwurf und Qualitätskontrolle	Weniger Fehlerkorrekturen im Produktentwurf →	→	→
	Mehr begleitende Dokumentation	Weniger Fehler in den Festlegungen	Weniger Fehlerkorrekturen bei Feinkonzeption und Codierung →	→
		Mehr Aufwand für Entwurfs-Walkthrough	Weniger Testläufe →	→
			Weniger Testmuster →	→
			Geringere Überarbeitung der Dokumentation →	→
			Mehr Aufwand für Walkthrough der Codierung	Geringere Korrekturen von Systemfehlern
			Mehr Entwicklung von Stubs	
Sehr hoch	Höherer Grad der obengenannten Effekte →	→	→	→

warum die meisten Einsparungen, die aufgrund der Methoden möglich sind, in der Integrations- und Testphase auftreten: Dank der Methoden können Fehler vermieden oder früher entdeckt werden, d. h. zu einem Zeitpunkt, wo die Fehlerbehebung sehr viel billiger ist.

Vergleich mit den Projektergebnissen

Abbildung 27–2 zeigt die Werte des optimalen Aufwandsmultiplikators, wie er in der Gleichung 24–1 definiert ist, für die Projekte in der COCOMO-Datenbank im Vergleich zu den Gesamtwerten der COCOMO-Aufwandsmultiplikatoren für die fünf Merkmalsausprägungen (den Kreisen in Abbildung 27–2) der modernen Programmiermethoden. Die Korrelation zwischen den COCOMO-Aufwandsmultiplikatoren

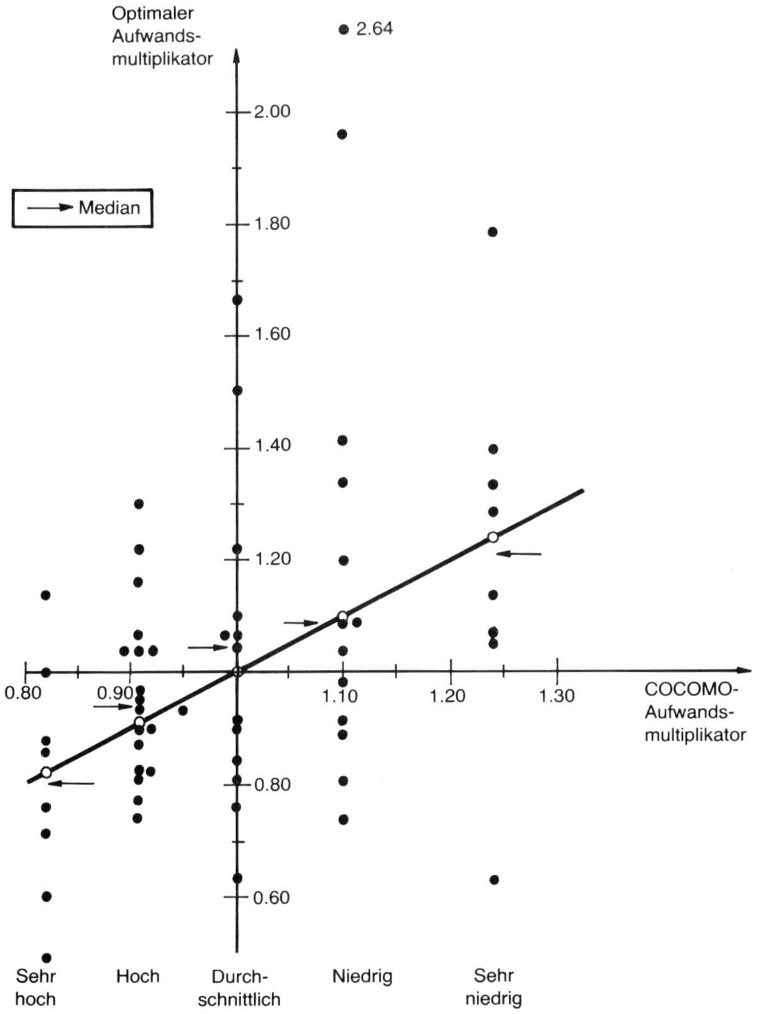

Abb. 27–2: COCOMO-Aufwandsmultiplikator in Relation zum optimalen Aufwandsmultiplikator: Moderne Programmiermethoden

und den optimalen Medianwerten (den Pfeilen in Abbildung 27–2) ist außerordentlich gut. Da alle anderen COCOMO-Merkmale aufgrund dieses Vergleichs normalisiert sind, impliziert diese Korrelation, daß die COCOMO-Aufwandsmultiplikatoren gute Vorhersagen für die Auswirkung der Programmiermethoden auf die Produktivität der Software-Entwicklung liefern; zumindest gilt dies für die Stichprobe der 63 Projekte in der COCOMO-Datenbank.

Allgemeine Überlegungen

In zahlreichen Arbeiten wird auf beeindruckende Produktivitätsgewinne verwiesen, die auf die Einführung moderner Programmiermethoden zurückzuführen sind. Es war schwieriger zu unterscheiden, welche Gewinne den Methoden zu verdanken sind und welche Auswirkungen möglicherweise auf andere Faktoren, die mit ihnen korrelieren, zurückgehen: erfahreneres Personal, bessere Software-Tools, größerer Überblick des Managements, gleichzeitige Verbesserungen im Management etc. Die untenstehende Tabelle zeigt die Ergebnisse eines Workshops, in welchem ein verhältnismäßig gründlicher (keineswegs jedoch erschöpfender) Versuch gemacht wurde, mehrere gesammelte Datengruppen innerhalb eines konsistenten Rahmens miteinander in Beziehung zu setzen (Boehm und andere, 1975).

Firma	Anwendungsgebiet	Anzahl der Projekte	Durchschnittliche DSI	Durchschnittliche Produktivitätsverbesserung
IBM	Viele	> 20	2K-500K	1.67
Hughes	Real-time	2	10K	2.00
McAuto 73	Kommerziell	2	3K	0.69
McAuto 74	Kommerziell	4	6K	1.25

Der negative Verlauf bei McAuto 73 war auf inadäquate Vorbereitung und auf den falschen Gebrauch einiger Methoden zurückzuführen. Der COCOMO-Verbesserungsfaktor 1,51 setzt ein angemessenes Training, eine geeignete Vorbereitung und eine differenzierte Einführung der Methoden voraus.

In einer späteren Studie (Walston-Felix, 1977) wurde eine weiterreichende Analyse der IBM-Datenbank erstellt. Die durch sie eruierten Produktivitätsspannen, die unten dargestellt sind, repräsentieren die jeweiligen Spannen zwischen Projekten, die eine Methode zu 66% der Zeit verwandten, und Projekten, die eine Methode zu 33% verwandten.

Strukturiertes Programmieren	1,78
Design- und Code-Inspections	1,54
Top-down-Entwicklung	1,64
Chief-Programmer-Team	1,86

Auch diese Zahlen können von den Auswirkungen korrelierender Faktoren*) geprägt sein; ganz sicher enthalten sie zu einem hohen Grad die Effekte der Korrelationen

*) Eine Analyse der Korrelation (Brooks, 1980) der IBM-FSD-Datenbank stellt fest, daß der Gebrauch von modernen Methoden einhergeht mit einer verbesserten Produktivität sowohl kleiner als auch größerer Projekte, wobei einwandfrei mehr Verbesserungen bei den größeren Projekten festzustellen waren. Weiter ist aus dieser Analyse zu schließen, daß der Gebrauch von modernen Methoden den negativen Effekt anderer Kostenfaktoren reduziert, wie z. B. Komplexität und Hardware-Beschränkungen.

zwischen den obengenannten individuellen Faktoren. Da sie gewöhnlich gemeinsam angewendet werden, repräsentieren die oben gezeigten Werte in hohem Maße die gemeinsame Wirkung der vier Methoden. Die größere Produktivitätsspanne beim Einsatz von Chief-Programmer-Teams kann auch auf einen anderen Korrelationseffekt zurückgeführt werden: Es besteht die Tendenz, daß Chief-Programmer-Teams eher bei kleineren als bei größeren Projekten eingesetzt werden. Die kleineren Projekte waren in der IBM-Stichprobe produktiver, wie aus Tabelle 25–4 hervorgeht (Brustman, 1978).

Weiterhin wurde ein Methoden-Produktivitäts-Verbesserungsfaktor von 1,44 bei der Bank of Montreal (Comper, 1979) angeführt, ein Faktor von 1,48 bei SNETCo (Pitchell, 1979) und ein Faktor von 1,58 bei einer französischen Software-Firma (Galinier, 1978). Browns Studie über die Verwendung von modernen Methoden bei einem großen TRW-Projekt (Brown, 1977) liefert viele Hinweise über den Einfluß verschiedener Methoden auf eine Reihe von Software-Projektcharakteristika (Moral, Produktkontrolle, Wartbarkeit), jedoch keinerlei quantitative Vorhersagen über Produktivitätsverbesserungen. Eine ähnliche Studie über den Einsatz von modernen Methoden bei Boeing (Black und andere, 1977) führt Faktoren der Produktivitätsverbesserung (tatsächliche Produktivität/geschätzte Produktivität) bei fünf Projekten von 1,08 — 1,18 — 2,31 — 5,05 und 6,41 an. Es ist jedoch nicht klar ersichtlich, in welchem Umfang diese Ergebnisse auf Unzulänglichkeiten im dort verwendeten Kostenschätzungsmodell zurückzuführen sind.

Der GUIDE-Überblick über den Einsatz von modernen Methoden

Die Ergebnisse eines Überblicks von GUIDE (der kommerziellen IBM-Anwendergruppe) bei 800 Installationen sind von besonderem Interesse, weil sie über den Einsatz und die Einschätzung von modernen Methoden (GUIDE, 1979) berichten. Tabelle 27–3 zeigt, wie verschiedene Methoden bei diesen Installationen verwendet wurden, und weist darauf hin, daß die Methoden des strukturierten Programmierens und die Methoden des Top-down-Designs am besten akzeptiert wurden (grob geschätzt sind sie bei 50% der Installationen verwendet worden, bei weniger als 10% sind sie abgelehnt worden). Das Chief-Programmer-Team und HIPO fanden am wenigsten Akzeptanz (grob geschätzt werden sie bei 33% der Installationen verwendet, bei mehr als 20% abgelehnt).

Tab. 27–3: GUIDE-Bericht über die Verwendung moderner Techniken — Einsatz individueller Techniken

	In welchem Umfang setzen Sie gegenwärtig neue Programmiertechniken ein?			
	Kein Einsatz	In Vorbereitung	Im Einsatz	Gesamt
Chief-Programmer-Teams	134	307	224	665
Walkthrough	51	288	307	646
Top-down-Design	43	329	332	704
Strukturierte Programmierung	37	351	412	800
HIPO	139	278	188	605
Bibliotheks-Verwaltungsfunktionen	109	286	237	632
Interaktive Programmierung	86	320	280	686

Tabelle 27–4 zeigt, wie die Methoden-Effekte auf verschiedene Software-Produkt- und Software-Lifecycle-Charakteristika dieser Installationen eingeschätzt wurden. Die Tabelle gibt zu erkennen, daß die Gebiete, auf denen die größten Verbesserungen erzielt wurden, das der Code-Qualität und das der Fehler-Früherkennung sind. Die Auswirkungen auf Programmier-Produktivität und Wartungskosten sind eindeutig positiv, wobei ca. 50% der Installationen von „etwas" Verbesserung und ca. 30% von „großer" Verbesserung berichten.

Tab. 27–4: GUIDE-Bericht über den Methoden-Gebrauch: Auswirkungen auf Software-Produkt und Software-Lifecycle

Berücksichtigen Sie nur die neuen Programmiertechniken, für die Sie „im Einsatz" angegeben haben. Was war der Effekt der entsprechenden Techniken auf die folgenden Punkte?

	Große Verbesserungen	Verbesserungen	Kein Effekt	Verschlechterungen	Gesamt
Projektschätzung oder -kontrolle	63	294	206	8	571
Kommunikation mit den Benutzern	89	227	252	3	571
Organisatorische Stabilität	47	193	303	10	553
Genauigkeit des Designs	166	297	107	3	573
Code-Qualität	206	287	94	2	589
Frühzeitige Fehlererkennung	213	276	87	4	580
Programmiererproduktivität	165	350	80	6	601
Wartungszeit oder -kosten	178	272	108	11	569
Arbeitseinstellung der Analytiker oder Programmierer	108	292	160	20	580

Die Produktivitätsverbesserungen in Tabelle 27–4 bilden nur einen Teil der potentiellen Methoden-Verbesserungen ab, die bei dieser Installation möglich sind (siehe Tabelle 27–5). Die Tabelle zeigt, wie eine solche Installation auf folgende Frage reagiert: „Wieviel Produktivitätsverbesserungen würden Sie erwarten, wenn Sie Ihre gegenwärtigen Methoden so intensiv wie möglich einsetzen?" Gemäß den Ergebnissen können ca. 40% der Installationen einen zusätzlichen Produktivitätsgewinn von 10 bis 25% realisieren, und ca. 12% können einen zusätzlichen Produktivitätsgewinn von 25 bis 50% realisieren.

Zusammengefaßt bedeutet dies, daß die GUIDE-Ergebnisse übereinstimmen mit dem Produktivitätsgewinn von 51%, wie er vom COCOMO-Modell errechnet wurde und es die 63 Projekte in der COCOMO-Datenbank bestätigt haben.

Moderne Methoden und routinemäßiger Einsatz von Software

Die in Tabelle 27–4 genannten Ergebnisse der Auswirkungen moderner Methoden auf die Arbeitsmoral von Programmierern und Analytikern (19% erhebliche Verbesserung, 50% geringe Verbesserungen, 28% kein Effekt, 3% Verschlechterung) dürfte für eine Reihe von Experten, die das Gegenteil vorausgesagt hatten, eine große Überraschung sein. Auf der Basis einer kleinen Menge von Daten und einem Großteil subjektiver Meinungen wurde in der Studie „Programmierer und Manager" (Kraft, 1977) die These aufgestellt, daß die Einführung moderner Programmiermethoden ein Versuch des Managements sei, die Arbeit der Programmierer zur Routine zu machen

Tab. 27–5: GUIDE-Bericht über den Methoden-Gebrauch: Weiteres Potential zur Produktivitätsverbesserung

Berücksichtigen Sie nur die neuen Programmiertechniken, die Sie in die Spalte „im Einsatz" eingetragen haben. Wenn sie so intensiv eingesetzt werden, wie es für Ihre Installation vertretbar ist, und die Anzahl der Mitarbeiter in der Entwicklung sowie deren Aufgaben gleichbleiben, wird sich das Niveau der Anwendungsentwicklung wie folgt ändern:

8	Verminderung gegenüber dem gegenwärtigen Niveau	
132	Gleiches Niveau wie gegenwärtig	
153	0– 10% Steigerung über das gegenwärtige Niveau hinaus	Gesamt + 658
264	10– 25% Steigerung über das gegenwärtige Niveau hinaus	
82	25– 50% Steigerung über das gegenwärtige Niveau hinaus	
18	50–100% Steigerung über das gegenwärtige Niveau hinaus	
1	Mehr als 100% Steigerung über das gegenwärtige Niveau hinaus	

und damit die Kreativität zu ersticken. Sicherlich gab es einige Fälle, in denen das Management seinen Programmierern die Verwendung von modernen Methoden ohne Einfühlungsvermögen aufzwang; und diesbezüglich gibt es auch weiterhin Anlaß zur Sorge. Aber Kommentare (Kraft, 1977) wie:

„Das Kernstück der Anstrengungen eines Managements, das seine Programmierer lahmlegen will, ist strukturiertes Programmieren"

und

„Man kann der Mehrzahl von Software-Engineers wohl kaum eine glückliche Zukunft voraussagen"

scheinen weder auf den GUIDE-Daten (auch unter Beachtung dessen, daß viele der Antworten präpariert oder von Managern rezensiert waren) noch auf den gegenwärtig auf dem Arbeitsmarkt für Software-Personal herrschenden Trends zu basieren.

27.2 Die Verwendung von Software-Tools (TOOL)

Bewertungsmaßstäbe und Aufwandsmultiplikatoren

Tabelle 27–6 und Abbildung 27–3 zeigen Aufwandsmultiplikatoren der Software-Entwicklung als eine Funktion des Grades, in welchem Software-Tools bei der Entwicklung des Software-Subsystems verwendet werden. Man kann fünf Ebenen der Tool-Unterstützung unterscheiden:

Tab. 27–6: Software-Tool (TOOL)-Aufwandsmultiplikatoren

TOOL-Bewertungsmaßstab \ Phase	Festlegung der Anforderungen und Produktentwurf	Feinkonzeption	Codierung und Modultest	Integration und Test	Gesamt
Sehr niedrig	1,02	1,05	1,35	1,45	1,24
Niedrig	1,00	1,02	1,15	1,20	1,10
Durchschnittlich	1,00	1,00	1,00	1,00	1,00
Hoch	0,98	0,95	0,90	0,85	0,91
Sehr hoch	0,95	0,90	0,80	0,70	0,83

Sehr niedrig:	grundlegende Mikroprozessor-Tools
Niedrig:	Minicomputer-Tools
Durchschnittlich:	leistungsfähige Minicomputer- oder grundlegende Großcomputer-Tools
Hoch:	leistungsfähige Großcomputer-Tools
Sehr hoch:	spezialisierte Großcomputer-Tools.

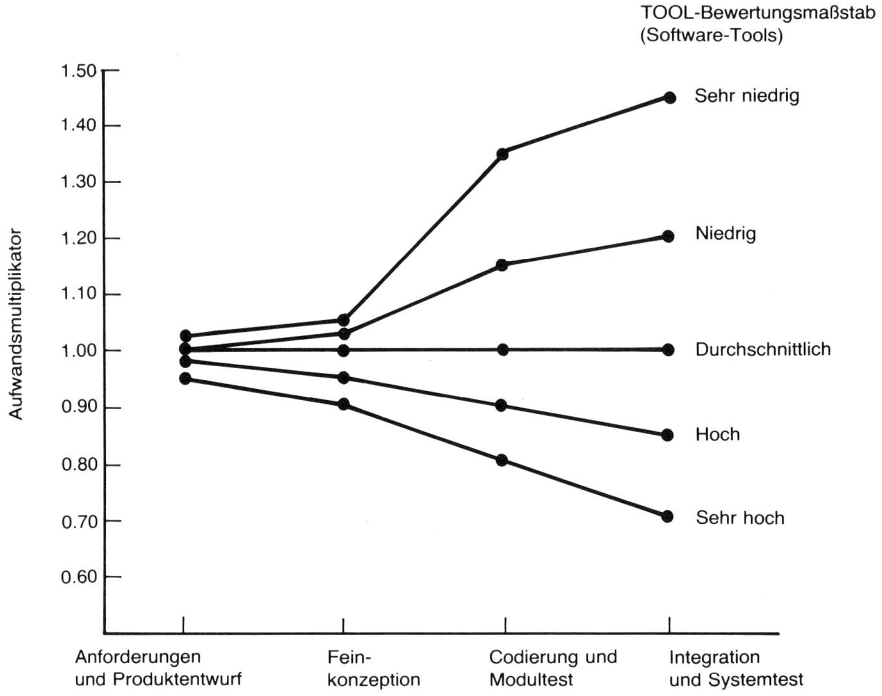

Abb. 27–3: Aufwandsmultiplikatoren nach Phasen: Gebrauch von Software-Tools

Tabelle 27–7 zeigt, wie sich eine typische Gruppe von Tools, wie sie auf der jeweiligen Ebene verfügbar ist, in Kategorien einordnen läßt. Bei der Bewertung irgendeiner speziellen Tool-Umgebung — die über eine Mischung von Tools auf unterschiedlichen Ebenen verfügen können — muß man jeweils entscheiden, in welchem Umfang Tool-Unterstützung erforderlich ist. Bei der Festsetzung der jeweils angemessenen TOOL-Bewertung bedarf es auch der Entscheidung über Qualität und Grad der Integration des Umfeldes.

Tabelle 27–8 zeigt die Unterschiede in den Projektaktivitäten, wie sie sich aus den verschiedenen Ebenen des Gebrauchs von Software-Tools ergeben. Den festgestellten größeren Aufwandsrückgang aufgrund des Tool-Einsatzes in den späteren Phasen kann man teilweise auf die frühe Ausschaltung von Fehlern durch Tools und teilweise auf die größere Zahl und den höheren Entwicklungsstand von Tools zurückführen, die in den späteren Phasen eingesetzt werden.

Tab. 27–7: Werteskala von Software-Tools

Bewertung	Typische Tools
Sehr niedrig (grundlegende Mikroprozessor-Tools)	Assembler Basis-Verknüpfungsprogramm Basis-Überwachungsprogramm Batch-Debugging-Programme
Niedrig (Minicomputer)	Compiler für höhere Programmiersprachen Makro-Assembler Einfaches Overlay-Linkprogramm Sprachenunabhängiger Monitor Source-Editierungsprogramm (Batch) Bibliotheksprogramme Datenbankhilfsprogramme
Durchschnittlich (leistungsfähiger Mini-, einfacher Großcomputer)	Real-Time- oder Timesharing-Betriebssysteme Datenbank-Management-System Erweitertes Overlay-Linkprogramm Interaktive Debugging-Programme Einfache Programmierunterstützungs-Bibliothek Interaktiver Source-Editor
Hoch (leistungsfähiger Großcomputer)	Betriebssystem mit virtuellem Speicher Datenbank-Design-Hilfen Einfache Programmentwurfssprache Performance-Messungs-und-Analyse-Hilfen Programmierunterstützungsbibliothek mit Configurations-Management-Hilfen Analyseprogramme für Programmablauf und Testablauf Text-Editor und -Manager
Sehr hoch (Hochleistungs-Großcomputer)	Vollständige Programmierunterstützungsbibliothek mit Configuration-Management-Hilfen Vollintegriertes Dokumentationssystem Projektkontroll-System Sprache und Analyseprogramm für die Anforderungsspezifikation Erweiterte Design-Tools Automatisches Prüfsystem Spezielle Tools: Crosscompiler, Simulatoren, Display-Formatter, Kommunikations-Verarbeitungs-Tools, Dateneingabeprüfungs-Tools, Umstellungshilfen usw.

Tab. 27–8: Unterschiede in den Projektaktivitäten, die auf den Gebrauch von Software-Tools zurückzuführen sind

Bewertungsmaßstab \ Phase	Festlegung der Anforderungen und Produktentwurf	Feinkonzeption	Codierung und Modultest	Integration und Test
Sehr niedrig (einfacher Mikrocomputer)	Mehr Aufwand für Simulation und Prototyping →	→	→	→
		Mehr Fehler bei den Anforderungen und beim Design, die schwieriger zu finden und zu beseitigen sind →	→	→
			Mehr Fehler in der Codierung und in der Datenbank, die schwieriger zu finden und zu beseitigen sind →	→
			Mehr Aufwand für das Konfigurations-Management, die Qualitätssicherung, die Dokumentation und das Testen →	→
				Mehr Aufwand für Verknüpfen und Anwenden der Subsysteme
Niedrig (einfacher Minicomputer)	Mittlerer Grad der obengenannten Effekte →	→	→	→
Durchschnittlich (einfacher Großrechner)	Keine Änderung →	→	→	→
Hoch (leistungsfähiger Großrechner)	Weniger Textverarbeitungsaufwand →	→	→	→
	Einfachere Simulation und einfacheres Prototyping →	→	→	→
		Weniger Fehler bei den Anforderungen und beim Design, die leichter zu finden und zu beseitigen sind →	→	→
			Weniger Fehler bei der Codierung und in der Datenbank, die leichter zu finden und zu beseitigen sind →	→
		Weniger Design-Aufwand		
			Weniger Aufwand für das Konfigurations-Management, die Qualitätssicherung und das Testen →	→
				Weniger Aufwand für Verknüpfen und Anwenden der Subsysteme
Sehr hoch (Hochleistungs-Großrechner)	Hoher Grad der obengenannten Effekte →	→	→	→
	Weniger Aufwand für Festlegung der Anforderungen und Designspezifikationen			
		Weniger Aufwand für das Updaten der Anforderungen und des Designs →	→	→
	Reduzierter Management-Aufwand, schnellere Lösung von Management-Problemen →	→	→	→
		Leichtere Implementierung spezieller Funktionen →	→	→

Vergleich mit den Projektergebnissen

Abbildung 27–4 zeigt die Werte des optimalen Aufwandsmultiplikators für die Projekte in der COCOMO-Datenbank im Vergleich zu den Werten der allgemeinen COCOMO-Aufwandsmultiplikatoren für die fünf TOOL-Merkmalsbewertungen — den Kreisen in Abbildung 27–4. Die Korrelation zwischen den COCOMO-Aufwandsmultiplikatoren und den Medianwerten (den Pfeilen in Abbildung 27–4) ist auf den Ebenen der durchschnittlichen Bewertungen relativ gut. Auch die anderen Bewertungsstufen (sehr hoch und sehr niedrig) weisen Unterschiede auf; diese basieren jedoch auf zu wenig Datenpunkten, als daß sie zu diesem Zeitpunkt eine Änderung der COCOMO-Aufwandsmultiplikatoren rechtfertigen würden.

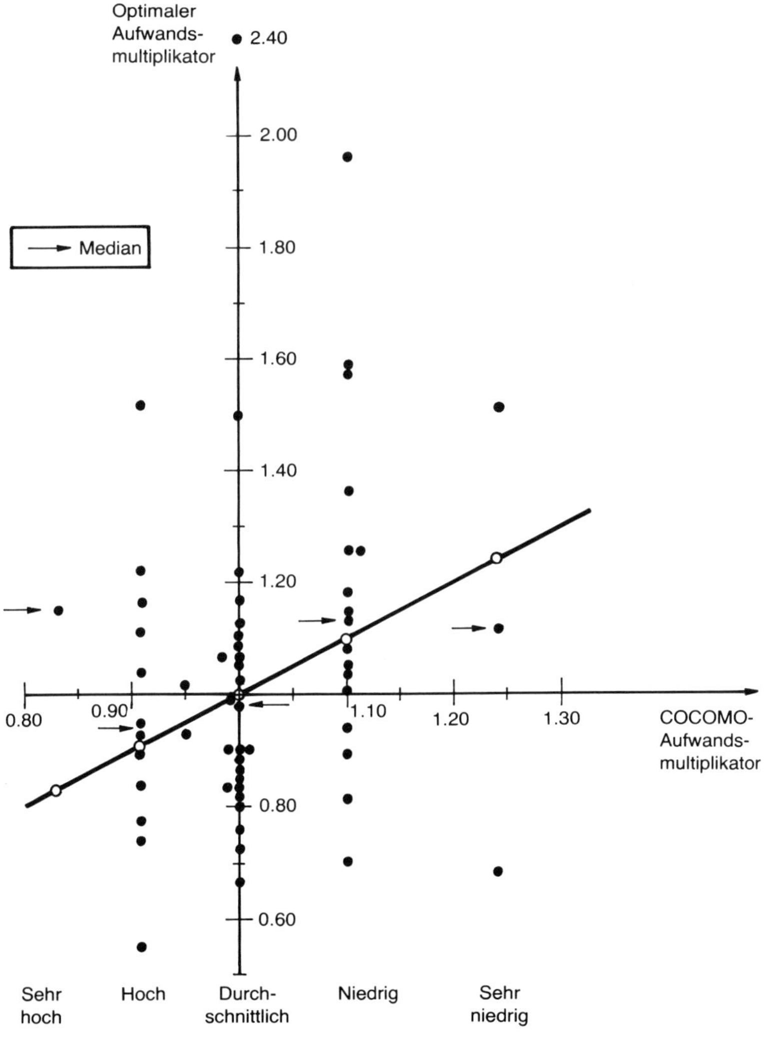

Abb. 27–4: COCOMO-Aufwandsmultiplikator in Relation zum optimalen Aufwandsmultiplikator — Einsatz von Software-Tools

Allgemeine Überlegungen

Abgesehen von der obigen Analyse der Projekte in der COCOMO-Datenbank gab es relativ wenig andere Schätzungen des Einflusses von Tools auf die Software-Kosten und die Software-Produktivität. In dem (Scott-Simons, 1974) Delphi-Bericht wurde dem Faktor „Verfügbarkeit von Programmier-Tools als Beitrag zur Software-Produktivität" ein Wert von +5 auf einer Skala von −7 bis +7 zugeordnet. Die (Boehm und andere, 1974) Phase für Phase vorgehende Delphi-Analyse der potentiellen Kosteneinsparungen, die beim Einsatz der Tool-Fähigkeiten der National Software Works (Millstein und andere, 1976) bei einem sehr großen kommerziellen Datenverarbeitungsprojekt erzielt werden konnten, brachte es auf geschätzte Einsparungen von durchschnittlich 17% bei der Entwicklung und von 22% bei der Wartung. (Die Gruppenschätzungen lagen dabei zwischen 11 und 24% für die Entwicklung und zwischen 10 und 31% für die Wartung.) Bei verschiedenen Software-Entwicklungsteams, die von einer mit Tools gut ausgerüsteten Großcomputeranlage kamen und nun bei schwach mit Mikroprozessor-Tools ausgerüsteten Software-Projekten arbeiten, haben sich daraus geschätzte typische Produktivitätsverluste von 33% ergeben.

Eine Kurve, die Software-Produktivität zur verfügbaren Unterstützungs-Software in Prozent in Beziehung setzt, wurde von der System Development Corporation (SDC) für ein Forschungsprojekt der U.S. Army (Stone, 1978 und Stone-Coleman, 1979) entwickelt. Die Kurve hat eine Produktivitätsspanne, die für das 30. bis 70. Perzentil bei 1,93 liegt, und eine Produktivitätsspanne von 2,66 zwischen dem 20. und 80. Perzentil. Diese Kurve wurde von (Stone, 1978) als Grundlage dafür verwendet, die Kostenaspekte des Hardware-Software-Lifecycles verschiedener ausgewählter Architekturen der Military-Computer-Family einzuschätzen. Die bei der jeweiligen Architektur verfügbare Grundausstattung an Software-Tools wurde in Prozent eingeschätzt, wobei die Eigenschaften der Tools berücksichtigt wurden, wie sie Tabelle 27−9 zeigt (geordnet nach den Grundsätzen der COCOMO-Bewertungen), sowie die Tool-Beiträge zu den Lifecycle-Kosten der Software, die mittels der SDC-Kurve bestimmt wurden.

Die Produktionsfunktion eines Software-Tool-Einsatzes

Weiterhin ist die Tabelle 27−9 von Interesse, um den Umfang und die Kosten von Unterstützungs-Software zu veranschlagen. Die Tabelle zeigt nämlich die typischen Kosten (in Dollar) für die Anschaffung einer auf die Produktion ausgerichteten Version jedes Tools. Diese Informationen können auch dazu verwendet werden, für einen neuen Computer eine grobe Produktionsfunktion zu bestimmen, die den Stand der Software-Produktivitätsverbesserung (ausgehend von den COCOMO-Aufwandsmultiplikatoren) in Relation zum Investitionsaufwand für die Software-Tool-Unterstützung setzt. (Siehe dazu die Spalte der kumulativen Kosten in Tabelle 27−9, die um die für die Tool-Kosten angesetzten Schätzungen erweitert worden ist, die auf höherer Ebene nicht mehr berücksichtigt worden sind.) Solch eine Produktionsfunktion ist in Abbildung 27−5 dargestellt.

Weitere Kategorien von Software-Tools

Die Produktionsfunktion in Abbildung 27−5 gilt neben den grundlegenden Unterstützungs-Tools auch für verschiedene andere Kategorien von Software-Tools, die in der (Stone, 1978)-Studie Erwähnung finden und in Tabelle 27−9 aufgeführt sind. Es handelt sich dabei um *Tabbelle 27−9.*

Tab. 27–9: Software-Tools in der Military Computer Family Studie

COCOMO-Stufe	Software-Tool	Kosten (1978 $ K)	Zwischen-summe (1978 $ K)	Kombinierte Kosten (1978 $ K)
Sehr niedrig (Einfacher Mikrocomputer)	Assembler	$ 135 K		
	Basis-Verknüpfungsprogramm	130		
	Batch-Debugging-Programme	50		
	Sprachabhängiger Monitor	50	$ 365 K	$ 365 K
Niedrig (Einfacher Minicomputer)	Makro-Assembler	800		
	Einfaches Overlay-Linkprogramm	210		
	Höhere Programmiersprache	1000		
	Source-Editierungsprogramm (Batch)	100		
	Sprachunabhängiger Monitor	210		
	Integrierte Bibliothek	100	2420	2785
Durchschnittlich (Einfacher Großrechner)	Erweitertes Overlay-Verknüpfungsprogramm	500		
	Interaktive Debugging-Programme	500		
	Interaktive Source-Editierungs-Programme	130		
	Realtime- oder Timesharing-Betriebssysteme	3500		
	Datenbank-Management-Systeme	4200		
	Formatierungsprogramm	100	8930	11715
Hoch (leistungsfähiger Großrechner)	Datenbank-Design-Hilfen	1150		
	Realtime-, Timesharing- oder virtuelle Speicher-Betriebssysteme	2800		
	Automatische Software-Produktions- und Testsysteme	1000		
	Prüfprogramme für Standards	90		
	Testfall-Designunterstützung	400		
	Testfallaufbau und -analyse	280		
	Testdatenprüfung	140		
	Testdatengenerator	350		
	Textverarbeitungssystem	630	6840	18565
Sehr hoch (Hochleistungs-Großrechner)	Simulationsprogramme für Computersysteme	420		
	Befehlssimulatoren	350		
	Dedizierte Simulatoren	700	1470	20035

- Tools, die den Software-Entwicklungsprozeß unterstützen, wie zum Beispiel Konfigurations-Management-Hilfen, Tools zur Überprüfung von Anforderungen, Management-Tools.
- Tools zur Erweiterung von Betriebssystemfunktionen oder Tools für spezielle Unterstützungsfunktionen, wie Entscheidungstabellen-Prozessoren, Formatgeneratoren, Data-Management-Unterstützung oder Kommunikations-Verarbeitung.
- Tools zur Unterstützung bei den normalen Programmier-Funktionen wie Textverarbeitung, Filtern des Datenflusses, Speicherung, Sortieren, Mustererkennung, Editieren und Formatieren.

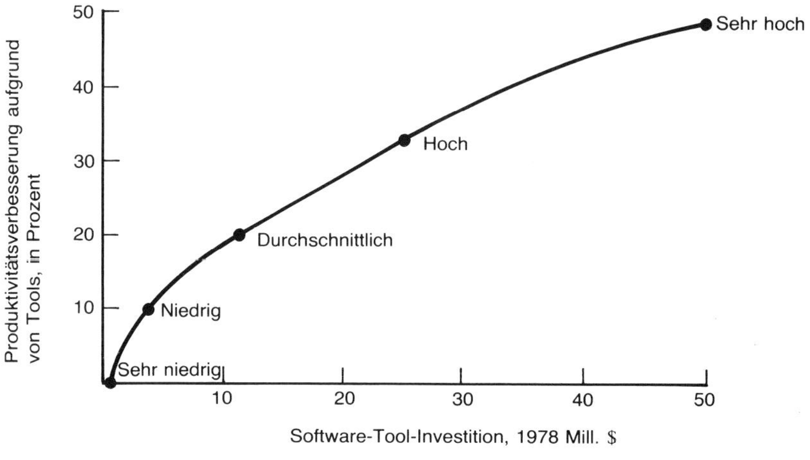

Abb. 27–5: Produktionsfunktion für den Einsatz von Software-Tools

Diese Tool-Quellen hat das US Department of Defense kürzlich verwendet — die sogenannte Stoneman-Initiative (Buxton, 1980), um eine Programmierunterstützungsumgebung für die Ada-Programmiersprache zu definieren. Stoneman basiert auf dem Konzept einer einheitlichen Datenbank, die die Basis für alle mit einem Software-Projekt assoziierten Informationen bildet; sie ist auch die Basis für alle assoziierten Tool-Verbindungen, die Erstellen, Modifikation, Analyse, Transformation, Display, Verknüpfung, Ausführung sowie Wartung von Objekten in der Projekt-Datenbank unterstützen.

Die „Stoneman Ada Programmier-Unterstützungs-Umgebung" (APSE) ist in verschiedene Stufen unterteilt:

Stufe 0: Die zugrundeliegende Hardware und Host-Software.

Stufe 1: Die Kern-Unterstützungsumgebung (KAPSE), die die Datenbank-, Kommunikations- und Run-Time-Unterstützung für die Ausführung des Ada-Programmes und den Tool-Gebrauch liefert, sowie als Interface zur virtuellen Maschine für die spezialisierten Tools dient.

Stufe 2: Die Minimal-Unterstützungsumgebung (MAPSE), die die grundlegenden Tools liefert, welche für jede Ada-Software-Entwicklung nötig sind.

Stufe 3: Eine Reihe projektspezifischer Unterstützungsumgebungen, die die Umgebung so weit vergrößern, daß die Tool-Anforderungen spezieller Projekte erfüllt werden können.

Die zur minimalen und zur Kern-Unterstützungsumgebung gehörenden Tools sind in Tabelle 27–10 aufgelistet. Sie entsprechen in etwa der hohen und der sehr hohen Stufe der COCOMO-Tool-Unterstützung (Tabelle 27–7).

Als letzte Warnung sei hiermit nochmals wiederholt, daß die Qualität und die konzeptionelle Integrität einer Tool-Gruppe mindestens ebenso wichtig ist wie die Tool-Anzahl.

Besonders anschauliche Beispiele gut integrierter Tool-Umgebungen finden Sie in: „The Bell Laboratories Unix-Programmers Workbench" (Dolotta und andere, 1978), im „Xerox Alto system" (Thacker und andere, 1979) und im „THE ETH Lilith system" (Wirth, 1981).

Tab. 27–10: Tools der Ada-Programmier-Unterstützungs-Umgebung (APSE)

Stufe	Tools
Minimum APSE (MAPSE) (entspricht der hohen Bewertung bei COCOMO)	Text-Editor Schönschreibdrucker Übersetzer Verknüpfungsprogramme Ladeprogramme Statisches Analyseprogramm Statisches Steuerfluß-Analyseprogramm Dynamisches Analyse-Tool Terminal-Interface-Routinen Datei-Verwaltung Anweisungsinterpretierer Konfigurations-Manager
Volle APSE (entspricht der sehr hohen Bewertung bei COCOMO)	Ada-Programm-Editor Dokumentationssystem Projekt-Kontrollsystem Konfigurations-Kontrollsystem Leistungsmessung Fehlermeldesystem Anforderungs-Spezifikations-Tools Design-Tools Programm-Überprüfungs-Tools (soweit verfügbar) Übersetzer Anweisungs-Interpretierer

27.3 Zeitliche Einschränkungen der Entwicklung (SCED)

Bewertungsmaßstäbe und Aufwandsmultiplikatoren

Tabelle 27–11 stellt die Aufwandsmultiplikatoren der Software-Entwicklung dar als Funktion des Grades der Zeiteinschränkungen, denen ein Projektteam bei der Entwicklung eines Software-Systems ausgesetzt ist. Die Bewertungen werden in Prozent der Terminplanverlängerung oder Terminplan-Dynamisierung ausgedrückt, im Verhältnis zu einem durchschnittlichen Projekt-Terminplan, der einen bestimmten Aufwand erfordert. Der durchschnittliche Terminplan eines Projektes ergibt sich aus den Terminierungs-Gleichungen des COCOMO-Basismodells:

Organische Entwicklung: $TDEV = 2{,}5\ (MM_{DEV})^{0{,}38}$

Teilintegrierte Entwicklung: $TDEV = 2{,}5\ (MM_{DEV})^{0{,}35}$

Eingebettete Entwicklung: $TDEV = 2{,}5\ (MM_{DEV})^{0{,}32}$

wobei „MM_{DEV}" die Zahl der Mann-Monate darstellt, die von Beginn der Produktentwurfsphase bis zum Ende der Integrations- und Testphase erforderlich sind; TDEV ist die entsprechende Zahl von Monaten, die zwischen diesen Endpunkten liegen. COCOMO hält eine Dynamisierung des Terminplanes unter 75% des durchschnittlichen Wertes für unmöglich.

Tab. 27–11: Zeitliche Einschränkungen der Entwicklung (SCED): Aufwandsmultiplikatoren

SCED-Bewertungsmaßstab \ Phase	Festlegung der Anforderungen und Produktentwurf	Feinkonzeption	Codierung und Modultest	Integration und Test	Gesamt
Sehr niedrig (erhebliche Beschleunigung –75%)	1,10	1,25	1,25	1,25	1,23
Niedrig (mäßige Beschleunigung –85%)	1,00	1,10	1,10	1,10	1,08
Durchschnittlich (100%)	1,00	1,00	1,00	1,00	1,00
Hoch (mittlere Verlängerung –130%)	1,10	1,10	1,00	1,00	1,04
Sehr hoch (erhebliche Verlängerung ≥ 160%)	1,15	1,15	1,05	1,05	1,10

Umfang und Phasenverteilung der Effekte von Terminplanzwängen sind in Abbildung 27–6 graphisch dargestellt.

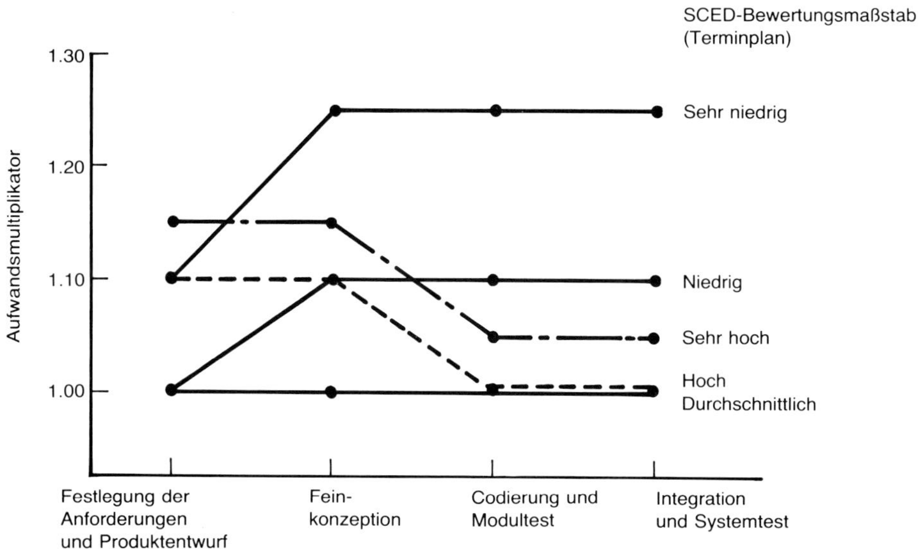

Abb. 27–6: Aufwandsmultiplikatoren nach Phasen: Der für die Entwicklung erforderliche Zeitbedarf

Tabelle 27–12 zeigt die Unterschiede der Projektaktivitäten, wie sie sich aus dem unterschiedlichen Grad des Termindruckes ergeben. Bei dynamisiertem Terminplan (sehr niedrige und niedrige Bewertung) steigt in der Regel der Aufwand während der späteren Phasen, und dies hauptsächlich deshalb, weil in den späteren Phasen mehr Punkte zu klären sind und dies aus Zeitmangel nicht früher erledigt werden konnte. Bei Terminplan-Verlängerungen (hohe und sehr hohe Bewertung) steigt in der Regel der Aufwand in den früheren Phasen, weil hier für gründliches Planen und eine genaue Spezifikation und Überprüfung mehr Zeit vorhanden ist.

Vergleich mit den Projektergebnissen

Abbildung 27–7 setzt die Werte des optimalen Aufwandsmultiplikators für die Projekte in der COCOMO-Datenbank in Relation zu den generellen Werten der COCOMO-Aufwandsmultiplikatoren für die fünf Merkmalsbewertungen — den Kreisen in Abbildung 27–7. Die Korrelation zwischen den COCOMO-Aufwandsmultiplikatoren und den Medianwerten ist nicht so gut, wie es wünschenswert wäre. Es scheint alles darauf hinzudeuten, daß die COCOMO-Multiplikatoren höher liegen müßten.

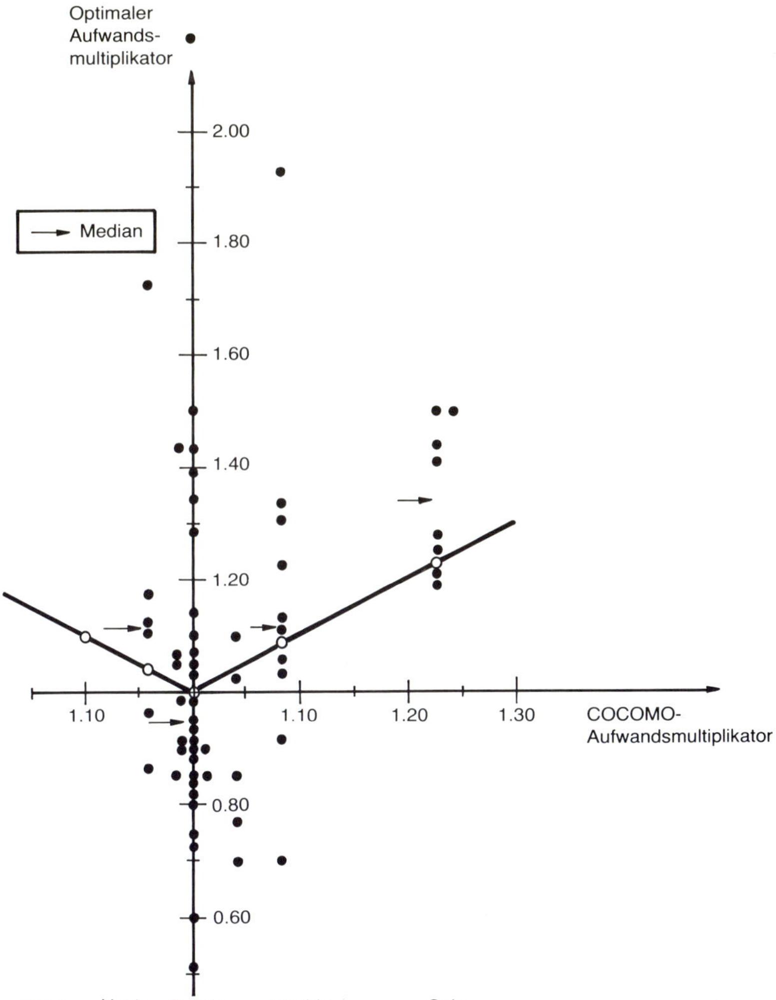

Abb. 27–7: Aufwandsmultiplikator in Relation zum optimalen Aufwandsmultiplikator — Erforderlicher Zeitbedarf für die Entwicklung

Tab. 27–12: Unterschiede bei den Projektaktivitäten wegen Termindrucks

Bewertungsmaßstab \ Phase	Festlegung der Anforderungen und Produktentwurf	Feinkonzeption	Codierung und Modultest	Integration und Test
Sehr niedrig (Erhebliche Beschleunigung −75%)	Kürzere Periode für die Aktivitäten dieser Aufwandsstufe (Management) usw.	→	→	→
	Mehr Interface-Probleme (mehr Mitarbeiter parallel eingesetzt)	→	→	→
	Mehr festzulegende Punkte bei Spezifikationen und Plänen	Mehr Aufwand, um noch nicht geklärte Punkte zu klären	→	→
	Kürzere Software-Anforderungs-Reviews und Produkt-Entwurfs-Reviews	Kürzere kritische Design-Reviews	Mehr Testüberlappung und -Redundanz	→
	Sehr gute Personalausstattung und -Schulung		Mehr Spezifikationsfehler zu beheben, mehr Fehler bei der Behebung, weniger Konfigurations-Management	→
	Mehr Unterstützung des Büropersonals	→	→	→
Niedrig (mäßige Beschleunigung −85%)	Mittlerer Grad der obengenannten Effekte	→	→	→
Durchschnittlich (100%)	Keine Änderung	→	→	→
Hoch (mäßige Verlängerung −130%)	Längere Periode für die Komponenten dieser Aufwandsstufe (Management usw.)	→	→	→
	Höhere Wahrscheinlichkeit für die Neuinterpretation der Spezifikationen	→	→	→
	Mehr gründliche Planung, Spezifikationen und Prüfung	→	Weniger Fehler zu beheben, weniger Fehler bei der Behebung, weniger Konfigurations-Management	→
Sehr hoch (erhebliche Verlängerung ≥ 160%)	Hoher Grad der obengenannten Effekte	→	→	→

Solange es hierfür jedoch kein weiteres oder stärkeres Beweismaterial gibt, wäre es schwierig, die Aufwandsmultiplikatoren mit Rücksicht auf andere Software-Projektphänomene anzuheben. Der aktuelle Wert (1,23) des Aufwandsmultiplikators für den sehr niedrigen Terminplan (75% des durchschnittlichen Terminplanes) macht es erforderlich, daß die durchschnittliche Personalbesetzung beim dynamisierten Projekt um einen Faktor von

$$\frac{1{,}23}{0{,}75} = 1{,}64$$

erhöht wird. Die Zuordnung eines höheren Aufwandsmultiplikators zu der sehr niedrigen Bewertung ist gleichbedeutend damit, daß von einem Projekt erwartet wird, eine durchschnittliche Zahl von Mitarbeitern, die das 1,64fache des Durchschnitts noch übersteigt, zu integrieren. Damit würde die Fähigkeit zur Koordinierung der verschiedenen Projektteile extrem beansprucht.

Allgemeine Überlegungen

Die Tabellen unterstellen, daß der Projekt-Manager eine eventuell notwendige Dynamisierung oder Verlängerung des Terminplanes voraussehen und daß er das Projekt auf die bestmögliche, kosteneffiziente Weise im Hinblick auf einen vom Mittel abweichenden Terminplan planen und steuern kann. Bei einer Verlängerung der Projektdauer bedeutet dies zuallererst, daß eine kleine Gruppe von Mitarbeitern in der Anfangsphase mehr Zeit darauf verwendet, Software-Anforderungen und Design-Spezifikationen, Testpläne und Entwürfe der Benutzer-Handbücher gründlich und genau zu entwickeln und zu überprüfen.

Es gibt mehrere Wege für die Dynamisierung eines Terminplanes, mit deren Hilfe ein Manager den Zeitplan mittels höheren Aufwands an Leistung und Geld reduzieren könnte:*)

- indem er für die Programmierer und das Testpersonal besondere Weiterbildungsmaßnahmen auf dem Gebiet der Anwendung des Computers und der Unterstützungs-Software durchführt;
- indem er zusätzliches Büropersonal zur Verfügung stellt;
- indem er automatisierte Hilfseinrichtungen anschafft sowie das Personal in ihrem Gebrauch schulen läßt;
- indem er detaillierte Modul- und Interface-Designspezifikationen entwickelt und damit ein Maximum an parallel verlaufenden Programmieraktivitäten ermöglicht;
- indem er jegliches unwesentliche Dokumentieren und Testen hinausschiebt.

Es gibt jedoch für jedes Software-Projekt Grenzen, über die hinaus ein Software-Projekt seinen Terminplan auch damit nicht reduzieren kann, daß mehr Personal und Maschinen eingekauft werden. Diese Grenze liegt bei ca. 75% des durchschnittlichen Terminplanes.

Verwandte Daten und Studien

Die Korrelation zwischen den grundlegenden Terminplan-Gleichungen des COCOMO-Modells und den Gleichungen der Projektdaten und anderen Terminplan-Schätzungen wurde in Abschnitt 6.4 besprochen.

(Putnam, 1978) stellt für die Mindestentwicklungszeit T_d eines isolierten Software-Projektes folgende Gleichung auf:

$$K = cT_d^3.$$

K ist der Gesamtaufwand an Mann-Jahren, T_d wird in Jahren gemessen, c liegt zwischen 14 und 15; in Monate umgerechnet und unter Verwendung von c = 14,5 ergibt sich

$$T_d = 2{,}15\ (MM)^{1/3}.$$

Bezogen auf 2,5 als Koeffizienten der COCOMO-Formel stellt dies eine typische minimale Komprimierung von etwa 86% — verglichen mit den von COCOMO verwendeten 75% — dar.

---

*) Dies gilt jedoch nur für den Beginn eines Projektes. Projekte, die versuchen, den Zeitplan zu komprimieren, indem in der Projektmitte mehr Personal eingesetzt wird, werden am Brooksschen Gesetz (Brooks, 1975) scheitern: Wenn man für ein in Verzug geratenes Software-Projekt zusätzliche Arbeitskräfte einsetzt, gerät das Projekt noch mehr in Verzug.“

Die Analyse von anderen Projekt-Datenbanken scheint den Wert von 75% als Komprimierungsgrenze eines Terminplanes zu bestätigen (siehe dazu Abbildung 27−8). Von den 19 Projekten des Putnam-Berichtes (Putnam, 1978) fällt nur eines unter die 75%-Grenze, und dieses hat einen Komprimierungsgrad von 68,4%. Von den 37 Projekten aus (Belady-Lehmann, 1979) — diese Arbeit scheint auf einer Auswahl der von Walston und Felix analysierten IBM-Daten aufzubauen — zeigen nur zwei eindeutig eine Komprimierung von unter 75%; diese beiden haben Komprimierungsfaktoren von 59% und 46%. Man würde gern mehr darüber wissen, wie diese Projekte solch beeindruckende Terminplan-Komprimierungen erreichen konnten.

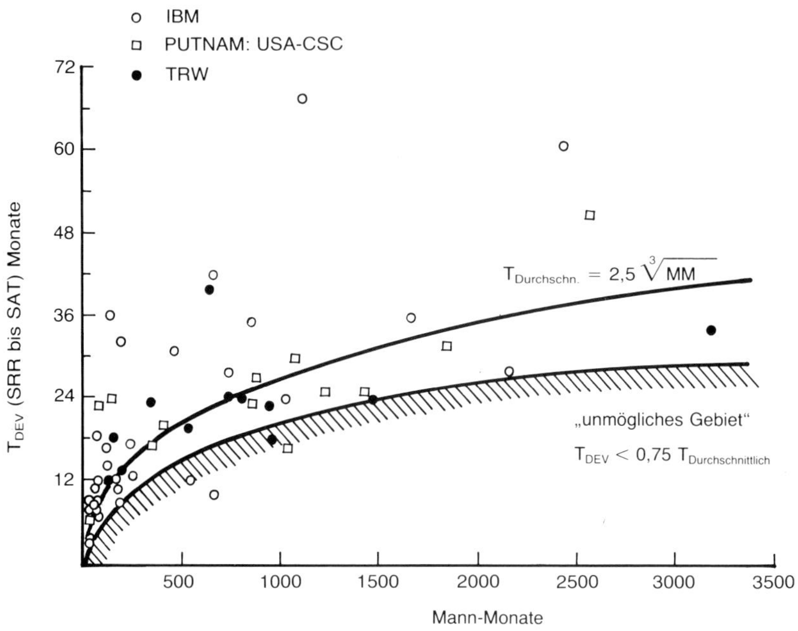

Abb. 27−8: Erfahrung mit dem Terminplan der Software-Entwicklung

Abbildung 27−9 zeigt den Terminplan-Komprimierungs- oder Expansionsfaktor für die Projekte in der COCOMO-Datenbank. Nur vier der 63 Projekte haben Terminplan-Komprimierungsfaktoren von unter 75%. Was diese Projekte hauptsächlich unterscheidet, ist ihr niedriger Gesamtaufwand: 6, 7, 8 und 15 Mann-Monate. Andere Unterscheidungsfaktoren sind anscheinend ein geringer erforderlicher Zuverlässigkeitsgrad, die hohe Qualifikation des Personals und die Verwendung moderner Programmiermethoden.

Der Kosteneffekt bei einer Terminplan-Komprimierung oder -Verlängerung ist in einer Vielzahl von funktionellen Formen dargestellt worden (siehe dazu Abbildung 27−10). In der (Air Force, 1974)-Studie wurde darauf hingewiesen, daß eine Komprimierung oder eine Verlängerung von X% eine X%ige Zunahme der Kosten herbeiführt. Die COCOMO-Kurve verläuft für den durchschnittlichen und den verlängerten Terminplan flacher und erreicht ein Maximum von 23% an zusätzlichem Aufwand bei einer maximalen Terminplan-Komprimierung von 75% des Durchschnitts. Die Relation bei RCA PRICE S (RCA, 1978) ist der COCOMO-Relation ähnlich, nur erlaubt sie eine

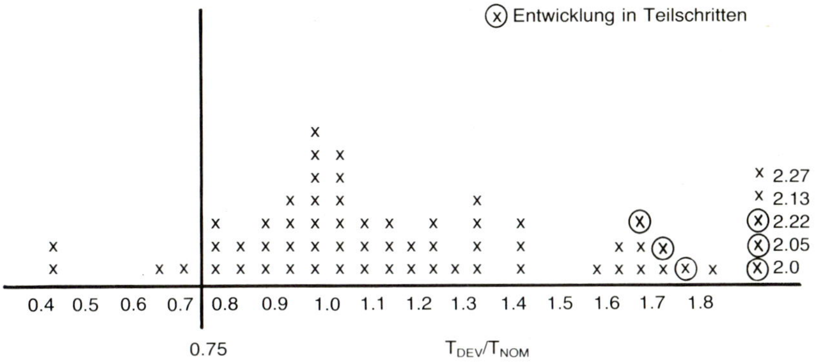

Abb. 27–9: Terminplan-Komprimierung oder Zeitplanverlängerung bei Projekten der COCOMO-Datenbank

unbegrenzte Terminplan-Komprimierung, was bei stark komprimierten Zeitplänen zu einer extrem hohen Zahl von Mitarbeitern führt. Die (Putnam, 1978)-Gleichung für „Aufwand in bezug zum Zeitbedarf"

$$\text{Aufwand} = c/T_d^4$$

ergibt extrem hohe Nachteile bei einer Komprimierung und eine extrem hohe Aufwandsminderung bei einer Terminplan-Verlängerung. Nach der Gleichung würde

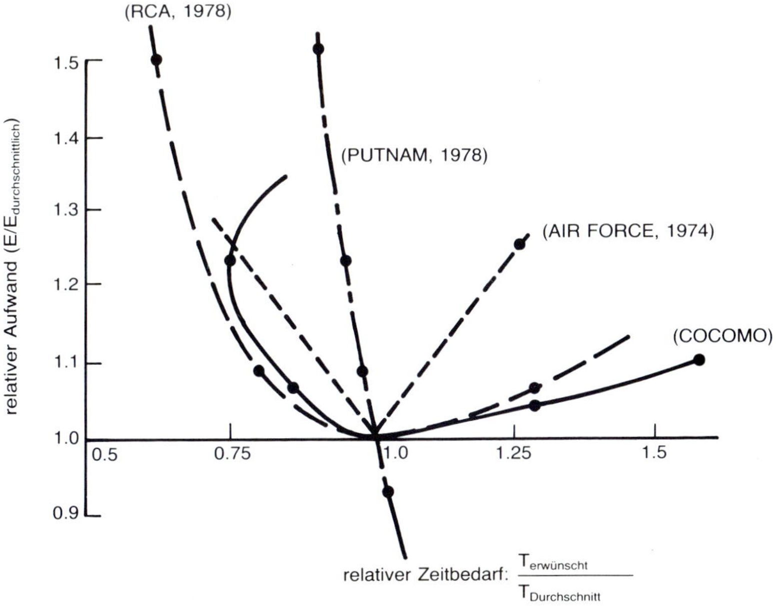

Abb. 27–10: Der erforderliche relative Aufwand bei vom Durchschnitt abweichendem Zeitbedarf

z. B. die Verdoppelung des Zeitbedarfs eines Projektes mit durchschnittlich 100 Mann-Monaten den erforderlichen Aufwand auf $100/2^4 = 6{,}25$ Mann-Monate reduzieren. Obwohl die Daten in Abbildung 27–7 darauf hindeuten, daß der relative Aufwand etwas empfindlicher auf die Begrenzung des relativen Terminplanes reagiert als bei den COCOMO-Multiplikatoren, unterstützen sie jedoch keineswegs die extreme vom (Putnam, 1978)-Modell angegebene Sensitivität gegenüber dem Terminplan.

Kapitel 28

Von COCOMO nicht erfaßte Faktoren

In diesem Kapitel werden eine Reihe möglicher Software-Kostenfaktoren-Merkmale besprochen, auf die im COCOMO-Modell nicht eingegangen wird:

1. Anwendungsart
2. Niveau der Programmiersprache
3. Andere Größenmaße: Komplexität, Einheiten und Spezifikationen
4. Änderungsanfälligkeit von Anforderungen
5. Personalkontinuität
6. Qualität des Managements
7. Qualität der Benutzerschnittstelle
8. Dokumentationsumfang
9. Hardware-Konfiguration
10. Einschränkungen aufgrund von Sicherheit und Vertraulichkeit

Um zu verstehen, warum obige Faktoren beim COCOMO-Modell nicht berücksichtigt wurden, werden wir zunächst einige Kriterien vorstellen, die bei der Beurteilung von Software-Kostenmodellen und ihrer Merkmale von Nutzen sind.

Kriterien zur Beurteilung eines Software-Kostenmodells

Wir fanden, daß die nachstehenden Kriterien bei der Beurteilung der Eignung eines Software-Kostenmodells für praktische Schätzzwecke von größtem Nutzen sind:

1. *Definition:* Sind die Kosten, die vom Modell veranschlagt werden, sowie die Kosten, die es ausschließt, klar definiert worden?
2. *Übereinstimmung:* Liegen die Schätzungen im Bereich der tatsächlichen Kosten, die für die Projekte aufgewendet werden müssen?
3. *Objektivität:* Vermeidet es das Modell, den Großteil der Unterschiede bei den Software-Kosten schlecht abgestimmten subjektiven Faktoren (wie z. B. Komplexität) zuzuschreiben? Das heißt: Ist das Modell leicht dahingehend manipulierbar, daß die gewünschten Ergebnisse erzielt werden?
4. *Konstruktivität:* Kann der Anwender nachvollziehen, wie die Schätzungen des Modells zustandekommen? Hilft es dem Anwender, den auszuführenden Software-Job zu verstehen?
5. *Detail:* Ermöglicht das Modell Schätzungen eines Software-Systems, das aus einer Reihe von Subsystemen und Modulen besteht? Liefert es (genaue) Aufschlüsselungen nach Phasen und Aktivitäten?
6. *Stabilität:* Verursachen kleine Input-Unterschiede auch kleine Unterschiede bei den erstellten Kostenschätzungen?
7. *Geltungsbereich:* Ist das Modell auf die Kategorie von Software-Projekten, deren Kosten Sie schätzen müssen, anwendbar?
8. *Leichtigkeit der Anwendung:* Sind die Modell-Eingaben und -Optionen leicht verständlich und leicht zu spezifizieren?

9. *Zukunftsorientiertheit:* Vermeidet das Modell die Verwendung von Informationen, die — solange das Projekt nicht abgeschlossen ist — nicht ausreichend geklärt sind?*)
10. *Sparsamkeit:* Vermeidet das Projekt die Verwendung von in hohem Maße redundanten Faktoren oder von Faktoren, die zu den Ergebnissen keinen nennenswerten Beitrag leisten?

Die Bedeutung jedes dieser Kriterien ist größtenteils relativ offensichtlich. Detailliertere Erörterungen finden Sie in Abschnitt 29.8 und bei (Boehm-Wolverton, 1978).

Unter dem Kriterium der Sparsamkeit sollten einige Faktoren beim COCOMO-Modell unberücksichtigt bleiben, obgleich sie gelegentlich eine wichtige Rolle bei der Kostenbestimmung eines Projektes spielen. Für solche Faktoren (wie auch für den Fall von Extremwerten für die bestehenden Faktoren) wurde entschieden, COCOMO einfach zu halten und nicht zu versuchen, das Modell auch für Extremsituationen auszulegen. Allgemein tun Sie in einer solchen Situation besser daran, wenn Sie sich für die Klärung Ihrer speziellen Situation auf eine weitere Analyse der Projekteigenheiten anstatt auf ein Allzweckmodell verlassen.

28.1 Anwendungsarten

Viele Software-Kostenschätzungsmodelle verwenden als Kostenfaktoren bestimmte Kategorien von Anwendungsarten. Hier einige Beispiele:

- Steuerung, Input/Output, Prä- und Postprozessoren, Algorithmen, Daten-Management, zeitkritische Anwendungen (Wolverton, 1974).
- Mathematische-, Report-, Logik-, Signal- und Echtzeit-Anwendungen (Black und andere, 1977).

Es wurde ein Versuch unternommen, einen solchen Kostenfaktor in das COCOMO-Modell einzubauen; dies wurde jedoch aus folgenden Gründen als nicht erfolgversprechend erachtet:

- Schwierigkeiten, die Anwendungsarten genau zu definieren. (Beispiel: Praktisch alle mathematischen und algorithmischen Routinen oder Anwendungen beinhalten auf irgendeine Weise auch Kontroll-, Logik- oder Daten-Management-Aktivitäten; siehe dazu Abbildung 21−3.)
- Überschneidungen mit anderen COCOMO-Faktoren (wie zum Beispiel Komplexität, Begrenzung der Ausführungszeit, Datenbank) machten es schwieriger, die Verwendung eines multiplikativen Modells ohne Doppelzählung zu rechtfertigen.
- Schwierigkeiten, bei erfahrenem Personal über die Rangordnung der relativen Schwierigkeitsgrade der Anwendungsarten irgendeine Übereinstimmung zu erzielen. (Einige erachteten algorithmische Software für sehr leicht, andere für sehr schwierig.)

Dies waren die hauptsächlichen Gründe, warum ein separater Faktor „Anwendungsart" fallen gelassen wurde, obwohl bei den vier typenabhängigen Komplexitäts-Bewertungsmaßstäben in Tabelle 24−8 ein Aspekt davon noch erhalten blieb.

---

*) Dieses Kriterium ist eindeutig spezifisch für das Ziel der Kostenvorhersage. Für andere Ziele, wie z. B. die Einschätzung des Technologie-Einflusses, könnte ein retrospektives Modell angebracht sein.

Vergleich mit den Projektergebnissen

Abbildung 28–1 zeigt die Werte des optimalen Aufwandsmultiplikators für die sechs in der COCOMO-Datenbank katalogisierten Projekttypen, kommerzielle und Software-Kontrollprojekte, benutzerorientierte, wissenschaftliche, Unterstützungs- und System-Software-Projekte. Aus den Medianwerten — den Pfeilen in Abbildung 28–1 — könnte man schließen, daß das COCOMO-Modell die kommerzielle und Unterstützungs-Software leicht überschätzt und die Kontroll- sowie die benutzerorientierte Software leicht unterschätzt. Aber die Unterschiede zwischen den einzelnen Projekttypen sind — im Vergleich zu der Vielfalt bei den Projekten jeder Type — so klein, daß man den Plan, in das COCOMO-Modell einen TYP-Multiplikator aufzunehmen, aus Gründen der Sparsamkeit fallengelassen hat.

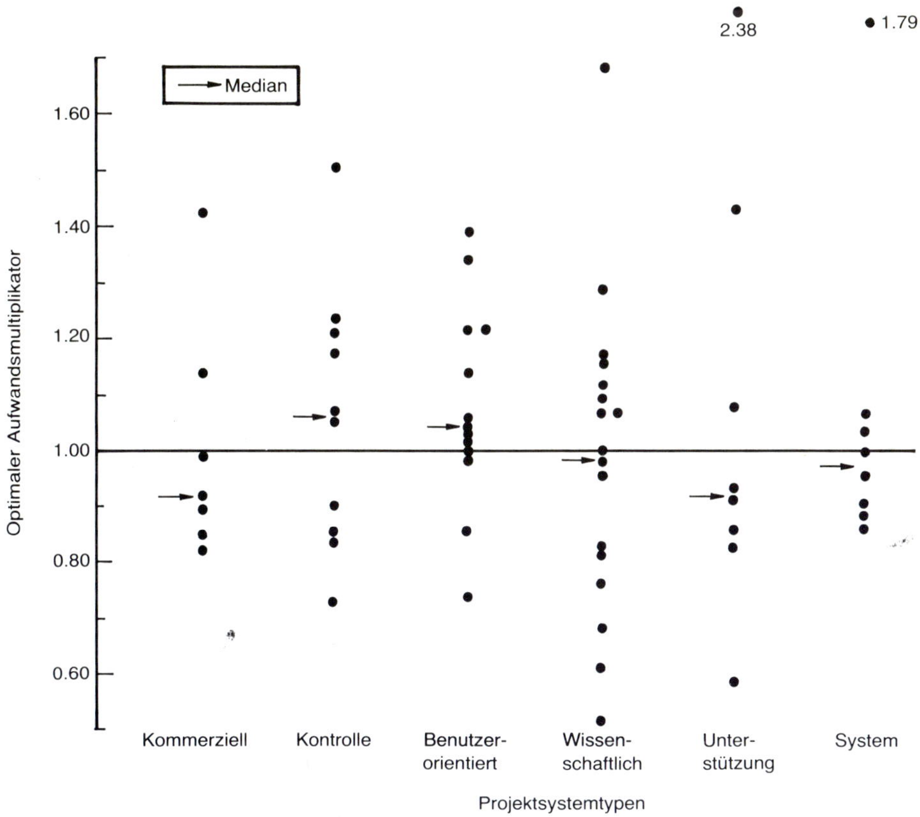

Abb. 28–1: Optimale Aufwandsmultiplikatoren nach Systemtypen

28.2 Niveau der Programmiersprache

Eine frühere Version von COCOMO verwendete anvisierte, ausführbare Maschinenbefehle (deliverable, executable machine instructions — DEMI) als den grundlegenden Größenparameter. Diese Version verwendet auszuführende Source-Befehle (delivered source instructions — DSI) als ihren grundlegenden Größenparameter, und zwar hauptsächlich wegen der nachstehend aufgeführten Gründe:

- Wir fanden (und Walston-Felix, 1977, sowie Nelson, 1978, haben es bekräftigt), daß die auszuführenden Source-Befehle mit dem totalen Aufwand besser korrelieren und daß die Höhe des Aufwandes pro Source-Statement unabhängig ist vom Sprachenniveau. (Dieser Punkt wird in Abschnitt 33.4 eingehender besprochen.)
- Man hält es mittlerweile weitgehend für angebracht, den Umfang von Software-Komponenten eher in DSI als in DEMI zu schätzen. In Anbetracht der Vielzahl verschiedener Werte, die sich bei Programmiersprachen, Computern und Anwendungen für den Erweiterungsfaktor (Zahl von DEMI pro DSI) ergeben, ist es besser, DSI direkt zu verwenden, als daß noch eine zusätzliche Variable dadurch eingeführt wird, daß die Schätzung in ausführbaren DSI vorgenommen wird und ein angenommener Erweiterungsfaktor verwendet wird, um die Anzahl von DEMI, die in dem Modell verwendet werden sollen, zu bestimmen. Tabelle 28–1 zeigt einige typische Werte und Variationsspannen für die DEMI/ausführbare DSI-Faktoren. Der Unterschied zwischen den IBM- und TRM-Werten spiegelt wahrscheinlich die Tatsache wider, daß zu der TRW-Software mehr Produkte auf Maschinen mit einer Wortlänge von mehr als 32 Bit und mit leistungsfähigeren, individuellen Maschinenbefehlen gehören. Wenn wir uns in Richtung höhere Programmiersprachen für Mini- und Mikro-Computer bewegen, können wir wahrscheinlich feststellen, daß sich eine durchschnittliche Erhöhung des Erweiterungsfaktors gegenüber dem IBM-Erweiterungsfaktor ergibt.*)

Tab. 28–1: Verhältnis Objekt-/Sourcebefehle (DEMI/ausführbare DSI)

Sprache	IBM [Climis, 1979] (Durchschnitt)	TRW (Reichweite)	PRICE S [RCA, 1978]
FORTRAN	6–7:1	4–6:1	4–8:1
COBOL	5:1	4–6:1	2.5–3.5:1
PL/I	5:1	—	7.5–13:1
Pascal	8:1	5–7:1	3–5:1
APL	12:1	—	15:1
PL/S	2.5:1	—	—
JOVIAL	—	3–5:1	3–5:1
C	—	—	3:1
CMS-2	—	—	2.5–3.5:1

- Die Verwendung ausführbarer Maschinenbefehle macht es schwierig, den relativen Aufwand, der für Datenvereinbarungen, Format-Statements und andere nicht ausführbare Teile des Programms erforderlich ist, zu berücksichtigen. Die Berücksichtigung der Gesamtzahl der vom Programm verwendeten Maschinenworte macht es schwierig, zwischen Programmen mit großen, einfachen Datenbereichen und Programmen mit komplexeren Datenbereichen und Befehlen zu unterscheiden. Die Verwendung der Gesamtzahl der Source-Befehle als Basis führt zu weniger Ausnahmefällen bei der Korrelation zwischen Programmgröße und der Höhe des

*) Auch wird das ganze Maschinenbefehlskonzept undurchsichtig, wenn die Konzeptionen der direkten oder interpretativen Ausführungen der Programme in höheren Programmiersprachen überhand nehmen.

intellektuellen und administrativen Aufwands, der für die Entwicklung des Programms erforderlich ist.

Vergleich mit Projektergebnissen

Abbildung 28–2 zeigt die Werte des optimalen Aufwandsmultiplikators für die Projekte in der COCOMO-Datenbank für die sieben in der Datenbank katalogisierten Programmiersprachen, nämlich Assembler, FORTRAN, COBOL, JOVIAL, PL/I, PASCAL und andere höhere Programmiersprachen.

Aufgrund der Medianwerte — den Pfeilen in Abbildung 28–2 — ist man versucht zu schließen, daß COCOMO Assembler- und COBOL-Software etwas überbewertet; die Auswirkungen sind jedoch nicht stark genug, um das Modell zu modifizieren.

Bei einer früheren Analyse dieser Art ist bei den COCOMO-Programmen eine deutliche Überbewertungstendenz festgestellt worden. Diese Ausnahme wurde auf die hohe Zahl von COBOL-Source-Befehlen zurückgeführt, die von der großen Zahl überflüssiger, nicht ausführbarer Source-Statements herrührt. Diese Ausnahme wird von COCOMO durch ein relativ pragmatisches Verfahren berichtigt, indem nicht durchführbare COBOL-Source-Statements mit dem Faktor 1/3 gewichtet werden.

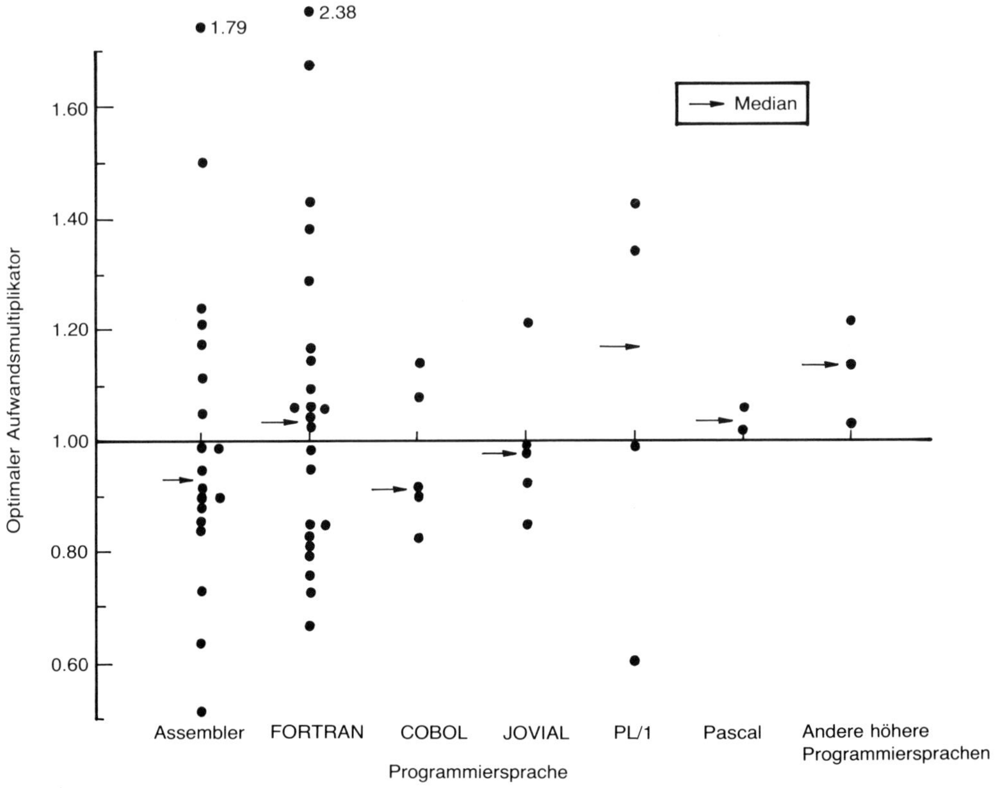

Abb. 28–2: Optimale Aufwandsmultiplikatoren nach Programmiersprachen

28.3 Andere Größenmaße: Komplexität, Einheiten, Spezifikationen

Viele haben die Verwendung irgendeiner Befehlszählung als grundlegenden Programm-Größenparamter für die Schätzung von Software-Kosten kritisiert. Sie argumentieren, daß dies etwa so ist, als ob man versuche, die Kosten eines Kraftfahrzeugs nach seinem Bruttogewicht oder nach der Gesamtzahl der Teile, aus denen es sich zusammensetzt, abzuschätzen. Eine Möglichkeit, dieses Problem zu lösen, wäre, daß man eine Reihe von Sensitivitätsfaktoren einbezieht, die die relative Schwierigkeit bei der Entwicklung verschiedener Befehlsarten oder Befehls-Gruppierungen (Module) taxieren helfen: Module mit Hauptspeicherbeschränkungen, komplexe Rechen-Module usw. Dieser Ansatz auf der Grundlage gewichteter Befehle ist die von COCOMO gewählte Methode.

Eine andere geeignete Methode ist, von anderen Maßstäben als der Befehlsanzahl als grundlegendem Größenparameter auszugehen. Es wurden verschiedene solcher Parameter ausprobiert, jedoch verursachten sie mehr oder weniger alle noch schwerwiegendere Sensitivitätsprobleme, als dies bei dem Parameter der Befehlsanzahl der Fall war. Nachstehend finden Sie einige Beispiele:

Komplexitätsmessungen

Diese Messungen sind Versuche, ein grundlegenderes charakteristisches Merkmal eines Computer-Programmes zu bestimmen, anhand dessen die Kosten, die für die Entwicklung des Programms erforderlich sind, bestimmt werden können. Die beiden Hauptkandidaten sind zur Zeit:

1. Halsteads Messung des Programmumfangs (Halstead, 1977) nach folgender Formel:

$$V = (N_1+N_2) \log_2 (\eta_1+\eta_2)$$

   mit

   η_1 = die Zahl der unterschiedlichen Operatoren im Programm

   η_2 = die Zahl der unterschiedlichen Operanden im Programm

   N_1 = die Gesamtzahl der im Programm vorkommenden Operatoren

   N_2 = die Gesamtzahl der im Programm vorkommenden Operanden.

   Als Ergebnis kommt Halstead zu folgender Aufwandsgleichung:

$$\text{Aufwand} = \frac{\eta_1 N_2 V}{36\eta_2}$$

2. Die Komplexitätsmessung nach McCabe (McCabe, 1976), definiert als:

$$V = e - n + 2p.$$

   e, *n* und *p* sind die Eigenschaften des Kontrollgraphen für das Programm:

   e = Zahl der Kanten (Verbindungen)

   n = Zahl der Knoten

   p = Zahl der miteinander verbundenen Komponenten.

Darüber, wie diese Messungen mit der Höhe des Programmieraufwandes, der für die Realisierung oder die Wartung eines Programmes nötig ist, korrelieren, wurden mehrere Arbeiten geschrieben: (Halstead, 1978; Curtis und andere, 1978, 1979 a, 1979 b; Elshoff, 1978; Milliman-Curtis, 1980; Sunohara und andere, 1981). Generell haben die Ergebnisse gezeigt (und zwar bei beiden Messungen, jedoch in höherem Maße bei der Halstead-Messung des Umfangs), daß

- zwischen jedem Meßverfahren und der Höhe des Programmieraufwandes eine hinreichende Korrelation besteht,
- zwischen jedem Meßverfahren und der zum Programm gehörenden Zahl von Befehlen eine vergleichbare Korrelation besteht,
- es keine Ergebnisse gab, die bewiesen hätten, daß eines der beiden Meßverfahren wesentlich besser geeignet wäre, um den Software-Entwicklungsaufwand bei großen Programmen (mehr als 1000 Sourcebefehle) vorherzusagen als die Zahl der Befehle.*)

Es kommt hinzu, daß beide Maßstäbe Faktoren wie Personalerfahrung, Hardware-Beschränkungen und die Verwendung von Tools und modernen Programmiermethoden nicht berücksichtigen, die alle — wie wir weiter oben gesehen haben — auf den erforderlichen Software-Entwicklungsaufwand beträchtliche Auswirkungen haben. Auch sind die Personen, die die Programm-Größenschätzungen durchführen, mit diesen Maßstäben weniger vertraut. Insgesamt gesehen wäre eine Kenntnis der Programm-Merkmale erforderlich, die — ehe die Codierung nicht durchgeführt wurde — nicht genügend bekannt sind. In Anbetracht dreier wichtiger Kriterien für die Qualität eines Software-Kostenschätzungsmodells — Sparsamkeit, leichte Anwendbarkeit und Zukunftsorientiertheit — wurde entschieden, bei COCOMO die Befehlsanzahl und nicht eine dieser Komplexitätsmessungen zu verwenden.

Die Zahl der Programm-Einheiten: Routinen, Listen, Inputs, Outputs, Dateien

Es wurden einige Versuche unternommen, die Zahl der Programm-Einheiten (Routinen, Listen, Inputs, Outputs oder Dateien) als Größenparameter bei der Software-Kostenschätzung zu verwenden. Keiner der Versuche war sehr erfolgreich, hauptsächlich wegen Definitions- und Normalisierungsproblemen, wie sie nachstehend aufgeführt sind:

- Es wird nicht versucht, zwischen kleinen und großen oder zwischen einfachen und komplexen Fällen einer Routine, einer Liste usw. zu unterscheiden.
- Es konnten keine brauchbaren, präzisen Definitionen darüber erstellt werden, was das Vorkommen einer Routine, einer Liste usw. bedeutet.

In der Praxis könnte daher jede dieser Einheiten (z. B. die Routinen) so in mehrere Einheiten unterteilt werden (oder jede einzelne Routine-Gruppe könnte als eine einzige Routine definiert werden), daß der Wert des Größenparameters einschneidend geändert würde, ohne daß der zu verrichtende Software-Entwicklungsjob wirklich verändert würde. Bezüglich der Qualitätskriterien Definition und Objektivität sind diese Größen daher als Größenparameter für die Kostenschätzung nicht geeignet.

Andererseits — und dies gilt insbesondere für Anlagen mit einer relativ einheitlichen Produktlinie — können diese Größen einen brauchbaren Einblick in eine frühzeitige Schätzung des Software-Entwicklungsaufwandes vermitteln. Die bisher beste Arbeit hierüber ist die Stellungnahme von (Albrecht, 1979), die auf der „Function-Point"-

*) Einige aktuelle Studien haben jedoch gezeigt, daß die Halstead- und McCabe-Messungen beträchtlich besser korrelieren, als die DSI mit der Höhe der Terminalzeit (ausgenommen die Zeit für das Nachdenken), die für die Programmierung von kleinen Programmen erforderlich ist (10–40 Sourcebefehle) (Sheppard und andere, 1960).

Messung aufbaut, einer linearen Verkettung der Anzahl von Inputs, Outputs, Abfragen und Stammdateien.

Die Anzahl der Spezifikationselemente

Es wurden bereits einige Anstrengungen unternommen, um die Höhe des Software-Entwicklungsaufwands mit der Zahl der Spezifikationselemente in Verbindung zu bringen, wie z. B.:

- die Anzahl von Paragraphen in der Spezifikation der Software-Anforderungen,
- die Häufigkeit, mit der das Wort „Soll" in der Spezifikation von Software-Anforderungen vorkommt,
- die Anzahl der Zeilen der Programmier-Designsprache in der Software-Design-Spezifikation,
- die Anzahl der Strukturdiagramme in der Software-Design-Spezifikation.

Auch diese Versuche endeten aufgrund derselben Definitions- und Normalisierungsprobleme, wie dies bei den Größen „Anzahl der Routinen", „Listen" usw. (siehe oben) der Fall war. Weil sie dieselben grundsätzlichen Probleme mit Definition und Objektivität hatten, wurden sie bei COCOMO nicht verwendet.

Die Verwendung von Source-Befehlen zur Größenbestimmung

Die RADC-Datenbank (Rome Air Development Center)

Weitere Ausführungen über die Berechtigung der Verwendung von Source-Befehlen als wichtigstem Größenparameter für die Software-Kostenschätzung finden Sie in Abbildung 28−3, die die starke Korrelation zwischen den auszuführenden *„Source Lines of Code"* (DSLOC) und der Summe der Mann-Monate für die Software-Entwicklung (R = 0,85) anhand von über 400 Projektdatenwerten in der RADC-Datenbank zeigt (Nelson, 1978). Obgleich die Definitionen solcher Größen wie DSLOC und Gesamt-Mann-Monate bei den Projekten in der RADC-Datenbank sehr unterschiedlich sind, wird uns die Vielzahl der Projektdatenwerte mehr Vertrauen in die Verwendung von DSLOC oder DSI als Größenparameter bei der Software-Kostenschätzung vermitteln, als dies bei irgendeinem anderen Größenparameter möglich wäre.

Wir müssen natürlich darauf achten, die Ziele des Entwicklers nicht so zu definieren, daß er nicht mehr Codierzeilen produziert, als die Anwendung rechtfertigt. Allgemein gilt, daß das Bedürfnis, mit der Arbeit fertig zu werden, plus Praktiken wie Hauptspeicher-Budgetierung und ein genauer Code-Review die Tendenz haben, jegliche beabsichtigte Auspolsterung der Codierung mit Extra-Befehlen auf ein Minimum zu beschränken, um die Produktivität zu steigern. Die großen Unterschiede bei der Zahl der LOC bei einem zugewiesenen Ziel — siehe das (Weinberg-Schulmann, 1974)-Experiment, Abschnitt 21.4 — zeigt, wie leicht sich LOC pro Funktion vermehren können.

28.4 Änderungsanfälligkeit der Anforderungen

Die Änderungsanfälligkeit der Anforderungen oder das Ausmaß an Änderungen, denen die Software-Anforderungen zwischen Beginn und Ende eines Software-Entwicklungsprojektes unterworfen sind, hat eindeutig starken Einfluß auf die Software-Kosten. So sind zum Beispiel bei einer sehr ambitionierten Radar-Software-

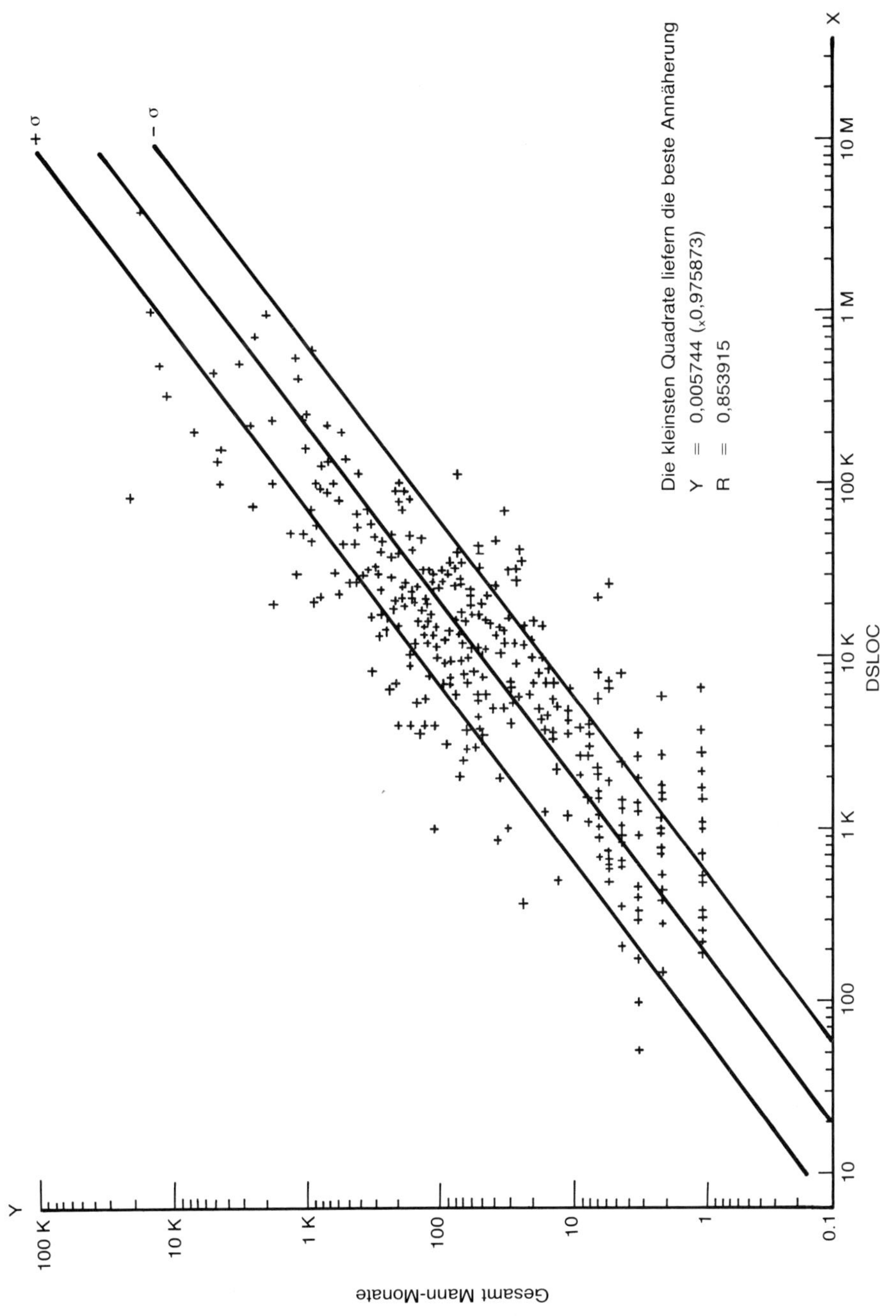

Abb. 28–3: Die Korrelation zwischen Source-Befehlen und Entwicklungsaufwand in der RADC-Datenbank

Anwendung (Schluter, 1977) die Software-Kosten wegen eines Software-Ausfalls um einen Faktor von 4 angestiegen; diese Software mußte wegen der Änderungen der Anforderungen neu aufgebaut werden. In diesem Beispiel hatte die Software, die entwickelt wurde, ehe das Radar genau charakterisiert war, wegen Änderungen beim Radar-Interface und bei den Verarbeitungsanforderungen einen Erneuerungsfaktor von 318% (33K Befehle auszuführen, 105K Befehle verworfen).

Bei einer früheren Version des COCOMO-Modells gab es einen Faktor für die Änderungsanfälligkeit von Anforderungen, der die Auswirkungen von Software-Ausfällen berücksichtigen sollte. Dies machte jedoch die Schätzungen für einen sehr subjektiven, ungenau definierten Parameter, dessen Wert nicht vor Beendigung des Projektes bekannt war, extrem empfindlich. Der Faktor wurde wegen der Schwierigkeiten mit Kriterien wie Objektivität, Definition und Zukunftsorientiertheit aus dem COCOMO-Schätzungsmodell wieder gestrichen. Eine COCOMO-Schätzung sagt demnach die Zahl an Mann-Monaten voraus, die für die Entwicklung der Software erforderlich sind, wie sie in der aktuellen Anforderungsspezifikation definiert ist. In dem Maße, wie sich die Anforderungen ändern, können und sollten beide, Spezifikation und Kostenschätzung, auf den neuesten Stand gebracht werden.*)

Vergleich mit den Projektergebnissen

Die abgestimmte Version von COCOMO behält noch einen Faktor „Änderungsanfälligkeit von Anforderungen" bei, um Projekte, die im Verlauf der Entwicklungsphase einen hohen oder niedrigen Änderungsgrad bei den Anforderungen erfahren haben, zu normalisieren. Die Aufwandsmultiplikatoren, die verwendet wurden, um die Änderungsanfälligkeit von Anforderungen bei der Abstimmung abgeschlossener Projekte zu berücksichtigen, finden Sie in Tabelle 28–2. Sie variieren nicht nach Phasen.

Tab. 28–2: Änderungsanfälligkeit von Anforderungen — Aufwandsmultiplikatoren

Bewertung	Projektüberarbeitung aufgrund von Änderungen der Anforderungen	Aufwands-multiplikator
Niedrig	im Prinzip keine	0,91
Durchschnittlich	geringe, unwesentliche Überarbeitungen	1,00
Hoch	gelegentliche Überarbeitungen mittleren Ausmaßes	1,19
Sehr hoch	häufigere Überarbeitungen mittleren Ausmaßes oder gelegentliche umfassende Überarbeitungen	1,38
Besonders hoch	häufigere, umfassende Überarbeitungen	1,62

Abbildung 28–4 zeigt die Werte des optimalen Aufwandsmultiplikators für die Projekte in der COCOMO-Datenbank in Relation zu den Werten der COCOMO-Aufwandsmultiplikatoren — den Kreisen in Abbildung 28–4. Die Korrelation zwischen den COCOMO-Aufwandsmultiplikatoren und den Medianwerten — den Pfeilen in Abbildung 28–4 — ist relativ gut, obgleich einiges darauf hindeutet, daß die COCOMO-Aufwandsmultiplikatoren etwas niedrig sind.

*) Allgemein gilt, daß eine geringe Änderungsanfälligkeit bei den Anforderungen nicht zu vermeiden ist. So hat z. B. das IBM Santa Teresa Labor festgestellt — und zwar anhand einer Auswahl von jährlich rund 1 000 000 Software-Befehlen, die gemäß den IBM-Anforderungen erstellt wurden —, daß ein durchschnittliches Projekt in seiner Entwicklungsphase einer Änderungsquote der Anforderungen von 25% unterliegt.

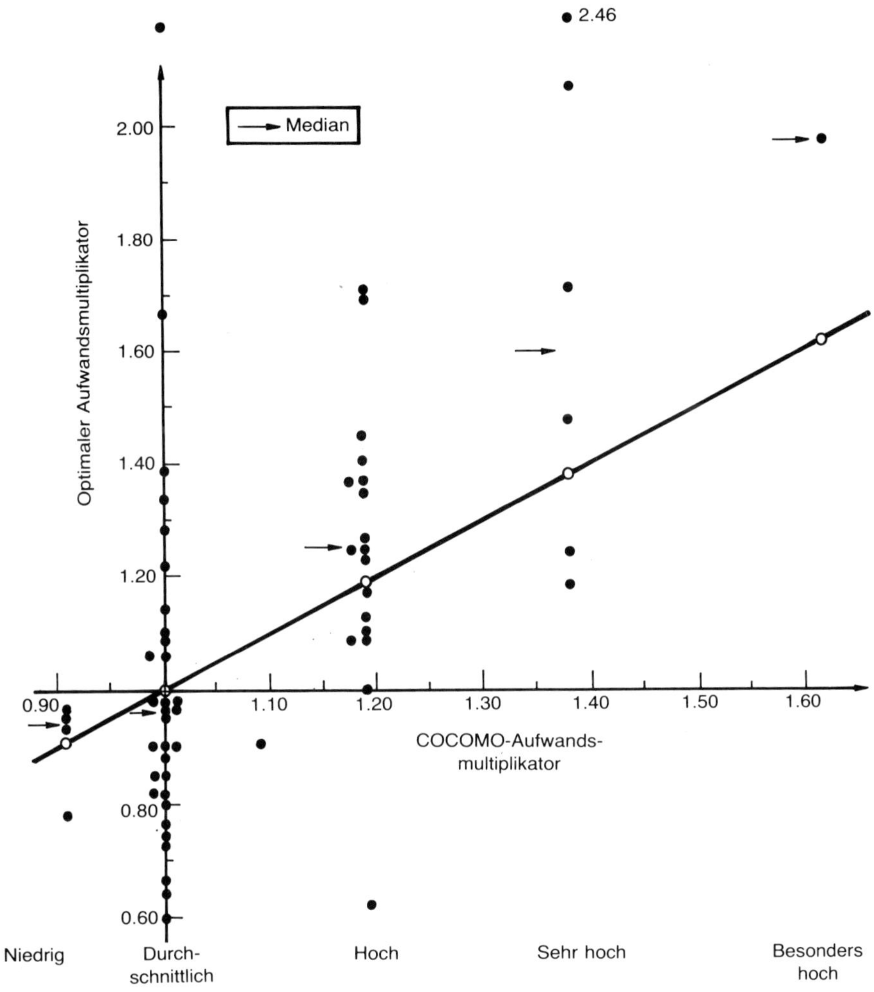

Abb. 28–4: COCOMO-Aufwandsmultiplikator in Relation zum optimalen Aufwandsmultiplikator — Änderungsanfälligkeit von Anforderungen

28.5 Kontinuität des Personals

Ursprünglich sollte die Personalkontinuität mit ins COCOMO-Modell übernommen werden. Dann wurde sie jedoch wegen der nachstehenden hauptsächlichen Gründe nicht berücksichtigt:

- Da viele Projekte wegen des Phasenmodells, der Verwendung von Spezialisten, der Verwendung von Teilzeit-Personal usw. im vorhinein einen Faktor für die Personalfluktuation mit einkalkulieren, ist es schwer, die Personalkontinuität genau zu definieren.
- Bei der Personalkontinuität haben wir ungefähr dieselben Probleme der Vorausplanung wie beim Faktor der Änderungsanfälligkeiten von Anforderungen, weil

entscheidende Personalfluktuationsprobleme nicht leicht vorausgesagt werden können.

- Überraschenderweise hat ein Großteil der COCOMO-Projekt-Datenwerte einen Durchschnittswert für die Personalfluktuation ausgewiesen, was es sehr schwierig macht, den Einfluß dieses Faktors auf die Software-Kosten zu ermitteln.

Die COCOMO-Schätzungen gehen deshalb davon aus, daß ein Projekt (wie die meisten Projekte) eine durchschnittliche Personalfluktuation haben wird und daß jedes ungewöhnliche Projekt bei der COCOMO-Schätzung seine eigene subjektive Anpassung durchführen muß. Ein Weg, dies zu tun, wäre mittels der Bewertung der Analytiker- und Programmierer-Qualifikation, die eine effektive Teamqualifikation widerspiegeln sollte.

Vergleich mit Projektergebnissen

Abbildung 28–5 zeigt die Werte des optimalen Aufwandsmultiplikators für die Projekte in der COCOMO-Datenbank, für die niedrigen, durchschnittlichen und hohen Bewertungen der Personalkontinuität. Die Medianwerte — die Pfeile in Abbildung 28–5 — zeigen eine viel geringere Abweichung von 1,0, als man erwarten würde. Die beste Erklärung hierfür ist, daß viele der Auswirkungen der Personalkonti-

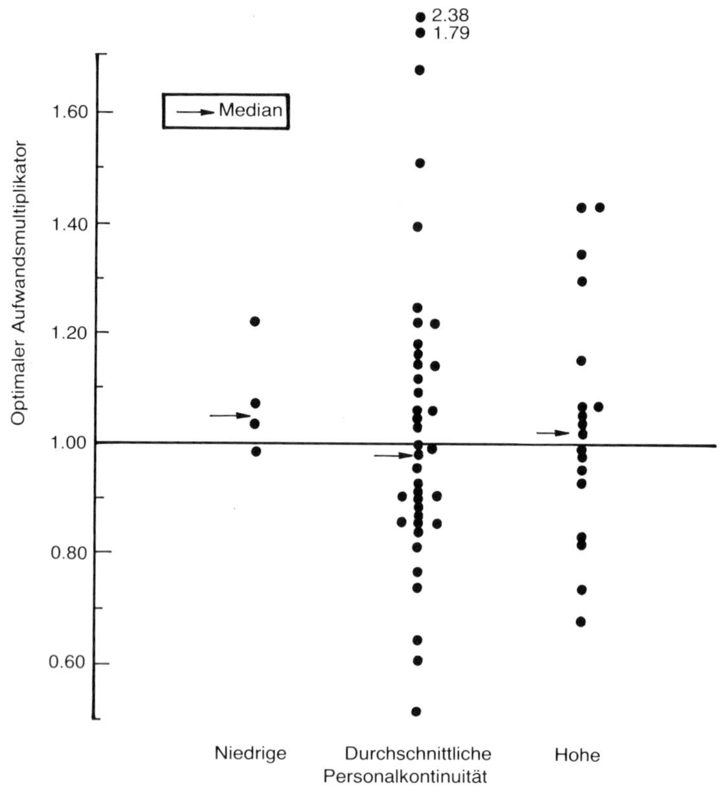

Abb. 28–5: Optimale Aufwandsmultiplikatoren: Personalkontinuität

nuität schon in den Qualifikations-Bewertungen bei den Projekten in der COCOMO-Datenbank Berücksichtigung fanden. Daher ist es schwierig, etwas über die Auswirkungen der Personalkontinuität aus Abbildung 28–5 zu erfahren. Die allgemeine Projekterfahrung läßt darauf schließen, daß Personalkontinuität ein weit entscheidenderer Faktor ist, als dies aus Abbildung 28–5 ersichtlich ist.

28.6 Die Qualität des Managements

Ein schlechtes Management kann die Software-Kosten schneller als jeder andere Faktor in die Höhe treiben. Jedes der nachstehenden Beispiele für schlechtes Management ist des öfteren schuld daran gewesen, daß sich die Software-Entwicklungskosten verdoppelt haben.

- Betrauung der falschen Mitarbeiter — oder einer falschen Kombination von Mitarbeitern — mit den Projekt-Jobs.
- Aufgabenüberschneidungen und Nichtabdeckung von Aufgaben durch schlechte Organisation, Delegation und Aufgaben-Überwachung.
- Demotivierung der Mitarbeiter durch unnötig schlechte Arbeitsbedingungen und Nichtanerkennung von guten Leistungen.
- Zuteilung einer großen Zahl von Mitarbeitern zu einem Projekt, ehe ihr Verantwortungsbereich klar umrissen ist.
- Versäumnis, die erforderlichen Hilfsmittel zur Verfügung zu stellen: Computer-Zeit, Terminals, Kommunikationsmittel, Testdaten, Unterstützungs-Software.
- Versäumnis, die Software-Anforderungen und Design-Spezifikationen festzulegen, sowie risikoreiche Elemente frühzeitig zu identifizieren und Abhilfe zu schaffen.

Trotz dieser Kostenabweichungen wird von COCOMO*) kein Faktor für die Management-Qualität berücksichtigt; bei den COCOMO-Schätzungen wird jedoch davon ausgegangen, daß das Projekt ein gutes Management haben wird. Dafür gibt es folgende Gründe:

- Qualitäts-Maßstäbe für das Management sind nicht leicht zu definieren.
- Management-Qualität läßt sich nur schlecht vorhersagen. Ist bekannt, daß der ausgewählte Manager nicht ausreichend qualifiziert ist, sollte ein anderer Manager ausgewählt werden.
- Es ist schlechte Management-Praxis, einem schlechten Manager für die Verrichtung des Jobs mehr Ressourcen zur Verfügung zu stellen als einem guten Manager.
- Sehr wichtig ist, daß sich sowohl die qualitativen Voraussagen über das Management wie auch die Kostenvoraussagen bewahrheiten können. COCOMO geht davon aus, daß das Projekt gut verwaltet werden wird, und bietet dem Projekt-Manager ausgezeichnete Tools und hervorragende Standards, die es ihm ermöglichen, das Projekt gut zu verwalten und die COCOMO-Schätzungen zu realisieren (siehe hierzu Kapitel 32).

Damit soll nicht gesagt sein, daß ein Projekt nicht eine Management-Reserve haben sollte, um gegen unvorhergesehene Vorfälle gewappnet zu sein. Für ein Projekt mit gutem Management hat die COCOMO-Schätzung nämlich eine Management-Reserve vorgesehen, weil das Modell auf einigermaßen gut geleitete Projekte ausgerichtet ist, nicht jedoch auf Projekte mit einem idealen Management.

---

*) Bis zum heutigen Tage gibt es keine Untersuchungen, die gut definierte Produktivitätsstufen für Management-Qualität festgesetzt hätten. Ein Grund dafür ist, daß Projekte mit einem schlechten Management selten genügend Daten über ihre Erfahrungen sammeln.

28.7 Qualität der Benutzer-Schnittstelle

Ein schlechtes Management durch Software-Anwender oder schlechte Kommunikationen zwischen Benutzer und Entwickler können ebenfalls zu einer substantiellen Erhöhung der Software-Kosten führen. Jede der nachstehenden Handlungsweisen des Kunden ist oft dafür verantwortlich, daß sich die Software-Kosten verdoppeln:

- Festlegung viel zu kurzer Vorgabezeiten für die Aufgabenerfüllung (siehe hierzu Kapitel 27), die — noch ehe die Aufgabenstellung geklärt ist — zu hohem Personaleinsatz führt.
- Widerstand gegen eine frühzeitige Definition der Software-Anforderungen oder das Aufkommen von Mißverständnissen zwischen Kunde und Entwickler, was Ursache dafür ist, daß das falsche Produkt entwickelt wird.
- Häufiges Umdisponieren der Projektaktivitäten, indem Änderungen bei den Anforderungen, Interfaces, Hilfsmitteln oder dem Personal verlangt werden.

Trotz dieser Kostenabweichungen ist von COCOMO kein Benutzer-Interface-Qualitätsfaktor vorgesehen, und zwar aus demselben hauptsächlichen Grund, wie dies bei dem Faktor Management-Qualität der Fall ist: Es würde dazu führen, daß negative Vorhersagen sich bewahrheiten und schlechte Leistungen belohnt werden.

28.8 Dokumentationsumfang

Dokumentation in allen ihren Varianten ist die Ursache für einen großen Teil der Gesamt-Softwarekosten. Eine Analyse in Abschnitt 31.6 zeigt, daß sich grob geschätzt 51 — 54% der Aktivitäten eines Projektes in Dokumenten als direktem Endprodukt niederschlagen, wogegen der Programmcode als Endprodukt von nur 34% der Aktivitäten eines Projektes entsteht. Es ist jedoch sehr schwierig, einen Kostenschätzungs-Faktor für den Umfang der Dokumentation festzusetzen, und zwar aus den folgenden Gründen:

- Viele Projekt-Dokumente, wie z. B. gute Spezifikationen und Testpläne, führen in Wirklichkeit zu Projekteinsparungen.
- Automatisierte Hilfseinrichtungen (zur Erstellung von Cross-References, Flußdiagrammen und Listen) können bei geringem Aufwand große Mengen an Dokumentation produzieren.
- Große Mengen an Dokumentation von schlechter Qualität können billiger produziert werden als kleine Mengen an Dokumentation guter Qualität.
- Dokumentation ist in der Tat kein Anhängsel, sondern ein integraler Bestandteil einer guten Software-Entwicklungsmethode.

Dies sind die Gründe, weshalb COCOMO keinen Faktor Dokumentationsumfang vorsieht. Trotzdem sind nachstehende verwandte Auswirkungen in COCOMO enthalten:

- Die Vorabdokumentation (frühe Entwicklung von Projektplänen, Spezifikationen und Handbüchern als Hilfsmittel für die Projekt-Definition und -Kontrolle) gehört zum grundlegenden Software-Lifecycle (siehe dazu Abschnitt 4.4) und ist in den COCOMO-Aufwandsschätzungen der frühen Phasen berücksichtigt.
- Die Aktivitätenverteilungen in den Tabellen 7–1, 7–2 und 7–3 geben eine Schätzung des Aufwandes, der für die Benutzer-, Bedienungs- und Wartungs-Handbücher erforderlich ist.

In Kapitel 31.6 werden Themen wie Bestimmung des Dokumentationsumfanges näher erörtert.

28.9 Hardware-Konfiguration

Die Auswirkungen dieses Faktors werden zu einem großen Teil von anderen Faktoren abgedeckt:

- Die Auswirkungen einer schlechten Software-Unterstützung für Mini- und Mikro-Computer werden vom TOOL-Faktor*) (Tabellen 27–6 und 27–7) abgedeckt.
- Die Auswirkungen einer instabilen oder unzuverlässigen verwendeten Hardware-Software-Konfiguration werden vom VIRT-Faktor*) (Tabelle 25–9) abgedeckt.
- Die Auswirkungen, die auf die zusätzliche Komplexität der Systeme zur verteilten Verarbeitung zurückzuführen sind, werden vom Faktor CPLX*) (Tabellen 24–7 und 24–8) abgedeckt.

Vergleich mit den Projektergebnissen

Abbildung 28–6 zeigt die Werte des optimalen Aufwandsmultiplikators für die Projekte in der COCOMO-Datenbank für die vier in der Datenbank katalogisierten Computer-Typen: den Mikro-, Mini-, Midi- und Maxi-Typ. Mit Ausnahme des kleinen

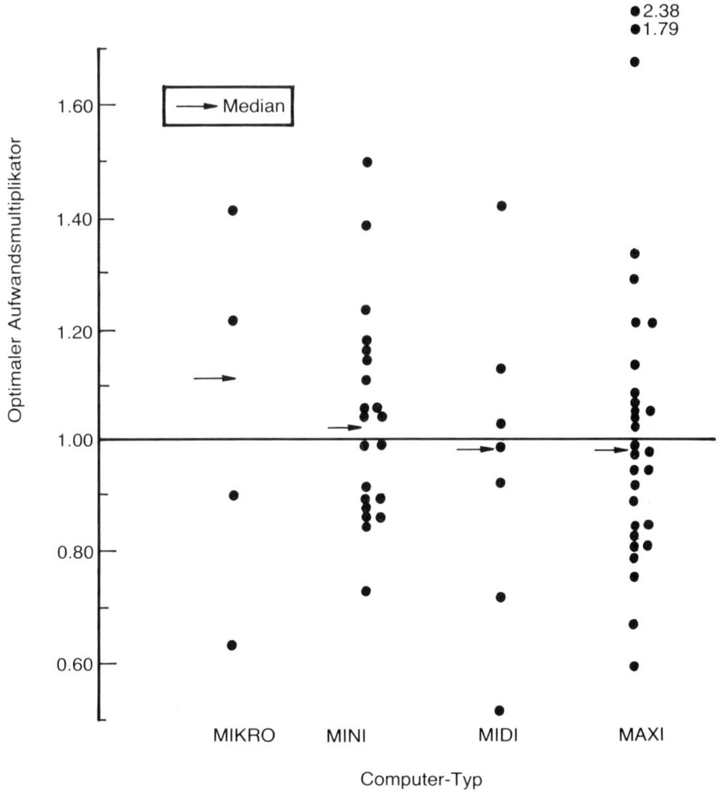

Abb. 28–6: Optimale Aufwandsmultiplikatoren nach Computer-Typen

*) TOOL = die Verwendung von Software-Tools
VIRT = die Änderungsanfälligkeit einer virtuellen Maschine
CPLX = die Komplexität des Software-Produktes

Anteils an Mikro-Computer-Projekten liegen die Medianwerte nahe genug bei 1,0, so daß die Hardware-Konfiguration als zusätzlicher COCOMO-Parameter ausgeschlossen werden konnte.

28.10 Einschränkungen aufgrund von Sicherheit und Vertraulichkeit

Einschränkungen des Informationssystems aus Gründen der Sicherheit oder Vertraulichkeit können zusätzliche Sachzwänge für die Software-Entwicklung bedeuten, die zu zusätzlichen Kosten führen. Einige dieser Auswirkungen sind in bereits bestehende COCOMO-Faktoren einbezogen.

- Die Auswirkungen eines eingeschränkten Zugriffs auf den Computer sind bereits vom Faktor TURN*) (Tabelle 25–11) erfaßt.
- Die Auswirkungen eines erhöhten Bedarfs an zuverlässiger Software werden vom Faktor RELY*) (Tabelle 24–1) erfaßt.

Einige andere Auswirkungen sind in den Standard-COCOMO-Faktoren nicht erfaßt:

- Zusätzliche Produkt-Eigenschaften (Sicherheits-Kennzeichnungen, Bedienungskontrollen)
- beschränkter Zugang zur Dokumentation und zusätzliche Dokumentationskontrolle.

Da diese Anforderungen in dieser zwingenden Form relativ selten sind und sie, wenn sie gestellt werden, die Projektkosten um nur 10% erhöhen, hat das COCOMO-Modell aus Vereinfachungsgründen davon abgesehen, diesen Faktor zu berücksichtigen. Für jene wenigen Projekte, die zwingenden Sicherheits- und Vertraulichkeits-Einschränkungen unterliegen, dürfte ein Faktor von grob geschätzt 5 — 10% ausreichen, um obige Auswirkungen abzudecken.

---

*) TURN = Computer-Verweilzeit
RELY = Erforderliche Software-Zuverlässigkeit

Kapitel 29

Bewertung des COCOMO-Modells

29.1 Einführung

Dieses Kapitel bringt eine umfassende Bewertung von COCOMO unter Berücksichtigung der für die Güte eines Software-Kostenmodells geltenden Kriterien, die wir in Kapitel 28 vorgestellt haben. Dieses Kapitel stellt ferner Verfahren zur Anpassung des COCOMO-Modells an eine bestimmte Installation vor. Zur Bewertung der Genauigkeit der COCOMO-Schätzungen werden wir die COCOMO-Datenbank von 63 abgeschlossenen Software-Projekten verwenden und die Schätzungen dieser Projekte, die vom COCOMO-Basis-, Zwischen- und Endmodell aufgestellt wurden, mit den tatsächlichen Aufwendungen, Terminplänen, Phasenverteilungen und Aktivitätenverteilungen der Projekte vergleichen. Da sowohl das COCOMO-Zwischen- als auch das COCOMO-Endmodell 17 Variablen hat (Umfang, Entwicklungsart und 15 Kostenfaktor-Merkmale), sind die 63 Datenwerte ein hinreichender Test für die Glaubwürdigkeit des Modells. Da aber jede Variable von mehreren Parametern (den Aufwandsmultiplikatoren für die verschiedenen Bewertungen) vertreten wird und da viele der Datenwerte dazu verwendet wurden, das Modell abzustimmen, ist es wichtig, Hintergrundinformation zu der Reihenfolge der Aktivitäten zu geben, die eingesetzt wurden, um COCOMO mit Bezug auf die Projektdaten abzustimmen und auszuwerten, um damit der Bewertung die richtige Perspektive zu geben.

Reihenfolge der COCOMO-Parametrisierung und -Bewertung

Die ursprüngliche COCOMO-Version fußte auf einer Übersicht bereits existierender Kostenmodelle, dem Delphi-Experiment mit zwei Durchläufen, bei dem 10 erfahrene Software-Manager die Aufwandsmultiplikatoren für verschiedene Kostenfaktor-Merkmale schätzten, und den Erfahrungen aus mehreren Software-Kostenschätzungsmodellen bei TRW. Das Ausgangsmodell von COCOMO, das nur eine einzige Entwicklungsform kannte, wurde unter Verwendung von 12 abgeschlossenen Projekten ausgerichtet. Das daraus resultierende Modell wurde dann im Hinblick auf eine relativ einheitliche Auswahl von 36 Projekten ausgewertet — hauptsächlich Raumfahrt-Anwendungen — was zu einer relativ guten Übereinstimmung zwischen den Schätzungen und den tatsächlichen Werten führte.

Die Ausweitung der Projekt-Datenbank auf 50 und dann 56 Projekte aus einer größeren Vielfalt von Umgebungen ergab, daß eine einzige Entwicklungsform nicht genügte, um die Abweichungen zwischen den Projekten zu erklären. Daraufhin wurde ein Modell mit drei Entwicklungsformen entwickelt und auf die 56 Projekte abgestimmt, was zu zusätzlichen, relativ geringfügigen Korrekturen der Aufwandsmultiplikatoren führte. In der Folge wurden der Datenbank nach und nach sieben weitere Projekte (aus dem Jahre 1979) hinzugefügt. Die COCOMO-Schätzungen der letzten sieben Projekte entsprechen ziemlich genau den tatsächlichen Werten der Projekte.

Statistische Analyse

Bei der Parametrisierung und Bewertung von COCOMO habe ich nicht in großem Umfang auf moderne statistische Methoden zurückgegriffen. Nach meinem Versuch, moderne statistische Methoden bei der Software-Kostenschätzung anzuwenden und nachdem ich ähnliche Anstrengungen bei anderen beobachtet hatte, kam ich zu der

Überzeugung, daß das Gebiet der Software noch nicht weit genug entwickelt ist und die Wechselwirkungen der Software-Kostenfaktoren zu komplex sind, als daß sie mittels statistischer Standardmethoden erfaßt werden könnten. Ich kam zu der Überzeugung, daß ein besserer Ausgangserfolg erzielt werden könnte, wenn man versuchte, die Art der Wechselwirkungen zwischen den Kostenfaktoren auf empirischem Wege unter Verwendung von funktionellen Formen zu formulieren, die die bestmöglichen verfügbaren Perspektiven und Daten der Software-Lifecycle-Phänomenologie widerspiegeln.

Ein Beispiel mag hier nützlich sein: Bei der Analyse einer Gruppe von 88 Modellen in einem TRW-Software-Produkt im Rahmen der CCIP-85-Studie im Jahre 1971 versuchten wir, die Produktivität in auszuführenden Sourcebefehlen/MM mit den Schätzungen des Projektmanagers über Modul-Komplexität und Programmierer-Qualifikation zu korrelieren. Wir erwarteten eine deutlich negative Korrelation zwischen Produktivität und Komplexität und eine deutlich positive Korrelation zwischen Produktivität und Qualifikationsstufe und waren überrascht, für beides eine eindeutige Null-Korrelation feststellen zu müssen.

Bei näherer Überprüfung fanden wir den hauptsächlichen Grund hierfür: Die Manager hatten die fähigsten Mitarbeiter bei den kompliziertesten Modulen eingesetzt und umgekehrt. Nachdem wir dies erkannt hatten, legten wir eine Konzeption „gewichtete Befehle" (d. h. die Zahl der Befehle multipliziert mit dem relativen Komplexitätsgrad) fest sowie eine entsprechende Konzeption gewichteter Produktivität und erzielten eine ausgezeichnete Korrelation zwischen der gewichteten Produktivität und der Qualifikationsstufe. Von dieser einfachen Konzeption der gewichteten Produktivität ist es ein relativ geradliniger Schritt zur Konzipierung der gewichteten Produktivität, die vom optimalen COCOMO-Aufwandsmultiplikator verkörpert ist (siehe dazu im einzelnen Abschnitt 24.1).

Die hier vorgestellten statistischen Analysen reichen demnach nur bis zur Darstellung von Mittelwerten, Medianen und einigen wenigen Standardabweichungen, nicht aber zu höherentwickelten Statistiken. Hier aber bieten das COCOMO-Modell und die Datenbank attraktive Themen für fortgeschrittene statistische Analysen an.

Vorschau auf das folgende Kapitel

In Abschnitt 29.2 werden die Charakteristika der 63 abgeschlossenen Projekte vorgestellt, die dazu verwendet wurden, COCOMO abzustimmen und zu bewerten. In den Abschnitten 29.3 bis 29.6 werden wir die COCOMO-Schätzungen den aktuellen Projektdaten für Entwicklungsaufwand, Entwicklungs-Terminplan, Phasenverteilung und Aktivitätenverteilung gegenüberstellen.

Abschnitt 29.7 bringt eine Zusammenfassung des augenblicklichen Entwicklungsstands der Software-Kostenmodelle, indem einige der anderen führenden Kostenmodelle beschrieben werden. In Abschnitt 29.8 wird COCOMO unter dem Aspekt der in Kapitel 28 genannten Kriterien für die Güte eines Software-Kostenmodells ausgehend vom derzeitigen Entwicklungsstand beurteilt.

Eine der Schlußfolgerungen dieser Beurteilung ist, daß eine bestimmte Installation oft eine individuell ausgerichtete und angepaßte Version von COCOMO entwickeln kann, die im Zusammenhang mit dieser bestimmten Installation genauer ist und leichter angewandt werden kann. Methoden zur Ausrichtung und Anpassung werden in Abschnitt 29.9 besprochen.

In Abschnitt 29.10 werden schließlich eine Reihe von Themen für weitere Forschungsaufgaben vorgestellt, u. a. auch eine Reihe von Untersuchungen über die quantitativen Charakteristika von Software-Projekten auf Basis der Daten in der COCOMO-Datenbank.

29.2 Die COCOMO-Projekt-Datenbank

Tabelle 29–1 gibt eine Zusammenfassung der Projektdaten und der entsprechenden COCOMO-Schätzungen für die 63 Projekte in der COCOMO-Datenbank. Eine Definition aller in Tabelle 29–1 enthaltenen Größen finden Sie in Tabelle 29–2.

Beträchtliche Mühe wurde darauf verwendet, sicherzustellen, daß die Daten in der COCOMO-Datenbank hinsichtlich der Kostenfaktor-Merkmals-Bewertungen übereinstimmen und daß die Definitionen von Größen wie Entwicklung, Mann-Monat, Projekt und auszuführende Sourcebefehle mit den COCOMO-Annahmen in Abschnitt 5.2, den Phasen-Definitionen in Tabelle 4–1 und den Komponenten der strukturierten Arbeitsaufgliederung in Abbildung 4–6 miteinander in Einklang sind. In einigen Fällen wurden Anpassungsfaktoren mit einbezogen, die sich auf die besten verfügbaren Informationen stützten, um Projektgrößen im Hinblick auf die Verwendung von Kommentar-Karten, den Ausschluß von Projektdesign-Aktivitäten, den Ausschluß von Management-Aufwand und ähnlichem mehr zu normalisieren.

Wir haben große Sorgfalt darauf verwendet, zu verhindern, daß spezifische Projektmerkmale in die Datenbank mit aufgenommen wurden, um die Anonymität einiger der Projekte zu wahren.

29.3 COCOMO-Schätzungen im Vergleich zu den tatsächlichen Werten: Entwicklungsaufwand

Die Abbildungen 29–1, 29–3 und 29–5 zeigen die Entwicklungsaufwandsschätzungen in Relation zu den tatsächlichen Projektdaten für das COCOMO-Basis-Modell (abgeleitet aus Abbildung 6–4), für das COCOMO-Zwischenmodell (abgeleitet von Abbildung 8–3) und das COCOMO-Endmodell. Aus den Ergebnissen geht klar hervor, daß

- das COCOMO-Zwischen- und das COCOMO-Endmodell von wesentlich größerer Genauigkeit sind als das COCOMO-Basismodell.
- das COCOMO-End- nicht merklich besser geeignet ist als das COCOMO-Zwischenmodell, um den Gesamt-Entwicklungsaufwand zu schätzen. (Wir werden jedoch in Abschnitt 29.5 sehen, daß das COCOMO-Endmodell bessere Phasenverteilungs-Schätzungen erzielt.)

Diese Ergebnisse sind aus den Abbildungen 29–2, 29–4 und 29–6 besser ersichtlich; sie zeigen Histogramme der Häufigkeit relativer Fehler in Prozent:

$$\text{Häufigkeit relativer Fehler in Prozent} = \frac{(MM)_{SCH}-(MM)_{IST}}{(MM)_{IST}}$$

zwischen Schätzungen und tatsächlichen Projektwerten für das COCOMO-Basis-, das COCOMO-Zwischen- und das COCOMO-Endmodell. Die relative Fehlerverteilung beim COCOMO-Basismodell zeigt einen sehr hohen Variationsgrad, während sich die relative Fehlerverteilung beim COCOMO-Zwischen- und COCOMO-Endmodell sichtlich verbessert hat und sie einander ganz ähnlich sind.

Tab. 29–1: Die COCOMO-Software-Projektdatenbank

			Produkt-Merkmale					Computer-Merkmale					Personal-Merkmale					
PN	Art	Jahr	LANG	RELY	DATA	CPLX	AAF	TIME	STOR	VIRT	TURN	TYPE	ACAP	AEXP	PCAP	VEXP	LEXP	CONT
1	BUS	72	COB	.88	1.16	.70	1.0	1.0	1.06	1.15	1.07	MAX	1.19	1.13	1.17	1.10	1.0	DSN
2	BUS	76	COB	.88	1.16	.85	.85	1.0	1.06	1.0	1.07	MAX	1.0	.91	1.0	.90	.95	DSN
3	BUS	77	PLI	1.0	1.16	.85	1.0	1.0	1.0	.87	.94	MID	.86	.82	.86	.90	.95	DSN
4	BUS	79	COB	.75	1.16	.70	.76	1.0	1.0	.87	1.0	MID	1.19	.91	1.42	1.0	.95	DSN
5	BUS	69	FTN	.88	.94	1.0	1.0	1.0	1.0	.87	1.0	MAX	1.0	1.0	.86	.90	.95	DSN
6	BUS	74	PLI	.75	1.0	.85	1.0	1.0	1.21	1.0	1.0	MID	1.46	1.0	1.42	.90	.95	H
7	BUS	79	COB	.75	1.0	1.0	1.0	1.0	1.0	.87	.87	MAX	1.0	1.0	1.0	.90	.95	H
8	CTL	73	MOL	1.15	.94	1.30	1.0	1.66	1.56	1.30	1.0	MIN	.71	.91	1.0	1.21	1.14	DSN
9	CTL	78	FTN	1.15	.94	1.30	1.0	1.30	1.21	1.15	1.0	MIN	.86	1.0	.86	1.10	1.07	DSN
10	CTL	75	MOL	1.40	.94	1.30	.63	1.11	1.56	1.0	1.07	MIN	.86	.82	.86	.90	1.0	DSN
11	CTL	76	MOL	1.40	.94	1.30	.63	1.11	1.56	1.0	1.07	MIN	.86	.82	.86	.90	1.0	DSN
12	CTL	78	JOV	1.15	.94	1.30	1.0	1.11	1.06	1.0	1.0	MIN	.86	.82	.86	1.0	.95	DSN
13	CTL	78	FTN	1.15	.94	1.30	.96	1.11	1.06	1.15	1.0	MID	.71	1.0	.70	1.10	1.0	H
14	CTL	77	MOL	1.15	.94	1.65	1.0	1.30	1.56	1.15	1.0	MIC	.86	1.0	.70	1.10	1.07	DSN
15	CTL	76	MOL	1.40	.94	1.30	1.0	1.30	1.06	1.15	.87	MIN	.86	1.13	.86	1.21	1.14	DSN
16	CTL	75	MOL	1.40	1.0	1.30	.60	1.30	1.56	1.0	.87	MIN	.86	1.0	.86	1.0	1.0	DSN
17	CTL	77	MOL	1.40	1.0	1.30	.53	1.30	1.56	1.0	.87	MIN	.86	.82	.86	1.0	1.0	DSN
18	HMI	70	FTN	1.15	1.16	1.15	1.0	1.30	1.21	1.0	1.07	MAX	.86	1.0	1.0	1.0	1.0	N
19	HMI	78	FTN	1.15	1.08	1.0	.84	1.11	1.21	.87	.94	MAX	.71	.91	1.0	1.0	1.0	DSN
20	HMI	74	JOV	1.40	1.08	1.30	.96	1.11	1.21	1.15	1.07	MAX	.71	.82	1.08	1.10	1.07	DSN
21	HMI	77	PLI	1.0	1.16	1.15	1.0	1.06	1.14	.87	.87	MAX	.86	1.0	1.0	1.0	1.0	H
22	HMI	76	JOV	1.15	1.0	1.0	.92	1.27	1.06	1.0	1.0	MAX	.86	.82	.86	.90	1.0	H
23	HMI	78	HOL	1.15	1.0	1.0	.98	1.08	1.06	1.0	1.0	MAX	.86	.82	.86	.90	1.0	N
24	HMI	79	FTN	.88	1.0	.85	1.0	1.06	1.06	1.0	.87	MIN	1.0	1.29	1.0	1.10	.95	DSN
25	HMI	78	JOV	1.15	1.16	1.30	1.0	1.15	1.06	1.0	.87	MAX	.86	1.0	.86	1.10	1.0	DSN
26	HMI	77	HOL	.94	1.0	.85	1.0	1.07	1.06	1.15	1.07	MAX	.86	1.0	.86	1.10	1.0	DSN
27	HMI	77	FTN	1.15	.94	1.15	1.0	1.35	1.21	1.0	.87	MIN	1.0	1.0	1.0	1.0	1.0	H
28	HMI	72	MOL	1.15	1.08	1.30	1.0	1.11	1.21	1.15	1.07	MIN	.86	1.0	.86	1.10	1.07	DSN
29	HMI	79	FTN	.88	1.0	1.0	1.0	1.0	1.0	1.0	1.0	MAX	1.10	1.29	.86	1.0	1.0	H
30	HMI	79	PSC	.88	1.0	1.0	1.0	1.0	1.0	1.0	1.0	MAX	1.0	1.29	.86	1.0	1.0	H
31	SCI	75	MOL	1.40	1.08	1.0	.81	1.48	1.56	1.15	1.07	MIN	.86	.82	.86	1.10	1.07	DSN
32	SCI	72	FTN	.88	1.08	.85	.67	1.0	1.0	1.0	1.0	MAX	.71	.82	1.0	1.0	1.0	DSN
33	SCI	76	FTN	1.40	1.08	1.30	.96	1.48	1.56	1.15	.94	MIN	.86	.82	.86	.90	1.0	H
34	SCI	77	FTN	1.15	1.08	1.0	.96	1.06	1.0	1.0	.87	MIN	1.0	1.0	1.0	1.0	1.0	DSN
35	SCI	68	MOL	.75	.94	1.30	1.0	1.06	1.21	1.15	1.0	MID	1.0	.91	1.0	1.10	1.0	DSN
36	SCI	79	FTN	.88	1.08	.85	.81	1.0	1.0	.87	.87	MAX	1.19	1.0	1.17	.90	.95	DSN
37	SCI	78	FTN	.88	.94	.70	.56	1.0	1.06	1.0	1.0	MIN	.86	.82	.86	1.0	1.0	DSN
38	SCI	77	PLI	1.0	1.0	1.15	1.0	1.0	1.0	.87	.87	MAX	.71	.91	1.0	.90	.95	DSN
39	SCI	64	FTN	1.0	1.0	1.15	1.0	1.0	1.0	.87	1.0	MAX	.71	.82	.70	1.0	.95	H
40	SCI	74	MOL	1.0	.94	1.30	.83	1.0	1.0	1.0	.87	MIN	.86	.82	1.17	1.0	1.0	DSN
41	SCI	76	FTN	.88	.94	1.0	1.0	1.0	1.0	.87	.87	MAX	1.0	.82	.70	.90	.95	H
42	SCI	78	FTN	.88	1.04	1.07	.43	1.0	1.06	.87	1.07	MAX	.86	1.0	.93	.90	.95	H
43	SCI	78	FTN	1.00	1.04	1.07	.98	1.0	1.21	.87	1.07	MAX	.86	1.0	1.0	.90	.95	H
44	SCI	78	FTN	.88	1.04	1.07	.98	1.06	1.21	.87	1.07	MAX	1.0	1.0	1.0	.90	.95	H
45	SCI	77	FTN	.88	1.04	1.07	.91	1.0	1.06	.87	1.07	MAX	1.0	1.0	1.0	.90	.95	H
46	SCI	78	FTN	.88	1.04	1.07	.78	1.0	1.06	.87	1.07	MAX	1.0	1.0	.86	.90	.95	DSN
47	SCI	78	FTN	.75	.94	1.30	1.0	1.0	1.0	.87	.87	MAX	.71	.82	.70	1.10	1.07	DSN
48	SUP	76	FTN	.88	.94	.85	.67	1.0	1.0	.87	1.0	MAX	1.19	.91	1.17	.90	.95	DSN
49	SUP	76	JOV	1.0	1.0	.85	1.0	1.0	1.0	1.0	.87	MID	.71	1.0	.70	1.10	1.0	H
50	SUP	76	MOL	1.15	1.0	1.0	1.0	1.30	1.21	1.0	.87	MIN	.86	1.0	.86	1.10	1.0	DSN
51	SUP	70	COB	.88	1.0	1.0	1.0	1.0	1.0	1.0	1.15	MAX	1.19	1.0	1.42	1.0	.95	N
52	SUP	71	MOL	.88	.94	.85	1.0	1.0	1.06	1.15	1.0	MIN	1.0	1.0	1.0	1.10	1.07	DSN
53	SUP	78	MOL	.88	.94	1.15	1.0	1.11	1.21	1.30	1.0	MIC	.71	1.0	.70	1.10	1.07	DSN
54	SUP	78	FTN	1.0	.94	1.0	1.0	1.0	1.06	1.15	.87	MIC	1.0	.82	1.0	1.0	.95	H
55	SUP	72	FTN	.88	.94	.70	1.0	1.0	1.0	.87	.87	MAX	.86	.82	1.17	.90	.95	DSN
56	SYS	71	MOL	1.15	.94	1.30	1.0	1.30	1.21	1.0	1.0	MAX	.86	.91	1.0	1.10	1.07	DSN
57	SYS	74	MOL	1.0	.94	1.15	.87	1.11	1.21	1.30	1.0	MIN	1.0	1.0	1.0	1.10	1.07	N
58	SYS	76	MOL	1.40	.94	1.30	1.0	1.66	1.21	1.0	1.0	MIN	.71	.82	.70	.90	.95	DSN
59	SYS	77	HOL	1.0	.94	1.15	.90	1.06	1.06	1.0	.87	MID	1.0	1.0	1.0	1.0	1.0	DSN
60	SYS	73	MOL	1.15	.94	1.30	1.0	1.11	1.06	1.0	1.0	MAX	.86	1.13	.86	1.10	1.07	DSN
61	SYS	78	PSC	1.0	.94	1.15	1.0	1.0	1.0	.87	.87	MAX	.86	1.0	.86	.90	1.0	H
62	SYS	78	MOL	.88	.94	1.30	1.0	1.11	1.21	1.15	1.0	MIC	.78	.82	.70	1.21	1.14	DSN
63	SYS	79	MOL	1.0	.94	1.15	1.0	1.0	1.0	1.0	.87	MIN	.71	.82	.86	1.0	1.0	DSN

	Projekt-Merkmale								Mann-Monate				Prod.	Monate			COCOMO-Endmodell			COCOMO-Basismodell		Dokumente	
PN	MODP	TOOL	SCED	RVOL	Π	ART	TOTAL KDSI	ANG KDSI	DSN	gesch.	IST	S−A / A	ADSI / MM	gesch.	IST	S−A / A	gesch.	E−A / A	MM / Π	gesch.	S/A	KPP	PP / TKDSI
1	1.24	1.10	1.04	1.19	2.72	E	113	113	814	2218	2040	9	55	29	48	−40	2286	12	750	1047	.51	2.0	18
2	1.10	1.0	1.0	1.0	.84	E	293	249	2102	1770	1600	11	156	27	36	−25	1760	10	1905	2702	1.69	11.5	39
3	.91	.91	1.0	1.0	.34	T.I.	132	132	711	245	243	1	543	17	15	13	248	2	715	711	2.93	10.4	79
4	1.24	1.0	1.04	1.19	1.17	ORG	60	46	178	212	240	−12	192	20	36*	−44	207	−14	205	134	.56	0.8	13
5	1.24	1.0	1.0	1.0	.66	ORG	16	16	59	39	33	18	485	9.4	9	4	38	15	50	44	1.34	0.15	9
6	1.24	1.10	1.0	1.19	2.22	ORG	4.0	4.0	13.7	30	43	−30	93	10.4	12	−13	30	−30	19	10.3	.24	—	—
7	.91	.91	1.0	1.0	.40	ORG	6.9	6.9	24	9.8	8	22	862	5.5	4	38	10.2	28	20	18	2.28	0.5	72
8	1.10	1.10	1.08	1.38	7.62	E	22	22	114	869	1075	−19	20	23	30	−23	994	−8	141	147	.14	—	—
9	.91	1.0	1.0	1.19	2.39	E	30	30	166	397	423	−6	71	17	18	−6	395	−7	177	213	.50	1.1	37
10	1.0	1.0	1.0	1.38	2.38	E	29	18	90	214	321	−33	56	16	30	−47	218	−32	135	115	.36	7.0	241
11	1.0	1.0	1.0	1.38	2.38	E	32	20	102	243	218	11	92	14	24	−42	248	14	91	131	.60	5.2	162
12	.91	1.0	1.08	1.19	1.12	E	37	37	213	238	201	18	184	14	12	17	237	18	179	274	1.36	4.0	108
13	.82	1.0	1.0	1.0	.85	E	25	24	127	108	79	37	304	10.1	10	1	106	34	93	163	2.07	1.1	44
14	1.10	1.24	1.23	1.19	5.86	T.I.	3.0	3.0	10.3	60	73	−18	41	11.2	12	−7	64	−12	12	10.3	.14	0.05	17
15	.91	1.0	1.23	1.19	3.63	E	3.9	3.9	14.3	52	61	−15	64	9.3	15	−38	51	−16	17	18	.30	0.7	179
16	1.0	1.0	1.0	1.19	2.81	E	6.1	3.7	13.5	38	40	−5	92	8.1	10	−19	39	−2	14	17	.43	0.5	82
17	1.0	1.0	1.0	.91	1.78	E	3.6	1.9	6.0	10.7	9	19	211	5.1	6	−15	10.9	21	5.1	7.8	.86	0.3	83
18	1.24	1.10	1.08	1.19	3.89	E	320	320	2840	11056	11400	−3	28	50	72	−31	12380	9	2931	3652	.32	10.0	31
19	.91	.91	1.0	1.0	.73	E	1150	966	10694	7764	6600	18	146	42	40	5	7699	17	9041	13749	2.08	31.4	27
20	1.24	1.0	1.08	1.19	3.85	T.I.	299	287	1698	6536	6400	2	45	54	51	6	7571	18	1662	1698	.27	18.0	60
21	.91	.91	1.0	1.0	.86	E	252	252	2132	1836	2455	−25	103	30	60*	−50	1864	−24	2855	2741	1.12	3.0	12
22	.91	1.0	1.23	1.0	.94	E	118	109	780	733	724	1	151	21	16	31	728	1	770	1003	1.39	19.5	165
23	1.0	1.0	1.23	1.0	.89	E	77	75	498	443	539	−18	139	19	16	19	445	−17	606	640	1.19	14.9	194
24	.82	.83	1.0	1.0	.70	T.I.	90	90	463	326	453	−28	199	21	28	−25	337	−26	647	463	1.02	1.5	17
25	.82	.91	1.08	1.62	1.95	E	38	38	220	430	523	−18	73	19	39*	−51	433	−17	268	283	.54	4.7	124
26	.91	1.10	1.08	1.19	1.16	E	48	48	292	339	387	−12	124	17	19	−11	341	−12	334	375	.97	4.0	83
27	.82	1.10	1.08	1.19	2.04	E	9.4	9.4	41	89	88	−5	107	10.5	12	−12	82	−7	43	53	.60	—	—
28	1.10	1.10	1.0	1.0	2.81	ORG	13	13	47	133	98	36	133	14	20	−30	143	46	35	35	.36	—	—
29	.91	.91	1.23	.91	1.00	T.I.	2.14	2.14	7.0	7.0	7.3	−4	293	5.0	2	150	7.0	−4	7.3	7.0	.96	.14	65
30	.91	.91	1.23	.91	.91	T.I.	1.98	1.98	6.4	5.8	5.9	−2	336	4.7	2	135	5.9	0	6.5	6.4	1.08	.13	66
31	1.0	1.0	1.0	1.0	3.14	E	62	50	306	962	1063	−10	47	23	24	−4	1057	−1	339	394	.37	2.0	32
32	1.10	1.10	1.0	1.0	.57	T.I.	390	261	1527	869	702	24	372	25	24	4	868	24	1232	1527	2.18	3.5	9
33	.91	.91	1.0	1.0	2.26	E	42	40	234	529	605	−13	66	19	24	−21	543	−10	268	301	.50	3.0	71
34	.91	1.10	1.23	1.19	1.76	E	23	22	114	201	230	−14	96	14	12	17	201	−14	131	147	.64	6.7	291
35	1.24	1.24	1.0	1.19	2.63	E	13	13	61	161	82	96	159	10.2	10	2	162	98	31	78	.95	0.1	8
36	1.0	.91	1.04	1.0	.68	T.I.	15	12	49	33	55	−40	218	10.2	12	−15	34	−38	81	49	.89	0.3	20
37	1.0	1.0	1.0	.91	.34	ORG	60	34	130	44	47	−6	723	10.8	24*	−55	44	−6	138	97	2.07	1.4	23
38	.82	.91	1.0	1.0	.35	ORG	15	15	55	20	12	67	1250	6.4	5	28	20	67	34	41	3.43	—	—
39	.91	1.10	1.0	1.0	.39	ORG	6.2	6.2	22	8.4	8	5	775	5.5	9*	−39	8.3	4	21	16	2.04	0.5	81
40	1.10	1.0	1.0	1.0	.96	ORG	3.0	2.5	8.4	8.1	8	1	312	5.5	9	−39	8.0	0	8.3	6.3	.79	—	—
41	.91	.91	1.0	1.0	.25	ORG	5.3	5.3	18.4	4.7	6	−22	883	4.9	5	2	4.9	−18	24	14	2.30	—	—
42	.95	.95	1.04	1.0	.63	ORG	45.5	19.5	72	46	45	2	433	10.6	8.1	31	46	2	71	54	1.21	1.4	31
43	1.0	1.0	1.04	1.0	.96	ORG	28.6	28	106	102	83	23	337	13.4	14.1	−5	102	23	86	79	.96	1.7	59
44	1.10	1.0	1.04	1.0	1.14	ORG	30.6	30	114	130	87	49	345	13.6	13.9	−2	128	47	76	85	.98	1.8	59
45	1.0	.95	1.04	1.0	.82	ORG	35	32	122	100	106	−6	302	14.7	12.3	20	100	−6	129	91	.86	1.25	36
46	1.0	1.0	1.04	1.0	.74	ORG	73	57	223	166	126	32	452	15.7	16.1	−2	164	30	170	167	1.33	2.6	36
47	1.10	1.0	1.04	1.0	.38	ORG	23	23	86	33	36	−8	639	9.8	22.2	−56	32	−11	95	65	1.79	—	—
48	1.10	1.0	1.04	1.09	.83	T.I.	464	311	1858	1542	1272	21	244	31	44	−30	1519	19	1533	1858	1.46	10.0	22
49	.82	.91	1.0	1.19	.36	T.I.	91	91	469	168	156	8	583	15	18	−17	170	8	433	469	3.01	5.5	60
50	1.0	1.0	1.0	1.19	1.52	E	24	24	127	193	176	10	136	13	12	8	194	10	116	163	.93	1.1	46
51	1.24	1.10	1.04	1.38	3.18	ORG	10	10	36	114	122	−7	82	16	34	−53	115	−6	38	27	.22	—	—
52	1.24	1.10	1.0	1.38	1.90	ORG	8.2	8.2	29	55	41	17	174	10.8	14	−23	56	19	25	22	.47	—	—
53	1.0	1.10	1.08	1.0	1.15	T.I.	5.3	5.3	19.4	22	14	57	379	6.3	6	−5	22	57	12	19.4	1.39	0.03	6
54	.91	1.10	1.0	1.19	.93	ORG	4.4	4.4	15	14	20	−30	220	7.8	7	11	14	−30	22	11.4	.57	0.08	18
55	1.10	1.0	1.0	1.0	.34	ORG	6.3	6.3	22	7.5	18	−58	350	7.5	12	−38	7.4	−59	53	16.6	.92	—	—
56	1.10	1.10	1.08	1.38	3.68	E	27	27	146	537	958	−44	28	22	24	−8	570	−41	260	188	.20	1.5	56
57	1.10	1.10	1.23	1.0	3.32	E	17	15	72	239	237	1	63	14	24*	−42	247	4	71	93	.39	—	—
58	.91	1.0	1.0	1.0	1.09	E	25	25	133	145	130	12	192	11.9	12	−1	143	10	119	171	1.32	3.0	120
59	.91	1.0	1.0	.91	.87	ORG	23	21	78	68	70	−3	300	13	16	−19	68	−3	80	59	.84	—	—
60	1.10	1.10	1.08	1.19	2.53	ORG	6.7	6.7	23.6	60	57	5	118	11.6	12	−3	61	7	23	18	.31	0.1	15
61	.82	1.0	1.0	1.0	.45	ORG	28	28	106	47	50	−6	560	11.1	10	11	48	−4	111	79	1.59	0.4	14
62	.91	1.24	1.0	1.0	1.15	T.I.	9.1	9.1	36	42	38	11	239	8.9	14	−36	41	8	33	36	.95	0.2	22
63	.82	1.0	1.0	1.0	.39	E	10	10	44	17	15	13	667	5.9	4	48	17	13	36	57	3.80	0.3	30

* Inkremental-Entwicklung

Tab. 29–2: Größen der COCOMO-Projektdatenbank

1. PN	Sequentielle Projekt-Nummer
2. Art	Projektart BUS — kommerzielle Anwendung (Business) CTL — Prozeßsteuerung und -kontrolle HMI — interaktive Anwendung (Human Machine) SCI — wissenschaftliche Anwendung (Scientific) SUP — Unterstützungssoftware (Tools, Dienstprogramme usw.) (Support) SYS — System-Software (Betriebssystem, Compiler usw.)
3. Jahr	Letzte zwei Ziffern des Kalenderjahres, in dem das Projekt abgeschlossen wurde
4. LANG	Hauptsächliche im Projekt verwendete Programmiersprache (Language)
5–7, RELY – RVOL 9–12, 14–18, 20–23.	Aufwandsmultiplikatoren des COCOMO-Zwischenmodells, die den Merkmalsbewertungen der Kostenfaktoren des Projektes entsprechen; sie sind in den Tabellen 8–2 und 8–3 definiert (Tabelle 28–2 für RVOL). In einigen Fällen wurden interpolierte oder Durchschnittswerte für die Aufwandsmultiplikatoren errechnet.
8. AAF	COCOMO-Anpassungs-Korrekturfaktor, definiert in Abschnitt 8.8
13. TYP	Computertyp, der für die Entwicklung benutzt wurde MAX — Großrechner, z. B. IBM 370/155 und größer MID — Midicomputer, z. B. IBM 370/135 und größer MIN — Minicomputer MIC — Mikrocomputer oder Mikroprozessor
19. CONT	Personalkontinuität im Projekt (Continuity) N kleiner als 10% Fluktuation DSN 10–30% Fluktuation H mehr als 30% Fluktuation
24. Π	Produkt der Aufwandsmultiplikatoren für das Projekt
25. ART	Software-Entwicklungsart E Eingebettet TI Teilintegriert ORG Organisch
26. TOTAL KDSI	Gesamtzahl der auszuführenden Source-Befehle (KDSI) in Tausend, wie in Abschnitt 5.2 definiert
27. ANG. KDSI	Angepaßte KDSI = TOTAL KDSI · AAF, wie in Abschnitt 8.8 dargestellt
28. MM DSN	Durchschnittliche Mann-Monate, errechnet aus den angepaßten KDSI durch die Gleichung für den durchschnittlichen Aufwand einer Projektentwicklungsart (Tabelle 8–1 und 23–1)

Forts. Tab. 29−2

29. MM gesch.	Geschätzte Mann-Monate für das Projekt beim COCOMO-Zwischenmodell. MM SCH = MM DSN · Π
30. MM IST	Tatsächliche für das Projekt benötigte Mann-Monate
31. MM: (E−A)/A	Fehler bei der Schätzung des prozentualen Anteils = 100 · [(MM gesch.) − (MM^{IST})/(MM^{IST})]
32. PROD	Projektproduktivität = AKDSI/MM^{IST}
33. MO gesch.	Geschätzte Entwicklungszeit in Monaten, errechnet aus MM^{IST} mit Hilfe der Basisterminplan-Gleichung für die Projektentwicklungsart
34. MO IST	Aktuelle Entwicklungszeit für das Projekt in Monaten
35. MO: (S−A)/A	Fehler bei der Schätzung des prozentualen Anteils = 100 · [($MO^{gesch.}$) − (MO^{IST})/(MO^{IST})]
36. DC gesch.	Geschätzte Mann-Monate für das Projekt beim COCOMO-Endmodell anhand der gleichen Merkmalsbewertungen der Kostenfaktoren wie beim COCOMO-Zwischenmodell
37. DC: (S−A)/A	Fehler bei der Schätzung des prozentualen Anteils = 100 · [($DC^{gesch.}$) − (DC^{IST})/(DC^{IST})]
38. MM/Π	Normalisierter Aufwandsparameter (MM^{IST}/Π), in Abbildung 8−4 dargestellt
39. BC. gesch.	Geschätzte Mann-Monate für das Projekt beim COCOMO-Basismodell, berechnet aus den angepaßten KDSI mit der Basisaufwandsgleichung für die entsprechende Projektentwicklungsart (Tabelle 6−1)
40. BC: E/A	Schätzfehler-Verhältnis beim COCOMO-Basismodell = BC gesch./MM^{IST}
41. DOKU TPD	Seitenanzahl der Projektdokumentation in Tausend, ohne Codelisten
42. PD/KDSI	Seiten Projektdokumentation je tausend Source-Befehle = 1000 (DOKU TPD)/TOTAL KDSI

Die Datenwerte in den Abbildungen 29−2, 29−4 und 29−6 sind auch nach Entwicklungsart codiert. Für keine der Entwicklungsarten sind bei den Schätzungen des COCOMO-Zwischen- und COCOMO-Endmodells bedeutsame Tendenzen ersichtlich, jedoch kann eine Tendenz zur Unterschätzung der Projekte mit eingebetteter Entwicklung bei den Schätzungen des COCOMO-Basismodells festgestellt werden.

Was unser Kriterium der Fähigkeit zur Schätzung der tatsächlichen Projektdaten mit Abweichungen von bis zu 20% angeht, so erreicht das COCOMO-Zwischenmodell dieses Ziel in nur 25% der Fälle, das COCOMO-Zwischenmodell in 68% und das COCOMO-Endmodell in 70% der Fälle.

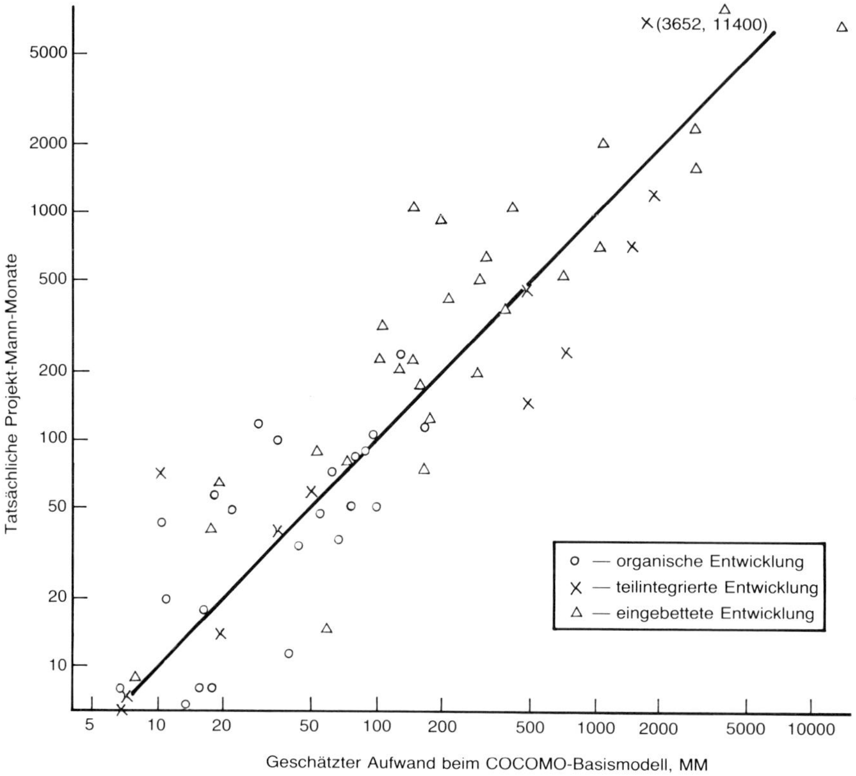

Abb. 29–1: COCOMO-Basismodell-Aufwandsschätzungen in Relation zu den tatsächlichen Werten

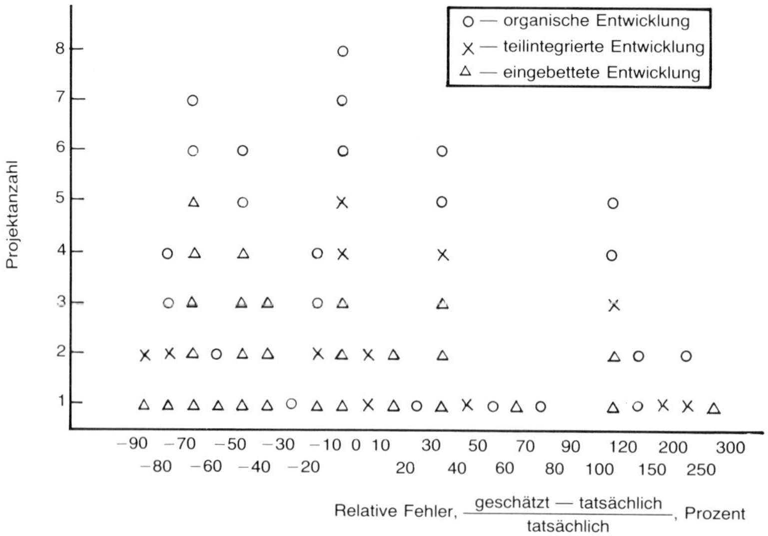

Abb. 29–2: Relative Fehlerverteilung, Aufwandsschätzungen des COCOMO-Basismodells

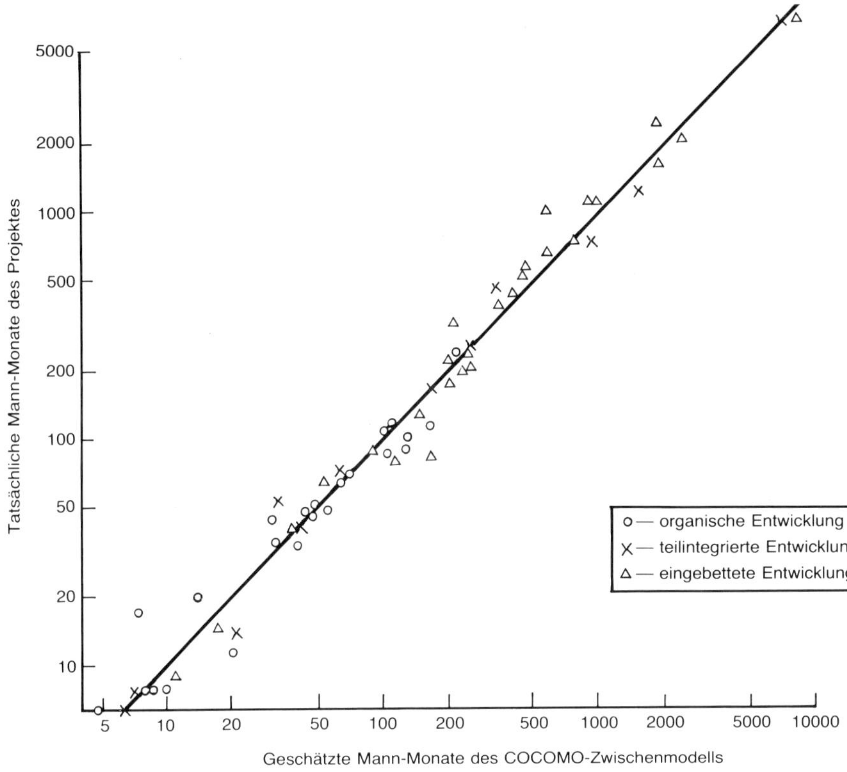

Abb. 29–3: Schätzungen des COCOMO-Zwischenmodells in Relation zu den tatsächlichen Werten

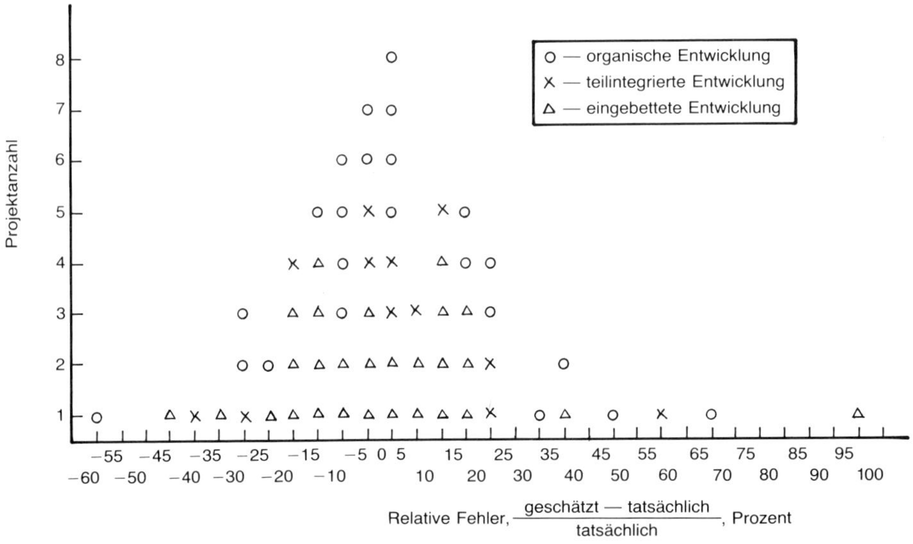

Abb. 29–4: Relative Fehlerverteilung, Aufwandsschätzungen des COCOMO-Zwischenmodells

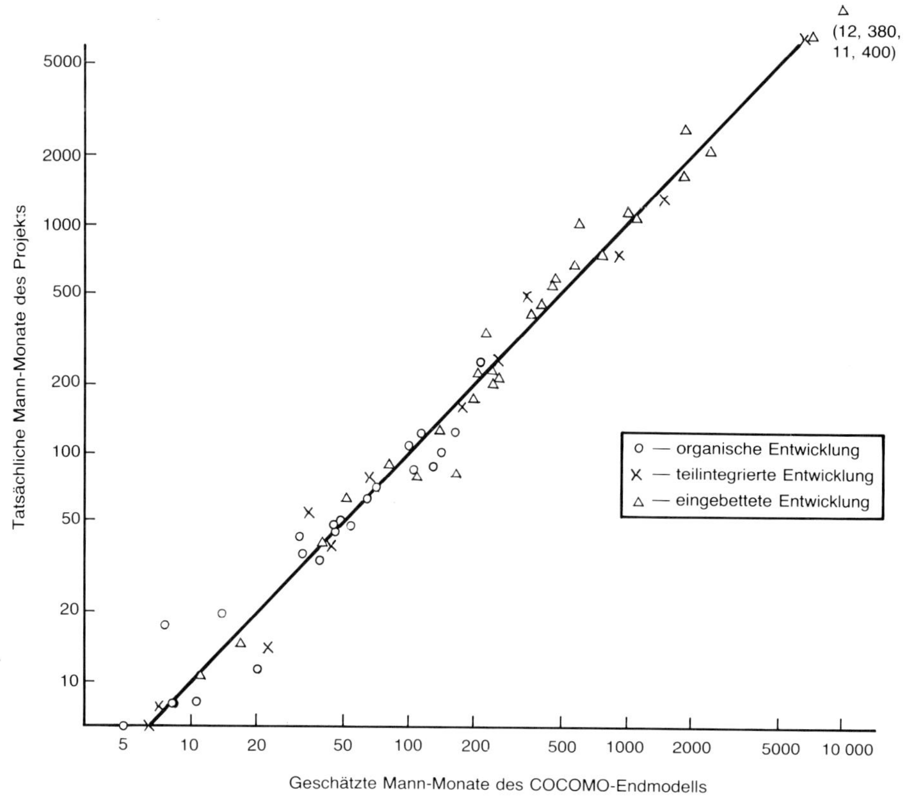

Abb. 29–5: Schätzungen des COCOMO-Endmodells in Relation zu den tatsächlichen Werten

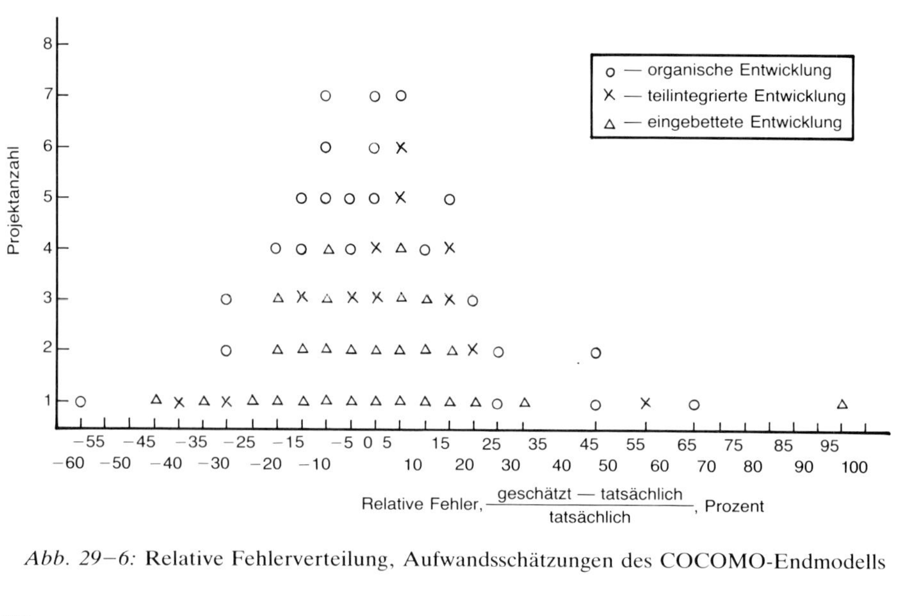

Abb. 29–6: Relative Fehlerverteilung, Aufwandsschätzungen des COCOMO-Endmodells

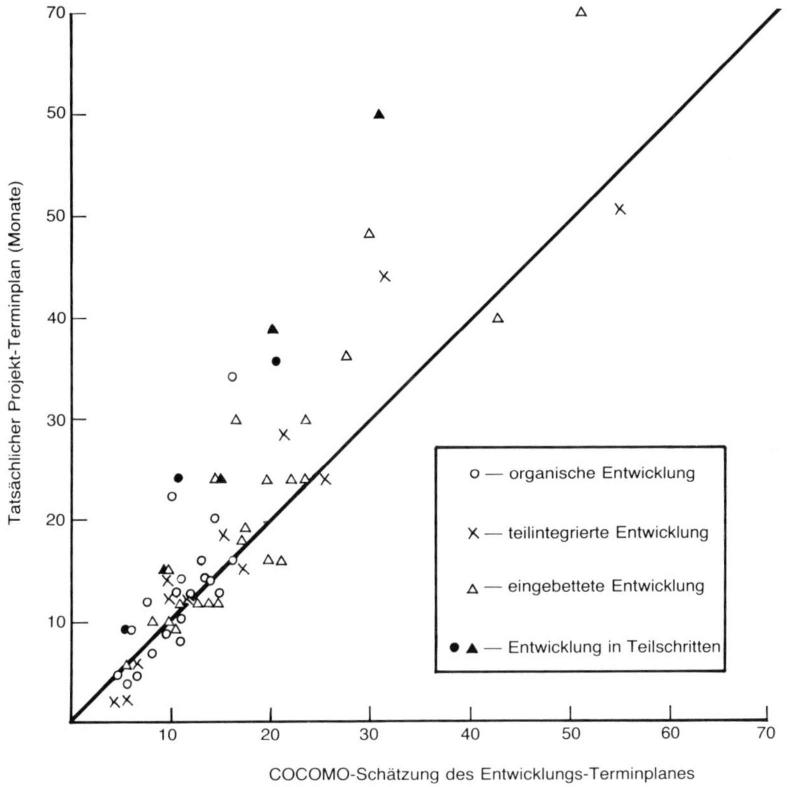

Abb. 29–7: COCOMO-Schätzung des Entwicklungs-Terminplanes in Relation zu den tatsächlichen Werten

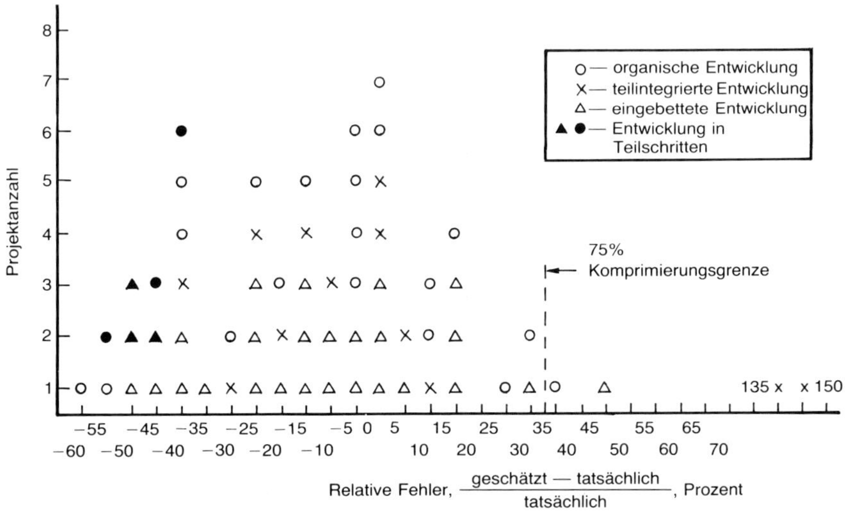

Abb. 29–8: Relative Fehlerverteilung, COCOMO-Terminplan-Schätzungen

29.4 COCOMO-Schätzungen im Vergleich zu den tatsächlichen Werten: Terminplan für die Entwicklung

Abbildung 29–7 zeigt die COCOMO-Schätzungen des Terminplanes für die Entwicklung in Relation zu den tatsächlichen Werten der Projekte in der COCOMO-Datenbank (abgeleitet aus Abbildung 6–6). Die Abbildung zeigt, daß die COCOMO-Schätzungen für traditionelle, einstufige Software-Entwicklungen relativ genau sind, jedoch beträchtlich unter den tatsächlichen Werten von mehrstufigen Entwicklungsprojekten liegen.

Diese Ergebnisse sind noch besser aus dem Histogramm zum prozentualen Anteil relativer Fehler in Abbildung 29–8 ersichtlich. Die hauptsächlichen Schlußfolgerungen, die aus dieser Verteilung gezogen werden können, sind:

1. Die Terminplan-Gleichungen unterschätzen ganz eindeutig die Zeit, die für ein Projekt mit schrittweiser Entwicklung erforderlich ist.
2. Die Schätzungen sind relativ genau für eine Entwicklung, die nicht in Teilschritten erfolgt (sie weichen in 58% der Fälle um höchstens 20% von den tatsächlichen Werten ab).
3. Obwohl eine Reihe von Projekten im Rahmen eines Terminplanes beendet wurden, der lockerer als der durchschnittlich geschätzte Terminplan war, ist es nur bei 4 der 64 Projekte möglich gewesen, die Terminpläne unter die 75% der in Abschnitt 27.3 besprochenen Komprimierungsgrenze zu bringen.

Das beste Konzept zur Terminplanschätzung eines Projektes mit einer Entwicklung in Teilschritten ist heute immer noch folgendes:

1. Schätzen Sie den ganzen Terminplan sowie die Phasenverteilung des Terminplanes für das gesamte Projekt. Verwenden Sie den geschätzten Terminplanabschnitt, der erforderlich ist, um die Produkt-Designphase abzuschließen, als den Ausgangsteil der Terminplan-Schätzung.

2. Schätzen Sie für jede Stufe den gesamten Terminplan und die Phasenverteilung des Terminplanes als eine Funktion des Umfanges der Stufe. Addieren Sie die Dauer der Programmierphase — nur nicht für die Schlußstufe — zur geschätzten Projektdauer. Für die letzte Stufe addieren Sie die Dauer der Programmierphase und die der Integrations- und Testphasen für diese Stufe, um so den Terminplan für das gesamte Projekt zu bestimmen.

Die fettgedruckten Linien in Abbildung 29–9 zeigen die hiermit erfaßten Teile des Projektterminplanes.

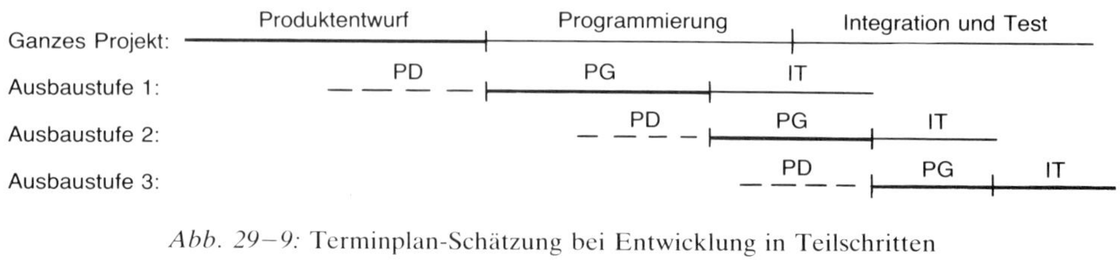

Abb. 29–9: Terminplan-Schätzung bei Entwicklung in Teilschritten

29.5 COCOMO-Schätzungen im Vergleich zu den tatsächlichen Werten: Phasenverteilung

Der Umfang an Projektdaten, die verfügbar sind, um die Bewertung von COCOMO-Schätzbeziehungen für die Phasenverteilung des Aufwands zu unterstützen, ist sehr viel geringer als der, der für die Bewertung der gesamten Projektschätzungen verfügbar ist. Nur fünf Kombinationen aus Projektgröße und Entwicklungsart haben wenigstens zwei Projekte, für die Phasenverteilungsdaten vorhanden sind. Diese sind in Tabelle 29–3 zusammengefaßt, die für jedes Projekt die nachstehenden Informationen ausweist:

- seine Entwicklungsart und Größenkategorie,
- seine Projektnummer in der COCOMO-Datenbank,
- für jede der Hauptentwicklungsphasen den prozentualen Aufwand, wie er vom COCOMO-Zwischenmodell und dem COCOMO-Endmodell geschätzt wurde, sowie den entsprechenden tatsächlichen für das Projekt erforderlichen Aufwand in Prozent.

Tab. 29–3: COCOMO-Schätzungen in Relation zu den tatsächlichen Werten: Phasenverteilung

		Produktentwurf			Feinkonzeption			Codierung und Modultest			Integration und Test		
Entwicklungsart und Umfang	Projektnummer	Schätzung COCOMO-Zwischenmodell	Schätzung COCOMO-Endmodell	Ist	Schätzung COCOMO-Zwischenmodell	Schätzung COCOMO-Endmodell	Ist	Schätzung COCOMO-Zwischenmodell	Schätzung COCOMO-Endmodell	Ist	Schätzung COCOMO-Zwischenmodell	Schätzung COCOMO-Endmodell	Ist
eingebettet, sehr groß	18	18	8	5	25.5	14	15	25	20	25	32.5	58	55
	19	18	17	15	24	26	25	24	19	20	34	38	40
	21	18	23	18	25.5	28	23	25	18	22	32.5	31	37
eingebettet, mittlere Größe	8	18	6	8	26	15	25	29	27	17	27	52	50
	9	18	16	18	26	21	20	28	29	26	28	34	38
	50	18	18	15	26	24	20	29	21	30	27	37	35
teilintegriert, klein	29	17	23	19	27	29	29	37	34	33	19	14	19
	30	17	23	23	27	29	28	37	35	31	19	13	18
organisch, mittlere Größe	59	16	21	15	24	27	30	39	32	25	21	20	25
	61	16	25	24	24	30	34	38	30	24	22	15	18
organisch, klein	39	16	19	25	25	25	30	41	41	30	18	15	15
	40	16	13	10	26	29	24	42	39	42	16	19	24

Eine graphisch bessere Darstellung der Ergebnisse aus Tabelle 29–3 finden Sie in Abbildung 29–10, die für jedes Projekt und für jede Phase die folgenden Angaben macht:

⊙ = den tatsächlichen Aufwand in der Phase in Prozent

□ = die COCOMO-Zwischenmodell-Schätzung

× = die COCOMO-Endmodell-Schätzung.

Nachstehende hauptsächliche Eigenschaften sind aus Abbildung 29–10 ersichtlich:

1. Die gesamten Abweichungen in Prozent pro Phase nach Umfang und Entwicklungsart (zum Beispiel: der Trend in Prozent in der Integrations- und Testphase) sind grundsätzlich dieselben für die Schätzungen des COCOMO-Endmodells wie für die tatsächlichen Werte des Projektes.

2. Die Abweichungen in Prozent pro Phase, die von Kostenfaktormerkmalen verursacht werden, die vom Durchschnitt abweichen, werden relativ gut vom COCOMO-Endmodell erfaßt. (Siehe dazu Abbildung 29–10: Wenn die Schätzung des COCOMO-Zwischenmodells stark von den tatsächlichen Werten abweicht, ist die Schätzung des COCOMO-Endmodells (x) normalerweise viel genauer.)

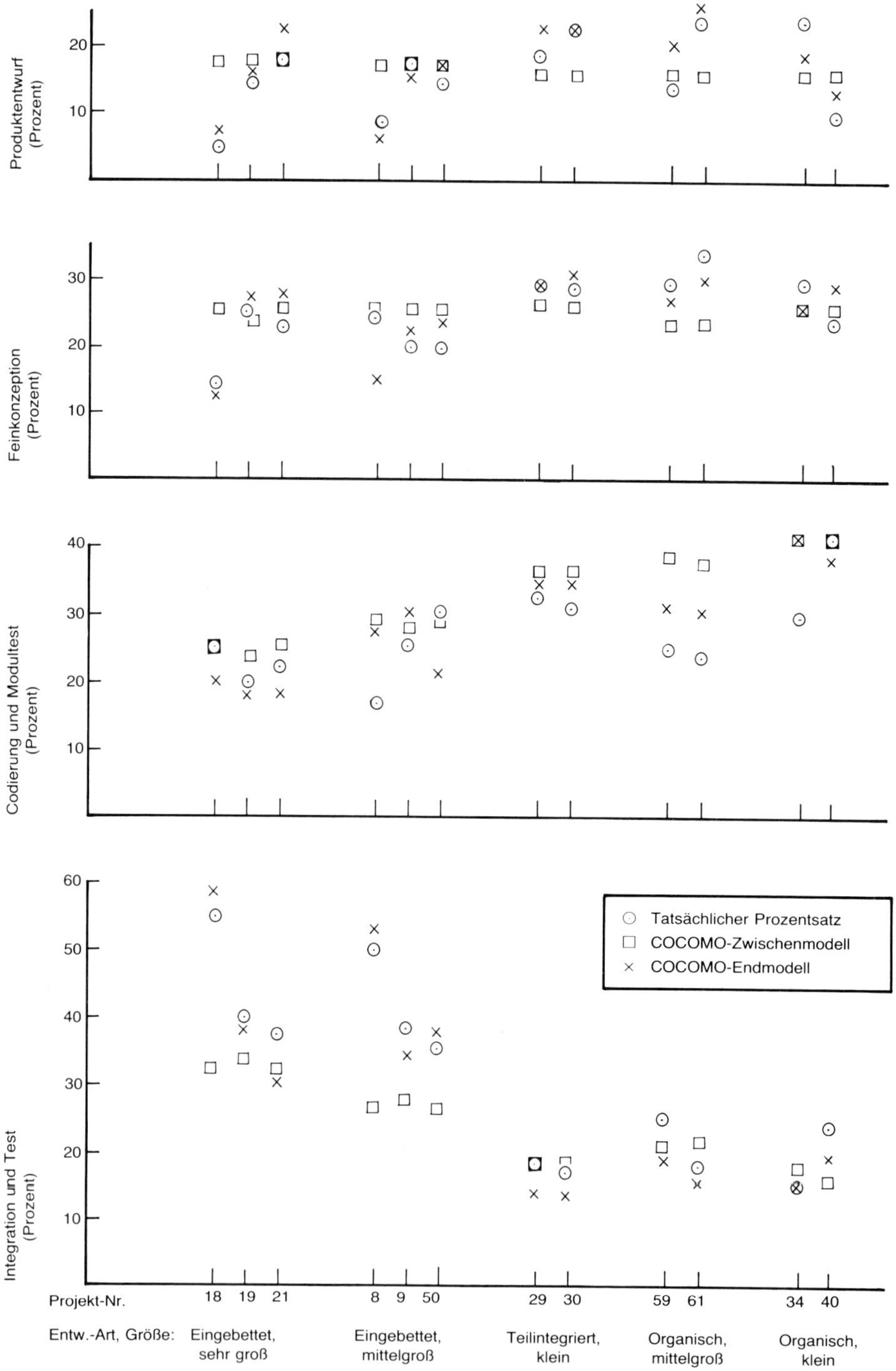

Abb. 29–10: COCOMO-Schätzungen in Relation zu den tatsächlichen Werten: Phasenverteilung

3. Bei einigen Projekten gibt es noch immer beträchtliche Unterschiede zwischen den Schätzungen und den tatsächlichen Werten. Dies ist zeitweise auf Definitionsprobleme zurückzuführen, die sehr schwer zu lösen sind (zum Beispiel die genauen Abgrenzungen zwischen den Phasen, insbesondere zwischen den Phasen Feinkonzeption und Codierung und Modultest). In wenigstens einem Fall (der ständigen Unterschätzung des Aufwandes für Integration und Systemtest bei kleinen Projekten mit organischer Entwicklung durch das COCOMO-Endmodell) könnte das Modell verbessert werden; eine entsprechende Untersuchung ergab, daß es aufgrund des Dokumentationsaufwandes für diese Projekte während der Integrations- und Systemtestphase zu einem höheren Gesamtaufwand für diese Phasen kommt, als von COCOMO geschätzt wird.

Eine weitere Übersicht über die COCOMO-Phasenverteilungen finden Sie in Tabelle 29–4, einer Zusammenstellung aus anderen Quellen stammender Daten zur Phasenverteilung in Relation zu den COCOMO-Schätzungen und den tatsächlichen Werten. Auch hier liegen die Werte dicht beieinander; von Übereinstimmung kann jedoch keine Rede sein.

Tab. 29–4: Verteilung des Aufwandes nach Phasen, verschiedene Projekte

Art und Größe	Projekt	Quellennachweis	Pläne und Anforderungen	Produktentwurf	Feinkonzeption	Codierung und Modultest	Integration und Test
Eingebettet, sehr groß	SAGE	[Boehm, 1970]		39		14	47
	NTDS	[Boehm, 1970]		30		20	50
	OS/360	[Brooks, 1975]		33		17	50
		[Stephenson, 1976]		25		21	54
	ALCM	[Bloodworth und andere, 1979]		45		15	40
	3 Projekte	COCOMO-Datenbank		13	21	22	44
Eingebettet, mittelgroß	A	[Wolverton, 1974]	12	18	16	20	34
	GTE	[Daly, 1977]	28		43		29
	3 Projekte	COCOMO-Datenbank		14	22	24	41
Organisch, mittelgroß	Informatics	[Wolverton, 1974]		43		19	38
	Raytheon	[Wolverton, 1974]		44		28	28
	TRW	[Wolverton, 1974]		44		26	30
	PARMIS-Datenbank	[Gehring, 1976]	7	38		37	18
	NASA-Goddard	[McGarry, 1979]		21		50	29
	2 Projekte	COCOMO-Datenbank		20	32	24	22
Organisch, klein	PARMIS-Datenbank	[Gehring, 1976]	12	34		34	20
	2 Projekte	COCOMO-Datenbank		17	27	36	20

29.6 COCOMO-Schätzungen im Vergleich zu den tatsächlichen Werten: Verteilung der Aktivitäten

Wenn das Problem der Beurteilung von Kostenschätzungs-Beziehungen für die Phasenverteilung durch den Mangel an verläßlichen Daten und Definitionsproblemen erschwert wird, so gilt das um so mehr für das entsprechende Problem der Schätzungen von Aktivitäts-Verteilungen. Lediglich zwei Kombinationen von Projektgröße und Entwicklungsart haben wenigstens zwei Projekte, für die verhältnismäßig verläßliche Daten über die Aktivitätenverteilung vorhanden sind. Eine Zusammenfassung finden

Sie in Tabelle 29–5, in der die Schätzungen der Aktivitätenverteilung (aus Tabelle 7–1) mit den tatsächlichen Projektwerten (der Projekte 19 und 21 in der COCOMO-Datenbank) bei sehr großen Projekten mit eingebetteter Entwicklung verglichen werden; weiter in Tabelle 29–6, die einen ähnlichen Vergleich für die kleinen Projekte 29 und 30 der COCOMO-Datenbank mit teilintegrierter Entwicklung bringt, und zwar in Relation zu den Schätzungen in Tabelle 7–2.

Tab. 29–5: Schätzungen der Verteilung der Aktivitäten in Relation zu den tatsächlichen Werten: sehr große Projekte mit eingebetteter Entwicklung

Phasen	Pläne und Anforderungen			Produktentwurf			Programmierung			Integration und Test		
Schätzung/Projektanzahl	Schätzung	19	21	Schätzung	19	21	Schätzung	19	21	Schätzung	19	21
Prozentsatz der Gesamtphasen				20	15	18	45	45	45	35	40	37
Prozent pro Aktivität												
Anforderungsanalyse				10	16	12	3	3	7	2	2	4
Produktentwurf				42	33	43	6	7	12	4	3	7
Programmierung				14	12	10	55	42	35	48	40	35
Testplanung				8	8	5	8	11	8	5	8	4
Qualitätskontrolle				10	13	10	12	15	14	20	25	23
Projektbüro				7	6	11	5	7	9	6	5	10
CM/QA				2	3	3	6	7	5	8	9	7
Handbücher				7	9	6	5	8	10	7	8	10

Tab. 29–6: Schätzungen der Verteilung der Aktivitäten in Relation zu den tatsächlichen Werten: kleine Projekte mit teilintegrierter Entwicklung

Phasen	Pläne und Anforderungen			Produktentwurf			Programmierung			Integration und Test		
Schätzung/Projektanzahl	Schätzung	29	30	Schätzung	P29	P30	Schätzung	29	30	Schätzung	29	30
Prozentsatz der Gesamtphasen				23	19	23	63	62	59	14	19	18
Prozent pro Aktivität												
Anforderungsanalyse	48	40	50	12.5	22	10	4	5	8	2.5	3	1
Produktentwurf	16	26	13	41	35	46	8	16	12	5	6	3
Programmierung	2.5	1	0	12	10	4	51.5	48	46	33	24	36
Testplanung	2.5	2	4	4.5	2	2	4	2	3	2.5	0	0
Qualitätskontrolle	6	7	3	6	9	10	7	10	8	32	35	32
Projektbüro	15.5	13	17	13	11	14	7.5	7	9	8.5	10	10
CM/QA	3.5	2	3	3	0	1	7	2	3	8.5	3	3
Handbücher	6	8	10	8	11	13	9	11	8	8	19	15

Die hauptsächlichen Schlüsse, die sich aus den Tabellen 29–5 und 29–6 ziehen lassen, sind denen bei der Phasenverteilung ähnlich, nämlich:

1. Die Abweichungen in Größe und Entwicklungsart bei der Aktivitätenverteilung (in der Integrations- und Systemtestphase zum Beispiel) sind für die COCOMO-Schätzungen wie auch für die tatsächlichen Projektwerte sehr ähnlich.

2. Zwischen den Schätzungen und den tatsächlichen Werten bestehen beträchtliche Unterschiede. Einige davon sind wiederum auf Definitionsprobleme oder Projekteigenarten zurückzuführen; eine Reihe von ihnen aber auch auf die Tatsache, daß die

Schätzungen der Aktivitäten-Verteilung nicht in Abhängigkeit von Projektart oder Kostenfaktor-Merkmal korrigiert werden. Der hohe prozentuale Anteil für die Anforderungsanalyse und die Benutzer-Handbücher geht teilweise darauf zurück, daß alle vier Projekte interaktive Anwendungen sind; der niedrig-prozentuale Anteil für das Programmieren bei den Projekten 19 und 21 ist teilweise auf die Verwendung der interaktiven Programmierung zurückzuführen, und der höhere Anteil für Qualitätskontrolle bei Projekt 19 geht auf seine hohen Zuverlässigkeits-Anforderungen zurück.

Schlußfolgerung 2 scheint dafür zu sprechen, die Verteilungen der Projektaktivitäten auch in Abhängigkeit von den Kostenfaktormerkmalen zu modifizieren; eine solche Analyse ist zum derzeitigen Zeitpunkt aufgrund des augenblicklichen Kenntnisstandes und der verfügbaren zuverlässigen Daten nicht möglich.

Weitere Beispiele und Hinweise finden Sie bei (Wolverton, 1974; Gehring, 1976 und Jones, 1977). Die COCOMO-Schätzungen stimmen in hohem Maße mit den Ergebnissen dieser Autoren überein, nicht jedoch mit den Aktivitäten-Verteilung bei (Griffin, 1980), die einen extrem niedrigen Aufwand bei den Entwurf-Aktivtäten und einen sehr hohen Aufwand bei den Test-Aktivitäten angeben.

29.7 Andere Modelle der Software-Kostenschätzung

In Abschnitt 29.8 wird das COCOMO-Modell unter dem Gesichtspunkt unserer Kriterien für die Qualität eines Software-Kostenschätzungsmodells bewertet — und zwar nach dem aktuellen Stand der Softwäre-Kostenschätzung. Nützlich hierfür ist eine Zusammenstellung der anderen Software-Kostenschätzungsmodelle, die es in der Praxis gibt oder die Sie in der Literatur finden.

Die Modelle, über die wir in diesem Abschnitt einen Überblick bringen, sind folgende:

- Das SDC Modell von 1965 (Nelson, 1966)
- Das TRW Wolverton Modell (Wolverton, 1974)
- Das Putnam SLIM Modell (Putnam, 1978; Putnam-Fitzsimmons, 1979)
- Das Doty Modell (Herd und andere, 1977)
- Das RCA PRICE S Modell (Freiman-Park, 1979)
- Das IBM-FSD Modell (Walston-Felix, 1977)
- Das Boeing Modell von 1977 (Black und andere, 1977)
- Das GRC Modell von 1979 (Carrière-Thibodeau, 1979)
- Das Bailey-Basili Meta-Modell (Bailey-Basili, 1981).

Eine Gesamtübersicht über diese Modelle und über das COCOMO-Modell finden Sie in Tabelle 29–7 mit Angaben, welche Größe, welches Programm, welcher Computer, welches Personal und welche Projektmerkmale von dem jeweiligen Modell zur Bestimmung der Software-Kosten verwendet werden.

Das SDC Modell von 1965 (Nelson, 1966)

Dieses Modell fußt auf der umfassenden Analyse von 104 Merkmalen aus 169 Software-Projekten, die von der System Development Corporation (SDC) in der Mitte der 60er Jahre untersucht wurden. Das bestmögliche lineare Schätzungsmodell für diese Auswahl wurde mittels statistischer Methoden erstellt. Es handelt sich um

MM = − 33,63
+ 9,15 (Fehlen der Anforderungen) (0−2)
+ 10,73 (Entwurfsstabilität) (0−3)
+ 0,51 (mathematische Befehle in %)
+ 0,46 (Speicher/Abfragebefehle in %)
+ 0,40 (Zahl der Unterprogramme)
+ 7,28 (Programmiersprache) (0−1)
− 21,45 (kommerzielle Anwendung) (0−1)
+ 13,53 (Stand-Alone-Programm) (0−1)
+ 12,35 (erstes Programm auf dem Computer) (0−1)
+ 58,82 (gleichzeitige Hardware-Entwicklung) (0−1)
+ 30,61 (verwendete Einheit mit wahlfreiem Zugriff) (0−1)
+ 29,55 (anderer Host, andere Ziel-Hardware) (0−1)
+ 0,54 (Zahl der erforderlichen Geschäftsreisen)
− 25,20 (entwickelt von einer militärischen Organisation) (0−1)

Die in Klammern stehenden Zahlen beziehen sich auf die Bewertung, die bei der Schätzung erfolgt.

Tab. 29−7: Die in den verschiedenen Kostenmodellen verwendeten Faktoren

Gruppe	Faktor	SDC 1965	TRW 1972	Putnam, SLIM	Doty	RCA PRICE S	IBM	BOEING, 1977	GRC, 1979	COCOMO
Größen-Merkmale	Source-Befehle			×	×		×	×		×
	Objekt-Befehle	×	×		×	×				
	Anzahl Routinen	×				×				
	Anzahl Datenwerte						×			×
	Anzahl Output-Formate								×	
	Dokumentation				×		×			
	Personalstärke						×	×		
Programm-Merkmale	Art	×	×	×	×	×	×	×		
	Komplexität		×			×	×			×
	Programmiersprache	×		×				×	×	
	Mehrfach aufrufbar			×		×		×	×	×
	Erforderliche Zuverlässigkeit					×				×
Computer-Merkmale	Zeitbegrenzung		×	×	×	×	×	×	×	×
	Speicherbegrenzung			×	×	×	×		×	×
	Hardware-Konfiguration	×				×				
	Gleichzeitige Hardware-Entwicklung	×			×	×	×			×
Personal-Merkmale	Personal-Qualifikation					×	×			×
	Personalkontinuität						×			
	Erfahrung mit Hardware	×		×	×	×	×		×	×
	Anwendungs-Erfahrung		×	×		×	×	×	×	×
	Erfahrung mit der Programmiersprache			×		×	×		×	×
Projekt-Merkmale	Tools und Techniken			×		×	×	×		×
	Anwender-Schnittstelle	×					×			
	Definition d. Anforderungen	×			×		×			
	Änderungsanfälligkeit der Anforderungen	×			×	×	×		×	×
	Terminplan			×		×				×
	Sicherheit						×			
	Computer-Zugriff			×	×		×	×		×
	Reisen/Rekosting	×			×	×				

Als dieses Modell auf die 169 Projekte seiner Datenbank angewandt wurde, ergab sich eine durchschnittliche Schätzung von 40 MM und eine Standard-Abweichung von 62 MM; es liefert also keine sehr genauen Vorhersagen. Weiterhin ist zu sagen, daß die Anwendung des Modells nicht sehr anschaulich ist: Ein Projekt mit Bewertungen, die alle gleich null sind, würde auf minus 33 MM geschätzt; der Wechsel von einer höheren Programmiersprache zur Assembler-Sprache bringt — unabhängig von der Programmgröße — weitere 7 MM. Das entscheidendste Ergebnis der SDC-Studie war, daß es zu viele nicht lineare Aspekte der Software-Entwicklung gibt, als daß ein lineares Kostenschätzungsmodell gut funktionieren könnte.

Trotzdem liefert die SDC-Studie Informationen und Kenntnisse, die für die Kostenschätzung und späteren Modelle nützlich sind. Ihre kumulative Produktivitätsverteilung in Abbildung 24–14 war eine wertvolle Hilfe bei der Erstellung und Überprüfung von Kostenschätzungen. Die Faustregeln zur Schätzung verschiedener Phasen und Aktivitäten waren sehr hilfreich, und ihre Daten waren für das Doty-Modell sowie die RADC (Nelson, 1978)-Software-Kosten- und Produktivitätsanalysen eine wichtige Grundlage.

Das TRW Wolverton Modell (Wolverton, 1974)

Das Wesen des TRW Wolverton Modells wird in Abbildung 29–11 dargestellt. Eine Reihe von Graphen zeigt die Software-Kosten pro Objekt-Befehl als Funktion des relativen Schwierigkeitsgrades (0 bis 100), des Innovationsgrades der Anwendung (ob neu oder alt) und des Projekttyps. Soll das Modell sinnvoll eingesetzt werden, muß man die Software in ihre Komponenten unterteilen und deren Kosten individuell schätzen. So würden die Kosten eines Moduls aus 1000 Objektbefehlen eines neuen Data-Management-Software-Produktes mittleren Schwierigkeitsgrades (50%) auf $ 46,— pro Befehl, das heißt also auf $ 46 000,— geschätzt.

Dieses Modell ist gut auf den Typ eines Echtzeit-Führungsprojektes abgestimmt, ist aber für andere Projektarten weniger genau. Es liefert außerdem eine gute Aufschlüsselung des Projektaufwandes nach Phasen und Aktivitäten.

Das Putnam SLIM Modell (Putnam, 1978; Putnam-Fitzsimmons, 1979)

Das Putnam SLIM Modell ist ein kommerzielles Software-Produkt; es fußt auf Putnams Analyse des Software-Lifecycles entsprechend der Rayleigh-Verteilung des Projektpersonaleinsatzes in Relation zur Zeit. Das bei SLIM verwendete Modell der Basisaufwands-Makroschätzung ist

$$S_s = C_k k^{1/3} t_d^{4/3} \qquad (29-1)$$

Hierbei sind

S_s = die Zahl der auszuführenden Source-Befehle
K = Lifecycle-Aufwand in Mann-Jahren
t_d = Entwicklungszeit in Jahren
C_k = eine Technologie-Konstante.

Typische Werte von C_k sind $C_k = 4984$ für den Entwicklungsstandard im Jahre 1973 und $C_k = 10\,040$ für den Entwicklungsstandard im Jahre 1978. Mit dem aktuellen SLIM-Modell kann man C_k an alte Projekte anpassen oder C_k in Abhängigkeit des Einsatzes von modernen Programmiermethoden, der Hardware-Einschränkungen, der Personalerfahrung, der interaktiven Entwicklung oder anderer Faktoren schätzen. Der erfor-

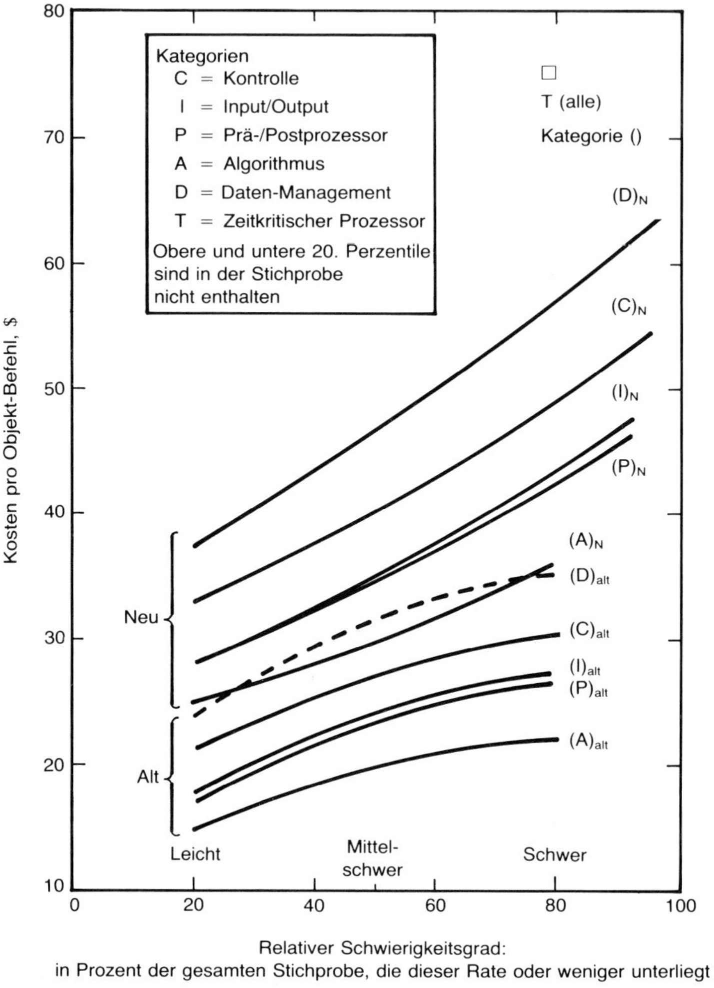

Abb. 29–11: TRW Wolverton-Modell: Kosten pro Objektbefehl in Relation zum relativen Schwierigkeitsgrad

derliche Entwicklungsaufwand (DE) wird auf 40% des Lifecycle-Aufwandes geschätzt, d. h. DE = 0,4 K.

Die Orientierung an der Rayleigh-Kurve bietet den Rahmen für die Untersuchung der Aufwands-Terminplan-Beziehungen, führt jedoch zu ziemlich extremen Ergebnissen — wie dies schon in Abschnitt 27.3 besprochen wurde. Als Methode, den Personalaufwand über eine bestimmte Zeit zu schätzen, ist die Rayleigh-Verteilung für einige Projekte geeignet, für andere aber nicht, insbesondere nicht für diejenigen, bei denen die Entwicklung in mehreren Teilschritten erfolgt: Siehe hierzu die Abschnitte 4.4, 5.6 und 6.5.

Zum SLIM-Modell gehört auch eine Reihe verwandter Schätzungsfunktionen, wie z. B. die Schätzung von Computer-Kosten und die PERT-Technik, die in Abschnitt 21.4 besprochen worden ist.

Das Doty Modell (Herd und andere, 1977)

Dieses Modell ist das Ergebnis einer weitreichenden Daten-Analyse, bei der die meisten der von SCD verwendeten Datenwerte berücksichtigt wurden. Es wurden eine Reihe von Modellen ähnlicher Art für unterschiedliche Anwendungsgebiete entwikkelt. Das Modell für die allgemeine Anwendung — hier als Beispiel — ist:

$$MM = 5{,}288\ (KDSI)^{1{,}047} \text{ für } KDSI \geq 10^{*)}$$

$$MM = 2{,}060\ (KDSI)^{1{,}047}\left(\prod_{j=1}^{14} f_j\right), \text{ für } KDSI < 10 \qquad (29-2)$$

Die Aufwandsmultiplikatoren f_j sind in Tabelle 29–8 dargestellt. Dieses Modell hat Probleme mit der Stabilität. Bei KDSI = 10 liegt ein Sprung vor, und über die f_j-Faktoren kommt es zu stark schwankenden Schätzungen. (Die Antwort Ja auf die Frage „Erste auf der CPU entwickelte Software" erhöht die geschätzten Kosten um 92%.)

Tab. 29–8: Das Doty-Modell für kleine Programme**)

$$MM = 2.060\ I^{1{,}047} \prod_{j=1}^{j=14} f_j$$

Faktor	f_j	Ja	Nein
Spezielle Darstellung	f_1	1,11	1,00
Detaillierte Definition von betrieblichen Anforderungen	f_2	1,00	1,11
Abänderungen der betrieblichen Anforderungen	f_3	1,05	1,00
Real-Time-Betrieb	f_4	1,33	1,00
CPU-Speichereinschränkung	f_5	1,43	1,00
CPU-Zeitbegrenzung	f_6	1,33	1,00
Erste auf der CPU entwickelte Software	f_7	1,92	1,00
Gleichzeitige Entwicklung von ADP-Hardware	f_8	1,82	1,00
Timesharing im Vergleich zur Batch-Verarbeitung, in Entwicklung	f_9	0,83	1,00
Entwickler nutzt einen Computer an einem anderen Ort	f_{10}	1,43	1,00
Entwicklung am Standort des Systems	f_{11}	1,39	1,00
Ein vom Zielcomputer verschiedener Computer	f_{12}	1,25	1,00
Entwicklung an mehreren Standorten	f_{13}	1,25	1,00
Computer-Zugriff des Programmierers	f_{14}	begrenzt	1,00
		unbegrenzt	0,90

Das RCA PRICE S Modell (Freiman-Park, 1979)

PRICE S ist ein kommerzielles Makro-Kostenschätzungsmodell, das vor allem für Raumfahrt-Anwendungen entwickelt wurde. Im Laufe der Zeit wurde es ständig verbessert; frühere Versionen mit einer breiten Palette von subjektiven Komplexitätsfaktoren sind durch Versionen ersetzt worden, in denen sich der Komplexitätsgrad aufgrund einer Reihe von Computer-, Personal- und Projektmerkmalen ergibt.

---

*) KDSI = Kilo Delivered Source Instructions (auszuführende Sourcebefehle in Tausend).

**) Weniger als 10 000 Sourcebefehle.

PRICE S verwendet viele Kostenschätzungs-Gleichungen ähnlich denen von COCOMO, wie z. B. die Funktion der Hardware-Einschränkung, wie sie in Abbildung 29–12 (Wolverton, 1980) dargestellt ist. Die Abbildung 29–13, die ebenfalls aus der (Wolverton, 1980)-Diskussion des PRICE S Modells stammt, zeigt den Umfang der Kostenschwankungen bei PRICE S als eine Funktion der Komplexität und eines Projekttyp-Parameters, dessen typische Werte die nachfolgenden sind:

Projekttyp = 1,0 Boden-System-Software
1,2 Boden-System-Software nach MIL-Spezifikation
1,4 militärischer Nachschub
1,6 kommerzielle Avionik
1,8 Avionik nach MIL-Spezifikation
2,0 unbemannte Raumfahrt
2,5 bemannte Raumfahrt

Außerdem bietet PRICE S eine Vielfalt brauchbarer Ergebnisse zu groben Phasen- und Aktivitäts-Verteilungen, Sensitivitäts-Analysen, sowie monatliche Voraussagen über den zu erwartenden Verlauf des Kostenplanes.

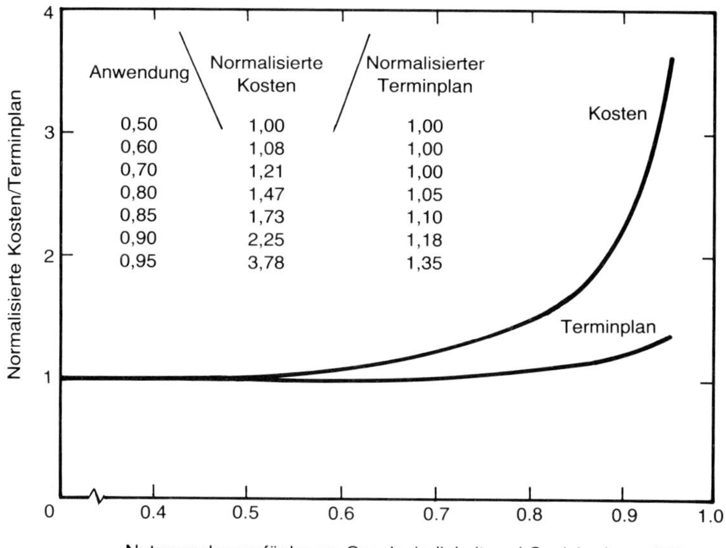

Abb. 29–12: RCA/PRICE S Modell: Auswirkung von Hardware-Einschränkungen

Das IBM-FSD Modell (Walston-Felix, 1977)

In der Literatur wurden lediglich Teile des IBM-FSD Modells beschrieben. Das Modell fußt auf der umfangreichen, gut definierten Datenbank der IBM-FSD-Projekte, die in Abschnitt 25–1 beschrieben wurde. Eine Version des Modells beinhaltet die Berechnung eines Produktivitäts-Index auf der Grundlage der 29 Kostenfaktor-Merkmale in Tabelle 25–6.

$$I = \sum_{i=1}^{29} W_i X_i$$

Der Gewichtungsfaktor W_i ist wie folgt definiert:

$$W_i = 0{,}5 \log_{10}(PC)_i$$

wobei $(PC)_i$ die Produktivitätsveränderung (productivity change) zwischen einer niedrigen und einer hohen Bewertung für das i-te Kostenfaktor-Merkmal in Tabelle 25–6 ist (Beispiel: $(PC)_i = 376$ DSI/MM für das erste Merkmal, Benutzerschnittstellen-Komplexität). Der Wert X_i ist entweder $-1{,}0$ oder $+1$, je nachdem, ob das Projekt in bezug auf das Kostenfaktor-Merkmal niedrig, durchschnittlich oder hoch bewertet wird.

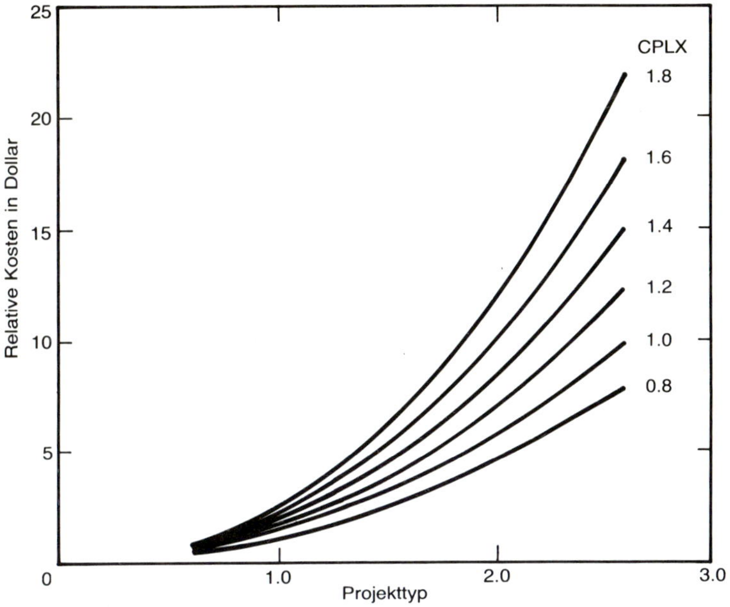

Abb. 29–13: RCA PRICE S Modell: Auswirkung von Projekttyp und Komplexität

Wie in Abschnitt 25.1 besprochen, liegt die hauptsächliche Schwierigkeit bei diesem Modell zum einen darin, zu klären, inwieweit die i-te Produktivitätsveränderung auf die Auswirkungen anderer korrelierender Faktoren zurückzuführen ist, und zum anderen in der Mehrfachzählung, indem der Gebrauch moderner Programmiermethoden in Form von vier Faktoren Berücksichtigung findet. Die Information über Kostenfaktor-Merkmale und entsprechende Ergebnisse (Walston-Felix, 1977) zur Schätzung des Terminplans, der Computer-Kosten und der Dokumentation waren jedoch von großem Wert.

Das Boeing Modell von 1977 (Black und andere, 1977)

Das Boeing Modell von 1977 ist COCOMO auf verschiedene Weise ähnlich. Mit seiner Hilfe wird eine durchschnittliche Mann-Monate-Schätzung als Funktion der Anzahl der auszuführenden Sourcebefehle erstellt, wobei die folgenden grundlegenden Produktivitätsverhältnisse zugrunde gelegt werden:

- Mathematisch 6 Mann-Monate/1000 Statements
- Report 8 Mann-Monate/1000 Statements
- Logik 12 Mann-Monate/1000 Statements
- Signal 20 Mann-Monate/1000 Statements
- Echtzeit 40 Mann-Monate/1000 Statements

Danach werden die durchschnittlichen Mann-Monate-Schätzungen nach Phasen wie folgt aufgegliedert:

Aufgabe	Prozent der Gesamtkosten
● Definition der Anforderungen	5
● Design und Spezifikation	25
● Codierungs-Vorbereitung	10
● Codierung und Überprüfung der Codierung	25
● Integration und Test	25
● Systemtest	10

Als nächstes werden die Aufwandsmultiplikatoren, die in Tabelle 29–9 dargestellt sind, auf die durchschnittlichen Aufwandsschätzungen für jede Phase angewandt, um für jede Phase eine korrigierte Aufwandsschätzung zu erhalten. Diese werden dann zur Gesamt-Aufwandsschätzung zusammengefaßt.

Ziemlich überraschend wurde dieses Kostenmodell in einem Bericht erwähnt (Black und andere, 1977), der seine geringe Qualität beweisen wollte (der Bericht versuchte, die Vorteile der Anwendung moderner Programmiermethoden quantitativ zu bestim-

Tab. 29–9: Korrekturfaktoren bei der Schätzung des Arbeitsaufwandes: Boeing-Modell (1977)

	Definition der Anforderungen	Entwurf und Spezifikation	Codierung	Codierungsprüfung	Integration und Test	Systemtest
1. Implementierung bereits bestehender Software	0,2	0,2	0,8		0,8	
2. Anschlußvertrag mit dem augenblicklichen Kunden	0,7					0,9
3. Anzahl der Programmierer: 1–2	0,2	0,5	0,8		0,2	
(interpolieren Sie zwischen den 6–10	1,0	1,0	1,0		1,0	1,0
Werten, soweit erforderlich) mehr als 20	6,0	3,3	1,2		3,0	3,0
4. Höhere Programmiersprache (abgestimmter Compiler)		0,3	0,3	0,2		
5. Makro-Sprachen						
Codierung		0,9	0,9	0,9		
Dokumentation		0,8			0,8	
6. On-Line-Codierung/Dateneingabe			0,9	0,9		
7. On-Line-Debugging				0,6		
8. Schlechte (oder keine) Debugging-Tools, außer Dumps				1,4	1,4	
9. Programmiererfahrung						
Engineering/ Einstiegsstufe	2,0	3,0	1,5			1,5
technische Durchschnittlich	1,0	1,0	1,0			1,0
Anwendungen Große	0,6	0,5	0,8			0,7

Bemerkung: Bei Tabellenpositionen, die keinen Eintrag haben, gehen wir von einem Multiplikator von 1,0 aus.

men). Er überschätzte die Kosten einiger Boeing-Projekte um den Faktor fünf bzw. sechs; die Überschätzung mag teilweise auf den Gebrauch von modernen Programmiermethoden zurückzuführen sein, aber zum Teil waren auch die sehr hohen Aufwandsmultiplikatoren für Projekte mit mehreren Programmierern und der Mangel an Multiplikatoren für höhere Sprachen, mit denen die Kosten für die Testphase reduziert werden sollten, dafür verantwortlich. Es wurde früher einmal von einem Leitfaden der amerikanischen Regierung empfohlen; seit einiger Zeit wird es jedoch nicht mehr verwendet.

Das GRC Modell von 1979 (Carrière-Thibodeau, 1979)

Dieses Modell verfügt über eine große Zahl verschiedener Schätzbeziehungen, die schwierig zusammenzufassen sind. Es hat eine Reihe guter Merkmale, u. a. eine genaue Definition der geschätzten Größen und eine Gruppe von Gleichungen zur Schätzung von Größen wie Ausbildungs- und Installationskosten sowie Arbeitsbefähigung des Personals. Zu den Nachteilen gehören der Einsatz von „Anzahl der Ausgabe-Formate" als grundlegenden Größenparameter und einige offensichtliche Fehler bei den 0,0-Werten in den Tabellen der Aufwandsmultiplikatoren.

Das Bailey-Basili Meta-Modell (Bailey-Basili, 1981)

Das Bailey-Basili Meta-Modell impliziert einen strengen statistischen Prozeß, der dem eher heuristischen Prozeß gleicht, der zur Determinierung der COCOMO-Skalen-Gleichungen und -Aufwandsmultiplikatoren verwendet wurde:

1. Verwenden Sie Ihre Gesamt-Projektgröße und die Gesamt-Aufwandsdaten zur Bestimmung der bestmöglichen Hintergrund-Skalengleichung mit der Formel
$$\text{Aufwand} = a\,(\text{Größe})^b + c.$$
2. Verwenden Sie andere Projektmerkmale zur Bestimmung von Aufwandsmultiplikatoren, die den Fehler der Hintergrund-Skalengleichung möglichst weitgehend kompensieren.

Das Bailey-Basili-Modell entwickelte kombinierte Bewertungsmaßstäbe für die Gesamt-Methodologie (METH), für die kumulative Komplexität (CMPLX) und die kumulative Erfahrung, die bei der Bestimmung des Fehlerverhältnisses (Error-Ratio = ER) mit folgender Formel

$$\text{Aufwand} = \text{ER}[a(\text{Größe})^b + c]$$
$$\text{ER} = d(\text{METH}) + e(\text{CMPLX}) + f$$

eingesetzt werden können.

Bei einer Anwendung für die definierten Daten von 18 relativ einheitlichen Projekten im NASA-Goddard-Software-Engineering-Laboratorium ergaben sich folgende Gleichungen:

$$MM_{ENT} = \text{ER}[0{,}73 + (\text{EDSI})^{1{,}16} + 3{,}5]^{*)}$$
$$\text{ER} = -0{,}035\,(\text{METH}) + 0{,}98 \text{ oder}$$
$$= -0{,}036\,(\text{METH}) + 0{,}009\,(\text{CMPLX}) + 0{,}80.$$

Die erste Gleichung für ER reduzierte den multiplikativen Standardfehler der Schätzung von 1,25 auf 1,16. Durch die Addition mit dem Term CMPLX wurde er weiter auf nur 1,15 reduziert.

*) EDSI - Equivalent Delivered Source Instructions = entsprechende auszuführende Sourcebefehle.

29.8 Bewertung des COCOMO-Modells im Hinblick auf die Modell-Kriterien

In diesem Kapitel finden Sie eine Bewertung von COCOMO im Hinblick auf die für die Qualität eines Software-Kostenschätzungs-Modells gültigen Kriterien, die schon zu Beginn des Kapitels 28 vorgestellt wurden. Wir gehen dabei vom aktuellen Stand der Software-Kostenschätzung aus, die wir im vorhergehenden Abschnitt anhand einiger Modelle vorgestellt haben. Der Einfachheit halber seien die Modell-Kriterien nachstehend noch einmal aufgezählt:

1. *Definition:* Sind die Kosten, die vom Modell veranschlagt werden, sowie die Kosten, die nicht berücksichtigt werden, klar definiert worden?
2. *Übereinstimmung:* Liegen die Schätzungen nahe bei den tatsächlichen Kosten, die für die Projekte aufgewendet werden müssen?
3. *Objektivität:* Vermeidet es das Modell, den Großteil der Unterschiede bei den Software-Kosten schlecht abgestimmten subjektiven Faktoren (wie z. B. Komplexität) zuzuschreiben? Das heißt: Ist das Modell leicht manipulierbar, mit dem Ziel, von Ihnen gewünschte Ergebnisse zu erzielen?
4. *Konstruktivität:*Kann der Anwender ersehen, wie die Schätzung des Modells zustande kommt? Hilft es dem Anwender, den auszuführenden Software-Job zu verstehen?
5. *Detail:* Ermöglicht das Modell Schätzungen eines Software-Systems, das aus einer Reihe von Subsystemen und Modulen besteht? Liefert es (genaue) Aufschlüsselungen in Phasen und Aktivitäten?
6. *Stabilität:* Verursachen kleine Input-Unterschiede auch kleine Unterschiede bei den Kostenschätzungen?
7. *Geltungsbereich:* Deckt das Modell die Kategorie von Software-Projekten ab, deren Kosten Sie schätzen müssen?
8. *Einfachheit der Anwendung:* Sind die Modell-Eingaben und -Optionen leicht verständlich und leicht zu spezifizieren?
9. *Zukunftsorientierung:* Vermeidet das Modell die Verwendung von Informationen, die erst nach Abschluß des Projekts verfügbar sind?
10. *Sparsamkeit:* Vermeidet das Projekt die Verwendung von überflüssigen Faktoren oder Faktoren, die zu den Ergebnissen keinen nennenswerten Beitrag leisten?

1. Definition

Sobald eine Software-Kostenschätzung budgetiert ist, d. h. sobald Kosten für die Ausführung bestimmter Aufgaben durch bestimmte Personengruppen anfallen, erheben sich einige Fragen: „Beinhaltet diese Schätzung die Management-Kosten? die Analyse der Anforderungen? Schulung? Computer-Operation?“ „Welche Aktivitäten beinhalten Integration und Systemtest? Konfigurations-Management? Wartung?“ Eine ähnliche Reihe von Fragen gibt es bezüglich der Definition von Inputs: „auszuführend“, „Befehle“, „Komplexität“ usw.

Einige Modelle, z. B. das IBM-FSD-Modell, das Bailey-Basili-Modell und das GRC-Modell von 1979 definieren ihre In- und Outputs relativ genau. Überraschenderweise beantwortet die Dokumentation einer Reihe anderer Modelle derlei Fragen jedoch nicht zufriedenstellend.

Wir haben die Aktivitäten und Größen beim COCOMO-Modell so genau wie möglich definiert, ohne daß dadurch die Allgemeingültigkeit des Modells noch die Projekt-Flexibilität allzu sehr eingeschränkt wurden. Zu diesen Definitionen zählen die

Definitionen von Phasen, Aktivitäten und strukturierter Arbeitsaufgliederung gemäß den Kapiteln 4.5 und 4.6 sowie die Modell-Definitionen und -Annahmen gemäß Kapitel 5.2; auch sind die detaillierten Bewertungsmaßstäbe für die Kostenfaktor-Merkmale gemäß den Kapiteln 24 bis 27 mit berücksichtigt.

2. Übereinstimmung

Wie in Kapitel 29.3 besprochen, weichen die Schätzungen des COCOMO-Zwischenmodells in 68% der Fälle und die des COCOMO-Endmodells in 70% der Fälle um höchstens 20% von den tatsächlichen Werten der Projekte in der COCOMO-Datenbank ab. Daraus ergibt sich eine Standard-Abweichung von grob geschätzt 20% von den tatsächlichen Werten bei den restlichen Komponenten. Relativ wenig andere Modelle haben Standard-Abweichungen ihrer Schätzungen, die sich auf eine Datenbank von tatsächlichen Projektwerten beziehen, veröffentlicht. Das SDC-Modell aus dem Jahre 1965 hatte eine Standard-Abweichung, die größer als die Durchschnitts-Schätzung war. Die Analyse des IBM-FSD-Modells in (Walston-Felix, 1977) ergab eine Standard-Abweichung um den Faktor 1,71 (Mittelwert aus 274 DSL/MM; die Variationsbreite lag bei durchschnittlich 160–470 DSL/MM). Das (Bailey-Basili, 1978)-Modell ergab eine Standard-Abweichung um einen Faktor 1,15 bei einer relativ einheitlichen Gruppe von 18 Projekten bei NASA-Goddard.

Die Übereinstimmung des COCOMO-Modells hinsichtlich der COCOMO-Datenbank ist wahrscheinlich etwas größer als die Übereinstimmung hinsichtlich der Gesamtmenge der Software-Projekte, weil ein großer Teil der Datenbank auch zur Abstimmung der Parameter des Modells verwendet wurde. Ebenso sollte es uns nicht zu sehr überraschen, daß die COCOMO-Schätzungen näher an die tatsächlichen Werte in der COCOMO-Datenbank herankommen als die Schätzungen anderer Modelle, wie sich bei einigen anfänglichen Analysen gezeigt hat. Das entscheidende Kriterium für COCOMO wird seine Fähigkeit sein, für spätere Projekte eine genaue Voraussage zu erstellen. (Bisher wurden noch keine von COCOMO geschätzten Projekte abgeschlossen — mit Ausnahme zweier kleinerer Projekte, deren Ergebnisse kaum von den Schätzungen abwichen.)

Die Übereinstimmung der COCOMO-Phasen- und Aktivitätsverteilungen ist wegen des geringen Umfanges der tatsächlichen Projektwerte schwieriger zu beurteilen. Alles in allem scheinen diese und andere COCOMO-Schätzungen wenigstens ebenso genau zu sein wie die Schätzungen anderer Software-Kostenschätzungsmodelle; die COCOMO-Schätzungen scheinen auch anderen Modellen überlegen zu sein, wenn es gilt, dem Einfluß von Kostenfaktor-Merkmalen auf die Phasenverteilung des Aufwands eines Projektes Rechnung zu tragen.

3. Objektivität

Das „perfekte Kostenmodell“ hat ein einziges Kostenfaktor-Merkmal, die Komplexität; die Komplexität jedes abgeschlossenen Projektes wird entsprechend seiner Produktivität bewertet. Hiermit wird das Modell auf die früheren Erfahrungen bestens abgestimmt.

Da aber die Komplexität subjektiv bestimmt wird, gibt es keine Möglichkeit zu prüfen, ob die Komplexitäts-Bewertung eines Schätzers für ein zukünftiges Projekt zutreffend ist. Wie sich bei einer Reihe von Modellen dieser Art herausstellte, würde es einem Schätzer zu leicht gemacht, das Modell so zu manipulieren, daß es mit einer knapp kalkulierten Schätzung, einer übertrieben hohen Schätzung usw. zusammenpaßt.

COCOMO versucht, die subjektive Variabilität, die auf den Komplexitätsfaktor zurückzuführen ist, auf folgende Art und Weise einzuschränken:

- indem die Komplexitätsbewertung auf Modulebene statt auf Subsystem- oder Systemebene erfolgt;
- indem so viele Quellen von Produktivitätsabweichungen wie möglich in separaten, vom Komplexitäts-Kostenfaktor unabhängigen Kostenfaktoren erfaßt werden (z. B.: Ausführungszeit und Hauptspeicher-Beschränkungen, erforderliche Verläßlichkeit usw.);
- durch die Bewertungsmaßstäbe in Tabelle 24–8, um die Komplexität so objektiv wie möglich bestimmen zu können.

Auch bei einigen anderen Kostenmodellen ist insofern ein Fortschritt zu verzeichnen — zum Beispiel bei SLIM und PRICE S — als ein einziger Komplexitätsfaktor in mehrere Einzelelemente aufgegliedert wurde.

4. Konstruktivität

Wie schon in den Kapiteln 21 und 22 besprochen, ist es bei der praktischen Kostenschätzung wichtig, algorithmische Schätzungen durch Expertenurteile und individuelle Schätzungen der Mitarbeiter des Projektes zu ergänzen.

Dies führt unweigerlich zu Unterschieden zwischen den verschiedenen Schätzungen und zu der Notwendigkeit zu verstehen, warum eine Schätzung höher oder niedriger lag als eine andere. Ähnliches gilt für das Projektpersonal, das auf das Projekt bezogen wissen möchte, warum unterschiedliche Faktoren-Bewertungen unterschiedliche Kostenschätzungen ergeben.

Um diese Fragen beantworten zu helfen und um eine genaue Faktorbewertung durch den Anwender zu unterstützen, enthalten die Kapitel 24 bis 27 eine Tabelle für jeden Faktor des COCOMO-Modells, die den Einfluß der verschiedenen Faktoren und ihrer Bewertungen auf die Projektaktivitäten wiedergibt. Wir haben festgestellt, daß solche Tabellen den Anwendern eines Kostenmodells dabei helfen, den Software-Job, auf den sie sich vorbereiten, allgemein besser zu verstehen.

Im wesentlichen ist dieses bessere Verständnis jedoch Selbstzweck und dient nicht nur dazu, ein Software-Projekt mit einem genauen Preisschild zu versehen. Das wichtigste Ziel von COCOMO (und Ursache für seinen Namen) war, eine Möglichkeit zum besseren Verständnis der Komplexitäten des Software-Lifecycle-Prozesses mit Hilfe eines Software-Kostenschätzungsmodells zu schaffen.

5. Detail

Wie in Abschnitt 21.4 besprochen, liefern Software-Kostenschätzungsmodelle, für die detailliertere Daten erforderlich sind, in der Regel genauere Schätzungen, hauptsächlich weil

1. die Sammlung detaillierterer Daten dazu führt, daß die Mitarbeiter den auszuführenden Job besser verstehen;
2. wenn zusätzliche Details dazu führen, daß die Gesamtschätzung die Summe von einigen kleineren, individuellen Schätzungen ist, führt das Gesetz der großen Zahlen dazu, daß der Unterschied zwischen den Schätzungen verringert wird.

Aus diesem Grunde besteht COCOMO aus einer Hierarchie von Modellen mit einem einfachen Makro-Modell für grobe, frühzeitige Schätzungen, dem COCOMO-Basismodell und detaillierteren Mikro-Modellen für eine genauere und endgültige Schätzung, dem COCOMO-Zwischenmodell und dem COCOMO-Endmodell. Das TRW Wolverton-Modell diente als effektives Mikro-Modell und lieferte ferner sehr detaillierte Angaben über die Phasen- und Aktivitätenaufgliederung. Dies gilt auch für das GRC-Modell aus dem Jahre 1979.

6. Stabilität

Einige Modelle, wie z. B. das Doty-Modell, weisen Diskontinuitäten an den Modell-Grenzen oder infolge der binären Natur einiger ihrer Inputs auf (Boehm-Wolverton, 1978). Wie die meisten Kostenschätzungsmodelle vermeidet COCOMO dieses Problem, indem es eine Anzahl von Bewertungsstufen für Kostenfaktor-Merkmale angibt und eine Interpolation zwischen diesen Stufen erlaubt.

7. Geltungsbereich

Einige Modelle sind für ein bestimmtes Gebiet der Software-Praxis entwickelt und darauf abgestimmt worden — sehr große Projekte, Raumfahrt-Projekte, kommerzielle Anwendungen usw. —, und es könnte sein, daß sie außerhalb dieses Gebietes nicht ganz so genau sind. Andere Modelle, so das IBM-FSK-Modell, sind für eine besonders große Vielfalt von Projekten und Anwendungen entwickelt worden. Ähnlich ist COCOMO auf sehr verschiedene kommerzielle Anwendungssysteme, Prozeß-Kontroll-Systeme, interaktive Systeme, wissenschaftliche Systeme, Unterstützungssysteme und System-Software-Projekte abgestimmt worden. Schwierigkeiten gibt es bei sehr kleinen Projekten mit weniger als 2000 auszuführenden Sourcebefehlen, was bei algorithmischen Kostenmodellen im allgemeinen der Fall ist.

8. Leichtigkeit der Anwendung

Allgemein wird der Nutzen eines Kostenmodells in dem Maße sinken, in dem es sich auf Inputs verläßt, die schwer verständlich und erhältlich sind, oder in dem Maße, in dem es das Modell dem Benutzer erschwert, allgemein gültige Kostenschätzungsfunktionen — wie die Kombination der Schätzungen verschiedener Subsysteme zu einer Schätzung für das Gesamtsystem — vorzunehmen. Abgesehen von der letzten Schwierigkeit erleichtert die Konzeption der kommerziellen Gesamtprodukt-Schätzungsmodelle SLIM und PRICE S dem Benutzer die Anwendung und das Verständnis. Die Unterteilung des COCOMO-Modells in drei einander übergeordnete Modelle macht die Projektstrukturierung zu einer relativ leichten und unkomplizierten Aufgabe.

9. Zukunftsorientierung

Ein Problem bei der praktischen Anwendung des (Halstead, 1977)-Modells ist, daß es bei der Schätzung der Modell-Eingaben und somit des Programmumfangs auf detaillierte Informationen über die Codierung angewiesen ist. Solche Informationen (Anzahl der Operatoren und Operanden) stehen normalerweise zum Zeitpunkt, zu dem die Kostenschätzung gebraucht wird, nicht zur Verfügung.

Im allgemeinen befassen sich die bekannten Modelle, wie auch COCOMO, mit Größen, die zu Beginn eines Projektes relativ leicht bestimmt werden können — für das Problem der Größenbestimmung gilt dies allerdings nur bedingt, wie bereits in Abschnitt 21.4 erwähnt wurde.

10. Sparsamkeit

Der Nutzen eines Modells wird in dem Maße sinken, in dem es mehrere Eingaben benötigt, wenn eine Eingabe genügen würde. Ein Beispiel hierfür ist das (Walston-Felix, 1977)-Modell, das separate Entries für den Einsatz verschiedener moderner Programmiermethoden (MPPs) wie Top-down-Entwicklung strukturierter Codierung und Einsatz von Inspektionen hat. Es war für das ursprüngliche Forschungsziel des Walston-Felix-Modells wichtig, diese Entries voneinander zu unterscheiden; für die praktische Einschätzung der Projekte, die moderne Management-Richtlinien verwenden, würde ein einziger Faktor „Einsatz von MPP" genügen.

Was COCOMO betrifft, wurde dem Kriterium der Sparsamkeit durch die folgenden Überlegungen entsprochen:

- Durch die Analysen der optimalen Aufwandsmultiplikatoren (Kapitel 24 bis 27) wurde bewiesen, daß jedes der bestehenden Kostenfaktor-Merkmale eine nicht unerhebliche Auswirkung auf die Software-Produktivität hat.
- Eine Anzahl anderer ausgewählter Faktoren wurde genauestens durchleuchtet und aus Gründen der Sparsamkeit abgelehnt; siehe dazu Kapitel 28.

Es mag jedoch sein, daß das komplette COCOMO-Modell mehr Kostenfaktor-Merkmale hat, als für eine spezielle Installation notwendig sind. So kann z. B. bei einer bestimmten Installation eine hohe Übereinstimmung zwischen den Erfahrungen der Mitarbeiter mit der Anwendung, der Sprache und der virtuellen Maschine bestehen, und die Installation ist in der Lage, ein einziges einheitliches Kostenfaktor-Merkmal für Personalerfahrung anstelle von drei verschiedenen Merkmalen zu verwenden. Überlegungen über die individuelle Anpassung des Modells werden im nächsten Kapitel vorgestellt.

29.9 Anpassung von COCOMO an eine spezielle Installation

Generell wäre zu sagen, daß das hier von uns vorgestellte COCOMO-Modell ein für die meisten Situationen der Software-Kostenschätzung akzeptables Modell sein wird. Oft jedoch kann eine bestimmte Installation eine speziell abgestimmte und angepaßte COCOMO-Version entwickeln, die im Rahmen der speziellen Installation genauer und leichter eingesetzt werden kann.

Die besten Möglichkeiten für Abstimmung und Anpassung sind:

- das Abstimmen der COCOMO-Gleichungen für den durchschnittlichen Aufwand auf die spezifische Erfahrung der Installation,
- die Konsolidierung oder Eliminierung überflüssiger Kostenfaktor-Merkmale des Modells,
- das Hinzufügen weiterer Kostenfaktor-Merkmale, die für diese Installation von Bedeutung sind, nicht jedoch allgemein (Beispiel: Einschränkungen aus Gründen der Sicherheit oder Vertraulichkeit).

Alle diese Überlegungen werden im einzelnen nachstehend besprochen.

Abstimmen der COCOMO-Gleichungen für den durchschnittlichen Aufwand

Die Gleichungen für den durchschnittlichen Aufwand bei den drei COCOMO-Standard-Entwicklungsformen sind aus verschiedenen Gründen für eine spezielle Installation möglicherweise nicht die beste Lösung. Die Hauptgründe hierfür sind:

- Eine Installation könnte die COCOMO-Kostenfaktor-Merkmalbewertungen durchweg unter anderen Gesichtspunkten beurteilen, als sie bei der Abstimmung des COCOMO-Modells bestimmend gewesen sind. Die Gebiete, bei denen dies am häufigsten der Fall ist, sind die erforderliche Zuverlässigkeit, die Analytiker- und Programmierer-Qualifikation und der Einsatz moderner Programmiermethoden. In einer solchen Situation könnten die Bewertungsmaßstäbe neu abgestimmt werden. Oft genügt es jedoch, die Konstante in der Gleichung für den durchschnittlichen Aufwand neu auf die Entwicklungsarten der Installation abzustimmen.

- Eine Installation könnte völlig andersartige Definitionen für „auszuführend“, „Source-Befehle“', „Entwicklung“ oder „Mann-Monate“ verwenden als dies bei COCOMO der Fall ist. Auch hier wäre es die einfachste Lösung, die Konstanten in den COCOMO-Gleichungen für den durchschnittlichen Aufwand neu zu bestimmen.

- Die gebräuchlichste Entwicklungsart einer Installation könnte irgendwo zwischen den COCOMO-Standardformen liegen; in diesem Falle könnte eine spezielle Gleichung für den durchschnittlichen Aufwand entsprechend den Erfahrungswerten der Installation erstellt werden.

Die Methoden für jede dieser Situationen werden nachstehend aufgezeigt und jeweils anhand eines Beispiels erläutert.

Abstimmen der Konstante

Der einfachste und sicherste Weg, COCOMO auf die Erfahrungswerte einer Installation abzustimmen, ist es, die am besten geeignete Entwicklungsart für die Installation festzulegen und mit Hilfe der Näherungsmethode der kleinsten Quadrate die Konstante für die Gleichung zur Errechnung des durchschnittlichen Aufwands der Entwicklungsart auf die Projektdaten der Installation abzustimmen.

Um dies näher zu erläutern, gehen wir davon aus, daß die Entwicklungsart einer bestimmten Installation am besten von der organischen Entwicklungsart dargestellt wird. Wir möchten dann die geeignete Konstante „c“ der Gleichung für den durchschnittlichen Aufwand (organische Entwickungsart) im Rahmen der COCOMO-Schätzungsbeziehung bestimmen.

$$MM = c\,(KDSI)^{1.05}\,\Pi\,(EM) \qquad (29-3)$$

wobei Π (EM) das Gesamtprodukt der Aufwands-Multiplikatoren (EM = effort multiplier) darstellt, die sich aus den Kostenfaktor-Merkmalbewertungen eines Projektes ergeben — oder genauer gesagt — den Aufwands-Korrekturfaktor Π.

Nehmen wir an, daß mehrere Projekte $p_1, \ldots, p_n$ einer Installation mit den Größen $KDSI_1, \ldots, KDSI_n$, den Gesamtaufwands-Korrekturfaktoren $\Pi_1, \ldots, \Pi_n$ und dem tatsächlichen Entwicklungsaufwand $MM_1, \ldots, MM_n$ abgeschlossen wurden. Danach wollen wir das System von linearen Gleichungen nach „c“ hin auflösen:

$$\begin{aligned} MM_1 &= c\,(KDSI_1)^{1.05}\,\Pi_1 \\ MM_2 &= c\,(KDSI_2)^{1.05}\,\Pi_2 \\ &\;\;\vdots \\ MM_n &= c\,(KDSI_n)^{1.05}\,\Pi_n \end{aligned} \qquad (29-4)$$

womit die Summe der Quadrate der Restfehler auf ein Minimum reduziert wird.

$$S = \sum_{i=1}^{n} \left[c(KDSI_i)^{1,05}\Pi_i - MM_i\right]^2 \qquad (29-5)$$

oder setzen wir zur Vereinfachung $(KDSI_i)^{1,05}\Pi_i = Q_i$, so ergibt sich

$$S = \sum_{i=1}^{n} \left[cQ_i - MM_i\right]^2$$

Wie bei unseren früheren Berechnungen des optimalen Wertes in Teil III können wir den optimalen Koeffizienten $\bar{c}$ bestimmen, indem wir die Ableitung dS/dc gleich Null setzen und nach c auflösen:

$$0 = \frac{dS}{dc} = 2\sum_{i=1}^{n} \left[\bar{c}Q_i - MM_i\right] Q_i$$

oder

$$0 = \sum_{i=1}^{n} \bar{c}\, Q_1^2 - MM_i Q_i$$

oder

$$\bar{c} = \frac{\sum_{i=1}^{n} MM_i Q_i}{\sum_{i=1}^{n} Q_i^2} \qquad (29-6)$$

Ähnliche Abstimmungsformeln können für die Konstanten bei der eingebetteten und der teilintegrierten COCOMO-Entwicklungsart mit den Exponenten 1,20 bzw. 1,12 entwickelt werden, indem der Exponent 1,05 in Gleichung (29–5) und der Ausdruck für Q_i ersetzt werden.

Beispiel:

Angenommen, eine Installation mit organischer Entwicklungsart hat fünf Projekte, deren Größen $KDSI_i$, Aufwands-Korrekturfaktoren π_i und Entwicklungsaufwand MM_i den in Tabelle 29–10 angegebenen Werten entsprechen, abgeschlossen und Daten zusammen mit den Schätzungen gesammelt, die vom Standard-Schätzfaktor der organischen Entwicklungsart $(MM)_{gesch.} = 3{,}2\ (KDSI)^{1,05}\ (\pi)$ erstellt werden. Die Ist-Werte des Projektes liegen normalerweise etwas höher als die Standard-COCOMO-Schätzungen. Deshalb könnten wir annehmen, daß der optimale Koeffizient $\bar{c}$ für die Installation etwas über dem Standardkoeffizienten $c = 3{,}2$ liegt.

Tab. 29–10: Abstimmen der COCOMO-Konstante auf die Projektdaten

Projekt-nummer (i)	$KDSI_i$	Π_i	$MM_{gesch.}$	MM_i	Q_i	MM_iQ_i	Q_i^2
1	5	0.75	13	15	4	60	16
2	10	1.0	36	44	11	484	121
3	20	0.80	59	60	19	1 140	361
4	30	1.0	114	140	36	5 040	1 296
5	40	0.70	108	133	34	4 522	1 156
Σ						11 246	2 950

Tatsächlich ergibt sich aus Tabelle 19–10:

$$\bar{c} = \frac{\sum_{i=1}^{5} MM_i Q_i}{\sum_{i=1}^{5} Q_i^2} = \frac{11{,}246}{2950} = 3{,}81$$

Die auf die Installation abgestimmte Aufwands-Gleichung lautet demnach:

$$MM = 3{,}81\ (KDSI)^{1{,}05}\Pi(EM).$$

Abstimmen der Software-Entwicklungsart

Eine ähnliche Methode der kleinsten Quadrate kann verwendet werden, um den Koeffizienten c und den Skalenexponenten b in der COCOMO-Aufwandsgleichung

$$MM = c(KDSI)^b\Pi(EM) \qquad (29-7)$$

entsprechend der Definition einer neuen COCOMO-Software-Entwicklungsart, die auf die Praxis der speziellen Installation zugeschnitten ist, abzustimmen.

Zuerst müssen wir die Gleichung (29–7) umstellen; danach muß diese linearisiert werden, indem der Logarithmus von beiden Seiten gebildet wird (hier wurde die Basis 10 verwendet; es kann aber ebenso gut auch der natürliche Logarithmus verwendet werden).

$$c(KDSI)^b = MM/\Pi$$
$$\log c + b \log KDSI = \log (MM/\Pi) \qquad (29-8)$$

Wenn nun eine Installation eine Anzahl von Projekten $P_1, \ldots, P_n$ mit den Größen $KDSI_1, \ldots, KDSI_n$, den Gesamt-Aufwandskorrekturfaktoren $\Pi_1, \ldots, \Pi_n$ und mit dem tatsächlichen Entwicklungs-Aufwand $MM_1, \ldots, MM_n$ abgeschlossen hat, wollen wir das Gleichungssystem nach den optimalen Werten für log c und b auflösen:

$$\begin{aligned} \log c + b \log(KDSI)_1 &= \log (MM/\Pi)_1 \\ \log c + b \log(KDSI)_2 &= \log (MM/\Pi)_2 \\ &\vdots \\ \log c + b \log(KDSI)_n &= \log (MM/\Pi)_n, \end{aligned} \qquad (29-9)$$

wodurch die Summe der Quadrate der Restfehler in Gleichung (29–9) auf ein Minimum reduziert wird.

Es ist eine relativ einfache Übung in numerischer Analyse, jetzt zu bestimmen, daß die optimalen Werte $\log \bar{c}$ und $\bar{b}$ durch die Lösung folgender Gleichungen zu bestimmen sind:

$$\begin{aligned} a_0 \log \bar{c} + a_1 \bar{b} &= d_0 \\ a_1 \log \bar{c} + a_2 \bar{b} &= d_1, \end{aligned} \qquad (29-10)$$

wobei sich die Größen a_0, a_1, a_2, d_0 und d_1 wie folgt errechnen:

$$a_0 = n$$
$$a_1 = \sum_{i=1}^{n} \log (KDSI)_i$$

$$a_2 = \sum_{i=1}^{n} \log (KDSI)_i)^2$$

$$d_0 = \sum_{i=1}^{n} \log (MM/\Pi)_i$$

$$d_1 = \sum_{i=1}^{n} \log (MM/\Pi)_i \log (KDSI)_i$$

Die hieraus resultierenden Lösungen für $\log \bar{c}$ und $\bar{b}$ ergeben sich aus den Gleichungen

$$\log \bar{c} = \frac{a_2 d_0 - a_1 d_1}{a_0 a_2 - a_1^2}$$

$$\bar{b} = \frac{a_0 d_1 - a_1 d_0}{a_0 a_2 - a_1^2}.$$

Beispiel:

Tabelle 29–11 enthält die Größen, die für die Berechnung von $\log \bar{c}$ und $\bar{b}$ aus den Projektdaten der vorhergehenden Beispiele erforderlich sind.

Die sich hieraus ergebenden Werte von $\log \bar{c}$, $\bar{c}$ und $\bar{b}$ sind dann

$$\log \bar{c} = \frac{(7{,}92)(9{,}25)-(6{,}08)(11{,}82)}{(5)(7{,}92)-(6{,}08)^2} = 0{,}53$$

$$\bar{c} = 3{,}39$$

$$\bar{b} = \frac{(5)(11{,}82)-(6{,}08)(9{,}25)}{(5)(7{,}92)-(6{,}08)^2} = 1{,}09.$$

Für die auf die Praxis dieser spezifischen Installation zugeschnittene COCOMO-Software-Entwicklungsart ergibt sich somit folgende Aufwandsgleichung:

$$MM = 3{,}39\ (KDSI)^{1{,}09} \Pi(EM).$$

Tab. 29–11: Abstimmen der Gleichung für den durchschnittlichen Aufwand auf die Projektdaten

Projekt-nummer	KDSI	Π	MM	log KDSI	(log KDSI)²	log (MM/Π)	log (MM/Π) log KDSI
1	5	0.75	15	0.70	0.49	1.30	0.91
2	10	1.0	44	1.00	1.00	1.64	1.64
3	20	0.80	60	1.30	1.69	1.88	2.44
4	30	1.0	140	1.48	2.18	2.15	3.18
5	40	0.70	133	1.60	2.56	2.28	3.65
Σ				$a_1 = 6.08$	$a_2 = 7.92$	$d_0 = 9.25$	$d_1 = 11.82$

Hinweise für die Neuabstimmung der Software-Entwicklungsart

Bei der Neuabstimmung einer COCOMO-Software-Entwicklungsart auf eine Gruppe von Projekten durch eine Installation ist sehr vorsichtig vorzugehen, ganz besonders dann, wenn die Projektanzahl — wie oben — relativ klein ist. Bei einem ausgewählten Umfang in der Größenordnung von fünf Projekten reagieren die optimalen Werte $\bar{c}$ und $\bar{b}$ auf relativ kleine Schwankungen bei den Projektdaten sehr empfindlich. Wenn

z. B. die Zahl von Mann-Monaten für das Projekt 1 in Tabelle 29–11 18 anstelle von 15 wäre, würde sich die angepaßte Gleichung für die Entwicklungsart wie folgt verändern:

$$MM = 4{,}3\ (KDSI)^{1{,}02}\ \pi\ (EM).$$

Wäre die Zahl der Mann-Monate 12, würde die geänderte Gleichung wie folgt lauten:

$$MM = 2{,}46\ (KDSI)^{1{,}19}\ \pi\ (EM).$$

Der Abstimmungsprozeß der Konstante ist viel stabiler. Wenn die Mann-Monate im Projekt 1 von 18 auf 12 abgeändert würden, würde der sich hieraus ergebende optimale Koeffizient c sich nur von 3,81 auf 3,82 ändern oder konstant bleiben.

Nachstehend sind einige Hinweise aufgelistet, die deshalb bei der Neuabstimmung von COCOMO beachtet werden sollten, insbesondere bei der Neuabstimmung der Entwicklungsform:

1. Stellen Sie sicher, daß die Projektdaten so konsistent wie möglich sind.
2. Wenn die Projektdaten verschiedene Entwicklungsarten repräsentieren, sollten Sie jeweils eine separate Neuabstimmung durchführen.
3. Wenn die ausgewählten Projektdaten aus weniger als 10 Projekten stammen, suchen Sie sich eine Standard-Entwicklungsart von COCOMO aus und stimmen Sie deren Konstante neu ab; dies ist besser als die Neuabstimmung der Gesamtentwicklungsform.
4. Stellen Sie sicher, daß die Projekte, die zur Abstimmung verwendet werden, für die Projekte, deren Kosten mit dem neu abgestimmten Modell geschätzt werden, repräsentativ sind.

Konsolidierung, Eliminierung oder Ergänzung von Kostenfaktor-Merkmalen

Viele Installationen handhaben Kriterien wie z. B. Anwendungsart, Computer-Konfiguration, eingesetzte virtuelle Maschine und die bei den Projekten verwendete Programmiersprache recht einheitlich. Daraus ergibt sich, daß die drei separaten Kostenfaktor-Merkmale Anwendungserfahrung, Erfahrung mit der virtuellen Maschine und mit der Programmiersprache praktisch immer gleich bewertet werden (zum Beispiel Chrysler, 1978). In solch einer Situation kann es vorkommen, daß eine Installation diese drei Merkmale zu einem einzigen Merkmal „Personalerfahrung" zusammenfassen möchte, indem sie eine kombinierte Gruppe von Aufwandsmultiplikatoren, wie die in Tabelle 29–12 dargestellte, verwendet. Eine ähnliche Konsolidierung könnte auch für andere Merkmale, wie z. B. moderne Programmiermethoden und Tool-Einsatz, angebracht sein. Ein COCOMO-ähnliches Modell, das solche konsolidierten Merkmale einsetzt, finden Sie bei (Bailey-Basili, 1981).

Die Eliminierung eines Kostenfaktor-Merkmals aus einem Modell kann in Situationen vorgenommen werden, in denen alle Projekte einer Installation dieselbe Bewertung haben. Dies könnte in einem Rechenzentrum der Fall sein, in dem für alle Projekte derselbe Standard, was die Änderungsanfälligkeit der virtuellen Maschine, die Computer-Verweilzeit und die Software-Tool-Unterstützung anbetrifft, vorliegt. In solch einem Falle könnten die gesamten Aufwandsmultiplikatoren für diese Service-Stufen in die Koeffizienten der Durchschnitts-Schätzgleichungen für die drei Entwicklungsarten aufgenommen und die Phasenverteilungen entsprechend korrigiert werden. Ein Beispiel:

Wenn eine Installation alle Projekte mit einer niedrigen, interaktiven Antwortzeit, durchschnittlichen Änderungsanfälligkeit der virtuellen Maschine und einem hohen

Standard an Tool-Unterstützung versorgt, würde der entsprechende Koeffizient für die revidierte durchschnittliche Aufwandsgleichung der organischen Entwicklungsart lauten:

$$(3{,}2)(0{,}87)(1{,}00)(0{,}91) = 2{,}53$$

Tab. 29 12: Kombinierte Aufwandsmultiplikatoren für die Personalerfahrung (PEXP)

Erfahrung	AEXP	VEXP	LEXP	PEXP
1 Monat	1.29	1.21	1.14	1.78
4 Monate	1.29	1.10	1.07	1.52
1 Jahr	1.13	1.00	1.00	1.13
3 Jahre	1.00	0.90	0.95	0.86
6 Jahre	0.91	0.90	0.95	0.78
12 Jahre	0.82	0.90	0.95	0.70

Wenn ein neues Kostenfaktor-Merkmal, z. B. für Sicherheits- und Vertraulichkeitseinschränkungen, hinzugefügt würde, so zöge dies die Bestimmung einer Gruppe von Kostenfaktor-Merkmalbewertungen nach sich sowie die Abstimmung dieser Bewertungen, zum Beispiel im Rahmen der Methode des optimalen Aufwandsmultiplikators, Beispiele für ihren Einsatz bei den vorhandenen Merkmalen finden Sie in den Kapiteln 24 bis 27 und für einige der anderen zur Wahl stehenden Merkmale in Kapitel 28.

TEIL IV C

SOFTWARE-KOSTENSCHÄTZUNG UND LIFECYCLE-MANAGEMENT

Eine präzise Software-Kostenschätzung ist nicht Selbstzweck, sondern eher Mittel und Zweck für ein effektiveres Lifecycle-Management. Teil IV C dieses Buches behandelt in den Kapiteln 30 bis 33 mehrere wichtige Gesichtspunkte der Verwendung von COCOMO während des Software-Lifecycles. Kapitel 30 behandelt Techniken für die Schätzung der Software-Wartungskosten. Kapitel 31 behandelt die Methoden, mit denen die gesamten Software-Lifecycle-Kosten geschätzt werden, wobei die Umstellung, die Installation, die Ausbildung und andere einschlägige Kosten (wie Computer- und Dokumentations-Kosten usw.) ebenfalls berücksichtigt werden. In Kapitel 32 werden die Methoden des Einsatzes von Software-Kostenschätzungen zur Verbesserung der Projektplanung und -kontrolle vorgestellt. In Kapitel 33 schließlich wird das Problem diskutiert, wie die Software-Produktivität aus der Sicht und den Erkenntnissen der Software-Kostenschätzungstechnik verbessert werden kann.

Kapitel 30

Schätzung der Software-Wartungskosten

30.1 Einführung

Der Großteil des Software-Kostenschätzungsmaterials (dieses Buches und an anderer Stelle) betrifft die Kosten der Software-Entwicklung; darunter verstehen wir die Höhe des Aufwandes, der erforderlich ist, um von der Spezifikation der Software-Anforderungen bis zu einem erfolgreichen Software-Übernahmetest zu gelangen. Die meisten Software-Kosten entstehen jedoch, nachdem die entwickelte Software übernommen wurde. Diese Kosten entfallen hauptsächlich auf die Software-Wartung, wobei wir an dieser Stelle darunter sowohl die Aktivitäten zur Erhaltung der bestehenden Software-Funktionsfähigkeit und -leistung als auch die Aktivitäten zur Verbesserung ihrer Funktionsfähigkeit und Leistung während des Lifecycles verstehen.

Die Schätzungen über den Umfang der Software-Wartungskosten liegen bei 50% bis 75% der Gesamtkosten des Software-Lifecycle. Die Abbildung 30–1 (entnommen aus Boehm, 1976) stellt die Prozentsätze der Wartungskosten aus einem 10 Jahre

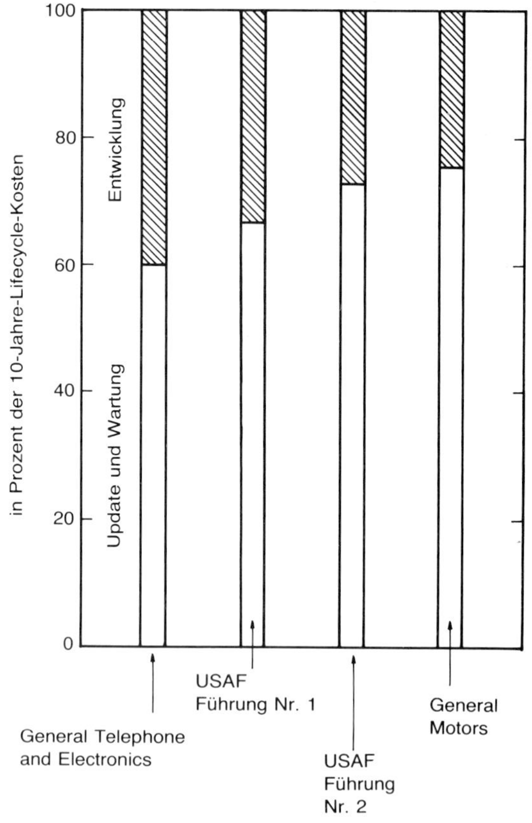

Abb. 30–1: Software-Entwicklungs- und Wartungskosten in großen Organisationen

währenden Lifecycle dar, die von 60% bei General Telephone and Electronics (Daly, 1977) bis zu 75% bei General Motors (Elshoff, 1976) reichen. Ausgehend von 487 kommerziellen Verarbeitungssystemen, die von (Lientz-Swanson, 1980) analysiert wurden, weist Abbildung 30–2 darauf hin, daß das durchschnittliche Verhältnis Entwicklung/Wartung bei diesen Installationen bei 47:53 liegt.*) Dafür, daß diese Aktivität einen solch hohen Anteil der Gesamtkosten des Software-Lifecycle verschlingt, ist eigentlich relativ wenig über den Software-Wartungsprozeß und seine kostenrelevanten Faktoren bekannt. Im Rahmen des COCOMO-Wartungsmodells bringen wir in diesem Kapitel eine Zusammenfassung dessen, was wir über die Software-Wartungskosten wissen.

30.2 Das COCOMO-Software-Wartungsmodell

Definitionen

Die Software-Wartung wird als der Prozeß definiert, bei dem bestehende Verarbeitungssysteme modifiziert, gleichzeitig aber ihre ursprünglichen Funktionen beibehalten

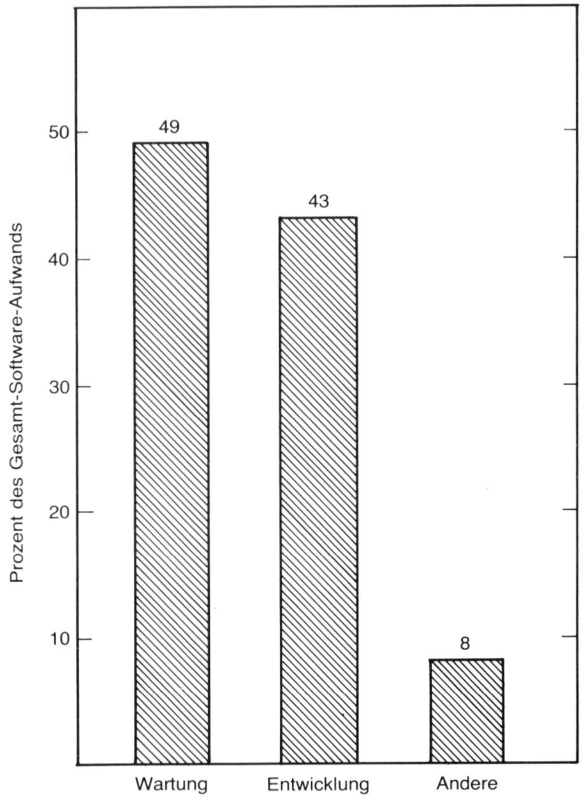

Abb 30–2: Software-Entwicklungs- und Wartungskosten bei 487 kommerziellen Organisationen

*) Nicht alle Software-Programme haben hohe Wartungskosten. So hat sich bei der (Kendall-Lamb, 1977)-Studie herausgestellt, daß der Medianwert der Anwendungsprogramme eine Größe von 400 Sourcebefehlen und eine Lebenserwartung von 14 Monaten hat.

werden. Dabei sind die nachstehend genannten Aktivitäts-Typen der Software-Wartung *nicht enthalten.*

- Grundlegende Neukonzeption von Design und Entwicklung (mehr als 50% Neucodierung) eines neuen Software-Produktes, das im wesentlichen dieselben Funktionen ausübt.
- Design und Entwicklung eines relativ großen Schnittstellen-Software-Paketes (mehr als 20% der Sourcebefehle des bestehenden Produktes), wobei eine relativ geringfügige Designänderung des bestehenden Produktes erforderlich ist.
- Funktionen des Datenverarbeitungssystems, Dateneingabe, Umstellung von Werten in der Datenbank.

Enthalten sind in der Definition die nachstehenden Aktivitätstypen der Software-Wartung

- Neukonzeption von Design und Entwicklung kleinerer*) Teile eines bestehenden Software-Produktes.
- Design und Entwicklung kleinerer Schnittstellen-Software-Pakete, wobei relativ viele Designänderungen des bestehenden Software-Produktes erforderlich sind.
- Umstellung der Codierung des Software-Produktes, der Dokumentation oder der Datenbank-Struktur.

Die Software-Wartung kann in zwei Hauptkategorien eingeteilt werden:

1. Software-*Update;* das Ergebnis ist eine geänderte funktionelle Spezifikation des Software-Produktes;
2. Software-*Reparatur;* sie läßt die funktionelle Spezifikation unverändert.

Die Software-Reparatur wiederum kann in drei Hauptkategorien unterteilt werden (Swanson, 1976):

2a. Die korrigierende Wartung (der Verarbeitung, der Leistung oder eines Implementations-Fehlers);

2b. die anpassende Wartung (Anpassung an die Änderung der Verarbeitungs- oder Datenumgebung);

2c. die optimierende Wartung (für die Verbesserung der Leistung und Wartbarkeit).

All diese Aufwands-Kategorien sind bei den Schätzungen innerhalb des COCOMO-Wartungsmodells berücksichtigt. Zusätzlich gelten alle Annahmen, die gemäß Abschnitt 5.2 für das COCOMO-Entwicklungsmodell gemacht wurden, auch für das Wartungsmodell — mit einer Ausnahme: Die Wartungskosten-Schätzungen beinhalten auch die Kosten der Anforderungsanalyse-Tätigkeiten, die während der Wartung ausgeführt wurden. Unter Bezugnahme auf die strukturierte Aktivitätshierarchie in Abbildung 30–3 (abgeleitet von Abbildung 4–6b) berücksichtigt die von COCOMO veranschlagte Wartungsaktivität die WBS-Elemente SX 71–74 (nicht aber SX 75, Datenbank-Verwaltung); jedes der WBS-Elemente SX 71–74 überlagert alle SX1–SX5-Aktivitäten, die während der Software-Wartung durchgeführt worden sind.

Aufwandsschätzung der Software-Wartung

Das COCOMO-Wartungsmodell geht von der Grundannahme aus, daß die Software-Wartungskosten im Prinzip von denselben Kostenfaktor-Merkmalen wie die Software-

*) „Klein“ bedeutet hier „geringer“ als der Umfang der oben beschriebenen Faktoren, die in der Kategorie der Software-Wartung nicht enthalten sind.

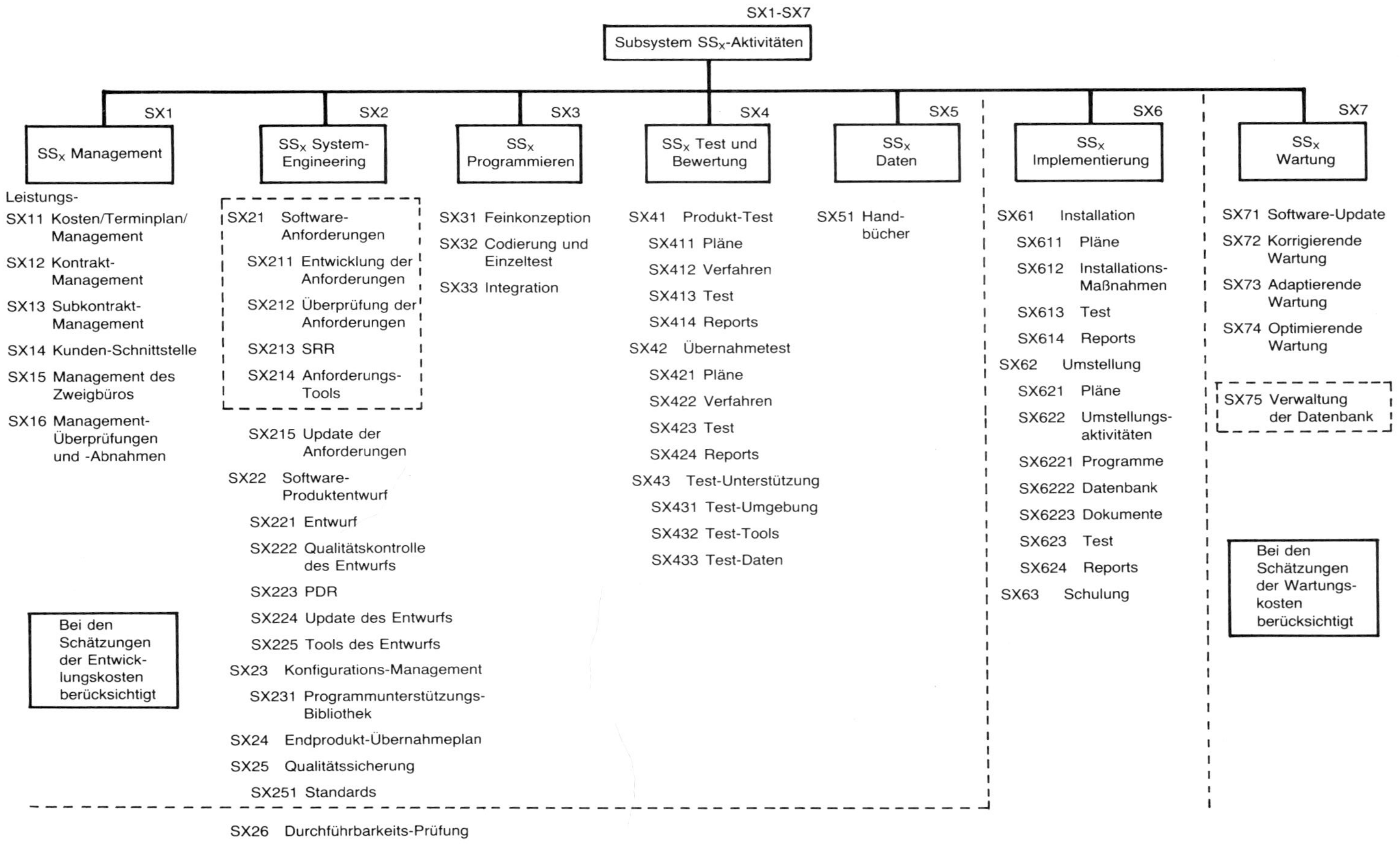

Abb. 30–3: Strukturierung der Software-Tätigkeiten: Hierarchie der Aktivitäten

Entwicklungskosten bestimmt sind. Die Größe zur Bestimmung des Äquivalents der Produktgröße bei der Software-Wartung ist die jährliche Änderungsrate (ACT = Annual Change Traffic), das heißt jener Teil der Sourcebefehle des Software-Produktes, der während eines (typischen) Jahres — entweder aufgrund von Ergänzungen oder Modifikationen — Änderungen unterliegt.

Wenn alle sich ergebenden Kostenfaktor-Aufwandsmultiplikatoren für die Wartung dieselben sind wie in der Entwicklung, lautet die jährliche Schätzung für den Wartungsaufwand wie folgt:

$$(MM)_{AM} = (1{,}0)(ACT)(MM)_{DEV} \qquad (30 — 1)$$

Beim COCOMO-Zwischenmodell und beim COCOMO-Endmodell sollten diese Schätzungen aus folgenden beiden Gründen modifiziert werden:

1. Die Bewertungen der Kostenfaktor-Merkmale könnten für die Wartung anders als für die Entwicklung aussehen (z. B. wegen des Lerneffektes, der Personaländerungen usw.);
2. zwei der Kostenfaktor-Merkmale, RELY (Required Software Reliability = Erforderliche Software-Zuverlässigkeit) und MODP (Modern Programming Practices = moderne Programmiermethoden) haben für die Wartung andere Aufwandsmultiplikatoren (siehe Tabellen 30−1 und 30−2) als für die Entwicklung.

Tab. 30−1: RELY-Wartungs-Aufwandsmultiplikatoren

Sehr niedrig	Niedrig	Mittel	Hoch	Sehr hoch
1.35	1.15	1.00	0.98	1.10

Tab. 30−2: MODP-Wartungs-Aufwandsmultiplikatoren

Produkt-größe (DSI)	Bewertungs-Maßstäbe				
	Sehr niedrig	Niedrig	Mittel	Hoch	Sehr hoch
2 K	1.25	1.12	1.00	0.90	0.81
8 K	1.30	1.14	1.00	0.88	0.77
32 K	1.35	1.16	1.00	0.86	0.74
128 K	1.40	1.18	1.00	0.85	0.72
512 K	1.45	1.20	1.00	0.84	0.70

In solchen Fällen werden die modifizierten Multiplikatoren an Stelle der ursprünglichen Entwicklungsmultiplikatoren gesetzt und ein Wartungsaufwands-Korrekturfaktor [$(EAF)_M$ = effort adjustment factor] als das Produkt der Aufwandsmultiplikatoren berechnet. Der jährliche Wartungsaufwand wird dann wie folgt ermittelt:

$$(MM)_{AM} = (1{,}0)(ACT)(MM)_{DSN}\,(EAF)_M \qquad (30-2)$$

wobei $(MM)_{NOM}$ aus den durchschnittlichen Aufwandsgleichungen als eine Funktion der KDSI-Gesamtzahl*) im Software-Produkt berechnet wird:

$$(MM)_{NOM} = 3{,}2\,(KDSI)^{1{,}05} \text{ (organische Entwicklung)}$$
$$= 3{,}0\,(KDSI)^{1{,}12} \text{ (teilintegrierte Entwicklung)}$$
$$= 2{,}8\,(KDSI)^{1{,}20} \text{ (eingebettete Entwicklung).}$$

Die jährliche Änderungsrate (ACT) kann für das ganze System gelten oder nach Komponenten (bzw. Subsystemen oder Modulen) variieren; in einem solchen Fall wird die Gleichung 30–2 auf jede der N-Komponenten und die Ergebnisse angewandt, die zur Bestimmung der Gesamt-Wartungsschätzung summiert worden sind:

$$(MM_{AM})_i = (ACT)_i\,(MM_{DSN})_i\,(EAF)_i$$

$$(MM)_{AM} = \sum_{i=1}^{N} (MM_{AM})_i \qquad (30-3)$$

Sie finden Beispiele über die Anwendung von COCOMO-Schätzgleichungen für Wartung in Abschnitt 5.8 für das COCOMO-Basismodell und in Abschnitt 9.5 für das COCOMO-Zwischenmodell. Das Verfahren des COCOMO-Endmodells folgt dem beim COCOMO-Zwischenmodell angewandten Muster.

Modifizierte Aufwandsmultiplikatoren

Die geänderten Aufwandsmultiplikatoren für RELY und MODP finden Sie in den Tabellen 30–1 und 30–2. Sie spiegeln die Tatsache wider, daß sich erhöhte Investitionen in die Software-Zuverlässigkeit und der Einsatz moderner Programmiermethoden während der Software-Entwicklung später bei der Wartung in hohem Maße auszahlen. Eine eingehendere Besprechung dieser Aufwandsmultiplikatoren finden Sie in Abschnitt 8.5.

30.3 Vergleich mit Projekt-Ergebnissen

Abbildung 30–4 bringt den Vergleich zwischen dem geschätzten jährlichen Wartungsaufwand (unter Verwendung des COCOMO-Zwischenmodells) und dem tatsächlichen Aufwand für die 24 Wartungsprojekte in der COCOMO-Datenbank. Bei diesen sind auch 14 Projekte aus der ursprünglichen COCOMO-Projekt-Datenbank berücksichtigt, für die Kostenfaktor-Merkmalsmaßstäbe sowohl für die Entwicklung als auch für die Wartung (den Punkten in Abbildung 30–4) zur Verfügung stehen; des weiteren sind 10 Projekte berücksichtigt, deren Kostenfaktor-Merkmalsmaßstäbe unbekannt waren. Für diese 10 Projekte (die Kästchen in Abbildung 30–4) wurde eine jährliche Wartungsschätzung erstellt, ausgehend von der Annahme, daß die Aufwandsmultiplikatoren für die Wartung dieselben wie bei der Entwicklung waren.

Die Ergebnisse in Abbildung 30–4 zeigen eine relativ gute Übereinstimmung zwischen den Schätzungen und den tatsächlichen Ergebnissen. Die Übereinstimmung ist für kleine Wartungsaktivitäten (die Kästchen) nicht so gut wie für die Projekte, die sich auf komplette Werte stützen.

*) Sie erinnern sich, daß diese Größe von dem KDSI-Äquivalent verschieden sein kann, das zur Berechnung der Entwicklungskosten eingesetzt wird — es könnte sein, daß bei ihnen ein Reduktionsfaktor für angepaßte Software berücksichtigt wurde.

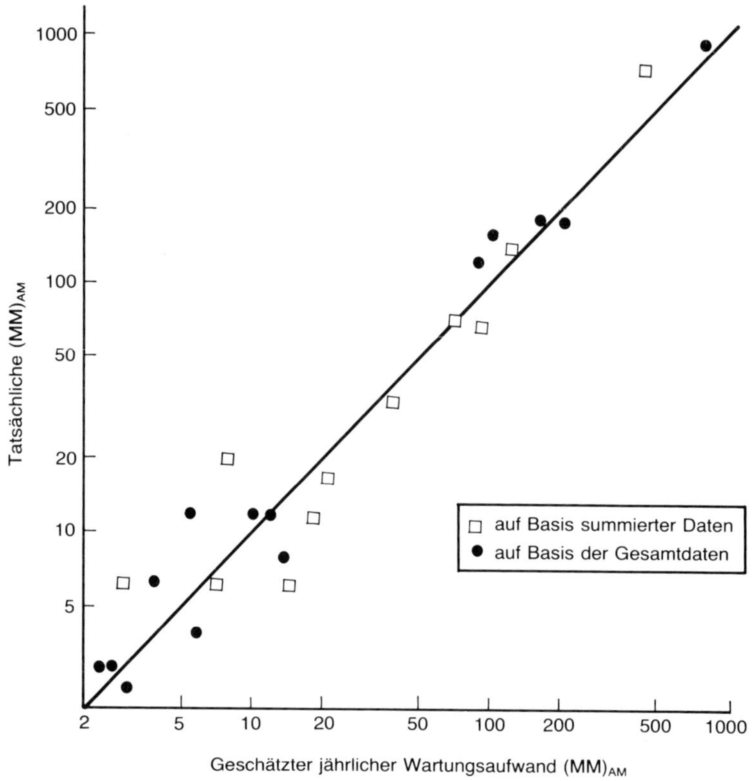

Abb. 30–4: COCOMO-Wartungsaufwand — Schätzungen im Vergleich zu tatsächlichen Ergebnissen

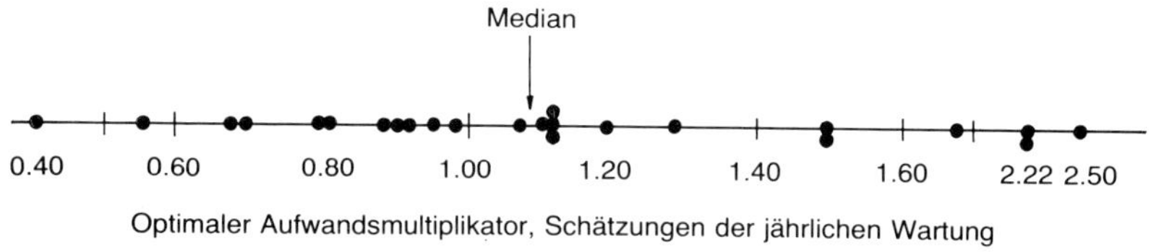

Abb. 30–5: Verteilung der optimalen Aufwandsmultiplikatoren des Wartungsmodells

Die Abbildung 30–5 zeigt die optimalen Aufwandsmultiplikatoren für jedes Projekt, d. h. die Werte, die — hätte man sie anstelle des Multiplikators 1,0 in der Gleichung

$$(MM)_{AM} = (1{,}0)\ (ACT)\ (MM)_{DSN}\ (EAF)_{M} \qquad (30 — 2)$$

benutzt — die geschätzten $(MM)_{AM}$ dem tatsächlichen Wert des Projektes gleich gesetzt hätten. Wie aus dem Medianwert (dem Pfeil in Abbildung 30–4) ersichtlich ist, wäre ein Wert von 1,09 für das Modell etwas besser als 1,0; der Unterschied ist im Vergleich zur Streuung bei den Datenwerten jedoch so klein, daß wir aus Gründen der Einfachheit bei 1,0 geblieben sind.

30.4 Andere Kostenschätzungsmodelle für die Software-Wartung

Andere Kostenschätzungsmodelle für die Software-Wartung sind weitgehend auf einfachen linearen Relationen aufgebaut. Für diese Relationen wurden drei grundlegende Basiswerte verwendet: die Entwicklungskosten, die Produktgröße und die Anzahl der geänderten Befehle.

Die Wartungs-/Entwicklungskosten-Rate

Die Wartungs-/Entwicklungskosten-Rate M/D (= maintenance/development cost ratio) wird zur Schätzung der Gesamt-Wartungskosten des Lifecycle $(MM)_M$ — und zwar von Beginn des Übernahmetestes durchgängig bis zur Endphase — als eine Funktion der tatsächlichen oder geschätzten Entwicklungskosten $(MM)_{DEVEL}$ eingesetzt:

$$(MM)_M = (M/D)\ (MM)_{DEVEL} \qquad (30 — 4).$$

Zum Beispiel braucht ein 32-KDSI-Produkt, für dessen Entwicklung 100 MM erforderlich sind und das eine M/D-Rate von 2,0 (67% Wartung) hat, für die Wartung ca. (2,0)(100/MM) = 200 MM.

Das SLIM-Modell von Putnam (Putnam-Fitzsimmons, 1979) verwendet für die M/D-Rate einen Wert von 1,5 (dies entspricht 60% des Wartungs- und 40% des Entwicklungs-Lifecycle); es berechnet die Verteilung des Wartungsaufwandes, indem es das Ende der Rayleigh-Verteilung verwendet. Andere bekannte Werte der M/D-Rate reichen von 0,67 (oder 40% Wartung) bei (Brooks, 1975) bis 4,5 (oder 82% Wartung), die bei der Anwendungs-Software von (Stone-Coleman, 1979) eingesetzt wurden.

Die „Befehle pro Person“-Rate

Diese Rate stammt aus den Anfangstagen der Software und stellte sich des öfteren in folgender Form dar: „Jede Wartungsperson kann vier Kartons Lochkarten warten“. (Ein Lochkarten-Karton faßte 2000 Karten oder grob geschätzt 2000 Source-Befehle mit damals noch wenigen Kommentarkarten). Die Zahl Vier konnte gelegentlich durch Drei ober Sieben oder irgendeine naheliegende Zahl ersetzt werden, und dies war ein praktisches Verfahren für eine grobe Schätzung des Wartungspersonalbedarfs.

Üblicherweise wird die Rate durch $(KDSI/FSP)_M$ ausgedrückt, in Tausenden von Source-Befehlen, die vom Vollzeit-Software-Personal gewartet werden, und nach der Anzahl des Wartungspersonals $(FSP)_M$, das erforderlich ist, um ein Produkt der Größe $(KDSI)_{DEVEL}$ zu warten, das wie folgt geschätzt wurde:

$$(FSP)_M = \frac{(KDSI)_{DEVEL}}{(KDSI/FSP)_M} \qquad (30-5).$$

Die Gleichung für den jährlichen Wartungsaufwand $(MM)_{AM}$ lautet dann ganz einfach:

$$(MM)_{AM} = 12\ (FSP)_M.$$

Demnach würde ein 32-KDSI-Produkt mit einer Rate „Befehle pro Person“ von $(KDSI/FSP)_M = 16$ eine geschätzte Personalbesetzung von 32/16 = 2 für die Wartung benötigen oder einen jährlichen Wartungsaufwand von 12 (2) = 24 MM. Tabelle 30−3 zeigt zahlreiche Werte für die „Befehle pro Person-Rate“ $(KDSI/FSP)_M$. Die Abweichungen ergeben sich offensichtlich hauptsächlich in Abhängigkeit von dem Typ der Anwendung.

Tab. 30–3: „Karten pro Person"-Rate bei der Software-Wartung.

Quellennachweis	Anwendungsart	$(KDSI/FSP)_M$
COCOMO, niedrigste Version		3
[Wolverton, 1980]	Luftfahrt	8
[Ferens-Harris, 1979]	Luftfahrt	10
COCOMO, 25. Perzentil		10
[Daly, 1977]	Real-Time	10– 30
[Griffin, 1980]	Real-Time	12
[Elliott, 1977]	Kommerziell	20
[Graver und andere, 1977]	Kommerziell, HOL	20
[Graver und andere, 1977]	Kommerziell, MOL	22
COCOMO, Median		25
[Lientz-Swanson, 1980]	Kommerziell, 487 Installationen	32
COCOMO, 75. Perzentil		36
[Daly, 1977]	Unterstützungs-Software	30–120
COCOMO, höchste Version		132

Ein weiterer, höchst bedeutsamer Aspekt von Tabelle 30–3 ist der Vergleich von (Graver und anderen, 1977) zwischen der Wartung von Software in einer höheren Programmiersprache (HOL = higher order language) und von Software in Maschinensprache (MOL = machine-oriented language). Die Tatsache, daß ihre $(KDSI/FSP)_M$-Raten pro Sourcebefehl etwa gleich sind, bedeutet, daß bei den Wartungskosten pro Objektbefehl ein großer Nutzen erzielt werden kann, wenn man mit der höheren Sprache programmiert. Das Programm in der höheren Programmiersprache wird typischerweise in eine weitaus größere Zahl von Assembler-Befehlen kompiliert (sie variieren von 2,5 bis 15; siehe Tabelle 28–1), die individuell zu warten wären, wenn der Job in der Maschinensprache abgefaßt worden wäre. Die vergleichenden Ergebnisse pro Objektbefehl von (Graver und anderen, 1977) sind in Abbildung 30–6 dargestellt.

Die Wartungs-Produktivitätsrate

Die Wartungs-Produktivitätsrate $(DSI/MM)_{MOD}$ ist die durchschnittliche Anzahl an Befehlen, die pro Mann-Monat des Wartungsaufwands modifiziert werden können. Sie kann für die Schätzung des jährlichen Wartungsaufwands, der für ein Produkt der Größe $(DSI)_{DEVEL}$ erforderlich ist, mit Hilfe der jährlichen Änderungsrate (ACT = annual change traffic) eingesetzt werden.

$$(DSI)_{MOD/YR} = (ACT)\,(DSI)_{DEVEL}$$

$$(MM)_{AM} = \frac{(DSI)_{MOD/YR}}{(DSI/MM)_{MOD}} \qquad (30-6)$$

Ein 32-KDSI-Produkt mit einer jährlichen Änderungsrate ACT von 10% und einer Wartungs-Produktivität von $(DSI/MM)_{MOD} = 200$ würde demnach $(DSI)_{MOD/Jahr} = (0{,}10)(32\,000) = 3200$ und einen jährlichen Wartungsaufwand von $(MM)_{AM} = 3200/200 = 16$ MM haben. Die Größe $(DSI/MM)_{MOD}$ kann auch eingesetzt werden, um einen Einzelaufgabenansatz für die Wartungsschätzung zu unterstützen, bei dem jede Wartungsaufgabe nach der Anzahl der zu modifizierenden Befehle $(DSI)_{MOD}$ bemessen ist.

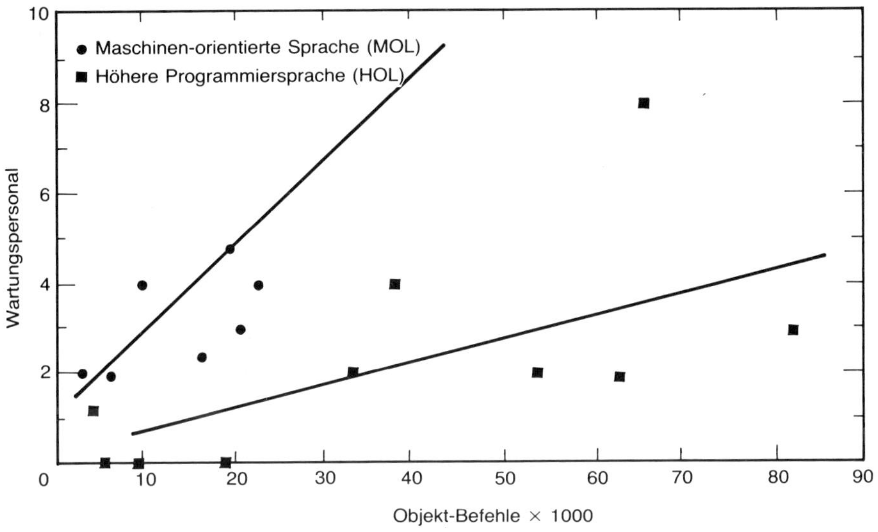

Abb. 30–6: Auswirkung der Programmiersprache auf Update- und Wartungskosten

Die durchschnittlichen Werte der jährlichen Änderungsrate (ACT) und $(DSI/MM)_{MOD}$ in den 487 kommerziellen Datenverarbeitungs-Installationen, die von (Lientz-Swanson, 1980) beobachtet wurden, gehen aus den Daten wie folgt hervor:

Durchschnittliche Größe:	48,0 KDSI
Durchschnittliche Änderungen pro Jahr:	4,4 KDSI
Durchschnittliche ACT:	4,4/48,0 = 0,092
Durchschnittliche $(FSP)_M$:	1,52
Durchschnittliche $(KDSI/FSP)_M$:	48/1,52 = 32
Durchschnittliche $(DSI/MM)_{MOD}$:	4400/(12 × 1,52) = 241.

Bei (Boeing, 1979) finden Sie weitere Werte für ACT und $(DSI/MM)_{MOD}$; dort gibt es für die Software-Wartung die Bewertungsmaßstäbe „mittelschwer und schwierig". Diese Werte sind in Tabelle 30–4 zusammengefaßt.

Tab. 30–4: Wartungs-Produktivitätsraten (Boeing, 1979)

Bewertungs-Maßstäbe	Software-Arten	Typisch $(DSI/MM)_{MOD}$	Typisch ACT
Leicht	Andere als Real-Time-Input/Output	500	0,15
Mittelschwer	Mathematische und logische Verarbeitungen, Signalverarbeitung	250	0,05
Schwierig	Datei, Datenbank-Manipulation, Real-Time-Kontrolle, Input/Output	100	0,01

Der Schätzer kann dann beurteilen, welcher Anteil des Software-Produktes leicht, mittelschwer oder schwierig ist; er kann die Gleichungen (30–6) mit den entsprechenden Werten von ACT und $(DSI/MM)_{MOD}$ anwenden, um somit zu einer Berechnung der jährlichen Wartungsschätzungen $(MM)_{AM}$ zu gelangen.

Vergleich mit COCOMO-Daten

Die weiter oben besprochenen Raten sind für frühe, grobe Schätzungen der Software-Wartungskosten von Nutzen, ihre Variabilität macht sie aber (wegen ihrer Unempfindlichkeit für andere wichtige Kostenfaktoren) für die Planungen des Lifecycle, der fixe, detaillierte Budget-Verpflichtungen mit sich bringen könnte, unbrauchbar.

Der Variabilitätsumfang dieser Parameter innerhalb der COCOMO-Wartungs-Datenbank ist in Tabelle 30–5 zusammengefaßt, die die höchsten, niedrigsten, Mittel- und Quartil-Werte der „Befehle-pro-Person-Rate" $(KDSI/FSP)_M$, die Wartungs-Produktivitäts-Rate $(DSI/MM)_{MOD}$ und die jährliche Änderungsrate (ACT) aufzeigt.

Die Median-Werte von $(KDSI/FSP)_M$, $(DSI/MM)_{MOD}$ und ACT in der COCOMO-Datenbank liegen niedriger als die entsprechenden durchschnittlichen Werte in der Datenbank der kommerziellen Software-Wartung (Lientz-Swanson, 1980). Höchst wahrscheinlich ist dies auf die Unterschiede bei den Wartungs-Charakteristika zwischen kommerzieller Software und anderen Softwarearten zurückzuführen. Die fünf kommerziellen Software-Datengruppen in der COCOMO-Datenbank haben normalerweise auch höhere Werte für diese Parameter (mit Ausnahme von ACT); siehe hierzu die COCOMO-Wartungswerte in Tabelle 30–6.

Tab. 30–5: Kennzahlen zu den Software-Wartungsparametern in der COCOMO-Datenbank

Parameter	niedrigster Wert	25. Perzentil	Median	75. Perzentil	höchster Wert
Befehle pro Person $KDSI/FSP)_M$	3,2	10	25	36	132
Wartungsproduktivität $(DSI/MM)_{MOD}$	36	88	164	250	1238
Jährliche Änderungsrate (ACT)	0,01	0,05	0,08	0,20	0,40

Die Parameter-Kennzahlen (Tabelle 30–5) werden ebenfalls bei der Gültigkeits-Prüfung für einen geschätzten oder abgeleiteten Software-Wartungs-Parameter eingesetzt. Wenn Sie annehmen oder errechnen, daß jede Wartungsperson durchschnittlich 50 KDSI warten kann, ist es gut zu wissen, daß Sie sich im oberen Quartil der Wartungsprojekte befinden. Als zusätzliche Hilfe in dieser Richtung zeigen die Abbildungen 30–7 und 30–8 die tatsächlichen kumulativen Verteilungen aus der COCOMO-Datenbank für die Befehle-pro-Person-Rate $(KDSI/FSP)_M$ sowie die jährliche Änderungsrate. Abbildung 30–8 weist darauf hin, daß die Zahl von 50 $(KDSI/FSP)_M$ im 85. Perzentil der Projekte der COCOMO-Datenbank liegt.

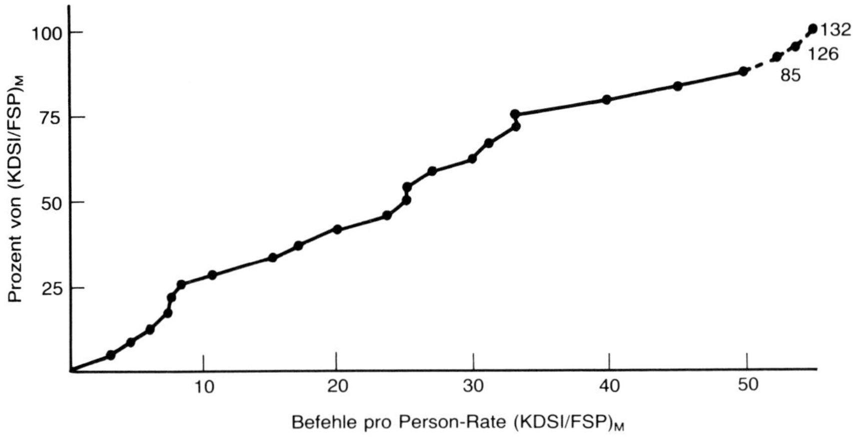

Abb. 30–7: Kumulative Verteilung der Befehle pro-Person-Rate $(KDSI/FSP)_M$

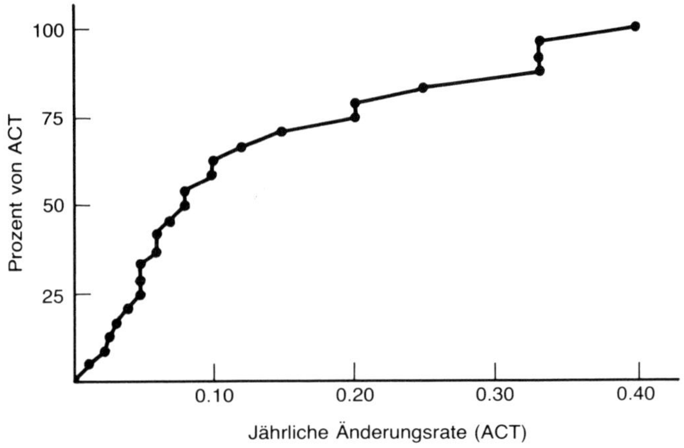

Abb. 30–8: Kumulative Verteilung des Parameters der jährlichen Änderungsrate (ACT)

30.5 Die Phänomenologie der Software-Wartung

Die Software-Wartungs-Produktionsfunktion

Normalerweise wird die Software-Wartung am Aufwand gemessen, wobei der Grad des Aufwandes von einer Kosten-Nutzen-Analyse und der Berücksichtigung des Gesetzes vom abnehmenden Nutzenzuwachs bestimmt wird, ähnlich der in Kapitel 11.2 besprochenen Software-Entwicklungssituation.

Eine typische Kosten-Nutzen-Produktionsfunktion der Software-Wartung ist in Abbildung 30–9 dargestellt. Das Investitionssegment besteht aus jenen Wartungs-Aktivitäten, die ausgeführt werden müssen, wenn sich der Wert des Programmes nicht verschlechtern soll: Programm-Korrekturen für Notfall, Einbau der Änderungen in der

Programmumgebung (Hardware, Betriebssystem, Stammdatenbanken, Input-Daten) und notwendige Änderungen (z. B. neue Einkommensteuerrichtlinien).

Das Kurvensegment, in dem sich der hohe Ertrag einstellt, ergibt sich aus den Benutzerverbesserungen mit hoher Priorität, aus den Programmänderungen mit hoher Priorität im Hinblick auf die Programm-Effizienz, die Zuverlässigkeit und die Dokumentation sowie aus einer Gruppe sekundärer Benutzerverbesserungen, die einen niedrigeren, aber immer noch erheblichen Nutzen-Überschuß im Verhältnis zu den Kosten zulassen.*)

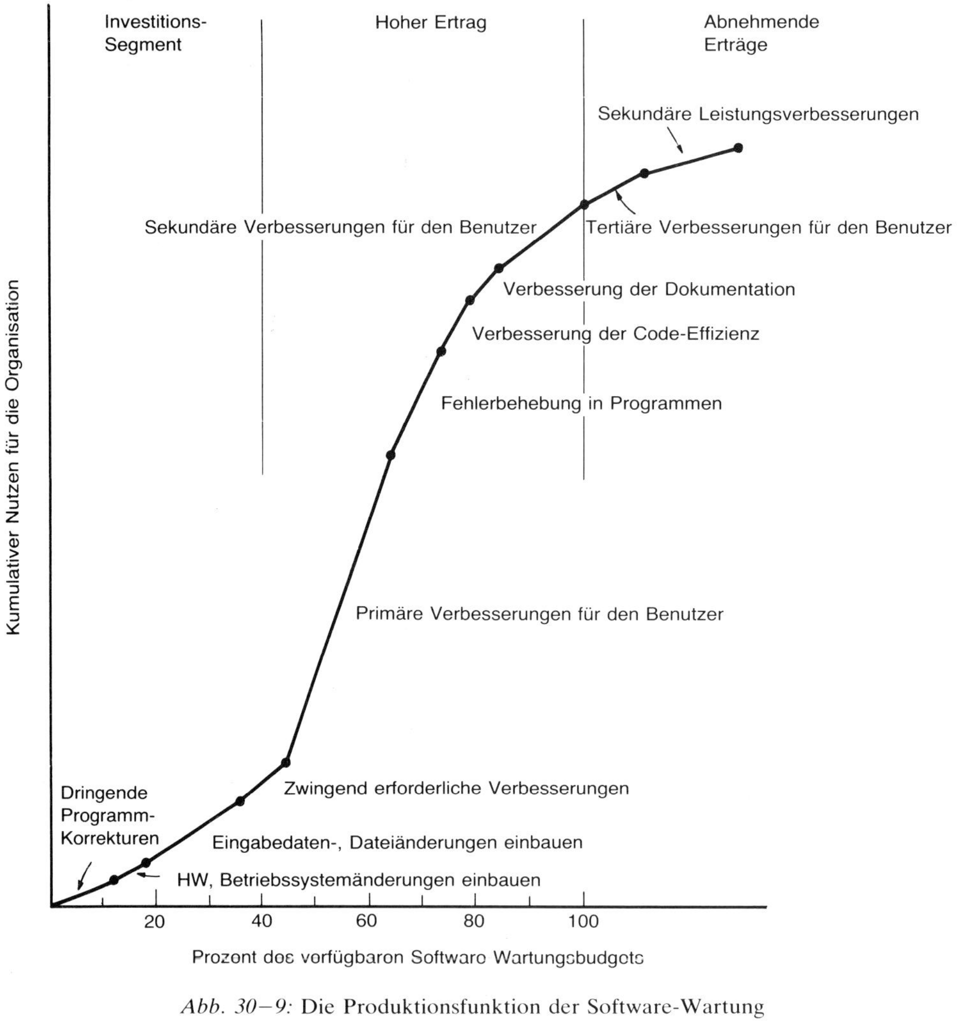

Abb. 30–9: Die Produktionsfunktion der Software-Wartung

---

*) Natürlich handelt es sich bei dieser Charakterisierung um die vereinfachte Darstellung einer Situation aus der Praxis, die weitaus komplexer ist.

Das Kurvensegment mit abnehmendem Ertrag besteht — wie in Abbildung 11–5 für die Entwicklung — aus dem gewöhnlich endlosen Überhang an nicht zwingend erforderlichen Bestandteilen der Software-Wartungs-Organisation (selten verwendete Reports, Tortendiagramm-Anzeigen, Neuredaktion des schlecht strukturierten, aber stabilen Inventur-Moduls usw.). Alle diese Punkte könnten der Organisation von Nutzen sein, aber im Verhältnis zu ihren Kosten weniger als die bereits durchgeführten Aktivitäten oder solchen, die auf den Prioritätenlisten weiter oben stehen.

Die Dynamik der Software-Wartung

Die Frage, wieviel Wartungsaufwand in ein spezielles Software-Produkt investiert werden soll, kann nur durch die Entscheidung jeder einzelnen Organisation über die Gestaltung ihrer Nutzen-Bandbreite und den geeigneten Wendepunkt zwischen dem Segment mit hohen und dem mit abnehmendem Ertrag der Wartungsproduktions-Funktion beantwortet werden. Die in Teil III vermittelten quantitativen und qualitativen wirtschaftlichen Analysemethoden können zur Klärung des Sachverhaltes beitragen, sie sind jedoch kein Ersatz für das menschliche Urteilsvermögen.

Wenn eine Organisation über den von ihr gewünschten Wartungsstandard eines Software-Produktes einmal entschieden hat, wird die soziale, wirtschaftliche und politische Trägheit es normalerweise erschweren, bedeutende Änderungen auf der Ebene des Aufwands oder der Verarbeitungsart herbeizuführen. In einigen Fällen können starke Nachfrage-Steigerungen im Investitionssegment (wie zum Beispiel Umstellungen) oder bedeutende Erhöhungen oder Umschichtungen der Nachfrage aufgrund eines expandierenden oder sich ändernden Marktes für ein Software-Produkt Instabilitäten oder Neu-Orientierungen verursachen. In den meisten Fällen jedoch wird es die Wartungs-Aktivität zu einem einigermaßen vorhersehbaren Gleichgewicht bringen.

Die Belady-Lehmann-Studien über die Entwicklungsdynamik der Software-Wartung (Lehmann, 1978; Belady-Lehmann, 1979) haben zur Formulierung einer Gruppe von „Gesetzen der Großprogramm-Entwicklung" geführt, die eine nützliche Charakterisierung des gewöhnlichen Software-Wartungsprozesses liefern. Es handelt sich um die folgenden (Lehmann, 1978):

1. Kontinuierlicher Wechsel

Ein im Einsatz befindliches Programm unterliegt einem fortgesetzten Wechsel oder wird in zunehmendem Maße weniger nützlich. (Gemäß Abbildung 30–9 gilt hier sinngemäß die Aussage, daß „alle großen Programme ein nicht unbedeutendes Investitionssegment haben".)

2. Zunehmende Komplexität

In dem Maße, in dem ein Programm einem kontinuierlichen Wechsel unterliegt, nimmt seine Komplexität zu, es sei denn, es wird etwas für seine Wartung unternommen. Hierfür gibt Abbildung 30–10, entnommen aus (Belady-Lehmann, 1979) ein gutes Beispiel; sie zeigt, wie mehrere Releases von OS/360 erforderlich waren, um immer mehr Module immer dann abzuändern, wenn immer mehr Folgewirkungen berücksichtigt werden mußten.

3. Das grundlegende Gesetz der Großprogramm-Entwicklung

Es gibt eine Dynamik der Großprogramm-Entwicklung, die Ursache dafür ist, daß die Maßstäbe des gesamten Projektes und aller System-Merkmale sich in einem bestimmten Zyklus selbst regulieren.

4. *Unveränderliches Arbeitsmaß*

Das gesamte Aktivitätsmaß eines großen Programmierprojektes ist statistisch gesehen unveränderlich. (Sicher kann es — wie wir oben gesehen haben — aufgrund von großen Änderungen der Nachfrage oder aufgrund von Einsatz-Diskontinuitäten, wie z. B. periodisch stattfindenden Starts in der bemannten Raumfahrt, Ausnahmen geben.)

5. *Wahrung der Vertraulichkeit*

Für eine verläßlich geplante Entwicklung muß ein umfangreiches Programm, das einem Wechsel unterliegt, periodisch freigegeben werden, und zwar in Intervallen, die von einem gesicherten Maximum an Release-Inhalt (und wahrscheinlich auch einer gesicherten Mindestzeitdauer zwischen den Releases — siehe hierzu die Diskussion über die Änderungsanfälligkeit der virtuellen Maschine in Abschnitt 25.3) — bestimmt sind.

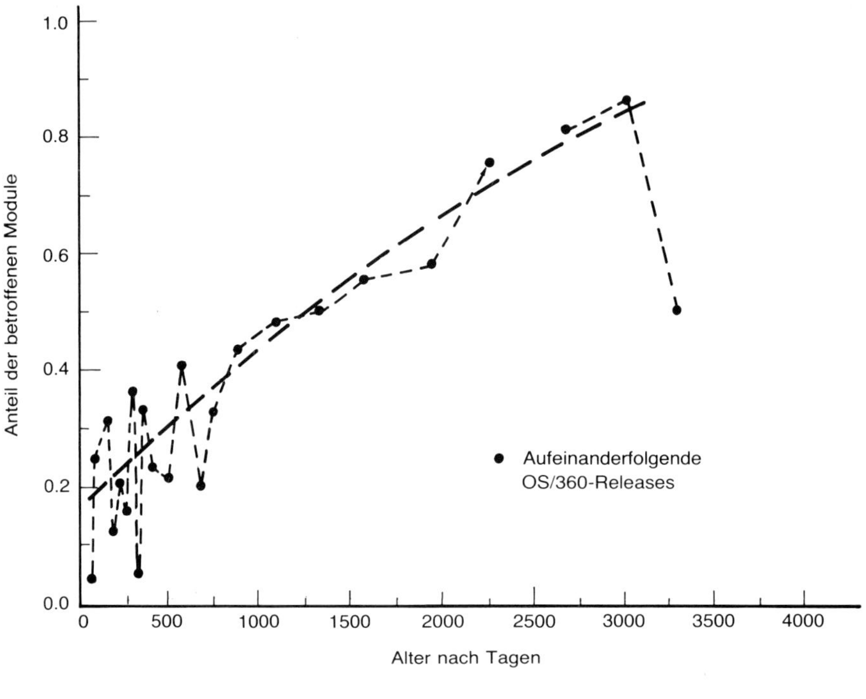

Abb. 30–10: Anteil der Module, der bei einem neuen Release angepaßt werden muß: OS/360 (Belady-Lehmann, 1979)

Die Verteilung des Software-Wartungsaufwandes auf die Aktivitäten

Obwohl der Nutzenanteil der Produktionsfunktion der Software-Wartung in Abbildung 30–9 nicht generell quantitativ bemessen werden kann, können einige Aspekte des Kostenanteils relativ gut bestimmt werden. Wir verdanken es der Untersuchung von (Lientz-Swanson, 1978) über 487 kommerzielle Datenverarbeitungs-Installationen, daß wir heute von einigen der Hauptmerkmale der Bruttokosten-Verteilung der

Software-Wartung ein besseres Bild haben. Die erfaßten Installationen waren hauptsächlich kommerziell ausgerichtet: Versicherungen (10,1%), Regierungsbehörden (9,9%), Metallindustrie (8,2%) und Banken/Kreditinstitute (7,8%) waren am stärksten vertreten. Die entsprechenden Größen der Installationen waren relativ repräsentativ verteilt. An Hand des unten abgebildeten Diagramms und der Daten können Sie sich über die wichtigsten Ergebnisse dieser Studie einen Überblick verschaffen.

Abbildung 30–11 zeigt die typische Verteilung des Software-Wartungsaufwands auf die beiden Hauptgebiete Update und Reparatur. Die korrigierende Wartung (das sind dringende Programmkorrekturen und Routine-Fehlerbehebung), die normalerweise den Hauptanteil am Hardware-Wartungsbudget ausmacht, neigt dazu, nur einen relativ kleinen Teil (21,7%) der hier definierten Software-Wartungsaktivität zu beanspruchen. Wenn also eine fehlerfreie Software-Entwicklung erreicht wird, ist dennoch ein substantielles Budget für die Software-Wartung nötig.

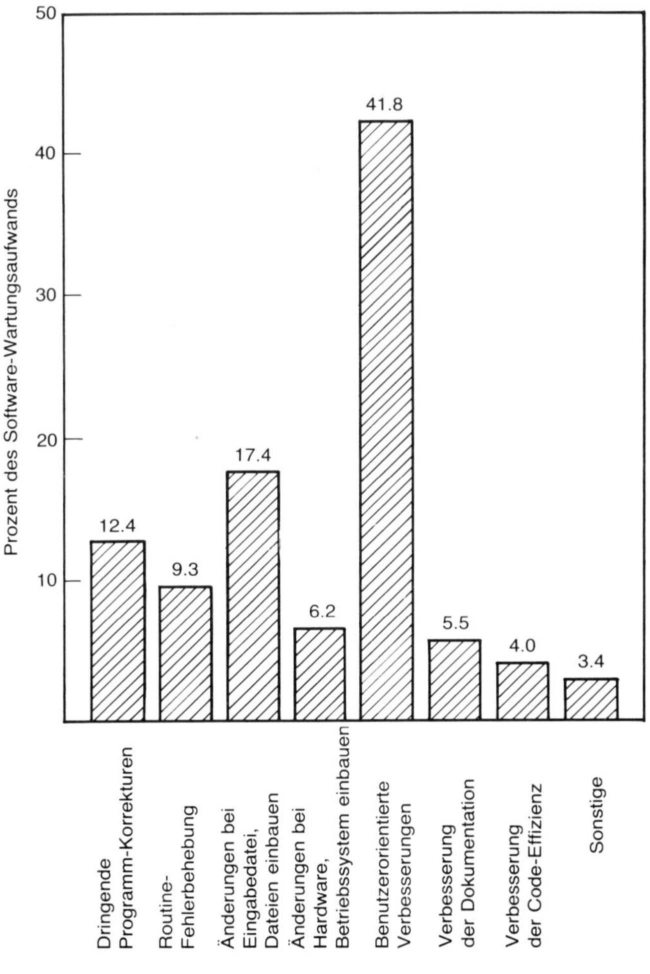

Abb. 30–11: Verteilung des Software-Wartungsaufwands

Der größte Teil (41,8%) des Software-Wartungsaufwandes ist für Software-Updates (Verbesserungen für die Benutzer) bestimmt. Abbildung 30–12 zeigt die typische Verteilung des Software-Update-Aufwandes nach den vom Software-System erzeugten Berichten. Aus dieser Verteilung wird klar (wenigstens bei einer kommerziellen DV-Installation), daß flexible Datenstrukturen und Report-Generierungsfähigkeiten bei der Verbesserung der Software-Wartungseffizienz eine wichtige Rolle spielen.

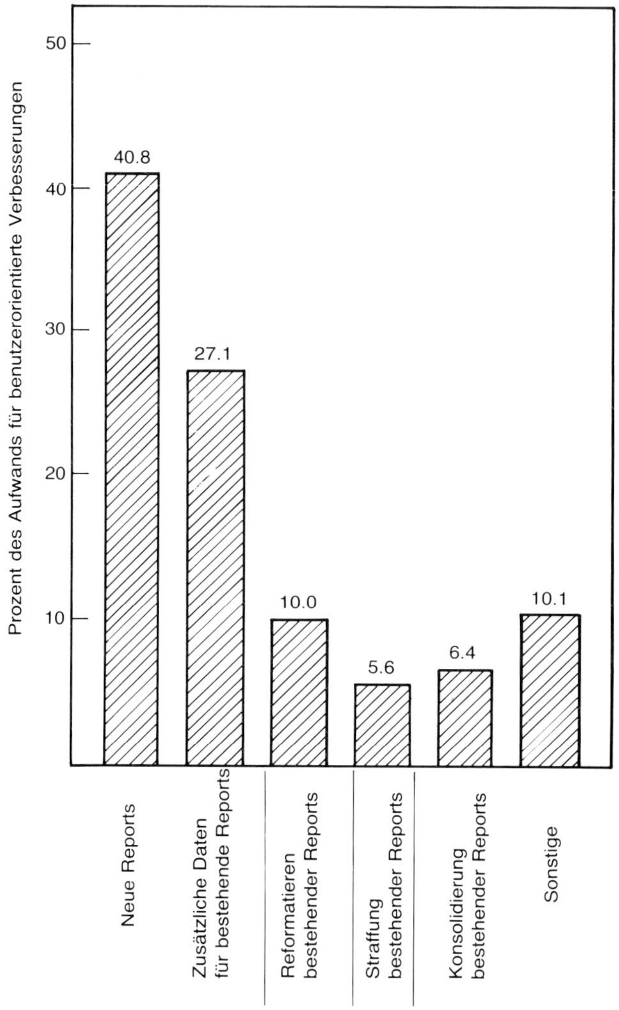

Abb. 30–12: Verteilung des Aufwands für benutzerorientierte Verbesserungen

Die Aufwandsverteilung nach Aktivitäten in Abbildung 30–11 ist der Schlüssel zur quantitativen Bestimmung des Kostenanteils (oder des prozentualen Anteils des Wartungs-Budgets) der Software-Wartungsproduktionsfunktion in Abbildung 30–9, weil die kumulativen Aktivitätsprozentsätze in Abbildung 30–9 von den entsprechenden Aktivitätsprozentsätzen in Abbildung 30–11 abgeleitet sind (12,4% für Notfall-Programmkorrekturen im Investitionssegment der Abbildung 30–9 usw.).

Das hervorragendste Merkmal der Produktionsfunktion in Abbildung 30–9 ist der sehr hohe Anteil für Wartungsaufwand (40 bis 50%), den das Investitionssegment beansprucht. Damit sitzt dem Wartungspersonal ständig die Faust im Nacken: eine Bürde unumgänglicher Arbeit, die geleistet werden muß, nur um den Wert des Systems in etwa auf seinem augenblicklichen Niveau zu halten. Es ist offensichtlich, daß hier der Einsatz moderner Programmiermethoden dadurch eine positive Wirkung auf die Arbeitseinstellung und Effizienz des Wartungspersonal und ganz allgemein auf die Zielverwirklichung des Unternehmens bzw. der Organisation haben kann, daß Notkorrekturen an Programmen reduziert und Folgewirkungen aufgrund von Umgebungsveränderungen auf ein Minimum verringert werden.

Die wichtigste Konsequenz aus dem Blickwinkel der Lifecycle-Planung für uns ist, *daß die Software-Wartung nicht wahlfrei ist.* Die für die Software-Entwicklung entstandenen Kosten müssen im Budget ausgeglichen werden, nur um die Software für die Zeit ihres Lebenszyklus funktionsfähig zu erhalten; danach können weitere Kosten nach Wahl für erwünschte Verbesserungen während des Lifecycle eingegangen werden. Ein Projekt, das ein langlebiges Software-Produkt entwickelt, das aber für die Wartung bedeutend weniger Geld veranschlagt als für die Entwicklung, weil „Software sich nicht abnützt und nicht gewartet werden muß", ist ein Projekt, dem einige schmerzliche Überraschungen ins Haus stehen.*) Nützliche Hinweise zu praktischen Methoden der Software-Wartung finden sich bei (Parikh, 1980) und (Glass-Noiseux, 1981).

30.6 Projektdaten der Software-Wartung

Tabelle 30–6 enthält die Software-Projektdaten, die eingesetzt wurden, um das COCOMO-Wartungsmodell aufzustellen. Es besteht aus 14 Projekten aus der COCOMO-Datenbank, die umfassend beschrieben worden sind (Tabelle 29–1), und 10 zusätzlichen Projekten, für die nur zusammengefaßte Entwicklungs- und Wartungsdaten bekannt sind.

Die 14 komplett beschriebenen Projekte sind spezifiziert, und ihr jährlicher Wartungsaufwand ist unter Verwendung einer Variante des COCOMO-CLEF-Formulars (siehe Abschnitt 9.5) geschätzt worden. Die vom Standard-CLEF-Formular abweichenden Darstellungen sind:

- Spalte 1 — Enthält die Projektnummer aus der COCOMO-Datenbank (Tabelle 29–1), die Art, das Entwicklungsjahr und die Produkt-Programmiersprache;
- Spalte 3 — zur Eliminierung des Faktors für die Anforderungs-Änderungsanfälligkeit während der Wartung (RVOL); die entsprechenden Auswirkungen werden während der Wartung durch den Parameter für die jährliche Änderungsrate (ACT) abgedeckt;
- Spalte 21 — die jährliche Änderungsrate (ACT) für das Projekt;
- Spalte 22 — der geschätzte jährliche Wartungsaufwand $(MM)_{AM,E}$;
- Spalte 23 — der tatsächliche jährliche Wartungsaufwand $(MM)_{AM,A}$;
- Spalte 24 — der relative Fehler $[(MM)_{AM,E}-(MM)_{AM,A}] / (MM)_{AM,A}$ in Prozent.

---

*) Auch hier ist wieder zu vermerken, daß diese Schlußfolgerung für größere Produkte mit langer Lebensdauer gilt. Die (Kendall-Lamb, 1977)-Studie, bei der sich eine mittlere Anwendungsprogrammgröße von 400 DSI und eine mittlere Programm-Lebensdauer von 14 Monaten herausstellte, berichtet über kleine, kurzlebige Programme, die weniger Wartungsplanung und ein kleineres Wartungsbudget erforderlich machten.

Die 10 zusammengefaßten Projekte enthalten den Projekt-Entwicklungsaufwand in Spalte 20. Ihr geschätzter jährlicher Wartungsaufwand wird wie folgt errechnet:

$$(MM)_{AM,E} = (MM)_{DEV}\ (ACT)$$

Diese Berechnung geht davon aus, daß die Kostenfaktor-Bewertungsmaßstäbe für die Wartung dieselben sind wie für die Entwicklung. Da dies — wie aus den 14 detailliert beschriebenen Projekten ersichtlich — nicht immer zutrifft, nehmen wir an, daß die zusammengefaßt beschriebenen Projekte größere Abweichungen zwischen den Schätzungen und den Istwerten aufweisen als das detailliert beschriebene Projekt. Dies trifft tatsächlich zu; zwei der zusammengefaßt beschriebenen Projekte kommen beispielsweise mit dem Faktor 2,5 aus. Wie wir jedoch aus Abbildung 30–4 gesehen haben, ist die Abweichungsvielfalt gerechtfertigt.

Projekt: Wartungsschätzungen im Vergleich zu den Istwerten I

Analytiker: Datum:

Projekt-Nr.	Art	Jahr	LANG	KDSI (2)	E-Art	(3) RVOL	Produkt (4) RELY	(5) DATA	(6) CPLX	Computer (7) TIME	(8) STOR	(9) VIRT	(10) TURN	Personal-Merkmale (11) ACAP	(12) AEXP	(13) PCAP	(14) VEXP	(15) LEXP	Projekt (16) MODP	(17) TOOL	(18) Terminplan	(19) EAF	(20) MM DSN	(21) IST	(22) MM SCH	(23) MM IST	(24) E-A/A
1	BUS	72	COB	113	E	1.0	1.15								1.0		1.0		1.39		1.0	2.59	814	0.05	105	156	−33
						1.19	0.88								1.13		1.10		1.24		1.04	2.72					
3	BUS	77	PLI	132	T.I.									1.0		1.0			0.85			0.43	711	0.04	12.2	12	2
														0.86		0.86			0.91			0.34					
14	CTL	77	MOL	30	T.I.	1.0	0.98					1.0					1.0	1.0	1.12		1.0	2.57	10.3	0.15	4.0	6	−33
						1.19	1.15					1.15					1.10	1.07	1.10		1.23	5.86					
22	HMI	76	JOV	118	E														0.85		1.0	0.71	858	0.33	201	180	12
																			0.91		1.23	0.94					
23	HMI	78	HOL	77	E																1.0	0.72	514	0.25	93	120	−22
																					1.23	0.89					
28	HMI	72	MOL	13	ORG							1.0							1.14			2.53	47	0.12	14	8	75
												1.15							1.10			2.81					
32	SCI	72	FTN	390	T.I.		1.15							1.0			0.90	0.95	1.19	1.0		0.88	2394	0.08	169	186	−10
							0.88							0.71			1.0	1.0	1.10	1.10		0.57					
38	SCI	77	PLI	15	ORG														0.76			0.32	55	0.33	5.8	4	45
																			0.82			0.35					
39	SCI	64	FTN	62	ORG												0.90		0.89			0.34	22	0.40	3.0	2.4	25
																	1.0		0.91			0.39					
51	SUP	70	COB	10	ORG	1.0	1.15								0.91		0.90		1.30		1.0	2.48	36	0.03	2.0	3	−10
						1.38	0.88								1.0		1.0		1.24		1.04	3.18					

Tab. 30–6: Software-Wartungs-Projektdaten-I

Projekt: Wartungsschätzungen im Vergleich zu den Istwerten II

Analytiker: Datum:

				②		③	④ Produkt	⑤	⑥	⑦ Computer	⑧	⑨	⑩	⑪ Personal-Merkmale	⑫	⑬	⑭	⑮	⑯ Projekt	⑰	⑱	⑲	⑳	㉑	㉒	㉓	㉔
Projekt-Nr.	Art	Jahr	LANG.	KDSI	E-Art	RVOL	RELY	DATA	CPLX	TIME	STOR	VIRT	TURN	ACAP	AEXP	PCAP	VEXP	LEXP	MODP	TOOL	SCED	EAF	DSN	IST	MM SCH	MM IST	E-A / A
52	SUP	71	MOL	82	ORG	1.0	1.15					1.0				1.17			1.30	1.0		1.74	29	0.05	2.5	3	−17
						1.38	0.88					1.15				1.0			1.24	1.10		1.90					
56	SYS	71	MOL	27	E	1.0	0.98					0.87			0.82		1.0	1.0	1.16		1.0	1.47	146	0.025	5.4	12	−55
						1.38	1.15					1.0			0.91		1.10	1.07	1.10		1.08	3.63					
58	SYS	76	MOL	25	E		1.10							1.0		1.0			0.86			1.63	133	0.05	10.8	12	−10
							1.40							0.71		0.70			0.91			1.09					
18	HMI	70	FTN	320	E	1.0	0.98							1.0	0.91	1.17	0.90	0.95	1.43	1.0	1.0	2.86	2840	0.10	812	900	−10
						1.19	1.15							0.86	1.0	1.0	1.0	1.0	1.24	1.10	1.08	3.89					
																							MM DEV				
M1	BUS	76	COB	50																			300	0.06	18	12	50
M2	BUS	77	COB	100																			480	0.08	38	36	6
M3	BUS	77	COB	63																			273	0.01	2.7	6	−55
M4	CTL	75	MOL	26																			288	0.07	20	18	11
M5	HMI	74	FTN	204																			2250	0.20	450	156	−40
M6	SCI	76	FTN	12																			46	0.33	15	6	150
M7	SCI	77	FTN	42																			281	0.024	6.7	5.9	14
M8	SCI	78	FTN	176																			877	0.10	88	70	26
M9	SCI	78	FTN	25																			40	0.20	8	20	−60
M10	SYS	76	MOL	65																			1115	0.06	67	72	−7

Tab. 30–6: Software-Wartungs-Projektdaten-II

Kapitel 31

Software-Lifecycle-Kostenschätzung

31.1 Einführung

Bei den bisher von uns besprochenen elementaren Software-Lifecycle-Kostenkomponenten handelte es sich um die Personalkosten für Wartung, Software-Entwicklung und die Anpassung von bereits vorhandener Software. Es gibt eine Reihe anderer Kostenkomponenten, die bei einer Kostenanalyse eines Software-Lifecycle wichtig sein können, wie z. B. Umstellung, Installation, Schulung, Computerkosten, Veröffentlichungen, Reisekosten usw. Für diese Größen stehen uns noch weniger Informationen zur Schätzung ihrer Kosten zur Verfügung. Dieses Kapitel gibt einen Überblick über die vorhandenen Daten und Schätzbeziehungen; es schließt mit einem Beispiel einer Kosten-Nutzen-Analyse für einen Gesamt-Software-Lifecycle ab, wobei gezeigt wird, wie die Methoden angewandt werden können.

Die Schätzung der Software-Umstellungskosten wird in Abschnitt 31.2 besprochen, der eine Reihe grundlegender Definitionen und Kosten-Schätzbeziehungen (cost estimating relationships = CER) für die Umstellung bringt, sowie in Abschnitt 31.3, in dem Sie einen Vergleich der CER mit den Projektdaten und anderen Umstellungs-CER finden. In Abschnitt 31.4 werden die CER bei der Software-Installation und -Schulung erläutert; Abschnitt 31.5 befaßt sich mit den Computer-Kosten; Abschnitt 31.6 mit den Kosten für Veröffentlichungen und Abschnitt 31.7 mit anderen Lifecycle-Kosten im Zusammenhang mit Software. Abschnitt 31.8 schließlich zeigt, wie diese Methoden bei einer Kosten-Nutzen-Analyse eines Software-Lifecycle für die Entwicklung eines Software-Systems beim Anlagen-Management und bei der Bestandskontrolle eingesetzt werden.

31.2 Kostenschätzungs-Beziehungen bei der Software-Umstellung

Die Software-Umstellungskosten können zu einer höchst bedeutenden Komponente der Software-Lifecycle-Kosten werden. Das amerikanische General Accounting Office kam 1977 zu der Schätzung, daß sich die jährlichen Kosten für Software-Umstellungs-Aktivitäten bei der amerikanischen Regierung auf ca. 450 Millionen Dollar pro Jahr belaufen (GAO, 1977). Besonders wenn bei einer Software-Lifecycle-Kostenanalyse die Umstellung eines großen Software-Inventars auf eine (von vielen möglichen) neue Computer-Konfiguration nötig wird, können die dadurch entstehenden Kosten zu dem entscheidenden Faktor werden, von dem die bestmögliche Wahl der alternativen Möglichkeiten abhängt.

Definitionen

Zu den Umstellungskosten, die von den COCOMO-Schätzungen abgedeckt werden, gehören die folgenden hauptsächlichen Aktivitäten; sie sind in der Aktivitäten-Hierarchie der strukturierten Software-Arbeitsaufgliederung in Abbildung 4–6 b dargestellt. Es handelt sich um: Umstellung von Programmen, Datenbanken und Dokumentation; Gültigkeitsprüfungen und Übernahmetests von umgestellter Software; Vorbereitung von zusammenfassenden Umstellungsberichten. Die geschätzten Umstellungskosten beinhalten nicht die Kosten für Installation, Demonstrationen oder Schulungen, auch nicht die Kosten der kontinuierlichen Wartung zum Zweck der Anpassung eines Software-Produktes an neue Betriebssystem-Versionen, entwicklungsbedingte Änderungen in der Stammdatenbank, Änderungen der Zahl der Bandlaufwerke oder der Zahl der On-line-Terminals in der Hardware-Konfiguration.

Bei den besonderen Aufgaben, für die Umstellungskosten entstehen, handelt es sich um die folgenden (Oliver, 1979):

1. Durchführbarkeits-Analyse

Analyse des Inventars von verwendeten Systemen, die die Umstellungsaspekte bestehender Systeme dokumentieren und das beste Umstellungsverfahren bestimmen.

2. Planung der Umstellung

Auf die neue Computer-Konfiguration abgestimmte Reorganisation des umzustellenden Systems, Terminplan-Bestimmung für die Umstellungsaufgaben, Entwicklung von Kriterien für die Umstellungs-Akzeptanz, Entwicklung von Teststandards und -plänen.

3. Vorbereitung der Umstellung

Generieren und Verifizieren der Testdaten, Vorbereitung von Umstellungshilfen (Scanner, Übersetzer, Vergleichsprogramme, Datei-Umstellungsprogramme usw.), Zusammenstellen von Umstellungsmaterial und Back-ups.

4. Umstellung

Umstellen von Programmen, Daten und Dokumentation; im Zusammenhang damit Konfigurations-Management und Qualitätssicherung.

5. Integration und Test

Modul-, Subsystem-, Software-System- und Übernahme-Tests.

Eine eingehende Beschreibung dieser Aufgaben finden Sie bei (Oliver, 1979).

Kostenschätzbeziehungen der Umstellung

Bei der Schätzung der Software-Umstellungskosten geht COCOMO von der Umstellung als der Adaptation bestehender Software für eine neue Anwendung aus. Die Auswirkungen angepaßter Software werden von COCOMO berücksichtigt, indem eine entsprechende Anzahl auszuführender Sourcebefehle (EDSI = equivalent delivered source instructions) errechnet wird, die anstelle der auszuführenden Sourcebefehle (DSI) der anderen COCOMO-Schätzbeziehungen eingesetzt wird. Die Größe EDSI wird anhand der folgenden geschätzten Korrekturfaktoren errechnet:

ADSI Adapted DSI

Angepaßte, auszuführende Sourcebefehle

Die Anzahl der auszuführenden Sourcebefehle bereits bestehender Software, die für ein neues Produkt angepaßt werden.

DM Percent Design Modified

Prozentualer Anteil des geänderten Designs

Der prozentuale Anteils des Designs der angepaßten Software, der an die neuen Ziele und Umgebungen angepaßt wird. (Dies ist notwendigerweise eine subjektive Größe.)

CM Percent Code Modified

Prozentualer Anteil der geänderten Codierung

Der prozentuale Anteil der Codierung der angepaßten Software, der an die neuen Ziele und Umgebungen angepaßt wird.

IM Percent of Integration Required for Modified Software

Prozentualer Anteil des für die geänderte Software erforderlichen Integrationsaufwands

Der Aufwand in Prozent, der erforderlich ist, um die angepaßte Software in ein Gesamtprodukt zu integrieren, im Vergleich zum normalen Umfang des Integrationsaufwands für Software vergleichbarer Größe.

Die für die Berechnung von EDSI erforderlichen Gleichungen enthalten ein Zwischenergebnis, den Anpassungs-Korrekturfaktor AAF (adaptation adjustment factor), der wie folgt errechnet wird:

$$AAF = 0{,}40(DM) + 0{,}30(CM) + 0{,}30(IM) \qquad (8-1)$$

$$EDSI = (ADSI)\,\frac{AAF}{100} \qquad (8-2)$$

Für die Umstellungs-Aufwands-Schätzung erhöht sich der Anpassungs-Korrekturfaktor (AAF) um einen Umstellungsplanungszuschlag (CPI = conversion planning increment), um die zusätzlichen Kosten für die Durchführbarkeitsanalyse und Planung, die in den Anpassungs-Aufwandsschätzungen nicht enthalten sind, abzudecken. Die Bewertung für CPI ist:

CPI	Stufe der Umstellungs-Analyse und -Planung
0	Keine
1	Einfacher Umstellungs-Terminplan, Übernahmeplan
2	Detaillierter Umstellungs-Terminplan, detaillierte Test- und Übernahmepläne
3	Zusätzlich die Basis-Analyse des bestehenden Inventars an Codierung und Daten
4	Zusätzlich das detaillierte Inventar, die Basis-Dokumentation des bestehenden Systems
5	Zusätzlich das detaillierte Inventar, die detaillierte Dokumentation des bestehenden Systems

Die geänderten Gleichungen zur Errechnung von EDSI über den Umstellungs-Korrekturfaktor (CAF = conversion adjustment factor) lauten dann wie folgt:

$$CAF = AAF + CPI \qquad (31-1)$$

$$EDSI = (ADSI)\,\frac{CAF}{10} \qquad (31-2)$$

Nun kann die Größe EDSI eingesetzt werden, um eine einfache Umstellungsschätzung unter Verwendung der entsprechenden Aufwandsgleichung des COCOMO-Basismodells zu berechnen; EDSI kann ferner zusammen mit einer Anzahl von Kostenfaktor-Merkmalsbewertungen eingesetzt werden, um die Schätzung des COCOMO-Zwischenmodells oder des COCOMO-Endmodells zu berechnen. In den letzteren Fällen sollten die Wartungsversionen der RELY- und MODP-Aufwandsmultiplikatoren-Tabellen (Tabellen 30–1 und 30–2) eingesetzt werden, weil sie die Schwierigkeiten der Umstellung von unzuverlässiger, schwach strukturierter und kaum dokumentierter Software besser reflektieren.

Beispiel

Wir wollen als Beispiel eine detailliertere Umstellungsschätzung an dem Beispiel aus Abschnitt 8.8 durchführen, der Umstellung eines 50-KDSI-FORTRAN-Analyseprogrammes für elektronische Schaltkreise mit organischer Entwicklung von einem Univac 1110-Computer auf eine IBM 3033. In diesem Beispiel nehmen wir wiederum an, daß die Overlay-Struktur des Analyseprogrammes und der Wechsel von einer Univac 1110 mit 36 Bit-Wortlänge auf eine IBM 3033 mit 32 Bit-Wortlänge aus Gründen der Effizienz und der Genauigkeit eine Modifizierung des Programmes notwendig machen. Wie es für diese Situation typisch ist, kommen wir auf

DM = 15 (Einige Änderungen in der Overlay-Struktur, bei den numerischen Algorithmen und bei der entsprechenden Logik);
DM = Design Modified

CM = 30 (Auf dieser Stufe finden Codierungsänderungen oft doppelt so häufig statt wie Design-Änderungen);
CM = Code Modified

IM = 10 (Hauptsächlich für Overlay-Änderungen)

Den Umstellungsplanungszuschlag für diese Stufe der Umstellung schätzen wir auf CPI = 3. Die sich hieraus ergebende EDSI-Schätzung für die Umstellung würde wie folgt lauten:

$$AAF = 0{,}40(15) + 0{,}30(30) + 0{,}30(10) = 18$$

$$CAF = 18 + 3 = 21$$

$$EDSI = (50\,000)\,\frac{21}{100} = 10\,500.$$

Der Umstellungsaufwand für das Programm unter Verwendung des Schätzformulars auf Komponentenebene (CLEF = Component Level Estimating Form) im COCOMO-Zwischenmodell ist in Abbildung 31–1 dargestellt. Die Schätzung fußt für die meisten Kostenfaktoren auf durchschnittlichen Bewertungen, auf hohen Bewertungen für die Merkmale RELY, CPLX, STOR, VEXP und LEXP und einer sehr hohen Bewertung für die Anwendungserfahrung AEXP.

Die sich ergebende Umstellungsaufwandsschätzung von 32 MM ist etwas höher, liegt aber immer noch im selben Bereich wie die frühere grobe Schätzung von 26 MM.

31.3 Schätzungen der Software-Umstellung im Vergleich zu den Ist-Werten

Abbildung 31–2 zeigt einen Vergleich der COCOMO-Umstellungsschätzungen mit den Werten von neun Umstellungsaktivitäten. Die Schätzungen liegen relativ nahe bei den tatsächlichen Werten, die Auswahl ist jedoch zu klein und zu einheitlich: Acht der neun Datenwerte stammen aus einer einzigen Installation.

Die Daten der neun Projekte finden Sie in Tabelle 31–1, einer Variante des CLEF-Modells aus dem COCOMO-Zwischenmodell, das zur Berechnung der Umstellungsschätzungen verwendet wurde. Die Unterschiede zum Standard-CLEF-Modell sind die folgenden:

Spalte 1 Enthält eine Umstellungs-Projekt-Nummer, die Art, die Computergröße und die Programmier-Sprache für das Umstellungsprojekt ($X \rightarrow Y$ bedeutet die Umstellung von der Programmiersprache oder vom Computer X auf die Programmiersprache oder den Computer Y);

Projekt: Analyse der Schaltkreise, Programmumstellung — Analytiker: C. Page — Datum: 1. 1. 84

①	②		③	④ Produkt	⑤ Produkt	⑥ Produkt	⑦ Computer	⑧ Computer	⑨ Computer	⑩ Computer	⑪	⑫	⑬	⑭	⑮	⑯ Projekt	⑰ Projekt	⑱ Projekt	⑲	⑳	㉑	㉒	㉓	㉔
Komponente	EDSI		AAF	RELY	DATA	PLX	TIME	STOR	VIRT	TURN	ACAP	AEXP	PCAP	VEXP	LEXP	MODP	TOOL	SCED	EAF	MM DSN	MM DEV/AM	EDSI/MM/IST	$K	$/EDSI
1. ECAP	10.	5	21	H	—	H	—	H	—	—	—	SH	—	H	H	—	—	—		38	32	IST		
				0.98		1.15		1.06				0.82		0.90	0.90				0.84					
2.																								
3.																								
4.																								
5.																								
6.																								
7.																								
8.																								
9.																								
10.																								
11.	10	5	Gesamt-EDSI																Gesamt		32			
12.	38		$(MM)_{DSN}$									Entwicklungsart: organisch							Terminplan (Monate)					
13.	276		$(EDSI/MM)_{DSN}$																					

Abb. 31–1: Analyseprogramm für elektronische Schaltkeise, Umstellungsschätzung

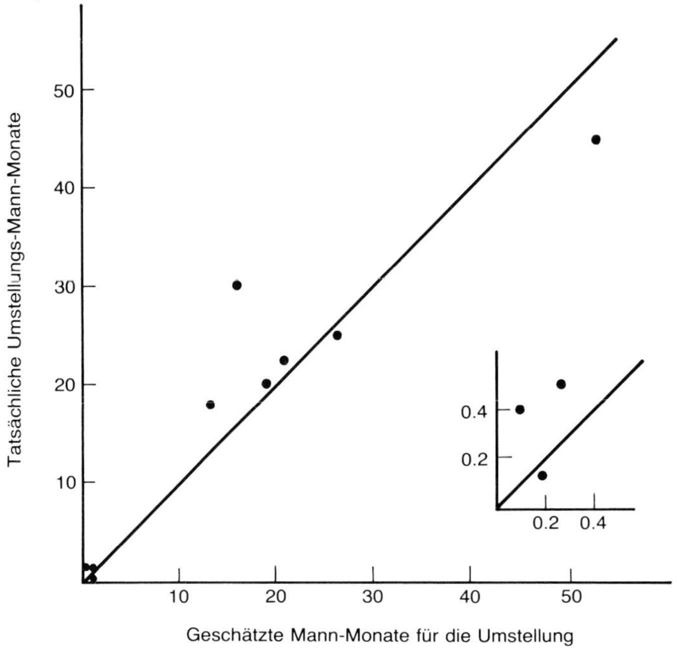

Abb. 31–2: COCOMO-Umstellungsschätzungen im Vergleich zu den Ist-Werten

Spalte 2 Die Gesamt-KDSI oder die berechneten entsprechenden KDSI bei der Umstellung;

Spalte 3 Der Umstellungsplanungszuschlag (CPI = conversion planning increment) und der Umstellungs-Korrekturfaktor (CAF = conversion adjustment factor) für das Projekt;

Spalte 21 Der geschätzte Umstellungsaufwand $(MM)_{C,E}$;

Spalte 22 Der tatsächliche Umstellungsaufwand $(MM)_{C,A}$;

Spalte 23 Der relative Fehler $[(MM)_{C,E} - (MM)_{CA}]/(MM)_{C,A}$;

Spalte 24 Die Anpassungsparameter DM, CM und IM für das Umstellungsprojekt.

Andere Software-Umstellungsdaten und -modelle

Es gibt nur sehr wenig Daten und Modelle zur Unterstützung der Software-Umstellungs-Kostenschätzung. Eine sehr gute Darstellung des Themas finden Sie bei (Oliver, 1979); in dieser Arbeit wird ein Einzelaufgaben-Teilmodell zur Schätzung der verschiedenen Komponenten der Software-Umstellungskosten vorgestellt; zusätzliche Angaben einer Reihe genauer Definitionen und einer umfangreichen Auswahl von Daten zu Umstellungskosten bilden den Hintergrund dieser Arbeit.

Die von (Oliver, 1979) erstellten Gesamtkosten-Schätzbeziehungen sind in Tabelle 31–2 zusammen mit einigen abgeleiteten Größen und vergleichbaren COCOMO-Schätzungen dargestellt.

Projekt-Nummer	Art (1)	Computergröße	Programmiersprache	(2) TDT KDSI	EDSI	(3) CPI / CAF	Produkt-Merkmale (4) RELY	(5) DATA	(6) CPLX	(7) TIME	Computer-Merkmale (8) STOR	(9) VIRT	(10) TURN	Personal-Merkmale (11) ACAP	(12) AEXP	(13) PCAP	(14) VEXP	(15) LEXP	Projekt-Merkmale (16) MODP	(17) TOOL	(18) SCED	(19) EAF	(20) MM DSN	(21) MM gesch.	(22) MM IST	(23) E-A / A	(24) DM CM IM
						5	N	SH	DSN	DSN	H	H	H	DSN	SH	DSN	DSN	H	N	N	DSN						5
C1	BUS	MAX	COB	25	3																		10	16	30		10
						11.5	1.15	1.16			1.06	1.15	1.07		0.82			0.95	1.10	1.10		1.64				−47	5
						3	N		H	H	H			H	SH	H		H	N	N							0
C2	CTL	MIN	MOL →FN	8.4	5.3																		18	19	20		100
						63	1.15		1.15	1.11	1.06			0.86	0.82	0.86		0.95	1.08	1.10		1.07				.5	100
						2			H		SH			H	H		N	H	N	N							0
C3	SCI	MAX	FN	55	4.4																		15	21	23		15
						8			1.15		1.21			0.86	0.91		1.10	0.95	1.14	1.10		1.42				.9	5
						2									SH	H		H		N							0
C4	SCI	MAX →MID	FN	0.6	0.04																		0.11	0.08	0.40		10
						6.5									0.82	0.86		0.95		1.10		0.74				.80	5
						2	SN				H		SH	H	H	N		H	N								0
C5	SCI	MAX	FN	58	2.3																		8	13	18		5
						4	1.35				1.06		1.15	0.86	0.91	1.17		0.95	1.14			1.63				.28	2
						1			H					H	SH	H		H	SH	SH							0
C6	SCI	MAX	FN	4	0.12																		.35	.18	0.13		5
						3			1.15					0.86	0.82	0.86		0.95	0.92	0.83		0.51				38	2
						2			H					H	SH	H		H		H							0
C7	SUP	MAX	FN	4	0.16																		.47	.25	0.50		5
						4			1.15					0.86	0.82	0.86		0.95		0.91		0.54				.50	2
						3		N	H					H	H	N											10
C8	SYS	MAX	HOL	100	14.5																		53	52	45		15
						14.5		0.94	1.15					0.86	0.91	1.17						0.99				16	10
						3		N	H					H	SH		H	H									5
C9	SYS	MAX	HOL	100	11																		40	26	25		15
						11		0.94	1.15					0.86	0.82		0.90	0.95				0.65				4	5

Schlüssel für die Bewertung:

SN = sehr niedrig; N = niedrig; DSN = durchschnittlich (Wert = 1,0); H = hoch; SH = sehr hoch.

Tab. 31–1: Software-Umstellungsschätzungen und Projektdaten

Olivers Anzahl der auszuführenden Sourcebefehle (DSI) pro MM für die Umstellung geht von Kosten in Höhe von 3100 Dollar pro MM aus, abgeleitet aus den Personalkosten-Datenwerten (Oliver, 1979). Der COCOMO-Umstellungskorrekturfaktor (CAF) ergibt sich als Mittelwert aus Olivers Angaben zur „manuell vorgenommenen Umstellung in Prozent", zu dem ein CPI-Zuschlag in Höhe von 2,5 bis 3% addiert wird. Die COCOMO-DSI/MM-Werte ergeben sich dann aufgrund der Annahme einer typischen Entwicklungs-Produktivität von

$$(\mathrm{DSI/MM})_{\mathrm{DEV}} = 300$$

und der Beziehung

$$\frac{\mathrm{CAF}}{100} = \frac{(\mathrm{MM})_{\mathrm{CONV}}}{(\mathrm{MM})_{\mathrm{DEV}}} = \frac{(\mathrm{DSI/MM})_{\mathrm{DEV}}}{(\mathrm{DSI/MM})_{\mathrm{CONV}}}$$

oder

$$(\mathrm{DSI/MM})_{\mathrm{CONV}} = \frac{300}{(\mathrm{CAF}/100)} = \frac{30\,000}{\mathrm{CAF}}$$

Die Schätzungen des COCOMO-Modells und des Oliverschen Modells (Oliver, 1979) weichen relativ stark voneinander ab, die Unterschiede liegen jedoch im Rahmen der Input-Abweichungen. Der größte Vorteil des COCOMO-Ansatzes ist, daß seine Aufwandsschätzungen eine einheitlichere Funktion der umzustellenden Codierungsmenge darstellen.

Tab. 31–2: Umstellungskosten-Schätzungsbeziehungen

Manuell umgestellte Codierung in Prozent	(Oliver, 1979) Untersuchte Beispiele	$\frac{\$}{\mathrm{DSI}}$	$\frac{\mathrm{DSI}}{\mathrm{MM}}$	COCOMO $\frac{\mathrm{DSI}}{\mathrm{MM}}$	COCOMO CAF
0–10%	30	$ 1.70	1823	3750	8
10–25%	15	2.83	1095	1500	20
25–50%	9	3.12	993	750	40

Weitere nützliche Informationen zur Kostenverteilung bei einer Umstellung sind nach (Oliver, 1979):

Verteilung der Arbeiten (in Prozent des Aufwandes):
- 7% Management
- 76% Techniker
- 7% Unterstützung
- 10% Verwaltung

Kostenverteilung (in Prozent der Kosten):
- 60% Personalkosten
- 25% Computerkosten
- 15% Sonstige

Aktivitäts-Verteilung:
- 25% Vorbereitung
- 15% Übersetzung
- 50% Testen
- 10% Installation

Ein weiterer Ansatz zur Schätzung von Umstellungs- (und anderen Wartungsaufwands-)Kosten finden Sie bei (Dittmann, 1980). Bei diesem Ansatz wird eine Reihe von Software-Übergangssituationen klassifiziert (neue Hardware, neues Betriebssystem, inadäquate Dokumentation, Zuverlässigkeit usw.) und funktionelle Formen zur Schätzung der Kosten, die beim Übergang anfallen, dargestellt, wobei Parameter-Werte eingesetzt werden, die aus einem Überblick über Software-Installationen bei Regierung und Industrie stammen. Die in den Formeln für die Software-Umstellung verwendeten Größen sind die umzustellende Anzahl von Sourcebefehlen (DSI), der Aufwand in Prozent, den System-Analytiker, erfahrene und Nachwuchs-Programmierer für die verschiedenen Arten von Umstellungs-Jobs benötigen, und die Produktivität der Software-Modifikation je nach Mitarbeiter und Einheit. Die Tabelle 31–3 bringt eine Zusammenfassung der in dieser Studie für die verschiedenen Einheiten erzielten Produktivitätswerte, und zwar in Form von Mittelwerten (± 10 %). Die Werte sind in DSI/MM angegeben.

Kürzlich wurde eine richtungweisende Studie über Methoden zur Kostenschätzung der Software-Umstellung vom amerikanischen Federal Conversion Support Center (FCSC) (Houtz-Buschbach, 1981) abgeschlossen. Die Studie liefert eine sorgfältige Kategorisierung, Zusammenfassung und vergleichende Analyse einer Reihe von Umstellungskosten-Schätzmethoden. Sie stellt auch ein gut ausgewogenes (zum Teil algorithmisches, zum Teil einzelaufgabenorientiertes) Software-Umstellungskosten-Schätzmodell vor, das vom FCSC entwickelt wurde. Obwohl dieses FCSC-Modell nicht voll abgestimmt und geprüft wurde, scheint es vernünftige und konsistente Schätzungen zu liefern. Die Studie hat eine Reihe sehr attraktiver Merkmale, z. B. sorgfältig definierte Ausdrücke und eine Programmumstellungs-Formel ähnlich der des COCOMO-Anpassungskorrekturfaktor-Ansatzes und ist wesentlich besser für die Schätzung anderer Umstellungsaufgaben, wie z. B. der Umstellung der Datenbanken, der Aufstellung einer neuen Dokumentation und der Vorbereitung der Umstellung geeignet.

Tab. 31–3: Änderungsraten bei der Software-Codierung

	Software-Änderung/Produktivität in DSI/MM Mittelwert (± 10%)		
Position	Anwendungen	Betriebssysteme	Kompilierer
System-Analytiker	1460 (1090–1810)	940 (670–1230)	550 (290–820)
Erfahrener Programmierer	1520 (1200–1840)	940 (650–1250)	590 (360–820)
Nachwuchs-Programmierer	1140 (880–1400)	–	–

31.4 Schätzung der Kosten für Software-Installation und Schulung

Definitionen

In den Installationskosten sind die Kosten für Software-Aktivitäten enthalten, die mit der Integration übernommener Software in den Komplex von Einrichtungen, Anlagen, Personal und mit Maßnahmen, die das Betriebssystem des Benutzers betreffen, in Verbindung stehen. Sie beinhalten jedoch nicht die Kosten für die Installation der Computer-Hardware (die sich übrigens auf etwa 3% der Hardware-Einkaufskosten belaufen). Sie enthalten die Kosten für die Installations-Planung, -Aktivitäten, -Tests und -Reports, wie dies in Abbildung 4–6 b, der strukturierten Software-Arbeitsaufgliederung, gezeigt wird. Zu den Installations-Aktivitäten gehören:

- Die Orientierung des Benutzer-Managements.
- Die Anpassung an die Benutzer-Umgebung, Computer-Modell, Version des Betriebssystems, DBMS-Version, Job-Kontrollsprache, Typ und Anzahl der peripheren Geräte, Kommunikations-Interfaces, System-Interfaces usw.
- Die Vorbereitung der Verarbeitungs-Datenbank.
- Die Erprobung von Software-Eigenschaften in der Verarbeitungsumgebung des Anwenders, die damit verbundene Fehlerbeseitigung, das Dokumentations-Update und die Beratung.
- Abnahme nach erfolgter Installation.

Eine gute und detaillierte Checkliste der Installationsaufgaben finden Sie bei (Hice und andere, 1974).

Die Software-Schulungskosten beinhalten die Schulung der Anwender, des Bedienungspersonals und des Personals für die Datenaufbereitung; ferner die Schulung des Personals für die Software-Wartung, sofern diese Aufgabe nicht vom Bedienungspersonal übernommen wird; die Schulungskosten für das Software-Entwicklungspersonal sind in den Aufwandsmultiplikatoren für Personalerfahrung (Anwendungen, virtuelle Maschine, Programmiersprache) enthalten.

Installations- und Schulungsprojektkosten, wie sie oben definiert wurden, enthalten die Kosten der Benutzermitwirkung bei der Installation und der entsprechenden Schulungsaktivitäten (z. B. Personalkosten der zu schulenden Operatoren) nicht. Dies ist bei der Kostenschätzung von Software-Produkten angebracht, bei der Kosten-Nutzen-Analyse von Software-Produkten sollten die Anwenderkosten aber ebenfalls geschätzt und einbezogen werden.

Daten und Modelle von Installations- und Schulungskosten

Die Daten über die Kosten für Software-Installation und -Ausbildung sind ziemlich rar und unzusammenhängend. Tabelle 31–4 gibt eine Zusammenfassung der COCOMO-

Tab. 31–4: Kosten für Software-Installation und -Schulung: COCOMO-Datenbank

Art der Installations-Aktivität	Anzahl der Projekte	In Prozent Entwicklungsaufwand	
		Installation	Schulung
Anwendungsprogramm auf bereits vorhandenem General Purpose Computer	4	0; 0; 0,2; 0,6	0; 10; 1,2; 3
Anwendungsprogramm auf einem anderen Universalcomputer	3	0,2; 0,5; 1,8	2; 0; 2,7
Prozeßsteuerung, neuer Computer	3	3; 3; 4	1,3; 1,3; 1,9
Interaktives System, verschiedene Installationen:			
3 Installationen, ähnlich	1	8	6
5 Installationen, ähnlich	1	6	3
16 Installationen, ähnlich	1	18	7
3 Installationen, viele Unterschiede	1	20	6
8 Installationen, einige Unterschiede	1	14	8

Datenbank-Informationen über Installations- und Ausbildungskosten, die nach der Art der Installations-Aktivität in Prozent des für die Installation und die Schulung erforderlichen Software-Entwicklungsaufwandes gegliedert sind.

Andere Werte der Installationskosten beinhalten insgesamt 2,3% der Entwicklungskosten aus der U.S. Air Force-PARMIS-Datenbank (Gehring, 1976): 1,8% für Funktionstest und Abnahme, 0,3% für die Anwenderprüfung und -koordination und 0,2% für die Vorbereitung des Systems für die Freigabe. Vom GRC-Modell aus dem Jahre 1979 (Carrière-Thibodeau, 1979) werden die Installationskosten auf das 0,075fache der Zahl der Output-Formate geschätzt. Auf der Basis der Beziehungen zwischen Output-Formaten mit dem Entwicklungsaufwand des GRC-Modells ergibt dies eine Installations-Kostenschätzung von 2,5–7% der Entwicklungskosten.

Empfohlene Schätzmethoden

Da die Installations- und Schulungskosten so beweglich und anwendungsspezifisch sind, wäre der von uns empfohlene Ansatz der Kostenschätzung auf der Basis von Einzelaufgaben folgender: Unterteilen Sie die Installations- und Ausbildungsfunktionen in individuelle Aufgaben, und schätzen Sie die Kosten jeder Funktion (wobei Sie nicht vergessen sollten, projektumfassende Aktivitäten wie Management- und Unterstützungs-Aufgaben mit einzubeziehen). Die obigen Datenwerte können dann zu einer groben Überprüfung der Einzelaufgaben-Schätzungen verwendet werden.

31.5 Computer-Kostenschätzung für die Software-Entwicklung

Das Ausmaß der während der Software-Entwicklung anfallenden Computer-Zeit ist höchst unterschiedlich; es ist von einer Reihe von Faktoren, wie z. B. der relativen Hardware- und Software-Ressourcenknappheit abhängig. Das beste Beispiel, dessen ich mich diesbezüglich erinnern kann, ist ein Ereignis an meinem ersten Tag als Computer-Programmierer, im Jahre 1955. Mein Supervisor führte mich um den Computer-Mainframe, der den größten Teil eines großen Raumes einnahm, herum und sagte zu mir:

„Hören Sie, wir zahlen für diesen Computer pro Stunde 600 Dollar, Ihnen bezahlen wir pro Stunde 2 Dollar. Ich möchte, daß Sie sich entsprechend verhalten."

Obgleich diese Einführung nützlich war, indem sie mir die guten Gewohnheiten des Schreibtischtestes, der Testplanung und des Analysierens vor der Codierung einprägte, ist sie auch verantwortlich für einige schlechte Gewohnheiten: das Bestreben, Mikrosekunden einzusparen, den Objekt-Code auszubessern und ähnliches mehr; ich brauchte Jahre, um diese Gewohnheiten wieder abzulegen, nachdem die Waage der Hardware- und Software-Kosten sich langsam nach der anderen Seite neigte.

Die Vielfalt bei den Daten zur Computernutzung, die nachstehend aufgeführt sind, spiegelt diese kritischen Punkte wider. Sie spiegelt auch eine Reihe anderer Phänomene, wie z. B. den Einsatz von Timesharing, automatisierten Hilfen und modernen Programmiermethoden wider. Es ist daher schwierig, Computerzeit-Schätzbeziehungen zu formulieren, die all die vielen verschiedenen Situationen abdecken, die bei der Software-Entwicklung auftreten können.

Existierende Daten und Schätzbeziehungen

Daten- und Schätzbeziehungen für die Kosten der Computerzeit während der Software-Entwicklung konzentrierten sich auf drei Raten:

CHR/KDSI	Anzahl der Computer-Stunden pro 1000 Sourcebefehle
CHR/MM_{DEV}	Anzahl der Computer-Stunden pro Entwicklungs-Mann-Monat
C/MM	Computer-Kosten als Teil der Entwicklungs-Personalkosten

In Tabelle 31–5 sind die Ergebnisse einer Reihe von Studien zusammengefaßt, in denen Daten oder Schätzbeziehungen für Computerzeit und -kosten enthalten sind. Eine Übereinstimmung dieser Quellen läßt sich nur schwer feststellen; man kann aber sagen, daß es bei 15 bis 20 CHR/KDSI und 3 bis 4 CHR/MM_{DEV} zu Häufungen kommt; außerdem ist zu vermerken, daß sich alle Werte im Rahmen der (Jones, 1977)-Schätzungen befinden.

Tab. 31–5: Computerzeit und Kostenraten

Quellennachweis	Anwendungsart	Größe	$\frac{CHR}{KDSI}$	$\frac{CHR}{MM_{DEV}}$	$\frac{\$ C}{\$ MM}$
(Farr und andere, 1965)	Allgemein	Mittelgroß	17		
(Wolverton, 1974)	Interaktiv	Groß	20–30	2–3	20–25%
(Aron-Arthur, 1975)	Bekannt	Alle		6	
	Unbekannt	Alle		8	
	Echtzeit	Alle		12	
(ADPESO, 1976)	Systeme, Maxi	Zwischengröße	1	1	
	Systeme, Mini	Zwischengröße	14	14	
(Black und andere, 1977)	Allgemein	Alle		3	
(Daly, 1977)	Echtzeit keine Simulation	Alle	100		
	Echtzeit mit Simulation	Alle	40		
(Graver und andere, 1977)	Allgemein	Alle	20	4	
(Herd und andere, 1977)	Allgemein	Alle		4–5	6%
(Jones, 1977)	Allgemein	Klein	0,2–2	0,15–1,5	
		Zwischengröße	0,5–4	0,25–2	
		Mittelgroß	1–10	0,3–3	
		Groß	5–100	0,8–16	
		Sehr groß	10–200	1–20	
(Walston-Felix, 1977)	Allgemein	Alle			10–34%
(Carrière-Thibodeau, 1979)	Allgemein	Alle		2–4	

Computerzeit-Daten in der COCOMO-Datenbank

Die COCOMO-Datenbank enthält Computerzeit-Daten von nur 17 der 63 Projekte. Wie wir in Tabelle 31–6 gesehen haben, scheinen die Daten recht unterschiedlich zu sein, obwohl es sicherlich bestimmte Strukturen und Tendenzen gibt, die — vielleicht allzu sehr — durch die Anordnung, in der die Daten dargestellt sind, betont werden. Die Strukturen und Tendenzen werden durch die Anordnung aller Daten und durch die Abbildungen 31–3 und 31–4 betont, die Histogramme von CHR/KDSI und CHR/MM_{DEV} zeigen, die genäß der für die Entwicklung eingesetzten Computertype verschlüsselt sind (X = Maxi, D = Midi, N = Mini, C = Mikro). Die hauptsächlichen feststellbaren Tendenzen sind:

- Die Computerzeit pro KDSI oder MM ist bei den kleinen Computern beträchtlich größer.
- Die Computerzeit pro KDSI oder MM ist bei den aufgeführten Echtzeit-Hardware- und Software-Systemen größer als bei allgemeinen Anwendungen im Rechenzentrum.
- Die CHR/MM_{DEV} variieren in der Regel weniger stark als CHR/KDSI.

Tab. 31–6: Computerzeit-Raten in der COCOMO-Datenbank

Computer-Type	TIME-Bewertung	TURN-Bewertung	Anwendungs-Art	COCOMO-Projekt-Nummer	KDSI	MM_{DEV}	CHR	$\frac{CHR}{KDSI}$	$\frac{CHR}{MM_{DEV}}$
Maxi	DSN	N	BUS	7	6.9	8	2	0.3	0.25
Maxi	DSN	N	SCI	38	15	12	2.3	0.15	0.2
Maxi	DSN	N	SYS	61	28	50	12	0.4	0.2
Maxi	DSN	DSN	BUS	5	16	33	92	6	2.8
Maxi	DSN	DSN	SCI	39	6.2	8	30	4.8	3.8
Maxi	DSN	DSN	SUP	48	311	1272	2758	8.9	2.2
Maxi	DSN	H	BUS	2	249	1600	10000	40	6.7
Maxi	H	N-DSN	HMI	19	966	6600	14000	14	2.1
Midi	DSN	DSN	BUS	6	4	43	107	27	2.5
Mini	DSN	N	SCI	40	2.5	8	8	3.2	1.0
Mini	DSN-H	N	HMI	24	90	453	2400	27	5.3
Mini	H	DSN	CTL	12	37	201	2000	54	10.0
Mini	SH	DSN	SUP	57	15	237	1500	100	6.3
Mini	SH	N	SVP	50	24	176	330	14	1.9
Mini	EH	DSN	CTL	9	30	423	3500	117	8.3
Mini	H	DSN	SYS	58	25	130	1600	64	12.3
Mikro		DSN	SYS	62	9.1	38	800	88	21.0

Empfohlene Schätzverfahren

Hauptsächlich auf der Basis der Muster in der COCOMO-Datenbank bringt Tabelle 31–7 eine Darstellung einer Gruppe von Computerzeit-Schätzbeziehungen, die dem Verhältnis von CHR/MM_{DEV} entsprechen, sowie eine Charakterisierung von Projekten gemäß der Größe und Art der ausgelieferten Produkte.

Tab. 31–7: Computerzeit-Schätzbeziehungen

Projekt-Charakteristika	$\frac{CHR}{MM_{DEV}}$
Kleinere bis mittlere Timesharing-Anwendung	
Maxi	0,2
Midi	0,6
Mini	1,5
Große bis sehr große Batch-Anwendung	3,0
Echtheit-Hardware-Software-Produkt	
Maxi	3,0
Midi	6,0
Mini	9,0
Mikro	18,0

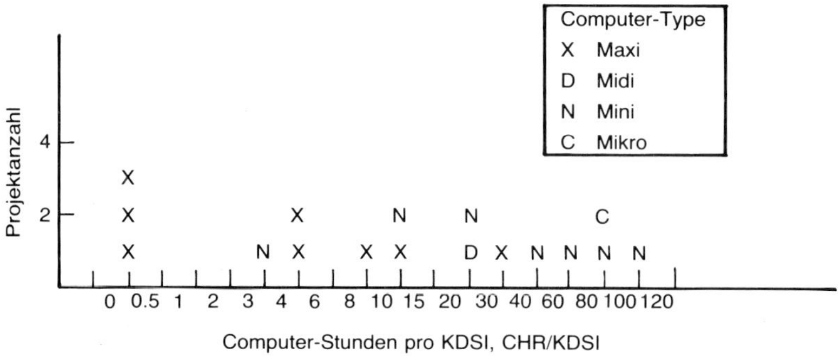

Abb. 31–3: Histogramm der Computer-Stunden/KDSI, COCOMO-Datenbank

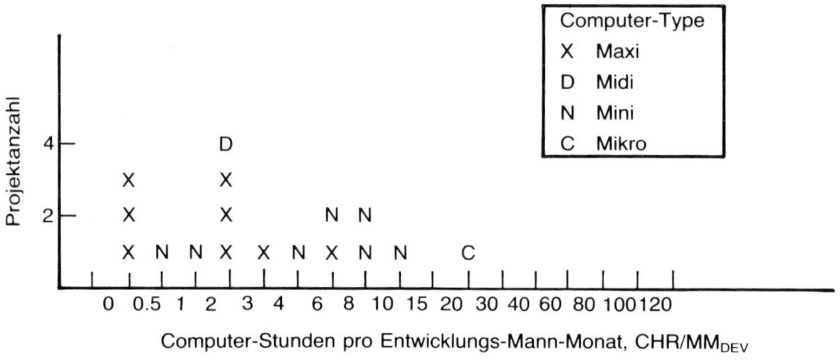

Abb. 31–4: Histogramm der Computer-Stunden/MM, COCOMO-Datenbank

Wenn wir die Tabelle 31–7 einsetzen, können wir

1. die Type des Entwicklungs-Computers und die Natur unseres Software-Produktes (wie z. B. ein Hardware-Software-System für die Prozeßsteuerung, das auf einem Minicomputer aufgebaut ist) identifizieren.
2. Die sich ergebenden CHR/MM_{DEV} aus Tabelle 31–7 (hier 9 CHR/MM_{DEV}) bestimmen.
3. Die MM_{DEV} über das passende COCOMO-Modell (also 150 MM) bestimmen.
4. Die $CHR = (MM_{DEV}) (CHR/MM_{DEV})$ (hier: $150 \times 9 = 1350$ Computer-Stunden) berechnen.
5. Den Wert von CHR einsetzen, um die am besten geeigneten Computer-Ressourcen (Miet-Computer, Kauf von einem oder mehreren Computern usw.) und die sich hieraus ergebenden Kosten zu bestimmen. (Der hier wohl am besten geeignete Ansatz wäre der frühzeitige Kauf eines Mini-Computers, der als Teil des Prozeß-Steuerungssystems geliefert werden könnte.)
6. Den Spitzenwert der Computer-Einsatzzeit während der Testphase bestimmen (charakteristischerweise ist die Testphase mit einem Computerzeit-Spitzenbedarf von ungefähr 2,2 mal dem Projekt-Durchschnitt die Phase mit der stärksten Beanspruchung; siehe Abbildung 31–5), um festzustellen, ob die Ressourcen in der Lage sein werden, das Projekt adäquat zu unterstützen. (Hier haben wir $2{,}2 \times (1350)/(15) = 198$ CHR/Monat, was geringfügig über einer vollen Betriebsschicht

liegt. In diesem Falle ist der Erwerb eines zweiten Minicomputers für Backup und besondere Umstände einer zweiten Schicht oder einem Wochenend-Einsatz eines einzigen Computers vorzuziehen).

7. Die Ergebnisse mit anderen Erfahrungsquellen vergleichen, und — nach Bedarf — wiederholen. Die Raten in Tabelle 31–7 fußen auf einer kleinen Datenmenge. Sie stimmen grundsätzlich mit den anderen Raten der Tabelle 31–5 überein, sind aber bei weitem nicht endgültig.

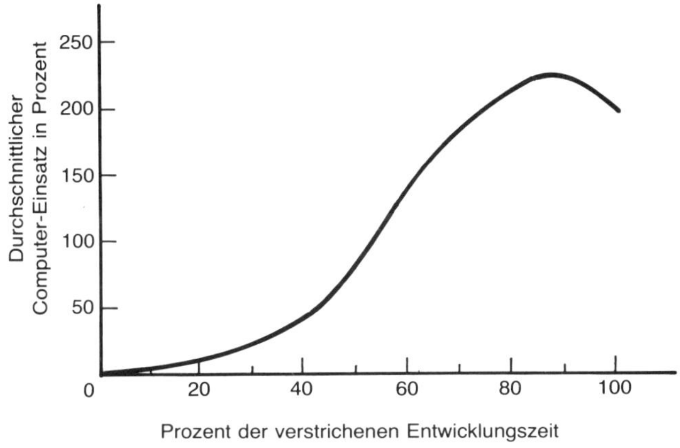

Abb. 31–5: Computer-Zeitverteilung bei der Software-Entwicklung

Computerzeit-Verteilung

Die Verteilung von Computerzeit-Anforderungen über den Software-Entwicklungszyklus folgt immer noch der Grundform der von (Pietrasanta, 1970) erstellten Kurve. Die Verteilungskurve in Abbildung 31–5 differiert in zweierlei Hinsicht von der früheren Pietrasanta-Kurve, nämlich durch

1. eine flachere Gesamtverteilung, welche die regelmäßigere Streuung der Testaktivitäten über den Entwicklungszyklus beim Einsatz einer größeren Zahl von Top-down-Testansätzen reflektiert;
2. einen Computer-Einsatz zu Beginn des Zyklus, ungleich Null, was auf die Verwendung vom Computer-Hilfen bei der Planung und beim Design hinweist.

Eine über die einzelnen Phasen verteilte Entwicklung wird eine noch bessere Glättung der Computerzeit-Verteilung herbeiführen.

31.6 Umfang der Software-Dokumentation

Die Kosten der Software-Dokumentation sind in den COCOMO-Schätzungen als ein integraler Bestandteil der Software-Entwicklung berücksichtigt; sie sind nicht nur ein Anhängsel. Dies stimmt mit dem Ansatz der Vorab-Dokumentation der Software-Entwicklung überein (siehe hierzu Abschnitt 4.4), bei dem die Dokumentation als ein Mittel dazu verwendet wird, Produkt und Projekt im voraus zu definieren und die Dokumentation nicht nur als Anhängsel am Ende des Projektes erstellt wird. Trotzdem halte ich es für angebracht, näher auf den geschätzten Umfang der Dokumentation eines Software-Produktes einzugehen, weil sie für die detaillierte Projektplanung als Richtschnur dient.

Dokumentationsraten

Es hat sich herausgestellt, daß der für ein Software-Produkt erstellte Dokumentationsumfang in etwa in einem proportionalen Verhältnis zur Produktgröße nach Sourcebefehlen steht. Tabelle 31–8 vergleicht die beobachteten Dokumentationsraten aus verschiedenen Studien nach erstellten Dokumentationsseiten pro Tausend Sourcebefehle (PP/KDSI) im erstellten Software-Produkt. Nachstehend finden Sie einige Kommentare zu diesen Dokumentationsraten:

Tab. 31–8: Beobachtete Dokumentationsraten

		PP/KDSI				
Quelle	Merkmal	Spezifikationen	Handbücher	Pläne usw.	Gesamt	Mann-Stunden/PP
(Walston-Felix, 1977)	25. Perzentil				27*)	
	50. Perzentil				69*)	
	75. Perzentil				167*)	
(Nelson, 1978)	25. Perzentil				24	
	50. Perzentil				54	
	75. Perzentil				127	
COCOMO-Datenbank	25. Perzentil				19	
	50. Perzentil				39	
	75. Perzentil				80	
(Freburger-Basili, 1979)	5 Projekte mit organischer Entwicklung				30–60	
(Jones, 1979)	2 KDSI	6				
	8 KDSI	10				
	32 KDSI	18				
	128 KDSI	20				
	512 KDSI	18				
	Spezif., Pläne					3,2–5
	Handbücher					1,8–2,2
(Boehm, 1980)	Zwei 2-KDSI-Projekte	34	13	17	64	1,5
		40	10	14	64	1,7
(Farr und andere, 1965) von (Morin, 1973) zusammengefaßt	Entwurf					1,6–2,7
	Review					0,4
	Edit					0,2
	Revision					0,8
	Ganzschrift				100–350	3,0–4,1
	Gedruckt					0,4–0,5
	Illustrationen					4

*) Sourcecodierungs-Listen sind berücksichtigt

1. Die Definitionen erstellter Dokumentationsseiten variieren stark. Bei den (Walston-Felix, 1977)-Daten sind Programmlisten berücksichtigt. Die (Nelson, 1978)-Daten berücksichtigen eine breite Vielfalt von Definitionen. Die COCOMO (Boehm, 1980)- und die (Freburger-Basili, 1979)-Daten schließen Programmlisten sowie maschinengenerierte Programmablaufpläne aus.

2. Die verschiedenen Dokumentationsraten stimmen grundsätzlich überein. Die (Jones, 1979)-Raten liegen etwas niedriger und die (Farr und andere, 1965)-Raten liegen beträchtlich höher, aber die anderen Datenquellen weisen erhebliche Überschneidungen auf.

3. Die Dokumentationsraten variieren sehr stark zwischen den Projekten. Die Daten bei (Walston-Felix, 1977) und (Nelson, 1978) sowie die COCOMO-Daten weisen zwischen ihrem 25. und 75. Perzentil Unterschiede mit dem Faktor 4 bis 6 bei den Dokumentationsraten aus.

Die Abbildungen 31–6, 31–7 und 31–8 gehen auf die Art dieser Unterschiede mit Bezug zur COCOMO-Datenbank ein. Abbildung 31–6 zeigt die kumulative Gesamtverteilung von Dokumentationsraten und weist auf eine beträchtlich größere Vielfalt bei den Extremwerten hin (z. B. eine Spanne von 12 bis 162 PP/KDSI zwischen dem 10. und 90. Perzentil).

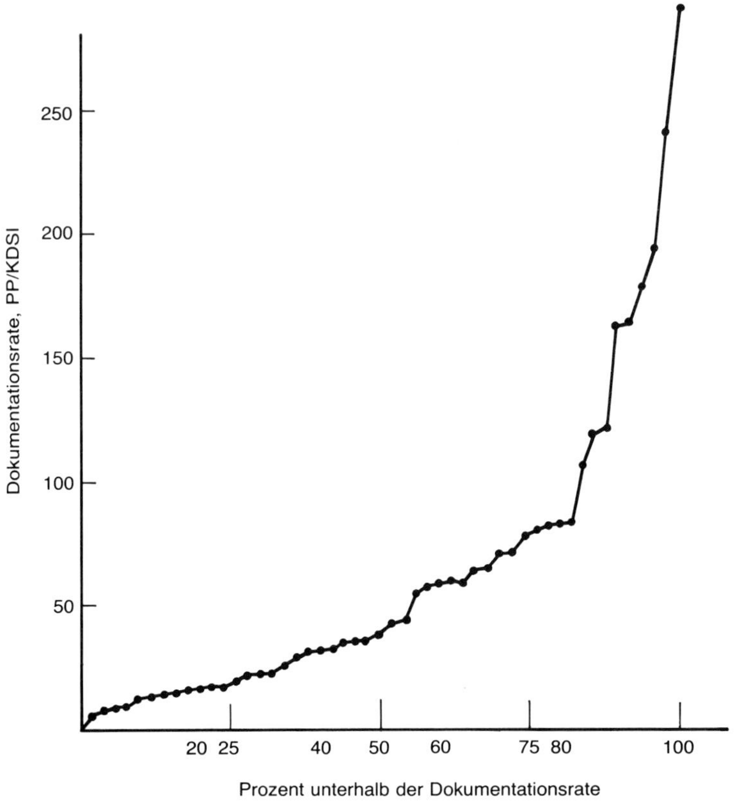

Abb. 31–6: Kumulative Verteilung der Dokumentationsraten, COCOMO-Datenbank

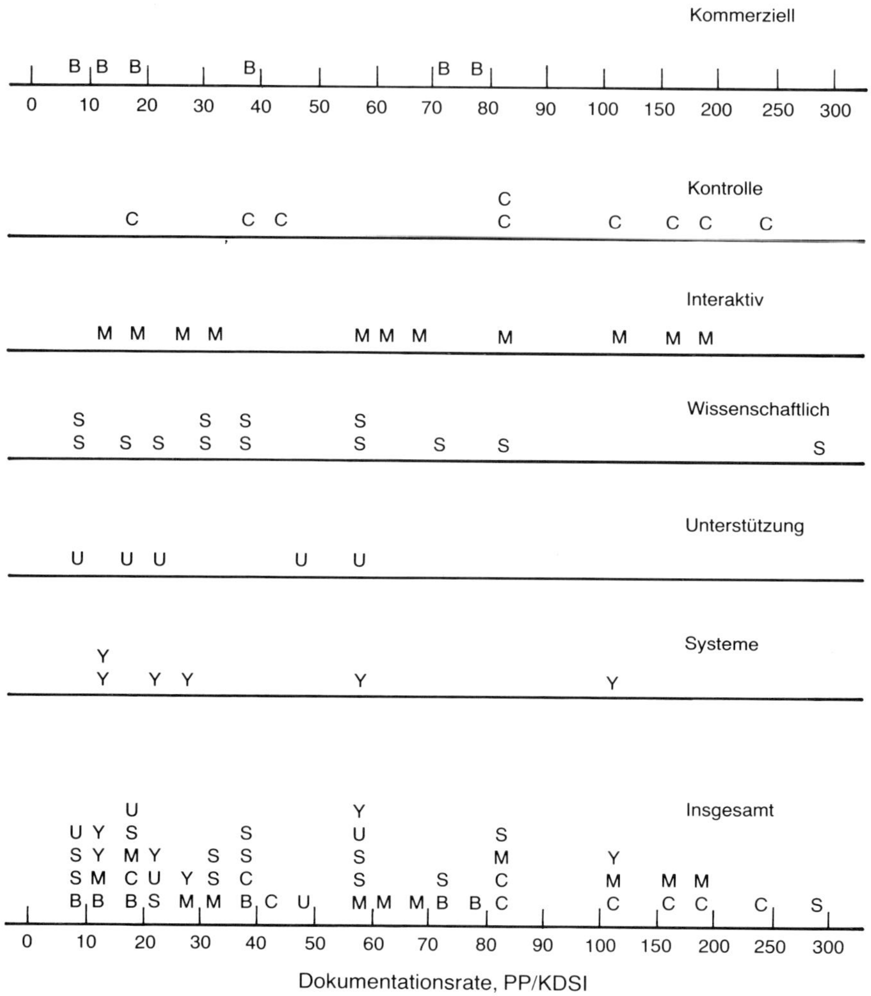

Abb. 31–7: Verteilung der Dokumentationsrate nach Typen, COCOMO-Datenbank

Abbildung 31–7 zeigt, daß ein Großteil der Vielfalt der Dokumentationsraten auf die Art der Software zurückgeht. Sie zeigt getrennte Diagramme der Dokumentationsraten für jede der sechs Software-Arten (B: kommerziell, C: Kontrolle usw.) in der COCOMO-Datenbank und ein kombiniertes Diagramm am Fuße der Abbildung. Allgemein gilt, daß die kommerzielle, die Unterstützungs- und die System-Software-Produkte relativ niedrige Dokumentationsraten haben und daß die Kontroll- und die interaktiven System-Software-Produkte die Tendenz zu hohen Dokumentationsraten haben. Trotzdem gibt es bei jeder Software-Art sehr große Variationen.

Abbildung 31–8 zeigt, daß ein beträchtlicher Anteil dieser Variationen mit der erforderlichen Zuverlässigkeitsrate des Software-Produktes zusammenhängt. Aus Abbildung 31–8 ist klar ersichtlich, daß Produkte mit höheren erforderlichen Zuverlässigkeitsraten im allgemeinen höhere Dokumentationsraten haben. Ein Teil dieser Korrelation ist zweifellos eine Ursache-Wirkung-Beziehung (Produkte mit einer hohen Zuverlässigkeit machen die Entwicklung von detaillierteren Spezifikationen und Testplänen erforderlich); aber die Korrelation ist ohne Zweifel teilweise darauf zurückzuführen, daß beide Faktoren die Auswirkungen von anderen Ursachen sind (z. B. handelte es sich bei einem Großteil der Produkte mit hoher Zuverlässigkeit um Regierungsprojekte mit umfangreichen Dokumentations-Anforderungen).

Das Problem der Schätzung des erforderlichen Dokumentationsumfanges eines Software-Produktes weist somit zum Teil dieselben Schwierigkeiten auf, wie wir sie bei der Schätzung der erforderlichen Aufwandshöhe gesehen haben. Dies ist für eine weitergehende Studie der COCOMO-Datenbank und andere Datenquellen ein fruchtbares Gebiet.

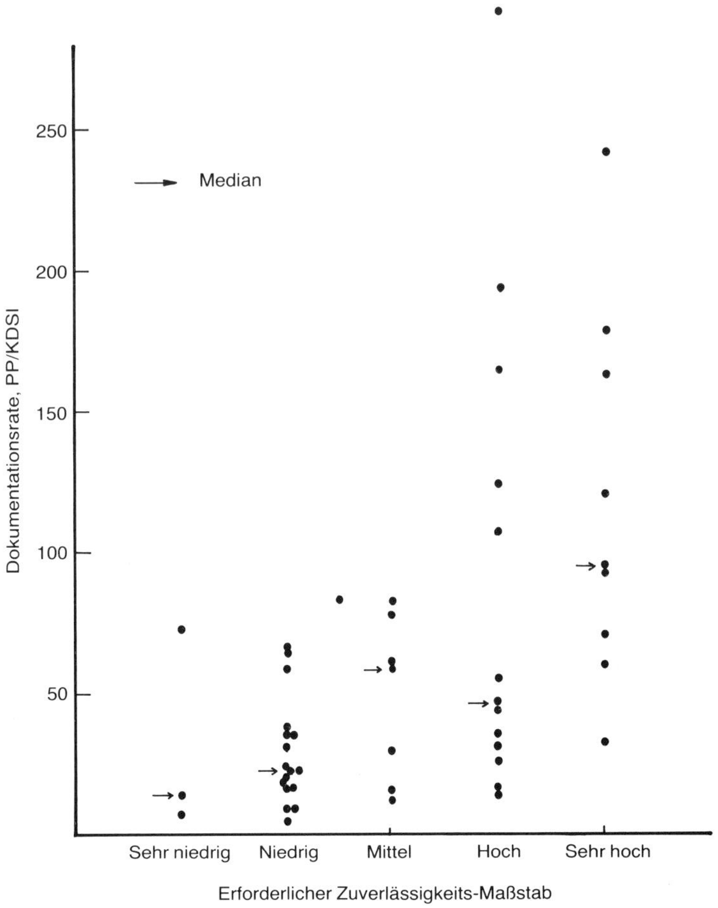

Abb. 31–8: Dokumentationsrate in Relation zur erforderlichen Zuverlässigkeit, COCOMO-Datenbank

Dokumentationsaufwand

Tabelle 31–8 enthält auch einige nützliche Daten über die Höhe des Aufwands, der für die Erstellung einer typischen Dokumentationsseite eines Software-Produktes erforderlich ist. Auch wenn eine genaue Abgrenzung schwierig ist, beziehen sich die Zahlen in jedem einzelnen Fall nur auf den erforderlichen Aufwand, der zum Schreiben, Überprüfen und zur Vervollständigung der Spezifikationen und Pläne usw. notwendig ist, und nicht auf den Aufwand für das kreative Design oder die Planungen, die dem Schreibprozeß vorausgehen. Tabelle 31–8 weist bei den Daten eine Streuung auf, die nachstehenden Raten vermitteln Ihnen jedoch angemessene, zusammenfassende Schätzungen:

Kleine Projekte, Großprojekt-Handbücher 2 Mann-Stunden/Seite

Großprojekt-Spezifikationen und -Pläne 4 Mann-Stunden/Seite

Demnach könnte eine ungefähre Schätzung des typischen Dokumentationsaufwandes für ein Projekt ca. 50 Seiten/KDSI an Dokumentation multipliziert mit einem Dokumentationsaufwand von 3 Mann-Stunden/Seite betragen

$$(3\ \text{MH/PP})\ (50\ \text{PP/KDSI}) = 150\ \text{MH/KDSI}$$

oder etwa 1 Mann-Monat pro 1000 Sourcebefehle in dem Software-Produkt.

Einen weiteren nützlichen Einblick in den Dokumentationsaufwand gewinnen Sie, wenn Sie den Teil des Projektaufwandes, der hauptsächlich bei der Erstellung der Dokumentation anfällt, mit dem Teil vergleichen, der hauptsächlich für die Codierung erforderlich ist. Hierzu können Aufwandsverteilungen pro Aktivität (in den Tabellen 7–1, 7–2 und 7–3) für die drei COCOMO-Software-Entwicklungsarten eingesetzt werden. Die Tabelle 31–9 zeigt die Ergebnisse für typische Software-Produkte mittlerer Größe (32 KDSI) mit organischer und eingebetteter Entwicklung zusammen mit den für die Berechnung der Ergebnisse eingesetzten Definitionen. Es überrascht, daß das Ergebnis von mehr als der Hälfte des Aufwandes für ein Software-Projekt in erster Linie die Dokumentation betrifft und das Ergebnis von nur einem Drittel des Aufwandes vorwiegend die Codierung ist. (Wenn der verbleibende Aufwand auf Dokumentation und Codierung aufgeteilt wird, kommen wir zu dem Ergebnis, daß 60–61% des Aufwandes auf die Dokumentation und 39–40% auf die Codierung entfallen.) Dies vermittelt unter anderem eine gute logische Erklärung für die Bedeutung der Textverarbeitung als Hilfe bei der Software-Entwicklung.

Tab. 31–9: Relativer Projektaufwand für die Erstellung von Dokumentation und Codierung

		Prozent des Projektaufwandes	
Erstprodukt	Aktivitäten	Organische Entwicklung	Eingebettete Entwicklung
Dokumentation	Anforderungs-Analyse, Produktentwurf, RA- und PD-Qualitätskontrolle, Testpläne, Handbücher, die Hälfte des Programmierens	54	51
Codierung	Die Hälfte des Programmierens, komplette Qualitätskontrolle des Programmierens, Integration und Test	34	34
Beide	Projektbüro, CM/QA	12	15

31.7 Andere software-bedingte Lifecycle-Kosten

Neben den bisher besprochenen Software-bedingten Lifecycle-Kosten (Entwicklung, Wartung, Umstellung, Installation, Schulung, Computer, Veröffentlichungen) gibt es eine Reihe anderer Kosten, die für den Software-Lifecycle von Bedeutung sein können. Der bedeutendste dieser anderen Kostenfaktoren sind die Verwaltungskosten, die sich — wenn das Projekt direkt damit belastet wird — auf etwa 3 bis 4% belaufen, zuzüglich zu dem von COCOMO geschätzten Betrag in Dollar. Eine COCOMO-Schätzung deckt Fachpersonal und allgemeines Personal wie z. B. Programm-Bibliothekar ab, berücksichtigt das Büropersonal jedoch nicht. Ein Grund hierfür ist, daß der Aufwand für Büropersonal oft nicht unter die Projektkosten fällt, sondern unter die laufenden Kosten der Organisation. Ein weiterer Grund dafür ist, daß die COCOMO-Phasen- und Aktivitätsverteilungen wesentlich komplexer werden, da die Unterscheidung von Büro- und Fachpersonal in jeder der Phasen- und Aktivitätskombinationen beachtet werden muß.

Auch sind die Kosten pro Mann-Monat für die beiden Kategorien sehr unterschiedlich. Die durchschnittlichen Gehälter für das Büropersonal belaufen sich charakteristischerweise auf etwa 40% des Durchschnitts für das Fachpersonal. Da bei einem typischen Projekt zusätzlich ca. 7 bis 10% Büropersonal beschäftigt wird, ergeben sich zusätzliche Kosten für das Büropersonal in Höhe von 2,8 bis 4%.

Die anderen Software-bedingten Kosten liegen bei durchschnittlich nur 0,5% der Gesamtkosten der Software-Entwicklung; trotzdem ist es wichtig, sie aufgrund der nachstehenden zwei hauptsächlichen Gründe zu beachten:

1. Sie könnten bei einem beliebigen anderen Projekt viel höher sein (z. B. wegen Reise-, Umzugs- und Telekommunikations-Kosten bei einem Projekt großer geographischer Ausdehnung);
2. Sie könnten Verzögerungen kritischer Aktivitäten verursachen, wenn man sie nicht rechtzeitig berücksichtigt und ordert (wie z. B. Modems, Magnetplatten, Software-Produkte).

Nachstehend finden Sie eine Checkliste anderer Quellen Software-bedingter Lifecycle-Kosten, die hauptsächliche von (Cortada, 1980) stammen. Jede der Eintragungen in der Liste sollte als eine zusätzliche Quelle von Kosten oder Komplikationen beim Terminplan in Erwägung gezogen werden. Allgemein können die durch sie entstehenden Kosten mit Hilfe des Faktors Menge und Preis je Einheit gemessen werden, wobei die Menge aufgrund von Überlegungen im Rahmen des Projekts und der Preis je Einheit auf der Basis von Verkaufs- und Produkt-Katalogen festgesetzt werden kann.

1. *Verwaltungskosten*
2. *Verwandte Personalkosten*

   Überstunden, Nutzen, Einstellung, Beendigung des Arbeitsverhältnisses, Umbesetzung, Schulung; Personalkosten für Produktwerbung: Verträge, Rechtsmittel, Eingangsprüfung usw.
3. *Verwandte Computerkosten*

   Installation, Wartung, Versicherung, spezielle Ausrüstung, Terminals, Steuereinheiten, Dateneingabe-Vorrichtungen usw.
4. *Kosten für die Büroeinrichtung*

   Schreibmaschinen, Telefone, Kopiergeräte, Aktenschränke, Schreibtische, Stühle, Geräte für die Textverarbeitung usw.

5. *Kosten für das Software-Produkt*

Kauf, Miete, Lizenzen, Wartung der Software-Komponenten, Dienstprogramme, Tools usw.

6. *Kosten für das RZ-Material*

Bänder, Platten, Formulare, Lochkarten, Papier, Druckbänder, Büromaterial usw.

7. *Kosten für die Telekommunikation*

Kosten für den Anschluß, spezielle Ausrüstung wie Modems, Multiplexer, Kabel, Stecker usw.

8. *Kosten für andere Einrichtungen*

Büromiete, Elektrizität, Klimaanlage, Heizung, Wasser, Steuern, Abschreibungen, Reinigung, Reparaturen, Versicherung, Sicherheitsvorkehrungen, Feuerschutz usw.

9. *Sonstige Kosten*

Reisen, Porto, Druckkosten, Beratungskosten, Bücher, Zeitschriften, Konferenzen, Botendienste, Erneuerung der Ausstattung usw.

31.8 Ein Beispiel für eine Kosten-Nutzen-Analyse eines Software-Lifecycle

In diesem Abschnitt finden Sie ein Beispiel über den Einsatz verschiedener Schätzmethoden für Software-bedingte Kosten, die bei einer Lifecycle-Kosten-Nutzen-Analyse bei der Entwicklung eines Software-Systems für das Anlagen-Management und die Bestandkontrolle angewandt worden sind. Die Analyse ist nicht nur ein Beispiel dafür, wie die Methoden eingesetzt werden, sondern auch, auf welcher Stufe sie angewandt werden. Eine Kosten-Nutzen-Analyse erfordert nämlich generell nicht denselben Detaillierungsgrad wie eine Budget-Vorbereitungsanalyse. Das Beispiel vermittelt auch die Ergebnisse einer Kosten-Nutzen-Risiko-Analyse, die ein Hauptbestandteil jeder Beschluß-orientierten Kostenanalyse ist. Wir werden in diesem Kapitel auch durchgängig unsere Erfahrungen mit Kostenfaktoren, die in diesem und im vorhergehenden Kapitel erläutert wurden, als Basis für den Nachweis verwenden, daß unsere Kostenschätzungen in einem vernünftigen Rahmen liegen.

Das Anlagen-Management-System der PPI Inc.

Precision Products Inc. (PPI) fing im Jahre 1951 als kleines Raumfahrt-Elektronikwerk an. Sie haben sich schnell zu einem großen, diversifizierten Unternehmen mit einem jährlichen Verkaufsvolumen — 1981 von 1,9 Milliarden Dollar und 26.300 Angestellten — entwickelt. Ihre Produktion konzentriert sich auf Sensor-Kontrollsysteme, ihr ursprüngliches Spezialgebiet. PPI hat Varianten dieser Kontrollsysteme mit Erfolg für den Einsatz auf den Gebieten der Medizin, der Energie und der Umweltkontrolle entwickelt.

Im Jahre 1972 gründeten die PPI eine zentrale Anlagen-Management-Abteilung (CEMO = Central Equipment Management Operation), die eine bessere Nutzung, Wartung und Abstimmung des wachsenden Inventars an speziellen Geräten zur Projektunterstützung (Mikroskope, Oszilloskope, Digital-Voltmeter, Temperatur-Kontrollgeräte, Stromversorgungsanlagen, Testgeräte usw.) gewährleisten sollte. Die nachstehenden hauptsächlichen Funktionen gehören zum Aufgabengebiet der CEMO:

- Eine einheitliche Beschaffungsfunktion, die die PPI in die Lage versetzen soll, Mengenrabatte, einheitliche Verfahren zur Übernahme der Anlagen sowie die ständig aktualisierte Marktübersicht in Kapital umzusetzen;

- eine Funktion ähnlich der einer Leihbibliothek, die die monatlichen Leihgebühren dafür einsetzt, sowohl die Kosten zu decken als auch das Horten von nicht benutzten Anlagen durch die Benutzer zu vermeiden;
- eine Anlage-Wartungs- und Abstimmfunktion, die rechtzeitige Reparatur gewährleisten und dem PPI-Management die Gewißheit verschaffen soll, daß die Anlagen exakt abgestimmt sind.

Am Ende des Jahres 1981 verfügte die CEMO über ein Inventar von 75 000 Teilen, deren Wert auf ca. 50 000 000 Dollar geschätzt wurde. Das Inventar hat zur Zeit eine Wachstumsrate von ca. 15% pro Jahr. Die durchschnittliche Anzahl von Transaktionen, die sich auf das Anlageninventar auswirken, liegt bei ca. 7000 Transaktionen pro Woche, die einer jährlichen Wachstumsrate von 20% unterliegen.

Probleme mit dem bereits bestehenden Software-System

Von 1972–1973 entwickelte die PPI-Abteilung Managementsystem-Software eine Anzahl einfacher COBOL-Stapelprogramme, um CEMO bei der Buchführung in Zusammenhang mit seinen Geräten zu helfen. Diese Programme waren anfangs nicht gut koordiniert und hatten sich bis 1981 zu einem schwerfälligen Software-Gebilde mit einer großen Zahl von unzusammenhängenden Einzelteilen, willkürlichen Einschränkungen und Leistungsproblemen entwickelt. Sie waren nicht in der Lage, mit den expandierenden Geschäften von PPI Schritt zu halten. Nach einer Reihe von Anwenderbeschwerden wurde das System im Juni 1981 einer Prüfung unterzogen. Dabei erwies sich, daß das System folgende Mängel aufwies:

- Eine Unstimmigkeitsrate von 23% zwischen den Anlage-Computerdaten und dem tatsächlichen Bestand an Anlagen;
- eine 37%ige Häufigkeitsrate bei der Rückrufung von Anlagen zum Zwecke regelmäßiger Abstimmung und präventiver Wartung;
- eine große Anzahl (ca. 8 bis 12) von Mitarbeitern der Verwaltung, die die Daten mit zu hohem Aufwand aufbereiteten, übersetzten und nachbereiteten, um die Fehler der Software zu kompensieren.

Austausch des bestehenden Systems: Durchführbarkeits-Studie

Der Prüfbericht empfahl, daß einer Studie zur Untersuchung der Durchführbarkeit eines Austauschs des bestehenden Software-Systems eine hohe Priorität eingeräumt werden sollte. Eine solche Durchführbarkeits-Studie wurde im September 1981 in Angriff genommen und kam bis Dezember 1981 zu folgenden Ergebnissen:

- Kein externes Software-Paket erfüllte PPIs CEMO-Anforderungen in ausreichendem Maße, um als Ersatzsystem in Frage zu kommen;
- jedes neu entwickelte System müßte auf einem kommerziellen Datenbank-Management-System (DBMS = data base management system) aufgebaut werden;
- ein neu entwickeltes System wäre wahrscheinlich sehr rentabel; es wäre jedoch eine weitere Analyse notwendig, um dies definitiv zu klären.

Aufgrund dieser Ergebnisse gab das PPI-Management dem Analytiker-Team den Auftrag, eine detaillierte Architektur, ein Konzept, einen Lifecycle-Plan und eine Lifecycle-Kosten-Nutzen-Analyse für ein neu entwickeltes System auszuarbeiten, das auf einem kommerziellen Datenbank-Management-System aufbaut. Als Zeitpunkt für den Beginn des Systems wurde Mai 1982 festgesetzt, unter der Voraussetzung einer günstigen Kosten-Nutzen-Analyse. Diese im März 1982 abgeschlossene Studie deutete darauf hin, daß das CEMO-Konzept des neuen Systems nicht wesentlich vom bisherigen Konzept abweichen würde, mit dem Unterschied, daß für das neue System weniger Verwaltungspersonal benötigt würde, dem jedoch andere Aufgaben zugeteilt werden könnten. In den nächsten Abschnitten finden Sie eine Zusammenfassung der Architektur des vorgeschlagenen Systems, dessen Lifecycle-Kosten- und Kostenrisiken-Analyse, seine Lifecycle-Nutzen-Analyse und die sich hieraus ergebenden Kosten-Nutzen-Vergleiche.

Das vorgeschlagene zentrale Anlagen-Management und Bestandskontrollsystem Central Equipment Management and Inventory Control System (CEMICS)

Die Gesamt-Architektur der vorgeschlagenen CEMICS-Software ist in Abbildung 31–9 dargestellt. Es handelt sich um ein Stapelsystem, das aus einer Reihe von Standalone-Programmen besteht, die in unterschiedlichen Intervallen laufen: täglich (D), wöchentlich (W) oder monatlich (M). Diese Programme — einige von ihnen sind in Systemkomponenten zusammengefaßt (in der Abbildung durch unterbrochene Linien gekennzeichnet) — stehen miteinander über die Anlagen-Stammdatenbank oder über Hilfsdateien, die aus Informationen der Anlagen-Datenbank erstellt wurden, in Verbindung. Zu den Funktionen, die vom jeweiligen Programm in Abbildung 31–9 durchgeführt werden und dem geschätzten Umfang, der sich aus der Erfahrung mit dem bestehenden System ergibt, finden Sie untenstehend eine Zusammenfassung:

1. EDIT

Das EDIT-Programm beginnt mit der Übernahme und Verarbeitung von Updates der EDIT-Tabellen (wie z. B. Änderung der für ein Anlagenmerkmal festgesetzten Grenzwerte, wie z. B. Wert oder Mietdauer, oder Änderung der akzeptierten Codierungen für solche Merkmale wie Anlagenstandort, Anlagenzustand oder Besitzstatus). Danach akzeptiert es Input-Daten zu Änderungen des Anlagenstatus, Eingängen und Abgängen usw., überprüft ihre Gültigkeit anhand der EDIT-Tabellen, erstellt eine Datei und einen Report über fehlerhafte Transaktionen sowie eine Datei der gültigen Transaktionen zur Verarbeitung durch das UPDATE-Programm. Sowohl das EDIT- als auch das UPDATE-Programm laufen täglich (D). Aufgrund der Erfahrung mit dem vorhergehenden System wird der Umfang des EDIT-Programmes auf 10 000 ± 3000 Sourcebefehle geschätzt.*)

2. UPDATE

Das UPDATE-Programm verwendet die Datei gültiger Transaktionen, die vom EDIT-Programm erstellt wurde, dazu, die CEMICS-Stammdatenbank der Anlagenmerkmale und der Status-Protokolle auf den neuesten Stand zu bringen. Daneben erstellt es einen Journalstreifen für Backup- und Recovery-Zwecke. Sein Umfang wird auf 6000 ± 2000 Sourcebefehle geschätzt.

3. EQUIP

Die EQUIP-Komponente besteht aus zwei Programmen, die auf der Grundlage der CEMICS-Stammanlagen-Datenbank operieren und Zwischen-Dateien für den Einsatz bei entsprechenden CEMICS-Programmen erstellen. Das EQUIPMENT-Status-Programm erhält Anlagenstatus-Informationen von der Anlagen-Datenbank, prüft sie auf Konsistenz und Vollständigkeit und erstellt eine Status-Datei zum Einsatz bei den verschiedenen Status-Reports und zum Update der PPI-Stamm-Bestandsdatenbank.

*) Für jedes Programm repräsentiert die Zahl der Sourcebefehle (DSI) COBOL-Sourcestatements, wobei die Data-Division-Statements mit einem Faktor von ⅓ gewichtet sind; ± bedeutet den Bereich einer dreifachen Standard-Abweichung (99,7%).

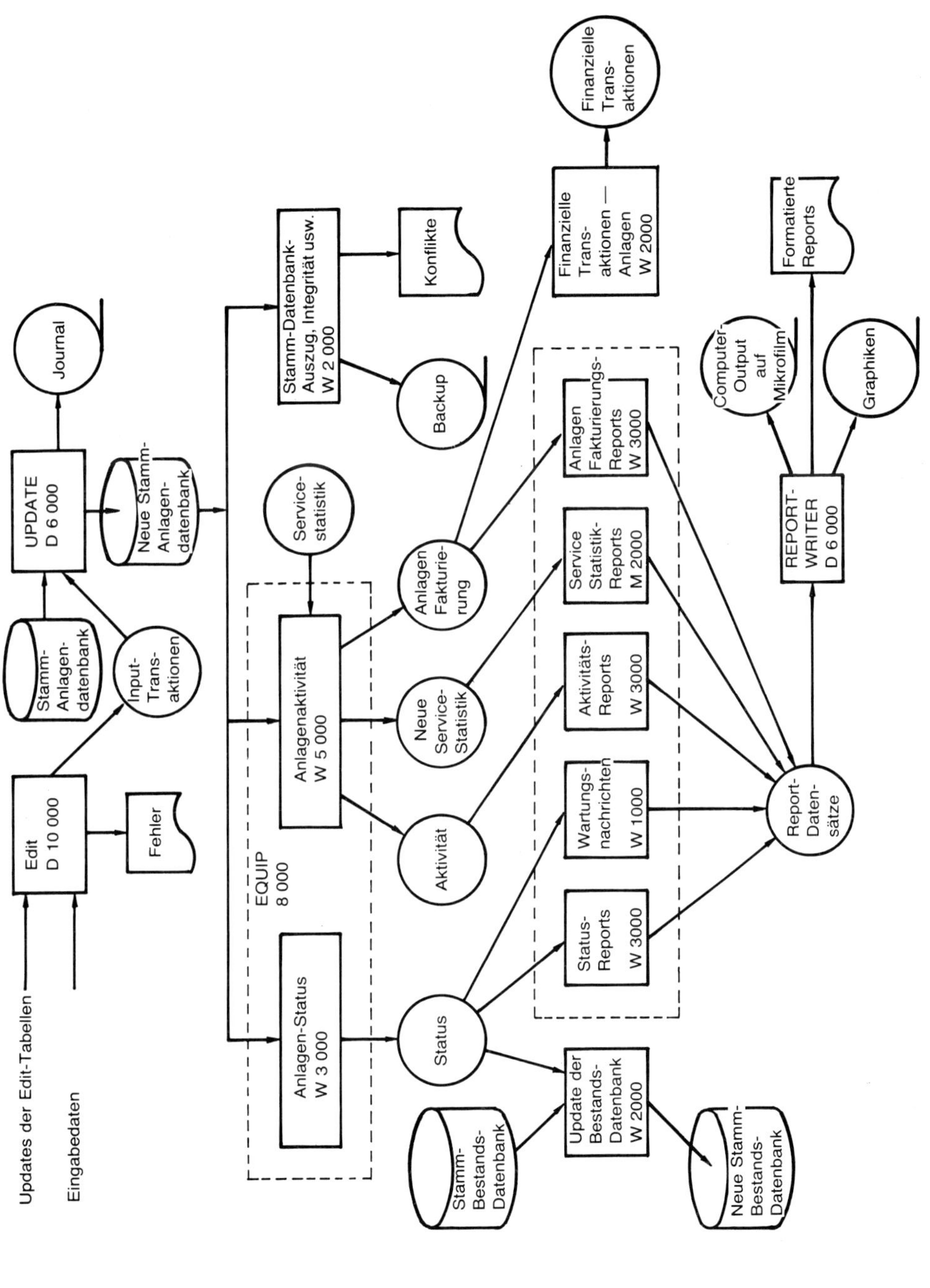

Abb. 31–9: CEMICS-Software-Architektur

Der Umfang dieses Programms wird auf 3000 Sourcebefehle geschätzt. Das EQUIPMENT-ACTIVITY-Programm erhält Anlagen-Aktivitätsinformationen aus der Anlagen-Datenbank, überprüft sie und verwendet sie zum Update der Service-Statistik-Datei und zur Erstellung einer Anlagen-Zwischendatei und von Anlagen-Fakturierungs-Dateien zum Einsatz bei der Generierung von Reports und Rechnungen für von PPI verwendete Anlagen. Ihr Umfang wird auf 5000 Sourcebefehle geschätzt. Der Gesamtumfang der EQUIP-Komponente wird auf 8000 ± 2000 Sourcebefehle geschätzt.

4. RPTDATA

Diese Komponente besteht aus fünf Programmen, die die von EQUIP erstellten Zwischendateien lesen und Report-Datensätze, die vom REPORT-Programm zu formatieren und anzugeben sind: das STATUS REPORTS-Programm (3000 Sourcebefehle); das SERVICE NOTICES-Programm (1000 Sourcebefehle), das Nachrichten für das Anlagen-Wartungspersonal vorbereitet, das anstehenden Wartungsterminen nachkommen muß; das ACTIVITY-REPORTS-Programm (3000 Sourcebefehle); das SERVICE HISTORY-REPORTS-Programm (2000 Sourcebefehle), das auch störanfällige Anlagen zur weiteren Untersuchung aussondert; und das EQUIPMENT CHARGE REPORTS-Programm (3000 Sourcebefehle), das auch verschiedene finanzielle Zusammenfassungen erstellt. Jedes dieser Programme erstellt sowohl allgemeine, zusammenfassende Reports als auch eine Anzahl von speziellen Reports. Der gesamte Umfang der RPTDATA-Komponente wird auf 12 000 ± 4000 Sourcebefehle geschätzt.

5. REPORTS

Das REPORTS-Programm formatiert die Report-Records, die von den RPTDATA-Programmen erstellt wurden, und gibt sie auf dem gewünschten Medium aus: auf einem Zeilendrucker, einer Mikromationsanlage (COM) oder auf einem Graphik-Plotter. Sein Umfang wird auf 6000 ± 1000 Sourcebefehle geschätzt.

6. Verschiedenes (MISC)

In dieser Komponente sind drei verschiedene Programme enthalten. Die EQUIPMENT DATA-BASE DUMP-Routine (2000 Sourcebefehle) führt verschiedene Datenbank-Integritäts-Prüfungen durch, weist auf Probleme hin und erstellt jede Woche ein Backup für die Datenbank. Das PROPERTY DATABASE UPDATE-Programm (2000 Sourcebefehle) verwendet die Information über Zugänge, Änderungen oder Abgänge innerhalb des CEMO-Anlagen-Pools, um die PPI-Stamm-Bestandsdatenbank gemäß dem PPI-Bestand auf den neuesten Stand zu bringen. Das EQUIPMENT FINANCIAL TRANSACTION-Programm (2000 Sourcebefehle) übergibt die wöchentliche Information über CEMO-Anlagen-Rechnungen mittels einer entsprechend strukturierten Zwischendatei dem PPI-Finanzinformations-Verarbeitungssystem. Der Gesamtumfang der MISC-Programme wird auf 6000 ± Sourcebefehle geschätzt.

CEMICS-Lifecycle-Kostenanalyse

Für eine CEMICS-Kosten-Nutzen-Analyse ist eine beträchtliche Menge an Details erforderlich; sie benötigt jedoch keine detaillierte Schätzung der Kosten aufgegliedert nach Phasen, Aktivitäten und Modulen. Demnach genügt das COCOMO-Zwischenmodell, um die Kosten für die Software-Entwicklung und -Wartung mit den in den Kapiteln 9.2 und 9.5 genannten Formeln und Methoden zu schätzen.

Abbildung 31–10 stellt das COCOMO-Schätzformular auf Komponentenebene vor, das zur Schätzung der CEMICS-Software-Entwicklungskosten eingesetzt wird. Die meisten Kostenfaktor-Merkmale werden mit „mittel“ bewertet; abweichende Bewertungen werden nachstehend erläutert:

Daten

Die CEMICS-Datenbank enthält durchschnittlich 2000 Bytes für jeden der 75 000 Inventarposten, insgesamt also 150 000 000 Bytes. Da dies die geschätzte Programmgröße von 48 000 Sourcebefehlen um mehr als das 1000-fache übersteigt, ist eine sehr hohe Bewertung angebracht.

Komplexität (CPLX)

Die EDIT-Routine ist relativ einfach aufgebaut. Die anderen Komponenten weisen einige komplexere Merkmale auf, was zu einer mittleren Bewertung führt.

Durchlauf (TURN)

CEMICS soll als Stapelsystem entwickelt werden; die Testläufe können des öfteren erst nach mehreren Stunden, nach dem Abschluß großer Produktionsläufe, durchgeführt werden.

Analytiker-Qualifikation und Anwendungserfahrung (ACAP, AEXP)

Der Projekt-Manager und der Chef-Analytiker werden alle Komponenten mit Ausnahme von EDIT entwerfen, das einem erfahrenen, aber weniger qualifizierten Analytiker übertragen wird.

Programmierer-Qualifikation, Erfahrung mit der virtuellen Maschine und Erfahrung mit der Programmiersprache (PCAP, VEXP, LEXP)

Der leitende Analytiker wird diejenigen Teile der UPDATE- und EQUIP-Komponenten, die eine Schlüsselfunktion haben, programmieren; die anderen Komponenten können von weniger erfahrenem Personal programmiert werden. Alle Programmierer haben Erfahrung mit COBOL.

Moderne Programmiermethoden (MODP)

Die PPI-Abteilung für kommerzielle Software verfügt über große Erfahrung beim Einsatz der meisten modernen Programmiermethoden.

Die sich hieraus ergebenden Schätzungen des COCOMO-Zwischenmodells für die CEMICS-Software-Entwicklung betragen 144 Mann-Monate, 792 000 Dollar und 16 ½ Monate. Nachdem ein unabhängig davon eingeholtes Expertenurteil (Wideband-Delphi) eine vergleichbare mittlere Kostenschätzung von 750 000 Dollar erbrachte, werden wir die COCOMO-Schätzungen für die Kosten-Nutzen-Analyse akzeptieren.

Die Schätzungen für die anderen CEMICS-Entwicklungs- und Implementierungskosten lauten wie folgt:

Computer-Kosten

Auf der Basis der Schätzrichtlinien für Stapel-Anwendungsprojekte (siehe Tabelle 31–7) wird der Computer-Einsatz auf drei Stunden pro Entwicklungs-Mann-Monat geschätzt. Dies stimmt mit den Daten der Tabelle 31–5 ziemlich genau überein. Die daraus resultierenden geschätzten Computer-Kosten sind

$$144 \text{ MM} \times 3 \frac{\text{CHR}}{\text{MM}} \times \frac{\$\ 200}{\text{CHR}} = \$\ 86\,400,$$

das sind etwa 11% der Entwicklungs-Personalkosten.

CEMICS			PRODUKT			COMPUTER				Analytiker: F. Fox PERSONALMERKMALE					PROJEKT								Datum: 20. 2. 82
① Komponente	② EDSI	③ AAF	④ RELY	⑤ DATA	⑥ CPLX	⑦ TIME	⑧ STOR	⑨ VIRT	⑩ TURN	⑪ ACAP	⑫ AEXP	⑬ PCAP	⑭ VEXP	⑮ LEXP	⑯ MODP	⑰ TOOL	⑱ SCED	⑲ EAF	⑳ MM DSN	㉑ MM DEV/AM	㉒ EDSI/MM IST	㉓ $K	㉔ $/EDSI
1. EDIT	10 000		DSN 1.0	SH 1.16	LO 0.85	DSN 1.0	DSN 1.0	DSN 1.0	H 1.07	DSN 1.0	H 0.91	DSN 1.0	DSN 1.0	H 0.95	H 0.91	DSN 1.0	DSN 1.0	0.83	39	32	312	5.0 160	16
2. UPDATE	6 000				DSN 1.0					H 0.86		H 0.86	H 0.90					0.65	23	15	400	6.0 90	15
3. EQUIP	8 000											H 0.86	H 0.90					0.65	31	20	400	6.0 120	15
4. RPT DATA	12 000											DSN 1.0	DSN 1.0					0.84	47	39	308	5.5 214	18
5. REPORTS	6 000																	0.84	23	19	315	5.5 104	18
6. MISC	6 000																	0.84	23	19	315	5.5 104	18
7.																							
8.																							
9.																							
10.																							
11.	48 000	Gesamt-EDSI																Gesamt:		144	333	792	16
12.	186	$(MM)_{DSN}$								Entwicklungsart: organisch								Terminplan (Monate)		16.5			
13.	258	$(EDSI/MM)_{DSN}$																					

Abb. 31 – 10: Kostenschätzung der Software-Entwicklung bei CEMICS

Implementierung

Die wahrscheinlich am besten geeignete Übergangsstrategie für das neue CEMICS-System ist ein 6 Wochen langer paralleler Einsatz, bei dem sowohl die neuen als auch die alten Reports eingesetzt werden und man die alten Verfahren zur Dateneingabe nach und nach absetzt. Der beste Weg, in dieser Situation Schätzungen vorzunehmen, ist normalerweise der, von einem durchschnittlichen Aufwand während der gegebenen Zeitspanne auszugehen. Hier überzeugen wir uns, daß für die Übergangsphase durchschnittlich vier Software-Entwickler erforderlich sind:

Personal:	4 FSP × 1,5 Monate × \$ 5,5 K pro MM	= \$ 33 K
Computer:	50 CHR/Monate × 1,5 Monate × \$ 200/CHR	= \$ 15 K
		\$ 48 K

oder ca. 5% der Entwicklungskosten. Dieser Wert liegt über den in Tabelle 31–4 aufgezeigten Installationskosten, weil hier die Implementierung eine viel umfassendere Aktivität abdeckt.

Schulung

Die für Schulung anfallenden Kosten des Projektes werden am besten auf der Basis von Einzelaufgaben geschätzt. Für die Vorbereitung des Schulungsmaterials werden 2 MM geschätzt und ein weiterer MM für die effektive Durchführung der Schulung. Insgesamt ergibt dies 3 MM × \$ 5 K pro MM = \$ 15 K. Für ca. 20 Mitarbeiter der Verwaltung, die einen einwöchigen Schulungskurs absolvieren, errechnen sich die Kosten wie folgt:

$$20 \text{ Mitarbeiter} \times \frac{1 \text{ Mann-Woche}}{\text{Mitarbeiter}} \times \frac{1 \text{ MM}}{4 \text{ Mann-Wochen}} \times \frac{\$ 2 \text{ K}}{\text{MM}} = \$ 10 \text{ K},$$

für die gesamte Schulung fallen also Kosten in Höhe von \$ 25 K an. Die für Schulung anfallenden Kosten des Projektes in Höhe von \$ 15 K stellen ca. 2% der gesamten Personalkosten für die Entwicklung dar. Dies stimmt mit dem Umfang der Schulungskosten für ähnliche Systeme, die in Tabelle 31–4 dargestellt sind, überein.

Umstellung

Es ist keine Programmumstellung beabsichtigt. Die Kosten für die Datenbankumstellung sind bei den Entwicklungskosten über die sehr hohe DATA-Bewertung berücksichtigt.

Benutzerkosten

CEMO schätzt, daß durchschnittlich etwa eine Vollzeitkraft während der 18 Monate dauernden Entwicklungs- und Implementierungs-Phase mit den Entwicklern zusammenarbeiten muß, um ein benutzerorientiertes System zu gewährleisten. Die sich hieraus ergebenden Kosten sind

$$1 \text{ FSP} \times 18 \text{ Monate} \times \$ 6 \text{ K/MM} = \$ 108 \text{ K}.$$

Sonstige Kosten

Keiner der anderen in Tabelle 31–8 aufgelisteten Kostenfaktoren trägt in einem bedeutenden Umfang zu den Kosten der CEMICS-Entwicklung bei. Man könnte sie durch weitere 0,5 bis 1% noch stärker berücksichtigen; da dies jedoch das Ergebnis der Analyse nicht beeinflussen würde, ist es aus Gründen der Einfachheit besser, es nicht zu tun. (Die Kosten für das Verwaltungspersonal von PPI sind bei der Overhead-Rate berücksichtigt.)

Demnach ergibt sich für die Gesamtkosten der Entwicklung und Implementierung folgende Schätzung:

Entwicklung: Personalkosten	$ 792 K
Entwicklung: Computer	86 K
Implementierung	48 K
Schulung	25 K
Anwender-Personalkosten	108 K
Gesamt	$ 1 059 K.

Die Schätzungen der jährlichen Software-Wartungs-Personalkosten für CEMICS sind in Abbildung 31–11 dargestellt. Die einzigen Änderungen bei den Aufwandsmultiplikatoren ergeben sich aus dem zusätzlichen Nutzen eines verstärkten Einsatzes von modernen Programmiermethoden, der gestiegenen Computer-System-Erfahrung der Programmierer und dem Einsatz eines Analytikers durchschnittlicher Qualifikation bei den Komponenten RPTDATA, REPORTS und MISC. Der jährliche Personalaufwand wird auf 26,7 MM oder ca. 2,2 FSP und 147 000 Dollar geschätzt. Dies entspricht der derzeitigen Mitarbeiterzahl von 4 FSP bei weniger effizienter Wartung des alten Systems. Das Verhältnis „Lochkarten pro Mitarbeiter" für die Wartung ist 48 KDSI/2,2 FSP = 22 KDSI/FSP, was — verglichen mit den in Tabelle 30–3 zusammengefaßten Erfahrungswerten — ein vernünftiger Standard für die kommerziellen Anwendungen höherer Programmiersprachen ist.

CEMICS Lifecycle-Nutzen-Analyse

Den Nutzen eines Systems wie CEMICS kann man in materiellen Nutzen — direkte Kostenersparnisse oder Einkommenssteigerungen —, in immateriellen Nutzen, der weniger gut quantifizierbar ist, sowie in indirekten Nutzen, wie z. B. eine verbesserte Service-Qualität, verbesserte Arbeitsmoral usw. aufgliedern. Wenn keine schwerwiegenden, nicht greifbaren Probleme auftauchen und ein hoher materieller Nutzen zu erwarten ist, sollten wir versuchen, die Entwicklung eines Software-Systems allein auf der Basis des materiellen Nutzens zu rechtfertigen, da dies zu einer weniger kontroversen Entscheidungssituation führt. Es ist jedoch auf jeden Fall wichtig, den immateriellen Nutzen aufzuzeigen und zu bemessen, und sei es nur um sicherzugehen, daß keine bedeutsamen indirekten Probleme (wie z. B. eine erhebliche Beeinträchtigung der Vertraulichkeit oder Sicherheit der Informationen) aus dem System erwachsen könnten. Es ist weiter von Wichtigkeit, eine Kosten-Nutzen-Risiko-Analyse zu erstellen, um die Sensibilität der Ergebnisse gegenüber den der Analyse zugrundeliegenden Annahmen zu testen und die Höhe des Risikos anzuzeigen, das wir eingehen, wenn eine Annahme, die eine Schlüsselposition einnimmt, ungerechtfertigt ist. In den nachstehenden Kapiteln wird der materielle und der immaterielle Nutzen von CEMICS sowie eine Kosten-Nutzen-Analyse durchgesprochen.

Weiter ist es normalerweise angebracht, die Nutzen-Analyse, von der wir ausgehen, unter Verwendung einiger vorsichtiger, vereinfachender Annahmen zu erstellen. Diese vereinfachen die Ausgangs-Analyse, so daß wir — sollte es sich herausstellen, daß der Nutzen die Kosten selbst bei vorsichtigen Annahmen übersteigt — die Komplikationen einer eingehenderen Analyse (sowohl für uns selbst als auch für diejenigen, die anhand der Analyseergebnisse Entscheidungen treffen müssen) vermeiden können. Die

Projekt: CEMICS-Wartung — Analytiker: F. Fox — Datum: 20. 2. 82

①	②	③	PRODUKT ④	⑤	⑥	COMPUTER ⑦	⑧	⑨	⑩	PERSONALMERKMALE ⑪	⑫	⑬	⑭	⑮	PROJEKT ⑯	⑰	⑱	⑲	⑳	㉑	㉒	㉓	㉔
Komponente	EDSI	AAF	RELY	DATA	CPLX	TIME	STOR	VIRT	TURN	ACAP	AEXP	PCAP	VEXP	LEXP	MODP	TOOL	SCED	EAF	MM DSN	MM DEV/AM	EDSI/MM IST	$K	$ EDSI
1. EDIT	10 000												0.90		0.86			0.71	39	6.9	25	5.5	
													1.0		0.91			0.83				38	
2. UPDATE	6 000														0.86			0.61	23	1.4	10	6.0	
															0.91			0.65				8	
3. EQUIP	8 000														0.86			0.61	31	1.9	10	6.0	
															0.91			0.65				11	
4. RPT DATA	12 000									1.0			0.90		0.86			0.83	47	9.8	25	5.5	
										0.86			1.0		0.91			0.84				54	
5. REPORTS	6 000									1.0			0.90		0.86			0.83	23	1.9	10	5.5	
										0.86			1.0		0.91			0.84				10	
6. MISC	6 000									1.0			0.90		0.86			0.83	23	4.8	25	5.5	
										0.86			1.0		0.91			0.84				26	
7.																							
8.																							
9.																							
10.																							
11.	48 000	Gesamt-EDSI																	Gesamt:	26.7		147	
12.		$(MM)_{DSN}$									Entwicklungsart: organisch								Terminplan (Monate)				
13.		$(EDSI/MM)_{DSN}$																					

Abb. 31–11: Kostenschätzung der Software-Wartung bei CEMICS

CEMICS-Kosten-Nutzen-Analysen gehen von der vereinfachenden Annahme aus, daß alle Kosten, Personal- und Bestandszahlen, konstant auf ihrem Stand von 1982 bleiben. Diese Annahme ist vorsichtig, weil CEMO bis heute eine starke Wachstumsrate beim Personalbestand, bei den Bestandszahlen und beim Bestandswert zu verzeichnen hat. Sie macht ferner die Erstellung neuer Barwert-Analysen überflüssig, indem davon ausgegangen wird, daß Abnahmen bei zukünftigen Kosten-Einsparungen wegen Barwertminderungen im großen und ganzen durch Zunahmen bei den Kosteneinsparungen aufgrund der Inflation in etwa ausgeglichen werden.

Materieller Nutzen von CEMICS

Nachstehend wird der materielle Nutzen von CEMICS in einige Hauptpunkte aufgegliedert und die jeweiligen direkten jährlichen Einsparungen angegeben.

Reduzierter Bestand

Aus Übersichten, die von CEMO-Anwendern erstellt wurden, ist ersichtlich, daß sich aufgrund der größeren Genauigkeit und aufgrund der Aktualität der CEMICS-Informationen der Umfang neu erworbener Anlagen wegen ihrer besseren Ausnutzung, reduziertem Horten und einem verminderten Bedarf an Ersatzanlagen um 5% reduzieren läßt. Der Betrag für CEMO-Neukäufe liegt pro Jahr bei etwa 30% des derzeitigen Bestandswertes von 50 000 000 Dollar oder bei etwa 15 000 000 Dollar (Wertminderung und Produktionsauslauf reduzieren die Netto-Wachstumsrate des Bestandswertes auf 15%). Eine 5%ige Reduktion dieser jährlichen Einkaufskosten bringt eine jährliche Kosteneinsparung von 750 000 Dollar. Außerdem wird PPI nochmals 25% für andernfalls erforderliche Bestandsunterhaltungskosten einsparen — den finanziellen und administrativen Kosten, die sich aus dem Besitz ergeben —, was sich in jährlichen Einsparungen von 187 500 Dollar niederschlägt.

Reduziertes Verwaltungspersonal

Laut einer vorsichtigen Schätzung, die sich auf die Ergebnisse des Prüfberichtes stützt, wird CEMICS nur noch 18 Mitarbeiter in der Verwaltung im Vergleich zu 26 beim bestehenden System benötigen; dies ergibt eine jährliche Ersparnis von 200 000 Dollar.

Reduzierte Software-Wartung

Wie die Lifecycle-Kostenanalyse zeigt, werden sich die CEMICS-Software-Wartungskosten auf $ 147 K pro Jahr belaufen. Im Vergleich hierzu die derzeitigen Kosten: sie belaufen sich für vier Personen auf ca. $ 60 K pro Mann-Jahr oder insgesamt $ 240 K. Dies bedeutet eine jährliche Kostenersparnis von $ 93 K.

Reduzierte Computerkosten

Wie die Lifecycle-Kostenanalyse zeigt, werden die Computer-Kosten von $ 96 K pro Jahr auf $ 72 K pro Jahr reduziert; dies bedeutet eine jährliche Kostenersparnis von $ 24 K.

Die sich somit aufgrund der Entwicklung und dem Einsatz von CEMICS ergebende jährliche Gesamt-Kostenersparnis wird wie folgt geschätzt:

Reduzierter Anlagen-Bestand	$ 750 K/Jahr
Reduzierte Unterhaltskosten	188 K/Jahr

Reduzierte Kosten für Verwaltungspersonal	200 K/Jahr
Reduzierte Software-Wartung	93 K/Jahr
Reduzierte Computer-Kosten	24 K/Jahr
Gesamt	$ 1255 K/Jahr.

Immaterielle Nutzen von CEMICS

Die Entwicklung und der Einsatz von CEMICS könnte den Nutzern und Managern von PPI-Anlagen eine höhere Service-Qualität bringen. Eine rechtzeitigere Abstimmung und eine präventive Wartung könnten die Lebensdauer der Anlagen erhöhen und die Häufigkeit eines unerwarteten Produktions-Stillstandes sowie die Anzahl ungültiger Produkttests verringern. Eine bessere Information der Benutzer würde Verzögerungen beim Aufstellen von Anlagen reduzieren und es ihnen ermöglichen, spezielle Reports zu bekommen, die bei der Fehler-Trend-Analyse, bei der Verkäuferauswahl usw. nützlich sind. Genauere und rechtzeitigere Informationen über den Anlagenstatus und Trends wäre für die Manager bei der Finanz-, Einrichtungs- und Projektplanung von Nutzen.

Es ist schwierig, solchen Nutzen direkt quantitativ zu bestimmen. Wenn wir eine Reihe zusätzlicher Annahmen machen, kommen wir oftmals zu einer groben Näherung des Nutzens, doch ist es möglicherweise schwierig, die Annahmen und die Analyse zu rechtfertigen. In einigen Situationen jedoch, in denen die Höhe des immateriellen Nutzens ein ausschlaggebendes Entscheidungskriterium ist, lohnt sich diese Anstrengung.

Eine oft verwendete Methode, die verbesserte Service-Qualität zu quantifizieren, ist zu errechnen, wieviel mehr Personen erforderlich wären, um mit dem alten System dieselbe Service-Qualität zu erreichen. (Beispiel: Zur Erreichung einer Service-Qualität nach dem CEMICS-Standard wären nach dem alten System 50 Angestellte anstatt 26 erforderlich ist; das bedeutet eine entsprechende Einsparung von 24 × 25 K $ 600 K pro Jahr.) Solch eine Schätzung vermittelt einen gewissen überblick. Solange ein Unternehmen jedoch nicht ernsthaft an eine Personalaufstockung als realistische Alternative denkt, wird sie wohl allgemein für eine vage und unrealistische Schätzung von Einsparungen gehalten werden.

Der Nutzen, der sich aus anderen, nicht quantifizierbaren Faktoren ergibt, ist sogar noch schwerer mit dem materiellen Nutzen in Einklang zu bringen. Hierunter verstehe ich z. B. die verbesserte Arbeitsmoral der Anlagen-Benutzer, der CEMO-Verwaltungsangestellten und der Wartungsprogrammierer. Darunter ist auch die Wachstumskapazität des Systems zu verstehen. Auch hier gilt wieder, daß es besser ist, nicht zu viel Zeit darauf zu verwenden, diese Faktoren quantitativ erfassen oder sie mit anderen Faktoren in Einklang bringen zu wollen, es sei denn, sie sind ausschlaggebend für eine Entscheidung. Für diesen Fall finden Sie in Kapitel 18 eine Reihe von Methoden und Richtlinien, die Ihnen bei der Analyse behilflich sein können.

CEMICS-Kosten-Nutzen-Vergleich und Risikoanalyse

Glücklicherweise ist allein des Umfang der geschätzten realen CEMICS-Nutzens so groß ($ 1255 K pro Jahr), daß PPIs geschätzte Entwicklungs- und Implementierungskosten ($ 1059 K) schon nach dem ersten Betriebsjahr amortisiert wären. Auch scheinen keinerlei nicht quantifizierbare Probleme aus der Einführung von CEMICS zu entstehen. Das bedeutet, daß die Entscheidung von PPI schon klar feststeht, ohne daß

PPI Überlegungen über immateriellen Nutzen anstellen oder einzelne Faktoren in Einklang bringen müßte und ohne daß PPI verfeinerte Gewinn- und Verlust-Analysen — wie eine Barwert-Analyse, Ertragsanalyse, Analyse des Ertrags des investierten Kapitals — einführen müßte (siehe hierzu Cortada, 1980).

Selbst bei einer solch klaren Präferenzlage ist es angebracht, eine Kosten-Risiko-Analyse durchzuführen, um sicherzustellen, daß PPI nicht eines Tages in große Schwierigkeiten kommt, sollte sich eine der Annahmen der Studie als nicht zutreffend erweisen.

Die hauptsächlichen Risiken auf der Kosten-Risiko-Seite sind, daß CEMICS umfangreicher werden wird und schwerer zu entwickeln als aus den Komponentengrößen und -bewertungen in Abbildung 31–5 ersichtlich. Die vorsichtigste Schätzung, die möglich ist, erhalten wir, wenn wir innerhalb der durch „±" vorgegebenen Spannen der Größenschätzungen für alle Komponenten den Maximalwert wählen*): 13 000 Sourcebefehle für EDIT, 8000 für UPDATE usw. Dies ergäbe eine CEMICS-Gesamtgröße von 63 000 Sourcebefehlen anstatt 48 000. Was die Merkmalbewertungen betrifft, so sind die meisten vorsichtig geschätzt worden, jedoch besteht ein gewisses Risiko, daß hochqualifizierte Programmierer/Analytiker nicht mehr zu finden sein werden, wodurch die Notwendigkeit entstünde, daß ihre Arbeit von Personal mit einer durchschnittlichen Qualifikation zu verrichten wäre.

Wenn wir die Kalkulation gemäß dem COCOMO-Zwischenmodell anhand dieser vorsichtigen Größenbestimmungen und Bewertungen durchführen, gelangen wir zu einer Schätzung von 222 MM und $ 1228 K an Entwicklungs-Personalkosten. An diesem Punkt sollten wir auch das Risiko mit einbeziehen, daß das COCOMO-Zwischenmodell die Projektkosten unterschätzt. Aus Abbildung 29–5 ist ersichtlich, daß die tatsächlichen Projektwerte bei 59 von 63 Projekten (also bei 94%) weniger als 40% höher als die COCOMO-Schätzungen lagen. Wenn wir also die COCOMO-Schätzung um 40% erhöhen, kommen wir zu einer sehr vorsichtigen Kostenschätzung, die den Unsicherheitsfaktor bei der COCOMO-Schätzung reflektiert. Damit werden unsere vorsichtigen Schätzungen für die CEMICS-Software-Entwicklung auf 311 MM und $ 1719 K erhöht und liegen um ca. 117% über unserer ursprünglichen Schätzung von $ 792 K.

Wir könnten nun auf dieselbe Weise alle anderen Kosten unter Verwendung vorsichtiger Annahmen neu kalkulieren. Wenn aber die anderen Kosten relativ niedrig sind und sich in etwa proportional zu den Entwicklungs-Personalkosten verhalten (wie es hier der Fall ist), könnten wir eine gute, einfache und vorsichtige Schätzung auch dadurch erzielen, daß wir die Zunahme der Entwicklungs-Personalkosten bei der gesamten Kostenschätzung für die Entwicklung und Durchführung anwenden. Wenn wir die Gesamtkosten um 117% anheben, erzielen wir für CEMICS eine vorsichtige Kostenschätzung von $ 2299 K anstelle von $ 1059 K, d. h. ein Kostenrisiko von $ 1240 K. Die korrigierte Schätzung des Entwicklungs-Terminplanes ist 22 Monate anstelle von 16,5 Monaten, was ein Terminplan-Risiko von 5,5 Monaten bedeutet.

Auf der Nutzen-Risikoseite wäre es eine sehr vorsichtige Annahme, daß alle Aspekte des Nutzens mit einem Faktor von zwei überschätzt worden sind: daß sich die

---

*) Hierbei handelt es sich um eine weitaus vorsichtigere Schätzung als bei den PERT-Größenrisikoschätzungen, die in Abschnitt 21.4 besprochen worden sind. Die PERT-Schätzungen verwenden die mittlere quadratische Abweichung als Formel, die von der Annahme ausgeht, daß Größenüberschätzungen durch Unterschätzungen ausgeglichen werden. Wenn wir von der Praxis der Software-Unterschätzung ausgehen, ist die PERT-Größenannahme weder sehr vorsichtig noch sehr realistisch.

Reduzierung der neuen Bestände auf nur 2,5% anstelle von 5% beläuft; daß beim Büropersonal nur vier und nicht acht Personen eingespart werden; daß die Einsparungen beim Software-Wartungspersonal nur $ 46 K pro Jahr und nicht $ 93 K pro Jahr ausmachen und daß Computer-Kosteneinsparungen $ 12 K pro Jahr betragen und nicht $ 24 K pro Jahr. Wenn wir den Gesamtbetrag der jährlichen Kosteneinsparungen in Höhe von $ 1255 K pro Jahr um einen Faktor zwei senken, gelangen wir zu der vorsichtigen Schätzung des Nutzens von $ 627 K pro Jahr.

Abbildung 31–12 zeigt die Ergebnisse der Kosten-Nutzen-Risikoanalyse aus der Sicht des Kapitalrückflusses. Auch bei vorsichtigen Schätzungen und obwohl die Kapitalrückfluß-Periode erst 6 Monate später beginnt, wird der Breakeven-Point etwa 3 ½ Jahre nach Beginn des Einsatzes von CEMICS erreicht, eine annehmbare Rückfluß-Periode. (3 bis 5 Jahre werden bei einem Informationssystem als eine annehmbare Periode erachtet.) Aufgrund dieser Analyse hat das PPI-Management entschieden, daß die Risiken tragbar sind und daß die CEMICS-Entwicklung fortgesetzt werden kann. Im folgenden Kapitel über die Planung und die Steuerung werden wir anhand des CEMICS-Beispieles zeigen, wie wir die hier entwickelten Kostenschätzungen als Grundlage für Zuordnung, Verwaltung und Steuerung von Projekt-Budgets und -Ausgaben im Verhältnis zum Projekt-Forschritt verwenden können.

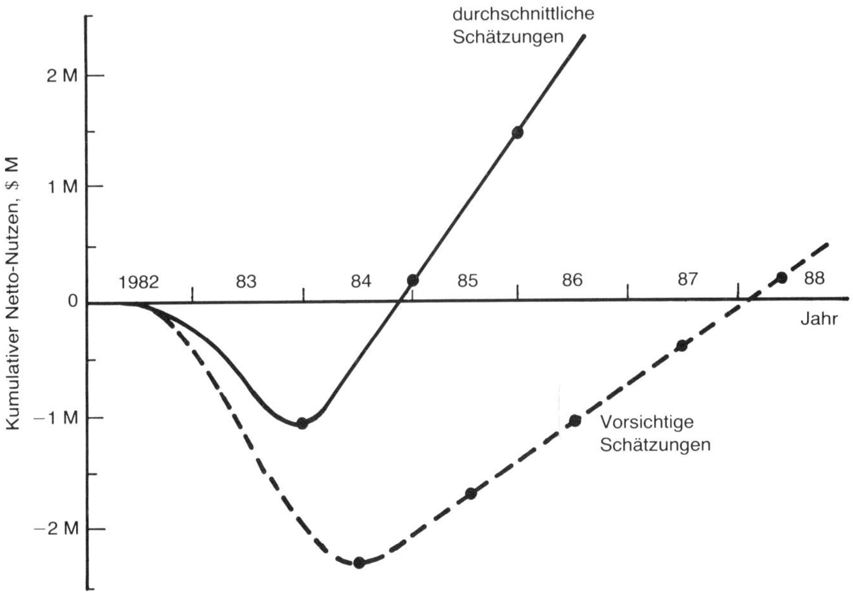

Abb. 31–12: CEMICS Kapitalrückfluß Kosten-Nutzen-Risiko-Vergleich

Kapitel 32

Software-Projektplanung und -Kontrolle

32.1 Einführung

Die Software-Kostenschätzung als eine sich selbst erfüllende Vorhersage

Eine höchst bemerkenswerte Eigenschaft der Software-Kostenschätzung ist die folgende:

„Wenn eine Software-Entwicklungskostenschätzung innerhalb 20% der ‚idealen' Kostenschätzung des Jobs liegt, kann ein guter Manager daraus eine sich selbst erfüllende Vorhersage machen."

Es sind die gemeinsamen Pufferzeit-Komponenten einer typischen Arbeitswoche, die die Freiheitsgrade bieten, die ein Projektmanager braucht, um obige Aussage in die Tat umzusetzen. Wie wir im Zusammenhang mit Abbildung 22–4 (hier in Abbildung 32–1 dargestellt) gesagt haben, machen diese Pufferzeit-Komponenten — Schulung, persönliche Aktivitäten, allgemeine Berufsaktivitäten — etwa 30% der Arbeitszeit der Personen aus, die mit der Software beschäftigt sind.

Den Weg, den ein Projektmanager in erster Linie einschlagen kann, um die Team-Mitarbeiter dazu anzuspornen, ihre Pufferzeit neu einzuteilen, ist die Errichtung von Projekt-Meilensteinen. Die Grundlage für die Budgets und Terminpläne, die zu diesen Meilensteinen gehören, sind die Kosten- und Terminplan-Schätzungen, über die die Meilensteine erreicht werden. Neben diesen Meilensteinen, Terminplänen und Budgets existieren zwei wichtige Phänomene, deren Auswirkung auf die Pufferzeit der Mitarbeiter derart ist, daß sie sich mit ihr befassen und nach und nach die sich selbst erfüllende Vorhersage in die Tat umsetzen. Das erste der beiden Phänomene ist

> *das Parkinsonsche Gesetz (Parkinson, 1957):*
>
> *„Die Arbeit wächst solange, bis das verfügbare Volumen ausgefüllt ist."*

Wenn eine Software-Kosten- oder Terminplan-Schätzung für die Erreichung eines Meilensteines höher als das Ideal liegt, so behauptet das Parkinsonsche Gesetz, daß die Mitarbeiter die verbleibende Zeit für ihre Schulung oder andere persönliche Initiativen verwenden oder dafür, alte Korrespondenz u. ä. aufzuarbeiten, so daß der tatsächliche Aufwand, der für die Erfüllung der Aktivität des Meilensteins erforderlich ist, (etwa) ebenso hoch sein wird wie das für die Aktivität veranschlagte Budget.

Das zweite dieser beiden Phänomene ist bis zu einem gewissen Grad das Gegenteil des Parkinsonschen Gesetzes. Es handelt sich um den

> *Deadline-Effekt:*
>
> *„Der in eine Aktivität investierte Umfang an Energie und Aufwand verstärkt sich zusehends in dem Maße, in dem man sich der Deadline nähert, die für die Beendigung der Aktivität festgesetzt wurde."*

Der Deadline-Effekt wurde in vielen Situationen zwanglos beobachtet. Abbildung 32–2 zeigt einige Daten, die bei zwei kleinen Projekten mit drei wichtigen Meilensteinen festgehalten wurden: Pläne- und Anforderungs-Review (PRR = plans and requirements review); Produktentwurfs-Review (PDR = product design review) und einen Übernahmetest (Boehm, 1980). Aus diesen Daten ist klar ersichtlich, daß der Deadline-Effekt für beide Projekte in starkem Maße zutrifft und daß er allgemein

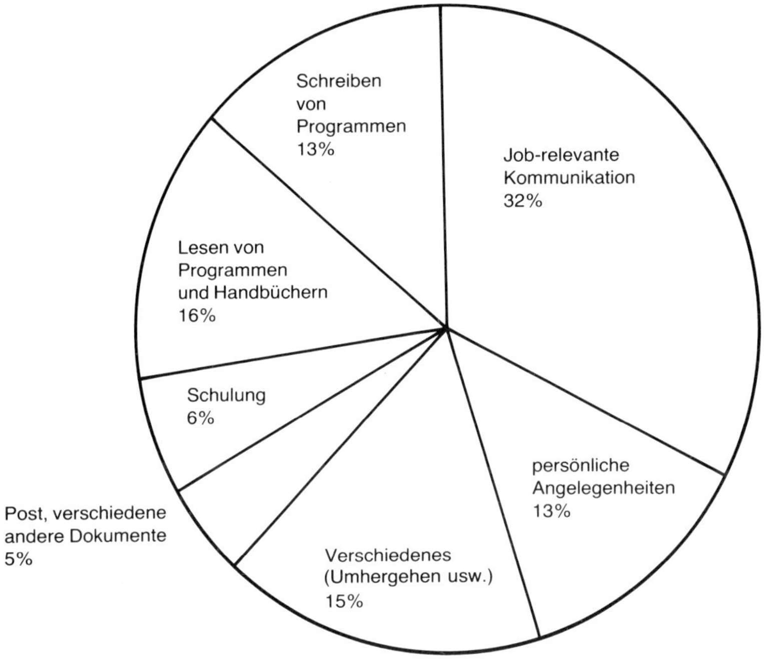

Aktivität	Listen, Arbeits-blätter	Geschäft-liches	Persön-liches	Bespre-chungen	Schulung	Post/Div. Doku-mente	Techn. Handb.	Arb.-Proz. Div.	Progr.-test	Summe
Reden oder Zuhören	4	17	7	3				1		32%
Mit dem Manager reden		1								1%
Telefonieren		2	1							3%
Lesen	14					2	2			18%
Schreiben/Recording	13					1				14%
Außer Haus		4	1	4	6					15%
Umhergehen	2	2	1			1				6%
Verschiedenes	2	3	3			1		1	1	11%
Insgesamt	35	29	13	7	6	5	2	2	1	100%

Abb. 32–1: Womit verbringen Programmierer ihre Arbeitszeit?

einen Spitzenaufwand hervorbrachte, der etwa zweimal so hoch war wie der der vorhergehenden Woche. Auch hier gilt wieder, daß sich der Deadline-Effekt auf die Pufferzeit der Mitarbeiter stimulierend auswirkte, so daß die ursprünglichen Budget- und Terminplan-Schätzungen zu sich selbst erfüllenden Vorhersagen für jeden Meilenstein wurden.

Ein fähiger Projektmanager kann also mit einer geeigneten Anzahl von Projekt-Meilensteinen und einer Serie guter Projekt-Planungs- und Kontroll-Methoden ein relativ exakt abgeschätztes Projekt im Rahmen des Terminplanes und im Limit des Budgets abwickeln. Wenn aber die Schätzungen zu weit abweichen (insbesondere, wenn es sich um Unterschätzungen handelt), wird dem Projekt-Manager die ihm zur Verfügung stehende Pufferzeit ausgehen, mit einer erheblichen Überschreitung als Folge. Wenn eine Organisation versucht, die Pufferzeit-Aktivitäten der Mitarbeiter abzuschaffen, indem Budget- und Terminpläne konsequent unterschätzt oder indem immer mehr Deadlines verhängt werden, wird sie sich mit lang anhaltenden Problemen wegen verminderter Arbeitsmoral, Minderung der langfristigen technischen Fähigkeiten und einer erhöhten Personalfluktuation konfrontiert sehen.

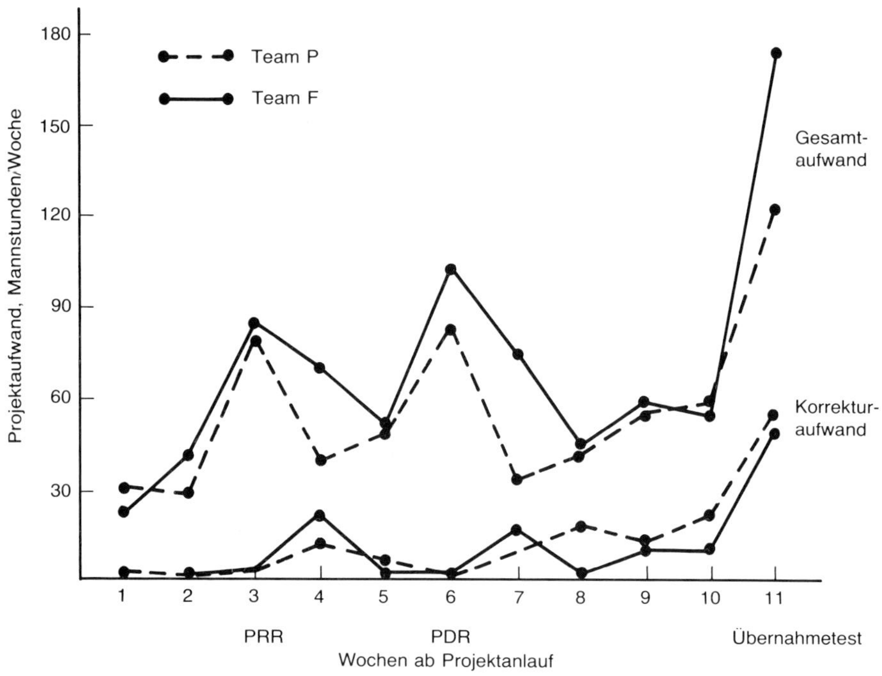

Abb. 32–2: Der Deadline-Effekt bei zwei kleinen Software-Projekten

Die Synergie zwischen Software-Kostenschätzung und Software-Projekt-Management

Der oben beschriebene Effekt der sich selbst erfüllenden Vorhersage ist eines der Beispiele für die Synergie, die dann entsteht, wenn leistungsfähige Kostenschätz-, Software-Planungs- und Kontroll-Methoden kombiniert werden. Bei den nachstehenden zwei Disziplinen handelt es sich um zwei weitere Möglichkeiten der Synergie:

- Durch eine effektive Planungs- und Kontroll-Kapazität werden die Daten der Zeit-, Aufwands- und Kosten-Verteilung für die augenblickliche Software ermittelt. Mit diesen Daten kann das Software-Kostenschätzmodell auf die sich entwickelnden Charakteristika der Installation und ihrer Projekte neu ausgerichtet werden.
- Eine effektive Kostenschätz-Kapazität bürgt dadurch für ein besseres Projekt-Management, daß für die solide Durchführung des Jobs genügend Ressourcen bestimmt werden (wie z. B. genügend Zeit und genügend Aufwand für die frühen Phasen, damit die Anforderungsanalyse und das Design richtig durchgeführt werden können), und dadurch, daß eine einwandfreie Basislinie der „Soll-Kosten" für jede Projektphase und Projektaktivität gezogen wird, die als Grundlage für die Planung und die Kontrolle dienen soll.

Vorausschau auf die folgenden Kapitel

Dieses Kapitel erläutert, wie wir die COCOMO-Software-Kosten- und Terminplan-Schätzungen als Grundlage für die Planung und die Kontrolle eines Software-Entwicklungsprojektes verwenden können. Abschnitt 32.2 bringt das Gesamtgerüst eines integrierten Kosten-Leistungs-Planungs- und -Kontroll-Systems und erklärt, wie die verschiedenen Teile zusammenpassen. Einge dieser Teile sind in früheren Kapiteln beschrieben worden, wie z. B. die Struktur einer Arbeitsaufgliederung in Kapitel 4 und das Meilenstein-Diagramm eines Kosten-Terminplanes in Kapitel 21. Die anderen Komponenten werden in den entsprechenden Abschnitten dieses Kapitels erläutert.

Abschnitt 32.3 befaßt sich mit den Methoden des Projekt-Terminplanes, wie z. B. dem PERT-Diagramm*), mit den Berechnungen des kritischen Weges und mit Gantt-Diagrammen. Abschnitt 32.4 bespricht die Modulentwicklungsunterlage (UDF = Unit Development Folder) und das zu ihr gehörende Deckblatt als einen effektiven Weg zu einer detaillierten Software-Projekt-Planung und -Kontrolle. Abschnitt 32.5 stellt das System der realisierten Werte (= Earned Value System EV) vor, das einen Weg aufzeigt, wie die detaillierte Meilenstein-Information aus der Modul-Entwicklungsunterlage verwendet werden kann, um für den Fortschritt des Projektes unter Berücksichtigung seiner Ausgaben einen Gesamt-Maßstab zu entwicklen.

Danach zeigt Abschnitt 32.6, wie all diese Methoden auf ein typisches Projekt angewandt werden können; als Beispiel dient das Central Equipment Management and Inventory Control System (CEMICS), das in Abschnitt 31 vorgestellt wurde. Abschnitt 32.7 bringt eine Zusammenfassung darüber, wie die während der Software-Projektplanungs- und -Steuerungsarbeiten gesammelten Daten in einer Software-Kosten-Datenbank so organisiert werden können, daß sie zur zukünftigen Verbesserung und Ausrichtung des COCOMO-Kostenmodells gemäß der Erfahrung der Installation beitragen. In Abschnitt 32.8 schließlich finden Sie eine Zusammenfassung der Hauptthemen dieses Kapitels.

32.2 Ein Rahmen für eine Software-Projektplanung und -Kontrolle

Abbildung 32–3 bringt die Darstellung eines Gesamtrahmens der Software-Projekt-Planungs- und -Kontroll-Methoden, der uns die essentiellen Elemente vermittelt, die wir beherrschen müssen, um den Fortschritt und die Ausgaben des Projektes steuern und kontrollieren zu können. Zu jedem der in Abbildung 32–3 mit Nummern versehenen Schritte finden Sie nachstehend eine Zusammenfassung:

(1) Als erstes benötigen wir eine organisierte Struktur, mit der wir über die Projektausgaben Buch führen können, und zwar unter Berücksichtigung unserer Schätzungen der Projektkosten nach Phasen und Aktivitäten. Dies wird uns durch die *Struktur der Arbeitsaufgliederung (WBS = Work Breakdown Structure)* ermöglicht, die wir erstmals als Teil unserer Definition der von einer COCOMO-Schätzung gedeckten Kosten in Abschnitt 4.7 definiert und besprochen haben. Wir verwenden die COCOMO-Schätzungen der Projektkosten pro Software-Komponente und -Aktivität, um für jedes WBS-Element gezielte „Soll-Kosten" festzusetzen.

*) PERT = Program Evaluation and Review Technique.

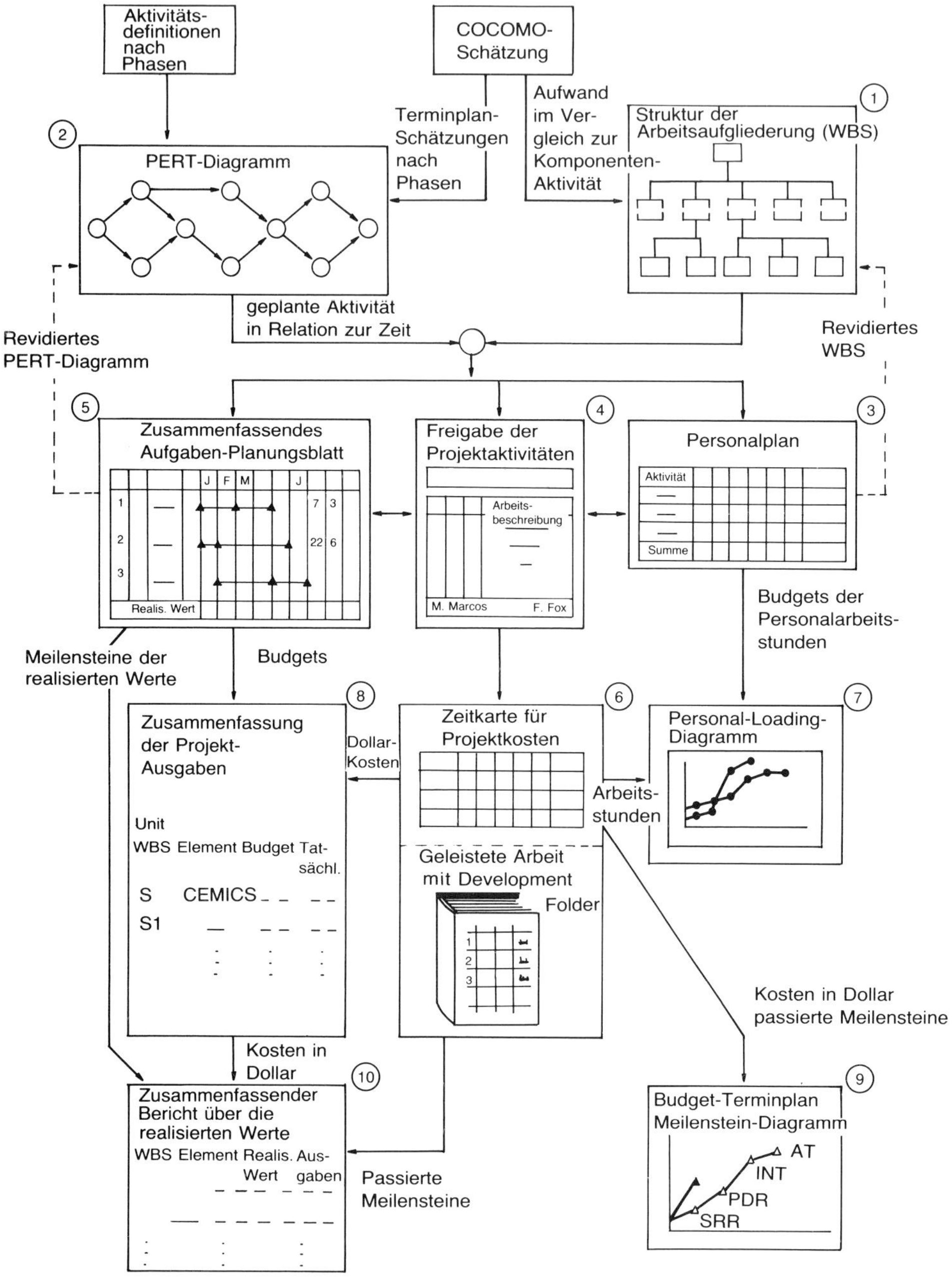

Abb. 32–3: Der Rahmen einer Software-Projektplanung und -Kontrolle

② Die COCOMO-Schätzungen der pro Phase erforderlichen Projekt-Kalenderzeit bieten einen Ausgangspunkt für die Erstellung einer *PERT-Diagramm-Hierarchie* oder eines Aktivitäten-Netzplanes. Die PERT-Diagramm-Methode ermöglicht es uns, die Zeitabhängigkeit zwischen Projektaufgaben auszudrücken, Aspekte wie den kritischen Weg zwischen Beginn und Ende des Projektes zu analysieren und den aktuellen Fortschritt des Projektes unter Berücksichtigung der Meilensteine im PERT-Diagramm zu steuern. Die PERT-Diagramme und verwandte Methoden werden in Abschnitt 32.3 im einzelnen beschrieben.

③ Nachdem wir die Kosten, den Aufwand und den Terminplan — wie sie für jede der Hauptaufgaben des Projektes erforderlich sind — bestimmt haben, können wir die anderen drei grundlegenden Komponenten des Ressourcenplanes des Projektes festlegen. Die erste Komponente ist der *Personalplan* des Projektes, der bestimmt, wie viele Personen für die Arbeit an jedem WBS-Projektelement für jeden Monat der Projektdauer erforderlich sind (als zeitliche Einheit kann bei kleinen Projekten eine Woche, bei sehr großen Projekten drei Monate angesetzt werden. Der Einsatz des Terminplanes wird durch das Beispiel in Abschnitt 32.6 illustriert.

④ Eine Gruppe, die für die *Freigabe der Projektaktivitäten (PWA = Project Work Authorization)* zuständig ist, bildet eine weitere Komponente des Projekt-Ressourcenplanes. Für jedes getrennt gekennzeichnete Arbeitspaket der WBS-Elemente legt PWA die gegenseitige Verpflichtung der verantwortlichen Person der Auftraggeber-Organisation und der durchführenden Organisation für das Arbeitspaket wie folgt fest:

- welche Arbeiten ausgeführt werden müssen,
- wann die den Meilensteinen entsprechenden Haupt-Arbeitspakete abgeschlossen sein müssen,
- welche Ressourcen dem Anwender für die Erfüllung seiner Arbeit vom Auftraggeber zur Verfügung gestellt werden.

Die Freigabe der Projektaktivitäten (PWA) wird durch das Beispiel in Abschnitt 32.6 illustriert.

⑤ Die letzte Komponente des Ressourcenplanes eines Projektes ist ein Satz *zusammenfassender Aufgaben-Planungsblätter (STPSs = summary task planning sheets),* die eine Reihe von Terminplänen und Meilensteinen auf einer niedrigen Ebene für die individuellen Aktivitäten des Projektes enthalten und als Grundlage für das System der realisierten Werte (Earned Value System) dienen, das unter Punkt ⑩ beschrieben wird. Die zusammenfassenden Aufgaben-Planungsblätter (STPS) werden in Abschnitt 32.5 besprochen.

⑥ Wenn die Arbeit am Projekt beginnt, benötigen wir zwei grundlegende Elemente, um den Fortschritt zu verfolgen. Mit dem ersten, das normalerweise in Form einer *Zeitkarte* oder eines ähnlichen Mittels gehandhabt wird, wird festgehalten, wieviel der Zeit eines Projektmitarbeiters für die verschiedenen Strukturelemente der Arbeitsaufgliederung verwendet wurde; jedes Strukturelement der Arbeitsaufgliederung ist mit einer einheitlichen Accounting-System-Jobnummer versehen. (Ähnliche Instrumente, wie z. B. Bestellformulare, erfassen die Ausgaben für andere Ressourcen.) Mit dem zweiten Element wird darüber Buch geführt, wieviel Fortschritt im Hinblick auf die Aufgabenziele der Projektmitarbeiter gemacht wurde. Eine effektive Methode, die sich an den Meilensteinen orientiert und mit der überwacht werden kann, wie viel Software-Arbeit bereits erledigt ist, ist die

Modul-Entwicklungsunterlage (UDF = Unit Development Folder), die in Abschnitt 32.4 besprochen wird.

⑦ Der Personalplan (entwickelt unter Punkt ③) bietet eine gezielte Personalverteilung über die Zeit. Die tatsächlichen Mann-Stunden, die den Projekt-Aktivitäten mittels der Zeitkarte belastet werden, können dazu verwendet werden, die tatsächliche Personalverteilung im Vergleich zur Zeit festzuhalten, was als Grundlage für die Kontrolle der für ein Projekt erwünschten Personalausstattung eingesetzt werden kann. In Abschnitt 32.6 wird ein Beispiel eines *Personalauslastungs-Diagramms (= personnel loading chart)* dargestellt.

⑧ Die für die verschiedenen Projektaktivitäten ausgegebenen Geldbeträge können auf ähnliche Weise mit der geplanten Ausgabenhöhe durch Reports verglichen werden, wie z. B. über eine *Zusammenfassung der Projektausgaben (= project expenditure summary),* wie sie in einem *Job-Accounting-System* enthalten ist. Der Einsatz eines solches Systems und einige ausgewählte Richtlinien für seine Ausnahmen werden in Abschnitt 32.6 illustriert.

⑨ Die in Punkt ⑦ und Punkt ⑧ erwähnten Reports könnten den Hinweis ergeben, daß für ein Projekt zu wenig Geld ausgegeben wird. Ob dies nun gut oder schlecht ist, ist daraus aber nicht ersichtlich. Um dies beurteilen zu können, benötigen wir einen Projekt-Verfolgungsmechanismus, der die Informationen über die Ausgaben mit denen über den Fortschritt integriert. Ein einfaches Beispiel für ein derartiges Verfahren, das auf den Haupt-Meilensteinen (PRD, PDR)*) eines Projektes basiert, ist das *CSM-Diagramm (Kosten-Termine-Meilenstein-Diagramm = cost-schedule-milestone chart),* das wir in Abschnitt 21.7 vorgestellt haben.

⑩ Das CSM-Diagramm ermöglicht zwar, bei kleinen Projekten die Ausgaben in Relation zum Fortschritt zu setzen, es reicht jedoch für ein großes, komplexes Projekt nicht aus. Eine zweckmäßige Methode für große Projekte ist das *System der realisierten Werte EV = Earned Value System),* das die Projektausgaben mit den augenblicklichen realisierten Projektwerten vergleicht, die erzielt wurden, nachdem die realisierten Einzelwerte den Zwischen-Meilensteinen eines Projektes zugeteilt wurden und danach die akkumulierten, realisierten Werte berechnet wurden, die das Projekt nach Erreichung seiner verschiedenen Meilensteine erzielt. Das System der realisierten Werte wird in Abschnitt 32.5 näher beschrieben.

Natürlich ist Abbildung 32–3 insofern eine idealistische Darstellung, als sie das Portrait einer unveränderlich festgesetzten Anzahl von Budgets, WBS-Elementen, PERT-Diagrammen und PWA-Übereinkommen ist. In der Praxis werden sich diese Elemente naturgemäß ändern. Um die erforderlichen Veränderungen berücksichtigen zu können, sind die von uns hier angebotenen Methoden so aufgebaut, daß sich Änderungen relativ reibungslos einfügen lassen; sie können auch relativ einfach automatisiert werden.

---

*) PRD = Pläne- und Anforderungs-Review (Plans and Requirements Review)
PDR = Produkt-Entwurfs-Review (Product Design Review).

32.3 Methoden für die Projekt-Terminierung

PERT-Diagramme

Ein PERT-Diagramm ist ein Netzwerk oder ein Graph*), dessen Knoten die Projektaktivitäten, deren entsprechende Dauer und dessen Verbindungen die Folge-Beziehungen zwischen Aktivitätspaaren darstellen. Das heißt, wenn vom Knoten A zum Knoten B eine Verbindung (Pfeil) besteht, muß die Aktivität A beendet sein, ehe die Aktivität B beginnen kann.

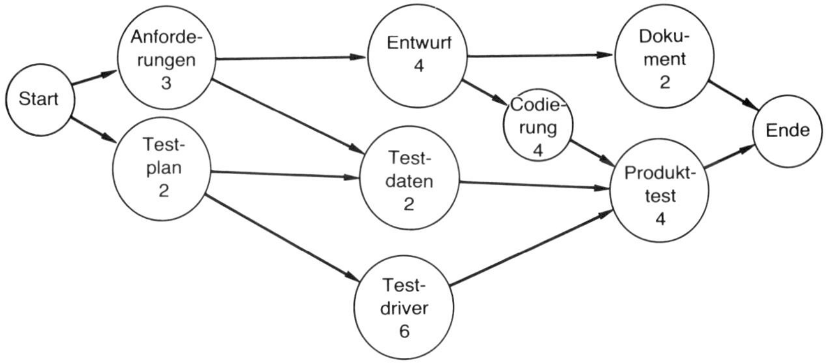

Abb. 32–4: Einfaches Software-Entwicklungs-PERT-Diagramm

Abbildung 32–4 ist ein Beispiel für ein PERT-Diagramm, das die Gesamtzahl aller Software-Entwicklungs-Projektaktivitäten darstellt. Es zeigt z. B., daß sich die Testdaten-Aktivität über die Dauer von zwei Monaten erstreckt, daß sie beendet sein muß, ehe die Produkt-Testaktivität beginnt und daß diese wiederum nicht beginnen kann, ehe nicht die Anforderungs- und Testplanaktivitäten beendet sind.

„PERT“ ist das Akronym für „Program Evaluation and Review Technique“. Die PERT-Diagramme sind von der Lockheed Corporation und der US-Navy in den späten Fünfziger Jahren entwickelt und zuerst erfolgreich für das Management des Polaris-Raketen-Programms eingesetzt worden. Die PERT-Diagramme werden manchmal auch als Aktivitäten-Netzwerke oder Präzedenz-Diagramme bezeichnet. Sie sind bei unterschiedlichsten Projekt-Terminplanarbeiten eingesetzt worden, angefangen vom Häuserbau über die Software-Entwicklung bis hin zur Organisation der Olympischen Spiele.

Konstruktion eines PERT-Diagramms

Für die meisten Menschen ist es am leichtesten, ein PERT-Diagramm so zu konstruieren, daß sie mit dem Schlußpunkt beginnen und es rückwärts aufrollen. Wir

---

*) In der Computer-Terminologie ist ein PERT-Diagramm ein azyklisch gerichteter Graph. Ein gerichteter Graph besteht aus einer Anzahl Knoten (oder Scheitelpunkten) und gerichteter Verbindungsstrecken, die Knotenpaare (oder Ecken: gerichtete Paare von Scheitelpunkten) miteinander verbinden. Ein azyklisch gerichteter Graph ist ein gerichteter Graph, bei dem keine Folge von Verbindungsstrecken, die von einem Knoten ausgehen, jemals zu diesem Knoten zurückkehrt.

stellen Ihnen hier ein formloses Muster vor, das Ihnen zeigt, wie Sie vorgehen können. Wir haben es unter Berücksichtigung des Software-Entwicklungs-PERT-Diagramms illustriert, das in seiner endgültigen Form in Abbildung 32–4 dargestellt ist.

Schritt Nr. 1. Zeichnen Sie einen Knoten mit der Bezeichnung „Ende".

Schritt Nr. 2. Stellen Sie die Aktivitäten fest, die nach Ihrer bestmöglichen Schätzung die Beendigung des Projektes bedeuten. Fügen Sie diese Aktivitäten und ihre Dauer als Vorgänger-Knoten vor den mit „Ende" bezeichneten Knoten ein. Wir könnten z. B. davon ausgehen, daß die Beendigung der Codierung und der Dokumentations-Aktivitäten zugleich die Beendigung des Projektes bedeutet. Dies ergibt die Zeichnung 32–5 a.

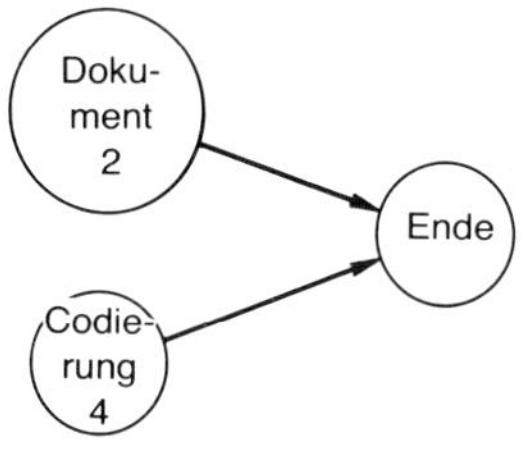

Abb. 32–5 a: Entwicklungsschritte 1 und 2 eines PERT-Diagramms

Schritt Nr. 3. Überlegen Sie, ob für die bestehende Aktivitäten-Gruppe noch irgendwelche weiteren Aktivitäten erforderlich sind, um sicher zu gehen, daß die bestehenden Aktivitäten auch tatsächlich vollständig sind. Wenn ja, fügen Sie diese Aktivitäten in Form von weiteren Knoten der entsprechenden Gruppe bereits bestehender Aktivitäten hinzu. Wir könnten z. B. zu diesem Zeitpunkt feststellen, daß zusätzlich eine Produkt-Testaktivität erforderlich ist, um sicherzustellen, daß die Codierung einsatzbereit ist. Dies führt zu Abbildung 32–5 b.

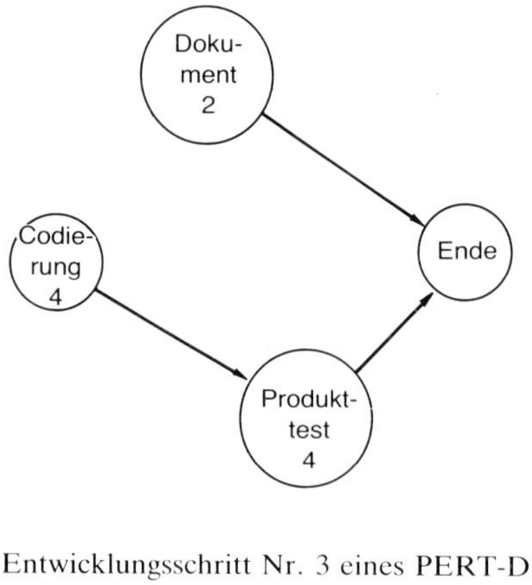

Abb. 32–5 b: Entwicklungsschritt Nr. 3 eines PERT-Diagramms

Schritt Nr. 4. Überlegen Sie, ob für die bestehende Gruppe von Aktivitäten noch irgendwelche zusätzlichen Aktivitäten als Vorbedingungen für bereits bestehende Aktivitäten notwendig sind. Wenn ja, fügen Sie diese als Vorgänger-Knoten der entsprechenden Gruppe der bereits bestehenden Aktivitäten hinzu. Wir könnten z. B. als Vorbedingungs-Aktivitäten das Design, die Testdaten- und Testdriver-Entwicklung festsetzen, wodurch wir zu der Abbildung 32–5 c kommen.

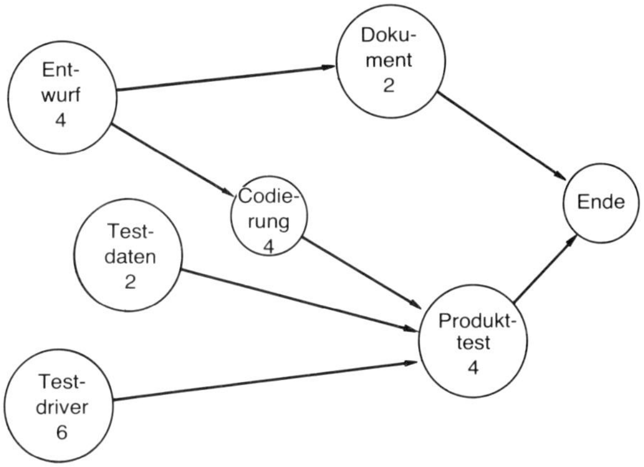

Abb. 32–5 c: Entwicklungsschritt Nr. 4 eines PERT-Diagramms

Schritt Nr. 5. Sollten einige Vorgänger-Knoten bei Schritt Nr. 4 hinzugefügt werden müssen, kehren Sie zu Schritt Nr. 3 zurück. Andernfalls kommen wir zu Schritt Nr. 6.

Bei unserem Beispiel kehren wir zu Schritt Nr. 3 zurück, bei dem wir keine Folgeknoten hinzuzufügen haben. Bei Schritt Nr. 4 jedoch fügen wir die Anforderungen und den Testplan als Vorgänger-Knoten hinzu, so daß unser nächster Aufenthalt bei Schritt Nr. 5 in einer Rückkehr zu Schritt Nr. 3 enden würde. Bei dieser Wiederholung wären jedoch keine weiteren Knoten mehr hinzuzufügen, so daß unser 3. Aufenthalt bei Schritt Nr. 5 damit endet, daß wir zu Schritt Nr. 6 weitergehen, wobei unser PERT-Diagramm nun die Form von Abbildung 32–5 d zeigt.

Schritt Nr. 6. Ziehen Sie nun einen Knoten, den Sie mit „Start“ bezeichnen, und verbinden Sie ihn als Vorläufer-Knoten mit allen bereits bestehenden Knoten ohne Vorgänger-Knoten. In unserem Beispiel handelt es sich bei diesen Knoten um die Anforderungen und den Testplan. Nach Schritt Nr. 6 haben Sie ein vollständiges PERT-Diagramm, wie es in Abbildung 32–4 dargestellt ist.

Es lohnt sich, darauf hinzuweisen, daß auch ein PERT-Diagramm — wie praktisch alle mathematischen Darstellungen eines realen Prozesses — nicht exakt ist. So kann z. B. eine komplette, dem Systemaufbau entsprechende Dokumentation nicht vollständig

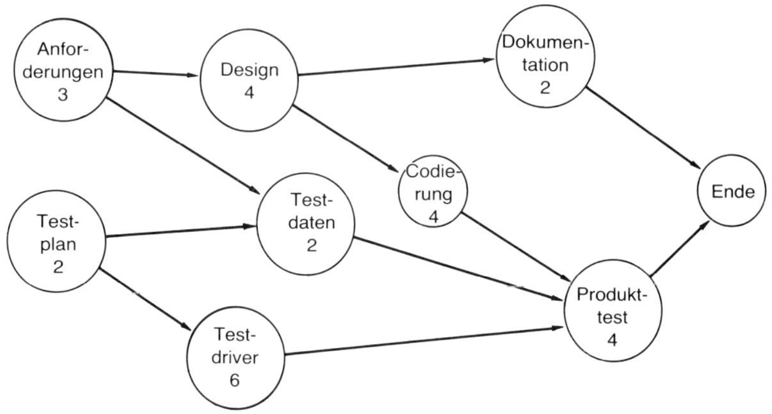

Abb. 32–5 d: Entwicklungsschritte Nr. 5, 3, 4, 5, 3, 4, 5 zum PERT-Diagramm

sein, ehe nicht die Codierung fertiggestellt ist. Demnach findet hier ein kontinuierlicher Ausgleich zwischen der Codierung und der Dokumentation statt, der im PERT-Diagramm nicht dargestellt ist. Allgemein darf jedoch gesagt werden, daß das PERT-Diagramm eine gute Approximation zum Software-Entwicklungsprozeß für die Zwecke der Projekt-Planung und-Kontrolle ist.

Analyse des kritischen Weges

Wenn wir ein PERT-Diagramm für ein Software-Projekt — wie das in Abbildung 32–4 — vor uns haben, möchten wir wissen:

- Wie lange dauert es mindestens, bis das Projekt beendet werden kann?
- Welches sind die Aktivitäten, die ausschlaggebend dafür sind, ob wir das Projekt binnen der Mindestfrist beenden können?

Es stellt sich heraus, daß die kritischen Aktivitäten auf dem Weg (oder auf einer Reihe von Wegen) zwischen dem Startknoten und dem Endknoten liegen, den (die) wir den *kritischen Weg* (oder die kritischen Wege) nennen. Der kritische Weg ist der längste Weg durch das Netz von Aktivitäten und auch der längste Weg gerechnet nach der Gesamtdauer der Aktivitäten.

Bestimmung des kritischen Weges

In Tabelle 32–1 finden Sie ein einfaches Verfahren, nach dem der kritische Weg für ein PERT-Diagramm bestimmt werden kann. Dazu gehört, daß jeder Knoten i des Diagramms mit einem dazugehörigen Ziffern-Paar (S_i, F_i) versehen wird, das den frühestmöglichen Zeitpunkt darstellt, zu welchem die Aktivität i begonnen und beendet werden kann, wie dies in Abbildung 32–6 a illustriert ist.

Tab. 32–1: Ermittlung des kritischen Weges

1. Bezeichnen Sie den Ausgangsknoten (0,0).
2. Berechnen Sie den frühestmöglichen Starttermin in Form des spätesten Endtermins aller Vorgängerknoten, und zwar aller jener noch nicht gekennzeichneten Knoten N, deren Vorläuferknoten alle bestimmt sind:

$$S_N = \max_{i \in P(N)} [F_i] \qquad (32-1)$$

   wobei P(N) die Gruppe von Vorgängerknoten von N ist.

   Berechnen Sie den entsprechenden Endtermin $F_N = S_N + D_N$, wobei D_N für die Dauer der Aktivität N steht.

   Bezeichnen Sie den Knoten N mit (S_N, F_N).
3. Wiederholen Sie Schritt Nr. 2 solange, bis kein nicht gekennzeichneter Knoten mehr übrig bleibt.

Wenn wir also dieses Verfahren zum 1. Mal durchlaufen, würden wir zuerst den Start-Knoten (0,0) als Schritt Nr. 1 bestimmen. Bei Schritt Nr. 2 sehen wir als erstes, daß nur bei den Anforderungs- und Testplan-Knoten alle Vorgängerknoten bestimmt sind, weil zu diesem Zeitpunkt der einzige bestimmte Knoten der „Start" war. Die Startzeit für diese zwei Knoten ist 0, weil ihre Anzahl an Vorgängerknoten P (N) in der Gleichung (32–1) nur aus dem Startknoten besteht, dessen Endzeit 0 ist. Die Endzeit für ihre Fertigstellung entspricht daher auch genau ihrer individuellen Dauer; deshalb haben wir den Anforderungsknoten mit (0,3) und den Testplan-Knoten mit (0,2) bezeichnet.

Bei Schritt Nr. 3 sind einige noch nicht bestimmte Knoten übrig; deshalb gehen wir zu einem 2. Durchlauf von Schritt Nr. 2 über. Dieses Mal sind alle Vorgängerknoten der Design-, Testdaten- und Testdriver-Knoten bestimmt. Beim Testdaten-Knoten besteht die Gruppe Vorgängerknoten P (N) sowohl aus Anforderungs- als auch aus Testplanknoten; gemäß Gleichung (32–1) kann also der früheste Start der Testdaten-Aktivität auf einem Zeitpunkt liegen, der dem spätesten Endtermin der beiden Vorgängerknoten des Anforderungs- und Testplanes entspricht, das heißt nach 3 Monaten. Der entsprechende Endtermin für die Testdaten beträgt 5 Monate, wie dies in Abbildung 32–6 a illustriert ist; Abbildung 32–6 a zeigt Ihnen auch den Gesamtablauf der Ereignisse nach dieser zweiten Wiederholung von Schritt Nr. 2.

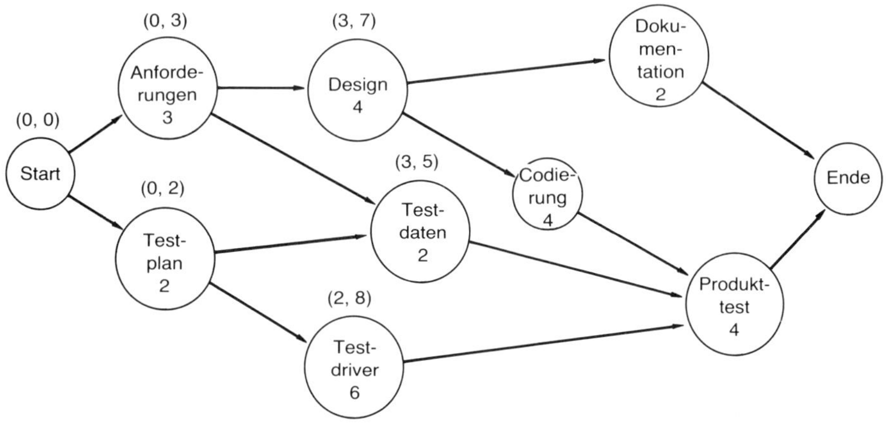

Abb. 32–6 a: Bestimmung des kritischen Weges nach zwei Wiederholungen

Bei Schritt Nr. 3 gibt es noch immer einige nicht bestimmte Knoten; wir fahren also so lange mit der Wiederholung fort, bis alle Knoten bestimmt sind, und kommen zu dem in Abbildung 32–6 b gezeigten Ergebnis, wobei der kritische Weg mit doppelten Pfeilen ausgewiesen ist. Die sich hieraus ergebende Mindestzeit für die Beendigung des Projektes wurde mit 15 Monaten ermittelt.

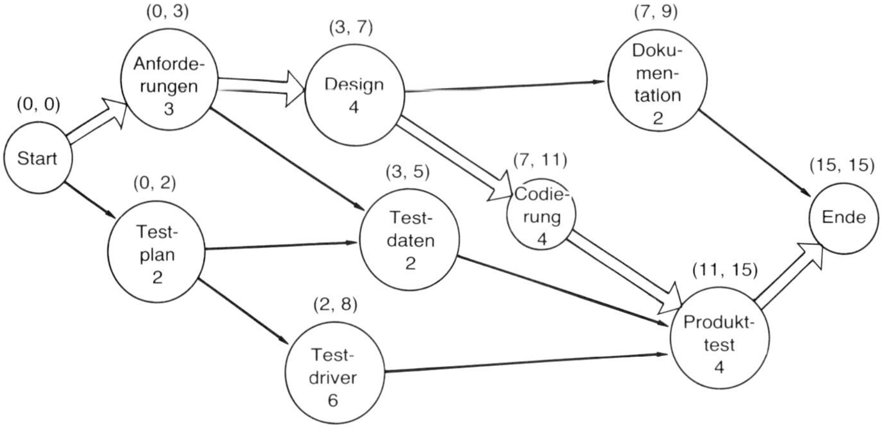

Abb. 32–6 b: Bestimmung des kritischen Weges nach fünf Wiederholungen

Bestimmung der spätesten Starttermine und der Pufferzeiten

Vorausgesetzt, daß wir die in Abbildung 32–6 b dargestellte Determinierung des kritischen Weges beendet haben, entstehen zwei zusätzliche Fragen, die wir beantworten möchten:

- Welches ist der späteste Termin, zu dem wir mit jeder Aktivität beginnen können, ohne damit bei der Beendigungszeit des gesamten Projektes eine Verspätung zu verursachen?
- Wieviel Pufferzeit ist in der Zeit für die Durchführung jeder Aktivität vorhanden? Oder: wenn wir die Aktivität so bald als möglich beginnen, um wie lange können wir die Zeitdauer der Aktivität verlängern, ohne bei der Abschlußzeit des gesamten Projektes eine Verzögerung zu verursachen?

Wir können die Antworten zu diesen Fragen dadurch finden, daß wir ein ähnliches Kennzeichnungssystem wie bei der Ermittlung des kritischen Weges anwenden. Dieses Verfahren beginnt mit den Endergebnissen des Kritischen Weg-Verfahrens (siehe Abbildung 32–6 b), wobei unter jedem Knoten i ein zugeordnetes Ziffernpaar ($S_i^!$, $F_i^!$) angebracht wird, das die spätesten Termine darstellt, zu denen die Aktivität i begonnen und beendet werden kann. Das in Tabelle 32–2 erklärte Verfahren des spätesten Starttermines beginnt mit dem End-Knoten und wird nach rückwärts aufgerollt.

Die Ergebnisse, die sich aus dem Verfahren des spätesten Starts ergeben, sind in Abbildung 32–7 dargestellt. Aus der Abbildung ersehen wir auch eine weitere Eigenschaft der Aktivität des kritischen Weges: Seine frühesten Start- und frühesten Endtermine sind dieselben wie seine spätesten Start- und spätesten Endtermine. Wir können es auch anders ausdrücken: Die Pufferzeit auf dem kritischen Weg ist Null.

(Tatsächlich ist dies die Art und Weise, wie ein automatisierter Algorithmus den kritischen Weg identifizieren würde.)

Tab. 32–2: Ermittlung des spätesten Starttermines

1. Kennzeichnen Sie die Endknoten F zusätzlich mit seinen Start- und Endterminen, wie Sie dies durch das Verfahren des kritischen Weges ermittelt haben, nämlich
$$(S'_F, F'_F) = (S_F, F_F)$$
2. Berechnen Sie den letztmöglichen Endtermin in Form des frühesten Starttermins aller Nachfolgeknoten, und zwar all jener bereits zusätzlich gekennzeichneten Knoten N, deren Nachfolgeknoten schon zusätzlich gekennzeichnet sind:
$$F'_N = \min_{i \in S(N)} (S_i) \qquad (32-2)$$
wobei S(N) für die Gruppe von Nachfolgeknoten von N steht.
Berechnen Sie die entsprechenden spätesten Starttermine $S'_N = F'_N - D_N$, wobei D_N für die Dauer der Aktivität N steht. Versehen Sie den Knoten mit der zusätzlichen Bezeichnung (S'_N, F'_N).
Berechnen Sie die Pufferzeit der Aktivität durch
$$L_N = S'_N - S_N \text{ (oder } L_N = F'_N - F_N).$$
3. Wiederholen Sie Schritt Nr. 2 solange, bis keine Knoten, die nicht zusätzlich gekennzeichnet sind, übrig bleiben.

Bedeutung für Planung und Kontrolle

Die zu einem PERT-Diagramm gehörende Information über den kritischen Weg und die Pufferzeit enthält eine Reihe wichtiger Planungs- und Kontrollfolgerungen, die nachstehend am Beispiel unseres Software-Entwicklungsprojektes illustriert werden.

1. *Wir können die einer Aktivität zugeordnete Pufferzeit entweder dafür einsetzen, ihren Start auf einen späteren Zeitpunkt zu verschieben oder ihre Dauer zu verlängern (oder beides).* So können wir z. B. in Abbildung 32–7 die Testdriver-Aktivität vom Monatsende 2 bis zum Monatsende 8 durchführen und die Testdaten-Aktivität vom Monatsende 8 bis zum Monatsende 10, damit wir beide Jobs ein und derselben Person anvertrauen können. Oder — ein anderes Beispiel — wir könnten uns dafür entscheiden, die Dokumentationsaktivität bei einem reduzierten Aufwandsgrad über 6 Monate hinweg vom Monatsende 7 bis zum Monatsende 13 auszuführen, entweder um personelle Engpässe auszugleichen oder um bei der Dokumentation Codierungsinformationen nutzen zu können.
2. *Wenn wir die Dauer einer beliebigen Aktivität des kritischen Weges um X Einheiten verlängern, verlängern wir auch den Endtermin des Projektes um X Einheiten.* Wenn wir z. B. für die Design-Aktivität 6 Monate anstatt 4 Monate brauchen, wird sich die Zeit bis zur Beendigung des Projektes auf 17 Monate und nicht nur auf 15 Monate belaufen.
3. *Wenn nur ein einziger kritischer Weg existiert, können wir die Gesamtdauer des Projektes verkürzen, indem wir die Dauer der Aktivitäten des kritischen Weges verkürzen.* Wir können allerdings die Projektdauer nur bis zu dem Punkt verkürzen, an dem ein anderer Weg zu einem kritischen Weg wird. Wie wir in Abbildung 32–8 zeigten, konnten wir die Projektdauer von 15 auf 12 Monate verkürzen, indem wir die Design-Zeit von 4 auf 3 Monate und die Codierungszeit von 4 auf 2 Monate reduziert hatten. Wenn wir an diesem Punkt angekommen sind, können wir die

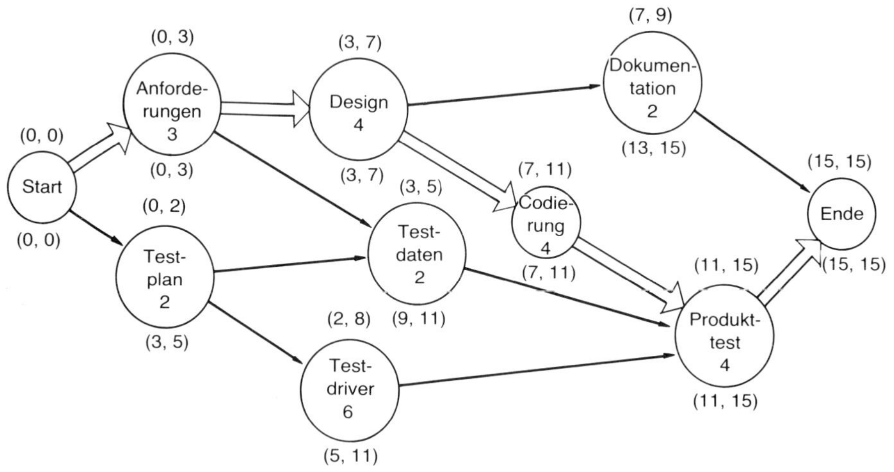

Abb. 32–7: Bestimmung der spätesten Start-Termine

Projektdauer nicht weiter verkürzen, indem wir die Design-Zeit reduzieren, weil ein anderer Weg, zu dem der Testplan und der Test-Driver gehören, ebenfalls zu einem kritischen Weg geworden ist.

Wenn mehrere kritische Wege existieren, wird das Problem der Verkürzung der Projekt-Gesamtdauer schwieriger. Allgemein können wir sagen, daß wir die Projektdauer verkürzen können, indem wir die Aktivität verkürzen, die allen kritischen Wegen gemeinsam ist (wie z. B. die Produkt-Testaktivität in Abb. 32–8). Ansonsten können wir die Projektdauer nur verkürzen, indem wir die Aktivitäten bei allen unabhängigen kritischen Wegsegmenten reduzieren (wie z. B. die Kürzung von sowohl der Design- als auch der Testdriver-Aktivität in Abb. 32–8).

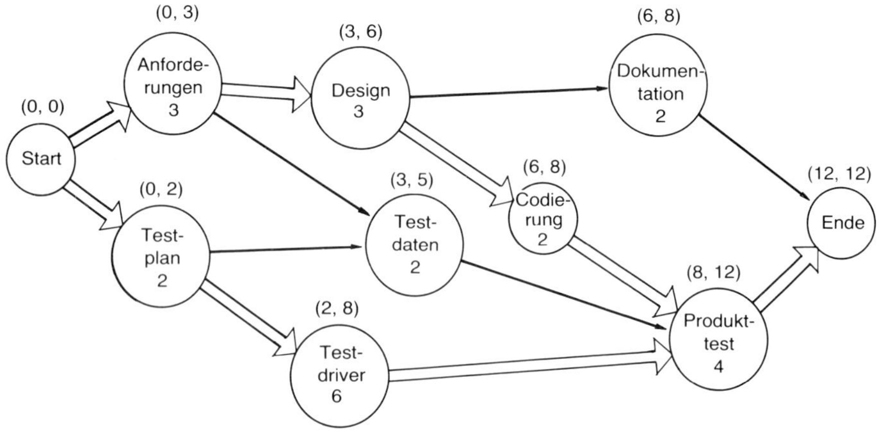

Abb. 32–8: Verkürzung des kritischen Weges

Wir dürfen natürlich unsere früheren Überlegungen in Abschnitt 27.3 nicht vergessen, in denen angesprochen wurden, inwieweit Software-Projekt-Terminpläne komprimiert werden können. Wenn eine Design-Aktivität 6 anstatt 4 Monate braucht, können wir *im Prinzip* unser bestehendes 15-Monate-Projekt beibehalten, indem wir die Codierungszeit von 4 auf 2 Monate reduzieren. Wenn wir dies in der Praxis jedoch versuchen wollten, indem wir mitten im Projekt mehr Mitarbeiter einsetzen, so wird dies nur zu noch mehr Verspätungen führen.

PERT-Diagramme: Variationen und Erweiterungen

Es gibt eine weitere gebräuchliche Form des PERT-Diagramms, bei dem die mit Pfeilen versehenen Verbindungen die Aktivitäten und die Knoten die Beendigung von Meilenstein-Ereignissen darstellen. Diese Darstellung hat einige unmittelbare Vorteile, bringt aber den Nachteil mit sich, daß der Einsatz und die Erklärung von Schein-Aktivitäten erforderlich wird, die bei einer Knoten-Netzwerk-Aktivität, wie wir sie hier verwenden, nicht notwendig ist.

Es sind eine Reihe leistungsfähiger (und auch komplizierterer) Erweiterungen der PERT-Diagramme entwickelt worden, mit denen Situationen wie die Wahrscheinlichkeits-Hochrechnungen von Aktivitätszeiten, Kosten-Terminplan-Beziehungen und kompliziertere Anwendungen von Knoten-Verzweigungen (wie z. B. der Start einer neuen Aktivität, nachdem m von n-Vorgänger-Aktivitäten abgeschlossen wurden) gehandhabt werden können. Sie finden eine fundierte Besprechung über die Natur, die Möglichkeiten und die Grenzen dieser Methoden bei (Wiest-Levy, 1977).

Die PERT-Diagramm-Datenstruktur und -Algorithmen sind Beispiele einer breiten Skala von graph-orientierten Datenstrukturen und Algorithmen, denen wir in der Computer-Wissenschaft begegnen, wie z. B. topologischen Sortier-Algorithmen, Algorithmen des kürzesten Weges, Baumstrukturen usw. Eine gute Besprechung der

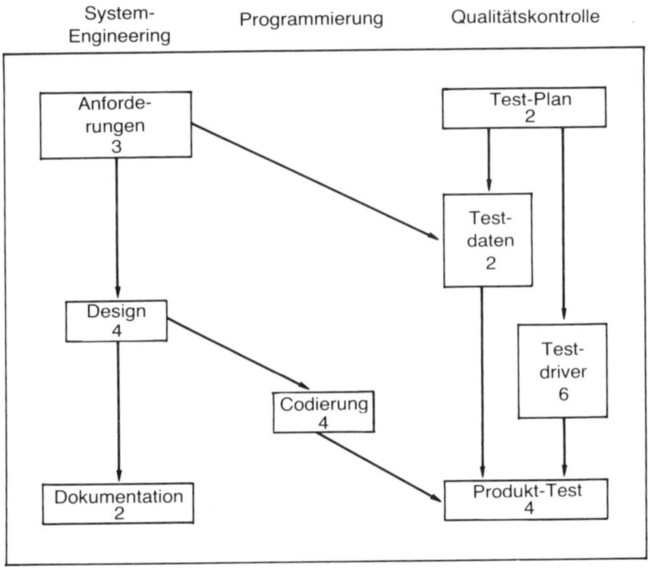

Abb. 32–9: Netzwerk von Aktivität und Verantwortlichkeit

diesbezüglichen Datenstrukturen und Algorithmen findet sich bei (Horowitz-Sahni, 1976) und (Horowitz-Sahni, 1978).

Eine andere nützliche Variante für das Projekt-Management ist das in Abbildung 32–9 demonstrierte Aktivitäts-Verantwortlichkeits-Netzwerk. Diese Darstellung hat den Vorteil, für jede der Aktivitäten des Projektes sowohl die Aktivitäts-Abhängigkeiten als auch die Verantwortlichkeiten des Managements zu zeigen. Sie hat auch den Vorteil, eine zusätzliche Realitätsdimension in die Projektplanung einzubringen. Wenn wir die Fragen — „Wofür ist ein Qualitätskontroll-Manager verantwortlich, wenn er die Tatsachen vorbereitet?“ oder „Wer ist für welche Punkte verantwortlich, die der Qualitätskontroll-Manger braucht, um Testdaten vorzubereiten?“ — beantworten müßten, beginnen wir die Planungsresultate schärfer ins Auge zu fassen. Wenn wir uns z. B. in die Lage des Managers versetzen, werden wir verstehen, daß wir eine Menge Design-Information (über z. B. Datenbank-Strukturen, I/O-Blocking usw.) brauchen, um für die Vorbereitung der Testdaten einen brauchbaren Ansatzpunkt zu haben.

Gantt-Diagramme

Das Gantt-Diagramm ist eine weitere sehr nützliche Terminplanungs-Methode, wobei die Projekt-Aktivitäten in Form von Zeilen in einem Diagramm dargestellt werden, das sich nach dem Kalender richtet; die mit der Aktivität in Zusammenhang stehenden Meilensteine sind mit Dreiecken versehen. Der Fortschritt im Gantt-Diagramm wird dadurch gekennzeichnet, daß ein Dreieck des Diagramms ausgefüllt wird, sobald sein entsprechender Meilenstein überschritten ist.

Abb. 32–10 zeigt Ihnen die Gantt-Diagramm-Version der PERT-Diagrammes unseres Software-Projektes, wobei einige der ursprünglichen Meilensteine als abgeschlossen ausgewiesen sind. Wenn wir uns dieses Gantt-Diagramm am 15. März 1984 ansehen würden, würde sich alles recht gut anlassen: die Anforderungs-Meilensteine wurden zwei Wochen im voraus überschritten und die Design-Aktivität wurde mit einem Vorsprung von zwei Wochen begonnen. Wenn wir uns dieses Gantt-Diagramm jedoch am 15. April 1984 ansehen würden, hätten wir uns über eine Anzahl der Aktivitäten, die in den Verantwortungsbereich der Qualitätskontrollgruppe fallen, sehr viel mehr Sorgen zu machen: der Testplan ist mit zwei Wochen hinter dem Terminplan im Rückstand, und der Beginn der Testdriver-Aktivität ist um zwei Wochen verspätet.

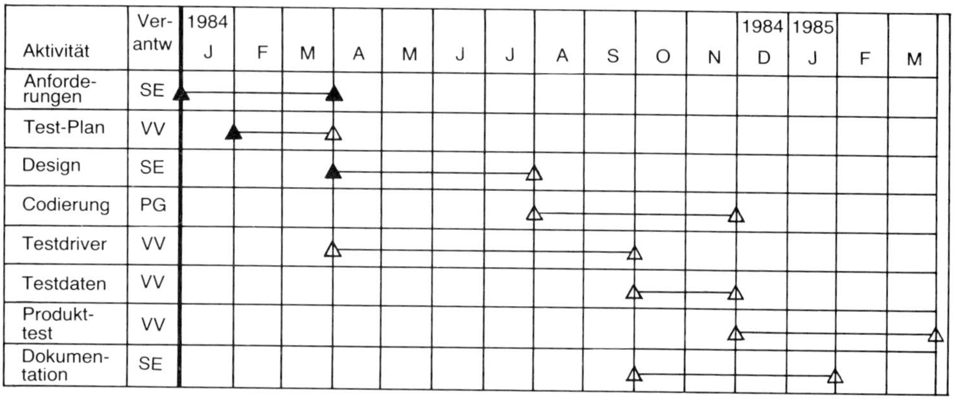

Abb. 32–10: Gantt-Diagramm eines Software-Projektplanes

Vergleich der Gantt- mit den PERT-Diagrammen

Die größte Schwierigkeit bei den Gantt-Diagrammen verglichen mit den PERT-Diagrammen liegt darin, daß sie keinen Einblick in die zwischen den verschiedenen Aktivitäten bestehenden Abhängigkeiten gewähren. Es gibt keine Möglichkeit, von einem Gantt-Diagramm abzuleiten, ob die Pufferzeit des 15. Aprils des Test-Terminplanes eine Pufferzeit des kritischen Weges ist oder nicht. Wir brauchen das PERT-Diagramm, das uns die Feststellung ermöglicht, daß wir die Pufferzeit in der Testplan-Aktivität durch Überlappen der Testdriver- und Testdaten-Aktivitäten ausnutzen können, indem wir einen zusätzlichen Mitarbeiter für die Ausführung der Testdaten-Aktivität einsetzen.

Wegen dieser Zweideutigkeit bei den Abhängigkeitsbeziehungen können die Gantt-Diagramme viel Ärger verursachen. Wenn wir z. B. feststellen, daß wir eine Testplan-Pufferzeit durch das Überlappen der Testdriver- und der Testdaten-Aktivitäten kompensieren können, könnten wir daraus schließen, daß es eine ähnliche Kompensationsmöglichkeit für eine Pufferzeit des Anforderungs-Terminplanes durch Überlappen der Design- und Codierungs-Aktivitäten gäbe. Erst später, wenn sich herausstellt, daß bei der Codierung eine wichtige Unterbrechung vorliegt, die sich entwickelte, ehe das Design beendet und nachgeprüft worden war, werden wir feststellen, daß bei der Entscheidung, die Design- und Codierungs-Aktivitäten zu überlappen, die starke Präzedenz-Beziehung zwischen den beiden Aktivitäten übersehen worden war.

Auch fördert das PERT-Diagramm eine gründlichere Planung als das Gantt-Diagramm, weil die Planer sowohl die Abhängigkeits-Beziehungen als auch die Zeitdauer der verschiedenen Aktivitäten durchdenken müssen. Andererseits sind die PERT-Diagramm-Beziehungen manchmal schuld daran, daß die Planer die Abhängigkeitsbeziehungen zwischen Aktivitäten, die oft viel subtiler sind als die einfachen Ja- oder Nein-Optionen des PERT-Diagramms (z. B. die Beziehungen zwischen Dokumentation, Design und Codierung), manchmal verzerrt darstellen müssen.

Verglichen mit dem PERT-Diagramm bietet das Gantt-Diagramm einige ergänzende Vorteile. Es ist einfacher, leichter zu entwickeln und leichter auf dem neuesten Stand zu halten. Es vermittelt die Information über den Projekt-Status und bietet eine kalendermäßige Übersicht, was im Standard-PERT-Diagramm nicht enthalten ist (es gibt auch beim PERT-Diagramm Erweiterungen, die Status- und Kalender-Informationen vermitteln; ihre Anwendung ist jedoch weitaus komplizierter). Allgemein gilt, daß das Gantt-Diagramm beim Einsatz in einfachen Terminplan-Situationen, wo die Abhängigkeiten unmittelbar klar sind, vorzuziehen ist; bei den Projektteilen, die komplexe Abhängigkeitsbeziehungen haben, hat das PERT-Diagramm den Vorrang.

32.4 Detaillierte Software-Planung und -Steuerung: Die Modulentwicklungsunterlage (UDF = UNIT Development Folder)

Das 90-Prozent-Syndrom

Oft sind Software-Projekte mit guten Kapazitäten ausgestattet, die Planung und Steuerung auf der höheren Stufe effektiv zu gestalten, sind aber am mangelnden Einblick in den dynamischen Prozeß des Projektes auf der niedrigeren Stufe gescheitert. Eine häufige Schwierigkeit rührt daher, daß man sich allzu sehr auf individuelle Schätzungen des Fertigstellungsgrades als Indikatoren für den Projekt-Fortschritt auf der niedrigen Stufe verläßt.

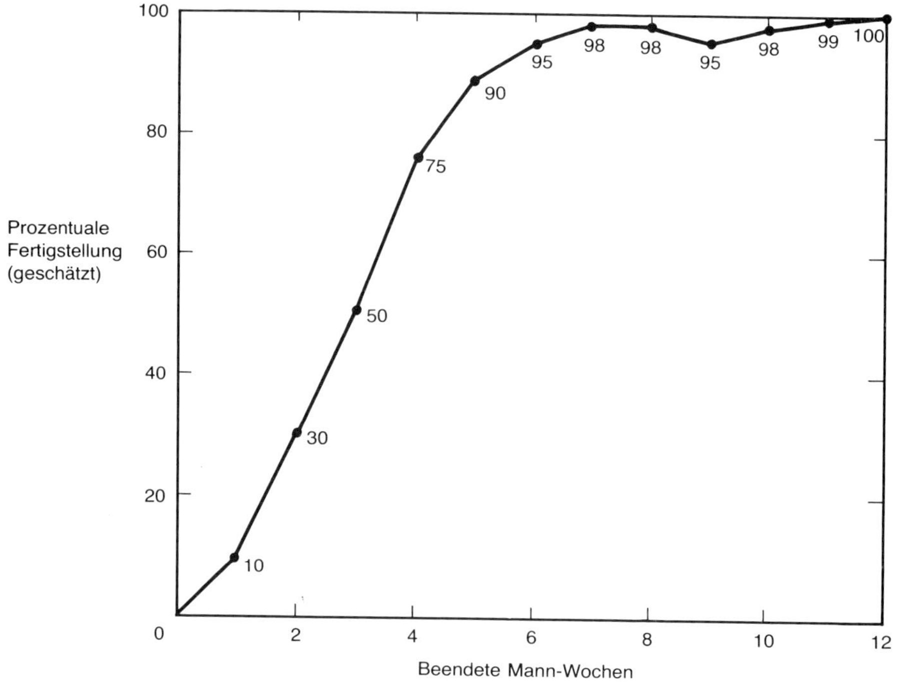

Abb. 32–11: Herkömmliche Software-Fortschrittshochrechnungen verschaffen keinen Überblick

Abbildung 32–11 zeigt das typische Muster von prozentgenauen Schätzungen eines Software-Projektes, das sich vor einigen Jahren mit solchen Problemen konfrontiert sah. Die prozentgenauen Zahlen sind aus einer Serie wöchentlicher Fortschritts-Berichte entnommen, die der Programmierer vorgelegt hatte, der an der Software-Komponente arbeitete, zu deren Fertigstellung er 12 Wochen benötigte. Am Ende der 5. Woche kam der Programmierer in seinem wöchentlichen Fortschrittsbericht zu der Schätzung, daß die Komponente zu 90% abgeschlossen sei. (Normalerweise bedeutete dies, daß die Basis-Codierung entwickelt und erfolgreich kompiliert worden war und daß nur noch einige kleinere Fehler herauszufinden und zwei kleine, zusätzliche Merkmale zu integrieren waren, ehe das Progreamm fertiggestellt war.)

Es kommt oft vor, daß der Manager eines solchen Programmierers zur Kenntnis nimmt, daß die Aufgabe zu 90% abgeschlossen ist und dem Programmierer für die übernächste Woche eine neue Aufgabe in einem neuen Projekt zuteilt und zu diesem Zeitpunkt die Routinearbeit dem Integrationsteam überantwortet. Dies bedeutet, daß eine Woche später, wenn der Job nicht erledigt ist, aber als zu 95% beendet eingeschätzt wird, der Manager nochmals vom Projektmanager die Mitarbeit des Programmierers verlangen und dessen Transfer um eine Woche verschieben muß; denselben Schritt muß er beim Manager der Integrations-Aktivität tun. Wenn sich solche Verhandlungen einige Male wöchentlich wiederholen, werden die Mitarbeiter verbittert und trauen einander nicht mehr, und der ganze Projektprozeß beginnt auseinanderzufallen. Darüber hinaus breitet sich der Schaden nicht selten aufgrund der Ungewißheit der Interface-Integration und aufgrund der Verspätungen von Projektmitarbeitern, die nicht rechtzeitig ihre Arbeit antreten, auf andere Projekte aus.

Modulentwicklungsunterlage (UDF = Unit Development Folder)

Die Modulentwicklungsunterlage (UDF) ist ein standardisiertes Notizbuch eines Programmierers, das erfolgreich zur Bekämpfung des 90-Prozent-Syndroms bei vielen Software-Projekten (Williams, 1975; Ingrassia, 1978) eingesetzt worden ist. Das UDF dient den folgenden hauptsächlichen Software-Entwicklungs- und Management-Zwecken:

1. Es bietet einen methodischen und konsequenten Ansatz für die Entwicklung jedes einzelnen Moduls des Software-Produktes.
2. Es bietet einen einheitlichen und klaren Sammelpunkt für alle Dokumentations- und Codierungs-Module.
3. Es unterstützt die einzelnen Disziplinen bei der Errichtung und Erreichung von Modul-Entwicklungs-Meilensteinen.
4. Es verhilft dem Management zu einer besseren Übersicht und Kontrolle über den stufenweisen Modul-Entwicklungsprozeß.

Abbildung 32–12 zeigt den Aufbau des UDF und den Inhalt seiner verschiedenen Abschnitte sowie die Beziehung des UDF und seiner Abschnitte zu den Schritten und Produkten des Software-Lifecycle-Prozesses. Typischerweise wird jede UDF am Ende der Produktentwurfsphase erstellt; eine der Hauptaufgaben des Produktentwurfes ist es, das Software-Produkt in verschiedene Module*) aufzuteilen und einen Gesamt-Entwicklungsplan für die Module zu erstellen. Zu diesem Zeitpunkt wird jede UDF mit jenen Anforderungs-Spezifikationen (Abschnitt 1) und vorläufigen Gesamt-Design-Spezifikationen (Abschnitt 2) der vorläufigen Produktspezifikationen versorgt, die zur Definition des Moduls dienen.

Die UDF wird dann einem Organisationsprogrammierer überantwortet, der sie während der ganzen Dauer der Feinkonzeptions-, Codierungs-, Modultest- und Integrationsphasen als Entwickler und Betreuer führt. Der Entwickler wird die Feinkonzeption des Moduls (eine Weiterentwicklung des vorläufigen Designs aus Abschnitt 2), den Modultestplan (Abschnitt 3) und die Modul-Codierung (Abschnitt 4) erstellen. Wenn der Modul-Test zufriedenstellend abgeschlossen ist, wird eine Zusammenfassung der Testergebnisse von Abschnitt 5 übernommen (normalerweise braucht man einen getrennten — oft recht umfangreichen — Ordner für die kompletten Einzeltest-Ergebnisse). Der letzte Schritt beim Modul-Entwicklungsprozeß gilt der Vervollständigung des aktuellen Standes der Anforderungs- und Design-Spezifikationen gemäß den Abschnitten 1 und 2, wonach sie mit ihren Gegenstücken aus anderen Modul-Entwicklungsunterlagen zu einer endgültigen Gesamtprodukt-Spezifikation kombioniert werden, die wir in Abbildung 31–21 aufzeigen.

---

*) Das Größenkriterium variiert etwas nach Größe und Art des zu entwickelnden Software-Produktes. Ein kleineres Projekt organischer Art kann, wenn es über erfahrene Entwickler verfügt, große (1000 Sourcebefehle) Module einsetzen, während bei einem größeren Projekt der eingebetteten Art, das über zahlreiche weniger erfahrene Entwickler verfügt, kleinere Module (100—300 Sourcebefehle) erforderlich sind. Andere Kriterien für die Definition der Module sind:

Jedes Modul sollte

- eine spezielle, gut definierte Funktion ausüben, die auf die Software-Anforderungen zurückgeführt werden kann,
- nur einen Mitarbeiter für seine Entwicklung benötigen,
- vom Modul-Entwickler bequem zu testen sein.

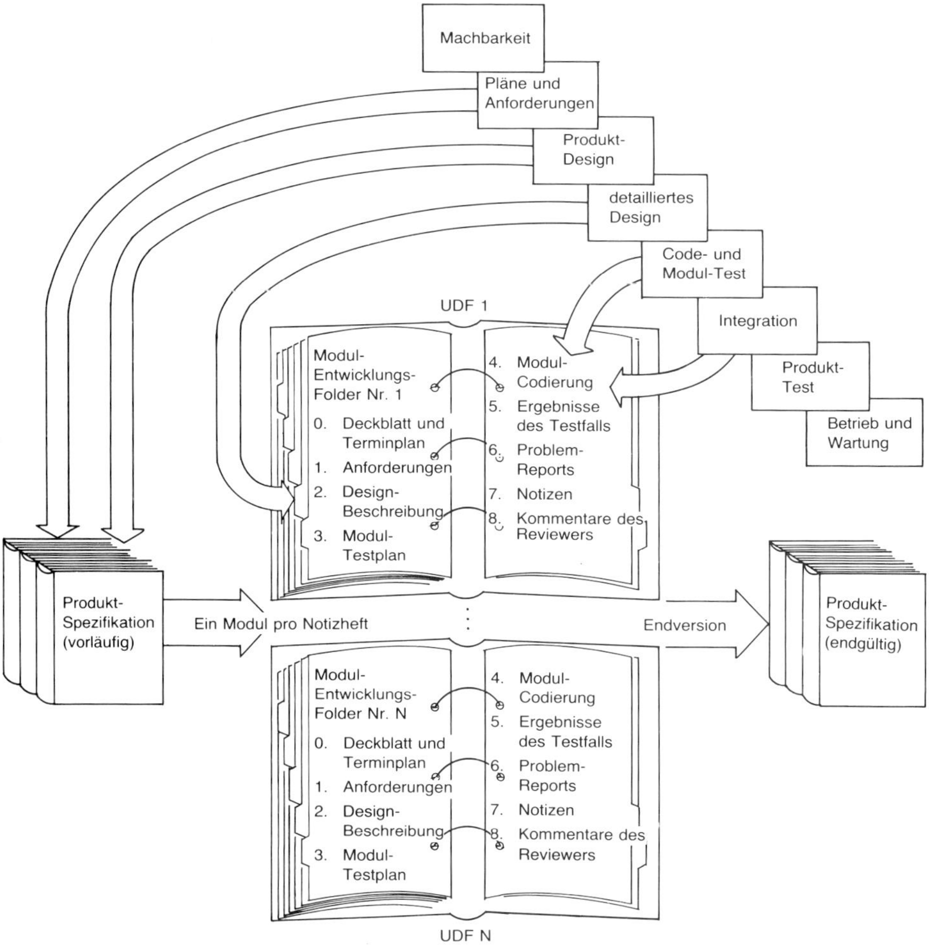

Abb. 32–12: UDF im Entwicklungsprozeß

Die noch verbleibenden Abschnitte der UDF beinhalten ausreichende Reserven für weitere Informationen, die das Modul betreffen. Abschnitt 6 enthält die Kopie aller das Modul betreffenden Problem-Berichte, auch jene, die während des Integrations- und Produkt-Testes erstellt wurden. Abschnitt 7 enthält alle Mitteilungen, Berichte und Notizen, die den Inhalt des Moduls berühren oder erweitern. Abschnitt 8 enthält den Nachweis der Kommentare von Prüfern oder andere aktenkundige Kommentare von Inspektionen oder Walkthroughs.

Das UDF-Deckblatt

Die Organisation und der Inhalt des UDF versorgen so das Projekt mit einem geordneten und konsistenten Mittel für die Entwicklung und Steuerung der Dokumentations- und Codierungs-Komponenten des Software-Produktes. Die beiden Ziele, daß einmal das Management beim Software-Entwicklungsprozeß auf niedriger Ebene den notwendigen Durchblick hat und daß zweitens das 90-Prozent-Syndrom vermieden wird, werden hauptsächlich mit Hilfe des UDF-Deckblattes erreicht.

Abbildung 32–13 gibt ein Beispiel eines UDF-Deckblattes für die Stufe 1 der EDIT-Einheit des Central Equipment Management and Inventory Control System (CEMICS), das wir in Kapitel 31 vorgestellt haben. Normalerweise wird das UDF-Deckblatt wie folgt angewandt:

1. Der Modul-Entwickler Bill Jones und sein Vorgesetzter vereinbaren einen gemeinsamen Gesamt-Terminplan für die Entwicklung. Dies bedeutet im allgemeinen, daß sie das Datum festsetzen, an welchem Bill die Modul-Anforderungen und die vorläufigen Design-Spezifikationen erhält und mit seiner Arbeit beginnt (das ist lt. Abbildung 32–13 der 1. Oktober 1982). Sie vereinbaren des weiteren das Datum, an dem Bill die Testergebnisse abliefern wird mit dem Hinweis, daß das Modul wie geplant funktioniert (gemäß Abbildung 32–13 ist dies der 1. Januar 1983) und das Datum, an dem er die aktuelle Dokumentation für das Modul liefern wird (1. April 1983 — siehe Abbildung 32–13).
2. Danach setzt Bill selbst die Daten für den Terminplan der Zwischen-Meilensteine fest, die auf seiner Einschätzung der erforderlichen Entwicklungs-Aktivität, seinen Urlaubsplänen usw. aufgebaut sind. Bill hat in seinem Terminplan für die Beendigung der Spezifikation des Programmentwurfes den 1. November 1982 (siehe

Deckblatt eines UNIT DEVELOPMENT FOLDER

Projekt: CEMICS

Modul: EDIT (Inkrement 1) Sachbearbeiter: W. P. Jones

Inklusive Routinen: EDIN, EDSCAN, EDTAS, EDADD, EDDEL, EDMOD, EDERR

Abschnitt	Beschreibung		Fälligk. Datum	Beend. Datum	Sachbearb. W. P. Jones	Reviewer R. E. Lee
1	Modul-Anforderungen		1.10.82	1.10.82	W.P.J.	R.E.L.
2	Modul-Design	2 a. Vorläufig	1.10.82	1.10.82	W.P.J.	R.E.L.
		2 b. Code-to	1.11.82	29.10.82	W.P.J.	R.E.L. 1.11
		2 c. As-built	1.4.83			
3	Testplan		15.11.82	18.11.82	W.P.J.	R.E.L. 9.11
4	Modul-Codierung		1.12.82	29.11.82	W.P.J.	R.E.L. 2.12
5	Test-Ergebnisse		1.1.83			
6	Problem-Berichte					
7	Notizen					
8	Kommentare der Reviewer					

Abb. 32–13: Deckblatt der Modulentwicklungsunterlage: EDIT-Programm von CEMICS

Abbildung 32–13) festgesetzt, für die Beendigung seines Modul-Testplanes den 15. November 1982 und seiner Modul-Codierung den 1. Dezember 1982. Die Tatsache, daß er seinen Terminplan selbst festlegt und die diesbezüglichen Verhandlungen selbst führt, gibt Bill das Gefühl, selbst über die vor ihm liegenden Aufgaben zu entscheiden und auch das Gefühl eigener Verantwortung für eine Reihe von Meilensteinen, die er selbst bestimmte. Dies ist besser, als wenn ihm diese Termine willkürlich diktiert worden wären.

3. Sobald Bill einen Meilenstein erreicht, trägt er das Meilenstein-Produkt im UDF ein, wobei er im Deckblatt des UDF das entsprechende Datum mit seinen Initialen versieht. Der zuständige Vorgesetzte prüft das Meilenstein-Produkt und trägt das Datum zusammen mit seinen Initialen ein, wenn das geprüfte Produkt zufriedenstellend ist.*) (Wenn nicht, trifft er sich mit Bill und bespricht mit ihm, was unternommen werden soll, um ein zufriedenstellendes Produkt zu erzielen.) In unserem Beispiel gemäß Abbildung 32–13 hat Bill seine Codierungs- und Design-Spezifikation einige Tage im voraus, seinen Testplan einige Tage zu spät und seine Modul-Codierung einige Tage zu früh beendet.

Ein solcher Nachweis des Fortschritts im UDF-Deckblatt ist um vieles nützlicher als ein Fortschrittsnachweis in exakt so und so vielen Prozenten. Hätte für Bill zum Beispiel die Gefahr bestanden, die Deadline seines Testplanes um mehr als einige Tage zu verfehlen, so wären wahrscheinlich verschiedene Dinge passiert, die eine solche Situation korrigiert hätten:

- Bill hätte festgestellt, daß er mit seiner Arbeit im Rückstand ist und hätte beim Testplan besondere Anstrengungen unternommen, diesen Rückstand wieder aufzuholen (der Deadline-Effekt).
- Bill könnte durch einen anderen Mitarbeiter abgehalten worden sein (zum Beispiel durch die Qualitätskontroll-Gruppe, die ihm Testdaten-Definitionen liefert): Er geht zu seinem Vorgesetzten Fred Fox, um ihn um Hilfe zu bitten, was normalerweise viel eher geschieht, wenn es den UDF-Meilenstein nicht gäbe.
- Es könnte sein, daß Bill sich nicht bewußt ist, wie wichtig es ist, daß sein Modul fristgerecht fertig ist; Fred wird dies aber früh genug und solange noch Zeit ist, bemerken, um die Situation abzufangen.

Zusammenfassend dürfen wir festhalten, daß das UDF für einen Durchblick auf der niedrigen Stufe sorgt, die für eine effektive Software-Projekt-Stufenplanung und -Kontrolle, besonders bei großen Projekten, unbedingt notwendig ist. Das UDF erstellt auch eine Reihe Projekt-Meilensteine auf niedriger Ebene, auf denen ein verbessertes Kostenfortschritts-Verfolgungssystem aufgebaut werden kann, wie wir es im nächsten Kapitel besprechen werden.

32.5 Die Steuerung von Projekt-Ausgaben im Vergleich zum Fortschritt: Das System der realisierten Werte

Probleme bei der Steuerung und der Kontrolle des Gesamtprojekt-Status

Die Analyse des Software-Projektstatus und der Software-Projektkontrolle wäre ein ziemlich direkter Vorgang, wenn sich bei einem Projekt alles nach Plan entwickeln würde. Jedoch — insbesondere bei großen Projekten — geschehen sehr viele Abweichungen vom ursprünglichen Plan zur gleichen Zeit. Einige Teile des Projektes

*) Während des Prüfvorganges der Codierung und des Designs sowie der Modul-Codierung sollte auch eine Art Inspektion oder strukturierter Walkthrough (Fagan, 1976; Yourdon, 1979 a) durchgeführt werden.

sind in weniger Mann-Monaten fertiggestellt, als dies vorgesehen war; andere erweisen sich als schwieriger als angenommen und benötigen sehr viel mehr Aufwand, als ursprünglich geplant war. Es werden nötige Änderungen der System-Anforderungen vorgenommen, was von den Mitarbeitern verlangt, daß sie ihre Anstrengungen immer wieder neu ausrichten und auch die Prioritäten immer wieder neu festsetzen. Mitarbeiter in Schlüsselpositionen werden krank, werden befördert oder scheiden aus. Einige Teams brauchen lange, bis sie vollständig sind, andere sind zu schnell überbesetzt. Ereignisse von außen verursachen Verspätungen (z. B. die Verfügbarkeit der notwendigen Ausrüstung, die Zustimmung des Anwenders), oder manchmal sorgen sie auch für Glücksfälle (z. B. die Entdeckung eines verwendbaren Teiles aus der bereits bestehenden Software).

Angesichts eines solchen Durcheinanders von immer größeren Abweichungen vom Basisplan haben es sowohl der Kunde als auch der Projektmanager schwer, den Gesamtfortschritt des Projektes einzuschätzen und vor allem die wahrscheinlichen Kosten abzuschätzen, die für die Durchführung des Jobs anfallen werden. Oft müssen die beiden nachstehenden typischen Fragen beantwortet werden:

- Wird für das Projekt zu viel Geld ausgegeben, obwohl das Design allgemein leichter als erwartet war und obwohl die Programmierung in breitem Umfang früher begonnen werden konnte, woraus man folgern darf, daß für die Entwicklung des Projektes weniger Monate und weniger Geld erforderlich sein werden?

  Oder:

- Wird für das Projekt zu viel Geld ausgegeben, weil das Design allgemein schwieriger als erwartet war, so daß das Projekt vorzeitig eine große Zahl von Programmierern in Anspruch nahm, woraus zu schließen ist, daß für die Beendigung des Jobs beträchtlich mehr Monate und mehr Mittel erforderlich sein werden?

Mitten in einem großen Projekt, insbesondere bei einem Projekt, das die überlappende und stufenweise Entwicklung einer Reihe komplizierter Produkt-Eigenschaften impliziert, können Fragen dieser Art sehr schwer zu beantworten sein.

Konzepte des realisierten Wertes und das zusammenfassende Aufgabenplanungsblatt

Die beste Methode, die wir heutzutage für die Einschätzung des Status und der wahrscheinliche Kosten haben, die für die Fertigstellung eines großen, komplexen Software-Projektes erforderlich sind, ist das *Konzept der realisierten Werte* (U. S.) Airforce, 1978). Mit einem EV-System (System des realisierten Wertes = Earned Value System) bestimmen wir die realisierten Werte für die Fertigstellung aller individuellen Aufgaben, aus denen sich ein Projekt zusammensetzt. Wenn dann die Aufgaben beendet sind, berechnen wir den realisierten Wert für das Gesamtprojekt, den wir mit unseren Projekt-Ausgaben vergleichen können, um den Fortschritt des Projekts im Vergleich zum Planziel zu ermitteln. Wir können auch das Verhältnis der Projekt-Ausgaben zum realisierten Wert als Grundlage dafür einsetzen, die Kosten bis zur Fertigstellung des Projektes zu schätzen.

Abbildung 32–14 stellt ein typisches *zusammenfassendes Aufgabenplanungsblatt* (STPS = summary task planning sheet) vor, wie es beim EV-Ansatz verwendet wurde, wobei noch einmal die CEMICS-Programmierungs-Aktivität aus Kapitel 31 als Beispiel verwendet wurde. Tabelle 32–3 erklärt jede der auf dem STPS vorgenommenen Eintragungen. Das in Abbildung 31–14 gezeigte STPS betrifft die Programmierung und die Integration von drei CEMICS-Programmen: EDIT, UPDATE und EQUIP.

1 von 3

(1) Projekt-Nr. B142 (2) Projekt: CEMICS (3) Komponente: Programmierung (4) Datum 1. 1. 83

(5) WBS-Element: S3A, S3B, S3C (6) Verantwortliche Organisation BSD (7) Manager: F. Fox (8) PWA-Nr. B142-022

(9) Auf-gaben-Nr.	(10) WBS-Element	(11) Aufgaben-beschreibung	(12) EV Art	(13) Jahr / Monat	O	N	1982 D	1983 J	F	M	A	M	J	J	A	S	O	N	D	(14) Realisierter Wert Gesamt	(15) Realisierter Wert bis heute	(16) Realisierter Wert WBS bis heute	(17) Ausgaben
1	S3A	EDIT-Programmierung Inkr. 1	MS		▲	▲ 2 D	▲ 1 C	△ 2 T			△ 2 I									7.0	3.0		
2	S3A	EDIT-Programmierung Inkr. 2	MS				▲	▲ 6 D		△ 5 C	△ 5 T		△ 6 I							22.0	6.0		
3	S3A	EDIT-Programmierung Inkr. 3	MS						△		△ 12 D	△ 10 C	△ 10 T		△ 12 I					44.0	0.0	9.0	13.1
4	S3B	UPDATE-Programmierung, Inkr. 1	MS		▲	▲ 6 D		▲ 5 C	▲ 5 T		△ 6 I									22.0	16.0		
5	S3B	UPDATE-Programmierung, Inkr. 2	MS				▲		▲ 3 D	△ 2 C	△ 3 T		△ 3 I							11.0	3.0	19.0	16.2
6	S3C	EQUIP-Programmierung, Inkr. 1	MS		▲	▲ 5 D	▲ 5 C	▲ 5 T			△ 5 I									20.0	15.0		
7	S3C	EQUIP-Programmierung, Inkr. 2	MS				▲		△ 5 D	△ 4 C	△ 5 T		△ 6 I							20.0	0.0	15.0	20.3
8																							
9																							
Gesamt		(18) Realisierte Werte			13.0	11.0	19.0													(20) 146.0		(21) 43.0	
		(19) Ausgaben			14.8	12.2	17.6																(22) 49.6

Abb. 32–14: Zusammenfassendes Aufgabenplanungsblatt: CEMICS-Programmierung

Diese wurden in stufenweisen Phasen entwickelt und integriert, und zwar EDIT in drei Inkrementen, UPDATE und EQUIP in je zwei Stufen.

Aufgabe 1 in Abbildung 32–14 betrifft die Entwicklung und die Integration in Inkrement 1 des EDIT-Programms, das in Abbildung 32–13 als Gegenstand unserer Erläuterungen über das in Abschnitt 32.4 besprochene UDF-Deckblatt dargestellt war. Die D-, C- und T-Meilenstein-Dreiecke im Gantt-Diagrammteil von Aufgabe 1 der Abbildung 32–14 entsprechen den Meilensteinen des Programmentwurfs (1. November 1982), der Modul-Codierung (1. Dezember 1982) und der Testergebnisse (1. Januar 1983) auf dem UDF-Deckblatt für Inkrement 1 des EDIT-Programms aus Abbildung 32–13. Das Meilenstein-Dreieck I stellt die erfolgreiche Integration des EDIT-Programms in Inkrement 1 des CEMICS-Software-Produktes dar.

Die Ziffern über den Meilenstein-Dreiecken in Abbildung 32–14 bedeuten die vom Projekt festgesetzten realisierten Werte für die Erreichung des Meilensteins. Die im Budget vorgesehenen Kosten für die Entwicklung und die Integration des gesamten EDIT-Programms belaufen sich auf $ 73 000 ($ 73 K) und sind wie folgt aufgeteilt: für Inkrement 1: $ 7 K, für Inkrement 2: $ 22 K und $ 44 K für Inkrement 3. Diese im Budget veranschlagten Kosten sind hier als realisierte Werte für die Durchführung jeder Funktion festgesetzt (Spalte (14) in Abbildung 32–14). Die $ 7 K für die Entwicklung und die Integration von Inkrement 1 des EDIT-Programms werden dann wie folgt aufgeteilt: $ 2 K für die Erreichung des Programmentwurf-Meilensteines, $ 1 K für die Modul-Codierung, $ 2 K für die Testergebnisse und $ 2 K für die Fertigstellung der EDIT-Integration von Inkrement 1.

Gehen wir davon aus, daß die beiden Abbildungen 32–13 und 32–14 den Projektstatus per 1. Januar 1983 darstellen. Zu diesem Zeitpunkt hat Inkrement 1 des EDIT-Programmes seine Design- und Codierungs-Meilensteine erreicht und hat insgesamt einen realisierten Wert von $ 3 K akkumuliert, wie dies die Spalte (15) in Abbildung 32–14 zeigt. Zu diesem Zeitpunkt hat auch Inkrement 2 den Design-Meilenstein erreicht und insgesamt $ 6 K an gesamtem realisiertem Wert akkumuliert. Demnach hat ein Element der Gesamtstruktur der Arbeitsaufgliederung, die EDIT-Programmierung, an diesem Punkt $ 9 K an realisiertem Wert (siehe dazu Spalte (16) im Vergleich zu seinen Ausgaben mit derzeit $ 13.1 K akkumuliert.*) Das knappe Ergebnis an realisiertem Wert ist teilweise ($ 2 K) darauf zurückzuführen, daß der Testergebnis-Meilenstein für Inkrement 1 fehlt und teilweise ($ 2.1 K) darauf, daß die Ausgabenrate höher als erwartet war.

Auf ähnliche Weise können wir aus Abbildung 32–14 den relativen Fortschritt der beiden Inkremente der UPDATE- und EQUIP-Programme sowie ihre gesamten realisierten Werte im Vergleich zum heutigen Stand ihrer Ausgaben entnehmen. Die Gesamt-Akkumulation der realisierten Werte und Ausgaben aller Programme finden Sie in den Spalten (18) und (19), und zwar sowohl nach Monaten als auch nach den Gesamtsummen zum Zeitpunkt der Eintragungen (siehe (21) und (22)). Es sieht so aus, als ob der Fortschritt dieser drei Projekte zu diesem Zeitpunkt so ziemlich nach Plan verläuft; die 15% Mehrausgaben sind nicht hoch genug, um eine Revision der Schätzung der gesamten Fertigstellungskosten zu rechtfertigen; jedoch sind sie hoch genug, daß nach den Gründen für diese Mehrausgaben geforscht werden sollte.

---

*) Die niedrigste Stufe zur Verfolgung von Projektausgaben ist normalerweise das WBS-Element (Struktur der Arbeitsaufgliederung), so daß es keinen Nachweis über die Ausgaben pro Funktion gibt.

Tab. 32–3: Eintragungen in ein Zusammenfassendes Aufgabenplanungsblatt (STPS)

1. *Projekt-Nummer.* Eine Nummer, welche dieses Projekt eindeutig identifiziert.
2. *Projekt.* Eine kurze Benennung des Projektes.
3. *Komponente.* Der Teil des Projektes, mit welchem sich dieses STPS befaßt.
4. *Datum.* Das Datum, zu welchem dieses STPS angefertigt wurde.
5. *WBS-Elemente.* Die Struktur der Arbeitsaufgliederung (WBS), mit welcher sich dieses STPS befaßt.
6. *Verantwortliche Organisation.* Die für die Durchführung der Aufgaben des STPS verantwortliche Organisation.
7. *Manager.* Der Mitarbeiter, welcher für die Arbeitsdurchführung verantwortlich zeichnet.
8. *PWA-Nummer.* Die Nummer der Projektleitung, welche sich mit den in den STPS aufgezählten Aufgaben befaßt.
9. *Aufgaben-Nummer.* Eine fortlaufende Numerierung für die Aufgaben dieses STPS.
10. *WBS-Element.* Das WBS-Element, welches sich mit der aufgeführten Aufgabe befaßt.
11. *Aufgaben-Beschreibung.* Eine kurze Beschreibung der Aufgabe.
12. *EV-Art.* Die Art der realisierten Werte, die bei dieser Aufgabe erzielt werden.
    - MS Die realisierten Werte, welche nur an speziellen Aufgaben-Meilensteinen summiert werden.
    - LM Die realisierten Werte in Verbindung mit wichtigen Projekt-Meilensteinen; die Aufgabe akkumuliert einen realisierten Wert entsprechend der während der Phase erforderlichen Ausgaben, und zwar bis zu den Gesamt-EV der Aufgabe während der Phase.
13. *Terminplan.* Ein Gantt-Diagramm mit dem Nachweis der Meilensteine jeder Aufgabe und ihre diesbezüglichen realisierten Werte.
14. *Realisierter Wert — Summe.* Der gesamte realisierte Wert (EV) dieser Aufgabe.
15. *EV — bis heute.* Der per Datum für die Aufgabe realisierte Wert.
16. *EV-WBS — bis heute.* Die bis zum derzeitigen Datum für das WBS-Element erzielten gesamten Werte.
17. *Ausgaben.* Die per Datum für das WBS-Element erforderlichen Ausgaben.
18. *Gesamte realisierte Werte.* Monatliche Gesamtbeträge und Insgesamt-Beträge der für die Aufgaben beim STPS erzielten Beträge.
19. *Gesamtausgaben.* Monatliche Gesamtbeträge und Insgesamtbeträge der für die Aufgaben des STPS notwendigen Ausgaben.
20. Gesamtsumme der bei den Aufgaben des STPS realisierten Werte.
21. Gesamtsumme der per Datum für die Aufgaben dieses STPS realisierten Werte.
22. Gesamtausgaben — per Datum — für die Aufgaben dieses STPS.

Ein zusammenfassender Bericht über die realisierten Werte

Eine Schwierigkeit beim zusammenfassenden Aufgabenblatt besteht in der Akkumulation der realisierten Werte und der Gesamtausgaben bei einer großen Anzahl von Planungsblättern. Ein für diesen Zweck besseres Instrument ist der zusammenfassende

Bericht über die realisierten Werte, der in Abbildung 32–15 illustriert wird. Dieser Bericht faßt den Status der realisierten Werte jedes WBS-Elementes (Struktur der Arbeitsaufgliederung) zusammen und bringt die Vergleiche zwischen dem realisierten Wert und den Ausgaben im vorhergehenden Monat, für das WBS-Element bis heute und das WBS-Element als Prozentsatz der gesamten realisierten Werte. Wie aus Abbildung 32–15 ersichtlich ist, liegen die gesamten realisierten Werte des Projektes ($ 269 K) relativ nahe bei den bis dato erreichten Ausgaben ($ 272 K).

Zusammenfassender Bericht über den realisierten Wert

Projekt: CEMICS | Projekt-Nr. B 142 | Datum: 1. 1. 1983

Budget: $ 941 000 | vom 1. 7. 1982 bis 31. 12. 1983 | Manager: M. Marcos

WBS-Nr.	Job-Nr.	WBS-Element	EV-Art	$K des letzten Monats		$K bis heute				Gesamt $EV^{\$}K$	Prozent der Gesamtschätzung			
				geschätzt	tatsächl.	EV	tatsächl.	$\frac{A-E}{E}$	E 20		EV	tatsächl.	Differenz	E 10
S		CEMICS		51.2	61.8	269.0	272.4	1		941.0	29	29	0	
S1	B14201	Management	LM	6.2	6.2	38.5	37.1	− 4		116.0	33	32	− 1	
S2		System Engineering		9.6	9.6	107.7	91.7	−15		155.0	69	59	−10	*
S21	B14202	Anforderungen	LM	2.5	2.5	32.4	24.1	−26	*	47.0	69	51	−18	*
S22	B14203	Produkt-Design	LM	7.1	7.1	75.3	67.6	−10		108.0	70	63	− 7	
S3		Programmierung		28.0	34.0	89.0	92.7	4		427.0	21	22	1	
S3A	B14204	EDIT	MS	6.0	4.8	9.0	13.1	46	**	73.0	12	18	6	
S3B	B14205	UPDATE	MS	5.0	5.7	19.0	16.2	−15		33.0	58	49	− 9	
S3C	B14206	EQUIP	MS	6.0	7.1	15.0	20.3	35	*	40.0	38	51	13	*
S3D	B14207	RPT DATA	MS	6.0	6.0	16.0	12.2	−24	*	80.0	20	15	− 5	
S3E	B14208	Reports	MS	3.0	4.6	12.0	10.6	−12		37.0	32	29	− 3	
S3F	B14209	Verschiedenes	MS	2.0	5.8	2.0	5.8	190	***	32.0	6	18	12	*
S33	B14210	Integration	MS	0.0	0.0	19.0	13.5	−29	*	132.0	14	10	− 4	
S4		Test		5.0	9.6	19.0	37.0	95	***	157.0	12	24	12	*
S41	B14211	Testplan	MS	5.0	9.6	10.0	29.7	197	***	33.0	30	90	60	***
S42	B14212	Qualitäts-Kontrolle	MS	0.0	0.0	9.0	7.3	−19		124.0	7	6	− 1	
S5	B14213	Dokumentation	LM	2.4	2.4	14.8	13.9	− 6		46.0	32	30	− 2	
S6	B14214	Implementierung	LM	0.0	0.0	0.0	0.0	−		40.0	0	0	0	

Abb. 32–15: Zusammenfassender Bericht über die realisierten Werte bei CEMICS

Es gibt jedoch Teile des Projektes, deren realisierte Werte bis dato beträchtlich höher oder niedriger als seine Ausgaben bis dato liegen. Diese werden mit den Ausnahmekennzeichen (Spalten E 20 und E 10), die zum zusammenfassenden Bericht über die realisierten Werte gehören, hervorgehoben. Die Spalte E 20 im $-K-Feld „bis heute“ kennzeichnet WBS-Elemente mit erheblichen Minder-Ausgaben (Minuszeichen) oder Mehrausgaben mit Bezug zum heutigen Stand der realisierten Werte in Stufen von 20% (*: 20 bis 40%; ** :40 bis 60%, *** mehr als 60%). Diese Spalte hat den Zweck, jene WBS-Elemente hervorzuheben, die bezüglich der realisierten Werte einen langsamen oder schnellen Start aufweisen. So ist z. B. der EDIT-Programmier-Aufwand mit einer aktuellen, mit zwei Sternen bezeichneten Mehrausgaben-Rate in der E 20-Spalte ausgewiesen; die geringfügige Mehrausgabe von $ 4,1 K ist jedoch im Verhältnis zu seinem gesamten realisierten Wert so klein, daß sie nicht einmal eine Ausnahmekennzeichnung mit einem Stern in der Gesamt-EV-Spalte E 10 ausmacht.

Die gesamte EV-Spalte E 10 weist WBS-Elemente mit großen Minderasugaben (Minuszeichen) oder Mehrausgaben im Verhältnis zu ihren gesamten realisierten Werten in Stufen von 10% aus (*: 10 bis 20%; ** 20 bis 30%; *** mehr als 30%). Sie neigt dazu, WBS-Elemente mit potentiellen Problemen oder Vorteilen hervorzuheben, mit dem Ziel, die Gesamtausgaben oder die gesamten realisierten Werte auszugleichen. So hat z. B. die Anforderungs-Aktivität eine gute Chance, alle ihre Projektaufgaben mit bedeutend weniger Ausgaben zu bewerkstelligen, als die realisierten Werte ausmachen. Sie hat im Augenblick 69% der gesamten realisierten Werte bei einer Ausgabe von nur 51% der gesamten realisierten Werte erreicht. (In diesem Fall hat der Projektmanager die gesamten realisierten Werte jedes WBS-Elementes mit seinem Gesamt-Budget gleichsetzt; dies ist üblich, muß aber nicht so sein.)

Wenn bei einem WBS-Element gravierende Mehrausgaben sowohl bei den aktuellen wie den gesamten EV Ausnahmekennzeichnungen festgestellt werden, sollte dies zum Gegenstand einer grundsätzlichen Überprüfung durch das Management werden, der eine entsprechende Korrektur folgen sollte. In Abbildung 32–15 liegt das größte Problem auf dem Gebiet der Testplanung, die 90% ihres Budgets ausgegeben und nur 30% der realisierten Werte akkumuliert hat.

Diskussion

Wann immer eine Berichterstattung erfolgt, liegen die Projektausgaben wahrscheinlich eher ein paar Prozent höher als die realisierten Werte. Grund dafür ist, daß es normalerweise einige Meilensteine gibt, deren Dauer sich mit der Berichtszeit überschneidet und sich daher einige Ausgaben akkumulieren, die noch nicht auf den realisierten Wert angerechnet werden können, der bei Beendigung der Meilenstein-Aktivität anfiele. So dauert zum Beispiel in Abbildung 32–14 das Design von Funktion 2 des EQUIP-Programms (Aufgabe Nr. 7) vom 1. Dezember 1982 bis zum 1. Februar 1983. Am 1. Januar 1983 hat das Projekt wahrscheinlich ca. $ 3 K für sein Design ausgegeben; für das Projekt besteht jedoch keine Möglichkeit, ein teilweises Guthaben für die $ 6 K in Anspruch zu nehmen, die als realisierter Wert bei der Fertigstellung des Designs fällig wären.

Um dieser Schwierigkeit zu begegnen, sind eine Reihe Vorschläge über alternative Methoden zur Kalkulation der realisierten Werte gemacht worden, indem man zum Beispiel versuchte, die eine Hälfte der realisierten Werte zu Beginn jeder Meilenstein-Aktivität und die zweite Hälfte bei ihrem Ende zuzuteilen, oder indem man die realisierten Werte einheitlich über die Realisierungsperiode verteilte. Jede dieser Alternativen schafft bei einigen Situationen jedoch wiederum ihre eigenen Probleme oder führt beim System der realisierten Werte zu neuen Komplikationen. Es ist demnach vorzuziehen, das System in seiner einfachsten Form einzusetzen.

Bei kleinen, einfachen Projekten mit sehr wenig Änderungen während der Entwicklungsperiode ist das System der realisierten Werte leicht anzuwenden, sein Beitrag zur Projekt-Übersichtlichkeit ist jedoch relativ gering. Bei einem großen, komplexen Projekt mit häufigen Änderungen leistet das System der realisierten Werte jedoch einen unersetzlichen Beitrag zur Übersichtlichkeit des Projektes und für das Projekt-Management, macht aber auch sehr viel Bearbeitungsaufwand erforderlich. Dies impliziert die Notwendigkeit der Automatisierung des Systems der realisierten Werte bei großen Projekten.

Bei den kleinen Projekten ist es auf alle Fälle am besten, ein System der realisierten Werte (sei es auch nur ein manuelles) zu erstellen, weil man im voraus schwerlich sagen kann, wieviel Änderungen und Ausweitungen ein Projekt im weiteren Verlauf erfährt. Wie bei anderen Planungs- und Steuerungsmethoden, wie z. B. dem PERT-Diagramm, ergibt sich darüber hinaus als wichtiger und unverzichtbarer Vorteil ein besseres

Verständnis des Projektes und seiner Organisation, da wir die verschiedenen Projektaktivitäten durchdenken und feststellen können, wieviel Gewicht sie haben und wie sie zusammenpassen.

32.6 Beispiel einer Software-Projekt-Planung und -Kontrolle

In diesem Abschnitt zeigen wir, wie die obigen Planungs- und Kontroll-Methoden bei einem Software-Projekt koordiniert angewandt werden können, wobei wir das in Abschnitt 31.8 vorgestellte Central Equipment Management and Inventory Control System (CEMICS) als Muster verwenden. Dabei werden wir das Gesamtgerüst der Planungs- und Steuerungs-Methoden einsetzen, die wir in Abschnitt 32.2 umrissen und in Abbildung 32–3 dargestellt haben (sie wird hier aus Gründen der Einfachheit in Form von Abbildung 32–16 nochmals wiederholt).

Schritt Nr. 1: Die Struktur der Arbeitsaufgliederung (WBS = Work Breakdown Structure)

Wir beginnen mit der Entwicklung einer WBS als Basis für das CEMICS-Software-Entwicklungsprojekt und verwenden die WBS als Grundlage, um die COCOMO-Schätzungen der CEMICS-Software-Entwicklungskosten nach spezifischen Aufgaben-Budgets, verbunden mit einer spezifischen Aufgabenverantwortung, aufzuteilen. Streng genommen sollten wir anstelle der Schätzungen des COCOMO-Zwischenmodells in Abschnitt 31.6 das COCOMO-End-Modell einsetzen, um eine umfassendere Schätzung für die strukturierten Kosten der Phasen und Module der CEMICS-Entwicklungskosten zu entwickeln. Aus Gründen der Einfachheit und wegen ihrer Übereinstimmung mit Kapitel 31 (auch weil die Phasenverteilungen nicht sehr verschieden sein würden, da CEMICS im Hinblick auf seine Kostenfaktoren-Merkmale ein relativ durchschnittliches Projekt in der organischen Form ist) werden wir die in Abschnitt 31.6 entwickelten Kostenschätzungen des COCOMO-Zwischenmodells als die Gesamtschätzungen der CEMICS-Entwicklungskosten einsetzen. Um die Gesamt-Entwicklungskosten den WBS-Elementen zuzuordnen, werden wir dann die durchschnittlichen Aktivitätsverteilungen in der organischen Form (siehe Tabelle 7–3) und die Verteilung der CEMICS-Kosten nach den Komponenten der Schätzung des COCOMO-Zwischenmodells gemäß Abbildung 31–5 einsetzen.

Abbildung 32–17 zeigt die ursprüngliche Struktur für CEMICS. Sie folgt der Standardstruktur einer WBS gemäß den Abbildungen 4–6 a und b. Das gesamte CEMICS-Budget für die Entwicklung und die Implementierung über $ 941 K, das von der WBS beansprucht wird, beinhaltet die nachstehenden, in Abschnitt 31.8 geschätzten Kosten:

Personalkosten	$ 840 K	
Entwicklung		792 K
Implementierung		48 K
Computerkosten	101 K	
Entwicklung		86 K
Implementierung		15K
Insgesamt	$ 941 K	

Die Kosten für die Implementierung sind vom WBS-Element S 6 abgedeckt; zur Implementierung siehe Abbildung 32–17 (Jedes der in Abbildung 32–17 enthaltenen WBS-Elemente hat drei assoziierte Budget-Positionen: Das Gesamtbudget steht oben,

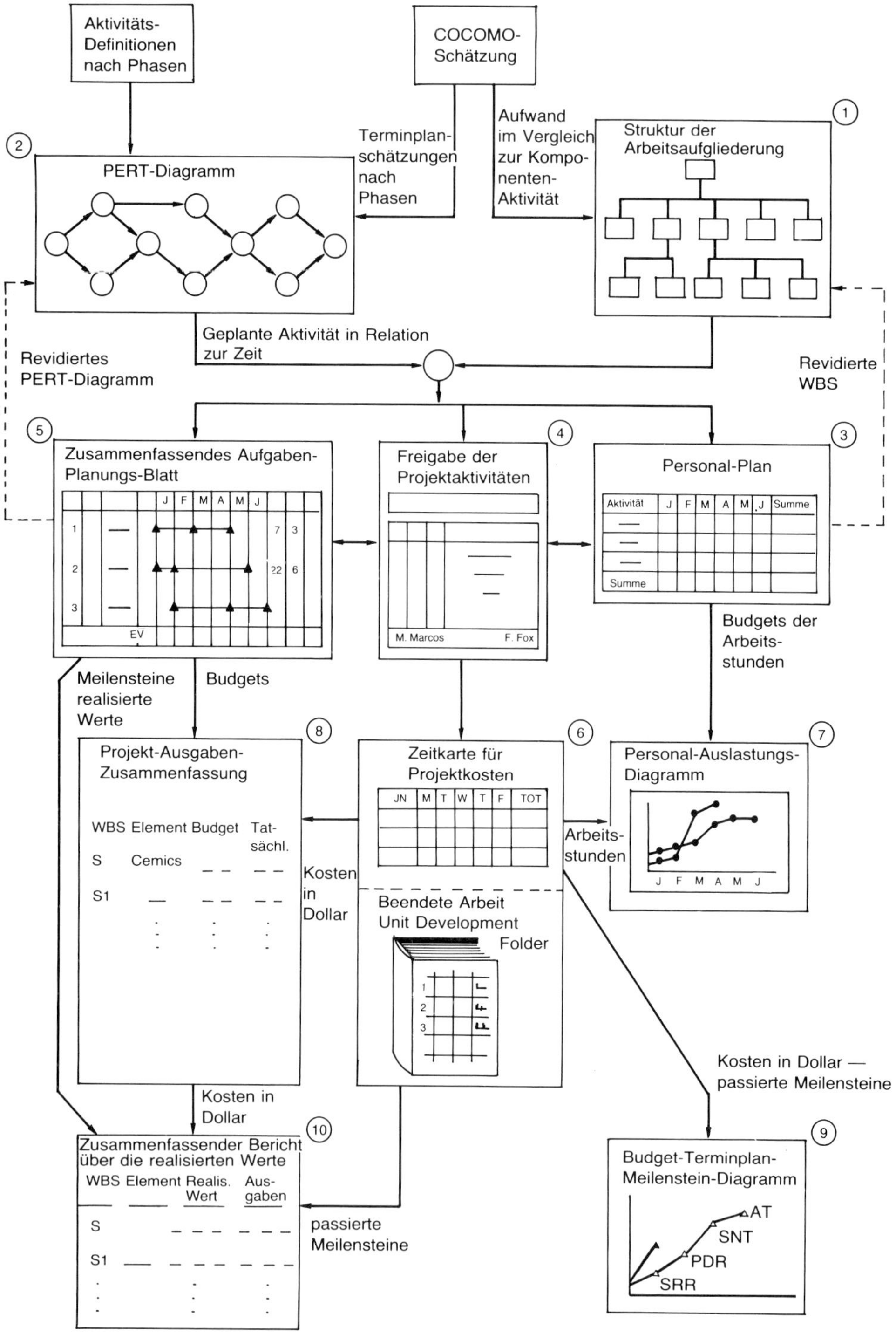

Abb. 32–16: Gerüst der Software-Projektplanung und -kontrolle

und die Personal- und Computer-Kosten stehen in Klammern darunter). Laut Definition des Entwicklungs-Budgets sind in ihm die Kosten für die Planungs- und Anforderungsphasen nicht berücksichtigt.

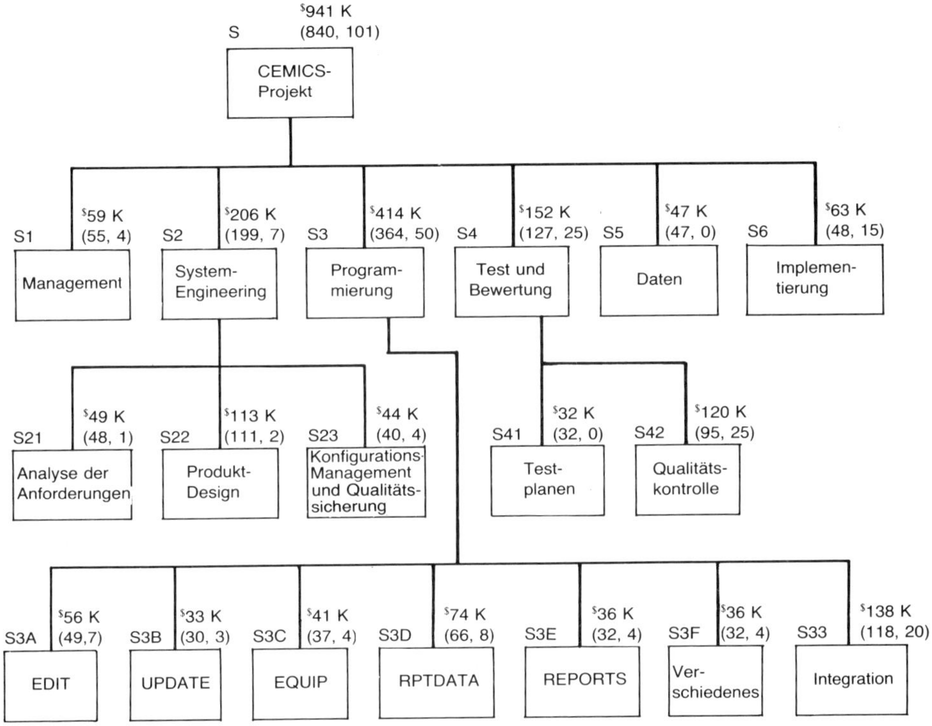

Abb. 32–17: Grundlegende Struktur der Arbeitsaufgliederung (WBS) bei CEMICS

Die Aufteilung des WBS-Element-Budgets der Software-Entwicklung

Um die \$ 792 K der Software-Entwicklungs-Personalkosten in WBS-Grundelemente aufzuteilen, unterteilen wir sie zuerst nach den Prozentsätzen des Gesamt-Entwicklungsaufwandes, der in Tabelle 7–3 für Projekte der organischen Form dargestellt wurde. (Bezüglich größenabhängiger Prozentsätze sehen wir das 48-KDSI-CEMICS-Produkt als ein Produkt mittlerer Größe an.)

Aktivität	Prozentverteilung (aus Tabelle 7–3)	Budget
Anforderungsanalyse	6%	\$ 48 K
Produkt-Design	14	111
Programmierung	46	364
Testplanung	4	32
Qualitätskontrolle	12	95
Projektverwaltung	7	55

Aktivität	Prozentverteilung (aus Tabelle 7–3)	Budget
Konfigurations-Management und Qualitätssicherung	5	39
Handbücher	6	48
Insgesamt	100%	\$ 792 K

Wir nehmen dann die auf das System-Engineering bezogenen Budgets und die auf den Test und die Abnahme bezogenen Budgets in die 2. Strukturierungsstufe der WBS-Elemente auf, wobei wir die individuellen Aktivitäten auf der 3. Stufe der WBS belassen (siehe hierzu Abbildung 32–17). Die mit diesen Budgets assoziierten spezifischen Aufgaben-Verantwortlichkeiten wurden bereits bei den Phasen- und Aktivitäts-Definitionen in Tabelle 4–3 beschrieben.

Das Programmierungs-Budget mit \$ 364 K ist zu groß, um es als ein individuelles WBS-Element bestehen zu lassen (normalerweise wäre ein WBS-Element mit \$ 50 bis 100 K der beste Kompromiß dafür, daß eine gute Kontrollmöglichkeit bei nicht allzuviel Details gegeben wäre).

Am besten läßt es sich in individuelle Budgets für die Hauptkomponenten des CEMICS-Programms einteilen, die auch bei der COCOMO-Kostenschätzung in Abbildung 31–5 eingesetzt wurden; hinzu kommt ein WBS-Element für die Integration, das sowohl die Integrations-Aktivitäten als auch die gesamten Programmierungsaktivitäten berücksichtigt, die vor der Modul-Entwicklung und nach der Integration stattfinden.

Eine angemessene Budget-Schätzung für die Integrationsaufgaben wird erreicht, indem man ihr den doppelten Anteil des Programmierungsbudgets zuteilt, das während der Integrations- und Testphasen ausgegeben wird. Gemäß Tabelle 7–3 ergeben sich demnach

$$2(\$\ 792\ \text{K})(0{,}22)(0{,}34) = \$\ 118\ \text{K}.$$

Damit bleiben \$ 246 K für die Programmierung der individuellen Komponenten übrig. Dieses Budget läßt sich am besten nach dem Beitrag jeder Komponente zu der COCOMO-Gesamt-Entwicklungskosten-Schätzung in Spalte (23) von Abbildung 31–10 einteilen (siehe unten):

Komponente	Gesamtkostenverteilung (Abb. 31–10)	Prozentverteilung	Programmierungsbudget
EDIT	\$ 160 K	20%	\$ 49 K
UPDATE	90	12	30
EQUIP	120	15	37
RPTDATA	214	27	66
REPORTS	104	13	32
MISC	104	13	32
Insgesamt	\$ 792 K	100%	\$ 246 K

Die Zuteilung der Computer-Zeit zu den verschiedenen WBS-Elementen erfolgt proportional zu den allgemeinen Erfahrungen bei der Computerzeit-Verteilung. Die sich hieraus ergebenden gesamten WBS-Budgetaufteilungen sind in Abbildung 32–17 dargestellt.

Schritt Nr. 2: Die PERT-Diagramme

Das einfache PERT-Diagramm für ein Software-Entwicklungsprojekt, das wir in Abschnitt 32.3 besprochen haben, wird bei CEMICS deshalb komplizierter, weil der Projektplan die Entwicklung der Software in drei Stufen vorsieht. Auf der ersten Stufe werden die zentralen UPDATE- und EQUIP-Funktionen erstellt, die die Stamm-Datenbank der Anlagegüter einbeziehen und die nur die grundlegenden I/O-Funktionen der anderen Komponenten berücksichtigen. Auf der 2. und 3. Stufe kommen weitere funktionelle Elemente hinzu. In Tabelle 32–4 ist die Anzahl Befehle jeder CEMICS-Komponente aufgeführt, die auf der jeweiligen Stufe entwickelt werden müssen. So wird z. B. das UPDATE-Programm (mit insgesamt 6000 Sourcebefehlen) mit 4000 Sourcebefehlen auf der Stufe 1 entwickelt, auf der Stufe 2 mit 2000 Sourcebefehlen und mit 0 auf der Stufe 3.

Tab. 32–4: CEMICS-Entwicklungsstufen

Komponente / Stufen	Größe in DSI						
	EDIT	UPDATE	EQUIP	RPTDATA	REPORTS	MISC	Insgesamt
1	1 000	4 000	4 000	2 000	2 000	0	13 000
2	3 000	2 000	4 000	4 000	2 000	2 000	17 000
3	6 000	0	0	6 000	2 000	4 000	18 000
Gesamt	10 000	6 000	8 000	12 000	6 000	6 000	48 000

Abbildung 32–18 zeigt das PERT-Diagramm für das CEMICS-Projekt. Seine Form und seine Konstruktionsmethode sind grundsätzlich dieselben wie bei den PERT-Diagrammen in Abschnitt 32.3, mit einem Zusatz: Wir haben hier ein nach Zeitphasen bestimmtes PERT-Diagramm verwendet, um für die verschiedenen Projektaufgaben die spezifischen Kalenderzeiten anzuzeigen. Die Zeitphasen der drei Entwicklungsstufen schaffen eine Situation mit mehreren kritischen Wegen. Der Terminplan ist gut ausgewogen, aber eine Terminverzögerung bei irgendeinem kritischen Weg führt zu einer Terminverzögerung beim Terminplan des gesamten Projektes.

In diesem Falle bleibt die Schätzung des gesamten COCOMO-Entwicklungs-Terminplanes mit 16 ½ Monaten erhalten, ebenso die Länge der beiden ersten Phasen; die Phasenbegrenzung zwischen der Programmierung sowie der Integrations- und Testphase sind jedoch versetzt.

Schritt Nr. 3: Der Personalplan

Um einen Personalplan entwickeln zu können, der von Monat zu Monat Gültigkeit hat, müssen wir aus unseren COCOMO-Schätzungen die durchschnittliche Anzahl von Personen errechnen, die für die einzelnen Aktivitäten während der entsprechenden Phase eingesetzt werden. Hierzu müssen wir die COCOMO-Schätzungen der Phasenverteilung des Aufwandes und des Terminplanes gemäß Tabelle 6–8 und die

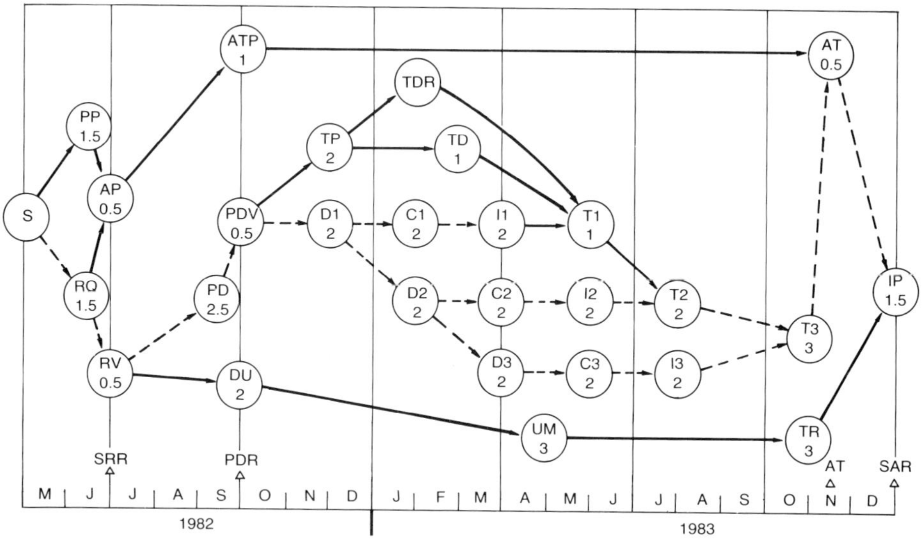

S	Start
PP	Projektplan
RQ	Anforderungsspezifikation
AP	Übernahmeplan
RV	Prüfung der Anforderungen
PD	Produktdesign
ATP	Übernahme-Testplan
PDV	Produkt-Designüberprüfung
DU	Benutzer-Handbuch
TP	Testplan
TDR	Testdriver
TD	Testdaten
D1,D2,D3	Design-Inkrement 1,2,3
C1,C2,C3	Codierungs-Inkremente 1,2,3
I1,I2,I3	Integrations-Inkremente 1,2,3
T1,T2,T3	Test-Inkremente 1,2,3
UM	Handbücher der Benutzer
TR	Schulung der Benutzer
AT	Übernahmetest
IP	Implementierung

PP 1,5

Projektplan, 1½ Monate
Kritischer Weg

Abb. 32–18: PERT-Diagramm eines CEMICS-Projektes

Schätzungen der Aufwandsverteilung nach Phasen und Aktivitäten gemäß Tabelle 7–3 einsetzen.

Tabelle 32–5 zeigt den hieraus resultierenden geschätzten Personalbestand für jede Phase und jede Aktivität der CEMICS-Projekte. So werden z. B. die Quantitäten in der linken Spalte (für die Planungs- und Anforderungsphase) wie folgt abgeleitet:

- Aus Tabelle 6–8: zusätzlich 6% zu den 144 Mann-Monaten des CEMICS-Entwicklungsaufwandes (oder 9 Mann-Monate) sind für die Pläne und die Anforderungen bestimmt.
- Aus Tabelle 6–8: zusätzlich 12% zu den 16 ½ Monaten des CEMICS-Entwicklungs-Terminplanes (oder 2 Monate) sind für die Pläne und die Anforderungen bestimmt.
- Der sich hieraus ergebende durchschnittliche Projekt-Personalbestand bei den Planungs- und Anforderungsphasen beträgt 9 Mann-Monate / 2 Monate = 4,5 FSP*).

*) FSP = Full-time-equivalent Software-personnel = Vollzeitpersonal eines Software-Projektes

● Von diesen 4,5 FSP (aus Tabelle 7–3) sind 46% (d. h. 2,1 FSP) für die Aktivitäten der Anforderungs-Analysen bestimmt. Auf ähnliche Weise sind 20% oder 0,9 FSP für die Aktivitäten der Grobkonzeption bestimmt usw.

Ausgehend von diesem durchschnittlichen Personalbestand nach Phase und Aktivität, ausgehend von den Verbindungsphasen, des Aktivitäten- und des Kalenderzeitplanes des PERT-Diagramms und ausgehend von den grundlegenden WBS, die eine detailliertere Aufgliederung der Aktivitäten nach Aufgaben vermitteln, können wir einen detaillierten Personalplan konstruieren, der aussagt, wie viele Personen für jede Aufgabe während jedes Monats des Projektes erforderlich sind.

Tab. 32–5: Phasen- und Aktivitäten-Verteilung bei CEMICS

Quantität \ Phase		Pläne und Anforderungen	Produkt-entwurf	Program-mierung	Integration und Test
Aufwand	%	6	16	61.5	22.5
	MM	9	23	89	32
Terminplan	%	12	19	54.3	26.7
	Monate	2	3	9	4.5
$FSP = \frac{MM}{Monate}$		4.5	7.7	9.9	7.1

Aktivität \ Phase	%	FSP	%	FSP	%	FSP	%	FSP
Anforderungsanalyse	46	2.1	15	1.1	5	0.5	3	0.2
Produktentwurf	20	0.9	40	3.1	10	1.0	6	0.4
Programmieren	3	0.1	14	1.1	58	5.7	34	2.4
Testplanung	3	0.1	5	0.4	4	0.4	2	0.2
Qualitätskontrolle	6	0.3	6	0.5	6	0.6	34	2.4
Projektbüro	15	0.7	11	0.8	6	0.6	7	0.5
CM/QA	2	0.1	2	0.2	6	0.6	7	0.5
Handbücher	5	0.2	7	0.5	5	0.5	7	0.5

Tabelle 32–6 zeigt Ihnen einen solchen Personalplan. Die Gesamthöhe von 159 Mann-Monaten dieses Planes setzt sich aus den 144 Mann-Monaten zusammen, die von COCOMO für die Software-Entwicklung geschätzt wurden und aus zusätzlich 9 Mann-Monaten, die für die Planungs- und Anforderungsphasen in Tabelle 32–5 geschätzt wurden, sowie aus den 6 Mann-Monaten, die in Abschnitt 31.8 für die Implementierungs-Aktivität geschätzt wurden. Nachstehend finden Sie einige zusätzliche Kommentare zu diesem Plan:

1. Die Personalverteilung pro WBS-Element wird normalerweise von den ursprünglichen WBS-Budgets etwas abweichen. Weil z. B. die CEMICS-Projektverwaltung zusammen mit dem FSP für das Configuration-Management und die Qualitätssicherung in Tabelle 32–5 etwa 1 FSP ergeben, hat sich die CEMICS-Projektmanagerin Maria Marcos entschlossen, die Funktionen des Configuration-Managements und der Qualitätssicherung als Teil ihrer Projekt-Management-Funktion zu betrachten und die hieraus resultierenden administrativen Aufgaben von ihrer Sektretärin durchführen zu lassen. Da das Büropersonal weder in den COCOMO-Mann-

Tab. 32–6: CEMICS-Personalplan

WBS-Element	Aktivität	M	J	J	A	S	O	N	D	J	F	M	A	M	J	J	A	S	O	N	D	Gesamt
Meilensteine				Δ SRR			Δ PDR						Δ |1		Δ |2	Δ |3				Δ PT	Δ Δ ATIP	
		1982								1983												
S 1, S 23	Projekt-Management, CM/QA*)	1	1	1	1	1	1	1	1	1	1	1	1	1	1	1	1	1	1	1	1	20
S 2, S 5 S 63	System-Engineering	2.5	3.5	4	5	5	3	3	2.5	2	1	1	1	1	2	2	1	1	1	.5		42
S 3	Programmieren			.5	1	2	4	4.5	5	5.5	8	7.5	7.5	7	4.5	4	3	2	1.5	1		68.5
S 3 A	EDIT						1	1	1	1	2	2	2	1	.5	.5						12
S 3 B	UPDATE						1	1	1	.5	.5	.5	.5	.5								5.5
S 3 C	EQUIP						1	1	1	1	1	.5	.5	.5								6.5
S 3 D	RPTDATA						.5	1	1	1	2	2	2	2	1	.5						13
S 3 E	REPORTS						.5	.5	.5	.5	1	1	.5	.5	.5	.5						6
S 3 F	MISC								.5	.5	.5	.5	1	1	.5	.5						5
S 33	Integration									1	1	1	1	1.5	2	2						9.5
S 4	Qualitätskontrolle	.5	.5	.5	1	1	1	.5	.5	.5	.5	1	1	1	2	2	3	3	3	1.5		24
S 6	Implementierung																	**)		1.5	3	4.5
S	Insgesamt	4	5	6	8	9	9	9	9	9	10.5	10.5	10.5	10	9.5	9	8	7	6.5	5.5	4	159
	Computer-Kosten ($K)		1	1	1	1	2	2	3	4	5	6	7	7	7	8	9	9	9	9	10	101

Bemerkungen:
*) CM/QA-Verwaltungsarbeiten, welche von der Sekretärin des Projektmanagers wahrgenommen werden.
**) Schulungs-Aktivitäten, welche ein Teil des System-Engineering sind.

Monat-Schätzungen noch im Personalplan enthalten ist (bei PPI wird das Sekretariat den Projekten über die Gemeinkosten belastet), wird ein diesbezüglicher Aktenvermerk in den Personalplan aufgenommen. Mit einer ähnlichen Notiz wird vermerkt, daß die Schulungen von der System-Engineering-Aktivität abgedeckt werden. Auch können Einstellungen von Programmierungspersonal schuld an den Abweichungen von den ursprünglichen WBS-Elementen sein. Es sollte also eine revidierte WBS entwickelt werden, die die Realitäten des detaillierten Personalplanes widerspiegelt.

2. Der Personalplan sollte nicht übertrieben genau sein. Es lohnt sich normalerweise nicht, die Personalstufen mit einer Genauigkeit von mehr als der Hälfte eines FSP angeben zu wollen.

3. In der Regel muß der Personalplan 3 bis 4 mal wiederholt werden, bis er konvergent ist; die Auslastungen müssen geglättet werden, die Gesamtergebnisse des Planes müssen mit den vorhergehenden Schätzungen in Einklang gebracht werden und Aufgaben-Schnittstellen, die nicht dem Standard entsprechen — wie z. B. oben unter Punkt 1 — müssen definiert werden.

4. Der Einsatz einer funktionsorientierten Entwicklung führt bei dem CEMICS-Projekt zu einer sehr gleichmäßigen Verteilung. Dies ist insofern gut, als sie die Höhen und Tiefen der Personalbesetzung eines großen Projektes vermeidet; die Verteilung ist von einer Rayleigh-Verteilung sehr verschieden.

5. Der Einfachheit halber ist die Zeitverteilung der Computer-Kosten zusammen mit der Personalverteilung geschätzt worden. Das Prinzip der funktionsorientierten Entwicklung bei CEMICS führt zu einer Computer-Zeitverteilung, die etwas flacher verläuft als die in Abbildung 31–5 dargestellte Kurve.

6. Der wichtigste Faktor dieses Personalplans dürfte sein, daß er die Projektmanagerin zu der Überlegung veranlaßt, wer die verschiedenen Aufgaben ihres Projektes ausführen soll. Damit kommt ein weiteres realistisches Element bei der Planungsaktivität mit ins Spiel und gibt der Projektmanagerin die Chance, die zukünftigen

Mitarbeiter frühzeitig im Projekt einzusetzen, wodurch diese mehr Einfluß auf die Projektziele gewinnen und sich mit diesen identifizieren können: Dies ist besser, als wenn Mitarbeiter kurzfristig und nachdem die Projektpläne bereits konkret entworfen wurden, eingestellt werden.

Die revidierte WBS

Abbildung 32–19 zeigt die revidierte CEMICS-WBS, die auf dem detaillierten Personalplan in Tabelle 32–6 basiert. Die Zahlen für das WBS-Personalbudget wurden ermittelt, indem die Anzahl an Mann-Monaten des Personalplanes (die Spalte ganz rechts) mit $ 5,5 K pro Mann-Monat multipliziert wurde, mit Ausnahme des Management-Elementes, bei dem $ 6 K pro Mann-Monat eingesetzt wurden. Die Budgets für die Computerzeit blieben dieselben. Nachstehend einige Bemerkungen zu der Abweichung der revidierten WBS-Budgets im einzelnen:

1. Die Änderungen bei den Test- und Auswertungs-Komponenten und den System-Engineering-Komponenten (unter Berücksichtigung der Daten und unter Nichtberücksichtigung des Configuration-Managements und der Qualitätssicherung) sind den Budgetverteilungen der ursprünglichen WBS-Komponente proportional zugeteilt worden. So wurden z. B. aus dem Test- und Auswertungszuwachs mit insgesamt $ 5 K $ 4 K der Qualitätssicherung und $ 1 K der Testplanung zugeschrieben.

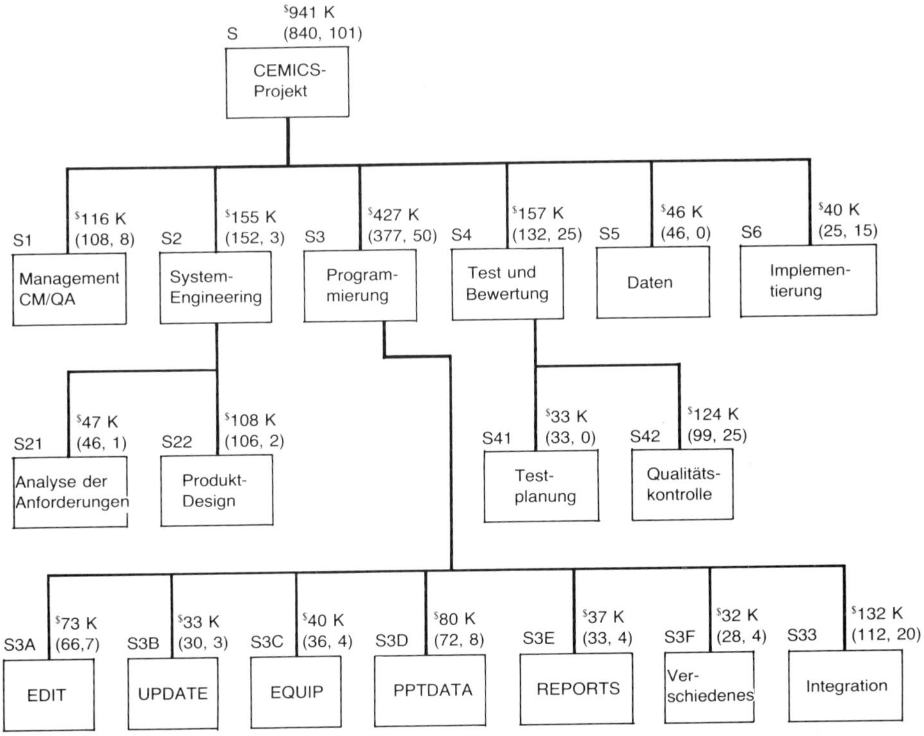

Abb. 32–19: CEMICS — revidierte Arbeitsaufteilungsstruktur

2. Das Budget für die Implementierung wurde reduziert, weil ein Teil von ihm während der Implementierungsphase der Management-Funktion zugeordnet wurde.
3. Das Budget für das Configuration-Management und die Qualitätssicherung wird vom Management-WBS-Element absorbiert. Dies ist ein Beispiel für die Schwierigkeiten beim Nachweis der exakten Kostenfaktoren, die durch die unterschiedlichen organisatorischen Verfahren verursacht werden. Die Sekretärin der Projektmanagerin wird den größten Teil des Configuration-Managements und der Qualitätssicherung verrichten, und ihre Zeit wird nach dem Buchhaltungssystem der PPI Inc. nicht direkt dem Projekt belastet. Es könnten verschiedene spezielle Verfahren entwikkelt werden, wie über die Kosten für das Configuration-Management und die Qualitätssicherung Buch zu führen wäre; jedoch kommen bei jedem Verfahren Ungenauigkeiten vor, die einen solchen Extraaufwand normalerweise nicht wert sind.

Schritt Nr. 4: Die Freigabe der Projektarbeiten (PWA = The Project Work Authorization)

Die Freigabe der Projektarbeiten (PWA) ist ein formeller Vertrag, bei dem ein Projektmanager einen festgelegten Geldbetrag (und vielleicht andere Ressourcen) einer beauftragten Organisation zur Verfügung stellt, um von dieser bestimmte Dienstleistungen, die in der PWA spezifiziert sind, als Gegenleistung zu erhalten. Dies ist ein effizientes Werkzeug, mit dem für jede Projektgruppe die Verfügbarkeit von Geldmitteln gemäß ihrer Leistungsverantwortung festgesetzt wird. Auch ist die PWA eine effiziente Maßnahme, um die Verpflichtung einer jeden Projektgruppe auf bestimmte Projektziele im Einklang mit den Gesamtzielen des Projektes festzulegen.

Abbildung 32–20 zeigt ein Beispiel einer PWA, die von der CEMICS-Projektmanagerin Maria Marcos genehmigt und vom Teamleiter der CEMICS-Programmierung Fred Fox abgezeichnet wurde. Die meisten der Eintragungen im PWA erklären sich von selbst; weitere Kommentare zu einigen der besonders bedeutsamen Eigenschaften des PWA finden Sie nachstehend.

1. Wenn die Projektpläne und -spezifikationen ausreichend dokumentiert sind, erfordert die Erstellung eines PWA kaum zusätzliche Dokumentation, da die Aufgaben, die Produkte, die Vorgaben usw. unter Bezugnahme auf bereits bestehende Dokumente definiert werden können.
2. Der beste Zeitpunkt, ein PWA zu definieren und auszuhandeln, ist während des Zeitraumes zwischen dem ersten Entwurf der Aufgabendefinition und der endgültigen Festlegung der Aufgabendefinition; dies ermöglicht es dem Mitarbeiter, an der Definition der Parameter der anstehenden Aufgabe mitzuwirken und verleiht der Realisierbarkeit des spezifizierten Produktes im Rahmen des genehmigten Budgets eine zusätzliche Wahrscheinlichkeit. Bei dem in Abbildung 32–20 dargestellten CEMICS-Beispiel ist die PWA während der 2. September-Hälfte 1982 in den zwei Wochen vor dem Produktentwurfs-Review (PDR) und der Einführung der Programmierungsaktivität definiert und besprochen worden.
3. Mit der PWA werden sowohl die hauptsächlichen Meilensteine des Terminplanes als auch die genehmigten Gelder und die zu leistende Arbeit bestimmt.
4. Die PWA befaßt sich nicht zu sehr mit den Einzelheiten der Zuteilung der Gelder auf die individuellen Aufgaben-Elemente. Der Teamleiter der Programmierung soll über die PWA nicht jedesmal aufs neue verhandeln müssen, wenn die Ressourcen zwischen den verschiedenen Aufgabengebieten neu aufgeteilt werden.

PROJEKT-NAME	Projekt-Nr.	PWA-Aussteller	Ursprüngliches Datum
CEMICS	B 142	J. P. Jones	15. 9. 84
PWA-Titel CEMICS-Programmierung	PWA-Nr. B 142-022	Gesamtkosten $ 427 000	Personalkosten $ 377 000

Referenzen: 1. Dokument B142-D002. CEMICS-Anforderungen und Design-Spezifikation, 10. 9. 82 2. Dokument B142-D005A. CEMICS-Projektplan, Revision A, 1. Sept. 1982

WBS Element	Kosten	Fällig am	Arbeitsbeschreibung
S3	$ 427 000		• Detailliertes Design, Programmierung, Integration und As-built-Dokumentation der CEMICS-Software, angegeben in Referenz 1, ist Gegenstand der in Referenz 2 spezifizierten Bedingungen
		1. 4. 83	— komplette Integration von Inkrement 1
		1. 6. 83	— komplette Integration von Inkrement 2
		1. 8. 83	— komplette Integration von Inkrement 3
		1. 11. 83	— komplette As-built-Dokumentation
			• Behebung der Fehler im Produkttest und Übernahmetest

Revision-Nr. Datum	Hauptänderungen

Genehmigt von:	ORG	Datum	Abgezeichnet von	ORG	Datum
Maria Marcos	MSD	22. 9. 82	Fred Fox	BSD	24. 9. 82

Abb. 32–20: Freigabe der Projekt-Aktivitäten (PWA) für die CEMICS-Programmierung

5. Die PWA enthält jedoch ein Kapitel zur leichteren Definition der schrittweisen Änderungen der PWA, weil diese relativ häufig vorkommen.

Schritt Nr. 5: Das zusammenfassende Aufgabenplanungsblatt (STPS = The Summary Task Planning Sheet)

Das zusammenfassende Aufgabenplanungsblatt (STPS) ist im einzelnen in Abschnitt 32.5 besprochen worden, wo wir Ihnen ein STPS-Muster für die EDIT-, UPDATE- und EQUIP-Programmierungsaufgaben von CEMICS in Abbildung 32–14 zeigten (letztere wird hier der Einfachheit halber als Abbildung 32–21 wiederholt). Die STPS stellen die folgenden weiteren Projekt-Planungs- und Kontroll-Eigenschaften zur Verfügung:

- Detaillierte Gantt-Diagramme für die individuellen Projektaufgaben;

1 von 3

① Projekt-Nr. B142 ② Projekt: CEMICS ③ Komponente: Programmierung ④ Datum 1. 1. 83

⑤ WBS-Element: S3A, S3B, S3C ⑥ Verantwortliche Organisation BSD ⑦ Manager: F. Fox ⑧ PWA-Nr. B142-022

⑨ Aufgaben-Nr.	⑩ WBS-Element	⑪ Aufgabenbeschreibung	⑫ EV Art	⑬ Jahr / Monat	O (1982)	N	D	J (1983)	F	M	A	M	J	J	A	S	O	N	D	⑭ Realisierter Wert: Gesamt	⑮ Realisierter Wert: bis heute	⑯ Realisierter Wert: WBS bis heute	⑰ Ausgaben
1	S3A	EDIT-Programmierung Inkr. 1	MS		▲	▲ 2 D	▲ 1 C	△ 2 T			△ 2 I									7.0	3.0		
2	S3A	EDIT-Programmierung Inkr. 2	MS				▲	▲ 6 D		△ 5 C	△ 5 T		△ 6 I							22.0	6.0		
3	S3A	EDIT-Programmierung Inkr. 3	MS						△		△ 12 D	△ 10 C	△ 10 T		△ 12 I					44.0	0.0	9.0	13.1
4	S3B	UPDATE-Programmierung, Inkr. 1	MS		▲	▲ 6 D		▲ 5 C	▲ 5 T		△ 6 I									22.0	16.0		
5	S3B	UPDATE-Programmierung, Inkr. 2	MS				▲		▲ 3 D	△ 2 C	△ 3 T		△ 3 I							11.0	3.0	19.0	16.2
6	S3C	EQUIP-Programmierung, Inkr. 1	MS		▲	▲ 5 D	▲ 5 C	▲ 5 T			△ 5 I									20.0	15.0		
7	S3C	EQUIP-Programmierung, Inkr. 2	MS				▲		△ 5 D	△ 4 C	△ 5 T		△ 6 I							20.0	0.0	15.0	20.3
8																							
9																							
Gesamt		⑱ Realisierte Werte			13.0	11.0	19.0													146.0		43.0	
		⑲ Ausgaben			14.8	12.2	17.6																49.6
																				⑳		㉑	㉒

Abb. 32–21: Zusammenfassendes Aufgabenplanungsblatt: CEMICS-Programmierung

- Aufteilungen des realisierten Wertes für die individuellen Aufgaben-Meilensteine, die als Grundlage für eine kontinuierliche Einschätzung des von einem Projekt realisierten Wertes im Vergleich zu seinen Ausgaben dienen sollen;
- Verfolgen des Meilensteines und des realisierten Wertes bei jeder Projektaufgabe.

Die in Abschnitt 32.5 besprochenen STPS und das System des realisierten Wertes bilden die Brücke zwischen den Kostenverfolgungs-Methoden und den Methoden für die Überwachung des Personaleinsatzes, die vom WBS (siehe hierzu Schritt Nr. 1, oben) und vom Personalplan (Schritt Nr. 3), von den den Fortschritt kontrollierenden Methoden im PERT-Diagramm (Schritt Nr. 2) und der MODUL-Entwicklungsunterlage (Schritt Nr. 6, siehe unten) erstellt wurden. Die PWA (Schritt Nr. 4) weist auch die zuständigen Stellen für eine korrigierende Maßnahme für den Fall auf, daß die Überwachungssysteme Probleme aufzeigen sollten.

Schritt Nr. 6: Die Zeitkarte und die Modulentwicklungsunterlage

Sobald die Arbeit an dem Projekt beginnt, benötigen wir zwei grundlegende Überwachungselemente: das eine, um die Ausgaben zu kontrollieren, das andere, um dem Fortschritt auf der Spur zu bleiben. Die erste Methode, die gewöhnlich mittels einer Zeitkarte oder ähnlichem durchgeführt wird, hält fest, wieviel Zeit eines Projektmitarbeiters den verschiedenen WBS-Elementen eines Projektes gewidmet wurde, wobei jedes Element von einer Accounting-System-Jobnummer identifiziert wird. (Ähnliche Instrumente, wie z. B. Bestellungen, decken Ausgaben bei anderen Ressourcen ab.)

Abbildung 32–22 zeigt das Muster einer CEMICS-Zeitkarte von Bill Jones, dem Organisations-Programmierer des EDIT-Programmes. Die Zeitkarte zeigt, daß Bill insgesamt 34 Stunden während der Woche mit Job Nr. (JN) B 14204 verbrachte, was auf dem Gesamtbericht des realisierten Wertes (Abbildung 32–15) als JN für die Programmierung des EDIT-Programmes (Element S3A der Struktur der Arbeitsaufgliederung) verzeichnet worden ist. Bill belastete JN B 14206 mit weiteren 4 Stunden für seine Arbeit bei der Code-Inspection des EQUIP-Programmes und weitere 4

Angestellter: W. P. Jones — Abtlg.: BSD — Woche bis 3. 12. 82

Job.Nr.	Samstag	Sonntag	Montag	Dienstag	Mittwoch	Donnerstag	Freitag	Gesamt	Kommentare
B14204			6	10	4	6	8	34	
B14206					4			4	
TRNG						4		4	
Gesamt			6	10	8	10	8	42	

Unterschrift des Mitarbeiters: Bill Jones — Vorgesetzter: Fred Fox

Abb. 32–22: Zeitkarte bei einem CEMICS-Projekt

Stunden für die Schulungs(TRNG)-JN für die Zeit, die er bei einem PPI-Schulungskurs über fortgeschrittene DBMS-Methoden verbrachte.

Die Information auf der Zeitkarte jedes Angestellten wird dann in ein Computer-Accounting-System eingegeben, das danach zusammenfassende Berichte erstellen kann über

- die Zahl der Mann-Stunden, die für jede Aufgabe geleistet wurden;
- die Höhe in Dollar, die der entsprechenden Aufgabe belastet wurde;
- die verschiedenen kumulativen und Gesamtbeträge je nach Phase, Aktivität und Produkt-Komponente;
- die Vergleiche der tatsächlichen Ausgaben mit den zugeteilten Budgets.

Diese werden nachstehend vom Personalauslastungs-Diagramm (Schritt Nr. 7), von der Zusammenfassung der Projektausgaben (Schritt Nr. 8) und von dem Budget-Diagramm der Terminplan-Meilensteine (Schritt Nr. 9) illustriert.

Die Modulentwicklungsunterlage (UDF = The Unit Development Folder).

So wie die Zeitkarte die Ausgabenstufen der verschiedenen Projektaufgaben registriert, registriert die Modulentwicklungsunterlage (UDF) die der Fortschrittsstufen bei der Erfüllung der Aufgaben. Das UDF wurde im einzelnen in Abschnitt 32.4 besprochen, wo das Muster eines UDF-Deckblattes für die Programmierung der Stufe 1 des EDIT-Programmes als Abbildung 32–13 dargestellt war, die wir hier der Einfachheit halber als Abbildung 32–23 wiederholen.

Sie zeigt, daß die 34 Stunden, die Bill Jones in der mit dem 3. Dezember 1982 endenden Woche für das EDIT-Programm verwendete, unter anderem die Fertigstellung des

Modul: EDIT (Inkrement 1) Sachbearbeiter: W. P. Jones
Inklusive Routinen: EDIN, EDSCAN, EDTAS, EDADD, EDDEL, EDMOND, EDERR

	Beschreibung		Fällig:	Fertig-stellung:	Erstellt von:	Prüfer
1	Modulanforderungen		1. 10. 82	1. 10. 82	W. P. Jones W.P.J.	R. E. Lee R.E.L.
2	Modul-Design	2a. Vorläufig	1. 10. 82	1. 10. 82	W.P.J.	R.E.L.
		2b. Codierung	1. 11. 82	29. 10. 82	W.P.J.	R.E.L. 1. 11.
		2c. As-Built	1. 4. 83			
3	Testplan		15. 11. 82	18. 11. 82	W.P.J.	R.E.L. 9. 11.
4	Modul-Codierung		1. 12. 82	29. 11. 82	W.P.J.	R.E.L. 2. 12.
5	Testergebnisse		1. 1. 83			
6	Fehlermeldungen					
7	Anmerkungen					
8	Anmerkung des Prüfers					

Abb. 32–23: Deckblatt der Modulentwicklungsunterlage: EDIT-Programm von CEMICS

Modul-Codierungs-Meilensteines für die Stufe 1 des EDIT-Programmes ergab. Die Ausgaben-Information, die sich aus den Zeitkarten und den Projekt-Fortschrittsinformationen aus dem UDF ergibt, ist die Grundlage für das System der Kosten des realisierten Wertes im Vergleich zur Fortschrittsverfolgung (Punkt Nr. 10) für das gesamte Projekt-Management.

Schritt Nr. 7: Das Personalauslastungsdiagramm

Abbildung 32–24 zeigt das Personalauslastungsdiagramm für das CEMICS-Projekt per 1. Januar 1983, wie es aus den CEMICS-Zeitkarten-Daten erarbeitet wurde. Der obere Graph zeigt den Vergleich des veranschlagten und tatsächlichen Personalstandes beim Vollzeit-Software-Personal (FSP); der untere Graph zeigt den kumulativen Vergleich der Budgets mit den aktuellen Gegebenheiten. Aus Abbildung 32–24 ist klar ersichtlich, daß das CEMICS-Projekt anfänglich Personalschwierigkeiten hatte, nach dem Produkt-Entwurfs-Review (1. Oktober 1982) jedoch in der Lage war, relativ früh eine Spitzenbesetzung bei seinem Personalbestand zu erreichen, so daß sich das kumulative Defizit an Mann-Monaten reduzierte.

Das Personalauslastungsdiagramm ist ein guter Wegweiser für die Personalprobleme des gesamten Projektes; es vermittelt aber keine Information über die Auswirkung

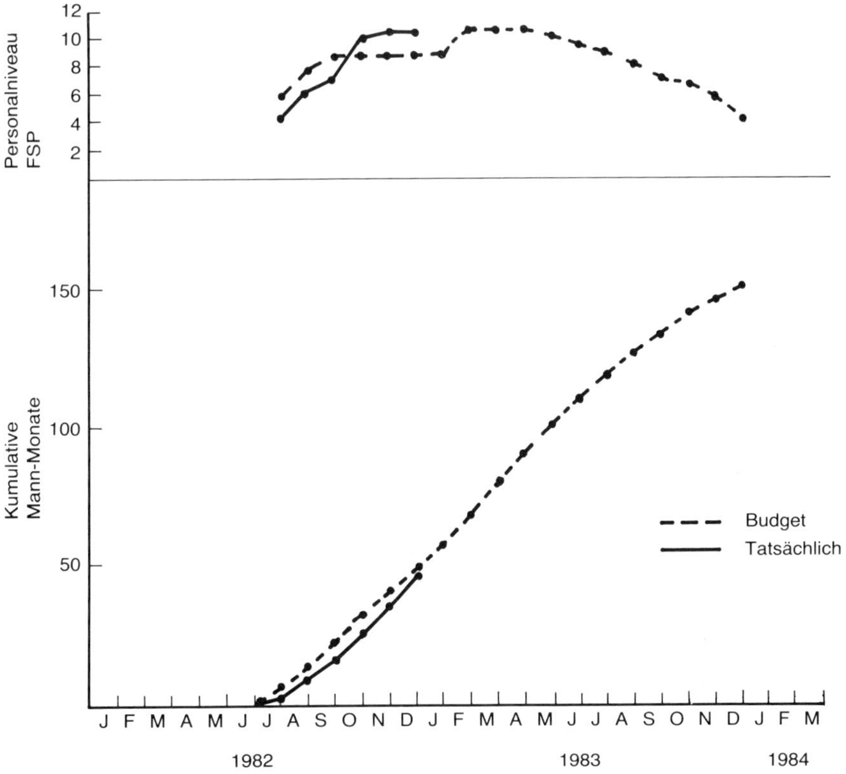

Abb. 32–24: CEMICS-Personalauslastungsdiagramm

dieser Probleme auf den Projekt-Fortschritt oder auf die individuellen Elemente der Aufgaben. Eine solche Information erhalten Sie von den drei nachstehend aufgeführten Elementen.

Schritt Nr. 8: Die Zusammenfassung der Projektausgaben

Unter der Zusammenfassung der Projektausgaben verstehen wir die Art von Berichten, die die Zusammenfassungen von laufenden und kumulativen Projektausgaben beschreiben und die sich auf Ausgaben-Nachweise wie Zeitkarten, Bestellungen, Computerzeitbelastungen usw. stützen. Abbildung 32–25 zeigt das Muster einer Zusammenfassung der Projektausgaben, das für die Managerin der CEMICS-Projekte, Maria Marcos, entwickelt wurde. Für jedes Element der Struktur der Arbeitsaufgliederung im Rahmen des CEMICS-Produktes bietet die Zusammenfassung der Projektausgaben nachfolgende Informationen:

Spalten	Information
1, 2, 3	die WBS-Element-Nummer, die Job-Nummer (JN) und die Bezeichnung des WBS-Elementes
4, 5	die veranschlagten und die tatsächlichen Ausgaben für den vorhergehenden Monat (in diesem Fall für den Dezember 1982)
6, 7	die kumulativen veranschlagten und die tatsächlichen Ausgaben seit Beginn des Projektes
8	die prozentuale Unterschreitung (Minuszeichen) oder die prozentuale Überschreitung des kumulativen Budgets bis heute
9	Angabe zu Unterschreitung bzw. Überschreitung bis heute (*: 20–40%; **: 40–60%; ***: mehr als 60%)
10	das Gesamtbudget für das WBS-Element
11, 12	den Prozentsatz des veranschlagten und per heute ausgegebenen Gesamtbudgets des WBS-Elementes
13	den Prozentsatz des gesamten WBS-Elementes nach einer Unterschreitung (Minuszeichen) oder einer Überschreitung bis heute
14	das Ausnahmekennzeichen über die Gesamtbudget-Unterschreitung/Überschreitung (*: 10–20%; **: 20–30%; ***: mehr als 30%).

Die Bedeutung solcher Berichte für das Management wird ausdrucksvoll unterstrichen durch den Einsatz von den in Spalten 9 und 14 aufgeführten Ausnahmekennzeichnungen, die es dem Manager ermöglichen, die wahrscheinlichsten Ursachen von Störungen direkt zu lokalisieren und sie nicht erst in der Masse der Details, wie sie der zusammenfassende Gesamtbericht liefert, suchen zu müssen.

Die aktuelle Ausnahmekennzeichnung über Unterschreitungen/Überschreitungen (Spalte 9) beleuchtet eher jene WBS-Elemente, die einen zu langsamen oder zu schnellen Start haben. Der MISC-Programmierungsaufwand zum Beispiel weist ein 3-Sterne-Ausnahmekennzeichen in Spalte 9 auf; seine geringfügige Überschreitung in Höhe von $ 28 K verdient jedoch nicht einmal ein 1-Stern-Ausnahmekennzeichen in Spalte 14, das diejenigen WBS-Elemente beleuchtet, die potentielle Probleme bei der Übereinstimmung mit ihren Gesamtbudgets haben. Wenn ein WBS-Element ernsthafte Probleme bei beiden Ausnahmekennzeichen ist, insbesondere bei Überschreitungen, wie z. B. beim Testplanungs-Element, sollte es zum Gegenstand einer Revision durch das Management werden.

Zusammenfassung der Projektausgaben

Projekt: CEMICS | Projekt-Nr. B 142 | Datum: 1. 1. 1983

Budget: $ 941 000 | vom 1. 7. 1982 bis 31. 12. 1983 | Manager: M. Marcos

WBS-Nr.	Job-Nr.	WBS-Element	$K des letzten Monats		$K bis heute				Gesamt-Budget $K	Prozent des Gesamt-Budget			
			Budget	tatsächl.	Budget	tatsächl.	$\frac{A-B}{B}$	E 20		Budget	tatsächl.	Differenz	E 10
S		CEMICS	50.5	61.8	292.0	272.4	− 7		941.0	31	29	− 2	
S1	B14201	Management	6.5	6.2	39.0	37.1	− 5		116.0	34	32	− 2	
S2		System-Engineering	8.0	9.6	111.0	91.7	−17		155.0	72	59	−13	*
S21	B14202	Anforderungen	2.0	2.5	32.0	24.1	−25	*	47.0	68	51	−17	*
S22	B14203	Produkt-Design	6.0	7.1	79.0	67.6	−14		108.0	73	63	−10	*
S3		Programmierung	30.0	34.0	100.0	92.7	− 7		427.0	23	22	− 1	
S3A	B14204	EDIT	6.0	4.8	18.0	13.1	−27	*	73.0	25	18	− 7	
S3B	B14205	UPDATE	6.0	5.7	18.0	16.2	−10		33.0	55	49	− 6	
S3C	B14206	EQUIP	6.0	7.1	18.0	20.3	13		40.0	45	51	6	
S3D	B14207	RPTDATA	6.0	6.0	15.0	12.2	−19		80.0	19	15	− 4	
S3E	B14208	Reports	3.0	4.6	9.0	10.6	18		37.0	24	29	5	
S3F	B14209	Verschiedenes	3.0	5.8	3.0	5.8	93	***	32.0	9	18	9	
S33	B14210	Integration	0.0	0.0	19.0	13.5	−29	*	132.0	14	10	− 4	
S4		Test	3.0	9.6	25.0	37.0	48	**	157.0	16	24	8	
S41	B14211	Testplan	3.0	9.6	16.0	29.7	86	***	33.0	48	90	42	***
S42	B14212	Qualitäts-Kontrolle	0.0	0.0	9.0	7.3	−19		124.0	7	6	− 1	
S5	B14213	Dokumentation	3.0	2.4	16.0	13.9	−13		46.0	35	30	− 5	
S6	B14214	Implementierung	0.0	0.0	0.0	0.0	−		40.0	0	0	0	

Abb. 32–25: Zusammenfassung der CEMICS-Projektausgaben

Das Budget könnte auch überschritten sein, weil die Arbeit schneller vonstatten geht; in diesem Falle bedarf es vielleicht keiner Korrektur. (So ist die Unterschreitung, die mit 2 Sternen gekennzeichnet ist, beim WBS-Element für Anforderungen vielleicht kein Problem mehr, wenn die Arbeit zufriedenstellend, wenn auch mit weniger Aufwand, verrichtet wird.) Der zusammenfassende Bericht über die realisierten Werte, den wir nachstehend als Schritt Nr. 10 besprechen, bietet dem Projektmanager einen Weg, zu bestimmen, ob die laufende Arbeit mit den Ausgaben Schritt hält oder nicht.

Schritt Nr. 9: Das Kosten-Termine-Meilensteine-Diagramm

Abbildung 32–26 zeigt ein Kosten-Termine-Meilensteine-Diagramm für das CEMICS-Projekt. Es zeigt die mit den sechs hauptsächlichen CEMICS-Entwicklungs- und Implementierungs-Meilensteinen assoziierten und geplanten Zeiten und Budgets: die Produktentwurfs-Review (PDR), das Integrationsende der drei CEMICS-Entwicklungsstufen (INT 1, 2, 3), den Software-Übernahme-Review (SAR) und den Computersystem-Übernahme-Review (CSAR). Die Zeitpunkte der Meilenstein-Beendigung ersehen Sie aus dem Projekt-PERT-Diagramm (Schritt Nr. 2, Abbildung 32–18); die assoziierten Budgets können Sie aus den Budget-Inputs ersehen, die für die Zusammenfassung der Projektausgaben (Stufe 8, Abbildung 32–25) vorbereitet werden, und zwar auf der Grundlage der Information des Personalplanes (Stufe Nr. 3, Tabelle 32–6).

Die Information des Kosten-Termine-Meilensteine-Diagramms, wonach das CEMICS-Projekt während der Grobkonzeptphase (Juli — September 1982) zu wenig Mittel ausgegeben hat, war auch aus dem Personalauslastungs-Diagramm (Stufe Nr. 7) und der Zusammenfassung der Projektausgaben des Monates September 1982 ersichtlich. Die zusätzliche Information aus dem Kosten-Termine-Meilensteine-Diagramm sagt aus, daß die Unterschreitung der Ausgaben die erfolgreiche Beendigung der Produktentwurfs-Review nicht verzögerte, daß also die Ausgabe von weniger Mitteln eher eine gute denn eine schlechte Nachricht bedeutet.

Das Kosten-Termine-Meilensteine-Daigramm ist einfach und direkt einzusetzen, aber es deckt nur die hauptsächlichen Gesamt-Projekt-Meilensteine ab, wenn man den Fortschritt mit den Ausgaben vergleicht. Der nachfolgende zusammenfassende Bericht über die realisierten Werte vermittelt mehr und bessere Einblicke sowohl in die individuellen WBS-Elemente als auch in den Überwachungs-Fortschritt im Vergleich zu den Ausgaben zwischen den hauptsächlichen Projekt-Meilensteinen.

Schritt Nr. 10: Der zusammenfassende Bericht über die realisierten Werte

Der zusammenfassende Bericht über die realisierten Werte ist im einzelnen in Abschnitt 32.5 besprochen worden, in dem wir Ihnen einen Musterbericht des CEMICS-Projektes in Abbildung 32–15 gegeben haben; dieser wird hier der Einfachheit halber als Abbildung 32–27 wiederholt. Dieser Bericht bringt eine Zusammenfassung der Details über das Ausmaß, in dem Kosten und Meilensteine erreicht wurden, die vom zusammenfassenden Aufgaben-Planungsblatt (STPS) erstellt wurden, das auch in Abschnitt 32.5 und als Schritt Nr. 5 in diesem Abschnitt besprochen worden ist. Wie die STPSs bildet der zusammenfassende Bericht über die realisierten Werte eine Brücke zwischen den Kostenverfolgungs- und Personaleinsatz-Überwachungsmetho-

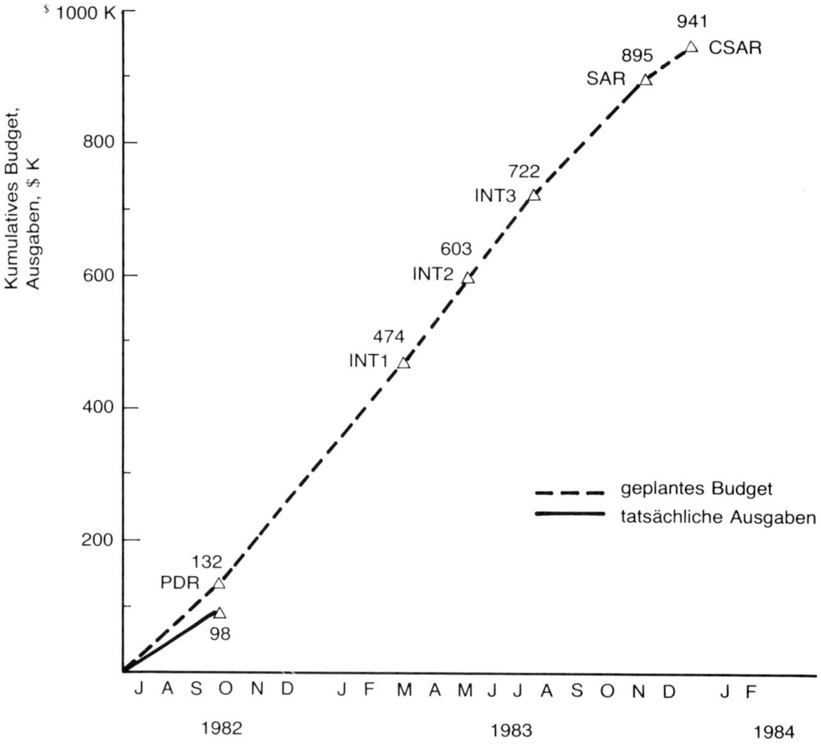

Abb. 32–26: CEMICS-Kosten-Termine-Meilensteine-Diagramm

den, die von der WBS, dem Personalplan, den Zeitkarten, dem Personalauslastungsdiagramm und von der Zusammenfassung der Projektausgaben unterstützt werden; Teil dieser Brücke sind auch die Fortschritts-Verfolgungstechniken, die vom PERT-Diagramm und von der Modulentwicklungsunterlage geliefert wurden.

Der Bericht über den Status der realisierten Werte bietet sowohl einen aktuellen Gesamtmaßstab des Projektstatus als auch einen Ausblick auf die Fertigstellungskosten eines jeden WBS-Elementes. Seine Ausnahmeberichterstattungen (die E 20-Spalte per heute und die Gesamt-E10-Spalte, die mit einem Stern versehen sind) signalisieren dem Projektmanager diejenigen WBS-Elemente, die am meisten der Aufmerksamkeit des Managements bedürfen. Das kritischste Problem in Abbildung 32–27, das Sie unter „Gesamtbericht des realisierten Wertes" finden, ist das WBS-Element der Testplanung, das 90% seines Budgets ausgegeben und nur 30% seines realisierten Wertes akkumuliert hat; es weist nämlich einen mit drei Sternen versehenen Überschreitungsbetrag sowohl in der E 20-Spalte bis heute als auch in der Gesamt-E10-Spalte aus.

Zusammenfassender Bericht über den realisierten Wert

Projekt: CEMICS — Projekt-Nr. B 142 — Datum: 1. 1. 1983

Budget: $ 941 000 — vom 1. 7. 1982 bis 31. 12. 1983 — Manager: M. Marcos

WBS-Nr.	Job-Nr.	WBS-Element	EV-Art	$K des letzten Monats: geschätzt	$K des letzten Monats: tatsächl.	$K bis heute: EV	$K bis heute: tatsächl.	$K bis heute: (A−E)/E	$K bis heute: E 20	Gesamt EV$K	Prozent der Gesamtschätzung: EV	Prozent der Gesamtschätzung: tatsächl.	Prozent der Gesamtschätzung: Differenz	Prozent der Gesamtschätzung: E 10
S		CEMICS		51.2	61.8	269.0	272.4	1		941.0	29	29	0	
S1	B14201	Management	LM	6.2	6.2	38.5	37.1	− 4		116.0	33	32	− 1	
S2		System Engineering		9.6	9.6	107.7	91.7	−15		155.0	69	59	−10	*
S21	B14202	Anforderungen	LM	2.5	2.5	32.4	24.1	−26	*	47.0	69	51	−18	*
S22	B14203	Produkt-Design	LM	7.1	7.1	75.3	67.6	−10		108.0	70	63	− 7	
S3		Programmierung		28.0	34.0	89.0	92.7	4		427.0	21	22	1	
S3A	B14204	EDIT	MS	6.0	4.8	9.0	13.1	46	**	73.0	12	18	6	
S3B	B14205	UPDATE	MS	5.0	5.7	19.0	16.2	−15		33.0	58	49	− 9	
S3C	B14206	EQUIP	MS	6.0	7.1	15.0	20.3	35	*	40.0	38	51	13	*
S3D	B14207	RPT DATA	MS	6.0	6.0	16.0	12.2	−24	*	80.0	20	15	− 5	
S3E	B14208	Reports	MS	3.0	4.6	12.0	10.6	−12		37.0	32	29	− 3	
S3F	B14209	Verschiedenes	MS	2.0	5.8	2.0	5.8	190	***	32.0	6	18	12	*
S33	B14210	Integration	MS	0.0	0.0	19.0	13.5	−29	*	132.0	14	10	− 4	
S4		Test		5.0	9.6	19.0	37.0	95	***	157.0	12	24	12	*
S41	B14211	Testplan	MS	5.0	9.6	10.0	29.7	197	***	33.0	30	90	60	***
S42	B14212	Qualitäts-Kontrolle	MS	0.0	0.0	9.0	7.3	−19		124.0	7	6	− 1	
S5	B14213	Dokumentation	LM	2.4	2.4	14.8	13.9	− 6		46.0	32	30	− 2	
S6	B14214	Implementierung	LM	0.0	0.0	0.0	0.0	–		40.0	0	0	0	

Abb. 32–27: Zusammenfassender Bericht über die realisierten Werte beim CEMICS-Projekt

Als die Projektmanagerin Maria Marcos der Ursache dieses Problems nachging, stellte sich heraus, daß das Team der Qualitätskontrolle zwei verfügbare Programmierer eingesetzt hatte, um die Testdriver zu schreiben; ihr Design dieser Testdriver war aber weit ausführlicher, als es für das Projekt erforderlich war. Daneben verbrachten die beiden Programmierer noch immer die Hälfte ihrer Zeit mit der Arbeit an ihrem vorherigen Projekt, obwohl sie für das neue Projekt ihre volle Arbeitszeit in Rechnung stellten. Durch eine Schnelldiagnose der Probleme, durch die Vereinfachung der Testdriver-Ziele und durch Verhandlungen mit dem Manager des anderen Projektes über die zeitliche Belastung war es Maria möglich, diesen Teil ihres Projektes unter

Kontrolle zu bringen, ehe er den Projekterfolg ernstlich in Frage stellen konnte. Bei Projektende hatte die Planungsaktivität etwa $ 10 K zu viel ausgegeben, jedoch konnte dies durch die Unterschreitungen bei der Anforderungsanalyse und der Grobkonzeption wieder ausgeglichen werden. Das Ergebnis war, daß das Projekt seinen Akzeptanztest und die Pilot-Verarbeitungen erfolgreich und ohne ernste Fehler und im Rahmen des Budgets und des Terminplanes beenden konnte.

Natürlich gibt es bei einem Neun-Personen-Projekt normalerweise genug persönliche Kontakte, so daß ein Projektmanager solche Probleme ohne die Hilfe des Systems des realisierten Wertes entdecken kann. Letzteres gewinnt dann an Bedeutung, wenn es sich um große Projekte handelt, bei denen die Manager nicht in der Lage sind, mit jeder einzelnen Aktivität in engem persönlichen Kontakt zu bleiben. Aber sogar bei kleineren Projekten kann das System des realisierten Wertes von Nutzen sein, indem es den Projektmanager in die Lage versetzt, über Ferienzeiten hinweg (wie dies hier der Fall war) oder während Stoßzeiten bei anderen Teilen des Projektes den Fortschritt des Projektes im Auge zu behalten.

32.7 Aufbau einer Softwarekosten-Datenbank

Das oberste Ziel eines Software-Planungs- und Steuerungssystems ist zwar die effektive Unterstützung des Managements; seine Existenz hat jedoch noch einen wichtigen Nebennutzen, der sich auf lange Sicht auf die Fähigkeit der Kostenschätzung einer Organisation auswirkt. Die von den Planungs- und Kontrollaktivitäten während mehrerer Projekte gesammelten Daten können analysiert werden, um zu bestimmen, inwieweit die Verteilung der tatsächlichen Software-Kosten der Organisation von den COCOMO-Schätzungen abweicht; die Unterschiede werden dann bei dem verbesserten Kosten-Schätzungsmodell berücksichtigt, das an die tatsächliche Erfahrung der Organisation angepaßt wird (Abschnitt 29.9 enthält einige der grundlegenden Anpassungsmethoden).

Neben der Sammlung von Daten über die Entwicklung der Projektausgaben und des Projekt-Fortschrittes ist es außerdem wichtig, während der gesamten Entwicklungsphase Daten über die Entwicklung der Kostenfaktor-Merkmale des Projektes sowie über die resultierenden korrigierten COCOMO-Schätzungen zu sammeln. Es ist zweckdienlich, das COCOMO-Modell an jedem wichtigen Projekt-Meilenstein neu durchzurechnen (und natürlich auch bei jeder Revision der Produktanforderungen, die Budget- und Terminplan-Konsequenzen haben), wobei Schätzungen von Komponentengrößen und Kostenfaktor-Merkmalmaßstäben eingesetzt werden sollen, nachdem sie entsprechend aktualisiert wurden. Die Organisation kann mit dieser Information auch die typischen Tendenzen des geschätzten Wachstums von Software-Produktgröße und -komplexität usw. während des Lifecycle des Produktes feststellen.

Daten, die auf diese Weise gesammelt worden sind, haben noch mehr Gewicht, wenn sie zum Zwecke einer effektiven Abfrage und Analyse in einer Datenbank organisiert werden und wenn einer dafür bestimmten Person die Verantwortung übertragen wird, sie als eine organisatorische Ressource zu managen. Der von uns empfohlene Ansatz wäre, daß die Verantwortung für die Kostendatenbank mit der Verantwortung kombiniert wird, der Organisation die Software-Kostenanalyse und die Möglichkeit von Produktivitätsverbesserungen zur Verfügung zu stellen; siehe hierzu Abschnitt 33.8.

Die Formulare und weitere Richtlinien, wie eine solche Softwarekosten-Datensammlung vonstatten geht, werden in Anhang A besprochen.

32.8 Zusammenfassung über die Software-Planung und -Kontrolle

1. Die zehn grundlegenden Planungs- und Kontroll-Methoden in diesem Kapitel stellen die wesentlichen Elemente dar, die erforderlich sind, um ein Software-Projekt zu leiten und um eine relativ genaue COCOMO-Kosten- und Terminplan-Schätzung in eine sich selbst erfüllende Vorhersage zu verwandeln. Diese Methoden sind für große Projekte unerläßlich, sind aber auch für kleine Projekte von großem Nutzen. Eines der besten Resultate bei ihrem Einsatz ist das verbesserte Verständnis der Projekt-Interaktionen, das wir dadurch gewinnen, daß wir die Projektpläne durchdenken.
2. Die Methoden, die hier aufgeführt wurden, stellen nur einen kleinen Teil eines breiten Spektrums weiterer nützlicher Planungs- und Kontroll-Methoden dar. Eine Einführung zu anderen Methoden finden Sie bei (Maciariello, 1978).
3. Ein Projektplan ist eine lebende Einheit. Die Planungs- und Kontroll-Methoden müssen deshalb Spielraum lassen für Änderungen der Pläne. Obwohl die Beispiele in diesem Kapitel der Einfachheit halber nicht viele Änderungen vorsahen, sollten Sie die Projektpläne häufig aktualisieren.
4. Die Planungs- und Kontrollmethoden, die wir Ihnen hier gezeigt haben, können und sollten durch den Betriebs- und Wartungsteil des Lifecycle noch eine Erweiterung erfahren. Vor allem ist es wichtig, Methoden zum Nachweis des Nutzens einzusetzen, damit man sich ein Bild machen kann, inwieweit der geschätzte Nutzen tatsächlich realisiert werden konnte.
5. Es besteht die große Versuchung, Planungs- und Kontrollergebnisse, insbesondere solche des Systems des realisierten Wertes, zur Honorierung der Leistung einzusetzen. Wie bei anderen Schematisierungen des zahlenorientierten „Personal-Managements“ wird dies von uns nicht empfohlen. Es könnte dazu führen, daß das System insofern mißbraucht wird, als die Bedeutung der Team-Zusammenarbeit entwertet wird und den Projekt-Verantwortlichkeiten nur noch ein Minimum an Bedeutung belassen wird. Der realisierte Wert und andere Planungs- und Kontroll-Daten vermitteln nämlich einige nützliche Perspektiven, die als Teile der gesamten, vor allem der persönlichen und positiven Einstellung zur Leistung nicht vernachlässigt werden sollten.
6. Manchen von Ihnen mag es scheinen, als ob die hier vorgestellten Planungs- und Kontroll-Methoden auf direktem Wege dazu führen würden, die Software-Arbeit zu standardisieren, aus den Jobs der Software-Mitarbeiter reine Routinearbeit zu machen und die Mitarbeiter auszunutzen, weil man niedrig angesetzte Kostenschätzungen zu sich selbst erfüllenden Vorhersagen verwandeln will. Ich muß leider zugeben, daß dies bei einigen nicht weitsichtig planenden und schwerfälligen Software-Managern der Fall sein kann. Aber ich habe auch beobachten können, wie diese Methoden unter qualifizierten Managern erfolgreich funktioniert haben, die Organisationen mit zufriedenen, kreativen Mitarbeitern bei einer sehr niedrigen Personal-Fluktuationsrate geschaffen haben. Die Software ist immer noch kompliziert und umfangreich genug, daß unsere Versuche, Teile von ihr zu organisieren, immer noch mehr als genügend herausfordernde Jobs für die Praxis übrig lassen.

Kapitel 33

Die Verbesserung der Software-Produktivität

33.1 Einführung

Die Einblicke, die wir bei unserem Versuch, das Problem der Software-Kostenschätzung zu lösen, gewonnen haben, können auch verwendet werden, um das noch kritischere Problem der Verbesserung der Software-Produktivität anzugehen. Das Thema der Verbesserung der Software-Produktivität wird oft und ziemlich irreführenderweise interpretiert als die Einführung moderner Programmiermethoden (MPP = modern programming practices); durch die Implementierung von MPP hält man Produktivitätsverbesserungen von bis zu 50% für möglich. Wir zeigen Ihnen in diesem Kapitel, daß

- für ein effektives Software-Produktivitäts-Verbesserungsprogramm viel mehr als nur die Einführung der MPP erforderlich ist;
- die COCOMO-Kostenfaktoren-Merkmale und -Aufwandsmultiplikatoren ein natürlicher Rahmen sind, mit dem der große Einfluß der Produktivitäts-Verbesserungsfaktoren gemessen und mit dem ihr wahrscheinliches Ergebnis für eine gegebene Installation geschätzt werden kann;
- die meisten Datenverarbeitungs-Einrichtungen ihre Software-Entwicklungs- und Wartungsproduktivität innerhalb von drei bis vier Jahren um 100% steigern können und um weitere 400% in sechs bis acht Jahren.
- Die Software-Produktivität kann durch den gesteigerten Einsatz von bereits entwickelter Software um noch sehr viel mehr als die obigen Faktoren verbessert werden.

Abbildung 33–1 zeigt die Gesamtperspektive des relativen Software-Produktivitätseinflusses, den die verschiedenen COCOMO-Kostenfaktor-Merkmale haben. Sie zeigt den Software-Produktivitätsumfang jedes Merkmals: die Skala zwischen den COCOMO-Gesamtaufwands-Multiplikatoren für den am wenigsten produktiven und den produktivsten Merkmalswert. Wenn also z. B. alle Faktoren gleich sind, wird ein Team von Programmierern und Analytikern des 90. Perzentils ungefähr vier mal so produktiv bei den Sourcebefehlen pro Mann-Monat sein wie ein Team des 15. Perzentils.*)

Diese Produktivitätsbereiche ermöglichen uns, die Gebiete mit hohem Zuwachs zu identifizieren, um die Verbesserungsaktivität bei der Software-Produktivität zu unterstreichen. Da darüber hinaus die COCOMO-Kostenfaktoren-Aufwandsmultiplikatoren einen multiplikativen Charakter haben, wird die Strategie einer integrierten Produktivitätsverbesserung, die die Verbesserung von mehreren Kostenfaktor-Merkmalen mit sich bringt, einen mehrfachen Nutzen erbringen. Dieser synergetische Effekt ist der Schlüssel zu den obengenannten hohen Produktivitätszahlen.

Bedeutung der Software-Produktivitäts-Verbesserung

Der hauptsächliche Grund, warum die Software-Produktivität solch ein kritisches Problem ist, ist der, daß die Nachfrage nach neuer Software schneller steigt als unsere

*) Wir haben hier die Produktivitätsstufen aus der Analytiker-Qualifikation (2,06) und der Programmierer-Qualifikation (2,03) kombiniert, so daß wir zu einer Produktivitätsstufe von 4,18 für die gesamte Personal-/Team-Qualifikation kommen.

Möglichkeiten, sie zu liefern, wenn wir die herkömmlichen Methoden einsetzen. Die gesteigerte Nachfrage nach Software ist zum Großteil auf den in der Wirtschaft herrschenden Druck zurückzuführen, die Produktivität im kommerziellen, technischen und im Dienstleistungssektor mittels Automatisierung zu verbessern.

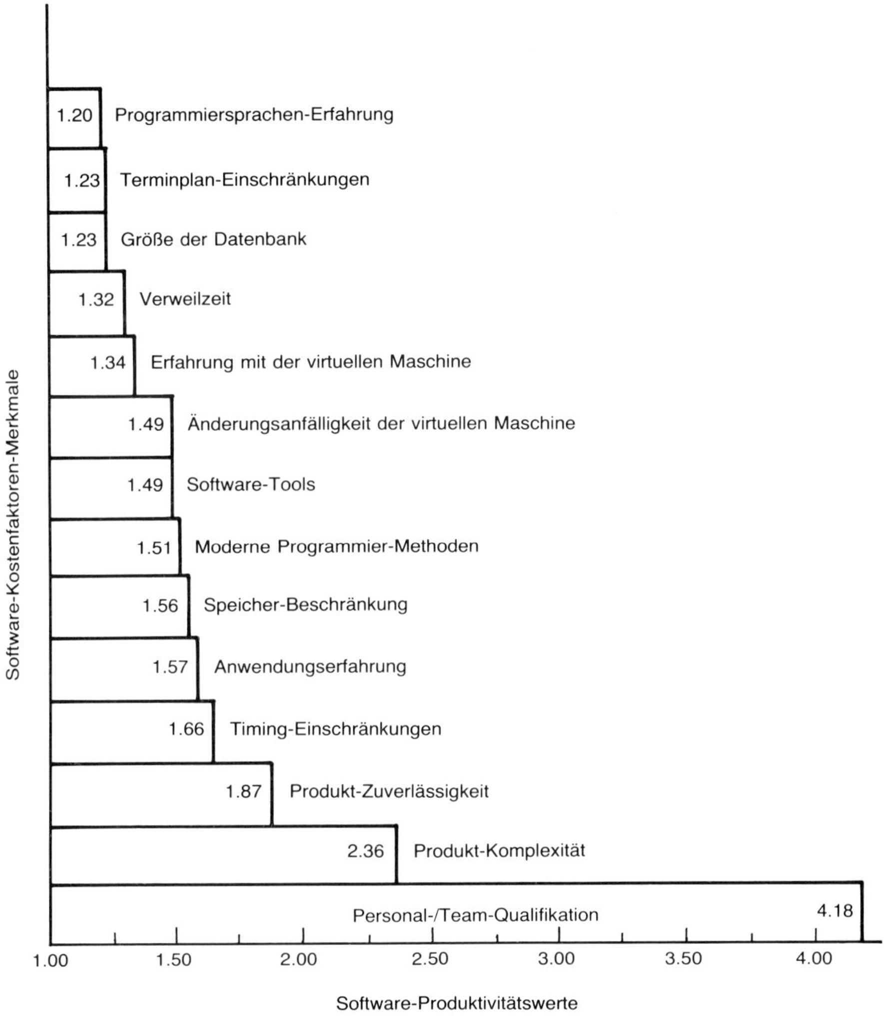

Abb. 33–1: COCOMO-Kostenfaktoren-Produktivitätswerte

Abbildung 32–2 z. B. stellt das Wachstum der Software-Nachfrage in Millionen von generierten Objekt-Befehlen während vier Generationen der bemannten amerikanischen Raumflug-Programme dar; von 1 000 000 Befehlen beim Mercury-Projekt bis zu den 40 000 000 Befehlen bei den Operationen des Space Shuttle (Stokes, 1970; Reifer, 1977).

Die Gründe für diese gesteigerte Nachfrage sind im Prinzip dieselben, denen auch andere Sektoren der Wirtschaft begegnen, wenn sie versuchen, die Produktivität mittels Automatisierung zu verbessern. Die hauptsächlichen Wachstums-Komponenten bei der Software des Space Shuttle waren die Gebiete des Checkout und der Start-Unterstützung, bei denen die NASA (National Aeronautics and Space Administration) viele Funktionen automatisiert hat, um den Einsatz von 20 000 Mitarbeitern zu vermeiden, die sonst für den jeweiligen Start — wie es bei früheren bemannten Raumfahrt-Versuchen der Fall war — benötigt worden wären.

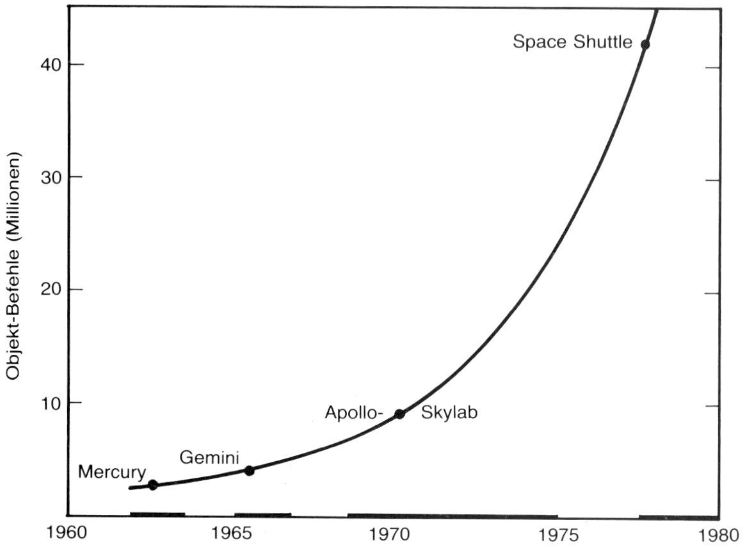

Abb. 33–2: Wachstumsrate bei der Software-Nachfrage

Dadurch wurde eine erhebliche Reduzierung des erforderlichen Personalaufwandes beim Start, aber eine erhebliche Zunahme des Umfanges an erforderlicher Software erzielt.

Die jährliche Wachstumsrate bei der Nachfrage nach neuer Software während der 16 bis 20 Jahre des bemannten Raumflug-Programmes beläuft sich auf 20 bis 26%. Diese Zahlen sind wahrscheinlich beträchtlich höher als die gesamte Wachstumsrate bei der Software-Nachfrage, obgleich die jährliche Wachstumsrate von 24%, die von (Phister, 1979) für die Gesamtzahl von Computern angenommen wurde, eine proportional hohe jährliche Wachstumsrate bei der Nachfrage nach neuer Software nahelegt. (Business Week, 1980) wies darauf hin, daß die Nachfrage nach Programmierern im Jahre 1990 die Zahl von 1 500 000 erreichen könnte, das sind mehr als dreimal so viele Programmierer wie die, die 1980 in den USA arbeiteten. Dies entspricht einem jährlichen Wachstum in der Nachfrage nach Software-Personal von 12%.

Der derzeitige Überhang in der Nachfrage im Vergleich zum zur Verfügung stehenden Software-Personal weist auf jeden Fall darauf hin, daß die Wachstumsrate unserer Möglichkeiten, neue Software zu liefern, mit der Nachfrage nicht Schritt hält. Die augenblickliche jährliche Wachstumsrate beim Software-Personal wird allgemein auf etwa 3 bis 4% geschätzt (Dolotta und andere, 1976; Morrisey-Wu, 1979), obgleich die Schätzungen von (Phister, 1979) auf eine Zuwachsrate von eher 13 bis 14% hinweisen. Die jährliche Wachstumsrate bei der Software-Produktivität bei neuen Objekt-Befehlen pro Mann-Monat lagen in den Sechziger Jahren bei durchschnittlich etwa 8–9% (Boehm, 1973), was hauptsächlich auf den Übergang von der Assembler-Sprache zu der Software-Entwicklung in höheren Programmiersprachen zurückzuführen ist. Die Vorhersage in (Boehm, 1973), daß die Wachstumsrate mit 8–9% bis 1985 andauern werde, hat sich jedoch nicht erfüllt; spätere Schätzungen variierten zwischen 3% bei (Dolotta und anderen, 1976) und 5–6% bei (Morrisey-Wu, 1979).

Beziehung zur Software-Kostenschätzung

Wenn die Fähigkeit der Software-Kostenschätzung stark ausgeprägt ist, haben Sie die beiden wichtigsten Schlüsselfunktionen für die Verbesserung der Software-Produktivität geschaffen. Die von uns im vorhergehenden Kapitel besprochene bessere Basis für die Management-Planung und -Kontrolle von Software-Projekten beinhaltet eine der beiden Schlüsselfunktionen. Die andere, die wir im einzelnen in diesem Kapitel abhandeln werden, ist, daß viele der Software-Kostenfaktoren-Merkmale *Kontrollvariablen* sind; im übertragenen Sinne sind sie Regelknöpfe, die in Positionen gebracht werden können, die die Software-Produktivität verbessern. Es ist offensichtlich, daß einige Kostenfaktoren-Merkmale wie der zu entwickelnde Software-Typ, unkontrollierbar sind; die meisten Kostenfaktoren sind jedoch wenigstens teilweise auf eine Weise kontrollierbar, die die Software-Produktivität erhöht.

So ist z. B. sogar die Größe der zu entwickelnden Software eine wichtige Kontrollvariable, mit der beeindruckende Einsparungen bei den Software-Kosten erzielt werden können, indem Alternativen gewählt werden, die die Zahl der zu entwickelnden Befehle reduzieren, oder durch die in einigen Fällen die Notwendigkeit entfällt, überhaupt Software zu entwickeln. Wir könnten uns z. B. statt dessen dafür entscheiden, ein Software-Produkt zu kaufen oder eine Reihe bereits bestehender Software-Routinen oder Subsysteme in unser Software-Produkt zu integrieren.

Wenn wir auf diese Weise verfahren, liefern wir zwar die erforderlichen Software-Funktionen, schaffen aber nicht sehr viele neue Software-Befehle. Auch hier müssen wir wieder die Perspektiven unserer Software-Produktivität vor Augen haben; die Produktion von sehr vielen neuen, auszuführenden Source-Befehlen pro Mann-Monat kann unter dem Aspekt der erforderlichen Software-Funktionen pro Mann-Monat sehr viel weniger produktiv sein als die Alternative, ein Software-Produkt zu kaufen, das bereits die erforderlichen Funktionen enthält.*) Andererseits können wir die Zahl ausführbarer Source-Befehle eines gekauften Software-Produktes nicht einfach als einen Produktivitäts-Index verwenden; wir werden — dies steht fest — oft feststellen müssen, daß viele der in einem Software-Produkt enthaltenen Funktionen für unsere eigene Anwendung gar nicht notwendig sind.

Entwicklung im Vergleich zur Produktivität des Lifecycle

Eine andere wertvolle Perspektive der Software-Produktivität, die mit der Software-Kostenschätzungs-Technik ermöglicht wird, ist die Unterscheidung zwischen der

*) Es wäre für die Software-Branche von großem Nutzen, wenn wir anstelle der auszuführenden Source-Befehle ein Software-Produktivitätsmaß nach gewünschten Produktfunktionen entwickeln könnten. Aus den in den Abschnitten 28.3 und 21.4 besprochenen Gründen war dies in der Vergangenheit nicht möglich und wird auch in Zukunft nur schwer zu bewerkstelligen sein.

Software-Entwicklungs-Produktivität und der Software-Lifecycle-Produktivität. Die Beziehungen zwischen niedrigeren Entwicklungskosten und niedrigeren Lifecycle-Kosten werden durch die modernen Programmiermethoden und die erforderliche Zuverlässigkeit der Kosten-Schätzungs-Beziehungen für die Software-Entwicklung und -wartung charakterisiert. Diese betonen die Senkung der Wartungskosten, die durch eine besser strukturierte und dokumentierte Software und durch die Verfahren der Programm-Unterstützungsbibliothek ermöglicht wird, sowie durch Hilfsmittel, die auf Zuverlässigkeit ausgerichtet sind, wie z. B. Diagnostik-Systeme, Umgebungs-Simulatoren und Testdaten-Management-Systeme. Auch wenn einige dieser zuletzt genannten Schritte die Entwicklungskosten erhöhen, werden sie sich durch reduzierte Wartungskosten auszahlen, insbesondere bei Software-Produkten mit längerer Lebensdauer.

Software-Produktivität und human-ökonomische Aspekte

Bei der Verbesserung der Software-Produktivität dürfen wir eine weitere Perspektive nicht außer acht lassen, nämlich die, daß unsere Interessen an dem Lebenszyklus des Software-*Produktes* abgewogen werden müssen gegen unsere Interessen an dem Lifecycle, der das Software-*Personal* betrifft. Wir müssen nämlich das materiell-ökonomische Konzept der Arbeitsleistung als einer Aktivität, die einem Produkt monetären Wert hinzufügt, abwägen gegen human-ökonomische Konzepte der Arbeit als einer Aktivität, die dem Menschen hilft, seine Persönlichkeit zu entwickeln. Wir können es uns nicht leisten, die Software-Entwicklung anhand der von (Kraft, 1977) entwickelten Regieanweisungen in eine Routine-Arbeit zu verwandeln, indem die Software-Jobs in kleine, bedeutungslose Teile zerstückelt werden, oder indem ein Programmierer auf ewig an einen langweiligen Wartungsjob gefesselt wird, wie einst im Mittelalter ein Leibeigener an das Lehenswesen eines feudalen Staates gefesselt war.

Solche Routine-Methoden bei der Organisation von Software-Projekten können dem Anschein nach die Produktivität kurzfristig steigern; sie haben jedoch einen weitaus größeren und negativen Einfluß auf die Produktivität auf lange Sicht. Abgesehen davon, daß sie eine ideenlose Software produzieren, haben solche Methoden zur Folge, daß die Mitarbeiter das Interesse an einer beruflichen Weiterentwicklung verlieren, daß sie jegliches Interesse an den Zielen der Organisation verlieren, daß sie ihre Fähigkeit einbüßen, mit neuen Situationen fertigzuwerden, und außerdem ihr Selbstvertrauen als Software-Engineers verlieren.

Glücklicherweise kollidieren die Ziele einer effektiven Software-Entwicklung und die einer effektiven Software-Entwicklungskarriere nicht unbedingt miteinander. Methoden wie z. B. der in Kapitel 3 beschriebene GOALS-Ansatz zeigen — insbesondere im Hinblick auf den Teil der Zielstruktur des Software-Engineering, der über den gesamten Software-Prozeß hinweg den Human Relations gewidmet ist — Mittel und Wege auf, mit denen wir diese Interessen in unsere Software-Lifecycle-Pläne und -Aktivitäten integrieren können. In Abschnitt 33.6 finden Sie einige spezielle Prinzipien und Richtlinien darüber, wie diese Integration zu bewerkstelligen ist.

Die wichtigsten beeinflußbaren Variablen der Software-Produktivität

Wie wir weiter oben hervorgehoben haben, gehört zu den wichtigsten beeinflußbaren Variablen, die uns für die Verbesserung der Software-Produktivität zur Verfügung stehen, die Zahl der Befehle, die wir nicht entwickeln wollen, entweder weil wir die Entwicklung von weniger nützlichen Teilsystemen verschieben oder weil wir bereits verfügbare Software aus einer der folgenden Quellen einsetzen:

- kommerzielle Software-Pakete,
- Anpassung bereits bestehender In-House-Software,
- Programmgeneratoren (Programm-Bibliotheken, Software-Module, Anwendungsgeneratoren, Programmiersprachen höchster Ordnung, automatisches Programmieren).

Abschnitt 33.2 befaßt sich mit spezifischen Betrachtungen über den Einsatz von Software-Paketen. Er stellt das Für und Wider der grundsätzlichen Vorteile und Schwierigkeiten bei der Verwendung von Software-Paketen vor. Des weiteren wird hier die Anpassung bestehender In-House-Software als Spezialfall eines bereits intern vorhandenen Software-Paketes erörtert. Ähnlich erörtert Abschnitt 33.3 die Natur und die Betrachtungen über den Einsatz verschiedener Typen von Programm-Generatoren.

Abschnitte 33.4 bis 33.7 befassen sich mit den anderen beeinflußbaren Hauptvariablen zur Verbesserung der Software-Produktivität. Diese Variablen sind nach denselben Richtlinien organisiert, die schon bei der Diskussion der COCOMO-Kostenfaktor-Merkmale in den Kapiteln 24 bis 27 verwendet worden sind.

- Abschnitt 33.4 behandelt die beeinflußbaren Software-Produkt-Merkmale, wie z. B. höhere Programmiersprachen eingesetzt werden und wie die Entwicklung allzu komplexer Software vermieden wird;
- Abschnitt 33.5 behandelt die beeinflußbaren Computer-Merkmale, wie z. B. den Erwerb zusätzlicher Hardware-Kapazität, um die Ausführungszeit und die Hauptspeicher-Anforderungen zu reduzieren;
- Abschnitt 33.6 behandelt die beeinflußbaren Personal-Merkmale, wie die Personalausstattung, die Motivation und das effektive Management;
- Abschnitt 33.7 behandelt die beeinflußbaren Projektmerkmale, wie die langfristigen Verbesserungen der Produktivität, die durch Investitionen in Software-Tools und durch moderne Programmiermethoden erreicht werden.

Abschnitt 33.8 vermittelt Ihnen die Richtlinien, wie Sie die in den Kapiteln 33.2 bis 33.7 enthaltene Information umsetzen können, um sich für die Verbesserung der Software-Produktivität im Rahmen einer gegebenen Organisation eine Strategie zurechtzulegen und zu implementieren. Dieser Abschnitt bespricht zuerst die Methoden und Überlegungen, die erforderlich sind, um eine Software-Produktivitätsstudie zu erstellen; danach stellt er die Richtlinien zur Implementierung der Empfehlungen vor, die mit dieser Studie erarbeitet wurden. Abschnitt 33.9 endet mit einer Reihe abschließender Schlußfolgerungen und Empfehlungen für die Software-Produktivitätsverbesserung und darüber, wie den Produktivitätsverbesserungen die richtige Perspektive erhalten bleibt.

33.2 Nicht zu programmierende Options: Software-Pakete

Eine verbesserte Software-Produktivität unter Verwendung von nicht zu programmierenden Options kann durch die folgenden hauptsächlichen Alternativen erreicht werden:

- durch kommerzielle Software-Pakete,
- durch die Anpassung von bestehender In-House-Software,
- durch Programm-Generatoren.

In diesem Kapitel werden wir die Option des kommerziellen Software-Paketes eingehender besprechen, da seine relativen Vorteile und Schwierigkeiten auch für die anderen Alternativen ziemlich typisch sind. Dieser Abschnitt wird auch die Möglichkeit der Anpassung bestehender Software als einen Spezialfall eines intern verfügbaren Software-Paketes behandeln.

Konzeption von Software-Paketen

Bei Software-Paketen handelt es sich um kommerziell angebotene Produkte, die für eine besondere Skala von Software-Entwicklungs- oder Anpassungs-Problemen die charakteristischen Lösungen enthalten. Da sie für den kommerziellen Verkauf auf einem auf den Wettbewerb eingestellten Markt entwickelt wurden und von einer großen Vielfalt von Anwendern eingesetzt werden, haben ihre Hersteller normalerweise ziemlich viel Aufwand in sie investiert, um sie zu verläßlichen und leicht einsetzbaren Produkten zu machen.

Die Software-Pakete sind für eine große Vielfalt von *Einsatz*-Möglichkeiten entwickelt worden; zu diesen gehören die nachfolgenden hauptsächlichen Einsatz-Kategorien:

- Management-Informationssysteme (Gehaltslisten, Hauptbuchhaltung, Personalangelegenheiten);
- Fertigungs-Unterstützungssysteme (Bestandsführungs-, Prozeß- und Fertigungssteuerung, Auftragsbearbeitung);
- Büro-Automation (Textverarbeitung, Korrespondenz, Electronic Mail);
- Utilities (Sortieren, Report-Generieren, Datei-Verarbeitung);
- Software-Tools.

Bei den in Form von Software-Paketen erhältlichen Tools handelt es sich praktisch um die in Abschnitt 27.2 beschriebenen; sie reichen von den grundlegenden Programmierungshilfen (wie Assemblierungsprogramme, Compiler, Debugger) über integrierte Unterstützungs-Konzepte für die „Programmierer-Werkbank" bis zu den Sprachprozessoren für fortgeschrittene Anforderungen und den speziellen Unterstützungssystemen für das Datenbank-Management, die Daten-Kommunikations-Verarbeitung und die Dialog-Verarbeitung.

Die Software-Pakete haben auch eine große Vielfalt an *Formen;* die hauptsächlichsten davon sind:

- kleine, dedizierte Module (z. B. zum Sortieren);
- integrierte Software-Subsysteme (z. B. Datenbank-Management-Systeme, Systeme für die „Programmierer-Werkbank");
- integrierte Hardware-Software-Turn-Key-Anwendungssysteme (z. B. Textverarbeitung, Prozeßsteuerung).

Außerdem sind die Software-Pakete in unterschiedlichsten „Arrangements" erhältlich. Zu diesen gehören die nachstehenden Hauptkategorien:

- Die Art des Software-Paketes oder des Service (Source-Code, Object-Code, Zugriff zum Remote Timesharing-Service);
- die verfügbare Auswahl an Varianten (einzelne Gesamtpakete, Auswahl von Options, zugeschnittene Subsysteme);
- die Auswahl an verfügbaren Services (keine, Programmanpassung, Programmwartung, Schulung, Beratung, Hilfsmittel-Management);
- Anschaffungs-Finanzierung (Kauf, Leasing, Miete, Lizenz, Einmal-Berechnung im Vergleich zur Mehrfach-Berechnung bei Gebrauch auf mehreren Computern, Zahlungsmodalitäten für andere geleistete Services).

Kosten-Nutzen-Überlegungen beim Software-Paket

Es ist offensichtlich, daß der Entwickler eines Software-Paketes von der Überzeugung ausging, daß der Kauf für den Nutzer rentabler sein wird als irgendeine andere Alternative. Der Verkäufer hält oft eine Kosten-Nutzen-Analyse bereit, die beweist, warum der Erwerb eines Software-Paketes dem Anwender einen wesentlichen kosteneffizienten Gewinn bringen wird. Selbst dann, wenn diese Kosten-Nutzen-Analyse nach Absatzgesichtspunkten etwas zurechtgebogen sein sollte, vermittelt sie einen guten Ausgangspunkt für die entscheidenden Überlegungen, ob das Software-Paket gekauft werden soll oder nicht.*)

Einige der hauptsächlichen Vorteile und Schwierigkeiten beim Einsatz kommerzieller Software-Pakete, die man bei der Erstellung einer Kosten-Nutzen-Analyse für ein Software-Paket in Betracht ziehen sollte, sind in Tabelle 33−1 zusammenfassend dargestellt. Jeder Punkt aus dieser Tabelle wird nachstehend eingehender besprochen.

Tab. 33−1: Software-Pakete: Vorteile und Schwierigkeiten

Vorteile	Schwierigkeiten
● Kostenersparnis	● Anwendungs-Inkompatibilitäten
● Frühzeitige Amortisation	● Verzögerungen bei der Beschaffung
● Einsparung beim Personal	● In-House-Fachkenntnisse
● Umfang der Leistungsmerkmale	● In-House-Verbesserungen
● Technologie-Einfluß und Risiko	● Kontrollierbarkeit
● Zuverlässigkeit	
● Anwender-Engineering	
● Dokumentation	
● Schulung	
● Benutzergruppe	

Vorteile von Software-Paketen

Kosteneinsparungen

Die Entwicklung eines kommerziellen Software-Paketes findet nur einmal statt, und seine Entwicklungskosten werden durch die große Anzahl der Anwender amortisiert, und zwar besser, als sie von einer Entwickler-Benutzer-Organisation absorbiert werden können. So weist z. B. (Frank, 1979) darauf hin, daß der Kauf eines typischen großen, kommerziellen Datenbank-Management-Systems ca. $ 100 000 kostet, seine Entwicklung jedoch mehr als $ 1 000 000. Das Mark IV Software-Paket mit 400 KDSI, das von (Frank, 1979) erwähnt wurde, hat bis heute ca. 10 Millionen Dollar gekostet, doch der Grundpreis für dieses System beträgt zur Zeit $ 42 000.

Ein guter Weg, die relativen Kosten für die Entwicklung eines Software-Produktes im Vergleich zum Erwerb eines bereits entwickelten Software-Paketes zu schätzen, ist der Einsatz eines Software-Kostenschätzungsmodells, wie z .B. des COCOMO-Modells. Normalerweise wird ein Verkäufer bereit sein, eine approximative Größeninformation

*) Wenn ein Verkäufer keinerlei Kosten-Nutzen-Analyse für ein Software-Paket anbietet, sollte man wegen seiner möglichen Kosten-Effizienz ernsthafte Bedenken haben.

über die Komponenten seines Software-Paketes zur Verfügung zu stellen. Wir können diese Information dazu verwenden, um Größenschätzungen für die entsprechenden Komponenten, die zur Software-Anwendung gehören sollen, auszuarbeiten; wir können damit die entsprechenden Bewertungsgrößen der Kostenfaktor-Merkmale für jede Komponente errechnen und können eine COCOMO-Software-Entwicklungskosten-Schätzung ableiten und diese mit den Kosten des Paketes des Software-Verkäufers vergleichen.

Frühzeitige Amortisation

Ein Software-Paket kann eingesetzt werden, sobald es gekauft worden ist. Hinsichtlich des praktischen Nutzens für die Anwender-Organisation hat es daher gegenüber der Möglichkeit der In-House-Software-Entwicklung einen beträchtlichen Vorsprung, weil letztere der Organisation während der Entwicklungsphase keinerlei praktischen Nutzen bringt.

Beispiele für die parallele Auswirkung der Kosteneinsparungen und der frühzeitigen Amortisations-Vorteile zeigen Ihnen die Abbildung 33–3 und die Tabelle 33–2, die einen Vergleich bringen zwischen der Entwicklung eines 15 KDSI-Software-Produktes, dessen Einsatz der Organisation einen monatlichen Nutzen von $ 15 K bringt, und dem Kauf eines vergleichbaren Software-Paketes für $ 100 K, dessen Einsatz der Organisation einen monatlichen Nutzen von $ 10 K bringt. Für die In-House-Entwicklung eines 15 KDSI-Produktes können 50 Mann-Monate bzw. $ 300 K (ausgehend von durchschnittlichen Personalkosten von $ 6 K pro Mann-Monat) angesetzt werden; für seine Fertigstellung wären etwa 11 Monate erforderlich. Das bedeutet, daß es lange dauern würde, ehe sich die höhere Nutzenrate des In-House-Produktes bei der Anwender-Organisation als Netto-Nutzen auszahlt und noch länger, ehe der Netto-Nutzen des In-House-Produktes den des gekauften Software-Produktes übersteigt.

Wie Abbildung 33–3 zeigt, erreicht das gekaufte Software-Paket seinen Breakeven-Point (Nutzschwelle) 12 Monate, nachdem die Entscheidung zum Kauf gefallen ist, wobei von einer zweimonatigen Anschaffungsdauer ausgegangen worden ist. Das In-

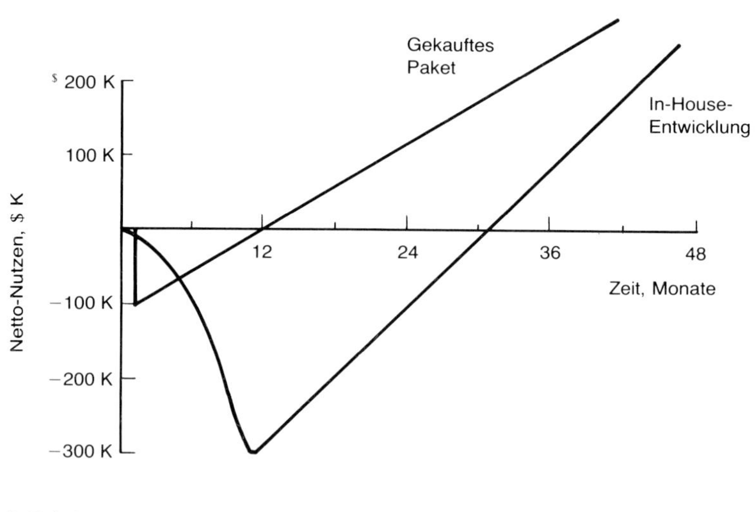

Abb. 33–3: Zeit-Nutzen-Diagramm des Netto-Nutzens bei einem gekauften Paket und bei einem In-House-Paket

Tab. 33–2: Vergleich eines gekauften Paketes und einer In-House-Entwicklung

Faktor	Gekauftes Paket	In-House-Entwicklung
Kosten für den Erwerb	\$ 100 K	\$ 300 K
Für den Einsatz verfügbar nach:	2 Monaten	11 Monaten
Nutzen durch den Einsatz	\$ 10 K/Monat	\$ 15 K/Monat
Nicht diskontierte Kalkulation		
Netto-Nutzen (\$ K) nach M-Monaten	$10(M-2)-100$	$15(M-11)-300$
Breakeven Point (Nutzschwelle)	12 Monate	31 Monate
Schnittpunkt beider Kurven	69 Monate	69 Monate
Kalkulation des augenblicklichen Wertes		
Netto-Nutzen (\$ K) (D=0,99) nach M-Monaten	$\frac{10(1-0{,}99^{M-2})}{0{,}01}-98$	$\frac{15(1-0{,}99^{M-11})}{0{,}01}-286$
Breakeven Point (Nutzschwelle)	12,3 Monate	32 Monate
Schnittpunkt beider Kurven	74 Monate	74 Monate

House-Produkt erreicht seinen Breakeven-Point erst nach 31 Monaten. Es dauert 69 Monate oder beinahe 6 Jahre, ehe der Netto-Nutzen des In-House-Produktes den des gekauften Paketes übersteigt. Wenn dies länger als die nutzbringende Lebensdauer eines Produktes ist — wie dies oft der Fall ist — wäre die Option, der wir hier den Vorrang geben, natürlich das gekaufte Software-Paket.

Wenn wir als Basis für unseren Vergleich von der Kalkulation des Barwertes anstelle von nicht diskontierten Beträgen ausgehen, ist das gekaufte Paket sogar noch konkurrenzfähiger. Die Tabelle 33–2 zeigt auch die Barwert-Kalkulationen für die beiden Alternativen ausgehend von den in Abschnitt 14.2 gezeigten Formeln, wobei wir eine monatliche Diskont-Rate von = 0,99 angesetzt haben, die in etwa einer Zinsrate von 1% pro Monat oder 12% pro Jahr entspricht. Der sich ergebende Schnittpunkt, an welchem der Netto-Barwert des In-House-Produktes den des gekauften Paketes übersteigt, liegt bei 74 Monaten, bei Berechnungen ohne Berücksichtigung der Diskontierung dagegen bei 69 Monaten.

Einsparungen beim Personal

Ein weiterer Vorteil des kommerziellen Software-Paketes besteht darin, daß für seine Entwicklung kein In-House-Personal erforderlich ist. In dem obigen Beispiel werden durchschnittlich vier bis fünf Personen für die Dauer von 11 Monaten frei, um andere von der Organisation benötigte Software-Funktionen zu erledigen. Dieser Vorteil fällt vor allem bei der zunehmenden Zahl von Software-Organisationen ins Gewicht, die in der Tatsache, daß kaum Software-Personal verfügbar ist, einen einschränkenden Faktor bei der Erreichung der organisatorischen Informationsverarbeitungsziele sehen.

Umfang der Leistungsmerkmale

Ein kommerzielles Software-Paket, insbesondere ein ausgereiftes Produkt, das von vielen Organisationen eingesetzt worden ist, wird oft über zusätzliche, unerwartete

Kapazitäten verfügen, die von anderen Organisationen im Zuge der Erweiterung ihrer Verarbeitungsbedürfnisse als nützlich erachtet wurden. Eine Organisation, die das Software-Paket als Erstausstattung erwirbt, kann vielleicht nicht alle diese Eigenschaften sofort einsetzen; mit ihnen stehen jedoch eine Reihe von Wachstums-Options, die auf Erfahrung beruhen, für den Zeitpunkt zur Verfügung, zu dem das Basissystem in den Betrieb der Organisation integriert worden ist.

Einfluß und Risiko der Technologie

Normalerweise wird ein kommerzielles Software-Paket von Menschen entwickelt, die in den für das Produkt erforderlichen Anwendungen und Disziplinen der Computer-Wissenschaft bereits über große Erfahrung verfügen. Die Einkaufsorganisation erwirbt somit ein technologisch hochqualifiziertes Produkt, für das sich firmenintern oft kaum ein Äquivalent entwickeln ließe. Auch besteht immer das Risiko, daß das In-House-Personal, das über weniger Erfahrung verfügt, kein erfolgreiches Produkt entwickeln kann, wogegen das kommerzielle Produkt dieses Risiko bereits überwunden hat. Ein damit zusammenhängender Vorteil ist, daß der Verkäufer des Software-Paketes in der Regel in der Lage ist, beratend zu assistieren und dadurch den In-House-Fortschritt entlang der Lernkurve für ein neues Anwendungsfeld zu beschleunigen.

Zuverlässigkeit, Anwender-Engineering, Dokumentation und Schulung

Im Hinblick auf die Produktqualitäten, insbesondere bei ausgereiften Software-Paketen, profitiert der Käufer, wenn er mit dem Paket arbeitet, ebenfalls von der früheren Erfahrung einer Reihe von Benutzern. Diese Erfahrung vermittelt insofern Vorteile, als Fehler vermieden werden, als das benutzerorientierte Interface des Produktes verbessert wird, seine Dokumentation verbessert und die Effizienz der Anwender-Schulung gesteigert wird. Der Druck des Wettbewerbs veranlaßt die Verkäufer, sogar bei einem neuen Software-Paket einen hohen Qualitätsstandard zu verkaufen.

Benutzergruppe

Ein weiterer bedeutender Vorteil, dem man oft bei sehr komplexen oder anspruchsvollen Software-Paketen begegnet, ist die Existenz einer Benutzergruppe, die es der Organisation erlaubt, einen Vergleich zu ziehen mit den Erfahrungen anderer Organisationen, und zwar darüber, wie das Paket am besten für die Bedürfnisse einer Organisation benutzt werden kann. Daraus ergibt sich zusätzlicher Nutzen in Form von verbesserten Strategien und Methoden für den Einsatz des Paketes durch eine Analyse bestehender oder vorgeschlagener Paket-Erweiterungen, Anwendungen des Paketes auf zusätzlichen Gebieten sowie Einsichten in Themen der allgemeinen Informationsverarbeitung, die mit dem Paket und seinem Einsatz in Zusammenhang stehen.

Schwierigkeiten mit kommerziellen Software-Paketen

Inkompatibilitäten mit der Anwendung

In vielen Fällen wird in das kommerzielle Software-Paket eine Anzahl von Annahmen über die Benutzer eingebaut sein (ihr Ausbildungsniveau, die Motivationsstufe, die Kenntnisse über die Computer-Technologie usw.), Annahmen über die Verarbeitungs-Philosophie der Organisation (ob zentralisiert oder dezentralisiert, autoritär oder tolerant, gewinn- oder service-orientiert usw.) oder Annahmen über die Organisationsstruktur des Benutzers (Projekt-orientiert, qualifikationsbezogen oder Matrix-orientiert). Die Abänderung eines Software-Paketes, um diese Annahmen zu ändern oder auszuschalten, ist normalerweise eine weit größere Arbeit als das Hinzufügen einiger kleinerer Modifikationen. Bei verschiedenen Stichproben sind erfolglose Versuche gemacht worden, das Paket eines Projektmanagement-Informationssystems, das für eine bestimmte Art einer Organisationsstruktur entwickelt worden war, in einer Anwenderkonfiguration einzusetzen, die eine ganz andere Art von Organisationsstruktur hat (z. B. die Anwendung eines Matrix-Management-Informationssystems bei einer projektorientierten Organisation).

Um festzustellen, ob aus der In-House-Unverträglichkeit ein Problem entstehen könnte, wäre der beste Weg, mit den vorherigen oder derzeitigen Benutzern des Paketes, die ähnliche Benutzerprofile wie man selbst haben, Kontakt aufzunehmen und mit ihnen über ihre Erfahrungen zu diskutieren, die sie bei dem Problem der Inkompatibilität gemacht haben.

In anderen Situationen kann die Inkompatibilität vielleicht ganz einfach darin bestehen, daß das Software-Paket ein etwas anders geartetes Anwendungsproblem löst als dasjenige, das wir zu lösen haben. So ist der Erwerb eines strukturierten Analyse-Paketes für den Flugzeugsektor nur dann zur Erstellung einer Strukturanalyse für Brücken eine gute Idee, wenn wir wissen, daß die Algorithmen des Flugzeug-Programmes unserer Art Brücken-Analysen gut entsprechen.

Verzögerungen bei der Beschaffung

Die Tatsache, daß ein Software-Paket sofort nach dem Erwerb für den Einsatz zur Verfügung steht, heißt nicht, daß es auch sofort einsetzbar ist. Viele Organisationen haben lange und schwerfällige Genehmigungs- und Beschaffungsverfahren, zu deren Überbrückung mehr Zeit gebraucht wird, als notwendig wäre, um ein kleines In-House-Produkt zu entwickeln.

In-House-Kenntnisse

Obwohl der Erwerb eines kommerziellen Software-Paketes Mitarbeiter für andere Aufgaben freistellt, bedeutet dies gleichzeitig, daß die In-House-Software-Mitarbeiter die Gelegenheit verlieren, Erfahrung in der Entwicklung des technischen Gebietes zu sammeln, das nun von dem Software-Paket ausgefüllt wird. Oft wird aus einer kurzfristig getroffenen Entscheidung, ein Software-Paket zu kaufen, eine Entscheidung, sich hinsichtlich bestimmter Software-Funktionen langfristig auf externe Unterstützung zu verlassen. Die langfristigen Bedürfnisse einer Organisation im Hinblick auf eine In-House-Lösung auf Gebieten wie dem der Mikroprozessoren, der Prozeßsteuerungssysteme, des computergestützten Konstruierens, der Steuerberechnungen usw. müssen ebenso in Betracht gezogen werden wie der kurzfristig erfaßbare Nutzen aus dem Erwerb des Software-Paketes.

In-House-Verbesserungen, Kontrollierbarkeit

Bei den meisten Software-Produkten ist es unvermeidbar, daß die Benutzer neue oder modifizierte Eigenschaften verlangen, die das Wachstums-Muster oder Veränderungen in ihrer Organisation, die betrieblichen Aufgaben, die technologischen Fähigkeiten, die externe Umgebung usw. widerspiegeln. Wenn ein Verkäufer eines Software-Paketes gebeten wird, solche Verbesserungen vorzunehmen, wird er daran dann relativ stark interessiert sein, wenn er aufgrund der Verbesserungen ein konkurrenzfähigeres Produkt erhält oder wenn er einige nicht ausgelastete Mitarbeiter verfügbar hat.

Andernfalls wird es der Benutzer-Organisation sehr schwer fallen, mit dem Verkäufer akzeptable Preise und einen ordentlichen Terminplan auszuhandeln, innerhalb derer der Verkäufer die gewünschten Verbesserungen durchführt. Die Situation ist noch schwieriger, wenn das Produkt lediglich als ein Block mit Objekt-Codes oder als Timesharing-Service zur Verfügung steht, wobei überhaupt keine In-House-Modifizierungsmöglichkeiten mehr gegeben sind. Auch hier gilt wieder: Der beste Weg, um festzustellen, ob in der Situation ein annehmbarer Grad an Kontrollierbarkeit erreichbar ist, ist derjenige, sich mit den derzeitigen oder früheren Benutzern des Software-Paketes zu beraten.

Nachdem wir die hauptsächlichen Vorteile und Schwierigkeiten von Software-Paketen besprochen haben, wollen wir nun die besonderen Überlegungen zusammenfassen, die entstehen, wenn es um die Entscheidung zwischen Eigenfertigung oder Fremdbezug des Software-Paketes geht.

Software-Pakete: Besondere Überlegungen über die Entscheidung zwischen Eigenfertigung oder Fremdbezug

Bei allen Prinzipien zur Erstellung einer Entscheidungsanalyse über Eigenfertigung oder Fremdbezug handelt es sich um dieselben wie bei der Analyse, mit der wir in Teil III die Entscheidung über Kosten und Nutzen getroffen haben. In Abschnitt 18.1 finden Sie ein Beispiel für eine spezielle Entscheidungsanalyse über Eigenfertigung oder Fremdbezug. An dieser Stelle befassen wir uns mit den grundlegenden und speziellen Überlegungen, die entstehen, wenn wir für ein kommerzielles Software-Paket eine Entscheidungsanalyse bezüglich Eigenfertigung oder Fremdbezug zu treffen haben.

- *Verfügbares In-House-Personal*

  Wenn qualifiziertes In-House-Personal rar ist, ist das Software-Paket attraktiver, als wenn genug qualifiziertes, aber nicht ausgelastetes In-House-Personal verfügbar ist.

- *Organisatorisches Wachstumsmuster*

  Wenn eine Organisation eine große Zahl künftiger Anwendungen bei z. B. der Prozeßsteuerung unter Einsatz von Mikroprozessoren voraussieht, dürfte sie den Fremdbezug anstelle einer In-House-Entwicklung eines Mikroprozessoren-Energie-Management-Paketes für weniger attraktiv halten als eine Organisation, die sich hauptsächlich mit der Verarbeitung von kommerziellen Daten befaßt.

- *Verträglichkeiten mit In-House-Produkten*

  Wenn ein Software-Paket in einer speziellen Programmiersprache entwickelt wird, die z. B. unverträglich ist mit der wichtigsten Programmiersprache der Organisation, wäre das Paket nicht sonderlich attraktiv.

- *Kontrollierbarkeit und Wartungskosten*

  Wenn ein Verkäufer gute Referenzen dafür hat, daß er seine Kunden mit speziell zugeschnittenen Options beliefern kann, wird das Paket attraktiver sein, als wenn dies nicht der Fall wäre.

- *Kundendienst, Ruf und Stabilität*

  Ein Software-Paket wird in dem Maße attraktiver sein, wie der Verkäufer dafür bekannt ist, daß er einen soliden Kundendienst bietet, daß er seine Verpflichtungen einhält und daß man von ihm erwarten kann, daß er auch im kommenden Jahr noch den Service des Paketes durchführen wird.

Anpassung bestehender In-House-Software

Die Anpassung bestehender In-House-Software kann als ein spezieller Fall der Anschaffung eines externen Software-Paketes angesehen werden. Praktisch alle Vorteile bleiben erhalten (Kosteneinsparungen, frühzeitige Amortisation, Personaleinsparungen usw.) und viele Schwierigkeiten verschwinden (Verzögerungen bei der Anlieferung, In-House-Kenntnisse, Kontrollierbarkeit). Die Überlegungen über die Anpassung der Kostenschätzung sind in Abschnitt 8.8 erörtert worden; Abschnitt 31.2 befaßt sich mit der Kostenschätzung für die Umstellung.

33.3 Nicht zu programmierende Options: Generatoren

Bei den Programm-Generatoren handelt es sich um eine andere Art nicht zu programmierender Options für die Verbesserung der Software-Produktivität; Programm-Generatoren sind Systeme für die Konstruktion (oder Hilfen bei der Konstruktion) von Programmen aus schon bestehenden Teilen.

Es gibt mehrere Typen von Programm-Generatoren, wie z. B. Programm-Bibliotheken, Anwendungsgeneratoren und höhere Programmiersprachen bzw. Sprachen der 4. Generation (VHLL). Verglichen mit dem ursprünglichen Einsatz einer absoluten Binär-Codierung für die Programmierung kann man Assembler, Macro-Assembler und die gegenwärtigen höheren Programmiersprachen (HOL) als erfolgreiche erste Schritte bei der Entwicklung von Programm-Generatoren ansehen.

Wir können die HOL-Technologie zur Verdeutlichung der vier wichtigsten Elemente eines Programm-Generators einsetzen:

1. *Eine Gruppe Komponenten.*

   Zu diesen gehören bei HOL: Assemblierte Sprach-Befehle, Call- und Return-Macros und Standardfunktionen wie Quadratwurzel, Ablauf-Verfolger, End of File-Routinen usw.

2. *Eine Gruppe Konventionen für die Überwachung der Komponenten.*

   Zu diesen gehören bei HOL: Die Konventionen für den Einsatz von Registern bei Folgen von Calls und Returns und die Handhabung von Ausnahmebedingungen (negative Quadratwurzeln, Division durch Null usw.).

3. *Eine Programmiersprache, mit der der Benutzer die gewünschten Anwendungen spezifizieren kann.*

   Zu diesen gehören bei HOL: FORTRAN, COBOL, Pascal usw.

4. *Eine Reihe von Funktionen, mit denen Anwenderspezifikationen interpretiert werden können, mit denen eine passende Komponentenreihe konfiguriert werden kann und die das sich hieraus ergebende Programm ausführen.*

   Zu diesen gehören bei HOL: Compiler, Verkettungsprogramme, Lader und Ausführungsmonitoren.

Die wichtigsten Merkmale der Programmgeneratoren finden Sie nachstehend zusammengefaßt; sie sind gegliedert nach ihren besonderen charakteristischen Komponenten, Konventionen für die Überwachung der Komponenten, Benutzersprachen, Interpretationsmöglichkeiten, Konfigurations- und Ausführungs-Eigenschaften.

1. *Software-Teile.*

   Bei diesen handelt es sich zum Großteil um Ausweitungen der Standard-Funktionen, die innerhalb der HOL zur Verfügung stehen. Sie führen elementare

Funktionen auf Gebieten wie Textverarbeitung, Matrix-Vector-Manipulationen, Editieren von Inputs usw. aus, normalerweise in Form einer In-Line-Codierung, die durch eine Erweiterung eines Assemblers oder eines HOL-Kompilierers generiert wurde.

2. *Programm-Bibliotheken.*

   Normalerweise sind dies Ansammlungen von sehr spezifizierten Datenverarbeitungs-Möglichkeiten, wie z. B. der statistischen Analyse, der finanziellen Kalkulationen, der graphischen Display-Darstellung usw. Auch diese können charakteristischerweise als Subroutines oder als externe Verfahren von einem HOL-Programm abgerufen werden.

3. *Anwendungsgeneratoren*

   Diese bestehen normalerweise aus einer Programm-Bibliothek, die in einem vorstrukturierten Kontext auf der Grundlage des Know-how eines speziellen Anwendungsgebietes operiert (Ausgabe-Management, Bestandskontrolle, Flugzeug-Mechaniken usw.). Die von dem speziellen Wissensgebiet auferlegte Struktur erlaubt es den Benutzern, Anwendungsprogramme ganz einfach dadurch zu generieren, daß Options, Sequenzen und Parameter in einer speziellen anwendungsorientierten Sprache spezifiziert werden. Einige besonders effiziente Anwendungsgeneratoren für kommerzielle Anwendungen stehen auf dem Markt zur Verfügung, wie z. B. RAMIS von Mathematica, NOMAD von National CSS (McCracken, 1980), FOCUS von „Information Builders“ und „Application Development Facility“ von IBM.

4. *Sehr hohe Programmiersprachen (Sprachen der 4. Generation)*

   Charakteristischerweise stellen diese eine Kombination aus der Struktur des speziellen Wissensgebietes und der Programmbibliothek des Anwendungsgenerators mit der Leistungsfähigkeit der HOL und deren Compiler dar. Beispiele hierfür sind Simulationssprachen, automatische Test- und Abfrage-Sprachen usw.

5. *Automatisierte Programmierung*

   Dieser Begriff bezeichnet das Optimum der Programm-Generierungsmöglichkeiten, bei dem ein Benutzer zuerst die von ihm gewünschte Informationsverarbeitungsaktivität eines automatisierten Programmsystems spezifiziert, das dann dem Benutzer Fragen stellt, um Unklarheiten zu bereinigen oder Beziehungen zu klären usw., um dann eine Übereinkunft über eine spezielle Programmspezifikation zu erzielen. Das System generiert automatisch ein Programm, das die Spezifikation enthält. Außerhalb der sehr begrenzten Systeme, wie sie eng definierte Anwendungsgeneratoren oder höhere Programmiersprachen darstellen, sind die automatisierten Programmierungssysteme mit dem heutigen Stand der Technik eigentlich noch nicht zu realisieren.

Produktivitätsvorteile der Programmgeneratoren

Der hauptsächliche Produktivitätsvorteil der Programmgeneratoren ist, daß Computer-Anwendungen von beträchtlicher Größe durch den Einsatz einer sehr kleinen Zahl von Direktiven aus der Benutzersprache generiert werden können. Die Entwicklung von Software mit Programmgeneratoren kann sicherlich ein weitaus rentableres Vorhaben sein als die Entwicklung einer Software mit einzelnen Befehlen.*)

---

*) Eine diesbezügliche weitere vorteilhafte Alternative ist die Implementierung von Software-Komponenten in Hardware-Chips. Mehr darüber bei (Boehm, 1980), unter anderem eine Diskussion der potentiellen Möglichkeiten und Einschränkungen dieser Alternative.

Wenn wir so verfahren, ist jedoch die Überlegung ausschlaggebend, ob das generierte Programm Ihr Problem tatsächlich auch lösen wird. Wenn ja, ernten Sie den Nutzen durch die Einsparung von viel Arbeitskraft. Falls nicht, ernten Sie ganz einfach größere Probleme. Nehmen wir als Beispiel an, daß das ursprüngliche Programm, das in der Zeitschriften-Fallstudie in Kapitel 1 beschrieben worden ist, mit einem Programmgenerator entwickelt werden konnte. Dies hätte zwar den Software-Entwicklungsaufwand reduziert, doch als Endergebnis hätten sich trotzdem höhere Betriebskosten, verringerte Zuverlässigkeit und Qualität des Service und sinkende Arbeitsmoral des Personals ergeben. Die Existenz eines Programmgenerators für ein gegebenes Anwendungsgebiet bedeutet also nicht, daß alle unsere Software-Probleme auf diesem Gebiet gelöst sind. Es ist immer noch nötig, weitere Anstrengungen zu unternehmen, indem wir solche Methoden wie eine Kosten-Nutzen-Analyse und den GOALS-Ansatz anwenden, um sicherzugehen, daß unser Programmgenerator das richtige Programm generiert.

Ein klarer Vorteil des Programmgenerators zeigt sich bei der Entwicklung von schnellen Prototypen einer gewünschten Software-Anwendung, wobei unsere Annahmen bezüglich des Systemeinsatzes in der Praxis getestet werden können. Wenn die sich hieraus ergebende Software nicht ganz stimmt, aber im Rahmen des Programmgenerators korrigiert werden kann, erzielen wir immer noch eine bedeutende Einsparung an Personalkosten. Und selbst wenn der Einsatz des Prototyps uns überzeugt, daß wir ein neues Produkt schaffen müssen, hat uns diese Lektion viel weniger gekostet, als wenn wir die Software von Anfang an mit fehlerhaften Annahmen aufgebaut hätten.

Kurzum: Obwohl es nicht ratsam ist, einen Programmgenerator ohne eine vorhergehende Analyse über seine Anwendbarkeit einzusetzen, ist es gleichermaßen nicht ratsam, die Option des Programmgenerators (bzw. des Software-Paketes) mit einer Handbewegung abzutun bzw. mit der Versicherung, daß „unsere Probleme so speziell liegen, daß wir eine individuelle Kunden-Software benötigen". In immer mehr Fällen wird dies nicht zutreffen. Nicht selten wird es uns durch einige wenige, nicht gravierende Kompromisse bei unserer Verarbeitung gelingen, aus einem Programmgenerator-Produkt oder einem Software-Paket die adäquate Lösung für unsere Ansprüche zu entwickeln.

Zum Rapid Prototyping und dem stufenweise entwickelten Design

Mit der Entstehung von Anwendungsgeneratoren, die an einem Daten-Management-System und einem Report-Generierungs-System orientiert sind, entstand ein attraktives Konzept für die Software-Entwicklung; es handelt sich um das Konzept des Rapid Prototyping/stufenweise entwickeltes Design (RP/ED = rapid prototyping/evolutionary design). Das grundlegende RP/ED-Konzept sieht wie folgt aus (McCracken, 1980 a; 1981):

1. Setzen Sie den Anwendungsgenerator ein, um den Rapid Prototype für die Schlüsselfunktionen, die der Benutzer wünscht, zu entwickeln.
2. Lassen Sie den Benutzer den Prototyp ausprobieren und bestimmen, wo er noch verbesserungsbedürftig ist.
3. Setzen Sie den Anwendungsgenerator für die Iteration und Weiterentwicklung des Prototypmodells ein, bis der Benutzer mit den Ergebnissen zufrieden ist.
4. Wenn die Leistung aus dem sich ergebenden System zufriedenstellend ist, etablieren Sie es als das System des Benutzers; fahren Sie fort, es auf dem neuesten Stand zu halten, und warten Sie es mit Hilfe des Anwendungsgenerators. Sollte eine höhere

Leistung erforderlich sein, müssen Sie den Prototyp entweder entsprechend abstimmen oder den Prototyp als eine *de-facto*-Spezifikation für die Entwicklung eines Hochleistungs-Systems einsetzen.

Vorteile des RP/ED-Konzeptes

Der RP/ED-Ansatz ist eine Alternative zur Generierung und Überprüfung schriftlicher Anforderungsspezifikationen und Benutzer-Handbuchentwürfe und gewährleistet, daß ein Software-Produkt den Anforderungen des Benutzers entsprechen wird. Die hauptsächlichen Vorteile des RP/ED-Ansatzes sind die folgenden:

- Durch die Anwendung des Prototyps lassen sich die Benutzeranforderungen weit realistischer nachprüfen, als dies bei der Überprüfung einer Reihe von Spezifikationen oder Handbüchern der Fall ist;
- der Einsatz des Prototyps bringt eine Reihe sekundärer Einflüsse des Systems auf den produktiven Einsatz durch den Benutzer zutage;
- die schnelle Entwicklung reduziert die Probleme der Eingliederung der unvermeidbaren und umfangreichen Anforderungsänderungen, die während einer lang andauernden Entwicklungsperiode zutage treten, auf ein Minimum;
- das Rapid-Prototyping ermöglicht es, die verschiedenen alternativen Systeme für vergleichende Versuchszwecke zu generieren und für die Benutzerschwierigkeiten Lösungen in Form von schnellen Antworten anzubieten.

Schwierigkeiten beim RP/ED-Ansatz

Aufgrund der obigen Vorteile wurde vereinzelt beanstandet, daß schriftliche Anforderungsspezifikationen aufgrund des RP/ED-Konzeptes völlig aus der Mode gekommen sind. Für das RP/ED-Konzept stellt dies ein wünschenswertes Ziel dar, das sich vielleicht in einigen Problembereichen realisieren läßt. Zum gegenwärtigen Zeitpunkt sieht sich der RP/ED-Ansatz jedoch einigen Schwierigkeiten gegenüber, die seine allgemeine Anwendbarkeit einschränken:

- Obwohl es relativ gute Rapid-Prototyping-Eigenschaften für einige Problemgebiete gibt (insbesondere z. B. für kleine kommerzielle Anwendungen, für die Bestandskontrolle und für einige wissenschaftliche Anwendungsgebiete), sind sie für andere Problemgebiete (insbesondere für die meisten Realtime-Verarbeitungssysteme, für die Befehls- und Kontrollsysteme und große, integrierte Informationssysteme) normalerweise nicht gegeben.
- Die Flexibilität der Prototypen wird durch eine organisatorische Unbeweglichkeit oft zunichte gemacht. (Ein typisches Beispiel: „Es ist zwar schön, daß Sie die Ausstattungs-Codes ändern konnten, so daß wir sie besser verstehen; aber eben hat der Codierungsausschuß getagt und unsere derzeitigen Codes als Firmenstandard festgelegt. Jetzt haben wir keine Möglichkeit mehr, sie noch zu ändern.“)
- Wenn der erste Prototyp zu weit von der Realität entfernt ist, kann das verheerende Folgen haben, wie z. B.:

  a) er erzeugt ein derart reaktionsunfähiges System, daß sich die Benutzer total abwenden;

  b) er konzentriert sich auf Bedürfnisse der allernächsten Zeit und vernachlässigt unvorhersehbare Langzeit-Bedürfnisse, bis es zu spät ist. („Oh je, nächsten Monat ist die Einkommensteuer fällig und wir haben eine Menge Daten, die wir für die Ermittlung des Ertrags brauchen, noch nicht eingegeben.“);

c) es wird ein System entwickelt, das beinahe optimal ist, für das jedoch noch eine Menge Überarbeitung notwendig ist, um seine negativen Auswirkungen auf das Gesamtsystem zu korrigieren (z. B. das ursprüngliche System der Zeitschrift).

Wegen dieser Schwierigkeiten kann der RP/ED-Ansatz nicht als ein universell gültiges Ersatzsystem für Spezifikationen, Szenarios, Protokolle sowie Entwürfe von Benutzerhandbüchern angesehen werden, mit denen die Benutzeranforderungen erfaßt werden. Auf keinen Fall ist RP/ED ein Ersatz für die gründliche Überprüfung der Gesamtproblemstellung des Benutzers, die vor Beginn der Codierung erfolgen muß.

Wenn wir hier diese Schwierigkeiten aufgezählt haben, so *nicht* deshalb, damit Sie den RP/ED-Ansatz meiden. Soweit er von den Anwendungsgeneratoren-Eigenschaften unterstützt wird, bietet er nämlich einen außerordentlich guten Weg zur Verbesserung der Software-Lifecycle-Produktivität und für die Entwicklung von flexibleren Software-Systemen. Seine besondere Stärke liegt auf dem klassischen Gebiet der Software-Arbeit, dem der Entwicklung und Wartung von kleinen, kommerziell orientierten Anwendungen.

Zur Anwendung von auszuführenden Sourcebefehlen pro Mann-Monat (DSI/MM) als Produktivitätsmaßstab

Für die Programmgeneratoren wurde der Anspruch erhoben, daß sie extrem hohe Produktivitätsraten in Form von auszuführenden Sourcebefehlen pro Mann-Monat (DSI/MM = delivered source instructions per man-month) realisieren können. Diese Ansprüche mögen dem Buchstaben nach wahr sein, sie müssen jedoch mit einer guten Portion Vorsicht und Voraussicht interpretiert werden.

Schon Mitte der Fünfziger Jahre war es möglich, einen Raumfahrt-Programmgenerator für die Flugbahnsimulation einzusetzen, mit dem ein 10-KDSI-Programm mit einem Aufwand von 10 Minuten generiert werden konnte (Boehm, 1973). Die zahlenmäßige Produktivitätsrate für ein derartiges Programm lautet wie folgt:

$$\left(\frac{10\,000 \text{ DSI}}{10 \text{ Min.}}\right)\left(\frac{60 \text{ Min.}}{\text{Std.}}\right)\left(\frac{152 \text{ Std.}}{\text{MM}}\right) = 9\,120\,000 \text{ DSI/MM.}$$

Aufgrund von Zahlen wie diesen wird manchmal behauptet, daß das ganze DSI/MM-Konzept als ein Produktivitätsmaßstab sinnlos sei. Und dem ist bestimmt so, wenn man es völlig aus dem Zusammenhang herausnimmt — wie hier, denn die 10 000 Befehle werden generiert, egal ob sie alle oder ob nur ein kleiner Teil von ihnen benötigt wird oder ob sie für die Ausübung der Aufgabe überhaupt nicht gebraucht werden.

Wenn wir es mit Software-Paketen oder mit Programmgeneratoren zu tun haben, ist der DSI/MM-Maßstab bei der Analyse von Entscheidungssituationen von nur geringem Nutzen. Vergleiche der Rentabilität bei Entscheidungen über Software-Pakete oder Programmgeneratoren können besser in Form von Aufgaben-relevantem Nutzen ausgedrückt werden, der aus einem Vergleich des Gesamtbeitrages mit den Kosten gewonnen wird; DSI/MM-Überlegungen gehören hier nicht ins Bild.

Wenn es jedoch um die Software-*Entwicklungs*-Entscheidungen geht, ist der DSI/MM-Maßstab von sehr großem Nutzen, weil er die Grundlage für die Analyse von Entscheidungen über Themen wie Hardware-Kapazität im Vergleich zu Software-Produktivitäts-Beziehungen, Aufwand im Vergleich zu Terminplan-Beziehungen, Software-Tool-Investitionen und stufenweise Entwicklungs-Optionen bildet. Er ist offensichtlich kein idealer Produktivitäts-Maßstab, auch nicht für die Dinge der

Software-Entwicklung; wie wir aber schon in Abschnitt 28.3 festgestellt haben, ist er besser als irgendeine andere der heutigen Möglichkeiten.

Aus dieser Diskussion halten wir folgende Ergebnisse fest:

- Das beste Kriterium für den Wert eines Maßstabes ist der Grad, in dem er uns bei Entscheidungen unterstützt;
- Der Wert eines Maßstabes variiert je nach der Entscheidungssituation, in der er angewandt wird.

In einigen der nachfolgenden Abschnitte werden wir die Auswirkungen verschiedener Kostenfaktoren-Merkmale auf die Software-Entwicklungs-Produktivität beurteilen, um eine Grundlage für Entscheidungen zur Verbesserung der Produktivität von Software-Entwicklungsprojekten zu schaffen. In diesem Zusammenhang wird der Einsatz der DSI/MM als ein Produktivitätsmaßstab von erheblichem Nutzen sein.

33.4 Software-Produktivitäts-Kontrollvariable: Produkt-Merkmale

In den Abschnitten 33.4 bis 33.7 werden wir die hauptsächlichen Kontrollvariablen für die Verbesserung der Software-Entwicklungs-Produktivität (die in DSI/MM dargestellt werden) besprechen. Wir werden dabei dieselbe Kategorisierung der Kostenfaktoren-Merkmale (Produkt-, Computer-, Personal- und Projekt-Merkmale) verwenden, wie wir es in den Kapiteln 24 bis 27 getan haben, in denen die COCOMO-Kostenfaktor-Merkmale besprochen wurden. Bei diesen Ausführungen wird die Bedeutung der Produktivitätsverbesserung jedes COCOMO-Kostenfaktor-Merkmals sowie anderer verwandter Faktoren (Sprachenebene, Management, Änderungsanfälligkeit der Anforderungen) berücksichtigt, die im COCOMO-Modell nicht enthalten sind, bei denen es sich jedoch oft um bedeutende, die Produktivität beeinflussende Faktoren handelt.

Erforderliche Zuverlässigkeit

Normalerweise läßt sich bei einem Software-Projekt die erforderliche Zuverlässigkeit des gewünschten Endproduktes nur wenig beeinflussen. Zu den hauptsächlichen Produktivitätsüberlegungen gehört, daß

- nicht mehr Aufwand erbracht werden soll, um für mehr Zuverlässigkeit zu sorgen, als für das Produkt tatsächlich erforderlich ist. Beispiel: Obwohl für die Software von Flugzeugen eine sehr hohe Zuverlässigkeit erforderlich ist, heißt das nicht unbedingt, daß dasselbe Ausmaß an Zuverlässigkeitsaufwand für eine Datenverdichtungs-Software für die Zeit nach dem Flug angewandt wird;
- man keine falschen Sparmaßnahmen einleiten soll, wie z. B. Software-Anforderungen oder die Aktivitäten der Qualitätskontrolle wegzulassen; eine spätere Behebung der entstehenden Fehler würde teurer zu stehen kommen.

Sofern man Zuverlässigkeits-Anforderungen lockern kann, würde sich das relativ gut auszahlen. Der Gesamtproduktivitätswert für COCOMO für die erforderliche Zuverlässigkeit ist 1,87; die Differenz eines Schrittes auf der Fünfstufen-Maßstab-Skala kann zu einem Produktivitätsunterschied von etwa 15% der Produktivität führen.

Bei Software-Produkten mit langer Lebensdauer können Abstriche an die Zuverlässigkeits-Anforderungen andererseits ganz einfach zu höheren Lifecycle-Kosten führen. Die 15% Einsparungen beim Entwicklungsaufwand, die durch Abstriche an die erforderliche Zuverlässigkeit von durchschnittlich auf niedrig gewonnen wurden, müssen vielleicht durch eine 15%ige Erhöhung der jährlichen Wartungskosten bezahlt werden. Wenn nämlich Lifecycle-Wartungskosten die Entwicklungskosten übersteigen (wie dies normalerweise bei großen Produkten der Fall ist), sollten wir nicht versuchen, bei unseren Zuverlässigkeits-Anforderungen nachzulassen. Sie finden weitere Beispiele über Analysen der Lifecycle-Zuverlässigkeit in Abschnitt 8.5.

Größe der Datenbank

Auch hier kann die erforderliche Datenbankgröße durch das Projekt kaum beeinflußt werden. Wie bei der erforderlichen Zuverlässigkeit bestehen die wesentlichen Maßnahmen zur Produktivitätsbeeinflussung aus einer Reihe von Überprüfungen, durch die in diesem Fall sichergestellt wird, daß die Größe der Datenbank eines Produktes die tatsächlichen Verarbeitungsbedürfnisse reflektiert.

Die gesamte Projektproduktivität ist jedoch relativ unempfindlich gegenüber mäßigen Änderungen der Datenbankgröße. Der Gesamt-Produktivitätswert für die Datenbankgröße beträgt bei COCOMO nur 1,23; wenn man die Datenbankgröße um den Faktor 10 reduziert, ergibt dies eine Produktivitätsverbesserung von nur etwa 6 bis 8%.

Software-Produktkomplexität

Obwohl die spezifische Komplexität eines Software-Produktes nicht in der Reichweite eines Software-Projektes liegt, gibt es viele Versuche, die Produktivität dadurch zu reduzieren, daß das Produkt komplexer gemacht wird, als es nötig wäre. Einige Beispiele dafür (kürzeste Antwortzeit, übergroße Genauigkeit, unausgewogene Systeme, mehrfarbige Vektor-Graphiken) sind in Abschnitt 11.2 unter dem Thema „vergoldete“ Software besprochen worden.

Soweit es möglich ist, die Komplexität des Produktes zu vereinfachen, indem Quellen übertriebener Feinarbeit ausgemerzt oder wo Verarbeitungsfunktionen vereinfacht werden, kann sich auch dies wiederum auszahlen. Der Gesamtproduktivitätswert für die Produktkomplexität beträgt bei COCOMO 2,36; ein Unterschied von einer Stufe auf der sechsstufigen Maßstab-Skala kann einen Unterschied von etwa 15% in der Produktivität ausmachen.

Es ist an dieser Stelle angebracht, abzuwägen, ob wir uns nicht zu sehr mit der Produktivität befassen. Erreichen wir Produktivitätsgewinne nur zu dem Preis, daß wir erfreuliche Teile aus der Programmierung weglassen? Dies ist gewiß nicht die Absicht. Unsere ursprüngliche Absicht war es, die häufig wiederkehrenden „qualvollen Neuanalysen“ zu vermeiden, die dann aufkommen, wenn bei einem Software-Projekt endlich zugegeben werden muß, daß sein Budget und seine Termine durch unnötige, anspruchsvolle Entwicklungen im Verlauf des kritischen Weges eines Software-*Entwicklungs*projektes überzogen wurden. Mitarbeiter, die solche qualvollen Neubewertungen und den damit einhergehenden Alptraum miterlebt haben, stimmen normalerweise darin überein, daß der Ärger der Schlußarbeiten den Spaß der Anfangsphase nicht wert war.

Andererseits kann ein guter Manager seinen Kunden normalerweise davon überzeugen, daß er mit den Einsparungen — die er damit erzielt, daß er das Entwicklungsprojekt einfach gestaltet — einige Entwicklungsaktivitäten des nicht kritischen Weges finanzieren kann. Dies bietet eine gewisse Gelegenheit, Research-Aktivitäten zu fördern, nur soll dies an der richtigen Stelle geschehen. Wie einige unserer besten Software-Produkte auf diesem Gebiet gezeigt haben, bedeutet die Realisierung eines

Software-Produktes, das von eleganter Einfachheit ist, eine weit mehr herausfordernde und zufriedenstellende Aufgabe als die Produktion barocker Komplexität.

Programmiersprache

Einige Arbeiten über die Software-Kostenschätzung und -Produktivität, wie z. B. die COCOMO-Studien und die Studien von IBM (Walston-Felix, 1977) haben ergeben, daß die Software-Produktivität pro Source-Befehl vom Niveau der Source-Sprache (HOL im Vergleich zu MOL) solange relativ unabhängig ist, wie ein Projekt eine MOL nur dort verwendete, wo es notwendig war. Dies trifft zu, solange bei diesem Projekt folgende Richtlinien beachtet werden:

- Wann immer sich eine Software-Funktion angemessen in HOL ausdrücken läßt, verwenden Sie HOL.
- Setzen Sie MOL aus Gründen der Leistungsfähigkeit nur ein, nachdem Sie die Funktion in HOL programmiert und die Ursachen der Ineffizienz geklärt haben: danach programmieren Sie diesen Teil neu in MOL.

Unter Berücksichtigung dieser Richtlinien haben Organisationen, die bislang MOL für viele Funktionen eingesetzt hatten, die man in HOL ausdrücken kann, bedeutende Produktivitätsgewinne verzeichnen können. Es ist schwierig, das COCOMO-Modell zur Vorhersage des Umfanges dieser Gewinne einzusetzen, weil die COCOMO-Produktivitätswerte auf der Annahme basieren, daß das Projekt die obigen Richtlinien befolgt. Einige deutsche Studien, bei denen Projekte, die MOL einsetzen, mit solchen, die mit PEARL arbeiten, verglichen wurden, berichten von Einsparungen von 25 bis 37% (oder von Produktivitätsgewinnen von 33 bis 59%) während des Gesamtentwicklungs-Zyklus aufgrund des Einsatzes von HOL (Martin, 1979); diese Zahlen stimmen mit den meisten früheren Studien überein.

Noch größerer Produktivitätszuwachs wird durch den Einsatz von HOL während der Wartungsphase erreicht, wie dies die Ergebnisse aus der (Graver und andere, 1977)-Studie zeigen, die in Abschnitt 30.4 besprochen wurden. Aus dieser Arbeit geht hervor, daß — verglichen mit HOL-Produkten — bezeichnenderweise viermal so viele Mitarbeiter erforderlich waren, um eine gegebene Anzahl Objektbefehle bei MOL-Produkten zu verwalten.

Die Bewertung der relativen Auswirkungen der verschiedenen HOL (wie z. B. FORTRAN im Vergleich zu PASCAL) auf die Software-Produktivität ist eine noch viel schwierigere Aufgabe.

Die Ergebnisse in Abschnitt 28.2 weisen keine gravierenden Produktivitätsabweichungen innerhalb der HOL aus; der Umfang der Stichproben bei solchen Sprachen wie Pascal ist aber zu klein, um irgendwelche endgültigen Schlüsse zuzulassen. Die Ergebnisse des (Boehm, 1980)-Experiments, bei dem zwei Teams FORTRAN und Pascal einsetzten, um dieselben kleinen Anwendungs-Software-Produkte zu entwikkeln, bewies, daß die Wahl der Programmiersprache nicht die ausschlaggebende Determinante für die Ergebnisse oder die Produktivität der Projekte gewesen ist. Diese Studie ergab aber auch, daß

- die Wahl der Programmiersprache bei der Entwicklung von komplexeren und ehrgeizigeren Software-Produkten zu einem Faktor würde, dem größeres Gewicht zufiele;
- die Wahl der Programmiersprache bei einer Organisation, die viele Produkte zu entwickeln hat, ein bedeutenderer Faktor sein würde, als es bei einem kleinen, isolierten Produkt der Fall wäre.

Des weiteren wird die Entscheidung für HOL wahrscheinlich einen bedeutenden Einfluß auf die Wartungs-Produktivität einer ganzen Organisation haben. Ein weiteres Kriterium ist, ob HOL zu dem Anwendungsgebiet paßt (z. B. COBOL für kommerzielle bzw. wissenschaftliche Software). Allgemein darf gesagt werden, daß mit einer HOL, die den Einsatz moderner Programmiermethoden erleichtert (wie Pascal und Ada) und die von den Software-Tools gut unterstützt wird, die beste Wahl getroffen ist, mit der auf lange Sicht die Produktivität gesteigert werden kann.

Produkt-Größe

Wir haben schon in den Abschnitten 33.2 und 33.3 besprochen, daß einer der besten Wege zur Reduktion der Software-Kosten darin besteht, die Zahl an auszuführenden Sourcebefehlen, die wir entwickeln müssen, zu reduzieren. Wir können dies erreichen, indem wir bereits entwickelte Software, wie Software-Pakete, angepaßte Software oder Programmgeneratoren einsetzen; wir können unsere Aufmerksamkeit auch darauf konzentrieren, *die Entwicklung unnötiger Software zu vermeiden*. Es gibt viele Fälle, bei denen viel Aufwand auf die Entwicklung von Software verwendet wurde, die von den zukünftigen Benutzern nie zum Einsatz gebracht wurde (Boehm, 1973; GAO, 1979).

Um die Entwicklung unnötiger Software zu vermeiden, ist es normalerweise am besten, wenn Sie eine gründliche Qualitätskontrolle der Anforderungen und des Designs durchführen und dabei ausführlich die zukünftigen Benutzer zu Rate ziehen; dabei sollten Sie die Szenarien des rechtzeitigen Einsatzes, Protokolle und Benutzer-Handbücher verwenden, um sicherzugehen, daß die Benutzer verstehen, was ihnen die Software im Rahmen ihrer eigenen Möglichkeiten bringen wird. Wenn sich dabei herausstellt, daß die Benutzer einige Software-Funktionen nicht benötigen, dann können diese Funktionen gestrichen werden, was zu nicht unbeachtlichen Software-Entwicklungseinsparungen führt und auch die möglichen Enttäuschungen reduziert, die entstehen, wenn man zusehen muß, wie die Früchte von viel harter Arbeit umsonst waren. Wenn nach einer Qualitätskontrolle noch Zweifel darüber bestehen, ob eine Software-Funktion noch gebraucht wird, so kann deren Entwicklung auf ein späteres Stadium der Inkremental-Systementwicklung verschoben werden, oder man kann sie auf eine Benutzer-„Wunschliste" zwecks späterer Beachtung als Produkt-Komponente setzen. Viele Organisationen haben festgestellt, daß schon der formelle Einsatz einer solchen „Wunschliste" eine effektive Lösung für die Aufnahme und Durchführung der ausstehenden, noch gewünschten Produktverbesserungen ist.

33.5 Software-Produktivitäts-Kontrollvariablen: Computer-Merkmale

Ausführungszeit und Hauptspeicherbegrenzungen

Wenn genügend Computer-Geschwindigkeit und Hauptspeicher-Kapazität vorhanden ist, kann die Software-Produktivität beträchtlich verbessert werden. Die Software-Entwicklung würde damit von dem Druck des übermäßigen Aufwandes befreit, der erforderlich ist, um die Software-Entwicklung zwischen der eng bemessenen Ausführungszeit und den Hauptspeicher-Begrenzungen hindurchzulotsen.

Die Abbildungen 33–4 a und b zeigen, wie die COCOMO-Aufwands-Anpassungsfaktoren für die Ausführungszeit- und Hauptspeicher-Beschränkungen eingesetzt werden können, um festzusetzen, wieviel zusätzliche Hardware-Kapazität in der Regel beschafft werden muß, um die Anschaffungskosten des Gesamtsystems (Hardware plus

Software) auf einem Minimum zu halten. Die Kostenkurven des Gesamtsystems sind nach folgender Relation dargestellt:

$$\frac{S}{H} = \frac{\text{Ideale Software-Kosten}}{\text{Ideale Hardware-Kosten}}$$

wobei die optimalen Software-Kosten alle Extrakosten, die auf Hardware-Beschränkungen zurückzuführen sind, ausschließen und wobei die optimalen Hardware-Kosten jegliche Extrakosten ausschließen, die für die Anschaffung von zusätzlicher Hardware-Kapazität erforderlich sind, mit der das Minimum an Kapazität überschritten wird, das für die Unterstützung der Anwendung nötig ist.

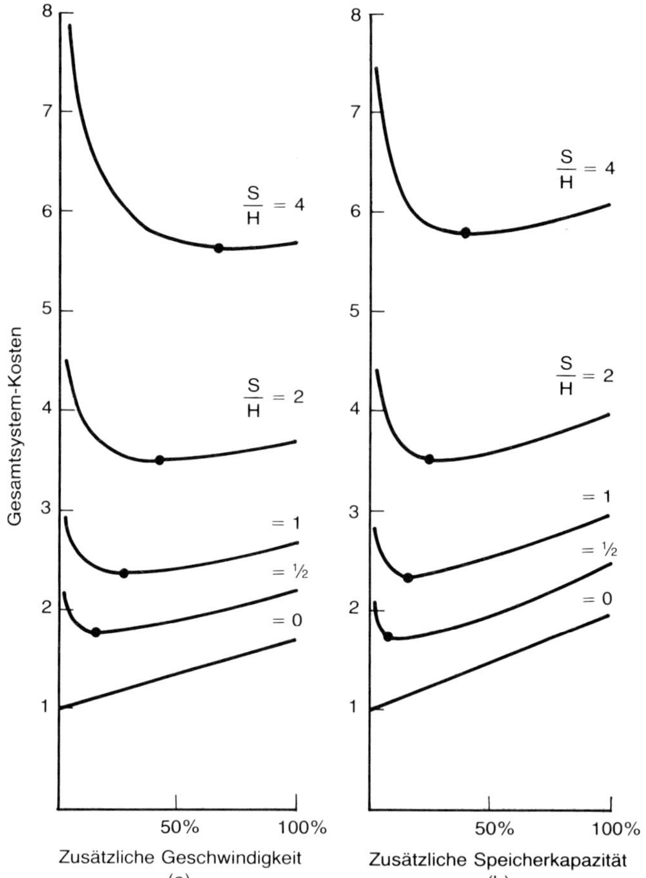

Abb. 33–4 a: Hardware-Software-Kosten im Vergleich zur Geschwindigkeit
b: Kosten im Vergleich zur Speichergröße

Die Beziehungskurven in Abbildung 33–4 a basieren auf der COCOMO-Kurve der Software-Produktivität im Vergleich zu Einschränkungen der Ausführungszeit, die in Abbildung 25–4 dargestellt ist, und dem Modell der Kosten der Zentraleinheit als einer Funktion der Ausführungszeit-Leistungsfähigkeit nach der Formel

$$\text{Leistung} = c\ (\text{Kosten})^{1,3}, \qquad (33\text{-}1)$$

die auf den Analysen von (Phister, 1979) über Kosten-Performance-Verhältnisse von IBM 360-, 370-, 303X- und 43X1-Produktlinien basieren. Die Beziehungskurven in Abbildung 33–4 b basieren auf der COCOMO-Kurve der Software-Produktivität im Vergleich zur Hauptspeicher-Beschränkung gemäß Abbildung 25–4 und einem linearen Modell der Hauptspeicher-Kosten im Vergleich zur Kapazität

$$\text{Kapazität} = c\ (\text{Kosten}), \qquad (33\text{-}2)$$

die hier auf der Grundlage der Analysen der IBM 370-, 303X- und 43X1-Produktlinien erstellt wurden (siehe hierzu Phister, 1979).

Aus den Abbildungen 33–4 a und b ist klar ersichtlich, daß die Versorgung mit zusätzlicher Geschwindigkeit und zusätzlicher Speicher-Kapazität zu bedeutenden Kosten-Einsparungen des Gesamtsystems führen kann. Wir können die folgenden Richtlinien aus den Abbildungen 33–4 a und b ableiten:

1. Die Kosten des Gesamtsystems können allgemein auf ein Minimum begrenzt werden, wenn Computer-Hardware zur Verfügung gestellt wird, die 30 bis 50% mehr Kapazität hat, als unbedingt erforderlich ist.
2. Je steiler das Verhältnis von Software- zu Hardware-Kosten ansteigt, um so mehr Überkapazität sollte zur Verfügung gestellt werden;
3. Es ist weit riskanter, zu wenig Hardware-Kapazität als zuviel Kapazität bereitzustellen. Dies ist besonders angesichts der Tendenzen wichtig, die an anderer Stelle besprochen worden sind, wonach Größenschätzungen eher zu niedrig ausfallen und die Software-Produkte während der Entwicklung und Wartung expandieren. Nach Möglichkeit sollte der Umfang bereitgestellter Hardware-Kapazität eher höher als das Minimum der Systemkosten sein.

Beispiel: ein Prozeß-Steuerungssystem

Die „Montana Mining and Manufacturing Corporation“ plant die Entwicklung einer Reihe von Prozeß-Steuerungssystemen auf der Basis von Minicomputern für die Verarbeitung der Kohle im Tagebau. Die optimalen Software-Kosten für das System werden auf $ 400 K geschätzt; die Kosten für die Hardware hängen von der installierten System-Anzahl sowie von der Hardware-Geschwindigkeit nach MIPS (= millions of instructions per second) ab. Die für die Durchführung der Prozeß-Steuerungsfunktionen erforderliche Geschwindigkeit beträgt 1,0 MIPS; die optimalen Hardware-Kosten für einen derartigen Prozessor belaufen sich auf $ 20 K; die Kosten für zusätzliche Hardware-Geschwindigkeit folgen im großen und ganzen der Relation in Gleichung (33–1).

Tabelle 33–3 zeigt, wie das optimale Ausmaß der überschüssigen Prozessorgeschwindigkeit mit der zu installierenden Anzahl von Prozeßsteuerungssystemen variiert. Wenn die Software-Kosten über nur fünf Einheiten des Systems (H = 5 × $ 20 K = $ 100 K) verteilt werden, haben wir ein hohes Software-Hardware-kostenverhältnis (S/H = 4). Wenn wir der Abbildung 33–4 a folgen, ist es am besten, wenn wir bei der Beschaffung eine Prozessor-Geschwindigkeit von 1,69 MIPS zugrundelegen und die Ausführungszeit-Begrenzung von 59% reduzieren, um die Software-Kosten auf dem gleichen Stand zu halten. Wenn die Software-Kosten andererseits über 40 Systemkopien verteilt werden, haben wir ein niedriges Software-Hardware-Kostenverhältnis (SH = 1/2), und es wäre am besten, eine Prozessor-Geschwindigkeit von nur 1,18 MIPS zu beschaffen. Damit wird die Ausführungszeit-Begrenzung auf nur 85% reduziert, die Zunahme der Software-Kosten wird jedoch durch die reduzierten Hardware-Kosten mehr als genug ausgeglichen.

Tab. 33–3: Beispiel einer Prozeß-Steuerung: die optimalen Kosten im Vergleich zur Systemanzahl

Anzahl der Systeme	Ideale Hardware-Kosten	$\frac{S}{H}$	Optimale MIPS	Optimale Hardware-Kosten	Zeit-beschränkungen	Software-Kosten	Optimale Kosten
5	$ 100 K	4	1,69	$ 150 K	59%	$ 418 K	$ 568 K
10	200	2	1,43	264	70	444	708
20	400	1	1,29	488	77½	476	964
40	800	½	1,18	912	85	520	1 432

Ressourcen-Kontrolle

Eine ganze Reihe von Projekte hat ein geeignetes Maß an zusätzlicher Geschwindigkeit oder Speicherkapazität erreicht, sind aber trotzdem deshalb gescheitert, weil sie Parkinsonschen Tendenzen folgend erlaubt haben, die ganze Überschuß-Kapazität (und manchmal sogar noch mehr) während der Entwicklungsperiode zu absorbieren. Der beste Weg, eine solche Situation zu vermeiden, ist, eine Kontrolleinrichtung für die Ausführungszeit und für das Kernbudget einzusetzen, wie z. B. die in Abbildung 33–5 gezeigte *Computer-Programm-Assemblerliste.* Mit einem derartigen System können die Ressourcen, die für jede Computer-Programm-Komponente aufgewendet werden, mit ihren zugehörigen Budgets verglichen werden; damit können geeignete Kontrollaktionen unternommen werden, wenn die Größe oder die Ausführungszeit einer Komponente übertrieben umfangreich geworden ist. So ist z. B. die Größe der codierten Routine für die Impulsfrequenzkontrolle in Abbildung 33–5 mehr als zweimal so groß als ursprünglich geschätzt. Man muß also die Routine näher untersuchen, um zu bestimmen, ob durch ein alternatives Verfahren die notwendigen Funktionen im Rahmen des zur Verfügung stehenden Kernbudgets ausgeführt werden können. Überraschend oft ist dies möglich, vorausgesetzt, das Problem wird früh genug erkannt und seine Bedeutung richtig eingeschätzt.

Lockerung der Leistungsanforderungen

Wenn sich ein Projekt potentiellen Software-Produktivitäts-Verlusten aufgrund von Hardware-Geschwindigkeit oder Speicherbeschränkungen gegenüber sieht und keine der obigen Methoden für einen geeigneten Spielraum im Hinblick auf eine effektive Software-Entwicklung und -Wartung sorgt, bleibt noch eine zusätzliche Option übrig: die Systemleistungsanforderungen können gelockert werden. Durch Neufestsetzung der erforderlichen Antwortzeit von 2 auf 3 Sekunden ergibt sich dann z. B., daß eine 95%ige Ausführungszeitbeschränkung und ein 66%iger Software-Produktivitätsnachteil in eine 63%ige Ausführungszeitbeschränkung und einen 7%igen Software-Produktivitätsnachteil verwandelt werden. Wegen des relativ hohen COCOMO-Produktivitätsumfanges bei den Hardware-Beschränkungsfaktoren — 1,66 für die Ausführungszeitbeschränkung und 1,56 für die Hauptspeicher-Beschränkung — ist dies eine Überlegung wert.

COCOMO-Produktivitätswert für die Analytiker- und Programmierer-Qualifikation ist 4,18 (daß heißt, wenn alle anderen Faktoren gleichbleiben, wird ein Team von Analytikern und Programmierern des 90. Perzentils in etwa viermal so produktiv sein wie ein Team von Mitarbeitern des 15. Perzentils). Der kombinierte COCOMO-Produktivitätswert für die Anwendungserfahrung, die Erfahrung mit virtuellen Maschinen und die Erfahrung mit Programmiersprachen beläuft sich auf 2,52, d. h. er ist ebenfalls sehr hoch.

Es gibt noch eine große Zahl verschiedener weiterer Möglichkeiten, wie eine Organisation von diesen hohen Produktivitätswerten profitieren kann, um die Software-Produktivität zu verbessern. Zu den wichtigsten Kategorien gehören die Stellenbesetzung, die Motivation und das Management, die wir weiter unten besprechen.

Am wichtigsten erscheint es mir, daß uns diese „menschlichen Faktoren" einen Weg zeigen, wie die Software-Produktivität im Gesamtzusammenhang mit unseren Zielen der menschlichen Beziehungen zu sehen ist, die sowohl die Interessen der Menschen betonen, die am Software-Prozeß mitarbeiten, als auch das Interesse an den Zielen des Software-Prozesses selbst. Wie wir später sehen werden, kommen diese Ziele nicht allzu sehr miteinander in Konflikt, wenn wir sie langfristig sehen. Die Maßnahmen, die die langfristigen Karriereziele der Software-Mitarbeiter begünstigen, sind dieselben wie die, die auf lange Sicht die Software-Produktivität einer Organisation verbessern.

Stellenbesetzung

Die außerordentliche Vielfalt unter den individuellen, an der Software-Produktivität beteiligten Mitarbeitern [laut der (Grant-Sackmann, 1966)-Studie bis zu 26:1] bietet einer Organisation eine hervorragende Gelegenheit, ihre Software-Produktivität durch Initiativen in der Stellenbesetzung zu verbessern. Es ist in der (Cooper, 1975)-Übersicht über 14 große Software-Installationen im Industrie- und Behördenbereich nachgewiesen worden, daß die meisten Organisationen von dieser Möglichkeit keinen großen Gebrauch machen. In dieser Studie ergab sich aus den untersuchten Installationen das nachstehende Profil eines durchschnittlichen Programmierers:

- Eine zweijährige Ausbildung auf College-Ebene
- Zwei Jahre Software-Erfahrung
- Vertraut mit zwei Programmiersprachen
- Vertraut mit zwei Software-Produkten
- Im allgemeinen nachlässig, nicht anpassungsfähig, introvertiert, überfordert und ungenügend angeleitet.

Mit etwas Initiative sollte jede Software-Installation in der Lage sein, die Situation ihrer Personalbesetzung weit über dieses Niveau hinaus anzuheben und dadurch bedeutende Produktivitätsgewinne zu erzielen.

Stellenbesetzungs-Prinzipien

Wenn wir dem von (Koontz-O'Donnell, 1972) entwickelten Muster bei der Aufstellung von Management-Richtlinien nach grundsätzlichen Prinzipien folgen, kommen wir zu den fünf Grundprinzipien für die Software-Stellenbesetzung, die wir nachstehend aufführen und besprechen. Es handelt sich um:

- Das Prinzip der Topbegabung
- Das Prinzip des richtigen Mannes am richtigen Platz

- Das Prinzip der Karriereentwicklung
- Das Prinzip des ausgewogenen Teams
- Das Prinzip der Versetzung

1. *Das Prinzip der Topbegabung. Setzen Sie bessere und weniger Mitarbeiter ein.* Eigentlich handelt es sich bei den großen Produktivitätswerten beim Software-Personal, wie sie von der Studie von (Grant-Sackmann, 1966) und in anderen Arbeiten aufgezeigt werden, ganz einfach um spezielle Fälle eines wohlbekannten menschlichen Phänomens: Der überwiegende Produktivitätsanteil stammt von einer relativ kleinen Zahl an beteiligten Personen. Abbildung 33–6, die hier aus (Augustine, 1979) abgeleitet wurde, stellt bemerkenswert ähnliche Produktivitätskonzentrationen dar, wie sie bei Schriftstellern, Fußballspielern, Erfindern, Polizisten und Piloten festgestellt wurden. Die oberen 20% der Mitarbeiter produzieren etwa 50% des erzielten Ergebnisses; die unteren 50% der Mitarbeiter bringen es auf etwa 20% der erzielten Produktion.*)

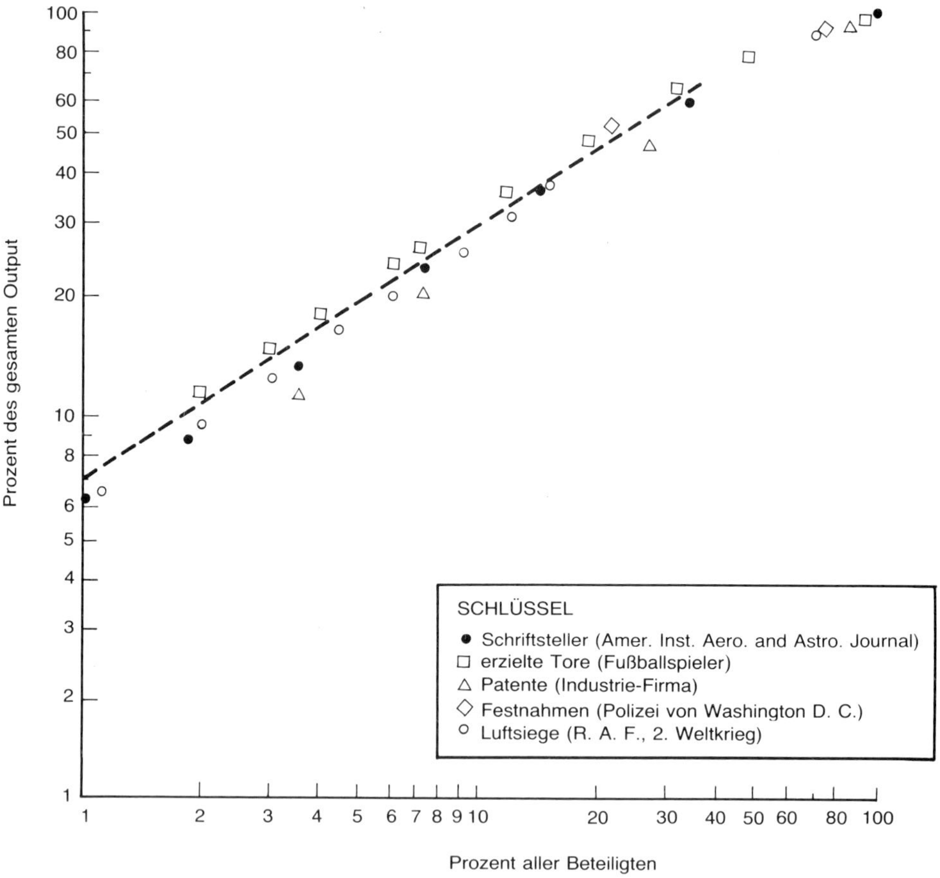

Abb. 33–6: Produktivitätskonzentration (Augustine, 1979)

*) Wie Augustine hervorhebt, ist die Produktivitätskonzentration wahrscheinlich unterbewertet, weil bei den Daten Teilnehmer, die keinen Beitrag leisten (Patente oder — bei American Football — Touchdowns usw.) nicht berücksichtigt sind.

Bei einer Produktivität, die sich auf einen relativ kleinen Teil ‚der Mitarbeiter konzentriert, und in Anbetracht der zusätzlichen Möglichkeit, die Kosten für Projektkommunikation durch den Einsatz weniger und zugleich produktiverer Mitarbeiter zu reduzieren, würde man annehmen, daß jeder Software-Manager das Prinzip des Einsatzes der Topbegabungen befolgt. Es überrascht, daß sehr viele Manager diesen Grundsatz nicht befolgen. Wenn sie die Wahl haben zwischen einem Analytiker mit einem Jahresgehalt von $ 40 000 und einem solchen von $ 25 000, werden sie — unabhängig von jeglicher Berücksichtigung der entsprechenden Begabung des Analytikers — unweigerlich den letzteren nehmen, mit der Begründung:

„Ich kann mir diese hochbezahlten Leute nicht leisten",

oder

„Ich kann den Einsatz eines so teuren Mitarbeiters nicht riskieren".

2. *Das Prinzip des richtigen Mannes am richtigen Platz: Passen Sie die Aufgaben den Kenntnissen und der Motivation der verfügbaren Personen an.* Eine der üblichen Verletzungen dieses Prinzips ist das

   Peter-Prinzip (Peter Hull, 1969):

   „In einer Hierarchie neigt jeder Angestellte dazu, bis zum Niveau seiner Inkompetenz aufzusteigen."

   Die gebräuchlichste Verwirklichung des Peter-Prinzips auf dem Gebiet des Software-Engineering ist die Praktik, gute Programmierer dadurch „aufsteigen" zu lassen, daß sie zum Management befördert werden. Manchmal funktioniert es, aber meistens führt dies beim Software-Engineering zu mehr Fehlbesetzungen, Frustrationen und angeknacksten Karrieren als auf anderen Gebieten. Den Grund hierfür zeigt Ihnen Abbildung 33–7, die von (Couger-Zawacki, 1978) abgeleitet ist. In dieser Abbildung wird das relative Aufstiegsstreben (das Bedürfnis nach Erweiterung der Kenntnisse in der jeweiligen beruflichen Disziplin) mit den sozialen Wünschen der Mitarbeiter in der Datenverarbeitung und der Menschen verglichen, die auf anderen Gebieten (wie z. B. in der Verwaltung, im Verkauf, im Dienstleistungsgewerbe, im Management oder in anderen Berufen — sei es auf juristischem oder medizinischen Gebiet —) arbeiten. Abbildung 33–7 macht klar, daß die sozialen Wünsche des Spezialisten aus der Datenverarbeitung im Durchschnitt und im Verhältnis zu seinem Entwicklungsbedürfnis extrem niedrig liegen, während die entsprechende Bedeutung dieser Bedürfnisse bei Personen aus dem Management entgegengesetzt ausgerichtet ist.

   Dieser Vergleich läßt darauf schließen, daß die Praxis, gute Mitarbeiter dadurch zu belohnen, daß man sie zu Managern macht, auf dem Gebiet der Datenverarbeitung viel eher das Peter-Prinzip hervorruft als anderswo. Dieser Punkt ist von einer Anzahl Organisationen berücksichtigt worden, die zwei -oder mehrspurige Karrierewege eingeführt haben, die in Jobs wie dem des „Superprogrammierers", des „Superanalytikers" oder des „Super-Managers" gipfeln. Jedoch ist noch immer zu beobachten, daß genau das Gegenteil praktiziert wird. So enthält z. B. das *„Data Processing Organization and Manpower Planning"* (Brandon, 1974) eine Anzahl der alten Karriere-Entwicklungsdiagramme, die die berufliche Beförderung einer Übernahme ins Management gleichsetzen.

   Das Prinzip des richtigen Mannes am richtigen Platz kann natürlich auch auf andere Dimensionen angewandt werden, indem Programmierung, Problemanalyse,

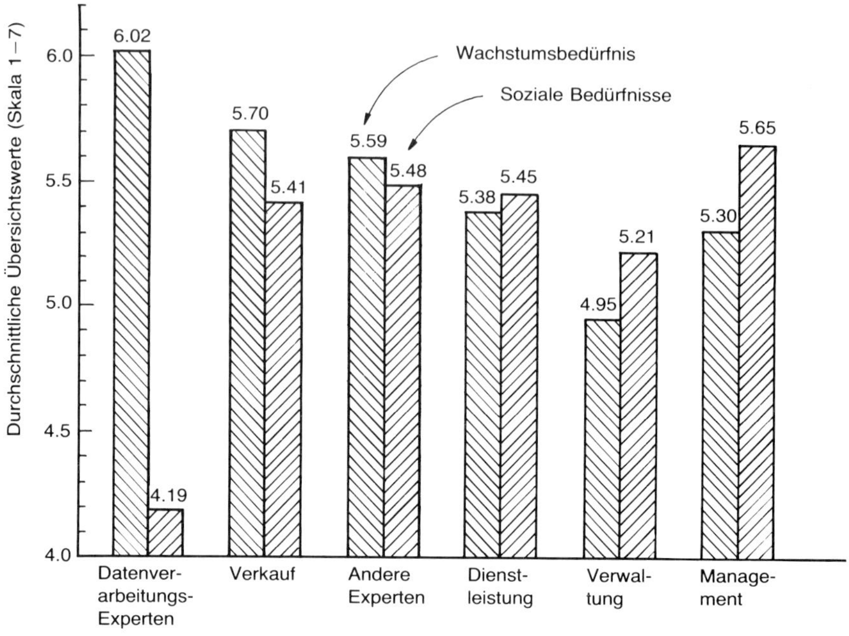

Abb. 33–7: Vergleich der Entwicklungs- und sozialen Bedürfnisse in der Datenverarbeitung und in anderen Berufen (Couger-Zawacki, 1978)

der Kunden und die Kommunikationskenntnisse auf den Arbeitsbereich der Programmierer und Systemanalytiker abgestimmt werden; Beispiele hierzu nennen (Arvey-Hoyle, 1973).

3. *Das Prinzip der Karriere-Entwicklung. Eine Organisation fährt auf lange Sicht am besten damit, wenn sie ihren Mitarbeitern zur Selbstverwirklichung verhilft.* Selbstverwirklichung oder das Entwickeln der besten Fähigkeiten eines Menschen ist die höchste Ebene in der Hierarchie der menschlichen Bedürfnisse (Abbildung 33–8), die von (Maslow, 1954) als Richtschnur formuliert wurde, mit der die Motivation und das Verhalten eines Menschen verständlich werden. Die wichtigsten Folgerungen Maslows bezüglich der Bedürfnis-Hierarchie sind die folgenden:

   - Die Menschen werden von höherstehenden Bedürfnissen solange nicht ernstlich motiviert sein, als Bedürfnisse auf einer niedrigeren Ebene nicht erfüllt sind. Wenn wir hungern, werden wir uns — solange es uns an Essen und Trinken fehlt — nicht damit befassen, unsere Kenntnisse in der Computer-Wissenschaft zu vervollkommnen.

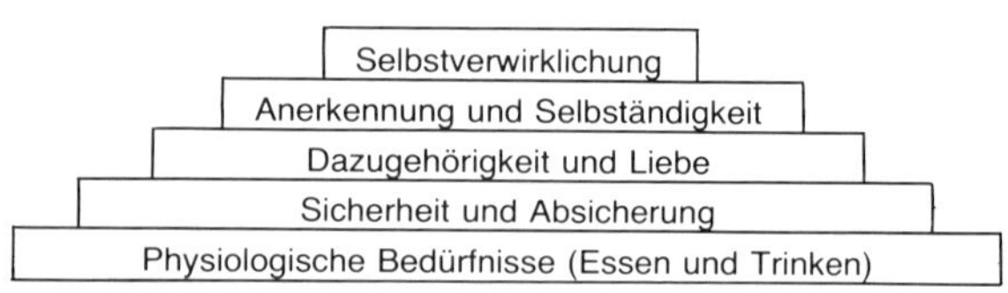

Abb. 33–8: Die Hierarchie menschlicher Bedürfnisse nach Maslow

- Aber auch befriedigte Bedürfnisse sind keine Motivationsförderer. Wenn wir unsere köperlichen und darauf aufbauende Bedürfnisse gestillt haben, sind wir nicht mehr daran interessiert, mehr Nahrung zu uns zu nehmen; aber es verbleibt in uns ein starker Drang, das ungenutzte Potential, das wir als Software-Engineers, Dichter, Lehrer usw. in uns spüren, zu verwirklichen.

Die Menschen gelangen zur Selbstverwirklichung auf vielen verschiedenen Wegen. Aber für viele Software-Mitarbeiter geht ein Großteil der Selbstverwirklichung damit einher, daß sie bessere Software-Spezialisten werden. Das Prinzip des Karriereaufstiegs zeigt, daß es sehr wohl im Interesse einer Organisation liegt, wenn sie die Mitarbeiter bei der Entscheidung unterstützt, wie sie beruflich vorankommen wollen, und wenn sie ihnen Karriere-Entwicklungsmöglichkeiten anbietet. Es mag scheinen, als ob es sich hierbei um ein selbstverständliches Prinzip handelt; in der Praxis gibt es jedoch viele Software-Organisationen, die ganz entgegengesetzte Prinzipien befolgen. Es gibt zwei derartige entgegengesetzte Prinzipien, die mit dem Peter-Prinzip verwandt sind, nämlich das „umgekehrte Peter-Prinzip" und das „Paul-Prinzip".

- *Das umgekehrte Peter-Prinzip:* „Menschen erklimmen innerhalb einer Organisation eine Position, in der sie unersetzlich geworden sind und für immer stecken bleiben." Am häufigsten trifft man dies bei der Software-Wartung an, wo ein Programmierer bei den firmeninternen Verwicklungen und Verarbeitungsritualen eines Softwaresystems so sehr zum einzigen Experten wird, daß die Organisation es ablehnt, diesen Mitarbeiter auf irgendeinem anderen Gebiet arbeiten zu lassen. Normalerweise wird der Programmierer seinen Dienst bei der Organisation dann quittieren und eine weit schlimmere Situation hinterlassen.
- *Das Paul-Prinzip* (Armer, 1966): „Mitarbeiter steigen in eine organisatorische Position auf, in der ihre technischen Kenntnisse binnen fünf Jahren veraltet sind." Angesichts der schnellen Entwicklung auf dem Computer-Gebiet ist es für die Organisationen wichtig, daß sie ihren Mitarbeitern Gelegenheit bietet, sich mit der Materie weiterzuentwickeln. Tun sie es nicht, können sie sich selbst in Katastrophen hineinmanövrieren, wie dies bei Organisationen geschah, die versucht haben, große verteilte Realtime-Datenverarbeitungssysteme mit Armeen von Band-orientierten COBOL-Programmierern der zweiten Generation zu implementieren. Auch dieser Rat mag Ihnen wie selbstverständlich erscheinen, aber Sie können noch immer Bücher wie z. B. das „Data Processing Cost Reduction and Control" (Brandon, 1978) finden, die den Organisationen raten, genau das Gegenteil zu tun: Sie sollen Schulungs- und Besprechungs-Budgets reduzieren, sie sollen die Mitgliedschaft in Berufsverbänden auf eine Person pro Gesellschaft reduzieren und weitere kurzsichtige kostensparende Aktionen mehr, die aller Wahrscheinlichkeit nach, auf lange Sicht gesehen, falsche Einsparungen sind.

Sie finden einige gute Beispiele für die Anwendung der Bedürfnis-Hierarchie nach Maslow auf Situationen des Software-Engineering und einige zusätzliche, nützliche Grundsätze im Sinne der Peter- und Paul-Prinzipien bei (Weinberg, 1979).

4. *Das Prinzip eines ausgewogenen Teams. Wählen Sie Mitarbeiter aus, die einander ergänzen und die miteinander harmonisieren.* Wie bei den anderen Grundsätzen wirkt sich dieses Prinzip als eine moderierende Kraft auf das Prinzip der Topbegabung aus, das uns — für sich allein — dazu verleiten könnte, eine Reihe unverträglicher, überqualifizierter technischer Superstars zu rekrutieren. Diesbezüglich gilt für unser Software-Team dasselbe wie für ein Fußballteam: Wenn Sie

sich ein Team wünschen, das eine Menge Tore schießt, werden Sie nicht gut in der in Abb. 33–6 gezeigten Weise verfahren und diejenigen elf Persönlichkeiten zu Mitgliedern Ihres Teams machen, die die meisten Tore geschossen haben.

Ein ausgewogenes Team-Gleichgewicht verlangt nicht nur, daß die vielen Komponenten technischer Fähigkeiten aufeinander abgestimmt werden, sondern auch, daß die vielen psychologischen Komponenten eines Teams und seiner Mitglieder ausgewogen sind. In einigen wenigen Abschnitten oder Seiten fällt es schwer, genügend wertvolle Einsichten zu diesem Thema zu vermitteln. Der beste Rat läßt sich hier in einem einzigen Satz zusammenfassen: Lesen Sie Gerald Weinbergs „The Psychology of Computer Programming" (Weinberg, 1971).

5. *Das Prinzip der Versetzung. Wenn Sie einen Außenseiter in Ihrem Team behalten, nützt dies niemandem.* Auch wenn Sie die Mitglieder Ihres Software-Teams noch so sorgfältig auswählen, bleibt es nicht aus, daß einige darunter sind, die bei weitem nicht ihren angemessenen Beitrag zu den Team-Zielen leisten, selbst nicht nach mehreren Versuchen, ihnen im Rahmen des Teams eine passende Rolle zu verschaffen. Sie werden in einer solchen Situation versucht sein, die Lösung des Problems hinauszuschieben oder vorzugeben, es nicht zu sehen, es mit Worten beschönigen oder die anderen Mitglieder des Teams bitten, zusätzliche Aufgaben zu übernehmen. Auf kurze Zeit mag dies die einfachere Lösung sein. Auf lange Sicht führt Ihr Verhalten unweigerlich zu unbrauchbaren Ergebnissen.

   Versetzungen von Mitarbeitern fallen nicht leicht. Wenn Sie jedoch für solche Situationen genügend Zeit, Überlegungen und Verständnis aufbringen, können Sie nicht selten eine Situation schaffen, in der aus der Versetzung eine positive anstelle einer negativen Erfahrung wird und aus der heraus der betreffende Mitarbeiter eine neue Arbeit findet, die zu ihm oder zu ihr viel besser paßt als ein gruppenorientiertes Software-Projekt. Klappt es nicht und Sie sehen sich einem Mitarbeiter gegenüber, der einfach nicht zu Ihnen paßt, sollten Sie vor dem Problem nicht zurückschrecken: Sie sollten diesen Mitarbeiter so schnell wie möglich loswerden.

   Sie sollten jedoch bei der Entscheidung, was einen positiven Beitrag zu einem Software-Team ausmacht, sehr vorsichtig sein. Wie bei einem Fußball-Team können die Beiträge der Mitarbeiter nicht allein nach der Zahl der Tore oder der Zahl der ausgeführten Sourcebefehle, die sie als einzelne realisieren, gemessen werden. Oft kann ein Mitarbeiter, der bei der Produktion von ausgeführten Sourcebefehlen pro Mann-Monat nicht sehr erfolgreich ist, einen nicht zu ersetzenden Beitrag zum Verständnis und der Interpretation der Benutzer-Anforderungen liefern oder mithelfen, die Teammoral zu untermauern. Auch hier bietet (Weinberg, 1971) eine hervorragende Hilfe bei der Lösung dieses Problemes.

Motivation

Die Motivation ist das Medium, das die starken Kräfte der menschlichen Energie und Kreativität auf die ersehnten Ziele eines Menschen konzentriert. Die meisten Produktivitätsstudien haben ergeben, daß die Motivation einen stärkeren Einfluß auf die Produktivität hat als jeder der anderen mitwirkenden Faktoren (Gellerman, 1963).

Die klassischen Experimente über die Motivation und die Produktivität wurden von Elton Mayo und seinen Mitarbeitern von 1927 bis 1932 in den Hawthorne-Werken der Western Electric Company in Chicago durchgeführt, wobei der Terminus „Hawthorne-Effekt" entstand. Ursprünglich versuchten die Experimente, die Auswirkungen der

Beleuchtung auf die Produktivität zu bestimmen. Die Ergebnisse der experimentierenden Gruppen sahen wie folgt aus:

- Wurde die Beleuchtung verstärkt, stieg die Produktivität.
- Wurde die Beleuchtung verringert, stieg die Produktivität.
- Hielt man die Beleuchtung konstant, stieg die Produktivität.

Nach einer langen Reihe weiterer Experimente, die diesen Effekt zu erklären versuchten, indem sie Überlegungen der Motivation aussortierten und andere Umgebungsfaktoren variierten, kam Mayo schließlich zu folgender Schlußfolgerung (Mayo, 1945):

Die größte Änderung des Experimentes trat dann ein, als die Verantwortlichen versuchten, die Situation . . . durch die Kooperation der Mitarbeiter menschlich beständig zu halten. Was tatsächlich geschah war, daß aus sechs Einzelpersönlichkeiten ein Team wurde, und dieses Team widmete sich aufrichtig und spontan der Kooperation in dem Experiment.

In der Folge danach wurde der „Hawthorne-Effekt" noch bei vielen Produktivitätsexperimenten beobachtet, auch bei einer Anzahl strukturierter Programmier-Experimente. Bei einem verwandten Effekt aus dem Software-Engineering handelt es sich um den Effekt, der im (Weinberg, 1972)-Experiment demonstriert wurde (siehe Abschnitt 3.6); bei diesem Experiment hatten die Teams, denen mehrere verschiedene Ziele gesetzt wurden (schnelle Beendigung der Aufgabe, Einsparung von Speicherplatz usw.) jeweils als erste die Aufgaben, die sie optimal erfüllen sollten, erledigt (in einem Fall als zweite).

Motivationsfaktoren: Allgemeines

In Anbetracht der Stärke dieser Auswirkungen möchten wir Mittel und Wege finden, die „Menschen zu motivieren", um ihre Software-Produktivität zu verbessern. Leider läßt sich so keine Motivation erzielen. Lassen wir (Townsend, 1970) sprechen:

„Sie können die Menschen nicht motivieren. Diese Tür ist von innen verschlossen. Sie können ein Klima schaffen, in dem die meisten Mitarbeiter sich selbst motivieren und zur Erfüllung der Unternehmensziele beitragen".

Bei (Koontz-O'Donnell, 1972) finden Sie das passende Prinzip, wie solch ein Klima geschaffen werden kann:

- *Das Prinzip der harmonisierenden Ziele:* Je mehr die Menschen einsehen, daß ihre persönlichen Ziele mit den Zielen des Unternehmens harmonisieren, desto größer wird ihr Beitrag zu den Zielen der Organisation sein.

Jedem unserer Versuche, die Software über die Motivation zu verbessern, liegen zwei hauptsächliche Voraussetzungen für dieses Prinzip zugrunde:

1. Wir müssen die Ziele der Software-Mitarbeiter verstehen.
2. Wir müssen die Ziele der Software-Mitarbeiter bei unseren organisatorischen Entscheidungen berücksichtigen.

Es gibt ziemlich viel allgemeine Information über die Ziele der Menschen und ihre Beziehung zu den Zielen und Entscheidungen einer Organisation. Die Bedürfnis-Hierarchie von Maslow in Abbildung 38–8 bietet einiges an grundlegenden Erkenntnissen. Die (McGregor, 1960)-Theorie X (autoritär) und Theorie Y (kooperativ), die zwischen organisatorischen Management-Arten unterscheiden, bieten weitere nützliche Einsichten. Die Studie von (Herzberg und anderen, 1959) über Entscheidungen zwischen den Motivationsfaktoren (die die Leistung stimulieren) und Hygienefaktoren (die Leistungsverluste verhindern) ist eine weitere gute Quelle für das grundlegende Verständnis.

Motivationsfaktoren: Software-Mitarbeiter

Wir brauchen jedoch ein besseres Verständnis, inwiefern die Motivationsfaktoren der Software-Mitarbeiter von denen anderer Gruppen von Menschen verschieden sind. So zeigen z. B. die Ergebnisse bei (Couger-Zawacki, 1978) in Abbildung 33–7, daß Datenverarbeitungs-Mitarbeiter mehr von Entwicklungsbedürfnissen als von sozialen Bedürfnissen motiviert sind. Eine andere wichtige Studie, über die (Fitz-Enz, 1978) berichten, zeigt, daß trotz der für Datenverarbeitungs-Spezialisten allgemein gültigen Herzberg-Unterscheidungen zwischen Motivationsfaktoren und Hygienefaktoren wichtige Unterschiede zwischen den Faktor-Profilen der Datenverarbeitungs-Spezialisten und der Gesamtbevölkerung nach Herzberg bestehen.

Einen Überblick über diese Unterschiede finden Sie in Tabelle 33–4, die die Rangordnung der Motivationsfaktoren aus der allgemeinen Übersicht nach Herzberg und der Fitz-Enz-Studie der Datenverarbeitungs-Spezialisten vergleicht. Das wichtigste Ergebnis ist, daß die Feststellungen von Couger-Zawacki bestätigt werden: Die Möglichkeit des Entwicklungschancenfaktors, der in der allgemeinen Herzberg-Übersicht als Hygienefaktor an 7. Stelle steht, ist in der Fitz-Enz-Studie über die Datenverarbeitung ein starker Motivationsfaktor, der an 2. Stelle steht. Andere beachtliche Unterschiede bestehen darin, daß Datenverarbeitungs-Spezialisten

- stärker von Gelegenheiten der Übernahme der technischen Leitung, von gleichgestellten Beziehungen und vom Privatleben motiviert werden,

Tab. 33–4: Vergleich der Motivationsfaktoren 1. Grades; Datenverarbeitungs-Spezialisten im Vergleich zur allgemeinen Bevölkerung

Allgemeine Bevölkerung (Herzberg und andere, 1959)	Datenverarbeitungs-Spezialisten (Fitz-Enz, 1978)
1. Leistung	1. Leistung
2. Anerkennung	2. Aufstiegschancen
3. Die eigentliche Arbeit	3. Die eigentliche Arbeit
4. Verantwortung	4. Anerkennung
5. Beförderung	5. Beförderung
6. Gehalt	6. Überwachung, technisch
7. Aufstiegschancen	7. Verantwortung
8. Beziehungen zu Untergebenen	8. Beziehungen unter Gleichgestellten
9. Status	9. Beziehungen zu Untergebenen
10. Beziehungen zu Vorgesetzten	10. Gehalt
11. Beziehungen unter Gleichgestellten	11. Privatleben
12. Überwachung, technisch	12. Beziehungen zu Vorgesetzten
13. Firmen-Politik und -Verwaltung	13. Job-Sicherheit
14. Arbeitsbedingungen	14. Status
15. Privatleben	15. Firmen-Politik und -Verwaltung
16. Job-Sicherheit	16. Arbeitsbedingungen

- weniger stark von beruflicher Anerkennung, Ausübung einer Verantwortung, von Gehalt und von Statussymbolen motiviert werden.

Bei Analytikern, die auch programmieren, waren diese Unterschiede stärker ausgeprägt als bei Projektleitern und -managern der Datenverarbeitung. Dies ist in Abbildung 33–9 dargestellt, die eine vergleichende Verteilung der Motivationsfaktoren nach Job-Stufe nach (Fitz-Enz, 1978) zeigt. Diese Ergebnisse enthalten eine zusätzliche Lektion für die Manager der Datenverarbeitung. Sie sollten von ihren Untergebenen nicht erwarten, daß sie von denselben Dingen wie sie selbst motiviert sind; dies gilt insbesondere bei der beruflichen Anerkennung, der Verantwortungsübernahme, der technischen Überwachung und dem Privatleben.

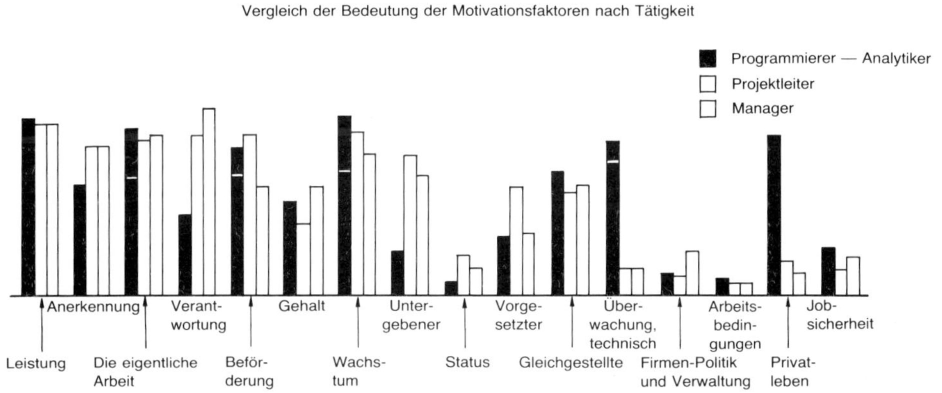

Abb. 33–9: Vergleich der Bedeutung der Motivationsfaktoren nach Tätigkeit (Fitz-Enz, 1978) (Nachdruck mit Erlaubnis von DATAMATION ® Magazine, © by Technical Publishing Company, ein Mitglied der Dun & Bradstreet Gruppe, 1978 — alle Rechte vorbehalten.)

Im Hinblick auf das beträchtlich höhere Niveau der Software-Produktivität, das von gut motivierten Mitarbeitern und Teams demonstriert wird, sollten wir erwarten können, daß die Datenverarbeitungs-Manager und die Literatur über das Datenverarbeitungs-Personalmanagement die Motivation des Personals als eine der obersten Prioritäten einer Organisation hervorheben. Es ist jedoch so, daß die Datenverarbeitungs-Manager den Faktoren der Personal-Motivation nur sehr geringe Aufmerksamkeit schenken: Einige Bücher betonen sogar das Gegenteil, wie Sie dies dem Beispiel von (Brandon, 1974) und den von Brandon unterstrichenen Worten entnehmen können:

„Der System-Analytiker soll ein gewisses Maß an Kreativität und Ideenreichtum zeigen im extremen Gegensatz zum Programmierer, dessen kreative Instinkte gänzlich ausgelöscht sein sollten, um eine einheitliche und verständliche Programmierung zu gewährleisten."

Angesichts dessen, was wir über die Programmierer und ihre Entwicklungschancen-Motivation wissen, ist ein derartiger Rat ein sicheres Rezept dafür, Unheil herbeizuführen.

Management

Wie bereits in Kapitel 28.6 besprochen, kann ein schlechtes Management die Software-Kosten schneller als jeder andere Faktor verteuern. Umgekehrt wird durch gutes

Management ein effizienterer und auch gut koordinierter Software-Prozeß ermöglicht und ein hohes Niveau an Personalqualifikation, Motivation und Teamwork erzielt, was hervorragende Software-Produktivität ergibt. Auch hier fällt es wiederum schwer, die vielen Prinzipien eines guten Software-Gesamtmanagements in Kürze wiederzugeben. Die besten Quellen für eine solche Information sind (Koontz-O'Donnell, 1972), (Metzger, 1973) und (Brooks, 1975).

Wir müssen jedoch einen Punkt über das Software-Management und die Software-Produktivität hervorheben, der alle anderen dominiert:

Wenn die Manager eine bessere Software-Produktivität nur halbherzig anstreben, wird die Organisation auch keine gesteigerte Software-Produktivität hervorbringen.

Gleichgültig wie groß der Propagandarummel für eine verbesserte Produktivität zu Beginn einer Aktivität auch sein mag, wenn die Manager diese Anstrengung nicht durch die Investition in bessere Tools, durch Anerkennung und Belohnungen für hervorragende Leistungen und durch die Verstärkung von standardmäßigen Praktiken demonstrativ anerkennen, wird der ganze Produktivitätsaufwand zu einer sinnlosen Übung entarten. Das gleiche ergibt sich, wenn Manager ständig sagen „Ich weiß, Sie brauchen drei Monate um den Top-down-Entwurf richtig auszuführen, aber der Kunde will schon bald einen Fortschritt sehen, so daß wir den Terminplan für die Produkt-Design-Übersicht auf einen Monat festsetzen müssen."

Software-Personal und -Produktivität: Zusammenfassung

In diesem Kapitel sind sehr viele Überlegungen über das Software-Personal und die Software-Produktivität angestellt worden. Wir fassen sie wie folgt zusammen:

1. *Die personellen Faktoren haben sehr großes Gewicht.* Ein rein programmierungs-orientierter oder materiell-wirtschaftlich-orientierter Ansatz, die Software-Produktivität zu verbessern, wird die beste aller Möglichkeiten verfehlen.
2. *Die personellen Faktoren sind keineswegs ein großes Geheimnis.* Obwohl Aktivitäten, die mit Menschen zu tun haben, nie gänzlich vorhersagbar sind, steht eine Menge Information zur Verfügung, die uns zu verstehen hilft, warum ein Software-Mitarbeiterteam produktiver als ein anderes ist.
3. *Die personellen Faktoren sind personenbezogen.* Obwohl eine quantitative Information von Nutzen sein kann, werden rein quantitative und manipulierende Ansätze, die Rolle des Menschen bei der Software-Erstellung zu strukturieren, langfristig gesehen negative Auswirkungen auf die Produktivität haben.

33.7 Software-Produktivitäts-Kontrollvariable: Projektmerkmale

In diesem Kapitel kehren wir zu der Reihenfolge unserer Erörterungen über die die Software-Produktivität beeinflussenden Möglichkeiten anhand der individuellen Kostenfaktoren-Merkmale zurück, wie wir sie in den Kapiteln 33.4 und 33.5 besprochen haben. Wir werden uns mit den drei COCOMO-Projektmerkmalen (siehe Kapitel 27) befassen: moderne Programmier-Methoden, Einsatz von Software-Tools und Terminplan-Einschränkungen sowie zwei zusätzliche Projekt-Merkmale, nämlich der Änderungsanfälligkeit von Anforderungen und der Arbeitsumgebung.

Moderne Programmiermethoden (MPP)

Wie in Abschnitt 27.1 beschrieben, gehören zu den modernen Programmiermethoden (MPP) die nachstehenden Aktivitäten:

- Top-down-Anforderungsanalyse und Design,
- Strukturierte Design-Beschreibung,
- Top-down-Entwicklung in Teilschritten (Inkremental-Entwicklung),
- Design- und Codierungs-Walkthroughs oder -Inspektionen,
- Strukturierte Codierung,
- Programm-Bibliothekar.

Die Programm-Unterstützungsbibliothek, die wir unter „Tools“ in Abschnitt 27 besprochen haben, ist ein zusätzlicher integraler Bestandteil der Funktionen des Programm-Bibliothekars. Das Konzept des Chefprogrammiererteams, das mit obigen Methoden oft in Verbindung gebracht wird, aber sehr gemischte Ergebnisse brachte, gehört nicht dazu. Andere moderne Methoden wie ISDOS (Teichroew-Hershey, 1977), SREM (Alford, 1977; Bell und andere, 1977), SADT (Ross-Schoman, 1972), „Information Hiding“ (Parnas, 1979), daten-orientiertes Design (Warnier, 1974; Jackson, 1975) und strukturiertes Design (Yourdon-Constantine, 1978) werden als Erweiterungen der Top-down-Anforderungsanalyse, des Top-down-Anforderungs-Designs und der strukturierten Design-Beschreibung angesehen.

Nicht selten wird das ganze Thema der Verbesserung der Software-Produktivität auf ziemlich irreführende Weise mit der Einführung moderner Programmiermethoden gleichgesetzt. Wie wir gesehen haben, gibt es zahlreiche andere Wege, um die Software-Produktivität zu verbessern, von denen viele einen höheren Produktivitätswert als den COCOMO-Produktivitätswert von 1,51 haben, der den MPP zugeordnet wird. Durch moderne Programmiermethoden lassen sich jedoch zahlreiche Produktivitätsverbesserungen aus anderen Bereichen leichter erzielen (z. B. aus dem Bereich der Tools, der interaktiven Entwicklung, der Motivation und des Management). Auch sind die COCOMO-Wartungs-Produktivitätswerte für die MPP beträchtlich höher, und zwar schwanken sie zwischen 1,54 bei kleinen (2 KDSI-)Projekten und 2,07 bei sehr großen (512 KDSI-)Projekten.

Richtlinien für die Implementierung der MPP

Bei der letzten Gruppe von Richtlinien, wie die MPP in einer Organisation zu implementieren sind, handelt es sich um diejenigen von (Yourdon, 1979) und (Infotech, 1978). Aus diesen Quellen können Sie die am besten detaillierten Checklisten und repräsentativen Erfahrungen entnehmen; nachstehend finden Sie eine Reihe allgemeingültiger Richtlinien für die Implementierung der MPP.

1. Vergewissern Sie sich, daß das Management den Implementierungsaufwand der MPP ohne Vorbehalte unterstützt.

2. Integrieren Sie die MPP in den Rahmen der Gesamtstrategie, mit der eine Verbesserung der Software-Produktivität erreicht werden soll.

   - Berücksichtigen Sie dabei auch andere Faktoren, wie die Computer-Leistungsfähigkeit, die Arbeitsumgebung, die Personalbesetzung und die Karriere-Entwicklung;
   - Besondere Faktoren wie der Produktivitätsverantwortliche, eine Implementierungsstudie, ein Produktivitätsplan, ein Ausbildungsprogramm, ein Pilotprojekt, ein stufenweiser Implementierungsansatz sowie geeignete Analyse- und Verbesserungsprozeduren (siehe Abschnitt 33.8) sollten ebenfalls miteinbezogen werden.

3. Vergewissern Sie sich, daß sich sowohl die Manager als auch die ausführenden Mitarbeiter über eine angemessene Anzahl von Zielen und Performance-Kriterien einig sind, z. B.:
   - eine klare, anpassungsfähige Software anstelle einer komplexen, hypereffizienten Software;
   - allgemein einsetzbare anstatt einer speziellen Software;
   - gründliche und überprüfte Anforderungs- und Design-Spezifikationen anstelle einer verfrühten Codierung.
4. Vermeiden Sie es, alle MPP gleichzeitig zu implementieren. Ein wirkungsvoller Ansatz in drei Etappen wäre z. B.:
   a) Strukturierte Codierung und Walkthroughs;
   b) Top-down-Anforderungsanalyse und -Design, strukturierte Design-Beschreibung und Top-down-Entwicklung in Teilschritten;
   c) Programm-Bibliothek, Bibliothekar und andere Team- und organisatorische Änderungen.
5. Kalkulieren Sie für die Schulung genügend Zeit ein. Vergewissern Sie sich, daß die ausführenden Mitarbeiter die Ziele und Grundsätze der neuen Methoden und Regeln verstehen.
6. Vergewissern Sie sich, daß die Methoden einheitlich angewandt werden. Überprüfen Sie die Arbeiten auf Einheitlichkeit und weisen Sie nicht vorschriftsgemäße Arbeiten zurück.
7. Vermeiden Sie jedoch eine zu engherzige Strukturierung. Gelegentlich sind ein GOTO oder ein besonders großes Modul die besten Wege, die Aufgabe zu erledigen. Bringen Sie Mittel und Zweck nicht durcheinander!
8. Fürchten Sie sich nicht vor Fehlern und Fehlstarts. Sie sind Teil des Lern- und Assimilationsprozesses.
9. Erwarten Sie keine Sofortergebnisse. Sie sollten eher auf eine Produktionsminderung während der Schulungs- und Assimilationsperiode gefaßt sein.
10. Etablieren Sie kontinuierliche Beurteilungsmaßnahmen mit einem Feedback, das zur Verbesserung der eingesetzten Methoden führen soll.

Einsatz von Software-Tools

Der COCOMO-Produktivitätswert für den Einsatz von Software-Tools ist 1,49. Die Tools stellen also eine bedeutende Chance für die Produktivitätsverbesserung dar, insbesondere weil die Tool-Unterstützung einer Organisation einer der besser kontrollierbaren Faktoren ist. Ein Unterschied von einer Stufe auf der fünfstufigen COCOMO-Tool-Meßskala kann zu einer Differenz von 10% bei der Produktivität führen. Dies bedeutet für eine große Organisation mit z. B. 200 Software-Mitarbeitern, daß 20 Software-Mitarbeiter für neue Aktivitäten freigestellt werden könnten, ein Ergebnis also, das eine größere Investition rechtfertigt.

Wie bei den modernen Programmiermethoden können durch den Einsatz von Software-Tools außerdem Produktivitätsverbesserungen aus anderen Bereichen (wie z. B. MPP, interaktive Entwicklung, Motivation oder Management) leichter realisiert werden. Nachstehend finden Sie einige Richtlinien für verschiedene Situationen, in denen die Software-Produktivität durch entsprechende Tool-Unterstützung gesteigert werden kann.

- Wenn es innerhalb Ihrer derzeitigen Betriebskapazität in großem Maße an Tools fehlt, sollten Sie die Anschaffung eines integrierten Software-Tool-Systems in Betracht ziehen.

- Sollte innerhalb Ihrer derzeitigen Betriebskapazität bereits eine gut integrierte Reihe von Tools vorhanden sein, sollten Sie sich nach zusätzlichen rentablen Tools umschauen. Informationsquellen über erhältliche Tools finden Sie nachstehend.

- Wenn Sie die Entwicklung eines neuen Tool planen, sollten Sie sich über die zu erwartenden Kosten und den Nutzen genau informieren (die meisten Tools bringen Ihnen nur einen Teil des 10%igen Produktivitätsgewinns, der mit der Verbesserung um eine Stufe auf der COCOMO-Wertskala verbunden ist); Sie sollten dabei alle im Handel erhältlichen Tools, die eventuell ähnliche Möglichkeiten bieten, ins Auge fassen.

- Sollten Sie sich für ein neues Computer-System entscheiden, insbesondere wenn es sich um einen Mikrocomputer handelt, so sollten Sie eine gründliche Kosten-Nutzen-Analyse der in Frage kommenden Tools des von Ihnen in Aussicht genommenen Systems durchführen. Tabelle 33–5 zeigt, daß die Differenz bei den Tools auch bei geringem (20 MM) Gesamt-Software-Aufwand die Differenz ($ 5 K im Vergleich zu $ 10 K) beim Einkaufspreis des Computer-Systems übersteigen wird.

Tab. 33–5: Auswirkung der Tools auf die Computer-Auswahl

Kriterium	Computer A	Computer B
Anschaffungspreis	$ 5 K	$ 10 K
Standard der Tools	Sehr niedrig	Niedrig
Aufwandsmultiplikator der Tools	1,24	1,10
Durchschnittlicher Software-Aufwand	20 MM	20 MM
Software-Aufwand mit Tools	25 MM	22 MM
Personalkosten bei $ 5 K/MM	$ 125 K	$ 110 K
Gesamtkosten	$ 130 K	$ 120 K

- Sollten Sie ein neues Computer-System für den Verkauf entwickeln, so sollten Sie bereit sein, beträchtliche Investitionen in Software-Tools zu tätigen, weil sich die Kunden des Tool-Einflusses immer mehr bewußt werden, wie Tabelle 33–5 zeigt.

Abschnitt 33.2 enthält zusätzliche Informationsquellen über Software-Tools. Eine gute Quelle über kommerzielle Software-Pakete bietet (Reifer, 1981).

Terminplan-Einschränkungen

Das größte Produktivitätsproblem bei Terminplan-Einschränkungen liegt nicht in der Produktivitätsverbesserung, sondern darin, wie man vermeidet, daß die Termine aufgrund unrealistischer Terminierungen oder unnötiger Verzögerungen nicht eingehalten werden können. Nachstehend geben wir Ihnen zu diesem Thema die wichtigsten Kommentare und Richtlinien.

1. *Verwenden Sie die COCOMO-Terminplan-Gleichungen, um einen realistischen Terminplan festzusetzen.* Bei vielen Projekten kommt es zu Engpässen, weil man nicht erkennt, wie ein realistischer Terminplan aussehen sollte. Die COCOMO-Gleichungen (in Tabelle 8–1 oder in Tabelle 23–1) sind zwar nicht genau, aber sie vermitteln ziemlich vernünftige und realistische Schätzungen. Für eine stufenweise Systementwicklung sollten Sie die in Kapitel 29.4 gegebene Erweiterung verwenden.
2. *Wenn Sie einen kürzeren Terminplan wünschen, so sollten Sie sich rückversichern, daß dies die aufzuwendenden Kosten wert ist.* Eine 25%ige Reduktion beim durchschnittlichen Terminplan wird Sie zusätzlich 23% an Entwicklungsaufwand kosten.
3. *Sie sollten den Software-Entwicklungsaufwand niemals auf einen kürzeren Zeitraum als 75% des durchschnittlichen Terminplanes festsetzen.*
4. *Sollten sich Umfang oder Art des Jobs während der Entwicklung ändern, so sollten Sie den Terminplan ebenfalls ändern.* Eine Variante der Terminplan-Schätzungsmethode der Inkremental-Systementwicklung in Abschnitt 29.4 kann für die Neueinschätzung des Terminplanes eingesetzt werden.
5. *Vermeiden Sie unnötige Verzögerungen des Entwicklungs-Terminplanes.* Insbesondere sollten Sie ihre Entwicklungsaktivitäten auf dem kritischen Weg sehr genau überwachen und kontrollieren.
6. *Verlieren Sie dort, wo es gilt, keine Zeit!* Nachstehend finden Sie ein typisches Beispiel für ein unentschuldbares Verhalten an vorderster Front, das bei Software-Projekten allzu oft zu beobachten ist:

1. Januar 1984	„Wir sollten die Pläne und die Anforderungen zum 1. April fertighaben, der Terminplan für die Entwicklung wird auf 21 Monate geschätzt; wir setzen also den Termin für die Systemauslieferung auf Dezember 1985 fest."
1. April 1984	„Wir sind noch nicht ganz mit der Ist-Aufnahme für einige Fachabteilungs-Anwender fertig. Wir dürften mit der Spezifikation in etwa einem Monat fertig sein."
1. Juli 1984	„Wir sind jetzt soweit mit der Spezifikation. Beim Codierungsausschuß sind wieder einige Mitarbeiter im Urlaub, wir erwarten durch sie aber keine Verspätungen, sobald sie wieder komplett sind."
1. September 1984	„Wir haben nun so gut wie alles spezifiziert, aber jemand sagte, wir sollten uns zu einigen Daten noch eine Bestätigung holen. Es ist besser, wir warten ab, eher wir weitermachen, bis uns der Boß sein OK gibt."
1. Dezember 1984	„Nun, hier ist die Spezifikation. Sie hat noch immer einige Lücken bei den Anwender-Schnittstellen, aber wir müssen uns nun tatsächlich beeilen, denn das System ist für die Übergabe im Dezember 1985 vorgesehen. Besser, Sie streichen Ihren Weihnachtsurlaub, weil wir die Produkt-Designbesprechung auf den 10. Januar festgelegt haben, um im Terminplan aufzuholen."

Das unvermeidliche Ergebnis dieses Szenario ist schon oft wiederholt worden:

- Ein ursprünglicher Begeisterungsausbruch — solange ein Team noch fest daran glaubt, das Unmögliche möglich zu machen.

- Totale Desillusionierung, wenn die Team-Mitarbeiter endlich voll und ganz den Umfang und die Komplexität des Jobs erfassen.
- Die quälenden Neufestlegungen, nachdem das Management endlich realisiert hat, daß der Terminplan nicht eingehalten werden kann.
- Dem folgt nicht selten der Versuch, den Terminplan durch den Einsatz von mehr Mitarbeitern wieder einzuholen, was nach dem Brooksschen Gesetz zum Scheitern verurteilt ist.
- Als Endergebnis ein unbefriedigendes Produkt in Form einer Kompromißlösung, für das weitaus mehr Zeit und Aufwand gebraucht wurde, als die ursprünglichen Entwicklungsschätzungen vorsahen.

Die eigentliche Tragödie ist, daß die Software-Manager und -Performer nach wie vor solche unrealistischen Terminpläne akzeptieren. Einer der Hauptgründe hierfür war darin zu suchen, daß die Software-Mitarbeiter nicht genug solide Erfahrungswerte hatten, um ihre Kunden davon zu überzeugen, daß ihre Terminplan-Forderungen unrealistisch sind. Ehe Sie sich mit einem knapp bemessenen Terminplan einverstanden erklären, sollten Sie sich die Abbildungen 27–8 und 27–9 ansehen sowie die dazu gehörige Diskussion in Abschnitt 27.3. Überlegen Sie es sich gründlich, ob Sie für eine unmögliche Mission die Verantwortung tragen wollen.

Änderungsanfälligkeit der Anforderungen

In Abschnitt 28.4 haben wir festgestellt, daß

- die Änderungsanfälligkeit der Anforderungen bei Software-Projekten bis zu einem gewissen Grade unvermeidlich ist (der Erfahrungswert bei IBM liegt bei durchschnittlich 25%);
- der COCOMO-Produktivitätswert für die Änderungsanfälligkeit der Anforderungen bei immerhin 1,78 liegt;
- einige große Projekte mit häufigen Neudispositionen aufgrund der Änderungsanfälligkeit der Anforderungen Produktivitäts-Strafpunkte mit Faktoren gesammelt haben, die über vier lagen.

Die Minderung der Änderungsanfälligkeit der Anforderungen wäre daher ein wichtiger Weg zur Verbesserung der Software-Produktivität.

Die übliche Ursache für die Änderungsanfälligkeit der Anforderungen ist z. B. folgende Situation.

> Kunde: „Wir müssen das Ausnahmeberichts-Modul reorganisieren, um einen Weg für die Ergebnis-Vorhersage zu schaffen. Wir haben soeben gehört, daß der neue Chef für die Ergebnis-Vorhersage besonders qualifiziert ist."
>
> Software-Manager: „Nun, das klingt interessant. Wir sollten wohl in der Lage sein, hier etwas Geeignetes für Sie zu tun. Wollen wir mal sehen —: George befaßt sich mit dem Ausnahmeberichts-Modul. Wir werden Joan dafür einsetzen, ihm dabei zu helfen. Joan arbeitet normalerweise am Terminplan. Sie ist bei der Lösung solcher Probleme besonders gut."

Besonders dann, wenn sich Joans Terminplanung mit dem kritischen Weg der anderen befaßt, hat der Software-Manager gerade eine wichtige Verzögerung in sein Projekt eingebaut, ohne über das Budget oder die Terminpläne vorher neu verhandelt zu haben.

Der beste Weg, die Ursachen der Änderungsanfälligkeit der Anforderungen auf das Nötigste zu beschränken, wäre:

1. Indem Sie zwischen dem Kunden und dem Software-Entwickler ein formelles oder informelles Abkommen schließen, daß jede vorgeschlagene Änderung, die sich auf das Budget oder den Terminplan auswirken kann, eine erneute Absprache über das Budget und den Terminplan erforderlich macht.
2. Indem Sie eine Benutzer-„Wunschliste" aufstellen, um mögliche Verbesserungen für spätere Releases des Software-Produktes zu erfassen, und die Möglichkeit haben, die Kosten-Nutzen-Priorität von Wunschlisten-Punkten für spätere Releases aufzustellen.

Es ist bemerkenswert, wie oft die Aussicht auf eine erneute Verhandlung über das Budget und den Terminplan eine „Muß"-Änderungsanforderung in einen „erwünschten" Eintrag auf der Wunschliste verwandelt.

Arbeitsumgebung

Neben der psychologischen Arbeitsumgebung, die wir in Abschnitt 33.6 besprochen haben, hat die eigentliche Arbeitsumgebung einen bedeutenden Einfluß auf die Software-Produktivität. Jedermann, der einmal den Versuch gemacht hat, eine gute Software in einem heißen, lauten, überfüllten Programmier-Käfig mit schlechter Büro- und Telefon-Unterstützung, ungünstigen Arbeitsmethoden und schlechtem Computer-Zugriff, ungenügenden Arbeitsmittelvorräten und Konferenzräumen und häufigen Umzügen effizient zu entwickeln, wird bestätigen, daß solche Faktoren eine stark negative Auswirkung sowohl auf die Motivation als auch auf die Produktivität haben. Wie Ihnen Abbildung 33–6 zeigt, haben Arbeitsbedingungen die Tendenz, sich wie ein Herzberg-Hygiene-Faktor auszuwirken. Oberhalb einer bestimmten Schwelle sind sie zwar kein einflußreicher Motivationsfaktor; sie sind aber unterhalb der Schwelle ein mächtiger Faktor der Entmotivierung. Wenn sich die Situation gar zu schlecht entwickelt, werden Mitarbeiter kündigen, so daß die Organisation zusätzlich noch vor dem Problem der Personalfluktuation steht.

Der bedeutendste Versuch, eine Arbeitsumgebung zu gestalten, die den Bedürfnissen der Software-Mitarbeiter entspricht, war der architektonische Entwurf und die Entwicklung des IBM-Santa-Teresa-Laboratoriums (McCue, 1978). Die Gebäude, die Büros, das Mobiliar, die elektrischen und die Telefonverbindungen des Santa-Teresa-Labors waren so konzipiert, daß sie — soweit wie möglich — eine Reihe von Anforderungen erfüllten, die bei einer Überprüfung der Software-Entwicklungsaktivitäten festgestellt worden waren; dazu gehören u. a. die nachfolgenden Punkte:

- *Kommunikation.* Einrichtungen für die Kommunikation zwischen den Projekten (z. B. nahe beieinander gelegene Büros, Besprechungsräume) und für die externe Kommunikation (wie Sprech- und Daten-Telekommunikationsverbindungen).
- *Abschirmung des Arbeitsbereichs.* Persönliche Büros mit akustischer Isolation, genügend Lüftung, Verbindungen nach draußen (Fenster) und individueller Gestaltung der Büroumgebung.
- *Mobiliar.* Insbesondere Arbeitsflächen und Büroregale, wo man mit Computer-Protokollen arbeiten und interaktive Terminals unterbringen kann.
- *Computer-Anschluß.* Terminal-Anschlüsse für jedes Büro und ein leichter Projektzugang zu Video-, Hoch- und Niedriggeschwindigkeits-Kommunikationen, zu Remote-Job-Entry-Stationen und zu Hardcopy-Einrichtungen.

- *Sicherheit.* Überwachung des Zugangs zum Gebäude, zu den Datenverarbeitungseinrichtungen und zu den Projekteinrichtungen.
- *Technologie.* Flexibilität zur Unterbringung späterer Computer- und Software-Technologie-Verbesserungen (wie z. B. Breitband-Telekonferenzschaltungen, leistungsfähige Personal-Terminals).

Mehrere andere Organisationen haben kürzlich ähnliche Arbeitsumgebungen geschaffen und kamen zu dem Ergebnis, daß die neue Umgebung einen positiven Einfluß auf die Produktivität hat und das Personal mit Zufriedenheit arbeitet und nicht mehr abwandert. Nicht jede Organisation wird die Möglichkeit haben, einen ganzen Gebäudekomplex für die Bedürfnisse der Software-Mitarbeiter zu reservieren; aber jede Organisation wird über einige Möglichkeiten verfügen, eine besser angepaßte Arbeitsumgebung für die Software-Arbeit zu schaffen. Wir sollten zumindest dazu in der Lage sein, unsere Anstrengungen für die Gestaltung einer passenden Arbeitsumgebung für unsere Software-Mitarbeiter mit dem Maßstab in Einklang zu bringen, den wir für unsere Computer-Ausrüstung bei der Schaffung einer passenden Arbeitsumgebung anlegen.

33.8 Gestaltung eines Verbesserungsprogramms für die Software-Produktivität

Die Verbesserungsprogramme für die Software-Produktivität unterschiedlicher Organisationen werden normalerweise ziemlich ähnlich aussehen. Ein effizientes Programm für eine bestimmte Organisation wird aber einen spezifischen Zuschnitt auf die einmaligen Charakteristika dieser Organisation erforderlich machen. Die wichtigsten Schritte zur Gestaltung und Anpassung eines Software-Produktivitätsprogrammes sind:

1. Sicherung der Unterstützung durch das Top-Management
2. Bestimmung eines Verantwortlichen für die Software-Produktivität
3. Organisation einer Zusammenarbeit auf breiter Basis
4. Bestimmung von Zielen, Alternativen und Einschränkungen
5. Beurteilung von Alternativen
6. Wahl der besten Kombination der Alternativen
7. Vorbereitung eines Implementierungsplanes nach Phasen
8. Einholen der Handlungsvollmacht
9. Implementierung des Planes
10. Verfolgung und Neuaufwurf des Planes.

Jeder dieser Schritte wird im folgenden genauer erörtert.

1. *Sicherung der Unterstützung durch das Top-Management*

   Die Notwendigkeit dieses Schrittes haben wir in Abschnitt 33.6 besprochen. Wir haben als wichtigstes Ergebnis festgehalten: Wenn Manager eine verbesserte Software-Produktivität nicht aufrichtig wünschen, wird die Organisation auch keine verbesserte Software-Produktivität erhalten.

2. *Bestimmung eines Verantwortlichen für die Software-Produktivität*

   Dieser Schritt folgt einem Management-Grundsatz:

   Wenn Sie wollen, daß etwas geschieht, müssen Sie jemanden speziell dafür verantwortlich machen. Der Produktivitäts-Verantwortliche ist gewissermaßen der Dreh- und Angelpunkt bei allen die Produktivität betreffenden Maßnahmen. Aufgrund der engen Beziehungen untereinander ist es normalerweise angebracht, in die Stellenbeschreibung des für die Produktivität Verantwortlichen die Software-Kostenschätzung, die Software-Datensammlung und die Analyseaktivitäten aufzunehmen. In einer solchen Stellenbeschreibung wären als hauptsächliche Zuständigkeitsgebiete des Produktivitätsverantwortlichen folgende Punkte aufzunehmen:

- Feststellung potentieller Wege zur Produktivitätsverbesserung
- Beurteilung möglicher Vorschläge für die Produktivitätsverbesserung
- Beurteilung externer Produktivitätshilfen
- Erstellung und Prüfung von Software-Kostenschätzungen
- Sammeln und Analysieren von Software-Kosten- und Produktivitätsdaten
- Bereitstellung einer gemeinsamen Datenbank und Beratung bei allen die Produktivität betreffenden Themen.

Die wichtigsten Job-Qualifikationen eines Software-Produktivitäts-Verantwortlichen sind gute Kenntnis der Software und der Organisation, Kenntnisse in quantitativer Analyse und der ausgeprägte Wille, den Mitarbeitern bei der Verbesserung ihrer Produktivität zu helfen. Organisatorisch ließe sich der Produktivitätsverantwortliche am besten in eine Position einordnen, die dem Top-Manager, der für die Software-Entwicklung zuständig ist, direkt untergeordnet ist. Auch hier gilt jedoch wiederum, daß der Nutzen des Verantwortlichen dann minimal sein wird, wenn sich der Manager nicht bedingungslos für die Produktivitätsverbesserung einsetzt.

3. *Organisation einer Zusammenarbeit auf breiter Basis*

   Bei der Verbesserung der Software-Produktivität sind Änderungen unvermeidlich. Wenn Sie dafür sorgen, daß jedermann, der von diesen Änderungen betroffen ist, in die Ausarbeitung und Planung dieser Änderungen miteinbezogen wird, erreichen Sie zwei Hauptvorteile:

   - *Sie wecken eher die Begeisterung der Mitarbeiter als ihren Widerstand.*

   - *Sie gewinnen eine genauere Einschätzung der Umgebung.* Abbildung 33–10 zeigt die Ergebnisse einer kürzlich erstellten Übersicht, die als Teil einer Software-Produktivitätsverbesserungsuntersuchung ermittelt wurde. Manager auf oberster und mittlerer Ebene und ausführende Mitarbeiter wurden in Stichproben folgendes gefragt: „Was sollen wir unternehmen, um die Software-Produktivität zu verbessern?“ Ihre Antworten wurden unter folgenden Gesichtspunkten eingeordnet: Aktivitäten des Projektmanagements (bessere Planung, bessere Organisation usw.), der Arbeitsumgebung und Entlohnung (bessere Büroräumlichkeiten, bessere Einrichtungen, Leistungsbonus usw.), der Schulung und Ausbildung (in modernen Programmiermethoden, Management usw.), des Erwerbs von Software-Tools.

     Aus Abbildung 33–10 ist ersichtlich, daß das obere Management dazu neigt, die Management-Aktivitäten als Dinge höchster Rangordnung anzusehen, während die ausführenden Mitarbeiter dagegen die Tools mit höchster Bedeutung einordnen. Der ausschlaggebende Punkt ist nicht, welche Gruppe nun recht hat, sondern daß die jeweilige Gruppe brauchbare Erkenntnisse zutage bringt, die zur Lösung des Problems beitragen. Da darüber hinaus die Motivation eine solch wichtige Schlüsselrolle bei der Software-Produktivität spielt, sind die Erkenntnisse der Mitarbeiter ein wichtiger Beitrag. Sollten die führenden Manager der Organisation eine große Kampagne für die Verbesserung der Projektplanung, der Organisation, der Berichterstattung usw. starten, ohne die ausführenden Mitarbeiter mit verbesserten Tools auszurüsten, so würden die resultierenden Produktivitätsgewinne der Organisation das erreichbare Potential nicht auch nur annähernd erreichen.

4. *Bestimmung von Zielen, Alternativen und Einschränkungen*

Dieser Schritt betrifft die in Teil III — insbesondere in Kapitel 17 — dieses Buches behandelten System-Analysemethoden. Eine gute These für ein globales Ziel der Produktivitätsverbesserung ist:

- Finden Sie Mittel und Wege, um ein vergleichbares Maß an erwünschter Software-Funktionalität zu reduzierten Kosten, ohne Verlust an Produktqualität und mit besseren Personal-Karrieremöglichkeiten zu schaffen.

Neben diesem grundsätzlichen Ziel können Installationen spezielle Ziele verfolgen, die größere Erfordernisse an Produktivitätsverbesserung bei großen Projekten widerspiegeln, die eine gleichzeitige Verbesserung des Rechenzentrums-Service usw. anstreben. Die hierbei zu beachtenden Alternativen sind all jene beeinflußbaren Faktoren, die in den Abschnitten 33.2 bis 33.7 besprochen wurden. Zu den Einschränkungen einer Organisation können Personalangelegenheiten, Investitionen bei bestehender Hardware und beim Software-Bestand oder Büroraum-Einschränkungen, Regierungsvorschriften usw. gehören.

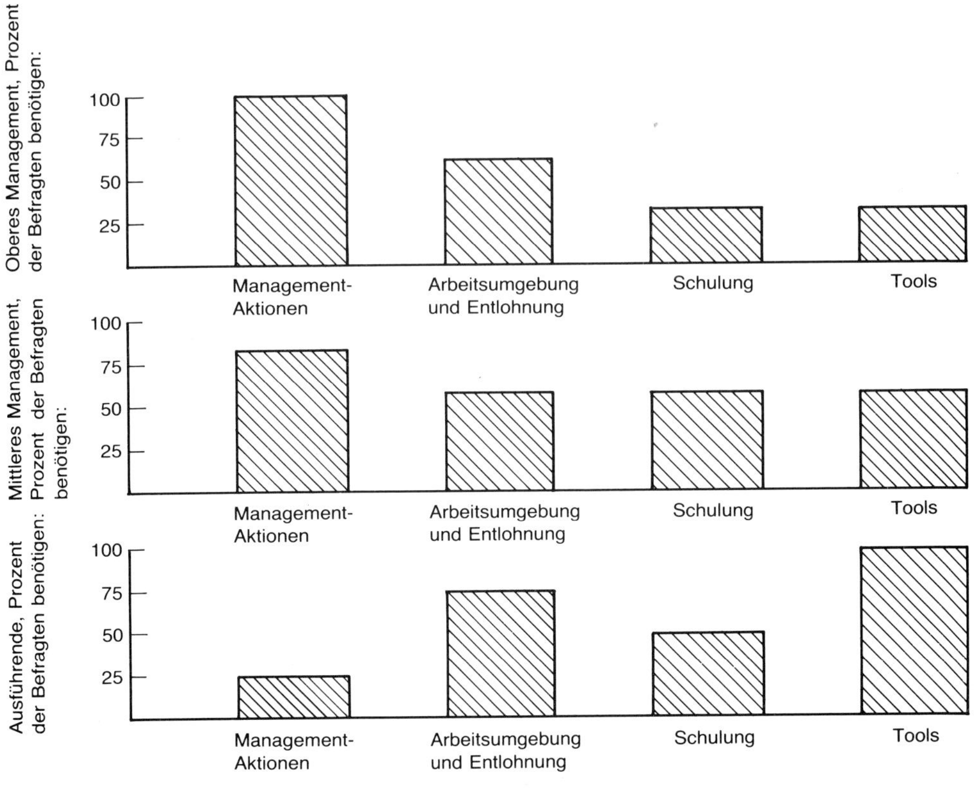

Abb. 33–10: Software-Produktivität — Darstellung der wichtigsten Bedürfnisse

5. *Beurteilung von Alternativen*

Bei der Beurteilung des Status der Organisation und des wahrscheinlichen Produktivitätseinflusses verschiedener möglicher Verbesserungen können die COCOMO-Tabellen von großem Nutzen sein. So zeigt Ihnen z. B. die Tabelle 33–6 eine Beurteilung der langfristigen Auswirkungen eines Planes, wie die verfügbaren Software-Tools und ihr Einsatz bei einer vorgegebenen Organisation verbessert werden können. Sie zeigt für jede COCOMO-Stufe des Tool-Einsatzes die laufende Situation einer Organisation in Form von Produkten, die sich auf dieser Tool-Ebene auswirken und den gesamten Prozentsatz der Software-Aktivitäten der Organisation, wie sie sich auf dieser Tool-Ebene darstellen (hier z. B. sind 15% des Aufwandes der Organisation im Jahre 1981 Projekten mit sehr niedriger Tool-Unterstützung gewidmet, vor allem bei der Labor-Automatisierung und auf den Gebieten der Testumgebung für die Software). Sie zeigt weiter, wie sich dieses Prozentprofil nach der Implementierung des langfristigen Tool-Verbesserungsprogramms wahrscheinlich ändern wird. Aus diesen Profilen kann der gewichtete durchschnittliche COCOMO-Tool-Multiplikator für jedes dargestellte Jahr errechnet werden. Die Tabelle zeigt weiter, daß sich der durchschnittliche Tool-Maßstab der Organisation innerhalb von vier Jahren von 1,05 auf 0,94 reduzierte (dies bedeutet einen Produktivitätsgewinn von 12%) und nach weiteren fünf Jahren der Tool-Verbesserung von 1,05 auf 0,88 (was einen Produktivitätsgewinn von 19% bedeutet).

Wie bei den anderen Analysen, die wir in Teil III durchgeführt haben, müssen natürlich auch die subjektiveren sowie die leicht quantifizierbaren Auswirkungen in Betracht gezogen werden. Ebenso müssen die Auswirkungen verbesserter Tools auf die Motivation der Mitarbeiter (erinnern Sie sich an Abbildung 33–10) und ihre Karriereziele mit bewertet werden.

Tab. 33–6: Beurteilung der Strategie aufgrund der Tool-Verbesserungen

COCOMO-Tool-Stufe	Bewertungs-maßstab Multiplikator	1981 Projekte	Prozent der Projekte		
			1981	1985	1990
Sehr niedrig	1,24	Laborautomatisierung, Testausrüstung	15%	0%	0%
Niedrig	1,10	Prozeßsteuerung, Kommunikationstechnik	25	10	5
Durchschnittlich	1,00	MIS, Bestandsführung	50	25	10
Hoch	0,91	Wissenschaftliche Systeme	10	50	25
Sehr hoch	0,83			15	60
Gewichteter Durchschnitts-Multiplikator			1,05	0,94	0,88
Produktivitätsgewinn				12%	19%

6. *Wahl der besten Kombination der Alternativen*

Auch hier gilt wieder, daß die weitaus besten Ergebnisse bei der Produktivitätsverbesserung dadurch erzielt werden, daß das Problem als Ganzes bearbeitet wird. Wenn Sie sich nur auf die modernen Programmiermethoden bzw. auf Management-Aktivitäten oder Tools konzentrieren, so wird dies zum Verlust eines Großteils der potentiellen Produktivitäts-Synergie aus einer integrierten Kombination der Alternativen führen. Mit dem multiplikativen COCOMO-Modell, dessen Gültigkeit offensichtlich ist, ist erwiesen, daß die kumulativen Auswirkungen der

Implementierung verschiedener Alternativen zusammengenommen die individuellen Produktivitätsverbesserungen vervielfachen (wie z. B. bei den für Tools errechneten Verbesserungen in Tabelle 33–6). Tabelle 33–7 zeigt das Ergebnis einer solchen Kalkulation, die sich auf integrierte Bestrebungen stützt, innerhalb einer Organisation den Einsatz der Tools, der modernen Programmiermethoden, interaktiven Software-Entwicklung sowie der Personalbesetzung, Arbeitsumgebung und Besoldung und den Einsatz bereits entwickelter Software zu verbessern.

Tab. 33–7: Beurteilung einer Gesamtproduktivitäts-Strategie

COCOMO-Merkmale	Gewichteter durchschnittlicher Multiplikator 1981	1985	1990
Einsatz von Software-Tools	1,05	0,94	0,88
Moderne Programmiermethoden	1,07	0,89	0,83
Computer-Antwortzeit	1,02	0,91	0,89
Analytiker-Qualifikation	1,00	0,88	0,80
Programmierer-Qualifikation	1,05	0,90	0,80
Änderungsanfälligkeit der virtuellen Maschine	1,06	0,95	0,90
Anforderungs-Änderungsanfälligkeit	1,27	1,08	1,00
Einsatz bereits bestehender Software	0,90	0,70	0,50
Kumulative Multiplikatoren	1,46	0,43	0,19
Produktivitätsgewinn		3,4	7,8

Aus Tabelle 33–7 können mehrere bedeutsame Schlußfolgerungen gezogen werden.

- *Ein integriertes Programm zur Verbesserung der Software-Produktivität kann sich äußerst gut auszahlen.* Es gibt einige Organisationen, die ihre Produktivität innerhalb von 4 Jahren um das Dreifache und binnen 9 Jahren um das Achtfache steigern konnten; ein solches Ergebnis ist es wert, daß hierfür entsprechend geplant und investiert wird. Die meisten Organisationen werden nicht in der Lage sein, ebenso hohe Produktivitätsgewinne zu erzielen; sie könnten aber durch integrierte, langfristige Programme die Produktivität binnen 3 bis 4 Jahren auf das Zweifache und in 6 bis 8 Jahren auf das Fünffache steigern.
- *Voraussetzung für eine verbesserte Software-Produktivität sind langfristige, nachhaltige Anstrengungen.* Die zu erzielenden Ergebnisse können erheblich sein, setzen jedoch ein Langzeit-Engagement voraus. Es gibt keine einfachen, sofort wirksamen Wundermittel.
- *Für ein rentables Produktivitätsverbesserungsprogramm ist mehr als nur die Einführung von MPP erforderlich.* Die in Tabelle 33–7 erzielte Situation beweist, daß ein Produktivitätsgewinn von 29% erzielt werden kann, wenn lediglich die MPP eingeführt werden.
- *Die Einschätzung potentieller Produktivitätsgewinne setzt eine gründliche Beurteilung der laufenden Praktiken einer Organisation voraus.* Wie aus Tabelle

33–6 ersichtlich ist*), bedeutet der COCOMO-Tools-Produktivitätswert 1,49 keineswegs, daß eine Organisation einen 49%igen Produktivitätsgewinn erzielen wird, wenn sie ihre Tools voll aufrüstet.

- *In Tabelle 33–7 wird die Produktivitätsverbesserung in einer Organisation eigentlich noch unterschätzt.* Sie enthält nämlich nicht die Gewinne, die unabhängig vom Produktivitätsprogramm mit bestimmter Wahrscheinlichkeit erzielt werden können, wie z. B. die Gewinne, die auf erhöhte Faktoren bei den Anwendungen, bei der Programmiersprache und bei der Erfahrung mit virtuellen Maschinen zurückzuführen sind; sie unterschätzt den Wartungsnutzen durch den Einsatz der MPP; sie unterstellt, daß keine Verbesserungen durch die Faktoren der Hardware- und Terminplaneinschränkungen möglich sind.

- *Sehr langfristig gesehen werden die größten Produktivitätsgewinne dadurch erzielt werden können, daß Teile der bereits bestehenden Software intensiver eingesetzt werden.*

- *Selbst ohne die Gewinne aus dem Einsatz bestehender Software-Teile können die Entwicklungs- und Wartungs-Produktivitätsgewinne sehr hoch sein.* Abbildung 31–11 zeigt die Berechnung der Software-Entwicklungs-Produktivitätsgewinne aus der Tabelle 33–7, wobei der Einsatz bestehender Software-Teile nicht berücksichtigt ist. Ausgehend von einer angenommenen Basis von 250 DSI/MM im Jahre 1981 wurde errechnet, daß die Entwicklungproduktivität bis zum Jahre 1985 650 DSI/MM (ein Faktor von 2,6) und bis zum Jahre 1990 1075 DSI/MM (ein Faktor von 4,3) erreicht hat. Die Verbesserung der Wartung wäre aufgrund des erhöhten Wartungsnutzens aus den MPP sogar noch größer.

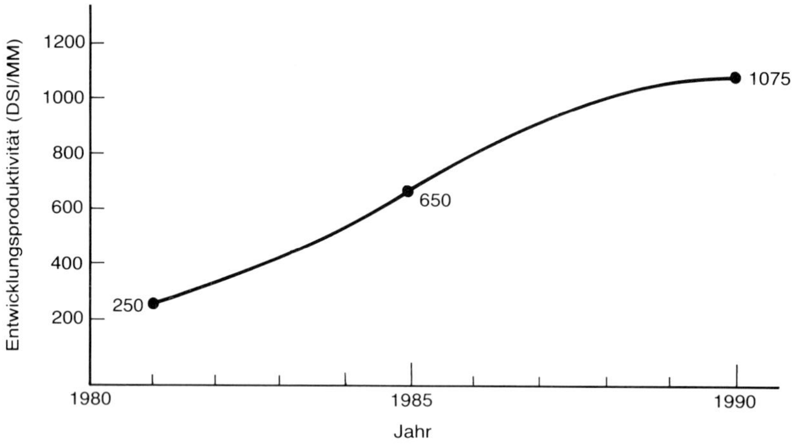

Abb. 33–11: Geschätzter Entwicklungsproduktivitäts-Zuwachs

*) Es sei darauf hingewiesen, daß die Tabelle 33–6 einen brauchbaren Rahmen für die Durchführung solch einer Einschränkung bietet, wenn sie auf die anderen COCOMO-Kostenfaktor-Merkmale ausgeweitet wird. Eine geeignete ergänzende Checkliste für die Durchführung einer Software-Produktivitätsanalyse finden Sie bei (Patrick, 1980).

7. *Vorbereitung eines Implementierungsplanes nach Phasen*
   Der Plan sollte schrittweise aufgebaut sein, wobei sich die frühen Phasen auf die direkteren, leicht zu implementierenden Aktivitäten konzentrieren, die sich gut auszahlen (wie strukturierte Codierung, Walkthroughs, das Stabilisieren der Anforderungen und der virtuellen Maschinenunterstützung). Der Plan sollte dem in Tabelle 21−1 dargestellten Format der Fragestellungen „Warum, was, wann, wer, wo, wie und wieviel?" folgen und Maßnahmen dafür enthalten, daß die ganze Skala an Verbesserungsmöglichkeiten erfaßt wird, auf die sich die Berechnungen zur Produktivitätsverbesserung stützen.

8. *Einholen der Handlungsvollmacht*
   Mit der „wieviel?"-Fragestellung des Implementierungsplanes sollten die Ressourcen bestimmt werden, die für höhere Gehälter, bessere Einrichtungen, bessere Tool-Beschaffung, bessere Schulung und Software-Produktbeschaffung usw. erforderlich sind. Mit der Genehmigung der Arbeiten geht auch die Genehmigung Hand in Hand, Mittel für diese Posten bereitzustellen. Man sollte keine drei- oder achtfachen Produktivitätsverbesserungen erwarten, ohne bereit zu sein, die für ihre Ausführung notwendigen Mittel auszugeben.

9. *Implementierung des Planes*
   Darunter verstehen wir die Implementierung des ganzen Planes, nicht nur der angenehmen Teile. Die Verbesserung der Produktivität durch die Versetzung von ungeeignetem Personal ist unerfreulich; sollten Sie diese Maßnahme beabsichtigen, dann jedoch davor zurückschrecken, so wird dies den Fortschritt, den Sie vielleicht an anderer Stelle erzielt haben, wieder zerstören, weil sich die Mitarbeiter fragen, welche anderen Teile des Programmes auch nicht stimmen.

10. *Verfolgung und Neuaufwurf des Planes*
    Das in Anhang A dargestellte COCOMO-Modell und die Software-Projektdatensammlungs-Instrumente bieten einen guten Rahmen für die Nachverfolgung des Planes. Wenn jedes Projekt die Daten über seine Merkmals-Maßstäbe und seine Produktivität sammelt und erfaßt, gewinnen wir eine Übersicht, aus der wir ersehen können, ob unsere Pläne implementiert sind, ob mit der Implementierung tatsächlich auch die vorhergesagten Verbesserungen bei den Kostenfaktor-Merkmals-Maßstäben realisiert werden und ob die Verbesserungen bei den Merkmalswerten auch Verbesserungen bei der Produktivität erzielen. Da kein langfristig angelegter Plan perfekt ist, werden wir zweifelsohne auf Situationen stoßen, in denen es notwendig ist, die Pläne zu verbessern.

Es ist offensichtlich, daß die Implementierung dieses Planes viel organisatorische Willenskraft und Durchhaltevermögen erfordert. Eine geeignete Quelle der Ermutigung und weiterer Einblicke finden Sie bei (SHARE-GUIDE, 1979), wo Sie auch Berichte über einige Organisationen finden, die Teile dieses Planes mit höchst erfolgreichen Ergebnissen implementiert haben. Eine weitere ermutigende Fallstudie enthält (Paster, 1981).

33.9 Schlußfolgerungen

Was können wir aus dem Material dieses Kapitels schließen? Nachstehend finden Sie die wichtigsten Punkte zusammengefaßt:

- *Für die meisten Datenverarbeitungs-Installationen wird die Software-Produktivität zum kritischen Problem der 80er Jahre werden.* Die Nachfrage nach neuer Software steigt weit schneller, als fähige Software-Mitarbeiter nachwachsen.
- *Die meisten Datenverarbeitungs-Installationen können ihre Software-Entwicklungs- und Wartungs-Produktivität binnen 3 bis 4 Jahren um den Faktor 2, in 6 bis 8 Jahren um den Faktor 5 steigern.* Wenn derart gute Ergebnisse möglich sind, sollte bei jeder Installation ab einer gewissen Größenordnung ein Software-Produktivitätsprogramm eingeführt werden. Jedoch darf niemand Blitzergebnisse erwarten.
- *Die COCOMO-Kostenfaktor-Merkmale und -Aufwandsmultiplikatoren bilden einen natürlichen Rahmen für die Errichtung und Implementierung einer Software-Produktivitätsverbesserungs-Strategie.* Aus Abbildung 33–1, die die Produktivitätswerte der COCOMO-Kostenfaktor-Merkmale zusammenfassend zeigt, können Sie entnehmen, daß zur Verbesserung der Software-Produktivität neben der Einführung moderner Programmiermethoden sehr viel andere Möglichkeiten genutzt werden sollten. So bieten sich insbesondere im Personalbereich die Stellenbesetzung, die Motivation und das Management als die lohnendsten Gelegenheiten an.
- *Auf lange Sicht gesehen ist das beste Produktivitätsprogramm dasjenige, das sowohl den Lifecycle des Software-Produktes als auch den Lifecycle des betroffenen Software-Mitarbeiters berücksichtigt.* Das heißt auch, daß weit verbreitete Fallen wie das Peter-Prinzip, das umgekehrte Peter-Prinzip und das Paul-Prinzip vermieden werden müssen.
- *Die Software-Produktivität kann durch umfangreicheren Einsatz bereits bestehender Software noch sehr viel mehr als durch die oben zitierten Faktoren verbessert werden.* Ein passenderes Kriterium als DSI/MM für die Einschätzung von Software-Produktivitätsverbesserungen wäre nämlich ein Kriterium, das die erwünschte Software-Funktionalität in Kosten pro Modul ausdrückt.
- *Bedeutende Software-Produktivitätsverbesserungen können ohne die volle Unterstützung des oberen Managements nicht erreicht werden.* In bestimmten Situationen ist es erforderlich, daß für Spitzenmitarbeiter bedeutende, differenzierte Gehaltsanhebungen vorgesehen, daß ungeeignete Mitarbeiter entlassen und daß gestraffte Praktiken eingeführt werden. Weiter ist es notwendig, daß bei unrealistischen Terminplan-Forderungen oder Anforderungsänderungen seitens des Kunden eine Absprache getroffen wird und daß ein höherer Anteil der „Fremd"-Software genutzt wird.
- *Der beste Weg, um ein stockendes Software-Produktivitäts-Verbesserungsprogramm flottzubekommen, ist die Ernennung eines Verantwortlichen für die Software-Produktivität.* Dieser Mitarbeiter sollte dafür verantwortlich sein, die beabsichtigten Produktivitätsverbesserungen auszuarbeiten, zu analysieren und die Rahmenbedingungen für ihre Verwirklichung zu schaffen. Gewöhnlich kann diese verantwortliche Bezugsperson auch als Mittelpunkt der Organisation und als zentrale Anlaufstelle für alle Aktivitäten in Zusammenhang mit der Software-Kostenschätzung, Datensammlung und Analyse dienen.

Noch ein weiterer Punkt ist es wert, besonders hervorgehoben zu werden. Wenn wir nach Verbesserungen bei der Software-Produktivität streben, müssen wir darauf achten, den Zweck nicht mit den Mitteln zu verwechseln. Eine Verbesserung der Software-Produktivität ist nicht Selbstzweck; sie ist ein Weg, den Menschen dabei zu helfen, ihre Fähigkeiten bei der Handhabung von Daten, Informationen und Entscheidungen besser einzusetzen.

Wenn wir den Mitarbeitern helfen, dies zu tun, werden wir nicht selten in Aktivitäten verwickelt, die keine Spuren auf unserer Produktivitätsliste hinterlassen, wenn wir z. B. zwei Wochen damit verbringen, jemandem dabei behilflich zu sein, eine gute Lösung seines Problems zu finden, die außerhalb der Software liegen kann. In solchen Fällen sollten wir bedenken, daß die Software-Produktivitätsliste nur eine von vielen Möglichkeiten ist, mit denen wir unseren Fortschritt auf dem Wege, bessere Datenverarbeitungsspezialisten zu werden, abschätzen können.

Anhang A

Datensammlung über Software-Kosten — Formulare und Verfahren

Einführung

In Anhang A finden Sie eine Reihe Formulare und Verfahren für die Kostendatensammlung während des Lifecycle (Lebenszyklus) eines Software-Produktes. Die Verfahren gruppieren sich um die Informationssammlung und die Aktualisierung der COCOMO-Schätzungen des Software-Produktes an den wichtigsten Lifecycle-Meilensteinen des Projektes.*) Die revidierten COCOMO-Schätzungen bringen dem Projekt-Management dadurch sofortigen Nutzen, daß sie verbesserte Komplett-Kostenschätzungen für den Einsatz bei der Überprüfung von Terminplänen und Personalanforderungen zur Verfügung stellen und daß sie mit verbesserten Schätzungen für den Vergleich mit den aktuellen Projektkosten sorgen. Sie bieten auch Gelegenheit, aktuelle Sensitivitäts-Analysen und Kosten-Risiken-Analysen für die Projekt-Optionen zu erstellen. Die nachstehend spezifizierten Datensammlungs-Aktivitäten stellen somit für das Projekt keine zusätzliche Kostenlast dar, die nur statistischen Zwecken nützt, sondern sind ein integraler Teil des Prozesses, den Management-Plan des Projektes auf dem neuesten Stand zu halten.

Verfahren für ein laufendes Projekt

Die Software-Projektdaten-Formulare (SPD), die Sie in diesem Buch finden, können entweder für laufende oder für abgeschlossene Projekte verwendet werden. Die Formulare und ihre Verwendung bei laufenden Projekten werden nachstehend erläutert und illustriert, wobei wir das CEMICS-Bestandskontrollsystem-Projekt aus den Kapiteln 31 und 32 als Muster herangezogen haben.

Formular SPD-1: Allgemeine Information (Abbildung A–1 und Tabelle A–1).
Dieses Formular wird mit dem Beginn des Projektes eröffnet und mit dem Ende der Software-Entwicklung abgeschlossen.

Formular SPD-2: Zusammenfassungen der Phasen (Abb. A–2 und Tabelle A–2).
Die Phasendaten werden jeweils am Ende einer Phase eingetragen. (Abbildung A–2 zeigt ihren Stand am Ende der Produkt-Entwurfsphase.) Die Komplettierung erfolgt nach Abschluß der Entwicklung.

Formular SPD-3: Subsystem-Zusammenfassungen (Abb. A–3 und Tabelle A–3). Das Formular wird nach Abschluß der Entwicklung ausgefüllt.

Formular SPD-4: COCOMO-Meilenstein-Berechnungen (Abb. A–4 und Tabelle A–4).
Die Meilenstein-Information wird bei jedem wichtigen Entwicklungs-Meilenstein eingetragen, und zwar entweder gleichzeitig mit der Ausfüllung eines Zwischen-COCOMO-CLEF-Formulars (Abbildung A–5) oder der End-COCOMO-SHEF-Formulare.

---

*) Unter den hier enthaltenen Formularen finden Sie das Zwischen-COCOMO-CLEF-Formular, das in Kapitel 9 besprochen wurde, sowie die Formulare zum COCOMO-Endmodell, das wir in Kapitel 23 vorgestellt haben.

COCOMO-Wartungsschätzungen

Sie werden zu Beginn und am Ende jedes Jahres der Wartung erstellt (so sollte man am Ende des 2. Jahres eine revidierte Schätzung der Kosten des 2. Jahres sowie eine Schätzung der voraussichtlichen Kosten des 3. Jahres erstellen). Auch bei diesen Schätzungen werden entweder das Zwischen-COCOMO-CLEF-Formular (Abbildung A–6) oder das End-COCOMO-SHEF-Formular eingesetzt.

Formular SPD-M: Jährliche Wartung (Abb. A–7 und Tabelle A–5)

Am Ende jedes Jahres bei der jährlichen Wartung auszufüllen.

Tab. A–1 a: Erklärung des Formulars SPD-1: Definition

Kundenerfahrung: Anwendung.

Die gesamte Erfahrung des Kunden mit der Art des Anwendungssystems, das entwickelt wird (Bestandskontrolle, Energie-Management, Investitionsanalyse usw.).

Kundenerfahrung: Datenverarbeitung.

DV-technische Erfahrung des Kunden.

Kundenschnittstelle: Komplexität.

Der Komplexitätsgrad, der beachtet werden muß, um die Mitarbeit des Kunden bei Prüfungen, für Genehmigungen, für die Datengewinnung und Spezifikation von Schnittstellen usw. zu gewinnen.

Detaillierter Projektplan. Der Umfang, in welchem das Projekt von einem detaillierten Plan begleitet wird, der die Produkte, Terminpläne, Meilensteine, Verantwortlichkeiten, Methoden, Ressourcen und Projektabnahmen spezifiziert.

Komplette Spezifikation der Anforderungen. Der Umfang, in welchem im Rahmen des Projektes eine Spezifikation der Anforderungen erstellt wird, in der die funktionellen, die Performance- und Schnittstellen-Anforderungen während der Planungs- und Anforderungsphasen und während der Produkt-Designphase detailliert werden.

Frühzeitige Qualitätskontrolle. Die Gründlichkeit, mit der bei dem Projekt Nachprüfbarkeits- und Richtigkeits-Aktivitäten bei seinen Anforderungs- und Entwurfsspezifikationen durchgeführt werden.

Grundlegendes Konfigurations-Management

Die Gründlichkeit, mit der im Projekt grundlegende Varianten der Spezifikationen und der Codierung entworfen werden und Funktionen zur Änderungs- und Statusüberwachung ablaufen, um eine effektive Überwachung der Software-Versionen sicherzustellen.

Modulentwicklungsunterlagen oder Äquivalente

Der Umfang, in dem das Projekt die Methode der Modul-Entwicklungsunterlage, die in Abschnitt 32.4 vorgestellt wurde, oder ein Äquivalent verwendet.

Gründliche Testpläne und -methoden

Der Umfang, in dem die Projekt-Testaktivitäten von detaillierten Testplänen und -methoden abgeleitet werden, wobei Test-Konzepte, Kriterien, Ein- und Ausgabe-Daten, Terminpläne, Ressourcen, Unterstützungs-Software, Verantwortlichkeiten und Verarbeitungs-Prozeduren festgesetzt werden.

Einhaltung von Standards und Qualitätssicherung

Der Umfang, in dem das Projekt Standards für die Programmierung, die Dokumentation, die Vollständigkeit der Tests usw. aufstellt und das Projekt im Hinblick auf Übereinstimmung mit den Standards überwacht.

Tab. A–1 a: Forts.

Ressourcen-Planungs- und Kontrollsystem

Der Umfang, in welchem das Management, das für die Ressourcen eines Projektes verantwortlich ist, von einem Planungs- und Kontrollsystem ähnlich dem in Kapitel 32 vorgestellten geleitet wird.

Gute Arbeitsumgebung

Der Umfang, in welchem in der Arbeitsumgebung eines Projektes ruhige, angenehme, stabile Einrichtungen von ausreichender Größe und mit guter Büropersonal- und Telefon-Unterstützung, guten Betriebsmitteln und Arbeitsmethoden usw. zur Verfügung stehen.

Vertraulichkeits- und Sicherheitsbeschränkungen

Der Umfang, in welchem das Projekt Beschränkungen aufgrund besonderer Methoden, eingeschränktem Informationszugang und zusätzlichen Schutzanforderungen aufgrund von Sicherheits- oder Vertraulichkeitsfaktoren unterliegt.

Tab. A–1 b: Erklärung von Formular SPD–1: Allgemeine Information

---

1. *Projekt-Name.* Eine kurze Bezeichnung des Projektes oder des Produktes.
2. *ID-Nummer.* Eine einmalige Identifikations-Nummer für das Projekt.
3. *Änderungs-Nummer.* Nummer der Reihenfolge der letzten Änderung (sofern erforderlich).
4. *Datum.* Datum der Erstellung oder der letzten Änderung.
5. *Entwickler.* Die Organisation, die für die Entwicklung des Produktes hauptsächlich verantwortlich zeichnet.
6. *Projekt-Manager.* Name der Person, die für die Entwicklung des Produktes hauptsächlich verantwortlich ist.
7. *Sachberarbeiter.* Name des Mitarbeiters, der dieses Formular ausfüllt.
8. *Kunde.* Die Organisation, die hauptsächlich für die Anschaffung und den Einsatz des Produktes verantwortlich ist.
9. *Projekt-Art.* BUS = kommerziell; CTL = Prozeßsteuerung; HMI = interaktives Mensch-Maschine-System; SCI = wissenschaftlich; SUP = Unterstützung; SYS = Systeme.
10. *Hardware-Konfiguration.* Eine knappe Zusammenfassung der Computer-Hardware-Konfigurationen, die für die Entwicklung und die Verarbeitung eingesetzt werden.
11. *Kurze Projektbeschreibung.* Eine knappe Zusammenfassung der wesentlichen Projekt-Charakteristika.
12. *Verweis auf Detail-Beschreibung.* Berichte, Notizen und andere Dokumente, in denen das Projekt beschrieben ist.
13. *Projektmerkmale.* Bewertungsmaßstäbe (sehr niedrig, niedrig, durchschnittlich, hoch, sehr hoch) auf einer Skala von Projektmerkmalen zuzüglich zu denen, die als COCOMO-Merkmals-Bewertung spezifiziert sind. Merkmal-Definitionen finden Sie in Tabelle A–1 a. Die Leerzeilen sind für zusätzliche wichtige Merkmale vorgesehen.
14. *Kommentare.* Erklärende Kommentare zu den jeweiligen Merkmals-Bewertungsmaßstäben.
15. *Kostensteigernde oder -senkende Sonderfaktoren.* Hervorheben von Faktoren, die als besonders wichtige Projekt-Kostenfaktoren gelten. Diese oder jene andere Eintragung kann durch laufende Kommentare auf zusätzliche Seiten oder unter Bezugnahme auf andere Dokumente im einzelnen ausgearbeitet werden.

---

(1) Projektname: CEMICS | (2) ID-Nr.: B 142 | (3) Änderungs-Nr.: 3 | (4) Datum: 28. 9. 1982

(5) Entwickler: BSD | (6) Projekt-Manager: M. Marcos | (7) Sachbearbeiter: R. Lee

(8) Kunde: MSD | (9) Projekt-Art: BUS

(10) Hardware-Konfiguration: IBM 3023 (mit MVS)

(11) Kurze Projekt-Beschreibung

Inventar-Kontrollsystem für die zentrale Ausrüstungs-Management-Verarbeitung von PPI

(12) Verweis auf Detail-Beschreibung

Dokument B 142–D 002, „CEMICS-Anforderungs-/Design-Spezifikationen", 10. 9. 1982
B 142–D 005 A, „CEMICS-Plan", 1. 9. 1982

(13) Projekt-Merkmale	Bewertung: sehr niedrig	niedrig	dsn.	hoch	sehr hoch
Kundenerfahrung: Anwendung					×
Kundenerfahrung: Datenverarbeitung				×	
Kundenschnittstelle: Komplexität		×			
Detaillierter Projektplan					×
Komplette Spezifikation der Anforderungen				×	
Frühzeitige Qualitätskontrolle				×	
Grundlegendes Konfigurations-Management				×	
Modulentwicklungsunterlagen od. Äquivalente				×	
Gründliche Testpläne und Verfahren				×	
Einhaltung v. Standards u. Qualitätssicherung				×	
Ressourcen-Planungs- u. Kontrollsystem					×
Gute Arbeitsumgebung				×	
Vertraulichkeit, Sicherheitsbeschränkungen	×				
Qualität bereits bestehender Dokumentation	×				

(14) Kommentare

Frühzeitige Qualitätskontrollen wären „sehr hoch" eingestuft worden, wenn wir nicht bereits bestehende Dokumentation ohne Rückfragen akzeptiert hätten

(15) Kostensteigernde oder -senkende Sonderfaktoren

Etwa 5% zusätzlicher Aufwand wegen der irreführenden Information in der Dokumentation des früheren Systems. Siehe Memorandum B 142–M 17, 16. 7. 1982

Abb. A–1: Formular SPD-1

Tab. A–2: Erklärung von Formular SPD-2: Phasenübersicht

1. *Projekt-Name.* Eine kurze Bezeichnung des Projektes oder des Produktes.
2. *ID-Nummer.* Eine eindeutige Identifikations-Nummer für das Projekt.
3. *Sachbearbeiter.* Der Name des Mitarbeiters, der dieses Formular ausfüllt.
4. *Datum.* Datum der Erstellung oder der letzten Änderung.
5. *Phase.* Die hauptsächlichen, in Tabelle 4–1 definierten Entwicklungsphasen.
6. *Anfangsdatum, Enddatum.* Die Daten, zu denen jede Phase beginnt bzw. abgeschlossen wird.
7. *Mann-Monat je Aktivität.* Die Anzahl der Mann-Monate, die während jeder Pahse den hauptsächlichen Projektaktivitäten zugeordnet werden (Anforderungs-Analyse, Produktentwurf usw.), wie in den Tabellen 4–2 und 4–3 erläutert.
8. *Gesamt $ K.* Die Gesamtkosten für die Fertigstellung jeder Phase in Landeswährung (je 1000).
9. *Computer-Stunden, $.* Die Anzahl der Computer-Stunden und der Betrag in Landeswährung, die während jeder Phase angewandt werden mußten.
10. *Dokumentation.* Die Anzahl *neuer* Seiten in Spezifikationen, Plänen und Handbüchern, die während jeder Phase erstellt wurden.
11. *Fehler: in dieser Phase bzw. früher.* Die Anzahl erheblicher, deutlicher Fehler, die während jeder Phase entdeckt wurden und die aus derselben oder aus einer früheren Phase stammen.

12.–14. Drei *Leerspalten,* in denen die Spezifikationen anderer Phasen-Merkmale eingetragen werden können (z. B. die Anzahl neuer Anforderungen, die sich während der betreffenden Phase ergaben).

15. *Sonstige Projektkosten.* Die Anzahl der Mann-Monate und der Geldbetrag, die während des Entwicklungszyklus (die Pläne- und Anforderungsphasen und die Implementierungs-Phase sind hierbei nicht berücksichtigt) für Schulung, Installation usw. aufgewendet wurden, sowie der Betrag, der während derselben Periode für Reisen, Konferenzen usw. verbraucht wurde.
16. *Art der Finanzierung*

FP:	Festpreis-Kontrakt
CPFF:	Kosten plus Vereinbarung eines fixen Grundbetrages
CPIF:	Kosten plus Leistungsprämie
Int.-Anwender:	Interne Verrechnung, von der Benutzerorganisation zu zahlen
Int.-Entwickler:	Interne Verrechnung, von der Entwicklerorganisation zu zahlen
Sonstige:	Zu spezifizieren.

17. *Belastungsaufteilung*

$$\text{Verhältnis: } \frac{\text{Gesamtpersonalkosten zu Lasten der Kunden-Organisation}}{\text{Gesamte Personalgehälter, von der Entwickler-Organisation zu zahlen.}}$$

Neben den Gehältern decken die Personalkosten die Sozialaufwendungen, die Arbeitsplatz- und Arbeitsmittelausgaben, allgemeine und Verwaltungsausgaben, Gewinne und andere, in den Gemeinkosten der Organisation enthaltene Ausgaben.

18. *Prozentsatz der unbezahlten Überstunden.* Der durchschnittliche Prozentsatz an zusätzlichem unbezahltem Aufwand, der vom Projektpersonal für Projektaufgaben geleistet wurde, ausgehend von den durchschnittlich 152 Stunden pro Mann-Monat.

(1) Projektname: CEMICS (2) ID-Nr.: B 142 (3) Sachbearbeiter: R. Lee (4) Datum: 28. 9. 1982

(5)	(6)		(7)									(8)	(9)		(10)			(11)		(12)	(13)	(14)
			Mann-Monate je Aktivität										Computer		Dokumentation			Fehler		Neue Anfor-derungen		
Phase	Anfang	Ende	RA	PD	PG	TP	VV	PO	CQ	MN	Ge-samt	Insg. $K	Std.	$	SPEC	PLAN	MAN	diese Phase	früher			
Pläne und Anforderungen	1. 5. 82	2. 7. 82	3.0	2.0	0.1	—	0.5	1.0		—	5.6	33.9	0.6	130	120	70		131				
Produkt-Design	3. 7. 82	27.9.82	2.0	9.1	0.7	0.6	1.0	2.0		1.9	17.3	101.4	2.1	460	350	110	60	304	29	12		
Detail-Design																						
Codierung und Modultest																						
Integration und Test																						
Entwicklung insgesamt																						

(15) Sonstige Projektkosten

Posten	Mann-Monate	$K
Schulung		
Installation		
Programmumstellung		
Datenbank-Umstellung		
Verwaltung		

Posten	$K
Reisen	
Konferenzen	
Veröffentlichungen	
Software-Produkte	

(16) Art der Finanzierung ______

(17) Belastungsaufteilung ______

(18) % der unbezahlten Überstunden ______

Abb. A–2: Formular SPD-2

Tab. A–3: Erklärung von Formular SPD-3: Übersicht über die Subsysteme

1. *Projektname.* Eine kurze Bezeichnung des Projektes oder des Produktes.
2. *ID-Nummer.* Eine eindeutige Identifikations-Nummer für das Projekt.
3. *Sachbearbeiter.* Der Name des Mitarbeiters, der dieses Formular ausfüllt.
4. *Datum.* Datum der Erstellung oder der letzten Änderung.
5. *SS-Nummer.* Die Nummer des beschriebenen Software-Subsystems.
6. *Subsystem.* Die Bezeichnung des beschriebenen Software-Subsystems (in unserem Beispiel ist eine SYSTEM-Zeile eingeführt worden, um die Informationen auf Systemebene abzudecken).
7. *KDSI.* Ablauffähig, nicht ablauffähig: In Tausend der ablauffähigen und nicht ablauffähigen auszuführenden Sourcebefehle des Subsystems.
8. *KDMI.* Ablauffähig, nicht ablauffähig: In Tausend der ablauffähigen und nicht ablauffähigen auszuführenden Maschinenbefehle des Subsystems.
9. *Anpassung.* Die COCOMO-Parameter, die beschreiben, bis zu welchem Grad das Subsystem aus existierender Software entwickelt wurde (Näheres hierzu in Abschnitt 8.8):

   DM = Prozentsatz modifiziertes Design

   CM = Prozentsatz modifizierte Codierung

   IM = Prozent der erforderlichen Integration für die modifizierte Software.

   Vollständig neue Software kann — wie im Beispiel — entweder durch 100 oder durch Gedankenstriche angezeigt werden.
10. *Definition der Anforderungen.* Die Gründlichkeit, mit der die Software-Anforderungen zum Zeitpunkt des Meilensteines für den Produktentwurfs-Review spezifiziert worden sind (eingestuft nach sehr hoch, hoch, durchschnittlich, niedrig, sehr niedrig).
11. *Änderungsanfälligkeit der Anforderungen.* Der Umfang, in welchem Änderungen bei den Software-Anforderungen aufgrund erforderlicher Überarbeitung von Plänen, Spezifikationen, Handbüchern sowie Codierung usw. die Software-Kosten erhöhen. Nachstehend finden Sie eine Bewertungsskala mit den entsprechenden Aufwandsmultiplikatoren. Am besten ist es, wenn Sie die Bewertung mit Ihrer Schätzung des Aufwandsmultiplikators abstimmen, mit dem Sie Projekterfahrungen gemacht haben.

Maßstab	Projektüberarbeitung aufgrund von Änderungen der Anforderungen	Aufwands-multiplikator
Niedrig	Praktisch keine	0,91
Durchschnittlich	Kleine, unwesentliche Umdispositionen	1,00
Hoch	Gelegentliche, mittlere Umdispositionen	1,00
Sehr hoch	Häufig vorkommende, mittlere oder gelegentliche wichtige Umdispositionen	1,38
Besonders hoch	Häufige und bedeutende Umdispositionen	1,62

12. *Programmiersprache.* Die vom Subsystem verwendeten Programmiersprachen und die Prozente an Source-Befehlen in der jeweiligen Programmiersprache (VOB = COBOL in unserem Beispiel).
13. *Personalkontinuität.* Der Grad, in dem bei diesem Projekt unerwünschte Personalfluktuationen vermieden werden. Die Maßstabskala stützt sich auf den Prozentsatz unerwünschter Fluktuation, bezogen auf den Gesamt-Personalbestand des Projektes.

   Sehr niedrig — 100%

   Niedrig — 30%

Tab. A—3: Forts.

Durchschnittlich	—	10%
Hoch	—	5%
Sehr hoch	—	0%.

14. *Personal-Durchschnitt.* Die durchschnittliche Anzahl an Fulltime-Software-Personal (FSP), das an dem Subsystem arbeitet.

15. *Maximaler Personalbestand.* Die höchste Anzahl an Fulltime-Software-Personal (FSP), das an dem Subsystem mitarbeitet.

16. *Mann-Monate nach Phasen.* Die Anzahl der Mann-Monate, die während jeder Phase für das Subsystem aufgewendet wird (in unserem Beispiel: die Mann-Monate, die auf die Aktivitäten des gesamten Systems verwendet werden, wie z. B. für das Projekt-Management, für die Anforderungsanalyse und für den Produktentwurf; diese sind auf der Zeile „SYSTEM" eingetragen).

17. *Gesamtentwicklung in Mann-Monaten.* Die Anzahl an Mann-Monaten, die für das Subsystem — oder Aktivitäten auf System-Ebene — während der Entwicklung aufgewendet wurde (der Aufwand für die Planungs- und Anforderungsphasen ist nicht berücksichtigt).

18. *Personalkosten für die Entwicklung (in S_K),* Betrag in (Tausend), der für die Personalkosten während der Entwicklung ausgegeben wurde.

19.—22. Es stehen vier leere Spalten zur Verfügung, um andere Merkmale von Subsystemen zu spezifizieren (unser Beispiel zeigt die Programm-Design-Sprache in Tausend Zeilen an; die anderen Möglichkeiten wären: Komplexitäts-Maßstäbe, die Anzahl von Fehlern, die Anzahl von In- und Outputs, Dateien, Berichten usw.).

23. *Gesamt.* Dies ist die Spalte für die Gesamtergebnisse der entsprechenden Spalten.

(1) Projektname: CEMICS (2) ID-Nr.: B 142 (3) Sachbearbeiter: R. Lee (4) Datum: 15. 1. 84

(5)	(6)	(7)		(8)		(9)			(10)	(11)	(12)		(13)	(14)	(15)	(16)					(17)	(18)	(19)	(20)	(21)	(22)
		KDSI		KDMI		Anpassung					Sprache					Mann-Monate										
SS Nr.	Subsystem	ab-lauf-fähig	nicht ab-lauf-fähig	ab-lauf-fähig	nicht ab-lauf-fähig	DM	CM	IM	Anford.	Änd. anfäll. d. Anford.	COB		Personal	dsn. Personal	Max. Personal	PR	PD	DD	CUT	IT	Gesamt Ent-wickl.	$K Ent-wickl.	PDL K			
0	System												VHI	3.8	7	6	17		57	37	117	625				
1	EDIT	8.1	7.8	25	17	—	—	—	HI	N	100		VHI	1.5	2				11		11	52	2.1			
2	UPDATE	5.2	1.5	18	7	—	—	—	HI	LO	100		VHI	0.5	1				5		5	31	2.4			
3	EQUIP	7.0	4.2	26	10	—	—	—	HI	LO	100		VHI	0.6	1				6		6	39	2.9			
4	RPT DATA	12.5	8.4	41	34	—	—	—	HI	HI	100		N	1.2	2				18		18	81	4.0			
5	Berichte	7.0	8.0	23	20	—	—	—	HI	HI	100		N	0.8	1				8		8	79	1.9			
6	Verschiedenes	7.6	2.4	27	14	—	—	—	N	HI	100		N	0.5	1				7		7	30	1.7			
(23)	Gesamt	47.4	32.3	160	102									8.9		6	17		172	37	172	897	15			

Abb. A–3: Formular SPD-3

Tab. A—4: Erklärung des Formulars SPD-4: Berechnung der COCOMO-Meilensteine

1. *Projektname.* Eine kurze Bezeichnung des Projektes oder des Produktes.
2. *ID-Nummer.* Eine eindeutige Identifikationsnummer für das Projekt.
3. *Sachbearbeiter.* Name des Mitarbeiters, der dieses Formular ausfüllt.
4. *Datum.* Datum der Erstellung oder der letzten Änderung.
5. *Meilenstein.* Projekt-Meilenstein der COCOMO-Berechnungsläufe, wie in Tabelle 4—1 definiert. Sie finden zwei leere Spalten für die Zwischen-Meilensteine (in unserem Beispiel sind diese für die Testbeendigung des CEMICS-Inkrements 1 und 2 vorgesehen).
6. *COCOMO-Berechnungslauf. Art:*
   BAS = COCOMO-Basismodell
   INT = COCOMO-Zwischenmodell
   END = COCOMO-Endmodell
7. *COCOMO-Berechnungslauf. Datum:* Das Datum der COCOMO-Berechnung.
8. *Bemerkungen zu COCOMO-Inputs.* Kommentare zu Annahmen, die bei der Vorbereitung von COCOMO-Inputs gemacht wurden oder über die Gründe für Änderungen von Inputs aus früheren Berechnungsläufen.
9. *Die wichtigsten Projekterfahrungen während dieser Phase.* Zusammenfassung der gesammelten Erfahrungen — Dinge, die bei ähnlichen zukünftigen Projekten anders gemacht werden sollten — oder Hinweise auf Dokumente, aus denen mehr Einzelheiten hervorgehen.

(1) Projektname: CEMICS (2) ID-Nr.: B 142 (3) Sachbearbeiter: R. Lee (4) Datum: 22. 2. 1982

(5) Meilenstein	COCOMO-Lauf (6) Art	(7) Datum	(8) Bemerkungen zu COCOMO-Inputs	(9) Die wichtigsten Projekterfahrungen während dieser Phase
Überprüfung des Lifecycle-Konzeptes	INT	22. 2. 82	Größen-Schätzung: 4 $ ± IS KDSI	
Überprüfung der Software-Anforderungen		25. 4. 82	Keine Läufe: Keine wichtigen Änderungen	
Überprüfung des Produktentwurfs	INT	24. 9. 82	Durchlauf-Einstufung: zum Teil interaktiv, teilweise 8 Std. Verweilzeit. Weniger erfahrene Programmierer für RPT DATA, REPORTS und VERSCHIEDENES verfügbar	Gehen Sie nicht davon aus, daß die bestehende Dokumentation genau ist. Sie war hier total veraltet. Bei der Qualitätskontrolle sollte auch die Dokumentation überprüft werden. Siehe Memos. B 142–M–17 vom 16. 7. 1982
Inkrement 1 Test-Review				
Inkrement 2 Test-Review				
Software-Übernahme-Review				
System-Übernahme-Review				

Abb. A–4: Formular SPD-4

Projekt: CEMICS-Pdr

			Produkt			Computer				
(1) Komponente	(2) EDSI	(3) AAF	(4) RELY	(5) DATA	(6) CPLX	(7) ZEIT	(8) STOR	(9) VIRT	(10) TURN	(11) ACAP
1. EDIT	9 450		DSN 1.0	SH 1.16	N 0.85	DSN 1.0	DSN 1.0	DSN 1.0	DSN 1.0	DSN 1.0
2. UPDATE	5 200				DSN 1.0					H 0.86
3. EQUIP	7 800									
4. RPTDATA	12 850									
5. REPORTS	7 100									
6. VERSCH.	6 300									
7.										
8.										
9.										
10.										
11.	48 700	Gesamt-EDSI								
12.	189	$(MM)_{DSN}$						Entwicklungsart:		
13.	258	$(EDSI/MM)_{DSN}$								

Abb. A–5: COCOMO-Software-Kosten

Analytiker: R. Lee Datum: 24. 9. 1982

Personal-Mermale				Projekt								
(12) AEXP	(13) PCAP	(14) VEXP	(15) LEXP	(16) MODP	(17) TOOL	(18) SCED	(19) EAF	(20) MM DSN	(21) MM DEN/AM	(22) EDSI/MM IST	(23) $K	(24) $/EDSI
H	DSN	DSN	H	H	DSN	DSN		37	29	326	5.0	15
0.91	1.0	1.0	0.95	0.91	1.0	1.0	0.78				14.5	
↓	H	H	↓	↓				20	12	433	6.0	14
	0.86	0.90					0.61				72	
	H	H						30	18	433	6.0	14
	0.86	0.90					0.61				108	
	DSN	N	N					50	48	268	5.0	19
	1.0	1.10	1.07				0.97				240	
		↓	↓					28	27	268	5.0	19
							0.97				135	
								24	23	268	5.0	19
							0.97				118	
							Gesamt:		157	310	815	17
							Terminplan (Monate)		17			

organisch

modell: Schätzformular auf Komponentenebene (CLEF)

Projekt: CEMICS-Wartung 1984

			Produkt			Computer				
(1) Komponente	(2) EDSI	(3) AAF	(4) RELY	(5) DATA	(6) CPLX	(7) TIME	(8) STOR	(9) VIRT	(10) TURN	(11) ACAP
1. EDIT	10 744									
2. UPDATE	5 731									
3. EQUIP	8 426									
4. RPT DATA	15 237									1.0 0.86
5. REPORTS	9 676									1.0 0.86
6. VERSCH.	8 424									1.0 0.86
7.										
8.										
9.										
10.										

11.	58 238	Gesamt-EDSI
12.	2 28'	$(MM)_{DSN}$
13.	255	$(EDSI/MM)_{DSN}$

Entwicklungsart:

Abb. A–6: COCOMO-Software-Kosten

Analytiker: T. Tanaka   Datum: 4. 1. 1984

Personal-Merkmale				Projekt								
(12) AEXP	(13) PCAP	(14) VEXP	(15) LEXP	(16) MODP	(17) TOOL	(18) SCED	(19) EAF	(20) MM DSN	(21) MM DEN/AM	(22) EDSI/MM IST	(23) $K	(24) $/EDSI
				0.86			0.74	42	5.3	17	3.9	
				0.91			0.78				31	
				0.86			0.58	22	0.9	7	6.5	
				0.91			0.61				6	
				0.86			0.58	33	2.3	12	6.5	
				0.91			0.61				15	
		1.0	1.0	0.86			0.91	60	12.0	22	5.9	
		1.10	1.07	0.91			0.97				71	
		1.0	1.0	0.86			0.91	38	6.2	18	5.9	
		1.10	1.07	0.91			0.97				37	
		1.0	1.0	0.86			0.91	33	6.0	20	5.9	
		1.10	1.07	0.91			0.97				35	
							Gesamt:		32.7		195	
organisch							Terminplan (Monate)					

modell: Schätzformular auf Komponentenebene (CLEF)

Tab. A–5: Erklärung des Formulars SPD-M: Jährliche Wartung

1. *Projektname.* Eine kurze Bezeichnung des Projektes oder des Produktes.
2. *ID-Nummer.* Eine eindeutige Identifikationsnummer für das Projekt.
3. *Sachbearbeiter.* Name des Mitarbeiters, der für das Ausfüllen dieses Formulars verantwortlich ist.
4. *Datum.* Datum der Erstellung oder der letzten Änderung.
5. *Verteilung des Personalaufwands nach Subsystem.* Die geschätzten oder tatsächlichen Mann-Monate, die für die Wartung im Verlauf des Jahres für jedes Subsystem aufgwendet wurden.
6. *Verteilung des Personalaufwands nach Funktionen.* Der Prozentsatz des Wartungsaufwandes, der für jede der angezeigten Funktionen im Verlaufe des Jahres erbracht wurde.
7. *Verteilung des Personalaufwands nach Aktivitäten.* Der Prozentsatz des Wartungsaufwandes, der für jede der angezeigten Aktivitäten im Laufe des Jahres geleistet wurde.
8. *Personalkosten nach* $ *K.* Betrag (in Tausend), der für die Wartungs-Personalkosten im Laufe des Jahres ausgegeben wurde.
9. $ *K für Computerkosten.* Betrag (in Tausend), der für die Wartungs-Computerkosten im Laufe des Jahres ausgegeben wurde.

10.–11. Zwei Leerzeilen für die Eintragung anderer Wartungskosten.

12. *Gesamt-$ K.* Betrag (in Tausend), der für die Wartungskosten des Software-Produktes im Laufe des Jahres ausgegeben wurde.
13. *Prozentsatz der hinzugefügten, modifizierten und gelöschten Befehle.* Der Prozentsatz der ursprünglichen Source-Befehle, die im Laufe des Jahres hinzugefügt, modifiziert oder aus dem Produkt gelöscht wurden.
14. *Kostensteigernde oder -senkende Sonderfaktoren.* Angabe der Faktoren, die als besonders große Wartungs-Kostenfaktoren angesehen werden müssen.

Projektname: CEMICS Wartung 1984 ID-Nr.: B 142 Sachbearbeiter: T. Tanaka Datum: 5. 1. 1985

Verteilung des Personalaufwands

Nach Subsystem

Subsystem	Geschätzte MM	Tatsächl. MM
EDIT	5,3	5,0
UPDATE	0,9	0,7
EQUIP	2,3	1,9
RPT DATA	12,0	14,6
REPORTS	6,2	8,1
VERSCH.	6,0	5,4
Gesamt	32,7	35,7

Nach Funktion

Dringende Programmkorrekturen	6%
Routine-Debugging	7%
Einbau von Änderungen bei Daten-Inputs, Dateien	22%
Einbau von Änderungen bei der Hardware, System-Software	3%
Beschleunigung für die Anwender	52%
Verbesserte Dokumentation	4%
Verbesserte Codierungs-Effizienz	2%
Sonstige (Studien)	4%
Gesamt	100%

Nach Aktivität

Anforderungs-Analyse	10%
Produktentwurf	16%
Programmierung	31%
Testplanung	2%
Qualitäts-Kontrolle	20%
Projektbüro	8%
Configurations-Management und Qualitätssicherung	6%
Handbücher	7%
Sonstige	%
Gesamt	100%

Personal $K	244
Computer $K	67
Gesamt $K	311

% der hinzugefügten Befehle	12%
% der modifizierten Befehle	14%
% der gelöschten Befehle	2%

Kostensteigernde oder -senkende Sonderfaktoren:
Mehr Modifikationen als in RPTDATA geschätzt (IST = 28 im Vergleich zu 22) und mehr Reports (IST = 30 im Vergleich zu 18)

Abb. A–7: Formular SPD-M

Verfahren bei abgeschlossenen Projekten

Normalerweise ist es nicht möglich, COCOMO-Meilensteinläufe und detaillierte Phasen-/Aktivitätsdaten aus abgeschlossenen Projekten zu rekonstruieren. Bei den Verfahren für abgeschlossene Projekte wird dennoch versucht, so viel wie möglich kostenrelevante Information zu erfassen.

Formular SPD-1: Allgemeine Information. Vollständig ausgefüllt.

Formular SPD-2: Phasenübersicht.
Positionen 7–14 ausgefüllt, wenigstens für die Gesamtzahlen der Entwicklung und für jede Phase so umfassend wie möglich. Die anderen Punkte werden vollständig ausgefüllt.

Formular SPD-3: Zusammenfassung der Subsysteme
Vollständig ausgefüllt, mit Ausnahme der Punkte, wo die Daten Positionen wie Mann-Monate nach Phasen und Subsystemen nicht unterstützen (Position 16).

Formular SPD-4: Berechnungen der COCOMO-Meilensteine
Ausgefüllt nur für den Software- und den System-Übernahme-Review mit einer einzigen COCOMO-Schätzung am Projektende.

Datenabstimmung

Die Datenabstimmung ist eine unentbehrliche Aktivität bei der Software-Datensammlung und -Analyse. Selbst wenn die betroffenen Personen versuchen, die bestmöglichen Daten zur Verfügung zu stellen, bleiben eine Reihe versteckter Quellen des Mißverständnisses bestehen, die bei den Daten von sehr großem Einfluß sein können. Andere Probleme ergeben sich dann, wenn die Betroffenen ihre Daten aus einer Anzahl inkonsistenter Quellen zusammenstellen. Wenn solche und andere häufige Quellen der Datenverfälschung nicht ausgeschaltet werden, stören sie Analysen wie die Neujustierung eines Kostenmodells oder die Beurteilung neuer Entwicklungsmethoden. Nachstehend finden Sie einige der wichtigsten Problemquellen der Datensammlung und die Hauptprinzipien für die Datenabstimmung, die Ihnen helfen, die Probleme in den Griff zu bekommen.

Problemquellen der Datensammlung

Nachstehend zähle ich einige der häufigsten Problemquellen der Software-Datensammlung auf, die neben dem Problem fehlender Daten und der unvermeidlichen Schreibfehler bei der Datensammlung berücksichtigt werden müssen:

1. *Widersprüchliche Definitionen*
   Einige der häufigsten Symptome sind:
   - Verwendung von Umrechnungsfaktoren, die nicht dem Standard entsprechen (zum Beispiel 176 Mann-Stunden/MM anstelle von 152).
   - Der Einsatz von widersprüchlichen Phasen-Definitionen.
   - Der Einsatz unterschiedlicher Definitionen von „auszuführenden" Befehlen (manchmal unter Berücksichtigung der Support-Software, manchmal nicht).

2. *Befangenheit bei den Beobachtungen*
   Zu den gängigen Problemen gehört das Optimisten-/Pessimisten-Phänomen (Menschen, die grundsätzlich sehr großzügig oder sehr kritisch sind, wenn sie subjektive

Maßstäbe anlegen) und das erfolgsorientierte Phänomen (Menschen, deren Maßstäbe von ihrem Wunsch geprägt sind, daß das Projekt Erfolg haben muß oder zumindest erfolgreich erscheinen soll).

3. *Lokaler bzw. allgemein gültiger Bezugsrahmen*

   Ein Beispiel für dieses Problem stammt aus einer Arbeitsgruppe vor Ort, die sich ausschließlich aus talentierten Mitarbeitern mit sehr großer Erfahrung zusammensetzte. Ursprünglich waren die Projekt-Maßstäbe für die Personalerfahrung und -qualifikation als „durchschnittlich" angegeben worden, weil sie im Hinblick auf den örtlichen Standard als durchschnittlich galten. Im Hinblick auf den Gesamtbestand des Software-Personals der Organisation (oder im allgemeinen) würde ihre Qualifikation jedoch sicherlich als „sehr hoch" gelten.

4. *Auswirkungen von Durchschnitt und Größenordnung*

   Oft werden bei Vorlage von Projekt- und Subsystem-Daten die Bewertungsmaßstäbe für Komplexität, erforderliche Zuverlässigkeit, Terminbeschränkung usw. als Maßstab für den am höchsten in Anspruch genommenen Teil aufgestellt, anstatt daß durchgehend für das ganze Projekt oder Subsystem ein durchschnittlicher Maßstab angelegt wird. Auch besteht seitens der Mitarbeiter die Tendenz, bei größeren Software-Produkten höhere Komplexitätsmaßstäbe anzusetzen, als dies bei kleinen Projekten der Fall ist, auch wenn die tatsächliche Komplexität auf der COCOMO-Skala dieselbe ist.

5. *Doppeltes Zählen*

   Ein häufiges Problem ist, daß die Management-Mann-Stunden doppelt gezählt werden (und zwar sowohl bei den Aktivitäten der Projektüberwachung als auch der Programmierung); dies gilt insbesondere für die Chefprogrammierer mit der höchsten Qualifikation, die Programmierer- und auch Management-Funktionen ausüben. Ein anderes häufiges Problem ist, daß dieselbe Software oder derselbe Software-Aufwand doppelt gezählt werden, wenn sie in zwei Subsystemen anfallen.

Richtlinien für die Datenabstimmung

Die beste Abwehr gegenüber solchen Problemen wäre, eine Reihe unmißverständlicher Definition, Methoden und Beispiele für die Datensammlung zusammenzustellen. Selbst wenn diese verfügbar sind, wäre es jedoch unklug, davon auszugehen, daß die Mitarbeiter sie lesen oder sich ihrer bei der Vorbereitung ihrer Daten erinnern werden. Weit öfter werden die Mitarbeiter den „Amerikanischen Weg" beschreiten, wie (Cozzens, 1980) es nennt: „Wenn alles andere schiefgeht, lies die Betriebsanleitung!" Wir empfehlen Ihnen daher die nachstehenden zusätzlichen Aktivitäten und Richtlinien für die Datenabstimmung:

1. *Erste Überprüfung*

   Jedes vorgelegte Formular sollte schnell überprüft werden, um sicherzustellen, daß alle Eintragungen vollständig sind und daß jede Eintragung bezüglich Art, Einheit und Umfang der üblichen Werte akzeptiert werden kann.

2. *Überprüfung auf Redundanz und Einheitlichkeit*

   Ein Weg, einseitige Betrachtungsweisen zu reduzieren, ist die Überlappung der Inputs, die von verschiedenen Personen übermittelt werden. Damit ist eine Möglichkeit geschaffen, die Beiträge jeder in Frage kommenden Person im Hinblick auf Optimismus, Zuverlässigkeitsstandard, Personal-Bewertungsmaßstäben usw. zurechtzurücken.

Eine weitere Unterstützung finden Sie in den hier bereitgestellten Formularen, die durch ihren redundanten Aufbau zur Überprüfung der Übereinstimmung auf folgende Art und Weise verwendet werden können:

- Indem die für den durchschnittlichen Personalbestand angegebenen Zahlen (Formular SPD-3) mit denjenigen verglichen werden, die erzielt werden, wenn die gesamten Mann-Monate durch die Projektdauer dividiert werden.
- Indem die erforderliche Zuverlässigkeitseinstufung mit dem für die Tests vorgesehenen prozentualen Aufwand verglichen wird.
- Indem die in den Formularen SPD-2 und SPD-3 genannten Zahlen für die gesamten Mann-Monate nach Phasen verglichen werden.
- Indem die Personalausgaben verglichen werden mit den Ausgaben für die Mann-Monate, um die Stimmigkeit der Personalkosten zu bestimmen.
- Indem die Bewertung des Einsatzes moderner Programmiermethoden mit dem Umfang der in jeder Phase erstellten Dokumentation verglichen wird.

3. *Referenz-Projekte*

   Für einige der eher subjektiven Maßstäbe innerhalb einer Installation ist es von außerordentlichem Wert, wenn man auf eine Reihe Referenzprojekte allgemeiner Erfahrung zurückgreifen kann, die als Grundlage für die Merkmalsbewertung dienen können. Dann könnte eine Besprechung wegen eines erforderlichen hohen Zuverlässigkeitsgrades zum Beispiel von der Frage ausgehen: „Um was handelt es sich bei diesem Projekt, dessen Zuverlässigkeit höher liegen muß als bei CEMICS, oder das dem Zuverlässigkeitsgrad von ‚Aircraft Autopilot‘ entsprechen muß, usw.?“

4. *Definition und Überwachung der Struktur der Arbeitsaufgliederung*

   Die Datensammlung ist um vieles leichter, wenn das Accounting-System automatisch über die Ausgaben in den richtigen Kategorien Buch führt. Wenn entlang der Linien COCOMO-Struktur der Arbeitsaufgliederung Job-Nummern festgelegt werden (wie dies beim CEMICS-Beispiel in Abschnitt 32.6 getan wurde), so ist dies weitaus hilfreicher, als wenn Job-Nummern entlang organisatorischer Linien festgesetzt werden, zumal in jeder Organisation manche Mitarbeiter mehrere verschiedene Projektfunktionen ausüben könnten.

5. *Projektverfolgungs-Interviews durch erfahrenes Personal*

   Viele der obigen Probleme können aufgedeckt und ausgemerzt werden, wenn man einen erfahrenen Mitarbeiter die vorgelegten Daten überprüfen läßt und eine Besprechung über die möglichen Daten-Problembereiche mit den Personen folgt, die für diese Fehler verantwortlich sind. Während die erste Überprüfung (wie wir weiter oben erwähnten) vom Büropersonal durchgeführt werden kann (und bis zu einem gewissen Grad auch von einem Computerprogramm), verlangt dieser Schritt einen erfahrenen Mitarbeiter, wenn er Erfolg haben soll.

Da für die Datenabstimmung Spezialisten erforderlich sind, ist eine vollständige Überprüfung jeder Einzelinformation jedes Projektes viel zu teuer, als daß es machbar wäre. Ein Programm, mit dem wahlweise nach Stichproben überprüft wird, würde sich gut bezahlt machen: Vorhandene Daten könnten präzisiert werden; diejenigen, die die

Daten gesammelt haben, bekämen ein Feedback, wodurch künftige Daten akkurater gestaltet werden könnten.

Ergänzende Datensammlung

Eine gut aufgebaute Software-Kostendatenbank stellt einen wertvollen und umfassenden Speicher der Kostenaspekte früherer Projekte dar. Ein solcher kompakter Speicher wird noch verbessert, wenn ergänzende Daten über andere Projektphänomene (wie z. B. Fehlerquoten und Projektabschlußzusammenfassungen) gesammelt werden.

Es liegt außerhalb des Rahmens dieses Buches, hierfür Richtlinien zu liefern. Sie finden zwei gute Darstellungen von Formularen und Methoden der Software-Fehlerdatensammlung und -analyse bei (Thayer und anderen, 1978) und (Basili, 1980). Bei (Boehm, 1981) finden Sie ein Beispiel einer Projektabschluß-Zusammenfassung. Sie enthält Themen wie:

- Zusammenfassung von Projekt- und Produktzielen, und inwieweit sie erreicht wurden,
- Highlights jeder Entwicklungsphase,
- Zusammenfassung der Software-Merkmale, -Kosten und -Fehlerdaten,
- Zusammenfassung der wichtigsten Lektionen, die die Beteiligten gelernt haben, und Empfehlungen für spätere Projekte.

Blanko-Formulare

Auf den folgenden Seiten finden Sie Blankoformulare zu Datensammlungen sowie COCOMO-Schätzformulare:

- Formular SPD-1: Software-Projektdaten: Allgemeine Information
- Formular SPD-2: Software-Projektdaten: Phasenübersicht
- Formular SPD-3: Software-Projektdaten: Übersicht über die Subsysteme
- Formular SPD-4: Software-Projektdaten: Berechnung der COCOMO-Meilensteine
- Formular SPD-M: Software-Projektdaten: Jährliche Wartung
- Schätzformular auf Komponentenebene für das COCOMO-Zwischenmodell (CLEF)
- Software-Hierarchie-Schätzformular des COCOMO-Endmodells (SHEF): auf Subsystem-Ebene
- Software-Hierarchie-Schätzformular des COCOMO-Endmodells (SHEF): auf Komponentenebene

Projektname: ______ ID-Nr.: ______ Änderungs-Nr.: ______ Datum: ______

Entwickler: ______ Projekt-Manager: ______ Sachbearbeiter: ______

Kunde: ______ Projekt-Art: ______

Hardware-Konfiguration: ______

Kurze Projektbeschreibung	Verweis auf Detailbeschreibung

Projekt-Merkmale	Maßstäbe: sehr niedrig	niedrig	durchschnittl.	hoch	sehr hoch	Kommentare
Kundenerfahrung: Anwendung						
Kundenerfahrung: Datenverarbeitung						
Kundenschnittstelle: Komplexität						
Detaillierter Projektplan						
Komplette Spezifikation der Anforderungen						
Frühzeitige Qualitätskontrolle						
Grundlegendes Konfigurations-Management						
Modul-Entwicklungsunterlage oder Äquivalent						
Gründliche Testpläne und -methoden						
Einhaltung von Standards u. Qualitätssicherung						
Ressourcen-Planungs- und Kontrollsystem						
Gute Arbeitsumgebung						Kostensteigernde oder -senkende Faktoren
Vertraulichkeits- und Sicherheitsbeschränkungen						

Formular SPD–1: Software-Projektdaten: Allgemeine Information

Projektname: ____________ ID-Nr.: ____________ Sachbearbeiter: ____________ Datum: ____________

Phase	Anfang	Ende	Mann-Monate je Aktivität									Gesamt $K	Computer		Dokumentation			Fehler				
			RA	PD	PG	TP	VV	PO	CQ	MN	Gesamt		Std.	$	SPEC	PLAN	MAN	diese Phase	früher			
Pläne und Anforderungen																						
Produkt-Design																						
Detail-Design																						
Codierung und Modultest																						
Intergrierung und Test																						
Entwicklung insgesamt																						
													Gesamt:									

Sonstige Projekt-Kosten

Position	Mann-Monate	$K
Schulung		
Installation		
Programmumstellung		
Datenbank-Umstellung		
Verwaltungsarbeiten		

Position	$K
Reisen	
Konferenzen	
Veröffentlichungen	
Software-Produkte	

Art der Finanzierung ____________
Belastungsaufteilung ____________
% der unbezahlten Überstunden ____________

Formular SPD–2: Software-Projektdaten: Phasenzusammenfassungen

Projektname: ____________ ID-Nr.: ________ Sachbearbeiter: ____________ Datum: ________

SS Nr.	Subsystem	KDSI		KDMI		Anpassung			An-ford.	Änderg.-Anfälligk.	Sprache		Per-sonal	dsn. Per-sonal	Max. Per-sonal	Mann-Monate						$K Ent-wick-lung				
		ab-lauf-fähig	nicht ab-lauf-fähig	ab-lauf-fähig	nicht ab-lauf-fähig	DM	CM	IM								PR	PD	DD	CUT	IT	Ges.-Ent.-wicklg.					

Formular SPD–3: Software-Projektdaten: Zusammenfassung des Subsystems

Projektname: ____________ ID-Nr.: ____________ Sachbearbeiter: ____________ Datum: ________

Meilenstein	COCOMO-Lauf Art	COCOMO-Lauf Datum	Bemerkungen zu COCOMO-Inputs	Die wichtigsten Projekterfahrungen während dieser Phase
Überprüfung des Lifecycle-Konzeptes				
Überprüfung der Software-Anforderungen				
Überprüfung des Produktentwurfs				
Software-Übernahme-überprüfung				
System-Übernahme-Überprüfung				

Formular SPD—4: Software-Projektdaten: Übersicht über die COCOMO-Meilensteine

Projektname: ____________ ID-Nr.: ______ Sachbearbeiter: ________ Datum: ______

Verteilung des Personalaufwands

Nach Subsystem		
Sub-system	Geschätzte MM	IST-MM
Gesamt		

Nach Funktion	
Dringende Programmkorrekturen	%
Routine-Debugging	%
Einbau von Änderungen bei Daten-Inputs, Dateien	%
Einbau von Änderungen bei der Hardware, System-Software	%
Beschleunigung für den Anwender	%
Verbesserte Dokumentation	%
Verbesserte Codierungs-Effizienz	%
Sonstige	%
Gesamt	100%

Nach Aktivität	
Anforderungs-Analyse	%
Produktentwurf	%
Programmierung	%
Testplanung	%
Qualitäts-Kontrolle	%
Projektbüro	%
Configurations-Management und Qualitätssicherung	%
Handbücher	%
Sonstige	%
Gesamt	100%

Personal $K	
Computer $K	
Gesamt $K	

% der hinzugefügten Befehle

% der modifizierten Befehle

% der gelöschten Befehle

Kostensteigernde oder -senkende Sonderfaktoren:

Formular SPD-M. Software-Projektdaten: Jährliche Wartung

			Produkt			Computer				Personal-Merkmale					Projekt								
①	②	③	④	⑤	⑥	⑦	⑧	⑨	⑩	⑪	⑫	⑬	⑭	⑮	⑯	⑰	⑱	⑲	⑳	㉑	㉒	㉓	㉔
Komponente	EDSI	AAF	RELY	DATEN	CPLX	ZEIT	STOR	VIRT	TURN	ACAP	AEXP	PCAP	VEXP	LEXP	MODP	TOOL	SCED	EAF	MM DSN	MM DEN/ AM	EDSI/ MM / IST	$K	$ / EDSI
1.																							
2.																							
3.																							
4.																							
5.																							
6.																							
7.																							
8.																							
9.																							
10.																							
11.		Gesamt-EDSI																Gesamt:					
12.		$(MM)_{DSN}$																Terminplan (Monate)					
13.		$(EDSI/MM)_{DSN}$																					

Entwicklungsart: ____________________

COCOMO-Zwischenmodell: Schätzformular auf Komponentenebene (CLEF)

Projekt: ______________________ Analytiker: ______________________ Datum: ______________

	①	②	③	Produkt		Computer-Merkmale				Personal		Projekt			㉜	⑳	㉝	㉞	㉟	㊱	
	Sub-System-Nr	Subsystem	EDSI	㉑ RELY	㉒ DATA	㉓ TIME	㉔ STOR	㉕ VIRT	㉖ TURN	㉗ ACAP	㉘ AEXP	㉙ MODP	㉚ TOOL	㉛ SCED	EAF SS	MM MOD	MM gesch.	$K/MM	$K	$K Gesamt DURCH-SCHNITTE	
PD DD CUT IT																					MM $K $K/DSI DSI/MM

Art ______	⑨		Gesamt EDSI
	⑩		$(MM)_{DSN}$
	⑪		$(EDSI/_{MM})_{DSN}$

⑫

Phasen-anteile	
PD	
DD	
CUT	
IT	

	MM	PLAN	$K
PD DD CUT IT			
Gesamt			

Softwarehierarchie-Schätzformular (SHEF) des COCOMO-Endmodells auf Subsystem-Ebene

Projekt: ____________ Analytiker: ____________ Datum: ____________

	③ Subsystem-Nr.	④ MOD-Nr.	⑤ Modul	⑥ EDSI	⑦ AAF	⑭ CPLX	⑮ PCAP	⑯ VEXP	⑰ LEXP	⑱ EAF M	⑬ MM DSN	⑲ MM MOD	㊲ MM geschätzt
PD DD CUT IT													

Softwarehierarchie-Schätzformular (SHEF) des COCOMO-Endmodells: Komponenten-Ebene

Anhang B

Zielstruktur des Software-Engineering

Abbildung B – 1 stellt eine hierarchische Zielstruktur für ein erfolgreiches Software-Engineering dar. Sie zeigt, daß wir auf zwei wichtige Einzelziele achten müssen, wenn wir beim Software-Engineering vollen Erfolg haben wollen:

1. Wir müssen ein erfolgreiches Software-*Produkt* anstreben.
2. Wir müssen einen erfolgreichen Software-Entwicklungs- und Wartungs*prozeß* durchführen.

Jedes dieser beiden Einzelziele setzt sich aus jeweils drei ähnlichen Komponenten zusammen:

1. *Humanorientierte Gesichtspunkte*

   Einsatz wissenschaftlicher Methoden und menschlichen Urteilsvermögens für die Entwicklung von Systemen, die es den Menschen ermöglichen, ihre menschlichen Bedürfnisse zu befriedigen und ihr menschliches Potential zu verwirklichen.

2. *Ressourcen-Einsatz*

   Die Anwendung von Wissenschaft und Mathematik auf die Entwicklung rentabler Systeme.

3. *Programm-Engineering*

   Die Anwendung von Wissenschaft und Mathematik auf die Entwicklung von Computer-Programmen.

Ob das Software-Engineering erfolgreich ist, hängt davon ab, ob zwischen diesen einzelnen Unterzielen — und zwar sowohl beim Software-Produkt als auch beim Software-Prozeß — ein entsprechendes Gleichgewicht erzielt werden kann. Wir werden die Komponenten in diesem Anhang anhand einer Reihe von Software-Beispielen darstellen, die aufzeigen, warum jede einzelne Komponente für ein erfolgreiches Software-Engineering unentbehrlich ist.

Software-Produktziele

Humanorientierte Zielsetzungen beim Software-Produkt

Leichte Handhabung. Voraussetzung für die erfolgreiche Erreichung dieses Einzelzieles ist, daß die In- und Outputs, die Dokumentation und die Anwender-Kontrollen so gestaltet sind, daß das Produkt für den Einsatz durch die Mitarbeiter geeignet ist und daß es natürlich, flexibel und einfach ist. *Gute Beispiele* hierfür sind „Help"-Meldungen und diagnostische Meldungen in der Anwendersprache sowie Ausgabemöglichkeiten für Ausnahmehinweise in den Benutzer-Outputs. Bei den *Gegenbeispielen* handelt es sich um starre Benutzer-Inputs und -Kontrollen, die leicht zu programmieren, aber frustrierend in der Anwendung sind. Bei einer Software, die leicht falsch eingesetzt werden kann, bei der ein kleiner Eingabefehler oder ein geringfügiges Mißverständnis seitens des Anwenders die Software derart verfälscht, daß ein Systemabbruch verursacht wird, kann die Kreditwürdigkeit eines Menschen zerstört oder einem Patienten eines Arztes ein verhängnisvolles Rezept ausgestellt werden.

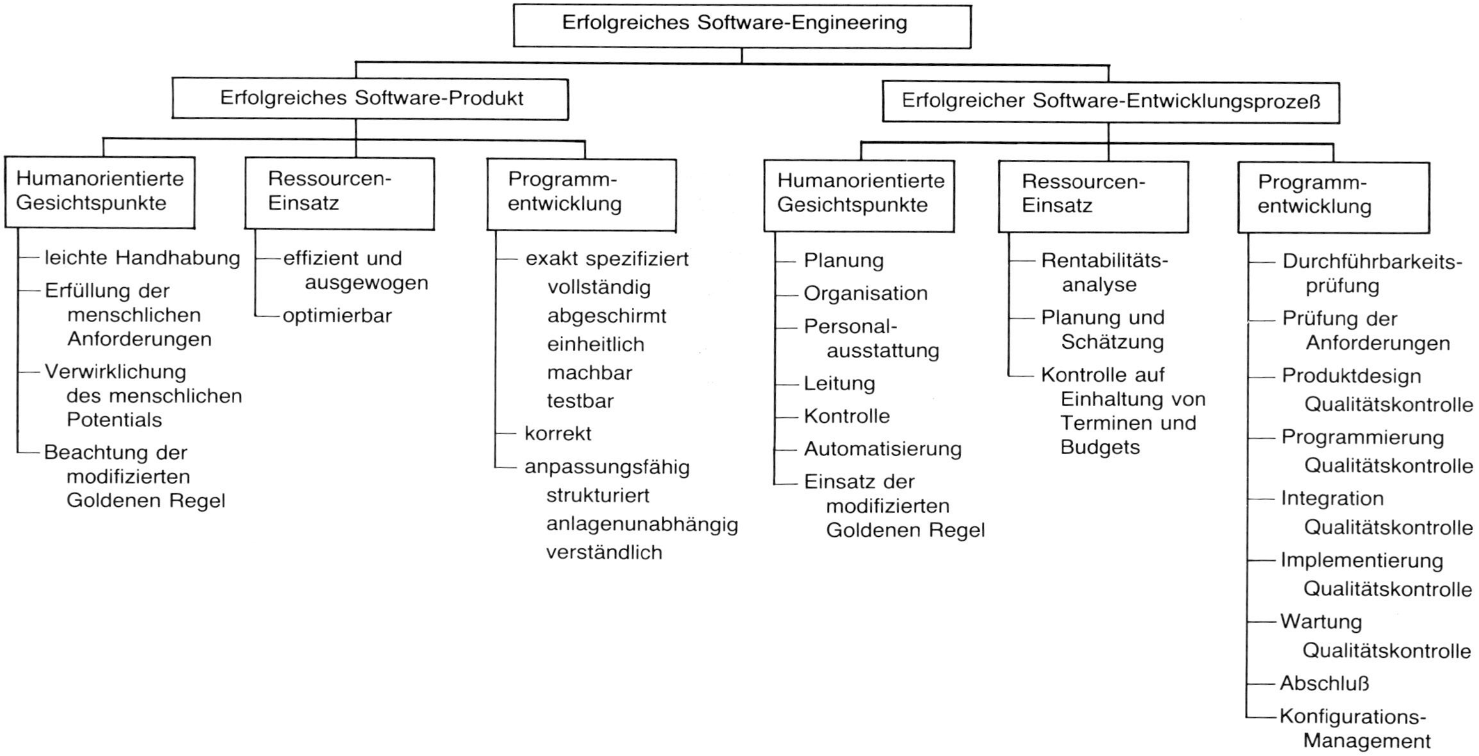
Erfolgreiches Software-Engineering
Erfolgreiches Software-Produkt
Erfolgreicher Software-Entwicklungsprozeß
Humanorientierte Gesichtspunkte
leichte Handhabung
Erfüllung der menschlichen Anforderungen
Verwirklichung des menschlichen Potentials
Beachtung der modifizierten Goldenen Regel
Ressourcen-Einsatz
effizient und ausgewogen
optimierbar
Programm-entwicklung
exakt spezifiziert
vollständig
abgeschirmt
einheitlich
machbar
testbar
korrekt
anpassungsfähig
strukturiert
anlagenunabhängig
verständlich
Humanorientierte Gesichtspunkte
Planung
Organisation
Personal-ausstattung
Leitung
Kontrolle
Automatisierung
Einsatz der modifizierten Goldenen Regel
Ressourcen-Einsatz
Rentabilitäts-analyse
Planung und Schätzung
Kontrolle auf Einhaltung von Terminen und Budgets
Programm-entwicklung
Durchführbarkeits-prüfung
Prüfung der Anforderungen
Produktdesign Qualitätskontrolle
Programmierung Qualitätskontrolle
Integration Qualitätskontrolle
Implementierung Qualitätskontrolle
Wartung Qualitätskontrolle
Abschluß
Konfigurations-Management

Abb. B–1

Erfüllung der menschlichen Anforderungen. Um dieses Einzelziel zu erreichen, ist es notwendig, daß das Software-Produkt auf die Anforderungen der Mitarbeiter nach Information oder vom Computer hergestellten Dokumenten (wie Fahrkarten, Gehaltsüberweisungen, Formulare, Verfahren) abgestimmt ist, die das Software-Produkt liefern soll. Ein *gutes Beispiel* hierfür ist ein entscheidungsorientiertes Bestandskontrollsystem, das seine Ergebnisse in Form von wahrscheinlichen Bestandskontrollentscheidungen gibt, die getroffen werden müssen: Nachbestellungen, Umladungen, Auftragsabfertigung usw. *Gegenbeispiel* wäre ein Modell, das so entwickelt wurde, daß es unter Bedingungen eine optimale Lösung liefert, die niemals eintreten können. Ein solches Modell, das mit beträchtlichen Ausgaben der Regierung entwickelt wurde, war ein städtisches Verkehrsprojekt; um es durchzuführen, hätte der Auftraggeber Straßen aufreißen lassen müssen, um die Streckenführung völlig umzuändern; weiter wären Kontrollen, wann und wohin die Leute reisen dürfen, erforderlich gewesen. Die Mitarbeiter konnten mit solchen Empfehlungen nichts anfangen, weil ihre Ausführung in der Praxis unmöglich gewesen wäre.

Verwirklichung des menschlichen Potentials. Um dieses Einzelziel zu erreichen, ist es erforderlich, daß das Software-Produkt den Menschen, die mit ihm arbeiten, eine größere persönliche Herausforderung bedeutet und ihnen einen zufriedenstellenden Job bietet. Ein *gutes Beispiel* hierfür ist das Warenhaus-Management-System, bei dem der verantwortliche Mitarbeiter wie ein Warenhaus-Manager handeln kann: Er erhält Informationen vom Computer und setzt sie für die Entscheidung ein, was, wann und wieviel er neu bestellt. Er verwendet die Computer-Information, um den Ablauf von Lieferungen zu kontrollieren usw. In vielen Fällen wurden solche Systeme erst nach einigen schlimmen Erfahrungen mit konträren Systemen entwickelt, die die handhabenden Personen zu geistlosen Computer-Anhängseln abstempelten, wobei die Computersysteme alle Entscheidungen über Neubestellungen trafen. Solche Systeme führten nicht nur zu menschlichem Versagen. Sie waren auch der Ausgangspunkt für wirtschaftliche Probleme, und zwar wegen der von ihnen verursachten hohen Personalfluktuation und weil die Mitarbeiter kaum dazu beitrugen, Engpässe in dem automatisierten Prozeß der Neubestellungen selbst zu erkennen und zu beseitigen.

Beachtung der Modifizierten Goldenen Regel

Diese Regel lautet:

> *Verfahren Sie mit anderen so, wie Sie wollen,*
> *daß die anderen mit Ihnen verfahren,*
> *wenn Sie an ihrer Stelle wären.*

Einer der größten Irrtümer beim Software-Engineering besteht in der wohlgemeinten, aber unglücklichen Tendenz, die unveränderte Goldene Regel einzusetzen, d. h.

Verfahren Sie mit anderen	Entwickeln Sie ein Computer-System, das Benutzern und Operator gerecht werden soll,
wie Sie wollen, daß die anderen mit Ihnen verfahren.	in der Annahme, daß Benutzer und Operator gerne Computer-Programme schreiben und in der DV-Technik erfahren sind.

In der Welt der Software-Systeme, der Compiler und der Betriebssysteme, einer Welt, die sich hauptsächlich aus dem Bereich der wissenschaftlichen Abteilungen von

Universitäts-Computern zusammensetzt, ist die zuletzt geäußerte Annahme gar nicht so falsch. Bei den Benutzern von Compilern und Betriebssystemen handelt es sich um Programmierer, die gerne programmieren und in der Computer-Technik erfahren sind.

Diese Annahme ist jedoch in der Welt der Anwendungs-Software extrem gefährlich. Bei ihren Benutzern handelt es sich typischerweise um Flugzeugpiloten, Einzelhandels-Buchhalter, Ärzte, Bankangestellte und Feuerwehrleute. Normalerweise wissen sie über das Programmieren und die Computer-Technik nicht viel; sie bemühen sich viel eher darum, z. B. ein Flugzeug sicher zu fliegen, Kunden zufriedenzustellen und ihre Patienten schnell gesund zu machen, als daß sie beim Umgang mit dem Computersystem, das wir für sie entwickelt haben, etwas über die Computer-Technik lernen.

Um das Einzelziel der Modifizierten Goldenen Regel zu erreichen, ist es erforderlich, daß die Fertigkeiten, Bedürfnisse und Funktionen der Anwender richtig verstanden werden und daß die In- und Outputs, die Kontrollen und die Dokumentation des Software-Produktes dieses Verständnis reflektieren. Ein ziemlich bekanntes *gutes Beispiel* hierfür ist das Verkaufs-Terminal, das an einem Schnellimbiß-Stand für „Hamburger" zum Einsatz kommt und auf Knopfdruck „Double Burger", „Chocolate-Milkshake" usw. liefert, das also unmittelbar darauf zugeschnitten ist, daß der Bediener eine schnelle Kundenbedienung bewerkstelligen kann. Zu den *Gegenbeispielen* gehören eine Anzahl Systeme, die ausgearbeitet wurden, um Ärzten zu helfen; diese Systeme wurden aber wegen ihrer komplizierten Kontroll-Syntax, wegen der häufigen Verwendung unbekannter Computer-Fachausdrücke und wegen der Maschinen-orientierten diagnostischen Mitteilungen ausrangiert, weil sie für die Ärzte schlicht und einfach unannehmbar waren.

Ziele des Ressourcen-Einsatzes beim Software-Produkt

Effizient. Voraussetzung dafür, daß dieses Einzelziel erreicht werden kann, ist, daß das Software-Produkt seine Zwecke erfüllt, ohne daß Ressourcen vergeudet werden. Zu diesen Ressourcen gehören alle Quantitäten, deren Zuteilung begrenzt ist: Dollars, Kalender- und Computer-Zeit, der Hauptcomputer-Speicher, die Kapazität der Kommunikationskanäle usw. Unter *guten Beispielen* verstehen wir Systeme, die gut ausgewogen sind; das bedeutet, daß von jeder Komponente nur so viel Ressourcen aufgewendet werden, wie für ein Gleichgewicht mit den anderen Komponenten notwendig sind, wie z. B. die städtischen Notfall-Einrichtungen, die wir in unserem Beispiel in Abschnitt 11.7 dargestellt haben.

Ein schlagendes *Gegenbeispiel* war ein Programm, das für 2 Jahre über 10% der Kapazität eines Computers verbrauchte, der 6 Millionen Dollar gekostet hatte, indem es den nachstehenden Befehl in einer inneren Schleife ausführte:

A = B * SQRT (2.) (Quadratwurzel aus 2).

Der an diesem Job arbeitende Programmierer hatte die Absicht, den Job noch einmal durchzugehen und SQRT (2.) durch 1.4140678 zu ersetzen, vergaß es aber; die Verschwendung der Ressourcen wurde erst zwei Jahre später anläßlich einer Computer-Leistungsüberprüfung aufgegriffen.

Optimierbar. Dieses Einzelziel zu erreichen setzt voraus, daß das Software-Produkt auf einfache Weise mit Instrumenten versehen und gemessen werden kann, um Engpässe und Ineffizienzen aufzuzeigen. Es soll problemlos geändert und neu angepaßt werden können, um Änderungen des Aufgabenumfangs, der Hardware-Komponenten oder der externen Schnittstellen Rechnung zu tragen. Ein *gutes Beispiel* hierfür ist die

Kontroll-Software für den „ARPANET Interface Message Processor (IMP)" (Heart und andere, 1970). Als *Gegenbeispiel* zitiere ich den Entwurf, der ursprünglich für die IMP-Software vorgeschlagen worden war. Das Hauptmerkmal wäre eine sehr enge innere Schleife gewesen, deren Testläufe bei den ursprünglich geplanten Verkehrsmustern sehr schnell abgelaufen wären, deren Ausführung und Modifizierung bei anderen Verkehrsmustern aber nur mit äußerster Schwierigkeit hätte bewerkstelligt werden können.

Ziele der Programmentwicklung für das Software-Produkt

Exakte Spezifizierung. Um dieses Einzelziel zu erreichen, müssen als Vorbedingung für die Programmentwicklung die funktionellen, Leistungs- und Schnittstellen-Anforderungen des Software-Produktes gründlich und eindeutig spezifiziert worden sein. Ähnlich anderen Zielen muß auch dieses Ziel mit anderen in Einklang stehen — z. B. mit der Einhaltung von Terminen und Budgets oder der Entwicklung und dem Einsatz eines Prototyps, der sicherstellt, daß die humanorientierten Zielsetzungen des Produktes erreicht werden. Die Programmentwicklung kann nicht im Sinne einer absoluten Forderung solange unterlassen werden, bis jedes letzte Detail der Anforderungsspezifikation ausgearbeitet ist.

Die Grundzüge einer präzisen Spezifikation (sie muß vollständig, abgeschirmt, einheitlich, machbar und testbar sein) sind:

- *Vollständig.* Eine Spezifikation ist in dem Maße vollständig, wie alle ihre Bestandteile vorhanden und jedes Teil voll entwickelt ist. Ein *gutes Beispiel* ist eine Spezifikation, bei der es keine Bezüge zu nicht existierenden Funktionen, In- und Outputs oder Schnittstellen gibt. Ein *entgegengesetztes Beispiel* ist eine Spezifikation, bei der — dort wo sie erforderlich sind — die Backup- und Recovery-Funktionen oder Ablaufverfolgungsfunktionen fehlen.
- *Abgeschirmt.* Eine Spezifikation ist in dem Maße abgeschirmt, in dem sie klarstellt, wie die Software unter allen möglichen Umständen funktionieren soll, insbesondere unter unnormalen Bedingungen. Ein *gutes Beispiel* hierfür ist eine Spezifikation, die gegenüber Besonderheiten wie leeren Dateien, potentiellen Puffer-Überläufen, Eingabe-Fehlern oder gegenüber Versuchen, die Informations-Sicherheit und -Vertraulichkeit zu gefährden, abgeschirmt ist. Als *entgegengesetztes Beispiel* bezeichne ich eine Spezifikation, die viele dieser Fragen dem Zufall der Aufdeckung durch die Programmierer überläßt, was — wenn die Fehler nicht entdeckt werden — zu katastrophalen Fehlern führen kann. Ein solches Beispiel betraf die Software eines französischen meteorologischen Satelliten, wobei ein fehlerhafter Versuch, die Dateien von 141 Höhen-Wetterballons abzufragen, die Ursache dafür war, daß durch eine Notfallroutine 73 der Ballons zerstört wurden. Das prädikative Transformationskonzept bei (Dijkstra, 1976) stellt eine konstruktive Methode dar, wie eine abgeschirmte Spezifikation realisiert werden kann.
- *Einheitlich.* Eine Spezifikation ist in dem Maße einheitlich, wie ihre Bestimmungen weder miteinander noch mit anderen wichtigen Spezifikationen und Zielen kollidieren. Ein *gutes Beispiel* hierfür ist eine Spezifikation, die mittels Referenz-Tabellen oder automatisiertem Konsistenzprüfsystem gegengeprüft worden ist. Als *Gegenbeispiel* bezeichne ich eine Spezifikation, bei der umfangreiche Sicherheitsvorkehrungen für den Zugriff auf das Datenbank-Management-Subsystem erforderlich waren, bei der aber bei der endgültigen Realisierung der Subsystem-Spezifikation der uneingeschränkte Zugang zu jeglicher Information — auch den Passwörtern — verlangt wurde. Das sich hieraus ergebende System entsprach weder den Vorstellungen der einen noch der anderen Seite.

- *Machbar.* Eine Spezifikation ist in dem Maße machbar, in dem der Lifecycle-Nutzen des spezifizierten Systems die Lifecycle-Kosten übersteigt. Ein *gutes Beispiel* für eine machbare Spezifikation wäre eine, bei der alle potentiellen Risiko-Faktoren identifiziert und mit Hilfe von Umformung, Simulation, Prototyping, Benutzermitwirkung usw. gelöst worden sind. Ein *Gegenbeispiel* hierzu finden Sie in dem „Nivac/United Air Lines"-Passagierreservierungssystem, das zum Schluß als undurchführbar ausrangiert wurde, weil die Anzahl der Befehle, die für die Verarbeitung einer Transaktion erforderlich war, von ursprünglich 9000 auf 146 000 angestiegen war (Aviation Week, 1970).
- *Testbar.* Eine Spezifikation ist in dem Maße testbar, wie man durch eine wirtschaftlich durchführbare Methode ermitteln kann, ob die entwickelte Software der Spezifikation gerecht wird oder nicht.

Hier einige *Gegenbeispiele:*

* Die Software wird unter Belastung in ihre Einzelbestandteile zerfallen.
* Die Software ermöglicht die erforderliche Verarbeitung bei allen Betriebsarten.
* Die Software ermöglicht ausreichende Genauigkeit, um eine effiziente Flugüberwachung zu unterstützen.
* Die Software wird bei Verkaufsaktivitätsabfragen Real-Time-Antworten ermöglichen.

Ein *gutes Beispiel*, das dem letzten Gegenbeispiel entspricht, ist folgendes:

* Das System antwortet auf
  — Abfragen der Klasse A in ≤ 2 Sekunden
  — Abfragen der Klasse B in ≤ 10 Sekunden
  — Abfragen der Klasse C in ≤ 2 Minuten,

  wobei die Abfragen der Klassen A, B und C in der Spezifikation im einzelnen definiert sind, ebenso die Schlußpunkte, die zur Definition der „Anwortzeit" gehören.

Das beste Beispiel einer umfangreichen Spezifikation, die alle der oben aufgeführten Spezifikationseigenschaften umfaßt, ist die A-7 Flugzeug-Software-Spezifikation bei (Heninger und anderen, 1978). Bei (Boehm, 1979) finden Sie eine eingehende Diskussion dieser Eigenschaften.

Korrekt

Um dieses Einzelziel zu erreichen, ist Voraussetzung, daß das Software-Produkt die funktionellen und Schnittstellenspezifikationen sowie alle Leistungsspezifikationen innerhalb der erforderlichen Toleranzen erfüllt. Eine Anzahl *guter Beispiele* von korrekten Programmen finden Sie bei (Dijkstra, 1976). Eine Reihe *Gegenbeispiele* mit Fehlern, die in veröffentlichten sogenannten „korrekten" Programmen entdeckt wurden, finden Sie bei (Gerhart-Yelowitz, 1976). Auch hier gilt wieder, daß die absolute Richtigkeit ein Ziel ist, das mit anderen Zielen abgestimmt werden muß. Sie ist nicht für alle Programme unbedingt erforderlich.

Anpassungsfähig. Um dieses Einzelziel zu erreichen, muß das Software-Produkt oder seine Komponenten leicht einzusetzen oder für andere Einsatzzwecke zu modifizieren sein. Zu der Anpassungsfähigkeit gehören:

- *Modifizierbarkeit*

  Das Produkt ermöglicht den problemlosen Einbau von Änderungen.

- *Übertragbarkeit*
  Das Produkt kann leicht und gut auf anderen als der derzeitigen Computer-Konfiguration in Betrieb genommen werden.
- *Verknüpfung mit anderen Systemen*
  Das Produkt oder seine Komponenten können leicht als Komponenten in andere Systeme einbezogen werden.

Dazu gehören auch die Kombinationen solcher Eigenschaften, z. B. der Fähigkeit, die modifizierte Version einer Produktkomponente in den Teil eines Systems einzubeziehen, das auf einer anderen Computer-Konfiguration arbeitet.

Die grundlegenden Charakteristika einer anpassungsfähigen Software (strukturiert, unabhängig und verständlich) sind:

- *Strukturiert.* Der strukturierte Aufbau eines Software-Produktes läßt sich daraus ablesen, inwieweit es nach den folgenden Prinzipien organisiert ist:
  1. *Abstraktion.* Das Produkt ist hierarchisch nach „Abstraktionsebenen" organisiert, wobei keine dieser Ebenen Zugriff auf Information der Eigenschaften der höheren Ebenen hat und ihre eigenen, internen Informationen den höheren Stufen nicht zugänglich macht.
  2. *Modularität.* Das Produkt ist in kleine, kohärente und unabhängige Module gegliedert. Bei (Yourdon-Constantine, 1978) finden Sie einige nützliche Richtlinien über die Modularisierung.
  3. *Sparsamkeit mit Komponenten.* Das Produkt ist aus der kleinsten praktizierbaren Anzahl von Komponenten aufgebaut (z. B. Sequenzen, If-Then-Else, Case, Do-While, Do-Until und Undo bei Befehlsfolgen).

Einige bekannte, *gute Beispiele* hierfür sind das THE-(Dijkstra, 1968)-Betriebssystem und das IBM-New York Times Informations-Retrieval-System (Baker, 1972). Einige *Gegenbeispiele* finden Sie in Kapitel 3 von (Kernighan-Plauger, 1974). Bitte, beachten Sie, daß Strukturierungs-Prinzipien sowohl bei der Dokumentation als auch bei der Programmierung Anwendung finden.

- *Anlagen-unabhängig.* Die Anlagenunabhängigkeit eines Software-Produktes wird dadurch bestimmt, inwieweit seine Leistung von Änderungen bei den zugrundeliegenden Bestandteilen nicht berührt wird. Zu den „Anlagen" gehören hier zugrundeliegende Software-Einrichtungen wie die Betriebssysteme oder die Datenbank-Management-Systeme. Ein *gutes Beispiel* ist das Adressenverarbeitungssystem, das bei (Parnas, 1979) beschrieben wird. Es zeigt den Abstraktionseinfluß oder das Information-Hiding-Prinzip im Hinblick auf eine Verbesserung der Unabhängigkeit. Ein *Gegenbeispiel* ist ein Textverarbeitungsprogramm, das als Muster für ein Lehrbuch für gut strukturierte Programmierung vorgelegt wurde, das sich aber auf In- und Output-Zeilenbreiten, auf Anlagennummern usw. in Form von programminternen Literalen innerhalb der Codierung bezog.

- *Verständlich.* Ein Software-Produkt ist in dem Maße verständlich, wie sein Zweck und seine Handhabung den Menschen, die mit ihm arbeiten müssen, klar sind. Ein *gutes Beispiel* ist ein Software-Produkt mit aussagefähigen Variablen- und Prozedur-Namen, einer gut formatierten, segmentierten und hierarchisch gegliederten Codierung, mit Cross-Reference-Informationen und mit einer leserorientierten Dokumentation und Programm-Kommentierung, anhand derer die Leser die Ziele, Annahmen, Beschränkungen, In- und Outputs, Komponenten und den Status ermitteln können. Unter *Gegenbeispielen* verstehen wir Systeme, in denen all dies nicht zur Verfügung steht.

Die Ziele des Software-Prozesses

Die bisher erörterten Ziele des Software-Produktes charakterisieren die gewünschten *Eigenschaften* des Produktes. Die Ziele des Software-Entwicklungs- und Wartungsprozesses umfassen verschiedene *Aktivitäten,* die — einige gleichzeitig, einige aufeinanderfolgend — während des Software-Lifecycle durchgeführt werden.

Wie bei der Ausführung des Software-Produktes muß bei der Abwicklung eines Software-Prozesses ein Gleichgewicht zwischen humanorientierten Aspekten wie z. B. Förderung der Leistungen und dem beruflichen Vorwärtskommen der Mitarbeiter hergestellt werden. Dabei müssen als Hauptziel des Ressourcen-Einsatzes die Entwicklungs- und Wartungskosten möglichst niedrig gehalten und die grundsätzlichen Ziele des Programm-Engineerings durch die aufeinanderfolgende Bereitstellung von präzisen und gültigen Anforderungsspezifikationen, exakten und überprüften Produkt-Designunterlagen usw. im Auge behalten werden.

Humanorientierte Gesichtspunkte beim Software-Prozeß

Humanorientierte Ziele beim Software-Entwicklungs- und Wartungsprozeß betreffen die Steuerung der Mitarbeiteraktivitäten, so daß die menschlichen Anforderungen erfüllt und das Potential der Mitarbeiter, die an dem Prozeß beteiligt sind, ausgefüllt wird.

Es handelt sich also hauptsächlich um Management-Aktivitäten. Wir werden in diesem Anhang die allgemein anerkannte Strukturierung der Management-Aktivitäten für die grundlegenden Funktionen der Planung, der Organisation, der Personalausstattung, der Leitung und der Kontrolle einsetzen (Koontz-O'Donnell, 1972). Wir berücksichtigen darüber hinaus das Ziel der Automatisierung von bestimmten Teilen des Software-Jobs sowie das Leitprinzip der Modifizierten Goldenen Regel, das für den Software-Prozeß wie für das Software-Produkt Gültigkeit hat.

Planung. Um dieses Einzelziel zu erreichen, werden die Entwicklung und die laufende Wartung in einen Software-Lifecycle-Projektplan einbezogen, der festsetzt,

- *Warum* das Projekt realisiert wird,
- *Welche* Ergebnisse das Projekt zu liefern hat,
- *Wann* die Ergebnisse geliefert werden müssen,
- *Wer* für ihre Realisierung verantwortlich ist,
- *Wo* sie zu erzielen sind,
- *Wie* sie zu erzielen sind,
- *Welcher Aufwand* (an Ressourcen) für ihre Erreichung nötig ist,
- *Unter welchen Annahmen* die nachfolgenden Voraussetzungen gelten.

Organisation. Zu einer erfolgversprechenden Erreichung dieses Einzelzieles gehören die Entwicklung und die laufende Wartung einer Struktur von Projekt-Rollen und -Verantwortlichkeiten während des ganzen Software-Lifecycle. Die hauptsächlichen Organisations-Komponenten sind Funktionen wie

- Delegation der Verantwortung und
- Arbeitsteilung.

Einige der Prinzipien der Strukturierung einer Projekt-Organisation gleichen den Grundsätzen der Strukturierung eines Software-Produktes (z. B. die Modularität und das Information-Hiding). Dies hat ein ziemlich realistisches Software-Engineering-

Sprichwort — es wird oft „Conway's Gesetz" genannt — hervorgebracht, das wie folgt lautet:

Die Struktur eines Software-Produktes ist der Struktur des Projektes, in dem es entwickelt wurde, ähnlich.

Einige weitere Ähnlichkeiten werden bei (Daly, 1979) besprochen.

Personalausstattung. Zur Erreichung dieses Einzelziels gehören die Auswahl, die Einstellung und die Personalanbindung der passenden Mitarbeiter, die die organisatorischen Rollen übernehmen. Gerade bei der Stellenbesetzung muß der Manager zwischen den Erfordernissen zweier verschiedener Lifecycles abwägen:

- Dem Lifecycle des Software-Produktes und
- dem Lifecycle oder der Karriere-Entwicklung jeder am Projekt beteiligten Person.

Bei dieser Abwägung müssen nicht selten kurzfristige Projektziele hinter langfristigen Karrierezielen der betroffenen Mitarbeiter zurückstehen.

Leitung. Um dieses Einzelziel zu erreichen, müssen nachstehende Ziele angestrebt werden:

- *Motivation.* Die Schaffung und Aufrechterhaltung von Herausforderungen und Anreizen, die die Mitarbeiter motivieren, sich für den Erfolg des Projektes nach besten Kräften zu engagieren.
- *Kommunikation.* Die Schaffung und Aufrechterhaltung eines Informationsflusses über das Projekt und seine Umgebung, mit dem die Informationsbedürfnisse jedes Projektmitarbeiters zufriedengestellt werden.
- *Führung.* Das Verständnis des Managers für diejenigen Faktoren, die die Untergebenen motivieren, sowie die ständige Widerspiegelung dieses Verständnisses durch Management-Aktivitäten und -Entscheidungen.

Eine erfolgreiche Leitung setzt voraus, daß wir wissen, welche Faktoren die Software-Mitarbeiter hauptsächlich motivieren. Wie wir bei (Couger-Zawacki, 1978) und (Fitz-Enz, 1978) gesehen haben, sind die hauptsächlichen Motivationsfaktoren der Programmierer (z. B. das relativ große Bedürfnis nach beruflichem Vorankommen, relativ geringe soziale Ansprüche, die verhältnismäßige Gleichgültigkeit gegenüber Status-Faktoren) von denen der Software-Manager oder der Experten in anderen Sparten sehr verschieden.

Kontrolle. Zur Erreichung dieses Einzelzieles gehört das Ausloten dessen, was das Projekt im Hinblick auf die Projektziele und -pläne realisiert hat, sowie die Korrektur von Abweichungen, um eine Realisierung der Projektziele entsprechend den Plänen sicherzustellen. Planung und Kontrolle sind Einzelziele, die sich gegenseitig ergänzen. Ohne einen gut definierten Plan gibt es keine Ebene, auf der die Kontrollen aufbauen können. Solange der Manager die Kontrollen nicht tatsächlich ausübt, sind die Pläne im Grunde genommen nutzlos.

Automatisierung. Zu der Erreichung dieses Einzelzieles gehört der Einsatz der Computer-Kapazität, um die Software-Manager von der Erledigung verschiedener lästiger, fehleranfälliger, manueller Aufgaben zu befreien. Die Entwicklung von Assemblern und Compilern hat in der Vergangenheit einen großen Teil dieser Art von Anstrengungen beseitigt. Heutzutage gibt es sehr viele zusätzliche Software-Tools, mit denen der manuelle Aufwand ebenfalls eliminiert oder reduziert werden kann, der erforderlich ist, um Funktionen wie Konsistenz-Überprüfung der Anforderungen und des Design, Kontrolle der Übereinstimmung mit Standards, Testdaten-Management,

Testfall-Überwachung und Ausnahmerückmeldungen, Dokumentations-Update und Produktstatusnachweis auszuführen. Diese und andere Tools sind im Verlaufe dieses Buches, insbesondere in Abschnitt 27.2, besprochen wurden.

Einsatz der Modifizierten Goldenen Regel. Wie wir gesehen haben, unterscheiden sich die Faktoren, die für die Motivation der Programmierer ausschlaggebend sind, sehr oft von den Faktoren, die die Software-Manager motivieren. Wenn wir also mit unseren Programmierern verfahren würden, wie wir gerne behandelt werden wollen (indem wir ihnen Belohnungen in Form von Status oder Beförderung zum Management anbieten), so würden wir von den Ergebnissen nicht selten sehr enttäuscht sein.

Ziele des Ressourcen-Einsatzes beim Software-Prozeß

Rentabilitäts-Analyse. Für die Erreichung dieses Einzelzieles ist eine gründliche Analyse der Kosten und des Nutzens bei alternativen Software-Projektansätzen erforderlich, damit wir den besten Ansatz auswählen können. Auch hier gilt wieder, daß die Software-Projekt-„Kosten" neben dem finanziellen Aufwand eine Anzahl anderer Ressourcen erfordern, wie z. B. Kalenderzeit, Computerzeit, Hauptspeicher-Kapazität und Kommunikations-Bandbreite. Die Methoden der Rentabilitätsanalyse sind im einzelnen in Teil III dieses Buches besprochen worden.

Planung und Kontrolle. Diese Funktionen sind sowohl für humanorientierte Aspekte als auch für den Einsatz von Ressourcen von Bedeutung. Der Bereich des Ressourcen-Einsatzes beinhaltet die Aufstellung und Kontrolle von Projekt-Terminplänen und Ressourcen-Budgets.

So wie eine Kontrolle ohne gute Pläne nicht zufriedenstellend verlaufen kann, so kann eine Planung ohne gute Ressourcen-Schätzung nicht zufriedenstellen. Die Methoden für die Software-Projekt-Manpower- und Ressourcen-Schätzung sind anhand des konstruktiven Kostenmodells (COCOMO) in den Teilen II und IV dieses Buches vorgestellt worden.

Einen Hinweis auf die Bedeutung von Planung und Kontrolle des Software-Engineerings finden Sie in Abbildung B–2, die die Ergebnisse von 151 Management-Prüfungen bei Problemen der Anschaffung und des Einsatzes von Computer-Systemen bei der amerikanischen Regierung (GAO, 1977 a) zusammenfaßt. Die Prüfungen, die vom General Accounting Office während der Jahre 1965 bis 1976 durchgeführt wurden, bewiesen, daß Mängel bei der Management-Planung und -Kontrolle weit größere Problemquellen bildeten als Technologie-Faktoren. Bei mehr als 50% der Prüfungen zeigten sich bedeutende Probleme aufgrund schlechter Planung, und bei etwa 34% ergaben sich schwere Mängel bei der Projektkontrolle, während technologische Faktoren als bedeutende Problemquellen nur bei etwa 15% der Prüfungen festgestellt wurden. Die Methoden für die Software-Projekt-Ressourcenplanung und -Kontrolle finden Sie in Kapitel 32.

Ziele der Programm-Entwicklung beim Software-Prozeß

Die Zielstruktur einer erfolgreichen Programm-Konstruktion innerhalb des Software-Entwicklungs- und Wartungs-Prozesses unterscheidet sich von anderen Zielstrukturen insofern, als — im optimalen Fall — die meisten der Einzelziele nacheinander anstatt gleichzeitig angestrebt werden. (In der Praxis wird jedoch die Berücksichtigung der anderen, bislang diskutierten Ziele, Abweichungen von dem rein sequentiellen Ansatz verursachen.) Die acht wichtigsten sequentiellen Einzelziele sind:

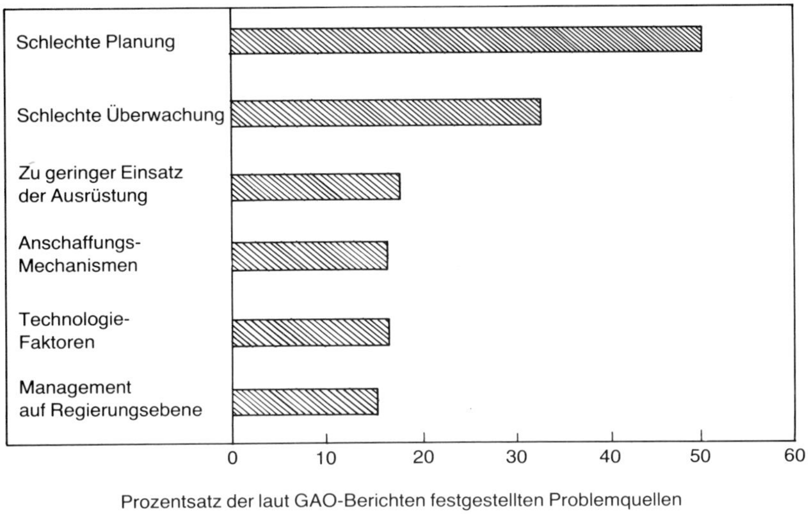

Abb. B–2

1. *Durchführbarkeit*

   Ausarbeitung der Definition eines bevorzugten Verarbeitungskonzeptes für das Software-Produkt und die Bestimmung seiner Durchführbarkeit und Überlegenheit über alternative Konzepte.

2. *Anforderungen*

   Genau definierte Feststellung der erforderlichen Funktionen und Schnittstellen und der Leistungsfähigkeit des Software-Produktes.

3. *Produkt-Design*

   Genau spezifizierte Festlegung der gesamten Hardware-Software-Architektur, der Kontrollstruktur und der Datenstruktur des Produktes, zusammen mit anderen notwendigen Komponenten wie Entwürfen für die Benutzer-Handbücher und Testpläne.

4. *Programmierung*

   Realisierung einer kompletten Reihe von Software-Komponenten.

5. *Integration*

   Realisierung eines gut funktionierenden Software-Produktes, das sich aus den Software-Komponenten zusammensetzt.

6. *Implementierung*

   Realisierung eines voll funktionsfähigen Hardware-Software-Systems, zu dem solche Ziele wie die Programm- und Datenumstellung, die Installation und die Schulung gehören.

7. *Wartung*

   Entwicklung voll funktionstüchtiger Update-Verfahren für das Hardware-Software-System (das für jeden Update wiederholt wird).

8. *Abschluß*

Realisierung eines sauberen Überganges der vom Produkt ausgeführten Funktionen auf die nachfolgenden Projekte (sofern vorhanden).

Wie bei den anderen Zielen ist auch die Realisierung dieser Einzelziele in dieser Reihenfolge keine unbedingte Forderung, sondern ein Ziel, das mit anderen Zielen abgestimmt werden sollte. Diese Einzelziele — nach dem Grundprinzip der Sequenz oder dem Prinzip möglicher Varianten wie Prototyping und Entwicklung in Teilschritten — wurden im einzelnen in Kapitel 4 besprochen.

9. *Qualitätskontrolle*

Integraler Bestandteil bei der Realisierung jedes Einzelzieles des Programm-Engineering-Lifecycle ist die Qualitätskontrolle darüber, daß die Software-Produkte ihren Aufgaben in der Tat gerecht werden. Sie kann wie folgt definiert werden:

Nachprüfung: Ermittlung der tatsächlichen Übereinstimmung zwischen dem Software-Produkt und seiner Spezifikation.

Eignungsprüfung: Die Eignung oder den Wert eines Software-Produktes für seine betriebliche Aufgabe feststellen.

Zwanglos ausgedrückt bedeuten diese Definitionen:

Nachprüfbarkeit: „Bauen wir das Produkt auf die richtige Weise?"

Korrektheit: „Bauen wir das richtige Produkt?"

Kapitel 4 schildert auch das Prinzip, wie die Qualitätskontrolle während jeder Lifecycle-Phase durchgeführt werden kann.

10. *Konfigurations-Management*

Die erfolgreiche Realisierung dieses Einzelzieles setzt voraus, daß das Projekt jederzeit in der Lage ist, eine endgültige Version des Software-Produktes oder der jeweiligen kontrollierten Zwischenprodukte (als *Basislinien* bezeichnet) zur Verfügung zu stellen, wie z. B. die Anforderungsspezifikation. Diese Basislinien und die Lifecycle-Meilensteine, an denen sie errichtet werden, sind für den GOALS-Ansatz von grundlegender Bedeutung. Sie bilden die lebensnotwendige Verbindung zwischen dem Management und der Kontrolle des Software-*Prozesses* sowie dem Management und der Kontrolle des Software-*Produktes*. Der Meilenstein-Basislinien-Prozeß geht normalerweise wie folgt vonstatten (TRW, 1973):

1. Es wird eine erste Version des Software-Zwischen- oder Endproduktes entwikkelt.
2. Die erste Version wird überprüft und korrigiert und — sofern nötig — erneut erstellt.
3. Eine förmliche Produktüberprüfung (wie z. B. eine Software-Anforderungs-Review) stellt fest, ob das Produkt den Anforderungen genügt, damit zur nächsten Phase übergegangen werden kann (das heißt, ob der Meilenstein erreicht worden ist oder nicht). Wenn nicht, kehrt der Prozeß zu Schritt 1 zurück.
4. Wenn das Produkt den Anforderungen genügt, hat es seine Basislinie erreicht (das heißt, es befindet sich in dem vorgeschriebenen Änderungskontrollzyklus).

Hat das Produkt seine Basislinie gefunden, so bringt dies folgende drei Vorteile:

1. Es werden keine Änderungen mehr ohne das Einverständnis aller beteiligten Parteien ausgeführt;

2. die höhere Änderungsschwelle führt zu einer Stabilisierung des Produktes;
3. der Controler des Konfigurations-Management-Prozesses erreicht das Ziel, jederzeit eine abgeschlossene Version des Produktes zur Verfügung zu haben.

   Das Einzelziel des Konfigurations-Managements wird gleichzeitig mit den anderen Einzelzielen des Programm-Engineering-Lifecycle angestrebt.

Stichwortverzeichnis

F

G

H

I

J

K

L

M

N

O

P

Q

R

S

T

U

V

W

Z